뉴 에이스

實用玉篇

漢韓字典

삼성서관 辭書部篇

삼성서관

部首名稱

부수	변형	명칭
乙		새을변
亠		돼지해밑
人	亻	사람인변
儿		어진사람인
八		여덟팔
冂		멀경변
冖		민갓머리
冫		이수변
刀	刂	칼도변
力		힘력변
勹		쌀포변
匚		터진입구변
匸		터진에운담변
卩	㔾	병부질변
厂		민음호변
口		입구변
口		에운담변 큰입구변
土		흙토변
夊		천천히걸올쇠변
女		계집녀변
子		아들자변
宀		갓머리변
尸		주검시밑
山		뫼산변
巾		수건건변
广		음호밑
廴		점없는책받침
廾		스물입
弓		활궁변
彐	⺕彑	터진가로왈
彡		터럭삼 삐친석삼
彳		두(중)인변
忄	心	심방변
扌	手	재방변
氵	水	삼수변
犭	犬	개사슴록변
阝	邑(右)	우부방
阝	阜(左)	좌부방
心	心	마음심
戶		지게호변
支		지탱할지변
攴	攵	등글월문
文		글월문
斗		말두
斤		날근변
方		모방변
日		날일변
曰		가로왈변
月		달월변
月	肉	육달월
木		나무목변
欠		하품흠변
止		그칠지변
歹		죽을사변
殳		갖은등글월문
气		기운기밑
水		물수
火		불화변
火	灬	불화변
爪	爫	손톱조변
爿		장수장변
片		조각편변
牙		어금니아변
牛	牛	소우변
王	王	임금왕변
礻	示	보일시변
罓		그물망
耂	老	늙을로밑
艹	艸	초두밑
辶		책받침
田		밭전변
疒		병부질안
癶		필발밑
皮		가죽피변
皿		그릇명
目		눈목변
罒		넉사밑
网		그물망
矛		창모변
矢		살시변
石		돌석변
示	礻	보일시변
禾		벼화변
穴		구멍혈밑
立		설립변
歹	歺	죽을사변
衤	衣	옷의변
竹		대죽변
米		쌀미변
糸		실사변
缶		장군부변
网	罓罒	그물망
羊		양양변
老	耂	늙을로변
耒		장기뢰변
耳		귀이변
聿		오직율
舌		혀설변
舟		배주변
艸		초두밑
虍		범호밑
虫		벌레충변
行		다닐행변
衣	衤	옷의변
角		뿔각변
言		말씀언변
豆		팥두변
豕		돼지시변
豸		갖은돼지시변
貝		자개패변
走		달아날주변
足		발족변
身		몸신변
車		수레거변
辵		갖은책받침변
邑	阝(右)	고을읍
酉		닭유변
釆		분별할변
里		마을리변
金		쇠금변
門		문문
阜	阝(左)	언덕부변
隹		새추변
雨		비우변
革		가죽혁변
韋		가죽위변
頁		머리혈
食		밥식변
馬		말마변
骨		뼈골변
髟		터럭발밑
鬥		싸움투
鬲		오지병격변
鬼		귀신귀변
魚		고기어변
鳥		새조변
麥		보리맥
麻		삼마
鼻		코비
齒		이치

檢字

【一畫】 一 1 丨 1 丶 2 亅 3 丿 2 乙 2 乀 2 乚 3 【二畫】 二 3 亠 4 入 14 八 14 人 4

亻 4 儿 13 冂 15 冖 15 冫 15 匚 22 匸 22 十 22 卜 23 几 16 凵 16 刀 17 刂 17 力 19 勹 21 匕 21 卩 23 厂 24 厶 25

又 25 丁 1 七 1 乂 2 乃 2 乜 2 九 2 了 3 刁 17 【三畫】 宀 63 寸 69 小 66 口 26 囗 42 土 46 士 43

夕 43 大 44 女 52 子 62 尢 67 屮 69 山 69 夂 44 夊 44 彐 88 彡 88 彳 幺 89 广 76 廴 81 尸 67 巛 76 工 76 廾 85

弋 86 弓 86 己 77 巾 77 干 77 万 1 丈 1 三 1 上 1 下 1 个 1 丫 2 孑 62 孓 62 川 76 巳 77 已 77 亡 85 兀 13

凡 16 凢 16 刃 17 刄 17 勺 21 勺 21 丸 2 久 2 么 2 乞 2 也 2 于 3 千 22 廿 22 叉 25 彑 88 才 106 阝 400

【四畫】 欠 152 止 155 歹 155 片 189 牙 190 牛 190 水 162 火 181 爪 188 方 125 无 44 日 126 毛 159 氏 161 气 162 手 106

支 106 攴 120 父 188 爻 188 爿 189 殳 158 毋 159 比 159 曰 131 月 132 犬 194 王 199 王 199 文 123 斗 124 斤 124 心 92 戈 104 戶 105

木 133 四 269 冈 269 艹 291 辶 374 不 1 丏 1 丐 1 与 1 丑 1 中 2 丰 2 云 3 互 3 五 3 井 3 丹 2 之 2 予 3

亢 4 允 13 元 13 內 14 公 14 六 14 兮 14 仂 4 仇 4 从 4 今 4 介 4 仄 4 勻 21 匃 21 勿 21 卬 23 厄 24 厹 25

米255 糸258 缶268 网269 羊270 羽272 老274 而274 耒275 耳276 聿278 肉278 臣286 自286 至287 臼287 舌288 舛288 舟288

艮291 色291 艸291 虍310 虫311 血321 衣322 西329 丞1 丟1 卉23 乩2 亘3 亙3 交4 亥4 亦4 企5 仰5

仿5 伊5 伍5 伎5 件5 伉5 仵5 仯5 伀5 伐5 仮5 充13 兆13 兇13 先13 光13 全14 共14 冲15

决15 凹17 凸17 冊23 卉23 卍23 午23 卉23 刎17 刓17 列17 刘17 刖17 劫19 劣20 劦20 匈21 匌21 匠22

匡22 冏15 危23 印23 叓25 各26 吏26 向26 吐26 同26 名26 后26 吋27 吃26 吁26 吒26 叩26 回42 囟42

因42 圭46 地46 在46 圬46 圩46 圮46 夙43 多43 夸44 如53 好53 奸53 妄53 孖62 字62 存62 安63 守63

宅63 寺69 尖66 尺67 屼70 屺70 州76 帆77 年77 幵77 并77 戍105 戌105 戎104 成105 弙86 弛86 弜86 收25

攷120 旨126 早126 旬126 旭126 曲131 曳131 有132 朱133 朵133 朶133 束133 朴133 朽133 次152 此155 死155 氽162 求162

汆162 汎162 汍162 汐163 汒162 汜162 灰181 灯181 牟190 牝190 牣190 犴194 犵194 犳194 用208 百217 考274 耒275 肎278

芊291 芃291 艾291 艿291 辺374 邛378 邗378 邙378

七畫

見330 角332 言333 谷345 豆346 豕347 豸349 貝351

赤354 走355 足359 身366 釆385 里386 車368 辛373 辰374 辵374 邑378 酉382 臼287 串2 乱3 况3 亞4 些3 亨4

檢字　七畫

余 6	泮 15	厎 24	均 46	孜 62	弞 86	沈 163	扟 107	杘 134	汪 163	甸 209
伯 5	汥 15	君 27	坊 46	孝 62	形 88	忯 92	技 107	杖 134	汽 163	甹 209
伴 5	刦 17	吝 27	坑 46	孚 62	岐 70	忰 92	抄 107	步 155	汭 163	町 209
佗 5	删 17	吞 27	坉 46	尨 67	岎 70	忌 92	抗 108	沛 163	每 159	皁 217
俟 6	別 17	否 27	坂 46	尫 67	岊 70	忘 92	抍 107	泛 164	毒 159	皂 217
佀 7	别 17	含 28	址 46	巫 76	岌 70	忍 92	攸 120	求 162	灾 181	兒 14
你 5	佛 6	吹 27	坏 46	巵 77	岉 70	忼 92	改 120	沿 164	灵 181	矣 228
但 5	初 17	吻 27	声 43	帋 78	岅 70	成 105	攷 120	泫 164	灸 181	系 258
佈 6	利 17	吼 27	壯 43	希 78	巡 76	我 105	攻 120	泜 163	災 181	糺 258
作 6	劬 20	吭 28	夾 45	帊 78	局 67	戒 105	孚 120	沙 163	牟 190	罕 269
佛 6	劭 20	呐 27	妝 53	帉 78	尾 67	戺 105	旱 126	次 163	牢 190	盲 220
克 14	劫 20	吸 28	妥 53	庇 82	尿 67	扱 107	旴 126	沚 163	犭屯 194	育 279
兕 14	医 22	呃 27	妣 53	庉 82	屁 67	扑 107	更 131	汳 163	狆 194	肒 278
兌 14	夅 22	囧 42	妤 53	序 82	忭 92	投 107	李 133	沄 163	犻 194	肕 278
免 13	卣 23	困 42	妓 53	床 82	忟 92	扣 107	杏 134	汾 163	狃 194	肛 278
兎 13	夘 23	図 42	妨 53	爿 86	忮 93	把 107	杇 134	沆 163	犺 194	肖 278
兵 14	即 24	囲 42	妧 53	戕 86	忸 92	扳 108	杌 134	汸 163	甫 208	良 291
冏 15	却 23	囪 42	姊 54	抉 86	志 92	扸 108	材 134	汲 163	甬 208	芃 291
冷 15	卲 23	坐 46	孛 62	弝 86	快 93	扼 107	束 134	汞 162	男 209	芄 291

八畫

檢字　九畫—一〇畫

郄 379　邢 379　酋 382　酊 382　重 386　陑 401　陋 401　陔 401　阨 401　降 401

十畫

髟 438　門 440　鬯 441　馬 431　骨 436　高 438

鬲 441　鬼 441　乘 2　亳 4　倉 9　修 8　候 8　俳 8　俺 9　倒 8　倭 8　党 14　兼 14　冓 15　㝵 15　冢 15　冡 15　剙 18　剝 18

剕 18　剜 18　剮 18　剸 18　剡 18　叟 25　哥 31　哭 31　哲 31　哿 31　員 30　哦 31　哩 31　埀 48　埃 47　城 47　姜 44　夏 44　套 45

奘 45　奚 45　畚 45　孫 62　娩 62　射 69　尅 69　展 68　峀 71　島 71　峯 71　峴 71　峰 71　差 76　師 79　弱 87　弰 87　彧 88　彩 88

耻 94　恭 94　息 95　恋 95　悅 95　恐 94　恕 95　恩 95　悔 96　悏 95　戚 105　拲 109　挐 109　振 110　捕 111　拳 110　拿 110　挈 110　挿 114

敊 121　敁 106　敉 121　效 121　料 124　旁 125　旅 125　晁 128　晉 128　晋 128　晏 128　書 132　朔 132　朕 132　校 137　株 137　核 138　根 137　栽 137

桀 138　案 137　栗 137　桃 137　桐 138　桓 137　峙 155　殊 156　殉 156　毣 160　毦 159　泰 164　消 167　浮 167　海 167　浸 167　流 166　烏 182　威 182

烖 182　烝 182　烙 182　烈 182　爹 188　特 191　班 201　珠 201　瓴 206　畜 209　畝 209　畟 209　留 209　臯 217　眷 222　眞 221　真 221　矩 228　祟 235

祕 235　祖 235　祚 235　祝 235　秦 238　租 238　秤 238　秘 238　竜 245　竝 272　站 245　粊 256　粉 255　紊 259　紙 258　級 259　紛 259　納 259　紐 259

純 259　缺 268　牂 270　羔 270　羗 270　耋 274　耆 274　肂 278　肏 279　能 280　胼 282　骸 437　脆 280　脊 280　脂 280　脃 280　脈 281　脊 280　胷 280

臭 286　舁 287　舀 287　萬 294　茛 295　苣 293　荒 294　荄 294　茲 294　荈 294　芻 292　茶 294　茸 294　草 294　策 295　虒 310　虓 310　蚤 312　蚊 312

豈312 蚕312 衮322 衷322 被323 袪323 袍323 衰322 袖323 袘323 訊334 討334 訓334 託334 記334 豈346 巹347 財351 貢351

軎368 軒368 軔368 迸376 迹375 退375 迺375 迴375 邕378 郥379 郛379 郎379 郟379 酒382 釜386 針386 釘386 陞401 陝402

陟402 陝402 陞402 隺404 隻404 隼404 㗊430

十一畫

鹿455 麥456 麻457 魚442 鳥448 鹵454 乾3 條139 偉9

做9 停9 健9 側9 兜14 冕15 富15 減170 凰16 剪18 副18 勗20 務20 勘20 匏21 匙21 參25 售32 商32

啓32 呰32 啚32 唯32 圈43 國42 執48 執48 基48 堂48 堅48 菫48 堊49 埠48 堆48 够44 奝45 婁57 婁57

娼56 婉56 婚57 婢57 孰62 寀64 崇72 崔72 崙72 崩72 巢76 帶79 常79 帳79 庶83 庵83 康83 庸83 彗88

彪88 彬88 彩88 徘90 得90 徒90 從90 患96 悠96 悽98 情97 慘101 戚105 捧112 捨111 捿140 掛111 推112 措111

捩111 勃20 教121 敏121 救121 敔121 敕121 敖121 敗121 斌123 㪷124 斛124 斜124 斬124 斷124 旉125 族125 旋125 書132

晟128 晨128 晚128 晧128 曼132 曹132 朗132 朙132 棄140 械138 梅139 毫160 海167 涯168 清168 済168 港170 淋169 淑169

淳168 焉183 爽189 牽191 犀191 牿192 猛196 率205 瓠206 甜208 畢209 異209 皐217 皎217 眷222 眾222 眼222 產208 票238

祭235 离237 竟245 章245 粒256 粗256 粘256 羞270 羕270 脣281 脩281 脫281 舂287 舶289 船289 處310 虛310 袞323 袤323

袲323 規330 覓330 訢334 訣334 訪334 設334 許334 豚347 赦354 酕382 酔382 野386 雀404 雪405 晴409 啡33 凔424 飢424

十二畫

黃457 黍458 黑458 黹460 絉260 傘10 傀10 傁10 傃10 備10 剩18 割18 創18 勝20 勞20 博23

絫25 善33 喆34 喜33 啚34 啼34 喉33 喚34 喝34 堯49 埀49 報49 塔50 堡49 壺43 壹43 奠45 奡45 缺45

奧45 媚58 婿58 孱62 就67 寠73 嵒73 巽77 帽80 幾77 弑86 弻87 弼87 彘88 惑97 惡97 惠97 惱98 憂105

掔111 揚114 換113 搜114 攱106 斂122 敝121 敢121 敦121 散121 斐123 斑123 斝124 普129 晷129 曾132 最132 朞132 棄140

棗141 棘141 棍140 棲140 欺153 款153 歸155 淵169 渠170 渡170 湯170 爲183 焦183 焚183 掌190 琴202 琵202 甦208 甥208

畫209 畬209 疎211 疏210 創222 裔324 躰367 短228 硬230 巤237 卨237 稀239 硬230 窖243 粟256 粤256 粥256 絫260 絲260

統260 着271 聒276 載369 賢352 脹282 腔281 胾287 舄287 舒288 舜288 萩298 菸297 菹296 萁296 菆297 菅297 蒃298 菈298

萊297 萄297 萆298 萇297 萑297 菲298 菍298 菢297 華297 葬296 菀297 菙298 菔298 菟297 萎298 菡298 菫297 菱297 菰297

虛310 虜310 蛘313 蛙313 蛜313 蛓313 蛬313 蛢313 蛩313 裀324 裓324 裗324 裂323 補324 裖324 裞324 裌324 衕329 街329

衖329 微329 衙329 覗330 覘30 覘30 視330 觚332 觝332 觜332 註335 証335 詠336 評335 詸335 詍336 詆335 詖335 詎335

十三畫

禁236 祿236 祺236 裪236 稟240 稔240 稗240 棋240 棰240 竪246 竫245 粲256 粰256 粮256 粳256 經261 綉261 綂261 絿261
綆261 綈261 綌261 綍261 絹261 綄261 絛261 絽261 罪269 罫269 置269 羣271 群271 羨271 義271 翛273 聖276 聘276 肄278
肆278 腞282 腜283 腠283 腧283 腯282 腱282 腰283 腺283 臺287 舅287 落299 葉299 葎299 著299 萬299 萱299 葡299 葮299
葬299 葱300 葳298 葵299 葶299 葙300 葒298 葦298 號310 虞310 蜀314 蜃314 蜑314 蛸314 蛺314 蜆314 蜈314 蜑314 裷325
裩325 裨325 褂325 裘324 裹324 裔324 裾325 覛330 覞330 觠332 解332 解332 触332 誂337 誄337 詣336 試336 詩336 話336
詳336 詵336 註336 誇337 登346 豊346 貇348 貲351 賌352 賈352 賁351 賃352 賄352 趁356 趑357 輂369 載369 軾369 輊369
較369 辟373 辠373 農374 遄376 遇376 遊376 運376 還377 遍376 過376 逷376 遁376 遂376 達376 違376 遉376 鄉380 鄍380
酨383 酪382 酬382 酧383 酭383 鈸388 鈹387 鈿387 銃388 鉒387 鉄388 鉌387 鉉387 鉅387 鉚387 鉞388 鈼388 隒403 **階**403
隔403 隖403 隗403 雍404 雎404 碓404 雉404 雌404 靖409 頌418 頎418 預417 頑417 頒418 飯425 飲425 飩425 髡438 髢438
魛442 鳩448 鳧448 麂455 黽455

十四畫

鼻463 齊463 僰12 像11 僑11 僨12 僬11 僣11 僮11 榜147 僞11
僥12 僛12 僧11 兢14 兟16 劂19 劃19 劀19 劊19 剳19 勩20 匱22 匯22 厭24 廝24 嗺38 嘌37 嘖37 嘐37

睬 210	睮 224	婿 58	箈 249	綫 268	膆 284	蓂 301	褒 325	谽 346	踊 361	遞 377
睫 210	䁯 224	稧 240	箞 249	署 269	膈 283	蓆 301	裻 325	豨 348	跽 361	鄘 381
疑 211	睺 224	稯 240	箐 249	罳 269	臧 286	蓋 300	裹 325	豩 348	踈 361	鄜 381
疐 211	䂬 228	稨 240	粺 256	䍶 271	臺 287	虡 310	裩 326	豵 348	踀 361	鄢 381
瘠 213	碭 231	窓 244	粻 256	羫 271	與 287	蜷 315	覡 330	豪 348	踢 361	鄙 381
瘦 214	碯 231	窬 244	精 256	翠 273	䑙 288	蜻 315	覞 330	貍 350	踃 361	鄭 380
瘍 214	碬 231	窩 244	粼 256	翡 273	舞 288	蜱 315	觫 332	貌 350	踋 361	酴 383
痟 214	碝 231	窨 244	綰 262	翟 273	艋 289	蜿 315	觩 332	賒 352	躬 367	酳 383
瘖 213	碧 232	端 246	綿 262	䎘 273	艍 289	蜚 315	誙 337	賄 352	輔 369	酶 383
瘈 214	碟 232	竭 246	綫 262	䎺 275	蒐 301	蜇 313	語 337	賨 352	輕 370	酸 383
瘊 214	碠 232	竮 246	綯 262	耤 275	蒙 300	蜘 314	誠 337	賕 352	輗 370	酵 383
皸 218	禖 236	箛 249	維 261	聞 276	蒲 300	蜡 315	誣 337	賓 352	輑 370	銓 388
皷 218	禋 236	箅 249	綺 261	聚 276	蒸 301	蜢 315	認 337	賑 352	輆 373	銀 388
皶 218	禍 236	算 249	緋 261	肅 278	蒻 301	蜴 315	誑 337	赫 354	辣 373	銒 388
盝 220	福 236	箁 249	綴 262	肈 278	蓖 300	蜞 314	誒 338	赵 354	遜 377	鉼 390
盡 220	禎 236	箍 249	綠 262	腐 282	蒴 301	監 321	誕 337	逡 375	遝 377	銑 388
睸 224	禊 236	箊 249	綽 262	膂 283	蓉 300	蜭 321	誥 337	趙 356	遠 377	銍 388
睲 224	稭 240	箒 249	緁 262	膏 283	蓑 300	製 324	誦 337	踶 356	遺 377	銜 388
瞂 224	種 240	箙 249	缾 268	臉 283	蓄 301	裳 325	說 337	趄 356	遘 377	閡 398

熨 185　慧 100　熛 185　熟 185　熱 185　牖 190　牕 190　犛 193　犛 193　犝 193　犨 193　獎 198　獢 198　獙 198　獥 198　瑩 203　瑾 203　璀 203　璆 203

璊 203　璋 204　甍 207　甄 207　畿 210　[illegible] 210　當 210　瘣 214　瘙 214　瘥 214　瘨 214　皛 217　皚 217　皠 217　皜 217　皺 219　盤 220　[illegible] 224　瞋 224

瞎 225　瞇 225　瞍 225　磬 232　磐 232　確 232　碫 233　磁 232　磏 232　磅 232　禜 236　禠 236　禡 236　稼 240　稿 241　穅 241　稷 241　稸 241　稻 240

窯 244　賓 244　箬 250　箭 250　篇 250　箮 250　節 250　範 250　糂 257　糈 257　糊 257　綿 262　鴈 85　緦 262　編 263　緩 263　總 263　線 263　緘 263

緝 263　緞 263　練 263　緷 263　緌 262　罷 269　罹 269　罰 269　養 272　羯 271　羭 271　聯 277　聰 277　聤 277　膚 284　腸 283　膜 284　膝 284　膠 284

艘 289　艎 289　䑺 290　蔂 302　蔑 302　蔓 302　蔕 302　蓮 302　蓱 303　蓴 302　蔘 302　蔽 303　蔭 302　蓼 302　號 310　虢 310　蝕 316　蝸 316　蝌 316

蝎 316　蝓 316　蝴 316　蝯 316　蝑 315　蝟 315　蝦 315　褒 325　褎 325　褏 325　褥 326　褫 326　覤 330　覢 330　觭 332　誾 338　誰 338　課 338　諎 339

請 339　諈 339　調 339　談 338　豎 346　豬 346　豌 346　䜴 346　質 352　賛 352　賡 353　賣 352　賠 352　賜 352　賤 352　踐 362　踔 362　踟 361　踞 362

踠 362　躶 367　躳 367　躸 367　輩 370　輝 370　輪 370　輙 370　輦 370　輛 370　輡 370　輐 370　遬 377　遯 377　遨 377　遭 377　鄭 381　鄰 381　醉 383

醋 383　緑 262　醆 383　鍪 390　鋘 389　鋒 389　銹 389　鎖 393　銶 389　鋊 389　闔 398　閭 398　閱 398　隤 403　隣 403　隥 403　霆 406　霈 406　雲 406

霉 406　靠 410　鞍 412　鞏 412　鞋 412　鞇 413　鞈 412　領 418　頞 419　頟 418　頠 419　颸 423　颲 423　餉 426　[illegible] 426　餁 426　餂 426　餅 426　骳 436

十七畫

十八畫

懣103 懘103 擘118 擴119 擸119 擾119 攄119 攢119 斃123 曙131 曚131 曜131 曛131 檮149 檳149 檻149 櫄149 櫛150 檮150

櫂149 歸155 殯157 毉158 氋161 [illegible]161 濺178 濾178 瀉178 瀑179 瀇179 瀏178 漻178 燹187 燿187 燻187 燼187 璧204 璿204

璸204 癕215 癙216 癛216 皻219 盬220 瞾226 瞿226 瞻226 瞼226 礒234 [illegible]233 禭237 穠241 穢241 穟241 竄245 簙253 簜253

簞253 簝253 簡253 糧257 繐265 織265 糦257 縈265 繞265 繣265 繏266 [illegible]271 翼274 辧190 翻274 聶277 職285 膿285 臍285

臏286 臑285 舉288 藁306 藉306 藏306 薾307 舊288 虩311 蟲318 蟖319 蟢318 蟣318 蟯319 襗327 襛327 襜327 襢328 覲331

謨341 謬342 謷341 謹342 謥342 豐347 贄353 贅353 蹛364 蹜364 蹟364 蹤364 蹮364 轍372 邇378 鄽381 鄾381 醨384 醪384

醫384 醬384 釐386 鎋392 鎣392 鎛392 鎮392 鎰392 闐399 闕399 隳403 雘405 雟405 雙405 霢408 霡408 霤407 鞧413 鞢414

[illegible]414 顎420 餬427 餲427 [illegible]427 馥431 騄433 騋433 騈433 騐433 髀437 髁437 鬃439 鬈439 鬠439 鬩441 鬪441 鬵441 魏442

魋442 鯈444 鮟444 [illegible]444 鯉444 鵙450 鵑450 鵠450 麰456 黠459 —

十九畫

儳13 儵13 劖19 嚮41 嚥41 嚬41

嚫41 壟52 壞52 壚52 嬿61 嬾61 巃75 廬85 懲104 懶104 懷104 懵103 攉119 攏119 攐119 攊119 檾123 [illegible]123 曝131

曠131 櫐150 櫜147 櫌150 櫝150 鑛395 殰158 [illegible]157 瀡179 瀦179 [illegible]179 潛179 爆187 爍187 爕187 犢193 犦193 獻199 璽205

檝 151 瀟 179 灂 180 瀵 180 灄 180 爛 187 瓔 205 瓖 205 穮 242 纇 267 纍 267 纖 267 罍 268 羸 286 臙 286 蘩 309 蘚 308 蘧 308 蘜 309

蠜 320 蠝 320 蠛 320 譽 344 辯 373 護 344 贐 354 贓 354 轜 373 轞 372 醻 385 鐪 395 鑑 395 鏽 394 霸 408 韡 416 顧 421 顥 421 饑 428

饒 428 驀 435 驅 435 髏 437 魔 442 魑 442 鹹 446 黱 446 鶱 452 鷇 452 鶬 452 鷄 452 鹺 455 麝 456 黮 459 穮 466 龡 466

二二畫

囊 41 囅 42 孌 62 巒 76 巔 76 懿 104 攤 120 歡 155 疊 210 競 246 籮 258 纜 267 聾 277 臚 290 蘿 309 蠭 320 蠹 321 襯 328 襶 328

襺 328 覿 331 譒 344 讖 345 贖 354 轡 373 轒 373 鑒 395 霽 409 鬻 440 鬻 441 魖 442 鷩 446 鰜 446 鷗 453 黷 459 齎 461

二三畫

夔 44 攖 104 攣 120 攬 120 變 345 曬 131 灡 180 爞 188 曯 218 矔 227 籢 255 籤 254 籧 254 蘚 308 蘖 308 纓 267 纕 267 纖 267 纗 267

蘸 309 蘿 309 蘠 309 蘺 309 蠱 320 蠦 320 蠨 320 襵 328 變 345 讍 345 讆 345 讎 345 讐 345 躐 366 躚 366 躛 366 轣 373 轤 373 邐 378

鐨 395 鐼 395 鑢 395 鑭 395 霾 409 韄 415 韅 415 饘 417 顯 421 顬 421 饙 429 饖 429 饕 429 饜 429 驌 435 驚 435 髑 438 體 438 鬢 440

鱐 447 鱔 447 鱗 446 鱘 447 鷺 453 鷳 453 黳 460 鼹 463 齂 464

二四畫

囑 42 囓 42 壩 52 攬 120 攙 120 攩 120 曭 131

曬 131 欞 152 灝 180 攪 120 蘲 227 鬱 227 纔 267 纔 267 籤 309 蠶 321 蠷 321 蠸 321 蠵 329 讓 345 讔 345 讖 345 躄 366 躞 366

躟 366 靂 409 靈 409 靄 409 靇 409 韣 415 驟 435 鬭 441 鱎 447 鱢 447 鱧 447 鱨 447 鷽 454 鷹 454 鸃 453 鸂 454 鹽 455 鹼 454

凡 例

◎ 本書에 收録된 文字는〔康熙字典〕에 準據하여 文字의 形態를 排列 하였다。

◎ 本書는 現代에 널리 쓰이는 略字、俗字 等을 詳細히 網羅 하였다。

◎ 本書는 實用性과 學習을 兼用토록 正確한 語文만을 細密하게 編輯 收録 하였다。

◎ 本書는 한글 字音을 합하여 五萬餘字의 漢字를 体系的으로 嚴選하여 詳細히 訓釋한 最新形 現代版 玉篇이다。

◎ 本書는 字의 音이 數種으로 나가는 것은 □안에 音을 쓰고 訓釋을 加하였다。

◎ 本書는 國文訓釋을 한글 맞춤法 統一案에 依據 하였다。

◎ 本書는 卷首에 檢字를 두어 分別하기 어려운 漢字를 總畫數에 依하여 찾기에 便利하도록 하였다。

◎ 本書는 卷末에 한글字彙(音考)를 가、나、다 순으로 排列하여 字音만을 알고 訓義를 모를때 찾아 보기에 便利하도록 하였다。

◎ 本書의 卷末에는 學習에 도움이 되도록 數種의 附録을 收録하였다。

一畫

一部

一 이 [일]數之始한일 同也같을일 純也순전할일 第之本하나일 (質)

一 丁 띵 [정]成年者나이스무살된사나이정 (青)

丄 上의古字

丅 下의古字

丂 巧의古字

七 치 [칠]數名일곱칠 文體글체이름칠 (質)

二 万 완 [만][묵]千之十倍일만만 蕃姓ㅣ俟성묵 (職)(願)

三 싸.싼 [삼]二之加一석삼 ㅣ之셋할삼 (覃)

丌 °지 [기]姓也성기 (支)

丈 쟝 [장]長老尊稱어른장 十尺也길장 (養)

丒 具의古字

干 五俗字

下 쌰 [하]上之對아래하 賤也낮을하 (馬)

上 쌍 [상]下之對높을상 昇也오를상 (漾)

三 不 부 °부 [부][불]未定辭못이정하지않을부 非也아니불 (月)(尤)(有)

㞢 之古字

弌 一古字

丏 면 [면]不見뵈지않을면 (銑)

丑° 척 [추]牛也소추 사람이름추 (有)

与 同與

丐 깨 [개][갈]乞人거지 갈乞也빌개 (泰)

四 丕 °비 [비]大也클비 (支)

丘 취 [子]聚也모을子 高也높을子 (尤)

且 °쥐.쳐 [차][저]又也또차 多也많을저 (馬)(魚)

丙 빙 [병]干의셋째천간병 明也밝을병 (梗)

世 씨 [세]人間ㅣ界세상세 인간세 生也날세 (霽)

五 丞 칭 [승]佐也도울승 (蒸)

両 兩俗字

丟 듺 [주]一去不還잃어버릴주 (尤)

六 丣 酉의古字

兲 天의古字

七 𠀍 所字

並 竝의同字

十 [illegible] 뚜 [두]禮酒杯연향술잔두 (宥)

丨部

丨 꾼.씬 [곤][신]象之數之從셈대세울곤 上下相通위아래로통할신 (阮)

一 丩 °꾸 [구]糾也얽힐구 (尤)

二 个 꺼 [개]枚也물건을헤아리는수개

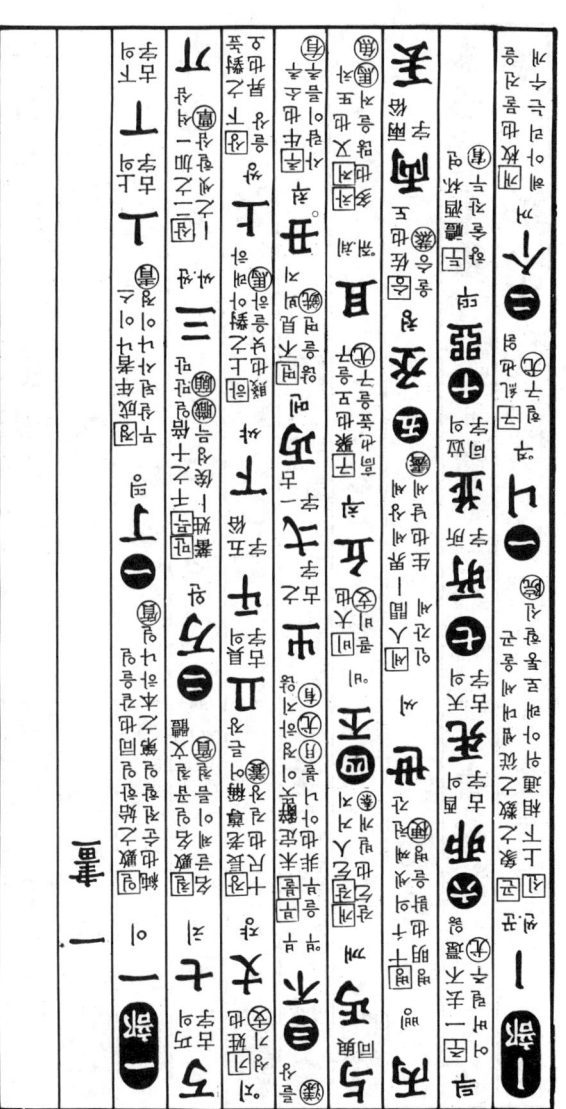

箇同箇 丫 야 아分形가닥날아麻 三 中 쭁 중四方之央가운데중東 丮 커 극執也·捕罪人잡을극陌 丰 뱅 봉容貌美好예쁠봉冬 四

丱 관 관東髮兩角貌쌍상투관諫 六 串 찬 관狎習습관 관霰 천物相連貫꿰미천 七 弗 찬 찬燔肉具석쇠찬濟 八 串 中의古字 九 丵

찬 착草盛풀무성할착覺 十 鹵 龜의古字

丶部 丶 쥐 주有所絶止ㅣ而識之(標點)귀절찍을주虞 一 丷 疊의符字 二 丫 쌰 下古字 丸 완 환轉也구를환寒 夊 疊의符字

三 丹 단 단赤也붉을단寒 四 井 뎡 정井也우물정 主 쥬 주君也임금주梗 囙 丹의古字

丿部 丿 베 별左引之삐칠별屑 乀 부 불右引之파임불物 一 乃 내·매 내僅也겨우내賄 ナ 左의本字 乂 이 예治也다스릴예曷

乄 五의古字 二 久 쥐 구暫之反오랠구有 乆 久의俗字 么 玄의俗字 三 之 즈 지往也갈지支 乇 垂古字 四 乍

자 사暫也잠간사禡 乎 후 호于於에호虞 乏 빠 핍欠絶다할핍洽 七 乖 괘 괴異也다를괴佳 九 乘 청·씽 승登也오를승蒸

乙部 乙 이 을鳥也새을屈也굽힐을質 一 乚 야 을玄鳥제비을質 九 쥐 구老陽數아홉구 규聚也ㅣ合모을규有 乜 메

야眼斜눈흘길야馬 二 也 예 야亦也또야馬 乞 치 걸求也구걸할걸物 기與也줄기未 四 乭 이 이人名猗이름이未 五 乱 지

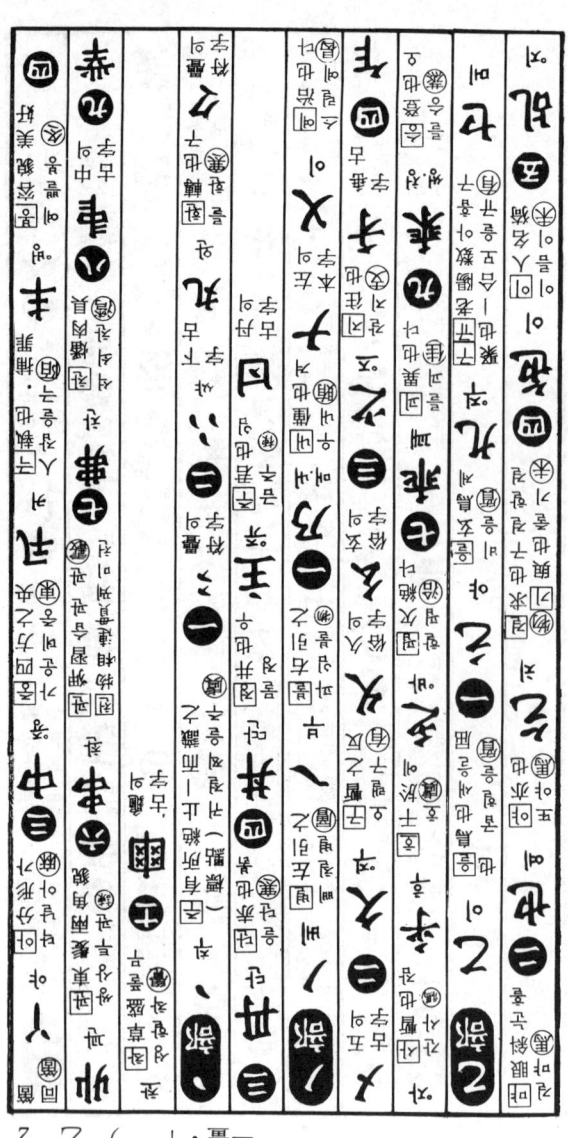

계 卜以問疑무꾸리할계(齊)

乑 擧古字

乫 韓 地名 땅이름갈

乬 걸 掛也걸 결国字

乭 韓 人名 이름돌

(六) 乱 亂의 同字

乶 韓 宗室名종실이름볼

(七) 乳 유 유 湩也젖유 育也기를유(遇)

乲 폴 ㅣ下在成鏡道 땅이름폴国字

(八) 乷 솔 地名 땅이름솔国字

乼 韓 繩條 줄 줄

乹 乾의 俗字

(九) 乽 잘 卦君名종실 군호잘國字

(十) 乾 건 간·첸 건 天也하늘건 간 燥之마를간(先)(寒)

(十二) 亂 란 란 不治어지러울란(翰)

亃 린 린 憂也근심할린(軫)

亂 웅 옹 返也돌아올옹(講)

亄 이 의 貧也탐할의(寘)

亅部

亅 궐 궐 鉤逆者갈구리궐(月)

乚 궐 鍵也열쇠궐(月)

(一) 了 료 료 訖也마칠요(篠)

(二) 亇 韓 鐵鎚 마치 마

亐 于同

(三) 予 위 여 我也나여(語)

(七) 事 사 사 職也벼슬사 動作云為일사(寘)

二畫

二部

二 이 이 數一之加一두이둘이(寘)

于 우 우 往也갈우(虞)

亍 촉 촉 마 地小涉也자축거릴 축名땅이름마(沃)國字

(二) 云 운 운 運也움직일 운(文)

五 오 오 陰陽中数다섯오 伍通(麌)

互 호 호 交也서로호(遇)

井 정 정 地穴出水也우물정(梗)

亙 五의 古字

(三) 弍 二古字 俗字

(四) 亙 긍 긍 通也통할긍(徑)

亘 선 환 긍 揚布베풀선 勇也굳셀환 亙同

(五) 況 황 황 發語辭하물며황(漾) 況異

些 세 사 語助辭어조사사(麻)

(六) 亟 기

[극]疾也빠를극 職 [귀]遽也창졸기 寘

亞 야 [아][악][압] 次也버금아 堊也칠하여 장식할악 壓也눌를압 禡 麻 藥

亝 齊古字

亠部

亠 두 [두] 義闕뜻없는토두 尤

一 **亡** 망 [망][무] 殺也죽일망 楚己丨龍且失也없을무 陽 虞

二 **亢** 강.깡 [항] 高也높을항 陽

四 **亦** 이 [역] 又也또역 陌

交 좌 [교] 相合也사귈교 肴

亥 해 [해] 豚也돼지해 賄

五 **亨** 헝 [형] 通也형통할형 庚

亯 랴 [료] 不靜분요할요 效

六 **京** 징 [경] 王居서울경 庚

享 샹 [향] 獻也흠향할향 養

亩 稟과同

七 **亮** 량 [량] 明也밝을량 漾

亰 京과同

亭 팅 [정] 直也곧을정 青

八 **亳** 뻐 [박] 湯所都은나라서울박 藥

十 **亴** 유 [우] 飛也날아갈우 有

椉 乘의古字

十一 **亶** 딴 [단] 信也믿을단 旱

十九 **亹** 뮌.웨 [미][문] 勉也丨丨힘쓸미 浩亹 懸名 고을이름문 尾 元

人部

人 인 [인] 五行秀氣사람인 民也백성인 眞

二 **仁** 인 [인] 茲也인자할인 眞

介 졔 [개][갈] 大也클개 無偶獸홀짐승갈 卦

今 진 [금] 是時이제금 侵

仂 러.릐 [륵] 餘也나머지륵 職

仏 佛의俗字

仍 엉 [잉] 因也잉할잉 蒸

仇 칙.취 [구] 四也짝구 尤

仃 띵 [정] 獨也홀로행할정 青

仆 푸.뿌 [부] 頓也엎드러질부 有 過

从 從의本字

仅 付同

什 시 [습] 十人열사람십

仉 장 [장] 孟子母姓也성장 養

仄 쳐 [측] 不正기울측 職

三 **仙** 쎈 [선] 老不死神신선선 先

付 쀼 [부] 與也줄부 遇

仛 챠.퉈 [차][탁] 少女젊은계집차 馬 寄也붙일탁 藥

仢 쥐 [작] 橫木渡水외나무다리작 藥

仟 쳰 [천] 千人천사람천 千同 先

以 [이] 用也써이 紙

仕 쓰 [사] 察也살필사 紙

仚 쏀 [헌] 輕擧날듯할헌 先

仮 빤 [범] 輕之相丨경홀히여길범 陷

令 링 [령] 使也하여금령 敬 青 庚

他 타 [타] 彼稱此別다를타 歌

仔 자 [자] 任也 맡길자 (紙) **仝** 동 [동] 姓也 성동 東의古字 **代** 대 [대] 交替也 번갈을 대 대신할대 (隊) **仏** 同信 **仞** 인 [인] 八尺 여덟자인 滿也 가득할인 (震) **仗** 장

[장] 兵衛儀ㅣ의 장 짚을장 (漾) **仡** 흘 [흘] 壯勇貌也 끌밑할흘 (物) **四** **伃** 여 [여] 女官名倢ㅣ궁녀 의벼슬이름여 (魚) **伙** 同衆 **伋** 급 [급] 思也 생각 할급 (緝) **伏** 복

[복][부] 時令 三ㅣ 복 복 (屋) **伍** 오 [오] 五人 다섯 사람오 (麌) **休** 휴 [휴] 息也 쉬 일휴 (尤) **仲** 중 [중] 次也 버금중 (送) **伐** 벌 [벌] 干也 방 패벌 (月) **仯** 묘

[묘] 小貌 僬 난장이묘 (篠) **伊** 이 [이] 彼也 저이 (支) **价** 개 [개] 善也 착 할개 (卦) **仰** 앙 [앙] 慕也 사모 할앙 (養) **件** 건 [건] 分次 조 건건 (銑) **仵** 오 [오] 同也 같을오 (麌) **伽** 가

[가] 僧居ㅣ 藍 절가 (歌) **企** 기 [기] 擧踵望也 바랄기 (寘) **伉** 항 [항] 剛正 강 직할항 (漾) **份** 彬의 古字 **伙** 화 [화] 什物家 세간화 (箇) **伎** 技 跂 見 **伂** 패 [패] 偃仆 顚 자빠질패

仿 방 [방] 相似也 비슷할방 (陽)(養) **任** 임 [임] 保也 맡을임 (侵)(沁) **仮** 假의 略字 **伈** 심 [침][심] 恐貌 두려워 할침、심 義同 (寢)(沁) **伀** 종 [종] 懼也 征ㅣ 두려워할종 (冬)

仳 비 [비] 別也ㅣ離 이별할비 (紙) **五** **伺** 사 [사] 偵察也 살 필사 (寘) **佋** 소 [소] 蕭通 介소 개할소 (篠) **伱** 니 [니] 汝也 너이 (紙) **似** 사 [사] 肖也 같을사 也 이을사 (紙) 佀同 嗣

伴 반 [반] 依也 의지 할반 (旱)(翰) **伻** 팽 [팽] 使人 사람 부릴팽 (庚) **佁** 이 [이] 癡貌 미련 스러울이 (紙) **低** 저 [저] 下也 낮 을저 (齊) **但** 단 [단] 徒也 다 만단 (旱)(翰) **佉** 거

[거] 國名、ㅣ沙 나라 이름거 俗音국 (魚) **住** 주 [주] 止也 머 무를주 (遇) **佗** 타 [타] 彼稱也 다 를타 (歌) **伾** 비 [비] 有力 힘 셀비 (支) **佌** 차 [차] 小也 작 을차 (紙) **佃** 전

[전] 治田也 밭맬전 (先) **佒** 앙 [앙] 體下伸偃ㅣ 몸거북할앙 (陽) **估** 고 [고] 價高 값고 (麌) **佊** 피 [피] 邪也 간 사할피 (寘) **佇** 저 [저] 久立 오래 섰을저 (語) **伯** 백 [백] 長也 맏백 (陌)

作 작 [작][자][주] 造也 지을 작 為也 할 자 造也 만들 주 (藥)(箇)
佗 탁 [탁] 人名 韓ㅣ胃 사람 이름 탁 (藥)
余 [사] 山名 在江蘇省 산 이름 사 (麻)
伸 신 [신] 舒也 펼 신 申同 (眞)
位 위 [위] 坐也 자리 위 (寘)

征 정 [정] 懼也 ㅣ松 두려워할 정 (庚)
佔 점 [점] 畢垂也 숙일 점 (豔)
佐 좌 [좌] 輔也 도울 좌 俗音 자 (箇)
佀 [사] 似同
佟 동 [동] 姓也 성 동 (冬)
体 분 [분][체] 劣也 용렬할 분 體

佖 필 [필] 滿也 가득할 필 (質)
佈 포 [포] 偏也 펼 포 (遇)
何 하 [하] 曷也 어찌 하 무엇 하 (歌)
佞 녕 [녕] 才也 재주 녕 (徑)
伷 주 [주] 胤也 맏아들 주 (宥)

佚 일 [일][질] 過失 허물 일 (質) 緩也 ㅣ湯 방탕 질 (屑)
佝 후 [후] 抱也 거리낄 후 (宥)
伶 령 [령] 樂工ㅣ人 악공 령 (靑)
佑 우 [우] 助也 도울 우 (宥)
佛 불 [불][필] 覺悟君子生 부처 불 大也 클 필 (質)

㊅

來 래 [래] 至也 올 래 (灰)
佳 가 [가][개] 美也 아름다울 가 善也 착할 개 (佳)
佰 백 [백] 百也 백 백 (陌)
侄 질 [질] 堅也 굳을 질 어리석을 질 (質)

侅 해 [해] 奇也 이상할 해 古音 개 (灰)
㑋 궁 [궁] 陋ㅣ작 고궁할 궁 (送)
佭 강 [강] 不服 뻣뻣할 강 古音 향 (江)
依 의 [의] 附也 붙일 의 (微)
侀 [형] 型과 同
侍 시 [시] 侍人 모시는 사람 시 (寘)

佬 료 [료] 大貌 점잔을 료 (蕭)
㑚 융 [융] 西戎人有三角 셋뿔난 사람 융 (東)
侞 여 [여] 順也 순전할 여 (魚)
例 례 [례] 法式 법식 례 (霽)

佾 일 [일] 舞行 춤추는 줄 수효 일 (質)
侗 동 [동][통] 無分別 분별 모를 동 (東) 眞也 참될 통 (送)
供 공 [공] 設也 베풀 공 (冬)
佺 전 [전] 仙人 신선 이름 전 (先)
併 병 [병] 竝也 나란할 병 屛 (阮)(蒸)

侇 이 [이] 尸也 주검 이 (支)
使 사 [사][시] 令也 하여금 사 命也 부릴 시 (紙)(寘)
侈 치 [치] 奢也 사치 치 (紙)
佸 괄 [괄][활] 會計 회계할 괄 至也 이를 활 (曷)

佶 길 [길] 正也 바를 길 (質)
佯 양 [양] 詐也 거짓 양 (陽)
侉 고 [고] 誓必行 다짐할 고 (皓)
佹 궤 [궤] 重累 포갤 궤 (紙)
佽 차 [차] 助也 도울 차 (寘)
侘 차

[차]失意貌 심 심할차 (禡) 佩 패 [패]大帶ㅣ玉 패옥패 (隊) 侑 유 [유]佐也 도울유 권하여먹일유 (宥) 侊 광 [광]大也 클광 (陽) 佴 이 [이]副也 弍也 버금이 (寘) 佼 교

[교]好也 좋을교 (巧) 侎 미 [미]愛也 사랑할미 (紙) 侉 과 [과]矜也 자랑과 (麻) 侖 륜 [륜]物之圜而未剖散者 ㅣ渾 뭉치륜 (元) 佻 조 [조]佻同 独行ㅣㅣ 홀로행할조 (篠)(蕭) 侌 음 陰同

侃 간 [간]剛直 강직할간 (旱) 㑊 역 [역]食而瘦 食 감질날역 (陌) 侁 신 [신]衆行貌 예지어갈신 (眞) 侚 순 [순]從也 좇을순 (震) 侐 혁 [혁]靜寂 고요할혁 (職) 侏

주 [주]短人 난장이주 (虞) 很 항 [항][한]懸名、ㅣ山 고을이름항、戾也 어그러질한 侂 탁 託同 佪 회 徊同 侜 주 [주]譸也 속일주 (尤) ⑦ 保 보 [보]全之 보전할보 (晧)

侸 두 [두]下垂貌 구부정할두 (尤) 侔 모 [모]齊等 같을모 (尤) 侵 침 [침]犯也 범할침 侒 안 [안]安也 편안할안 (寒) 俇 광 [광]惶遽貌 허둥지둥할광 (漾)

俗 속 [속]習也 풍속속 (沃) 俉 오 [오]迎也 맞이할오 (遇) 俥 거 [거]人力車 인력거거 日字 俍 량 [량]良也 어질량 (漾) 便 편 변 [편][변]安也 편안할편 明辨 말잘할변 (先)(霰)

俄 아 [아]短速 아까아 (歌) 侶 려 [려]明也 밝을려 (語) 信 신 [신]不疑 믿을신 (震) 俞 유 兪의 俗字 俎 조 [조]祭享器 제기조 (語) 倸 채 [채]干涉 아른체할채

侽 남 男의 俗字 侮 모 [모]慢易 업신여길모 (麌) 俁 우 [우]容貌大 얼굴클우 (麌) 係 계 [계]繼也 이을계 (霽) 侲 진 [진]遂厲童 아이초라니진 (眞)(震) 俟 사

[사][기]待也 기다릴사 姓也 성기 (紙)(支) 俐 리 [리]慧也 영리할리 (寘) 俙 희 [희]不明 희미할희 (微) 俌 보 [보]輔也 도울보 (麌) ⿰亻尨 망 [방]不媚 偂小 아첨치않을방 古音망 (講)

俘 부 [부]取也 가저올부 (虞) 俚 리 [리]俗也 속될리 (紙) 俑 용 [용]木偶 허수아비용 (腫) 俊 준 [준]大也 클준 (震) 俛 면 [면]頫首 굽힐면 (銑) 俔

쎤 현견 譬喻비유할 현、견 義同 銑霰 俏 챂 소초 反琴聲ㅣ然거문고뒤치는 소리소、好貌ㅣ措아리따울초 嘯 俜 핑 빙 行不正비틀거릴빙 青 倌 譽과同 侳 쫘

좌 安也편안할좌 箇 侁 씬 신 妊身아이 밸몸신 眞 侔 롸 로 䚄大貌、膠 투박할로 豪 侹 텽 정 代也대신할정 迥 俓 잉 경 直也곧을경 徑 侯 헉 후 君

也임금후 宥 促 츄 촉 急也촉박할촉 沃 俇 튀 탈 輕也가벼울탈 曷 俋 이 읍 勇壯貌날랠읍 緝 俅 추 구 恭順貌공손할구 尤 俤 듸 제 容貌용모제 日字

俠 쌰 쟈 협 겹 權力輔人의기협 葉 洽 俾 삐 폐 偞開腳行貌어기적거릴폐 齊 俒 훈 혼 完也완전할혼 願 八 倍 베 배 패 加也갑절배、패 倎 뎐 전 善也착할전 銑

俯 우 부 垂也숙일부 麌 倫 룬 륜 人道인륜륜 眞 借 쪄 지 차 적 貸反빌어올차、적 義同 禡 陌 倒 또 도 笑貌絶ㅣ요절할도 號 皓 候 헉 후 望也바랄후 宥

修 쓱 수 整理정리할수 尤 俱 쥐 구 具也갖출구 虞 倏 條의俗字 前條 俹 야 아 依也의지할아 禡 㳄 盜의古字 傂 채 치 輪也바퀴치 支 俵

뱌 표 散也흩어질표 嘯 倀 창 창 失道ㅣㅣ길잃을창 陽 倥 쿵 공 無知분별모를공 東 俸 뽕 봉 秩祿녹봉 宋 倛 기 方相방상탈기 支 倰 夌同 倭

웨 위 왜 順貌순한모양위 本國名나라이름왜 支 歌 倕 췌 수 重也무거울수 支 倚 이 의 기 依也의지할의 立也설기 紙 支 倦 좐 권 懈也게으를권 霰 倳 事과同

俾 삐 비 使也하여금비 紙 寘 値 찌 치 遇也만날치 寘 傷 이 이 慢也업신여길이 寘 倨 쥐 거 曲也굽을거 御 倪 이 예 端也끝예 齊 俔 見 俳 패

배 戲也ㅣ優광대배 佳 俴 쳔 천 淺也얕을천 銑 倌 관 관 主駕者수레부리는사람관 諫 倈 徠과同 倅 쉬 쉬 졸 副也버금쉬 百人組合백사람졸 卒通 隊 月

倧 쭝 [종]上古神人 옛적 신인 종 (冬)
們 먼 [문]等輩 무리 문 (願)
倩 쳔 [천][청]男子美稱 엄전할 천、빌 청 (敬)
倮 궈 [과]狹隘夆 좁을 과 (哿)
倏 쓕 [숙]ㅣ忽 빠를 숙 (屋)

個 [개]枚也 낱 개 (箇)
倢 쩨 [첩]速也 빠를 첩 (葉)
俷 쀄 [비]背也 배척할 비 (尾)
倴 뻔 [분]ㅣ人 둔한 사람 분 (元)
俶 쓕 [숙]善也 착할 숙 (屋)
倬 쭤 [탁]大也 클 탁 (覺)

倔 쮜 [굴]強也 굳셀 굴 (物)
倜 틔 [척]高擧貌 번쩍들 척 (錫)
倸 예 [엽]卑也 낮을 엽 (葉)
倱 훈 [혼]閽也 어두울 혼 (願)
俽 씬 [흔]州名 고을 이름 흔 (文)
倉

창 [창]卒也 갑자기 창 (陽)
俲 傚과 同
倓 탄 [담]安也 편안할 담 (感)
俺 안 [엄][암]我也 나 엄、大也 클 암 (監)(感)
倡 창 [창]俳優 광대 창 (陽) 導也 인도할 창 (漾)
倞 량 [량][경]

遠也 멀 량、彊也 굳셀 경 (漾)(敬)
倘 [당]忽也 문득 당
倯 쑹 [송]形小醜惡貌 작고 못생길 송 (冬)
倈 리 [려]怒也 성낼 려 (霽)
倣 빵 [방]效也 본받을 방 (養)
健 쪈 [건]強也 굳셀 건 (願)

倂 삥 [병]合也 합할 병 (梗)
倖 씽 [행]寵也 총애할 행 幸通 (梗)
侀 씽 [형]成也 이룰 형 (青)
㑣 란 [람][illegible]鈍貌 투미할 람 (覃) 儖
俣 [오]又也 갈래질 오 日字
亻毒

[독]動也 움직일 독 (沃)
倃 쭈 [구]毀也 훼방할 구 (有)
㑺 타 [답]不任事 儑ㅣ 일 감당 못할 답 (合)
倆 량 [량]巧也 伎ㅣ 공교할 량 (養)
倝 [간]用也 쓸 간 (翰)
倗 펑 [붕]託也 부탁할

붕 (蒸)
❾
偉 웨 [위]大也 클 위 (尾)
偏 편 [편]邪也 간사할 편 (先)
側 재 처 [측]傾也 기울 측 (職)
偎 [외]愛也 사랑할 외 (灰)
偷 투 [투]盜也 훔칠 투 (尤)
偬 傯과 同

偒 탕 [탕]長貌 헌걸찰 탕 (養)
停 팅 [정]行中止 머무를 정 (青)
偵 칭 [정]探伺 엿볼 정 (庚)
假 쨔.꺼 [가][하]非眞 거짓 가、美也 아름다울 가 (馬)(麻)
偈 꼐.치 [게][걸]梵語ㅣ句

범어 게、用力 힘쓸 걸 (霽)(屑)
做 쭤.주 [자][주]造也 지을 자、주 義同 (箇)(遇)
偃 옌 [언]僵也 자빠질 언 (阮)
偫 쯔 [치]待也 기다릴 치 (紙)
偯 이 [의]哭餘聲 울음 끝소리 의 (尾)
偲

쓰채 [시] 多才재주 많을시 (灰) **偊** 위 [우] 遇也만날우 (有) **僝** 잔 [잔] 具也갖출잔 (刪) **偁** 稱의 本字 **偭** 면 [면] 向也향할면 (霰) **偘** [간] 侃과同 **偅** 憧과同 **偕** 쨰 [해][혜] 俱也함께할해 強也굳셀혜 (佳) **偠** 요 [요] 細腰허리가늘요 (篠) **偖** 쯔 [사] 捨也버릴사 (馬) **㣁** 쭤 [각][극] 受屈微|질각 倦也게으를극 (藥)(陌) **偌** 이 [야] 姓也성야 (禡)

偍 틔 [제] 難進머뭇거릴제 (齊) **偐** 앤 [안] 偽物위조물안 (諫) **偦** 쒸 [서] 有才之者재주있을서 (語) **偪** 삐 [핍] 侵迫핍박할핍 (職) **偓** 우 [악] 拘也거리낄악 (覺)

倰 傻과同 **偋** 빙 [병] 皆也다병 (梗) **偟** [황] 暇也겨를황 (陽) **偝** 背과同 **偩** 얘 [부] 依象형상할부 (有) **便** 便과同 **偶** 어 [우] 適然우연우 (有) **偰** [설] 姓也성설 (屑) **偗** [성] 長貌길성 (梗) **偽** 偽의 略字

十

傑 쪄 [걸] 俊也준걸걸 智過千人호걸걸 (屑) **傚** 쌰 [효] 效則본받을효 (效) **傒** 傒俗字 **傂** 치 [천] 人形長貌키멀쑥할천 (銑) **備** 뻬 [비] 具也갖출비 **傌** 마 [마] 傌辱욕할마 (禡) **傜** 야 [요] 星名별이름요 (蕭) **傖** 창 [창] 鄙賤稱父놈창 (庚) **傝** [탑] 惡也나쁠탑 (合)

傉 누 [녹] 二字姓、庫|宮성녹 (沃) **傛** 융 [용] 女官|華계집의벼슬이름용 (冬) **㑳** 쭤 [추] 傭也고용살이할추 (有) **傏** 搪과同 **𠍣** 충 [공] 形小醜惡|작고못생길공 (冬)

傼 酪과同 **傢** 쟈 [가] 試也|器시험가 (禡) **傕** 쭤 [각] 人名李|이름각 (覺) **傔** [겸] 使属|從겸종겸 (鹽) **傞** 싸 [사] 醉舞貌춤출사 (歌) **傃** 쑤 [소] 向也향할소 (遇)

傍 팡 [방][팽] 近也가까울방、側也곁방 뻥、不得已||마지못할팽 (漾) **傋** 걍 [강][구] 不媚猪아첨않이할강、無知지각없을구 (講)(有) **傅** 뿌 [부] 師也스승부 至也이를부 (遇) **傒** 씨 [혜] 人名、齊高|이름혜 囹也가둘혜 **偎** 웨 [외] 愛也사랑할외 (灰) **傘** 싼 [산] 蔽日雨양산산 (旱) **傎** 뎬 [전] 倒也엎드러질전 (先) **傀** 궤 [괴] 大貌엄전할괴 (尤)(賄)

⼗一 優 만 [만]舒遲흘겨늦을만(翰) 僡 환 [환]囚拘貌억맬환(諫) 催 취 [최]促也재촉최(尤) 僅 진 [근]少也적을근(震) 傳 좐 [전]轉也전할전(先) 傷 쌍 [상]創損상할상(陽) 傾 칭 [경]仄也기우러질경(庚) 働 뚱 [동]行動竭力굼닐할동日字 傱 츙 [종]走貌ㅣㅣ종종걸음칠종(冬) 傪 찬 [참]好貌아리따울참(覃) ⿰亻斬 잔 [참]侍立모시고설참(鹽) 傜 약 [요]喜也기쁠요(蕭) 傿 언 [언]引為買也외누리할언(願)(先) 僉 쳠 [첨]咸也다첨(鹽) 僁 셰 [설]小言聲소근거릴설(屑) 傹 競과同 傰 평 [붕]姓也성붕(蒸) 僇 [륙]辱也욕할륙(屋) 僆 련 [련]雙生者쌍둥이련(銑) ⿰亻庶 쟈 [자]健而不德ㅣ儸건장하고덕없을자(麻) 倂 빙 [병]除也제할병(敬)(梗) 債 재 [채]通財빗채(卦) 傻 싸 [사]不仁몹쓸사(馬) 傴 위 [구]傴背곱추구(麌) 傺 치 [제]失志貌물끄럼이할제(霽) 僄 퍄 [표]身輕몸가벼울표(蕭)(嘯) 像 썅 [상]形象모양상(養) 傲 오 [오]倨也거만할오 樂也즐길오(號) 僊 션 [선]舞軒擧貌춤훨훨칠선(先) 傯 쭝 [총]不暇倥ㅣ바쁠총(董)(送) 僂 뤼 [루]短醜ㅣ佝난장이루(有) 僣 쨈 [참]假也거짓참(豔) 傭 융 [용][충]雇役人품팔이할용 가지런할충(冬) ⿰亻圄 위 [어]傷貌어릿어릿할어(語) 傮 찬 [조]終也마칠조(豪) 僃 備同 ⿰亻啇 티 [적]惡也ㅣ모질적(陌) ⼗二 僕 푸 [복]給事者시중군복(沃) 僞 웨 [위]詭也속일위(寘) 僑 쟈 [교]高也높을교(蕭) ⿰亻然 산 [연]意急而懼황겁할연(銑) 僮 퉁 [동]童也아이동(東) 僒 [균]曲也구부릴균(軫) 僣 僭俗字 僧 썽 [승]從浮屠教名ㅣ加沙門중승(蒸) 僬 [초]促也달음질칠초(嘯) 僚 랴 [료]同官동관료(篠) 僖 씨 [희]樂也즐거울희(支) 僓 퉤 [퇴]順也ㅣ然순할퇴(灰) 僎 쭌 [준][선]鄕飮助主人者향음주인돕는사람준 具也갖출선(眞)(銑) 僛 치 [기]醉舞貌취하여춤추는모양기(支) 僝 잔 [잔]惡罵ㅣ僽몹시꾸짖을잔(刪)

僤 딴 [탄]疾也빠를탄(翰) 僨 분 [분]動也움직일분(問) 僩 쎈 [한]察也살필한(潸) 僔 [준]聚也모을준(阮) 僥 [요]僞也거짓요(篠) 傺 치 [제]開脚行步倢걸음걸이제(齊)

傯 偬과同 僟 찌 [기]精謹삼갈기(微) 僊 쌴 仙과同 僪 쎼 [결]日傍気해무리결 僙 꽝 [광]武也위엄스러울광(陽) 僜 뗭 [등]行波貌고달플등 古音청 층(蒸)

[illegible] 益의 古字 僦 쭈 [추]賃金임금추(宥) 僰 뻐 [북]西南夷서남방오랑캐북(職) 僗 勞과同 十三 ⿰亻雍 웅 [앙]不服倅ㅣ빳빳할앙(江) 價 쨔 [가]物直값가(禡)

⿰亻解 쎄 [해]豪強貌기운차고날쌜해(蟹) 儀 이 [의]容也거동의 形也꼴의(支) 億 이 [억]萬之萬倍억억(職) 僻 삐 피. [벽][피]偏也치우칠벽 避也피할피(陌)(寘) 儉 쟨

[검]約也검소할검 小也적을검(琰) 僽 쩌 [추]惡言而罵욕할추(有) 儑 싸 [삽]不謹貌偈ㅣ경솔할삽(合) 儂 늉 [농]我也나농(冬) 僿 쓰 [사]細碎가늘사(寘)

儋 담 [담]負荷집담(覃) 儈 쾌 [괴]売買周旋業者거간군괴(泰) 儇 환 [현]疾也빠를현(先) 僾 애 [애]眼鏡ㅣ遠안경애(隊) 儕 채 [제]等輩무리제(佳) 僶 민

[민]強爲ㅣ勉억지로할민(軫) 儃 탄 [천][탄]不進ㅣ廻머뭇거릴천 先舒聞貌한가할탄(先)(旱) 儆 징 [경]戒也경계할경 警通(梗) 僵 쟝 [강]仆也쓰러질강(陽) 僸 찐

[금]夷樂오랑캐풍류금(沁) 儁 준 [준]絶異卓特영특할준(震) 十四 儒 수 [유]学者선비유(虞) 儐 삔 [빈]導也인도할빈 進也나아갈빈(震) 儖 란 [람]形悪貌흉상스러울람(覃)

儜 닝 [녕]困也고달플녕 相呼聲떠들석할녕(庚) [illegible] 씨 [압]不著事잔피압 劣也용렬할압(合) 儔 쳐 [주]等類짝주(尤) ⿰亻翟 됴 [조]独立홀로설조(篠) 儛 舞과同 儘

[진]盡也다할진 盡通(軫) 儗 이 [의]相疑서로의심할의(紙) 儓 태 [대]ㅣ傭賤之稱、與ㅣ하인대(灰) 㒚 인 [은]依也남에게기댈은(問) 儚 멍 [맹]惛也ㅣ어두울맹(庚) 十五

優 우 [우]勝也이길우 無決心결단성없을우 戲也희롱할우 (尤) 儥 워 [육]賣也팔육 長길육 (屋) 儠 례 [렵]長貌ㅣㅣ긴모양렵 (葉) 儤 빠 [포]官吏連直거푸번잘포 (效)

儦 삔 [변]身不正몸삐뚜리변 (先) 儢 嚧과同 儮 뎨 [멸]多詐ㅣ僣간사할멸 (屑) 儦 빠 [표]衆行貌뗴지어걷는모양표 衆多많을표 (嘯) 儷 삐 [피]停也머무를피 (紙) 儩

쓰 [사]盡也다할사 (眞) 償 쌍 [상]還也갚을상 代價값상 贖也속죄할상 (陽) 儡 레 [뢰]木偶傀ㅣ꼭두각시뢰 허수아비뢰 (賄) ⑯ 儱 롱 [롱]未成器儱侗건목칠롱 (東) 儭 천

[츤]裏也속옷츤 (震) 儲 츄 [저]貯也저축할저 副也버금저 (魚) 儶 쎄 [해]狹也좁을해 (卦) 儴 냐 [뇨]美也아름다울뇨 (篠) ⑰ 儳 찬 [참]疾也빠를참 (咸)(陷) 儵

[숙]南海帝남해임금숙 (屋) ⑱ 儤 빠 [포]連直ㅣ宿숙직할포 (效) 儡 [섭]心服심복할섭 (葉) ⑲ 儷 리 [려]偶也伉ㅣ짝려 (霽) 儹 짠 [찬]計事일공론할찬 (旱) 儺

愼과同 儸 뤄 [라]健而不德、儸ㅣ심술스러울라 (哿) 儺 눠 [나]順猗ㅣ유순할나 (歌) ⑳ 儼 옌 [엄]敬也공경할엄 (琰) 儻 탕 [당]然辭혹그러할당 (養) ㉑

儽 뤄 [라]蚕也누에라 (哿) 儹 쌰 [효]傚也거만할효 (嘯) ㉒ 儾 낭 [낭]緩也늦어질낭 (漾)

儿部

儿 인 [인][궤]人也사람인 仁人어진사람궤 (眞)(卦) ① 兀 우 [올]高貌우뚝할올 (月) ② 元 웬 [원]始也道也으뜸원 (元) 允 우 [윤]信也믿을윤

(翰) ③ 兄 쓩 [형][황]長也맏형 況也하물며황 (庚)(漾) ④ 兊 充의譌字 充 츙 [충]實之찰충 (東) 兆 쨔 [조]億之億稽억조조 卜筮점칠조 光 꽝 [광]明빛 意

광景也경치광 (陽) 先 쏀 [선]前也먼저선 (先) 兜 꾸 [고]壅蔽가릴고 (麌) 兇 쓩 [흉]惡也악할흉 (腫) ⑤ 免 멘 [면][문]避也피할면 脫也벗을문 (銑)(問) 兎 兔의俗字

克 커 [극]勝也이길극(職) **兌** 퉤 [태]通也통할태(泰)(霽) ⑥ **兒** [아][예]孩子아이아、姓也성예(支)(齊) **兎** 투 [토]獸名토끼토(遇) **兕** 쓰 [시]野牛一角뿔난들소시(紙)

⑦ **兗** 옌 [연]九州之一|州고을이름연(銑) **兙** 瓩과同 ⑧ **兛** 瓩과同 **党** 땅 [당]羌種|項오랑캐당 **兜** 뚜 [두]首鎧투구두(尤) ⑨ **兝**

兞 瓱과同 ⑩ **兟** 씬 [신]進也나아갈신(眞) **兡** 瓸과同 ⑫ **兢** 잉 [긍]敬也공경할긍(蒸) **兣** 涼과同 ⑭ **兤** 瓼과同 **兦** 쌌 [요]遠也멀요(篠) ⑲

兤 황 [황]火明불밝을황(養) ⑳ **兢** 뿌 [부]疾也빠를부(遇)

入部

入 수 [입]出之對들입(緝) ① **亾** 왕 [망][무]失也없을망 無同없을무(陽)(虞) ② **內** 네 [내][납][나]裏也안내 入也들일납 女官여관나(合)(隊) ③ **叺**

[日]小俵작은섬입 作字 **尒** 爾俗字 ④ **全** 취안 [전]完也온전전(先) ⑥ **兩** 량 [량]再也둘량(養)(漾) ⑦ **兪** 위 [유]答也대답할유(虞) **兪** 치 [기]參差참치할기(支)

弁 뻰 [편]小也작을편(銑) ⑮ **輦** 에 [승]車乘수레탈승(庚)

八部

八 빠 [팔]數名여덟팔(黠) ② **公** 꿍 [공]官也벼슬공(東) **六** 루 [륙]數名여섯륙(屋) **兮** 씨 [혜]語助어조사혜(齊) ④ **关** 笑古字 **共**

꿍 [공]同也한가지공(宋) ⑤ **兵** 삥 [병]從戎戰鬪者군사병 戰爭전쟁병(庚) ⑥ **具** 쥐 [구]備也갖출구(遇) **典** 뎬 [전]法也법전(銑) **其** 치 [기]語助辭어조사기(支)

⑧ **兼** 쪤 [겸]總也모을겸(鹽) **兺** 巽의俗字 ⑩ **兾** 冀의俗字 ⑭ **冀** 찌 [기]望也바랄기(寘) ⑯ **巽** 晨古字 ⑱ **顚** 마 [전]項也이마전(先)

冂部

冂 잉 [경]遠界 멀경(青)
(二) 冄 冉과同
(三) 冊 채 [책]簡編 책·피책(陌)
冉 [염]毛細下垂가는 털늘어질염(琰)
册 冊와同
(四) 再 째 [재]兩也두번재(隊)
(五) 冋 잉 [경]光也빛날경(迥)
(六) 冐 冒의俗字
(七) 冒 모 [모]犯也무릅쓸모 貪也탐할모 [묵]單于名ㅣ頓 선우이름묵
冑 쭈 [주]兜鍪介ㅣ 투구주(宥)
(八) 冓 쒸 [후]殼冠은나라관후(虞)
冓 꾸 [구]交積材재목어긋매겨쌓을구(宥)
(九) 冕 멘 [면]冠也면류관면(銑)
(十一) 冪 [리]白帽接흰모자이(支)

冖部

冖 미 [멱]以巾覆物덮을멱(錫)
(二) 冘 유 [유]不定ㅣ豫머뭇거릴유(尤) 猶通
冗 穴과同
(六) 冞 미 [미]周行두루다닐미(支)
(七) 冠 관 [관]為衆之首우두머리관(寒)(翰)
(八) 冢 쭁 [총]大也클총(腫)
冣 취 [취]積也쌓을취(遇)
冤 뭔 [원]仇也원수원(元)
冡 [몽]欺也속일몽(東)
冥 밍 [명]無知지식이없을명(青)
(九) 富 富과同
(十四) 冪 미 [멱]覆也덮을멱 幕也장막멱(錫) 羃同

冫部

冫 삥 [빙]冬寒水結얼음빙(蒸)
(二) 汀 띵 [정]凍也얼정(青)
(三) 冬 뚱 [동]閉藏節겨울동(冬)
(四) 冱 후 [호]冷也찰호(遇)
冴 冱俗字
冲 츙 [충]和也화할충(東)
冰 삥 [빙]凍也얼음빙
决 決의俗字
(五) 冷 렁 [랭]寒也찰랭(梗)(迥)
冶 여 [야]精鍊잘닥을야(馬)
泼 빠
況 [불]風寒바람찰불(物)
况 [황]矧也하물며황(漾)
泮 판 [반]解冰얼음녹을반(翰)
(六) 冽 레 [렬]寒気厳酷매게추울렬(屑)
洛 히 [학]冰貌얼학(藥)
活 [활]冰貌也얼활(曷)
(七) 浹 쎄 [협]凍相著ㅣ渫얼어붙을협(葉)
浗 추 [구]手足凍貌손발얼어곱을구(尤)
(八) 涬 씽 [행]寒貌、ㅣ冷쓸쓸할행(迥)
凄 치 [처]風寒바람찰처(齊)
凌

릉 [릉]氷室빙고릉(徑)
准 [준]平也 평평할준(軫)
凇 숭 [송]寒気結氷如珠 霧ㅣ산유화송(冬)
凅 꾸 [고]寒気凝閉 얼어붙을고(遇)
凍 뚱 [동]寒感 추울동(送)
凋 됴 [조]半傷 여윌조(嘯)
凉 량 [량]輕寒 서늘할량(陽)
凊 징 [청]簿寒 서늘할청(敬)
(九) 渫 뎝 [접]凍相著、ㅣ凍 얼어붙을첩(葉)
減 減의 俗字
(十) 凒 이 [의]雪霜積聚貌 눈서리쌓일의(微)
凔 창 [창]寒也 찰창(漾)
凓 리 [률]寒気甚、ㅣ 찬기운률(質)
溏 광 [당]凍相著 얼어붙을당(陽)
凌 릉 [릉]積氷 쌓인어름릉(蒸)
溓 렴 [렴]簿氷 살어름렴(琰)
(十一) 凗 취 [최]雪霜積聚貌ㅣ凒 눈서리쌓일최(灰)
滭 삐 [필]風寒 바람찰필(質)
漻 릒 [류]手足凍貌 수족얼어붙을류(尤)
(十二) 潔 潔의 俗字
凘 씨 [시]流氷 성에시(眞)
(十三) 凚 찐 [금]寒極貌 쌀쌀이추울금(寢)
澤 뚝 [탁]檐結氷 庭ㅣ 고드름탁(藥)
凜 린 [름]寒也 찰름(寢)
凞 빈 [희]和也 화할희(支)
(十四) 凝 잉 [응]結也 엉길응(徑)
(十六) 瀝 [력]寒也 추울력(錫)

几部

几 찌 [궤]机也 책상궤(紙)
(一) 凡 빤 [범]大概 무릇범
凢 凡의 俗字
(三) 𠘨 쩐 [진]新生羽而初飛 짓처음나서나를진(軫)
凥 居과 同
処 處의 略字
(四) 凩 [목]秋末初冬 風찬바람목
凪 [지]風浪止 바람이자고 파도그칠지 日字
(六) 凭 핑 [빙]依也 의지할빙(蒸)
𠘩 치 [극]倦也 게으를극(陌)
凮 風의 譌字
(九) 凰 황 [황]雌鳳 암봉황(陽)
(十) 凱 캐 [개]善也 착할개(賄)
(十二) 凳 떵 [등]牀類 걸상등(徑)

凵部

凵 칸 [감]張口 입벌릴감(咸)
(二) 凶 흉 [흉]吉之反 흉할흉(冬)
(三) 出 츄 [출][추]入之對 나갈출 自内而外之 보낼추(質)(眞)
凷 [괴]墣也 흙덩이괴(隊)

凸 더 [철][돌] 突高貌 뾰족할 철 高貌 도도록할 철 돌 屑
凹 요 [요] 窊也 凸之對 오목할 요 有
六 函 한 [함] 包容 힙 쌀 함 覃
七 凾 函 俗字
凾 꾸

[잡] 春麥去度 보리대낄 잡 洽
十 凿 탁 [도] 古器 고기 도 豪

刀部

刀 또 [도] 兵刃 칼 도 豪
刁 됴 [조] 風動 바람 불 조 蕭
一 刃 인 [인] 刀鋒 칼날 인 震
刄 刃의 俗字
刅 [韓] 錢數 稱 돈 돈
二 分 뷴 [분][푼] 割也 나눌 분 分也 푼 푼 文 問
切 체 [절][체] 割也 끊을 절 急也 급할 체 屑 霽
刈 이 [예] 殺也 죽일 예 隊
刅 創同
三 刋 천 [천] 切也 끊을 천 銑
刏 끙 [공] 錤也 낫질할 공 東
切 功의 誤字
刌 춘 [촌] 切斷 끊을 촌 阮
刊 칸 [간] 刻也 찍을 간 寒
㓞 여 [절] 以血塗刀 칼에 피묻칠 절 屑
刓 큰 [곤] 斫木枝 가지칠 곤 元
四 刕 리 [리][례] 割也 벨 리 州의 俗用、割也 벨 례 支 齊
列 려 [렬] 布也 펼 렬 屑
刑 씽 [형] 罰總名 형벌 형 青 鉶通
划 화 [화] 進船竿 삿대 화 麻
刉 치 [기] 刲也 찌를 기 微
刎 원 [문] 剄也 목찌를 문 吻
刓 완 [완] 弊也 해질 완 寒
刘 싼 [삼] 刈也 베일 삼 陷
刖 웨 [월][왈] 斷足 발벨 월、왈 月
五 刬 잔 [점] 刀缺 칼이 빠질 점 豔
刧 刦의 俗
利 리 [리] 吉也 이로울 리 寘
初 추 [초] 始也 처음 초 魚
判 관 [판] 斷也 판단할 판 翰
別 삐 [별] 異也 다를 별 屑
労 勞略字
刦 접 [겁] 強取 겁탈할 겁 葉
刨 판 [포] 削也 깎을 포 肴
刪 싼 [산] 削除 깎을 산 刪
刜 뿌 [불] 擊也 칠 불 物
六 㓝 刑의 本字
制 쩨 [제] 禁也 금할 제 霽
刻 커 [각] 害也 해할 각 職
刹 차 [찰] 僧寺 절 찰 黠
刲 퀘 [규] 割刺 베일 규 齊
刼 쪄 [접] 겁박할 접 俗 劫字誤 葉
刵 얼 [이] 斷耳 귀베일 이 寘
刳 쿠

고 剖破 쪼갤 고 (虞) **券** 촨 권 要約書 문서 권 (願) **到** 똬 도 至也 이를 도 (號) **剙** 촹 창 始也 비롯할 창 (陽) **刴** 뚸 타 斫也 꺾을 타 (箇) **⿰各刂** 러 락 剔也 살깎을 락 (藥)

刺 츠 자 척 라 直傷 찌를 자、針縫 바느질할 척、御食曰水ㅣ 수라 라 (寘)(陌) **刮** 꽈 괄 削也 깎을 괄 (黠) **刷** 쏴 쇄 改也 문지를 쇄 (黠) ㊆ **前** 쳰 전 後之対 앞 전 (先)

則 쩌 즉 칙 助辭 곧 즉、常法 법칙 칙 (職) **刾** 刺의 俗字 **剃** 티 체 剪髮 털깎을 체 (霽) **剄** 찡 경 刎也 목찌를 경 (迥) **剌** 라 랄 弓聲 활다리는 소리 랄 (曷) **剉** 춰

좌 折傷 꺾어질 좌 (箇) **削** 쒜 삭 刮也 깎을 삭 (藥) **剋** 커 극 勝也 이길 극 (職) ㊇ **剝** 빠 박 脫也 벗길 박 (覺) **剡** 산 염 섬 光貌 번적할 염、会稽縣名 골이름 섬 (琰)

剙 刱의 俗字 **剖** 퍽 부 割也 쪼갤 부 (有) **剒** 춰 착 斬也 베일 착 (藥) **剠** 칭 경 량 략 墨刑在面 자자할 경、奪取 노략질할 량、鬪也取 획재 갈략 (庚)(漾)(藥) **剮** 脳과同

剌 레 렬 貫也 꿸 렬 (屑) **剔** 티 척 拔也 뺄 척 (錫) **剞** 이 기 曲刀 小剧 새김칼 기 (紙) **⿰卑刂** 피 비 削也 깎을 비 (齊) **剕** 뻬 비 削也 足발 베일 비 (未) **剜**

완 완 刻削 깎을 완 (寒) **剗** 찬 잔 削也 깎을 잔 (潸) **剚** 쯔 사 揷刀 칼꽂을 사 (寘) **剟** 뚸 철 탈 刊也 새길 철、擊也 칠 탈 (屑)(曷) **剮** 꽈 과 割也 베일 과 (哿) **剛**

깡 강 堅也 굳을 강 (陽) **剮** 과 剐과同 ㊈ **剬** 똰 단 整飾貌 단정할 단 (寒) **剫** 뚸 탁 判也 쪼갤 탁 (藥) **⿰𢈞刂** 鍬과同 **剪** 쟨 전 齊断 싹벨 전 (先) **剐**

꽈 과 剐肉置骨 살바를 과、過同 (馬) **副** 우 부 복 벽 次也 버금 부、稱也 알맞을 부、剖也 쪼갤 복、難産析小 순산될 벽 (宥)(屋)(職) **⿰契刂** 쪄 결 刻也 새길 결 (屑) **劃** 화 획 破声 깨지는 소리 획 (陌)

剭 우 옥 악 誅也 죽일 옥、刑也 형벌할 악 (屋)(覺) **剩** 쎙 잉 餘也 남을 잉 (徑) ㊉ **創** 챵 창 傷也 상할 창 (陽)(漾) **割** 꺼 할 十分之一 십분지일 할 (曷) **剴** 캐

개[개]近也가까울개 할개(灰)(隊) 剳 따 [답]鉤也갈구리답(合) 剛 깡 [강]勁也굳셀강 剛同 ⑪ 劃 러 [루]細切가늘게끊을루(尤) 剹 쳐 [책]著也시초책(陌) 剺

리 [리]劃也그을리(支) 剏 창 [창]皮傷겸질상할창(養) 剸 퇀 [단][전]斷也끊을단 細割肉회칠전(寒)(先) 剷 찬 [산]損削깎을산(潸) 剿 챠 [초]絕也끊을초(篠) 剽

퐈 [표]末也끝표(蕭) ⑫ 剸 쭌 [준]減也감할준(阮) 劄 찬 [잡]刺也찌를잡(感) 劂 쮀 [귀][궐]刻刀새김칼귀、曲刀우비칼궐(寘)(月) 劃 화 [획]刻也새길획(陌)

剮 꽈 [괄]刮去惡瘡肉은살도려낼곳괄(黠) 劋 쟈 [조]大也클조(效) 剹 쑥 [속]細切잘게끊을속(沃) 劅 둥 [동]剌也찌를동(冬) 劊 쯩 [증]割過傷과히베일증(徑)

⑬ 劇 꺽 [극]戲也연극극 甚也심할극(陌) 劅 쭤 [탁]去陰之刑불알발을탁(覺) 劉 류 [류]剋也이길류(尤) 劆 련 [렴]輕刺사뿐찌를렴(豔) 劍 검 [검]兵器칼검(豔)

劋 예 [첩]續繩索노끈이을첩(葉) 劈 피 [벽]剖破쪼갤벽(錫) 劌 꿰 [귀]割也베일귀(霽) 劊 쾌 [회]斷也끊을회 本音과(泰) 剿 쟈 [초]絕也끊을초(篠) ⑭

劑 이 [제][자]分也나눌제、卷書문권자(支) 劒 잼 劍의同字 劓 이 [의]割鼻코베일의(寘) 劋 슈 [유]渥脂柔革가죽에기름먹여유하게할유(尤) ⑮ 劕 찌

질 [질]|齊市信어음질、엄쪽질(質) ⑰ 劖 찬 [참]刻也새길참(咸) ⑲ 劘 머 [마]削也깎을마(歌) 劗 짠 [찬]鬋髮머리털깎을찬(寒) 劚 쮸

[촉]削也깎을촉(屋) ㉑ 劙 리 [리]分割저밀이 又쪼갤이(支) 劙同

力部 力 력 [력]勞動일할력(職) ③ 加 쟈 [가]增也더할가(麻) 功 꽁 [공]勞之積也공공(東) 𠠲 화 [화]牽船聲배끄는소리화(箇) ④ 劶

퀘 [귀]疲極、劳ㅣ피곤할귀 古音괴(寘)

劣 렬 [렬]弱少어릴렬(屑)

劤 끈 [근]強也강할근(問)

[五]

劬 쿠 [구]疲劳고할구(虞)

助 쪼 [조]佐也도울조 益也유익할조(御)

劫 겁 [겁]強取겁탈할겁(葉)

劢 勱의略字

劭 쇼 [소][초]勸勉권면할초、美也아름다울소(嘯)(蕭)

努 누 [노]勉也힘쓸노(麌)

[六]

劵 권 [권]倦也게으를권(霰)

効 效의俗字

劻 광 [광]急遽貌급거할광(陽)

劾 해 [해][핵]用力힘쓸해、功也공해 弾治핵실할핵(職)(隊)

劼 할 [할]勤也부지런할할(黠)

[七]

勇 용 [용]銳也날랠용 果敢용기용(腫)

勁 경 [경]強健굳셀경(敬)

勉 면 [면]勤也부지런할면(銑)

勅 칙 [칙]天子制書칙령칙(職)

勃 발 [발]怒貌성낼발(月)

[八]

勍 경 [경]強也강할경(庚)

勌 권 [권]劳也수고로울권(霰)

勑 勅과同

[九]

動 동 [동]静之対움직일동(董)

務 무 [무]専力힘쓸무(遇)

勖 욱 [욱]勉也힘쓸욱(沃)

勔 면 [면]勤勉권면할면(銑)

勓 개 [개]勉也힘쓸개(泰)

勘 감 [감]定也정할감(勘)

[illegible] 할 [할]勤也힘들일할(黠)

勒 륵 [륵]刻也새길륵(職)

[十]

勞 로 [로]勤也부지런할로(豪)(號)

勝 승 [승]任也맡을승(徑)(蒸)

勛 勳의古字

[十一]

勢 세 [세]權力권세세(霽)

勧 勸의俗字

勤 근 [근]劳力부지런할근(文)

[illegible] 호 [호]健也건장할호(豪)

募 모 [모]雇也고용모(遇)

勦 초 [초]劳力수고로울초(肴)

勡 표 [표]強取겁탈할표(嘯)

勠 륙 [륙][류]併力협력할륙 戮通、류義同(屋)(宥)

勣 적 [적]功也공적(錫)

[illegible] 敵과同

[十二]

勩 이 [예][이]劳也수고로울예、이義同(霽)(寘)

勫 번 [번]健也건장할번(元)

[十三]

勱 매 [매]勉也힘쓸매(卦)

勰 협 [협]思也생각할협(葉)

勯 단 [단]力竭힘다할단(寒)

勮 거 [거]懼恐貌두려울거(御)

[十四]

勳 훈 [훈]功也공훈(文)

[十五]

勵 려 [려]勉也힘쓸려(霽)

勴 려 [려]心助마음으로도울려(御)

勸

씬 [심]励也힘쓸심(沁)

⑯ 勥 창 [강]追也쫓을강(養)

⑰ 勷 상 [양]急遽급히할양(陽)

劖 짠 [참]拔取빼낼참(咸)

⑱ 勸 촨 [권]勉誘권할권(願)

勹部

勹 빠오 [포]裹也、包也쌀포(肴)

㊀ 勺 쏘 [작]飮器구기작(藥)

勺 勺의俗字

㊁ 匀 윈 [균][윤]均也고를균 齊也가지런할윤 均同(眞)

勼 쮜 [구]聚也모을구(尤)

勾 句과同

勿 [물]莫也말물(物)(月)

匁 우 [문]衡也目몸메문日字

⿹勹丿 원 [문]覆也덮을문(吻)

匂 [내]香也향내내日字

㊂ 包 빠오 [포]裹也쌀포(肴)

匃 丐와同

匄 [개][갈]與也줄갈(曷) 개、갈義同(泰)

匆 [총]急遽총총할총(東)

㊃ 匈 쓩 [흉]不好흉할흉(冬)

㊄ 匉 펑 [평]訇大聲크게소리지를평(庚)

㊅ 匋 탄 [도][요]瓦器질그릇도、燒瓦기와굽는가마요(豪)(蕭)

匊 쮜 [국]物滿手줌국(屋)

匌 허 [합]気鬱蓊ㅣ기운답답할합(合)

㊆ 匍 푸 [포]手行而伏엉금엉금길포(肴)

㊈ ⿹勹者 뚜 [도]伏行기어다닐도(虞)

匏 팦 [포]飮器바가지포(肴)

匐 뿌 [복][북]手行길복 盡力趨往다름박질할복、북義同(職)(屋)

⿹勹匊 취 [국]曲脊곱사등이국(屋)

㊉ 匒 따 [답]重疊貌포갤답(合)

⿹勹盍 야 [압]婦人花髻飾ㅣ葉족두리압(合)

匑 츙 [궁]恭貌굽실거릴궁(東)

匔 匑과同

⑪ ⿹勹餘 이 [여]厭飽싫을여 옂물릴여(御)

⿹勹鹵 루 [로]匐也길로(虞)

⑫ 匓 쮜 [구]飽厭배불러싫을구(宥)

⿹勹復 뿌 [복]更也다시복(屋)

⑬ ⿹勹躳 츙 [신]謹也삼갈신(東)

匕部

匕 삐 [비]剣名、ㅣ首비수비(紙)

𠤎 化의古字

㊁ 化 화 [화]造ㅣ될화화(禡)

⿱匕十 봐 [보]列也벌릴보(晧)

㊂ 北 뻬 [북][배]北行북쪽에갈북、敗走패하여달아날배(職)(隊)

㊅ ⿱匕早 卓과同

㊆ ⿰仑匕 讀뿐[분]句분國字

㊇ ⿰台⿱匕匕 [욋]地名땅이름욋國字

㊈ 匙 [시]匕也숟가락시(支)

⑫ [illegible] 늦 晩也 늦을늦 ⑬ [illegible] 곳 處也 곳곳

匚部

匚 빵 방 器之方者 상자방(陽) ③ 匜 이 이 酒器술잔이(支) 匞 匠의本字 匝 짭 잡 周也두루잡(合) ④ 匡 광 광 正也바를광(陽)

匠 쨩 장 職工직공장장(漾) ⑤ 匥 뻔 변 竹器대그릇변(霰) 匣 짭 갑 箱子상자갑(洽) [illegible] 쎤 선 竹器盤채반선(銑) ⑦ 匧 치 협 藏衣笥옷상자협(葉)

⑧ 匪 삐 비 분 惡也악할비、分也나눌분(尾)(微) ⑨ 匭 꿰 궤 匣也갑궤(紙) 匬 위 유 量也十六斗휘유(麌) ⑩ 匯 휘 회 水回合물돌아모일회(賄) ⑫

匱 궤 匣也궤궤(寘) 簣見 匰 딴 단 宗廟독집단(寒) 匳 匲과同 ⑬ 匲 렌 렴 鏡匣경대렴(鹽) 奩籢同 歐 어 알 大呼用力크게힘써부를알(寘) ⑭

匴 쏸 산 竹器冠箱대갓집산(旱) ⑮ 匵 독 極也함독(屋) ⑰ 匶 柩의古字 ⑳ 贛 꽁 공 감 小杯작은잔공、箱類상자감(送)(感)

匸部

匸 씨 혜 藏也감출혜(齊) ② 匹 피 필 목 偶也짝필、鴨집오리목(質)(屋) 区 區의略字 ⑤ 医 이 예 矢器활집예(霽) ⑥ 匼 안 암 謠諛阿아첨할암(感)(合) ⑦ 匽 옌 언 路廁뒷간언(阮) 區 区의略字 ⑨ 區 취 구 우 域也갈피우、藏也감출구(虞)(尤) 匿 니 닉 隱也숨을닉(職)

匾 뻔 변 薄器엷은그릇변(銑) ⑩ [illegible] 틔 제 匾ㅣ器之薄者엷은그릇제(齊) ⑯ [illegible] 틔 제 虎臥息범누워숨쉴제(齊)

十部

十 시 십 数名열십(緝) ① 千 쳔 천 数名十百일천천(先) 廿 이 입 二十스물입 甘同(緝) ② 卆 卒의論字 升 씽 승 十

合되 승(蒸)

卅 싸 [삽]三十서 른삽(合)

午 우 [오]馬也 말오(麌)

廿 卄同

㊂ 半 빤 [반]物中分 절반반(翰)

卉 훼 [훼]草也 풀훼(尾)

卋 世과同

㊃ 卍 [만]佛書 萬字

卉 丹의 本字

卌 시 [십]四十 마흔십(緝)

𠦂 華과同

㊄ 尗 叔의 俗字

畢 삐 [필]箕屬 키필(質)

㊅ 卌 冊과同

卒 쭈 [졸][줄]軍五항오졸 竟也마침내줄(月)(質)

卑 삐 [비]下也낮 을비(支)

卓 쭤 [탁]越等뛰 어날탁(覺)

協 쎄 [협]和也화 할협(葉)

㊆ 南 티 [남]午方남 녘남(灰)

㊈ 卙 지 [집]集也모 일집(緝)

㊉ 博 뻐 [박]大也 클박(藥)

卜部

卜 뿌 [복]問龜 점복(屋)

卞 뺀 [변]法也법 변(霰)

㊁ 卝 꽌 [관][횡]束髮貌북상투관 金玉 樸금옥덩어리횡(諫)(梗)

㊂ 占 짠 [점]視 兆점 점(鹽)

卡 챠 [잡]關隘說兵立塘 守ㅣ지킬잡(合)

卟 께 [계]問卜점 칠계(齊)

㊃ 𠧟 弄 과同

㊄ 卣 이 [유]中樽중 순준유(有)

𠨋 쟈 [소]卜問 무꾸리 할소(嘯)

㊅ 卦 꽤 [괘]筮兆점 괘괘(卦)

㊆ 卤 댜 [초]草本實垂ㅣㅣ열매 주렁주렁달릴초(嘯)

㊇ 卣 [유]気行 모양유(尤)

㊈ 卨 쎄 [설]殷國 祖名은 나라시조 이름설(屑)

𠧳 이 [극]勝也이 길극(職) 克同

㊉ 𠨁 탄 [탈]跨也탈 탈(蒸) 乘同

卩部

卩 쪠 [절]符ㅣ示信 몸기절(屑)

㊁ 卬 앙 [앙]我也 나앙(陽)

㊂ 卯 맢 [묘]茂也성 할묘(巧)

卮 쯰 [치]酒器술 잔치(支)

卭 卬의 譌字

㊃ 危 웨 [위]不安위 태할위(支)

印 인 [인]刻文인 인(震)

㊄ 却 취 [각]斥也물 리칠각(藥)

卲 쌒 [소]高也높 을소(嘯)

卵 롼 [란]生後孵化 알란(旱)

⑥ 巻 좐 권 書可捲 책권 (銑) 卹 쥐 술 솔 憂愍 격정할술、掃塵 멸이솔 (質)(月) 卺 진 근 婚禮瓢杯 혼례때 의술바가지근 (吻) 卸 쌔 사 脫衣甲 벗을사 (禡)

⑦ 卽 쓱 즉 今也 이제즉 (職) 卻 쐬 회 骨節間 뼈마디사이회 (微) 卻 취 가 退也 물리칠각 (職) 卼 우 올 危也 위태할올 (月) ⑨ 郤 韓地名 땅이름

⑩ 卿 칭 경 貴公 귀공경 (庚) ⑪ 𠨲 쥰 준 危也 위태할준 (震) 厀 膝의 本字 ⑯ 䙴 쳔 천 移也 옮길천 (先) 遷同

厂部

厂 엔 엄 山之厓巖人可居 굴바위엄 (豔) ② 厄 어 액 災也 재앙액 (陌) ③ 厈 커 국 持也 잡을국 (沃) ④ 厎 쩨 개 到也 이를개 (卦)

厍 치 척 遂也 쫓을척 (陌) 厎 지 지 均也 고를지 (齊) 厏 쩨 개 轉倒 엎드러질개 (齊) 厊 야 아 相違 어긋날아 (馬) ⑤ 厎 즈 지 定也 정할지 (紙)

厒 커 갑 山左右有岸 낭떠러지갑 (合) 厔 지 곡 持也 가질곡 (沃) ⑥ 厓 예 애 山邊水畔 언덕애 (佳) 㕓 커 갑 山兩边有岸 산양편에 낭떠러지있을갑 (合) 厔 지 질 山曲 산굽이질 (質)

⑦ 厚 혁 후 重也 무거울후 (有) 厘 리 리 전 貨幣之最小单位 一錢之十分一 이리 (支) 厙 써 사 姓也 성사 (禡) 厖 망 방 雜也 어지러울방 (江)

⑧ 原 웬 원 地高平 언덕원 (元) 厞 비 비 陋也 더러울비 隱也 숨을비 (微)(未) 厜 취 수 山顚 ㅣ㕒 산이마수 (支) 厝 추 조 착 置也 둘조 礪也 숫돌착 (遇)(藥) ⑨ 厠 廁과 同

⑩ 厥 줴 궐 굴 其也、助也 그궐、蕃國、突ㅣ 나라굴 (月)(物) 厤 曆의 古字 厨 廚과 同 厦 廈과 同 ⑪ 厪 진 근 少也 적을근 (文) ⑫ 厭 옌 염 암 엽 惡也 미워할염 赤黑 검붉을암 鎭也 진압할엽 (琰)(葉)(豏)

厮 릐 시 使也 부릴시 (支) 厬 꿰 궤 涸也 물마를궤 (紙) 厩 쮜 구 馬舍 마구구 (有) ⑬ 㕒 이

[의]山巓厓丨 산마루의㊈ 厱 엄 [엄]厓岸危貌 언덕비탈엄(琰) 厲 려 [려]危也 위태할려(霽) 厤 벽 [벽]仄也 기울어질벽(陌) ⑭ 厥 호 [호]米倉 쌀곳간호(豪)

⑮ 厵 源의 古字 ⑯ 厡厵 源古字

又部 又 우 [우]亦也 또우(有) ① 叉 채 [채]兩枝 두갈래채(卦) ② 収 收의 俗字 友 우 [우]同志相交 벗우(有) 双 雙의 俗字 反

반 [반][번]正之対 돌이킬반(阮) 平丨理枉 이치에뒤칠번(願) 𠬝 복 [복]治也 다스릴복(屋) 及 급 [급]至也 미칠급(緝) ④ 叓 吏의 古字 ⑤ 叓 事의 古字 ⑥ 叔

숙 [숙]幼稱 어릴숙(屋) 取 취 [취]收也 거둘취(虞) 受 수 [수]繼承 이을수(有) ⑦ 叛 판 [반]背也 배반할반(翰) 叜 叟과 同 叚 가 [가]瑕也 빌릴가(馬)

叡 괘 [괴]息也 숨쉴괘(卦) 叙 敍의 俗字 ⑧ 叟 수 [수]老稱 어른수(有)(尤) ⑭ 叡 예 [예]深明通達 성인예(霽) ⑯ 叢 총 [총]聚也 모을총(東)

[illegible] 쳘 [철]鷄雛出殼時鳴声 알깔때병아리소리철(屑)

厶部 厶 사 [사]自営사사 我也 나사(支) ① 𠫓 돌 [돌]䃞産子轉身首向下 해산할때에아이돌아나올돌(月) 乙 巨의 古字 ② 厸 鄰의 古字 厽

子 [子]三隅矛 세모난창子(尤) 厷 굉 [굉]臂上一節 팔꿈치굉(蒸) ③ 去 거 [거]離也 갈거(御) 厺 去의 本字 㐬 장 [장]丨鞋 신에창받을장 中字 ⑤

帝 帝의 古字 ⑨ 參 삼 [삼][참][심]数名丨三也 셋삼 謁也 보일참、藥名 삼심(勘)(侵) ⑩ 叅 찬 [참][삼]度也 참작할참 不齊丨差 층날삼 参通(覃)(侵) ⑫ 㕘 去과 同

三畫

口部 口 커 [구]人所以言 食입구(有) 一 𠮛 야 [알]鳥聲 새소리 알(曷) 𠮙 이 [을]聲也ㅣ 소리 을(質) 𠮚 口의 古字 𠮞 旨同 二 古 꾸

[고]始也 비롯할 고(虞) 召 쟈 [소][조]呼也 부를 소 棗也 대추 조(嘯) 可 커 [가][극]許也 허락할 가 妻曰ㅣ敦 안해 극(哿)(職) 叱 치 [즐]呵也ㅣ咤 꾸짖을 즐(質) 叶 [협]和也 화할 협(葉)

右 위 [우]左之對 오른쪽 우(有) 叩 커 [고]擊也 두드릴 고(有)(宥) 史 쓰 [사]冊也 역사 사(紙) 司 쓰 [사]主也 맡을 사(支) 只 쯔 [지]語已辭 말을 그릇칠 지(紙)

台 태 [태][이]三公曰三ㅣ 三悅也 기쁠 이 三ㅣ星 별 태(灰)(支) 句 쥐 [귀][구]章ㅣ文詞止處 귀절 귀、國名高句麗 나라 이름 구(遇)(尤) 叫 쟈 [규]呼也 부를 규(嘯) 号 號의 略字 叮

띵 [정]親也 친절할 정(青) 叨 탄 [도]貪也 탐할 도(豪) 另 링 [령]割也 나눌 령(徑) 叵 퍼 [파]不可 못할 파(哿) 叴 추 [구]氣高 기승할 구(尤) 叭 빠 [팔]吹

器喇ㅣ 나팔 팔(黠) 三 名 밍 [명]聲稱號也 이름 명(庚) 夻 [韓]魚名大口魚 대구 구 吀 哶과 同 各 꺼 [각]異也 각각 각、 제각기 각(藥) 吐 투 [토]口欧 토할 토(麌)

同 퉁 [동]共也 한가지 동(東) 吚 씨 [히]呻也、唸ㅣ 신음할 히(支) 吁 위 [우]嘆也 탄식할 우(虞) 吏 리 [리]治政官人 관리 리(寘) 吴 화 [화]魚之大口 큰입 화 后

후 [후]君也 임금 후(有) 吊 弔의 俗字 向 썅 [향][상]對也 향할 향 姓也 성 상(漾) 吒 타 [타][탁]噴也 뿜을 타 嘲也 조롱할 탁(禡) 吉 찌 [길]嘉祥 길할 길(質) 𠯆 曝과 同

吃 흘 [흘]言難 말 더듬을 흘 喫也 먹을 흘(物) 合 허 [합][갑]結ㅣ 합할 합 和也 화할 갑(合) 吂 망 [망]聽而不答 물어도 모른체할 망(陽) 㕶 잉 [응]應喚語話 대답하며 말할 응(陽) 舌

앙 [앙]應喚語話、ㅣ告 코대답하며말할앙(陽)
吂 망 [망]問而不答물어도대답않을망(漾)
吅 썬 [현]吅也부르짖을현(元)
[口己] 이 [기]解釋해석할기(紙)
吆 야 [요]悲痛聲애통하는소리요(蕭)
吋 [촌][두]英國度名인치촌、叱也꾸짖을두(宥)
㊃
吾 우 [오]我也나오(虞)
吞 툰 [탄]藏也감출탄(元)
吳 [오][우]國名오나라오 譁也지껄일우(虞)
君 군 [군]至尊임금군(文)
听 인 [은]大口貌입이큰모양은(軫)
吻 원 [문]物出邊뾰족나온곳문(吻)
吪 어 [와]動也움직일와(歌)
吘 우 [우]西方風颶사방에서불어오는바람우(有)
吩 분 [분]命令ㅣ咐분부할분(文)
哅 흉 [흉]喧也시끄러울흉(腫)
呎 척 [척]英國尺度피이트척新字
呆 [태]愚也어리석을태(灰)
[口冊] 착 [추]声也소리추(有)
呔 태 [태]權衡数근수태(泰)
吵 초 [묘][초]鳴也울묘 喧也떠들초(篠)(巧)
告 고 [고][곡]報也알릴고、請也청할곡(號)(沃)
[口夭] 요 [요]弄聲희롱하는소리요(肴)
吒 허 [학]怒聲呼也성내서부르를학(覚)
吤 꺠 [개]大聲큰소리개(卦)
[口昏] 꽈 [괄]塞口입막을괄(曷)
吱 지 [지]細聲가는소리지(支)
呼 워 [의]耳語귀에대고말할의(齊)
吙 훠 [화]呼氣내쉬는숨화(麻)
[口方] 빵 [방]聞也들을방(養)
吣 신 [심]犬吐개가토할심(寢)
吹 취 [취]出氣噓也불취(支)
呂 뤼 [려]陰律풍류려(語)
否 피 [부][비]不然아닐부 隔也막힐비(有)(紙)
㕮 부 [부]嚼也ㅣ咀씹을부(麌)
呃 애 [애]氣逆作聲재채기할애(卦)
吠 폐 [폐]犬聲개짖을폐(隊)
吝 린 [린]恨也한할린(震)
吥 메 [매][문]笑也웃을매、문義同(灰)(吻)
吮 연 [전][연]嗡也빨전 嗽也기침할연(銑)
吰 헝 [횡]喤ㅣ鍾鼓聲쇠북소리횡(庚)
吼 허 [후]牛鳴소우는소리후(有)
[口币] 야자 [잡]魚食고기물결잡(合)
呐 어 [눌][열]言難말더듬거릴눌 言讒말을느리게할열(月)(屑)
吟 인 [음]歎也탄식할음(侵)
哂 썬 [신]哂ㅣ笑也비웃을신(軫)
启 [계]啓과同

呀 야 [하]張口貌입 딱버릴하(麻) **吸** 씨 [흡]內息숨 들일흡(緝) **吭** 항 [항]鳥嚨새목 구멍항(陽)(漾) **呈** 청 [정]示也보 일정(庚) **吥** 부 [부]吸取 빨부(尤) **吨** 툰 [둔]言語不明말분 명치못할둔(元) **呹** 쥐 [혈]小聲작은 소리혈(屑) **含** 한 [함]銜也머 음을함(覃) **吧** 빠 [파]小兒念爭ㅣ吒 아이들다툴파(麻) **呫** 데 [철]塞也막 힐철(屑) **吠** 와 [우]犬吠개 짖을우(尤) **吽** 위 [음][우]犬爭개싸울우、牛鳴소울음(侵)(尤) **吗** 좌 [규]呼也부 르짖을규(有) **吡** 픠 [필]吐唾침 뱉을필(質) **吣** 궁 [공]喧也지 꺼릴공(東) **吟** 진 [균]吐也토 할균(震) **吾** 꾸 [곡]多財녀 녀할곡(職) **吶** 쥐 [구]笑也웃 을구(寄) **吺** 떠 [두]言多말 많을두(尤) **吤** 개 [계]晨星새 벽별계(齊)

吘 우 [우]利也화 할우(有) **咼** 쥐 [절]低聲말소리나 직나직할절 **吡** 삐 [필]鳥聲새 소리필(質) **吟** 예 [예]善也좋 을예(齊) **吮** 딴 [담]噉也새 울담(感)

五

呿 취 [거][가]張口貌입 벌릴거、가(魚)(麻) **味** 웨 [미]気分기 분미(未) **和** 허 [화]順也순 할순(箇) **命** 밍 [명]天地所賦人所禀受목 숨명 使也시 킬명(敬) **呱** 꾸 [고]小兒啼声아 이가울고(虞) **咀** 줘 [저]嚼也 씹을저(語) **呴** 쒸 [구]開口出気 숨내쉴구(虞) **呼** 후 [호]喚也부 를호(虞) **呢** 늬 [니]小聲貌多言 소근거릴니(支) **咍** 해 [해]嗤笑비 웃을해(灰) **呺** 학 [효][호]ㅣ然大貌큰체할효 風声바람소리호(蕭)(豪) **呭** 뗴 [예]多言말수 다할예(霽) **咊** 和의 古字 **咎** 쭈 [구][고]過也허물구 臣ㅣ순임금신하고(有)

咆 팍 [포]哮熊虎聲짐 승소리포(肴) **呶** 뇨 [노]讙聲들 렐노(肴) **呻** 썬 [신]吟咏聲읊 조릴신(眞) **呵** 허 [가]怒責꾸 짖을가(歌) **呯** 핑 [평]軟嬌聲애교 있는음성평(青) **咂** 쭤 [구]高聲소 리높일구(尤) **呮** 지 [기]足垂而坐도사 리고앉을기(寘) **咹** 안 [안]羊吠양 짖을안(寒) **呩** 예 [야]答也대 답할야(馬) **咈** 부 [불]違也어 길불(物)

咏 융 [영]歌也 노래할 영 敬 周 쩍 [주]匝也 두루 주、密也 밀할 주 尤 呪 쩍 [주]咀ㅣ 저주할 주 宥 呦 우 [유]鹿鳴聲ㅣㅣ사슴 우는 소리 유 尤 呾 따

[달]相訶 마주 꾸짖을 달 曷 咄 똬 [돌][달]訶也 꾸짖을 돌、呼聲 부르는 소리 돌、달 月 曷 呫 텹 [첩]嘗也 맛볼 첩、小貌 ㅣㅣ앙징할 첩 葉 呷 쌰 [합]張也 벌릴 합 洽 呬 씨

[히][령]息也 숨쉴 히、衆聲 와자할 령 眞 靑 呸 비 [비]争聲 다투는 소리 비 支 呲 呰와 同 咇 삐 [필]馨香ㅣ芬 향기날 필 質 呰 쯔 [자]苟且 구차할 차 紙 呴 喣과 同

呆 허 [화]小兒啼 어린 아이 울 화 歌 咂 짜 [잡]口吸 빨 잡 合 咉 양 [앙]咽悲 목메여 슳이 울 앙 養 咐 부 [부]噓也 불 부、吩 분부할 부 虞 咜 타 [타]麞也 노루 타 歌

咋 짜 [사][책][색]暫也 잠간 사、大成소리 쨱 지를 책、嚙也 씹을 색 禡 陌 咖 커 [가]熱帶産植物 茶名 ㅣ啡 가피 차 가 中字 咕 꾸 [고]多言 두덜거릴 고 虞 [口召] 쟌 [초]喉鳴 목

구멍 울 초 蕭 [口犮] 빠 [벌]看也 방패 벌 月 哇 쯔 [주]口不正 입 비뚤어질 주 尤 呃 이 [악]鳥聲 새소리 악 陌 呟 쎈 [현]聲也 소리 현 銑 咁 감 [감]含也 머금을 감 感

味 머 [말]黑光 꺼멓게 빛날 말 曷 [口立] 리 [립]漕船聲 배젓는 소리 립 緝 [口疋] 피 [필]吐唾 침뱉을 필 質 ⑥ 哀 애 [애]傷也 서러울 애 灰 咸 쎈 [함]同也 같을 함 咸

品 퓐 [품]官級ㅣ格 품수 품 寢 [口危] 애 [액]高聲 높은 소리 액 陌 哈 하 [압][합]魚多貌 고기 우물거릴 압、以口歃飲 한모금 합 合 咰 쓔 [솔][순]飲也 마실 솔、순 義同 質 眞

[口后] 훠 [후]吐也 토할 후 [口耒] 레 [뢰]以言相遮 말막음할 뢰 賄 咯 러 [각][락]雉聲 꿩소리 각、訟言 송사말 락 藥 咧 례 [렬]鳥聲ㅣㅣ 새소리 렬 屑 [口吝] 吝의 俗字 哎

애 [애]悲痛聲ㅣ呟 애통하는 소리 애 哃 퉁 [동]妄言 망녕된 말 동 東 喌 쯔 [주]呼鷄聲 닭부르는 소리 주 尤 响 썅 [향]振動 진동할 향、鳴也 울 향 養 咩 咪과 同 咪 미

[미] 羊鳴聲 양우는소리미 (紙)
咟 허 [확] 叫也 부르짖을확 (陌)
吺 둑 [두] 輕言 경솔히말할두 (尤)
咣 광 [광] 能言 말잘할광 (庚)
咾 랖 [로] 弱聲 약한소리로 (晧)
咭 끼 [길][갈] 笑貌 웃는모양길、鳴聲 쥐우는소리갈 (質)(黠)
[口危] 꿔 [귀] 許也 허락할귀 (紙)
咹 어 [알] 訥言 말더듬거릴알 (曷)
哚 산 [염] 口動貌 입움직일염 (琰)
[口曲] 쿼 [곡] 問罪 문초할곡 (屋)
[口肙] 예 [열] 怒也 성낼열 (屑)
[口存] 춘 [존] 口廣 입넓을존 (阮)
咔 룽 [롱] 嘲也 조롱할롱 (送)
[口戌] 쑤 [술] 口言 중얼거릴술 (黠)
咨 쯔 [자] 謀也 꾀자 (支)
[口冊冊] 싸 [살] 變聲 소리변할살 (曷)
咞 삐 [피] 端息 숨찰피 (眞)
[口奇] 이 [알] 謗也 비방할알 (曷)
哊 위 [육] 吐也 뱉을육 (屋)
[口⺕] 나 [납] 口動 입우물거릴납 (洽)
哄 훙 [홍] 笑大聲 큰소리내여웃을홍 (送)
哅 훙 [흉] 大聲 큰소리흉 (東)
咿 이 [이] 讀書聲 책읽는소리이 (支)
咡 얼 [이] 口旁 입시울이 (眞)
咫 즈 [지] 少也 적을지 (紙)
咥 찌 [회][질][절] 笑聲 허허웃을회 笑也 웃을질 啖也 씹을절 (未)(質)(屑)
咶 쓰 [시][활] 話也 이야기할시、활 義同 (紙)(黠)
哂 썬 [신] 微笑 빙그레웃을신 (軫)
哉 [재] 始也 비로소재 (灰)
哇 와 [와][왜] 淫聲 음란한소리와 氣不暢 막힐와 왜 義同 (麻)(佳)
咳 [해] 小兒笑 방글방글할해 (灰)
咲 [소] 笑也 웃을소 笑、古字 (嘯)
咺 훤 [훤] 懼也 두려워할훤 (阮)
咽 옌 [인][연][열] ㅣ喉 목구멍인、早急打鼓聲 빨리치는북소리연、嗚ㅣ聲塞 목멜열 (先)(霰)(屑)
咬 얀 [교] 食也 씹을교 (有)(巧)
咷 탚 [도] 號也 부르짖을도 (豪)
咼 喎同
哆 츠 [치][차] 張口貌 입딱벌릴치、下垂 입술처질차 (紙)(禡)
咤 차 [타] 叱怒 꾸짖을타 (禡)
咮 쥬 [주] 鳥嘴 새부리주 (遇)
咻 쒸 [휴] 嚾也 지껄릴휴 (虞)
咱 [찰] 自己之稱 나찰 (曷)
咢 어 [악] 驚也 깜짝놀랄악 (藥)
咠 치 [집] 攝語 귓속말할집 (緝)

七

唔 우 [오] 讀書聲 글읽는소리오 (虞)
員 원 [원][운] 官數 관원원、益也 더할운 (先)(文)

唁 옌 [언]弔生위문할언(霰)
唉 애 [애]驚問놀라물을애(灰)
唇 츈 [진]驚也놀랄진(眞)
哨 챠 [초]巡ㅣ沌成防盜處방수군초 [소]口不正입비뚤어질소(効)(嘯)
唆 쒀 [사]誘也괴일사(歌)
哮 쌰 [효]怒也성낼효(肴)
哥 꺼 [가]呼兄언니가(歌)
哿 거 [가]可也옳을가嘉也아름다울가(哿)
哦 어 [아]吟也읊조릴아(歌)(哿)
哭 쿠 [곡]哀聲곡례곡(屋)
唐 탕 [당]國名당나라당(陽)
咯 꺼 [격]橫枝비낀가지격(陌)
哲 쪄 [철]明也밝을철(屑)
哳 쨔 [찰]週ㅣ鳥鳴새지저길찰(黠)
唅 한 [함]哺ㅣ먹을함(覃)(勘)
唊 쟈 [겹]多言말많을겹(葉)
唈 이 [읍][압]鳴ㅣ短氣숨느겨쉴읍、압 義同(緝)(合)
哽 껑 [경]悲咽塞也목막힐경(梗)
哰 랖 [로]言語不解嘲ㅣ말알지못할로(豪)
哱 퍼 [발]囉軍器대평소발(月)
哪 나 [나]語助辭어조사나(箇)
唌 옌 [연][단]纏貌、ㅣㅣ참소할연、단 義同(寒)(先)
咩 메 [마]羊鳴양울마(馬)
哫 쭈 [족]以言求媚ㅣ訾아첨할족(沃)
唂 꾸 [곡]雉鳴꿩울곡(屋)
哯 쏀 [현]小兒嘔乳아이젖토할현(銑)
哩 리 [리]語助辭어조사리
哴 량 [량]啼極無聲嗟ㅣ울어목쉴량(漾)
唚 친 [침]ㅣ嘴입맞출침 中字
唩 워 [우]欲笑웃으려할우(麌)
哢 룽 [롱]鳥吟聲새읊조릴롱(送)
唏 씨 [희]歎也歔탄식할희(微)(尾)
哤 망 [방]雜言잡된말할방(江)
哺 뿌 [포]口中嚼食씹어먹을포(遇)
唄 빼 [패]梵音聲염불소리패(卦)
唣 짜 [嘩]ㅣ囉지저귈조
哧 嚇과同
⿰口巠 찡 [경]猿鳴원숭이울경(徑)
⿱口亐 이 [위]呼鴨聲오리부르는소리위(支)
⿰口呈 녀 [녈]怒也성낼녈(屑)
响 허 [하]衆聲뭇소리하(歌)
⿱吕心 찌 [기]哈也먹을기(眞)
⿰氵咅 찌 [기]慙也부끄러울기(微)
唀 誘과同
唍 완 [완]莞爾笑방긋웃을완(潸)
哂 테 [제]鼻嚏재채기할제(薺)
唎 리 [리]小聲가는소리리(眞)
⿱巛品
唦 사

[사]山猪丨嶓산돌(麻) 사(産猶犬諸山) **哱** 야부 [부]吹氣丨부는 소리부、同音푸(尤) **[illegible]** 애비 [비]香料 향비(紙) **[illegible]** 쑤 [속]吮也 빨속(沃) **啈** 커 [갈]拒絶거 절할갈(曷) **啍**

헝 [형]愚怯貌喰 접낼형(庚) **哠** 한 [호]言多말 많을호(號) ⑧ **啓** 치 [계]開發 열계(薺) **問** 원 [문]訪也문 안할문(問) **唳** 리 [려]鶴鳴학 울려(霽) **商** 쌍

[상]行貨賈 장사상(陽) **啐** 쵀 [쵀][줄]呼也부를쵀吮 聲쪽쪽빨줄(隊)(質) **[illegible]** 훈 [혼]多言잔 말할혼(元) **[illegible]** 꽌 [관]二鳥和鳴새서 로지저귈관(刪) **啍** 튼 [톤]重遲貌丨느 려느

려할 톤(元) **啁** 잧 [조][주]聲也지껄일조鳥聲丨 唯새소리조、주義同(肴)(尤) **唬** 후 [호]虎聲범의 소리호(皓) **啕** 탄 [도]多言丨수 다할도(豪) **唯** 웨 [유]專辭獨也오 직유(紙)(支)

唪 뿡 [봉]大笑貌크 게웃을봉(董) **唲** 얼 [아][애]強笑喻丨선웃음칠아、 兒語丨嘔어리광부릴애(支)(佳) **啚** 삐 [비]嗇也인색할비、 다라울비鄙同(紙) **唾** 튀 [타]口液 침타(箇)

啙 으즈 [자]短也짧 을자呰同(紙) **啞** [아][액]鳥聲까마귀소리아、 笑聲웃음소리액(禡)(馬)(陌) **唶** 쟤 [차][책]歎也탄식할차 鳥聲새소리책(禡)(陌) **唱** 창 [창]發歌노래 할창(漾)

售 쑤 [수]賣也팔수償 也갚을수(宥) **唫** 친 [금][음]口急閉입다물금 咏也唫을음吟同(寢)(侵) **啗** 딴 [담]食也먹 을담(勘) **唵** 안 [암][옴]手進食움켜먹 을암、釋呪진언옴(感)

啖 딴 [담]以利餌人 미끼담(感) **啅** 啄 와同 **啜** 쮜 [철]多言수 다할철(屑) **啇** 듸 [적]木根나무 뿌리적(錫) **嗒** 타 [답]多言잔 말할답(合) **唼** 쌰

[삽]鳧鴈聚食丨喋오리와 기러기먹는소리삽(洽) **啑** 싸 [잡][삽][체]呑也삼킬잡、鴨食魚貌丨喋오리 가텁석텁석먹을삽、鼻嚏氣콧김체(合)(洽) **唔** 우 [오]逆也거스 스를오(遇) **[illegible]** 쓔

[수]口誨입으로 가르칠수(有) **唰** 쏴 [솰]鳥治羽毛새깃 다듬을솰(黠) **[illegible]** 예 [야]鳥夜鳴새 밤에울야(禡) **啃** 써 [삽]口聲丨입다 시는소리삽(緝) **啝** 허 [화]順也순 할화(歌)

唴 챵 [강]小兒啼ㅣㅣ어린아이울강 漾 啂 뉴 [누]哺乳젖먹일누 有 啀 애 [애]狗欲齧개가물려고할애 佳 㖩 쪄 [추]無廉ㅣ齺염치없을추 虞 啦 라

[랍]語助辭어조사랍 合 㖶 쳐 [접]聲也소리접 葉 啉 苷와同 㖊 란 [람]喧也떠들람 覃 㖗 빤 [판]獻上帝之禮物也咯ㅣ예물판 潸 㖩 쑤 [석]靜也고요할석 錫

啛 찌 [계]ㅡ|拉근수계 霽 啤 삐 [비]口苦입맛쓸비 支 唽 暘와同 啺 [석]鳥聲새소리석 錫 唷 샤 [효]笑聲웃음소리효 有 唻 래 [래]歌聲노

래하는소리래 佳 唹 위 [어]靜笑고요히웃을어 魚 啛 루 [록]暫笑잠간웃을록 沃 㖮 와 [와]小兒啼어린아이울와 歌 唷 읏 [육]出聲소리지를육 屋 啘

애 [애]小兒言아이말애 佳 㖔 둥 [동]多言말많을동 董 啛 치 [채]先嘗먼저맛볼채 隊 涪 퍼 [파]言人之短험당할파 箇 啌 쨩 [강]嗽也양치질강 本音江 啦

웅 [급]漕船聲배젓는소리급 緝 啄 쮺 [탁]鳥食쪼을탁 覺 咮 짜 [교]動也움직일교 蕭 啊 아 [아]愛也사랑할아 箇 啈 싱 [행]爭也싸움할행 敬 啼 쑤

[소]羣鳥聲뭇새소리소 號 啡 피 [배][비]唾聲침뱉는소리배、熱帶産植物茶名咖ㅣ커피차비 灰 啒 꾸 [고]牛頷垂貌소목도리질할고 本音호 虞 唿 후 [홀]憂也근심할홀 月

九 喜 씨 [희]樂也기쁠희 紙 喬 챠 [교]驕也교만교 驕通 蕭 嘏 허 [하]咽也목구멍하 麻 喰 쓰 [식]飡也먹을식 屋 喉 喉의本字 喫 咖同

喏 야 [야]敬言答聲唱ㅣ공손히대답할야 馬 喚 완 [천]吭也빨천 銑 喪 쌍 [상]失也없어질상 陽 漾 善 싼 [선]良也착할선 銑 霰 喓 야 [요]虫聲벌레소리요 蕭

喘 촨 [천]疾息헐떡거릴천 銑 喭 옌 [안][언]失容추솔할안、弔生조상할언 諺 霰 喟 화 [위][괴]犬息한숨쉴위、本音귀、괴義同 寘 卦 喣 쒸 [후]吹也불후 麌 虞 喩

위 [유]告也고할유(遇) **啼** 티 [제]泣也울제 本音체(齊) **喎** 괘 [괘]口戾不正입비뚤어질괘(佳) **喈** 계 [개]鳥鳴새소리개(佳) **喙** 훼 [훼]鳥獸口부리훼(隊) **喝**

허 [갈][애]怒聲성낸소리갈 嘶聲噎塞陰ㅣ목쉴애(曷)(卦) **喧** 훤 [훤]大語嘩也지꺼릴훤(元) **喁** 옹 [옹]魚口聚貌噞ㅣ고기입우물。거릴옹 [우]相呼서로부를우(有) **喪** 喪의本字 **喚**

환 [환]呼也부를환 **單** 딴 [단][선]獨也홀로단、又홑단 廣大貌되임금선(寒)(先)(銑) **啻** 츠 [시]不止如是不下뿐시、만시 **啾** 착 [추]小聲두런거릴추(尤) **喃** 난

[남]語不了呢ㅣ말분명치못할남(咸) **喑** 인 [음][암]聚氣안간힘쓸음 泣無聲소리없이울암(侵)(覃) **(口+甚)** 탄 [잠][담]豊厚之貌ㅣㅣ수두룩할잠、많을잠、담義同(感) **(口+弇)** 안 [암]不言ㅣ

嘿말아니할암(覃) **喊** 한 [함]譀聲고함지를함(豏)(感) **喔** 우 [악]鷄聲ㅣㅣ닭의울음소리악(覺) **喞** 찌 [즐][즉]衆聲啾ㅣ두런거릴즐、多聲ㅣㅣ찍찍거릴즉(質)(職) **喤** 황

[황][횡]兒聲아이울음소리황、喧也지껄일횡(陽)(庚) **喉** 후 [후]咽也목구멍후(尤) **(口+幽)** 이 [유]鹿鳴사슴울유(尤) **喇** 라 [랄][라]言急喝ㅣ말급히할랄 僧曰ㅣ嘛중랄(曷) **喆**

쳐 [철]明也밝을철(屑) **喀** 커 [객]吐也토할객(陌) **喫** 치 [끽]食飲먹을끽(錫) **(㓞+口)** 랶 [략]磨刀칼갈략(藥) **(口+昏)** 원 [문]口脣邊입아귀문(吻) **喋** 뎨

[첩][잡]優語利口ㅣㅣ말잘할첩 唼ㅣ오리와기러기모여먹을소리잡(葉)(洽) **喌** 쥭 [주][축]呼鷄聲닭부르는소리주、축義同(尤)(屋) **喦** 녜 [엽]地名땅이름엽(葉) **喓** 과 哽과同

(口+春) 츈 [춘]吹也불춘(軫) **(口+孚)** 부 [유]小兒聲ㅣ呢어린아이유(尤) **喍** 채 [재]犬鬪貌ㅣ涯개싸움할재(佳) **喒** 쨘 [잠]我也나잠(覃) **[illegible]** 壽의古字 **喨** 량

[량]泣不止울고그치지않을양(漾) 哴同 **啣** 쎈 [銜]名ㅣ명함함 **(口+便)** 벤 [변]巧言교묘히말할변(先) **(口+胡)** 후 [호]咽下垂목젖호(虞) **(口+函)** 한 [함]高聲ㅣ(口+胡)소리지를함(覃) **嘆**

꺼 [혁]颶風名吷囉|吔合 사방풍혁 本音객(陌)
啻 시 [시]鳥鳴새 울시(支)
品 즤 [즙]衆口뭇 입즙(緝)
咖 자 [가]陋言|謱더 러운 말가(歌)
唒 자 [삽]多言 말많을

삽(洽)
哩 연 [연]喉也목 구멍연(先)
嚏 쫑 [종]嘔逆구역 질할종(腫)
嗕 학 [후]吐也토 할후(有)
嗇 셩 [성]閉口입 다물성(梗)
噩 어 [악]齒齶잇 몸악(樂)

嗾 시 [시]始言말시 작할시(支)
唆 삭 [수]笑聲웃음 소리수(有)
嗤 시 [질]咀也씹 을질(質)
嗁 태 [태]詐言거 짓말태(泰)
啊 쌰 [하]答聲대 답소리하(架)

嗳 놘 [환]怒也성 낼환(翰)
嗊 과 과同
喔 와 [욱]衆聲뭇 소리욱(屋)
喗 쮠 [군]口大입 클군(文)
嗇 이 [억]快也쾌 할억(屋)
嗶 배 [배]肝病 |依 咮

|간병 배(隊)
哩 리 [리]藥名沙|仙酸 약이름리(紙)
十
嗕 수 [욕]羌別種오랑 캐이름욕(沃)
嗗 와 [왈]飮聲마시 는소리왈(黠)
嗀 [학]嘔吐貌구역 질할학(覺)

嗌 이 [익][액]咽喉목구 멍익、애 義同(陌)
嗒 타 [탑]妄懷、然생 각잊을탑(合)
嗑 허 [합]合也입 다물합(合)(洽)
嗇 써 [색]愛也아 낄색(職)
嘗 嘗의 俗字
嗜

탕 [당]大言唐| 큰말할당(陽)
嗋 씨 [협]吸氣들이 마실협(葉)
嗩 새 [쇄]軍中樂|吶木管 蘆頭銅底호적쇄
嗟 쪠 [차]歎也탄 식할차(禡)(麻)
咲 笑의 俗字

嗢 우 [올]咽也목 멜올(月)
嗝 꺼 [격]雉鳴꿩 울격(陌)
嗎 마 [마]吒罵꾸 짓을마(禡)
嗐 해 [할][해]開口吐氣하 품할할、해 義同(泰)(黠)
嗊 윈 [운]吐也토

할 운(文)
嗆 창 [창]愚也어리 석을창(陽)
嗞 쯔 [자]歎也탄 식할자(支)
嗙 방 [방]笑也웃 을방(庚)
嗕 약 [박]噉也먹 을박(藥)
嗺 차 [추]滿口입 속가득

할추(支)
嗖 슈 [소]騷也시끄 러울소(號)
嗘 야 [요]吒也부르 짖을요(嘯)
嗔 신 [신]警也놀 랄신(眞)
嗄 애 [아]赤子啼갓난 아이울아(禡)
嘆 챠 [초]寂 寥적

적할초(皓)

⿰口罝 나 [나]遂鬼귀신쫓을나(歌)

⿰口毘 삐 [피]叱聲꾸짓는소리피(紙)

⿰口冓 꺼 [구]雉鳴꿩울구(虞)

嗟 차 [추]誹謗험담할추(有)

噠 달 [달]鳥囀새울달(黠)

⿰口宮 홍 [홍]衆聲뭇소리홍(送)

⿰口展 뎐 [전]愚也어리석을전(阮)

⿰口豹 퍞 [표]誇也자랑할표(効)

嘎 쎄 [훌]嘯也吹口휘파람불훌(質)

啗 과 喎同

嘌 리 [률]不明言말분명치못할률(質)

嗠 러 [락]牛乳소젖락(藥)

⿱寋口 옌 [건]語訥말더듬을건(先)

嗡 웅 [옹]牛聲소울음옹(東)

⿰口恚 이 [이]怒聲성낸리이(寘)

⿰口弱 타 [탑]口動貌입움직일탑(合)

⿰口韋 이 [위]變聲목소리변할위(微)

嗘 이지 [계]聲也ㅣㅣ소리계(齊)

嗤 치 [치]嘲笑비웃을치(支)

嗊 홍 [홍]囉ㅣ望夫歌曲서방바래는노래홍(董)

嗓 쌍 [상]喉也목구멍상(養)

嗉 쑤 [소]鳥受食処멀떠구니소(遇)

嗃 쌰 [효][학]大叫크게부르짖을효 悅樂기뻐할학(肴)(藥)

嗅 쓱 [후]就臭냄새날후(有)

嗛 쎤 [겸][함][협]不足貌부족히여길겸、口有먹음을함、足也넉넉할협、古音겸(監)(咸)(葉)

⿰口豈 해 [해]小兒笑어린아이웃을해(灰)

嗈 융 [옹]鴈和鳴기러기짝지어울옹(冬)

嗚 우 [오]歎辭탄식할오(虞)

嗣 쓰 [사]續也、継也이을사(寘)

⿰口牌 빼 [패]分解나눌패(蟹)

嗁 티 [제]號泣부르짖어울제(齊)

嗄 애 [애][사]氣逆聲敗목쉴애 聲變목갈래사(卦)(禡)

嗜 씨 [기]慾也즐길기、(寘)

嗂 야 [요]樂也즐거울요(蕭)

嗔 천 [진]怒也성낼진(眞)

⿰口孫 쏜 [손]噴水물뿜을손(願)

喿 쨔 [소]鳥羣鳴새떼지어울소(號)

嘁 추 [축]愁嚬貌눈쌀찡그릴축(屋)

⿰口洛 러 [락]呼也轉舌혀두루며부를락(藥)

⑪

嗶 삐 [필]鳴也울필(質)

嘉 쨔 [가]美也아름다울가(麻)

嘑 후 [호]大聲고함칠호(虞)(遇)

⿰口習 싸 [습]忍寒聲추위참는소리습(緝)

嗼 뫄 [막]靜也고요할막(藥)

⿰口卲 쨔

[교]大呼크게 부를 교(嘯)
啖 딴 [담]少味입맛 싱거울 담(覃)
嚓 처 [절]正言바른 말할 절(屑)
嘇 싼 [삼]物左口中含ㅣ 먹음을 삼(咸)
嗏 두 [로]正言바른 말할 노(虞)

噝 시 [실]發響소리낼 실(質)
嘆 친 [근]脣邊입시울 근(軫)
㗌 이 [질]語無節ㅣ咄말 절차없을 질(質)
嘏 야 [가]大也클 가(馬)
嘗 창 [상]試也시험할 상(陽)

嘈 찬 [조]喧也지껄일 조(豪)
嘔 어 [구][후]吐也게울 구、悅言기꺼운 말 후(尤)(虞)
嗾 주 [수]使犬聲개부리는 소리 수(有)[주]義同(宥)
嗿 탄 [탐]衆食聲여럿이 먹는 소리 탐

嗽 쑤 [수][삭]盪口上氣疾기침할 수、吮也빨 삭(有)(覺)
嘮 잔 [조]相誘서로 꾀일 조(篠)
嘎 까 [알]鶴聲두루미의 소리 알 古音 갈(黠)
嗷 와 [오]鳥聲새소리 오(豪)

嘖 쩌 [책]大呼聲크게 부르는 소리 책(陌)
嘞 뚱 [동]大歌크게 노래 부를 동(董)
嗸 오 [오]哀聲슬픈 소리 오(董)
嘴 삐 [피]美口예쁜 꽃 피(紙)
嗺 췌

[최]口醜입추할 최(賄)
嘒 훼 [혜]和也화할 혜(霽)
嘛 마 [마]西藏蒙古稱僧曰喇ㅣ중 마、나마마
嘅 개 [개]歎也탄식할 개(泰)(隊)
嘆 탄 [탄]呑歎太息한숨쉴 탄(軫)

嗎 쎈 [언]樂也즐거워할 언(先)
嘐 랖 [교][효]鷄鳴닭자처울 교、咬同、誇大語큰체할 효(肴)
嗅 갸 [교][구]獸名、ㅣ陽짐승 이름 교、丩義同叫同(蕭)(嘯)
嘌

・퐈 [표]車疾行無節몰아갈 표(蕭)
嘍 同嘌
𡁸 星의 古字
㗩 치 [칠]叱聲꾸짖는 소리 칠(質)
嗹 렌 [련]長言길게 말할 련(先)
嘃 충 [충]喰也먹을 충(東)

慼 츄 [축]蹙也부끄러울 축(屋)
嘺 캉 [강]咳聲기침 소리 강(養)
噭 쌰 [교]乎也싸울 교(肴)
嗟 차 [차]惡言험담할 차(馬)
嗐 깨 [해]笑貌웃는 모양 해(佳)

噴 뿐 [분]怒聲성낸 소리 분(問)
嘘 쉬 [허]虛口吐氣불 허(魚)
嘞 리 [륵]語助辭어조사 륵(職)
㘆 뒤 [차]緩口貌입처질 차(麻)
嗔 인 [연]大

笑깔깔 웃을연 (銑)

嗟 차 [차]多言말 많을차 (麻)(禡)

嘓 궈 [괵]苦厭不肯 귀찮을괵 (陌)

啀 애 [애]傾而不正비 틀거릴애 (佳)

[口离] 리 [리]言不止말그 치지않을리 (支)

⑫

噍 쟈 [초]急聲급한 소리초 (蕭)(嘯)

嘹 랴 [료]病呼신음 할료 (蕭)(嘯)

嘵 햐 [효]懼也두려 워할효 (蕭)

噌 쩡 [쟁][증]市聲卜吰장 꾼지껄 일쟁、空鬵泓ㅣ공연히 지꺼릴 증 (庚)(蒸)

嘲 쟈 [조]輕蔑경멸 할조 (肴)

嘯 쇼 [소]吟也읊 을소 (嘯)

[口開] 쌰 [하]開口입 버릴하 (麻)

嘺 챠 [교]口不正입 비뚤어질교 (蕭)

噁 어 [오]怒也성 낼오 (遇)

噆 차 [찰]細言가늘게 말할찰 (黠)

嚞 쳐 [철]嘲也조 롱할철 (屑)

[口敞] 처 [철]言正말단정 히할철 (屑)

嘟 뚜 [도]肝病名간 병날도 (虞)

噉 딴 [담]噍也씹 을담 (感)

[口畫] 훠 [획]卜嘖呼也부 르짖을획 (陌)

噎 예 [열][일]飲室喉閉목 쉴열、일의 義同 (屑)(質)

嘻 씨 [희]驚懼聲에구 머니할희 (支)

[口畓] 이 [일]危也위 태할일 (質)

嘫 싼 [연]答也대 답할연 (先)

噐 器의 俗字

喑 안 [암]卜咹少味싱 거울암 (覃)

嘪 매 [매]羊鳴양의 소리매 (蟹)

[口普] 噴 俗字

嘭 펑 [팽]聲也팽팽 소리날팽 (庚)

噅 웨 [휘]醜也곱사 등이휘 (支)

噈 쭈 [축]口合입 맞출축

噃 반 [번]聲也소 리번 (元)

嗇 써 [색]愛惜인 색할색 (職)

嘱 囑과同

噏 씨 [흡]內息숨들 이쉴흡 (緝)

嘮 랖 [로]卜呶讙也 지껄일로 (肴)

噆 짜 [잠]嗛也머금 을잠 (感)

嘸 우 [부]不精明어리 둥절할무 (麌)

嘾 [담]貪也 탐할담

嗢 위 [올]喉中鳴목구멍 가르릉거릴울 (物)

[口盤] 판 [반]以言難人말로 사람비난할반 (寒)

[口集] 지 [집]噍貌齰입우 물거릴집 (緝)

[口歰] 써 [삽]不能言입 어줍을삽 (緝)

嘰 지 [기]口醜입 더러울기 (微)

嘴 쮀 [취]喙也부 리취 (紙)

嘶 씨 [시]馬鳴말 울시 (齊)

嘬 쮀 [최]齧也 물최 (卦)

噀 쒼 [손]噴水물 뿜을손 (願)

噭

哼과同 **噴** 분 [분]叱也꾸짖을분(元) 吐氣鼓鼻재채기할분(願) **嘼** [축]山獸산짐승축(有) **嘿** 默과同 **嘳** 꿔 [괴]太息ㅣ思한숨쉴괴(卦)(寘) **噂** 쭌

[준]ㅣ沓聚語수군거릴준(阮) **嘷** 한 [호]咆也범의소리호(豪) 號見 **嘽** 탄 [탄][천]盛也성할탄、怒而噫분이북바칠천(寒)(銑) ⑬ **噮** 원 [연]甘食달게먹을연(霰) **噳**

위 [우]麌鹿羣口相聚ㅣㅣ사슴의여러입이서로모인모양우(麌) **噸** 뚠 [돈]英國의量目二百七十貫九百五十匁四分톤돈 **噟** 잉 [응]答也대답할응(蒸) **噭** 喫과同 **[口+閜]**

허 [하]大笑껄껄웃을하(麻) **[口+解]** 쎄 [해]怒聲역정낼해(蟹) **噢** 악 [욱][우]悲也슬어할욱、우義同(屋)(麌) **噡** 잔 [첨]多言잔말할첨(鹽) **嗂** [요]喜也즐거울요(蕭)

噪 짠 [조]鳥羣鳴뭇새지저길조(號) **噣** 쭈 [추][탁]鳥啄새입뿌리주、啄也쪼을탁(有)(覺) **噤** 찐 [금]口閉입다물금(沁) **噩** 어 [악]嚴肅ㅣㅣ엄숙할악(藥)

噱 쮜 [갹]大笑嗢크게웃을갹(藥) **噞** 옌 [엄]魚口上見ㅣ喁고기입엄(琰)(鹽) **[口+瑟]** 시 [실]叱聲꾸짖는소리실(質) **[口+質]** 찌 [질]賤話쌍된말질(覃) **[口+鼓]**

꾸 [곡]口聲입소리곡(職) **[口+慈]** 츠 [자]愧也부끄러울자(支) **[口+楚]** 추 [초]叱也꾸짖을초(魚) **[口+羨]** 羨과同 **噠** 따 [달]西夷國名嚈ㅣ오랑캐나라이름달(曷) **[口+臬]**

짠 [작]鼠聲쥐소리작(藥) **[口+戢]** 찌 [집]諭也호유할집(緝) **咢** 어 [악]誇也자랑할악(覺) **[口+愁]** 칙 [추]小兒啼아이울추(尤) **[口+虜]** [로]呼猪聲ㅣㅣ돼지부르는소리로(麌)

噦 홰 [홰]高氣多言기운높여떠들홰(泰) **噥** 눙 [농]甘食달게먹을농(冬) **噯** 애 [애]氣息숨애(泰) **[口+殿]** 뎬 [전]呻吟앓는소리할전(霰) **[口+曼]** 謾의俗字 **噰** 융

[옹]和聲ㅣㅣ화한소리옹(冬) **[口+感]** 깐 [감]吠也짖을감 本音함(覃) **[口+業]** 예 [업]口動입움직일업(葉) **[口+新]** [신]古談이야기신 日字 **噵** 따 [도]云也이를도(號) **噫** 이

[회][애]歎息한숨쉴희應答聲대답하는소리애(支)(卦) 噬 씨 [서]啗也씹을서(霽) 器 치 [기]皿也그릇기(寘) [高九] 챠 [교]高也높을교(嘯) 噭 쟈 [교]呼也부를교(嘯)

噦 훼 [홰][열]明貌밝을홰、氣逆聲재채기할열(泰)(月) 噲 쾌 [쾌]咽也목구멍쾌(卦) (十四) [口㬎] 어 [압]喧也시끄러울압(合) 噿 쥐 [취]鳥啄새부리취(紙) 嚎

후 [호]聲高소리높을호(豪) [口隱] 인 [은]小口작은입은(阮) [口與] 위 [여]動力歌손벼치며노래할여(魚) 嘍 릐 [루]呼狗ㅣㅣ개부를루(遇) 嚍 진 [진]憤發화낼진(震)

[口榮] 잉 [영]啼也울영(庚) 嚋 쥬 [주]唯也누구주(尤) 嚛 락 [락]班牛얼룩소락(覺) [口蒙] 멍 [몽]言不正明말분명치않을몽(東) 嚌 졔 [제]嘗也맛볼제(霽)

[口疑] 이 [억][의]小兒有智어린아이지각있을억、無見聞嗅ㅣ고루할의(職)(寘) 嚊 비 [비]喘急聲헐떡거릴비(寘) [口臺] 대 [대]言不止말그치지않을대(賄) [口衙] 衙과同

嚶 잉 [영]獸聲짐승소리영(靑) 嚅 수 [유]飮言而復縮囁ㅣ말머뭇거릴유(虞) 嚁 듸 [적]嘯聲휘파람소리적(錫) 嚂 란 [람]食貌먹는모양람(勘) 嚇 햐

[하][혁]笑聲웃음소리하、吪也꾸짖을혁(禡)(陌) 嚆 햐 [효]嗃鏑ㅣ失살촉울효(肴) 嚀 닝 [녕]叮ㅣ屬辭정녕할녕(靑) 嚈 야 [엽]西夷國名ㅣ達오랑캐나라이름엽(葉) 嚄 훠

[획]多言ㅣ借잔말할획(陌) 嚃 타 [탐]大歠훅훅들이마실탐(勘) (十五) 嚕 랴 [로]語也말할로(虞) [口賢] 쎤 [현]難也어려울현(先) 嚝 광 [광]鐘聲쇠북소리광(庚)

嚘 우 [우]語未定貌말얼버무릴우(尤) 嚙 요 [교]齩也물교(巧) 嚚 인 [은]愚也미련할은(眞) [口巤] 레 [렵]齧齒聲씹는소리렵(葉) [口賣] 뚜 [두]讀也읽을두(宥)

[口雲言] 이 [읍]衆聲뭇소리읍(緝) [口節] 지 [질]哵ㅣ聲出貌통소리들일질(質) [口營] 왕 [앵]犬吠聲개짖는소리앵(梗) [皃包] 뽀 [포]垂也가레질할포(巧) [口留] 嚚同 嚏

티 [체]鼻塞嚔ㅣ재채기할체(霽) 嘿 머 [묵][매]不自得ㅣ임의롭지못할묵 小兒多詐ㅣ尿어린아이꾀많을매(職)(隊) 嚗 빠 [박]怒聲성번소리박(覺) 嘐 랖 [로]靜也고요할로(豪) 嚤 마 [마]一名赤熊곰의이름마(麻) 嚛 허 [학]食辛매울학(藥) 嚠 릭 [류]言聲淸雅소리맑을류(尤) 囆 리 [래]正聲바른소리래(泰) 嚌 ᅌ지 [질]賤言천한말질(質) 嚦 퐈 [표]獸聲짐승소리표(肴)

十六 嚷 홰 [괴]呼也부를괴(灰) 嚥 옌 [연]呑也삼킬연(霰) 嚨 룽 [롱]喉也목구멍롱(東) 嚫 천 [친]施也베풀친(震) 嚦 리 [력]聲也ㅣ소리력(錫) 嚬 ᅌ빈 [빈]眉蹙찡길빈(眞) 顰同 嚮 쌍 [향]面對향할향(漾) 嚭 피 [비]大也클비(紙) 嚧 루 [로]笑也웃을로(虞) 噭 퐈 [표]大聲큰소리표(效) 嘘 쒸 [허]嗽也울허(魚) 嚪 啖과同 囒 란 [란]語不可解말알수없을란(寒)

十七 嚱 씨 [희]驚歎聲아이희(支)(眞) 嚵 션 [섬]貪也탐낼섬(鹽) 嚴 옌 [엄]敬也공경할엄(監) 嚲 뚸 [타]垂下貌늘어질타(架) 𡄳 싱 [경]聲長소리길경(徑) 嚳 쿠 [곡]急告급히고할곡(沃) 嚵 [참]饞食也탐할참(咸) 𡀔 단 [도]考也늙은이도(號) 嚶 잉 [앵]鳥聲ㅣ새소리앵(庚)

十八 嚼 ᅌ쟌 [작]侵蝕벌레먹을작(藥) 嚾 환 [환][훤]呼也부를환、喚通지껄일훤(翰)(元) 囀 ᅌ좐 [전]鳥吟새지저길전(霰) 嚻 [효]地名땅이름효(蕭) 囃 ᅌ자 [잡]長短也장단잡을잡(合) 囂 쌰 [효]喧也시끄러울효(蕭) 囁 ᅌ제 [섭][엽]私罵중얼거릴섭 細言소근거릴엽(葉) 𡅁 앤 [안]争也싸움할안(刪) 𡅊 이 [의]歎聲탄식하는소리의(寘) 𡅏 디 [제]嚔鼻氣재채기할제(霽) 𡄿 화 [획]誇貌자랑할획(陌)

十九 囊 [낭]財布지갑낭(陽) 囉 뤄 [라]歌助聲노래도와주는소리라(歌) 𡅅 채 [채]人名사람이름채(卦) 囈 이 [예]笑也웃을예(霽) 囋 ᅌ잔 [찰][찬]鼓音북소리찰、譏也기롱할찬(曷)(翰)(寒) 囍

희 雙喜 쌍희희 國字 囅 찬 천 철 大笑貌 크게 웃는모양 천、철 義同 (銑)(屑) 二十 嚴 안 암 呻也 신음할 암 (咸) 囒 란 란 虫名 呀|벌레 이름 란 (寒)(旱) 囏 艱의 古字

囐 자 잘 嘈|鼓聲 북소리 잘 (曷) 囋 嘈과 同 二十一 囓 녜 설 噬也 씹을 설 (屑) 囑 쥮 촉 付託 부탁할 촉 (沃) 囕 람 啗也 입에 넣을 람 國字

口部

口 國의 古字 圍의 古字 一 㔾 日의 古字 二 四 쓰 사 數名 넉 사 (寘) 囚 쥐 수 罪人 갇인 사람 수 (尤) 回 回俗字 囙 因俗字 囟

나 닙 녑 私取物 사사로 가질 닙、盜也 훔칠 닙、녑 義同 (緝)(洽) 三 回 회 회 施也 돌이킬 회 (灰)(隊) 因 인 인 由也 말미암을 인 (眞) 얀 요 神名 귀신 이름 요 (蕭) 囟 신

신 小兒頂門 숨구멍 신 (震) 囝 잰 건 閩呼兒 아들 건 (銑) 囱 창 창 穴也 구멍 창 (江) 団 團의 略字 四 囲 나 납 手動 손 움직일 납 (洽) 囦 淵의 古字 囫 후

홀 物完 圇 덩어리 홀 囪 창 총 烟突 굴뚝 총、창 (東)(江) 窓 창호 창 又창 囲 圍의 略字 园 윈 운 繞回 둘릴 운 (文) 困 쿤 곤 窮苦 곤할 곤 (願) 国 國의 俗字 囥 앤

변 吐涎 침 뱉을 변 (先) 囬 回의 俗字 囮 어 와 鳥媒 새후릴 와 (歌) 囤 툰 돈 小廩 困類 작은 곳집 돈 (阮) 囧 엉 경 窓明 창밝을 경 (梗) 冏通 囧 엉 경 光也 빛날 경 (梗)

五 固 꾸 고 堅也 굳을 고 (遇) 囹 링 령 |圄 獄也 옥 령 (靑) 圃 푸 포 菜田 채전 포 (麌) 囷 퀸 균 輪|屈曲盤戾 貌 서릴 균 (眞)(軫) 㘥 비 벽 閉也 닫을 벽 (職)

囥 당 당 採石聲 돌깨는 소리 당 (漾) 六 囿 우 유 욱 識不通 廣 고루할 유 苑也 나라 동산 육 (有)(屋) 囶 國의 古字 圂 웡 옹 圓穴 둥근 구멍 옹 (董) 七 㘣 인

은 水名 물 이름 은 (文) 圄 위 어 囚也 가둘 어 (語) 圃 푸 포 種菜場 채전 포 (麌)(遇) 圅 한 함 |貫也 궤 함 (咸)(覃) 圂 훈 혼 환 厠也 뒷간 혼 家畜 가축 환 (願)(諫) 八 國

꿔 [국]邦也 나라국 職 圈 촨 [권]圓形 둥글권 先 銑 圉 위 [어]ㅣ人養馬者 마부어 語 圊 칙 [각]鞭聲 채찍소리각 覺 圊 칭 [청]圂廁 뒷간청 庚 青 圇 륜

[륜]物完 圂ㅏ물건완전할륜 元 九 圁 이 [유]汚也 더러울유 有 圍 위 [위]還周에울위 微 圌 촨 [천]圌穀圓器 둥구미천 先 篅同 圐 야 [할]駝聲 약대소리할 黠 十

圓 원 [원]方之對 둥글원 先 圜通 圕 깨 [개]光也 빛날개 賄 園 원 [원]陵也 寢 능원 元 圔 야 [압]低聲 낮은소리압 洽 十一 團 톤 [단]聚也 모을단 寒 圖

투 [도]謀也 도모할도 虞 圖 [만]水勢回旋 물구비돌아들만 刪 回見 圖 圖의 俗字 十三 圛 이 [역]回行象氣絡繹不絕 맴돌역 陌 圜 [환][연]圜也 에울환、獄城ㅣ土 옥성원 刪 先

圄 獄의 古字 十九 圞 란 [란]圓轉團也 둥글란 寒 團 [균][균]束也 묶을균 군 義同 眞 吻

士部 士 쓰 [사]官之總名 벼슬사 紙 一 壬 인 [임]干名 천간임 侵 四 壯 쨩 [장]大也 장할장 漾 声 聲의 俗字 七 壴 쪄 [결]頭

傾 머리기우릴결 屑 八 壺 후 [호]酒器 병호 虞 瓠通 九 壹 이 [일]數之始 하나일 質 壼 쿤 [곤]居也 거할곤 阮 願 壼 윈 [운]鬱也 답답할운 文 壻

쒸 [서]男子 남자서 霽 十一 壽 쒸 [수]長ㅣ 명길수 有 宥 壾 망 [망]人名、孫休第三子 사람이름망 養 十二 壿 쭌 [준]舞貌ㅣㅣ 춤너울거려출준 阮

夕部 夕 씨 [석][사]暮也 저물석 一握 움클사 陌 二 夗 원 [원]臥轉貌 누어딩굴을원 阮 外 왜 [외]表也 바같외 泰 三 夙 쑤 [숙]早也 이를숙 屋 五

多 둬 [다]衆也 많을다 歌 夜 예 [야][액]晝之對 밤야、東海縣名 골이름액 禡 陌 夝 과 晴同 七 夦 탄 [담]多也 많을담 覃 夤 인 [인]普也 두루인 眞 夥

나 [나]多也많을나(歌) ⑧ 够 꾸 [구]聚也모을구(有) 夠 够와同 ⑨ 𡖬 [신]多也많을신(眞) ⑪ 夢 멍 [몽]寐中神遊꿈몽(送) 寢同 夤

인 [인]維也오직인(眞) 夥 훠 [과]多也많을과(哿) [해]義同(蟹) 𡖗 쵸 [조]多也많을조(嘯) 𡖎 夥의俗字

夊部 夊 쳐 [치]後至뒤에올치(支) ② 𡕒 齊과同 ③ 夅 降의古字 𡕕 學의俗字 ④ 𡕛 훼 [해]遮也가릴해(泰) 夆 봉

[봉]逢也만날봉(冬) ⑦ 𡕰 覺과同

夂部 夂 쇄 [쇠]安行편안히걸을쇠(支) ④ 夋 쥰 [준]行也갈준(眞)(震) ⑤ 夌 릉 [릉]高也높을릉(蒸) 𡕢 長의古字 ⑥ 复 [복]行也갈

복(屋) 𡕥 쭁 [종]馬首飾말굴레치장할종(冬) ⑦ 夏 햐 [하]中國別稱나라하(馬) 夎 좌 [좌]詐也거짓말할좌(箇) ⑧ 𡖀 [항]堅也굳을항(養) ⑩ 夐

[형]長也길형(敬) ⑫ 𡖋 [준]韋誇가죽옷준(震) ⑭ 夓 夏의古字 ⑰ 夔 킈 [기]敬懼조심할기(支)

大部 大 따 [대][태][다]小之對클대、太同、甚也、極也극할다(泰)(箇) ① 天 텬 [천]乾也하늘천(先) 夭 요 [요][오]短折요사할요(篠)(蕭)(皓) 太 [태]大也클태(泰)

夬 괘 [쾌]分決결단할쾌(卦) 夫 부 [부]男子通稱지아비부(虞) ② 失 씨 [실]過ㅡ과실실(質) 央 양 [앙]中也가운데앙(陽) 𡘙 泰의古字 夯 캉

[강]用力以堅다질강(漾) 夲 [도][본]進也나아갈도、本의俗字(豪) ③ 𡗝 夷와同 夸 콰 [과]奢也사치할과(麻) 夷 이 [이]大也클이(支) ④ 奀 뚱 [동]不

肥파리할동(董)
夾 쎠 협 持也 가질협(洽)(葉)
夽 인 운 高也 높을운(軫)
奄 츈 순 大也 클순(眞)
五
奄 옌 엄 忽也 문득엄(琰)
⿱大乍 사 사 誇也 자랑할사(馬)
奈 내 내 如何ㅣ何 어찌할내(泰)
㚔 뎨 접 驚愕 놀랄접(葉)
奅 퐈 포 大也 클포(效)
⿱大此 쎄 해 張大 벌릴해(卦)
奉 앵 봉 恭承 받을봉(腫)
奇 치 기 異也 이상할기(支)
臭 구 고 潤澤 윤택할고(皓)
⿱大弗 야 불 助也 도울불(質)
六
奔 뻔 분 走也 달아날분(元)(願)
奓 쟈 차 開也 벌릴차(馬)
奎 퀘 규 西方宿名 별규(齊)
契 치 계 글 결 설 約也 계약할계、蕃國ㅣ丹 나라이름글、勤苦ㅣ濶 근고할결、商祖 이름설(霽)(物)(屑)
⿱功夫 부 勉学 공부부 國字
奏 쩍 주 上疏 상소할주(宥)
奐 환 환 大也 클환(翰)
奕 이 혁 美也 아름다울혁(陌)
七
奊 쎠 혈 頭衷 머리기울혈(屑)
套 탈 토 투 長大 장대할토(號)
畚 뻔 분 盛土器 삼태분(阮)
奘 짱 장 大也 클장(養)
奚 씨 해 何也 疑辭 어찌해(齊)
八
奝 쳐 조 大也 클조(蕭)
奞 츈 순 鼓翼 날개칠순(震)
奜 뼤 비 大也 클비(尾)
套 套과同
⿱大或 예 역 強也 강할역(職)
⿱大林 신 심 大恐 크게두려워할심(侵)
⿱大束 졘 견 小束 작게묶을견(銑)
九
奢 셔 사 佛譽蘭 기를사(麻)
奤 빤 반 面大 日ㅣ 열굴클반(旱)
奠 뎬 전 置也 둘전(霰)
⿰缶夬 缺과同
⿱白大 쮜 작 人名 사람의이름작(藥)
奥 衡의古字
奡 와 오 慢也 거만할오(號)
十
⿱大焦 얖 효 大也 클효(蕭)
奧 와 오 욱 內也 속오、暖也 따스할욱(號)(屋)
⿱奞又 奪의古字
十一
奬 쟝 장 勸也 권할장(養)
奫 윈 윤 水深廣貌ㅣㅣ 물깊고넓을윤(眞)
奩 렴 렴 盛香器 향합렴(監)
奪 뒤 탈 被取 빼앗길탈(曷)
十二
奭 씨 석 혁 大也 클석、赤貌 붉은모양혁(陌)(職)
十三
奮 얜 분 揚也 드날일분(問)
奯 꺼 할 目動 눈굴릴할(曷)
十四

奰 삐 [비]壯大 장대할 비(眞)

【二十一】 奲 처 [차]寬大 너그럽고 클 차(馬)

土部

土 투 [토]地也、五行之一 흙 토(虞)(麌)

【一】 圠 야 [알]山曲 산구비 알(黠)

【二】 圢 띵 [정]田畔 밭고랑 정(迥)

圤 뽜 [박]土塊 흙덩어리 박(覺)

㘦 이진 [근]土壁 흙벽 근(眞)

圦 입 [입]水門 수문 입 日字

【三】 地 디 [지]下也 아래 지、天之對 땅 지(眞)

在 잭 [재]存也 있을 재(隊)

圳 솨 [수]畓溝 논도랑 수(尤)

圬 우 [오]泥鏝 흙손 오(虞)

圮 피 [비]岸毁 언덕무너질 비

圩 위 [우]岸也 언덕 우(虞)

圯 피 [비]岸毁 언덕무너질 비(紙)

圭 꿰 [규]量名 六十四黍為圭 저울눈이름 규(月)

圪 이 [을]推高 흙더미 우뚝할 을(屑)

【四】 圽 뫼 [몰]險也 험할 몰(月)

坐 쫘 [좌]席也、行所止 자리 좌(哿)(箇)

坊 빵 [방]障也 막을 방

坻 듸 [지]留也 머무를 지(紙)

坄 예 [역]煙突 굴뚝 역(陌)

坋 뿌 [분]拌也 버릴 분(吻)(問)

坏 픠 [배]未燒陶ㅣ瓦 굽지 않은 기와 배(灰)

址 즈 [지]基也 터 지(紙)

坌 뿐 [분]竝也 아우를 분(吻)(問)

圻 치 [기]王畿 서울지경 기 畿通、[은]岸也 언덕 은(微)(眞)

圾 이지 [급]高貌 산 높을 급(緝)

坎 칸 [감]穴也 구덩이 감(感)

坑 컹 [갱]埋也 묻을 갱(庚)

圿 여제 [갈]積垢 때 낄 갈(黠)

坅 친 [흠]坎也 구덩이 흠(寢)

坂 빤 [판]坡ㅣ 언덕 판(阮)

坆 문 [문]墳也 무덤 문(文)

均 쥔 [균]平等 고를 균(眞)

坉 툰 [둔]莊家 농막 둔(元)

坍 담 [담]波打岸 물이 언덕 칠 담(覃)

【五】 坤 쿤 [곤]地也 땅 곤(元)

坰 쩡 [경]郊也 들 경(青)

坶 무 [목]養也 기를 목(屋)

坭 늬 [니]水和土 진흙 니(紙)

坧 이지 [척]基地 기지 척(陌)

坩 칸 [감]所以鎔金鐵ㅣ堝 도가니 감(覃)

垂 쉬 [수]将及 거의 미칠 수(支)

垀 후 [호]地名 땅이름 호(虞)

坼 처 [탁]分開 터질 탁(陌)

坿 이부 [부]白石英 흰수정 부(虞)

坥

주 [저] 蚳蚼集也 지렁이 모인 땅 저 (魚)
⿰土末 머 [말] 塵芥 쓰레기 말 (曷)
坾 쥬 [저] 積塵 티끌 쌓일 저 (語)
垈 [대] 宅地 집터 대 國字
坱 양 [앙] 昧也 어두울 앙 (養)
坪 평 [평] 大野 벌판 평 (庚)
坲 불 [불] 塵起 티끌 일어날 불 (物)
坡 파 [파] 堤也 제방 파 (歌)
坷 [가] 行不利 길 험할 가 (哿)
坽 령 [령] 險岸 험한 언덕 령 (靑)
垁 [치] 垣也 담 치 (紙)
⿰土术 수 [술] 高也 높을 술 (質)
坫 뎜 [점] 塞也 막을 점 (豔)
坮 臺의 古字
坻 치 [지] 場也 마당 지、[저] 隴阪 언덕 저 (支)(紙)(齊)
坺 빠 [발] 發土 흙 필 발 (曷)
坌 뿐 [분] 掃除 쓸어버릴 분 (問)
坦 탄 [탄] 寬也 너그러울 탄 (旱)
坵 丘의 俗字
坨 [이] 地名 땅이름 이、[타] 陀 俗字 (支)
坳 얒 [요] 窊下不平 오목할 요 凹同 (肴)
垉 퐈 [華] 掘也 캘 포

⑥
垤 뎌 [질] 丘也 언덕 질 (屑)
垌 [동] 池貯水 못막이 동 國字
垞 재 [탁] 小丘 언덕 탁 本音 차 (麻)
垠 인 [은] 九天之界 하늘 가장자리 은 (眞)(文)
垣 [원] 卑墻 낮은 담 원 (元)
垢 꺼 [구] 汚也 더러울 구 (有)
𢦏 栽誤 俗作
垓 깨 [해] 階段 계단 해 (灰)
垗 좌 [조] 壇域 제터 조 (篠)
垟 양 [양] 土怪 흙속 괴물 양 (陽)
垎 꺼 [각] 土乾 흙 마를 각 (陌)
垒 릒 [루] 土墻 흙담 루 (紙)
垙 광 [광] 街也 길거리 광 (陽)
垛 뚸 [타] 堂塾 글방 타 (哿)
垝 꿰 [궤] 壞垣 무너진 담 궤 (紙)
垍 지 [게] 堅土 굳은 흙 게 (寘)
垡 빠 [벌] 耕起 밭갈아 들출 벌 (月)
型 씽 [형] 模範 모범 형 (靑)
垘 뷰 [복] 洑也 土䍜 보 막을 복 (屋)
垜 [타] 射垜 살받이터 타 (哿)

⑦
城 쳥 [성] 都邑 서울 성 (庚)
埍 쵠 [현] 女牢 계집 가두는 옥 현 (銑)
埦 완 [완] 以漆和灰而髹 회석어 바를 완 本音 환 (寒)
埕 녜 [녈] 下地 내릴 녈 (屑)
埁 신 [심] 土高 흙 높을 심 (寢)
埋 메 [매] 藏也 감출 매 (佳)
垺 뷰 [부] 山上流水 산위에 물흐를 부 (虞)(尤)
埇 융 [용] 路上加土 길 돋을 용 (腫)
埃 애 [애] 塵也 티끌 애 (灰)
埈 쥰 [준] 高也 높을 준 (震)
埌 랑 [랑] 塚也 무

더랑(漾)
埏 연 [연][선]地端八ㅣ땅끝닿인곳연 柔也부드러운흙선(先)
垽 인 [은]澱也해감은(問)
垾 한 [한]岸也언덕한(翰)
垶 씽 [성]赤土붉은흙성(庚)
埆 각 [각]大石多山바위영서리각(覺)
埻 뿨 [발]塵起貌티끌발(月)
埒 러 [랄]等也비등할랄(屑)
埂 겅 [경]坑也구덩이경(庚)
埧 빼 [패]防堰방축패(泰)
坶 매 [매][목]塵也티끌매、地名땅이름목(灰)(屋)
⿰土兌 태 [태]墻壞담무너질태(泰)
垷 ㅇ젼 [견]泥土진흙견(先)
⿰土兵 뼝 [병]塚穴무덤구멍날병(梗)
⿰土弄 룽 [롱]穿穴구멍뚫을롱(送)
埄 븡 [봉]塵起먼지일어날봉(董)
埀 垂의俗字

⑧

基 ㅇ지 [기]本也기본기(支)
堆 뙤 [퇴]聚也흙무더기퇴(灰)
堋 펑 [붕]覆土파묻고흙덮을붕(蒸)
執 ㅇ지 [집]守也지킬집(緝)
埠 뿌 [부]泊船之所ㅣ頭선창부 俗音보(遇)
埢 ㅇ좐 [권]曲墻、ㅣ垣굽은담권(先)
堌 꾸 [고]古塚옛무덤고(遇)
堁 커 [과]塵也먼지과(哿)(箇)
域 위 [역]界局지경역(職)
⿰土豖 츄 [축]牛馬所蹈處마소발자국축(沃)
埾 추 [추]築也쌓을추(遇)
埩 쯩 [정]耕田밭갈정(庚)
⿰土沓 따 [답]落聲떨어지는소리답(合)
埧 ㅇ쥐 [구]堤防방축구(遇)
埮 땀 [담]平地평평한땅담(勘)
埦 완 [완]小盂작은술잔완(旱)
埼 치 [기]曲岸頭언덕머리기(支)
埶 이 [예]樹種也심을예(霽)
埤 삐 [비]增也더할비(支)
埴 ㅇ지 [식][치]埏ㅣ흙을이길식、瞽者冥行더듬어서걸을식、치(職)
埿 늬 [니]泥也진흙니(霽)
堄 이 [예]城上女墻성가퀴예(霽)
培 페 [배][부]壅也栽ㅣ북돋을배、小阜ㅣ塿작두루할부(灰)(有)
埰 채 [채]采地食邑나라에서준땅채(隊)
埭 대 [태]以土堰水보뚝태(隊)
埻 쓘 [준]射的과녁준(軫)
堇 친 [근]時也때근(眞)(震)
埽 쏘 [소]隄岸언덕소(皓)(號)
堅 ㅇ견 [견]固也굳을견(先)
埵 뚸 [타]堅土굳은흙타(哿)
埜 野古字
堂 탕 [당]正寢집당、마루당(陽)
堈

깡 [강]壃也 언덕강(陽) **埸** 이 [역]田畔 밭경계역(陌) **埯** 옌 [암][엄]坑也 구덩이암、土覆物 흙덮을엄(感)(琰) **堉** 위 [육]肥地 기름진땅육(屋) **堊** 어 [악]色土 색흙악

(藥) **堀** 쿠 [굴]孔穴 구멍굴(物) **埳** 칸 [감][함]坎也 구덩이감、坎同 빠질함(感)(陷) ⑨ **堤** 디 [제]防也 막을제(齊) **堡** 빠 [보]小城 작은성보(皓) **堢** 堡와同

堯 야 [요]遠也 멀요(蕭) **堰** 옌 [언]壅水爲埭 방축언(願) **堲** 찌 [즉][즐]憎惡 미워할즉、火餘燼 불탄머리즐(職)(質) **堞** 데 [첩]城上女墻 성위의담첩(葉) **堛** 삐

[벽]土塊 흙덩이벽(職) **堮** 어 [악]厓岸圻ㅣ 언덕비탈악(藥) **坼** 쳐 [탁]裂也 찢을탁(陌) **堠** 허 [후]土堡 흙성후(有) **堺** 界과同 **墟** 후 [호]土釜 흙솥호(皓) **塿**

두 [도]埋也 묻을도(虞) **堫** 쭝 [종]耕田 밭갈종(東) **堣** 위 [우]暘谷ㅣ夷 땅이름우(虞) **堵** 뚜 [도]垣也 담도(麌) **堙** 인 [인]土山 흙산인(眞) **堳** 메 [미]墻垣 담미(支)

堥 우 [무]陶器 질그릇무(尤) **報** 빠 [보][부]告也 고할보、急疾ㅣ葬ㅣ虞 빠를부(號) **堸** 뻥 [풍]虫巢 벌레집풍(東) **堹** 쭝 [종]池堤 연못둑종(宋) **埀** 垂의古字 **堜** 렌

[련]丘也 언덕련(霰) **堷** 안 [암]土藏 흙에묻을암(感) **堪** 칸 [감]勝也 견딜감(覃) **堦** 찌에 [계]階也 뜰계 本音개(佳) **場** 창 [장]處也 곳장(陽) **堩** 껀 [긍]道也 길긍(徑)

堧 좐 [연]廟外垣 사당집밖결담연(先) **堨** 어 [알][얼]以土障水 보막을알、(曷)[갈]堰也 방축갈(霄) **堭** 황 [황]室無避 벽없는방황(陽) **堗** 투 [돌]烟突 굴뚝돌(月) **塅** 뚸

운 [타]垂貌 드리운모양타(哿) **堝** 꿔 [과]所以烹煉金銀 도가니과(歌) **堶** 퉈 [타]飛磚戲 팔매칠타(歌) **堬** 위 [유]塚也 무덤유(虞) **堿** 현 [함]監質 짠함(感) **堞** 채

리 [새]籬也 울타리새(卦) 砦同 **𡒄** 우 [복]居也 土窟 토굴에서살복(屋) **墅** 野과同 ⑩ **塞** 써 [새][색]戲具博ㅣ 희롱거리새、滿也 찰색(隊)(職) **塤** 쉰 [훈]燒土樂器 질나팔훈(元)

塢우 오村落마을오(麌) 塙쫘 각고堅也굳은흙각、多古土돌많은땅고(覺)(肴) 塘탕 당鑿地注水못당(陽) 塠퇴 퇴落也떨어질퇴(灰) [illegible]꾸
곡練土흙이길곡(屋) 塬이 얼小山작은산얼(質) 塛리 률塞也막을률(質) 塌타 탑低也낮은땅탑(合) 塔타 탑物隋聲물건떨어지는소리탑(合) 塝방 방地畔평
평한땅언덕방(陽) 塉쳑 척薄土메마른흙척(陌) 塮쎄 설細塵먼지설(月) 塩 監의俗字 塥껵 혁重土흙덩불일혁本音격(陌) 塨궁 공地名땅이름공(送)
塕옹 옹塵起티끌일어날옹(董) 塚쭝 총高墳무덤총(腫) 塒씌 시鷄塒닭의해시(支) 塏캐 개高明處시원한땅개(賄) 塗두 도泥也진흙도(虞)
塑쑤 소埏土像物흙으로만든인형소(遇) 塊쾌 괴墣也흙덩어리괴(卦) 塐 塑와同 塍씽 성赤剛土붉은흙성(庚) 填 진전久也오랠진、塞也막힐전(眞)(先)(銑)
塟 葬同 塖칭 승坪也큰들승(蒸) 塋잉 영墓也무덤영(庚) 塓미 멱塗也바를멱(錫) 塳뽕 봉塵起貌먼지일봉(東) 㙛 축塞也막을축(屋)
⑪ 境꼉 경界也지경경(梗) 墇쨩 장壅塞막을장(陽)(漾) 墋천 참沙土모래흙참(寢) 塲창 장除也마당장(陽) 墈칸 감險岸험한비탈감(勘) 墒
데 적階段층계적(錫) 墔최 최高丘높은언덕최(灰) 𡑞큰 곤黏土찰진흙곤(願) 塿러 루小阜토둔루(有) 墓무 묘塚也무덤묘、(遇) 墆데
절체貯也저축할절、高也높을체(屑)(霽) 墀츠 지階上地축대윗뜰지(支) 墍찌 기회息也쉴기、取也취할기、희(寘)(未) 墅쒸 서田廬농막서(語) 墉융 용城也성용(冬)
㙣루 로西方鹹地짠땅노(麌) 塺메 매、마塵也티끌매、마義同(灰)(箇) 塵천 진久也前ㅣ오래될진(眞) 墐친 근泥土진흙근(眞)(震) 㙓쌒 호卵産알

낳을효 本音교(蕭) 墒 상 [상]耕也밭갈상(陽) 塴 평 [붕]壅水權溉방축붕(蒸) 埄 평 [봉]塵隋風起티끌일어날봉(東) 㙬 충 [종]土菌땅버섯종(冬) 墂 퍞

[표]封土為標언덕쌓아표할표(蕭) 墁 만 [만]壁也벽만(寒) 塛 라 [라]盛土草器흙담는삼태나(歌) 墁 만 [만]壁也벽만(翰) 塽 쌍 [상]地高明處땅높고밝은곳상(養)

塼 쪈 [전]燒擊甓也벽돌전(先) 塹 쨘 [참]坑也구덩이참(豔) 塾 쑤 [숙]塾舍글방숙(屋) 塻 뭐 [막]塵也티끌먼지막(藥) 墊 뎬 [점]下也내려올점(豔)

墉 싸 [하]孔隙틈하(禡) 墌 지 [척]築土為基터다질척(陌) 墄 치 [척]階齒섬돌층척 本音측(職) 塸 우 [우]沙堆모래무더기우(有) ⑫ 墱 떵 [등]飛階비계등(徑)

墢 빠 [발]發土흙필발 拔同 벌(月) 增 쩡 [증]加也더할증(蒸) 墦 빤 [번]冢也무덤번(元) 墟 쒸 [허]大丘큰언덕허(魚) 墳 뻔 [분]墓也무덤분(文)(吻) 墩 랴

[료]周垣에워쌓은담료(蕭)(嘯) 墯 隋와同 墮 墒同 墜 쮜 [추]落也떨어질추(眞) 墽 쟌 [교]窟室굴속집교(肴) 墮 뙤 [타][휴]落也떨어질타 壞也무너뜨릴휴(哿)(支)

墬 地의字 墩 뚠 [돈]平地有堆돈대돈(元) 壒 이 [에]天陰塵ㅣㅣ티끌에흙비올애(霽) 墠 싼 [선]除地祭處壇ㅣ제터전(銑) 墲 무 [모]高塚높은무덤모(虞)

墡 싼 [선]白土백토선(銑) 墦 리 [류]盛飯瓦器질그릇유(有) 墶 싸 [삽]土隋聲ㅣㅣ흙떨어지는소리삽(合) 㙫 지 [집]泉湧샘솟을집(緝) 墳 糞과同 墰

탄 [담]地名땅이름담(覃) 墨 머 [묵]暗也어두울묵(職) 墝 쨘 [요]地不平땅평탄치못할요(肴)(效) 墣 푸 [복][박]塊也흙덩이복 박義同(屋)(覺) ⑬ 壇 탄

[단]墠也祀場제터단(寒) 壁 삐 [벽]屋垣벽벽(錫) 墿 이 [역]軌道수레바퀴길역(陌) 墻 牆과同 壅 융 [옹]障也막힐옹(宋)(腫) 壀 피 [비]女墻ㅣ 垻치첩비

壆 학 [학]土堅 흙 굳을학(覺) 環 환 [환]面墻 가 림담환(刪) 墜 수 [수]谷道 골 속 길수(眞) 壛 첨 [첨]塞也 막 을첨(豔) 壂 전 [전]堂址 당 집터전(霰)

墼 격 [격]未燒甎 굽지 않은벽돌격(錫) 埴 식 [식]黏土 진 흙식(職) 壉 호 [호]土釜 질 솥호(號) 壈 람 [람]失意坎ㅣ 뜻잃을람(感) 墾 간 [간]耕也 밭 갈간(阮)

墺 오 [오][욱]四方 사 방오、욱(號) 壄 野의 古字 壃 강 [강]界也 지 경강(陽) ⑭ 壒 애 [애]塵合 티끌 더미애(泰) 壖 연 [연]空地 빈 땅연(先) 壍

참 [참]坑也 구 덩이참(豏) 壎 훈 [훈]樂器土音 흙 풍류훈(元) 壑 학 [학]谷也 골학(藥) 壐 새 [새]帝印 옥 새새(紙) 壕 호 [호]城下池 성 밑해자호(豪) 壓 압

[압]殺也 죽 일압(洽) ⑮ 壙 광 [광]墓穴 구 덩이광(漾) 壏 함 [함]堅土 석 비래함(豏) 壘 뢰 [류][뢰]軍壁 진터 토성류 壯皃 魁ㅣ 건장한 모양뢰(紙)(賄) 壥 塵의 俗字

壢 렵 [렵]土皃 흙 모양엽(葉) 墑 적 [적]城上女墻 성가퀴적(錫) ⑯ 壞 괴 [괴][회]毁之 무너뜨릴괴 自敗 무너질회(卦) 嶨 각 [각]山多石 산에 돌자갈 많을각(覺)

壝 유 [유]土埒 토 담유(支)(眞) 壚 로 [로]黃泉黃ㅣ 황천로(虞) 壛 염 [염]長砌 긴 섬돌염(監) 壜 담 [담]酒瓶 술 병담(覃) ⑰ 壣 린 [린]菜田 남 새밭린(眞)

壠 롱 [롱]冢也 무 덤롱(腫) 壤 양 [양]富足 풍족 할양(養) 壟 壠와同 ⑱ 壩 場과同 壅 壅과同 ⑳ 壧 암 [암]地穴 굴암(咸) ㉑

壩 파 [파]堰也 방죽 파、둑파(禡) 墝 교 [교]高也 높 을교(嘯) ㉒ 壤 낭 [낭]土窟 토 굴낭(漾)

女部

女 녀 [녀]婦人總稱 여자녀(語) ② 奵 정 [정]好容 얼굴 좋을정(靑) 奴 노 [노]僕也 남 종노(虞) 奼 질 [질]女不謹 계집 삼가지 않을질(質) 奶

우 [유][내] 牛乳 소젖 유 尊對語 주인의 아내를 존대말 내 (有)(宥) ❸ 好 호 [호] 美也 좋을 호 (皓) 妄 왕 [망] 虛ㅣ 허망할 망 (漾) 奸 깐 [간] 亂也 어지러울 간 (寒) 如

수 [여] 若也 같을 여 (魚) 妃 삐 [비] 配也 배필 비 (微) 㚻 쭈 [子] 嫠婦守節不嫁 과부수절할 구 (有) 妁 쭤 [작] 媒介 중매 작 (藥) 㚤 이 [익] 女官名 계집 벼슬 이름 익 (職)

奼 차 [타] 美也 아름다울 타 (馬) 㛂 빤 [번] 女髻帍員 계집 영오할 번 (願) 她 쩌 [저] 長女 큰딸 저 (職) ❹ 妨 빵 [방] 害也 해로울 방 (陽)(漾) 妕 쭝 [중] 女子名 여자 이름 중 (送)

妋 뿌 [부][우] 貧也 탐할 부 憎也 미워할 우 (虞)(尤) 妑 빠 [파] 女兒雙髻ㅣ頭 머리 두 갈래로 땋아 느릴 파 妏 운 [문] 生也 낳을 문 (文) 妖 약 [요] 異也 이상할 요 (蕭)

妙 만 [묘] 神化不測 묘할 묘 (嘯) 妡 찐 [근] 美也 아름다울 근 (文) 㚫 사 [삽] 女子名 여자 이름 삽 (合) 妣 삐 [비] 母死後稱曰 죽은 어미 비 (紙) 妓 찌 [기] 女樂 기생 기 (紙)

妥 터 [타] 安也 편안할 타 (哿) 妤 위 [여] 美也 아름다울 여 (魚) 妔 컹 [갱][항] 美女 예쁜 계집 갱 女性急戾 계집 성품 조급할 항 (庚)(陽) 妠 나 [날][납] 小兒肥貌 婠ㅣ 어린아이 살찐 모양 날、聚物 물건 모을 납 (黠)(合)

妧 완 [완] 好貌 좋은 모양 완 (翰) 妢 분 [분] 國名 나라 분 (文) 妘 윈 [운] 姓也 성 운 (文) 妎 [해] 妒也 투기할 해 (泰)

妐 쫑 [종] 夫之父 시아버지 종 (冬) 妗 찐 [금] 容態輕薄 방정스러울 금 (沁) 妝 짱 [장] 紛裝 단장할 장 (陽) 姌 산 [염] 弱長纖細 휘청거릴 염 (琰) 妉 담 [담] 樂也 즐거울 담 (覃)

妒 뚜 [투] 娼嫉ㅣ忌 투기할 투 (遇) 妜 녀 [얼] 眉目間 양미간 얼 (屑) 妊 신 [임] 懷孕 아이 밸 임 (沁) 姘 찡 [정] 女德不妄 계집 엄전할 정 (梗) 妦 봉 [봉] 美也 아름다울 봉 (冬)

㚼 칙 [추] 容美 얼굴 고울 추 (虞) 妟 晏과 同 妍 姸과 同 ❺ 姀 허 [화] 形正 단정할 화 (歌) 妻 치 [처] 婦也與己齊者 아내 처 (霽) 娀 웨

월輕也가벼울월(月) **姑** 꾸 고夫之母시어머니고(麌) **娐** 뿌 부美也아름다울부(虞) **姉** 姊의俗字 **姓** 씽 성系統生也ㅣ氏성성(敬) **[女+氐]** 디 저細也가늘저(齊)

姘 핑 평急也급할평(庚) **委** 웨 위末也끝위(支)(寘) **姊** 쯔 자女兄、伯ㅣ만누이자(紙) **娙** 씽 형嬉也즐거울형(庚) **妾** 쳬 첩小室작은집첩(葉) **姖**

쥐 거端正단정할거(語) **[女+幼]** 야 요美也아름다울요(巧) **始** 씌 시初也비로소시(紙)(寘) **姆** 무 모女師여스승모(麌) **妿** 어 아女師여스승아(歌) **婀** 媤과同

妭 빠 발美妻고운계집발(曷) **姝** 뚜 주人名華ㅣ사람이름주(有) **妱** 짜 초女字계집이름초(蕭) **姅** 빤 반婦人有月事월경할반(翰) **妰** 쳐 작靜

也、動止계집조용할작(藥) **[女+占]** 잔 섭小弱작고약할섭(鹽) **妼** 삐 필女有容儀계집엄전할필(質) **妮** 니 니婢也계집하인니(支) **姎** 앙 앙女人自稱我여자자칭할앙(陽)

[女+乏] 빠 핍美貌고을핍(洽) **㚻** 지 기将男作女ㅣ姦남색할기(微) **妺** 머 말桀妻ㅣ喜계집의이름말(曷) **姃** 정 정女容端莊단정할정(敬) **姐** 저 저女兄만누이저(馬)

姈 링 령女字여자이름령(靑) **妹** 메 매女弟아래누이매(隊) **妳** 내 내乳母유모내(蟹) **妚** 피 배婦人一朔ㅣ胎한달된태배(灰) **[巧+女]** 巧과同 **妸**

아 아美貌고을아(哿) **妯** 척 축兄第妻相呼ㅣ娌동서축(屋) **妴** 웬 원順直순직할원(阮) **[此+女]** 츠 자婦人小物하찮은계집자、不媚무뚝뚝할치(紙) **[女+夫]** 빈妾也첩빈(眞)

姁 쒸 후樂也즐거울후(虞)(麌) **姒** 쓰 사長婦만며리사(紙) **姍** 싼 선산行貌ㅣㅣ행하는모양선 好也좋을산(先)(寒) **妬** 뚜 투女無子자식없는계집투(遇)

姏 난 담老女自稱노파자칭할담(覃) **姸** 퓐 빈妾也첩빈(眞) **[巧+女]** 同巧 **妲** 달 달ㅣ己紂妃名계집의이름달(曷) **六** **姪** 지 질妻저족할질 절義同(質)(屑)

姜 ㅇ쟝 [강]齊姓神農後성강(陽)

姮 헝 [황]羿妻ㅣ娥계집이름황(蒸)

[illegible] 이 [의]華麗빛날의(微)

姯 광 [광]女色姸麗환할광(陽)

姰 ㅇ진 [균]適合적합할균(眞)

姷 ㅇ우 [유]配也짝유(有)

妚 뿌 [부]美也고울부(有)

姾 쳔 [전]女之端正계집단정할전(先)

[illegible] 시 [세]靜也조용할세(霽)

[illegible] ㅇ즈 [지]嫉也투기할지(眞)

妾 회 [회]美容얼굴예쁠회(隊)

娀 슝 [융]國名有ㅣ氏나라이름융(東)

姨 이 [이]母之妹이모이(紙)

姬 ㅇ지 [희]妾也첩희(支)

姲 안 [안]從容조용할안(諫)

姥 무 [모]老女할미모(麌)

姝 쓔 [주]美色계집아름다울주(虞)

姳 밍 [명]好也좋을명(迥)

娃 와 [왜][와]美也아름다울왜美貌얼굴이아름다울왜、와(佳)(麻)

威 [위]儀也거동위(微)

姻 인 [인]婚ㅣ혼인할인(眞)

[illegible] 려 [렬]美也아름다울렬(屑)

姦 ㅇ잰 [간]詐也간사할간(刪)

娙 씽 [형]女之身貌계집키클형(青)

姧 姦과同

姢 娟과同

㛃 潔과同

姣 ㅇ쟌 [교]美也아름다울교(巧)

姹 차 [차]美也아름다울차(馬)(禡)

姸 연 [연]麗也고울연(先)

姛 둥 [동]正項목이바를동(董)

[illegible] 쎈 [협]美貌이쁠협(豔)

姞 ㅇ지 [길]姓也성길(質)

姿 ㅇ즈 [자]趣味취미자(支)

姱 과 [과]好也좋을과(麻)

姡 화 [활]詐僞거짓활(曷)

娪 우 [오]淫貧음탕할오(遇)

姙 妊과同

姤 꾸 [구]遇也만날구(有)(宥)

姚 얀 [요]美好ㅣ嬈예쁠요(蕭)(嘯)

[illegible] 수 [여]魚肉之腐敗썩을여(語)

姶 허 [압]美貌아름다운모양압(合)

[illegible] 얼 [이]女號계집의칭호이(支)

姩 녠 [년]美女이쁜계집년(先)

[illegible] 어 [와]弱也약할와(箇)

姽 ㅇ지 [궤]好也좋을궤(紙)

姟 해 [해]數也兆之百백조해(灰)

姼 쓰 [제][시][치]美好貌예쁠제、母ㅣ죽은어머니시、輕薄貌姑ㅣ경망할치(齊)(紙)(支)

姺 션 [신][선]商諸侯國名ㅣ邳제후나라이름신、行貌編ㅣ행하는모양선(眞)(先)

⑦

娠 션

신 養馬者 마부 신(眞)
娒 姆과同
娐 야부 美貌 이쁠 부(虞)
娟 윈 연 幽遠 아득히 멀 연(先)
㛊 둬 타 量也 헤아릴 타(哿)
娚 난 남 語聲 말소리 남(覃)
㛖 뤼 려 醜雜 추잡할 려(語)
娊 젼 현 腰細 허리 가늘 현(銑)
娉 핑 빙 娶也 장가들 빙(敬)(青)
娑 쒀 사 舞貌 婆ㅣ 춤추는 모양 사(歌)(箇)
娦 嬪과同
娪 우 오 美女 예쁜 계집 오(遇)
娗 뎬 정 전 不開通 眡 매욱할 정 容也 모양낼 전(迥)(銑)(青)
娘 냥 낭 女稱 처녀의 이름에 쓰는 말 낭(陽)
娝 피 부 遇也 어리석을 부(虞)
娍 청 성 美也 아름다울 성(敬)
娡 지 기 怒也 성낼 기(寘)
㛘 퓌 불 女肥貌 㛘乳ㅣ 계집 살찐 모양 불(月)
娫 옌 연 華也 빛날 연(先)
㛂 져 첩 女惡 계집 표독할 첩(葉)
娧 퉈 태 喜也 기뻐할 태(泰)
娨 만 만 驕慢 교만할 만(潸)
娥 어 아 好也 예쁠 아(歌)
㛜 익 유 醜女 더러울 유(尤)
㛯 쎄 혈 喜也 기뻐할 혈(屑)
娞 뇌 뇌 姸也 고울 뇌(賄)
娜 나 나 美貌 婀ㅣ 아름다운 모양 나(哿)
㛚 융 용 齊也 가지런할 용(腫)
娕 칙 子 配也 짝 구(尤)
娌 리 리 心動 마음 동할 리(紙)
娬 우 무 媚也 예쁠 무
娛 우 오 樂也 즐거울 오(虞)
娓 웨 미 順也 순할 미(尾)
娣 되 제 女弟 아래누이 제(薺)(霽)
娩 완 만 면 産子 해산할 만 柔順 유순할 면(阮)
娭 애 애 戲也 희롱할 애(賄)
㛑 찬 찬 美也 아름다울 찬(翰)
娋 쟢 초 女兄 누이 초(效)
㛍 쎄 협 志靜 얌전할 협(葉)
娙 잉 형 形好貌 형용 좋은 모양 형(青)
娖 츄 착 謹貌 조심할 착(覺)
㛕 뚜 두 言失 말 잘못할 두(宥)

八

㛗 쫘 좌 戒也 경계할 좌(箇)
婐 워 와 女侍 시녀 와(哿)
婠 와 완 體好 몸 예쁠 완(阮)
媄 妖과同
婫 훈 혼 以物蒙頭 머리 덮을 혼(阮)
婗 이 예 初生兒 嬰ㅣ 갓난아이 예(齊)
婲 화 豔好 예쁠 화 日字
㛪 톈 점 喜笑貌 벙글거릴 점(監)
娼 창 창 女樂 창녀 창(陽)
婉 완

[완]順也 순할완 (阮)

婘 쵠 [권]好也아름다울권 (先)

婢 삐 [비]賤女천한여자비 本音추 (紙)

婟 꾸 [고]美也 어여쁠고 本音호 (遇)

娶 취 [취]取妻장가들취 (魚)

婪 란 [람]好美고울람 (感)

婩 옌 [엄]誣拏모함할엄 (豔)

婓 맿 [비]行貌ㅣㅣ행하는모양비 (微)

婁 뤄 [루]愚也어리석을루 (虞)(尤)

婣 인 [인]和也화할인 (眞)

婁 婁와同

婜 쎈 [현]守也지킬현 (先)

婚 훈 [혼]ㅣ姻혼인할혼 (元)

婭 야 [아]親戚姻戚일가아 (禡)

婀 娿와同

娵 취 [추]少也젊을추 (虞)

婧 찡 [청]貞潔조출할청 (敬)

娩 뺜 [반]免子토끼새끼반 (願)

婌 쓕 [숙]後宮女宮名궁녀벼슬이름숙 (屋)

婕 쪄 [첩]美貌예쁠첩 (葉)

婪 란 [람]貧也탐할람 (覃)

婬 인 [음]姦ㅣ간통할음 (侵)

娽 뤅 [록]從也따를록 (屋)

[illegible] 누 [누]女肥ㅣ婷살찔누 (有)

[illegible] 쟝 [강]姦亂문란할강 (養)

婆 퍼 [파]祖母ㅣ조모파

婦 뿌 [부]子之妻也며느리부 (有)

娾 애 [애]樂也즐거울애 (蟹)

娿 어 [아]美貌ㅣ娜아름다울아 (哿)

婎 찌 [기]姿態모양기 (支)

[illegible] 훼 [혜]兇也흉할혜 (霽)

婋 쌰 [호]女之怜悧계집영리할호 (肴)

婥 취 [작]美好貌예쁠작 (藥)

婖 텐 [첨]慙愧부끄러워할첨 (監)(琰)

婄 뿌 [부]肥也살찔부 (有)

娺 따 [달]疾也빠를달 (黠)

娷 쮀 [수]以事相属일서로부탁할수 (支)

娸 치 [기]憎也미워할기 (支)

姘 평 [평]除去제거할평 (庚)

婑 위 [유]美也아릿따울유 (支)

[illegible] 따 [탑]伏也엎드릴탑 (合)

婞 씽 [행]親也친할행 (迥)

婩 안 [안][하]美好고울안、愚也어리석을하 (翰)(藥)

婍 치 [기]美好고울기 (紙)

婤 쯔 [주]容貌優美얼굴얌전할주 (尤)

婡 래 [래]容美얼굴예쁠래 (泰)

婜 깐 [간]美麗화려할간 (刪)

九

媢 맏 [모]怒也성낼모 (號)

婼 촤 [착][야][이]不順순하지않을착、不順거스를야、國名나라이름이 (藥)(麻)(支)

媓 황 [황]堯女舜妃娥ㅣ여자이름황 (陽)

[illegible] 완

눈 嫩弱 어릴 눈 (願)

媀 어 우 女妒男 투기할 우 (遇) **嫨** 탄 탄 亂也 어수선할 탄 (翰) **㷀** 칭 경 獨也 외로울 경 (庚) **媤** 시 시 夫家 시집 시 國字 **媄** 위 미 色艷 빛고울 미 (紙)

媂 듸 제 厠間神名 뒷간귀신이름 제 (霽) **⿰女臿** 사 삽 急言失序 차례없이 말할 삽 (洽) **媆** 야 요 弱也 연약할 요 (篠) **媌** 마 모 眉目美好貌 눈매고을 모 (肴) **媍** 婦과同

嫂 쌰 수 兄之妻 형수 수 (皓) **媚** 메 미 美態 아름다운모양 미 (寘) **媁** 웨 위 醜也 추할 위 (微) **婸** 탕 탕 양 淫戲 음탕할 탕 我也 나 양 (養)(陽) **婜** 쎈 함 健也 壯也 키

크고 건강할 함 (豏) **媕** 안 암 不決ㅣ娿 결단못할 암 (覃) **媣** 산 염 分明 분명할 염 (琰) **媘** 셩 성 減也 축날 성 (梗) **媥** 펜 편 ㅣ姺 行輕貌 간들간들거릴 편 (先) **⿰酓女**

쥐 추 老嫗醜貌 계집 늙어추할 추 (尤) **娍** 쏀 함 女之陋醜 계집 더러울 함 (勘) **婄** 안 암 志不正 뜻바르지않을 암 (覃) **婻** 난 남 肥大 몸통통할 남 (勘) **婚** 婚과同 **⿰女叚**

쟈 가 美貌 고울 가 (馬) **⿰女畏** 외 외 美貌 아릿따울 외 (灰) **媛** 웬 원 女官 여자벼슬 원 (元)(霰) **媒** 메 매 仲ㅣ 중매 매 (灰) **⿰女尌** 지 극 賤嫗 쌍스런계집 극 (職) **媉** 아

옥 악 美也 예쁠 옥 飾모양낼 악 (屋)(覺)、官 **媧** 와 왜 과 女ㅣ 古女聖名 여자이름 왜、과 義同 (佳)(麻) **婿** 壻과同 **媞** 티 제 美貌ㅣㅣ 아름다운모양 제 (齊) **媠** 튀 타 不敬 거

만할 타 (哿) **婺** 우 무 ㅣ女星名 별이름 무 (尤) **媃** 어 유 女媚貌 예쁜체할 유 (尤) **婷** 팅 정 冷也 쌀쌀할 정 (青) **媔** 멘 면 妒也 투기할 면 (霰) **嫋** 난 노 有所恨痛 원통할 노 (皓)

媮 투 유 투 薄也 엷을 유 愉也 도둑질할 투 (尤)(虞) **媦** 웨 위 女弟 손아래누이 위 (未) **媈** 훼 휘 妾也 첩 휘 (微) **媟** 셔 설 慢也 거만스러울 설 **媐** 이 이 悅也 기쁠 이 (支)

⿰女奎 괘 과 美貌 아름다울 과 (佳) **媙** 위 위 窈窕之貌 얌전할 위 (微) ⑩ **⿰女胥** 쎄 설 小貌 작을 설 (屑) **嫇** 밍 맹 小人貌ㅣ 키작을 맹 (庚) **嫓** 피 비 配也 짝 비 (齊)

媵 인 [잉]從嫁 잉첩잉(徑)
嫌 쎈 [혐]不好 싫어할혐(監)
媽 마 [마]母也 어미마(麻)
婺 무 [목]美貌 아름다운모양목(屋)
[illegible] 쓰 [사]巫女 무사(支)
媱 얀 [요]老而曲背 늙어등굽을요(蕭)
嫋 냐 [뇨][약]柔長貌ㅣ娜간들거리는모양뇨 弱貌ㅣㅣ연약할약(篠)(藥)
媿 쾨 [괴]慚也 부끄러울괴(寘)
媸 치 [치]醜也 더러울치(支)
嫄 웬 [원]稷母姜ㅣ 후직의어머니원(元)
嫨 씨 [혜]妒也 투기할혜(齊)
媺 [미]善也 착할미(紙)
媼 안 [오]女老稱 노파오(皓)
嫁 야 [가]女子適人 시집갈가(禡)
嫂 [수]兄之妻 형수수
[illegible] 씎 [축]媚也 아첨할축(屋)
媾 꺼 [구]寵愛 총애할구(有)
[illegible] 웅 [옹]女之美貌 예쁠옹(冬)
[illegible] 믜 [미]母也 어미미(齊)
嫈 잉 [앵]好貌 예쁠앵(庚)
嫉 질 [질]妒也 투기할질(質)
媳 씨 [식]子婦 며느리식(職)
媐 이 [이]女態 계집태도이(眞)
嫎 妨과 同
媰 취 [추][취]婦人姙娠 아이밸추、姙也 성취(尤)(宥)
[illegible] 데 [재]諂也娃ㅣ 아첨할재(佳)
媶 융 [용]美貌 이쁠용(冬)
[illegible] 웬 [원]安也 편안할원(元)
[illegible] 쟌 [전]美也 고울전(銑)
[illegible] 시 [휴]醜也不見 보기싫을휴(支)
嫐 냐 [뇨]戲也嬲弄 계집이사내조롱할뇨(皓)
[illegible] 차 [차]腰細 허리가늘차(麻)
媷 수 [욕]惰怠 게으를욕(沃)

⓫

嫫 뫼 [모]大醜 더러울모(虞)
嫡 듸 [적]正室 큰마누라적(錫)
[illegible] 싼 [삼]婪淫 음탕할삼(覃)
嫖 퍞 [표]輕也 가벼울표(蕭)
嫧 재 [책]謹也 삼갈책(陌)
嫦 챵 [상]羿妻ㅣ娥 계집이름상(陽)
嫩 쇤 [눈]弱也 연약할눈(願)
嫗 우 [구][우]母也 어머니구、育也 기를우(遇)(麌)
嫚 만 [만]慢也侮易 업신여길만(諫)
嫣 연 [언][현]好貌 예쁠언、長好貌 긴모양현(先)
嫜 쟝 [장]夫之兄 만시아지비장(陽)
嫠 릐 [리]寡婦 홀어미리(支)
嫭 同嫮
嬷 마 [마]尼也女僧 계집중마(歌)
嫕 이 [예]柔順貌 유순할예(霽)
[illegible] 잔 [참]顔白 얼굴환할참(覃)
嫘 레 [류]姓也 성류(支)

嫯 오 [오] 蔑視 업신여겨볼 오 (號) 嫛 이 [예] 人始生娩ㅣ 갓난아이 예 (齊) 嫭 후 [호] 美好 아름다울 호 (遇) 嫤 긴 [근] 美貌 고울 근 (震) 嫥 쥔 [전] 壹也ㅣㅣ 전일할 전 (先)

媕 안 [암][엄] 女有心 계집 맘둘 암、 含怒意 부루퉁할 엄 (覃)(監) 㜘 져 [처] 妒也 투기할 처 (御) 嫝 강 [강] 安也 편안할 강 (陽) 嫪 로 [로] 士無行 ㅣ毒 선비행실없을 로 (號) ⿰女曹 쟈 [조] 美也 아름다울 조 (豪)

嫞 춍 [용] 懶女 게으른 계집 용 (冬) 嫟 닉 [의] 互相親近 서로 친근할 의 (職) 嫢 췌 [규] 細腰 가는 허리 규 (支) 嫙 쉰 [선] 美貌 이쁠 선 (先) ⿰女畢 삐 [필] 母也 어미 필 (質)

(十二)

嬋 싼 [선] ㅣ娟 物有色 고울 선 (先) 嫶 챠 [초] 憂也 愁面疲ㅣ妍 얼굴 파리할 초 (蕭) 嫴 꾸 [고] 苟且ㅣ媮 구차할 고 (虞) 嬌 쟈 [교] 態也 태도 교 (蕭) 嫸 싼 [선] 好枝格人語 남의 말 어기기 좋아할 선 本音 전 (銑) 嬄 이 [일] 堅也 節操 절개 굳게 지킬 일 (質) ⿰女覃 떤 [담] 女體細長 계집 몸 후리후리할 담 (覃) 嬐 씨 [급] 心也 清白 맘 청백할 급 (緝)

嬀 꿰 [규] 陳姓 성 규 (支) 嬃 쒸 [수] 姊也 누님 수 (虞) 嫼 믁 [혹] 怒也 성낼 혹 (職) 嫵 우 [무] 媚也 예쁠 무 (麌) 嫻 [한] 雅也 아담할 한 (刪)

嬅 화 [화] 女容俊麗 탐스러울 화 (禡) 嬉 씨 [희] 樂也 즐거울 희 (支) 嬈 뇨 [요][뇨] 美貌 嬝ㅣ 예쁜 모양 요、 戱憂 희롱할 뇨 (蕭)(篠) ⿰女然 연 [연] 姿態貌 아리잠직할 연 (先) 嫷 뙤 [타] 鳥名 ㅣ羿 까치 갈고리 허연새 타 (哿) ⿰女黽 同孕 嫳 삐 [별] 輕薄貌 경박할 별 (屑) ⿰女登 덩 [등] 女之貞烈 계집 정조 있을 등 (蒸) ⿰女買 매 [매] 狡猾 약을 매 (佳) 嫿 화 [획] 靜好 얌전할 획 (陌)

嬇 훼 [회] 女字 계집의 자 회 (隊) 嫽 랴 [료][로] 好貌 예쁜 모양 료、 母之母 ㅣㅣ 외조모 로 (篠)(蕭) 嫺 嫻과 同 ⿱叟女 쏘 [초] 姊也 누님 초 (肴) ⿰女黃 먀 [묘] 美也 아름다울 묘 (肴)

⿱辥女 녜 [얼] 美弱 고울 얼 (月) ⿰女朁 쳄 [잠] 貧也 탐할 잠 (覃) ⿰女亂 롼 [란] 順從 순할 란 (翰) ⿱湯女 탕 [탕] 蔑也 업신여길 탕 (養)

(十三)

嬴 잉

[영] 泰姓 진나라 성 영 (庚)
嬗 싼 [선] 靜也 고요할 선 (先)(霰)
嬔 빤 [반] 兔子 토끼새끼 반 (遇)(願)
嬐 셤 [섬] 敏疾 민첩할 섬 (監)
嬒 회 [회] 女面色黑 계집의 얼굴빛검을 회 (泰)
嬜 안 [암][흠] 貪也 탐낼 암、仁慈 인자할 흠 (覃)
嬟 이 [의] 堅也 貞操 정조 굳을 의 (紙)
[illegible] 찬 [참] 貪也 탐할 참 (覃)
[illegible] 씬 [신] 國名 有ㅣ 나라이름 신 (眞)
嬴 嬴와 同
嬓 쟈 [교] 人名 사람 이름 교 (嘯)
[illegible] 와 [오] 嫉也 투기할 오 (號)
嬛 쳔 [현][경] 輕麗 便ㅣ 산뜻할 현, 獨夫 고독할 경 (先)(庚)
[illegible] 졔 [개] 心悩 맘번네할 개 (蟹)
嬚 렌 [렴] 淸雅 맑고 고울 렴 (監)
嬙 쟝 [장] 美女毛ㅣ 예쁜 계집 장 (陽)
[illegible] 씨 [희] 憎也 미울 희 (紙)
嬝 嫋의 俗字
嬖 삐 [폐] 愛也 便辟 사랑할 폐 (霽)

十四

[illegible] ᄎᆞ [자] 女性寬順 계집 성품 너그럽고 순할 자 (支)
嬬 수 [유][수] 妻也 아내 유, 弱也 약할 수 (虞)
[illegible] 찬 [참] 美也 아름다울 참 (豔)
[illegible] 씨 [희] 悅樂 기쁠 희 (支)
嬭 [내] 乳母 유모 내 (蟹)
嬯 태 [대] 愚戇闟ㅣ 미련스러울 대 (灰)
嬳 확 [확] 作姿態 모양낼 확 (藥)
嬪 벤 [빈] 多貌ㅣ然 많은 모양 빈 (眞)
嬥 탄 [조] 往來貌 오락가락할 조 (篠)(嘯)
嬰 잉 [영] 孩也 어릴 영 (庚)
嬲 냐 [뇨] 戲優 희악질할 뇨 (篠)
[illegible] 란 [람] 誤也 그릇할 람 (勘)
嬮 옌 [염] 靜也 고요할 염 (監)
嬤 마 [마] 幼兒呼母 엄마마 (哿)
[illegible] [외] 低風 낮은 바람 외 (灰)
嬣 닁 [녕] 劣貌 姸ㅣ 용렬할 녕 (庚)

十五

[illegible] 뤼 [려] 心不欲爲 맘에 하기 싫을 려 (語)
嬻 뚜 [독] 嬻ㅣ慢也 거만할 독 (屋)
[illegible] 쟉 [삭][약] 美也 아름다울 삭、약 義同 (藥)
嬹 씽 [홍] 悅也 기쁠 홍 (徑)
嬸 썬 [심] 叔母 숙모 심 (寢)
[illegible] 듸 [적] 出嫁從夫 시집갈 적 (陌)
嬼 [류] 嫠婦 과부 류 (有)

十六

嬿 옌 [연] 美也 아름다울 연 (霰)
嬾 란 [란] 怠也 게으를 란 (旱)
[illegible] 녜 [얼] 庶子 서자 얼 (屑)
[illegible] 화 [회] 安和 온화할 회 (佳)
[illegible] [소] 女子 계집의 자 소 (蕭)

十七

孃 냥 [양] 母稱 阿ㅣ 어머니 양 (陽)
孅 셴 [섬] 弱也 약

할섭 監 嬐 교겸 懼貌두려워할교、겸 篠琰 嬭 미 미 阿ㅣ母也어미미 支齊 孀 쐉 상 寡婦과부상 陽 ⑱ 嬽 이휴 遇而多能어리석고몸짓많을이 過也지날휴 紙寘

孅 섭 美貌아름다울섭 洽 ⑲ 孊 미 미 婦官名修ㅣ계집벼슬이름미 紙 孌 롼 련 美好婉ㅣ예쁠연 銑 孄 란 란 怠也게으를난 旱 孋 리 리 國名ㅣ戎나라이름이

⑳ 孍 옌 엄 莊也엄전할엄 琰 ㉑ 孎 쭈 촉 女謹順貌嫡ㅣ계집순직할촉 沃 ㉒ 孌 同孌 孆 同佺

子部

子 쯔 자 息也자식자 紙 孑 이제 혈 孤也単也외로울혈 屑 孒 쮜 궐 短也子ㅣ짧을궐 月 ① 孔 쿵 공 穴也구멍공 董 ② 孕 인

잉 잉인 懐妊아이밸잉、인 義同 徑震 孚 保古字 ③ 存 춘 존 在也있을존 元 字 쯔 자 文也글자자 寘 孖 쯔 자 雙生子쌍동이자 支 孜 好의古字 ④

孝 쌴 효 善事父母효도할효 效 孝 쨔 교 導也인도할교 效 孜 쯔 자 勤也孜孜ㅣ부지런할자 支 孛 페 패 발 彗星혜성패、妖氣요기스러운기운발 隊月 孚

부 부 信也믿을부 虞 ⑤ 孟 멍 맹 망 長也만맹 不静要貌ㅣ浪맹랑할망 徑養 孥 누 노 子也자식노 虞 孤 꾸 고 獨也홀로고 虞 季 찌 계 末也끝계 寘

孢 빠 포 孕也아이밸포 巧 孡 태 태 孕也아이밸태 泰 李 使의古字 ⑥ 孨 촨 전 謹也삼갈전 銑 孩 해 해 小兒笑방글방글웃을해 灰 孪 字古字

孴 이 의 昌盛번성할의 紙 孾 견 孤獨외로운아이견 先 ⑦ 孫 쑨 손 子之子손자손 元 㝑 찌 제 蝗子황충의새끼제 霽 娩 면 生子아이날면 銑 孬

왜 왜 不好좋지않을왜 卦 孫 信과同 孶 체 小兒어린아이체 薺 ⑧ 孰 쑤 숙 誰也누구숙 屋 孮 쭝 종 子孫繁盛자손번성할종 冬 ⑨ 孱 찬

[잔]弱也잔약할잔(删) 孲 야 [아]赤子어린아이아(麻) 孭 밍 [명]初孕첫아이밸명(敬) ⿱宀⿰子弓 꿍 [궁]子宮자궁궁(東) ⿰子夬 결 [결]缺也이지러질결 ⑩ 㝅 녁

[누]乳也젖누(有) 孶 쯔 [자]息也乳化交接|尾새끼칠자(支)(眞) 孴 이 [의][읍]盛貌戢|성한모양의、衆貌||모인모양읍(紙)(緝) 孵 약 [부]|化알깔부(虞) ⿰孚子 부

[부]多也많을부(尤) ⿱熒子 [형]獨也외로울형(庚) ⿰芻子 추 [추]孕也애밸추(遇) ⑪ 孷 리 [리]雙子쌍동이리(支)(眞) ⑬ 學 쏘 [학]受教배울학(覺) ⑭ 孺 수

[유]幼弱젖먹이유(遇)(虞) 孻 내 [내]老人所生노인자녀내(佳) ⑯ 孼 녜 [얼]庶子첩의자식얼(屑) ⑰ 孾 잉 [영]孩也어린아이영(庚) 孽 孼俗字 ⑲

孿 쏸 [산][련]雙生子쌍동이산、련義同(諫)(先) ㉒ 孿 孿과同

宀部

宀 면 [면]穴居움집면(先) ② 宄 꿰 [궤]姦也간악할궤(紙) 宂 숭 [용]散也쓸대없을용(腫) 宁 쥬 [저]佇也멈출저(語) 它 [타]異也다를타(歌)

③ 宇 위 [우]天地四方천지사방우(麌) 宅 쟤 [택]所托居處집택(陌) 守 쑤 [수]主管其事보살필수(有) 安 안 [안]危之對편안할안(寒) ④ 完 완

[완]全也완전할완(寒) 宊 뚜 [돌]顕出나타날돌(月) 宋 쑹 [송]國名微子所封송나라송(宋) 宏 헝 [광]廣大을광(庚) 宎 야 [요]窟也굴요(篠) ⿱宀介 걔 [개]獨居홀로살개(卦)

⿱宀井 잉 [정]庭井뜰의우물정(梗) 宍 肉의古字 ⿱宀且 宣의本字 ⿱宀丐 면 [면]適合맞을면(霰) ⑤ 宙 쭈 [주]居也집주(有) 宜 이 [의]安也편안할의(支) 宜

宣과同 宔 쭈 [주]宗廟藏主櫝신독주(麌) 宛 완 [완][원][울]小貌작은모양완、西或大|땅이름원、積也쌓일울(阮)(元)(吻) 官 관 [관]治事處관가관(寒) 定 띵 [정]決

也정할 정(逕) 宕탕 [탕]放也佚ㅣ방탕할탕(漾) 宗쭝 [종]尊也높을종(冬) 宋빵 [포]藏也감출포(皓) 宝 寶略字 宖횡 [횡][홍]屋響집울림횡、深大클홍(庚)

宓미 [복][밀]伏也엎드릴복、安也편안할밀(屋)(沃)(質) ⑥ 㝐 合과同 宺황 [황]家空집빌황(養) (宀+危)괘 [궤]毀也무너질궤(紙) 宨쟈 [조]放肆방조할조(篠) 宔

화 [괴]殿也전각괴(佳) 室씨 [실]夫謂婦아내실(質) 客커 [객]旅也나그네객(陌) 宣쉔 [선]布也베풀선(先) 宗 寂과同 宎 [요]室東南隅방동남모퉁이요(篠)

宦환 [환]官也벼슬환(諫) 宥유 [유]寬也너그러울유(宥) 寍 寧과同 ⑦ 宸천 [신]帝居대궐신(眞) 宴옌 [연]安也편안할연(霰) 宮궁

[궁]至尊所居궁궐궁(東) 宵쌰 [소]夜也밤소(蕭) 宬쳥 [성]藏史庫사기두는고성(庚) 宻 密의俗字 (宀+良)랑 [량]靜也空家집고요할량(陽) (宀+言)웅 [옹]和也화할옹(東)

宭췬 [군]羣居여럿이살군(文) 宫 宮의俗字 容숭 [용]安也편안할용(冬) 宲 實古字 宰재 [재]主也주관할재(賄) 家쟈 [가]住居집가(麻) 害

해 [해][할]傷也해할해、何也무엇해할(泰)(曷) 宧이 [이]室東北隅집동북모퉁이이(支) (宀+孝)쌰 [호]氣蒸上기운찔효(肴) (宀+告)깐 [고]寢覺잠깰고(皓) (宀+氷) 氷과同 宱

쬐 [좌]寬也너그러울좌(禡) (宀+高)취 [곡]曲也굽을곡(屋) (宀+叚) [하]隙也틈하(禡) (宀+余)뒤 [다]媚也아첨할다(麻) ⑧ 寄쯔 [기]專也전할기(寘) 寇 寇의俗字

密미 [밀]秘也비밀할밀(質) (宀+亞)야 [아]不正비뚤어질아(禡)(麻) (宀+佰) 宿과同 寑우 [우]假寐거짓잠우(遇) (宀+音)씨 [석]夜也밤석(陌) (宀+居)쮜 [거]貯也저축할거(魚)

宿쓔 [숙][수]守也지킬숙、星座성좌수(屋)(宥) (宀+乳)수 [유]小乳작은젖유(虞) 寃 [원]屈也굽힐원(元) (宀+林)린 [림]家深집깊을림(侵) 寂쯔 [적]静也고요할적(錫) 寅

인 [인][이] 東方支名攝提格 동방인、이義同 (眞)(支) **寇** 콕 [子]暴也 사나울구 (有) **寀** 채 [채]同官 동관채 (賄) **寁** 짠 [잠]速也 빠를잠 (感) **九** **寑** 古寢의字

寒 한 [한]冬氣暑之對 찰한 (寒) **寊** 엉 [정]廣屋 은집정 (庚) **寓** 위 [우]屋霤 집우 (寳) **寱** 에 [예]静也고요할예 (霽) **寐** 메 [매]寢也 잠잘매 (眞) **寓** 위

[우]寄也 부칠우 (遇) **寎** 뼝 [병]臥驚病잠들어 깜짝깜짝 놀랄병 (梗) **寏** 관 [관]廣也넓을관 (寒) **寔** 씨 [식]是也 이식 (職) **富** 부 [부]豊財 부자부 (有) **寋** 옌

[건]倒鼓聲한갓경 쇠안울릴건 (阮)(銑) **寍** 古寧의字 **[illegible]** 썽 [성]宮禁內官署마을성 (梗) **寙** 위 [울]火種불씨울 (物) **寏** 환 [환]周垣둘러싼담환 (寒) **寛** [교]空也 빌교 (蕭)

寃 완 [만]引也당길만 (阮) **䆧** 타 [타]囊也주머니타 (歌) **十** **寖** 찐 [침]漸也점점침 (沁) **寅** 寅의本字 **寘** 찌 [치]置也 둘치 (寘) **䆫** [옹]家暗집어둘옹 (東)

窳 위 [유]嬾也나약하고게으를유 (虞) **寀** 쪄 [결]覆也덮을결 (屑) **寘** 寘俗字 **索** 쐭 [색]入家搜索집에들어와찾을색 (陌) **寤** 왕 [망]寢語잠고대할망 (陽) **寗**

寧의同字 **寎** 寎과同 **十一** **寇** 후 [홀]小兒啼ㅣ아이울홀 (月) **寞** 뫼 [막]寂寥쓸쓸할막 (藥) **實** 씨 [실]草木子열매실 (質) **寁** 캉 [강]静也고요할강 (陽) **寧**

넝 [녕]安也편안할녕 (靑)(徑) **寤** 우 [오]覺也깨달을오 (遇) **寠** 취 [루][子]貧也無禮居간난할구使側地甌ㅣ기우러질땅루 (麌)(尤) **察** 차 [찰]考也상고할찰 (黠) **寵**

망 [방]寐也 잘방 (江) **𡩧** 貯과同 **寥** 랴 [료]寂也고요할료 (蕭) **寡** 꽈 [과]小也 적을과 (馬) **寨** 째 [채]藩落木柵나무울채 (卦) **𡫀** 塞과同 **寴** 뎬 [점]屋傾下

지붕물매점 (豔) **寢** 친 [침]息也 쉴침 (寢) **十二** **審** 썬 [심]束也 묶을심 (寢) **寬** 콴 [관]怒也용서할관 (寒) **寫** 웨 [위]危也위태할위 (紙) **寫** 쎄 [사]慕畫 모뜰사 (馬)

寮 랴 [료]小窓작은창료(蕭) 憓 쎄 [혜]明也밝을혜(霽) 寯 쟌 [교]客也손교(蕭) 寣 [성]悟也깨달을성(梗) [宀+曾] 층 [증]屋大貌집클증(庚) [宀+取] 취

[최]境界지경최(泰) 窿 룽 [룽]天形하늘룽(東) ⑬ 寰 환 [환]宮周垣궁장환(刪) 寯 쥰 [준]聚也모일준(震) [宀+絹] 쳔 [견]綱也그물견(銑) 寴 [척]親也친할척(錫)

寍 녕 [녕]昊天하늘녕(青) ⑭ 寱 이 [예]ㅣ語夢中言잠꼬대예(霽) 寲 [의]察也살펴볼의(支) ⑯ 寵 총 [총]愛也사랑할총(腫) 寳 寶의俗字 ⑰

寶 빠 [보]瑞也서옥보(皓) ⑯ 寤 수 [어]伴宿거짓잠잘어(御) 㝱 夢과同 ⑲ [宀+爿+系] 찌 [계]熟寐깊이잠들계(霽) [宀+顛] 顚의俗字 ⑳ [宀+豐]

[맹]癡也어리석을맹(迥) ㉑ [宀+爿+米] 매 [매미]魘也엄습할매、미義同(紙) ㉒ [宀+爿+盍] 한 [합]寐不脫衣冠옷입은채잘합(覃) [宀+爿+侵] 아 [침]病臥앓아누울침(寢)

小部 小 쇼 [소]微也徐篠작을소(篠) ㊀ 少 쏘 [소]幼也젊을소(嘯)(篠) 尐 쎄 [설]小也적을설(屑) ㊁ 尒 너 [이]爾也너이(紙) 尔 爾와同

㊂ 尖 쟌 [첨]先銳날카로울첨(監) 尛 머 [마]細也잘마(箇) 尗 숙 [숙]豆也콩숙(屋) ㊃ 尖 尖과同 尖 [참]銳也날카로울참(咸) ㊄ 尚 쌍

[상]主也ㅣ書주장할상(漾) ㊆ [小+京] 치 [극]壁際孔벽틈극(陌) ㊇ [小+京] 尞同 ㊉ 尟 쎤 [선]少也적을선(銑) 尠 尟와同 ⑪ [小+尌] 쳐 [척]健也건장할척(職)

[糸+糸+少] [관]杼也실을북에감을관(刪) [少+斂] 쎤 [렴]少也적을렴(監) ⑫ [少+歡] [조]荒也거칠조(豪) [堇+少] [근]對也대할근(震) ⑬ [麻+小] 리 [려]小醜貌작고못생길려(錫) ⑮

[監+少] 란 [람]少也적을람(咸) ⑯ [毚+少] 찬 [참]少也적을참(咸)

尢部

尢 왕 [왕]足跛曲 절름발이왕(陽)

一 **尤** 익 [우]甚也 더욱우(尤)

二 **尥** [려]脛相交而行 다리를비꼬며걸을려(職)

三 **尪** [우]盤施 돌우(虞)

尥 랴 [료]行苦 걸기에고생스러울료(嘯)

四 **尨** 망 [방]大貌 무력무력클방(江)

尪 왕 [왕]廢疾人 병들어버린사람왕(陽)

尬 개 [개]尷ㅣ行不正 비틀거릴개(卦)

[illegible] 안 [안]脚疲不進 다리아플안(寒)

尫 同

尮 씩 [휴]廢也 버릴휴(尤)

尯 빤 [반]尢也 더욱반(寒)

五 **尰** 좌 [좌]跛也 절름거릴좌(哿)

尫 파 [파]足病 발비뜰어질파(哿)(箇)

六 **尯** 귀 [귀]倦也 고달플귀(寘)

尳 활 [활]行貌 갈활(曷)

七 **尵** 尮의本字

尵 좌 [좌]足不具 다리병신좌(哿)

八 **尵** 켜 [극]倦也 게으를극(陌)

尵 퇴 [퇴][궤]風毒 풍질퇴、풍독퇴、궤義同(隊)(紙)

尵 초 [초][작]㞎跛 절뚝발이초、작義同(效)(藥)

九 **尰** 종 [종]足種 발곪길종(腫)

就 취 [추]俗音[취]進也 나갈취(宥)

十 **尲** 감 [감]ㅣ尬行不正 비틀걸음감(咸)

十二 **尵** 퇴 [퇴]尵ㅣ馬病 말들피질퇴、말병퇴(灰)

十六 **尵** 환 [관]腰膝痛尵ㄴ 허리와무릎아플관(刪)

十九 **尵** 려 [리][퇴]腰膝痛 허리와무릎아플리、퇴義同(哿)(支)

尸部

尸 씩 [시]主也 주장할시(支)

一 **尹** 인 [윤]治也 다스릴윤(翰)

尺 치 [척]法也三ㅣ 법률척(陌)

二 **尼** 닉 [니][닐]和也 화할니、定也정할닐(支)(質)

𡰥 夷의古字 仁의古字

尻 칸 [고]底部 밑바닥고(豪)

三 **尽** 盡의俗字

屄 녠 [년]柔皮 다룬가죽년(銑)

四 **局** 쥐 [국]部分 부분국(沃)

尿 뇨 [뇨]小便 오줌뇨(嘯)

屁 피 [비]氣下泄 방귀비(寘)

尾 이 [미]倒毛在後 꼬리미(尾)

五 **居** 쥐 [거][기]處也 곳거、助辭어조사기(御)(支)

屆 居의古字

屆 계 [계]至也 이를계(卦)

屇 렌 [전]穴也 구멍전(先)

屜 티 [체]鞍具 언치체(霽)

𡳐 찌 [집]前後相達 맞이을집(緝)

屈 취 [굴]曲也 굽을굴(物)

屎 屎과同

屓 씨 [시]覻也 엿볼시(支)

屄 삐 비 女子陰部 보지비 微 屃 뿌 복 行也 갈복 屋 六 屆 해 해 鼻息聲 코골해 卦 屎 씨 히 시 殿|呻吟아파서 끙끙거릴히、시 義同 支 紙 屑 屑同

屌 댜 초 男子陰 자지초 篠 屏 屛의 俗字 屋 우 옥 居也 집옥 屋 屎 훠 화 履也 신화 馬 屍 씌 시 死體 주검시 支 屐 씌 기 臀也 볼기기 紙 屓 완

환 囊也 주머니환 寒 七 屖 씨 서 堅也 굳을서 齊 屒 천 진 厚脣 뚜꺼운입술진 翰 屑 쎄 설 潔也 조촐할설 屑 屎 츄 구 男子陰 자지구 尤 屔 늬

니 水潦所溜 웅덩이니 支 屐 씌 극 木履나막신극 陌 展 쟌 전 開也 열전 銑 屖 쉬 서 木履나막신서 語 㞗 씌 사 待也 기다릴사 紙 屓 희 희 力也 힘들일희 寘 屘

尿 과同 屆 쳬 첩 降也 내릴첩 葉 屐 췌 최 赤子陰 어린애자지최 灰 八 屜 티 제 履中薦 안창제 霽 㞶 궈 과 臀骨 볼기뼈과 箇 屐 쟈 저 履也 신

저 御 㞘 뚜 독 臀也 볼기독 屋 屚 터 루 屋漏 집샐루 宥 扉 쒸 비 草履 짚신비 未 屙 아 아 上厠 뒤볼아 歌 屛 핑 병 蔽也|風 병풍병 梗 屩 쟉

子 履頭飾 신코꾸밀구 虞 屭 이 역 變也 변할역 陌 㞟 쿵 공 穴也 구멍공 梗 九 屈 쿠 굴 短尾犬 동개굴 物 屆 차 잡 踏也 밟을잡 緝 屑 착 추 女

子陰部 보지추 尤 屠 투 도 저 殺也 죽일도、잡을도 王號 休屠 흉노왕의 이름저 虞 魚 屧 屧 과同 屬 屬의 俗字 屜 티 체 履中薦 안창제 霽 屖 썅 강 差也 어긋날

장 屩 지 기 赤履 붉은신기 紙 屝 삐엔 편 特別 특별편 先 十 屣 쮜 추 女陰部 보지추 尤 屚 溺의 俗字 屐 靴 과同 十一 屢 뤼 루 數也 여러루 遇

屣 쓰 사 시 麻鞋 삼신 사、시 義同 紙 寘 屣 퉤 퇴 皮靴 가죽신퇴 灰 十二 層 칭 층 重也 거듭층 蒸 履 리 리 踐也 밟을리 紙 屢 뎬 전 정 待 子 기다

릴 정、展也 펼 정 (霰)(迴)
⑫ 屧 셰 [서]屐也 나무신 서 (葉)
⑭ 屨 귀 [구][루]麻鞋 삼신 구、履也 신 루 (遇)
⑮ 屩 쟈 [갹][각]草履 집신 갹 本音 교 (藥)
⑱ 屫 屩 과 同

⑱ 屬 쑈 [속][촉]類也 무리 속、會也 모을 촉 (遇)(沃)
㉑ 屭 씨 [희]壯大 으리으리할 희 (寘)

屮部

屮 처 [철]草也 풀 초 (屑)(皓)
① 屯 듄 [둔][준]聚也 모일 둔、厚也 두터울 준 (元)(眞)
③ 屰 스 [역]逆也 거스릴 역 (陌)
④ 芬 [분]草生香臭 풀 향기날 분 (文)
𡴆 리 [륙]草葉 풀잎 륙 (屋)
峯 丰 同
𡴎 황 [황]蔓延 무성할 황 (陽)
⑥ 𡴭 青 古字

寸部

寸 촌 [촌]節也 마디 촌 (願)
③ 寺 쓰 [사][시]官舍 관사 사、官ㅣ 내관 시 (寘)
④ 寽 리 [률]取也 취할 률 (質)
𡬝 冠 과 同
⑤ 尀 파 [파]不可 못할 파 (哿)
⑥ 封 붕 [봉]緘也 卜章 봉할 봉 (冬)
⑦ 射 쌔 [사][석][야][역]射失 쏠 사、指物而取 맞춰 취할 석、官名 벼슬 이름 야、厭也 싫을 역 (禡)(陌)
尅 剋 과 同
尃 부 [부]布也 펼 부 (虞)
⑧ 尋 [심]繼也 이을 심 (侵)
尉 웨 [위][울]官名 벼슬 이름 위、覆姓 ㅣ遲 성 울 (未)(物)
將 쟝 [장]ㅣ師 장수 장 (漾)(陽)
專 쟌 [전]獨也 오로지할 전 (先)
⑨ 尊 쭌 [존][순]敬也 공경할 존、酒器 술순 순 (元)
尌 쮸 [주]立也 세울 주 (遇)
尋 씬 [심]釋也 궁구할 심 (侵)
⑪ 對 뒈 [대]答也 대답할 대 (隊)
⑬ 𡭊 對 과 同
導 또 [도]引也 인도할 도 (號)

山部

山 싼 [산]土聚高 詩宣氣生萬物 뫼 산 (刪)
② 仚 仙 과 同
屴 리 [력]高貌 峭ㅣ 높은 모양 력 (職)
㞢 嶽의 古字
㞬 친 [침]深入山 산 깊이 들어갈 침 (侵)

㊂ **屺** 치 [기]山無草木민둥산기 紙 **屹** 이 [흘]毅然의연한모양흘 物 **屼** 우 [올]禿山貌崛ㅣ민둥산올 月 **屾** 신 [신]兩山連接같이선산신 眞 **𡵆** 망 [망]險山험한산망 陽

屿 쯔 [자]小峰작은봉오리자 紙 ㊃ **𡵓** 후 [호]小山貌작은산호 麌 **岐** 치 [기]山名산이름기本音지 支 **岔** 차 [차]三分路산길나뉠차 禡 **岅** 阪과同 **岓** 지

[기]山傍石立산곁에놓여있는돌기 微 **岋** 네 [업]危也위태할업 合 **岎** 뷴 [분]山岐산갈래질분 文 **岕** 졔 [개]山險산험할개 卦 **岏** 완 [완]山巑高산뾰족할완 寒 **岊** 졔

[절]高貌높은산모양절 屑 **㞵** 충 [종]低也낮을종 冬 **岈** 야 [하]山谷空虛산골휑할하 麻 **𡵊** 우 [오]山正聳立산똑바를오 語 **岌** 지 [급]高貌ㅣㅣ높은모양급 緝 **岑** 천

[잠][음]山小而高산작고높을잠、岸也기슭음 侵 寑 **岉** 우 [물]山高貌산높을물 物 **岭** 형 [영]山峻崢嶸산높을영 庚 ㊄ **岱** 대 [대]東嶽泰山名ㅣ태산대 隊 **峀**

씨 [수]岩穴산구멍수 有 **岩** 嵒의俗字 巖의古字 **岾** 점 [점]嶺也고개점 **岮** 타 [타]横也岐ㅣ산비탈질타 歌 **𡶑** 쟈 [가]衆山森列貌여러산벌려선모양가 麻 **岜** 깐

[감]岩穴바위구멍감 勘 **崖** 애 [애]險也험할애 卦 **岠** 쥐 [거]至也이를거 語 **屔** 니 [니]山名丘ㅣ산이름니 支 **岧** 탸 [초]山高貌높은모양초 蕭 **岳** 嶽의古字

岯 케 [비]山名大ㅣ산이름비 支 **岦** 리 [립]山高貌산우뚝할립 緝 **岨** 쟈 [저][조]石山戴土돌산에흙덮일저、山貌ㅣ峿산모양조 魚 語 **岵** 후 [호]山多草木산에숲질호 麌

岬 쟈 [갑]山脅산기슭갑 洽 **岢** 커 [가]太原山名ㅣ嵐산이름가 哿 **岸** 안 [안]崖峻水深낭떠러지안 翰 **岷** 민 [민]獨山名산이름민 眞 **岰** 유 [유]山曲산구비유 有

𡶁 曲同 **岪** 뿌 [불]山曲산굽이불 物 **岡** 깡 [강]山脊산등성이강 陽 **岣** 쥐 [구]衡陽山名산이름구 有 **岤** 씨 [혈]山穴산굴혈 屑 **岪** 뿌 [불]山脅路산비탈길불 物

岭 령 [령]山名 산이름 령 (青)
岟 앙 [앙]山麓幽ㅣ 산골짜기 앙 (養)
岥 버 [파]斜也ㅣ蛇 산비알질 파 (歌)
峡 쓰 [사]山遠 산멀 사 (紙)

六

峑 쵄 [전]山頂 산이마 전 (先)
峛 릐 [리]山卑長ㅣ 산낮고길 리 (紙)
峆 허 [합]ㅣ踏山貌 겹산 합 (合)
峙 쯔 [치]山立 산우뚝할 치 (紙)
峸 청 [성]史庫 사고 성 (庚)
峒 퉁 [동]山穴 산굴 동 (東)
峍 릐 [률]山崖硉矹 돌비탈질 률 (月)
峐 깨 [해]山無草木 민둥산 해 (灰)
峉 네 [얼]山斷絶屹ㅣ 산끊어질 얼 (屑)
峠 [상]山領 고개 상 、재상日字
峌 데 [질]山高 산높을 질 (屑)
岇 앙 [앙]山峻貌 산가파를 앙 (江)
峊 인 [언]高坂 높은고개 언 (阮)
峓 이 [이]嵎ㅣ東表山名 산이름 이 (支)
峘 환 [환]小山高於大山 작은산이 큰산보다 높을 환 (寒)
𡶛 싱 [형]險峰 험한산봉우리 형 (青)
峉 어 [액]山高大豫 산이 높고웅장할 액 (陌)
岍 켠 [견]雍州山名 산이름 견 (先)
峊 阜과同
峋 쒼 [순]嶙ㅣ山涯重深貌 후미질 순 (眞)
峗 워 [위]山高貌 뾰족할 외 (紙)(灰)

七

峴 쎈 [현]嶺小平 고개 현 (銑)
峭 챂 [초]急也 급할 초 (嘯)
峮 연 [연]山曲 산굽이 연 (先)
𡶄 산 [삼]山險 산험할 삼 ◯
𡶷 퇘 [퇴][타]山高貌ㅣ罪 산높은모양 퇴、長山貌 산긴모양 타 (隊)(哿)
峬 빠 [발]山路平坦 산길평탄할 발 (曷)
峬 푸 [포]山形美貌 산모양예쁠 포 (虞)
峽 싸 [협]山名夾 산이름 협 (洽)
㟇 쥐 [좌]山崩 산무너질 좌 (箇)
峅 룽 [롱]山穴 산구멍 롱 (送)
峱 놔 [노]齊山名 산이름 노 (豪)
島 또 [도]海中山可依止 섬 도 (皓)
峪 위 [욕]山谷 산골짜기 욕 (沃)
峨 어 [아]山高嵯ㅣ 산높을 아 (哿)(箇)
峢 뻬 [별]漢陽山名大ㅣ 산이름 별 (屑)
峏 나 [나]山連接貌 연접할 나 (歌)
峞 완 [완]山多 산많을 완 本音 환 (旱)
峵 헝 [횡]高峻 산높고험할 횡 (庚)
峾 인 [은]水回施貌ㅣ輪 물도는모양 은 (眞)
㟚 치 [기]山高 산이높을 기 (紙)
峯、峰 와同
峯 뿡 [봉]山瑞 산봉우리 봉 (冬)
峼 화 [호]山名 산이름 호 (皓)
峿

우 어險也 험할어(語)
峻 쥰 준高也 높을준(震)
崀 투 도會稽山名 산이름도(虞)
莘 씬 신神名귀신 의이름신(眞)
八
崔 취 최姓也 성최(灰)
嵴

따 답山重疊貌 산첩첩할답(合)
崕 崖와同
崇 츙 숭尊也숭 상할숭(東)
崊 린 림山險산 험할림(侵)
崆 꿍 궁山貌산 모양궁(東)
㟐 쐬 삭山險산 험할삭(藥)

崼 꽈 과山險산 험할과(賄)
堅 치 기山深산 깊을기(寘)
崠 야 알山連산 연할알(黠)
崤 천 잠山深산 깊을잠(感)
崜 퇴 타岩也바 위타(麻)
崼 녜 얼山

高산높 을얼(屑)
崌 쥐 거深也깊 은산거(魚)
崡 간 감山坑산구 덩이감(感)
崠 뚱 동山脊산등 성이동(送)
崆 쿵 공강山高貌 산이우뚝 할공、阪也가파를강(東)(江)

崧 숭 숭山大而高 산크고높을숭(東)
崖 애 의애岸也언덕의、水邊 낭떠러지애(支)(佳)
崮 꾸 고島也 섬고(遇)
崞 꿔 곽地名땅 이름곽(藥)
崐 同崐
崍

래 내山名邛ㅣ 산이름내(灰)
崋 화山名산 이름화(禡)
崒 쭈 줄山高산 높을줄(質)
崑 쿤 곤山名ㅣ崙 곤륜산곤(元)
崩 뻥 붕破也부 서질붕(蒸)
崙

崘 와同
崙 룬 륜崐ㅣ山名 곤륜산륜(元)
崤 햐 호河名내 이름호(肴)
崢 쩡 쟁險也 가파를쟁(庚)
崝 정深也 깊을정(庚)
崟 인 음山高산 높을음(侵)
崗

岡의 俗字
崦 옌 엄日入出崦嵫해지 는산이름엄(鹽)(琰)
崨 쩨 첩連也 이을첩(葉)
崛 쥐 굴山高ㅣ屼 산높을굴(物)
崟 인 음山相對산이 마주행할음(侵)
崈 崇 와同

崚 렁 릉山貌ㅣ嶒 산모양릉(蒸)
㟰 딴 조山之周圍 산둘레조(蕭)
㟶 취 추高崖높은 언덕추(虞)
崎 치 기山路不平ㅣ嶇 산길험할기(支)
㟝 장險也험 할장(陽)

崣 웨 위山高산 높을위(紙)
九
嵁 칸 감ㅣ巖不平貌 산험할감(覃)(咸)
嵐 란 람暴風 폭풍람(覃)
崿 어 악崖也 언덕악(藥)
崲 황 황湖名休 늪이름황(陽)

崱 쳑 [즉] 山連 산맥이 연해있을즉 職
崽 재 [재][새] 彼稱 저재 새 義同 賄 佳
嵃 인 [언] 山峭高峻貌 산가파를언 銑
崼 쓰 [시] 近山 가까운산시 紙
[illegible] 과同
嵑 커 [갈] 特立孤山 산우뚝할갈 曷
崵 당 [양] 遠山 먼산양 陽
崷 쥐 [추] ㅣ崒 山長而高貌 산길고우뚝할추 尤
嵂 뤼 [률] ㅣ崒 山高峻貌 산가파를률 質
嵒 옌 [암] 山巖 바위암 咸
崺 이 [어] 崺ㅣ 山卑長貌 산이낮고길이 紙
嵏 쭁 [종] 山名九ㅣ 산이름종 東
崶 뻥 [봉] 封州山名 봉주산이름봉 冬
嵎 위 [우] 山谷 산구비우 虞
嵔 웨 [위][외] 山盤曲貌 崔ㅣ 산구불퉁구불퉁할위、山高 산높을외 尾 灰
[illegible] 따 [다] 山如凹形 오목한산다 歌
[illegible] 회 [회] 禿山無樹 벗어진산회 隊
嵄 위 [미] 深山 깊은산미 紙
嵇 씨 [혜] ㅣ康 사람의성혜 齊
嵊 썽 [승] 剡懸山名 산이름승 徑
嵆 嵇와同
嵋 메 [미] 峨ㅣ 獨山名 산이름미 支
嵌 칸 [감] 深谷 ㅣ巖 깊은골자기감 咸
[illegible] 뻥 [병] 人名鄭ㅣ 사람이름병 梗
崴 웨 [외] 不平貌 평평치않을외 灰
[illegible] 찌 [절] 山穴 산구멍절 屑
嵉 띵 [정] 長山 긴산정 青
崹 티 [체] 平地 평평할체 齊

十

嵯 츠 [차][치] 石山貌 ㅣ峨 삐죽삐죽할차 歌 齊 嵯 산울뚝불뚝할치 支
嵢 창 [창] 山勢 산형세창 陽
嵥 찌 [걸] 高也無比 한없이높을걸 屑
嵴 지 [척] 山脊 산등성이척 陌
[illegible] 웨 [원] 山頂 산마루원 元
嵬 웨 [외] 山貌 催ㅣ 산뾰족할외 灰 賄
嵱 융 [용] 峰貌 ㅣ嵷 산봉우리우뚝할용 冬
嵲 녜 [얼] 山高貌 巀ㅣ 산높을얼 屑
[illegible] 야 [요] 山形 산형상요 蕭
嵅 한 [함] 弘農關名 ㅣ谷 함곡관함 咸
[illegible] 홍 [홍] 山谷深貌 ㅣ銅 산골깊은모양홍 迥
[illegible] 밍 [명] 山氣暗昧 산기운어둘명 迥
嵰 쳔 [겸] 山名 산이름겸 琰
嵩 쑹 [숭] 高也 높을숭 東
[illegible] 야 [요] 低山 낮은산요 篠
嵫 쯔 [자] 崦ㅣ 日入山 해지는산이름자 支
嵳 嵯와同
嵤 형 [형] 山深貌 齡ㅣ 산깊을형 青
[illegible] 애

애 山尖極端 매봉우리끝애 (卦) **嵣** 당 당 山隁 산굽이당 (陽) **崔** 퇴 퇴 高也 높을퇴 (灰)(賄) **十一** **嵷** 쑹 종송 山高貌 산높을종 高ㅣ 산뾰족할송 (東)(腫) **嵸** 嵷와同

嵺 랴 료 山深空貌 산속이휑할료 (蕭) **嶇** 취 구 山峻崎ㅣ 산험할준구 (虞) **嶅** 오 오 山多小石 산에돌이많을오 (豪) **嶉** 쥐 주 山隁 산굽이주 (紙) **嶃** 嶄와同 **嶉**

찬 산 山曲嶙ㅣ 산구비산 (潸) **嶄** 찬 참 山高峻貌 산높고준할참 (咸) **嶁** 럭 루 山巓 산마루루 (虞)(有) **嶅** 랴 교료 山聳貌 산불끈솟을교、료 (肴)(蕭) **嶄** 참 坑也 덩이참 (豔)

巢 찬 초 山高貌 산우뚝할초 (肴) **嶂** 쟝 장 山峰如屛 산봉우리둘길장 (漾) **嵾** 嵾와同 **嵾** 찬 참 山不齊貌 산이울멍줄멍할참 (侵) **嶋** 島와同 **嵽** 데

질체 山突兀貌 산우뚝할질、체 (屑)(霽) **(山扈)** 후 호 山卑而大 낮고클호 (豪) **(山爽)** 창 창 山相摩貌 산이서로닿은듯할창 (養) **嶆** 차 조 山深空貌 산속휑할조 (豪) **(山票)** 뱌

표 山巓 산마루표 (篠) **嶅** 오 오 動搖貌 흔들릴오 (號) **嶈** 쟝 장 山高大貌 산높고클장 (陽) **(山就)** 쥐 추 嶺 고개이름추 (宥) **(山莫)** 머 막 秘密 몰래막 (陌) **嶋** 島와同

十二 **嶠** 쟈 교 山名員ㅣ 산이름교 (嘯) **嶓** 뻐 파 梁州山名ㅣ冢 산이름파 (歌) **嶞** 뚸 타 山小而銳 산고뾰족할타 (哿) **嶝** 떵 등 小坂 작은비탈등 (徑) **嶐** 퉁

룽 山形 산형룽 (東) **(山卷)** 옌 건 山曲 산굽을건 (阮) **(山童)** 둥 동 山無木草 민둥산동 (東) **嶙** 린 린 山峻嶒ㅣ 산높을린 (眞)(軫) **嶘** 짠 잔 山極高貌 산이우뚝할잔 (諫) **(山虛)**

취 허 山路峻 산길험할허本音거 (魚) **嶚** 랴 료 高也 높을료 (蕭) **(山焉)** 峻와同 **嶛** 嶚와同 **嶕** 쟈 초 山巓 산이마초 (蕭) **嶢** 야 요 高也 높을요 (蕭) **(山間)** 옌

간 山來水 산골물간 (諫) **嶒** 청 증 山峻貌ㅣ 산모양증 (蒸) **嶔** 친 금 山谷入口 산골어귀금 (侵) **(山單)** 면 단 山孤者高 산우뚝할단 (寒) **嶟** 쭌 준 山高貌 산우뚝솟을준 (元)

嶕 쥐 [집]山貌. ㅣ嵲 산 모양 집 (葉) **嶡** 쥐 [궐]山崛起貌 산이 불끈솟을 궐 (霽) **𡾟** 천 [첨]高銳貌 ㅣ嵒 높고 뾰족할 첨 (侵) **嶏** 픠 [배]山崩聲 산무너지는 소리 배 (隊)

嶗 랴 [로]山險 산험할 로 (豪) ⑬ **㠓** 멍 [몽]遠山 먼 산 몽 (東) **嶏** 베 [배]谷間 골짜기 배 (卦) **嶅** 야 [요]廣谷 골 요 (效) **嶱** 얘 [갈]石高 돌우뚝할 갈 (曷) **嵬**

외 [외]高山 높은 산 외 (灰) **嶰** 얘 [해]小山別大山 작은 산이 큰 산과 따로 날 해 (蟹) **嶨** 햐 [학]山多石 산에 바위많을 학 (覺) **嶮** 셤 [험]高峻貌 산가파를 험 (琰) **嶫** 예 [업]高貌

산이 높고 웅장할 업 (葉) **嶧** 이 [역]鄒縣山 산이름 역 (陌) **嶦** 셤 [첨]山峰 봉우리 첨 (鹽) **崫** 취 [굴]ㅣ屼 童山 민둥산 굴 (月) **嶬** 이 [의]山巖 巉巖 산깎아지른듯할 의 (支 紙)

嶭 녀 [알][얼] 山高峻貌 산가파를 알、얼 義同 (曷) **嶔** 인 [음]山峰 산봉우리 음 (寢) **嶒** 회 [회]山高貌 산높은 모양 회 本音 ⑭ **嶺** 링 [령]山肩通道 산고개 령 (梗)

嶻 졔 [찰][절]高貌 높은 모양 절 山高 산높을 찰 (曷 屑) **嶸** 숭 [횡][영]山峻貌 산높을 횡、영 義同 (庚) **𡾭** 과同 **嶽** 위 [악]山宗 큰산 악 (覺) **嶷** 이 [의][억] 零陵山名

九ㅣ 산이름 의 小兒有識 숙성할 억 (支 職) **嶼** 쉬 [서]陸島 섬 서、굳의 섬 서 (語) **嶾** 인 [은]山峻貌 산가파를 은 (吻) ⑮ **㠢** 레 [뢰]山高下貌 울퉁불퉁할 뢰 (賄) **巁** 레

[려][렬] 巍高 산높을 려 巍高 산높을 렬 (霽 屑) **㠥** 同 **巏** 쥐 [곽]山名 산이름 곽 (覺) **𡿂** 홰 [회]山容嶮貌 산골 험할 회 (佳) **巃** 룽 [롱]山峻貌 산가파를 롱 (東) **嶭**

과同 ⑰ **𡿋** 션 [선]小山別大山 작은산과 큰산 따로설 선 (銑) **𡿇** 옌 [건]山屈曲 산구불구불할 건 (銑) 嵼 산 **巆** 잉 [영]山深貌 산골으슥할 영 (庚) **巇** 씨 [희]山

危險ㅣ 산 위험할 희 (支) **巋** 궤 [규][귀]高峻貌 ㅣ然 獨貌 산가파를 규 (支) 산오똑할 귀 (眞) ⑱ **巑** 찬 [참]高也 ㅣ岏 높을 참 (咸) **巕** 미 [미]山高聳尖 산이 높고 뾰족할 미 (支) **巊**

잉 영山氣暗昧 산기운 어둡침침할영(梗) ⑲巍 외 외高大貌ㅣㅣ 산이높고클외(微) 𡿖 일 일山高貌 산 높을일(質) 巓 뎐 전山頂 산꼭대기전(先) [山+麗] 례 여山高 산높을여(支)

巑 찬 찬山高ㅣ岏 산높을찬(寒) 巒 란 만峰ㅣ 산봉우리만(寒) [山+靡] 미 미山貌 산모양미(紙) ⑳巘 연 헌山峰 산봉우리헌(阮) 巖 엄 암險也 험할암、 엄高貌 ㅏㅏ높은모양엄(咸)(監)

㉑巚 연 연山似甑 시루봉연(元) [山+齧] 녀 얼山斷絶貌 峊ㅣ 산따로떠러질얼(屑) ㉒[山+囊] 낭 낭山隈 산모퉁이낭(漾)

㉔[山+靈] 령 령山深貌 산깊을령(青) ㉙[山+鬱] 울 울山烟貌 산에연기낀모양울(物)

巛部 巛 川의本字 川 천 천通流水 내천(先) ③州 주 주郡縣 고을주(尤) ④巡 순 순視行ㅣ守 순행할순(眞) 巠 경 경水脈 물줄기경(青)

⑧[巛+或] 이 역流也 흐를역(職) 巢 소 소鳥棲 새집소(肴) ⑫巤 렵 렵根本 근본렵(葉)

工部 工 공 공ㅣ匠 장인공(東) ②巨 거 거大也 클거(語) 左 좌 좌右之反 왼편좌(哿)(箇) 巧 교 교拙之反 교묘할교(巧) ③巪

격人名 사람이름격 國字 ④巫 무 무事無形以舞降神者 무당무(虞) 巩 공 공擁也 안을공(腫) ⑦差 차 차치채 不齊參ㅣ 어길차 어긋날치 使也 부릴채(麻)(支)(佳)(卦)

幺部 幺 요 요小也ㅣ麽 작을요(蕭) 么 幺俗字 ①幻 환 환化也 변화할환(諫) ②幼 유 유少也 어릴유(宥) ③𢆶 유 유微也 작을유(尤)

④[幺+少] 요 요急戾 어그러질요(蕭) ⑤㡬 幾의古字 ⑥幽 유 유深也 깊을유(尤) ⑧𢇁 관 관以絲貫杼 북에실꿸관(刪) ⑨

蝎 이 [예]急戾급히도 라올예 (霽) 幾 지 [기]危也위 태할기 (微) ⑪ 嫠 시 [시]小也작 을시 (紙) 盬 繼과同 鐖 絶의 古字

干部 干 깐 [간][강]犯也범할간、 欄一畫也생강강 (寒) ㊁ 平 핑 [평][편]正也바를평、 和也화친할편 (庚)(敬)(先) 羊 인 [임]稍甚약 간심할임 (寢) ㊂ 年

년 [연]歲也해연(唐虞載,夏歲,商祀,周一) (先)季同 幵 견 [견]平也 평평할견 (先) 并 幷의 俗字 ㊃ 幵 팅 [정]水際 물가정 (青) ㊄ 幸 씽 [행]寵也 고일행 (梗)

幷 삥 [병]合也합 할병 (庚)(敬) ㊆ 幷 우 [오]迎也맞 을오 (虞) ㊈ 幷 꺼 [갈]立干貌방패 세워둘갈 (曷) ㊉ 幹 깐 [간]體也몸 둥이간 (翰)

己部 己 끼 [기]身也 몸기 (紙) 已 이 [이]止也 그칠이 (紙) 巳 쓰 [사]蛇也 뱀사 (紙) ㊀ 巴 빠 [파]尾也 꼬리파 (麻) 㠯 以의 本字 卮 와

[와]木節나 무마와 (卺) ㊃ 危 지 [치]染草물들 이는풀이름치 (支) ㊄ 巹 쯴 [근]敬承 받들근 (吻) ㊅ 巷 쌍 [항]里中道 골목항 (絳) ㊆ 巽 약

[불]裳繡黑青相對文狀 如亞己相背 보불불 (物) ㊇ 巹 지 [기]踞也걸 쳐앉을기 (紙) ㊈ 巽 쑨 [손]柔也유 순할손 (願)

巾部 巾 찐 [건]帨也 수건건 (眞) ㊀ 帀 짜 [잡]周也 둘릴잡 (合) ㊁ 帔 피 [비]裂餘之帛一幓 헝겊조각비 (紙) 市 쓰 [시]買賣之所 저자시 (紙)

布 뿌 [포]施也 베풀포 (遇) 帄 딩 [정]補也 기울정 (青) 帇 꿰 [궤]紙鳶 연궤 (紙) ㊂ 帉 쭤 [조]覆頭巾머리 덮는수건조 (篠) 帴 싼 [삼]衫破貌해 진덕삼삼 (覃)

帆 빤 [범]船幔使風 돛범 (咸)(陷) 帍 황 [황]襪也버 선황 (陽) 帗 베 [배]王布帣 은베배 (隊) 帇 쩨 [접]手足敏捷손 발빠를접 (葉) 帄 우 [오]投也던 질오 (虞) 杆

깐 [간] 布囊 베주머니 간 (翰) **㠶** 인 [인] 枕表 베개잇 인 (震)

四

帗 부 [부] 前領 앞깃 부 (虞) **𢁽** 요 [요] 手拭巾 손수건 요 (皓) **𢂃** 싸 [사] 細絲 가는실 사 (麻) **𢂊** 찬 [첩] 掩下俗巾 밑가리는수건 첩 (琰) **希** 씨 [희] 望也 바랄 희 (微) **𢁺** 재 [개] 幘也 건개 (卦) **帉** 분 [분] 拭物巾 걸레 분 (文) **帊** 파 [파] 幞也 휘장 파 (禡) **帋** 紙同 **帍** 후 [호] 巾巾 행주 호 (虞) **𢁿** 비 [비] 帛片 비단조각 비 (紙) **𢂍** 폐 [폐] 敗衣 헌옷 폐 (霽) **𢃉** 자 [갑] 蒲席 부들자리 갑 (合) **𢂋** 내 [내] 旗垂 기느러질 내 (隊) **𢂂** 쟈 [초] 裹頭巾 머리싸는수건 초 (巧) **帎** 탄 [탐] 冠也 갓 탐 (勘) **帎** 잼 [검] 帛也 비단 검 (監)

五

帒 대 [대] 囊屬 가방 대 (隊) **帛** 백 [백] 幣也 폐백 백 (陌) **帖** 테 [첩] 卷也 문서첩 (葉) **𢂆** 웬 [원] 幡也 기원 (元) **𢁾** 녕 [정] 射的 과녁 정 (庚) **帓** 마 [말] 巾也 수건 말 (曷) **帑** 누 [노] 妻子 처자 노 [탕] 金幣所藏府 나라곳집 탕 (虞)(養) **帕** 파 [파] 額首飾 머리동이수건 파 (禡) **帘** 렴 [렴] 酒家幟 술기 렴 (鹽) **帙** 지 [질] 書衣 책갑 질 (質) **帚** 추 [추] 掃也 털추 (有) **帗** 뿌 [불] 舞具 춤수건 불 (物) **帔** 피 [피] 帬也 치마 피 (寘) **𢂏** 쟈 [저] 棺衣 구의 저 (語) **𢂔** 툐 [초] 細絲 가는실 초 (蕭) **𢂐** 부 [부] 廣幡 넓은비단 부 (遇) **𢂑** 즈 [지] 細布 가는베 지 (支) **𢂙** 비 [필] 帷也 장막 필 (質) **𢂒** 부 [포] 拭器巾 행주 포 (遇) **𢂓** 커 [구] 指沓 골무 구 (尤) **𢃅** 부 [불] 裹頭巾 머리덮는수건 불 (物) **𢃄** 요 [요] 襪上 버선등 요 (效)

六

帝 듸 [제] 王天下之號 황제 제 (霽) **帢** 캬 [갑] 帽也 모자 갑 (洽) **帠** 이 [예] 法也 법 예 (霽) **𢄊** 황 [황] 練絲 실의힐 황 (陽) **帟** 이 [역] 小幕 작은장막 역 (陌) **𢃇** 좐 [전] 卷曲 굽을 전 (先) **𢃈** 나 [나] 庪也 곳간 나 (箇) **𢃋** [체] 新拭器巾 새행주 체 (霽) **𢃌** 홍 [홍] 徽幟 기표 홍 (東) **帥** 쉬 [수][솔] 王也 주장할 수、領兵 거느릴 솔 (寘)(質) **帤** 수 [녀] 拭字巾 먹수건 녀 (魚) **帣** 좐 [권] 囊也 자루 권 (霰)

帕 쉰 [순]領端옷깃끝순(眞) 帤 이 [예]帛餘비단자투리예(霽) 㛠 셰 [협]束帶허리띠협(葉) 䘿 꽈 [과]單衣홑옷과(禡) 帞 과 帕과同 峒 [통]蠻服오랑캐옷통(東)

帗 이 [치]習也익힐치(寘) 七 師 쓰 [사]教人以道스승사(支) 帩 챺 [초]縛也묶을초(嘯) 帜 의 [지]旗標기표지(寘) 帙 우 [무]毛衣털옷무(虞) 帖

쳡 [첩]領端옷깃끝첩(葉) 帽 먀 [모]裹頭體衣장옷모(效) 帢 치 [격]麤葛巾굵은갈포격(陌) 帼 싱 [형]廣幅手巾넓은손수건형(青) 帣 쳔 [천]女人腰帶여인배띠천(霰)

帨 쉐 [세]女子佩巾계집의찰수건세(霽) 帳 연 [진]飼馬橐말먹이자루진(眞) 帬 쥔 [군]連接裾幅裳也치마군(文) 席 씨 [석]卷也걷을석(陌) 悔 무

[모]皇帝妃ㅣ母헌원씨의황후이름모(虞) 帢 韐과同 帗 뭔 [문]喪冠굴건문(元) 帆 데 [첩]領耑옷깃끝첩(葉) 帠 예 [예]裂也찢을예(霽) 八 帶 대

[대]邊也쪽대(泰) 帺 치 [기]繫也맬기(寘) 帷 웨 [유]幕也장막유(支) 帵 완 [완]裁餘자투리완(寒)(元) 常 창 [상]久也오랠상(陽) 帳 쟝 [장]計薄치부책장(漾)

帢 챠 [흡]帽也모자흡(洽) 帕 관 [관]裹頭巾머리싸는수건관(寒) 帴 쳠 [첨]車帳차휘장첨(鹽) 帹 쮀 [재]五色綵오색비단재(隊) 帽 [종]南蠻之絹오랑캐비단종(冬)

帹 싸 [삽]面衣ㅣ施얼굴가리는망사삽(洽) 帲 핑 [병]幄也휘장병(青)(庚) 帹 쏀 [현]布也베현(先) 帹 쿵 [공]衣袂소매공(東) 帴 쟨 [전]帴也치마전(先) 帵 옌

[엽]斂髮머리단장할엽(葉) 帹 쏀 [현]標信箕幡係於檠者표신기현本音견(霰) 帾 타 [답]上覆앙장답(合) 帹 휘 [혹]巾被風倒건이바람에젖어질혹(職) 帽 帽의俗字 帹

한 [합]蔽耳巾귀막이합(感) 九 幀 쒸 [수]裹頭巾머리쓰개수(虞) 幀 쩡 [정]張畫絵그림족자정本音쟁(敬) 幄 시 [시]拭器巾행주시(紙) 幓 꺼 [액]縫也흠질할액(陌)

幝 쿤 [곤] 褌褌 잠방이곤 (元)
⿰巾重 쭝 [종] 遮日 차일종 (腫)
⿰巾曷 캐 [개] 非時而葬 갈쟁할개 (泰)
⿰巾面 몐 [면] 死人面覆 면모면 (銑)
⿰巾幾 찌 [기] 廣袴 넓은바지기 (紙)
⿰巾盾 쥰 [준] 米袋 쌀자루준 (眞)
幃 웨 [위] 單帳 홋휘장위 (微)
⿰巾俞 위 [유] 近身衣 속옷유 (虞)
帽 마 [모] 頭冠 모자모 (號)
幇 빵 [방] 事物傍取者 곁들방 (陽)
帿 후 [후] 射布 과녁후 (尤)
幄 우 [악] 覆帳 軍施之帳 장막악 (覺)
幅 약 [폭][핍][복] 布帛廣邊 ―폭폭、行勝 행전핍 俗音벽 (屋)(職)
冪 미 [멱] 覆也 덮을멱 (錫)
帾 뚜 [도] 標記說物 찌지붙일도 (虞)
⿰巾英 과 央과同
⿱敄巾 무 [무][옥] 漆布覆車차 우비무、옥義同 (有)(沃)
⿰巾秋 과 裹 과同
⿰巾某 우 [무] 包衣袱보자기무 (尤)
⿱前巾 쳔 [전] 旗也 기전 (先)
⿱剌巾 라 [랄] 擊也 칠랄 (曷)
帊 빠 [파] 䌎手繫之손 뒤집어칠파 (禡)
十
幎 미 [멱] 覆也 덮을멱 (錫)
⿰巾旁 팡 [방] 書貼 서첩방 (漾)
⿰巾廉 렌 [렴] 戶上之幔 문면자렴 (鹽)
⿰巾烏 우 [오] 手巾 손수건오 (虞)
⿰巾冓 꺼 [구] 甲衣 갑옷구 (尤)
⿰巾盍 허 [합] 吹火筒 불부는통합 (合)
⿰巾冡 뭥 [몽] 覆也 덮을몽 (東)
⿰巾貢 궁 [공] 包衣袱子 보자기공 (東)
⿰巾毘 피 [비] 車帷幓也 차휘장비 (齊)
幋 판 [반] 覆衣大巾 햇대보반 (寒)
⿰巾鬼 꿔 [괴] 綵也 ―幃 오색비단괴 (灰)
幍 톼 [도] 巾帽 모자도 (豪)
幌 황 [황] 房幔 방장황 (養)
⿰巾家 캬 [가] 蠻巾竇―稅也 오랑캐세금내는베가 (禡)
幐 텅 [등] 袋也 자루등 (徑)
⿱𤇾巾 웅 [영] 覆也 덮을영 (庚)
⿰巾殺 쐐 [쇄] 衣弊옷해질쇄 (蟹)
⿰巾虒 듸 [체] 赤紙 붉은종이체 (齊)
十一
幕 뭐 [막] 蔽也 가릴막 (藥)
幙 幕와同
幘 쪄 [책] 頂上覆髻 머리수건책 (陌)
幗 꿔 [귁] 婦人冠 이녀관귁 (陌)
⿰巾尊 쒜 [세] 盥巾 세수수건세 (霽)
⿰巾祭 쎄 [세][설] 殘帛 帗― 헝겊세 裂帛 찢은비단설 (霽)(屑)
⿰巾婁 러 [루] 飼馬橐―말먹이자루루 (尤)
⿰巾曹 찬 [조] 小兒籍幓 포대기조 (豪)
⿱秝巾 리 [리] 裁絵비단마름질할리 (支)
⿰巾鳥 쟈 [조] 絹也 비단조 (篠)
⿱族巾 쭈 [족] 絵絵그림그린비단족 (屋)

⿰巾逢 봉 [봉]巾也 수건봉 宋　幔 만 [만]帳也 휘장만 翰　幖 뱦 [표]幡也 깃발표 蕭　⿰巾區 쿠 [구]射決角指 깍지구 尤　徽 휘 [휘]幟也 기휘 微　幓 싼 [삼][섭]車飾貌 수레휘장술 삼、旗旒正幅 기복판섭 咸 監　⿱埶巾 세 [세][지]手巾 손수건 세、지 義同 霽 寘

⑫ 幜 징 [경]帛也 비단경 梗　⿰巾畫 화 [획]裂帛聲 비단찢는소리획 陌　幡 반 [번]反也 |然 돌이킬번 元　⿰巾會 과 [과]綢衣 비단옷과 馬　⿰巾尞 료 [료]絹傘 비단우산료 蕭　⿰巾焦 챠 [초]拭也 닦을초 篠　⿰巾喬 쟈 [교]袴紐 바지단추교 蕭　幢 둥 [당]摩也 기당 江　幟 지 [치]標也 깃대치 寘　幣 뻬 [폐]禮物 예물폐 霽　幠 우 [무]覆也 덮을무 虞　⿰須巾 쉬 [수]婦人頭巾 두건수 虞　幞 푸 [복]裳削幅 치마폭복 沃　幩 뿐 [분]馬銜飾 말자갈끈할분 文　幝 찬 [천]車弊|| 수레헤질천 銑　⿰巾散 산 [산]弊日兩盍 일산산 旱

⑬ ⿰巾敫 쟈 [교]脛行勝 행전교 篠 嘯　幦 멱 [멱]覆車箒 수레뚜껑멱 錫　⿰巾遂 쉬 [세]深赤色 질게붉은빛세 霽　幧 찬 [조]所以覆髻帕 頭상투관조 蕭　幨 찬 [첨]車帷 차휘장첨 監　⿰巾幾 미 幭과同

⑭ ⿰巾監 란 [람]無緣衣 단없는옷람 覃　⿰巾慭 인 [은]內衣 속옷은 問　幪 멍 [몽]覆也 帲| 덮을몽 東 董　幬 또 [도][주]覆也 덮을도、車帷 수레휘장주 號 尤　幫 빵 [방]治履 신기울방 陽

⑮ 幮 쥬 [주]帳也 장막주 虞　⿰巾節 쩨 [절]拭也 걸레절 屑　幭 미 [멸]車覆 수레뚜껑멸 屑

⑯ 幰 쎈 [헌]車上幔 수레안장헌 阮　⿰巾奮 뿐 [분]穀滿而袋裂 곡식자루터질분 吻

⑰ ⿰巾薎 미 夢과同　⿱斂巾 匳과同　⿰巾登 엉 [정]畫화 분정 敬　⿰巾闌 란 [란]裳與衣連 철릭란 寒　⿰巾韱 쳠 [첨]記標| 표지첨 監

⑱ ⿰巾雙 쌍 [쌍]帆也 돛쌍 江

广部

广 옘 [엄]巖屋 바윗집엄 琰

② 庀 피 [비]治也 다스릴비 紙　庂 쳐 [측]錢名赤 돈이름측 職　庁 평 [청]平也 평평할청 青

③ 庄 좡

[장]田舍전장 장(陽) **庀** 宅의古字 度의古字 **庋** 끠 [구]灸瘢뜸뜰자리구(有) **庖** 이 [예]簷也추녀예(霽) **庅** 底同 **庍** 쓰 [사]旁屋양실서(禡) **庈** 옌 [엄]賤也천할엄(琰)

石 쎤 [합]乳汁젖함(感) **庂** 廙과同 ❹ **序** 쒸 [서]次第차례서(語) **床** 牀의俗字 **庉** 듄 [돈]居也집돈(元) **庛** 땀 [담]陰也그늘담(覃) **庌** [아]舍也집아(馬)

㡯 환 [환]網羅그물베리환(刪) **㡜** 쉐 [수]灰集屋잿간수(寘) **庎** 얘 [개]庋食器시렁개(卦) **庋** [기]ㅣ閣藏食物찬장기(紙) **庀** 삐 [비]覆也덮을비(寘) **庈** 옌

[금]人名사람이름금(侵) ❺ **店** 뎜 [점]商舖상점점(豔) **庘** 뎝 [압]壞居헌집압(洽) **㢈** 여 [녑]隘也좁을녑(洽) **废** 빠 [발]草舍초가집발(曷) **㡪** 뿌

[포]布列벌릴포(遇) **庛** 츠 [차]柔下歧木장기술차(寘) **㡳** 라 [랍]屋聲집소리랍(合) **庡** 이 [예]皮也찬장예(霽) **庝** 둥 [동]深屋깊은집동(冬) **㡩** 사 [사]屋也집사(麻)

庁 씨 [지]鄙屋더러운집시(紙) **庙** 廟의略字 **㡵** 쟌 [단]小屋작은집단(翰) **庖** 팟 [포]廚也宰殺所푸주간포(肴) **㡐** 텬 [전]平也평할전(先) **㡱** 펴 [피]鋪也펼피(支)

庚 껑 [경]更也고칠경(庚) **底** 디 [지][저]致也이룰지 止也그칠저(紙)(薺) **府** 부 [부]百官所居마을부(麌) ❻ **庠** 썅 [상]虞學養老處우나라태학상(陽) **㡧**

扁의古字 **庥** 쓔 [휴]依止의지할휴(尤) **度** 두 [도][탁]法制법도도、謀也꾀할탁(遇)(藥) **㡬** 썬 [삼]屋斜집기울삼(勘) **庲** 이 [예]米倉쌀곳간예(霽) **㡨** [귀]壞也무너질귀(寘)

㡊 쪈 [한]閾也문지방한(刪) **庤** 찌 [치]具也갖출치(紙) **庢** 찌 [질]水曲물구비질(質) **庣** 툐 [조]滿貌가득차지않을조(蕭) **㡴** 쨔 [갑]市也저자잡(合) **𢇿** 쟌

[조]言賤말씽스러울조(篠) **㢔** 퉁 [동]家響집울림동(東) **㡲** 이 [의]徘徊배회할의(尾) **㡳** 치 [치]低屋낮은집치(寘) ❼ **庭** 팅 [정]直也곧을정(徑) **庫** 쿠

[고]貯物所兵車藏곳집고(遇) **庪** 지 [기]ㅣ縣祭山산제터기(紙) **座** 쥐 [좌]位也지위좌(箇) **庮** 우 [유]朽木臭썩은나무냄새유(尤) **⿸广豆** 덕 [두]廚房부엌두(宥) **庘**

루 [루]草屋초가루(有) **⿸广弄** 룽 [롱]大廈큰집롱(送) **⿸广壯** 쨩 [장]宏大웅장할장(陽) **⿸广求** 칙 [구]附屋옆에붙은집구(尤) **庯** 푸 [포]屋上平지붕평할포(虞) **庨** 쌰

[효]宮室高貌궁집드높을효(肴) **庬** 망 [방][몽]雜也잡될방、豊也후할몽(董)(江) **⿸广呂** 릐 [려]衆也뭇려(語) **⿸广囷** 큔 [곤]米庫쌀고간곤(願) **⿸广良** 랑 [랑]高也높을랑(陽) **庩** 또

[도]庫也편편하지않을도(虞) **⿸广見** 親의古字 **⿸广矣** 娭과同 **八** **⿸广隹** 퉤 [퇴]從上傾下지붕물매질퇴(灰) **庹** 퉈 [탁]兩腕引長두팔벌릴탁(藥) **⿸广侈** 츠 [치]廣也넓을치(紙)

⿸广回 廩의古字 **⿸广京** 징 [경]倉也곳집경(庚) **⿸广取** 추 [추]崩壞무너질추(尤) **⿸广空** 쟝 [강]空家빈집강(陽) **⿸广昔** 지 [적][욱]縣名ㅣ縣고을이름적, 窖也ㅣ幕욱집욱(陌)國字 **庰**

핑 [병]蔽也덮을병(梗) **⿸广戔** 잔 [잔]屋笮산자잔(諫) **⿸广舍** 셔 [사]小屋작은집사(馬) **庸** 융 [용]常也항상용(冬) **庳** 삐 [비]下也낮을비(寘) **⿸广枀** 松의古字 **⿸广奇**

애 [애]庋也신탁자애(蟹) **庶** 쓔 [서]衆也무리서(御) **康** 캉 [강]安也편안할강(陽) **庲** 래 [래]家也집래(灰) **⿸广卒** 쮜 [쉬]傾也기우러질쉬(寘) **⿸广金** 진 [금]石地돌땅금(沁)

⿸广炎 얀 [염]厚也두터울염(監) **⿸广乳** 수 [뉴]小乳작은젖뉴(虞) **⿸广官** 꽌 [관]玩弄희롱할관(寒) **庵** 안 [암]小草舍작은암자암(覃) **⿸广啚** 챵 [장]獄也圜ㅣ옥장(陽) **九** **⿸广艮**

[평]厠也뒤간평(敬) **⿸广者** 두 [도]草屋초가도(虞) **⿸广胡** 후 [호]平也평평할호(虞) **廋** 쑤 [수]匿也숨길수(尤) **庾** 유 [유]露積노적유(麌) **⿸广架** 쟈 [가]構屋집지을가(禡)

⿸广剌 라 [랄]庵也암자랄 **⿸广英** 잉 [영]長廊월랑영(梗) **⿸广苗** 廟의古字 **廂** 썅 [상]廡也東西室행랑채상(陽) **廁** 츠 [치][칙]次也버금치、側也기울칙(寘)(職) **⿸广禹** 寓과同 **⿸广俞**

두 [투]、[유] 木槽 말죽통 투、유 義同 (尤)(虞)
⿸广軍 진 [군] 積也 쌓을군 (吻)
⿸广鬲 이 [얼] 家狹 집좁을얼 (月)
庴 사 [접] 藏也 감출접 本音 삽 (葉)
⿸广畏 이 [외] 隱處 으슥한곳외
⿸广東 한 [합] 花亂貌 꽃어지러울합 (感)(沁)

十

廉 렴 [렴] 儉也 검소할렴 (監)
廋 쑤 [수] 隱匿 숨길수 (尤)
⿸广習 란 [람] 遮也 막을람 (覃)
廅 허 [합] 藏也 감출합 (合)
廇 릐 [류] 屋梁 들보류 (宥)
⿸广馬 마 [마] 庵也 암자마 (禡)
庥 휴 [휴] 樹陰 나무그늘휴 (尤)
廌 치 [치][태] 一角性忠觸不直 해태치 俗音 채、태 義同 (紙)(蟹)
廆 외 [외] 廦也 괴벽할외 本音 회 (賄)
廈 하 [하] 大屋 큰집하 (馬)
廊 랑 [랑] 東西序 곁채랑 (陽)
⿸广追 추 [추] 舍潰 집무너질추 (寘)

十一

廕 인 [음] 庇庥 덮을음 (沁)
⿸广深 썬 [심] 深大屋 깊고큰집심
⿸广帶 대 [대] 水名 물이름대 (泰)
⿸广莫 머 [막] 空也 빌막 (藥)
⿸广鹿 루 [록] 米倉 곳집록 (屋)
⿸广崔 최 [최] 垂也 드리울최 (賄)
廔 루 [루] 屋脊 집대마루루 (尤)
⿸广敖 오 [오] 倉也 곳집오 (豪)
廑 진 [근] 小屋 작은집근 (文)
⿸广兒 삭 [삭] 病治 병다스릴삭 (藥)
廖 료 [료][류] 人名周召拍ㅣ 사람이름료 (嘯)(蕭)
廏 구 [구] 馬舍 마구구 (宥)
廓 곽 [곽] 大也 클곽 (藥)
廐 廏의 俗字
⿸广虘 차 [사] 屋欲壞 집무너지려할사 (麻)
⿸广張 삥 [병] 隱僻無人處 으슥한곳병 (敬)
⿸广從 총 [종] 多也 많을종 (董)
⿸广毅 이 [의] 急也 급할의 (支)
⿸广炎 恢과 同

十二

廟 묘 [묘] 祠堂 사당묘 (嘯)
廛 찬 [전] 一家之居 한집자리전 (先)
廣 광 [광] 東西 동서광 (漾)
廠 창 [창] 庫也 곳집창 (養)
⿸广欽 씬 [흠] 喪具 행상제구흠 (侵)
廚 츄 [주] 庖屋 무관주 (虞)
⿸广屠 투 [도] 平家 평집도 (虞)
廝 쓰 [시] 使也 부릴시 (支)
廢 폐 [폐] 止也 폐할폐 (隊)
⿸广喬 [교] 高屋 높은집교 (嘯)
廙 이 [익][이] 行屋 정랑익、敬也 공경할이 (職)(寘)
⿸广番 반 [반] 峙屋 곳간반 (寒)
廡 우 [무] 門屋 문간방무 (虞)
⿸广皐 鼻과 同
⿸广畱 廇의 本字
⿸广森 썬 [삼] 除也 덜삼 (寢)

廆 웨 [위]美也아름다울위(紙) 㢊 秩의古字 ⑬ 廦 피 [벽]垣也담벽(陌) 廯 쎈 [선]巨屋큰집선(銑) 廞 이 [유]舞手弄笑揶ㅣ손춤추고웃으며희롱할유(虞)

廩 린 [름]給也넉넉할름(寢) 廧 牆과同 廥 쾌 [괴]芻藁蔵여물광괴(泰) 㢚 루 [로]遮陽볕가릴로(虞) 廨 예 [해]官舍공해해(卦) 㢛 옌

[엄]小也작을엄(豔) 廑 僅과同 廜 쓔 [서]高屋높은집서(語) 廞 찐 [흠]猛意모진마음흠(沁) [illegible] 야 [요]坐也앉을요(嘯) 廣 캉 [강]大也클강(絳) ⑮ 廖

랴 [료]空也빌료(嘯) 廧 牆과同 ⑯ 廠 쎈 [선]舍也집선(霰) 廮 투 [부]臭也냄새날부(虞) 廬 뤼 [려]舍也집려(魚) 廯 쑤 [소]酒名술이름소(虞) ⑰

廙 이 [익]屋通독도익(陌) 廯 쎈 [선]囷倉之別名곳간선(銑)(先) 廮 잉 [영]安止편안히그칠영(梗) ⑱ 廱 융 [옹]和也ㅣ화할옹(冬) 廲 취 [구]倉庫곳집구(虞)

⑲ 廲 뤼 [려]ㅣ廔綺집장려(齊) ㉒ 廳 팅 [청]治官處ㅣ事관청청、대청청(青) ㉔ [illegible] 링 [령]岩穴바위구멍령(青)

廴部

廴 인 [인]長行길게걸을인(軫) ④ 延 옌 [연]及也미칠연(先) 廷 팅 [정]征也갈정 廷 영 [정]朝ㅣ조정정(青) ⑤ 㢟 [정]征也갈정(庚) 廸

迪誤字 ⑥ 廻 훼 [회]還也돌아올회(灰) 廼 酒의誤字 建 졘 [건]立也설건(願) ⑧ [illegible] 딩 [정]盡也다할정(梗) ⑨ [illegible] 옌 [연]相顧而別서로돌아보고갈연(霰)

廾部

廾 궁 [공]竦手손맞잡을공(腫) ① 廿 수 [입]二十스물입(緝) ② 弁 뻰 [변]樂也즐거울변 [반]拍手손바닥칠반(霰)(寒) ③ 异 이 [이]退也물러갈이(寘) ④ 弅 얜 [분]丘高起貌높은언덕분(文) 弆 지 [귀]弓拊활잡이귀(支) 弃 棄의古字 弄 戒과同 弄 룽 [롱]戲也희롱할롱(送) ⑤ 弅

위 [육]兩手捧物두손으로받을육(屋) 弅 承과同 弆 쥐 [거]藏也감출거(語) 六 弈 이 [혁]圍棋바둑혁(陌) 弇 옌 [감][엄]蓋也덮을감 覆蓋덮을엄(覃)(琰)(豔) 七

弉 誥의古字 弊 終의古字 十一 弊 奬과同 十二 弊 言의古字 十二 弊 삐 [폐]困也곤할폐(霽) 十三 弊 쳰 [천]升高높은데올라갈천(先) 弊 擇同

九 彝 잔 [권]拵滿가득이뜰권(願) 彝同

弋部

弋 이 [익]取也취할익(職) 一 弌 戎과同 三 式 씨 [식]法也법식(職) 四 弍 이 [익]骨也뼈익(職) 弎 이 [익]好也좋을익(職) 弑

哉同 戕 장 [장]南越郡名ㅣ牁고을이름장(陽) 六 弐 퉁 [동]繫船杙배말뚝동(東) 弑 지 [절]利也이할절(屑) 九 弑 씨 [시]殺也下害上웃사람죽일시(寘) 十

哥 꺼 [가]郡名牂ㅣ땅이름가(歌) 十二 戰 쩡 [증]弋失ㅣ繳줄살증(蒸)

弓部

弓 꿍 [궁]孤也射器六材所成활궁(東) 一 引 인 [인]相牽이끌인(軫) 弔 彈의古字 弔 댜 [조][석]傷也슬퍼할조(嘯)(錫) 二 弖 직

[규]卷也채권규(尤) 弘 훙 [홍]大也含容클홍本音횡(蒸) 弗 뿌 [불]不也아니불(物) 三 弛 이 [이]解也풀릴이(紙) 弜 듸 [적]射弓활쏠적(錫) 弙 彈과同 弙

우 [오]引也당길오(虞) 弙 깐 [간]拒也막을간本音한(翰) 弟 퉤 [퇴]窮貌ㅣ궁할퇴(灰) 弱 챵 [강]強也강할강(養) 四 弞 쮜 [결]鉋弦發矢者깍지결(屑) 弣

위 [여]弓也활여(魚) 弞 쎤 [신]木名나무이름신(軫) 弟 듸 [제]後生男子아우제(薺)(霽) 弝 빠 [고]小弓작은활고(虞) 五 弢 삐 [피]張弓貌ㅣ활잔뜩당길피(寘) 弡 쮜

굴勇也날랠굴(物) **弢** 탄 도弓衣활집도(豪) **弥** 彌과同 **弧** 후 호木弓나무활호(虞) **弣** 부 부弓弛활줌통부(虞) **弩** 누 노有臂機射쇠노노(麌) **弤**

듸 저漆赤弓붉은칠한활저(薺) **弫** 뜬 돈、민彤弓붉은활旗也기민(元)(眞) **弦** 쎤 현국ㅣ활시위현(先) **弨** 찬 도국衣활집도(豪) **[弓+古]** 쿠 고小국작은활고(虞) 六 **弭**

미 미弓末활끝미(紙) **[弓+羊]** 양 양弓曲활굽을양(陽) **[弓+同]** 둥 동弓飾활꾸밈동(東) **[弓+合]** 쎄 협弓強센활협(葉) **弮** 찬 환、권弩弓쇠뇌활 환 권義同(霰)(先) **弫**

ᄋ진 진弓強활강할진(軫) 七 **弰** 싼 소弓末활끝소(肴) **弱** 쉬 약虛ㅣ也허약할약(藥) **[弓+旬]** 쎤 현弓曲활굽을현(元) **弲** 쎤 현角弓뿔활현(先) **[弓+發]** 쑨

순苦也살오닉순(震) 八 **彆** 삐 별弓戾활뒤집힐별(屑) **張** 쟝 장施也베풀장(漾) **弶** 챵 강以弓罥鳥창애강(漾) **[弓+麦]** 네 뇌張弓貌활당길뇌(隊) **弴**

뚠 돈、조畫弓그림그린활돈、조義同(元)(蕭) **強** 챵 강勉也힘쓸강(漾)(陽) **[弓+胃]** 원 연弓弣驕間활배바닥연(先) **[弓+委]** 쎤 현強弓강한활현(先) **[虎+弓]** 쏠 호射也활쏠호(虞)

弸 뺑 팽、붕弓強활강할붕、弓聲ㅣ彋화할소리팽(蒸)(庚) **弹** 쩡 쟁張弓활당길쟁(梗) **[弓+巫]** 꾸 곡勇也날랠곡(沃) **[弓+并]** 삥 병彈也탄병(庚) 九 **弼** 弼과同 **弼**

삐 필轉也도울필(質) **彖** 원 연弓緣활전연(霰) **弽** 쎄 섭射決깍지섭(葉) **彁** 뻰 편弓反張활뒤젖혀질편(先) **强** 쓸 강勉也힘쓸강(陽)(漾) 十 **[弓+高]** 예 격包弓衣

활집격(陌) **[弓+眞]** 쪈 진彈也탄진(震) **[弓+寒]** 쪈 건弓強강할건(阮) **彀** 꾸 구射的과녁판구(宥) **[弓+備]** 삐 비以筋貼弓활에실감을비(寘) **[弓+旁]** 팡 방弦急활시위

팽팽할방(陽) 十一 **彄** 쿠 구弓端활고자구(尤) **彈** 삐 필射也쏠필(質) 十二 **彉** 휙 확迅速빠를확(藥) **[弓+喬]** 쟌 교引弓활당길교(蕭) **[弓+曾]** 쩡 쟁弓弦聲

활시위소리 쟁 庚
彇 소 [소] 弓弭頭 활고자머리 소 蕭
彈 탄 [탄] 行丸 탄자 탄 寒 翰
彆 별 [별] 弓戾 활뒤틀릴 별 屑
⑬ 彊 강 [강] 勉也 힘쓸 강 陽
彋 횡 [횡] 弓聲 화살소리 횡 庚
⑭ 彌 미 [미] 止也 그칠 미 紙
⑮ 彍 확 [확] 迅速 빠를 확 藥
[illegible] 반 [번] 養也 기를 번 元
⑰ [illegible] 쏘 [소] 弓弭頭 활고지머리 소 蕭
⑲ 彎 왕 [만] 弓ㅣ曲 굽을 만 刪
⑳ 彏 확 [확] 弓急帳 활급히당길 확 藥

ヨ部

ヨ 계 [계] 豕頭 돼지머리 계 霽
彑 크와 同
③ [illegible] 多의 古字
⑥ 彖 퇀 [단] 斷也 결단할 단 翰
⑧ 彗 쒜 [혜][세] 妖星 혜성 세 霽 篲 也 비 혜 寘
⑨ 彘 지 [체] 地名 땅이름 체 霰
⑩ 彙 훼 [휘] 集也 모을 휘 未
⑬ 彛 彝의 俗字
⑮ 彝 이 [이] 常也 떳떳할 이 支
㉓ 彠 彟 同

彡部

彡 싼 [삼] 毛長 털자랄 삼 咸
② 㐱 진 [진] 鳥羽始生 새깃처음날 진 軫
④ 彤 퉁 [동] 丹飾 붉은칠할 동 冬
形 씽 [형] 體也 형상 형 靑
彣 문 [문] 彩色 채색 문 文
⑤ [illegible] 싼 [삼] 利也 이할 삼 陷
[illegible] 丹의 古字
⑥ 彦 옌 [언] 美士 착한선비 언 霰
⑦ [illegible] 쭤 [좌] 妾也 베일 좌 箇
[illegible] 양 [양] 美善 아름답고착할 양 陽
彧 위 [욱] 茂盛貌ㅣ 무성할 욱 屋
⑧ 彩 채 [채] 文色精光 채색 채 賄
㣎 무 [목] 細文 가는문채 목 屋
彫 댜 [조] 畫文 그릴 조 蕭
彪 [표] 文也 문체 표 尤
彬 빈 [빈] 文質偏也 빛날 빈 眞
⑨ 彭 빵 [방][팽] 姓也 성 팽 近也 가까울 방 陽 庚
⑪ 彰 쟝 [창] 著也 나타날 창 陽
彯 퍞 [표] 長組貌 끈이 치렁거릴 표 蕭 嘯
⑫ 影 잉 [영] 形也 형상 영 梗
[illegible] 정 [증] 毛深 털깊을 증 蒸
⑬ [illegible] [찬] 文繁 문채번화할 찬 翰
⑲ [illegible] [빈] 文盛 문채성할 빈 眞

彳部

彳 치 [척]小步자축거릴척 (陌)

二

行 띵 [정]獨行貌혼자걸을정 (靑)

三

代 이 [익]行也갈익 (職)

⿰彳丸 완 [환]失路길잃을환 (寒)

彵 퉈 [타]安行편안히걸을타 (哿)

彴 줘 [작][박]横木橋略ㅣ외나무다리 奔星ㅣ約흐르는별박 (藥)(覺)

四

彶 지 [급]急行급히갈급 (緝)

役 이 [역]使也부릴역 (陌)

彸 쭝 [종]急遽貌황급히갈종 (冬)

⿰彳勻 徇과同

彺 왕 [왕]急遽行也급히갈왕 (陽)

彷 방 [방]徘徊ㅣ徨방황할방 (陽)

⿰彳元 완 [원]失道貌僙ㅣ길을잃고바장일원 (寒)

⿰彳开 깨 [계]行貌갈계 (齊)

往 왕 [왕]去也갈왕 (漾)(養)

五

徃 往과同

彼 삐 [피]對此之저피 (紙)

彽 듸 [시]徘徨머뭇거릴지 (支)(齊)

⿰彳冉 옌 [염]遲行더디갈염 (鹽)

⿰彳由 데 [적]急行급히갈적 (錫)

⿰彳丕 피 [피]走貌달아나는모양피 (支)

徂 쭈 [조]往也갈조 (虞)

彿 뿌 [불]相似彷ㅣ흡사할불 (物) 髴同

⿰彳立 쌰 [삽]行貌갈삽 (合)

⿰彳此 즈 [치]正行똑바로갈치 (紙)

作 作의古字

彾 링 [령]獨行홀로갈령

征 쩡 [정]行也갈정 (庚)

六

徉 양 [양]彷也빈들거릴양 (陽)

待 대 [대]遇也대접할대 (賄)

徇 쒼 [순]疾速빠를순 (震)

徊 훼 [회]不進徘ㅣ머뭇거릴회 (灰)

後 허 [후]遲也늦을후 (有)

⿰彳夷 이 [이]平易편하고쉬울이 (支)

律 뤼 [률]法也법률 (質)

⿰彳先 신 [신]往来貌왔다갔다할신 (眞)

⿰彳夸 과 [과]疾行빨리갈과 (禡)

⿰彳兑 터 [탈]疾也빨리갈탈 (曷)

⿰彳吉 지 [길]進行나아갈길 (質)

⿰彳各 꺼 [격]至也이를격 (陌)

很 헌 [흔]不聽終말듣지않을흔 (阮)

⿰彳圭 와 [와]邪行貌비척거릴와 (佳)

⿰彳同 퉁 [통]直行衕ㅣ바로갈통 (董)

⿰彳丞 징 [승]行不正바로가지못할승 本音증 (蒸)

徆 시 [세]直行곧게갈세 (齊)

七

徑 징 [경]小路지름길경 (徑)

⿰彳夋 쥔 [준]退也물러갈준 (眞)

⿰彳夾 싼 [섭]行貌搖曳전들거릴섭 (豔)

徲 티 [제]休息쉴제 (齊)

徐 쉬 [서]緩也천천할서 (魚)

𢓊 광 [광]扇搖動風 부채질할광 養
徒 투 [도]衆也 무리도 虞
𢓜 샾 [소]徐行천천히갈소 蕭
𢓡 터 [타]緩行더디걸을타 箇
徎 정 [정]狹也小路 좁은길정 梗
𢓭 쓔 [수]步中待約ㅣ留 걸어가며기다릴수 宥
𢓴 同吾

八

徘 패 [배]低也어슷거릴배 灰
得 더 [득]獲也 얻을득 職
𢓨 천 [천]地名長ㅣ 땅이름천 銑
𢔅 한 [함]水入船배에 물들어올함 覃
御 위 [어][아]侍也모실어、迎也맞을아 御禡
待 찌 [치]待也 기다릴치 紙
徜 창 [상]戲蕩 노닐상 陽
徛 치 [기]聚石水中以為橋 징검다리기 寘
㣫 俗古字
從 춍 [종]隨也 따를종 冬宋
徖 쭁 [종]安也 편안종 東
𢓱 찌 [지]步行 걸을지 支
𢔇 俾同
徙 쓰 [사]移也 옮길사 紙
徠 래 [래]来也 올래 灰
𢓿 둥 [동]直行곧게갈동 東
𢔀 쳐 [도]待也기다릴도 豪
徢 단 [첩]走也달아날첩 葉
𢓾 [엄]隱也 숨길엄 豔
𢔊 촨 [권]徐行천천히걸을권 阮
𢔎 치 [읍]集人衆貌사람많이모일읍 緝
𢔓 쯔 [주]亂行ㅣ徫 헤맬주 尤
𢔞 환 [완]徐行천천히갈완 本音환 旱

九

徫 웨 [위]步行 걸어갈위 尾
𢔩 쭝 [종]連後뒤에 라갈종 腫
循 쉰 [순]善也 착할순 眞
𢔠 엉 [정]走也달아날정 敬
徧 뻰 [변]周也 두루변 霰
徣 캐 [개]惡行徘ㅣ어 뚜비뚜할개 佳
假 꺼 [가]至也이를가 馬禡
徨 황 [황]徘也徊방황할황 陽
復 부 [복][부]反也돌아올복 再也다시부 屋宥
徥 츠 [시]行貌ㅣㅣ슬슬걸을시 支
𢔤 유 [유]闇行몰래갈유 虞
𢔦 우 [울]卒然行별안간갈울 物
𢔽 쭝 [종]行也 갈종 東
𢔬 쮜 [저]歲月去矣 세월갈저 魚
𢔧 핑 [병]傍也 곁병 敬

十

徬 팡 [방]附行붙어갈방 漾陽
𢕁 쎄 [설]衣瓢貌옷자락너풀거릴설 屑
𢕃 릭 [유]行而相待徬ㅣ가며서로기다리유 宥
𢕅 산 [소]緩行천천히갈소 豪
微 웨 [미]細也 작을미

徯 씨 [혜]待也 기다릴 혜(齊)
徭 요 [요]役也 역사 요(蕭)
⑪ ⿰彳責 써 [색]尋常 법상할 색(陌)
⿰彳章 ᄋ쟝 [장]失途浪行 길 잃고 헤맬 장(陽)
⿰彳崔 최 [최]急行 급히 갈 최(灰)
⿰彳孟 멍 [맹]人名 劉ㅣ 사람의 이름 맹(梗)
徲 티 [제]往来ㅣㅣ 왕래할 제(齊)
⿰彳悉 씨 [실]搖動 동할 실(質)
⿰彳參 잔 [참]動也 움직일 참(勘)(感)
⿰彳䙴 센 [선]遠行 멀리 갈 선(先)
徵 同微
得 치 [득]水少 물 적을 득(職)
⿰彳率 쉬 [솔]忙行 바삐 갈 솔(質)
⿰彳悳 치 [치]施也 베풀 치(寘)
⑫ 德 더 [덕]行道有得 큰 덕(職)
⿰彳款 콴 [관]徐行ㅣ緩 천천히 걸을 관(旱)
徵 ᄋ정 [치][징]求也 구할 징(蒸)(紙)
徶 빼 [별]衣瓢貌 옷자락 펄렁거릴 별(屑)
徹 처 [철]貫通 관철할 철(屑)
⿰彳⿱羽疋 싸 [삽]衆行 여럿이 갈 삽(合)
⿰彳喬 ᄋ쟈 [교]緩行 더디 갈 교(篠)
徸 [총]到也 이를 총(冬)
⿰彳啻 데 [제]行止佇立 가다가 우뚝 섯을 제(卦)
⿰彳覃 덴 [점]走也 달아날 점(豔)
⿰彳敢 깐 [감]危也 위태할 감(陷)
⑬ ⿰彳會 회 [외]屋宇高貌ㅣㅣ 집 높고 맑을 외(泰)
⿰彳詹 셴 [섬]行之速也 가기 바쁠 섬(豔)
⿰彳亶 딴 [단]走行 달아날 단(刪)
徼 ᄋ쟈 [요]求也 구할 요(蕭)(嘯)
⿰彳達 따 [달]行路相違 길이 서로 어긋날 달(曷)
⿰彳歲 훼 [홰]屋宇明凉ㅣ 집이 밝고 시원할 홰(泰)
⿰彳睘 同還
⑭ 徽 훼 [휘]美善 아름다울 휘(微)
⿰彳寧 닝 [녕]行貌 가는 모양 녕(徑)
⿰彳翟 댜 [조]疾也 빠를 조(篠)
⑮ ⿰彳賣 쑤 [속]行而不停 걸음을 멈추지 않을 속(沃)
⿰彳贊 ᄋ잔 [찬]失道貌 길 잃을 찬(寒)
⑯ ⿰彳龍 룽 [롱]直行 곧게 갈 롱(宋)(董)
⑰ ⿰彳襄 샹 [상]ㅣ徉 노닐 상(陽)
⿰彳韱 셴 [섬]走也 달아날 섬(豔)
⿰彳毚 찬 [참]參差 참치할 참(感)
⿰彳䌛 우 [유]步行 걸어갈 유(尤)
⿰彳暴 빠 [포]新任官府 도임할 포(效)
⑱ ⿰彳瞿 쮜 [구]行貌 가는 모양 구(虞)
⑳ ⿰彳矍 ᄋ쟈 [각]行也 갈 각(藥)
㉑ ⿰彳囊 낭 [낭]行貌 가는 모양 낭(漾)

四畫

心部

心 씬 심 形之君 明主 마음심 侵

㊀

必 삐 필 定辭 반드시필 質

㊁

忍 이 의 怒也 성낼의 未

忄匕 삐 비 尖也 못생길비 紙

忄丁 딩 정 怨恨 원망할정 徑

忞 애 애 戒也 懲ㅣ 징계할애 泰

忉 또 도 心憂ㅣㅣ 근심할도 豪

忇 레 륵 功也 공륵 職

忈 인 인 親慈 친자할인 眞

㊂

忍 인 인 耐也 참을인 軫

志 즈 지 希望 희망할지 寘

忕 태 태 세 奢也 사치할태 習也 익힐세 泰 霽

忌 이 기 戒也 경계할기 寘

忖 춘 촌 ㅣ度 思也 헤아릴촌 阮

忑 恐의 古字

忙 망 망 急迫 빠를망 陽

忄勺 쥐 조 작 憂也 근심할조 驚也 놀랄작 篠 藥

忄弋 이 이 心動 맘동할익 職

忏 첸 천 怒也 성낼천 銑

忋 애 개 信仰 믿을개 賄

怨 怨의 古字

忄夕 시 석 痛也 앓을석 藥

忄女 뉘 여 度也 헤아릴여 御

忔 치 흘 喜也 기쁠흘 物

忘 왕 망 忽也 깜짝할망 陽 漾

忒 터 특 差也 틀릴특 職

忎 仁의 古字

忓 깐 간 한 善也 착할선 擾也 요란할간 寒 翰

忐 탄 담 心虛 맘허할담 感

忑 투 특 心虛 맘허할특 職

忄工 공 공 心急 맘급할공 東

忘 忘 古字

忄丁 추 초 相背 서로배반할초 蕭

忚 씨 계 혜 心不欲 싫어할계 欺慢 속일혜 霽 霽

忥 씨 흘 愚也 어리석을흘 物

忄于 위 우 戒也 경계할우 虞

忄叉 채 차 亂也 어지러울차 禡

忄弓 궁 궁 憂也 근심할궁 東

㊃

忡 충 충 憂也ㅣㅣ 근심할충 東

忠 쭝 충 盡心竭 충성충 東

忄爻 샤 효 快也 쾌할효 肴

忭 뻰 변 喜樂貌 즐거울변 霰

忸 뉵 뉴 뉵 習也 익을뉵 慙也 부끄러울뉵 有 屋

忺 쎈 험 心所欲 하고자할험 鹽

忼 캉 강 歎也 탄식할강 養

忱 천 침 信也 믿을침 侵

忝 톈 첨 辱也 욕될첨 琰 豔

忬 同舒

念 녠 념 常思 생각할념 豔

忯 侉 과 同

忝 톈 첨 慚也 부끄러울첨 琰

忦 깨 개 憂懼 근심하고 두려워할개 卦

忽 후 홀 忘也 잊을홀 月

忰 同悴

忄反 빤

[판] 急性급한성품판 (願)
忲 태 [태] 驕態방자할태 (泰)
伇 이 [역] 用心맘쓸역 (陌)
忨 완 [완] 愛也사랑할완 (翰)
忕 셰 [설] 習也익힐설 (屑)
怖 배 [패] 怒也성낼패 (泰)

怲 방 [방] 忌憚꺼릴방 (陽)
忪 중 [종] 驚也놀랄종 (冬)
忥 시 [희] 靜也고요할희 (未)
忹 왕 [왕] 邪也간사할왕 (養)
㤋 눅 [눌] 憂悶근심하고민망할눌 (月)
⿰忄夭

우 [오] 恐也두려워할오 (皓)
忴 진 [검] 心急마음급할검 (監)
忶 윈 [혼] 心鬱마음답답할혼 (元)
⿱斤心 지 [기] 思也생각할기 (支)
忮 지 [기] 狠也사나울기 (寘)
忩 恩의 俗字

忤 우 [오] 逆也거스릴오 (遇)
忦 계 [개] 無愁근심없을개 (卦)
快 쾌 [쾌] 急也빠를쾌 (卦)
忞 민 [민][문] 自強맘다잡을민 亂也어수선한문 (眞)(軫)
忟 同忞
忿

분 [분] 恨也한할분 (吻)
忻 흔 [흔] 喜也기쁠흔 (文)
忳 둔 [돈] 悶也민망할돈 (元)
忣 지 [급] 急也급할급 (緝)
⿰忄匀 쑨 [순] 憂也근심할순 (眞)
忧 우 [우] 心動맘동할우 (有)

五
思 쓰 [사] 念也생각할사 (寘)
怖 뿌 [포] 懼之놀라게할포 (遇)
怚 쳐 [저] 妒也투기할저 (御)(語)
怙 후 [호] 恃也믿을호 (麌)
怒 누 [노] 奮也뽐낼노 (麌)
怠

태 [태] 慢也거만할태 (賄)
怡 이 [이] 和也화할이 (支)
怱 총 [총] 急遽ㅣㅣ총총할총 (東)
怪 괘 [괴] 疑也의심할괴 (卦)
怩 니 [이] 又겨면적어할이 (支)
怊 초 [초] 悲也슳을초 (蕭)

怨 웬 [원] 恨也원망할원 (願)(元)
⿱旦心 단 [단] 傷也슬퍼할단 (軫)
怜 령 [영] 慧也ㅣ悧영리할영 (靑) [련] 憐見 (先)
怕 파 [파] 懼也두려울파 (禡)
怓 나 [뇨] 心亂심란할뇨 (肴)

怮 우 [요][유] 憂貌ㅣㅣ근심할요 憂貌근심할유 (蕭)(尤)
怳 황 [황] 自失貌실심할황 (養)
怏 양 [앙] 不滿ㅣㅣ맘에차지않을앙 (養)(漾)
性 씽 [성] 質也바탕성 (敬)
怔

영 [정] 不安가슴두근거릴정 (庚)
怦 평 [평] 心急맘급할평 (庚)
怲 빙 [병] 憂也근심할병 (梗)
怵 츄 [출] 初生茧密다부룩히첫싹날출 (質)
怐 허 [구][후] 愚貌어리석을구 후義同 (有)(遇)

怎 젼 [즘]助辭어조사즘(侵)
怫 부 [불][비]鬱也답답할불、念也발곤할비(物)(未)
怭 삐 [필]慢也업신여길필(質)
⿰忄出 쥬 [줄]憂心근심할줄(質)
急 [급]疾也빠를급(緝)
怛 따 [달]驚也깜짝놀랄달(曷)
⿰忄甲 쌰 [합]樂也즐거울합(洽)
怍 쪽 [작]慚也부끄러울작(藥)
怇 쥐 [거]蔑視업신여길거(語)
忬 쥬 [저]智也지혜저(語)
⿰忄申 신 [신]憂也근심할신(眞)
怰 쎤 [현]賣也팔현(霰)
怽 머 [말]忘也잊을말(曷)
怌 피 [비]恐也두려워질비(支)
怺 [日]堪也견딜영
怶 삐 [피]怒也성낼피(支)
怞 추 [추]明也밝을추(尤)
怴 쒜 [혈]愚也어리석을혈(月)
忒 터 [특]違也어그러질특(職)
⿱巧心 챠 [교]伏態엎드릴교(肴)
⿱加心 쟈 [가]正也바를가(歌)
怟 지 [제]悶也민망할제(霽)
⿰忄弘 헝 [횡]失志貌실심할횡(庚)
恒 껑 [긍]竟也마칠긍(蒸)
怯 쳐 [겁]恐也겁낼겁(葉)
怗 톄 [첩]靜也고요할첩(蒸)
怉 뽜 [포]心亂심란할포(皓)
⿰忄本 뿐 [분]愚也어리석을분(元)
怢 투 [돌]忘也잊을돌(月)
⿱朮心 쮸 [출]恐也두려워할출(質)
怾 [韓]山名｜산이름기
⿰忄冬 둥 [동]憂也근심할동(冬)
⿰忄甘 깐 [감]心伏맘먹을감(覃)
⿰忄囚 쓔 [수]念慮염려할수(尤)
怋 민 [민]亂也어지러울민(眞)
怑 빤 [반]｜悷不順거스릴반(翰)

(六)

恟 흉 [흉]懼也두려울흉(冬)
⿰忄夷 이 [이]悅也기꺼울이(支)
⿱共心 恭本字
恃 씌 [시]依也의지할시(紙)
恣 쯔 [자]縱也放방자할자(寘)
恐 쿵 [공]懼也두려울공(腫)
恭 꿍 [공]敬也從和공순할공(冬) 共通
恥 츠 [치]慚也부끄러울치(紙)
恚 훼 [에]恨怒성낼에(寘)
恫 퉁 [통][동]痛也슬플통｜疑虛喝놀라게할동(東)(送)
恠 怪俗字
恢 훼 [회]大也클회(灰)
恝 계 [개][괄]無愁貌걱정없을개 괄義同本音갈(卦)(黠)
恂 쓘 [순][준]信也믿을순、嚴也｜慄엄할준(眞)(眞)
恨 헌 [한]悔也뉘우칠한(願)
⿰忄充 츙 [충]心動맘동할충(尤)
恙 [양]病也병양(漾)

恁 인 [임][님] 念也생각할임 如此이러할님 沁侵
恆 형 [항][긍] 常也항상항、月弦달언저리긍 蒸
恗 콰 [과] 心自大큰체할과 麻
恔 쑈 [효] 快也쾌할효 效
恨 同恨

恅 랖 [노] 心亂悼심란할노 皓
恡 린 [인] 鄙也더러울인 震
恕 쓔 [서] 仁也어질서 御
𢘉 우 [오] 貧也탐할오 遇
恩 언 [은] 惠也은혜은 元
恌 됴 [조] 偷薄경박할조 蕭
恍 황 [황] 不明흐리멍텅할황 養
恇 광 [광] 恐也두려워할광 陽
恈 뭐 [모] 貧也탐낼모
恓 씨 [서] 煩惱貌ㅣ惶번뇌할서 齊
恜 치 [치] 怯也겁낼치 職
恎 지 [질] 惡性괴악할성품질 質
恑 궤 [궤] 變也변할궤 紙
㤟 꿍 [공] 戰慄떨공 腫
㤢 리 [이] 憂也근심할이 寘
恒 恒俗字
恖 同思
㥝 미 [미] 迷惑미혹할미 支
㤥 해 [해] 苦貌괴로워할해 隊
恱 悅俗字
㤰 호 [호] 慾也욕심낼호 皓
㤒 지 [길] 畏也두려워할길 質
𢙂 同𢘉
㤞 재 [탁][차] 量也요량할탁、ㅣ傺맘안정되지않는모양차 藥麻
恀 즈 [지] 恃也ㅣ怙믿을지 紙
恮 촨 [전] 謹也삼갈전 先
㤻 론 [논] 無廉種ㅣ염치없을논 阮
𢘙 同莎
恧 뉵 [뉵] 慚愧부끄러울뉵 屋
恬 뎜 [념] 安也편안할념 監
息 씨 [식] 休也쉴식 職
恤 쓔 [휼] 憂也근심할휼 質
恪 거 [각] 誠也정성각 藥
恰 캬 [흡] 鳥聲ㅣㅣ새소리흡 洽
㤜 위 [율] 狂也미칠율 質
恛 회 [회] 昏亂貌맘허둥거릴회
恲 평 [팽] 腹痛배아플팽 庚
恊 同協
㣛 캬 [흡] 合也합할흡 緝
㤚 형 [항] 悅也기쁠항 陽
恋 戀字
㥲 차 [찰] 責也꾸짖을찰 黠
恦 쌍 [상] 思也생각할상 漾
㤧 후 [후] 和也화할후 尤
㤸 의 [의] 哀也애통할의 紙

七

悅 이 [열] 樂也즐거울열 屑
怎 작 [작] 疑也의심날작 藥
悒 이 [읍] 憂也근심할읍 緝
悐 티 [척] 憂懼貌두려워할척 錫
𢘙 광 [광] 詐也거짓광 漾
悏 쳐 [협] 適意뜻맞을협 葉

悇 위 [도][서] 懷憂貌속 끓일도、喜也 기쁠서 (魚)(虞)(寘)

悗 뭔 [문] 廢忘잊어버릴 문(阮) [만] 疑惑의혹할 만(寒)

悕 씌 [희] 念也 생각할 희(微)

悊 哲의 古字

悙 형 [형][행] 悻ㅣ矜健貌굳센체할 형、倀ㅣ疏率추솔할 행 (敬)(庚)

忛 데 [습][첩] 點貌약은체할 습、志輕경망스러울 첩 (葉)

悘 이 [예][의] 靜也고요할 예、詳也자세할 의 (霽)(支)

怇 부 [부] 暫怒잠간 성낼 부(有)

⿰忄赤 씨 [혁] 心自不安맘 편치않을 혁(錫)

悎 징 [고][곡] 驚也놀랄 고、懼也두려워할 곡 (效)(沃)

⿰忄更 징 [경] 怨也원망할 경(梗)

⿰忄呂 뤼 [려] 蔑視업신여길 려(語)

⿰忄問 싱 [형] 憶也기억할 형(靑)

⿰忄今 진 [금] 心堅맘단단할 금(沁)

悃 쿤 [곤] 至誠ㅣ愊지성스러울 곤(阮)

⿰忄含 한 [함] 恣也방자할 함(覃)

患 [환] 憂也근심 환(諫)

悁 좐 [견] 譬喩비유할 견(霰)

悍 한 [한] 急也사나울 한(翰)

悛 촨 [전] 改也고칠 전(先)

悄 쵸 [초] 憂心ㅣㅣ근심할 초(篠)

悢 량 [량] 悲也슬플 량(漾)

恾 망 [망] 憂貌ㅣㅣ걱정할 망(陽)

悠 우 [유] 遠也멀 유(尤)

悉 씨 [실] 知也알 실(質)

悚 숑 [송] 懼也송구할 송(腫)

悤 총 [총] 急遽빠를 총(東)

悀 용 [용] 怒也성낼 용(腫)

悝 리 [리][회] 悲也슬퍼할 리、大也클 회 (紙)(灰)

悟 우 [오] 覺也깨달을 오(遇)

悌 띄 [제] 善事兄공경할 제(霽)

悞 우 [오] 疑惑의심할 오(遇)

悔 훼 [회] 失敗실패할 회(賄)

悈 지 [계][극] 警戒경계할 계、急也급할 극 (卦)(職)

悖 뻬 [패][발] 亂也어지러울 패、盛貌성할 패、발 義同 (隊)(月)

悧 俐과 同

悂 피 [비] 錯謬어긋날 비(支)

悋 린 [린] 慳也이낄 린(震)

⿰忄弄 룽 [롱] 愚直고지식할 롱(送)

悜 칭 [정] 心不盡了맘껏하지 못할 정(梗)

悆 위 [여] 悅也기쁠 여(御)

⿱夾心 쎼 [협] 思也생각할 협(葉)

⿰忄巠 쯍 [형] 違也어긋날 형(迥)

⿰忄志 즈 [지] 忘也잊을 지(寘)

⿰忄否 뻬 [폐] 恃也믿을 폐(賄)

⿰忄坐 挫과 同

⿰忄吞 툰 [탄] 愚也어리석을 탄(阮)

⿰忄求 착 [구] 咎也허물 구(尤)

⿰忄忌 지

[기] 恭也 공순할 기 (寘)

八

惜 씨 [석] 愛也 사랑할 석 (陌)

惆 촥 [추] 失意 실심할 추 (尤)

惏 란 [람][림] 貧也 탐할 람、慄寒也 떨릴 림 (覃)(侵)

惔 탄 [담] 憂也 근심할 담 (覃)

惉 찬 [첨] 不和ㅣ화하지 못할 첨 (監)

懘 따 [달] 驚也 놀랄 달 (曷)

惚 후 [홀] 微妙不測 怳 황홀할 홀 (月)

惙 쮜 [철][체] 憂也ㅣㅣ근심할 철、性急 성미급할 체 (屑)(霽)

㥁 시 [식] 專也 오로지 식 (職)

惢 사 [쇄][지] 疑也 의심낼 쇄 (蟹)、善也 착할 지 (支)

㤭 애 [애] 恨也 한할 애 (卦)

㤓 우부 [부] 小怒貌 약간 성낸 듯할 부 (有)

悿 텬 [첨] 心弱 맘 약할 첨 (琰)

𢙢 둥 [동] 愚也 어리석을 동 (東)

惐 이 [역] 心痛 맘 아플 역 (屋)

惷 향 [항] 心志唐突 맘 당돌할 항 (絳)

㥓 끼 [기] 儉薄 검박할 기 (支)

㥝 틔 [태] 忲也 방자할 태 (隊)

𢝐 쭤 [국] 謹也 삼갈 국 (屋)

惞 同欣

惀 룬 [론] 思也 생각할 론 (元)

㥦 아 [아] 心鬱 속답답할 아 (禡)

㥒 처 [채] 邪也 姦惡 간악할 채 (賄)

悺 同悹

悽 처 [처] 悲也 슬퍼할 처 (齊)

悾 콩 [공][강] 誠也 정성스러울 공、信也 믿을 강 (東)(江)

悰 츙 [종] 樂也 즐거울 종 (冬)

悷 릐 [려][리] 悲貌 慄ㅣ서러워할 려、리 義同 (霽)

惇 뜐 [돈] 勉也 힘쓸 돈 (元)

悶 뭔 [민] 懣也 민망할 민 (願)

惛 훈 [혼] 迷忘 혼미할 혼 (元)

惝 챵 [창] 驚貌ㅣㅣ 놀란 모양 창 (養)

悵 창 [창] 望也 根 섭섭할 창 (漾)

情 칭 [정] 實也 실정 정 (庚)

悻 씽 [행] 狠怒 발끈성낼 행 (迥)

惟 웨 [유] 謀也 꾀할 유 (支)

悲 븨 [비] 痛也 슬플 비 (支)

悴 췌 [췌] 憂也 근심할 췌 (寘)

悸 끼 [계] 心動 마음 두근거릴 계 (寘)

惎 끼 [기] 毒也 독할 기 (寘)

悱 븨 [비] 憤也 분할 비 (尾)

惡 어 [악][오] 不善 악할 악、憎也 미워할 오 (藥)(遇)

惠 훼 [혜] 仁也 어질 혜 (霽)

悹 꽌 [관] 憂也 근심할 관 (旱)

惓 [권] 謹也 삼갈 권 (先)

惋 완 [완] 驚歎 놀라서 탄식할 완 (翰)

㥏 텬 [전] 慚也 부끄러울 전 (銑)

惘 왕 [망] 失意ㅣ㦂 실심할 망 (養)

悼 됴 [도] 悲也 슬퍼할 도 (號)

惑 훅 [혹] 迷也 미혹할 혹 (職)

惄 닉 [녁] 飢意思也 마음 줄일 녁 (錫)
惌 웬 [원][울] 小孔僅｜작은 구멍 빤할 원、心氣鬱 맘 울적할 울 (物)(元)
㦝 쎈 [견][현] 布名 베 이름 견、嚴也 엄할 현 (先)(銑)
愓 [척] 敬也 공경할 척 (錫)
俺 엔 [염][엄] 意氣多貌｜憸 의기 많을 체할 염、心貌 맘에 달게 여길 엄 (豔)(監)
⿰忄夌 렁 [릉] 哀也 슬퍼할 릉 (蒸)
惪 悳와 同
悳 德古字
⿰忄刧 [韓] 怯俗字
惧 懼의 俗字
⿰忄朋 평 [붕] 怒貌 부르퉁할 붕 (庚)
憛 탄 [탐] 思也 생각할 탐 (勘)
⿱物心 옹 [훌] 心志惘㦡 망창할 훌 (月)
惁 씨 [석] 謹也 삼갈 석 (錫)
⿱谷心 쯔 [子] 怨也 원망할 子 (有)(尤)
⿰忄㝵 得과 同
惃 곤 [곤] 亂也 어지러울 곤 (阮)
⿰忄戔 찬 [잔] 害也 해할 잔 (寒)
⿱帖心 테 [첩] 安也 편안할 첩 (葉)
惊 량 [량] 悲也 슬플 량 (漾)
⿰忄金 찐 [금] 利也 이할 금 (侵)
⿰忄知 치 [치] 心善 맘 착할 치 (紙)
⿰忄松 숑 [송] 懼也 두려울 송 (腫)
⿰忄往 왕 [왕] 猛也 모질 왕 (漾)
惗 녜 [념] 愛也 사랑할 념 (葉)
⿰忄育 위 [육] 心動 마음 동할 육 (屋)

九

意 이 [의] 義理 의리 의 (寘)
惴 췌 [췌] 憂懼｜｜근심하고 두려워할 췌 (寘)
愛 애 [애] 仁之發 사랑 애 (隊)
愒 허 [할][개][계] 恐之 두렵게 할 할、喝通 古音 갈、急也 급할 개、息也 쉴 계 (曷)(泰)(霽)
⿰忄臾 위 [유] 懼也 두려워할 유 (虞)
愚 위 [우] 癡也 어리석을 우 (虞)
愉 위 [유][투] 和悅 기뻐할 유、苟也 구차할 투 (虞)(尤)
愆 옌 [건] 過也 허물 건 (先)
惲 윈 [운] 謀也 꾀할 운 (吻)
愈 위 [유] 甚也 심할 유 (麌)
愞 놘 [난][연][나] 弱也 약할 난、연 義同、怯也 겁낼 나 (旱)(軫)(銑)
愔 인 [음] 深靜貌 조용할 음 (侵)
愀 챠 [초] ｜然 풀이 죽을 초 (篠)
愗 뫄 [무] 遇貌 恂｜어리석은 모양 무 (有)
愍 민 [민] 悲也 슬퍼할 민 (軫)
惱 놔 [뇌] 憂也 걱정할 뇌 (皓)
惰 뗘 [타] 怠也 태만할 타 (哿)
惹 어 [야] ｜起 생각케 할 야 (馬)
愁 척 [수] 憂也 근심 수 (尤)
愓 탕 [탕][상] 放也 방탕할 탕、直疾貌 빨리 갈 상 (養)(陽)
惶 황 [황] 懼也 두려워할 황 (陽)
想 썅 [상] 心有所欲而思 생각할 상 (職)
⿰忄享 [경] 憂也｜｜근심할 경 (庚)

愕 어 [악] 阻礙不衣順 악지쓸악 (藥)

惺 셩 [성] 悟也 ㅣㅣ 깨달을성 (梗)(青)

惷 츈 [준] 亂也 어지러울준 (軫)

感 깐 [감] 動也 감동할감 (感)

慺 [탁] 忖也 헤아릴탁 (藥)

愊 삑 [핍][픽] 誠意 성의핍、誠悃 ㅣ정성스러울픽 (緝)(職)

㥛 이지 [극] 急性 급한성품극 (職)

愎 피 [팍] 戾也 어그러질팍 (職)

惵 뎌 [접][첩] 危懼ㅣㅣ 두려울접 懼貌 두려워할첩 (葉)

懕 同愜

惻 쳐 [측] 痛也 아플측 (職)

愜 켜 [협] 快也 쾌할협 (葉)

愘 야 [가] 陰謀ㅣ訝 비밀히할가 (禡)

愢 씌 [새][시] 心不司合 맘에맞지않을새 謙也 겸손할시 (灰)(紙)

愮 얖 [요] 相怨 서로원망할요 (效)

愄 외 [외] 心善 맘착할외 (灰)

㥰 쑤 [수] 快也 ㅣ活 쾌쾌할수 古音소 (號)

㥔 우 [우] 喜也 기쁠우 (虞)

愌 환 [환] 逆也 거스를환 (翰)

㥯 이지 [규] 心之燥念 조급할규 (文)

惹 쉬 [낙] 心許 허락낙 (藥)

愭 셩 [성] 覺悟 깰성 (梗)

愇 웨 [위] 恨也 한할위 (尾)

惛 흔 [혼] 不憭 마음흐릴혼 (元)

㥏 이지

[집] 心不斷行 맘끊지못할집 (緝)

㥐 치 [체] 小怒止也 약간성내고말체 (霽)

㥌 쑤 [수] 心藏 맘깊을수 (寘)

㥟 옌 [언] 心狹 맘좁을언 (阮)

㦜 쒜 [휴] 心不平 편치않을휴 (齊)

惼 뼌

[편] 急也 조급할편 (銑)

㦎 히 [획] 心驚動 맘울렁거릴획 (陌)

㥠 쒸 [서] 智也 지혜서 (魚)

愅 꺼 [격] 飾也 꾸밀격 (陌)

愖 썬 [심] 信也 믿을심 (侵)

惿 [제] 心弱 맘약할제 (齊)

㥮 우 [모] 愛也 사랑할모 (虞)

㥞 쑤 [수] 困ㅣ氣臭董鼻不通 냄새코찌를수 (宥)

愃 쉔 [선][훤] 快也 쾌할선、寬雅 너그럽고아담할훤 (先)(阮)

十

愳 古懼字

慈 츠 [자] 愛也 사랑자 (支)

愪 윈 [운] 憂也 근심할운 (軫)

慆 토 [도] 悅也 기뻐할도 (豪)

慇 인 [은] 委曲ㅣ懃 은근할은 (文)

慍 원 [온] 怒也 성낼온 (吻)

㥷 [체] 心安寧ㅣ 맘편할체 (霽)

愼 [신] 思也 생각신 (震)

㥵 同慁

慁 흔 [혼] 憂也 근심할혼 (願)

愮 얖 [요] 惑也 혹할요 (蕭)

慌 황 [황] 忘也 잊어버릴황 (養)

慂 융 [용] 勸也 권할용 (腫)

愾

씨 [회][개] 犬息한숨쉴회、敵怒也성낼개 (未)(隊)
愧 괴 [괴] 慚也부끄러울괴 (寘)
愫 쑤 [소] 誠也정성스러울소 (遇)
愬 쑤 [색][소] 驚懼ㅣ놀랍고두려울색、告也고할소 (陌)(遇)
愷 캐 [개] 樂也즐거울개 (賄)
愴 창 [창] 悲也感ㅣ슬퍼할창 (漾)
慊 켬 [겸][협] 恨也한할겸、足也족할협 (琰)(葉)
愿 웬 [원] 誠謹정성원 (願)
慉 츄 [휵] 養也기를휵 (屋)
慄 릐 [률] 懼也두려울률 (質)
愲 꾸 [골] 心亂심란할골 (月)
愶 쎄 [협] 怯也겁낼협 (葉)
愵 늬 [닉] 憂也걱정할닉 (錫)
愱 이 [질] 妒也미워할질 (質)
愻 쑨 [손] 順也겸손할손 (願)
愺 촤 [초] 心亂ㅣ恅심란할초 (晧)
愨 커 [각] 謹也삼갈각 (覺)
愰 황 [황] 明也밝을황 (養)
⿰忄𤰈 빼 [비] 疲極고달플비 (卦)
愩 꿍 [공] 自矜잘난체할공 (送)
⿰忄原 웬 [원] 量也헤아릴원 (元)
⿰忄𦐇 타 [탑] 意下뜻물러갈탑 (合)
⿸广⿱夾心 쎄 [협] 適合마음에맞을협 (葉)
態 태 [태] 姿也모양태 (隊)
⿰忄虎 이 [이] 不憂근심않을이 (支)
⿰忄叟 쑤 [소] 憂也근심소 (豪)
⿰忄皀 삐 [비] 惡心악한마음비 (支)
慅 쏘 [소][초] 勞也수고로울소、초義同 (豪)(晧)
⿰忄胥 시 [설] 弱心약한마음설 (屑)
⿱耿心 찡 [경] 憂也근심할경 (梗)
⿰忄泰 태 [태] 驕慢맘반지빠를태 (泰)
愭 이 [기] 恭也공손할기 (支)
慃 앙 [앙] 狠戾ㅣ⿰忄冓어그러질앙 (講)
⿰忄奚 쎄 [해] 心不平마음불평할해 (佳)
⿰忄冓 쨩 [강] 狠戾慃ㅣ어그러질강 (講)

(十一)

慕 무 [모] 思也생각할모 (遇)
慧 훼 [혜] 智也총명할혜 (霽)
慔 무 [모] 勉也힘쓸모 (遇)
慱 퇸 [단] 憂勞ㅣㅣ근심할단 (寒)
慺 뤼 [루] 勤懇ㅣ정성스러울루 (虞)(尤)
⿰忄葡 삐 [비] 疲極고단할비 (卦)
慳 쟌 [간] 吝也인색할간 (刪)
慬 췬 [근] 僅也겨우근 (文)
慨 캐 [개] 悲也슬플개 (隊)
慜 민 [민] 聽也총명할민 (軫)
慥 쨔 [조] 相應서로응할조 (號)
慷 캉 [강] 激昂ㅣ慨강개할강 (陽)(養)
慢 만 [만] 怠也게으를만 (諫)
憀 랼 [료] 悲恨원망할료 (蕭)
慣 꽌

관習ㅣ버릇관 諫 慓 퍞 표急也급할표 蕭 慘 찬 조참憂也근심할조 痛也아플참 寢感 慾 워 욕情所好 욕심욕 沃 慚 同慙 傲 오倨也거만할오 號 慳

늬 닐닉愧也부끄러울닐 內忸 속으로부끄러울닉 質職 慙 찬 참愧也부끄러울참 覃 憂 우 우居喪 장제될우 尤 慽 同慼 慼 처 척哀也슬플척 錫 慶

칭 경강善也착할경、及也이에강 敬陽 慝 터 특邪也간악할특 職 慵 숭 용懶也게으를용 冬 慰 웨 위愉也유쾌할위 未 慟 퉁 통哀過動心 애통할통 送

㤅 愛古字 慒 츙 종조慮也생각할종 亂也심란할조 冬豪 憁 쭝 총憁ㅣ失意貌 실심할총 董送 慫 쭝 종驚也 놀랄종 腫 慮 릐 려憂也 근심할려 魚

惷 츙 용충生而癡騃천지용本音송、愚也어리석을충 冬宋 장창癡騃어리석고미련할창、愚也어리석을장 江絳 慹 쩨 집접怖也두려워할집、不動貌꼼짝못할접 緝葉 㥩 쎄

세謹也삼갈세 霽 㥉 어 열態也 모양열 屑 慯 썅 상痛也 앓을상 漾 慛 최 최心傷맘상할최 灰 㦹 양 양恨也한탄할양 漾 慞 쟝 장恐懼두려울장 陽 慻

좐 권回顧돌봐줄권 霰 㤓 싸 하오志ㅣ忺뜻없을하 誇也자랑할오 麻虞 㦧 찬 산찬全德也착할산 夥也많을찬 潸諫 慏 밍 명寬心맘너그러울명 梗 㦀 뿅 봉悅也기

뿔봉 東 憏 디 채心不安ㅣ忩마음에불안할채 霽 懘 제心不安마음괴란할제 霽 慡 쌍 상性明성품밝을상 漾 㥽 쳐 책耿介깨끗할책 陌 㦡 릐

리憂也근심할리 支 慴 쪄 접怯也겁낼접 葉 㥷 同愒 ⑪ 憲 쎤 헌法也법헌 願 憩 치 게息也쉴게 霽 憇 同憩 憓 훼 혜愛也사랑할혜 霽 憔

챠 초瘦也걱정에여윌조 蕭 憍 쟈 교姿也방자할교 蕭 憢 쌰 효懼也두려울효 蕭 㦂 챵 창驚貌ㅣ怳깜짝놀랄창 漾 憬 찡 경遠也멀경 梗 憎 쩡

[증] 疾也 미울증 (蒸)

憑 핑 [빙] 盛也 성할빙 (蒸)

㦎 쥰 [준] 劣弱 못생기고약할준 (軫) [선] 悅也 기쁠선 (霰)

⿰忄翕 씨 [흡] 心熱 맘뜨거울흡 (緝)

⿱湯心 탕 [탕] 動也 作事 움직여일할탕 (養)

⿰忄然 산 [년] 心強而弱 맘강한듯하고약할년 (霰)

憰 쎄 [휼] 權詐 속일휼 (屑)

⿱毳心 허 [할][훌][찬] 寢熱 잠들할 睡覺 잠깰훌 (黠)(月)(旱)

憞 툰 [돈] 心暗 맘어둘돈 (元)

憦 랖 [로] 悔也 뉘우칠로 (號)

憣 빤 [반] 心變動 맘불편할반 (刪)

⿰忄斯 씨 [시] 心怯 맘겁낼시 (支)

憭 랴 [료] 照察 밝힐료 (篠)

⿰忄虛 쒸 [허] 志怯 허겁할허 (魚)

⿰忄詈 리 [려] 多言 잔말할려 (齊)

⿰忄畫 화 [획] 不慧 미련할획 (陌)

⿱⿰黑攵心 취 [체] ㅣ問 점칠체 (霽)

⿰忄買 매 [매] 心不平 맘불편할매 (佳)

⿰忄發 빠 [발] 怒氣 성미일어날발 (曷)

憡 쳐 [책] 小痛 약간아플책 (陌)

憋 뼈 [별] 急性 조급할별 (屑)

憟 쑤 [속] 承上顏色 웃사람의기색맞출속 (沃)

⿰忄慾 慾의 俗字

⿱單心 딴 [탄] 地名ㅣ狐 땅이름탄 (旱)

憙 씨 [희] 悅也 기쁠희 (寘)(紙)

憮 우 [무] 失意ㅣㅣ然 실심할무 (麌)

憧 둥 [동] 意不定 뜻정하지못할동 (冬)(送)

憤 뿐 [분] 懣也 분할분

憒 퀘 [궤] 愚也 어리석을궤 (隊)

憖 인 [은] 問也 물을은 (震)

憝 뛔 [대] 惡也 大ㅣ 미워할대 (隊)

憊 빼 [비] 困也 노곤할비 (卦)

憫 민 [민] 憂也 근심할민 (軫)

憚 탄 [탄] 勞也 수고로울탄 (旱)

憪 셴 [한] 不安貌 편치못한모양한 (刪)

憉 펑 [팽] 矜健ㅣ悙 굳센체할팽 (庚)

憐 렌 [련] 愛也 사랑할련 (先)

憛 탄 [담][탐] 憂思 염려할담、惶遽 두려울탐 (覃)(勘)

憯 憯와同

憯 찬 [참][첨] 痛也 아플참、恡也ㅣ怛 슬퍼할첨 (感)(琰)

憕 칭 [증] 心平靜 맘갈아앉을증 (蒸)

⿱赧心 난 [난] 愧而面赤 부끄러워얼굴붉을난 (潸)

憨 감 [감] 愚痴 어리석을감 古音함 (覃)

愨 커 [각] 善也 착할각 (覺)

⿰忄華 화 [화] 心侈 맘사치스러울화 (麻)

憱 츄 [추] 迫也 핍박할추

憏 제 [제] 悽ㅣ未定者 요량없을제 (霽)

十三

懂 [동] 心亂 심란할동 (董)

憷 츄 [초]痛也 아플초 (語) 㦜 쮜 [거]懼怯 겁낼거 (御) 懃 친 [근]親切친절할근 (文) 懈 얘 [해]懶怠게으를해 古音개 (卦) 懇 컨 [간]親切친절한간 懁 환 [환][현]還也돌아올환 急也급할현 (刪)(先)

憶 이 [억]念也 생각억 (職) 𢣏 예 [업]懼也 두려울업 (葉) 憼 경 [경]敬也공경할경 (敬) 懆 짠 [조]憂也ㅣㅣ 근심할조 (皓) 憿 야 [요]希覬바랄요 非望ㅣ倖요행요 (蕭) 僥同

懀 휘 [회]嫌惡ㅣ懶혐의로미워할회 (泰) 㦤 찌 [계]困憊고달플계 (霽) 㦗 찐 [금]心堅固마음견고할금 (寢) 懏 [준]敏也민첩할준 (震)

憴 씽 [승]戒也ㅣㅣ 경계할승 (蒸) 憻 탄 [탄]平安편안할탄 (旱) 憺 땀 [담]静也고요할담 (感)(勘) 懌 이 [역]悅也 기꺼울역 (陌) 懊 아 [오]恨也 한할오 (號) 憸 쎰 [험][섬]詖也간사할험、利口接也아첨할섬 (琰)(鹽)

憹 노 [노]痛悔懊ㅣ뉘우칠노 (或音농) (皓) 惱、嫍同 懋 뭏 [무]勉也힘쓸무 (宥) 懍 린 [름]警也공경할름 (寢) 憾 깜 [감]恨也한할감 (感)(勘)

應 잉 [응]物相感응할응 (徑)(蒸)

十四

懢 란 [람]憂也ㅣ탐할람 (勘) 懕 옌 [염]ㅣㅣ安也편안할염 (鹽) 懖 꽈 [괄]善自用임의로할괄 (曷) 㦦 삔 [반]敬也공경할반 (眞)

𢤱 위 [여]恭敬공경할여 (語) 𢤢 同懙 㦟 먀 [막]美也아름다울막 (覺) 懡 마 [마]ㅣ懼慚也부끄러울마 (哿) 懝 애 [애]小兒有知영민할애 (隊)

㥯 인 [은]依賴他人남에게의뢰할은 (問) 𢣚 메 [매]怜悧영리할매 (佳) 懥 찌 [치]忿ㅣ怒也성낼치 古音치 (寘) 懟 뙈 [대]怨也원망할대 (隊) 懜 멍 [몽][맹]無知ㅣ지식없을몽 不明ㅣ밝지못할맹 (董)(徑)

懧 同懦 懦 수 [유][연][나]弱也약할유、劣弱 잔약할연、柔也부드러울나 (銑)(箇)(虞) 懠 치 [제]怒也성낼제 (霽) 懘 치 [체]音敗 목쉴체 (霽)

𢤪 同憯 懣 만 [만]煩也번거로울만 (旱)(阮)

十五

懭 광 [광]猛也모질광 (養) 𢣿 차 [찰]明也밝힐찰 (黠) 𢤧 릐 [저]憂也思深생각깊을저 𢥓 樂의俗字

憂 우 [유] 舒遲貌 용용스러울 유 (有)
懭 광 [광] 虛也 빌 광 (漾)
懪 빡 [박] 悶也 답답할 박 (覺)
懆 쏘 [소] 性疎 성품소활할 소 (號)
憽 숭 [숭] 慧也 영민할 숭 (東)
懱 메 [멸] 輕易 업신여길 멸 (屑)
懫 지 [치] 念戾 분낼 치 古音 지 (眞)
懩 양 [양] 望也 바랄 양 (養)
懰 류 [류] 好也 예쁠 류 (有)
懲 칭 [징] ㅣ創戒也 징계할 징 (蒸)

十六

懸 현 [현] 遠也 멀 현 (先)
懶 래 [뢰]、[란] 臥也 누울 뢰、란 義同 (泰)(旱)
懶 난 [란] 懈怠 게으를 난 (旱)
⿰忄歷 리 [력] 心所當 경영할 력 (錫)
懿 同懿
⿱衞心 웨 [위] 寱語 잠꼬대할 위 (霽)
⿰忄龍 룽 [롱] 戾也 뒤돌아올 롱 (董)
⿰忄憲 쎈 [헌] 悟也 깨달을 헌 (元)
⿰忄蟹 쌔 [해] 忖度 헤아릴 해 (卦)
懵 멍 [몽] 心亂ㅣ懂 심란할 몽 (董)(送)(東)
⿰豸頁 머 [막] 陵也 업신여길 막 (覺)
懷 쾌 [회] 念思 생각할 회 (佳)

十七

懚 인 [은] 哀也 슬퍼할 은 (吻)
⿰忄暴 빡 [박] 煩悶 답답할 박 (覺)
懹 상 [양] 忌彈 꺼릴 양 (漾)
懻 지 [기] 狠也ㅣ忮 사나울 기 (寘)
懺 찬 [참] 戒也 회계할 참 (陷)

十八

懼 쮜 [구] 恐也 두려워할 구 (遇)
⿰忄巂 씨 [휴] 二心 두마음 휴 (齊)
懽 [환] 喜也 기꺼울 환 (寒)
⿰忄蟲 둥 [충] ㅣㅣ憂也 근심할 충 (東)
懾 [섭] 怯也 겁낼 섭 (葉)
⿰忄爵 쟢 [초] 性急 성품급할 초 (蕭)
⿰忄雙 쌍 [쌍] 懼也 두려울 쌍 (江)
⿰壹恣 이 [의] 大也 클 의 (寘)

十九

⿰忄靡 머 [마] 心病 심화병날 마 (歌)
⿰忄贊 차 [찰] 慒ㅣ心慢怠 게으를 찰 (曷)
⿰忄燮 쎄 [섭] 志輕忛 경망스러울 섭 (葉)
⿰忄羅 러 [라] 慚也 懡ㅣ 부끄러울 라 (哿)
戁 난 [난] 敬也 공경할 난 (潸)
戀 렌 [련] 慕也 사모할 련 (霰)

二十

戃 땅 [낭] 驚貌 깜짝놀랄 당 (養)
戄 휘 [확] 驚懼 놀랄 고두려울 확 (藥)

二十一

⿰忄靈 링 [령] 心了點貌 맘약은체할 령 (青)
戇 짱 [당] 愚也 어리석을 당 (絳)

二十五

⿰忄蠻 만 [면] 恐也 두려울 면 (諫)

戈部

戈 꺼 [과] 戰爭 창 과 전쟁 과 (歌)

一

戊 뭐 [무] 物茂盛也 물건무성할 무 (有)
戉 웨 [월] 星也 별이름 월 (月)

二

戎 숭 [융] 兵也 군사

(東) 융 **𢦔** [구] 矛飾 창꾸말구 (尤)

戌 슐 [술] 犬也 개술 (質)

戍 슈 [수] 守邊 수자리수 (遇)

〔三〕

我 워 [아] 吾也 己稱 나아 又 우리아 此也 이아 (哿)

成 쳥 [셩] 為也 될셩 (庚)

戒 계 [계] 驚也 경계할계 (卦)

〔四〕

或 획 [혹] 未定辭 아마혹 (職)

戕 쟝 [장] 殺也 죽일장 (陽)

戔 찬 [전][잔] 委積|| 쌓을전 傷也 상할잔 (先)(寒)

𢦏 哉의 俗字

〔五〕

𢧐 戕同

𢧁 [주] 殺也 죽일주 (虞)

〔六〕

𢧅 껴 [격] 鬪也 싸울격 (陌)

戙 퉁 [동] 船板배 널판동 (送)

㦰 젼 [점] 盡也 다할점

𢧢 한 [한][간] 盾也 방패 한、간 義同 (翰)(寒)

〔七〕

戚 치 [쳑] 親也 겨레쳑 (錫)

〔八〕

戟 긕 [극] 有枝戈 갈래진창극 (陌)

戞 戛俗字

〔九〕

戢 치 [집] 止也 그칠집 (緝)

𢧤 버 [벌] 盾也 방패벌 (月)

戣 큐 [규] 戟屬 양지창규 (支)

戡 칸 [감] 勝也 이길감 (覃)

戥 등 [등] 小衡 작은저울등

𢧵 양 [양] 戈也 창양 (陽)

〔十〕

截 졔 [절] 斷也 끊을절 (屑)

戨 꺼 [가] 杙也 말뚝가 (歌)

戩 쟨 [전] 盡也 다할전 (銑)

〔十一〕

戮 루 [륙] 殺也 죽일륙 (屋)

𢨁 截과 同

戭 인 [인] 長戟 긴양지창인 (軫)

𢨤 융 [용] 兵器 戣也 양지창용 (冬)

〔十二〕

戰 잔 [전] 鬪也 싸움할전 (霰)

戯 戲俗字

戦 戰의 俗字

〔十三〕

戲 씨 [희][휘][호] 兵也 병기희 大將旗 기휘 哀傷辭 嗚| 서러울호 (寘)(支)(虞)

戫 욱 [욱] 文也 문채날욱 (屋)

〔十四〕

戴 대 [대] 推| 모실대 (隊)

戳 챠 [착] 刺也 槍|창 으로찌를착 (覺)

〔十五〕

戱 씨 [희] 相笑貌 서로웃을희 (支)

〔十六〕

戵 취 [구] 戟屬 四出矛 네가지진창구 (虞)

戶部

戶 후 [호] 室口 지게호 (虞)

〔一〕

戹 어 [액] 戶小門 뒤창문액 (陌)

〔三〕

戺 쓰 [사] 待樞木 名 落時 문설주사 (紙)

戺 同戺

戼 卯의 本字

戻 이 [이] 鎖門橫木 빗장이 (支)

〔四〕

所 쇠 [소] 語辭 바소 (語)

房 빵 [방] 室在旁 방방 (陽)

戾 례 [려][렬] 乖也 어그러질려 斜曲 휘어질려 義同 (屑)(霽)

扂 지

[급]門鍵문자물쇠급(緝)

戽 뗘 [호]舟中漉水器ㅣ斗 배에물퍼는박호(遇)

戼 [모]開也 열모(巧)

五

⿸戶各 쟈 [각]地名땅이름각(藥)

扁 편 [편][변]人名輸사 람이름편 卑也

낮을변(先)(銑)

扃 경 [경]門戶 문경(庚)

扂 뎜 [점]閉門문 잠글점(琰)

⿸戶甲 꺼 [갑]閉戶聲문닫는소리갑(合)

六

扇 싼 [선]扉也 문짝선(霰)

⿸戶艮 한 [한]閾也 문지방한(霰)

扅 이 [이]門局문 문빗장이(支)

扆 이 [의]屛風 병풍의(尾)

七

扈 후 [호]後從호 위할호(麌)

八

扊 얌 [염]戶局 문 빗장염(琰)

⿸戶肥 애 [비]屋壞무 너질비(紙)

扉 삐 [비]閉也 닫을비(微)

十二

⿸戶毚 쟌 [잠]屋上지 붕잠(陷)

支部

支 지 [지]持也지탱할지 度也헤아릴지(支)

二

攱 [기]傾也기 울기(寘)

五

⿰吉支 지 [괴]掎也 버틸괴(紙)

⿰足支 [저]隱也 숨을저

六

⿰卮支 치

[기]傾也 기울기、(支)

⿰多支 지 [지]多也 많을지(支)

⿸虍支 ㅊ [시]以調五味 양념할시(寘)

七

⿰束支 지 [기]木別生 움틀기(支)

⿰垂支 [추][기]不齊가지런하지않을추、垂也드리울기(支)

八

攲 지 [기]不正也 비뚤어질기(支)

十

⿰殺支 지 [지]弓勁활 강할지(支)

十二

⿰尋支 씬 [심]長也 길심(侵)

⿰虘支 릐 [리]正也바 를리(寘)

十六

⿰䍩支 치

[기]攲嶇不正 기울어질기(支)

手部

手 쑤 [수]擊也 손수(有)

才 재 [재]藝也 재주재(灰)

一

扎 자 [찰]拔也 뽑을찰(黠)

二

打 다 [타][정]擊也칠타 정 義同(馬)(梗)(迥)

扐 릐 [륵]筮者著蓍指間 손새에시초낄륵(職)

扒 빼 [배]拔也 뽑을배(卦)

扔 싱 [인][잉]推也 꺾을인、引也당길잉(震)(蒸)

扑 푸 [복]小擊적 게칠복(屋)

扖 [입]狹也、 끼울입

⿰扌十

[子] 柔持 부드럽게 절구 (尤)

扏 검 [검]、[규] 手持 앗을 검、규 義同 (謙)(尤)

❸

扜 위 [우] 持也 가질 우 (虞)

托 퉈 [탁] 手推 밀 탁 (藥)

⿰扌巾 진 [근] 覆也 덮을 근 (問)

扟 씬 [신] 減也 감할 신 (眞)

⿰扌寸 촌 [촌] 斷也 끊을 촌 (阮)

扝 후 [호] 引着 끌어당길 호 (虞)

⿰扌子 빠 [굴] 以杖掘物 막대로 팔 굴 (物)

扡 타 [타][시] 曳也 끄을 타 시 義同 (哿)(歌)(寘)

扤 우 [올] 不安 불안할 올 (月)

扢 치 [흘] 摩也 만질 흘 (月)

扠 차 [차] 刺取 찌를 차 (麻)

扚 쒸 [작][조]、[약] 旁擊 곁매칠 작、速擊 빨리 칠 조、手指節文 손마디금 약 (藥)(篠)

扨 [인] 發語辭 그러하나 인

⿰扌大 따 [대][해] 腕骨 팔목뼈 대、移也 옮길 해 (泰)

❹

投 투 [투] 進也 나아갈 투 (尤)

抩 [탐] 幷持 함께 가질 탐 (覃)

⿰扌方 빵 [방] 相似 서로 같을 방 (養)

拘 拘俗字

抍 칭 [승] 擧上也 들어올릴 승 (蒸)

抌 옌 [침] 推也 밀칠 침 (寢)

抇 후 [골][홀] 穿也 뚫을 골、裂也 찢을 홀 (月)

⿰扌气 지 [개] 磨也 갈 개 (隊)

技 지 [기] 方術 술법 기 (紙)

抐 누 [눌] 搵ㅣ按物水中 물에 담길 눌 (月)

抵 쯔 [지] 側擊 옆으로 칠 지 (紙)

扵 於俗字

批 피 [비][별] 擊也 칠 비、觸擊 卜逆鱗 부딪칠 별 (紙)(齊)(屑)

抉 줴 [결] 剔也 긁을 결 (屑)

扭 뉵 [뉴] 按也 누를 뉴 (有)

抖 떠 [두] 擧索物卜擻 들 두 (有)

扴 졔 [갈] 刮也 긁을 갈 (黠)

扼 어 [액] 握也 잡을 액 (陌)

扶 뿌 [부] 地名 땅이름 부 (虞)

抎 원 [운] 失也 잃을 운 (吻)

⿰扌欠 쯔 [자] 治髮 머리털빗을 자 (寘)

找 쫘 [조][화] 補充 채울 조、尋也 찾을 화 (巧)(麻)

扱 차 [급][십] 斂持 거어가질 급、擧也 들 십 (緝)(洽)

抃 뻰 [변] 歌舞之節 손장단칠 변 (霰)

抄 챠 [초] 叉也 가릴 초 (效)

把 빠 [파] 執也 잡을 파 (馬)

抔 퍽 [부] 手掬 줌 부 (尤)

扯 처 [차] 裂破 찢어버릴 차 (馬)

扮 빤 [분][반] 混也 섞을 분、打卜裝飾 꾸밀 반 (文)(諫)

抆 원 [문] 摩也 만질 문 (問)

抏 완 [완] 消耗 모지라질 완 (寒)

折 지 [절][설][제] 斷之 절단할 절、安徐貌 천천할 제 (屑)(齊)

承

청 [승]繼也 이을승 (蒸)

抒 쓔 [서][저]取出 끄낼서 挹也 당길저 (語)

扌牙 야 [아]不正貌 抝ㅣ 비뚜룸할아 (麻)

扳 관 [반]引也 끌반 (刪)(諫)

抓 [조]掐也 움킬조 (效)

抗 항 [항]拒也 항거할항 (漾)

抁 옌 [연]動也 움직일연 (銑)

抈 웨 [월]動也 움직일월 (月)

抜 봐 [발]擊也 칠발 (曷)

扲 옌 [겸]記也 적을겸 (監)

抑 이 [억]退也 물러갈억 (職)

五

拖 터 [타]引也 이끌타 (歌)

拕 와 拖同

拑 쳰 [겸]ㅣ口 자갈먹일겸 (監)

抯 졔 [저]攎取 건저낼저 (馬)

抱 빠 [포]執也 잡을포 (皓)

拘 쮜 [구]執也 잡을구 (虞)

拊 ᅄ부 [부]拍也 칠부 (麌)

拄 쮸 [주]從旁指 손가락질할주 (麌)

抽 최 [추]引也 당길추 (尤)

抪 뿌 [포]擊也 칠포 (遇)

抦 [병]持也 잡을병 (梗)

拍 퍼 [박]搏也 칠박 (陌)

担 딴 [단][걸][담]拂也 떨칠단、擧也 들걸 担(手部十三畫)과同 (旱)(月)(勘)

拂 ᅄ부 [불][필]塵具 먼지채불 (物)(質)

拇 무 [무]手大指 엄지손가락무 (有)

拋 팦 [포]車發石機 돌쇠뇌포 (肴)

拌 빤 [반]捐棄 버릴반 (寒)

拓 터 [척]斥開 열척 又 헤칠척 (藥)

拒 쮜 [거][구]格也 다닥칠거 陳名 左右ㅣ 진이름구 (語)(麌)

抨 평 [평]彈ㅣ撣也 난택할평 (庚)

拗 야 [요]心戾 마음어그러질요 (巧)

扼 어 [액]抑也 누를액 (陌)

拈 녠 [념]扟也 指取物 집을념 (監)

抶 ᅌ지 [질]撻也 笞擊 종아리칠질 (質)

抹 머 [말]塗也 바를말 (曷)

拙 쮀 [졸]不巧 못생길졸 (屑)

拎 링 [령]懸持 찌어올릴령 (青)

抌 와 [요][유]擧物臼中 들어낼요 引也 끌유 (篠)(尤)

拉 [랍]摧折 꺾을랍 (合)

押 [압][갑]輔也 도울압 단속할갑 (洽)

抾 취 [거]持去 가저갈거 (魚)

拆 [탁]開也 열리는탁 (陌)

披 피 [피]分也 나눌피 (紙)

抮 옌 [진]引戾 휘어잡을진 (軫)

抵 듸 [저][지]擊也 칠지、拒也 막을저 (紙)(薺)

抭 [혈]擊也 칠혈 (屑)

拏 나 [녀][나]牽引 이끌녀 連引 연좌될나 (魚)(麻)

批 ᄎ [자][제]以擧加人 주먹질할자、제 義同 (紙)(薺)

拜 빼

예 [배]禮也 예배할배 (卦)

拔 빠 [발][패]除也 제할발 廻拂取 휘어꺾을패 (黠)(曷)(隊)

招 쟈 [초][교]手呼 손짓할초 擧也 들교 (蕭)

⿱此手 찌 [자]積也 쌓을자 (寘)

抻 [신]展也 펼신 (震)

拚 뻔 [번][반][변]飛也 번득할번、棄也 버릴반 手舞貌 손으로 춤추는 모양변 (元)(寒)(霰)

拐 [괴]誘也 유인할괴 (蟹)

抳 늬 [니]止也 그칠니 (紙)

拃 잔 [잔]攅也 모듬잔 (潸)

⿰扌必

삐 [필][비]刺也 찌를필 戲擊 열러칠비 (質)(寘)

抬 태 [태]擧也 들태 (灰)

抺 [매]擽也 더듬어찾을매 (隊)

抧 [지][채]開也 열지 也칠채 (紙)(蟹)

⿰扌四 탕 [장]整而不亂 정제할장 (漾)

六

持 츠 [지]執也 가질지 (支)

拫 헌 [흔]引也 끌어당길흔 (元)

拭 씨 [식]刷也 다듬을식 (職)

拾 [습][겁][십][섭]收也 주울습 更也 갈마드릴겁、十也 열십 什同 오를섭 (緝)(葉)

挃

와 [알]穿索桃ㅣ 우벼낼알 (曷)

拹 쎄 [협][랍]折也 꺾을협、拉也 꺾을랍 (合)(葉)

挋 쩐 [진]拭也 훔칠진 (震)

⿰扌先 쏀 [선]手捻物捵 ㅣ비밀선 (銑)

拵 춘 [존]調和 조합할존 (願)

挆 뚸 [타]落帆 배돛내릴타 (哿)

挅 挆와同

捒 쑤 [책][착]擇取物 가릴색 扶也 붙일착 (陌)(覺)

挎 꾸 [고]以指納孔而持 구멍에 손가락에 넣어잡을고 (虞)

⿰扌危 꿰 [궤][위]

毁撤 헐어버릴궤 懸也 달위 (紙)(尾)

⿰扌州 착 [추]手弾 손으로 퉁길추 (尤)

拰 신 [님]調弓貌 搦활 바로잡을님 (寑)

⿰扌休 쑤 [호]拔去田草 김맬호 (豪)

挏 뚱 [동]推引 밀며끌동 (董)

⿱巩手 궁 [공]兩手取物 두손으로잡을공 (腫)

拱 궁 [공]斂手垂ㅣ 길잡을공 (腫)

扔 숭 [잉]助也 도울잉 困也 인할잉 (東)(蒸)

拲 궁 [공][국]兩手同械 수갑지를공、국義同 (腫)(沃)

指 즈 [지]手端 손가락지 (紙)

拴 촨 [전]練也 가릴전 (先)

挑 톼 [조][도][서]引出 끌어낼도、引調 돋아날조 抒物器 구기서 (豪)(蕭)(篠)

拏 [나][녀]紛ㅣ 분나할나 煩也 번거러울녀 (麻)(魚)

拽 예 [예][열]拖也 끄을예 잡아끌열 (霽)(屑)

挈 치 [계][설]絶也 이지러질계 提也 끌어당길설 (霽)(屑)

⿰扌灰 훼 [회]相擊 서로칠회 (灰)

按 안 [안][알]抑也 누를안 遮也 막을알 (曷)

挂

꽈 [괘]懸也 걸 괘 (卦)

拳 촨 [권]屈手 주먹 권 (先)

挍 ᅌ쟌 [교]檢也 검사할 교 (效)

[illegible] ᅌ졔 [채]手度物 뼘잴 채 (陌)

拷 칸 [고]打也 |掠 두드릴 고 (皓)

拏 나 [나]捕也 잡을 나 (麻)

拯 칭 [증]助也 도울 증 (蒸)

挃 ᅌ지 [질]穫聲|| 수확하는 소리 질 (質)

搄 [궁]引急 휙챌 궁 (蒸)

拮 ᅌ지 [길][결]手口共作 |据 길거할 길、결義同 (質)(屑)

挌 꺼 [격]擊也 칠 격 (陌)

拶 ᅌ잔 [찰]逼排|서로 다닥칠 찰 (曷)

挒 례 [렬]拗也 비틀 열 (屑)

[illegible] 拍과同

括 꽈 [괄]會也 모을 괄 (曷)

拸 ᅌ지 [치]去也 버릴 치

扬 [日]裂也 뜯을 렬

拃 [日]作業 일할 치

[illegible] [충]跳也 뛸 충 (送)

[illegible] [해]減也 감할 해 (賄)

損 捐俗字

[illegible] [현][횡]擊也 칠 현 揮也 휘두를 횡 (寘)(紙)

七

挭 [경]覺也 깨우칠 경 (梗)

振 ᅌ진 [진]收也 거둘 진 (震)(眞)

挫 착 [좌]摧也 꺾을 좌 (箇)

挮 티 [체]去涕淚 눈물씻을 체 (齊)

挶 ᅌ쥐 [국]持也 잡을 국 (沃)

[illegible] ᅌ쟝 [항]帆雙立 쌍돛달 항 (江)

挾 쎼 [협]輔也 도울 협 (葉)

捗 뿌 [척][보]進也 나갈 척 打也 칠 보 (陌)(遇)

捏 녜 [날]捺也 꼭 찍을 날 (屑)

捋 라 [랄]以指歷取 취할 랄 (曷)

挹 이 [읍]取出 끄낼 읍 (緝)

捖 꽌 [완]摩切 긁올 완 本音 환 (寒)(旱)

挴 메 [매]貪也 탐할 매 (賄)

捧 ᅌ뿡 [봉]奉也 받을 봉 (宋)

挰 딩 [정]擇也 가릴 정 (庚)

挪 놔 [나]揉物搓 잡아휠 나

揶 예 [야]擧手相弄|揄 손들어서로회롱할 야 (麻)

挺 팅 [정]直也 곧을 정 (迴)

捉 ᅌ쥐 [착]捕也 잡을 착 (覺)

挩 뗘 [탈][세]除也 제할 탈 拭也 씻을 세 (曷)(薺)

揑 捏同

[illegible] 쑤 [숙]引也 이끌 숙 (屋)

[illegible] 컹 [갱]引伸 기지개켤 갱 (庚)

捇 허 [혁]掘土 흙팔 혁 (陌)

捚 ᅌ재 [재]掌擊 손바닥에 받을 재 (齊)

[illegible] 뎨 [접]手摩物 비빌 접 (葉)

[illegible] 어 [아]碎也 부서뜨릴 아 (箇)

[illegible] [납]魚食貌 고기밥 먹는 모양 납 (勘)

[illegible] 꿔 [부]手掬 움큼 부 (尤)

[illegible] 두 [독]以杖刺之 지팡이로 찌를 독 (屋)

捌 빠 [팔]分也 나눌 팔 (黠)

捊

곽 [부]引取 당길부 ㊀尤

捔 ㆁ쥐 [각] 앞뒤로 얽을각 ㊀覺

拖 旋俗字

挿 同揷

捅 퉁 [통]引也 당길통 ㊀董

捄 칙 [구]護也호 위로할구 ㊀虞

捒 쑤 [수][송] 裝裝速 묶을수 ㊀遇 ㊀腫

捂 우 [오]逆也거 스를오 ㊀遇

挨 애 [애]擊背 등칠애 ㊀蟹

捕 뿌 [포]逮ㅣ擒捉 사로잡을포 ㊀遇

⿱手乙 ㆁ진 [근]舒也 펼근 ㊀吻

挼 놔 [뇌][쇠][나] 按揉비빌뇌、㊀歌 만질쇠、摧也꺾을나 ㊀灰

捃 ㆁ쥔 [군]拾取ㅣ 주울군 ㊀問

挱 싸 [사]手挼摩 만질사 ㊀歌

⿰扌豆 뚝 [두]腕骨之一 팔목뼈두 ㊀有

捘 ㆁ쥔 [준]按也안 험할준 ㊀眞 ㊀願

捍 한 [한]衛也호 위할한 ㊀翰

拚 ㅃ반 [반][번] 棄也버릴반 飛也 날번 ㊀寒 ㊀元

挽 완 [만]引也 당길만 ㊀阮

捆 쿤 [곤][혼] 叩椓두드릴곤 取也 취할혼 ㊀阮 ㊀元

挻 옌 [연]引也 이끌연 ㊀先

捐 웨 [연]棄也 버릴연 ㊀先

挲 同抄

捈 투 [도]引也 당길도 ㊀虞

捎 쌰 [소]除也 덜소 ㊀肴 ㊀蕭

捁 ㆁ쟈 [교]亂之어지 럽게할교 ㊀巧

⑧

採 채 [채]取也 취할채 ㊀賄

掛 꽤 [괘]ㅣ置달 아둘괘 ㊀卦

掠 랴 [략][량] 刧財ㅣ奪노략질할략 奪取ㅣ鹵ㅣ빼앗을량 ㊀藥 ㊀漾

掃 쏘 [소]拚除酒 쓸소 ㊀晧 ㊀號

捨 [사]釋也 놓을사 ㊀馬

掌 ㆁ장 [장]手心손 바닥장 ㊀養

探 탄 [탐]取也 취할탐 ㊀覃

授 쓔 [수]予也 줄수 ㊀有 ㊀宥

掫 쭈 [추]擊也 칠추 ㊀尤

捱 예 [애]拒也 막을애 ㊀佳

据 [거]依也의 지할거 ㊀魚

接 ㆁ졔 [접]會也 모을접 ㊀葉

掣 치 [체][철] 挽也당길 ㊀霽 철、曳也끌체 ㊀屑

措 추 [조][채] 擧也들조、錯通 追捕쫓아잡을책 ㊀遇 ㊀陌

掜 이 [예]捉也 잡을예 ㊀薺

排 패 [배]安置편 안히둘배 ㊀佳

捥 완 [완]腎也 팔뚝완 ㊀翰

捭 패 [패][벽] 兩手擊두손으로칠 패、開也열벽 ㊀蟹 ㊀陌

捼 쉬 [뇌][나] 手摩만질뇌 抄也문댈나 ㊀灰

掍 훈 [혼]同 也같을 혼 ㊀阮

掀 쳔 [흔]擧也 들흔 ㊀元

捫 뭔 [문]摸也 잡을문 ㊀元

⿰扌周 쨔 [조]刺也 찌를조 ㊀篠

捲 ㆁ좐 [권]收也 거둘권 ㊀先

掔 [완]引挽끌어당길 완 ㊀翰 [견]義同 선 ㊀先

掙 졍 [쟁]刺也 찌를쟁(敬)
掉 됴 [도]振也 떨칠도(豪)
掁 쳥 [쟁]擊也 칠쟁(庚)
掤 븽 [붕]箭筩蓋 전통뚜껑붕(蒸)
掞 샨 [섬]疾動 번쩍할섬(豔)
掅 칭 [청]捽也 꺼두를청(徑)
掊 뷔 [부]減也 덜부(有)
掩 옌 [엄]閉也 닫을엄(琰)
捦 친 [금]急持 움킬금(侵)
掬 쥐 [국]兩手撮物 움큼국(屋)
掏 탚 [도]擇也 가릴도(豪)
掘 쿠 [굴][궐]特起貌 우뚝할굴 堀通, 穿也 뚫을궐(物)(月)
捽 쭈 [졸]持頭髮 꺼두를졸(月)
捺 나 [날]押印 도장찍을날(曷)
掴 꾸 [고]縣名 ㅣ陽 고을이름고(遇)
掆 깡 [강]擧也 들강(陽)
拼 빙 [평][병]隨從 좇을평、除也 제할병(庚)(敬)
捵 텬 [전]手伸物 손으로곱은것바로잡을전(銑)
掚 랑 [량]整飾 정제하게꾸말량(養)
掗 야 [아]強給 억지로줄아(禡)
⿰扌林 린 [름]殺也 죽일름
掟 뗭 [정]教令 영감정(徑)
掝 훠 [혹][획]愊也 호리멍덩할혹, 裂也 찢을획(職)(陌)
⿰扌叀 쫜 [순][단]望也 絶取正 줄떼어다 림볼순、단 義同(霰)(寒)
⿱波手 파 [파]披散 헤칠파(歌)
⿰扌幸 [華]ㅣ鼻 코풀행
⿰扌尚 당 [쟁]引也 끄을쟁(庚)
捿 씨 [서]幽居 살서(齊)
⿰扌㝵 데 [특]擧打 쥐어박을특(職)
⿰扌表 뱌 [표]分與 나누어줄표(嘯)
⿰扌岳 워 [악]彈也 퉁길악(覺)
掇 뒤 [철]採也 캘철(曷)
捩 례 [렬]撕也 끌렬(屑)
捷 졔 [첩]報勝 이길첩(葉)
掐 챠 [겹]爪刺 꼬집을겹(洽)
掖 예 [액]以手持人臂 곁들액(陌)
捻 녜 [녑]手搓 손비빌녑(葉)
⿰扌直 츠 [지]投也 던질지(寘)
⿰扌忽 후 [홀]去塵 먼지털홀(月)
⿰扌沓 다 [답]縫指衣 골무답(合)
捬 뱌 [부]慰也 위로할부
捴 揔과同
⿰扌斧 뱌 [부]腕骨之 팔목뼈부(麌)
⿰扌劳 撈의 本字
捧 뿌 [봉]兩手承 받을봉(腫)
捶 췌 [추][타]擊也 칠추、侍度 헤아릴타(紙)
推 톄 [퇴][추]排也 밀퇴, 擇也 가릴추(灰)(支)
控 쿵 [공][강]引也 당길공, 打也 칠강(送)(講)
掎 이 [기]偏引 치우처당길기(紙)
掄 룬 [륜][론]擇也 고를륜, 론 義同(眞)(元)
⿰扌豖 쥐 [탁]推也 밀탁(覺)
掂 [점]衡也 무게달점(監)

九

揯 껀 [긍]急引 켕길긍(蒸)
揍 [추]揷也 꽂을추(宥)

挭 껑 [경] 大略 대개경 (梗)

揆 퀘 [규] 度也 헤아릴규 (紙)

揄 위 [유] 引也 이끌유 (虞)

揩 캐 [개] 摩拭 물질러훔칠개 (佳)

揗 쓘 [순] 摩也 만질순 (眞)

揵 옌 [건] 擧也 들건 (阮)(先)

捪 원 [문] 拭也 씻을문 (吻)

換 환 [환] 交易 교역할환 (翰)

揀 옌 [간][련] 分別之 가를간 東通 련義同 (潸)(霰)

㨎 완 [연] 碎也 부스러뜨릴연 (先)

揥 티 [체] 捐也 버릴체 (霽)

揣 최 [취][타] 量也 헤아릴취、忖度 요량할타 (紙)(哿)

揭 얘 、[게][갈][걸] 高擧 높이들게 갈 竪也 세울걸 (月)(霽)

抁 옌 [연] 動也 움직일연 (銑)

掾 옌 [연] 因也 인할연 (先)

描 먀 [묘] 摹也 그릴묘 (蕭)

揔 摠의 俗字

挷 빵 [방] 衛也 호위할방 (陽)

揮 훼 [휘] 振也 휘두를휘 (微)

揪 쯔 [추] 束也 묶을추 (尤)

揫 [추] 束也 묶을추 (尤)

接 쎅 [수] 聚也 모을수 (尤)

揕 쩐 [침] 擊也 칠침 (沁)

揉 쉬 [유] 順也 순할유 (感)

揞 안 [암] 藏也 감출암 (感)

揬 투 [돌] 觸也 찌를돌 (月)

握 [악] 小貌 조그마할악 (覺)

揜 앤 [암][엄] 手掩 손으로가릴암 掩見索引 찾아낼엄 (感)(琰)

揠 야 [알] 拔取 잡아뽑을알 (黠)

揳 쎼 [설] 塞也 막을설 (屑)

揢 커 [객] 著也手把 움켜잡을객 (陌)

揲 쎄 [설][접][엽] 閱持 맥집을설、摺也 접을접、엽 義同 (葉)(屑)

揖 이 [읍][즙] 進也 나아갈읍 聚也 모을즙 (緝)

插 차 [삽] 刺入 꽂을삽 俗音 잡 (洽)

揋 우 [외] 掎也 치우쳐끌외 (灰)

挃 ㅇ지 [질] 擣也 찧을질 (質)

撅 예 [열] 振目 눈비빌열 (屑)

㨏 탄 [탄] 轉也 구를탄 (寒)

揶 [야] 戲也 희롱할야 (麻)

揅 라 [랄] 研磨 갈랄 (曷)

揂 취 [추] 聚也 모을추 (有)

㲉 꾸 [子] 取牛羊 젖짤子 (虞)

揈 헝 [횡] 打聲 치는소리횡 (庚)

𢯾 단 [단] 打鞭 채찍질할단 (翰)

揘 헝 [황] 擊也 칠황 (庚)

𢲍 뚜 [타] 落也 떨어질타 (哿)

𢫦 꺼 [격] 改也 고칠격 (陌)

搒 뒁 [등] 担也 멜등 (徑)

揌 쓰 [새] 動也 움직일새 (灰)

拆 처 [탁] 分開 벌어질탁 (陌)

捊 뽀 [부] 衣上擊之 옷위로칠부 (有)

𢯳 뤼 [률] 去滓取汁 즙낼률 (質)

𢷎

쒸 [삭]人臂長纖 팔길고가늘삭 (覺) **揤** ᅌ지 [즉][질]捽也 꺼두를즉 拭也 씻을질 (職)(質) **㨖** ᅌ직 [치]刦財노략질할치 (寘) **揆** 퀴 [규]刺也 찌를규 (齊) **掔** 腕同 **掽**

평 [팽]撞也ㅣ搕 부딪칠팽 (敬) **揟** 슈 [서]地名ㅣ次 고을이름서 (魚) **揅** 연 [연]舒布 펼연 (銑) **揃** ᅏ연 [전]分割 가를전 (銑) **挍** [교]接也 접할교 (巧) **援** [원]引也 끌원 (霰)

揎 쉔 [선]捲袂出臂 소매걷을선 (先) **揔** [종]數也 셀종 (東) **揚** 양 [양]飛擧 들날일양 (陽) **提** 틔 [제][시][리]擧也ㅣ封 들제、名朱ㅣ 고을이름시、苦ㅣ樹 보리수리 (齊) **揷**

插의 俗字 **㨱** [요]拉也 꺾을요 (巧) ⑩ **搔** 쌀 [소]騷也 분주할소 (豪) **携** 쒸 [휴]持也 가질휴 (齊) **搗** 또 [도]手椎 다듬을도 (皓) **搓** 취 [차]相磨 손비빌차 (歌) **搽**

차 [차]塗飾 바를차 (麻) **搪** 당 [당]張也 베풀당 (陽) **搻** [납]打也 칠납 (合) **搶** 챵 [창]集也 모을창 (陽) **搒** 빵 [방][병]掩也 가릴방 義同、相牽 맞당길병 (陽)(敬) **搡** 쌍

[상]擊也 摃ㅣ칠상 (養) **搊** 척 [추]手彈 손으로퉁길추 (尤) **㨶** 싼 [섬]疾貌 번쩍할섬 (豔) **搜** [수]亂也 어지러울수 (尤) **搐** 츅 [혹]牽制 당길혹 俗音축 (屋) **搴** [건]取也 가질건 (先)

搉 쥐 [각]大擧動揚ㅣ 대강들출각 (覺) **搦** 뉘 [낙][닉]持也 가질낙 本音낙、捉也 잡을닉 (覺)(陌) **搸** 쑤 [소]暗取物 훔칠소 (遇) **搮** 리 [률]以手理物 다듬을율 (質) 쓰 **搚** 라

[랍]拹也 꺾을랍 (合) **搋** 쵀 [최][치]以拳觸人 쥐어지을최、折也 꺾을치 (麻)(霽) **搰** 쿠 [골]掘也 팔골 (月) **㩍** 쒸 [삭]求也 구할삭 (藥) **搤** 어 [액]持也 가질액 (陌) **搇** 친

[금]押也 누를금 (沁) **搭** 따 [답][탑]擊也 칠답、搨摸ㅣ 박을탑 (合) **㨡** 후 [홀]手推 밀홀 (月) **搕** 커 [갑]擊也 칠갑 (合) **搟** 쎤 [헌]打也 칠헌 (阮) **搩** ᅌ졔 [걸]手度物 뼘잴걸 (屑)

搫 판 [반][파]除也 덜반、披散 헤칠파 (寒)(歌) **搘** ᅌ지 [지]柱搘 고일지 (支) **搥** 취 [추][퇴]擊鼓 북칠추適也 망치로칠퇴 (支)(灰) **揋** 웨 [외]掎也 치우쳐끌외 (灰) **𢲸** 괴

비 별 反手擊손뒤집어칠비、手疾弾絃손재게탈별 齊 屑

搢 진 진 揷也 꽂을진 震

搝 척 구 手擧 들구 有

搬 빤 반 運也ㅣ移ㅣ운전할반 寒

搷 텐 전 引也 이끌전 先

搛 렴 렴 手擊長鼓 장구칠렴 監

搧 싼 선 以扇打之부채로칠선 先 霰

搾 짤 착 壓物 짤착

㨙 해 혜 挾也 낄혜 佳

搉 회 회 拭也씻을회 本音괴 佳

𢹈 란

격 持也 가질격 覺

搆 꾸 구 聚也 얽어맬구 有

搌 잔 전 束縛 묶을전 銑

搵 원 온 指按손가락으로누를온 願

援 옌 전 相援서로구원할전 元

搞

고 교 相違서로다를고、橫鼓엿으로칠교 號 肴

搖 야 요 動也 흔들요 蕭

搯 탄 도 搯也 당길도 豪

搹 어 격 手把 줌격 陌

搳 할 할、갈 搔也긁을할、갈 義同 黠

搠

쉬 삭 觸也 찌를삭 藥

搣 메 멸 手擊 칠멸 屑

搲 와 와 牽也 당길와 馬

搏 뿌 박 手擊손으로칠박 藥

掆 깡 강 擧也 들강 江

搨 타 탑 写也 박일탑 合

損 솬 손 減也 덜손 屋

十

摽 퍈 표 擊也 칠표 蕭

摝 루 록 로 振也떨칠록、撈也건질로 屋 遇

摼 잉 경 強擊몹시칠경 庚

擗 삐 벽 剔擗ㅣ座종기쨀벽 屋

摮 앞 오 교 擊也칠오 橫撾가로칠교 豪 肴

𢴳 웨 위 手舒物손으로펼위 未

摌 찬 산 精擇揀ㅣ 가릴산 潸

摢 후 호 敷施펼호 遇

𢷏 撮同 의

摔 쐐 솔 棄放地땅에버릴솔 本音술 質

摓 뼝 봉 奉也 받들봉 冬

摍 쮸 축 以手築物손으로다질축 屋

摱 먼 면 飾也 꾸밀면 銑

摏 창 용 衝也 찌를용 冬

擟 미 밀 私擊가만히때릴밀 黠

㨽 이지 질 搔也긁을질 本音절 屑

摖 치 체 揭取걸고잡아다릴체 霽

摲 찬 참 擊也 칠참 感

㨮 더 두 揄開잡아헤칠두 虞

摠 총 총 統也 거느릴총 董

摐 창 창 搖也흔들거릴창 江

摣 아자 사 俗音 자 握取검쳐쥘자 搏撮후려칠자 麻

摫 꿰 규 裁制鋸ㅣ옷마름질할규 支

摯 이지 지 握持잡

을지 (寘)

摡 깨 [회][개] 取也 취할 희 拭也 씻을 개 (未)(隊)

摴 쓔 [저] 舒也 펼 저 (魚)

摛 릐 [리] 布也 펼 리 (文)

摳 취 [구] 探也 더듬을 구 (虞)

摞 뤄 [라] 理也 다스릴 라 (箇)

[illegible]

화 [화] 寬也 너그러울 화 (禡)

摹 뭐 [모] 規也 규모 모 (虞)

摩 머 [마] 研也 연마할 마 (歌)

摰 녜 [체] 曳挽 끌어당길 체 (霽)

[illegible] 쳔 [천] 挿也 꽂을 천 (先)

摭

지 [척] 取也 취할 척 (陌)

摑 꿔 [궉] 打也 칠 궉 (陌)

摘 듸 [적] 動也 움직일 적 (錫)

摺 져 [랍][섭] 折也 꺾을 랍、패할 섭 (合)(葉)

搖 야 [요] 動也 흔들 요 (蕭)

摍 [숙] 抽也 뺄 숙 (屋)

[illegible] 페 [배] 揚也 떨칠 배 (賄)

[illegible] 쉔 [선] 手挑物 손으로 끌 선 (霰)

[illegible] 쉐 [설] 掃滅 쓸어 없이할 설 (屑)

摒 삥 [병] 除也 제할 병 (敬)

摎 짜 [규][류] 束也 묶을 규 摇也 흔들 류 (尤)(巧)

摗 쑤 [수] 取也 數ㅣ 취할 수 (尤)

摲 싼 [참][삼] 偃水 물막을 참 芟也 풀베일 삼 (豏)(陷)

摟 러 [루] 抱也 持 안을 루 (尤)

摋 싸 [살] 側手擊 손길로 칠 살 (曷)

㨾 [양] 式也 본보기

양 (漾)

摻 싼 [섬][삼][참] 好手貌ㅣ 예쁜 손 모양 섬 취할 삼 鼓曲 복장단 참 (監)(咸)(勘)(豏)

揅 옌 [연] 摩也 연마할 연 (先)

摕 대 [철][제] 捎取 추릴 철 本音 撮取 움킬 제 (屑)(霽)

摢 후

[호] 覆也 덮을 호 (遇)

摧 취 [최] 折也 꺾을 최 (灰)

摵 쒸 [색] 捎也 추릴 색 (陌)

[illegible] 짜 [조] 攪拌 휘두를 조 (號)

摱 만 [만] 曳也 끌 만 (元)

摶 돤 [단] 擊也 칠 단 (寒)

摤

창 [창] 磨滌 닦을 창 (養)

摜 꽌 [관] 習也 습관 관 (諫)

[illegible] 진 [근] 拭也 씻을 근 (問)

摙 련 [련] 運搬 운반할 련 (銑)

摸 뭐 [모][막] 規也 규모 모 手捉 ㅣ揉 잡을 막 (虞)(藥)

[illegible]

젼 [건] 攓浦 菜名ㅣ子 저포짝 이름 건 (元)

(十二)

撫 뷰 [무] 安存 편안히 할 무 (麌)

撚 녠 [년] 執也 잡을 년 (銑)

撁 牽 古字

撋 완 [연] 拭也 닦을 연 (先)

撝 훼

[휘][위] 裂也 찢을 휘、佐也 도울 위 (支)

撕 쓰 [시] 提也 끌 시 (齊)

撅 꿰 [궤][궐] 揭衣 옷걷을 궤 擊也 칠 궐 (霽)(月)

撎 이 [의] 擧手下手 읍할 의 (寘)

撊 쎈 [한] 勁忿貌ㅣ然 분한 모양 한 (潸)

撰 찬 [찬][선][전]具也갖출찬、선義同 集也모을전 ㊀潸 ㊀銑 ㊀霰

㨝 졔 [결]波水具 드레박결 ㊀屑

撙 쥰 [준]挫也꺾어질준 ㊀阮

撛 린 [린]扶助구원할린 ㊀軫

撌 븐 [분]拭也씻을분 ㊀文

擌 쥔 [군]束也묶을군 ㊀軫

撩 랴 [료]取物훔칠료 ㊀蕭

撣 탄 [탄][선]觸也부딪칠탄、牽引ㅣ援당길선 ㊀寒 ㊀先

撗 꽝 [광]充也찰광 ㊀漾

撈 랖 [로]沈取鉤ㅣ건저낼로 ㊀豪

撟 쟈 [교]擧手손들교 ㊀篠

撑 撐와同

撍 잔 [잠]疾也빠를잠 ㊀侵

撓 뇨 [뇨]屈也굽힐요 ㊀效

撐 청 [탱]治也다스릴탱 ㊀庚

撦 처 [차]裂開찢어버릴차 ㊀馬

撢 탄 [탐]探也찾을탐 ㊀覃

揎 쳰 [선]鉤袂出臂소매걷을선 ㊀先

㩍 쳐 [책]扶也붙을책 ㊀陌

揌 쌔 [새]散失흩어서잃어버릴새 ㊀佳

撏 씬 [잠][섬][심]取也취할잠、摘也뜯을섬、심義同 ㊀覃 ㊀監 ㊀侵

撲 푸 [복][박]踣也엎드러질복、擊也칠박 ㊀屋 ㊀覺

㩓 삐 [필]刺也찌를필 ㊀質

撡 掺의俗字 操의俗字

撜 칭 [증]拯也건질증 ㊀蒸

𢳆 탕 [탕]以手推止손으로막을탕 ㊀陽

㩎 同擫

撱 퉈 [타]狹長갸름할타 ㊀哿

撥 빠 [발]治也다스릴발 ㊀曷

撇 폐 [별]引也당길별 ㊀屑

撆 同撇

撠 지 [극]持也가질극 ㊀陌

㩇 홰 [획]分也나눌획 ㊀陌

㩅 지 [치]適当分持똑같이나눠가질치 ㊀寘

㨨 릐 [류]引也당길류 ㊀有

撬 쵸 [효]擧也들효 ㊀蕭

撌 쀄 [비]擊仆때려넘어뜨릴비 ㊀未

搜 쌱 [수]ㅣㅣ蕭條우수수할수 ㊀尤

㩃 젼 [전]拔取빼가질전 ㊀銑

撨 쟈 [초]拭也닦을초 ㊀蕭

撘 同搭

㩋 쓔 [숙]擊也칠숙 ㊀屋

撌 꿰 [귀]擥也당길귀 ㊀卦

播 빠 [파]種也심을파 ㊀箇

撤 처 [철]除去걷을철 ㊀屑

撮 춰 [촬]聚也모울촬 ㊀曷

撞 쫭 [당]擊也칠당 ㊀江 ㊀絳

撒 싸 [살]散也흩어질살 ㊀黠

撖 [감]挂也걸감 ㊀豏

⑬

撽 쟌 [교][격]擊也칠교、격義同 ㊀效 ㊀錫

擊 撽와同

撻 타 [달]笞擊종아리칠달 ㊀曷

擁 융 [옹]持也가질옹 ㊀腫

撼 한 [감] 動也 움직일감 (感)
擂 [뢰] 研物 연마할뢰 (灰)(隊)
擄 루 [로] 服也 항복할로 (虞)
擃 撿과同
擔 단 [담] 任也 담임할담 (覃)(勘)
撾 [과] 擊也 때릴과 (麻)

擋 땅 [당] 斥也 물리칠당 (漾)
擉 취 [착] 刺魚具 작살착 (覺)
擛 쎄 [설][엽][접] 閱持 맥짚을설、엽 擸義同、擸也 집을접 (屑)(葉)
擖 꺼 [갈][엽] 刮也 긁을갈 箕舌 키바닥엽 (黠)(葉)
擓

싸 [삽] 和雜 攙ㅣ 섞을삽 (合)
擐 관 [관][환] 貫也 꿸관 환義同 (刪)(諫)
擅 싼 [천] 自專 오로지천 (霰)
擌 써 [색] 把也 잡을색 (陌)
擃 농 [낭] 刺也 찌를낭 (講)
擀 깐

으 [간] 以手伸物 손으로펼간 (旱)
⿰扌頻 빤 [번] 接抄擱 문댈번 (元)
⿰扌索 써 [색] 捕鳥具 鑿ㅣ 새잡는덫색 (陌)
擓 괘 [괴] 収也 걷을괴 (泰)
擘 삐 [벽] 分ㅣ 撝也 나눌벽 (陌)
擗

괴 [벽] 擘開 열벽 (陌)
據 엮 [거] 依也 의지할거 (御)
擇 이재 [택] 選也 가릴택 (陌)
擎 잉 [경] 擧也 들경 (庚)(翰)
撿 잼 [검] 巡察 살필검 (琰)
擊 이지 [격] 打也 칠격 (錫)

撽 擊와同
操 찬 [조] 風調 풍치조 (號)
擕 攜와同
携 俗攜
擒 친 [금] 急持 움킬금 (侵)
⑭
擣 땊 [도] 築也 다질도 (皓)
擦 [찰] 摩急 문지를찰 (黠)

擭 훠 [확][화][획] 捕獸 덫확 檻也 함정화 手取 잡을획 (藥)(禡)(陌)
擢 엮 [탁] 高也 높을탁 (覺)
擜 壓와同
⿰扌蒙 뭥 [몽] 収也 걷을몽 (東)
⿰扌斷 뙨 [단] 轉也 구를단 (旱)

擪 예 [엽][압] 手執堅狀 단단히잡을엽、압義同 (葉)(合)
⿰扌隱 인 [은] 剝也 뻐갤은 (問)
擈 찬 [복] 種物指坐生 심은대로다날복 (屋)
擤 씽 [형] 手捻鼻膿 코풀형 (梗)
擙

擭 한 [호] 多少比較 다소를비교할호 (豪)
擡 대 [대] 擧也 들대 (灰)
擱 꺼 [각] 棄也 버릴각 (藥)
擈 푸 [복] 小擊 잠깐칠복 (屋)
擥 란 [람] 撮取 잡을람 (感)
擺 빼

[배] 稽首 절배 (卦)
擥 擎와同
擧 [거] 擎也 받들거 (語)
擬 이 [의] 適用 적용할의 (豪)
擿 이지 [치] 礙不行 거리낄치 (霽)
擩 수 [유] 拄也 버릴유 (遇)
擯 삔

[빈]棄也 버릴빈 (震)

擠 제 [제]排也 물리칠제 (齊)(霽)

擟 미 [미]山名 拘 산이름미 (支)

(十五)

攢 攅俗字

攜 攜俗字

擺 빠 [파]開也 열파 (蟹)

擂 레 [뢰]轉石聲 돌굴리는소리뢰 (隊)

攀 판 [반]引也 당길반 (刪)

攃 차 [살][찰]摩也 散也 헤칠살 만질살 (曷)

擮 메 [멸]打也 칠멸 (屑)

擷 쎼 [힐]将取 딸힐 (屑)

擽 략 [략]擊也 칠략 (藥)

擓 훼 [휘]移也 옮길휘 (微)

攞 뤄 [라]搖也 攞 흔들라 (哿)

攄 쓔 [터]散也 흩을터 (魚)

攁 양 [양]發動 발동할양 (養)

攋 라 [랍]折也 꺾을납 (合) [렵]持也 가질엽 (葉)

𢺳 [류]剌也 찌를류 (尤)

擿 떡 [타]棄也 버릴타 (哿)

擜 안 [오]盡殺人 무찌를오 (豪)

擻 쒸 [수]振動 抖 떨칠수 (有)

擲 이지 [척]投也 던질척 (陌)

㩧 [박]小擊 잠간칠박 (覺)

擿 틔 [척][적]投也 던질척 (陌)(錫)

擴 꽝 [확][광]使大 넓힐확、充也 채울광 (藥)(漾)

擾 앞 [요]亂也 어지러울요 (篠)(蕭)

(十六)

攐 쳰 [건]摳衣 옷걷어잡을건 (先)

攍 잉 [영]担也 멜영 (庚)

攉 훠 [확]盤手弄 손뼈칠확 (藥)

攇 쎈 [헌]手約物 질헌 (阮)

攌 환 [환]木柵 목책환 (潸)

攈 으쥔 [군]拾也 주울군 (問)

攊 [력]擊也 칠력 (錫)

攗 [소]摸也 더듬어찾을소 (虞)

攋 라 [랄][뢰]手披撥 | 뒤적거려헤칠랄、棄也 버릴뢰 (曷)(泰)

攪 쌰 [효]亂也 어지러울효 (效)

擱 옌 [염]續絶 이을염 (琰)

攮 난 [뇨]適也 딸뇨 (篠)

擐 꽌 [관]手相關付 손맞잡을관 (刪)

攏 룽 [롱]持也 가질롱 (董)

攎 루 [로]張也 베풀로 (遇)

(十七)

攝 녭 [섭]手銓拈 | 손으로달아볼섭 (沃)

攙 [참]刺也 찌를참 (陷)

播 란 [람]米再香 쌀두번찧을람 (勘)

攕 싼 [섬][삼]好手貌 | | 예쁜손섬、삼義同 (監)(咸)

攠 미 [미]水中芰 세모진마름미 (支)

擹 얜 [분]掃除 쓸어버릴분 (問)

攔 란 [란]遮也 막을란 (寒)

攓 쳰 [건]搴也 걷을건 (先)

攖 잉 [영]亂也 어지러울영 (庚)

擏 [경]除也 제할경 (梗)

攩 [갱]開張畫絵 족자걸갱 (敬)

擺 [파]除也 떨어질파 (歌)

攘 상 [양][녕] 推也 말칠 양、亂貌 搶ㅣ ㅣ 어지러운 모양 녕 (陽)(養)(庚)

(十八)

攛 촨 [찬] 擲也 던질 찬 (翰)

㩳 숑 [송] 執也 잡을 송 (腫)

[扌+雝] 웅 [옹] 抱也 안을 옹 (腫)

攜 씨 [휴] 提也 끌 휴 (齊)

[扌+壘] 레 [류] 喪家樂魁ㅣ 초상집 풍류 류 (紙)

擈 푸 [복] 小擊 작은 마치 칠 복 (屋)

攝 셰 [섭][녑] 録也 기록할 섭 持也 가질 녑 (葉)

㩴 [곡] 手把 쥘 곡 (沃)

[扌+爵] 짜 [작] 捎也 추릴 작 (藥)

(十九)

攞 뤄 [라] 裂也 찢을 라 (哿)

攤 난 [난]、[탄] 按也 누를 난、탄 義同 (翰)(寒)

攠 미 [미] 鍾受擊處 쇠북 방망이 받이 미 (支)

攢 짠 [찬] 族聚 모일 찬 (寒)(翰)

攦 레 [려][렬] 折也 꺾을 려、拗也 비틀 렬 (霽)(屑)

攡 리 [리][치] 張也 베풀 리、舒也 펼 치 (支)

攟 쥔 [군] 取也 취할 군 (吻)

攣 련 [련] 慕也 사모할 련 (先)

[扌+䜌] [란] 聚也 모을 란 (寒)

[扌+癹] [첩] 飯也 밥주걱 첩 (葉)

(二十)

攪 짜 [교] 亂也 어지러울 교 (巧)

攩 땅 [당] 遮遏 抵ㅣ 막을 당 (漾)

[扌+㒼] 녜 [녑] 兩指相搓 손 비빌 녑 (葉)

攥 짠 [찰] 手把 손으로 잡을 찰 (曷)

攫 훠 [확] 搏也 후리칠 확 (藥)

(二十一)

攭 라 [라] 裸體 벗을 라 (哿)

[扌+霸] 페 [패] 把也 잡을 패 (禡)

攬 [람] 手取 잡아 다릴 람 (感)

(二十二)

[扌+疊] 데 [첩] 掛也 거둘 첩 (葉)

攮 낭 [낭] 推也 말 낭 (養)

(二十四)

[扌+靈] 링 [령] 手捻 찍어낼 영 (青)

攴部

攴 푸 [복] 小擊 칠 복 (屋)

攵 支同

(二)

收 쑤 [수] 聚也 모을 수 (有)

攷 考古字

(三)

攻 꽁 [공] 代也 칠 공 (冬)

改 [개] 更也 고칠 개 (賄)

攸 와 [유] 危貌 위태한 모양 유 (尤)

攺 이 [시] 施也 베풀 시 (支)

㪀 쿠 [굴] 不滑利ㅣ 껄끄러울 굴 (月)

斈 學俗字

[阝+攴] [절] 治也 다스릴 절 (屑)

攼 [간][한] 求也 구할 간

[卜+攴] 부 [부]、[무] 撫也 어루만질 부、무 義同 (虞)

(四)

放 빵 [방] 捨也 놓을 방 (漾)

[戶+攴] [계] 開發 열 계 (霽)

攽 빤 [반] 分也 나눌 반 (刪)

[此+攴] 픠 [비] 器吸未離 그릇금 갈 비 (支)

鈙 ·쯘 금/감 持也 가질금、敬不齊 층날감 侵 覃

㤷 칠담 담 擊也 感

五

敁 뎜 점 正分 똑같이나눌점 監

政 ·졍 정 正也 바르게할정 敬

敂 캬 구 擊也 칠구 看

敃 광 광 圓之四圍 채마 발언저리광 陽

㪅 껑 경/갱 改也 고칠경、再也 다시갱 庚 敬

敀 빠 박/귀 打也 때릴박、歸의 略字

敃 민 민 勉也 힘쓸민 軫

故 꾸

고 事也 일고 遇

𢼒 저 隱也 숨을저 齊

𢼈 포 手擊 손으로칠포 效

𢼂 커 가 擊也 칠가 箇

敄 우 무 勉也 힘쓸무 遇

𢽭 약 불 理也 다스릴불 物

𢼍 ·졔

제 射也 쏠제 齊

六

敉 미 미 安也 편안할미 紙

敋 귝 괵 手打之類 손으로칠괵 陌

效 쌰 효 象也 본받을효 效

敆 짜 잡 會也 모을잡 合

敊 츄 축/수 痛貌

새이름 수 屋 寘

敇 척 擊馬 말때릴척 陌

敌 꽈 활/기 盡也 다할활、喘息 헐떡거릴기 曷 寘

㪚 선 散也 흩을선 霰

𢻻 갈 擊也 칠갈 黠

七

敗 빼 패 壞也 무너질패 卦

敓 뚸 탈 強取 빼앗을탈 曷

救 ·쥐 구 正也 바를구 宥

敏 민 민 亟也 빠를민 軫

敎 ·쟌 교 學也 학문교 肴

敔 위 어 禁也 금할어 語

敍 쉬 서 用也 쓸서 語

敒 신/진 理治 다스릴신、理也 다스릴진 震 眞

敖 ·안 오 傲也 거만할오 豪

𢿄 쌴 소 擊棄 처버릴소 看

𣪠 한 한 止也 그칠한 翰

敨 퉁 통 引也 끌통 董

𢽟 빽 발 卒然 별안간발 月

𢿌 뿌 포 屋欲壞 집무너지려할포 遇

敕 치 칙 謹也 삼갈칙 職

𢼫 싼 섭 擧手貌 손들섭 監

八

敢 깐 감 勇ㅣ 용감할감 感

敝 삐 폐 失敗 실패할폐 霽

𢽾 칸 감 鳥啄物 새가쪼아먹을감 咸

𢽊 뤼 률 荒面 거칠률 月

𢾕 싼 삼 鳥之啄物 새가쪼아먹을삼 咸

敞 창 창 開也 열창 養

敦 뚠 퇴/대/돈/단/조 怒也 성낼퇴、畫弓 그림그린활、조 聚也 모일조、盤類 단、王ㅣ 옥쟁반대、厚也 도타울돈 灰 隊 元 阮 願 寒

𢾅 ·쥐 주 防止 막을주 尤

散 싼 산 間ㅣ 한가할산 翰 旱

敠 뙤 [철]知輕重드레질할철 (曷)
敜 녀 [녑]閉也닫을녑 (葉)
𢼄 삐 [비]毁也헐비 (薺)
敥 얜 [염]以手散物손으로흩을염 (豔)
𣀌 붕 [붕]擊也칠붕 (庚)
𢾺 이 [예]擊聲치는소리예 (霽)
𢾬 재 [죄]災也재앙죄 (佳)
𢿈 줘 [작][소]奪取빼앗을작 撲也두드릴소 (藥)(篠)
敧 예 [업]反也미칠업 (葉)
𣀜 이 [이]侮也업신여길이 (寘)
敹 릭 [록]剝聲깍는소리록 (屋)
𢿀 덴 [전]常也항상전 (銑)

九

敭 양 [양]明之밝힐양 (陽)
𢿓 칠 [소]擊也칠소 (巧)
𢿇 뚜 [두]塞也막을두 (寘)
𢿋 탄 [탄]無文采문채없을탄 (翰)
敬 엉 [경]恭也공경할경 (敬)
𢿢 련 [련]投也던질련 (霰)
𢿿 췌 [취][타]量也헤아릴취 揣物輕重탈타 (紙)(號)
𢿥 뚜 [도]同伴한가지할도 (虞)
𢿡 웨 [위]背反배반할위 (微)
𢿤 쾌 [쾌]古貨錢名돈이름쾌 (泰)
敫 약 [약][교]日影해그림자약 唱歌노래할교 (藥)(嘯)
𢿬 딍 [쟁]撞也두드릴쟁 (庚)
数 數略字

十

敲 챠 [고]横擊가로칠고 (效)
數 수 [수][촉][삭]計也셀수 細密빽빽할촉、疾也빠를삭 (麌)(沃)(遇)
𢿼 지 [기]弓勁활이팽팽할기 (支)
䖐 피 [비]屋欲壞ㅣ敧십무너지려할비 (支)
𢿣 해 [개][해][illegible]音辱也욕할해 (泰)
𢿾 릉 [늘]不安편치못할늘 (月)
敳 애 [애]不所治다스림있을애 (灰)
𢿚 퉁 [동]擊空之聲쿵쿵울릴동 (冬)
𢿒 허 [합]敲也두드릴합 (合)
𣀗 쳰 [감]物相聯合물건서로합할감 (陷)

十一

𣀘 삐 [필]召使疾行불러빨리오라할필 (質)
𢿰 인 [인]擣也지찟을인 (軫)
𣀋 싼 [삼]狹隘좁을삼 (豏)
𢿶 이 [개]至也이를개 (齊)
𣀖 [진]告也고할진 (震)
敷 약 [부]布也펼부 (虞)
𣀒 랴 [료]擇也가릴료 (蕭)
敻 씽 [형]遠也멀형 (敬)
敵 되 [적]當也당할적 (錫)
毆 [구][우]逐也쫓을구 捶擊칠우 (虞)
𣀓 穆古字
𣀥 루 [록]獸皮有文가죽에무늬있을록 (屋)
𣀦 쟈 [차]指押손가락으로누를차 (麻)

十二

𣁀 이 [이]戲弄희롱할이 (紙)
𣀰 고 [료]小而長작고길료 (篠)
𢿭 散本字
𣁁 엉

[정] 齊也 정돈할정 (梗)

敿 쟈 [교] 繫也 동일교 (篠)

𣀳 쑤 [숙] 打聲 때리는소리숙 (屋)

𣀷 란 [란] 亂也 어지러울란 (寒)

𣀻 整와同

⑬ 斂 렌 [렴] 收也 걷을염 (琰)(豔)

斁 이 [역][두] 解也 풀릴역 敗也 패할두 (遇)

𣁁 레 [뢰] 碎也 부서뜨릴뢰 (灰)

𣁀 렌 [렴] 鼓初打ㅣ鼓 북처음칠렴 (豔)

𣀿 쟌 [점] 擧手 손들점 (琰)

𣁄 레 [례] 讎敵 원수례 (霽)

斀 쮸 [탁][독] 去陰莖 불알베일탁 、독 義同俗音 챡 (覺)(屋)

斅 쌰 [효] 悲也 슬퍼할효 (蕭)

⑭ 𣁊 쥐 [탁] 痛也 아플탁 (覺)

𣁇 쳐 [추] 棄也 버릴추 (尤)

𣁉 완 [반] 除穀까락 바술반 (阮)

𣁋 츙 [충] 不迎自來𣁋ㅣ 저절로올충 (送)

斃 삐 [폐] 死也 죽을폐 (霽)

⑮ 𣁏 태 [태] 地名 땅이름태 (灰)

𣁐 빠 [박] 打也 칠박 (覺)

⑯ 斆 쌰 [효] 教也 為學之半 가르칠효 (效)

𣁑 홰 [괴] 壞之 무너뜨릴괴 (卦)

𣁒 레 [력] 亂也 어지러울력 (錫)

𣁔 루 [로] 欺也 속일로 (虞)

⑰ 𣁕 싼 [삼] 厭也 싫어할삼 (覃)

⑱ 𣁘 네 [녑] 相反𣁘ㅣ 서로미칠녑 (葉)

⑲ 變 뼨 [변] 更也 변할변 (霰)

𣁙 [려] 布也 펼려 (齊)

⑳ 𣁚 쑤 [속] 打也 칠속 (沃)

文部

文 원 [문] 法也 법문 (文)

② 斉 齊의略字

④ 斊 齊의略字

⑥ 斋 째 [재] 均也 고를재 (齊)

斒 반 [반] 斑也 얼룩덜룩할반 (刪)

斎 齊의略字

⑦ 斍 覺의略字

⑧ 斐 삐 [비] 文章相錯斐ㅣ 문채날비 (尾)

斌 빈 [빈] 文質貌 문채날빈 (眞)

斑 빤 [반] 雜色成文 아롱질반 (刪)

⑨ 斔 환 [환] 文采ㅣ斕 문채날환 (翰)

斒 빤 [반] 色雜ㅣ斕 빛섞일반 (刪)

斖 탄 [탄] 無文彩貌 문체없을탄 (翰)

⑪ 斄 리 [리] 微畫 가는그을리 (支)

斖 만 [만] 無文采貌 문채없을만 (翰)

⑭ 斔 유 [유] 十六斗 열여섯말들이유 (虞)

⑰ 斕 란 [란] 色采 문채날란 (刪)

斗部

斗 떠 [두]量名十升말두㊒

三 **㪌** 씽 [승]登也오를승㊣蒸

四 **⿰礻斗** 쌰 [할]量也두량할할㊣黠

五 **料** 빤 [반]量物半分되어서반분할반㊣翰

六 **料** 랴 [료]量也計也헤아릴료㊣蕭

⿰舌斗 와 [알]斗量取物말로되어담을알㊣曷

⿰舛斗 [두]配也구기두㊒

⿰酉斗 과 斛同

⿰合斗 [흡]入也넣을흡㊣洽

七 **⿰寽斗** [렬]量也헤아릴렬㊣屑

斜 쌔 [사][야]散也흩어질사 谷名褒ㅣ고을이름야㊣麻

⿰豆斗 떠 [두]量名十升말두㊒

斛 후 [곡]量名受十斗열말들이곡㊣屋

八 **斝** 야 [가]玉爵옥잔가㊣馬

⿰旁斗 팡 [방]量溢넘게될방㊣陽

九 **斞** 위 [유]量名十六斗열여섯말들이유㊣虞

⿸广攴 랴 [조]斛旁耳古量귀달린휘조㊣蕭

斟 쩐 [침][짐]勺也구기짐俗音침㊣侵

十 **斡** 와 [알][간]施也돌이킬알 主也주장할간㊣旱

斠 쟈 [각]量也되질할각㊣覺

十一 **⿰婁斗** 러 [루]斢ㅣ兵奪人物군사가겁탈할루㊒

⿰啇斗 [적]量也말될적㊣錫

⿱尉斗 위 [위][울]火斗다리미위㊣未 持火展絵다릴울㊣物

十二 **斢** 터 [주]兵奪人物ㅣ斢군사가노략질할주㊒

十三 **⿰蜀斗** 쒸 [축]斢也미레축㊣屋

⿰亶斗 쥐 [子]酌也국이질할구㊣虞

十九 **⿰䜌斗** 쫜 [권]抒滿가득이뜰권㊣願

斤部

斤 찐 [근]權十六兩근근㊣問

一 **斥** 이치 [척]逐也내칠척㊣陌

四 **斧** 야부 [부]伐木用鐵具도끼부㊣虞

斦 인 [은]斧砧모탕은㊣文

斨 챵 [장]方銎斧구멍모진도끼장㊣陽

五 **斫** 쟈 [작]擊也刀ㅣ쪼갤작㊣藥

斪 쥐 [子]斫也쪼갤구㊣虞

六 **⿰各斤** 꺼 [격]争闘쌈할격㊣陌

七 **斬** [참]斷首목베일참㊣豏

⿰皀斤 라 [라]相擊서로칠라㊣哿

断 斷俗字

八 **斮** 쟈 [착][작]斬也벨착 斫也찍을작㊣覺㊣藥

⿰朋斤 [붕]斷也끊을붕㊣蒸

斯 쓰 [사]郎也곧사㊣支

九 **新** 씬

[신] 初也 새신 (眞)
斪 [두] 鍫属 보습두 (尤)
鼑 [정] 鐺也 세발노구정
十
断 斷俗字
十一
斲 쫙 [착] 削也 깎을착 (覺)
斳 [근] 芹菜 미나리근
斸 쓔
[서] 擊也 칠서 (御)
斪 [우][후] 鍫属 보습우 削也 깎을후 (尤)
十二
斴 [린] 石間水聲 돌사이로 흐르는물소리린 (眞)
十三
斵 斲俗字
斶 츢 [촉] 人名 顔ㅣ사람의이름촉 (沃)
十四
斷 똰 [단] 自絕 끊어질단 (旱)
𣃘 치 [체] 斷也 끊을체 (霽)
二十一
斸 쮸 [촉] 斫也 찍을촉 (沃) 착 義同 (覺)

方部

方 빵 [방] 向也 방위방 (陽)
二
㫃 옌 [언] 旌旗垂未 깃발언 (阮)
三
於 텐 [천] 旗竿 깃대천 (銑)
四
斻 항 [항] 渡也 건널항 (陽)
於 [어][오] 語助辭 어조사어 (魚)、地名 땅이름오 (虞)
旁 旁의 本字
斾 예 [개] 結也 맺을개 本音혜 (卦)
五
施 쓰 [시][이] 加也 더할시 (支) 捨也 버릴시 (紙)
斿 [유] 旌旗末垂 깃술유 (尤)
㫇 [며] 新羅地名 땅이름며 國字
六
旆 페 [패] 旗揚貌ㅣ기 날리는모양패 (泰)
旅 뤼 [려] 衆也 무리려 (語)
旃 쪈 [전] 語己辭 말그칠전 (先)
旂 치 [기] 交竜旗 쌍룡그린기기 (微)
旄 맢 [모] 牛尾 소의꼬리모 (號)
旃 우 [물] 州里所建旗 동리기물 (物)
旁 팡 [방][팽] 大也 클방、驅馳不息ㅣㅣ 팽팽달릴팽 (陽)(庚)
七
旉 敷古字
旇 피 [비] 靡也ㅣ휘두를비 (支)
旎 늬 [니] 盛也 성할니 (支)(紙)
旒 旒과同
旖 커 [아] 旌旗從風貌 깃발날릴아 (哿)
旋 쒼 [선] 疾也 빠를선 (先)
旍 旌와同
旊 빵 [방] 搏植匠 옹기장공방 (養)
旌 찡 [정] 表也ㅣ別 표할정 (庚)
族 쭈 [족][주] 衆也 무리족、節ㅣ 풍류이름주 (屋)(宥) 樂變也
八
旑 눠 [나] 旗貌 旖ㅣ 깃발날나 (哿)
旞 [엄] 比物長短 길이를견줄엄 (豔)
旐 쨔 [조] 龜蛇旗 建後察 거북과뱀그린기조 (篠)
九
旒 릐 [류] 旗末 깃발류 (尤)
旔 [간] 捷也 이길간 (願)
旝 [엄] 覆也 덮을엄 (琰)

旕 엇 地名、ㅣ每 땅이름엇 國字
旓 쏘 소 旌旗之旒 깃발소 肴
十 旗 치 기 将旗 대장기 支
旖 이 의 盛貌 성할의 支
[illegible] 본 覆舟之篷 배덮는뜸본 阮

十一 [illegible] 어 有骨어 깨뼈어 語
[illegible] 원 휘 動也움직일휘 微
十二 [illegible] 황 황 酒家望子 술집표기황 養
十三 [illegible] 표 旌旗飜貌 깃발번득일표 蕭
[illegible]

염 證也 표염 豔
十四 旛 빤 번 旐也 기번 阮
旚 뱌 표 旗飛揚貌 기날리는모양표 蕭
十五 旞 쒸 수 裝羽旗깃으로꾸민기수 有
旜 전 曲柄旗자루굽은기전 先

旝 쾌 괴 大将指揮旗대장의지휘하는기괴 泰
十六 旟 위 여 鳥準旗새매그린기여 魚
十八 [illegible] 쒸 수 유 羽裝旗깃으로꾸민기수、旌也기유 有 寘

无部

无 기 氣塞숨막힐기 寘
旡 찌 지 口小貌입작을지 未
五 既 既訛字
六 [illegible] 계 壁也 구슬계
八 [illegible] 량 悲也 슬을량 漾
既 쪄 기 已也 이미기 未
九 旤 禍古字

日部

日 싀 일 太陽精人君象 해일、날일 質
一 [illegible] 착 下滴貌또닥또닥떨어질착 覺
旦 딴 단 朝也 아침단 翰
旧 舊의 略字
旪 協古字
二 旨 쯔 지 味也맛있을지 紙
旬 쒼 순 十日 열흘순 眞
早 짜 조 先也 먼저조 皓
旭 쒸 욱 日初出 날돋을욱 沃
[illegible] 정 空也 빌정 迥
[illegible] 조 日暮 해저물조 蕭

三 旴 쒸 우 最也 새벽우 虞
旰 깐 간 盛貌ㅣㅣ 성한모양간 軫
旱 한 한 渴水 물없을한 旱
旲 태 대 日光 햇빛대 灰
旵 딴 참 日光照 햇살빛칠참 琰
[illegible] 꿍 공 助也 도울공 冬
旳 적 明也 밝을적 錫
[illegible] 망 旱熱 가뭄터위망 陽
[illegible] 찌 계 暖也 따뜻할계 霽
四 易 이 역 不難쉬울이、換也바꿀역 寘 陌

旻 민 [민]仁覆閔下 어진하늘민 (眞)

旿 우 [오]日當午而盛明 낮밝을오 (麌)

昈 후 [호]明也 밝을호

昕 쎈 [흔]日将出明之始 해돋을흔 (文)

旹 時古字

昑 킨 [금]明也 밝을금 (寢)

旼 민 [민]和貌ㅣ 화할민 (眞)

昏 훈 [혼]亂也 어지러울혼

昆 쿤 [곤][혼]同也 같을곤、西夷名 서쪽오랑캐이름혼 (阮)(元)

昀 윈 [윤]日光 햇빛윤 (眞)

昄 빤 [판]大也 클판 (潸)

昊 화 [호]夏為ㅣ天 여름하늘호 (皓)

昌 창 [창]日光 햇빛창 (陽)

旺 왕 [왕]物之始盛 왕성할왕 (漾)

昇 씽 [승]日升 날오를승 (蒸)

昂 앙 [앙]明也 밝을앙 (陽)

明 밍 [명]光也照也 밝을명 (庚)

盹 툰 [준][돈]至誠ㅣㅣ 지성스러울준 日欲出 먼동틀돈 (銑)(元)

昋 성 [계]姓也 성계 (卦)

昒 우 [물][홀]未明ㅣ爽 먼동틀물 曉也 새벽녘홀 (物)(月)

𣅒 쒜 [결]日蝕 일식할결 (屑)

昔 씨 [석][착]古也 옛석、角理 錯 뿔뒤틀릴착 (陌)(藥)

𣅚 누 [눌]日入色 컴컴할눌 (月)

昃 쩌 [측]日中則西 해기울어질측 (職)

曶 昒와 同

昖 옌 [연]日行 해다닐연 (先)

昐 얜 [분]日光 햇빛분 (文)

昉 빵 [방]明也 밝을방 (養)

昗 昃同

昁 페 [패]暗也 어두울패 (泰)

昍 쏀 [헌]明也 밝을헌 (元)

𣅜 딴 [탐]夕景 저녁경치탐 (覃)

五

昫 쒸 [구]日出温 해돋아따뜻할구 (麌)(遇)

昚 慎古

昛 쮜 [거]明也 밝을거 (語)

昷 운 [온]仁也 어질온

昼 晝의 略字

昻 昂의 俗字

昬 훈 [혼]日暮 어두울혼 (元)

昭 쌰 [조][소]光也 빛날조、代 태평세월소 (蕭)(篠)

昰 夏의 古字 是의 本字

昧 메 [매]暗也 어두울매 (隊)(泰)

春 츈 [춘]歲之始 四時首 봄춘 (眞)

映 잉 [영]照也 비칠영 (敬)

昪 쫑 [변]喜樂貌 좋아할변 (霰)

昇 昪과 同

昜 양 [양]光也 빛날양 陽의 古字 (陽)

昴 마 [묘]西陸宿名 묘별묘 (巧)

昲 쒜 [비]乾物ㅣ曬 말릴비 (未)

昞 삥 [병]明也 밝을병 (梗)

昺 昞同

昶 창

창明也밝을창 養

晄 광明也 밝을광 敬

昍 단明也밝을단 翰

昣 진明也 밝을진 軫

昝 짠 잠姓也 성잠 感

星 씽 성列宿總名 별성 青

昤 령 령日光－曨날빛영롱할령 青

昱 위 욱日光 햇빛욱 屋

昵 닉 닐녜 親近가깝게할닐 禰廟아비사당녜 古音니 質 薺

𣅝 예日傾해기울예 薺

昩 말小星작은별말 曷

昢 퀘 불日出 해돋을불

昳 데 질日傾해기울어질 질俗音절 屑

昨 쭤 작累日 아래작 藥

昖 昖과同

是 쓰 시正也바를시 紙

昡 쎈 현日光 햇빛현 先

昈 또 도日色 햇빛도 豪

❻

時 씌 시是也 이시 支

晋 晉와同

晊 찌 질明也 밝을질 質

晐 깨 해咸也다해 古音개 灰

晒 曬俗字

晅 쉔 훤日氣별기운훤 元

晉 연 진進也 나갈진 震

晁 조 조朝也아침조 蕭 篠 陽

晄 晃와同

晃 황 황明也 밝을황 養

晏 앤 안晩也늦을안 諫

昒 훌早也 이를훌 質

晑 쌍 향午也 대낮향 養

晌 쌍 향明也 밝을향 養

晎 홍 홍日欲明－－날밝으려할홍 董

昭 밍 명日暗날어둘명 迥

旹 쯔 자事事無礙일마다용이할자 支

晀 쫘 조明也 밝을조 篠

晭 주光也 빛주 有

❼

㬅 난 난小赤 붉을난 潸

晦 휘 회夜也 밤회 隊

晞 씨 희乾也 마를희 微

晡 뿌 포暮也 해질포 虞

晤 우 오明也 밝을오 遇

晙 쭨 준明也 밝을준 震

晨 천 신曉也 새벽신 眞

晜 곤兄也 형곤 元

晢 찌 절明也밝을절 제星光－－별빛제 屑 霽

晥 환 환明貌 환할환 潸

晛 쏀 현년 日氣햇발현、日光햇빛년 銑 霰

晧 화 호明也 밝을호 晧

晟 청 성明也 밝을성 敬

晣 찌 절明也－ 밝을절 屑

晿 찡 경日高해높을경 梗

㫲 패 패暗也어두울패 隊

晩 완 만暮也 저물만 阮

晝 쭈

[주]午也日中 낮주(宥)
朖 랑 [랑]明郎 밝을랑(養)
曡 疊俗字
晗 한 [함]又 샐녘함(覃)
八
晾 량 [량]曬曝晒 쪼일량(陽)
智 찌 [지]心有所知知有所合 지혜지(寘)
𣆶 [명]月明 달밝을명
晷 궤 [귀]刻也 시각귀(紙)
普 푸 [보]大也 클보(麌)
晣 쩨 [제]星光ㅣㅣ 별빛찬란할제(霽)
晬 취 [쉬]周年同時 첫생일쉬(隊)
晉 晋 俗字
晼 웬 [원]ㅣ晚日落 날저물원(阮)
暀 왕 [왕]光美ㅣㅣ빛나고 아름다울왕(漾)
晻 안 [암][엄]暗也 어둘암 無光 날흐릴엄(琰)(感)
晶 찡 [정]精光 맑을정(庚)
景 꼉 [경][영]光也 빛경、明有境 物之陰影 그림자영(梗)
晳 씨 [석]明辨 분석할석(錫)
晴 칭 [청]ㅣ明 맑은 날씨청(漾)
晵 치 [계][견]霽也 비갤계 姓也 성견(霽)(霰)
𣇒 쭁 [궁]日乾物 볕에 말릴궁(送)
晸 쪙 [정]日出 해돋는 모양정(梗)
晹 이 [역]日覆雲暫見 해반짝날역(陌)
晽 린 [림]欲所之 알고저할림(侵)
晌 상 [상]ㅣ午 낮상(養)
𣇞 체 [첩]日欲沒ㅣ曦 해가 떨어지려고 껌벅거릴첩(葉)
晲 웨 [예]日昳 해기울어질예(霽)
晫 쫘 [탁]明也 밝을탁
𣇸 [서]明也 밝을서(御)
晱 [섬]電光 번개빛섬(淡)
㫟 짜 [자]日輝 날빛날자(祿)
𣇃 루 [록]曇也 흐릴록(沃)
九
暑 쓔 [서]熱也 더울서
暌 켸 [규]日入 어질규(齊)
暐 웨 [위]光盛貌 빛날위(尾)
暆 이 [이]日行ㅣㅣ 해다닐이(支)
暏 [도]旦明 새벽도(麌)
暉 훼 [휘]日光 햇빛휘(微)
暒 칭 [청]雨止雲散 날갤청(庚)
暄 쒼 [훤]日暖 날따뜻할훤(元)
暕 깬 [간][란]陰朝日明 흐린 아침에 날밝을간 陰乾 그늘에 말릴탄(潸)(寒)
暇 쨔 [가]休日 겨를가(禡)
暘 양 [양]明也 밝을양(陽)
暗 안 [암]不明 어둘암(勘)
暎 [영]相照 비칠영
暍 커 [갈]傷暑中熱 더위먹을갈
暅 껀 [긍][훤]曝也 볕쪼일긍 乾燥 말릴훤(徑)(阮)
暈 원 [운]眩也 어지러울운(問)
𣈴 두 [도]日陰 해그림자도(虞)
暋 민 [민]強也 강

할민(翰)

暖 놘 [난][훤]溫也따뜻할난、柔也 부드러운모양훤(旱)(元)(阮)

暖 놘 [난]溫也따 뜻할난(旱)

⿰日昷 원 [온]日出而温돋는 별따뜻할온(元)

(十)

⿰日𥁕 同⿰日昷

暠 깐

[고][호]明白貌밝고흰모양 고、白也흴호(皓)

⿰日荒 황 [황]早熱也이 른더위황(養)

暢 창 [창]通也통 창할창(漾)

⿰日能 내 [내]日暈無光 날흐릴내(賄)

暝 밍 [명]夕也 저녁명(青)

暣 치 [기]日氣별 기운기(未)

暤 [호]明也 밝을호(皓)

⿰日羊 양 [양][상]明也밝은 양、상義同(陽)

暟 캐 [개]美也아 름다울개(賄)

暚 얘 [요]明也 밝을요(蕭)

⿰日差 차

[차]日暮해 저물차(架)

⿰日隺 훠 [확]暫明잠간 환할확(藥)

⿰日尃 봐 [박]曝也별 쪼일박(藥)

⿰日盎 앙 [앙]暈也날 흐릴앙(漾)

(十一)

暮 무 [모]夜也 밤모(遇)

暫 이 [잠]卒也 마

칠잠 (勘)

暴 [포][폭]猛也사나울포、顯示 ㅣ露드러내어보일폭(號)(屋)

⿰日彗 훼 [혜]衆星貌 많은별혜(霽)

暵 한 [한]乾也 마를한(旱)

⿰日區 어 [子]日暖따 숫할구(尤)

暭 한

[호]明也 밝을호(皓)

⿰日旋 [선]明也 밝을선(先)

⿰日匿 늬 [닐]新近친 근할닐(質)

⿰日莽 망 [망]日無光 날흐릴망(養)

暯 뭐 [막]冥也어 둘막(藥)

暬 쎄 [설]慢也거 만할설(屑)

⿰日票

꾜 [표]曬乾별쪼 여말릴표(嘯)

暲 짱 [장]明也 밝을장(陽)

⿰日曹 쨔 [조]日光햇 빛조(豪)

⿰日滿 만 [만]暗也 어둘만(阮)

(十二)

曉 쌰 [효]明也 밝을효(篠)

⿰日敢 쳐

[철]明也 밝을철(屑)

曈 퉁 [동]日欲明ㅣ曨날밝 으려할동(東)(董)

暨 치 [기]與也 다못기(寘)

暾 툰 [돈]日始出해 돋을돈(元)

曀 이 [에]陰而風흐리고 바람불에(霽)

曃 태 [태]不明貌曖ㅣ 어두울태(隊)

暿 씨 [희]盛貌성 한모양(紙)

暻 옝 [경]明也 밝을경(梗)

曇 탄 [담]雲布날 흐릴담(覃)

暹 쎤 [섬]日光昇햇 살오를섬(鹽)

曆 리 [력]數也 셀력(錫)

曄 예 [엽]光也 빛날엽(葉)

暸 랴 [료]明也 밝을료(蕭)

曅 曄 와同

暼 뼤 [별]日勢欲沒해떨어지려 고끄무러거릴별(屑)

⿰日翕 씨

[흡]日乾物별에말릴흡(緝)

𣋡 쑤 [숙]乾也말릴숙(屋)

㬊 깐 [감]日出해돋을감(感)

曂 황 [황]明也輝ㅣ환히밝을황(漾)

暺 탄 [탄]明也밝을탄(軫)

(十三)

曖 애 [애]昏昧ㅣㅏ어둠침침할애(隊)

㬢 曦略字

曓 빠 [포]急也급할포(號)

曏 쌍 [향]明也밝을향(漾)

曔 영 [경]明也밝을경(敬)

曒 [교]明也밝을교(篠)

曎 이 [역]日光날빛역(錫)

(十四)

曤 [악]勇貌용맹스러울악(藥)

曙 쓔 [서]方明동틀서(御)

㬫 애 [애]日光햇빛애

曚 뭥 [몽]日未明동틀몽(東)

曛 쒼 [훈]黃昏時日入餘光어둑어둑할훈(文)

曜 야 [요]日光照해비칠요(嘯)

曘 수 [유]日光햇빛유(虞)

㬤 치 [급]欲乾마르려할급(緝)

𣌖 뒈 [대]茂也성할대(隊)

(十五)

曝 푸 [포][폭]日乾볕쪼일포 볕에말릴폭(號)(屋)

㬥 暴의本字

曠 광 [광]空也빌광(漾)

㬽 레 [렵]日欲没해질려할렵(葉)

曞 리 [려]日光盛輝햇살퍼질려(霽)

(十六)

曥 뤼 [려]日色해빛려(魚)

曨 롱 [롱]曈ㅣ日出해돋을롱(東)(董)

曦 씨 [희]日光赫햇빛희(支)

㬵 갈 [궁]謹敬삼갈궁(東)

曤 허 [확]明也밝을확(藥)

曣 옌 [연]清明청명할연(霰)

(十七)

曩 낭 [낭]既往저즘께낭(養)

㬭 爵俗字

𣌛 [박]曝也햇빛에쬐일박(藥)

(十九)

曬 쌔 [쇄]日乾物햇빛에말릴쇄(卦)

曪 라 [라]曇天날흐릴라(歌)

曫 [란][만]薄暮땅거미질란、만 義同(寒)(刪)

𣌭 [난]温也따뜻할난

(二十)

曭 탕 [당]日不明햇빛희미할당(養)

曮 앤 [엄]矜莊貌엄연한모양엄(琰)

𣌙 휘 [확]明也밝을확 本音왁(藥)

(二十一)

𣌾 [력]星貌별모양력(錫)

(二十二)

㬡 [령]日光햇빛령(青)

曰部

曰 웨 [왈]語也가로왈(月)

(二)

臾 曳의 俗字

曳 왜 [예]引也당길예(霽)

曲 취 [곡]鄉里鄉곡곡(沃)

(三)

更 [경][갱]改也고칠경 再也다시갱

敬 庚

❹ 曶 [홀]輕視가볍게 게여길홀(月)

❺ 曷 허 [갈]何也 어찌갈(曷)

冊 채 [채]告也 고할채(陌)

昀 [순]均也고 를순(眞)

❻ 曺 曹의 俗字

書 쓸 [서]文也 적을서(魚)

❼ 曹 찬 [조]輩也 무리조(豪)

曼 만 [만]長也 길만(寒)(翰)

❽ 替 티 [체]代也 대신할체(霽)

朁 찬 [참]會也 일찍참(感)

最 쮀 [최]極也 가장최(泰)

曾 쩡 [증]乃也 이에증(蒸)

❾ 會 훼 [회][괴]合也 모을회 畫也 그림괴(泰)(曷)

❿ 𣌾 인 [동]遠聞高聲멀리 들리는북소리동(東)

朄 인 [인]引樂聲풍류 끄는소리인(震)

朅 쪠 [걸][흘]去也갈거 武壯貌위험스럴흘(屑)

⓫ 𣍐 녕 [녕][니]告也고할 녕、니義同(青)(支)

⓬ 𣌭 替과同

月部

月 웨 [월]三十日 한달월(月)

❷ 有 우 [유]無之對 있을유(有)

❸ 𣍞 期과同

冐 왜 [외]吐也 토할외(賄)

❹ 朊 웬 [원]月光微달 빛희미할원(阮)

朌 빤 [반][분]賦也부세반 大首큰머리분(刪)

朋 펑 [붕]友也 벗붕(蒸)

䏙 뎬 [전]月落有明달지 고도밝을전(銑)

服 뿌 [복]衣也 입을복(屋)

肸 우 [오]明也 밝을오(豪)

❺ 朐 취 [子]車軛兩邊馬頸者 수레멍에목子(虞)

朏 쀄 [비][불]三日月초사흘달비 月未盛明 달빛희미할비、불義同(月)

朎 링 [령]月光ㅣ朧 달빛 영롱할영(青)

❻ 朓 쟌 [조]晦月見西그믐달 서편에뵐조(蕭)(篠)

朕 연 [짐]我也 나짐(寢)

脬 朔俗字

朔 쒀 [삭]月一日 초하루삭(覺)

朒 뉵 [뉵]朔月見東方초하루 달이동녘에뵈일뉵(屋)

䏪 꿍 [홍]月不明夜ㅣ 달흐릴홍(董)

❼ 朢 望과同

朘 쮠 [전]縮也오무 라질전(先)

朙 明의 古字

朖 朗와同

朗 랑 [랑]明也달 밝을랑(養)

朚 황 [황]翌日이 튿날황(陽)

望 왕 [망]瞻也바 랄망(漾)

❽ 朝 쨔 [조]早也이 를조(蕭)

朞 이 [기]坐也두 루할기(支)

朜

뜯 돈 月光 빛돈 元 달
期 치 기 約也 기약기 支
腍 총 赤也 붉은총 東
九
䐬 궁 月出貌 달돋을궁 徑
朠 잉 영 月色 달빛영 庚
朡 종 至也 이를종 東

𣍯 항 月出也 달돋을항 漾
十
望 왕 망 月滿與日相ㅣ보름망 漾
朚 황 月色薄貌 달빛 어슴프레할황 養
𣎏 능 凌 과同
十一
膰 승 滕俗字
𣎴 선

쎈 선 便ㅣ小貌 조그마할선 銑
䁂 년 月出 달돋을년 霰
十二
朣 동 月欲明貌ㅣ朧 달 밝으려하는모양동 東
黱 흘 濁ㅣ달 흐릴흘 黠
十四
曒 교 皎 와同

朦 몽 月將入ㅣ朧 달지려할몽 東
𦢊 엽 月動貌 달이 움직일엽 葉
十六
朧 롱 月初明 朣ㅣ달 처음밝을롱 東
二十
矘 당 月昏ㅣ朧 어스름할당 養

𣎴 희 日光 달빛희 支

木部

木 목 東方位 나무목 屋
一
未 미 不也 아닐미 未
末 말 木杪端也 끝말 曷
本 본 始也 근본본 阮
札 찰 票也 표찰 黠

朮 출 山薊 삽주출 質
二
朼 비 調飮木匙 주걱비 紙
机 궤 案屬 책상궤 紙
朱 주 赤色 붉을주 虞
朽 후 臭也 냄새후 有
朵

朶 同 朵 타 木下垂 나무 아래로숙을타 哿
朴 박 本也 밑둥박 覺
朷 도 목 刀 木心 나무고갱이도 桑木削 뽕나무가지치는칼목 豪 屋
朾 정 地名 땅이름정 青

朸 력 木理 年輪 나무결 나이테력 職
朳 팔 無齒杷 畚具 고무래팔 黠
朹 구 山樝 아가위구 尤
朻 규 木下曲 나무아래로굽을규 尤
杇 朽 誤字

朿 치 芒也 까스랭이치 寘
三
杍 자 木匠 목수자 紙
杠 강 小橋 작은다리강 江
李 리 姓也 성리 紙
杞 기 藥名 拘ㅣ 구기자기 紙
杅

위 [우] ㅣㅣ自得貌 든든한체할우 (虞)
杆 간 [간]看也 방패간 (寒)
杇 우 [오]塗也 칠할오 (虞)
杜 뚜 [두]塞也 막을두 (麌)
村 춘 [촌]聚落 마을촌 (元)
杓 쏴 [표][작]北斗柄 북두자리표 引也 당길작 (蕭)(藥)
杕 듸 [체][타]樹盛 나무무성할체、船尾小梢 배의작은키타 (架)
材 채 [재]ㅣ料 재료재 (灰)
杖 쨩 [장]持也 가질장 (漾)
杈 차 [차]捕魚具 물고기잡는제구차 (麻)
杝 이 [이][치]白椴 피나무이 落也 떨어질치 (紙)
杗 망 [망][맹]大梁 대들보망 煙也 동자기둥맹 (陽)(庚)
杄 천 [천]木고염나무천 (先)
杉 칸 [삼]木名似松 船林 椮同 삼나무삼 (咸)
杢 목 [목]木手 목수목
杏 씽 [행]銀은 행행 (梗)
杔 퉈 [탁][척]木名 櫨탁로나무탁 具ㅣ櫨 주자틀척 (藥)(陌)
束 쑤 [속]續也 묶을속 (沃)
呆 대 [매]癡也 어리석을매 (灰)
杌 우 [올]不安貌 수선할올 (月)
杙 의 [익]交趾果 실과익 (職)
杘 치 [치]小兒多詐 嚱ㅣ아이꾀많을치 古音희 (寘)
杊 쒼 [순]木可為鉏柄 나무가 호미자루될만할순 (眞)
杣 [日]樵人 나무군산

㊃

枀 松同
枩 松字
東 뚱 [동]日出方 동녘동 (東)
林 륀 [림]叢木 수풀림 (侵)
杮 柿同
柿 쀄 [폐][시]削木札 대패밥폐 俗作果名 감시 (隊)(紙)
枇 삐 [비]所以載牲 도마비 (支)
枝 즤 [지]手節 손마디지 (支)
松 쑹 [송]百木之長 솔송 (冬)
枈 우 [화]斂名 鍉ㅣ 칼이름화 (虞)(麻)
枠 [수]滑車心棒 수레바퀴다는나무수 (虞)
枑 즤 [지]俎也 도마 지 本音시 (寘)
枂 웨 [월]鞍瓦 안장기와월 (月)
枃 씬 [진]篋也 바디진 (震)
枖 야 [요]樹木繁盛 나무번성할요 (蕭)(篠)
杻 칙 [뉴][추]檍也 박달나무뉴 手械 수갑추 (有)
杺 [심]心黃色木 심이누런나무심 (侵)
枅 씨 [시]碓衡 방아채시 (支)
枓 쭈 [주][두]水器 세수통주 柱上方木 栱ㅣ 주두두 (麌)(有)
杵 츄 [저]擣穀春ㅣ 절구공이저 (語)
校 까 [효]椈也 서까래효 (肴)
枎 뿌 [부]皿布ㅣ疎 퍼질부 (虞)
朳 [초]木刺 나무가시초 (嘯)

枸 꾸 [子] 曲也 子 부러질구 (有)
柄 멘 [면] 吉具 목화나무면 (先)
⿰木化 회 [화] 木美蓉 목부용화 (禡)
杼 쮸 [저] 長也 길저 (語)
枙 왜 [와] 木節 나무마디와 (歌)

杸 쓔 [수] 木名 나무이름수 (虞)
枚 메 [매] 幹也 줄기매 (灰)
枑 후 [호] 行馬遮闌 梐ㅣ 마름쇠호 (遇)
枘 쒸 [예] 柄也 자루예 (霽)
板 빤 [판] 木片 널판 (養)

枌 뿐 [분] 白楡 흰느릅나무분 (文)
杯 뻬 [배] 飲酒器 잔배 (灰)
㭊 同析
杶 츈 [츈] 似漆琴槗ㅣ 참죽나무춘 (眞)
杳 먀 [묘] 深也 깊을묘 (篠)
果 [과] 木實 과실과 (哿)

杪 챠 [초] 木末 나무끝초 (篠)
杲 깐 [고] 高也 높을고 [호] 義同 (皓)
杷 빠 [파] 決也 결단할파 (禡)
枏 [날][염] 木名梅ㅣ子 나무이름남、염 義同 (覃)(監)
耒 古困
枔 [심] 木葉 나무잎사귀심 (侵)

枒 야 [야] 木名 종려나무야 (麻)
枍 [예] 木名 나무이름예 (霽)
杭 항 [항] 渡也 건널항 (陽)
枋 빵 [방][병] 魚肉 고기살방 柄也 자루병 (陽)(敬)
枊 앙 [앙] 繫馬柱 말뚝앙 (漾)

枕 쎤 [침] 首據 벨침 (寑)(沁)
柟 난 [남] 木名梅ㅣ子 나무이름남 (鹽)(覃) [염] 義同 (紙)
杴 쪈 [험] 鍫屬 가래험 (監)
杰 쪄 [걸] 壯也 豪傑 호걸걸 (屑)

极 쪄 [접] 驢背負物 나귀에짐실을접 (葉)
杬 웬 [완][원] 按摩身體 몸만질완 木名 나무이름원 (翰)(元)
枡 [日] 升也 量器 되승
析 [석] 分也 나눌석 (錫)
枉 [왕] 曲也 굽을왕 (漾)

耗 뫄 [모] 冬熟桃 겨울에익는복숭아모 (毫)

五

柈 판 [반] 承皿 쟁반반 (寒)
栃 [회] 橡木 나무회 日字
枯 쿠 [고] 槁木 마를고 (虞)
枩 同松
枲 씨 [시] 牡麻 씨없는삼시

柅 늬 [니][닐] 茂盛貌ㅣ 성한모양니 止也 그칠닐 (紙)(質)
枷 쨔 [가] 項械 칼가 (麻)
枳 찌 [지][기] 似橘 탱자지 害也 해롭게할기 (紙)(支)
柟 同枏
柶 쓰 [사] ㅣ枝 옻사 (寘)

柲 삐 [비][필] 戈戟柄 창자루비 閉通 필 義同 (寘)(質)
栂 [모] 【木名、常綠喬木이며 梅와 비슷함】 나무이름모
柜 쮜 [거] 木名 似柳皮可煮作飲 나무이름거 (語)
柧

꾸 [고]稜角 모질고
柎 약 [부]木名楡ㅣ 나무이름부
枹 약 [부][포]䟦楇북채부 나무떨기로날포
相 샹 [상]共也 서로상
枸 쥐 [子]欒名ㅣ杞 구기자구 (有)
柱 쥬 [주]塞也 막을주 (遇)
枻 이 [예][설]檝也 상앗대예 械同 槷ㅣ 弓弩具槷ㅣ활도지개설 (霽)(屑)
柢 되 [저]根也 뿌리저 (薺)
架 쨔 [가]棚也 시렁가 (禡)
柟 枏의 俗字
柰 내 [내][나]郡也ㅣ何 어찌내、나 義同 (泰)(箇)
枴 꽤 [괘]老人拄杖 노인이집팡이짚을괘 (蟹)
柬 앤 [간]分別 분별할간 (潸)
柹 柹과 同
柹 씌 [시]赤實果 감시 (紙)
柯 까 [사]鎌柄 낫자루사 (支)
枵 쑈 [효]虛也 빌효 (蕭)
柁 뒤 [타]正船木 키타 (哿)
柂 [이]椵也 피나무이 (支)
柄 빙 [병]柯也 자루병 (敬)
柩 와 [子]棺也 널구 (有)
柘 져 [자]山桑 산뽕나무자 (禡)
柴 채 [시][채]薪也 땔나무시 塞也 막을채 (佳)(卦)
某 뫄 [모][매]未定辭不知名者稱 아무모 古音무 (有)(尤)
枰 핑 [평]木名 나무이름평 (庚)
柙 썹 [합]香木楓ㅣ 향나무합 (洽)
柔 쉬 [유]順也 유순할유 (尤)
柳 릐 [류]姓也 성류 (有)
栟 뻔 [변]柱上木欂櫨 주변변 (霰)
查 쨔 [사]察也 사실할사 (麻)
枼 [엽][십]溥也 엷을엽、십 義同 (葉)
柚 유 [유][축]似橙而酢橘ㅣ유자유 織具受緯杼ㅣ북축 (宥)(屋)
染 산 [염]汚也 더럽할염 (琰)
柑 간 [감][겸]橘屬滋味甘美 감귤감 馬銜 재갈검 (覃)(鹽)
柞 쐬 [작][책]櫟也 가락나무작、除木 나무베일책 (藥)(陌)
柷 쥬 [축]作樂器ㅣ敔 풍류축 (屋)
柝 뒤 [탁]判也 쪼갤탁 (藥)
枱 이 [이]耒柄 따빗자루이 (支)
柮 뙤 [돌][올]木頭榾ㅣ삭정이돌 樹無枝 무지렁나무올 (月)
柤 쨔 [사]木閑 나무우리사 (麻)
枿 네 [알][얼]伐木餘在槎ㅣ 나무움알 或音얼 (曷)
柵 [채]編立竹木 울타리채 (陌)
柛 쌰 [신]木自死 자고목신 (眞)
⿰木去 쥐 [거]板也 길마거 (魚)
枮 연 [침]斫木櫍 모탕침 (侵)
柀 피 [피]棚也 자나무피 (紙)
柖 쑈 [소]樹搖 나무흔들릴소 (篠)

柊 쭁 [종] 丨榜 椶也 방망이 종 (東)
柒 漆의 俗字
柏 빽 [백] 丨松 측백나무 백 (陌)
柣 찌 [질] 門限 문지방 질 (質)
枇 쯔 [자] 無庇木 楡也 느릅나무 자 (支)
柫 뿌 [불] 枷也 도리채 불 (物)
柭 페 [패][발] 木生枝葉 나무지엽 돋을 패 茂貌 무성할 발 (曷)
柋 대 [대] 籉椬 누에시렁 대 (隊)
柇 허 [화] 棺頭 관머리 화 (禡)
栍 [생] 路標長丨 장승 생 國字
柾 [정] 木之正 나무바를 정
枺 머 [말] 柱也 標 기둥 말 (曷)
柍 잉 [영][앙] 杏也 살구 영 (庚) 屋端 추녀끝 앙 (陽)
柃 령 [령] 木瘤 나무혹 령 (青)
柯 쓰 [가] 枝也 가지 가 (歌)
柆 라 [랍] 折木 나무꺾을 랍 (合)
柉 뺌 [범] 木皮 나무껍질 범 (咸)
柪 햐 [요] 曲木 굽은나무 요 (肴)
⑥
根 껀 [근] 柢也 뿌리 근 (元)
栫 쪈 [천] 圍也 에울 천 (霰)
栞 칸 [간] 斫木 나무쪼갤 간 (寒)
桓 환 [환] 武貌 丨丨 굳셀 환 (寒)
桉 안 [안] 食器 玉丨 중발 안
栴 짠 [전] 香木 丨檀 향나무 전 (先)
案 안 [안] 考也 상고할 안 (翰)
校 쨔 [교][효] 報也 이를 교 學宮 학궁 효 (效)(肴)
桃 탈 [도] 果也 복숭아 도 (豪)
栲 칼 [고] 山樗 類漆 북나무 고 (皓)
桄 광 [광] 充也 찰 광 (漾)
栳 랄 [로] 柳器 栲丨 버들로 짠 고리 로 (皓)
栾 欒의 俗字
栱 꽁 [공] 大杙 큰말뚝 공 (腫)
栭 얼 [이] 小栗 작은밤 이 (支)
株 쥬 [주] 根也 뿌리 주 (虞)
桋 이 [이] 雌桑 암뽕나무 이 (支)
栖 씨 [서] 住息 쉴 서 (齊)
栩 쒸 [허] 又 상수리나무 허 (麌)
桂 꿰 [계] 木名 百藥之長 계수나무 계 (霽)
栘 타 [체] 丨楊 사시나무 체 古音 세 (齊)
栧 이 [예] 楫也 돛대 예 (霽)
栵 리 [례][렬] 木行生 나무줄로 날 례 耐栗 간밤 렬 (霽)(屑)
枅 껴 [계][견] 屋櫨 가로보 계 義同 (齊)(先)
桅 웨 [외] 梁黃木 치자나무 외 (灰)
栽 째 [재] 種蒔丨殖 심을 재 (隊)
栒 쉰 [순] 木名 나무이름 순 (軫)
桑 쌍 [상] 日出處 扶丨 해돋는곳 상 (陽)
桒 桑의 俗字
桁 항 [항][형] 浮橋 부교 항 葬具 매개 형 (陽)(庚)
栗 찌 [률] 堅也 견고할 률 (質)
栿 뿌

[복]以小木附於大木 나무부합복(屋)
栅 [형]机也 책상형(青)
桎 리 [질]窒也 막힐질(質)
核 허 [핵、흘]豆實실과 핵、흘義同(月)
栝 괘 [괄]柏葉松身 전나무괄(曷)
桔 쎄 [길]藥名ㅣ梗 도라질길(屑)
桀 쩨 [걸]凶暴흉포할걸(屑)
格 꺼 [락격각]來也올격、阻ㅣ막힐락、止也그칠각(陌)(藥)
栢 柏의 俗字
框 광 [광]棺門 관문광(陽)
栰 쀠 [벌]桴也編木汎水떼벌(屑)
栘 [타]木名나무이름타(箇)
栠 인 [임]木弱貌나무연할임(寢)
栓 싼 [전]桶ㅣ통마개전(先)
桻 쌍 [강]篗也뜸강(江)
栔 쎄 [설계]絶也끊을설本音관刻也새길계(霽)(屑)
柂 이 [이]船杼水斗배에물푸는바가지이(支)
栛 릐 [려]木名ㅣ松 나무이름려(語)
栮 얼 [니]木耳 버섯니(紙)
栒 씬 [신]篨也 바디신(震)
栯 위 [욱]赤棣ㅣ李 산앵도욱(屋)
栱 꿍 [공]手械 수갑공(腫)
栻 씨 [식]推占木局 점관식(職)
桊 쫜 [권]牛鼻環 소코뚜리권(霰)
林
뺑 [평]析木聲나무패는소리평(蒸)
桌 쫘 [탁]几案 탁상탁(覺)
桐 퉁 [동]葉大材輕梧 오동동(東)
⿰木尗 椒俗字
桕 쮜 [구]木名鳥ㅣ 오구나무구(有)
栁 ㅎ
[공]柜柳떡갈나무공(冬)
梁 좌 [타]手把物잡을타或音과(馬)
栜 써 [색]棗也 대추색(陌)
桍 꾸 [고]枯木마른나무고(麌)
柞 [상]織具물레가락상日字
⿰木𠂢 [패파]藤屬
등나무패、파義同(卦)(禡)

❼

桶 퉁 [통용]六升入木方器엿되들이통 통斛也휘용(董)(腫)
梔 찌 [치]桅桃一名鮮支實可染黃치자치(支)
桵 쒸 [유]木名白ㅣ 백유나무유(支)
梩 리 [리]鍬也가래리(支)(紙)
梨 리 [리]蟲名蛤 벌레이름리(支)
梓 쯔 [자]楸也노나무자(紙)
梳 쏘 [소]理髮櫛 얼레빗소(魚)
梧 우 [오]木名ㅣ桐 오동오(虞)(遇)
梏 꾸 [곡]亂也어지러울곡(沃)
桴 뿌 [부]鼓槌 북채부(尤)
梯 틔 [제]無隅角者 모퉁이없을제(齊)
梹 檳의 略字
桚 춰 [찰]壓也 누를찰(曷)
械 쎄 [계]器

之總名 기계 계 (佳)
梐 폐 [폐] 行馬ㅣ枑 마름쇠 폐 (薺)
梴 찬 [천] 碓機 방아틀 천 (迴)
梅 메 [매] 陽ㅣ양매 나무 매 (灰)
桮 빼 [배] 飮器ㅣ棬 술잔 배 (灰)
桭 [진] 屋梠 평고대 진 (眞)

연
梡 환 [완] 斷木 토막나무 완 (旱)
梠 뤼 [려] 梋也 문도리 려 (語)
梱 쿤 [곤] 門限 문지방 곤 (阮)
梘 젼 [견] 通水器 홈통 견 (銑)
梟 쌰 [효] 不孝鳥 올빼미 효 (蕭)

條 됴 [조] 長也 길 조 (蕭)
梢 쏘 [소] 木杪 나무끝 소 (肴)
梭 쇄 [사] 織具 북 사 (歌)
桫 싸 [사] ㅣ欏木名 사리나무 사 (歌)
梛 예 [야] 椰子 야자나무 야 (麻)
桹 랑 [랑] 船板 뱃전 랑 (陽)

梬 잉 [영] 小柹ㅣ棗 고욤나무 영 (梗)
桯 틩 [정] 柱也 기둥 정 (青)
梗 꼉 [경] 正直 곧을 경 (梗)
梮 꾹 [국] 山行所履 썰매 국 (沃)
梃 [정] 杖也 막대 정 (迥)

桴 뿌 [부] 鼓槌 북채 부 (虞)
桷 꺅 [각] 平柯 바로 걷은 가지 각 (覺)
梵 뻠 [범] 吟聲ㅣ唄 경읽을 범 (陷)
梪 뚜 [두] 木食器 나무그릇 두 (宥)
桺 柳本字
梁 량 [량] 木橋 나무다리 량 (陽)

梫 친 [침] 桂也 계수나무 침 (侵)
桼 치 [칠] 水名 물이름 칠 (質)
桲 빠 [발] 杖也 지팡이 발 (月)
梄 위 [유] 積也 쌓을 유 (有)
梲 쮀 [절] [탈] 梁上榼藻ㅣ 동자기둥 절 大杖 작대기 탈 (屑)(曷)

梜 쨔 [협] 著也ㅣ提 젓가락 협 古音겹 (葉)
梀 쑤 [축] 梀也 박달나무 축 (陌)
桸 씨 [희] 杓也 국자 희 (支)
桻 뽕 [봉] 木上 나무끝 봉 (冬)

桽 쵞 [좌] 麥李 과실이름 좌 (歌)
梛 빵 [나] 木名 나무이름 나 (歌)
梂 꺆 [구] 櫟房 도토리 바침 구 (尤)
梇 롱 [롱] 地名ㅣ棟 땅이름 롱 (送)
梒 [함] 櫻桃 앵도 함 (覃)

梑 듸 [적] 木名 나무이름 적 (錫)
梖 패 [패] 木名 패엽나무 패 (泰)
梣 천 [침] 青皮木 물푸레 침 (侵)
梷 레 [렬] 舟檣 돛대 렬 (屑)
桾 [군] 梬棗ㅣ櫏 고욤나무 군 (文)

棒 뿐 [분] 舟篷 배뜸 배 (吻)
梦 夢俗字
椗 쎤 [선] 鷹架 매시렁 선 (霰)
梍 쪼 [조] 皀莢 스므나무 조 쥐엄나무 조 (皓)
梸 폐 [폐] 券契 어음 조각 폐 (隊)
桀 찌

[제] 撮取 집어 가질 제 (霽) 梛 나 [나] 木名 나무 이름 나 (歌) 梶 이 [미] 木杪 나무끝 미 (尾) [日] 正船 키 미 梺 [日] 俗字 桬 싸 [사] ㅣ棠 木名 사당나무 사 (麻) 桡 취

[각] 枳ㅣ 藥名 탱자나무 각 (覺) 栬 [日] 秋葉紅 가을 잎에 단풍들 파 桿 깐 [한][간] 木梃 줄기 한 棒也 몸둥이 간 (旱)(寒) 梌 뜨 [고] 楛也 쥐염나무 고 (皓) 梤 얀 [분] 香木 향나무 분 (文)

桱 [경] 木名 나무 이름 경 (徑)(青) 椓 쮜 [저] 自枯木 말라 죽은 나무 저 (魚) 梻 향 [불] 佛供香木 향나무 불 日字 ⑧ 棄 치 [기] 損也 버릴 기 (寘) 棿 이 [예] 危也 위험할 예 (齊)

植 씨 [식][치] 樹立 세울 식 倚也 의지할 치 (職)(寘) 棜 위 [어] 承尊器 책상반 어 (御) 棃 梨 과 同 椐 쮜 [거] 債也 인가목 거 (魚) 椇 쮜 [子] 婦人之贄 폐백 子 (麌) 棨 치 [계] 有旗戟前驅所執ㅣ戟 兵欄 창틀 계 (薺) 棲 씨 [서] 息也ㅣ遲 쉴 서 (齊) 棙 리 [려] 琵琶撥機也 關ㅣ 고동 려 (霽) 棣 띠 [체] 通也 통할 체 (霽) 棌 채 [채] 檞也ㅣ椽 참나무 채 (賄)

椌 쿵 [공][강] 器物質朴 기물 질박할 공 柷也 시작하는 풍류 강 (東)(江) 棵 [과][환] 木名 나무 이름 과 薪束 나뭇단 환 (哿)(旱) 棷 쩨 [취][추][수] 藪也 푸서리 취 薪也 섶 추 郰ㅣ 수풀 수 古音 최 (泰)(尤)

棼 얀 [분] 亂也ㅣㅣ 어지러울 분 (文) 棕 椶의 俗字 棟 뚱 [동] 木名 나무 이름 동 (送) 棒 뻥 [봉] 杖也 두드릴 봉 (講) 棋 碁 와 同 棊 치 [기] 根柢 뿌리 기 (支)

棓 [부][방] 打也 때릴 부 打穀具 도리깨 채 방 (尤)(講) [木+委] 웨 [유][위] 木名 白떡갈나무 유 農具 굽정이 위 (支) 椅 이 [의] 坐具ㅣ子 의자 의 (支)(紙) 椎 췌 [추] 擊也 칠 추 (支) 棺 꽌 [관] 斂也 염할 관 (寒) 椑 뻬 [비][벽] 斧柯 도끼자루 비 親身棺 관 벽 (支)(齊)(陌) [木+囷] 梱 과 同 [木+肴] 햐 [효] 梔子ㅣ桃 치자나무 효 (肴) [木+奄] 인 [엄] ㅣ檢林檎 능금 엄 (琰) 棭 예

[액] 木名 나무 이름 액 (陌) 棔 훈 [혼] 合歡木 자귀나무 혼 (元) 棻 棼 와 同 棍 꾼 [혼][곤] 束木 나무 묶을 혼 刑具ㅣ杖 곤장 곤 (阮)(願) [木+門] [륵] 櫟也 상수리 나무 륵 日字 棬

찬 [권] 鼻拘丨 쇠코두레 권 (先)

棧 쟌 [잔] 小鐘작은 쇠북 잔 (潸)(諫)

椀 완 [완] 小盂 주발 완 (旱)

[illegible] 椒와 同

椒 쟈 [초] 香也향기로울 초 (蕭)

棐 뼤 [비] 輔也 도울 비 (尾)

棗 짜 [조] 棘實赤心 대추 조 (皓)

枋 빵 [방] 木片나무조각 방 (敬)

棠 탕 [당] 地名땅이름 당 (陽)

楊 앙 [앙] 屋斜角飛 추녀 앙 (陽)

栟 [병] 椶也丨櫚 종려나무 병 (庚)

棚 뻥 [붕] 閣也 누각 붕 (庚)

棅 뼝 [병] 柄也 자루 병 (敬)

棖 청 [정] 杖也 막대 정 (庚)

椉 乘의 本字

棽 륀 [림] 木枝條繁蔚貌丨麗 나무가지무성할 림 (侵)

棼

엔 [금] 机也 책상 금 (沁)

森 썬 [삼] 植也 심을 삼 (侵)

棱 령 [릉] 威也 위엄 릉 (蒸)

椁 꽈 [곽] 外棺 관곽 (藥)

椓 쫘 [탁] 擊也 칠 탁 (覺)

棘 이 [극] 大戟 큰창 극 (職)

棸 쭈 [추] 姓也 성 추 (尤)

椄 쪄 [접] 續木나무 접붙일 접 (葉)

棫 위 [역] 白桵무리 참나무 역 (職)

[illegible] 량 [량] 松脂송진 량 (養)

[illegible] 투 [도] 木名가래나무 도 (虞)

棆 륜 [륜] 楡也 느릅나무 륜 (眞)

棉 멘 [면] 木丨 주나라나무 면 (先)

棝 꾸 [고] 丨斗可以射 鼠쥐덫 고 (遇)

棪 옌 [염] 木名나무이름 염 (琰)

榙 따 [답] 柱頭기둥머리 답 (合)

棯 인 [임] 丨棸還味대추맛들 임 (豔)

棶 래 [래] 木名丨椋박달나무 래 (灰)

椈 쮜 [국] 柏也측백나무 국 (屋)

棤 쪄 [착] 木皮粗錯나무껍질 거칠 착 或音 척 (藥)

[illegible]

쒀 [절] 縣名母丨 고을이름 절 (屑)

椊 쭈 [졸] 以柄納孔丨杌 자루맞칠 졸 (月)

棡 깡 [강] 木名 나무 강 (陽)

椋 량 [량] 木名印椺也 나무이름 량 (陽)

棑 [패] 盾也 방패 패 (佳)

棎 씬 [섬] 果名과실 이름 섬 (鹽)

椛 [日] 丹楓단풍나무 화

[illegible] [예] 草木垂實貌 모양 예 (霽)

椧 [韓] 簟也 홈통 명

椏 야 [아] 樹枝奴丨나무 가지아귀질 아 (麻)

[illegible] 싸

[삽] 木理起貌나무 결일어날 삽 (洽)

椙 [日] 杉也삼나무 창

棩 원 [연] 木曲나무 굽을 연 (先)

棹 쟢 [도] 楫也 노 도 (效)

[illegible] 싼 [삼] 接檣 채양 삼 (陷)

[illegible] 쮜

[子]波水具桔槔드레박 子俗音고(豪)
椢 엮 [굴]斷木토막나무굴(物)
棰 [추]杖擊매추(紙)
椆 [주]川名내이름주(尤)

九

榌 [韓]木梯사다리비
楷 [해]法式법해(佳)
椰

[핵]木下白나무밑둥허연을핵 [각]案脚책상각(陌)
楕 橢의略字
楥 웬 [원]履範신골원(元)
楯 쉰 [순]干也방패순(眞)
楗 옌 [건]門限木關문지방건(阮)
楝 렌

[련]木名似槐苦고련나무련(霰)
楦 쒠 [훤]履模신골훤(願)
楺 우 [유]屈木굽은나무유(有)
楤 쑹 [송]木名엄나무송 或音종(董)
椶 쭝 [종]棕櫚종려종(東)
椌

[실]社松두송실 日字
⿰木冒 무 [모]門樞上橫木문설주모(號)
椸 이 [이]衣架옷걸이이(支)
椔 쯔 [치]木立死서서죽은나무치(支)
楣 메 [미]門上橫梁인중방미(支)
楎 훼

[휘][혼]掛衣架옷걸이휘(微) 農具犁轅장기술혼(元)
楮 추 [저]木名감매나무저(語)
椰 [야]木名야자나무야(麻)
楰 위 [유]鼠梓以山楸而黑나무이름유(虞)(麌)
楀 위

[우]木名나무이름우(麌)
楡 위 [유]白粉느릅나무유(虞)
楚 추 [초]荊也싸리초(語)(御)
楛 쿠 [호][고]木名歸荊矢榦나무이름호 器物濫惡물건추잡할고(麌)
椵 쟈

[가]擧物具杙틀가락가(馬)
椴 똰 [단]椵也피나무단(翰)
椽 촨 [연]榱也까래연(先)
楩 펜 [편]南方大木似豫章나무이름편(先)
楂 쟈 [사]樹下體등걸사(麻)
楊

양 [양]葉長青ㅣ왕버들양(陽)
楹 잉 [영]柱也기둥영(庚)
楢 와 [유]柔木부드러운나무유(尤)
楞 령 [릉]柧也四角네모질릉(蒸)
楨 쩡 [정]剛木단단한나무정(庚)

楸 착 [추]苦ㅣ산유자추(尤)
楓 뽕 [풍]欇也단풍나무풍(東)
椹 썬 [침][심]木趺모탕침 桑實뽕나무열매심(侵)(寢)
楙 뫄 [무]盛也성할무(有)
楱 쪄

[주]武陵小橘작은귤주(有)
楔 쎄 [설]柱也기둥설(屑)
⿰木忝 톈 [첨]火杖부지깽이첨(豔)
㮚 栗古字
椷 얜 [함]容也용납할함(咸)
楅 뿌 [복][벽]矢器전동복 벽義同(屋)(職)

楠 난 [남] 美材似豫章 들메나무 남 (覃)
楶 쪄 [절] 梁上短柱 欂櫨 동자기둥 절 공대 절 (屑)
楘 무 [목] 車輈皮束為飾 가죽으로 감은 차 멍에 목 (屋)
柝 퉈 [탁] 判也 쪼갤 탁 (藥)

極 이 [극] 中也 가운데 극 (職)
楫 이 [접][즙] 短棹曰ㅣ 노 접 棹也 돛대 즙 (葉)(緝)
業 예 [업] 事也 일 업 (葉)
楪 데 [접] 牀板 널평상 접 (葉)
楖 쪄 [즐] ㅣ人 刮ㅣ 김장이 즐 (質)

楬 거 [갈] 表識 표할 갈 (黠)
⿱剿木 쌰 [초] 刈木殺上 나무끝 뾰족하게 깎을 초 (效)
⿰木叟 쌰 [소] 船之總名 배 소 (豪)
楄 편 [편] 方水ㅣ部 모진나무 편 (先)
椻 연 [언] 積木為障 나무로 방천할 언 (阮)(願)
楈 쉬 [서] 木名 나무 이름 서 (語)
楲 웨 [위] 褻器ㅣ窬 요강 위 (微)
⿰木臿 차 [잡] 茂也 무성할 잡 (洽)
楆 야 [요] 細腰束 허리 잘룩한 대추 요 (蕭)

楴 티 [체] 摘髮 족집게 체 (霽)
⿰木界 쪄 [계] 皮閣 찬장 계 (卦)
⿰木契 얼 [이] 木耳 버섯 이 (支)
⿰木禺 위 [우] 木ㅣ 제웅 우 (遇)
楉 쉬 [약] 果名ㅏ榴 석류 약 (藥)
椱 뱌 [부][복] 機足 베틀발 부 履也 신 복 (有)(屋)
⿰木咢 어 [악] 穽也 함정 악 (藥)
楟 딩 [정] 木名 棠梨 아가위 정 (青)
楑 퀴 [규] 椎也 格ㅣ 방망이 규 (支)
椒 [구] 曲枝 굽은 가지 구 (尤)

⿰木飛 [비] 木梯 사다리 비 國字
⿰木迴 [형] 基盤臺 바둑판 형 (迥)
⿰木矦 [후] 果名 과실 이름 후 (尤)
⿱矜木 [근] 矛柄 창자루 근 (眞)
楃 우 [옥][악] 木帳 나무로 만든 장막 옥 房帳 방장 악 (屋)(覺)

⿰木省 성 [성] 俎也 도마 성 (梗)
楇 콰 [화][괘] 塗輪膏器 바퀴에 바르는 기름통 화 紡車收絲具 자새 괘 (箇)(歌)
楏 퀘 [규] 鋤柄 호미자루 규 (齊)
椿 츈 [춘] ㅣ丈 어르신네 춘 (眞)

⿰木包 뱌 [포] 四十斤 사십근 포 (效)
楜 후 [호] 胡椒 후추 호 (虞)
⿰木㪅 梗의 本字
㮈 네 [내] 枯立木 죽은 나무 내 或音 니 (霽)
⿰木客 [객][격] 掛衣架 옷걸이 객 鞍ㅣ 안장거리 격 (陌)(藥)

⿰木前 짠 [잔] 棚也 사다리 잔 (潸)
椯 타 [타] 又 회초리 타 (賀)
椳 왜 [외] 門樞 문지도리 외 (灰)
楳 梅本字
楻 헝 [황] 旗竿 깃대 황 (庚)
⿰木盃 盃本字
⿰木是

쓰 시 水匙나무숫가락시(支) 樺 허 할 鼓也북할 古音갈(黠) 𣡕 센 험 陰也그늘험(琰) 𣚍 棉의俗字 椂 日 通水管홈통천 榀 日 土壁中編木외가지곪 椺

보 樑也들보보 ⓾ 樶 쵀 취 木節나무마듸취(支) 楄 同 槅 㮍 졔 결 波水具두레박결(屑) 橅 梅과同 槓 꽁 공 矼也ㅣ杆막대공(送) 槀 槁과同

榕 융 용 多陰樹나무이름용(冬) 榿 의 기 木名蜀人為薪可燒나무이름기(支) 榛 젼 진 似栗而小개암나무진(眞) 榰 의 지 支也이바지할지(支) 榌 피

비 達檐木부연비(支) 榱 췌 최 椽也서까래최(支) 槌 뛔 추 퇴 擊也칠추 摘也딸퇴(有)(灰) 榲 우 올 온 果名ㅣ桲돌배 柱也기둥온(月)(問) 榧 뻬 비 木文似柏비지나무비(尾)

榎 쨔 가 苦茶차이름가(馬) 槁 꼬 고 枯也마를고(皓) 榦 깐 간 한 木本根밑줄기간 井上木欄우물난간한(翰)(寒) 榶 당 당 移也사시나무당당(陽) 榷

쵀 교 각 杠也橫木渡水쪽널다리교 각 義同、獨取利도거리할각(效)(覺) 槐 홰 괴 冬取火木虛星精花可染黃色느티나무괴(灰)(佳) 槎 차 사 桴也떼사(麻) 榭 사 廟無室사당집사(禡)

槍 쪄 창 쟁 距也낫을창 鎗同 欃 星欃ㅣ혜성쟁(陽)(庚) 榨 쨔 자 打油機기름틀자(禡) 榔 랑 랑 嶺外果檳ㅣ빈랑나무랑(陽) 榥 황 황 讀書牀책상황(養) 榮

숭 영 華也빛날영(庚) 構 꾸 구 成也이룰구(宥) 榺 씽 승 織機持經者도토마리승(徑) 穀 꾸 곡 木名ㅣ나무이름곡(屋) 槃 판 반 承血쟁반반(寒) 槃

穀과同 㮩 根同 槊 쐭 삭 丈八矛창삭(覺) 榜 방 병 標也방방 병 義同(養)(敬) 榤 쪠 걸 鷄棲杙닭의홰걸(屑) 榼 커 합 酒器술그릇합(合) 榾 꾸

골 榾木頭ㅣ살정이골(月) 榻 타 탑 牀也긴상탑(合) 榏 이 익 青雀舟푸른새그린배익(錫) 榝 싸 살 山桃산복숭아살(黠) 枀 松의古字 榩 쪤 건 米倉쌀고건(先)

榐 찬 전 樹長貌 檣ㅣ나무 진모양 전 俗音 천 銑 榪 마 마 ㅣ杓 주걱 마 禡 樎 쒀 색 梢也 나무가지 색 職 榠 밍 명 木梨 명사 나무 명 靑 尌 樹의 古字

槜 쮀 취 木節 나무 마디 취 支 榣 야오 요 樹動 나무 흔들릴 요 蕭 榫 쑨 순 斫木入竅 자루박을 순 翰 榹 쓰 사 山桃 산 복숭아 사 支 槇 전 木梢 나무끝 전 先

槅 꺼 혁 車軛 멍에 혁 핵 果中核 씨 핵 陌 㮴 쏘우 소 船總名 배 소 豪 槄 따오 도 木名 나무 이름 도 豪 榊 신 神樹 신나무 신 日字 槏 첸 겸 檢束 단속할 겸 琰

𣗥 찌 적 屋之檼木 들보 적 陌 榯 씌 시 木直堅 나무 곧게 할 시 支 樴 터 특 杙也 말뚝 특 職 㮲 착 추 板木不正 널판 뒤틀릴 추 虞 榴 류 류 果名 石류 류 尤

槉 찌 질 屋枅 기둥 머리 질 質 椷 한 함 視也 흠통 할 함 覃 榘 쮜 구 法也 법 구 麌 槑 梅 古字 榬 웬 원 懸鍾磬具 종 다는 나무 원 元 榽 씨

혜 계 木名ㅣ橀 나무 이름 혜 束也 묶을 계 齊 霽 榸 티 제 斫木楂 절구공이 제 齊 榑 뿌 부 ㅣ桑 神木 日所出 해돋이 뽕나무 부 虞 槝 우 오 靑柹 푸른 감 오 虞 槃

꿍 공 小舟 거루배 공 冬 榚 야오 요 木長 나무 길 요 蕭 榓 삐 필 香木 향나무 필 質 榼 씨 해 酒樽 술통 해 賄 (十) 樅 충 종 崇牙貌 전나무 종 冬 樗 화

화 저 似樲 가죽나무 화 惡木不材 못쓸 나무 저 禡 魚 櫏 첸 천 梮ㅣ木 고용나무 천 先 㯌 화 화 鐘橫大쇠북 가로퍼질 화 禡 樁 쫭 장 용 杙也 말뚝 장 撞也 두드릴 용 江 冬 㮋

차 다 茶樹 차나무 다 麻 樇 쑤 수 木長貌 나무 자랄 수 尤 樏 레 류 山行所乘 썰매 류 支 紙 模 뭐 모 法也 법 모 虞 槪 개 意氣節 절개 개 隊 樞 우

추 우 本也 근본 추 木名 似楡 山ㅣ 나무 이름 우 虞 尤 槥 쮀 혜 小棺ㅣ櫝 작은 관 혜 霽 槩 槪와 同 榫 씬 신 牀前橫木 상 앞에 가로댄 막대 신 眞 槿 근 蕣也 木ㅣ 무궁화 근 吻

樊 뺀 [번] 姓也 성번 (元)
樠 만 [문][만] 松指貌 송진흐를문、만 義同 (元)(寒)
槔 깐 [고] 波水機桔 드레박고 (豪)
⿰木衺 어 [아] 木盛|椳나무 무성할아 (賀)(歌)
樂 러 [악][락][요] 複姓|正 두자성악 喜也 즐길락 好也 좋아할요 (覺)(藥)(效)
槽 찬 [조] 果名枸| 과실이름조 (豪)
樜 쪄 [자] 山桑 산뽕나무자 (禡)
樝 쨔 [사] 果屬似梨而酸 아가위사 (麻)
槳 쨩 [장] 橫楫前推櫂 상앗대장 (陽)(養)
⿰木將 槳와 同
槾 만 [만] 杇也 평고대만 (寒)
標 퍞 [표] 表也 표할표 (蕭)
樑 梁의 俗字
樟 쨩 [장] 木名| 노나무장 (陽)
樓 릒 [루] 重屋 다락루 (尤)
樘 탕 [탱] 支柱 버팀목탱 (庚)
樛 뀌 [규] 木枝曲垂 나무가지휘여질규 (尤)
槱 와 [유] 積也 쌓을유 (有)
桼 치 [칠] 옻나무칠 (質)
槧 짠 [참][첨] 削版鉛| 분판참 牘也 서판첨 (感)(鹽)
槮 썬 [삼] 木長貌櫹卜 나무긴모양삼 (侵)
樚 루 [록] 井上所說波水用機 |櫨 두레박고패록 (屋)
槤 련 [련] 橫關木 빗장련 (銑)
槭 써 [색][축] 隕落|| 나무잎떨어질색 丹楓屬 단풍나무축 (陌)(職)
槷 녜 [얼] 不安兀| 편치못할얼 (屑)
槲 후 [곡] 樸類|樕 떡갈나무곡 (屋)
樆 [리] 山梨 돌배리 (支)
樕 쑤 [속] 小木樸| 떡갈나무속 (屋)
槨 꽈 [곽] 葬具外棺 외관곽 (藥)
⿰木旋 쉔 [선] 鷹架 매시렁선
樀 듸 [적] 槌也 방망이적 (錫)
槢 씨 [습] 堅木 굳은나무습 (緝)
槦 융 [용] 兵架 병기꽂는틀용 (冬)
槵 환 [환] 無患木 나무환 (諫)
槸 이 [예] 木相磨 나무가서로개갈예 (霽)
槶 꿰 [귀] 筐當 광주리바닥귀 (未)
頴 잉 [영] 錐柄 송곳자루영 [경] 足几 발달린궤경 (迥)(梗)
椑 피 [피] 木下交|檞 나무밑둥서로얽크러질피 (支)
樔 쌋 [소] 澤上守草樓 풀막소 (肴)
樎 쒸 [축] 眼馬器 말구유통축 (屋)
椅 [간] 柄也 자루간 (覃)
檕 이 [예] 葉似棕櫚材質堅輕 오목예 (齊)
樋 통 [통] 木名 어름나무통 (東)
槯 최 [최] 木蘊積 나무쌓을최 (灰)
樣 양 [양][상] 式也 본보기양 栩實 상수리상 (漾)(養)
槻

꿰 〔규〕 堪作弓材 물푸레나무 규 (支)

樫 〔견〕 椈枓木 떡갈나무 견 日字

槰 뱅 〔봉〕 草水盛也 초목무성할 봉 (送)

樉 쌍 〔상〕 木茂貌 나무더부룩할 상 (養)

梆 빵 〔방〕 杖也 지팡이 방 或音부 (講)

⿰木焉 씬 〔혼〕 平斗量木 평미레 혼 (眞)

檫 차 〔찰〕 木搖動聲 나무흔들리는소리 찰 (黠)

樍 이 〔적〕 川柳 물버들 적 (錫)

槴 화 〔호〕 取魚具 통발 호 (虞)

⿰木産 〔산〕 果水 산나무 산 (潸)

橷 뚜 〔두〕 木根無枝椏 곧은뿌리 두 (尤)

樒 미 〔밀〕 香木 침향나무 밀 (質)

⓬

樳 씬 〔심〕 木名似槐 심나무 심 (侵)

橦 통 〔동〕 木名 나무이름 동

橅 뭐 〔무〕 法也 법 무 (虞)

機 이 〔기〕 ㅣ械巧術 기계 기 (微)

樲 얼 〔이〕 酸棗ㅣ棘 신대추 이 (寘)

樹 쓔 〔수〕 立也 세울 수 (麌)

櫄 츈 〔춘〕 木名琴材 나무 춘 (眞)

樽 쭌 〔준〕 酒桶 술통 준 (元)

橇 〔교〕〔취〕 形如箕 진흙썰매 교、취 義同 (蕭)(霽)

櫼 옌 〔전〕 山栗 산매자 전 (先)

橋 챠 〔교〕 渡水ㅣ梁 다리 교 (蕭)

橈 안 〔요〕〔뇨〕 短櫂 짧은노 요 枉也 굽은나무 뇨 (蕭)(巧)

櫰

놔 〔나〕 木盛 榱ㅣ 나무무성할 나 (賀)

橡 쌍 〔상〕 栩實 상수리 상 (養)

樵 챺 〔초〕 ㅣ人 나무하는이 초 (蕭)

橑 랴 〔료〕〔로〕 椽耑木 평고대 료 椽木 서까래 로 (蕭)(皓)

橕 〔탱〕 斜柱 작살 탱 (庚)

橢 뛰 〔타〕 圓而長 길게둥글 타 (哿)

樺 화 〔화〕 木名皮可貼 弓벗나무 화 (禡)

橙 떵 〔증〕〔등〕 甘皮柑 껍질단유자 증 几屬 등상 등 (庚)(徑)

橆 우 〔무〕 蕃也 번성할 무 (麌)

橫

헝 〔횡〕 欄木 난간목 횡 (庚)

橧 쩡 〔증〕 聚薪以居ㅣ巢，豕所寢 섶을쌓고거처할 증 (蒸)

橊 랴 〔류〕 果名石 석류 류 (尤)

橬 천 〔잠〕〔심〕 積柴水中取魚 물고기섶줄 잠、심 義同 (監)(侵)

橄 깐 〔감〕 果名ㅣ欖 감람 감 (感)

橝 탄 〔점〕 木灰可染 잿물들일 점 (琰)

橘 꿔 〔귤〕 柚屬木奴 귤 귤 (質)

樸 푸 〔박〕〔복〕 質也 질박할 박 朴也 순박할 박 (覺)(屋)

⿱契木 예 〔결〕 渡水具，

槔 용드레 결 (屑)

橃 빠 〔벌〕 柚屬 유자 벌 (月)

樾 쒜 〔월〕 行路樹 행로수 월 (月)

樻 쀄 〔궤〕 靈壽木 영수목 궤 (寘)

橛 쮜 〔궐〕 斷木 토막나무 궐 (月)

檛 楇同 과

橐

퇴 [탁] 用力ㅣ 힘쓸 탁 (藥)

樴 찌 [직] 擊牛杙 소매는 말뚝 직 (職)

樿 싼 [전] 白理木 전나무 전 (霰)

橀 씨 [혜] 木名榽ㅣ 나무이름 혜 (齊)

㯕 씨 [서] 蹹板 발판 서 (齊)

樃 랑 [랑] 木名ㅣ榆 느릅나무 랑 (養)

橉 린 [린] 門限 문지방 린 (震)

𣝗 최 [취] 重擣 거듭 아찔 취 (霽)

橓 쓴 [순] 木槿 무궁화나무 순 (震)

橗 멍 [맹] 木心 나무고갱이 맹 (庚)

㯛 후 [호] 棗大尖上 굵고 끝 뾰족한 대추 호 (虞)

𣝕 찌 [치] 分蠶 누에 나눌 치 (寘)

𣜐 槨과同

檿 예 [엽] 葉動貌 잎이 흔들거리는 모양 엽 (葉)

𣛮 [경] 犂田 밭갈 경 (庚)

槇 뗀 [전] 木理堅密 나무결 찰찹할 전 (霰)

橭 꾸 [고] 木名牡ㅣ 나무이름 고 (虞)

橒 윈 [운] 木紋 나무무늬 운 (文)

藂 叢古字

檄 테 [철] 棗也 대추 철 (屑)

橚 쓕 [숙] 長直貌ㅣ櫹 길고 곧은 모양 숙 (屋)

橤 쉐 [예] 垂也 드릴 예 (紙)

橪 안 [연] 香草ㅣ支 향내나는 풀 연 (銑)(先)

橴 [韓] 地名ㅣ木域 땅이름 자

檹 이 [의] 木節 나무마디 의 (支)

𣛕 이 [의] 八酸之ㅣ白 말이름 의 (寘)

橏 쩨 [전][전] 木瘤 나무혹 전 樹長貌ㅣ 나무 긴 모양 전 (霰)(阮)

𣜬 씨 [석] 木履 나막신 석 (陌)

㯖 [덕] 架木 덕덕

槭 추 [추] 實成 열매열 추 (尤)

橵 [韓] 屋上瓦下布木 ㅏ子 산자가지 산

櫑 [추] 地名 땅이름 추

橌 옌 [간] 巨樹 큰나무 간 (潸)

橎 앤 [번] 堅木 단단한 나무 번 (元)

𣘗 [파] 棠也 아가위 파 (麻)

𣛵 와 [와] 樹枝垂 가지 느러질 와 (哿)

𣜥 취 [취] 朽木 썩은 나무 취 (寘)

十三

橾 쑤 [수] 車輪中空 수레바퀴통 수 (虞)

檜 꽤 [회][갈] 國名 나라이름 회、갈 義同 (泰)(曷)

檖 쉬 [수] 山梨 楊ㅏ 팥배나무 수 (寘)

樐 루 [로] 大盾 큰 방패 로 (虞)

檀 탄 [단] 香木 橁ㅣ 향나무 단 (寒)

檟 쟈 [가] 山楸 伍員基材 가나무 가 (馬)

檛 좌 [과] 箠也 말채찍 과 (麻)

橿 쟝 [강] 士盛貌ㅣㅣ 곧고 바를 강 (陽)

檠 찡 [경] 正弓器 활도지개 경 (庚)

檉 청 [정] 河柳 능수버들 정 (庚)

檎 친 [금] 果名林ㅏ似柰 능금 금 (侵)

檄 警同

檐

옌 [첨]屋四垂 추녀첨(監)
檆 싼 [삼]木名삼 나무삼(咸)
檋 쒸 [국]山行履나 막신국(沃)
⿰木禁 엔진 [금]扜門木格문막 은목채금(侵)
檥 이 [의]立表物 푯대의(紙)
檢 얜 [검]校也교 정할검(淡)
檗 檘와同
橛 여 [궐]杙也 말뚝궐
檍 이 [억]杻也싸리 나무억(職)
檁 린 [름]屋上横木들 보도리름(寝)
檝 쪄 [즙]橈也短 노즙(緝)(葉)
⿰木感 한 [함]木之裂線나 무터질함(感)
⿰木截 쥐 [작]木皮甲錯나무껍 질뒤틀릴작(藥)
檇 쮜 [취]地名李ㅣ 땅이름취(支)
檈 쎈 [선]圓案둥근 소반선(霰)(先)
檓 휘 [훼]大椒호 초훼(紙)
檑 레 [뢰]自高轉石 돌굴릴뢰(灰)
檕 [계]桔槔上轉機横木 용드레채계(霽)
檔 땅 [당]床也 책상당(陽)
檣 챵 [장]帆柱돛 대장(陽)
檡 씨 [석]梬棗고염 석(陌)
⿰木葉 데 [쳡]屋上笮板산 자널판쳡(葉)
檦 [표]表也표 할표(篠)
⿰木豦 취 [거]藩籬울 타리거(魚)
橽 타 [달]所以泄水 수통달(曷)
⿰木歰 사 [삽]枯也마 를삽(合)
檧 쑹 [송]小桶작은 바구니송(冬)
檊 깐 [간]檀也박달 나무간(翰)
⿰木責 시 [석]川柳개 버들석(錫)
檞 쪠 [해]松樠也可合香 솔나무고갱이해(蟹)

(十四)

檳 삔 [빈]果名ㅣ榔 빈랑빈(眞)
櫃 쮜 [궤]匧也 상자궤(寘)
檹 椅同
檸 [녕]果名也 양귤녕(梗)
檼 인 [은]複屋棟 대공은(吻)
櫄 춘 [춘]以栲可弓幹 참죽나무춘(眞)
櫁 榓과同
⿰木諄 둔 [둔]鈍也 둔할둔(阮)
橐 꾼 [곤]束也 묶을곤(阮)
櫂 쫘 [도]楫也進 船木 노도(效)
⿰木戔 옌 [전]香木향 나무전(先)
檮 도 [도]斷木토 막나무도(豪)
檾 [경]似苧白麻 어저귀경(梗)
檿 옌 [염]山桑材可弓幹 車轅 산뽕나무염(琰)
檻 갠 [함]欄也 난간함(豏)
⿱監木 한 [함]墝确地疆ㅣ메 마른땅함(豏) 壏通
櫅 치 [자]白棗 흰대추자 [제]斷木토 막나무제(支)(霽)
檬 멍 [몽]果名檸ㅣ 영몽몽(東)
⿰木對 뒈 [대]車箱立木차에 난간기둥대(隊)
⿱緊木 엔 [긴]木理密 密나무 결찹찹할긴(軫)
檘 벽 [벽]壁柱 기둥벽(陌)

槊 쌱 [삭] 縣名ㅣ虜 고을이름삭 覺
檴 홖 [확] 樸也 벗나무확 藥
檽 수 [뉴][유] 木名ㅣ梓 누구나무뉴 木耳 버섯유 宥 有
檵 찌 [계] 枸杞枸ㅣ 구기자계 霽
檰 멘 [면] 杜沖 두충면 先
櫈 뗭 [등] 卓子 탁자등 中字
檯 태 [대] 燈臺 등대대 灰
檷 늬 [니] 卷絲 실패니 紙
樟 예 [패] 筏木 떼목패 佳
榾 쒸 [핵] 果中實 씨핵 陌
檐 옘 [염] 泄手器 개수통염 監
檭 인 [은] ㅣ杏 은행나무은 眞
⑮
櫕 欑과同
櫛 쪠 [즐] 如ㅣ齒ㅣ比 즐비할즐 質
櫓 루 [로] 城上望臺 망대로 麌
櫚 뤼 [려] 栟ㅣ椶也 종려나무려 魚
櫋 멘 [면] 屋根連接지붕연접할면 先
櫗 몌 [멸] 木索 나무비틀렬멸 屑
櫑 레 [뢰] 劒飾ㅣ具 칼자루에새김놀뇌 賄
櫞 완 [연] 果名枸ㅣ 둥근불수감연 先
櫜 꼬 [고] 弓衣 활집고 豪
櫎 황 [황] 所以支器 그릇받침황 養
櫟 릭 [력] 柞屬似櫪苞 노략질할력 錫
櫝 뚜 [독] 函也 함독 屋
櫍 찌 [질] 斫木臺도끼바탕질 質
櫌 우 [우] 鉏柄호밋자루우 尤
橾 쌍 [상] 鼓匡 북통상 養
櫵 樵同
櫴 라 [랍] 樹可放蠟 백랍나무랍 合
櫖 뤼 [려] 山桑 굵은칡려 魚
櫙 어 [우] 刺櫙 스무나무우 尤
橊 랴 [류] 木名 나무이름류 尤
櫡 쟈 [저] 飯具匙ㅣ 젓가락저 御
櫑 라 [가] 樹斜貌ㅣ碰 나무빗긴모양가 哿
橃 예 [폐] 柚屬ㅣ椵 실과이름폐 尤
櫐 레 [류] 似葛粗大山ㅣ 굵은칡류 紙
櫏 쳰 [천] 梬棗桾ㅣ 고용천 先
櫢 쑤 [수] 樹盛貌ㅣ檽 나무무성수 宥
樚 [록] 柹也 감나무록 屋
縝 썬 [진] 絲線 실갈피진 眞
⑯
櫳 룽 [롱] 養獸所 우리간롱 東
檣 [장] 帆柱 돛대장 陽
櫧 쮸 [저] 木名저 나무저 魚
櫫 쮸 [저] 杙也 말뚝저 魚
櫲 위 [여] 美材樟 여장나무여 御
櫩 염 [염] 砌也 섬돌염 監
櫯 쑤 [소] 染緋木 단목소 虞
櫱 녜 [얼][알] 木萌生芽ㅣ 나무싹날얼 萌ㅣ 나무뿌리에싹돋을알 屑 曷
櫨

루 [로] 果名 과실이름 로 (虞)
櫭 졔 [결] 木釘 檢ㅣ 나무못 결 (屑)
櫰 홰 [회] 槐之別名 피나무 회 (佳)
櫬 천 [츤] 棺也 관츤 或音 친 (震)
櫪 리 [력] 靂薄 누에발 역 (錫)
櫇 퓐 [빈] 柰也ㅣ婆 사과 빈 (眞)
⿰木褭 냐 [료] 木長弱貌 나무 휘청거릴 료 (篠)
櫮 악 [악] 花盛開貌 꽃 활짝 필 악 (藥)
⿰木霍 훡 [곽] 枳木 탱자나무 곽 (覺)
⿰木參 짠 [참] 木實 나무 열매 참 (刪)
⿰木橐 퉈 [탁] 警夜ㅋ斗 목탁 탁 (藥)
⿱龍木 櫳와 同
⿰木隸 리 [례] 薆柄 자새 자루 례 (霽)

(十七)

櫹 쑈 [소] 木長貌 나무 밋밋할 소 (蕭)
欅 [거] 木名似檀ㅣ柳 나무이름 거 (語)
⿰木燮 쎄 [섭] 簟也 梛ㅣ 삿자리 섭 (葉)
⿰木戲 씨 [회] 杓也 蠡也 구기 회 (支)
櫽 인 [은] 揉曲ㅣ栝 도지개 은 (吻)
欖 欖의 俗字
⿰木龜 [귀] 槐木ㅣ種 느티나무 귀
欞 링 [령] 檻也 난간 영 (青)
欄 란 [란] 牛圈 외양간 란 (寒)
欃 쫜 [산] 鎖門橫木 빗장 산 (刪)
櫻 잉 [앵] 果ㅣ 벚나무 앵 (庚)
櫾 유 [유] 似橙而酢 유자 유 (有)
欀 쌍 [양][상] 木名交ㅣ 교양나무 양 道上木 길위에선나무 상 (漾)(陽)
欃 찬 [참] 檀也 박달나무 참 (咸)
欂 뽝 [박] 枅也 주두 박 (藥)
檈 쒼 [선] 果名ㅣ味 맛든 대추 선 (先)
⿱艹集 챠 [초] 柴也 나무 초 (蕭)
⿰木麋 미 [미] 蔆也 마름 미 (支)
櫵 챠 [초] 生麻 날삼 초 (蕭)
櫼 쳰 [첨][삼] 楔也 문설주 첨 木名 스기목 삼 (監)(咸)

(十八)

⿰木蹙 츄 [축] 車轅 수레 멍에목 축 (屋)
⿰木⿱艹巂 천 [잠] 青皮木 무푸레 잠 (侵)
欇 졔 [섭] 杖也 지팡이 섭 (葉)
⿱雜木 쟈 [잡] 交雜 섞일 잡 (合)
權 촨 [권] 攝官 권세 권 (先)
欈 쮜 [추] 木名 나무이름 추 (支)
欌 [장] 所以藏衣 의장 장 國字
欆 쌍 [쌍] 未張帆 捧棒 펴지 않은 배돛 쌍 (江)
欋 취 [구] 盤錯 나무 뿌리 얽힐 구 (虞)
欙 뤼 [류] 藤也 등나무 류 (尤)

(十九)

欛 欛僞字
欐 리 [려] 小船 거 두려 (齊)(霽)
⿰木離 리 [리] 藩也 柴ㅣ울 타리 리 (支)
欒 롼 [란] 柱名似槿 나무이름 난 (寒)
欏 뤄 [라] 裂也 찢을 라 (歌)
欑 촨 [찬] 叢木 숲 평이 찬 (寒)

𣠲 찬 [전][관] 杙也말뚝전 手相關付손댈관 (先)

𣟴 체 [첩]飯臿 주걱첩 (葉)

櫕 쮜 [촬]木錐나무끄챙이촬 或音절 (屑)

(二十)

欓 땅 [당]木桶나무통당 (養)

欔 확 [곽]鍬也 가래곽 (藥)

欕 엄 [韓]鵲不踏木 엄나무엄

(二十一)

欙 레 [류]山行所乘屐下施鐵欙 썰매류 (支)

欗 란 [란]柱類木 목란란 (寒)

欖 란 [람]交趾果名橄ㅣ감람람 (感)(勘)

欛 빠 [파]刀柄 칼자루파 (禡)

欘 쮸 [촉]斤柄自曲者 절로 굽은 자귀자루촉 (沃)

欚 례 [례]大船 큰배례 (薺)

(二十二)

𣡽 완 [만]曲木 굽은나무만 (刪)

𣡝 데 [첩]木名 나무이름첩 (葉)

欜 낭 [낭]盛物器 나무함지박낭 (陽)

欝 위 [울]氣滯ㅣㅣ 답답할울 (物)

(二十四)

欞 링 [령]木也 난간령 (青)

欠部

欠 첸 [흠][감]陷也 빠질흠、감 義同 (豔)(陷)

(二)

次 츠 [차]亜也 버금차 (寘)

(三)

𣢀 이 [의]歎聲 탄식할의 (支)

欦 간 [감]愚也 어리석을감 (覃)

𣢃 [해][이]笑而破顔 웃을해、欬也 기침할이 (灰)(紙)

𣢄 이 [이]嘯也 수파람소리이 (支)

𣢅 깨 [해][이]笑而破顔 웃을해 欬也기침할이 (紙)(灰)

(四)

欣 쎈 [흔]喜也 기쁠흔 (文)

欥 쳰 [흠]嗽也 재채기할흠 (文)

𣢈 씨 [희]戲笑貌ㅣㅣ 희롱하고 웃는 모양희 (支)

欦 한 [함]含笑 빙그레 웃을함 (覃)

𣢦 삐 [비]氣息呼出 숨내쉴비 (支)

欥 이 [일]喜悅 기뻐할일 (質)

𣢑 후 [홀]怒聲 성낸소리홀 (物)

𣢐 갱 [갱]貪也 탐낼갱 (庚)

(五)

欫 취 [거]張口運氣欠ㅣ 하품할거 (御)

欨 쒸 [구]吹也 불구 (虞)

𣢗 허 [하]大笑ㅣㅣ 껄껄웃을하 (哿)

欱 한 [함]或也 혹함 (覃)

𣢜 어 [액]笑語ㅣ欸 웃고말할액 (陌)

𣢞 싸 [합]鼻息ㅣㅣ 코로숨쉴합 (洽)

欯 씨 [게]笑也ㅣ欯 웃을게 (霽)

𣢖 [형]含笑貌 웃음을 머금은 모양형 (敬)

𣢒 유 [유]、[육]愁貌 근심할유、욱 義同 (有)(屋)

𣢕 츄 [출]笑也 웃을출 (質)

𣢘 찬 [초]健也 건강할초 (蕭)

𣢙 씬 [신]吟也 읊을신 (眞)

𣢚 얘 [해]飮也 마실해 (灰)

𣢛 씨

[희] 氣逆상기할희 (支)

欪 즈 [지] 吐也토할지 (寘)

𣢃 쮀 [궐] 開也열궐 (月)

六

欮 췌 [궐] 逆氣숨찰궐 (月)

欯 이 [힐] 喜也기뻐할힐 (質)

𣢗 [축] 愁也근심할축 (尤)

欬 커 [해][애] 言笑謦ㅣ말하고웃을해、숨찰애 (隊)(卦)

欱 하 [합] 合也합할합 (合)

㰪 꿰 [궤] 疲極고달플궤 (紙)

𣢼 꾸 [골] 飲聲마시는소리골 (月)

䘏 쒸 [술] 蟲鳴ㅣㅣ벌레울술 (質)

欥 유 [유] 呼犬聲개부르는소리유 (虞)

㰲 애 [애] 歎聲탄식하는소리애 (卦)

㰼 쓘 [순] 信也믿을순 (眞)

七

歀 款俗字

欲 위 [욕] 將然장차그러할욕 (沃)

欷 씨 [희] 歎也歔ㅣ허희탄식할희 (未)(微)

欸 애 [애] 歎也탄식할애 (灰)

欳 [괴] 犬息크게한숨쉴괴 (卦)

𣢑 꾸 [구] 小兒凶惡歅ㅣ어린아이흉악할구 (宥)

欶 쑤 [삭][수] 著也붙을삭 (覺) 上氣咳ㅣ기침할수 (有)

㰾 예 [합] 喘也氣逆숨찰합 或音협 (合)

㰰 쪤 [신] 指而笑빈정거릴신 俗音진 (軫)

欦 한 [함] 貧欲탐낼함 (覃)

飲 랑 [랑] 貪也탐낼랑 (陽)

八

𣣐 야 [아] 驢鳴歅ㅣ나귀울아 (禡)

欹 이 [의] 歎美辭ㅣ與거룩하다할의 (支)

欺 치 [기] 詐也속일기 (支)

款 관 [관] 塞也막힐관 (旱)

款 款俗字

欽 친 [흠] 敬也공경할흠 (侵)

欿 칸 [감] 不滿意ㅣ然뜻에차지않을감 (感)

㰳 뿌 [부] 語而不受말하며받지않을부 (有)

㰹 씨 [혁] 去涕눈물씻을혁 (錫)

歂 즈 [자] 無廉㰤ㅣ염치없을자 (支)

㱅 훈 [혼] 暗昧어둘혼 (元)

欻 후 [홀] 動也ㅣㅣ움직일홀 (物)

𣣈 [사] 香美향기좋을사 (紙)

齒欠 치 [치] 齧也씹을치 或音최 (紙)

𣢥 쓰 [시] 惛死復生까무러쳤다깨날시 (寘)

㰶 와 [육] 驚也놀랄육 (屋)

𣢹 쭈 [졸] 口飲마실졸 (質)

九

歈 위 [유] 歌名吳ㅣ巴ㅣ노래이름유 (虞)

歅 인 [인][연] 人名善相者秦九方ㅣ사람의이름인、연義同 (眞)(先)

欵 款과同

𣣷 [은] 逆氣피기할은 (願)

歂 촨 [천] 口氣引吸들여마실천 (銑)

歆 씬 [흠] 欲也욕심낼흠

歇

쎄 [헐] 休息 쉴헐 (月)

歃 싸 [삽] 飲也 마실삽 (洽)

歖 이 [이] 驢鳴ㅣ欭 나귀울이 (紙)

歁 칸 [감] 食不滿 음식나쁠감 (覃)

㰹 쎈 [함][감] 含笑 빙그레웃을함 呷也 부르짖을감 (覃)(勘)

歐 옌 [언] 大呼用力 크게부르짖어힘쓸언 (願)

十

歊 쌰 [효] 氣出貌ㅣ 기운날효 (蕭)

歙 쎄 [협] 翕氣 기운들여마실협 (葉)

歌 꺼 [가] 求言以聲 노래가 (歌)

歉 옌 [겸][감] 小也 작을겸 貪也 탐할감 (陷)

㰻 [유] 言也 말할유 (有)

歍 우 [오] 心有所惡欲吐 아니꼬울오 (虞)

㰾 야 [요] 氣出貌 기운날요 (蕭)

欿 [감] 貧也 탐할감 (感)

㰷 치 [치] 嘲笑 조롱해웃을치 (支)

㱄 씨 [혜] 歎息 탄식할혜 (齊)

歋 이 [이] 相笑ㅣ歈 서로웃을이 (支)

㰰 허 [합] 大啜 훅들이마실합 (合)

𣤘 [족] 吹氣 숨쉴족 (沃)

十一

歐 어 [구] 吐也 토할구 (尤)

歒 티 [적] 小人喜笑貌 선웃음칠적 (錫)

歎 탄 [탄] 大息 탄식할탄 (寒)

歵 쩌 [색] 語笑欬ㅣ 말하며웃을색 (陌)

㱃 飲 古字

𣤼 루 [루] 小兒凶惡ㅣ頭 어린아이흉악할누 (宥)

㱂 캉 [강] 空也 빌강 (陽)

歏 엔 [근] 欠也 모자랄근 (震)

㱇 쮜 [최] 齧也 씹을최 (卦)

歑 후 [호] 吹也 불호 (虞)

十二

歔 쒜 [허] 泣也鼻息 울며코훌쩍거릴허 (魚)

歗 嘯 古字

歕 뿐 [분] 選也 뽑을분 (元)

㱈 라 [랍] 不滿貌ㅣ歃 서운해할랍 (合)

歙 씨 [흡][섭] 縣名 고을이름흡 섭 義同 (緝)(葉)

歖 씨 [희] 卒喜 갑자기기뻐할희 (支)

歘 후 [훌] 暴起 급히일어날훌 (物)

㱄 희 [흑] 咳也 기침흑 (職)

十三

歛 렌 [검] 乞也 구걸할검 (覃)

㱆 [식] 怯也 겁낼식 (職)

㱉 씨 [희] 相笑 서로웃을희 (支)

歜 츄 [잠][촉] 怒也盛氣 대단성날촉 (沃) 菖蒲葅 昌ㅣ 장포김치잠 (感)

十四

歟 위 [여] 助辭 어조사여 (魚)

𣤮 듸 [적] 痛聲 앓는소리적

㱁 이 [읍] 愚也 어리석을읍 (合)

十五

歠 쮜 [철] 大飲 크게마실철 (屑)

𣤶 우 [우] 氣逆 기운역할우 (尤)

十七

㱉 잉 [영] 怒氣 성낸기운영 (梗)

𣤾 츄

축 接口입맞출축 尾 ⑥ 歡 환 환 喜樂기뻐할환 寒 歠 예 철 取也취할철 葉 歜 찬 초 飮酒盡杯술다마실초 嘯 ⑬ 𣤻 곤 곤 患也어리석을곤 元

止部

止 지 지 停也그칠지 紙 ⊖ 正 정 정 方直不曲바를정 庚 此 완 완 개 行步貌가는모양 완、개 義同 諫 泰 ⊜ 此 차 차 玆也그칠차 紙

⊜ 𣥘 신 신 待也기다릴신 震 步 보 보 徒行걸을보 遇 𣥚 보 煮也삶을보 虞 ④ 歧 기 기 路二達길두갈래질기 支 岢 近古字 武 우

무 威也위험스러울무 麌 歨 旅古字 𣥠 止古字 ⑤ 歪 왜 의 不正비뚤어질의 尾 歫 거 거 止也그칠거 語 岐 피 피 覆也덮을피 眞 ⑥

峙 치 치 供具받들치 紙 歬 前古字 歯 저 저 盜物於器담을저 御 跟 긴 근 足踵발굼치근 元 ⑦ 𣦀 도 도 止也머무를도 虞 ⑧ 歸 歸同

堂 창 상 掌拒빗디딜상 漾 𣦑 剪古字 𣦒 齒同 崪 치 취 待也기다릴취 寘 𣦖 정 정 止也그칠정 迥 ⑨ 歲 세 세 光陰세월세 霽 𡾍

踵古字 ⑩ 歰 삽 삽 不滑깔깔할삽 紙 𣦛 후 후 休息쉴후 尤 ⑪ 𣦝 적 적 正齊바를적 陌 整 整과同 ⑫ 歷 리 력 過也지날력 錫

𣦠 蹻과同 ⑬ 𣦢 踏과同 𣦣 躄과同 ⑭ 歸 궤 궤 귀 還也돌아올귀 餽也먹일궤 微

歹部

歹 어 알 剔肉殘骨살발은뼈알 曷 歺 대 대 逆也거스를대 賄 ⊖ 歺 歹와同 ⊜ 死 쓰 사 絶也끊을 일사 紙 歼 후 후 割也저밀후 有

⊜ 𣦸 이 홀 流也흐를홀 質 歿 졔 결 盡也다할결 屑 ④ 殁 뭐 몰 홀 終也죽을몰 盡也다할홀 月 殀 殁同 殉 누 눌 心亂殟ㅣ심란할눌 月 殀

야 [요]屈也 굽을요(篠)

𣦸 쯔 [자]死而復生 까무러쳐다깨날자(支)

歼 쳰 [천]殘餘 나머지천(銑)

𣦻 [잔]獸食餘 짐승먹던찌꺼기잔(寒)

㱛 릒 [류]欲死 죽으려할류(尤)

歮 [찰]癘疾 모진병찰(黠)

㱙 씨 [설]夭死 일찍죽을설(屑)

五

殄 텬 [진]盡也 다할진(銑)(軫)

殆 태 [태]危也 위태할태(賄)

殂 쭈 [조]往死ㅣ落 죽을조(虞)

殃 앙 [앙]禍也 재앙앙(陽)

𣧊 피 [피]枝折 가지꺽을피(支)(紙)

𣧂 씽 [생]死而更生 죽었다살아날생(庚)

𣧄 終의 古字

𣧅 민 [면]矜也 불쌍히여길면(銑)

𣧀 ᄶᅵ [질]厲鬼 염병귀신질(寘)

殝 殂의 古字

𣧁 쒜 [설]盡也 다할설(屑)

殦 [수]殘也 남을수(尤)

六

𣧛 쮜 [子]枯也 마를구(有)

殉 쓘 [순]求也 구할순(震)

𣧑 [례]病也 앓을례(霽)

㱚 쯔 [자]死而復生 죽었다깨어날자(寘)

𣦿 롼 [란]臨死神迷甕ㅣ 죽으려까무러칠난(翰)

𣧏 [면]矜也 불쌍할면(銑)

𣧖 씨 [혁]卵坼不成 알터질혁(職)

殊 슈 [수]異也 다를수(虞)

𣧍 [설]盡也 다할설(屑)

𣧇 씽 [승]欲死ㅣㅣ 까무러칠승(迥)

𣧘 미 [미]米半壞 절미미(薺)

𣧡 殃과同

𣧕 러 [락]卒死搖ㅣ 갑자기죽을락(藥)

𣧩 짠 [잔]禽獸食餘 짐승먹던찌꺼기잔(寒)

七

殍 퍞 [표]餓死 굶어죽을표(篠)

殏 칙 [子]死也 죽을구(尤)

殌 [궐]、[경]死也 죽을궐、경 義同(月)(庚)

𣧝 네 [뇌]弱也殘 약할뇌(賄)

𣧜 꾸 [곡]臨死畏㤼 죽길겁낼곡(屋)

㱣 [뢰]病也 앓을뢰(泰)

殐 쑤 [속]殭也 죽어썩지않을속(屋)

𣨅 껀 [긍]欲死 죽으려할긍(蒸)

殑 헝 [형]腫也 부을형(庚)

𣧨 [석]欲死貌 죽으려하는모양석(錫)

𣨀 먀 [모]飽厭 물릴모 俗音묘(效)

八

殘 찬 [잔]餘也 나머지잔(寒)

𣧹 쭈 [졸]死也 죽을졸(質)(月)

殙 훈 [혼]矜也 불쌍할혼(元)

殕 뿌 [부][무][북]腐也 썩을부 物腐生黴 곰팡이무 弊也 죽을부(有)(麌)(職)

𣨋 치 [기]棄也 버릴기(支)

殖 씨 [식]生也 날식(職)

𣨙 [봉]死也 죽을봉(腫)

殗 예 [엽][음] 重疊貌 텁텁할 업 死也 죽을 음 (葉)

⿰歹宛 웬 [완] 人死貌 사람 죽은모양 완 (阮)

⿰歹委 웨 [위] 病也 병들 위 (支)

殔 이 [이] 瘞也 理葬 묻을 이 (眞)

⿰歹沁 친 [심] 草木萎死 초목 시들어 죽을 심 (沁)

⿰歹缶 위 [악] 卒死ㅣ⿰歹各 갑자기 죽을 악 (覺)

⿰歹京 쟝 [강] 屍體 시체 강 (漾)

殀 얀 [요] 害也 해할 요 (蕭)

九

殛 찌 [극] 誅也 죽일 극 (職)

⿰歹畏 웨 [외] 不知人事ㅣ⿰歹委 정신 모를 외 (賄)

⿱高死 [고] 枯也 말라 죽을 고 (皓)

殜 예 [엽] 病也 병들 엽 (葉)

殙 婚의 本字

⿰歹修 과 咼同

⿰歹彖 씨 [혜] 疲困 피곤할 혜 (隊)

⿰歹柬 란 [란] 破壞 깨뜨릴 란 (翰)

⿰歹度 뚜 [도] 敗也 패할 도 (遇)

十

殞 원 [운] 落也 떨어질 운 (軫)

殠 취 [추] 腐氣 썩은 기운 추 (宥)

殟 우 [올][온] 胎敗 낙태할 올 (月) 病也 병들 온 (元)

⿰歹豈 깨 [개] 腜胎 첫아이 밸 개 (灰)

⿰歹益 이 [의] 物彫死 시들어 죽을 의 (眞)

殦 꼬 [고] 曝也 볕바랠 고 (皓)

⿰歹宰 째 [재] 滅也 멸망할 재 (賄)

⿰歹鬼 홰 [회] 愚也 어리석을 회 (賄)

十一

殣 연 [근] 瘞也 묻을 근 (震)

殢 티 [체][혜] 困極 느른할 체 滯也 막힐 혜 (霽)

殤 쌍 [상] 未成人喪 아이 죽을 상 (陽)

⿰歹責 찌 [지] 病也 병들 지 (眞)

殥 인 [인] 遠也 멀 인 (眞)

⿰歹貫 관 [관] 盡也 다할 관 (諫)

⿰歹崔 [최] 破也 깨질 최 (隊)

十二

殪 이 [에] 死也 죽을 에 (霽)

殫 딴 [탄] 盡也 다할 탄 (寒)

殨 회 [궤] 腫決 종기 터질 궤 (隊)

殩 찬 [찬] 饡喪家食ㅣ孝 상제 먹일 찬 (翰)

⿰歹斯 [시] 死也 죽을 시 (眞)

⿰歹賁 [분] 殘骨 살은 썩고 뼈만 남을 분 (問)

殧 [축][추] 終也 마칠 축 殄也 죽을 추 (屋)(宥)

⿰歹最 쇄 [세] 瘦病 파리한 병 세 (泰)

十三

殬 뚜 [두] 敗也 패할 두 (遇)

殮 렴 [렴] 衣死 염할 렴 (豔)

殭 쟝 [강] 蠶白 마른 누에 강 (漾)

⿰歹業 [업] 病也 앓을 업 (葉)

⿱癶死 위 [몰] 殁 死之時迷亂没覺ㅣ 죽으려할 몰 (月)

⿰歹歲 췌 [예] 死物殘ㅣ 죽은 물건 예 (隊)

⿰歹辟 피 [벽] 欲死 죽으려할 벽 (陌)

十四

殯 삔 [빈] 殮也 염할 빈 (震)

⿱彊死 [강] 仆也 넘어질 강 (養)

⿰歹焦 [소] 爛也 데어 터질 소 (嘯)

⿰歹盍

[애][갑]死也 죽을애 依也 의지할갑 (泰)(合)

十五

殰 뚜 [독]胎敗 낙태할독 (屋)

十六

⿱與死 [욕]屈而短貌 구푸리어 작아뵐욕 (屋)

⿰歹歷 리 [력]幾至死境 거의 죽의려할력 (錫)

⿰歹盧 [려]臚也 배불룩할려 (魚)

十七

⿰歹闌 란 [란]爛敗 물크러질란 (翰)

殲 옌 [섬]盡也 다할섬 (鹽)

十九

⿰歹羸 라 [라]畜産瘦病 병들라 (歌)

⿰歹顛 덴 [전]沒落 떨어질전 (先)

殳部

殳 쓔 [수]擊也 칠수 (虞)

四

⿰火殳 찐 [담][금]下擊上 칠담 禁也 금할금 (咸)(侵)

五

段 똰 [단]擇物 고를단 (翰)

六

㱿 [각]皮甲 껍질각 (覺)

殷 인 [은][안]衆也 많을은 殷通赤黑色 검붉은빛안 (文)(吻)(刪)

⿰多殳 꺠 [개]笑也 웃을개 (灰)

殺 싸 [살][시][쇄]戮也 죽일살 減也 감할쇄 (黠)(卦)(寘)

七

⿰肎殳 [학]嘔吐 토할학 (覺)

殹 이 [예]聲相應소리 마주칠예 (霽)

⿰屒殳 연 [진]擊也 칠진 (眞)

⿰豆殳 투 [두]遠而擊 멀리칠두 (尤)

殸 聲古字

八

殽 햐 [효]亂也 어지러울효 (肴)

⿰尚殳 당 [등]推也 밀등 (庚)

殼 취 [각]質也 바탕각 (覺)

⿰巩殳 [공]擊也 칠공 (東)

⿰卣殳 [구]屈也 구부릴구 (宥)

九

⿰者殳 [순]築也 쌓을순 (震)

毀 훼 [훼]壞也 헐무너질훼 (紙)

殿 덴 [전]宸居宮 대궐전 (霰)

毄 찌 [계][격]食養之ー畜 먹어기를계 佛也 멸칠격 (霽)(錫)

十

毃 챠 [각]擊頭 머리때릴각 (覺)

⿰害殳 [개][계]害也 해야계 辱也 모욕줄개 (霽)(泰)

毄 찌 [격][긱][계]相擊聲 마주치는소리격 食養 먹여기를계 勤苦用力 부지런히힘쓸긱 (錫)(霽)

⿰空殳 퉁 [동]擊空聲쿵쿵 울리는소리동 (冬)

⿰宰殳 째 [재]殺也 戮也 죽일재 (賄)

十一

毆 어 [구]捶擊 칠구 本音우 (有)

毅 이 [의]果敢勇斷 굳셀의 (未)

十二

⿰𦤎殳 취 [착]穿也 팔착 (屋)

⿰𣦼殳 찌 [쟁]觸也 찌를쟁 (庚)

毇 [훼]精米 정미할훼 (紙)

毈 똰 [단]卵壞不成子 알곪아까지못할단 (翰)

⿱殸召 쌰 [소]舜樂大ー 풍류소 (蕭)

十三

㲉 취 [각]鳥卵 새알각 (覺)

十四

⿱殸巠 찡 [갱]不可近 멀리할갱 (庚)

毉 [의]醫也 의원의 (支)

⿰壽殳 쑤 [수]擊也 칠수 (尤)

十五

[illegible] 이 [예]美也 아름다울예 (霽)

十九 [illegible] [효]大磬似犂錧 큰경쇠효 (蕭)

[illegible] 렌 [렴]鏡函 경대할렴 (監)

[illegible] [롱]聲也 소리롱 (冬)

二十 [illegible] [력]別離 떠날력 (錫)

毋部

毋 우 [무]莫也 없을무 (虞)

毌 꽌 [관]地名 ─岳 땅이름관 (翰)

一 母 무 [모]父之配 어미모 (有)

三 每 메 [매]常也 매양매 (灰)

毐 애 [애]無行嫪─ 음란할애 (賄)

四 毒 뚜 [독]惡也 독할독 (沃)

五 毑 [지]母也 어머니지 (紙)

九 毓 위 [육]養也 기를육 (屋)

比部

比 승 [비][필]校也 비교할비 次也 櫛─ 차례필 (支)(紙)

五 毗 피 [비]助也 도울비 (支)

㲋 [착]獸名 ─青色似兔 짐승이름착 (藥)

毘 毗와同

毖 삐 [비]勞也 수고로울비 (寘)

六 [illegible] 毗와同

[illegible] 毗의本字

十 [illegible] 씨 [시]貉也 담비시 (寘)

十三 毚 [참]樹名 ─檀 나무이름참 (咸)

毛部

毛 맢 [모]羊也 柔─ 양모 去─ 퇴할모 (豪)

二 [illegible] 닝 [녕]犬毛 毧─ 개털녕 (徑)

四 [illegible] 사 [삽]眼睫長貌 눈섶길삽 (合)

[illegible] [패]多毛 卜毷 털많을패 (泰)

毟 [모]拔引 合取 뜯을모

[illegible] [지]毛織 털로짠베지 (支)

[illegible] [개]獸毛細者 짐승의가는털개 (卦)

[illegible] [분]毛落 털빠질분 (文)

五 毞 [비]罽也 털로짠베비 (支)

[illegible] 쏘 [포]毛起貌 털우수수일어날포

[illegible] [자]毛毯 담요자 (虞)

[illegible] 쟌 [초]鳥尾翹毛─ 새꽁지초 (蕭)

[illegible] 쏘 [포]鳥抱卵 알품을포 (肴)

[illegible] [피]毛也 털피 (支)

[illegible] [유]毛也 털유 (眞)

毡 [전]跨毛成片 전전 (先)

[illegible] [진]毛髮齊貌 털이가지러질진 (軫)

[illegible] 썽 [생]毛起貌 ─毶 털끝일어설생 (庚)

[illegible] 링 [령]毛結不理 털엉킬령 (青)

毠 쨔 [가]毛衣 털옷가 (麻)

[illegible] 랴 [루]毯席 담자리루 (虞)

[illegible] 머 [무]毛密貌 털많이날무 (有)

[illegible] 취 [택]初生毛 갓난털택 (陌)

六 [illegible] [수]毛也 털수 (遇)

毧 웅 [융]細毛 가는털융 (東)

毦

열 [이]結毛為飾 머리털이(寘)

毢 씨 [시]張羽貌 毰ㅣ 날개벌릴시(灰)

毨 쎤 [선]毛落更生整理 털다시나고를선(銑)

⿺毛合 허 [합]目睫長 속눈섭길합(合)

⿺毛网 罾와同

⿺毛句

毥 쉰 [순]初生貌 솜털순(震)

毤 [타][열]羽毛解脱 털바꿀타、열 義同(箇)(屑)

毞 삐 [비]毯類 담비(支)

毣 무 [목]小好貌 함할할목(屋)

七

毫 한 [호]長鋭毛 가늘고긴털호(豪)

⿱沙毛 싸 [사]毛長貌 毵ㅣ 털긴모양사(麻)

⿺毛肖 毹와同

毬 챡 [子]毛布花ㅣ 화문담요구(尤)

⿰肖毛 쌱 [소]鳥尾毰ㅣ 새꽁지소(蕭)

⿰足毛 [연]錦類 비단연(先)

⿰来毛 약 [래]斑毛 얼룩털래(泰)

⿰丰毛 쎤 [선]罽也ㅣ毡 털로짠베선(先)

毭 [두][낙]罽也 담요두 毛屬 담자리낙(有)(藥)

⿰妾毛 쳡 [첩]目毛毯 속눈섭첩(葉)

⿰孚毛 래 [부]鳥脱毛 새털벗을부(虞)

⿰孛毛 발 [발]短毛 짧은털발(月)

八

毳 췌 [취]獸細毛 짐승의털취(霽)

毰 페 [배]張羽貌ㅣ毸 날개벌리는모양배(灰)

毯 탄 [담]毛席 담자리담(感)

毱 꾹 [국]毬也 蹴ㅣ 제기국(屋)

⿰來毛 릐 [리]犬名 개이름리(支)

⿰卒毛 쭈 [졸]毛生貌 털나는모양졸(月)

毲 뙤 [탈]織毛成 모직탈(曷)

⿺毛隹 맢 [용][모]多也 많을용 毛更生整理 털함치르르할모(腫)(號)

⿱尋毛 더 [득]毛小 털더적을득(職)

⿱祭毛 이 [지]毛多 털많을지(紙)

九

毹 위 [유]毛席 氍ㅣ 털방석유(虞)

毸 씨 [시]張羽 毰ㅣ 날개벌릴시(灰)

毼 커 [갈]毛織 毲 담요갈(曷)

毷 맢 [모]解毛 털벗을모(號)

毻 뒤 [타]鳥獸解毛 새와짐승털갈타(箇)

⿰並毛 빵 [방]罽也ㅣ毲 털로짠베방(養)

⿺毛叟 쑤 [수]織毛褥 털담요수(尤)

⿺毛高 鞠과同

⿰赤毛 내 [내]多毛 毺ㅣ 털많을내(泰)

⿰扁毛 편 [편][변]長毛 긴털편 不理ㅣ毵 털엉킬변(銑)

毽 옌 [건]抛足之戲具 제기건(願)

毠 [가]毛衣 털옷가(麻)

⿰柔毛 숭 [용]細毛 가는털용(東)

⿰英毛 [영]毛布 털베영

十

毾 타 [탑]毛席ㅣ毲 털자리탑(合)

⿰唐毛 당 [당]長貌 긴털당(陽)

⿺毛茸 숭 [용]細毛 가는털용(東)

⿱耆毛 이 [기]毛文 무늬기(支)

⿺毛辱 수

[욕] 毛織褥 모직요 욕 (沃)

毢 사 [사] 毛羽婆娑 털너풀거릴 사 (歌)

𣰋 [한] 長毛 긴털 한 (翰)

毧 [용] 罽也 털베 용 (冬)

氄 [용] 毛盛貌 털성할 용 (腫)

⑪

氂 리 [리] 牛尾 소꼬리 리 (支)

𣰽 [내] 毛髮衆貌 털많을 내 (卦)

氀 루 [루] 罽也 ―毹 털로짠베 루 (虞)

毸 [쇠][최] 張羽貌 날개벌리는모양 쇠 / 羽貌 터럭모양 최 (灰)

毿 싼 [삼] 毛長― 털길 삼 (覃)

氁 무 [모] 毛段 털비단 모 (虞)

𣯫 츙 [종] 罽也 ―氃 털로짠베 종 (冬)

𣰠 리 [리] 白毯帽子 흰담모자 리 (支)

𣱂 만 [만] 赤毛褥 붉은털요 만 (元)

⑫

氃 [동] 又 털웅승거릴 동 (東)

氅 창 [창] 析羽為衣 鶴― 학창의 창 (養)

𣰆 삐 [등] 罽也 毾― 털로짠베 등 (蒸)

𣰆 [등][동] 細氈緂 올이밴털베 등 / 毛散貌 털흩어질 동 (蒸)

氄 슝 [용] 耎毳細毛 솜털 용 (腫)

氆 빵 [방] 蕃織罽― 양의털로짠융 방 (養)

𣯺 쟈 [초] 兜上毛布 투구위의털치장 초 (蕭)

𣰾 뿌 [복] 毛不理 毹 털엉킬 복 (屋)

⑬

氈 쟌 [전] 毛席 담자리 전 (先)

𣱌 [子] 毛褥 담요 子 (虞)

氉 샤 [소] 毛健 털뻣뻣할 소 (號)

𣰶 레 [렵][갈] 車䍐 차에먼지막는것 부채 렵 / 水草 물풀 갈 (葉)

氊 氈와 同

⑭

𣱆 예 [알] 多毛 털많을 알 (月)

氋 뭉 [몽] 散毛 ―氃 氃氋 흩어진 몽

㲯 란 [람] 毛長貌毿― 털길 남 (覃)

𣱌 氍𣱌 同字

𣯸 핑 [빙] 犬毛―毤 개털 빙 (蒸)

𣰙 닝 [녕] 多毛犬 삽쌀개 영 (庚)

𣰕 췌 [체] 斷也 끊을 체 (霽)

⑮

氇 루 [로] 西蕃毛織 又 우단 로 (虞)

𣰺 뚜 [독] 旗也 기 독 (屋)

⑱

氍 취 [子] 毛털요 子 (虞)

⑲

𣱦 쑤 [수] 毛之逆立 털거스릴 수 (虞)

㉒

氎 [첩] 毛織物 모직 첩 (葉)

氏部

氏 쓰 [씨][지][시] 俗音 姓也 ―族 성씨 씨 / 되놈의처이름 지 (支)(紙)

①

氐 듸 [저] 本也 근본 저 (齊) 低同

民 민 [민] 衆庶 백성 민 (眞)

②

氒 厥古字

④

氓 멍 [맹] 民也 백성 맹 (庚) 甿氓同

𣱱 甿同

⑤

𣱻 씌 [시] 伺也 살필 시 (支)

⑥

𣱾 데 [질] 手拔物 뽑을 질 (屑)

⑩

𣲀 인 [인] 仆臥 엎어질 인 (震)

气部

气 치 [기][걸] 雲—ㅣ 구름기운기 求乞 구걸할걸 (未)(物)

二

氘 气과同

気 氣俗字

四

氜 양 [양] 陽氣 볕기운양 (陽)

氛 氣~ 古字

氛 얀 [분] 氣也 기운분 (文)

氤 인 [음] 陰氣 그늘음 (侵)

六

氣 치 [기] 生元精 정기기 (未)

氤 인 [인] 天地合氣—氳 천지기운합할인 (眞)

氱 쒼 [순] 逆氣 기운 거스릴순 (眞)

七

氱 쌰 [소] 天上雲 하늘소 (蕭)

十

氳 원 [온] 氣盛氤— 기운성할온 (文)

主

氧 양 [양] 氣也 양기양 (養)

七

氳 [중] 心氣 심기중 (送)

水部

水 [수] 地之血氣 五行之一 물수 (紙)

一

永 융 [영] 長也 길영 (梗)

氷 뼁 [빙] 水凍 얼음빙 (蒸)

氾 [흡] 水涸 물이 마를흡 (緝)

氶 承과同

二

氿 꿰 [궤] 水涯 물가궤 (紙)

求 착 [자] 索也 乞也 구할구 (尤)

氿 [칠] 水出貌 물나올칠 (質)

汀 팅 [정] 水際平地 물가정 (青)

氾 앤 [범] 未定之辭 뜰뜰범 (咸)

汃 [팔] 波相激聲澎— 물결서로부딪치는소리팔 (黠)

汁 찌 液也 진액 집 (緝)

泐 리 [륵] 水聲 물소리륵 (職)

汆 툰 [탄] 浮也 뜰탄 (阮)

氿 [기] 水涯 물가기 (紙)

氼 溺古字

三

汎 앤 [범] 任風波自縱 떠나갈범 (陷)(東)

江 쨩 [강] 川之大者 강강 (江)

汏 따 [대] 洗也 씻을대 (泰)

汞 홍 [홍] 水銀 수은홍 (董)

汜 쓰 [사] 止也 멈출사 (紙)

池 츠 [지][타] 黃帝樂名咸—풍류이름지 拜州水名滹—물이름타 (支)(歌)

汝 수 [여] 弘農水名 물이름여 (語)

汙 우 [오][와] 濁水下流 물흐르지않을오 去鑿也 땅팔와 (虞)(遇)(箇)(麻)

汗

[한] 人液 땀한 (寒)

汍 완 [환] 沸泣—瀾 우는모양환 (寒)

汛 쒼 [신] 灑也 물뿌릴신 (震)

汊 차 [차] 水歧流 물나뉠차 (禡)

汕 싼 [산] 韓國水名 물이름산 (諫)

汚 洿과同

汔

씨 [흘] 幾也 거의흘 (物)

汒 망 [망] 息遽—苦 바쁠망 (陽)

汋 쮜 [작] 水聲聲물 결치는소리작 (藥)

汒 [망] 息遽—苦 바쁠망 (陽)

汐 쎈 [섭] 波起澰—물결솟을섭 (監)

汖

패 [패]分枲皮삼껍질패(卦)

汈 인 [인]混相著汾―젖어맡붙일인(軫)

汑 퇴 [탁]滑也미끄러질탁(藥)

汓 취 [수]足泳水上발헤엄칠수(尤)

汐 씨 [석]夕潮저녁조수석

四

汨 꾸 [골][멱]治也다스릴골、長沙水名―羅물이름멱(月)(錫)

汦 츠 [지]齊貌――가지런한모양지(支)

汥 쯔 [지]水分流물나뉘어흐를지(支)

沖 츙 [충]和也화할충(東)

汄 치 [칙]水墊滆―물굽이칙(職)

沏 쳬 [절]水疾流물빨리흐를절

沚 쯔 [지]小渚모래톱지(紙)

汭 쉐 [예]水曲물굽이예(霽)

沂 이 [기]青州山名산이름기(微)

沍 후 [호]凍也열호(遇)

沛 페 [패]舟行貌배가는모양패(泰)

汰 태 [태]太過넘칠태(泰)

汾 븐 [분]太原水名물이름분(文)

沅 웬 [원]長沙水名물이름원(元)

沕 미 [매][물]潛藏잠들매、물義同深微貌깊고작을물(物)

沄 원 [운]轉流물이콸콸흐를운(文)

汶 원 [문]琊瑯水名물이름문(問)

汳 밴 [관]陳留水名물이름관(願) [변]義同(霰)

㳄 츈 [연]口中液춤연(先)

泮 관 [반]水涯물가언덕반(翰)

沌 툰 [돈]元氣未判혼탁할돈(阮)

沙 싸 [사]疏土모래사(麻)

沔 멘 [면]流滿흘러가득할면(銑)

汴 뻰 [변]陳留水名물이름변(霰)

汸 팡 [방]水名물이름방(陽)

汪 왕 [왕]池也못왕(漾)

沆 앙 [항]木水漭큰물항(養)

沈 천 [침]、[심]沒也잠길침、姓也성심(侵)

沇 옌 [연]流貌―물흐르는모양연(銑)

沁 친 [심]以物探水물속에서찾을심(沁)

沐 무 [목]治也다스릴목(屋)

沉 沈의俗字

汩 위 [율]水流물흐를율(質)

沃 우 [옥]灌也물댈옥(沃)

決 쮀 [결]斷也결단할결(屑)

汻 운 [오]水涯물가오(麌)

泐 러 [력][륵]水凝合貌물엉긴모양력、石解散돌부스러질륵(職)

沒 메 [몰]沈也잠길몰(月)

沠 流의古字

沓 타 [답]重也거듭답(合)

汲 찌 [급]引也당길급(緝)

汱 촨 [견]、[현]伏水물샐견、현義同(銑)

汵 깐 [감]水名물이름감(勘)

汽 치 [기][흘]湯水蒸氣물끓는김기、幾也거의흘(未)(物)

沘 삐 [비]水名물이름비(紙)

沞 짜 [잡] 纔濕㴫 겨우 적실 잡 (合)

汯 꾕 [굉] 水回泓ㅣ 물구비쳐 돌아나갈 굉 (庚)

汿 쎠 [서] 溝渠 개천 서 (語)

㳂 沿의 俗字

沑 우 [유] 潤也 윤택할 윤 (有)

汫 [경][정] 水小 貌 작은 물 경 水貌 물모양 정 (迴)(青)

五

泇 쨔 [가] 水名 물이름 가 (麻)

[illegible] 沸와 同

泛 뺀 [핍][범][봉] 水聲 물소리 핍 浮也 뜰 범 覆也 덮을 봉 (洽)(陷)(腫)

況 황 [황] 寒水 찬물 황 (漾)

泜 찌 [지][치] 臨城水名 물이름 지 南陽水名 물이름 치 (紙)(寘)

治 찌 [치] 理也 다스릴 치 (寘)

沺 뗜 [전] 水無際廣大 물가없을 전 (先)

泚 츠 [자][체] 鮮明 고을 자 汗出貌 땀낼 체 (紙)(薺)

泗 쓰 [사] 涕ㅣ鼻出 콧물 사 (寘)

沸 븨 [비][불] 湢也 鼎ㅣ 끓을 비 泉湧貌 샘솟을 불 (未)(物)

泌 삐 [필][비] 水狹流 물좁게 흐를 필 涓流貌 샘물 졸졸 흐를 비 (質)(寘)

沮 쪄 [저] 拒也 막을 저 (語)

泭 뿌 [부] 水上ㅣ漚 물거품 부 (虞)

沽 꾸 [고] 買也 살 고 (語)

注 쥬 [주] 灌漑 물댈 주 (遇)

泥 늬 [니] 水和土 진흙 니 (霽)(薺)

泲 [제] 沇水東流為濟 물이름 제 (薺)

沴 [려] 害也 해로울 려 (霽)

泄 쎼 [설][예] 發越 발설할 설 散也 흩을 예 (霽)

沬 메 [매] 微昧之明 희미할 매 (泰) 洗面 낯씻을 매 (隊)

沫 머 [말] 汗也 땀 말 (曷)

泯 민 [민] 盡也 다할 민 (軫)

泰 [태] 大也 클 태 (泰)

沿 옌 [연] 循也 좇을 연 (先)

泮 판 [반] 水解 얼음 풀릴 반 (翰)

泡 팦 [포] 水名 물이름 포 (有)

泉 쭨 [천] 水源 샘 천 (先)

沼 쨔 [소] 曲池 못 소 (篠)

波 [파] 浪也 물결 파 (歌)

河 허 [하] 大川 물 하、강 하 (歌)

沱 뛰 [타] 河名 내이름 타 (歌)

泫 쒼 [현] 水深困ㅣ 물깊을 현 (先) 露光 이슬번드를할 현 (銑)

泓 훙 [홍] 清也 물깊을 홍 (庚)

泂 찡 [형] 寒也 찰 형 (迴)

泱 앙 [앙] 水深廣 물충충할 앙 (陽)

泅 쓔 [수] 浮行水上 발헤엄칠 수 (尤)

泠 링 [령] 涼意 서늘할 령 (青)

泳 융 [영] 潛行水中 헤엄칠 영 (敬)

泔 깐 [감] 米汁 潘瀾 쌀뜨물 감 (覃)

油 유 [유] 和謹貌ㅣㅣ 공손할 유 (尤)

沾 쨘 [첨] 清也 적실 첨 (鹽) [접] 自善ㅣㅣ 스스로 기뻐할 접 (葉)

沭 쓔 [술] 東莞水名 물이름 술 (質)

泬 쎼 [혈] 水從孔出 물이 구멍으로 나올 혈 (屑)

泝 쑤 [소] 逆流上ㅣ洄 물거스를소 (遇)
泐 리 [륵] 石解散돌결 일어날늑 (職)
泊 뻐 [박] 休宿 쉴박 (藥)
沶 쓰 [시] 縣名ㅣ鄉고을이름시 (寘)
法 빠 [법] 效也본받을법 (洽)
泣 치 [읍] 無聲出涕소리없이울읍 (緝)
泏 츄 [출] 水湧貌물솟을출 (質)
泎 쩌 [색] 水落地聲물떨어지는소리색 (陌)
泪 [류] 淚也肝液 눈물류 (寘)
沷 빠 [발] 寒也 찰발 (月)
盥 꽌 [관] 洗水器손씻는그릇관 (翰)
⿰氵甲 야 [압] 低濕ㅣ揷 낮어습할압 (洽)
⿰氵布 뿌 [포] 地名ㅣ州 땅이름포 (遇)
泅 뇌 [입] 淹濕狀浥ㅣ 축축할입 (緝)
泆 [일] 淫放음탕할일 (質)
⿰氵弁 뻰 [변] 導水使平물대어서고르게할변 (霰)
⿰氵卉 훼 [휘] 水波之紋 물결무늬휘 (未)
泍 뻔 [분] 泉湧貌 샘솟을분 (吻)
泑 와 [유] 水名물이름유 (有)
泾 괘 [괴] 水勢물형세괘 (卦)
⿰氵札 찰 [찰] 水流貌물흐르는모양찰 (黠)
沰 뛰 [탁] 使落떨어뜨릴탁 (藥)
泧 웨 [월] 大水 큰물월 (月)
泞 쮸 [저] 澄也 맑을저 (語)
沲 타 [타] 水流물흐를타 (哿)
泙 핑 [평] 水聲물소리평 (庚)

六

活 훠 [활][괄] 生也살활 盛動물소리괄 (曷)
洔 쯔 [지] 小渚작은모래톱지 (紙)
洧 웨 [유] 類川水名溱ㅣ물이름유 (紙)
洳 [여] 水名물이름여 (魚)
洎 찌 [계] 肉汁고기즙낼계 (寘)
洿 우 [오] 窊下地水 웅덩이오 (虞)
洙 쮸 [수] 水涯 물가수 (虞)
洗 씨 [세][선] 承水器물받는그릇세 潔也정결할선 (齊)(銑)
洪 [홍] 大也 클홍 (東)
洣 미 [미] 江州水名 물이름미 (齊)
洚 쨩 [홍][강] 水不遵道물벅차게흐를홍 水逆流물거슬러흐를강 (東)(送)(絳)
洞 퉁 [동] 明徹 밝을동 (送)
洟 이 [이] 澤名溫ㅣ 못이름이 (支)
洶 쑹 [흉] 水勢ㅣㅣ 물결형세흉 (冬)
洢 이 [이] 河南水名 물이름이 (支)
洏 얼 [이] 湯水끓는물이 (支)
洩 쎼 [예][설] 發越발설할설 (屑) 怠緩ㅣㅣ게으르고느릴예
洄 훼 [회] 逆流溯ㅣ물거슬러흐를회 (灰)
洒 싸 [선][최][쵀][세][사][새] 肅貌ㅣ然엄숙할선 高峻높을최 滌也씻을쵀 雪也설치할세 汎也ㅣ落물뿌릴사 汎也뿌릴새 (齊)(蟹)(賄)(卦)(銑)
洼 와 [와][왜] 曲也굽을와、왜義同 (麻)(佳)

派 패 [파][패] 俗音 分流 물나눠흐를파 分出 나눠나갈파 (卦)

津 읜 [진] 水渡處 나루진

涇 채 [채] 水浦 개채 (卦)

洵 쒼 [순][현] 信也 믿을순 遠也 멀현 (眞)(霰)

消 涓 俗字

洊 쩬 [전] 再至 거듭올전 (霰)

洮 탸 [조] 洗水 손씻을조 (豪)

洹 웬 [원] 流也 흐를원 (元)

洲 쩍 [주] 水中可居 섬주 (尤)

洸 광 [광] 怒也 성낼광 (陽)

洋 양 [양] 大海 큰바다양 (陽)

洺 밍 [명] 易陽水名 물이름명 (庚)

洑 뿌 [복][보] 伏流 스며흐를복 畜水漑田 보막을보 (屋)

洌 례 [렬] 清也 맑을렬 (屑)

洛 [락] 弘農水名ㅣ水 낙수락 (藥)

洫 쒸 [혁] 虛也 빌혁 (職)

洽 허 [흡] 和也 화할흡 (洽)

洓 쒸 [색] 小雨零落貌 가는비듣는모양색 (陌)

洃 회 [회] 溲粉 반죽할회 (灰)

洨 쨔 [효] 水流合 물흘러합할효 (肴)

洦 메 [백] 淺水 얕은물백 或音 맥 (陌)

洘 캎 [고] 水涸 물마를고 (皓)

洩 [유] 汚也 더러울유 (尤)

洷 [질][치] 水也 물질 濕也 젖을치 (質)(寘)

浀 취 [곡] 水名ㅣ池 물이름곡 (沃)

洴 쳰 [견] 澤也 못견 (先)

洀 판 [반] 曲也ㅣ屈 서릴반 (寒) [주] 水文 물노리칠주 (尤)

浺 충 [충] 山下泉 산밑샘충 (東)

洱 이 [이] 弘農熊耳山水名 물이름이 (紙)

洝 안 [안][알] 湯水 끓는물안 卑曲不平 窊ㅣ子슬플알

洇 쩬 [전] 窴也 구멍전 (阮)

洍 쓰 [사] 江水 강물사 (紙)

洆 청 [승] 沒也 潜ㅣ 빠질승 (蒸)

泆 이 [일] 水岸 물가언덕일 (質)

㳘 츙 [충] 水遠 물멀충 (東)

洉 [후] 濡也 절실후 (宥)

洬 쑤 [속] 降雨 비올속 (沃)

洁 찌 [길] 良水 맛좋은물길 (質)

洡 래 [래] 染色 물들래 (隊)

㳖 이 [의] 水清 물맑을의 (微)

洇 인 [인] 細波 가는파도인 (震)

洠 뭐 [모] 水岸 물가언덕모 (尤)

㳀 쒸 [휴] 水沈退減 물들엇다빠질휴 (尤)

七

浖 씬 [신] 硯神ㅣ妃 벼루귀신신 (眞)

流 릒 [류] 水行 흐를류 (尤)

浛 한 [함] 沈也 잠길함 (覃)

浲 뿡 [봉] 水名出單狐山 물이름봉 (冬)

浵 퉁 [동] 水深汪ㅣ 물깊을동 (冬)

涌 [용] 騰也水溢 물솟을용 (腫)

涘 쓰 [사] 水涯 물가사 (紙)

浽 쒜

[수] 濁也 물흐릴수 (支)

溢 릐 [리] 水聲|| 물소리이 (眞)

涂 두 [차][도] 溝道 도랑도 塗飾 매질할차 (麻)(虞)

浯 우 [오] 琅邪水名 물이름오 (虞)

浦 퓨 [포] 水濱 물가포 (虞)

涕 티 [체] 淚也 눈물체 (薺)

浿 패 [패] 水涯 물가패 (泰)(卦)

海 해 [해] 天池 바다해 (賄)

浼 멘 [매] 汚也 더러울매 (賄)

浚 쥰 [준] 取也 취할준 (震)

涎 을 [연] 口液 침연 (霰)

涒 쥔 [군] 食而復吐 먹고다시토할군 (願)

浣 환 [완] 洗衣 옷빨완 (旱)

涆 깐 [간] 水流||| 물흐를간 (翰)

漩 쒠 [선] 回泉 도래샘선 (元)(霰)

涍 쌰 [효] 水涯 물가효 (肴)

洑 쨩 [장] 米甑蒸汽 쌀찔장 (漾)

涀 꼔 [견] 小清 작은도랑견 (霰)

涓 완 [연] 小流||| 졸졸흐를연 (先)

涊 녠 [년] 汗出 땀날연 (銑)

涏 뎬 [전] 俗音 [정] 美也 아름다울정 (霰)

消 쌰 [소] 滅也 사라질소 (蕭)

浪 랑 [랑] 流貌 물결 흐를랑 (陽)

浩 한 [호] 廣大|然 넓고클호 (皓)

涇 찡 [경] 通也 통할경 (靑)

浧 잉 [영] 沈也 잠길영 (梗)

浮 쀠 [부] 泛也 뜰부 (尤)

浖 레 [렬] 山上有水 산위물있을렬 (屑)

浟 의 [유] 水流貌 물흐르는모양유 (尤)

涔 천 [잠] 淸也 적실잠 (侵)

浴 위 [욕] 洗身 몸씻을욕 (沃)

浸 [침] 淸也 적실침 (沁)

浞 쭤 [착] 濕潤 젖을착 (覺)

涑 쑤 [속][수] 洗布 세탁할속 盪口 양치할수 (沃)(屋)(尤)(宥)

浹 쟈 [협] 偏也 두릴협 (葉)

浙 쪄 [절] 洗米 쌀씻을절 (屑)

涉 써 [섭] 渡水 물건늘섭 (葉)

涅 네 [날] 染黑 검은물들일날 (屑)

浡 뻐 [발] 興起|然 우쩍일어날발 (月)

浥 이 [읍][업][압] 潤濕 獻| 젖을읍 潤也 윤택할업 水流下貌 물아래로흐를압 (緝)(葉)(洽)

浛 [함] 沈也 잠길함 (覃)

浘 위 [미][매] 海浼|瀾 바닷물샘미 泉底 샘밑매 (尾)(賄)

沭 쒼 [숙] 善也 착할숙 (屋)

涗 쒜 [세] 微溫 미지근할세 (霽)

浜 삥 [병] 浦名 물가이름병 (庚)

浻 싸 [사] 開口始語 말시작할사 (麻)

洱 예 [즙] 纔有水湕| 물자즐자즐할즙 (葉)

浭 껑 [경] 流也 흐를경 (庚)

浤 굉 [굉] 海水騰湧 바다물용솟음할굉 (庚)

浢 두 [두] 河北水名 물이름두 (宥)

涸

잉 [형]水回旋 ─瀠 물빵빵돌형 (庚)
沖 츙 [충]水深廣貌 ─瀜 물충충할충 (東)
㳙 단 [담]高波 높은물결담 (覃)
浬 리 [리]水路里數 물이수이 (支)
浝 뺑 [방]大水 큰물방 (江)

浰 롄 [련]急流 급히흐를연 (霰)
湓 뿐 [분]水出 물날분 (願)
八
游 游俗字
淌 챵 [창]大波 큰물결창 (漾)
[illegible] 후 [호]舟中漉水器 자루달린두레박호 (虞)
涰

쮀 [철]泣也 눈물흘릴철 (屑)
浂 우 [옥]灌漑 물댈옥 (沃)
涇 영 [경]遲久 더디오랠경 (冬)
淂 더 [득]水貌 물모양득 (職)
淞 쑹 [송]吳郡江名 강이름송 (冬)
済 濟의略字

涳 쿵 [공]直流 곧게흐를공 (東)
淙 츙 [종]水聲 ── 물소리종 (冬) [장]義同 (江)
涷 뚱 [동]暴雨 소나비동 (東)(送)
淇 치 [기]河內水名 물이름기 (支)
涸 허 [학][후]

水渴 물자즐학、후義同 (藥)(遇)
淝 뻬 [비]廬江水名 강이름비 (微)
淄 쯔 [치]黑色 검을치 (支)
涯 예 [애][의][아]水畔 물가애、의、아 義同 窮盡意 다할아 (佳)(支)(麻)
淚 레 [루]俗音[누]

涕也 눈물누 (寘)
淤 위 [어]泥也 진흙어 (魚)(御)
淛 찌 [제][절]江名 강이름제 江名 강이름절 (霽)(屑)
淠 피 [비]舟行貌 배떠날비 (寘)
淒 치 [처]寒風 찬바람처 (齊)
淬 췌

[쉬]犯也 범할쉬 (隊)
淮 홰 [회]揚州水名 ─水 회수회 (佳)
淪 룬 [륜]小波 물놀이칠륜 (眞)
淳 츈 [순]質樸 순박할순 (眞)
混 [혼][곤]雜也 섞일혼 ─夷 서녘오랑캐곤 (阮)(元)

淦 깐 [감]水入船隙 배틈으로물들감 (勘)
涴 와 [완][와]水廻曲貌 물굽이완 汚也 더럽힐와 (阮)(箇)
淺 첸 [천]水不深 물얕을천 (銑)
淼 먀 [묘]大水 ─茫 큰물묘 (篠)
淖

냐 [뇨]泥也 진흙요 (效)
淆 쌰 [효]亂也 요란할효 (肴)
淀 뎬 [전]俗音[정] 船泊 배댈정 (霰)
涫 꽌 [관]沸也 끓을관 (翰)
淟 톈 [전]垢濁 ─涊 때길전 (銑)
涼

량 [량]微冷 서늘할량 (陽)
淸 칭 [청]靜也 고요할청 (庚)
清 淸과同
涹 워 [와]漏也 물에불릴와 (歌)
涶 [타]口液 침타 (箇)
淩 링 [릉]歷也 지날능 (蒸)
淨 찡

[정]又맑을정 敬

涬 씽 [행]引也 끌행 迥

洴 핑 [병]洗濯ㅣ澼 빨래할병 青

涪 뿌 [부]水泡 물거품부 尤

淫 인 [음]亂也 어지러울음 侵

淜 펑 [빙]水聲ㅣ滂 물소리빙 蒸

深 썬 [심]浅之對 깊을심 沁

添 텐 [첨]益也加付 더할첨 鹽

淰 썬 [심][섬]濁也 흐를심 魚驚躍貌 고기놀랄섬 寢琰

淋 린 [림]病名 병이름림 侵

涵 한 [함]沈也 잠길함 覃

淵 완 [연]深也 깊을연 先

淡 딴 [담]水貌ㅣㅣ 물모양담 覃

淑 쑤 [숙]善也 착할숙 屋

渫 쎄 [설]治井 우물칠설 屑

淥 루 [록]水清 물맑을녹 滲也 샐녹 屋沃

淶 [래]水名黃河支流 물이름래 灰

淹 [엄]水名 물이름엄 鹽

涿 쭤 [탁]擊也 칠탁 覺

液 이 [액]潤也 부를액

淈 꾸 [굴][홀]濁也 흐릴굴 治也 다스릴홀 月

淢 위 [역][혁]疾流 빨리흐를역 城溝 성도랑혁 職

淅 씨 [석]汰米 쌀일석 錫

涾 타 [답]水波相連貌 물결출렁거릴답 合

渀 [분]奔也 빨리갈분 願

淊 한 [함]泥水ㅣㅣ 진흙물함 咸

涮 쏸 [산][살]洗也 씻을산 俗音쇄 水名 물이름살 諫黠

淘 톼 [도]水流ㅣㅣ 물흐를도 豪

淴 후 [홀]黑青色 검푸른빛홀 月

淔 쯔 [칙]草名 풀이름칙 職

淲 淲同

[illegible] 퐈 [포]漬也 맑을포 肴

[illegible] 쩌 [책]俗音[석]㵟也 방축석 陌

淴 위 [올][홀]水聲 물소리올 水貌 물모양홀 月

[illegible] 깐 [감]或然 혹그러할감 覃

淣 가 [예]水際 물가예 齊

湤 퉈 [타]沙隨水流遺ㅣ 모래물에흘려내릴타 哿

涽 훈 [혼]濁水ㅣㅣ 흐린물혼 願

淃 쵄 [권]水廻施貌 물돌아흐를권 霰

淏 한 [호]清也 맑을호 皓

[illegible] [일]口液 침일 錫

淍 쪄 [주]水匝 물돌릴주 尤

[illegible] 쪄 [접]纔有水ㅣ淵 물자질자질할접 葉

[illegible] 인 [은]涬也 찌끼은 震

淯 우 [육]水增 물부를육 屋

淁 쳬 [첩]湧出 물솟을첩 緝

[illegible] 궁 [궁]急流 빨리흐를궁 送

[illegible] 단 [담]險波 험한파도담 勘

淧 삐 [필]水溢 물넘을필 質

[illegible] 망 [망]大水 큰물망 養

淗 쮜 [국]水文 물결어릉거릴국 屋

九

渢

꽹 [풍][범] 水聲ㅣㅣ물소리풍 浮貌둥둥뜰범 (東)(感)
減 졘 [감] 損也덜감 (豏)
湾 灣略字
渱 훙 [홍] 水沸涌潰ㅣ물끓어솟을홍 (東)
湧 涌의俗字
湩 뚱 [동] 乳汁젖동 (腫)
港 꺙 [항] ㅣ口항구항 (講)
湄 메 [미] 水草之交물가미 (支)
渳 미 [미] 水平貌물질펀할미 (紙)
渼 메 [미] 長安水名ㅣ陂물결이름미 (紙)
渠 쮜 [거] 大也클거 (魚)
湋 웨 [위] 水回轉물돌아갈위 (微)
渭 웨 [위] 心不安貌沸ㅣ속끓일위 (未)
渚 쟈 [저] 小洲모래톱저 (語)
湖 후 [호] 大陂큰못호 (虞)
渝 위 [유] 變也변할유 (虞)
湝 쨰 [개][해] 水盛流貌물성할개 寒也찰해 (佳)
溯 泝古字
渡 뚜 [도] 濟也ㅣ江河나루도 (遇)
湃 패 [배] 水聲澎ㅣ물소리배 (卦)
湮 인 [인] 沒也빠질인 (眞)
湣 민 [민][혼] 謚也시호민 未定滑ㅣ정치못할혼 (元)(阮)
湓 뿐 [분] 水溢물넘칠분 (元)
渾 훈 [혼] 雜也ㅣ淆섞일혼 (元)(阮)
渰 옌 [엄] 雲起貌구름피어오를엄 (琰)
湲 웬 [원][환] 水聲湲ㅣ물소리원 水流湲ㅣ물졸졸흐를원、환義同 (先)(刪)
湑 쒸 [서] 露貌이슬모양서 (魚)
飧 쑨 [손][찬] 飯也밥손 饌也반찬찬 俗音천
渙 환 [환] 水盛貌물성할환 (翰)
湍 퇀 [단] 急瀨激ㅣ급한여울단 (寒)
湎 멘 [면] 流移ㅣㅣ흘러갈면 (銑)
渷 옌 [연] 濟水別名물이름연 (銑)
湔 첸 [전] 洗也씻을전 (先)
湎 멘 [면] 大水㵎ㅣ큰물면 (霰)
湫 쮜 [초][추] 謚下웅덩이초 懸 暴龍ㅣ용추추 (篠)(尤)
湅 렌 [련] 熟絲실삶을련 (霰)
渺 먀 [묘] 水長貌ㅣㅣ물긴모양묘 (篠)
湘 썅 [상] 烹也삶을상 (陽)
湯 탕 [탕][상] 水貌물모양상 水名물이름탕 (陽)(漾)
渦 워 [와] 水回소용돌이와 (歌)
渮 꺼 [가] 山名陽水名물이름가 (歌)(哿)
渣 쨔 [사] 義陽水名물이름사 (麻)
湟 황 [황] 金城水名물이름황 (陽)
游 유 [유] 旗旓깃발유 (尤)
渻 씽 [성] 減少물줄성 (梗)
湊 척 [주] 水会물모일주 (宥)
渟 딩 [정] 水止물괴일정 (青)
溲 쒸 [수] 溺也오줌수 (尤)
湳 난

[남] 西河水名 물이름남 (感)

湛 딴 [잠][침][담] 樂之久也 즐거울담 没也 빠질침 安也 편안할잠 (覃)(謙)

渥 우 [악] 潤澤 윤택할악 (覺)

渤 애 [발] 霧濃 滃ㅣ 안개자욱할발 (月)

渴 커 [갈][걸] 欲飲 목마를갈 (曷)(屑)

渫 쎄 [설][접] 漏也 우물칠설 波貌 浹ㅣ 물결칠접 (屑)(葉)

湱 훠 [획] 波激聲 湖ㅣ 파도소리획 (陌)

測 쳐 [측] 度也 헤아릴측 (職)

湒 치 [집] 雨下 비올집 (緝)

湆 치 [읍] 濕也 축축할읍 (緝)

湁 리 [립] 泉出貌 샘솟을립 (緝)

⿰氵軌 꿰 [궤] 涸也 물자즐궤 (紙)

湀 꿰 [규] 泉出 샘나올규 (紙)

湨 [격] 波激 물결칠격 (錫)

渨 웨 [외] 水澳曲 물굽이외 (灰)

渪 수 [유] 濡也 지체할유 (虞)

湜 씨 [식] 水清ㅣㅣ 물맑을식 (職)

湇 [읍] 羹汁 국물읍 (緝)

渞 쬐 [추] 水源 물근원추 (尤)

渏 커 [가] 船著沙 배가모래에붙을가 (箇)

湞 쪙 [정] 水名 물이름정 (庚)

渻 씽 [생] 人名 終ㅣ 사람의이름생 (庚)

湢 삐 [벽] 浴室 목욕간벽 (職)

渽 째 [재] 清也 맑을재 (灰)

⿰氵思 쌔 [사] 漉米 쌀씻이건질사 (支)

⿰氵冒 뫄 [모] 水漲 물불을모 (號)

⿰氵畎 촨 [견] 淖耕 물가리할견 (銑)

渧 듸 [제] 滴水也 물방울제 (霽)

渹 헝 [횡] 水石相激聲 돌에물부딪치는소리횡 (庚)

溫 운 [온] 和也 화할온 (元)

渜 놘 [난] 湯也 더운물난 (翰)

⿰氵便 뻰 [변] 小便 오줌변 (霰)

湉 [첨] 水之静流貌 물고요히흐를첨 (鹽)

湪 渜과同

⿰氵某 [매] 壞也 무너질매 (灰)

渲 쒼 [선] 小水 물지적지적할선 (霰)

湴 뻰 [품] 深泥 수렁품 (陷)

湇 여 [읍] 濕也 축축할읍 (緝)

⿰氵侵 쯴 [침] 漬也 적실침 (沁)

湭 챠 [추] 酒汁 술즙낼추 (尤)

⿰氵亝 濟古字

⿰氵扁 偏同

渶 잉 [영] 水清 물맑을영 (庚)

⿰氵拏 놔 [노] 漬濕 젖을노 (麻)

⿰氵斉 쩨 [제] 洗米水 쌀뜨물제 (齊)

湠 탄 [탄] 廣也 넓을탄 (翰)

湶 泉同

湙 쎄 [역] 流也 흐를역 (錫)

湸 량 [량] 大水 큰물량 (漾)

⿰氵臿 싸 [삽] 濕也 젖을삽 (合)

⿰氵柏 배 [백] 浅水 얕은물백 (陌)

⿰氵盼 뿌 [분] 飛也 나를분 (文)

十

濅 浸과同

溛 와 [와] 汙下웅덩이와 麻
溶 융 [용] 消解녹을용 冬
溍 찐 [진] 水名물이름진 震
滋 쯔 [자] 多也많을자 支
溦 웨 [미] 小雨浽ㅣ이슬비미 微
滃 웡 [옹] 雲起구름일어날옹 董
滓 쯔 [재] 汁也渣ㅣ、재앙재 紙
滍 치 [치] 南陽水名물이름치 紙
滏 뿌 [부] 磁州水名물이름부 麌
溥 푸 [부][박] 大也클박 廣也넓을부 麌 藥
滁 츄 [저] 山東水名물이름저 魚
溪 씨 [계] 谷間流水시내계 齊
溱 천 [진] 水名내이름진 眞
溵 언 [은] 水名물이름은 眞
㴱 [심] 浅之對깊을심 沁
源 웬 [원] 水泉本ㅣ근원원 元
溫 운 [온] 暖也따뜻할온 問
溷 훈 [혼] 亂也어지러울혼 願
⿰氵貢 [공][감] 豫章水名물이름공 감義同 送 勘
滇 덴 [전] ㅣ大水貌물창일할전 先
溔 야 [요] 大水浩ㅣ큰물요 篠
準 쭌 [준][절] 法規법준 鼻頭隆ㅣ코마루절 軫 屑
滔 타 [도] 漫也물넓을도 豪
消 챠 [초] 峻波높은물결초 嘯
滈 하 [호] 長安水名물이름호 皓
溺 [뇨][닉] 溲也小便오줌뇨 弱也약할닉 嘯 錫
溞 쏘 [소] 淅米聲쌀이는소리소 豪
⿰氵射 쎄 [사] 水出瞻諸山물이름사 禡
溠 차 [자] 豫州水名물이름자 禡
溳 윈 [운] 波之相疊盡ㅣ물결서로부딪칠운 軫
滉 황 [황] 水之深廣ㅣ瀁물깊고넓을황 養
溟 밍 [명] 海也바다명 迥
滕 텅 [등] 魯附庸國名나라이름등 蒸
溝 [子] 水瀆개천子 尤
滄 창 [창] 寒也서늘할창 陽
溲 [수] 溺也오줌수 尤
滎 숭 [형] 郡名ㅣ陽고을이름형 青
溽 수 [욕] 水名물이름욕 沃
溜 리 [류] 霤水流下낙수물류 宥
溧 리 [률] 水涯물가율 質
⿰氵朕 연 [짐] 流貌물졸졸흐를짐 寢
⿰氵威 [혈] 滅也멸할혈 月
滅 메 [멸] 自亡멸할멸 屑
溓 렌 [렴] 中絕小水물질척할렴 豔 琰
溼 [습] 水光開合ㅣㅣ급하게다스릴습 緝
溕 뭥 [몽] 微雨이슬비몽 送
溵 인 [은] 水聲泊ㅣ물소리은 文
滌 드 [척] 旱氣ㅣㅣ가무는기운척 錫
溘 커 [합] 至也이를합 合
滑

화 골 활 治也 다스릴골 月 / 汩通 미끄러울활 黠
滆 격 湖名 호수이름격 陌
淪 룬 론 水中曳船 배끌론 願
渮 꺼 가 多汁 즙많을가 歌
溢 이 일 洋ㅣ 넘칠일 質

溻 타 탑 濕也 젖을탑 合
涵 涵과同
滂 빵 방 沛也大雨 큰비방 陽
溴 착 취 水氣 물기운취 有
溡 씌 시 雨水 빗물시 支
溕 몽 無知 어리석을몽 董

溚 답 濕也 젖을답 合
溾 웨 위 汙濁ㅣ涹 더러울위 灰
溸 溯의 俗字
溭 쪄 즉 波如鱗ㅣ減 물결이 비늘같을즉 職
溿 판 반 水涯 물가반 翰
漄 씨 저 研米槌 방아공이저 齊

溯 쑤 소 삭 逆流 거슬러올라갈소 遇 / 川名 물이름삭 覺
滊 쎄 헐 기 鹽池 소금못헐 月 / 蒸氣 김오를기 未
黎 려 衆也 많을려 齊
㴂 쓰 사 水涯 물가사 支

滐 쩨 걸 水激回旋 물이 부딪치고 돌 걸 屑
滀 츄 축 水聚 물모일축 屋
潝 싸 합 湍流ㅣ瀸 여울합 合
溔 야 요 深不測ㅣㅣ 깊이모를요 篠
滃 분 飛也 나를분 文

潍 옌 연 계 大水貌 물창일할연 霰 / 水名 물이름계 霽
溨 째 착 濕也 젖을착 藥
濞 삐 비 水聲 물소리비 眞
溗 씽 승 水下流 물흐르지않을승 蒸

十

溡 씌 시 水中小渚 모래섬시 紙
漅 쌒 소 盧州湖名 호수이름소 篠 肴
漒 쨩 장 水深處立標 물깊은곳에 표세울장 江
滿 만 만 充也 찰만 旱
漆 칠 黑也 검을칠 質

潀 츙 충 水聲ㅣㅣ 물소리충 東
漦 씌 시 順流 순히흐를시 支
漵 쒸 서 浦也 개서 語
漓 릐 리 水滲入地 물스밀리 支
漇 쓰 사 流貌ㅣ卜 물흐를사 紙

漊 릑 루 小雨不絕 비질금거릴루 有
漬 쯔 지 染也 물들이지 寘
漪 이 의 波文如錦 비단결같은물결의 支
漎 츙 총 송 水会ㅣㅣ 물모일총 東 / 疾貌ㅣ 빠를송 腫

漁 위 어 捕魚 고기잡을어 魚
滹 후 호 信都水名ㅣ沱 물이름호 虞
滸 후 허 水涯 물가허 語
滬 후 호 江名 玄ㅣ 강이름호 虞
滯 체 積也 쌓일체 霽

漨 봉 [봉]水名 물이름봉(冬)
滣 순 [순]水涯 물가순(眞)
漶 환 [환]不分漫ㅣ 섞일환(旱)(翰)
滾 꾼 [곤]流貌 꿈틀거려흐를곤(阮)
漧 乾의古字
漑 깨 [개]灌也 물댈개(隊)

漫 만 [만]長遠貌 물질펀할만(翰)
漢 한 [한]天河雲ㅣ 은하수한(翰)
滻 찬 [산]藍田水名 물이름산(潸)
漙 돤 [단]露貌ㅣㅣ 이슬맺을단(寒)
㴒 澆同
漣 련 [련]涕流ㅣㅣ 눈물흘릴련(先)

漹 옌 [언]西河水名 물이름언(先)
漩 쒼 [선]水之回ㅣ 물돌선(先)
漂 퍞 [표]飛貌ㅣㅣ 나는모양표(蕭)
漻 랼 [료]遠貌 아득할료(蕭)

漳 쟝 [장]南郡水名 물이름장(陽)
漲 쟝 [창]溢也 넘칠창(漾)
漕 잪 [조]水運轉ㅣ 배로실어옮길조(號)
漾 양 [양]波動蕩ㅣ 물결일양(漾)
漿 쟝 [장]水米汁 뜨물장(陽)

漭 망 [망]曉色決ㅣ 새벽빛망(養)
滮 뺘 [표]水名ㅣ池 물이름표
潁 잉 [영]陽城水名ㅣ川 물이름영(梗)
漰 펑 [붕]地名 땅이름붕(蒸)
漚 어 [구]水泡 물거품구(尤)

滺 유 [유]水流貌ㅣㅣ 물철철흐를유(尤)
潼 뚱 [동]水聲 물소리동(東)
漏 릏 [루]遺失忘ㅣ 잊을루(宥)
漱 쑤 [수]盪口 양치질할수(宥)
滲 [삼]羽生ㅣ 깃날삼(侵)

滫 쓔 [수]久泔ㅣ瀡 오래뜨물수(有)
漉 록 [록]滲也 스밀록(屋)
漼 灌俗字
漠 뭐 [막]廣大ㅣㅣ 아득할막(藥)
滳 상 [상]水廣貌 물질펀할상(陽)
漀 칭 [경]側器傾水 물따라버릴경(迥)

漸 쟴 [점][참]次也 차차점 高也 높을참(監)(咸)
滭 삐 [필]泉湧ㅣ沸 샘끓어솟을필(質)
滴 듸 [적]水點涓ㅣ 물방울적(錫)
潲 [삭]水聲 물소리삭(覺)
演 옌 [연]長流 길게흐를연(銑)

漐 찌 [칩]汗出貌ㅣㅣ 땀나는모양칩(緝)
漷 쿼 [곽][획]水名 물이름곽 획義同(藥)(陌)
滉 [황]水廣貌 물넓을황(陽)
滷 루 [로]苦也 쓸로(麌)

㴼 [숙]濕也 젖을숙(錫)
漈 찌 [제]水涯 물가제(霽)
漯 [탑]東郡水名 물이름탑(合)
漮 캉 [강]空也 빌강(陽)
滵 미 [밀]流貌 물졸졸흐를밀(質)
漥 [와]深也 깊은못와(麻)

漤 란 람 水滴下ㅣ如 물방울저릴람 感
滰 쨍 경 강 瀊也 거를경 乾黏 말라붙을강 敬 養
漮 랑 랑 溝渠涂 ㅣ개천랑 漾
漺 쌍 상 冷也 찰상 養
漗 쫑 총 波也 물결을총 東
淑 쪄 적 水淨ㅣ漻 물맑아정결할적 錫
滼 빤 반 浮也 뜰반 旱
澯 찬 찬 清白 말숙할찬 翰
潄 쑤 숙 清潔 조출할숙 屋
漄 涯同
漌 친 근 清也 맑을근 吻
澢 탕 당 谷也 골당 陽
漝 씌 습 影也 그림자습 緝

十二

㵄 한 한 貧寒 가난할한 寒
潴 瀦과同
潤 순 윤 澤也 윤택할윤 震
渪 濡과同
澑 溜과同
潨 충 종 종 水会 물모일총、종義同 東 冬
潼 룽 동 高波 물결높을동 東
潑 퐈 발 盛勢活ㅣ 활발할발 曷
潰 궤 궤 散也 흩어질궤 隊
潙 웨 위 규 益陽水名 물이름위 河東水名 물이름규 支
澍 쮸 주 注流 물쏟을주 遇
潬 딴 단 水中沙渚 모래톱단 旱
潘 빤 번 반 淅米水 뜨물번 반義同 元 寒
潞 루 로 歸德水名 물이름로 遇
澓 뿌 복 伏流 은혈로흐를복 屋
潣 민 민 水流貌 물졸졸흘러내릴민 軫
澒 훙 홍 相連貌 서로연할홍 董
澇 롸 로 大波 큰물결로 豪
潸 싼 산 涕淚流貌 눈물흐르는모양산 刪
潿 웨 위 濁不流 흐려서흐르지못할위 微
潮 챠 조 又 밀물조 蕭
潺 촨 잔 水流貌ㅣ湲 물졸졸흐를잔 刪
澗 꺤 간 山夾水 산골물간 諫
澈 처 철 水澄 물맑을철 屑
潎 폐 별 漁游ㅣㅣ 물고기오락가락할별 屑
澔 하 호 采色映耀ㅣ汗 채색빛날호 皓
潾 린 린 石間水 돌샘린 震
濆 분 水名 물이름분 文
潢 황 황 天河 은하수황 陽
潦 랖 로 雨水 빗물로 皓
澎 펑 팽 水聲ㅣ濞 물소리팽 庚
潒 썅 상 廣也 넓을상 養
潩 쒼 손 含水噴 물먹음어뿜을손 願
澂 澄와同
澄 청 징 清也 맑을징 蒸
潭 탄 담 深也 깊을담 覃
滜 꼬 고 岸也 언덕고 豪
潯 씬 심 水厓 물가심 侵
澆

쟉 [요] 沃也물댈요 (蕭)(嘯)
潛 천 [잠] 沈也잠길잠 (監)
澉 깐 [감] 洗滌濸ㅣ씻을감 (感)
澌 쓰 [시] 盡也다할시 (齊)
潜 潛俗字
濢 쒸 [색] 細雨가는비색 (陌)
潔 쟤 [결] 清也맑을결 (屑)
濡 수 [유] 滯也지체할유 (虞)
潝 씨 [흡] 不善貌용렬할흡 (緝)
潟 씨 [석] 鹹土鹵地개펄석 (陌)
潗 찌 [집] 水沸ㅣㅣ물끓을집 (緝)
潏 쮜 [율][술][휼] 水流물흐를율 水中小洲모래톱술 社陵水名물이름휼 (質)(屑)
澀 써 [삽] 不滑깔깔할삽 (緝)
澁 澀俗字
潚 쓔 [축][숙] 疾也빠를축 姓也성숙 (屋)(蕭)
潕 [무] 水涸물마를무 (虞)
濐 투 [도] 山名산이름도 (虞)
濆 뻬 [비] 泉湧샘솟을비 (未)
[氵筑] 筑과同
澐 윈 [운] 大波큰물결운 (文)
渢 홍 [홍] 水風물바람불홍 (董)
潶 [흑] 水濁이름흑 (職)
澅 화 [쾌] 揚水물끌어올릴쾌 (卦)
潐 쟈 [초] 漉酒술걸를초 (嘯)
[氵最] 나 [닙] 影動그림자움직일닙 (洽)
濋 어 [子] 罛也고기짓줄구 (有)
濸 澹俗字
澖 쎈 [한] 廣也無넓을한 (刪)
[氵屖] 찌 [저] 研米槌방아공이저 (齊)
澋 찡 [갱] 水流旋回물돌아나갈갱 (梗)
澗 潤와同
潓 씨 [혜] 水波물결혜 (霽)
潱 이 [열] 流也흐를열 俗音일 (屑)
潵 싼 [산] 散水물뿌릴산 (翰)
[氵戠] 쯔 [직] 粘也차질직 (職)

十三

澮 쾌 [회][활][괘] 井溝畎ㅣ우물도랑회、괘 義同、水合流두물이합처흐를활 (泰)
[氵業] 이 [예] 蒸蒠찐파예 (霽)
[氵㬅] 漫俗字
澴 환 [환] 波流轉貌澴ㅣ물결꿈틀겨려흐를환 (刪)
濃 늉 [농] 厚也두터울농 (冬)
[氵裔] 이 [예] 水貌溶ㅣ물모양예 (霽)
澻 쒜 [수] 田間골속수 (寘)
澨 씨 [서][예] 水名三ㅣ물이름서、예 義同
澧 리 [례] 衡山水名고을이름례 (薺)
澥 쎄 [해] 海之別名勃ㅣ바다이름해 (蟹)
濉 쒜 [수] 浚儀水名물이름수 (支)
澬 쯔 [자] 霖雨滐ㅣ물이름자 (支)
澽 쮜 [거][子] 乾也마를거 曝也말릴구 (御)
澠 썽 [면][민][승] 義同、縣名ㅣ池고을이름면、민 臨淄水名물이름승 (銑)(軫)(蒸)
澣 [한] 濯衣垢빨래할한 (旱)

澳 와 [오][욱] 深也 깊을오 물구비욱 (號)(屋)
澱 뎬 [전] 又앙금전 (霰)
澦 위 [여] 瞿塘水名灩ㅣ ㅣ물이름여 (御)
澡 짜 [조] 洗也 씻을조 (皓)
濂 렌 [렴] 輕薄 엷을렴
(監)

澹 탄 [담] 水貌ㅣ淡 물모양담 (感)
濄 궈 [과][와] 水回貌물돌아칠과、와義同 (歌)
澪 링 [령] 海中航路배다니는길영 (靑)
涾 늬 [읍] 沸聲끓는소리읍 (緝)
澶 찬 [전][단] 衛地名ㅣ淵땅이름전 縱也놓을단 (先)(翰)

澤 쌔 [택][탁] 潤也윤택할택 星名格ㅣ별이름탁 (陌)
澩 쌰 [학] 夏有水冬無水 여름에만물있을학 (覺)
澭 灉과同
㵞 착 [수] 憂愁貌 근심할수 (尤)

激 끼 [격] 急烈 급할격 (錫)
濈 치 [즙] 和也 화할즙 (緝)
㵣 꺼 [갈] 淸也 맑을갈 (曷)
𤀈 취 [최] 新水 새로난물최 (賄)
澞 위 [우] 陵來水언덕사이물우 (虞)

䵬 타 [탑] 黑也 검을탑 (合)
濋 츄 [초] 大水溢出큰물넘쳐흐를초 (語)
潪 이 [예] 燒松枝出송진낼예 (霽)
𤃭 루 [록] 瀝也 거를록 (屋)
澟 린 [름] 凄淸차고 맑을늠 (寢)

濇 써 [색] 不滑깔깔할색 (職)
澼 피 [벽][피] 漂絮洴ㅣ빨래할벽 腸間水창자사이물피 (錫)(寘)
澯 찬 [찬] 淸也 맑을찬 (翰)
𤄃 濟同
𣾷 쮜 [굴] 水深貌물속우중충할굴 (月)

𣿐 쎄 [갈] 俗音[헐] 遲也 더딜헐 (曷)
澰 렌 [렴] 水滿泛ㅣ물철철넘을렴 (點)
𤃶 [선][연] 口液침흘릴선 水溢貌물넘칠연 (先)(霰)
澾 [달] 滑也미끄러울달 (曷)

𣾪 피 [벽] 水分流물갈라져흐를벽 (陌)
漗 충 [총] 水聲물소리총 (東)
溦 미 [미] 細雨가는비미 (支)
滭 삐 [필] 過溢물철철넘칠필 (質)
濥 演의古字
澾 達同
㶂 예 [업] 防水橫木물막는나무업 (葉)

𤀈 뚱 [동] 物落水聲물에풍덩떨어지는소리동 (董)
濁 쭤 [탁] 不淸混흐릴탁 (覺)
(古) 濫 란 [람][함] 失實실업슬람 浴器목욕통함 (陷)(勘)
濶 闊의俗字

濮 푸 [복] 東郡水名물이름복 (屋)
濕 씨 [습] 愁也근심습 (緝)
濊 훠 [회][예][활] 深廣汪ㅣ깊고넓을회 (泰) 水多물많을예 (隊) 礙流ㅣㅣ거쳐흐를활 (曷) 獩通
瀗 澱과同 濾과同

濛 뭥 [몽]微雨空― 이슬비몽(東)
濞 피 [비]水聲滂― 물소리비(眞)
漻 랴 [료]清深 맑고깊을료(蕭)
⿰氵算 취 [취]飲也 마실취(霽)
濥 인 [인]水門 수문인(軫)
濯 쫘 [탁]光明 빛날탁(覺)
濭 애 [애][갑]雲氣貌 구름낄애 船著沙場 배가모래에걸릴갑(泰)(合)
濰 웨 [유]瑯琊水名 물이름유(支)
濡 수 [유]滯也 지체할유(虞)
澦 서 [서]浦也 개서(語)
濩 후 [호][확]流散布― 흘러퍼질호 烹也 삶을확(遇)(藥)
濟 지 [제]渡也 건늘제(霽)
⿸馬水 함 [함]沈水使冷 물에찰함(陷)
濤 톼 [도]大波 큰물결도(豪)
⿲辛氵辛 변 [변]水波 물결변(霰)
濔 늬 [니]俗音 [미]衆也 ㅣ많을미(薺)
⿲辛氵辛 변 [변]旋流貌 물이돌아흐를변(銑)
濬 쮠 [준]深也 깊을준(震)
濜 찐 [진]氣之液 김서릴진(眞)(軫)
⿰氵段 환 [환]弄水 물장난할환(旱)
濘 닝 [녕]滑也 미끄러질녕(迴)(徑)
濱 삔 [빈]水涯 물가빈(眞)
濪 칭 [정]冷寒 찰정(徑)
濢 취 [취]小濕 누눅할취(寘)
濙 잉 [형]小水 洴 은작은물형(梗)
濠 화 [호]城下池 해자호(豪)
⿰氵截 쪠 [설]水滿 물가득할설(屑)
⿰氵斡 와 [알]取水 물받을알(曷)
⿰氵聚 쭤 [추]水聲 물소리추(有)
濴 와 瀠同
⿰氵署 라 [랄]灘名 여울이름랄(曷)
瀠 잉 [영]水厄貌 瀠― 물돌아나갈영(庚)
濧 대 [대]漬也 담글대(隊)
主
瀍 찬 [전]河南水名 물이름전(先)
濾 릐 [려]洗也 씻을려(御)
瀊 판 [반]水厄旋 물돌반(寒)
瀉 쎄 [사]吐也 토할사(馬)
⿰氵閭 릐 [려]泄海水泥 물스밀려(魚)
濺 쟨 [천]疾流―― 빨리흐를천 本音전(霰)
⿰氵閡 [핵]流也 흐를핵(陌)
瀁 양 [양]水無限― 망망할양(養)
⿰氵晶 쇼 [효]水遠渺― 물펀할효(篠)
瀌 뱌 [표]雨雪貌―― 눈비퍼불표(蕭)
濿 릐 [례]履石渡水 돌밟고물건늘례(霽)
⿰氵霅 짜 [잡]波也 물결잡(洽)
瀆 [독]濁也 흐를독(屋)
瀄 졔 [즐]水流貌―泊 물흐르는모양즐(質)
瀏 릒 [류]風聲―― 바람소리류(尤)
瀀 와 [우]寬也 너그러울우(尤)
⿰氵膠 쟈 [교]大水貌―滈 물벌창할교(肴)
瀋

쎤 [심]汁也 즙심(寢)
瀉 쓰 [사]泄也 방축사(寘)
瀅 [형]小水 적은물형(迴)
瀑 빠 [포][폭]疾雨소나기포 懸泉폭포폭(號)(屋)
灅 레 [루]波湧貌混ㅣ물결용솟음칠루(紙)
淲 휘 [괵]水裂去물갈래져흘러갈괵 [획]水聲ㅣㅣ물소리날획(陌)
濼 푸 [록]、[락][박]濟南水名물이름록、락義同、陂澤늪박(沃)(藥)
瀈 훼 [휘]振去水물내엎지를휘(微)
瀇 왕 [왕]極望ㅣ瀁넓을왕(養)(漾)
瀖 휘 [할]不淨ㅣ瀩흐릴할(曷)
㶅 듸 [적]土得水沮흙이물에풀어질적(錫)
灆 우 [子]飲水물마실子 或音우(有)
濇 씨 [색]不滑깔깔할색(緝)
瀎 머 [말][멸]拭滅씻어없애버릴말 疾流貌물쏟아져흐를멸(曷)(屑)
瀐 [잘][절]滿也가득할잘 水出貌물날절(曷)(屑)
瀙 淨古字
滭 피 [필]泉湧샘솟을필(質)
瀩 [취]又흐릴취(黠)
溲 씌 [휴]面汗얼굴의땀휴(尤)
滴 듸 [적]水注물댈적(錫)

(十六)

灊 潛의俗字
瀧 룽 [롱][랑][상]瀑也폭포롱 韶州水名물이름랑 奔湍여울상(東)(江)
瀠 滎과同
瀢 웨 [유][대]流貌ㅣㅣ물고기떼지어놀유 水泛沙ㅣ沲물에모래뜰대(支)(隊)
瀡 쒜 [수]滑也미끄러울수(紙)
澦 위 [여]水名灩ㅣ물이름여(御)
瀦 쮸 [저]水所停ㅣ澤물괴일저(魚)
瀘 루 [로]牂牁水名물이름로(虞)
瀤 홰 [회]北方水名ㅣ澤물이름회(佳)
瀶 [임]水動貌물이흔들릴임(寢)
瀣 쎄 [해]夜半露氣沆ㅣ이슬기운해(隊)(卦)
瀟 쌰 [소]水清深물맑고깊을소(蕭)
瀿 [번]大波浪큰물결번(元)
瀨 래 [뢰]灘也여울뢰(泰)
瀳 [선]、[취]吮也들이쉴선、취義同(霰)(寘)
瀕 빈 [빈]水厓물가빈(眞)
瀞 잉 [정]清也맑을정(敬)
瀚 한 [한]北海名북해이름한(翰)
瀝 리 [력]餘滴물방울력(錫)
瀾 옌 [염]汚也더러울염(豔)
灍 어 [알]水名金ㅣ물이름알(曷)
滕 덩 [등]水湧솟을등(蒸)
瀜 숭 [륭]水深沖ㅣ물깊을륭(東)
瀬 뒈 [대]水帶沙往來貌물에모래밀릴대(隊)
潠 쎈 [선]含水噴물머움어뿜을선(銑)

(十七)

瀰 늬 [니][미]滿也가득할니 水貌물모양미(薺)(支)

澄 떵 [등]小水相添益貌 물모여들등 (徑)

瀾 란 [란]大波큰물결란 (軫)

濦 同溵濦

瀷 이 [익]漏流스며흐를익 (職)

瀯 잉 [영]水聲ㅣㅣ물소리영 (庚)

瀼 양 [낭]流貌泱ㅣ흐르는모양낭 [양]露多ㅣㅣ이슬많을양 (養)(陽)

瀶 림 [림]寒也추울림 (侵)

瀸 잼 [점]清也적실점 (監)

⿰氵霝 령 [령]水曲물굴이령 (青)

⿰氵⿱罒焦 조 [조]盡다할조 (篠)

瀴 영 [영]遥也멀영 (更)

瀲 렴 [렴]水滿泛ㅣ물가득할렴 (琰)

瀱 계 [계]井水우물물계 (霽)

瀺 찬 [참]水聲ㅣ灂물소리참 (咸)

瀹 약 [약]漬也적실약 (藥)

灀 상 [상]殺物된서리칠상 (漾)

瀿 빤 [번]水暴溢물급히넘칠번 (元)

(十八)

澑 류 [류]檑水流下ㅣ낙수물류 (有)

灃 풍 [풍]咸陽水名물이름풍 (東)

灌 관 [관]注也따를관 (翰)

灉 옹 [옹]曹州水名물이름옹 (冬)

灂 쟉 [작][조][색]瀺ㅣ물소리작古音착、車轅漆塗수레채에옷칠할조 水落聲물떨어지는소리색 (覺)(嘯)(陌)

瀑 빠 [포][폭]疾雨소낙비포 懸泉流下폭포폭 (號)(屋)

灅 [류]水名물이름류 (紙)

灊 [첨][심]水名물이름첨 巴郡 水名물이름심 (監)(侵)

灈 취 [구]水名물이름구 (虞)

⿰氵闃 씨 [혁]怖遽ㅣ沐두려워할혁 (錫)

灆 란 [람]清也맑을남 (勘)

灄 쎠 [섭]筏類물이름섭 (葉)

(十九)

灑 쌔 [새][쇄][사]驚貌ㅣ然깜짝놀랄새 쇄義同、사義同ㅣ落깨끗할사 (蟹)(卦)(馬)

灔 灩俗字

灕 리 [리]秋雨淋ㅣ가을비지정할리 (支)

灘 탄 [탄]瀨也여울탄 (寒)(翰)

⿰氵儵 쓔 [숙]波貌물결득거릴숙 (屋)

灒 쟌 [찬]汙灑땀뿌릴찬 (翰)

灖 미 [미]流也흐를미 (御)

⿰氵羅 뤄 [라]長沙水名泊ㅣ물이름라 (歌)

濼 [약]泚陽水名물이름약 (藥)

(二十)

⿰氵⿰奐頁 위 [여]水搖蕩물출렁거릴여 (魚)

灚 쟈 [교]攪水聲물젓는소리교 (巧)

灛 찬 [천]大水溢出別為小江샛강천 (銑)

灙 당 [당]水形물모양당 (養)

⿰氵⿰萬頁 만 [만]水貌물만 (翰)

(二十一)

灞 빠 [파]俗音[패]水涯물가패 (禡)

灡 란 [란]米泔潘ㅣ뜨물란 (翰)

灝 한 [호]水勢遠貌물줄기멀호 (皓)

灠 란 [람]染也물들일남 (感)

灟 쟉 [촉] 恭也ㅣㅣ 공손할촉 (沃)

(二十二)

灣 완 [만] 水曲 물구비만 (删)

灘 한 [한] 水濡更乾 물에 젖었다 마를한 (翰)

(二十三)

灤 란 [란] 漏流 새서 흐를난 (寒)

灒 쏸 [산] 洗馬 말 씻길산 (翰)

[illegible] 역 [역] 水流貌 물 흐를역 (陌)

灝 현 [현] 水深而清貌 물 깊고 맑을현 (銑)

灔 앤 [염] 水波動ㅣ 물결 출렁거릴염 (豔)(琰)

(二十四)

灧 灩俗字

灨 공 [공][감] 豫章水名 물이름공、감 義同 (送)(勘)

(二十八)

灩 [염] 水波動貌 물결 출렁거릴염 (豔)

[illegible] 뿌 [부] 水聲 물소리부 (尤)

火部

火 훠 [화] 物燒而生光熱 불화 (哿)

(二)

灰 휘 [회] 燒餘燼 재회 (灰)

灯 떵 [등] 烈火 맹렬한 불등 (蒸)

炗 光의 本字

[illegible] 훠 [화] 火光 불일어날화 (哿)

灱 댜 [효][도] 熱也 더울효 燒也 태울도 (肴)(看)

[illegible] 灰古字

[illegible] 災同

(三)

灾 災同

災 쨰 [재] 禍害 재앙재 (灰)

灺 쌰 [사] 又 불똥사 (馬)

灸 질 [구] 灼也 지질구 (有)(宥)

灼 쟉 [작] 燒也 살을작 (藥)

灹 퉈 [탁] 燒聲 타는 소리탁 (禡)

灵 霊俗字

灶 竈俗字

[illegible] [치] 平也 평평할치 (寘)

灴 꿍 [홍] 燎也 횃불홍 (東)

[illegible] 쮜 [주] 燒土 흙주 (遇)

[illegible] 와 [와] 煖也 따뜻할와 (箇)

(四)

炊 취 [취] 爨也 불땔취 (支)

炁 氣同

炒 챂 [초] 熬也 볶을초 (巧)

炘 씬 [흔] 熱也 확근거릴흔 (文)

炙 쪄 [적][자] 燔肉 고기구울적 義同 親近 薰ㅣ 친근할자 (禡)(陌)

炅 찡 [경] 光也 빛날경 (梗)

炕 캉 [항] 乾也 마를항 (漾)

炎 [염] 火光上 불꽃염 (鹽)

炄 뉵 [뉴] 半乾 爆ㅣㅣ[illegible] 반쯤 마를유 (有)

[illegible] 후 [홀] 火氣盛 불기운성할홀 (物)

炔 쉐 [혈][결] 火始然 焚ㅣ 불붙을혈 煙盛貌 연기 뭉게뭉게 일어날결 (屑)

炖 뚠 [돈] 赤色 붉을돈 (元)

炆 운 [문] 熅也 연기날문 (文)

炉 爐俗字

炂 쑹 [송] 熱化 녹일송 (冬)

炐 팡 [방] 火光貌 불빛환할방 (絳)

炈 이 [역] 陶竈煙囱 옹기가마굴뚝역 (陌)

炓 랴 [료] 火光貌 불빛환할요 (嘯)

[illegible] 화

[화]明照밝을화 (禡)
焫 눈 [눈]熱也더울눈 [내]義同 (泰)
炚 광 [광]照明밝을광 (陽)
五
炜 燭俗字
炬 쥐 [거]束葦為燎횃불거 (語)
炷 쥬 [주]燈心심지주 (虞)(遇)
炭 탄 [탄]燒木숫탄 (翰)
炱 태 [태]煙塵ㅣ煤거림태 (灰)
炮 뽀 [포]毛炙肉거스릴포 (肴)
炟 따 [달]火起불일어날달 (曷)
炫 쉔 [현]明也밝을현 (霰)
炤 쌰 [소][조][작]明也밝을소光也빛날조明也밝을작 (藥)(嘯)(蕭)
炰 炮同
炳 삥 [병]明也밝을병 (梗)
㶣 쳔 [천]火種불씨천 (霰)
炯 쥥 [형]光也빛날형 (迥)(梗)
炡 쪙 [정]煠也ㅣ爚데칠정 (庚)
炸 [사][작]爆也불터질작灼也기름에지질작、사義同
炥 쀄 [비]氣熱기운더울비 (未)
炠 쌰 [압]火乾불에말릴압 (洽)
炦 [별]火氣불기운별 (屑)
炵 둥 [동]火盛불활활붙을동 (冬)
炶 졤 [점]火閃불번쩍거릴점古音함 (覃)
𤈦 유 [유]欲乾ㅣ沍쭈글쭈글할유 (有)
六
烘 훙 [홍]火乾物불에쬐어말릴홍 (東)(送)
烜 훼 [훤][훼]光明빛날훤官名벼슬이름훼 (阮)(紙)
烖 災本字
烔 둥 [동]熱氣더운기운동 (東)
烏 우 [오]孝鳥까마귀오 (虞)
烓 꿰 [계]明也밝을계 (齊)
烟 煙俗字
烋 쓔 [휴][효]美也아름다울휴氣健貌기운거장할효 (尤)(肴)
烝 쪙 [증]火氣行불길증 (蒸)
烈 례 [렬]火猛불활활렬 (屑)
烙 [락]灼也지질락 (藥)
烆 씽 [행]炬也횃불행 (庚)
烕 쎄 [혈]消火불꺼질혈 (屑)
𤇾 언 [은][오]微火温肉고기쪼일은煨也구을오 (元)(豪)
𤇼 환 [환]火光明불빛밝을환 (翰)
𤆵 쥬 [주]火閃불반짝거릴주 (尤)
烊 양 [양]炙也구울양 (陽)
烌 쓔 [휴]灰也재휴 (尤)
㶳 쯴 [진]火餘불똥진 (震)
烤 캎 [고]ㅣ曬불에말릴고 (號)
烄 쟈 [교]燃也태울교 (巧)
烑 쟈 [요]光也빛날요 (蕭)
烍 쎈 [선]野火들불선 (銑)
烛 츙 [충][촉]旱也가물충燭也촛불촉 (東)(沃)
七
𤈷 훼 [훼]火熾불훨훨훼 (紙)
㶻 융 [륭]火氣불기운륭 (東)
焄

훤 [훈]火上出불김오를훈(文)

焨 포 [보]炬也횃불보(麌)

焉 연 [언]疑也의심적을언(先)

焌 쥰 [준]燃火불땔준(願)

焆 쥐 [결]火光불빛결(屑)

烴 잉 [형]焦臭누린내형(迥)

焅 쿠 [혹][곡]旱氣가무는기운혹 熱氣뜨거운기운곡(沃)

烰 뿌 [부]火氣불김부(尤)

烽 뽕 [봉]煙火警報봉화봉(冬)

烹 평 [팽]料理요리팽(庚)

焍 듸 [제]灼龜木거북지지는나무제(霽)

焎 쫭 [철]火氣불기운철(屑)

烺 랑 [랑]火貌爣ㅣ불이글이글할랑(養)

焋 처 [장]熏蒸김오를장(漾)

焇 쌰 [소]乾也말릴소(蕭)

焈 씨 [이]乞人ㅣ欲널름거릴이(支)

㶿 뿨 [발]煙起貌연기뭉게뭉게날발(月)

炈 이 [혀]燒麥보리볶을혀(陌)

焣 차 [삽]火乾불에말릴삽(洽)

烼 후 [훌]暖也따뜻할훌(物)

焥 애 [애]熱也더울애(灰)

焊 한 [한]火乾불에말릴한(旱)

烸 회 [회]使乾말릴회(賄)

烱 쌍 [형]炎也불꽃형(梗)

庻 庶古字

烯 씨 [희]火色불빛희(微)

焃 허 [혁]赤也붉을혁(陌)

焭 경 [경]獨也근심할경(庚)

尉 위 [위]熨也인두위(未)

灼 쟉 [작]火盛불성할작(藥)

八

無 무 [무]有之對없을무(虞)

焙 뻬 [배]火乾불에말릴배(隊)

焠 쬐 [쉬]灼也지질쉬(隊)

焚 뿐 [분]燒也살을분(文)

焚 분 [분]焚也불사를분(文)

焞 츈 [퇴][순][돈]盛貌ㅣㅣ성할퇴 明也밝을순 轉明어슴프레할돈(灰)(眞)(元)

焮 씬 [혼]炙也구울혼(問)

然 샨 [연]語如是그럴연(先)

焜 훈 [혼]明也밝을혼(阮)

焰 얜 [염]火光불꽃염(琰)

㷊 어 [압]埋火불묻을압(合)

焦 쟈 [초]火傷델초(蕭)

焯 쫘 [작]火氣불김작(藥)

焫 서 [열]燒也불살을열(屑)

焱 씨 [혁][염]火焰ㅣㅣ불꽃혁、염義同(錫)

焵 깡 [강]燒刃칼날벼를강(漾)

焣 찬 [초]火乾불에말릴초(巧)

焝 훈 [혼]火燃불탈혼(元)

烕 뿌 [불]火盛貌불이글이글할불(物)

焟 씨 [석]爆也쪼일석(陌)

焧 총 [총]暖也따뜻할총(東)

焴 와 [육]光也빛날육(屋)

爲 象古字

⑨

煨 同煨

𤑓 몌 [멸]火不明 불끄물거릴 멸 ㊀屑

煕 씨 [희]光也 빛날 희 (支)

煓 퇀 [단]赫也 빛날 단 (寒)

煮 쟈 [자]烹也 삶을 자 (語)

煑 煮同

煇 훠 [훈][휘][운][혼]灼也 지질 훈 光也 빛날 휘 日光氣 해무리 운、赤色 붉을 혼 (文)(微)(問)(阮)

煒 웨 [위]光也 환할 위 (尾)

煦 쒸 [후]熱也 뜨거울 후 (寘)

煤 메 [매]石炭 석탄 매 (灰)

煙 옌 [연][인]火鬱氣 연기 연 煤也 숯그을음 인 (眞)(先)

煞 싸 [살][쇄]殺也 죽일 살 減也 감할 쇄 (黠)(卦)

煖 놘 [난]溫也 더울 난 (旱)

煟 웨 [위]火光 불빛 위 (未)

煗 煖와同

煩 뻔 [번]勞也 수고로울 번 (元)

煉 련 [련]―炭 반죽할 련 (霰)

煎 쟨 [전]熟煮 다릴 전 (先)

煌 황 [황]火光―― 불빛 휘황할 황 (陽)

煋 셩 [성]火熱 더울 성 (靑)

照 쟢 [조]光發 빛날 조 (嘯)

煬 양 [양]融和 화할 양 (陽)

煥 환 [환]明也 밝을 환 (翰)

煜 위 [욱][읍]盛貌 성할 욱、읍義同 (屋)(緝)

煅 鍛의 俗字

𤇹 랴 [료]明火 불밝힐 요 (嘯)

𤋮 뿡 [풍]燒也 태울 풍 (送)

煁 썬 [심]烓也 炉属 화덕 심 (侵)

煣 슈 [유]以火屈木 불로 나무 쬐여 휠 유 (有)

煆 쌰 [하]焚也 불사를 하 (禡)

㷎 예 [알]中熱 더위막을 알 (月)

熖 焰俗字

煏 피 [픽]火乾 불에말릴 픽 (職)

煠 짜 [잡]灼也 구울 잡 (洽)

㷀 웅 [옹]輝也 빛날 옹 (腫)

煐 잉 [영]輝也 빛날 영 (庚)

熨 욷 [불]火盛貌 불이글이글할 불 (物)

炶 참 [참][첨][점]火爓貌 빛이 성할 참 火光 불빛 첨 爓也 태울 점 (咸)(豔)(監)

煊 훤 [훤]暖也 따뜻할 훤 (元)

熒 형 [형]明也 밝을 형 (迥)

𤈦 차 [삽]火燒殘餘 불끄트머리 삽 (洽)

煝 메 [미]旱氣 가무는 기운 미 (寘)

㷍 烈의 古字

煪 츄 [주][유]火貌 불탈 주 火也 불 유 (尤)(有)

熜 쫑 [총]熅也 더운김 총 (董)

𤎀 [추]耳鳴 귀울 추 (尤)

煄 죵 [종]燃也 탈 종 (冬)

煨 [외]火中熱物 불에 묻어 구울 외 (灰)

⑩

熔 鎔俗字

熊 쓩 [웅]光也 빛날 웅 (東)

熂 씨 [희]燒草 풀사를 희 (未)

熕 [공]大砲 대포 공 日字

熆 한 [합]灼爛 델 함 (感)

熉

원 [운]黃色ㅣ然 누런빛운 (文)
熏 훤 [훈]火氣上出 불기운훈 (文)
煨 煨과 同
煽 싼 [선]盛熾 불일어날선 (霰)(先)
熅 원 [온]氣也煙ㅣ 기운온 (文)(問)
煱 촤

[초]熬也 볶을초 (巧)
熇 쌰 [효][혹][확][고]淡氣불김효 熱也뜨거울혹 熾盛불꽃성할확 乾也마를고 (蕭)(屋)(藥)(肴)
熒 잉 [형]明也 밝을형 (迴)(青)
煻 탕 [당]煨火 구울당 (陽)
[illegible]

[초]熬也 지질초 (巧)
熄 씨 [식]滅火 불꺼질식 (職)
煿 뻐 [박]火乾 불에말릴박 (覺)
熑 렌 [렴]火不滅 불꺼지지않을렴 (監)
熆 허 [합]吹火 불불합 (合)
[illegible] [illegible]과 同
熁

쎄 [협]火氣迫也 불닥칠협 (葉)
[illegible] 증 [증]熱氣 더울증 (徑)
煕 熙의 俗字
[illegible] 츠 [치][자]束炭묶은숯치 乾也말릴자 (支)(歌)
熐 밍 [명]匈奴部落ㅣ蠡 흉노의부락명 (青)
[illegible] 째

[재]小烹 살짝데칠재 (賄)
[illegible] 꾸 [子]擧火 불켤구 (宥)
[illegible] 후 [혹]日出時赤 해돋을때붉으레할혹 (屋)
燗 쎈 [섭]火行 불당길섭 (琰)
熀 녜 [녑]火光盛貌燁ㅣ 불빛이글이글할녑 (葉)

[illegible] 쯍 [증]熱也 더울증 (蒸)
[illegible] 웡 [옹]烟氣ㅣ然 연기자욱길옹 (董)
[illegible] 잉 [경]驚目貌 놀란눈모양경 (迴)
熓 우 [올]火滅 불꺼질올 (月)

十

熢 봉 [봉]擧火警報 봉화봉 (冬)

[illegible] 썅 [향]火乾出 불에말려낼향 (青)
熯 한 [한][선]乾也마를한 火盛불성할선 (銑)(翰)
熭 웨 [위]曝乾 쬐어말릴위 (霽)
熨 위 [의]火斗 다리미의 (未)(物)
熮 랴

[료]穴貌 뻔할요 (蕭)
熛 뺘 [표]飛火屑 불티표 (蕭)
熬 와 [오]乾前 볶을오 (豪)
熰 어 [子]熱極 몹시뜨거울구 (尤)
熪 이 [이]火不絶貌 불꺼지지않을이 (支)
熠 환 [습]盛光 환할습 (緝)

熲 잉 [경]火也 불빛경 (迴)
熟 쓔 [숙]生之反 의를숙 (屋)
熢 뺑 [봉]火氣 불기운봉 (東)
熞 옌 [견]灼鐵淬之 쇠달궈물에담글견 (先)
熱 여 [열]溫也 더울열 (屑)
熥

퉁 [동]以火煖物 불로더웁게할동 (東)
[illegible] 퉤 [퇴]湯除毛 튀할퇴 (灰)
[illegible] 쨔 [조]燒也 불소를조 (豪)
熤 이 [익]輝也 빛날익 (陌)
熧 쯩 [종]火連行 불번질종 (冬)
[illegible] 리

[리]帷中火장막속불리(支)
熚 삐 [필]火聲불타는소리필(質)
㸐 왝 [발]煙起者연기허영게일어날발(月)
𤍠 퓡 [봉]烟塵雜起연기와티끌이자욱할봉(董)
𤏬 찬 [조]燃也불사를조(肴)
熣 최 [최]煤也그을음최(灰)
熡 력 [루]火也불꽃루(尤)
熩 후 [호]輝也빛날호(虞)
𤎯 쓔 [서]野火들불서(語)
𤏡 짠 [잠]火滅불꺼질잠本音점(監)
熝 루 [록]煉也단련할록(屋)
(吉) 燒 쏘 [소]燃也불탈소(蕭)
燗 [란]明也밝을란(翰)
熿 황 [황]輝也炫빛날황(陽)
熷 쩡 [증]取生肉於竹中炙고기대속에넣어구울증(蒸)
熹 씨 [희]明也밝을희(支)
燔 뺀 [번]炙也구울번(元)
熾 찌 [치]火盛불성할치(寘)
燐 린 [린]鬼火도깨비불린(震)(眞)
燀 찬 [천]光明貌환한천(銑)
熺 熹와同
燕 연 [연]安也편안할연(銑)
燉 툰 [돈]火盛貌불성할돈(元)
燖 씬 [심]火熟物불에익힐심
燎 럎 [료]照也비칠료(嘯)(篠)
熻 씨 [흡]熱也더울흡(緝)
燋 쨔 [초]然持火불당길초(蕭)(嘯)
燃 산 [연]燒也불사를연(先)
熸 쳰 [잠]火滅불꺼질잠(監)
燄 앤 [염]炎也불꽃염(琰)
𤎜 앤 [안]火色불빛안(翰)
燁 예 [엽]光也빛날엽(葉)
燂 탄 [담][심][첨][섬]火焚불사를담灰爛也잿불익힐첨湯爓肉고기삶을섬(覃)(侵)(監)
燙 탕 [탕]火傷불에델탕(漾)
𤏰 燧과同
燈 떵 [등]靈草金ㅣ금동풀등(蒸)
㷋 탄 [담][첨]青黑絵검푸른비단담衣動貌옷펄렁거릴첨(勘)(監)
𤏙 찬 [잠]温也따스할잠(監)
燍 쓰 [사]火焦臭단내사(支)
燚 이 [일]火貌불모양이(質)
燏 이 [율]光也빛날율엽(葉)
燆 熇과同
燌 焚과同
𤏲 름 [름][음]侵火불을범할름火盛貌활활불을음(寢)
(吉) 燵 [日]寢火爐자리속에넣는화로달
燬 훼 [훼]烈火불이글이글할훼(紙)
燥 쪼 [조]火말릴조(號)
燧 쒸 [수]火也불수(寘)
爊 와 [오]埋灰煨物재에묻어구울오(豪)
燮 셔 [섭]火熟불에익힐섭(葉)
燭 쮸 [촉]明也밝을촉(沃)
燣 [람]熱也더울람(覃)

熰 후 [훌]火煨불에묻어구을훌 (物)
燠 위 [욱][오]熱在中속답답할오 煖也더울욱 (屋)(號)
火僉 [험]火貌불탈험 (監)
燦 찬 [찬]光明｜爛찬란할찬 (翰)
營 잉 [영][형]度也헤아릴영 星名｜惑별이름형 (庚)(青)
燫 렌 [렴]火不貌불꺼지지않을렴 (監)
熜 충 [총]炬火횃불총 (東)
燡 예 [역]火甚불심할역 (陌)

十四

燾 또 [도]覆也덮을도 (號)
燻 쉰 [훈]火氣盛貌불기운성할훈 (文)
燿 야 [요]光貌빛날요 (嘯)
燼 찐 [신]餘也나머지신 (震)
煏 픽 [픽]以火乾肉불에고기말릴픽 古音벽 (職)
爁 란 [람]火延불번질람 (覃)
爀 허 [혁]揮也빛날혁 (陌)
燺 칸 [고]火乾불에쬘고 (皓)
燹 쎈 [희]野火들불희 義同 兵火병화선 (寘)(銑)
燸 수 [유]温也따뜻할유 (虞)
爂 퐌 [표]輕脃가볍고연약할표 (蕭)
燽 쪄 [주]明也밝을주 (尤)
火蒦 훠 [획]熱也더울획 (藥)

十五

爆 빠오 [폭][박]火裂불터질폭 灼也불사를박 (效)(覺)
爈 뤼 [려]山火爈산불려 (御)
燓 變俗字
爇 어 [설]燃也불탈설 本音열 (屑)
爍 [삭]灼｜光貌빛날삭 (藥)
火節 지 [절]火熟불에익힐절 (職)
爋 쉰 [훈]火乾불에말릴훈 (問)
爄 리 [례][렬]止火불물릴례 火斷불끌렬 (霽)(屑)
爊 [오]炙也구을오 (豪)
爌 [광][황]火光明貌불빛환할광 火光불빛황 (漾)(養)

十六

爎 랴 [료]炙也구울료 (篠)
爏 [력]火貌불반작거릴력 (錫)
爐 루 [로]列陽洪｜뙤약볕로 (虞)
燔 빤 [번]膰肉번육번 (元)
爗 [엽]光盛불이글할엽 (葉)
火賴 [랄][래]毒也해칠랄 火毒불독래 (曷)(泰)
燅 쳰 [섭]以湯沃毛令脫튀할섬
爒 [료][조]炙也구을료 燃也불탈료 (肴)
爔 씨 [희]火也불희 (支)
阝燧 古燧字
火閹 예 [엄]火不明불밝지못할엄 俗音업 (葉)
災睪 앙 [역]災也재앙역 (陌)
爓 얜 [염][섬]火光불빛염 火門아궁이섬 (豔)(監)

十七

爛 란 [란]明也찬란할란 (翰)
爚 워 [약]電光번개번쩍할약 (藥)

十八

爟 꽌 [관]擧火불켜들관 (翰)
爆 爆同
火聶 녜 [섭]温也따뜻할

섭 俗音 녑 (葉)
爞 충 [충]旱熱ㅣㅣ가물어뜨거울충 (東)
爝 쟈 [조][작]炬火횃불조 작 義同 (嘯)(藥)
⑲ 爡 체 [철]烟出연기날철 (屑)
[illegible] [광]光貌빛날광 (養)
[illegible] 然古字
㉑ 爣 당 [당]明也밝을당 (陽)
㉑ 爥 쮸 [촉]照也비칠촉 (沃)
㉑ [illegible] 춘 [춘]鼎欲沸貌끓어나랴할춘 (元)
㉔ [illegible] 焦과同
爧 링 [령]火光불빛령 (靑)
㉕ 爨 찬 [찬]炊也불땔찬 (翰)
㉙ 爩 위 [울]火氣出貌연기무럭무럭날울 (物)

爪部

爪 잔 [조]手足甲손톱발톱조 (巧)
爫 [장]持也가질장 (養)
① [illegible] 糺과同
③ [illegible] 卵古字
④ 爬 파 [파]手行손집고길파 (麻)
爭 쨍 [쟁]競也다툴쟁 (敬)
[illegible] [나]除也제할나 (麻)
[illegible] [임]近而求가까이할임 (侵)
[illegible] 為古字
⑤ 爯 씽 [승]擧也들승 (蒸)
爰 웬 [원]於也이에원 (元)
[illegible] 엥 [경]織也짤경 (庚)
爮 팦 [표]削也깎을표 (肴)
⑦ [illegible] 禮古字
⑧ 爲 웨 [위]造也할위、治也다스릴위 (寘)
⑨ 愛 愛과同
⑩ [illegible] 搔本字
⑪ [illegible] 리 [력]以瓜擇物손톱으로가릴력 (錫)
⑭ 爵 쟉 [작]位也작위작援位階벼슬줄작 (藥)

父部

父 뿌 [부][보]生己者아비부 美稱男子남자의미칭보 (麌)
④ 爸 빠 [파]羌人呼父아비파 (禡)
⑥ 爹 데 [다]父也阿아비다 (哿)
[illegible] [동]養父양아비동 (東)
⑨ [illegible] 쟈 [차]父也아비차 (麻)
爺 예 [야]父也ㅣ아비야 (麻)

爻部

爻 쨔 [효]效也본받을효 (肴)
④ [illegible] 례 [례]明白밝을례 (霽)
⑤ [illegible] 쮸 [저]進也나갈저 (語)
[illegible] [효]梗也서까래효 (肴)
[illegible] 组의 訛字
[illegible]

쓔 [서]引也 道 인도할서(魚)

⑦ ⿰爿見 髮古字

爽 쌍 [상]明也 밝을상(養)

⑩ 爾 얼 [이]語助辭 어조사이(紙)

爿部

爿 쨩 [장]判大左半 조각널장(陽)

④ 牀 챵 [상]跨床 결상상(陽)

⿰爿永 漿古字

⿰爿卯 卯古字

⑤ 牁 꺄 [가]繫舟杙 배매는말뚝가

牊 쏘 [소]浴床 목욕상소(蕭)

⑥ 牂 쨩 [장]牝羊 성할장(陽)

⑦ ⿰爿求 [구]鑿首 끝머리구(尤)

⑧ ⿰爿戔 짠 [잔]飼羊屋 양의우리잔(潸)

⿰爿空 콩 [공]穿垣 담뚫을공(送)

⑨ 牃 뎨 [첩]牀板 평상널판첩(葉)

⑩ 牄 챵 [장]鳥獸食聲 새와짐승먹는소리장(陽)

⑪ ⿰爿庸 융 [용]垣也 담용(冬)

⑫ ⿰爿賁 뿐 [분]牀板 평상널분(文)

⿰爿黃 [광]牀下横木 마루밑가롯대광(陽)

⑬ ⿰爿戠 치 [즙]㦸立貌 창우뚝세울즙(緝)

⿰爿嗇 牆과同

⿰爿詹 [염]檐也 추녀염(監)

⑬ 牆 챵 [장]垣也 담장(陽)

片部

片 펀 [편]半也 쪼갤편(霰)

③ ⿰片攵 창 [창]畫飾 그림으로꾸밀창(陽)

⿰片也 이 [이]羹也 국이(支)

④ 版 빤 [판]判也 조각판(潸)

⿰片分 앤 [반]片也 조각반(寒)

⿰片斤 치 [절]板也 널절(屑)

⿰片殳 [추]迫也 핍박할추(虞)

⿰片不 [배]版也 조각배(灰)

⑤ ⿰片平 뻥 [평]析木聲 나무쪼개는소리평(庚)

牉 판 [반]半也 반쪽반(翰)

⿰片召 [수]浴床 목욕상소(蕭)

⿰片斥 [책]坼也 터질책(陌)

⿰片禾 휘 [화]棺也 널화(歌)

⑥ ⿰片旨 쯔 [지]盖舍 집이을지(支)

⿰片朱 쓔 [수]防水板 ㅣ膢 물막는널수(虞)

⿰片向 쌍 [향]北窗 북창향(漾)

⿰片列 레 [렬]破裂 깨질렬(屑)

⿰片多 시 [시]・[조]几也 책상조 義同(寘)(蕭)

⿰片良 패 [백]分也 나눌백(陌)

⑦ ⿰片足 추 [촉]迫也 재촉할촉(沃)

⑧ ⿰片奄 옌 [엄]屋檐端版 掩省 평고대엄(琰)

牋 쪈 [전]表也 표전(先)

牌 패 [패]・[배]楯也 방패패 下書干賤者曰ㅣ 틷지배배(佳)

⿰片悤 牕俗字

⿰片空 [공]牕也 담뚫을공(送)

⿰片咅 [패]版也 조각패(灰)

九

牒 데 [첩] 札也 편지 첩 (葉)

牏 투 [투] 便器 요강 투 (尤)

⿰片畐 벽 [벽] 判也 나눌 벽 (職)

牐 짜 [삽] 閉城門具 성문 빗장 삽 俗音 잡 (洽)

⿰片柬 련 [련] 木理解裂 나무결 풀릴 연 (霰)

牑 [면][편][변] 屋上簀 지붕 덮는 삿자리 면 牀版 평상 조각 편 牀簀 살평상 변 (霰)(先)(銑)

牕 窗의 俗字

十

牔 뼉 [박] 屋耑板 ㅣ風 박공 박 (藥)

牓 빵 [방] 標也 표할 방 (養)

十一

⿰片婁 뤼 [루] 防水板牀 ㅣ 물 막는 널판 루 (虞)

⿰片庸 유 [유] 向也 향할 유 (有)

⿰片悤 창 [창] 戶也 지게 창 (江)

⿰片崔 취 [최] 屋破狀 ㅣ⿰片貴 집 모양 허술할 최 (灰)

⿰片備 [피] 窓也 창 피 (寘)

⿰片离 리 [리] 破木 나무 갤 리 (支)

十二

⿰片貴 퉤 [퇴] 屋破狀 ⿰片崔ㅣ 집 모양 허술할 퇴 (灰)

⿰片粦 린 [린] 稜也 모질 린 (震)

⿰片黃 [광] 牀橫木 평상의 가로대 광 (陽)

十三

⿰片業 예 [업] 築墻版 담틀 업 (葉)

⿰片詹 쟌 [첨] 簷端板 평고대 첨 (豔)

十四

⿲辛片辛 편 [편] 半分 반 편 (霰)

⿰片臺 태 [대] 木理逆削 나무결 거슬러 깎을 대 (賄)

⿰片壽 쓕 [수] 棺也 관 수 (有)

十五

牘 뚜 [독] 公案 공문 독 (屋)

十七

⿰片毚 찬 [참] 水門 물문 참 (陷)

牙部

牙 야 [아] 牡齒 어금니 아 (麻)

㸦 互俗字

三

⿰牙子 야 [아] 小兒 어린아이 아 (麻)

六

⿰牙艮 깐 [간] 齧也 씹을 간 (潸)

八

⿰牙奇 치 [기] 虎牙 범의 어금니 기 (支)

牚 청 [탱] 支也 버틸 탱 (養)

九

⿰牙禹 우 [우] 蠹齒 벌레 먹은 이 우 (麌)

十

⿰牙豈 애 [애] 牙也 어금니 애 (灰)

牛部

牛 뉴 [우] 耕畜大牲 소 우 (尤)

二

牝 핀 [빈] 雌獸 암컷 빈 (軫)

牟 뭐 [모] 取也 취할 모 (尤)

牞 꾸 [구] 牛多力 소 힘셀 구 (尤)

⿰牛斗 꾸 [구] 牡牛 황소 구 (尤)

三

牣 인 [인] 充ㅣ 막힐 인 (震)

⿰牛川 쉰 [순] 牛行遲 소 걸음 더딜 순 (眞)

⿰牛干 간 [간] 牛停 소 머무를 간 (寒)

牢 랖 [로] 堅也 굳을 로

牠 [타] 他獸 저 짐승 타 (歌)

牡 무 [무] 雄獸 수컷무 (有)

㊃

牪 연 [언] 件也 물건언 (霰)
牬 삐 [비] 牛具 길마비 (寘)
牦 마오 [모] 野牛 들소모 (豪)
犻 삐 [패] 長牛 키큰소패 (泰)
物 우 [물] 有形萬物 만물물 (物)
㸩 텐 [천] 牛食草 소풀먹을천 (霰)
𤘽 빠 [파] 天地角 천지각파 (麻)
𤙁 [분] 牡牛 수소분 (文)
犌 쩨 [개] 四歲牛 네살된소개 (卦)
𤘻 [유] 靜也 고요할유 (尤)
牥 빵 [방] 良牛 좋은소방 (陽)
牨 [강] 水牛 물소강 (陽)
物 찐 [금] 牛舌病 소혀병금 (沁)
牫 짜 [가] 角也 뿔가 (歌)
㪷 꿔 [과] 牡之大牛 큰황소과 (歌)
犿 牨과 同
𤘫 젠 [건] ㅣ為 고을이름건 (元)
牝 썬 [침] 水牛 물소침 (寑)
牧 무 [목] 畜養場 목장목 (屋)

㊄

牯 꾸 [고] 牝牛 암소고 (麌)
牴 디 [저] 角ㅣ 씨름저 (薺)
牱 꺼 [가] 擊船杙 배매는말뚝가 (歌)
牧 탄 [도] 牛徐行 소더디걸을도 (豪)
牲 씽 [생] 犧ㅣ 희생생 (庚)
㹀 쀄 [비] 使牛聲 소소리비 (支)
牭 쓰 [사] 四歲牛 네살된소사 (寘)
牮 젠 [천] 土石防水 흙과돌로막을천 (霰)
㸴 허 [후] 牛鳴 소울후 (有)
牰 우 [유] 目黑牛 눈검은소유 (有)
𤙆 쭤 [작] 山牛 산소작 (藥)
牠 퉈 [타] 無角牛 뿔없는소타 (哿)
𤙖 牠과 同
抨 핑 [평] 斑牛 얼룩소평 (庚)

㊅

牸 쯔 [자] 牝牛 암소자 (寘)
特 터 [특] 唯獨 특별할특 (職)
㸶 인 [연] 牛尾縫 소꼬리에달린술연 (先)
㹗 꿰 [귀] 牛聲 소소리귀 (紙)
牶 촨 [권] 牛鼻捲 소코뚜레권 (願)
牷 촨 [전] 體完牲 온전한짐승전 (先)
㹚 씨 [세] 牛之仰角 소천지각세 (霽)
犔 쎄 [협] 牛健 소건장할협 (葉)
𤙭 허 [후] 牡牛 황소후 (有)
㸰 [가] 駕와 同 (禡)

㊆

㸸 쀠 [부] 黑脣牛 입술검은소부 (尤)
牾 [오] 獸名 짐승이름오 (麌)
𤚐 犁과 同
𤙣 싸 [사] 牝牛 암소사 (麻)
㹃 뚜 [도] 黃牛虎文 칡소도 (虞)
犂 犁과 同
犀 씨 [서] 南徼外牛 물소서 (齊)
牼 껑 [경] 牛膝下骨 소무르고뼈경 (庚)
㸷 쓰 [사] 一歲牛 한살된소사 (紙)
牽 쳰

[견]引也 이끌 견(霰)
牂 쟝 [장]牝羊 암양 장(陽)
牲 뼤 [폐]牛馬行牲| 마소다닐 폐(薺)
牣 [인]塞也 막힐 인(震)
牻 망 [방]黑白雜色牛 희고 검은얼룩소 방(江)
⿰牛肖 쟈

[초]角尖 뿔날카로울 초(效)
⿰牛寽 렬 [렬]駁牛 얼룩소 렬(屑)
⿰牛求 꾸 [구]角貌 뿔모양 구(尤)
⿰牛貝 뻬 [패]二歲牛 두살된 패(泰)
⿰牛夆 뽕 [봉]野牛 들소 봉(冬)
⿰牛辛 [성]赤牛 붉은소 성(庚)

牿 꾸 [곡]牛馬牢 외양간 곡(沃)

八

犁 리 [리][려][루]老人皮膚 늙은이살결 리 夜明頃 새벽 려 恐貌 무서워떨 유(支)(齊)
⿰牛㝵 [특]鈍也 둔할 특(職)
⿰牛京 량 [량]牻牛 얼룩소 량(陽)

犉 츈 [순]黃牛黑脣七尺 누르고 입술검은소 순(眞)
犆 띠 [직][특]牛也 소 직 也 하나 특(職)
犇 뿐 [분]牛驚 소놀라뛸 분(元)
犅 깡 [강]赤色牛 붉은소 강(陽)
⿱臤牛

쳔 [견]牛不從引 소끌리지않을 견(霰)
⿱制牛 씨 [세]牛角直立 소뿔꽂꽂할 세(霽)
⿰牛舍 쎠 [사]牝也 암컷 사(禡)
⿰牛咅 뿌 [부]牡也 수컷 부(有)
犈 찬 [권]黑脚牛 다리검은소 권(先)

⿱非牛 뼤 [비]耦耕 쌍겨리할 비(尾)
⿰牛侖 삐 [비]牛齒現出 소이드러낼 비(寘)
⿰牛卓 냐 [뇨]以角挑物 뿔로들출 뇨(肴)
犄 이 [의]牛角 소뿔 의(支)

九

⿰牛惣 惣俗字
⿰牛是

뗙 [격]牛廿 소 격(錫)
⿰牛兪 위 [유]黑牛 검은소 유(虞)
犍 껸 [건]獸名 짐승이름 건(元)
犌 [가]牛有力 힘있을 가(麻)
⿰牛重 츙 [중]牛有孕 새끼밸소 중(送)
⿱封牛 뽕 [봉]牛 名形

如橐駝 소이름 봉(冬)
犙 쑤 [수]三歲牛 세살된소 수(尤)
犐 꾸 [과]無角牛 뿔없는소 과(歌)
⿰牛苗 먀 [묘]長尾牛 꼬리긴소 묘(肴)
⿰牛軍 훼 [휘]犂牛頭 얼룩소머리 휘(微)

十

犗 졔 [개]官刑 불알썩힐 개(卦)
犒 캎 [호]鎬軍 호궤할 호(號)
⿰牛冓 꾸 [구]六歲牛 여섯살된소 구(尤)
犖 러 [락]分明 |분명할 락(覺)
⿰牛堂 찬 [천]牛縱 소꿈뜰 천(銑)

犕 뼤 [비]友具齒 이갖출 비(寘)
⿰牛秦 친 [진]牛名 소이름 진(眞)
犓 츄 [추]以芻飼牛 꼴먹여소기를 추(虞)
⿰牛旁 빵 [방]背白牛 등흰소 방(陽)
⿰牛隺 워 [악]白牛 흰소 악(覺)

犔 씨 [희] 牛病 소병들 희 (未)
⿰牛穀 꾸 [구] 搾取牛乳 소젖짤 구 (尤)
⿰牛虔 젠 [건] 犗牛 불깐소 건
⿰牛修 씩 [수] 無尾牛 꼬리없는 소 수 (尤)
⑪
犚 위 [위] 黑耳牛 귀검은소 위 (未)

⿰牛尌 犛와 同
犛 릐 [리] 黑牛 거먼은소 이 (支)
⿰牛悤 總俗字
⿱敏牛 민 [민] 山牛 뫼소 민 (軫)
⿰牛參 싼 [삼] 三歲牛 세살된 소 삼 (覃)
⿰牛累 레 [루] 求子牛 암내 내는 소 루 (支)

⿰牛產 잔 [산] 飼畜 새끼 기를 산 (潸)
⿰牛習 라 [랍] 牛牴 소가 받을 랍 (合)
⿰牛堇 인 [근] 柔也 부드러울 근 (吻)
⿰牛啇 되 [적] 特牛 황소 적 (錫)
⿰牛崔 위 [최] 白色牛 흰소 최 (灰)
⿱䜌牛

[송] 草乾 축마를 송 (冬)
⿰牛庸 융 [용] 猛獸似牛領有肉 堆 사나운 짐승 용 (冬)
⑫
犝 퉁 [동] 無角牛 뿔없는 소 동 (東)
⿰牛喬 갸 [교] 乾肉鮮｜ 말린 고기 교 (篠)
⿰牛侖 [탑] 抵也 받을 탑 (合)

⿰牛堯 챠 [요] 牛馬騰躍日｜ 마소 가솟아뛸 요 俗音 의 (眞)
⿰牛莽 [망] 牡牛 황소 망 中字
⿰牛敦 [돈] 貂也 ｜皮 돈피 돈 國字
⿰牛尋 [심] 牛也 소 심 (侵)
⿰牛黃 [황] 牛名 소이름 황
⿰牛曾 [증] 牛種 소 증 (蒸)

⑬
犠 犧 俗字
⿰牛蜀 犢 同
⿰牛畺 쟝 [강] 白牛 흰소 강 (陽)
⿰牛豢 환 [환] 養犬豕 개돈 기를 환 (諫)
⿰牛萬 레 [례][래] 白脊牛 등마루 흰소 례、래 義同 (霽)(泰)
⿱雚牛 환

[환] 劣也 용렬할 환 (刪)
⑭
⿰牛需 수 [유] 牛莖 소자지 유 (遇)
⿰牛壽 돠 [도] 牛無孕 들암소 도、채 義同 (豪)(灰)
⿰牛翟 유 [악] 白牛 흰소 악 (覺)
⑮
犢 뚜 [독] 小牛 송아지 독 (屋)

犦 [박] 野牛中 들소 박 (覺)
⿰牛罃 [앵] 牛鳴聲 소우리소리 앵 (梗)
⿰牛罷 피 [피] 短脚牛 난장이소 피 (支)
犣 레 [렵] 牛名 소이름 렵 (葉)
⿰牛藏 쟝 [장] 善牛 순한소 장 (陽)
⿰牛憂 소

[요] 牛柔 소유순할 요 (篠)
犥 뾰 [표] 黃白駁牛 얼룩소 표 (蕭)
⑯
犧 씨 [희][사] 宗廟之物 희생할 희 油器 통술 사 (支)(歌)
犨 착 [주] 出也 내밀 주 (尤)
⿰牛霍 [옥] 白牛 흰소 옥 (沃)

⿴衛牛 웨 [위][궤] 牛蹏 소굽 위 牴也 받을 궤 (霽)(寘)
⿰牛褱 홰 [회] 獸似牛四角 네뿔돋은 짐승 회 (佳)
⑰
⿰牛毚 짠 [참] 牛角 소뿔 참
⿰牛營 잉 [영] 牛鳴 소울 영 (梗)
⑱
犩 웨

위 蜀牛 촉나라위 微

犍 간 牛角쇠뿔간 刪

犦 박 牛名소이름박 藥

𤛾 우 요 善也 좋을요 篠

卄 犪 궤 규 牛名소이름규 支

廿一 𤛓 쭤 루 求子牛암내내는소루 支

廿三 犫 착 주 人名郤ㅣ 사람이름주 尤

廿四 𤛷 링 령 牛名소이름령 靑

犬部

犬 찬 견 大狗也 큰개견 銑

犭 犬와同

一 犮 빠 발 犬走貌 개달아날발 曷

二 犯 빤 범 干也 범할범 豏

𤜣 리 력 犬争貌 개으르릉거릴력 職

犱 기 似兔獸 토끼같은짐승기 紙

犰 쯰 구 獸名 짐승이름구 尤

三 犴 안 안 野犬 들개안 翰

犼 쉰 신 小獸 色黃食鼠 족제비신 震

犵 쯰 힐 南蠻ㅣ狫 남녘오랑캐힐 質

犳 작 有文獸名 이롱짐승작 藥

㹢 이 시 狼屬 이리시 紙

四 狁 윈 윤 北狄玁ㅣ 북녘오랑캐윤 軫

㹵 킹 경 人名 사람의이름경 靑

犿 빤 변 相從連ㅣ 서로좇출변 元

犻 패 犬張貌 개잇발이웅성거릴패 泰

㹠 툰 돈 豕子 돼지의새끼돈 元

狂 광 광 心病 미칠광 陽

狀 쨩 장 形也 형상장 漾

犺 캉 강 健狗 건장한개강 漾

狄 듸 적 遠也 멀적 錫

㹫 위 유 呼犬子ㅣ 강아지부를유 虞

狃 뉴 뉴 習也 익힐뉴 有

犷 인 은 犬争 개싸울은 文

犾 인 은 犬相吠 개서로물은 文

㹅 차 잡 犬之食 개먹을잡 合

犻 페 패 犬怒 개성낼패 隊

𤝹 옌 연 食人犬 사람잡아먹는개연 霰

狆 츙 충 長毛犬 삽살개충 日字

狗 현 似狗文少獸 짐승이름현 先

𤜶 후 호 長尾猿 꼬리긴원숭이호 遇

犼 후 후 山犬 산개후 有

狮 獅俗字

犹 우 獸名 짐승이름우 有

五 狐 호 疑詞 의심할호 虞

狌 쮸 주 黃犬黑頭 몸누리고머리검은개주 遇

狉 쿼 비 羣走ㅣㅣ 떼지어달아날비 支

狋 이 의 은 권 犬争 개싸울의、은義同 代郡縣名ㅣ氏 고을이름권 微 眞 先

狙 쮸

[저][처] 手長猿 손 긴 원숭이 저 詐也 간사할 처 (魚)(御) **狚** 딴 [단][달] 似猿猵ㅣ 원숭이 같은 짐승 단 巨狼猲ㅣ 큰 이리 달 (旱)(曷) **狒** 쀄 [비] 猿類ㅣㅣ 원숭이 비 (治) **⿰犭去** [겁] 怯와 同 (葉) **狌**

썽 [생] 獸名 성성이 생 (庚) **狜** [고] 西域蕃族名 오랑캐 이름 고 **狗** 꾸 [구] 犬也 개 구 (有) **狖** 우 [유] 黑猿仰鼻長尾 검은 원숭이 유 (宥) **⿰犭号** [호] 犬聲 개 소리 호 (號) **狘** [월] 獸名 짐승 이

름 월 古音 헐 (月) **狎** 쌰 [압] 親近 친압할 압 (洽) **⿰犭召** 챠 [초] 短尾犬 동경계 초 (蕭) **狊** 찌 [격] 犬視貌 개 노라고 볼 격 (錫) **狔** 늬 [니] 從風貌 猗ㅣ 바람에 너풀거릴 니 (支) **⿰犭幷** 뻰

[변] 犬爭貌 개 쌈할 변 (霰) **⿰犭申** 찐 [신] 狂也 미칠 신 (眞) **⿰犭加** 쨔 [가] 玃也 큰 원숭이 가 (麻) **⿰犭占** 텐 [첩] 犬舐 개 핥을 첩 (葉) **⿰犭付** 뿌 [부] 羊也 양 부 (遇) **⿰犭玄** 쎈 [현] 性猵急 성급할 현 (先)

⿰犭只 찌 [지] 駁也 얼룩지 古音 채 (蟹) **⿰犭央** 앙 [앙] 貉也 담비 앙 (陽) **狛** 빠 [박] 獸名 짐승 이름 박 (陌) **狓** 삐 [피] 飛上猖ㅣ 너풀너풀 나를 피 (支) **狑** 링 [령] 怜犬 영리한 개 령 (青)

⿰犭术 쮸 [출] 兩首獸 두 머리 짐승 출 (質) **六** **狥** [순] 疾速 빠를 순 (震) **独** 獨 略字 **狟** 쏸 [훤][환] 貉類 담비 훤 犬行 개 다닐 환 (元)(寒) **狨** 슝 [융] 猴屬 원숭이 융 (東) **狠**

인 [한] 獸名 짐승 이름 한 (阮) **狧** 쓰 [시][탑] 犬舌取物 개 핥을 시 貪欲意ㅣㅣ 탐낼 탑 (紙)(合) **狡** 쨘 [교] 疾也 빠를 교 (巧) **狦** 싼 [산] 惡犬 악한 개 산 (刪) **⿰犭合** [답] 犬食貌 개 먹을 답 (合) **狣**

쨘 [조] 犬有力 개 힘셀 조 (篠) **⿰犭休** [휴] 貅ㅣ豹屬 표범 휴 **狩** 쑤 [수] 巡行 순행할 수 (宥) **狢** 허 [학] 貉也 담비 학 本音 각 (藥) **狫** [로] 刺字 오랑캐 이름 로、자자 로 (皓) **⿰犭夅** 쌍 [항] 犬

不服牽擁 개 질들지 않을 항 (江) **狤** 찌 [길] 狂也 미칠 길 (質) **狪** [동] 獸名 짐승 이름 동 (東) **⿰犭幵** 옌 [연] 遂虎犬 범 쫓는 개 연 (霰) **⿰犭因** [열][연] 獸名 짐승 이름 열、연 義同 (屑)(先) **⿰犭曳**

[예] 狸子 삵의 새끼 예 (霽) **⿰犭⿱巛山** 놔 [노] 牝貉 암 담비 노 (皓) **⿰犭犮** 빠 [파] 腰軀而行 허리 구부리고 갈 파 (哿) **七** **⿰犭羊** 양 [양] 犬也 개 먹을 답 (合) **⿰犭坒** 피 [폐] 野犬 들개 폐 (齊) **⿰犭員**

빼 [패] 獸名 낭패 패 (泰)

狵 망 [방] 犬多毛 삽살개 방 (江)

狸 리 [리] 野貓 삵 리 (支)

狷 쟌 [견] 有所不為 고집스러울 견 (霰)

狼 랑 [랑] 獸名 이리 랑 (陽)(漾)

狶 씨 [희] 豕也 돼지 희 (支)

⿰犭廷 옌 [정] 猿類 원숭이 정 (青)

狺 인 [은] 犬爭吠聲ㅣㅣ 늣 개 짖는 소리 은 (文)

狿 링 [연] 獸名 짐승 이름 연 (先)

⿰犭足 쥐 [착] 宋種良犬 송나라 좋은 개 씨 작 (藥)

狻 쌴 [산] 獅子 사자 산 (寒)

狹 쌰 [협] 隘也 좁을 협 (洽)

⿰犭孝 쑈 [효] 豕犬驚貌 개와 돼지가 놀랄 효 (肴)

狾 찌 [제] 狂犬 미친개 제 (霽)

⿰犭豆 뚜 [두] 犬吠聲 개 짖는 소리 두 (宥)

狳 유 [여] 獸名 짐승 이름 여 (魚)

⿰犭乎 후 [호] 小犬 작은 개 호 (歌)

⿰犭肖 쌰 [소] 狂病 미치광이 소 (蕭)

⿰犭谷 유 [욕] 獸名 짐승의 이름 욕 (沃)

⿰犭求 [구] 雲南蠻族 오랑캐 이름 구

⿰犭巠 찡 [경] 狩也 사냥할 경 (迴)

⿰犭否 [패] 狸子 너구리 새끼 패 (灰)

⿰犭吾 우 [오] 猿也 원숭이 오 (虞)

八

⿰犭内 쉐 [예] 貀也 獥 돈피 예 (霽)

猕 獮俗字

猗 이 [의][아] 生柔弱而美盛ㅣㅣ 야들야들할 의、부드러울 아 (支)(紙)(哿)

猊 이 [예] 獅子 사자 예 (霽)

猘 [제] 狂犬 미친개 제 (霽)

猜 채 [시] 疑也 의심낼 시 (灰)

猋 [표] 犬走 개 달아날 표 (蕭)

猖 창 [창] 駭也 狂ㅣ 裂ㅣ 披ㅣ 너풀 미처뛸 창 (陽)

猎 ⿰犭足과 同

猒 옘 [염] 安也 편안할 염 (監)

猇 햐 [효] 虎吼 범 울 효 (肴)

猅 패 [배] 短頭犬 머리 짧은 개 배 (佳)

猙 쨍 [쟁] 獸名 짐승 이름 쟁 (庚)

猓 꿔 [과] ㅣ然 원숭이 과 (哿)

猛 멍 [맹] 勇也 날랠 맹 (梗)

猝 추 [졸] 倉卒 창졸 졸 (月)

猈 패 [패] 短脛狗 발바리개 패 (蟹)

猆 쀄 [비] 姓也 성 비 (微)

猉 치 [기] 犬子 강아지 기 (支)

猔 [종] 犬生一子 외동이 강아지 종 (宋)

⿰犭昜 쨰 [적] 犬怒張耳 개 성내어 귀 벌쭉거릴 적 (陌)

⿰犭沓 타 [탑] 犬食 개 먹을 탑 或音 답 (合)

⿰犭委 猧과 同

猑 큰 [곤] 大犬 큰 개 곤 (元)

⿰犭皆 쟈 [교] 健也 ㅣ犺 건장할 교 (篠)

⿰犭屈 취 [굴] 獸名 짐승 이름 굴 (物)

⿰犭戔 찬 [찬] 犬咬 개 물 찬 (潸)

⿰犭卓 퉈 [탁] 猛犬 사나운 개 탁 (覺)

狹 래 [래]狸也삵래(灰)
狷 젼 [견]三歲豕세살된돼지견(先)

九

猪 [저]豕也돼지저(魚)
猥 猥과同
犭軍 휘 [휘]獸名짐승이름휘(微)
猢 후 [호]獸名원숭이호(虞)
猴 후 [후]又잔나비후(尤)
猵 펀 [편]似猿원숭이같은짐승편(先)
猤 궤 [계]壯勇貌獷ㅣ용맹스러울계(寘)
猣 쭝 [종]犬生三子개새끼세마리낳을종(東)
猫 묘 [묘]捕鼠獸고양이묘(蕭)
猨 웬 [원]似獼猴而長大원숭이원(元)
獀 쑤 [수]南越名犬이름난개수(尤)
猧 와 [와]犬名개이름와(歌)
猱 난 [노]善升木원숭이노(豪)
献 獻俗字
猲 허 [헐][갈][갈]猲犬사냥개헐、갈義同古音할 恐逼핍박할갈、으를갈古音결(月)(曷)
猷 Ŷ [유]圖也그릴유(尤)
猶 [유]似也같을유
猇 [효]犬吠ㅣㅣ개짖을효(效)
猯 환 [단]狸屬오소리단(寒)
猩 썽 [성][생]似猿能言獸ㅣㅣ성성이성、생義同(庚)(青)
猳 야 [가]貑如態黃白文누렁고흰점박흰곰가(麻)
猦 [풍]獸名짐승이름풍(東)
犭音 간 [암]犬吠개짖을암(咸)
臭 쥐 [작]奔走怵달아날작(藥)
猰 [알]犬也개알(黠)
猴 [후]獼ㅣ원숭이후(尤)
猬 위 [위]刺鼠食爪고슴도치위(未)
盾犬 둔 [돈]道犬길개돈(願)
犭是 씨 [제][시]犬名개이름제 屬ㅣ獺수달피시(齊)
猭 촨 [천][전]獸走貌짐승달아날천、전義同(先)
犭甾 貓과同

十

獃 애 [애]癡也못생길애(灰)
犭羔 犭羔同
犭畟 여 [즉]犬生三子개새끼셋낳을즉(職)
獅 쓰 [사]猛獸ㅣ子사자사(支)
猥 웨 [외]雜也잡될외(賄)
犭留 릐 [류]狗名執ㅣ사냥개류(尤)
猻 쑨 [손]猴也원숭이손(元)
猿 원 [원]猴屬원숭이원(元)
犭般 판 [반]短尾犬ㅣ狐동경개반(寒)
獄 위 [옥]訟事송사옥(沃)
猾 [활]亂也어지러울활(黠)
猺 얀 [요]獏ㅣ오랑캐요(蕭)
獀 獀과同
獂 웬 [원]豕也돼지원(元)
犭員 猿과同
犭荒 황 [황]狼屬이리황(陽)
獈 웅 [옹]豬也돼지옹(東)
犭恙 양 [양]獸名無恙짐승이름양
犭差 차 [차]犬狂개미칠차(歌)
犭兼

칸 [협]兩犬相争개맞싸울협 古音함(豏)
⿰犭蚩 치 [치]狩也사냥할치(支)
⿰犭昜 답 [답]獸走貌짐승달아날답(合)
猽 [명]小豕작은돼지명(青)
(十一)
獌 만 [만]狼属이리만(願)
獒 오 [오]犬四尺큰개오(豪)
獎 장 [장]勸也권면할장(養)
獍 징 [경]惡獸짐승이름경(敬)
⿰犭參 싼 [삼]獸名山卜산 짐승삼(咸)(豏)
獐 [장]鹿属노루장(陽)
獔
꽈 [고]人名夷사람의이름고(豪)
⿰犭翏 쟈 [교]狯也교활할교(肴)
⿰犭從 쭁 [종]犬生一子개새끼한마리낳을종(宋)
⿰犭婁 뤼 [루]豬求子돼지암내낼루(虞)
⿰犭帶 [체]狂犬미친개체(霽)
⿰犭庸 융 [용]獸名짐승이름용(冬)
獏 머 [맥][모]似態食鐵불가사리맥 犬種ㅣ猺개모(虞)
⿰犭長 낭 [낭]多毛犬삽살개낭(江)
⿰犭毫 학 [호]ㅣ子담비호(豪)
(十三)
⿰犭彭 빵
[팽]犬也개팽(庚)
獘 쁴 [폐]敗壞壞해질폐(霽)
獠 랴 [료][조]犬名ㅣ獞요동개료 西南夷서남오랑캐조(嘯)(巧)
獢 쌰 [효]短喙犬부리짧은개효(蕭)
獝 쒸 [휼]狂也미칠휼(質)
獞 퉁 [동]犬名개이름동(東)
⿰犭壹 씨 [휘]寒泥子名獟ㅣ사람의이름휘(寘)
獟 챠 [교][요]勇也낼랠교 狂犬미친개요(蕭)(效)
獤 돈 [돈]貂也ㅣ皮돈피돈 國字
⿰犭單 쏀 [선]犬嚙개물선(先)
⿰犭責 꿰 [계]獥ㅣ꼬리째진작은원숭이계(霽)
⿰犭敢 칸 [함]犬聲개소리함 俗音감(感)
⿰犭然 산 [연]猓ㅣ원숭이같은짐승연(先)
獡 쐬 [삭]犬隨人ㅣㅣ개가사람따를삭(藥)
⿰犭番 [번][편]犬鬪聲개싸우는소리번、편 義同(元)(霰)
獗 궐 [궐]賤勢猖ㅣ도둑일어날궐(月)
獳 놔 [노]犬也삽살개노(豪)
獜 린 [린]強健건장할린(眞)
獚 [황]犬大큰개황(陽)
(十四)
⿰犭廌 채 [재]豪強貌억셀재(佳)
獬 얘 [해]冠名해갓해(蟹)
獪 화 [회][쾌]狡也간교할회、쾌 義同(泰)(卦)
⿰犭農 놔 [노]多毛犬삽살개노(豪)
獨 [독]單也홀로독(屋)
獫 렴 [렴][험]長喙犬입부리긴개렴 卜狁오랑캐험(豔)(琰)
獩 훼 [예]東夷ㅣ貊동녘오랑캐예(隊)
獺 타 [달]水狗물개달(曷)
獥 씨 [격]狼子이리새끼격 古音혁(錫)
獧

ᅘᅧᆫ 현 疾也 빠를 현 (霰) 견 操守 조수할 견 (銑)

⿰犭雍 양 옹 犬不訓 개 길들지않을 옹 (江)

獦 거 갈 短口犬 입짧은개 갈 (曷)

(十四)

獱 삔 빈 似孤青色居水中食魚 수달 빈 (眞)

獲 훠 획 확 取得 얻을 획、困迫 곤박할 확 (陌)(藥)

獳 누 누 姓貌 개성낼 누 (尤)

⿰犭監 칸 함 虎聲 범의소리 함 (豏)

獰 닝 녕 惡也 영악할 녕 (庚)

獮 쎤 선 殺也 죽일 선 (銑)

獴 멍 몽 蜼之小者 ㅣ猶 五 리째진원숭이 몽 (東)

獯 훈 훈 北方匈奴 북녘오랑캐 훈 (文)

⿰犭隱 인 은 山騾 산나귀 은 (問)

(十五)

獵 레 렵 震也 진동할 렵 (葉)

獸 수 四足而毛 짐승 수 (宥)

⿰犭畾 레 뢰 飛鼠似蝙蝠 박쥐 뢰 (紙)

獷 꽝 광 犬也 개 광 (梗)

獿 냐 뇨 노 우 犬驚貌 개놀랠 뇨、獿猴戲 원숭이놀릴 노、犬名 ㅣ狻 개이름 우 (巧)(豪)(尤)

(十六)

⿰霍犬 휘 학 高也 높을 학 (覺)

⿰犭鄰 련 련 兔走貌 토끼달아날 련 (先)

獺 타、 달 찰 水狗 물개 달、찰 義同 (曷)(黠)

獹 루 로 良犬 좋은개 로 (虞)

獻 쎤 헌 進也 드릴 헌 (歌)

(十七)

⿰犭嬰 영 獸名 짐승이름 영 (庚)

獽 썅 양 野蠻族名 ㅣ오랑캐 양 (陽)

獼 미 미 猿屬 원숭이 미 (支)

⿰犭毚 참 犬聲 개소리 참 (咸)

⿰犭靈 링 령 良犬 좋은개 령 (青)

⿰犭戲 씨 희 豕也 돼지 희 (支)

(十八)

獾 환 환 권 天狗 너구리 환、권 義同 (寒)(先)

獶 노 猱也 원숭이 노 (豪)

⿰犭璽 쎤 선 秋獮 가을사냥 선 (銑)

(十九)

玀 뤄 라 猓ㅣ 오랑캐 라 (歌)

(二十)

玁 현 험 北夷 북녘오랑캐 험 (琰)

。五 畫。

玉部

玉 위 옥 石之美者 구슬 옥 (沃)

王 왕 왕 君也 임금 왕 (陽)(漾)

(二)

玎 띵 쟁 정 玉聲 ㅣ玲 옥소리 쟁、정 義同 (東)(江)

玏 륵 石次玉 城ㅣ 옥다음가는돌 륵 (職)

玐 빠 팔 玉聲 옥소리 팔 (黠)

⿰王卜 박 박 未琢玉石 덩어리옥 박 (覺)

(三)

玒 꽁 공 강 玉名 옥이름 공、강 義同 (東)(江)

玗 위 우 石似玉 옥돌 우 (虞)

玌 율 高也 높을 율 (物)

玖 꾸 [구] 黑石次玉옥다음가는검은돌구 (有)

玒 [공] 璧也구슬공 (腫)

玕 깐 [간] 美石次玉아름다운돌간 (寒)

玞 뿌 [보] 玉器옥그릇보 (虞)

玔 찬 [천] 玉環옥고리천 (霰)

玓 디 [적] 明珠色ㅣ瓅구슬빛이환할적 (錫)

玝 이 [율] 高也높을율 (質)

四

玨 珏의 古字

玐 [뉴] 鏡鼻거울손잡이뉴 (有)

玦 꿰 [결] 弓環활깍지결 (屑)

玣 뻰 [변] 玉飾冠弁옥으로꾸민관변 (霰)

玡 야 [아] 玉似骨옥같은뼈아 (禡)

玧 원 [윤][문] 充耳玉귀막이구슬윤、赤玉붉은구슬문 (軫)(元)

𤤦 엉 [잉] 玉器옥그릇잉 (蒸)

𤤀 메 [몰] 玉名ㅣ瑶옥이름몰 (月)

玪 칸 [감][음] 石之次玉者옥돌감、음義同 (咸)(侵)

玟 민 [민] 石種次玉옥다음가는돌민 (眞)

玢 얀 [분][빈] 玉紋貌ㅣ豳옥무늬분、빈義同 (文)(眞)

玤 빵 [방] 玉中次玉옥돌방 (講)

玞 뿌 [부] 美石次玉옥돌부 (虞)

玫 메 [매] 火齊珠ㅣ불구슬매 (灰)

环 뻬 [배] 占吉凶玉배꼬배 (灰)

玠 꼐 [개] 大圭큰서옥개 (卦)

玩 완 [완] 習也익힐완 (翰)

玜 공 [공] 玉石옥이름공 (東)

玭 핀 [빈][변] 珠之有聲者소리나는진주빈、珠也구슬변 (眞)(先)

五

玴 쐐 [예] 石似玉者옥돌예 (霽)

珐 琺略字

玵 깐 [감] 美玉아름다운구슬감 (覃)

玶 펑 [평] 玉名구슬이름평 (庚)

玽 꺼 [구] 石次玉者옥돌구 (有)(宥)

珏 쟈 [각][곡] 雙玉쌍옥각、곡義同 (覺)(屋)

珍 쩐 [진] 寶也보배진 (眞)

玣 [변] 飾弁玉고깔꾸미개옥변 (霰)

珇 쭈 [조] 珪之凸起뾰족한서옥조 (麌)

珄 씽 [생] 金色금빛생 (庚)

玳 대 [대] ㅣ瑁龜屬대모대 (隊)

珊 싼 [산] ㅣ瑚산호산 (寒)

玺 璽俗字

玼 츠 [자][차][체] 玉病옥티자、玉色옥빛차、玉色鮮潔貌옥빛깨끗할체 (哿)(紙)(薺)

珂 커 [가] 玉名구슬이름가 (歌)

玻 뻐 [파] 寶石ㅣ瓈유리옥파 (歌)

玷 뎬 [점] 玉病옥티점 (琰)

玲 링 [령] 金玉聲아롱할령 (靑)

珌 삐 [필] 佩刀飾下칼장식옥필 (質)

珉 민 [민] 美石次玉옥다음가는돌민 (眞)

珈 쟈 [가] 笄飾六ㅣ비녀치장가 (麻)

玹 [현] 玉次石옥돌현 (霰)

珀 퍼 [박] 茯苓所化 호박 박 古音 백 (陌)

❻

珗 쎤 [선] 石次玉 옥돌 선 (先)

琎 찐 [진] 玉名 옥 이름 진 (眞)

珛 쓔 [후] 朽玉 티박힌 옥 후 (宥)

珮 페 [패] 帶也ㅣ玉 패옥 패 (隊)

珕 리 [려] 佩刀飾 자개로 칼 장식할 려 (霽)

珙 꿍 [공] 玉名 옥 이름 공 (腫)

珣 쓘 [순] 東方美玉 옥 이름 순 (眞)

珧 야 [요] 玉名 옥 이름 요 (蕭)

珓 쟈 [교] 占具 배교 교 (效)

珦 썅 [향] 玉名 옥 이름 향 (漾)

班 빤 [반] 列也 벌려 설 반 (刪)

珩 헝 [형] 佩上玉 노리개 형 (庚)

珤 寶의 古字

珆 [이] 玉石 옥돌 이 (支)

珖 꽝 [광] 琯也 옥피리 광 (陽)

珞 러 [락] 頸飾 구슬로 목에 치장할 락 (藥)

珬 쓔 [술] 珂類 자재 술 (質)

珫 츙 [충] 玉名ㅣ耳 귀걸이 옥 충 (東)

瑙 瑙과 同 碯과 同

珨 [합] 開閉門 문 여닫을 합 古音 협 (洽)

珢 권 [은] 石似玉 옥돌 은 [간] 傷玉 부르터 삐어진 흔적 있는 옥 간 (願)

珠 쮸 [주] 眼珠 눈동자 주 (虞)

珥 얼 [이] 日旁氣 해무리 이 (寘)

珚 [연] 玉名 옥 이름 연 (先)

珘 [주] 玉也 구슬 주 (尤)

珝 쒸 [후] 玉名 옥 이름 후 (麌)

珪 귀 [규] 瑞玉 서옥 규 (齊)

𤤽 꿍 [공] 玉帶 옥 띠 공 (冬)

❼

理 리 [리] 正也 바를 리 道也 도리 리 (紙)

珹 쳥 [성] 美珠 아름다운 구슬 성 (庚)

琅 랑 [랑] 玉聲 옥 소리 랑 (陽)

珶 듸 [제] 佩玉 패옥 제 (霽)

琈 뿌 [보] 美玉ㅣ瑤 아름다운 옥 보 (遇)

珺 쥔 [군] 美玉 아름다운 옥 군 (問)

珷 우 [무] 石似玉 옥돌 이름 무 (麌)

珸 瑛과 同

瑛 우 [오] 美石 옥돌 오 (虞)

珼 [패] 具飾 자개 장식 패 (泰)

現 쎤 [현] 玉光 옥빛 현 今也 지금 현 (霰)

珵 청 [정] 佩玉 패옥 정 (庚)

琊 예 [야] 齊國郡名 고을 이름 야 (麻)

珽 팅 [정] 玉名 옥 이름 정 (迥)

琉 류 [류] 西域采石 유리돌 유 泉州國名 나라 이름 류 (尤)

球 ᄎᆔ [구] 圓也 둥글 구 地球 지구 구 (尤)

琇 쓔 [수] 石次玉 옥돌 수 (宥)

琗 져 [차] ㅣ据 자개 차 中字

珋 릒 [류] 寶石 보석 류 (尤)(有)

珿 츄 [착][축] 等也 비등할 착 축 義同 (覺)(屋)

琁 센 [선] 玉石 옥돌 선 (先)

琈 뿌 [부] 玉采ㅣ筍 옥 문채 부 (尤)

琄 쉬엔

[현] 佩玉貌ㅣㅏ 패옥 늘어질 현、古音 견 (銑)

琀 한 [함] 殯含玉 빈함옥 함 (勘)

八

琮 쭝 [종] 祭地瑞玉 지신제에 쓰는 옥 종 (冬)(宋)

琩 창 [창] 耳璫 귀고리 창 (陽)

琫 뽕 [봉] 刀鞘裝飾ㅣ 칼집장식옥 봉 (董)

琪 치 [기] 東方玉屬 옥이름 기 (支)

琦 치 [기] 玉也 옥 기 (支)

琬 웬 [완] 圭也 서옥 완 古音 원 (阮)

琵 피 [비] 胡琴馬上樂器 비파 비 (支)

琠 뎐 [전] 玉名 옥이름 전 (銑)

琯 꽌 [관] 以玉為管 옥피리 관 (旱)

琤 쩡 [쟁] 玉聲ㅣㅣ 옥소리 쟁쟁할 쟁 (庚)

琥 후 [호] 發兵虎符 옥호부 호 (虞)

琨 쿤 [곤] 美玉 아름다운 옥 곤 (阮)

琚 쮜 [거] 佩玉 패옥 거 (魚)

璩 꺼 [거] 耳環 귀고리 거 (魚)

琱 댜 [조] 治玉ㅣ琢 옥다듬을 조 (蕭)

琳 린 [림] 美玉球ㅣ 아름다울 옥 림 (侵)

琶 빠 [파] 馬上樂器 비파 파 (麻)

琴 친 [금] 七絃樂 거문고 금 (侵)

琡 쓕 [숙] 玉石 옥이름 숙 (屋)

琺 빠 [법] ㅣ瑯 법랑 법 (洽)

琢 취 [탁] 治玉 옥다듬을 탁 (覺)

琖 쟌 [잔] 玉ㅣ 옥술잔 잔 (潸)

琰 [염] 青玉 비취옥 염 (琰)

琲 삐 [배] 珠ㅣ 구슬꿰미 배 (賄)

琸 쭤 [탁] 人名 사람이름 탁 (覺)

琛 [침] 寶也 보배 침 (侵)

琭 루 [록] 玉貌ㅣㅣ 자질구레한 옥 록 (屋)

琕 [병] 刀室 칼집 병 (迥)

琧 어 [악] 白玉 흰옥 악 (藥)

琙 위 [역] 人名 사람의 이름 역 (職)

九

瑞 웨 [서] 祥也 상서 서 (寘)

瑚 후 [호] 海中産物 珊ㅣ 산호 호 (虞)

瑅 티 [제] 玉名 옥이름 제 (齊)

琾 玠과 同

瑁 많 [매][모] 瑇ㅣ亀属 대모 매、모義同 圭冒 서옥두겁 모 (隊)(號)

瑸 삔 [빈] 玉文ㅣ璘 옥무늬 얼른얼른할 빈 (眞)

琊 瑯과 同

瑗 웬 [원] 大孔璧 구멍큰 옥 원 (願)

瑋 웨 [위] 玉名 옥이름 위 (尾)

瑇 대 [대] ㅣ瑁亀属 대모 대 (隊)

瑂 메 [미] 石似玉者 옥돌 미 (支)

瑀 위 [우] 美石次玉 옥다음가는 돌 우 (麌)

瑕 쌰 [하] 赤玉 붉은 옥 하 (麻)

瑄 쒠 [선] 大円玉 크고 둥근 옥 선 (先)

瑝 황 [황] 玉聲 옥소리 황 (陽)

瑑 쫜 [전] 彫玉為文 옥새길 전 (霰)

瑱 [전] 玉名 옥이름 전 (銑)

瑌 완 [연] 珉也 옥돌 연 (銑)

瑟 씨

슬 風聲바람소리슬 (質)

瑙 노 노 石次玉 옥돌노 (皓)

瑛 잉 영 玉光옥광채영 (庚)

瑊 잼 감 石次玉ㅣ玏美 아름다운돌감 (咸)

瑃 춘 춘 玉名옥이름춘 (眞)

瑒 창 창 圭瓚제향에강신하는주자창 (漾)

瑈 유 유 玉名구슬유 (尤)

琿 혼 혼 美玉아름다운옥혼 或音훈 (元)

瑜 위 유 美玉瑾ㅣ아름다운옥유 (虞)

瑑 전 玉名옥이름전 (先)

瑎 쌰 해 黑石似玉검은옥돌해 (佳)

瑉 삔 민 石次於玉琳ㅣ옥다음가는돌민 俗音빈 (眞)

瑍 훤 환 玉有文采환옥환 (翰)

十

瑱 뎬 진 玉名옥이름진 (霰)、년義同 (震)

瑢 용 용 佩玉聲ㅣ패옥소리용 (冬)

瑥 원 온 人名晉翟ㅣ사람의이름온 (元)

瑫 타 도 美玉아름다운옥도 (豪)

瑮 리 률 玉英華옥무늬률 (質)

瑥 瑥同

瑰 꿰 괴 火齊珠玫 불구슬괴 (灰)

瑤 야 요 瑤池못이름요 (蕭)

瑵 짜 조 車蓋일산조 (巧)

瑳 취 차 玉色鮮白옥빛깨끗할차 (歌)

瑬 릐 류 旗末깃발류 (尤)

瑪 마 마 美石ㅣ瑙 마노마 (馬)

瑣 쒀 쇄 玉屑옥가루쇄 (哿)

瑭 탕 당 玉名옥이름당 (陽)

瑴 쟈 곡 각 二玉相合쌍옥곡、각義同 (屋)(覺)

瑲 창 창 玉聲ㅣㅣ옥소리창 (陽)

瑯 랑 랑 硬質琺ㅣ법랑낭 (陽)

瑨 璡과同

琛 천 침 寶也보배침 (侵)

瑥 인 은 玉也옥은 (眞)

瑴 瑴同

瑠 瑠의俗字

瑅 퉤 퇴 治也玉옥다듬을퇴 (灰)

瑩 잉 영 형 瑱也琇ㅣ아름다운옥영 水鏡ㅣ然물맑을형 (庚)(徑)

十一

璀 춰 최 珠垂貌구슬주렁주렁달릴최 (賄)

玏 러 륵 美石玉次옥다음가는돌륵 (職)

璃 리 리 西國寶유리 (支)

瑾 찐 근 赤玉붉은옥근 (吻)

瑽 충 종 佩玉聲ㅣ瑢옥자는소리종 古音총 (冬)

瑿 이 예 黑玉검은옥예 (齊)

璌 인 場也마당인 (眞)

璊 믄 문 玉赤色붉은옥문 (元)

璉 롄 련 瑚ㅣ종묘제기련 (銑)

璈 아 오 樂器名雲ㅣ풍류이름오 (豪)

璇 선 玉名구슬선 (先)

璆 취 구 玉聲옥소리구 (尤)

璅 쒀 쇄 玉屑옥가루쇄 (哿)

璂 치

[기]飾弁玉ㅣ고깔꾸미개기(支)

璋 쟝 [장]生男慶弄ㅣ아들낳은경사장(陽)

瓘 콴 [관]美玉아름다운옥곤、俗音관(元)

[illegible] 좌 [좌]景ㅣ사람이름좌(歌)

瑹 [서]笏也홀서(魚)

[illegible] 반 [반]駁也어룽질반(刪)

璟 징 [경]玉光옥빛경(梗)

十二

璒 떵 [등]石似玉者옥돌등(蒸)

璐 루 [로]美玉아름다운옥로(遇)

璣 지 [기]小珠작은구슬기(微)

璙 랴 [료]玉名옥이름료(蕭)

璡 진 [진]石之似玉者옥돌진(眞)(震)

璠 번 [번]魯寶玉보배옥번(元)

璘 린 [린]玉文옥무늬린(眞)

璑 우 [무]玉名옥이름무(虞)

璢 랴 [류]ㅣ璃유리류(尤)

[illegible] [로]玉名옥이름로(豪)

璜 황 [황]半璧반둥근패옥황(陽)

璏 지 [체]劍鼻玉飾칼콧등으로꾸밀체(霽)

璗 당 [탕]金之美者아름다운금탕(養)

璝 瑰과同

璞 푸 [박]玉之未琢者옥덩어리박(覺)

璛 쓔 [숙]琢玉工옥장인숙(屋)

璟 [경]玉光彩옥광채날경(梗)

璚 [경]赤玉붉은옥경(庚)

十三

璯 홰 [회]玉飾冠縫갓혼솔꾸미개회(泰)

[illegible] 이 [의]玉也옥의(寘)

璥 징 [경]玉名옥이름경(敬)

璖 쥐 [거]環屬귀고리거(魚)

[illegible] 뎬 [전]以玉充耳귀막이옥전(霰)

璩 쥐 [거]環屬옥고리거(魚)

璲 쒸 [수]瑞玉서옥수(寘)

璪 쟈 [조]冕飾貫玉면류관드림옥조(皓)

環 환 [환]周廻둘레환(諫)

璫 땅 [당]佩玉聲패옥소리당(陽)

璬 쟌 [교]佩玉차는옥교(篠)

璨 찬 [찬]璨也玉光옥빛찬란할찬(翰)

璧 삐 [벽]東ㅣ별이름벽(陌)

璱 씨 [슬]碧珠ㅣㅣ푸른진주슬(質)

[illegible] 융 [옹]玉器옥그릇옹(冬)

璭 판 [관]金玉磨光금옥을광낼관、곤義同(旱)

[illegible] 쓔 [족]玉名옥이름족(沃)

[illegible] [갈]美石似玉옥같은돌갈(曷)

十四

璿 쒼 [선]美玉아름다운옥선(先)

璼 란 [람]白玉흰옥람(皓)

瓀 연 [연]瑌也石次玉옥돌연(先)

[illegible] 璘의本字

璸 빈 [빈]玉文옥무늬빈(眞)

瓂 깨 [개]人名사람이름개(泰)

璶 [신]美石似玉옥돌신(震)

[illegible] 壉同

[illegible]

원 [문] 玉破 옥깨어질문 (問)

璽 씨 [새] 王者印玉ㅣ옥새새 古音사 (紙)

璹 쓔 [숙]、[도] 玉器 옥그릇숙、도 義同 (屋)(號)

璵 위 [여] 寶玉 보배옥여 (魚)

十五

⿰王賛 瓚의 俗字

瓃 레 [뢰] 玉器 옥그릇뢰 (灰)

瓈 리 [려] 寶玉 파려 옥려 (齊)

瓄 뚜 [독] 玉器 옥그릇독 (屋)

瓊 칭 [경] 赤玉 붉은옥경 (庚)

瓅 리 [력] 明珠色 진주빛환할력 (錫)

瓆 찌 [질] 漢人名 사람이름질 (質)

璣 찌 [기] 不円珠 둥글지않은진주기

瓋 틔 [적] 瑕也 옥티적 (錫)

十六

瓏 룽 [롱] 玉聲 玲ㅣ 옥소리쟁그렁거릴농 (東)

瓐 루 [로] 碧玉 비취옥노 (虞)

瓌 꾀 [괴] 大貌ㅣ偉 큰모양괴 (灰)

瓍 쒸 [쉬] 珠也 구슬쉬 (支)

十七

瓓 란 [란] 玉采 옥무늬란 (翰)

瓔 잉 [영] 美石似玉 옥돌영 (庚)

瓖 쌍 [양] 馬之腹帶裝飾 말배띠장식양 (陽)

⿱霝玉 링 [령] 靈巫以玉事神 무당령 (靑)

十八

瓘 꽌 [관] 人名 사람의이름관 (翰)

十九

瓚 짠 [찬] 宗廟祭器 종묘제향에 강신하는 그릇찬 (翰)

二十

瓛 환 [환] 公所執 서옥환 (寒)

二十一

⿰王甗 옌 [언] 玉甑 옥시루언 (銑)

二十二

⿰王纍 뤼 [루] 玉器 옥그릇루 (支)

玄部

玄 쉔 [현] 黑色 검을현 (先)

四

玅 먀 [묘] 玄ㅣ 현묘할묘 (嘯)

五

玆 옥 [자][현] 此也 이자 黑色 검을현 (支)(先)

六

玈 루 [로] 黑色 검은빛로 (虞)

率 쐐 [솔][률][수] 領也 거느릴솔 行也 행할솔 古音술 計也 헤아릴률 鳥網 새그물수 (質)(寘)

瓜部

瓜 꽈 [과] 木ㅣ 모과과 (麻)

三

瓝 과 瓟과同

四

⿰瓜丰 뻥 [봉] 瓜多實貌 외주렁주렁맺일봉 (董)

⿰屯瓜 둔 [둔] 瓜屬 오이둔 (元)

五

⿰句瓜 꾸 [구] 王瓜 오이구 (尤)

瓟 빠 [박]、[포] 小瓜 조그만한오이박、醬名 외지포 (覺)(肴)

瓞 데 [질] 小瓜ㅣ瓝 자질구레한오이질 (屑) 古音절

㼌 위 [유] 根本微弱 밑둥약할유 (虞)

⿰瓜弗 瓞와同

𤬏 수 [여] 乾采 말린채소 여 [고] 大瓜 큰외 고 (語)(虞)

六

瓠 후 [호] 瓠也 박 호 (虞)(遇)

𤬦 꽈 [괄] 瓜名 오이이름 괄 (曷)

𤬿 레 [뢰] 傷熟瓜 진무른외 뇌 (賄)

七

瓞

네 [뇌] 瓜中瓤ㅣ 외속 뇌 (賄)

八

𤭁 [화] 瓜也 오이 화 (哿)

九

𤭑 [후] 王瓜 큰오이 후 (尤)

𤭘 [련] 瓜中 오이속 련 (霰)

十

𤮏 렌 [렴] 瓜子 외씨 렴 (豔)

𤮐 씽

[형] 小瓜 작은외 형 (靑)

十一

瓢 퍄 [표] 瓠也 박 표 (蕭)

㼥 러 [루] 王瓜 땅외 루 (尤)

十二

𤮕 땅 [당] 瓜中實ㅣ瓤 외씨 당 (陽)

十四

瓣 빤 [판] 瓜中實 외씨 판 (諫)

十六

瓐 루 [로] 瓠ㅣ 호리병박 로 (虞)

十七

瓤 샹 [양] 瓜中實 외속 양 (陽)

十八

𤮤 [권] 瓜轉貌 구를 권 (先)

瓦部

瓦 와 [와] 燒土蓋屋 기와 와 (馬)

二

㼚 와 [와] 施瓦於屋 기와덮을 와 (禡)

瓧 삽 [삽] 衡名 데카그람 (瓦十倍) 國字

瓦丁 [청] 甎也 벽돌 청 (靑)

三

瓨 썅 [항] 長頸 목긴 항아리 항 (江)

瓦土 두 [두] 瓦器 기와그릇 두 (宥)

㼐 와 [와] 山貌 산모양 와 (馬)

瓩 킬 [천] 電力單位 킬로와트 新字

四

瓪 빤 [판] 牝瓦 암기와 판 (潸)

瓮 [옹] 罌也 독 옹 (送)

瓫 뻔 [분] 水溢 물넘칠 분 (元)

瓬 깡 [강] 大甕 큰독 강 (陽)

瓱 [모] 衡名 밀리그람 모 國字

瓰今 한 [함] 似瓶有耳 귀있는병 함 (覃)

瓲 [돈] 衡名 톤 돈 國字

瓰 [분] 衡名 데시그람 분 國字

瓬 팡 [방] 埴黏土 진흙물칠 방 (養)

𤭃 [형] 酒器 술병 형 (靑)(庚)

五

瓵 이 [이] 甌瓿小罌 작은독 이 (支)

盎瓦 앙 [앙] 甕ㅣ 큰독 앙 (漾)

瓸 빼

[백] 井甃 우물벽돌 백 (陌)

甁 [팽] 瓬甂 독 팽 (敬)

瓳 [호] 甎也 벽돌 호 (虞)

瓴 링 [령] 似瓶有耳ㅣ 귀달린병 령 (靑)

㼢 [놜] 牝瓦 암키와 놜 (黠)

六

瓷 즈 [자] 瓦器 오지그릇 자 (支)

瓸 [백] 衡名 헥터그람 백 國字

瓶 [병] 波水器 물장군 병 (靑)

𤭛 甂과 同

七

瓻 치 [치] 酒瓶 술병 치 (支)

甍 [맹] 屋脊 지붕마루 맹 (庚)

瓹 쟌 [견] 瓮底孔 독밑구멍 견 (先)

𤭁 퉁 [동] 牡瓦수키와동 (東)
𤬿 폐 [협] 半瓦반쪽기와협 (葉)
瓺 쨩 [장] 罄也질그릇장 (陽)
㼨 한 [함] 似瓶有耳귀달린병함 (覃)
𤭛 [병] 罌屬물장군병 (庚)
㽉 [성] 器也그릇성 (庚)

八

㼿 [강] 大甕큰독강 (陽)
瓽 땅 [당] 大盆큰소래기당 (漾)
甀 취 [추] 地名땅이름추 (支)
甁 瓶本字
㼭 덴 [점] 棤也나무주초점 (豔)
𤮂 [환][화] 大口罌입큰독환、화 義同 (旱)(馬)
瓿 뿌 [부] 瓶也양병부 (有)
甆 차 [차] 瓦屑滌器그릇닦을차 (麻)
㽁 멍 [맹] 甑帶시루테맹 (梗)

九

𤭙 얘 [개] 牝瓦암키와개 (佳)
甄 옌 [진][견] 器노질그릇장인진、明也밝을견 (眞)(霰)
甃 쩍 [추] 井甓우물벽돌추 (宥)
題 틔 [제] 甗也자배기제 (薺)
甂 뻰 [변] 小盆大口卑下자배기변 (先)
甄 레 [렴] 破瓦聲기와깨지는소리렴 (葉)
㼶 와 [유] 罌也항아리유 (虞)
甅 [리] 衡名센치그람리 國字、

十

甇 잉 [앵] 長頸瓶목긴병앵 (庚)
瓨 [강][황] 甂瓨독강 器也그릇황 (江)(陽)
甈 치 [계] 破罌깨진질그릇계 (霽)
𤮊 쎈 [합] 瓦屋기와집합 (咸)

十一

甎 쫜 [전] 瓦也기와전 (先)
甌 어 [구] 土器집구 (尤)
㽅 강 [강] 陶器질그릇강 (陽)
甐 라 [루] 小罌작은단지루 (有)
甍 [맹] 屋棟所以承瓦대마루맹 (庚)
甋 듸 [적] 甓也벽돌적 (錫)
𤮎 쌍 [창] 半瓦기와조각창 (養)
甏 쳬 [결] 未燒瓦굽지않은기와결 (屑)

十二

甒 우 [무] 酒尊瓦ㅣ술두루미무 (虞)
甑 찡 [증] 甗屬시루증 (徑)
甐 린 [린] 動也움직일린 (震)
甋 쓰 [사] 破甕聲깨어진독소리사 (支)

十三

甏 [등] 瓦豆禮器질제기등 (蒸)
甔 딴 [담] 受一石大罌한섬들이독담 (覃)
甓 피 [벽] 甎也벽돌벽 (錫)
𤮐 레 [뢰] 屋棟瓦용마루기와뢰 (灰)
甕 웡 [옹] 波水器물장군옹 (送)
甗 싼 [선] 瓦器綠
질그릇전선 (霰)

十四

甖 잉 [앵] 瓦器질그릇앵 (庚)
𤮮 얜 [함] 大瓮큰독함 (陷)

十六

甗 옌 [무] 甒也독무
𤮿 룽 [룡] 築土礱穀연자매룡 (東)

十七

𤯁

찬 [참]甖屬大益 큰소래기참(陷)

甈 쎄 [섭]瓦破聲 기와깨지는소리섭(葉)

(十六) 甗 궤 [규]甗孔 시루구멍규(齊)

(十九) 𤮾 롸 [라]瓦器 질그릇라(麻)

(二十二) 𤮚 레

[류]屋穩 지붕마루류(有)

𤮚 레 [뢰]屋穩 지붕마루뢰(灰)

甘部

甘 깐 [감]五味之一 달감(覃)

(四) 甚 썬 [심]劇也 심할심(寢)

(六) 甛 [첨]甘也 달첨(鹽)

甜 甛와同

(八) 𤯍 옌 [염]甘也 달염(琰)

甝 한 [감]白虎 흰범감(覃)

甞 嘗同

(十) 𤯌 쎈 [겸]香也 향기로울겸(鹽)

(十一) 𤯅 깐 [감]調和 화창할감(覃)

生部

生 썽 [생]產也 낳을생 出也 날생(庚)

(三) 甡 姓과同

(五) 甡 썽 [신]ㅣㅣ衆貌 많을신(眞)

毒 우 [육]養也 기를육 育同

(六) 產 찬 [산]生也 낳을산 生ㅣ 생산할산(潸)

(七) 甤 웨 [유]草木實垂ㅣㅣ 초목에 열매 다닥다닥 맺일유(支)

甥 썽 [생]女壻 사위생(庚)

甦 쉴 [소]息也 쉴소(虞)

(九) 甦 수 [소]息也 쉴소(虞)

(十) 𤯡 [황]華榮 꽃다울황(陽)

用部

用 융 [용]可施行 쓸용 器也 그릇용(宋)

(一) 甪 루 [록]仙名ㅣ里 신선이름록(屋)

(二) 甬 융 [용]巷道 골목길용(腫)

甫 [보]大也 클보(麌)

(七) 甯 닝 [녕]願詞 차라리녕(徑)

(十) 𤰃 융 [용]城垣 성담용(冬)

田部

田 톈 [전]耕地 밭전(先)

由 우 [유]從也 말미암을유(尤)

甲 쟈 [갑]十干之首 첫째천간갑(洽)

申 썬 [신]伸也 펼신(眞)

(一) 甴 뿌 [불]鬼頭 귀

신머라 불(物)

二

甸 뎐 [전][승] 治也다스릴승 、경기전 (霰)(徑)

甹 아 [유] 倒木生苗넘어진 나무에싹날유 (尤)

町 뗭 [정] 田区밭 지경정 (迴)

甹 핑 [병] 曳也끄 을병 (青)

男 난 [남] 丈夫사내남(子對父 母曰ㅣ)(位名ㅣ爵) (覃)

畖 畎과同

三

畁 畀俗字

甽 畎과同

画 畫과同

畖 畎과同

畀 삐 [비] 賜也줄비 (寘)

甾

[치] 翟名내 이름치 (支)

四

界 찌 [계] 境也지경계 (卦)

畏 畏과同

畆 畝本字

甾 [치] 田一歲한 해된밭치 (支)

畇 윤 [균] 墾田밭 개간할균 (眞)

畊 耕古字

畈 빤 [판] 平疇평평한밭 두둑판 [반] 俗音 (願)

畋 텬 [전] 獵也 평밭전 (先)

畎 쫜 [견] 山中水道산 골물도랑견 (先)

畏 웨 [외] 恐懼두 려울외 (未)

畂 깡 [강] 陌也지 경강 (養)

畓 [답] 水田논 답 國字

畑 [전] 水田밭 전日字

五

畚 뿐 [분] 盛土器흙 삼태분 (阮)

畛 연 [진] 田界畦ㅣ 밭지경진 (眞)

畛 畛와同

畔 관 [반] 田界밭 두덕반 (翰)

畜 쏴 [축][혹][추][휴] 家ㅣ六ㅣ가축축、養也기를흑家養獸집 에서기르는짐승추、獸可養기를만한짐승휴 (屋)

留 [류] 佳也머 무를류 (尤)

畝 뫄 [무] 田壟밭이랑 무俗音묘 (有)

畒

畝의 古字

畐 福古字

畟 찌 [측] 進也나 아갈측 (職)

𤱟 퍼 [파] 小高貌畛ㅣ조금두두룩 할파 (哿) [피] 耕也밭갈피 (支)

畘 난 [남] 田十畝曰ㅣ 밭열이랑남 (覃)

畠 [창] 田地 밭창 (陽)

六

略 랴 [략] 簡也간 략할략 (藥)

畧 略과同

𤱶 퉈 [타] 小高貌ㅣ畈조 금도두룩할타 (哿)

畣 答의 古字

畦 찌 [휴] 區也 갈피휴 (齊)

㽝 리

[례] 陷也빠 질례 (霽)

畢 삐 [필] 竟也마칠필 盡也다할필

畤 치 [휴] 区也 갈피휴 (齊)

畡 垓 과同

七

異 이 [이] 不同 다를이 (寘)

𤱪 넒 [日] 野幅들 이정

畬

위 [여] 開墾三年田삼년된밭여 (魚) [사] 火田화전사又따비받사 (麻)

畫 화 [화][획] 絵也그림화、古音홰 (陷) 分ㅣ그을획、畫也글씨획 (卦)

番 뺀 [번][반][파] 數也번수번 勇貌날 랠파 次也차례반 (寒)(歌)(元)

畯 쥰 준 農夫 농부준 (震)
畱 留의 本字
畮 畝의 正字
畤 庤同

畹 완 원 田二十畝 밭스무이랑원 (阮)
畷 쳬 철 田間道 밭사이길체、철 義同 (霽)(屑)
畺 疆의 俗字
[田+來] 래 래 不耕荒田 묵은밭래 (灰)
當 땅 당 適可 마땅할당 (陽)

[田+忝] 텬 전 鹿跡｜疃 사슴의발자취전 (銑)
[田+卑] 삐 비 甕水漑田｜田 보막아논에물댈비 (支)
(九)
畽 톤 탄 無廉隅 염우없을톤 舍傍空地 마당탄 (阮)(旱)
[田+柔] 유 良田 좋은밭유 (尤)

[田+奐] 완 연 城下田 성밑밭연 (先)
[田+坴] 칭 승 稱田畦 논두둑승 (蒸)
畼 창 창 地名 땅이름창 (漾)
[田+爰] 疃과同
[田+𠷎] 疇의 古字
(十)
畿 이 기 門內 문안기 (微)

[田+差] 촤 차 殘穢田 거친묵은밭차 (歌)
[田+奚] 혜 혜 徑也 지름길혜 (薺)
畾 뢰 뢰 田間 밭사이뢰 (灰)
畨 순 순 墾田 따비밭순 (眞)
(十一)
[田+翏] 류 류 火田 화전류 (尤)
[田+易] 場과同

[田+疌] 차 잡 黎也 부삽잡 (洽)
[田+莫] 한 한 耕麥地 보리밭한 (翰)(旱)
[田+參] 찬 참 田隴相聯 밭두렁서로이을참 (勘)
(十二)
[田+𪎘] 빤 반 輩也 무리반 (寒)
疄 린 린 田壟 밭두둑린 (眞)

[田+番] 䵶와同
疃 퇀 탄 鹿跡[田+忝]｜ 사슴발자국탄 (旱)
[田+曾] 쪙 증 水田 논증 (逈)
[田+僧] 증 坪也 큰들증 (蒸)
[田+登] 텅 등 伸而長 펴서늘일등 (蒸)
(十三)
[田+奚] 簇也 밥소쿠리계 (齊)

(十四)
疆 쟝 강 境界 지경강 (陽)
疇 착 주 田也 밭주 類也 무리주 (尤)
[田+需] 畯과同
(十五)
[田+畐] 벽 벽 祭需 제수이름벽 (職)
(十七)
疊 疊 本字
疊 뎨 첩 重也 거듭첩 積也 쌓을첩 (葉)
(十六)
[田+嚚] 휴 휴 壟也 밭두둑휴 (齊)

疋部

疋 피 소 필 足也 발소、偶也 짝필 (魚)(質)
疋 아 正也 바를아 (馬)
(三)
疌 녀 섭 機下足所履板 베틀디딜판섭 (葉)
(七)
[疋+束] 쓔 소 疏窓 영창소 (魚)
疏

쑈 [소] 通也 뚫릴소 麤也 상소할소 (魚)

䟽 쑈 [소] 稀也 성길소 (魚)

八

𤕟 [서] 清而疏 깨끗하고성길서 (魚)

九

疐 찌 [치][체] 頓也 엎드러질치 去本 꼭지딸체 (寘)(霽)

疑 이 [억][을][응][의] 正也 立바로설억、을義同、 定也 정할응、 惑也 의심할의 (物)(支)(職)(蒸)

十

𤕫 창 [장] 趨走 달아날장 (陽)

𤕭 疐 과同

疒部

疒 녜 [녁] 疾也 병녁 (陌)

二

疔 띵 [정] 毒瘡 정정 (青)

𤴯 쟈오 [교] 腹中急痛 배속캥길교 (巧)

疓 내 [내] 病也 앓을내 병내 (蟹)

㽱 쭈 [구] 病也 병구 (尤)

疕 삐 [비] 頭瘡 머리헌비 (紙)

三

疝 싼 [산] 三陰急痛客於膀胱 산증산 (諫)

疚 쭈、 [구] 久病 오랜병구 (尤)

疛 쭈 [주] 下腹痛 아랫배아플주 (有)

𤵸 [투] 乳病 젖몸살투 (遇)

疙 치 [흘] 癡貌 어리석을흘 (物)

㽽 [자] 心不快病 불쾌한병자 (紙)

𤵀 쌰 [하] 痢疾 이질하 (禡)

疘 꿍 [공] 下部病 밑빠질공 (東)

𤵣 환 [환] 搔生瘡 긁어부스럼환 (翰)

四

疥 쪠 [개] 痒疾 옴개 (卦)

疧 찌 [기][저] 滯病 체증기、저義同、或音제 (支)(齊)

疤 빠 [파] 瘡痕 헌데자리파 (麻)

疩 瘁의 俗字

疢 천 [진] 熱病 화병진 (震)

疣 우 [우] 瘤也 혹우 (尤)

㽷 쒜 [수] 腫病 습종수 (霽)

疫 이 [역] 属鬼為災 시환역 (陌)

疪 삐 [피] 脚濕冷病 다리습냉병피 (霽)

疦 쎄 [혈] 瘡裏空 창구멍빌혈 (屑)

疨 [하][아] 喉病 인후병하、疨ㅣ 병심할아 (麻)

痁 찬 [첨] 皮剝空 피풍첨 (監)

㽹 빤 [반] 癡駿 어리석을반 (阮)

𤵢 쫘 [華] 無腕 팔목없을좌

五

疻 쯔 [지] 毆傷 맞아서멍들지 (紙)

痈 疾同

痄 쨔 [차][자] 瘡不合 헌데아물지않을차、病甚 병더덜자 (麻)(馬)

疲 피 [피] 勞也 느른할피 (支)

疽 쮜 [저] 瘡也 종기저 (魚)

疸 딴 [단][달] 黃病 황달단、ㅣ 쥐부스럼달 (翰)

疴 커 [아] 病也 병아 (歌)

痂 쨔 [가] 乾瘍 헌데딱지가 (麻)

痀 쮜 [구] 曲 곱사등이구 (虞)

疰 쮸 [주] 病染 병전염할주 (遇)

疹 쩐 [진] 熱病 열병진 (軫)(震)

病

삥 [병]疾加 병들병(敬)
疵 ㅊ [자]病也 병자(支)
疾 찌 [질]病也 병질(質)
疼 텅 [동]痛也아플동(蒸)
疳 깐 [감]小兒食病 질병감(覃)
疶 쎄 [설]痢也이질설(屑)
痆 나 [날][필]瘡痛부스럼아플날 或音닐痒也가려울필(黠)(質)
⿸疒古 꾸 [고]小兒口瘡어린아이입병고(遇)
⿸疒赤 疢의俗字
疺 빠 [법]瘦也 가쁠법(洽)
⿸疒危 ⿸疒厄와同
疿 뷔 [비]觸暑汗濕 痤ㅣ땀띠비(未)
疱 퐈 [포]腫病 부풀포(效)
痃 쎤 [현]癖積적 병현(先)
⿸疒它 퉈 [타]病也병 들타(哿)
痡 뿌 [보]俛病몸펴지 못하는병보(虞)
症 쪙 [증]病勢병 증세증(敬)
⿸疒朮 칙 [술]狂走미처 달아날술(質)
⿸疒瓜 꽈 [과]瘡也 헌데과(歌)
痁 뎬 [점]瘧疾학 질점(豔)(監)

❻

痊 찬 [전]病除병 낳을전(先)
痓 ㅊ [치]風病풍 병치(寘)
⿸疒列 厲과同
痑 뚸 [타]馬病말 병타(哿)
⿸疒老 롸 [로]癘ㅣ 옴로(皓)
痐 회 [회]腹中長 회충배회(灰)
痒 썅 [상]痛也아 플상(漾)
⿸疒合 따 [답][압]肥也살찔답 寒病오한증압(合)
痒 양 [양]病也병 들양(養)
⿸疒夆 빵 [방]肛腫곪 을방(江)
痋 퉁 [동]動病경충증 동[충]義同(冬)
痕 헌 [흔]凡物之跡 흔적흔(元)
痌 [통][동]痛也아플통瘡 潰헌데터질동(東)
痔 찌 [치]肛門病隱 ㅣ치질치(紙)
痍 이 [이]傷也 다칠이(支)
痎 깨 [해]二日一發之瘧하루 거리해 古音개(佳)
痏 웨 [유]打傷맞아서 상할유(紙)

❼

痛 통 [통]傷也상 할통(送)
痞 피 [비]氣隔不通 답답할비(紙)
痢 리 [리]腹痛瀉疾 이질리(寘)
痡 푸 [부]病也병 들부(虞)
痗 메 [매]病也병 매(賄)(隊)
痣 쯔 [지]黑子검은 사마귀지(寘)
⿸疒肙 원 [연]憂也근 심할연(先)
痟 쌰 [소]頭痛머리 아플소(蕭)
痘 뚜 [두]ㅣ瘡 마마두(宥)
痤 취 [좌]小腫뾰 루지좌(歌)
⿸疒里 리 [리]病也 병리(紙)
⿸疒㑴 친 [침]體貌醜惡 몸추악할침(寑)
痙 잉 [경]彊急증 풍뜰경(梗)
⿸疒希 인 [은][흔]創肉內出 出다친살나 올은義同、痛也아플흔(問)

痚 효 [효] 喘也 헐떡일 효 (肴)
⿸疒酉 우 [유] 朽木臭 썩은나무냄새 유 (尤)
⿸疒乍 쎄 [사] 痒也 가려울 사 (麻)
⿸疒言 후 [홀] 多睡病 잠자는병 홀 (月)
⿸疒春 툰 [탄] 病而善食 먹기좋아하는병 탄 (軫)
痠 솬 [산] 痛也 저릴 산 (寒)
⿸疒辛 씬 [심] 感寒體戰 오한날 심 (寢)
⿸疒狂 꽝 [광] 熱病 열병 광 (陽)
痧 싸 [사] 虎列剌 쥐통 사 (麻)
⿸疒步 뿌 [보] 復病 병도질 보 (遇)
痥 뒤 [탈] 馬腫ㅣ 말부스럼 탈 (曷)

八

痰 딴 [담] 胸鬲病 가래 담 (覃)
⿸疒來 래 [래][뢰] 久病 장감래、惡病 癘 염병 뢰 (灰)(隊)
⿸疒朋 평 [붕][팽] 婦人帶下病 대하증 붕 古音 붕 腹脹滿 단복고창 팽 (庚)(徑)
⿸疒肥 痱와 同
痺 쎄 [비] 痿風寒濕祟 脚氣 각기 비 (寘)
痿 웨 [위] 痺濕病起陰不 자기늘어질 위 (支)
痼 꾸 [고] 久病 고질 고 (遇)
痾 [아] 病寖深 병깊을 아 (歌)
瘁 췌 [췌] 病也 병들 췌 (寘)
⿸疒叔 츄 [축] 腹痛 배아플 축 (屋)
痱 뻬 [비][배] 風病 풍병 비 小腫 뾰루지 비、배義同 (未)
瘀 위 [어] 血壅病 어혈질 어 (御)
痯 판 [관] 疲貌 고달플 관 (旱)
痳 마 [림] 尿道病 임질 임 (侵)
痴 치 [치] 心思不足 어리석을 치 (支)
⿸疒豕 쮸 [축][착] 手足中寒傷瘡 손발 얼어터질 축 (沃) 義同 (覺)
痮 쟝 [장] 腹脹 배부를 장 (漾)
瘂 [아] 瘖也 벙어리 아 (馬)
⿸疒坴 커 [합][금] 寒病 추위에상한병 합、瘧也 하질 금 (合)(侵)
⿸疒戔 잰 [천] 小痒 근지러울 천 (銑)
痲 린 [마] 風熱病疹 홍역 마 (麻)
痵 찌 [계] 心動 마음두근거릴 계 (寘)
痺 삐 [비] 鳥名 새이름 비 (支)
⿸疒侖 륜 [륜] 指病 손가락병 윤 (眞)
⿸疒易 이 [역] 病相傳染 전염병 역 (陌)
痻 [민] 病也 병들 민 (眞)
⿸疒卷 촨 [권] 手屈病 손굽는병 권 (先)
⿸疒敢 옌 [긴] 脣腫 순종 긴 (軫)

九

⿸疒盈 瘟 同
⿸疒复 뿌 [부] 勞也 가쁠 부 (有)
瘏 투 [도] 困病 피곤할 도 (虞)
瘉 위 [유] 病差 병나을 유 (虞)
瘐 위 [유] 罪囚病死 죄인병나죽을 유 (虞)
瘇 尰 同
瘣 [회][외][퇴] 馬病 말병 회 骨節病 뼈마디아플 외、陰病 음병 퇴 (灰)(賄)
瘦 쑤 [수] 臞瘠 파리할 수 (宥)
瘖 인 [음] 不能言 벙어리 음 (侵)
⿸疒咼 瘑 과 同

⿸疒曷 커 [갈]內熱病 속가깝할갈(曷)
瘕 쟈 [가]喉病 목병가(馬)
⿸疒省 쎵 [생]瘦也 파리할생(梗)
瘍 양 [양]腫瘡 종기양(陽)
瘈 치 [계]狂犬 개미칠계(霽)
瘌 라 [랄]病也 앓을랄(曷)
瘊 후 [후]疣之小者 무사마귀후(尤)
瘋 퓡 [풍]頭風病 바람머리풍(東)
⿸疒扁 편 [편]病也 병들편(先)
瘓 환 [탄]癱ㅣ 중풍들릴탄(旱)
⿸疒胡 후 [호]物阻喉中 목에걸릴호(虞)
⿸疒皆 쪠 [해]老瘧無時發作ㅣ瘧 오래된학질때없이발작할해(佳)
⿸疒夆 衰同
⿸疒突 투 [돌]下部病 하초병돌(月)
瘔 쿠 [고]困也 곤할고(遇)

十

⿸疒班 빤 [반]痘疫發ㅣ 발반될반(刪)
瘩 따 [탑]悪瘡疙ㅣ 부스럼탑(合)
癓 웨 [미]心不快病 불편한병미(微)
⿸疒高 챠 [고]癩也 문둥병고(皓)
⿸疒衰 衰과同
瘝 판 [관]病也 병들관(刪)
瘛 씨 [계]小兒驚風 어린아이경기병계 古音혜(霽)
瘣 훼 [외]病也 병들외(賄)
瘙 쏘 [소]腫也 종기소(號)
⿸疒桑 쌍 [상]馬病 말병상(養)
瘷 欶俗字
瘥 차 [채][차]病除 병낳을채 小疫 작은역질차(卦)(歌)
瘢 빤 [반]痍處已愈有痕 딱지자리반(寒)
瘟 원 [온]疫也 온역온(元)
瘡 창 [창]瘍也 종기창(陽)
瘨 뎬 [전]病也 병들전(先)
瘚 쮜 [궐]氣逆 기운질릴궐(月)
瘦 痩同
瘧 눼 [학]寒熱病 학질학(藥)
瘠 찌 [척]減少 줄척(陌)
⿸疒豈 애 [애]痴病 어리석은병애(灰)
⿸疒馬 마 [마]眼病 눈병마(禡)
瘜 씨 [식]寄肉 군살식(職)
⿸疒秦 차 [색]膝動 맥들먹거릴색(陌)
瘞 이 [예]埋也 묻을예(霽)
⿸疒烝 쩡 [증]骨病 뼈골쑤실증(逈)
⿸疒骨 꾸 [골]膝病 무릎병골(月)
⿸疒盍 야 [압]短氣 숨가쁘게쉴압(合)
瘤 癅俗字

十一

瘬 쨩 [창]腹大漲 배부를창(漾)
⿸疒雍 융 [옹]鼻塞 코막힐옹(冬)
⿸疒粒 리 [립]皮膚生粒 두드러기립(緝)
⿸疒悉 嫖과同
瘺 瘻同
⿸疒帶 대 [대][체]婦人下部病ㅣ下 대하증 久痢 오랜이질체(泰)(霽)
⿸疒殹 이 [의]呻吟聲 앓는소리의 或音이(支)
瘵 쨰 [채]勞病 허로병채(卦)
瘰 뤄

[라]病也 옴라 (哥)

瘽 찐 [근]病也병들근 (文)

瘶 쑤 [수]欬ㅣ上氣 기침수 (宥)

瘯 쭈 [족]疥癬진 버짐족 진옴족 (屋)

瘳 착 [추]損也덜릴추 (尤)

⿸疒狗 [조]狂也미칠조 (嘯)

瘴 쨩 [장]山川厲氣 풍토병장 (漾)

瘼 뭐 [막]病也병들막 (藥)

瘭 퍞 [표]病名병이름표 (蕭)

瘒 삐 [피]轉筋전근될피 (寘)

瘲 쭁 [종]小兒驚風病 瘛ㅣ경기증종 (宋)

癕 옹 [옹]鼻塞不知香臭코막혀향내맏지못할옹 (冬)

⿸疒衰 꺼 [괘]蟲災충재괘 (歌)

⿸疒虘 쨔 [사]瘡痂甲헌데딱지사 (麻)

瘸 취 [가]手足病팔다리병가 (歌)

⿸疒徙 [선]乾瘍 버즘선 (銑)

瘻 뤼 [루]頸腫목부을루 (有)

癮 인 [음]心病심화병음

癈 쀄 [폐]痼疾고질폐 (隊)

癉 딴 [단][다]勞病허로병단 怒也성낼다 (寒)(翰)(旱)

⿸疒番 빤 [반]病死병들어죽을반 (寒)

瘮 疹의 俗字

癌 안 [암]怪病괴병암 (感)

⿸疒童 瘇과同

⑫

癇 癎와同

療 랴 [료]治病병고칠료 (嘯)

癄 쟈 [초]病也병들초 (嘯)(蕭)

癅 [류]疣也혹류 (尤)

⿸疒斯 씨 [서]聲散소리흩어질서 (齊)

癎 쎈 [간]小兒病간기간 (刪)

癁 뿌 [복]病復병도질복 (屋)

⿸疒朁 憯同

癆 랖 [로]藥毒약독날로 (號)

瘩 따 [답]疙ㅣ두드러기날답 (合)

⿸疒敝 삐 [별]䐇滿悶而皮裂 어터질별 (屑)

癀 황 [황]黃疸病황달병황 (陽)

⿸疒爲 웨 [위]口咼입비뚜러질위 (紙)

癃 룽 [륭]老也 늙을륭 (東)

⿸疒皋 쏘 [효]腫欲潰 곪길효 (蕭)

⿸疒貴 래 [퇴][대]陰病자궁병퇴 恤漏대하증대 (灰)(隊)

⿸疒貰 [사]多病병많을사 (禡)

⿸疒登 덩 [등]病甚병심할등 (蒸)

⿸疒剃 쪠 [제]禿病머리헐제 (霽)

⑬

癖 피 [벽]積聚적병벽 (錫)

癐 꽤 [괴][유]病甚병더칠괴 聲고함지를위 (泰)(支)

⿸疒睪 이 [역]病相傳染병전염할역 (陌)

癜 덴 [전]ㅣ風斑片어루러기전 (霰)

⿸疒亶 딴 [단]病也병들단 (旱)

癕 癰과同

癏 [환]病也병들환 (刪)

癓 쀄 [미]骭瘍종아리종기미 (微)

⿸疒僉 찬 [첨]物毒入喉而痛목구멍아릴첨 (監)

癘 릐 [려]ㅣ疫염병려 (霽)

癙 쓔 [서]中暑더위먹을서 (語)

癑 눙 농 痛也 아플농 (送)
癛 린 름 粟體寒病 소름끼칠름 (寢)
⿸疒賁 뿐 분 病悶 병으로 번민할분 (問)
癒 瘉의 俗字
癙 쓔 서 憂病 근심으로 난병서 (語)
癗 레 뢰 皮外小粟 두드러기뢰 (賄)
癔 어 억 心病 심화병억 (職)

⑭

⿸疒脅 쟈 협 獸之足病 짐승발병날협 (洽)
癟 뻬 별 不能飛 날지못할별 (屑)
癠 치 제 病也 병들제 (薺)
癕 癰과同
⿸疒翟 워 약 病也 병약 (藥)
癡 츠 치 狂也 미치광이치 (支)
⿸疒蒦 휘 확 物在喉癵ㅣ 목에걸릴확 (藥)
⿸疒㥯 인 은 皮外小起 두드러기은 (吻)
⿸疒覃 삐 비 冷手 손시릴비 (寘)

⑮

癢 양 양 搔病 가려울양 (養)
癥 쩡 징 腹中結塊 ㅣ瘕 괴징 (蒸)
療 료 治病 병나을료 (嘯)
癤 쩨 절 瘍之小者 부스럼절 (屑)
⿸疒滕 疼의 俗字
⿸疒編 뻰 변 骨風疾 뼈쑤시는병변 (銑)

⑯

癪 적 怒發 성낼적 日字
癧 리 력 筋節病 연주창력 (錫)
癨 훠 곽 亂吐病 토할곽 古音확 (藥)
癩 래 라 惡疾 문둥병라 (泰)
⿸疒蘇 쑤 소 病也 병소 (嘯)
⿸疒頹 퉤 퇴 下部病 산증퇴 (泰)

⑰

癬 선 乾瘍 마른버즘선 (銑)
癭 잉 영 頸瘤 목의혹영 (梗)
癮 인 은 皮外小起ㅣ疹 두드러기은 (吻)

⑱

癯 구 瘠也 파리할구 (虞)
癰 융 옹 疽也 등창옹 (冬)

⑲

癱 탄 탄 西肢不仁 중풍날탄
癲 뎬 전 狂病 미칠전 (先)
⿸疒羸 레 리 病疲 병들어 피곤할리 (支)
⿸疒龍 릐 려 瘦黑 파리하고검을려 (霽)
癵 렌 련 病體拘曲 병들어 몸이오그라질련 (先)

㉒

⿸疒蠃 뤄 라 疥也 옴라 (哿)

癶部

癶 뿨 발 𨑃足漸行 걸을발 (曷)

④

癸 꿰 계 方位則北 북방계 (紙)

発 피 발 以足夷草 발로풀몽갤발 (曷)

⑤

癹 登의 古字

⑦

登 떵 등 升也 오를등 成也 이룰등 (蒸)
發 빠 발 開也 열발 出行 떠날발 (月)
⿱癶夕 맘 荒蕪田中 難草 김맘 (咸)

白部

白 빽 [백][배] 西方色素흰백 ㅣ川땅이름배 陌 禡

㊀

皃 체 [가] 姓也성가 麻

百 빽 [백][맥] 十之倍일백 백劢也힘쓸맥 陌

㊁

皃 貌同

皁 쟈 [조] 黑色검은빛조 皓

皀 [흡] 香也향내날흡 緝

皂 씨 [흡] 香也향내날흡 緝

㊂

的 듸 [적] 明也밝을적 錫

皃 메 [메] 布帛幅邊옷감자투리메 霽

皯 皔과同

㊃

皇 황 [황][왕] 君也ㅣ帝황제황 嚴肅엄숙할왕 陽 養

皆 예 [개] 同也같을개 佳

皅 빠 [파] 亂也어지러울파 麻

皉 퓌 [발] 淺白ㅣ昧희읍스름할발 曷

皈 皈同

㊄

皌 머 [말] 淺白엷게흴말 末

皎 [교] 白也흴교

皋 皐과同

㊅

皐 깐 [고][호] 岸也언덕고 告也고하고부를호 豪 號

皎 쟈 [교] 月光白달밝을교 篠

皏 평 [팽] 淺薄色열은빛팽 梗

㊆

皕 빼 [퍽] 二百日이백퍽 職

皔 한 [한] 白也흴한 旱

皓 화 [호] 光也빛호 皓

皖 환 [환][한] 地名땅이름환、明星밝은별한 寒 旱 濟

皒 [아] 白色흰빛아 歌

㊇

皙 씨 [석] 白사람의빛흴석 錫

皘 쳰 [천] 白貌희멀건빛천 霰

皊 [념] 船木배나무념 豔

皩 루 [록] 白獸흰짐승록 屋

皕 베 [배] 白皮흰가죽배 卦

㊈

皸 휘 [휘] 白也흴휘 微

㊉

皝 황 [황] 氣容貌엄숙할황

皚 애 [애] 霜雪色눈서리흴애 灰

皛 쟈 [효] 明也밝을효 篠

皞 후 [호] 明也밝을호 皓

皜 깐 [고] 白貌흴고 、호義同 皓

皬 학 [학] 鳥肥澤貌새살찌고윤택할학 覺

普 틔 [체] 廢一偏低한쪽으로치우처낮을체 霽

㊉一

皠 취 [최] 白也흴최 賄

皟 채 [책] 淨也맑을책 陌

㊉二

皤 퍼 [파] 頭白머리흴파 歌

皥 皞俗字

皧 [등] 白也흴등 迴

皦 [송] 索白흴송 東

皢 쟈 [효] 日白햇빛흴효 篠

㊉三

皦 쟈 [교] 明也밝을교 篠

皣 예 [엽] 白花흰꽃엽 葉

皧 애 [애] 淨也깨끗할애 隊

㊉四

皪 뭉 [몽] 物上所生白醭곰팡이몽 董

皫 롱 [롱] 左右小門좌우작은문롱 東

皭 [주] 詞也누구주 尤

十五 皫 빠 [표] 禽毛變色 새털빛변할표 (篠)
皪 리 [력] 白貌的皪 희끗역 (錫)
皣 예 [엽] 光盛 빛날엽 (葉)
十六 [白爲] 웨 [위] 花也 꽃위 (御)
皬 허 [학] 白也 셀학 (藥)
皭 쟈 [조][작] 白也 흴조 淨也 정결할작 (嘯)(藥)
[白歷] 皪과 同
二十 [白黨] 탕 [당] 明也 밝을당 (養)
二十四 [白靈] 링 [령] 白也 흴령 (青)

皮部

皮 피 [피] 剝獸取革 가죽피 (支)
二 [皮丁] 딩 [정] 皮膚急縮 살가죽당길정 (梗)
三 [皮丸] 완 [환] 瘤病 혹병환 (寒)
皯 깐 [간] 面黑病 얼굴에기미낄간 (旱)
[勺皮] 무 [박] 皮破 살가죽터질박 (覺)
[皮才] [작] 皮皴 거죽줄음살작 (藥)
四 [丌皮] 피 [피] 開口貌 입딱벌릴피 (紙)
[比皮] 피 [피] 器破未離 그릇금날피 (支)
[內皮] 난 [남] 柔革 가죽다룰남 (勘)
[屮皮] 삐 [비] 皺 쪼그타질비 (寘)
[尢皮] 뽜 [파] 曲足病 발비뚜러진병파 (哿)
[皮巴] 파 [파] 赤濃鼻 주독오른코파 (紙)
五 皰 퐈 [포] 面皮所生如水泡 부풀포 (效)
[目皮] 츄 [추] 皮裂 皴ㅣ 가죽터질추 (寘)
[民皮] 민 [민] 皮膚細ㅣ 살결에주름살질민 (軫)
[此皮] 쟈 [자] 皮不伸 가죽오그려질자 (紙)
[央皮] 앙 [앙] 面色蒼 얼굴빛푸를앙 (漾)
六 [合皮] 따 [답] 皮寬 가죽늘어질답 (合)
[乞皮] [기] 困也 피곤할기 (寘)
[吉皮] 찌 [질] 皮黑 가죽검을질 (質)
[交皮] 아 [오] 皮堅 가죽단단할오 (肴)
[旬皮] 쓘 [순] 足坼 발터질순 (眞)
七 皴 츈 [준] 皮生細條ㅣ裂 살터저주름질준 (眞)
[旱皮] 한 [한] 射鞲ㅣ臂 활쏘는팔지한 (翰)
[折皮] 쎼 [설] 撮取皮 꼬집어뜯을설 (屑)
[兌皮] 퉈 [탈] 皮剝 가죽벗길탈 (曷)
皳 츄 [구] 丸鞠 공구 (尤)
八 [典皮] [전] 皮起 가죽부르틀전 (銑)
[彔皮] 루 [록] 皮肉瘦惡ㅣ 마른살결어셀록 (屋)
皵 취 [작] 皮皴 살가죽주름질작 (藥)
[臤皮] 엔 [흠] 皮厚貌 가죽두틈할흠 (寢)
九 [臿皮] [츕] 老人皮膚皺貌 늙은이피부에주름질츕 (合)
皸 쥔 [군] 凍裂ㅣ瘃 얼어터질군 (文)(問)
[者皮] 뚜 [두] 桑皮 뽕나무껍질두 (麌)
皶 皻의 俗字
[封皮] 빵 [봉] 皮履 가죽신봉 (董)
皷 鼓의 俗字
[甾皮] 쯔 [치] 皮黑 살검을치 (支)
十

皝 광 [방] 治履邊 신도리방 (陽)

[illegible] 와 [illegible]同

[illegible] 쫘 [확] 卵孚 알속겹질확 本音각 (覺)

[illegible] 마 [마] 閉口ㅣ嚰 입다물마 (麻)

皺 쭈 [추] 皺摺 주름질추 (宥)

[illegible] 취 [추] 粟體 소름끼칠추 (支)

[illegible] [한] 膜也 흘떼기한 (寒)

(十一)

[illegible] 쭈 [추] 皮縮 가죽오그라질추 (宥)

[illegible] 만 [만] 皮脫離 가죽벗어질만 (阮)

[illegible] 루 [록] 皮文 가죽무늬록 (屋)

皻 차 [사] 粉刺 분가시사 (麻)

(十三)

皽 쨘 [전] 皮肉上魄膜 속꺼풀전 (銑)

[illegible] 타 [달] 皮外突起 부르틀달 (曷)

(十四)

[illegible] 얜 [염] 瘍痂 헌데딱지염 (琰)

[illegible] 산 [연] 矛皮 다룬가죽연 俗音천 (銑)

(十五)

皾 [독] 箭器 전동독 (屋)

[illegible] [광] 張大貌 크게펼광 (養)

(十九)

[illegible] [섭] 和貌 부드러울섭 (葉)

[illegible] 쪤 [견] 皮起 부르틀견 (銑)

皿部

皿 밍 [명] 食器 盤盂之屬 그릇명 (梗)

(二)

盀 치 [기] 器也 그룻기 (紙)

(三)

盳 망 [맹] 不精要 맹랑할맹 (養)

[illegible] 깐 [간] 盤也 소반간 (寒)

[illegible] [혈] 盤也 소반혈 本音결 (月)

盂 위 [우] 飯器 밥그룻우 (虞)

(四)

盃 杯俗字

盅 쭁 [충] 器虛 그룻빌충 (東)

[illegible] 씨 [혜] 小盆 방구리혜 (齊)

盆 퓐 [분] 瓦器 동이분 (元)

盈 잉 [영] 充滿 찰영 (庚)

盄 [조] 器也 그룻조 (蕭)

(五)

盌 [완] 鋺ㅣ小盂 은바리완 (旱)

益 이 [익] 加也 더할익 (陌)

盎 양 [앙] 盛貌ㅣ 성할앙 (漾)

盋 [발] 食器盂屬 바리발 (曷)

[illegible] 쌘 [범] 盃也 술잔범 (監)(陷)

盍 허 [합] 合也 합할합 (合)

盉 허 [화] 調味器 양념그룻화 (歌)

[illegible] [요] 器中不平 그룻속험할요 (效)

昷 원 [온] 仁也 온화할온 (元)

[illegible] 아 [아] 酒杯 술잔아 (馬)

(六)

[illegible] 쫜 [권] 屈木盂 나무바리권 (霰)

盒 허 [합] 有蓋食器 합합 (合)

盔 퀘 [회] 盆也 동이회 古音괴 (灰)

[illegible] 盡俗字

盓 위 [우] 盤ㅣ施流 웅덩이우 (虞)

[illegible] 악 [유] 抒水小器 물긷는그룻유 (有)(宥)

盖 蓋俗字

[illegible] [례] 器也 그룻례 (霽)

(七)

[illegible] 찬 [조] 草田器 삼태기조 (篠)

盜 또 [도] 賊也 도둑도 (號)

盛 썽

[성] 繁昌성할성(敬) 茂也무성할성(庚)

⿱皀皿 [궤] 盛器稷黍稷 ㅣ대제기궤(紙)

⿱叀皿 [보] 黍稷器簠 대제기보(麌)

(八) 盝 루 [록] 瀝也 거를록(屋)

⿱圭皿 싸 [사] 祭器 제기사(馬)

盇 同蓋

⿱宓皿 밍 [몽] 盛滿豊ㅣ 가득할몽(東)

⿱林皿 [사] 器名 그릇사(馬)

盞 얀 [잔] 杯也 술잔잔(潸)

盟 멍 [맹] 信也민을맹(庚)(敬)

(九) 監 갠 [감] 視也볼감 官也벼슬감(陷)(咸)

盠 릐 [리][려] 蠡也소쿠리리, 려義同(支)(齊)

盡 찐 [진] 皆也다진 終也마칠진(軫)(震)

⿱畎皿 쒸 [혀] 山名ㅣ町 산이름혀(錫)

(十) 盤 관 [반] 進ㅣ桓 반환할반(寒)

⿰氵⿸虍皿 同鋪

(十一) 盧 루 [로] 賣酒区 술집로(虞)

盥 관 [관] 洗面낯씻을관(翰)

盦 안 [암] 覆蓋 덮을암(覃)

⿱既皿 [기] 器名그릇이름기(未)

⿱淥皿 [록] 去水 거를록(屋)

⿱[illegible]皿 [고] 器也그릇고(虞)

醓 땀 [답] 肉醢고기젓담(感)

(十二) 盩 쪽 [주] 山曲산구비주(尤)

盪 탕 [탕] 滌也 씻을탕(養)

盫 盦과同

⿱[illegible]皿 [퇴] 歃血器맹세할때 피마시는그릇퇴(灰)

(十三) 盬 꾸 [고] 不堅固견고하지못할고(麌)

醢 [해] 肉醬고기로만든장해(賄)

(十四) ⿱[illegible]皿 쟢 [교] 小釜작은가마교(巧)

(十六) 盭 리 [려] 戾也돌아올려(霽)

⿱畾皿 뤼 [뢰] 酒器술항아리뢰(灰)

盬 꾸 [고] 諸也 모을고(麌)

(二十) ⿱[illegible]皿 깐 [감] 器蓋그릇뚜껑감(勘)

目部

目 무 [목] 眼也눈목 人眼童子눈동자목(屋)

(一) ⿰目乚 쟌 [교] 目動皮눈쌍꺼풀질교(巧)

(二) 盯 팅 [정] 直視똑바로볼정(庚)

⿰目又 [적] 目病눈병적(陌)

⿰目卜 뱍 [복] 目骨눈두둥이뼈복(屋)

⿹勹目 쎤 [현][순] 目摇눈방울굴릴현 目眩눈아찔할순(霰)(眞)

⿱十目 直俗字

⿰目彡 싼 [삼] 瞻視처다볼삼(監)

盲 망 [맹] 暗也어둘맹(庚)

盱 쒸 [우] 張目ㅣ눈부릅뜰우(虞)

盰 깐 [간] 張目눈부릅뜰간(翰)

(三) 直 찌 [직][치] 不曲곧을직 物價값치(職)(寘)

⿰目丸 환 [환] 轉目 눈동자굴릴환(翰)

⿰目川 체 [천] 常視눈

여겨볼 천 (霰)
盱 첸 [천]遙視不明 멀어희미할 천 (先)
盳 망 [망]仰視 처다볼 망 (陽)
見 야 [요]深目 깊은눈 요 (效)
⿰目凡 앤 [범]大目 큰눈 범 (陷)
(四) 眇 먀 [묘]視也 볼 묘 (篠)
⿰目引 [진]目之精 눈정기 진 或音 짐
眄 멘 [면]轉眼 눈굴릴 면 (霰)
眴 덴 [전]大目ㅣ 큰눈 전 (先)
明 밍 [명]視也 볼 명 明別字 (庚)
省 씽 [성][생]視也 시찰할 성 略 생략할 생 (梗)
眊 맢 [모]老눈 어둘 모 (號)
眈 딴 [탐]視貌ㅣㅣ 보는 모양 탐 古音 담 (覃)
盹 뚠 [순]閉眼 눈감을 순 (眞)
県 쟌 [교]斷頭倒懸 목베어달 교 (蕭)
⿰目叉 내 [내][알]悪目眦ㅣ 악한눈 내 捐目 눈부빌 알 (泰)(曷)
看 칸 [간]視也 볼 간 (寒)(翰)
盻 씨 [혜]恨視 눈흘겨볼 혜 (霽)
眂 視과 同
⿱目夂 쒜 [혁]擧目使之 눈짓할 혁 或音 혈 (職)
盾 춘 [순][돈]干ㅣ櫓屬 방패 순 人名 普趙ㅣ 사람이름 돈 (軫)(阮)
眅 판 [판]反目 흘겨볼 판 (潸)
⿰目市 패 [패]目不明 눈어둘 패 (泰)
眉 메 [미]目上毛 눈썹 미 (支)
眆 [방]效也 본받을 방 (養)
盼 판 [반]美目 아름다운눈 반 (諫)
⿰目勿 메 [매]遠視 멀리볼 매 (隊)
⿰目化 화 [화]目動 눈꿈쩍거릴 화 (麻)
⿰目夬 꿰 [결][혈]目患 눈앓을 결 驚視 눈휘둥그래볼 혈 (屑)
⿰目天 뎬 [천]仰視 우러러볼 천 (先)
眃 윤 [운][혼]不明貌 어두울 운 疾視貌 빨리볼 혼 (文)(阮)
⿱目卬 앙 [앙]仰也 처다볼 앙 (陽)
(五) 真 眞俗字
眖 광 [황]視也 볼 황 (漾)
眐 정 [정]獨視貌 홀로보는 모양 정 (庚)
眧 찬 [초]以目弄人 눈으로 사람희롱할 초 (嘯)
⿱奴目 누 [노]ㅣ目 눈부릅뜰 노 (霰)
⿰目卯 먀 [묘]邪視 할긋할 묘 (巧)
眪 삥 [병]目明 눈밝을 병 (梗)
眎 視 古字
看 看 俗字
眡 디 [시]視貌 보는 모양 시 (紙)
眣 쓴 [순]以目通知 눈짓할 순 (震)
⿱敄目 뫄 [무]嫉妒人ㅣ睮 사람투기할 무 (宥)
眦 眥와 同
眥 [자][제]目際 눈가 자 目厓 눈가 제 (寘)(霽)
眙 이 [이][치]擧目貌 눈칩떠볼 이 直視 눈똑바로볼 치 (支)(寘)
眞 연 [진]實也 신령 진 精也 정할 진 (眞)
眛 메 [매]目不明 눈어둘 매 (隊)
真 眞 俗字
眕 옌 [진]重厚 중할 진 (軫)
眩 쒠

[현][환]暗也 어둘 현、환 (霰)
眢 완 [원][완]目不明 눈어둘원、水涸井 물마른우물원、완 (元)(寒) 義同
䀡 [점]視也 볼점 (豔)
眑 야 [유][요]深遠 깊고멀유、深目 눈깊을요 (有)(篠)
眚 썽 [생]過誤 그릇칠생 (梗)
䀠 [구]左右視 좌우로두리번거리며볼구 (遇)
眛 머 [말]目不明 눈희미할말 (曷)
眨 쨔 [잡]目動 눈끔적거릴잡 (洽)
𥄲 쎄 [혈][결]驚視 깜짝놀라볼혈、目深 움팡눈이결 (屑)
眣 씨 [질]目不正 눈바르지못할질 (質)
眗 [구]左右視 휘둘러볼구 (虞)
眒 썬 [신]張目 눈부릅뜰신 (震)
䀛 마 [말]惡視 몹시볼말 (黠)
眠 면 [면]亂也貌 어지러울면 (先)
眝 데 [저]張目 부릅뜰저 (語)
眘 植古字
映 [앙][영]目不明貌 눈어두울앙、視也 볼영 (養)(敬)

六

眾 衆本字
䀊 쟈 [교]邪視ㅣ䁀 할짓할짓볼교 (巧)
眼 얜 [안]目也 눈안 (潸)
眺 랴 [조]視也 볼조 (嘯)
眰 眣과同
眴 쒼 [현][순]目動 눈깜짝일현、以目使人 눈으로사람부릴순 (霰)(震)
眷 쫜 [권]勤意ㅣ 근념할권
眮 둥 [동]轉目 눈굴릴동 (東)
䀭 깨
[해]衆相視貌ㅣ瞲 여럿이서로보는모양해 (灰)
䀬 [전]不明貌 눈어두울전 (先)
䀸 씨 [식]目所記 눈여겨볼식 (職)
眶 광 [광]目涯 눈두덩광 (陽)
眱 이 [이]熟視不言 물끄러미보고말없을이 (支)
眵 츠 [치]目傷眥 눈짓물치 (支)
䀮 황 [황]目不明 눈어둘황 (陽)
眲 늬 [닉]輕視 깔볼닉 (陌)
眭 씨 [휴]惡視 노려볼휴 (齊)
眹 천 [진]目精童子 눈동자진 (軫)
䀩 쏴
[수]斂容視貌䁦ㅣ 얌전히볼수 (尤)
眯 미 [미]物入目中 눈에티들미 (薺)
眽 머 [맥]相視ㅣㅣ 서로볼맥 (陌)
眳 밍 [명]目暗 눈어둘명 (庚)
䀘 치 [계]蔽人視 사람을가리고볼계 (齊)
眸 뫄 [모]目瞳ㅣ子 눈동자모、古音무 (尤)
䀰 꽈 [괄][활]目眼 눈어둘괄、視也 볼활 (曷)(黠)
䀫 [겹]暗眼 눈흐릴겹 (洽)
䀝 [홍]目不明貌 눈어두울홍 (董)

七

睂 眉의本字
睎 씨 [희]慕也 사모할희 (微)
睅 한 [환]大目 큰눈환 (潸)
睊 쟌 [견][연]視貌 보는모양견、視貌 볼연 (先)(霰)
睇 듸 [제][체]小視 훌깃볼제、視也 볼체 (霽)(齊)
睆 환 [환]光鮮貌 고울환 (潸)

睍 셴 [현] 視貌｜｜물끄럼이볼현 (銑)
⿰目辰 [친][인][진] 瞋也눈을부릅뜰친、視貌볼인、瘨也번민할진 (軫)(眞)(震)
睋 [아] 視也볼아 (歌)
⿰目貝 꿕 [괵] 閉目눈감을괵 (陌)
䀹 [첩] 目旁毛눈썹첩 (洽)

睊 쫜 [권] 目圍눈언저리권 (霰)
⿰目沙 渻와同
睉 채 [자][세] 目小也작은눈자、惡目｜取사나운눈세 (馬)(卦)
⿰目巠 [영][업] 直視바로볼영 視貌볼업 (迴)
睄 쏴 [초] 小視잠간볼초 (效)

⿰目豆 뚜 [두] 目汁凝｜眵눈곱두 (尤)
睃 쓘 [준] 視也볼준 (震)
睈 청 [정] 照視｜｜비춰볼정 (梗)
䀹 싼 [섭] 目數動｜｜눈자주끔적거릴섭 (琰)
渻 쒸 [사] 偷視곁눈질해볼사 (歌)

⿰目王 왕 [왕] 目泣｜｜눈물그렁그렁할왕 (陽)
睌 만 [만] 無畏而視겁없이볼만 (潸)
⿱折目 쩨 [제] 目光눈광채제 (霽)
⿰目廷 팅 [정] 目出눈솟을정 (梗)
⿱叔目 뚜 [도] 多也많을도 (虞)
⿰目甹 핑 [빙] 視也볼빙 (敬)

⿰目⿷匚壬 랴 [류] 臥視누워서볼류 (尤)
⿰目每 무 [목] 目疾안질목 (屋)
⿰目孝 쒜 [효] 偏目애꾸눈효 (效)
⿰目良 랴 [량] 目病눈병날량 (漾)
着 著의俗字

八

睖 릥 [릉] 直視貌｜노리고볼릉 (蒸)
⿰目孟 멍 [맹] 有餘視덜볼맹 (梗)
睞 래 [래] 傍視곁눈질할래 (隊)
⿰目奄 이 [업][암] 目閉눈감을업、암義同 (緝)(感)
睒 싼 [섬] 暫視貌잠깐볼섬 (琰)
睠 권 [권] 親屬친척권 (霰)

⿱罒辰 칭 [경] 目驚視놀라볼경 (庚)
睩 、루 [록] 視貌曼｜보는모양록 (屋)
睦 무 [목] 親和친목할목 (屋)
睛 찡 [정] 目珠場氣為｜눈동자정 (庚)
睫 쪠 [첩] 目毛속눈섭첩 (葉)

睪 이 [역] 何視엿볼역 (陌)
⿰目典 텐 [전] 慚也부끄러울전 (銑)
⿰目幸 씽 [행] 瞑目貌눈감을행 (迴)
睔 꾼 [곤] 大目큰눈곤 (願)
督 뚜 [독] 察也살필독 (沃)
睜 쪙 [정] 不悅視眳｜반갑게보이지않을정 (梗)

睕 완 [완] 目深貌｜｜눈깊은모양완 (翰)(寒)
⿰目表 뺘 [표] 著目視눈에대고볼표 (蕭)
⿰目臽 챠 [감][홉] 目深貌눈우묵할감、日陷눈자위꺼질홉 (勘)(洽)
睙 레 [렬] 轉視눈굴려볼렬 (屑)

睢 쒜 [수][휴] 浚儀水名물이름수、휴 怒視盜｜성내어볼휴 (寘)(支)
⿰目奇 치 [기] 目一隻외눈기 (支)
⿰目長 쨩 [창] 大目눈이클창 (漾)
睟 [수] 正視바르게볼수 (寘)

[정] 見也 볼정 (徑)

九

睧 혼 [혼] 目暗 눈어두울혼 (元)
睡 쉬 [수] 眼也 坐졸음수 (眞)
睥 삐 [비] 傍視貌 ㅣ睨 곁눈질하는모양비 (霽)
[目享] [준][돈] 鈍目 둔한눈준 視不明 눈어두울돈 (震)(元)
[目畀] 睨와同

睗 씨 [석] 速見 빨리볼석 (陌)
睚 애 [애] 目際 눈가애 (佳)(卦)
睨 이 [예] 日斜 해기울어질예 (霽)
[宓目] 미 [밀]、[묵] 細視 자세히볼 밀、묵義同 (質)(職)
[夾目] [子] 左右視 좌우로볼子 (尤)
[目定]

[目爰] 훤 [훤] 大目 큰눈훤 (阮)
瞀 우 [무] 無識ㅣㅣ 무식할무 (有)
睹 뚜 [도] 見也 볼도 (麌)
睼 티 [제] 迎視 마주볼제 (齊)
睽 퀴 [규] 異也 다를규 (齊)

睿 예 [예] 智也 지혜스러울예 (霽)
睴 꾼 [곤] 大目出 큰눈불거질곤 (願)
[目冒] 마 [모] 俯目細視 눈굽으려자세히볼모 (皓)
睾 꼬 [고] 澤貌ㅣ如 윤택할고 (豪)
[目英] [영] 視也 볼영 (庚)
[目修]

[척] 失意視也 뜻잃고볼척 (錫)
[目咸] [겹] 目陷 눈자위꺼질겹 (洽)
[目亭] 팅 [징][정] 安審視貌 자세히보는모양징、目眵 눈꼽정 (庚)(青)
瞂 빠 [벌] 盾也 방패벌 (月)
瞍 쑤 [수] 無目 판수수 (有)

睮 위 [유] 諂也ㅣㅣ 아첨할유 (尤)
睱 쌰 [하] 緩視 천천히볼하 (禡)
[䀠大] 잉 [경] 目光 눈광채경 (迥)
[目枼] 쎄 [접] 閉一目 한눈감을접 (葉)
睲 씽 [성] 目精照 눈에광채날성 (庚)
瞨 와 [알] 目深黑貌 눈깊고검은모양알 (曷)

[目要] 얀 [요] 遠視ㅣ眇 멀리볼요 (篠)
睶 춘 [춘] 大目 큰눈춘 (軫)
瞛 쭝 [종] 相窺視 서로엿볼종 (董)
[目剌] 라 [랄] 目子不正 눈바르지못할랄 (曷)

睺 훠 [후] 半盲 반판수후 (有)
睯 민 [민] 俯視 굽어볼민 (眞)
瞁 쒸 [혁] 驚視貌 놀라보는모양혁 (陌)
瞘 瞜과同
[目昜] 양 [양] 眉間 미간양 (陽)
瞖 훈 [혼] 煩悶 번민할혼 (元)

睷 옌 [건] 以目計算 눈으로셈할건 (元)

十

[目晏] 옌 [언] 目相戲 눈으로희롱할언 (阮)
[目區] 떠 [두] 目深也 깊을두 (有)
[目荒] [황] 目不明 눈어두울황 (養)
[般目] [반] 轉目視 눈굴려볼반 (寒)

瞉 꺼 [子] 無識 무식할구 (有)
瞌 거 [갑] 欲睡貌 졸음올갑 (合)
瞋 천 [진] 怒而張目 눈부릅뜰진 (眞)
[目隺] 쿼 [각][학] 去目精 눈빼일각 失明 눈멀학 (覺)(藥)
[塞目] 써 [식] 視無見

矘 뵈지 않을 식 (職)

瞎 쌰 [할] 一目盲 애꾸눈 할 (黠)

䁘 얖 [요] 美目 어여쁜 눈 요 (篠)

瞑 밍 [명][면] 目不明 눈어두울 명 劇也 독할 면 (青)(徑)(先)(霰)

瞍 [수] 目有眹無珠 珠판수 수 (有)

瞇 미 [미] 眇目 애꾸눈이 미 (紙)

䁝 잉 [앵] 目淨貌 눈밝은 모양 앵 或音 영 (庚)

瞏 [경] 無依ㅣㅣ 비틀거릴 경 (庚)

䁻 리 [려] 索視貌 찾아보는 모양 려 (霽)

䁾 몌 [멸] 汚面 낯더러울 멸 (屑)

䁯 따 [답] 垂目貌 눈내리뜨는 모양 답 (合)

䁡 쑨 [손] 目病 눈병 손 (阮)

䁗 [개] 明也 밝을 개 (賄)

𥊽 찐 [진] 淫亂 음란할 진 (眞)

𥄕 쮜 [구] 畏視 두려워서 볼 구 (遇)

䁶 [마] 視也 볼 마 (禡)

⑪

䁢 치 [체] 察也 살필 체 (霽)

瞘 어 [子] 深目貌 움펑눈 子 (尤)

瞖 이 [예] 眼疾ㅣ膜 안질 예 (霽)

瞢 멍 [몽][맹] 目不明 눈어둘 몽 不明ㅣㅣ 캄캄할 맹 (東)(送)(徑)

瞘 [子] 深目貌 눈깊은 모양 구 (尤)

瞜 뤄 [루] 偏盲ㅣ睺 애꾸눈 루 (尤)(虞)

𥉐 쭁 [종] 目光 눈에 광채날 종 (冬)

瞠 청 [쟁]、[당] 直視 똑바로 볼 쟁、당 義同 (庚)(敬)

𥉮 𥊙와 同

瞞 만 [만] 平目 반듯한 눈 만 (寒)

瞙 뭐 [막] 目不明 눈어둘 막 (藥)

𥌉 쒄 [선] 目好貌ㅣㅣ 눈매 예쁠 선 (先)

𥋝 루 [록] 目淨瞝ㅣ 눈맑을 록 (屋)

𥉻 미 [밀] 不可測 측량 못할 밀 (質)

𥊙 틔 [척][추] 失意視 시름없이 볼 척、추 義同 (錫)(尤)

𥊊 쪄 [적] 目堅 눈곤두설 적 (陌)

䁸 껑 [갱] 視不分明ㅣ 눈희미할 갱 (庚)

矑 𧢄과 同

䁲 위 [어] 環眼馬 그리눈말 어 (魚)

瞟 퍄 [표] 目小貌 눈자그마할 표 (篠)(蕭)

𥋿 [등] 美目 아름다운 눈 등 (蒸)

瞡 꿰 [규] 眇視 곁눈질해 볼 규 (支)

䁵 댜 [조] 熟視 익히 볼 조 (蕭)

瞚 [순] 開闔目數搖 눈꿈쩍거릴 순 (震)

瞕 쨩 [장] 目生障翳 눈에 예막생길 장 (漾)

䍦 리 [리] 歷視 거쳐볼 리 (支)

䁯 캬 [갑] 因悶眼졸 린눈 갑 (合)

䁪 찬 [참] ㅣ眼 눈꿈쩍일 참 中字

䁻 [리] 目眦 눈쌍꺼풀질 리 (支)

䝴 쨰 [책] 目張 눈부릅뜰 책 (陌)

⑫

䁧 태 [태] 不明䁱ㅣ 눈흐릿할 태 (泰)

瞚 瞬과 同

瞳 퉁 [동] 目珠ㅣ子 腎之精 눈동자 동 (東)

瞯 [한]、[간] 覘視 엿볼 한、간 義同 (刪)(諫)

瞥 폐 [별] 然 눈깜

짝할 별(屑)

瞵 린 [린]目精 눈정기 린 [련]以目隨 눈치챌 련(震)(眞)

瞬 쓘 [순]目自動 눈끔 쩍일 순(震)

瞤 쓘 [순]目動 눈깜 짝일 순(眞)

瞭 랴 [료]目明 눈밝을 료(篠)

瞲 쒸 [훌]驚視 놀라볼 훌(質)

⿰目掌 [징]定視 말끄러미 바라볼 징(敬)

瞰 칸 [감]俯視 굽어볼 감(勘)

瞫 썬 [심]低目視 눈내리깔고 볼 심(寢)

瞪 청 [증]直視貌 바로볼 증(徑)

⿰目問 覵同

瞧 챠 [초]竊視 곁눈질할 초(嘯)

⿰目貫 꽌 [관]直視貌 똑바로 볼 관(諫)

⿰目爲 웨 [위]目好貌||눈예쁜 모양 위(紙)

⿰目棠 瞠과 同

⿰目尊 쭌 [존]赤目 붉은눈 존(元)

⿰目朁 첸 [잠]閉目|內思 눈감고 생각할 잠(監)

⿰目屬 矚의 俗字

⿰目戢 치 [즙]出淚 눈물날 즙(緝)

瞴 뫄 [무]微視|婁 잠간볼 무(尤)

⿰目絜 예 [혈]目赤貌 瞲|눈붉은 모양 혈(屑)

瞦 씨 [희]瞳清 눈동자 맑을 희(支)

⿰目曾 쩡 [충]目小作態 瞢|눈깨꽃하게 모양지을 충(蒸)

⿰目猋 [표]惡視貌 반갑지않게 볼 표(齊)

⿰目堯 쌰 [우]目深 눈깊을 우(尤)

⿰目黑 [흘]濁垢 때낄 흘 [몽]目不明 눈흐릴 몽(月)(送)

瞮 테 [철]目明 눈밝을 철(屑)

十三

瞽 꾸 [고]盲也 장님 고(虞)

瞿 취 [子]驚視|| 놀라볼 구(虞)

⿰目睪 이 [역]明也 밝을 역(陌)

⿰目黽 민 [맹]直視貌|盯 눈똑바로뜨고 볼 맹(庚)

瞾 쟌 [조]目美 눈고울 조(嘯)

⿰目褱 뻰 [편]始生兒目有翳 갓난아이 눈에 예맥있을 편(銑)

⿰目顛 쒸 [휴]目多汁 눈곱지 적지적할 휴(尤)

瞻 쟌 [첨]仰視 우러러볼 첨(鹽)

⿰目微 메 [미]覛視 엿볼 미(支)

⿰目亶 쟌 [전]視而止 보고말 전(銑)

瞼 얜 [검]目上下弦 눈시울 검(琰)

瞹 애 [애]目不明 눈흐릴 애(泰)

瞸 예 [엽]詳也 눈시울 엽(葉)

十四

⿰目察 차 [찰]詳視 자세히 볼 찰(黠)

矇 뭥 [몽]有瞳未見 청맹과니 몽(東)

矉 빈 [빈]顰縮 이맛살 찌푸릴 빈(眞)

⿰目慮 릐 [류]決意 결심할 류(有)

矎 쒠 [현]目不正 눈부실 현(霰)

⿱穴⿰目骨 쿠 [굴]目突 눈불거질 굴(月)

⿰目監 깐 [감]瞻視 쳐다볼 감(陷)

矆 훠 [확]大視 눈부릅뜨고 볼 확(藥)

⿰目赫 허 [혁]目赤 눈붉을 혁(陌)

⿰目㬎 치 [읍]目睛中枯 눈동자속 마를 읍 俗音 급(緝)

矃 닝 [녕]視也 쳐다볼

영(陷)

矄 훈 [훈] 目暗 눈어두울훈(文)

⿰目辦 판 [판] 小兒白眼 아이흰눈판(諫)

矊 면 [면] 黑瞳 검은눈동자면(先)

矏 면 [면] 片目不明 외눈어둘면(先)

⿸眉冥 밍 [명] 眉闊 눈썹넓

을명(敬)

⑮ 矌 광 [광] 目無珠 청맹과니광(漾)

⿰目樂 [력][삭] 美目 아름다운눈삭 瞥見 얼른스처볼력(藥)(錫)

⿰目墨 머 [묵] 視無見ㅣ瞢 뵈지않을묵(職)

矍 휘 [확] 驚顧ㅣㅣ 놀라도라볼확(藥)

⿰目巤 레 [렵] 病眼 병난눈렵(葉)

⿰目蔑 메 [멸] 目眥傷赤 눈언저리다처서붉을멸(屑)

⿰目黎 리 [려] 視也 볼려(齊)

⿰目賣 매 [매] 目際 눈가매(卦)

⑯ ⿰目歷 리 [력] 視明 밝게볼력(錫)

矒 멍 [맹] 視不明 瞑ㅣ 아리아리할맹(庚)

矑 루 [로] 視也 볼로(虞)

矐 허 [획] 光明 광채날획(藥)

⿰目義 씨 [희] 瞬也 눈깜짝일희(支)

⿰目遺 [유] 目病 눈병유(支)

⑰ ⿰目龠 약

[요] 誤視 잘못볼요(嘯)

⿰目嬰 잉 [앵] 目無光ㅣ 눈에광채없을앵(庚)

⿰目隸 리 [례] 求視 자청하여볼례(齊)

⿰目應 잉 [응] 定視 정하고볼응(蒸)

⿰目霝 링 [령] 目光 눈광채령(青)

⿰目韱 쎈

[섭] 笑也 웃을섭(琰)

⑱ 矔 판 [관] 瞋目 눈부릅뜰관(翰)

⿰目爵 쫘 [작] 目瞑 눈감을작(藥)

⑲ 矕 만 [만] 目美貌 눈예쁠만(潸)

矖 리 [리] 索視貌 둘러볼리(支)

矗 츄 [촉] 草木盛貌 초목무성할촉(屋)

瞸 멍 [섭] 閉目 눈감을섭(葉)

⑳ 矙 간 [감] 視也 볼감(勘)

⿰目矍 훠 [확] 懼也 두려울확(藥)

矘 탕 [당] 目無精直視 눈정신없이볼당(養)

㉑ 矚 쮸 [촉] 視也 眺ㅣ 볼촉(沃)

⿰目纍 [류] 視貌 볼류(支)

㉒ ⿰目變 [변] 閉目 눈감을변(霰)

矛部

矛 맏 [모] 鉤兵如鋋而三廉 세모진창모 古音무(尤)

③ ⿰矛勺 쪄 [격] 矛也 창격(錫)

④ ⿰矛兮 씨 [혀] 長矛 긴창혀(錫)

矜 찡 [긍][근][환] 哀也 슬퍼할긍 矛柄 창자루근 老無妻 늙은홀아비환(蒸)(眞)(刪)

⑤ 䂆 [시] 短矛 짧은창시(支)

⑥ ⿰矛号 [형][호] 矛屬 창형 호의義同(敬)(皓)

⿰矛虫 [동] 矛也 창동(冬)

⑦ ⿰矛良 랑 [랑] 短矛 짧은창랑(陽)

矟

[삭] 丈八尺矛馬上所持긴창삭 (覺)
矞 위 [율] 詭詐계휼할율 (質)
⿰矛夆 쌍 [봉] 二枝矛두갈래진창봉 (冬)
⿰矛侵 친 [침] 錐也송곳침 (侵)

八
⿰矛昔 쳐 [색] 刺取魚작살질할색 (陌)

九
⿰矛英 잉 [영] 以羽飾矛깃으로꾸민창영 (庚)
⿰矛建 [건] 矛也창건 (阮)

十
⿰矛害 [개][갑] 矛屬창개 갑 義同 (泰)(合)
⿰矛倉 [창][정] 稍也창창 彗星欃혜성정 (陽)(庚)

十一
⿰矛堇 친 [근] 矛柄창자루근 (眞)
⿰矛悤 [총] 短矛짧은창총 (冬)

十二
⿰矛童 츙 [충] 短矛짧은창충 (冬)

十三
⿰矛解 쪠 [해] 矛鋭利貌창날카로울해 (蟹)

十四
⿰矛爾 미 [미] 矛屬창미 (支)

十五
⿰矛暴 빠 [박] 杖矛지팡이창박 (覺)

十九
⿰矛贊 쫜 [찬] 鋋也如戟兩旁鋒刃下有鐏銳창찬 (旱)

二十
⿰矛矍 휘 [확] 矛屬창확 (藥)

矢部

矢 쓰 [시] 箭也살시 直也곧을시 (紙)

二
矣 이 [의] 語助辭어조사의 (紙)

三
知 찌 [지] 識也알지 覺也깨달을지 (支)

四
⿱厃矢 侯의本字
矧 썬 [신] 況也하물며신 (軫)

五
矩 쮜 [구] 法也법구 儀也거동구 (麌)
⿰矢去 빠 [법] 矢也살법 (葉)
⿰矢召 쨔 [조] 短也짧을조 (蕭)
⿰矢此 쯔 [지] 短小貌䄬ㅣ짧고작은지 (支)

六
矪 쮸 [주] 射鳥箭활고두리주 (尤)
⿰舟矢 矪과同
⿰矢至 [줄] 短也짧을줄 (質)

七
短 뙨 [단] 促也不長짧을단 (旱)
矬 취 [좌] 身也짧을좌 (歌)
⿰矢見 規의本字
⿰身矢 射과同

八
矮 애 [왜] 短人난장이왜 (蟹)
⿰矢卑 삐 [비] 短小貌ㅣ𥎦짧고작을비 (齊)
⿰矢叕 뎨 [철] 短身키작을철 (屑)

十
⿰桼矢 씨 [시] 待也기다릴시 (紙)

十二
矯 쟈 [교] 詐也거짓교 (篠)
矰 쩡 [증] 弋矢ㅣ繳주살증 (蒸)
⿰矢斯 쓰 [시] 短小貌짧고작을시 (支)

十四
矱 [확] 度也榘법도확 (藥)

十五
⿰矢罷 파 [패] 短小貌작고앙징할패 (蟹)

石部

石 씨 [석] 山骨土精氣核돌석 (陌)

一
乭 [돌] 石也돌돌 國字

二
矴 [알] 石貌돌모양알 (黠)

二
砚 砐과同
矴 띵 [정] 錘舟石배낮돌정 (徑)
砒

[굴] 用心 마음쓸 굴 (月)

㊂

砇 씨 [석] 石質 석비레 석 (陌)

矸 깐 [안] 山石 산돌 안 (翰)

矷 쯔 [자] 小石 잔돌 자 (紙)

矼 캉 [강] 聚石渡水 돌징검다리 강 (江)

硭 망 [망] 石貌 돌모양 망 (陽)

矹 우 [올] 石不穩硉 돌비알 올 (月)

矻 쿠 [굴] 勞極—— 수고로울 굴 (月)

矺 퉈 [탁] 打石 돌로칠 탁 (藥)

𥐨 차 [차] 小石 잔돌 차 (佳)

矵 저 [적] 聚石 돌무더기 적 (錫)

㊃

研 研의 俗字

砌 치 [체] 門限 문지방 체 (霽)

硑 앵 [감] 折也 끊을 감 (感)

砆 [부] 美石 碔— 옥돌 부 (虞)

砂 싸 [사] 沙也 모래 사 (麻)

砑 야 [아] 碾也 연아 (禡)

砅 리 [려] 履石渡水 돌밟고 물건널 려 或音 례 (霽)

砏 얜 [분] 雷聲— 우뢰소리 분 (文)

砐 이 [업] 山高—峨 산높을 업 或音 압 (葉)

砇 민 [민] 美石次玉 옥돌 민 (文)

砎 졔 [길][개] 小石礦— 조약돌 길 也 단단할 개 (質)(卦)

砒 [비] 毒石 비상 비 (齊)

砉 훠 [혁][획] 皮骨相離聲—然 백정의칼 쓰는소리 혁 가죽과뼈가 서로떨어지는소리 획 혁 義同 (陌)(錫)

砋 [지] 礪石 숫돌 지 (紙)

砃 단 [단] 赤石 붉은돌 단 (寒)

砊 캉 [항][강] 石聲—硠 돌소리 항 金銀礦 우뢰소리 강 (漾)(陽)

砓 씨 [설] 石山 돌산 설 (屑)

㊄

砨 어 [액] 玉石 砥— 옥이름 액 (陌)

碈 珉과 同

砥 쯔 [지] 磨石 숫돌 지 (支)(紙)

砝 취 [접] 石聲 돌소리 접 (葉)

破 퍼 [파] 裂也劈也 깨뜨릴 파 (箇)

砬 리 [립] 藥石能制藥毒 약돌 입 (緝)

砦 [채] 壘也 지칠 채 (卦)

砢 커 [가] 石貌磊— 돌모양 가 (哿)

硁 꽤 [괴] 美石似玉 옥같은돌 괴 (卦)

砮 누 [노] 石鏃 돌살촉 노 (虞)

砠 [저] 石山載土 돌산에흙덮힐 저 (魚)

砰 핑 [팽] 水石聲 砯— 여울물소리 팽 (庚)

砭 삔 [폄] 石鍼 돌침 폄 (鹽)

砲 [포] 以機發石 돌쇠뇌 포 (效)

砯 핑 [팽] 水急打巖聲 물이 바위에부딪치는 팽 (蒸)

砩 쀄 [폐] 以石遏水 보막을 폐 (隊)

砟 쨔 [사] 碑石 비석 사 (禡)

砧 쩐 [침] 擣衣石 다듬이돌 침 (侵)

砞 머 [말] 碎石 부서진돌 말 (曷)

砛 쩐 [진] 石不平貌 돌험상스러울 진 (眞)

砤 砣와 同

砣 퉈 [타] 碾輪石 연자매 타 (歌)

䂣 츠

[자]石名ㅣ黃 누런돌자(支)
砎 써 [주]石櫃 돌궤주(寘)
硅 쮜 [주]石櫃돌 궤주(寘)
砳 러 [력]二石相擊成聲 돌마주부딪치는소리력(藥) [각]義同(覺)
砪 무 [무]藥石雲ㅣ 돌비늘무 又운무무(有)
䂬 판 [반]大石 큰돌반(寒)
䂤 뱌 [부]白米晶 흰수정부(遇)
砱 링 [령]石孔 돌구멍령(青)
䂖 씨 [절]砮也 돌쇠뇌절(屑)

六

䂻 [의]石聲 돌이소리의(微)
硅 궤 [규]礦石之一玻璃原料 유리만드는흙규(齊)
硄 광 [광]石色潤澤 돌빛윤택할광(陽)
硈 갸 [할]堅固ㅣ然 견고할할(黠)
硇 나 [뇨]藥石ㅣ砂 약돌뇨(肴)
硍 컨 [간]石有痕 돌에흔적있을간(願)
硐 퉁 [동]磨也 갈동(董)
䂽 쨔 [요]山田 돌자갈밭요 古音교(篠)
硋 礙과 同
硎 씽 [형]谷名형 곡형(青)
䂵 꿔 [과]盤石 반석과(麻)
䃋 와 [유]石似玉 옥같은돌유(虞)
䂫 꿍 [공]水邊石 물가돌공(腫)
䂮 [략]磨刃利也 칼갈략(藥)
硊 웨 [위]石山貌 磈ㅣ 돌산모양위(紙)
硉 [률]石轉 돌구를률(月)
研 옌 [연]究也 연구할연(先)
硌 러 [락]山上大石 큰바위락(藥)
䂹 [선][손]美石次玉 옥돌선、손 義同(先)(阮)
硃 쮸 [주]丹砂 주사주(虞)

七

硲 [日]峽也 산골자기곡
硝 챠 [초]ㅣ石 유리만드는돌초 古音소(蕭)
硡 헝 [굉]石落聲 돌떨어지는소리굉(庚)
硯 옌 [연]石滑 돌연(霰)
硟 찬 [천]展繒石 쟁치는돌천(霰)
硠 랑 [랑]堅也 단단할랑(陽)
硪 어 [아]石巖 바위아(哿)
硨 처 [차]石似玉 옥같은돌차(麻)
硭 망 [망]藥石ㅣ硝 망초망(陽)
硜 컹 [갱]小人貌ㅣㅣ 알랑알랑할갱(庚)
硬 잉 [경]強也 굳셀경(敬)
硤 컵 [협]縣名ㅣ石 고을이름협(洽)
硫 릭 [류]藥石ㅣ黃 유황류(尤)
硩 티 [척]挑摘 팔매질해서딸척(錫)
确 취 [학]石地犖ㅣ 자갈땅학(覺)
硰 싸 [사]小石 잔돌사(麻)
䂳 웨 [예]磨使消盡 갈아없앨예(霽)
䃐 뱌 [보]礍也ㅣ碹 맷돌보(麌)
硱 쿤 [곤]石落貌ㅣ碖 돌떨어질곤(阮)
硳 [韓]地名ㅣ城 땅이름적
硵 랴 [로]石器 돌그릇로(豪)(晧)

䂳 쫘 [좌]碎石부스러진돌좌(哿)
䂤 뿌 [부]石破聲돌깨뜨리는소리부(尤)
䃀 위 [미]磨石돌갈미(屋)
(八)
𥓓 허 [하]大脣貌입술두꺼울하(覺)
䃁 옌 [연]人名사람의이름연(先)
碁 [기]圍ㅣ바둑기(支)
碗 완 [완]器也그릇완(旱)
䃅 [대]壅水為방축대(隊)
碓 뒈 [대]舂具水방아대(隊)
碎 쒜 [쇄]細破부서질쇄(隊)
𥐧 𥐧과同
碕 [기]曲岸굽은낭떠러지기(支)
碔 [무]美石珷玞무부무(虞)
碆 퍼 [파]石可為弋鏃돌살촉파(歌)
䃂 꾼 [곤]鐘病聲종소리털털할곤(阮)
硾 쮀 [추]鎮也누를추(寘)
碍 礙俗字
硼 펑 [평][붕]石名평돌평 藥名ㅣ砂약이름붕(庚)(蒸)
碌 루 [록]傭貌ㅣㅣ용렬한모양록(屋)
硺 쭤 [탁]擊也칠탁(覺)
𥕢 야 [아]地形不平磈지형험할아(麻)
䂿 타 [답]踏碓舂米방아디딜답(合)
碇 [정]ㅣ泊배멈출정(徑)
𥓌 취 [취]磓也매취(隊)
碊 [천][찬]阪也언덕천 妓也버틸찬(先)(潸)
碑 삐 [비]刻石紀功德비석비(文)
碄 린 [림]深貌ㅣ깊을림(侵)
碏 쥐 [작]敬也공경할작(藥)
碒 인 [흠]深險礆ㅣ내내험할흠(侵)
碉 댜 [주]石室돌집주(蕭)
碖 룬 [론]石落貌硱ㅣ돌떨어질론(阮)
碐 렁 [릉]石險돌험할능(蒸)
碃 칭 [청]青石푸른돌청(青)
䃈 치 [첩]山連貌산이연접할첩(葉)
硿 쿵 [공]落聲聲돌떨어지는소리공(東)
䂐 댜 [조]石高돌높을조(篠)
䃃 괘 [괴]石貌돌모양괴(佳)
硱 쮠 [균]石危돌위태할균(眞)
(九)
碴 쨔 [사]棱尖也모지고뾰족할사(麻)
碝 완 [연]美石次於玉아름다운옥돌연(銑)
碯 [노]文石碼ㅣ무늬진돌노(皓)
碣 꼐 [갈][게]碑也비석갈、石特立돌세울게(月)(屑)(霽)
碡 뚜 [독]磨田器碌ㅣ밭고르는기계독(沃)
碬 쌰 [하]礪石숫돌하(麻)
碫 [단]礪石쇠를칠단(翰)
碭 [탕]文石무늬돌탕(漾)
碪 [치]擣衣石다듬잇돌치(侵)
碞 옌 [암]巖也바위암(咸)
碮 네 [녈]明礬別名백반녈(屑)
䂆 맏 [모]前高後下丘앞은높고뒤는낮은언덕모(豪)
碩 씨 [석]大也클석(陌)

碧 삐 [벽]青美石푸르고아름다운돌벽(陌)
碟 뎨 [혈]治皮가죽다룰혈(屑)
碈 珉과同
磆 예 [개]黑石似玉옥같은돌개(佳)
䃊 쮜 [저]礎也䃊맷돌저(語)
𥕯 차 [차]石垂貌ㅣ砎돌매달아놓을차(馬)
䃕 돌 [타]飛磚戲돌팔매칠타(歌)
碤 잉 [영]石有文彩화반석영(庚)
碥 뻰 [편]乘降履石디딤돌편 古音변(銑)
碦 커 [각]堅石단단한돌각(陌)
碠 찡 [정]石亭돌정자정(青)
硺 [대]落也떨어질대 或音추(隊)
碨 외 [외]石貌바위옹두라지외(尾)
⑩
磈 웨 [외]石貌ㅣ礧돌모양외 古音위(尾)
磇 [비]毒石霜비상비(齊)
磕 커 [갑][개]石聲돌소리갑、石相笑聲돌쌓는소리개(合)(泰)
磐 판 [반]大石반석반(寒)
磊 레 [뢰]衆石重疊ㅣ돌첩첩할뢰(歌)
碾 넨 [년]轢物器맷돌년(霰)
碻 確와同
磋 취 [차]磨也갈차(歌)(箇)
磑 애 [애][외]磨也단단할애 積也쌓을외(隊)(淡)
碼 [마](英國度名英尺)야아드마(馬)
磎 [계]溪通시내계(齊)
磁 츠 [자]石名吸引鐵類지남석자(支)
碨 웨 [외]地不平ㅣ碅돌자갈땅외(屋) 磈通
磓 뒈 [퇴]落石돌떨어뜨릴퇴(灰) [추]鎭也누를추(寘) 唾通
磅 광 [팽][방]地形ㅣ礴땅우틀두틀할팽 十二兩重열두냥중방(陽)(庚)
碽 꿍 [공]擊石聲돌치는소리공(東)
磉 쌍 [상]柱下石주춧돌상(養)
確 쥐 [확]堅也굳을확(覺)
磏 렌 [렴]赤色붉은빛렴(監)
磆 화 [활]藥名、石활석활(黠)
磃 [체]怪石磄괴석체(齊)
𥕢 어 [악]石險돌험할악(覺)
磔 쪄 [책]刑名ㅣ市능지할책(陌)
𥕎 꺼 [격]石地惡돌많고토박한땅격(陌)
磂 [류]藥硫黃유황류(尤)
磄 탕 [당]怪石ㅣ磃괴상스러울당(陽)
𥖾 [박][착]石ㅣ언덕박 磔조약돌착(覺)
磌 텐 [전]石落聲돌떨어지는소리전(先)
磍 쌰 [할]石地不平ㅣ험한자갈땅할(黠)
磖 라 [랍]破物聲ㅣ礏깨지는소리랍(合)
磒 윈 [운]落也떨어질운(文)
礐 롸 [락]石相垉聲ㅣ確돌서로부딪치는소리락(覺)
𥕞 꾸 [子]礛也돌무더기구(有)
碵 싸 [사]小石자갈사(哿)
䃔 꿍 [궁]石落聲돌떨어질소리궁(江)

⿰石烏 우 [오]石阿돌언덕오(虞) ⿰石虔 엔 [건]礎也주춧돌건(先) ⑪ 磫 충 [종]石路돌길종(冬) 磣 썬 [삼]物雜沙모래섞일삼(感) 磟 루 [륙]石輥ㅣ돌곰배륙(屋) 磨 머 [마]治石琢ㅣ갈마(歌) 磥 磊과同 磝 [오]山多小石산에돌많을오(豪) ⿱殹石 이 [예]美石黑色아름답고검은돌예(齊) 磤 인 [은]雷聲硍ㅣ우뢰소리은(文) 磢 창 [창]瓦石洗物去垢기와가루로물건닦을창(養) ⿰石啇 [적]水番車물레방아적(錫) 磧 찌 [적]沙漠모래벌적(陌) ⿰石崩 펑 [팽]擊石돌때릴팽或音붕(庚) ⿰石族 추 [족]砮也돌살촉족(屋) 磚 [전]瓦也기와전(先) 磬 칭 [경]騁馬말달릴경(徑) 磩 치 [척]石次玉옥돌척(錫) ⿰石虖 쌰 [하]石裂돌벌어질하(禡) ⿰石坙 [갱]堅也단단할갱(庚) 磛 찬 [참]山險산험할참(咸) ⿰石斬 磛와同 磦 퍄 [표]山峰出貌산봉우리우뚝할표(蕭) 磪 최 [최]險高험하고높을최(灰) ⿰石郭 궈 [곽]石棺돌관곽(覺) ⿰石莫 머 [막]沙漠모래바다막(覺) ⿰石婁 [루]石多돌많을루(尤)

⑫ 磶 씨 [석]礎也주춧돌석(陌) 磿 礰와同 ⿰石爲 훼 [훼]敗也패할훼(紙) ⿱隆石 룽 [룽]石落聲碚ㅣ돌떨어지는소리룽(東) 磲 취 [거]石似玉硨ㅣ옥같은돌거(魚) 磵 礀과同 磯 찌 [기]水激石물이돌에부딪칠기(微) ⿰石厥 쮀 [궐]發石돌뜰궐(月) 磷 린 [린]薄石얇은돌린(眞) 磾 디 [제]人名金日ㅣ사람이름제(灰) ⿰石毳 취 [취]石破돌깨어질취本音철(霽) 磻 판 [반]風翔溪名시내이름반(寒) 磴 [등]登陟路올라가는길등(徑) ⿰石朁 짠 [잠]石門돌문잠(侵) 磽 챠 [교]礫也자갈땅교(肴) 磿 리 [력]燕宮名ㅣ室연나라궁이름력(錫) 磼 짜 [섭][잡]산우뚝솟을잡 物破聲⿰石習ㅣ물건깨지는소리섭(葉)(合) 磹 뎬 [점]電光ㅣ번갯불번쩍거릴점(琰) ⿱敦石 뚠 [돈]石可踞걸터앉을돌돈(元) ⿰石肅 쑤 [숙]砥石玄ㅣ검은숫돌숙(屋) 磺 [광][황]銅鐵樸石쇳돌광 石名돌이름황(梗)(陽) ⿰石欽 친 [금]深險連延貌ㅣ崯깊고험하게연한모양금(侵) ⿰石虛 쒸 [허]輕石가벼운돌허(魚) ⿰石最 쬐 [최]石자

갈 최 (泰)
礁 찬 [초] 水中石 물속돌 초
十三
礌 [뢰] 衆石 돌무더기 뢰 (隊)
礑 땅 [당] 底也 밑 당 (漾)
礉 챤 [교][핵] 石不平 돌험할 교 刻也 각박할 핵 (效)
⿰石詹 딴 [담] 藥名ㅣ 治瘤 약이름 담 (感)
磏 [렴] 礪石 숫돌 렴 (監)
礐 춰 [각] 石聲 돌소리 각 (覺)
礎 츄 [초] 柱下石 礩也 주춧돌 초 (語)
礓 쟝 [강] 石聲 돌소리 각 (覺)
礏 지 [급] 山高貌 礏ㅣ 산높은 모양 급 (緝)
⿰石感 깐 [감] 封禪所用石 磁돌함 감 (感)
礈 [추] 落也 떨어질 추 (寘)
⿰石韱 연 [침] 用石琢돌로 칠 침 (寢)
礔 [벽] ㅣ礰 벽력 벽 (錫)
礆 옘 [검] 石險 돌험할 검 (琰)
磈 외 [외] 石多貌 돌많을 외 (賄)
礒 이 [의] 巖也 바위 의 (紙)
⿰石戠 지 [즙] 石高 돌높을 즙 (緝)
十四
⿰石蒦 리 [력] 耕具 石犂 돌보습 력 (錫)
礗 삔 [빈] 碎石聲 돌부스러뜨리는 소리 빈 (眞)
礙 애 [애] 止也 그칠 애 (隊)
礜 위 [여] 石名 白ㅣ 돌이름 여 (御)
礚 同磕
礛 얜 [감] 磨玉礪石ㅣ 옥가는 숫돌 감 (感)
礞 뭥 [몽] 藥石 靑ㅣ石 약이름 몽 (東)
礊 치 [척] 夜警鼓 야경북 척 (錫)
礘 [급][압] 石聲 돌소리 급 石貌 돌모양 압 (緝)(合)
十五
礧 레 [뢰] 推石自高下 돌굴려내릴 뢰 (隊)
礪 릐 [려] 磨也 갈 려 (霽)
礨 레 [뢰] 小穴ㅣ空 작은구멍 뢰 (賄)
礥 쎤 [흔][현] 難貌 어려운모양 흔 剛強 딱딱 현 (眞)(先)
礦 꽝 [광] 金銀銅鐵 쇠돌 광 (梗)
礬 빤 [번] 花名 山ㅣ 꽃이름 번 (元)
礫 릐 [력] 小石 자갈 력 (錫)
礍 ⿰石戠과 同
⿰石祭 차 [찰] 粗石 거친돌 찰 (曷)
礣 머 [말] 堅也 단단할 말 (曷)
礩 찌 [질] 柱下石 주춧돌 질 (質)
礖 릐 [려] 石堅 돌단단할 려 (語)
十六
礱 룽 [롱] 磑也 맷돌 롱 (東)(送)
礮 팦 [포] 兵機石彈 돌탄알 포 (效)
礰 [력] 的明也 밝을 력 (錫)
⿰石親 친 [친] 水中石 물속돌 친 (震)
⿰石褱 쾨 [괴] 小石 조약돌 괴 (灰)
⿰石褭 냐 [뇨] 山曲 산꼬불꼬불할 뇨 (篠)
⿰石諸 쟈 [저] 治玉礪石 礛ㅣ 옥가는 숫돌 저 (魚)
十七
⿰石襄 샹 [양] 軟石 연한돌 양 (養)
礴 뿩 [박] 裸體 盤ㅣ 벌거벗을 박 (藥)
⿰石韱 쎠 [섭][섭] 電光ㅣ礭 번개빛 섭 或音 섭 (葉)
十八
⿰石瞿

쯕 [子]青礪石프른숫돌구(眞)

磼 잡 [잡]雜石多貌잡석많을잡(合)

礭 [子]青礪石프른숫돌구(眞)

(十九) **⿰石靡** [마]治玉琢ㅣ옥다듬을마(歌)

(二十) **礹** 옌 [엄]石山돌산엄(監)

(二十一) **⿰石霸** 파 [파]砧也방칫돌파(禡)

(二十二) **⿰石囊** [낭]山限산모퉁이낭(養)

⿰石羅 라 [라]石山돌산라(哿)

示部

示 쓰 [시][기]垂ㅣ보일시 神ㅣ귀신기(眞)(支)

(一) **礼** 禮略字

(二) **礽** 이 [잉]福也 복잉(蒸)

(三) **祁** 치 [기]大也 클기(支)

祀 [사]祭也 제사사(紙)

社 쌰 [사]ㅣ日 사일사(馬)

礿 [약]春祭名 봄제사약(藥)

(四) **祆** 쳰 [천]波斯拜火教 종교이름천(先)

祅 요 [요]災也재앙요(蕭)

祈 치 [기]告也고할기 報也갚을기(微)

祋 대 [대][탈]殳也창대 탈義同(泰)(曷)

⿰示支 [궤]祭山산제지낼궤(紙)

祊 빵 [팽]廟門祭神사당문제사팽(庚)

祉 쯔 [지]福也 복지(紙)

⿰示比 삐 [비]奉祭제사지낼비(紙)

祇 끠 [기][지]安也편안할기 敬也공경할지(支)

(五) **祕** 삐 [비]密也비밀할비(眞)

祠 츠 [사]廟也 사당사(支)

祛 취 [거]散也흩어질거(魚)

祟 쒜 [수]神禍빌미수(眞)

祖 쭈 [조]父之父 할아비조(麌)

祘 쏸 [성]省也살필성(翰)

神 썬 [신]天ㅣ하느님신(眞)

祐 우 [우]神助귀신이도울우(有)

祓 뿌 [불]祭名除災求福 제사이름불(物)

⿰示央 殃과同

祝 쭈 [주][축]祭贊願也축원할주、斷也짤축(有)(屋)

祜 후 [호]福也 복호(麌)

祏 씨 [석]廟中藏主石室宗ㅣ종묘돌감실석(陌)

祔 뿌 [부]祭名제사이름부(遇)

祚 쭤 [조]福也 복조(遇)

⿰示可 [가]祭也제사가(歌)

祡 채 [시]燔柴祭天햇불켜고천제지낼시(佳)

祙 미 [미]山神산신미(眞)

祗 쯔 [지]敬也공경할지(支)

(六) **祣** 뤼 [려]山川祭名 여제사려(語)

祪 꿰 [궤]祖也한아비궤(紙)

祭 찌 [제][채]祀也人事至於神제사제、姓也성채(霽)(卦)

祥 썅 [상]幸福 상서상(陽)

祫 협 [협]合祭先祖조상과합제사지낼협(洽)

祤 위 [우] 縣名也 ㅣ고을이름우

祻 과 禍同

祩 쮸 [주] 詛也 방자할주 (遇)

票 쬬 [표] 動搖貌 흔들릴표 (蕭)(嘯)

七

祰 깐 [고] 告祭 고유제고 (皓)

祴 얘 [개] 古樂章名卜夏 하나라풍류이름개 (佳)

祲 친 [침] 盛也 왕성할침 (侵)

䄜 禍의 古字

禉 약 [유] 燎柴祭天 횃불켜고천제지날유 (有)

䄉 어 [아] 盛也 성할아 (歌)

祳 천 [신] 祭社生肉 사직에제지내는날고기신 (軫)

䄌 챠 [초] 福也 복초 (蕭)

八

䄯 컨 [궁] 神名 귀신이름궁 (迥)

䄞 우 [오] 福也 복오 (遇)

祽 쵀 [쵀] 月祭 월제지낼쵀 (隊)

祼 [관] 祭酌鬯以ㅣ地 강신할관 (翰)

祺 치 [기] 吉也 길할기 (支)

禁 찐 [금] 制止 금지할금 (沁)

䄍 쨔 [자] 年終祭名 납향제자 (禡)

祿 루 [록] 福也 복록 (屋)

禀 稟俗字

䄖 뤼 [륙] 見也 볼륙 (屋)

祹 닿 [도] 福也 복도 (豪)

禂 똬 [도] 禱馬祭 말제사지날도 (晧)

祅 얒 [요] 災也 재앙요 (蕭)

禌 츠 [치] 安也 편안할치 (支)

䄎 치 [기] 好也 좋을기 (支)

禃 씨 [식] 專一 오로지할식 (職)

九

禕 이 [의] 美也 아름다울의 (支)

禊 씨 [계] 三月上巳水嬉 푸닥거리할계 古音혜 (霽)

禘 듸 [체] 王者大祭 大ㅣ나라의큰제향체 (霽)

禔 쓰 [지][시][제] 福也 복지, 시 義同 安也 편안할제 (支)(齊)

禑 [오] 福也 복오 (遇)

禖 메 [매] 天子求子祭名 高ㅣ천자의아들비는제사매 (灰)

禋 인 [인] 潔祀 정결이제지낼인 (眞)

禍 훠 [화] 災也 재화화 (哿)

福 뿌 [복] 德也 복복 (屋)

禎 졍 [정] 祥也 상서정 (庚)

禓 양 [양][상] 道神 길귀신양 遂強鬼 귀신쫓을상 (陽)

䄺 헉 [후] 求福 복구할후 (尤)

禗 쓰 [사] 神不安欲去ㅣㅣ귀신이불안하여가고저할사 (支)

禑 쓔 [서] 祭器 제기서 (語)

禒 쎤 [선] 祭餘肉 제사나머지고기선 (銑)

𣪠 쐐 [쇄] 間吉凶 무꾸리할쇄 (隊)

十

禠 치 [사] 福也 복사 (支)

禡 마 [마] 師旅所止地祭名 진터제사이름마 (禡)

禜 잉 [영] 除災祭 재앙을쫓는제영 (敬)

禚 쟉 [작] 齊地名 땅이름작 (藥)

𥛯 밍 [명] 福也 복명 (靑)

𥛚 라 [류]祝神詛也 예방할류(有)

禛 쪤 [진]以眞受福 복받을진(眞)

禟 당 [당]神祐도 울당(陽)

𥛮 뺭 [방]春祭봄제 사지낼방(庚)

⑩

𥜷 무 [박]久視也오 래볼박(覺)

𥜽 뽕 [봉]負山之神 산귀신봉(冬)

𥜒 로 [조]豕祭돼지 제사지낼조(豪)

𥝁 라 [루]飮食祭음 식제루(尤)

𥚃 神의 古字

𥜾 [저]告神明令加 쟈ㅣ呪저주할저(御)

⑫

𥛤 삐 [필]竈祭조 왕제필(質)

䄺 휘 [혜]祭也제 사혜(霽)

𥛺 꿰 [결]不祥 재앙결(屑)

禧 씨 [희]福也 복희(支)

禨 끼 [기]祥也상 서기(微)(未)

𥛰 랴 [료]燔柴祭天횃불 켜고천제지낼료(嘯)

禪 싼 [선]傳位전 위할선(先)

禩 祀과 同

𥜝 膰 同

𥜯 醮의 本字

禫 탄 [담]除服祭大祥後間一月行담제담(感)

𥜽 쒸 [허]耗鬼주린 귀신허(魚)

⑬

禮 리 [례]節文仁義 예도예(齊)

禬 괘 [회]除殃祭名재앙 제하는제사회(泰)

禶 싼 [선]祭天천 제지낼선(霰)

禭 쒸 [수]神名귀 신이름수(寘)

𥝃 이 [역]祭之明日제사 이튿날역(陌)

⑭

𥝀 앤 [염]禳也도 액할염(琰)

禱 또 [도]祈神求福 기도할도(晧)

禰 늬 [니]神廟아비 사당니(薺)

⑮

禲 리 [려]浮行神鬼災 귀신의재앙려(霽)

𥜒 워 [우]福也 복우(有)

⑯

𥞑 뤼 [려]祭山川 산천제사려(語)

𥞕 래 [뢰]祝詛株ㅣ저 주할뢰(泰)(隊)

⑰

禳 샹 [양]祈也기 도할양(陽)

禴 웍 [약]夏祭名여 름제사약(藥)

⑱

禵 틔 [제]福也 복제(霽)

⑲

禷 레 [류]以事類祭天神 천제지낼류(寘)

禶 찬 [찬]祝神귀신 에게빌찬(翰)

禸部

禸 쑤 [유]獸足蹂地짐승 의발자욱유(有)

④

禺 위 [옹][우]廣州地名番ㅣ땅이름옹、우 義同(冬)(虞)

禹 위 [우]舒也 펼우(麌)

⑥

离 리 [리]明也밝 을리(支)

⑦

𥝠 [비]獸名ㅣㅣ짐 승의이름비(未)

禼 쎄 [설]卓也 높을설(屑)

⑧

禽 친 [금]鳥也飛 ㅣ새금(侵)

⑨

𥝬 萬과 同

⑫

𥝢 [비]遠類ㅣㅣ 원숭이비(未)

禾部

禾 허 [화] 稼之總名生 곡식화 (歌)(歌)

禾 계 [계][애] 能上貌 나무끝을 구계、애 義同 (齊)(隊)

二

秀 쑤 [수] 茂也 무성할수 (宥)

秃 투 [독] ㅣ山 민둥산독 (屋)

私 쓰 [사] 不公 사정사 己稱 나사 (支)

三

⿰禾亡 망 [망] 稻稃 등겨망 (陽)

秄 즈 [자] 培也 북돋을자 (紙)

⿰禾己 치 [기] 木名 穋ㅣ 벼이름기 (紙)

秆 칸 [간] 禾莖 벼줄기간 (旱)

秉 빙 [병] 把也 잡을병 (梗)

秈 [선] 梗也 메벼선 (先)

⿰禾勺 댜 [초] 禾穗垂貌 벼이삭숙은모양초 (篠)

秅 차 [타][차] 穀數 곡식수효타、國名 鳥ㅣ 나라이름차 (麻)

秊 年의 本字

⿰禾于 위 [우] 禾不秀 벼패지않을우 (虞)

⿰禾乞 쎄 [흘] 屑米細者 쌀가루흘 (屑)

⿰禾弋 이 [익] 稈也 짚익 (職)

四

秋 취 [추] 金行之時 白藏節 가을추 (尤)

秌 秋의 本字

⿰禾夫 뿌 [부] 再生稻 벼움날부 (虞)

秎 뿐 [분] 禾束 벼단분 (文)

⿰禾丑 뉵 [뉴] 禾耎弱 벼연약할뉴 (有)

秐 [운] 鉏除苗間草 김맬운 (文)

秓 찌 [지] 稈也 벼줄기지 (支)

⿰禾内 [여] 內也 들여 (眞)

采 쒸 [수] 禾成 벼익을수 (眞)

⿰禾牛 리 [려] 耕也 밭갈려 (霽)

⿰禾牙 야 [아] 稻束 벼단아 (麻)

⿰禾夬 지 [지] 茂也 무성할지 (支)

种 츙 [충] 稚也 어릴충 (東)

⿰禾巴 穲 과同

⿰禾开 졘 [견] 小束 작은단견 (銑)

秒 먀 [묘][초] 微妙 세미할묘、ㅣ針 초침초 (篠)

秏 막 [모] 減也 덜모 (號)

科 커 [과] 程也 과정과 (歌)

秕 삐 [비] 穀不成實 쭉정이비 (紙)

秔 껑 [갱] 稻不黏 메벼갱 (庚)

秖 찌 [지] 適也 마침지 (支)

五

秠 픠 [비] 黑黍 검은기장비 (支)(紙)

称 稱의 略字

秧 양 [앙] 禾苗 모앙 (陽)

秬 쮜 [거] 黑黍 검은기장거 (語)

秭 쯔 [자] 數名 천억자 (紙)

秘 [비] 密也 비밀할비 (寘)

秦 친 [진] 禾名 벼이름진 (眞)

秜 늬 [니] 自生稻 돌베니 或音 리 (支)

秚 빤 [반] 物相和 화합할반 (旱)

秤 [칭] 衡也 저울칭 (徑)

秫 쓔 [출] 黏粟 차조출 古音 술 (質)

秣 머 [말] 衡也 저울말 (曷)

租 쭈 [조] 稅也 부세조 (虞)

⿰禾弗 삐 [필] 禾重生 ㅣ櫛 움벼필 (質)

秙 쿠

[고]禾不實ㅣ穮벼 여물지않을고(遇)

秩 찌 [질]序也 차례질(質)

秢 링 [령]年也 나이령(青)

䄷 씨 [석]十斗 섬석(陌)

秞 약 [유]禾黍盛벼와기 장무성할유(尤)

秥 뎬 [점]禾也 벼점(監)

秡 빠 [발]禾傷벼 상할발(曷)

秨 쭤 [작]禾搖動貌벼 흔들릴작(藥)

六

秳 커 [괄][활]禾生貌벼날괄、舂粟 不潰조닦여지지않을활(黠)(曷)

䆠 [황]空也 빌황(陽)

案 안 [안]轢禾벼 갈안(翰)

秵 인 [인]禾華벼 꽃인(眞)

秺 뚜 [투]地名땅 이름투(遇)

䄻 됴 [도]自生禾피 도(蕭)(肴)(豪)

𥝮 츈 [존]禾積벼 쌓을존(願)

㮚 粟의 古字

䄬 이 [예]収禾벼 걷을예(霽)

移 이 [이]邊也 옮길이(支)

𥞫 꽁 [공]晩稻늦사 리벼공(冬)

䅄 례 [례]長禾긴 벼례(霽)

稆 [려]自生稻 돌벼려(語)

稊 梯 과同

䄼

[육][용]厚也두터울육、黑 黍검은기장용(屋)(腫)

秷 찌 [질]禾穗벼비 는소리질(質)

秱 퉁 [동]禾盛貌벼 무성할동(東)

秸 [갈]禾藁 볏짚갈(黠)

七

稀 씨 [희]少也 적을희(微)

稃 뿌 [부]穀類外糖 왕겨부(虞)

稊 톄 [제]野生ㅣ稗 가라지제(齊)

稅 쉐 [세][태][탈]租也부세세、追服추 복입을태、끄를탈(霽)(泰)(曷)

稌 뚜 [도]稌稻也 찰벼도(虞)

稇

쿤 [곤]成熟곡식 익을곤(阮)

䄮 뿌 [부]禾積벼 쌓을부

䅌 쟌 [견]麥莖보 리대견(先)

稂 랑 [랑]草名강 아지풀랑(陽)

程 청 [정]式也 법식정(庚)

稓 쿠 [곡]禾熟벼 익을곡(沃)

稍 쌰 [초]小也작 을초(巧)(效)

稈 깐 [간]禾莖稻穰 벼줄기간(旱)

䅍 딍 [정]稻麥傑立貌벼 우뚝우뚝설정(徑)

稉 杭 과同

稄 처 [측]禾密貌벼빽 빽한모양측(職)

䅗

[별]禾列不齊벼포기 고루서지않을별(屑)

八

䅔 쯔 [치]禾死벼 죽을치(支)

稙 찌 [직]早種禾일찍 심은벼직(職)

䆀 뼤 [비]禾穗貌벼이 삭모양비(尾)

稖 稖 과同

䅙 허

[화]棺頭관의 머리화(歌)

稚 찌 [치]幼禾어린 벼치(眞)

䅚 찬 [권]禾相近벼포기 서로가까울권(阮)

䅦 쥐 [거]黍也穮 기장거(魚)

稧 쏀 [험]禾傷肥벼주 저앉을험(監)

䅱

穊同 **稨** 뼈 [별]禾香벼향기별(屑) **稗** 빼 [패]細也잘패(卦) **稡** 취 [최][졸]聚也会|모을최 禾聚貌벼포기모을졸(豪)(月) **⿰禾來** 래 [래]小麥來麰밀래(灰) **稠** 착 [주]密也주

밀할주(尤) **稛** 균 [균]束也묶을균(軫) **稕** 쭌 [준]稈束짚단준(震) **種** 뛰 [타]小積작게쌓을타(哿) **稏** 야 [아]稻名|벼이름아(禡) **稜** 렁 [릉]勢也형편릉(徑) **稑**

루 [룩]禾名種|벼이름룩(屋) **稟** 뺑 [품]給也줄품(寢) **稔** 인 [임]年也해임(寢) **⿰㣎禾** 穆古字 **稘** 이지 [기]周年주년기(支) **稞** 커 [과]麥也보리과(哿) **⿰禾奄** 옌

[엄]禾不實벼쭉정이엄(琰) **稒** 꾸 [고]縣名|陽고을이름고(遇) **稤** [韓]各宮貯亭者|宮숙궁숙 **稦** 이 [의]禾茂貌벼무성할의(支) **⿰禾昆** 큰 [곤]束也묶을곤 或音혼(阮) **⿰禾官**

관 [관]禾病벼병들관(旱) **⿰禾空** 쿵 [공]稈也볏대공(東) **種** 쭁 [종]類也종류종(腫) ❾ **⿰禾曷** 예 [알]禾擧出苗고갱이알(月) **⿰禾胃** 이지 [기]禾長穗긴벼이삭기(寘) **稰** 쒀

[서]祭神米고시쌀서(語) **稭** 제 [개][갈]禾藁去皮祭天為席짚고갱이개、갈義同(佳)(黠) **稬** 눠 [나]稻之黏者찰벼나(箇) **稱** 청 [칭]言也말할칭 度也 量也헤아릴칭(蒸)(徑) **稧** 쎄

[결]禾稈볏짚결(屑)(霽) **稫** 뻬 [벽]禾密|稜보일벽(職) **稯** 쭁 [종]禾束벼묶음(東) **⿰禾胄** 쭈 [추]稔實벼알여물추(宥) **稖** 옌 [염]苗齊等||이삭간즈스런할염(監) **稲**

치 [집]種也심을집 本音즙(緝) **⿰禾耑** 뛰 [타][단]禾垂貌벼고개모숙은타、단義同(駕)(寒) **稨** 뻰 [변]籬上豆울콩변(先) **⿰禾屋** 우 [옥]禾芒벼꺼럭옥(屋) ❿ **⿰禾㣎** 穆의略字 **稺**

[치]幼禾어린벼치(寘) **⿰禾尃** 무 [부][포]禾積벼쌓을부 大豆큰콩포(虞) **稽** 이지 [계]考也상고할계(養) **稹** 언 [진]聚物물건모을진(軫) **稻** 또 [도]水田種杭穀|벼도(皓) **稾** 깐

[고]禾稈벼짚고(皓) **稼** 야 [가]種穀곡식심을가(禡) **⿰禾耆** 씨 [시]麥下種보리그루에심을시(支) **穀** 꾸 [곡]養也기를곡(屋) **稶** 위 [욱]漆稷盛貌서속우거질욱(屋) **⿰禾栗** 리

[률] 積禾貌ㅣㅣ 벼 쌓은 모양 률 (質)

⿰禾留 [류] 禾盛 벼 무성할 류 (尤)

稿 [고] 文草 사초 고 (皓)

稷 찌 [직] 社ㅣ 사직 직 (職)

榖 穀略字

稴 렌 [렴]、[겸] 稲不黏 메벼 렴、겸 義同 (監)(琰)

⿰禾流 䅵 과 同

稸 [축] 積聚之意 쌓을 축 (屋)

⿰禾唐 탕 [당] 玉蜀黍 옥수수 당 (陽)

⿰禾昷 운 [온] 盛也 번성할 온 (文)

⓫

⿰禾悤 쭝 [총] 禾束 벼묶을 총 (董)

穌 쑤 [소] 息也 쉴 소 (虞)

積 찌 [적][자] 聚也 모을 적、儲也 委ㅣ 저축할 자 (陌)(寘)

穊 끼 [기] ㅣ種 보이게 심을 기 (寘)

穈 메 [미][문] 黍屬 기장 미、赤苗 嘉穀 붉은 차조 문 (支)(元)

穄 쪠 [제] 稷也 기장 제 (霽)

稌 두 [도] 禾穗 벼이삭 도 (虞)

⿰禾累 뤄 [라] 穀積 곡식 쌓을 라 (歌)

⿰禾⿱覀灬 쟌 [초] 物縮少 물건 축날 초 (嘯)

穆 무 [목] 和也 화할 목 (屋)

穎 잉 [영] 才拔出 빼낼 영 (梗)

穋 稑 과 同

穅 캉 [강] 樂器名 악기 이름 강 (陽)

⿰禾票 먀 [표][묘] 禾芒 벼까럭 묘、稻苗秀出 상이삭 표 (篠)

穇 싼 [삼] 禾長 벼길찰 삼 (感)

⿰禾啇 쩨 [적] 離而種之 모종낼 적 (錫)

⿰禾査 [사] 赤ㅣ 붉은 벼 사 (麻)

⿰禾离 리 [리] 穗秀而垂ㅣㅣ 벼이삭 스으러질 리 (支)

⿰禾辛 [신][족] 穀名 곡식 이름 신、草木叢 초목 더부룩할 족 (眞)(屋)

⓬

穜 퉁 [충][동] 禾名ㅣ稑 벼 이름 충、先種晩熟 늦벼 동 (東)

穗 쒸 [수] 禾成秀 벼이삭 수 (寘)

穦 뿐 [분] 穀米簸貌 穗ㅣ 까부르지 않은 곡식 분 (吻)

穚 쟈 [교] 禾秀 벼 패여날 교 (蕭)

穖 끼 [기] 禾也 벼 기 (尾)

穛 쫘 [착] 早取穀 늦바심할 착 (覺)

⿰禾黑 메 [매] 禾傷雨生黑斑 벼가 비에 상하여 대모앉을 매 (隊)

⿰禾朁 천 [잠] 禾欲秀 벼 패려고 할 잠 (侵)

⿰禾勞 랖 [로] 野豆 들콩 로 (豪)

⿰禾粟 쑤 [속] 禾穗 벼이삭 속 (沃)

稺 穉 과 同

穓 이 [익] 耕也 갈 익 (職)

穔 황 [황] 野麥 들곡식 황 (陽)

⿰禾畱 릭 [류] 禾盛 벼 성할 류 (尤)

⿰禾堯 야 [효] 禾傷 벼 상할 효 (肴)

⓭

穢 훼 [예] 汚也 더러울 예 (隊)

穠 농 [농] 華木稠多貌 꽃과 나무 빽빽히 많은 모양 농 (冬)

穡 [색] 農也 거둘 색 (職)

穟 [수] 禾苗好美 고갱이 나올 수 (寘)

䆃 또 [도] 擇也 가릴 도 (皓)

⿰禾會 괘 [괴] 穅也 겨 괴 (泰)

⿰禾零 링

령 草莖疎풀줄기성길령 靑 ⿰禾資 즈 자 積禾벼쌓을자 支 ⿰禾亶 젼 전 禾束벼단전 霰 ⿰禾廉 렌 렴 草不結實풀에열매맺지않을렴 監 十四 穧 지 제 禾把벼웅큼제 霽

穫 훠 확 호 刈穀곡식거둘확 名ㅣ焦ㅣ땅이름호 藥 遇 穤 稬俗字 穨 퉤 퇴 暴風급한바람퇴 灰 穩 원 온 安也편안할온 阮 穦 삔 빈 香氣향기빈 眞 穥

위 여 蕃盛貌ㅣㅣ서속번성할여 語 穪 稱俗字 ⿰禾聚 츙 추 수 麻束삼단추 俗音 충、聚也모을수 虞 有 ⿰禾寧 닝 녕 禾茂벼꺼럭녕 庚 ⿰禾翟 데 적 黏米찹쌀적 錫 十五

穬 꿍 광 稻不熟벼여물지않을광 梗 穲 빠 파 稻名ㅣ稏벼이름파 禡 穭 루 려 自生稻돌벼여 語 穮 표 표 耘田除草김맬표 蕭 穡 색 색 吝惜인색할색 職 ⿰禾節 제

즐 禾重生움벼즐 質 ⿰禾憂 우 우 把數웅큼수우 尤 十六 ⿰禾冀 미 미 散種씨흩을미 寘 ⿰禾龍 룽 롱 禾病벼병들롱 東 穐 秋同 十七 ⿰禾韱 셤 섬 禾不實벼쭉정섬 監 稴

穰 상 양 物豊盛물건풍성할양 養 ⿰禾薦 쳰 천 獸類所食草짐승먹는풀천 霰 十八 ⿰禾雚 찬 권 禾熟黃벼익어누럴권 元 穱 쥐 작 稻下種麥벼그루에보리심을작 覺

⿰禾糞 뿐 분 糞田거름분 問 ⿱聶禾 씨 섭 禾動於風벼가바람에흔들릴섭 葉 十九 ⿰禾麗 리 리 五穀行列ㅣㅣ곡식포기가지런할리 支 穳 쫜 찬 刈禾積벼베어가리칠찬 寒

廿 ⿰禾黨 당 당 黃穀누른곡식당 養

穴部

穴 쀄 혈 窟也구멍혈 屑 一 穵 와 알 大穴큰구멍알 黠 二 究 쮜 구 窮理궁리할구 宥 穽 찡 정 穿也뚫을정 庚 三 空 쿵

공 天也빌공 하늘공 董 東 穸 씨 석 墓穴窀ㅣ무덤굴석 陌 穹 쿵 궁 高也높을궁 東 ⿱穴土 써 색 以土塞穴흙으로구멍막을색 職 ⿱穴亡 망 망 空也빌망 養 穻 위

우 窓也 창우 (虞)

四

⿱穴厷 횡 굉 大屋 큰집 굉 (庚)

窃 竊俗字

突 투 돌 出貌 우뚝할 돌 (月)

⿱穴元 완 연 柔皮革 가죽다룰 연 (銑)

穿 촨 천 通也 통할 천 (先)

窀 쭌 둔 埋也 묻을 둔 古音 준 (眞)

穽 찡 정 穿地陷獸坑 구덩이 정 (敬)

窂 랖 로 貫也 굳을 로 (豪)

穾 요 複室 골방 요 (嘯)

五

窈 약 요 靜也 고요할 요 (篠)

窅 약 요 深目 움펑눈 요 (篠)

窊 와 와 汙下 웅덩이 와 (麻)

窆 뻠 폄 葬也 장사지낼 폄 (豔)

窋 쿠 줄 物將出穴貌 구멍에 나오는 모양 줄 (質)

⿱穴正 약 요 燒瓦 기와 구울 요 (蕭)

窄 째 착 迫也 끼일 착 古音 책 (陌)

窌 쨔 교 窖也 굴 교 (效)

窉 뼁 병 穴也 구멍 병 (梗)

⿱穴令 링 령 井也 우물 령 (青)

⿱穴弘 헝 굉 幽深 아득할 굉 (庚)

⿱穴皿 밍 명 窟也 굴 명 (梗)

窇 빠 박 穴也 구멍 박 (覺)

⿱穴甲 야 압 刺脈 맥 찌를 압 (洽)

⿱穴示 피 피 排泄 샐 피 (眞)

六

⿱穴乇 따 타 物將出穴貌 뾰족이 내밀 타 本音 차 (禡)

⿱穴合 커 합 相當ㅣ合 상당할 합 (合)

⿱穴同 퉁 동 通也 통할 동 (東)

窏 우 오 卑也 낮을 오 (虞)

窑 요 燒瓦竈 기와가마 요 (蕭)

⿱穴夾 씬 심 烟突 굴뚝 심 (侵)

窐 궤 규 甑孔 시루구멍 규 (齊)

窕 탸 조 靜也 고요할 조 (篠)

窓 창 창 戶也 창 창 (江)

窔 요 요 室東南隅 집동남모퉁이 요 (嘯)

窒 찌 질 절 塞也 막힐 질、淡氣 원소이름 질、절 義同 (質) (屑)

⿱穴臣 宦의 俗字

⿱穴共 꽁 공 空也 빌 공 (送)

七

窘 쮠 군 急也 급할 군 (軫)

窖 쨔 교 地藏 大 지함 교 (效)

窌 랼 류 濟北地名 石ㅣ 땅이름 류 (有)

⿱穴丣 窌과 同

窗 窓의 本字

⿱穴良 랑 랑 穴地空 구멍 낭 (陽)

⿱穴豆 뚜 두 陷穽 함정 두 (宥)

⿱穴肙 옌 견 狹穴 좁은 구멍 견 (銑)

⿱穴份 㳂의 譌字

⿱穴甬 퉁 통 円孔 둥근 구멍 통 (送)

⿱穴兼 쪈 겸 遠也 멀 겸 (琰)

⿱穴巠 칭 경 空也 빌 경 (徑)

⿱穴坐 운 온 座所 자리 온 (阮)

⿱穴具 닝 녕 天也 하늘 녕 (青)

八

⿱穴卦 과 괘 博局方目 바둑판 줄 괘 (卦)

⿱穴或 화 획 逆風聲ㅣ然 바람 마주치는 소리 획 (陌)

⿱穴炎 딴

[담]深也 깊을담(感)
窴 뎐 [전]山下穴 산밑구멍전(霰)
窠 커 [과]空也 빌과(歌)
𥦍 란 [람]聚土 흙어모을람(感)
𥦬 유 [유]器之傷 그릇흠유(麌)
𥦪 평 [봉]葬 後平土 토칠봉(迥)
窽 관 [관]深穴 깊은구멍관(寒)
窛 구 [구]猛也 사나울구(宥)
窞 탄 [담]坎也 구덩이담(感)
窡 짜 [촬]穴中見 구멍속으로볼촬(黠)
窟 쿠 [굴]土中孔穴 구멍굴(月)
窣 쑤 [솔]行緩貌 勃ㅣ 더디게걷는모양솔(月)

九

窩 워 [와]藏也 감출와(歌)
窬 위 [유][두]穿板為戶 판장문유、門傍小竇 문곁구멍두(虞)(有)
窻 窗 과同
𥧂 과 窠同
窪 와 [와]深也 깊을와(麻)
窨 인 [음]地室藏酒 술두는움음(沁)
𥨎 얘 [부]鳥抱卵 새알품을부(有)

十

𥨍 피 [비]放氣 방귀뀔비(眞)
窯 야 [요]陶器 오지그릇요(蕭)
𥨪 찬 [료]屋深寥ㅣ 집안으슥할료 俗音초(肴)
𥨋 댜 [조]深遠窈ㅣ 아득할조(篠)
窳 위 [유]情ㅣ弱也 약할유(麌)
窰 와 窯同
窴 뎐 [전]塞也 가득할전(先)
窮 [궁]極也 다할궁(東)

十一

窸 씨 [실]自穴中出 구멍으로나올실(質)
𥨶 략 [료]空寂 고요할료(篠)
𥨲 [우]山穴 산구멍우(虞)
𥦁 쪄 [적]免窟 토끼굴적(陌)
𥨣 따 [달]入食張類 음식씹을달(黠)
㝩 강 [강]家靜 집조용할강(陽)
𥨸 융 [용]器病 窳ㅣ 그릇태갈용(冬)
窺 퀴 [규]小視 엿볼규(支)
窻 창 [창]戶也 창창(江)
窼 찬 [초]鳥巢 새집초(肴)
𥨗 와 寤同
𥨴 우 [오]竈也 아궁이오(遇)
窵 댜 [조]深也ㅣ窅 깊을조(嘯)
𥨻 친 [침]漸也 점점침(沁)
窶 [구]貧無禮 가난하여예절없을구(麌)

十二

𥨱 竄의古字
寮 랴 [료]空也 빌료(蕭)
竀 청 [탱]正視 바로볼탱(庚)
𥩑 싱 [성]大悟 크게깨달을성(青)
窾 관 [관]空也 빌관(旱)
窿 룽 [룽]大形穹ㅣ 하늘형용룽(東)
竳 덩 [정]畫絵 그림정(青)
竁 찬 [취][천]穿壙始穴 금정놓을취、천義同(寘)(霰)
𥩟 탄 [담]內曲 안으로굽을담(感)
𥨼

부 [복] 穴室 움복 (屋) ⿱穴焦 쭈 [추] 穴中鼠聲 구멍 속 쥐소리 추 (尤) **十三** 竅 챠 [규] 穴也 구멍 규 (嘯) 竄 촨 [찬] 逃也 도망할 찬 (翰) **十四** ⿱穴臬 왜 [예] 驚也 놀랄 예 (霽) 竆

窮 과 同 ⿱穴監 란 [람] 薄而大 |窶 얇고 클 람 (覃) 竆 충 [궁] 廣而深也 넓고 길 궁 (東) **十五** ⿱穴禹 竊의 俗字 竇 떠우 [두] 穴也 구멍 두 (有) **十六** 竈 짜오 [조] 爨炊 焐 부뚜

막 조 (號) 竉 룽 [롱] 深穴窟| 깊은 구멍 롱 (董) **十七** 竊 쳬 [절] 盜也 도둑질할 절 (屑) ⿱穴鮮 씨 [시] 穴也 구멍 시 (支) **二十** ⿱穴襄 단 [담] 着衣睡貌 옷 입은 채 잘 담 (覃)

立部

立 리 [립] 住也 설 립 建也 세울 립 (緝) **二** 竍 [십] 佛國量名 데카리터 십 ⿰立几 치 [처] 正也 바를 처 (御) **三** 竏 [천] 佛國量名 킬로리터 천 **四** 竑 헝

[횡] 廣也 넓을 횡 (庚) 竓 [日] 佛國量名 미리리터 모 竔 [승] 佛國量名 리터 승 竕 [분] 佛國量名 데시리터 분 新字 **五** 竘 쮜 [구] 治也 다듬을 구 (有) 竜 龍의 古字 站

짠 [참] 獨立 홀로 설 참 (陷) ⿰立主 쭈 [주] 待也 기다릴 주 (麌) 竚 [저] 久立 오래 설 저 (語) 竝 삥 [병][반][방] 倂也 아우를 병 牂柯 縣名 고을 이름 반 近也 가까울 방 (迥)(覃)(漾) 竛 링 [령] 行不正

|竮 비척거릴 령 (青) **六** ⿰立幷 竮과 同 章 짱 [장] 文也 글 장 采也 표할 장 (陽) 竟 찡 [경] 終也 마칠 경 (敬) 竡 [日] 佛國量名 헥트리터 백 **七** 望 望과 同 ⿰立甫

뿌 [포] 物之端 끝 포 (虞) 童 퉁 [동] 山無草木 민둥산 동 (東) 竢 [사] 待也 기다릴 사 (紙) ⿰立肖 챠 [초] 立貌 선 모양 초 (嘯) 竦 쑹 [송] 敬也 공경할 송 (腫) ⿰立甹 삥 [빙] 使也 부릴 빙 (青)

竣 쮠 [준][전] 退立 물러설 준 止也 그칠 준、전 義同 (眞)(先) ⿰立孛 [발] 捽物聲 물건 누르는 소리 발 (月) **八** ⿰立忝 톈 [첨] 恭也 공손할 첨 (琰) ⿰立彔 루 [록] 鬼見|| 跣 귀신 뵐 록 (屋) ⿰立昔

쨔오 [작] 驚也 놀랄 작 (藥) ⿰立享 [대] 重也 포갤 대 (賄) ⿰立卑 피 [비] 立貌 |||| 오뚝설 비 (齊) ⿰立卓 쟈오 [조] 高危 |⿰立堯 높고 위태할 조 (嘯) 竫 찡 [정] 靜也 고요할 정 (梗) ⿰立屈 퀘 [괴] 獨立|

貌然홀로선모양 괴 俗音외 (賄)

竪 豎俗字

⑨

竨 端同

端 똰 단 正也단정할단 (寒)

竭 쪄 갈 盡也다할갈 걸 義同 (月)(屑)

竰 日 佛國量名센티리터이

䇓 수 立而待서서기다릴수 (虞)

䇒 쎤 침 坐立不移貌우두커니침 (侵)

⑩

𥪻 뎬 전 塞也막을전 (先)

𥪿 쎼 혜 待也기다릴혜 (齊)

⑪

䇗 찌 계 窮究궁구할계 (霽)

竮 핑 병 行不正竛ㅣ비틀거릴병 (靑)

竱 좐 전 단 等也같을전、단 義同 (銑)(翰)

竸 競同

⑫

竳 떵 등 立貌ㅣㅣ우뚝설등 (蒸)

𥪱 쒸 수 久待오래기다릴수 (虞)

竲 청 증 高也높을증 (蒸)

䇘 쟌 요 高危竨ㅣ높아위태할요 (蕭)

⑬

䇙 라 라 弱立약하게설나 (箇)

⑭

𥫐 쓔 수 久待오래기다릴수 (虞)

⑮

競 경 争也다툴경 (敬)

⑰

𥫔 퉁 동 鍾聲종소리동 (東)

競 競과同

六畫

竹部

竹 쮹 축 冬生草員質虛中深根勁節대죽 (屋)

②

竺 쭉 독 축 厚也두터울독 天ㅣ나라이름축 (沃)(屋)

竻 러 륵 竹根대뿌리륵 (職)

③

竽 위 우 大笙큰생황우 (虞)

笂 봉 織竹編苫覆船배뜸봉 (東)

竾 지 笙類피리지 (支)

𥫩 끼 기 竹席대자리기 (紙)

竿 깐 간 竹梃대줄기간 (寒)

④

笊 조 竹器ㅣ籬조리조 (巧)(效)

笋 筍과同

笑 쑈 소 喜而解顔啓齒웃을소 (嘯)

笲 笄과同

笐 깡 항 衣架옷걸이항 (漾)

笔 筆과同

笆 빠 파 有刺가시대파 (麻)

笏 홀 홀 手版홀홀 (月)

笇 산 籌也대그릇대산 (翰)

笈 끼 급 접 書箱책상자급、驢上負나귀길마접 (緝)(葉)

𥫽 뚠 둔 容穀竹篅둥구미둔 (阮)

𥫱 쭝 종 長節竹마디긴대종 (冬)

筊 笅과同

笌 야 [아]筝也죽순아 (麻)

笒 한 [함][금]實中竹속빈대함 竹籤첨대금 (覃)(沁)

⿱竹方 ㅇ방 [방]竹籠죽롱방 (陽)

⿱竹市 씨 [시]王竹큰대시 (紙)

笎 웬 [원]竹文대무늬원 (元)

笍 [녈][체][예]小車具작은수레기구녈、체義녈과同 竹名대이름예 (屑)(霽)

笓 ㅇ비 [비][필]眞梳참빗비 列也벌일필 (寘)(質)

笐 항 [항]竹編捕魚具통발항 (漾)

五

笞 치 [태]箠打매칠태 (支)

笫 ㅇ즈 [자]牀簀평상자 (紙)

符 뷰 [부]信也믿을부 證驗증거부 (虞)

笯 누 [노][나]鳥籠새장노 나義同 (虞)(麻)

⿱竹古 꾸 [고]竹名대이름고 (虞)

笨 뿐 [분]肥大투박할분 (吻)

笲 ㅇ반 [번][반]盛婦贄棗修器신부의폐백반번、반義同 (元)(阮)

笱 끼 [구]曲竹取魚器통발구 (有)

笳 ㅇ쟈 [가]又피리가 (麻)

第 듸 [제]次也차례제 (霽)

笴 깐 [간][가]幹也줄기간 가義同 (旱)(哿)

笥 쓰 [사]竹方器衣篋옷상자사 (寘)

笭° 링 [령]小籠작은농령 (青)

笪 따 [달][단]覆舟簟배덮는삿자리달 笪也고리짝단 (曷)(旱)

笵 법 [범]法也법범 (豏)

笙 쎵 [생]小者有十三管 竹席 桃ㅣ대자리생 (庚)

笹 [세]細竹가는대세 日字

笮 ㅇ재 [책][작]狹也좁을책 黥刑 鑽ㅣ자잘할작 (藥)

笛 듸 [적]樂管七孔 篇피리적 (錫)

笠 리 [립]頭冠갓입 (緝)

笝 나 [납][닙]繫舟竹索배매는댓줄납 補籬울타리얽어맬닙 (合)(洽)

笟 [고]以篾束物대테맬교 (質)

笧 策同 冊古字

⿱竹去 취 [허]竹製飯器대밥그릇허 (魚)

⿱竹巩 筑俗字

笰 ㅇ뷰 [불]車後戶名차뒤창이름불 (物)

笘 찬 [섬]習字板日畢분판섬 (琰)

笜 ㅇ좌 [줄]竹筍生貌삐죽나올줄

筏 ㅃㅐ [패]飛揚까불을패

六

筒 통 [통]竹名射ㅣ사통대통 (東)

笄 ㅇ지 [계]簪也비녀계 (齊)

筎 수 [여]竹皮대껍질여 (魚)

筇 충 [공]蜀竹可為杖공대공 (冬)

筐 광 [광]方形竹器모진대광주리광 (陽)

筍 [순]竹萌죽순순 (軫)

筋 ㅇ진 [근]力也힘근 (文)

筊 쌰 [효][교]小簫작은퉁소효、교義同 (巧)(肴)

筌 촨 [전]藏魚竹器다래끼전 (先)

筑 ㅇ쥬 [축]拾也주울축 (屋)

⿱竹条 [추][창]篷篗돛추、帆돛달창 (虞)(講)

筆

[필]所以書 붓필 述也 지을필(質)
筏 벌 [벌]桴也 떼벌(月)
策 책 [책]謀也籌ㅣ 꾀책(陌)
等 등 [등]輩也 무리등(迴)
筅 선 [선]鍋釜洗掃 솔 솔선(銑)
篩 체 [체]箕也 키체(霽)
笧 산 [산][책]編竹為落 대바자 산(諫) 書籍 책 책(陌)
笸 희 [희]取蟣枇 참빗 희(支)
答 답 [답]對也 대답 답(合)
筓 천 [전]以竹貫物 대꼬창이 전(銑)
笹 예 [예]合板際 널불인 틈 예(霽)
筄 요 [요]屋笪 산자 요(嘯)
筕 항 [행]竹簟ㅣ篖 대삿자리 행(庚)
筈 괄 [괄]將然之意 그러할터 괄(曷)
筁 곡 [곡]蠶薄 누에발 곡(沃)
筶 고 [고]竹器ㅣ笭 대고리 고(皓)
笭 로 [로]柳器笭ㅣ 버들고리 노(皓)
筃 인 [인]車褥 차방석 인(眞)
筣 례 [례]籌也 산가지 례(霽)
笲 잉 [영]竹筍 죽순 영(庚)
筬 승 [승]竹炬 대홰 승(蒸)
笿 락 [락]束也 묶을 낙(藥)
筩 용 [용]班竹 아롱진대 용(冬)

七

筥 거 [거]穧名 볏단 거(語)
筮 서 [서]蓍ㅣ 시초점 서(霽)
筠 균 [균]竹皮 대껍질 균(眞)
筩 통 [통][용]竹筒律本 대통 통(東) 筒通 전통 용(腫)
筭 산 [산]計數 셈놓을 산(翰)
筦 관 [관]主當 주관할 관(旱)
筞 策 俗字
筤 랑 [랑]幼竹 蒼ㅣ 어린대 랑(陽)
䇺 梪과 同
筵 연 [연]竹席 대자리 연(先)
筧 견 [견]以竹通水 대홈통 견(銑)
筲 소 [소]竹器容斗二升 한말두되들이 대그릇 소(肴)
筳 정 [정]細竹 가는대 정(青)
筰 작 [작]竹索 대새끼 작(藥)
筯 저 [저]匙ㅣ 젓가락 저(御)
筬 성 [성]織具所以持經 바디 성(庚)
筴 협 [협][책]箸也 젓가락 협(洽) 謀也 계교 책(陌)
筟 부 [부]竹中衣 대청 부(虞)
笆 파 [파]用以取草泥ㅣ 갈퀴 파(麻)
筡 도 [도][서]中空 속빌 도、竹篖 籧ㅣ 대광주리 서(虞)(魚)
䇾 률 [률]射為竹管 새쏘는 총 률(質)
䇷 필 [필]割竹 대쪼갤 필(質)
筨 각 [각]竹椽 대서까래 각(覺)
䇶 蒭과 同
笘 첨 [첨]削物使薄 깎아 얇게할 첨(監)
䈅 미 [미]帚也 비 미(尾)
箹 박 [박]手足指節鳴 손발마디울 박(覺)
筣 리 [리]竹籬笆ㅣ 대울타리 리(支)
筻 사 [사]俊

也 북사 (歌)

篈 펑 [항][봉] 酒篘ㅣ篗 술 거르는 용수 항、車篷 수레뜸 봉 (江)(東)

筓 찌 [제] 竹席 대자리 제 (齊)

䇾 옌 [언] 大簫 큰 통소 언 (元)

⿱竹耴 톄 [첩] 小葉 적은 잎사귀 첩 (葉)

⿱竹删 산 [산] 竹製盛飯器 대밥통 산 (寒)

⿱竹沂 인 [은] 大篪 큰 저 은 (文)

⿱竹邑 이 [읍] 捕魚具竹器 통발 읍 (緝)

⿱竹志 쯔 [지] 堅竹 단단한 대 지 (支)

筪 쟈 [갑] 竹箱 대상자 갑 (合)

筱 쌰 [소] 細竹 가는 대 소 (篠)

八

箕 찌 [기] 宿名東ㅣ 별이름 기 (支)

箅 삐 [폐] 甑底所敷箔 시루밑에 까는 발 폐 (霽)

箜 쿵 [공] 絃樂琵類 ㅣ篌 공후 공 (東)

箛 꾸 [고] 笳也 피리 고 (虞)

箄 삐 [비][폐] 捕魚器 가리 비、底蔽 시루밑 폐 (支)(齊)(佳)

算 [산] 計數 셈놓을 산 (旱)

管 꽌 [관] 主當 주관할 관 (旱)

箋 쪤 [전] 文體名 전문 전 (先)

箇 꺼 [개] 數也 낱개 개 (箇)

⿱竹卓 [조] 罾類魚具 가리 조 (效)

箏 쩡 [쟁] 琵類合 ㅣ쟁 쟁 (庚)

箒 [추] 箕ㅣ 비 추 (有)

箳 삥 [병] 門扉ㅣ篷 대사립문짝 병 (青)

箙 뿌 [복] 盛矢器 전통 복 (屋)

箑 쌰 [삽] 扇之 대아삽 삽 (洽)

⿱竹妾 쌰 [삽] 竹翣 대아삽 삽 (洽) 箑翣通

箝 쳰 [겸] 鋏攝 재갈 겸 (鹽)

箔 뻐 [박] 金屬薄展 金 금박 박 (藥)

⿱竹拈 ⿱竹括과 同

箁 뿌 [부] 竹葉 대잎 부 (有)

⿱竹洛 츠 [지] 篠也 가는 대순 지 (支)

箚 짜 [차] 非表非狀ㅣ子 차자 차 本音 잡 (洽)

⿱竹莽 망 [망] 竹名數節 마디 짧은 대 망 (養)

⿱竹戢 [확] 收絲器 자세 확 (藥)

⿱竹匊 쮜 [국] 竹根 대뿌리 국 (屋)

箍 꾸 [고] 以竹束物 대테 멜 고 (虞)

⿱竹念 녠 [념] 挽舟索 배 끄는 줄 념 (豔)

⿱竹舀 탄 [도] 牢飼筐 소 먹이 그릇 도 (虞)

箓 루 [록] 高筐 높은 대상자 록 (屋)

⿱竹取 쩌 [추] 竹黄 대누를 추 (尤)

⿱竹沾 뎬 [점][전] 連紙箔 종이 뜨는 발 점、蔽簣 솜발 전 (鹽)(先)

⿱竹侖 룬 [륜] 推船竿 배 미는 대 륜 (眞)

⿱竹矣 따 [대] 籃之淺而長者 얕고 긴 바구니 대 (泰)

筽 [오] 地名ㅣ 땅이름 오 國字

⿱竹屈 취 [굴] 洗物刷子 그릇 닦는 솔 굴 (物)

笿 篙과 同

箘 쥔 [균] 美竹箭材 살대 균 (軫)

箐 쳰 [정][천] 小籃 箵ㅣ 바구니 정、竹弓 대로 만든 활 천 (庚)(霰)

⿱竹肥 빠 [파] 竹竿 대 산자 파 (麻)

箊 위 [어] 葉薄竹 잎사귀 엷은 대 어 (魚)
箎 후 [호] 長竹 긴 대 호 (虞)

⑨

䈣 락 [락] 籬ㅣ 울타리 락 (藥)
箭 쟨 [전] 矢也 화살 전 (霰)
箶 후 [호] 箭室ㅣ簏 전동 호 (虞)
箈 태 [태] 竹萌 죽순 태 (灰)
簀 簣과 同
篅 챤 [천] 盛穀円器 대둥구미 천 (先)
箸 쪄 [저] 飯具匙ㅣ 젓가락 저 (御)
䈞 순 [순] 竹胎 죽순 순 (軫)
箠 츄 [추] 馬策 채찍 추 (紙)
篆 쫜 [전] 書也 전자 전 (銑)
箷 이 [이] 衣架 횃대 이 (支)
簜 蕩과 同
箾 쇼 [소][삭] 상소 소、舞曲 桓ㅣ 춤곡조 삭 (蕭)(覺)
篇 편 [편] ㅣ章 글 편 書冊 책 편 (先)
篂 씽 [성] 車蔽篇ㅣ 수레 덮는 발 성 (青)
篍 챡 [초][추] 吹簫動役 통소 부려 역사시킬 초、竹簫 대통소 추 (蕭)(尤)
箵 씽 [성] 漁具笭ㅣ 고기다래끼 성 (青)
篁 황 [황] 竹林 대밭 황 (陽)
篌 헉 [후] 絃樂箜ㅣ 공후 후 (尤)
箱 썅 [상] ㅣ子 상자 상 (陽)
箴 짐 [잠] 石刺病 돌침 잠 (侵)
䈜 친 [침] 工人用墨尺 먹자 침 (沁)
箮 훤 [훤] 竹花 대꽃 훤 (元)
範 뺀 [범] 法式 법 범 (豏)
𥳲 [궤][괴][괵] 篷也 광주리 궤、ㅣ篷 휘장 괴、車枸簍 수레 포장살 괵 (隊)(灰)(陌)
箼 우 [옥] 竹叢 대총 총할 옥 (屋)
箹 위 [약][요] 小籥 작은 피리 약、竹節 대마디 요 (覺)(效)
築 쮸 [축] 積重 쌓을 축 (屋)
節 졔 [절] 竹ㅣ 대마디 절 (屑)
篠 쓔 [솨] 席也 돗 솨 (智)
䈃 쫘 [작] 盞米具 조리 작 (藥)
箿 싸 [삽] 竹器緑編 대그릇 가휘감칠 삽 (合)
篓 籔과 同
䈞 뚱 [동] 竹器 대그릇 동 (董)
箬 쟉 [약] 竹皮 대껍질 약 (藥)
篋 [협] 箱ㅣ 행담 협 (葉)
𥳛 패 [패] 竹片 대쪽 패 (卦)
篺 𥳛와 同
箯 뼌 [편] 竹與 대남여 편 (先)
𥳔 쾌 [쾌] 矢竹 살대 쾌 (卦)
篊 홍 [홍] 筧也 홈통 홍 (送)
篦 삐 [비] 編竹小盤 대장반 비 (支)
䈕 위 [유] 黑竹 검은 대 유 (尤)
䈎 예 [야] 海濱生竹 바닷가에 나는 대 야 (麻)
篎 篎과 同
𥳊 예 [엽] 竹簡 대쪽 엽 (葉)
䈝 찐 [긴] 皮白竹 껍질 흰 대 긴 (軫)
篿 築과 同
䈙 징 [경] 筋竹 대이름 경 (敬)
𥳑 쯔 [자] 竹盛 대성할 자 (支)
䈈 [정] 竹欄干 대난간 정 (庚)

笸 과 笸同

箟 시 [시][이][제] 笙簧생황시 凡也책상이、竹器대그릇제 (支)(齊)

⑩

篩 쓰 [사] 大竹왕대사 (支)

篚 삐 [비] 円形竹器둥근대광주리비 (尾)

篪 치

[지] 橫吹笛옆으로부는저지 (支)

篔 윈 [운] 大竹왕대운 (文)

篦 삐 [비] 髮具密櫛참빗비 (齊)

簏 뤼 [려] 簡也盛飯器밥담는그릇려 (語)

篹 찬 [찬] 逆奪빼앗을찬 (諫)

篨 츄

[저] 竹席籧ㅣ대자리저 (魚)

𥳉 빤 [반] 竹名ㅣ箋대이름반 (寒)

篙 꼬 [고] 進船竿상앗대고 (豪)

篹 쫜 [찬][산][전] 逆奪빼앗을찬 竹筥雕ㅣ대소쿠리산 述也시을전 (旱)(霰)

䉈 짜

[차][자] 竹貌篸ㅣ대모양차、炭籠숯둥구미자 (歌)(馬)

篣 [방] 箕屬키방 (陽)

篘 챠 [추] 鹿酒용수추 (尤)

篛 쉬 [약] 竹皮대껍질약 (藥)

篝 꾸 [구] 覆火籠종다래끼구 (尤)

䉔

[겸] 籠也대농겸 (鹽)

篥 릭 [률] 勁竹쨍쨍한대률 (質)

篞 네 [녈] 中管중피리녈 (屑)

篖 당 [당] 竹席筕ㅣ대자리당 (陽)

篗 [확] 卷絲器자새확 (藥)

篤 뚜 [독] 固也견고할독 (沃)

䈇 타 [답] 窓扇창짝답 (合)

䈠 쟈 [요] 竹枝也대가지요 (蕭)

篎 먀 [묘] 小管작은저묘 (篠)

箁 뿌 [부] 竹有斑文자문죽부 (尤)

䈫 나 [납] 纜舟竹索배매는대동아줄납 (洽)

篊 홍 [홍] 用以漢物者검그레홍 (送)

篧 쮜 [착] 又고기잡는발착 (覺)

篸 찬 [잠][담] 搔馬말털긁을잠、馬篦말글경이담 (覃)

篣 뿌 [부] 竹青皮대푸른껍질부 (虞)

簑

[사] 雨衣동롱이사 (歌)

篕 깨 [합][계] 竹席대자리합、계義同 (合)(泰)

䈱 돠 [도] 飯牛器소먹이는그릇도 (豪)

䈾 쏘 [소] 飯畚주걱소 (巧)

篬 창 [창] 竹色青貌ㅣ대빛푸를창 (陽)

䈢 쏘 [소] 竹聲ㅣㅣ대소리소 (豪)

篒 시 [식] 搔耳具귀우비개식 (職)

䈴 싼 [선] 箑也부채선 (霰)

䈮 웬 [원] 絡絲籆자새원 (元)

篘 쥐 [구] 篾也織具바디구 (遇)

篗 삭 [수] 藪也용수수 (尤)

篋 치 [격] 竹履대신격 (陌)

篢 궁 [공] 竹笠대삿갓공 (東)

䈶 융 [용] 文竹자문죽용 (冬)

築 [축] 積重쌓을축 (屋)

䈿 무 [모] 竹箱대상자모 (遇)

簻 籠과同

[竹+索] 솨 [삭] 竹紖 대아줄 삭 (藥)

十一

簂 궤 [궤] 婦人首飾 머리치레 궤 (隊)

[竹+聆] 령 [령] 竹名 대이름 영 (青)

[竹+釣] 됴 [조] 釣竹 낚싯대 조 (嘯)

簶 리 [류] 法綱 법류 (紙)

篷 퐁 [봉] 編竹覆舟 대뜸 봉 (東)

[竹+從] 총 [종] 病枯竹 삭은대 종 (東)

簋 궤 [궤] 盛漆稷器 ㅣ대제기 궤 (紙)

篲 쉐 [세][수] 星字 혜성 세, 竹帚 대비 수 (霽)(寘)

[竹+復] 箯同

[竹+浦] 뿌 [포] 枕水扱魚 가리 포 (遇)

簅 찬 [산] 大籥似笛 큰피리 산 (潸)

簇 족、[족][추] 聚也 모을 족 추義同 (屋)(有)

簍 [루] 竹籠 대농 루 (有)

[竹+巢] [소] 大笙 큰생황 소 (肴)

篿 촨 [전][단] 折竹ㅣ筵ㅣ 점대 전、 円竹器 둥근대그릇 단 (先)(寒)

箳 뼝 [병] 車覆ㅣ篁 수레가림 병 (梗)

箾 솨 [초][삭] 船舵尾 키꼬리 초, 飯帚 솥솔 삭 (效)(覺)

[竹+淡] [담] 大竹 큰대 담 (勘)

簉 적 [추] 齊飛 가지런히 나를 추 (有)

簏 루 [록] 書ㅣ竹篋 대상자 록 (屋)

簎 취 [착] 刺也 찌를 착 (覺)

篠 쌰 [소][조] 細竹 가는대 소、조義同 (篠)

篳 [필] 柴門 사립문 필 (質)

篾 며 [멸] 竹皮 대껍질 멸 (屑)

簀 져 [책] 積聚 쌓아모을 책 (陌)

篸 짠 [잠] 針也 바늘 잠 (侵)

篱 리 [리] 竹器笊ㅣ 대조리 리 (支)

[竹+巠+土] 蔑과同

簌 [속] 篩也 체 속 (屋)

簁 쓰 [사] 竹器孔除麤取細 체 사 (紙)

篴 [적] 三孔 날나리 적 (錫)

[竹+沛] 패 [패] 大桴 큰떼 패 (佳)

篶 옌 [언] 黑竹 흑죽 언 (先)

篻 퍞 [표] 細竹 가는대 표 (蕭)

篼 뚜 [두] 竹輿ㅣ子 대남여 두 (尤)

篽 [어] 禁苑 나라동산 어 (語)

[竹+斛] 꾸 [곡] 大箱 큰상자 곡 (屋)

簆 쿠 [구] 簆也織具 바디 구 (有)

[竹+通] 퉁 [통] 無節竹 마디없는대 통 (東)

[竹+意] 챠 [주] 箸也 젓가락 주 (尤)

[竹+陡] 두 [도] 架也 시렁 도 (遇)

[竹+衺] 나 [나] 鳥籠 새장 나 (麻)

[竹+軟] 완 [연] 釣針 낚시바늘 연 (銑)

[竹+將] 쟝 [장] 有節剖 마디두고 짠 대 장 (養)

[竹+流] 레 [렵] 編竹曝物 엮은대 렵 (葉)

[竹+堇] 진 [근] 皮白竹 껍질흰대 근 (文)

十二

籓 뺜 [반] 車篷 수레뜸 반 (阮)

[竹+觚] 꾸 [고] 竹簡 대쪽 고 (虞)

簣 퀘 [궤] 盛土器 삼태 궤 (寘)

[竹+螢]

쿵 [공]車弓수레활공 (冬)
簡 簡와同
篗 약 [복]竹實대열매복 (屋)
簬 루 [로]美竹箭材화살만드는대로 (遇)
簠 약 [보]成漆稷器ㅣ簋대제기보 (麌)
簡 얜 [간]書札편지간略也간략할간 (潸) 柬通
簦 떵 [등]禦雨長柄笠盖우산등 (蒸)
簜 탕 [탕]闊節大竹굵은대탕 (養)
簞 딴 [단]小筐소쿠리단 (寒)
簪 짠 [잠]聚也盍ㅣ모을잠 (侵)
簙 뼉 [박]局戲六博장기박 (藥)
簟 탄 [점]竹名대이름점 (淡)
簧 황 [황]笙活피리혀황 (陽)
簥 쟈 [교]大管큰저교 (蕭)
簫 쇼 [소]管樂통소소 (蕭)
[竹+惢] 쉐 [예]初生筍갓난죽순예 (支)
簝 랴 [료][로]宗廟盛肉竹器종묘에고기담는대제기료、로義同 (蕭)(豪)
簩 라 [로]竹名대이름노 (豪)
簚 미 [멱]素ㅣ흰개가죽멱 (錫)
[竹+須] 쉬 [수]魚筌고기다래끼수 (虞)
簢 민 [민]竹中空대속빌민 (軫)
[竹+粦] 린 [인]竹中實대속찰인 (震)
簨 [순]ㅣ簴懸鐘聲格북다는틀순 (軫)
[竹+絶] 쥐 [취]絡絲具실패취 (寘)
[竹+最] 죄 [최]竹帚대비쾌 (泰)
[竹+斯] 쓰 [시]竹節대마디시 (支)
[竹+遞] 티 [체]琴名ㅣ鐘거문고체 (齊)
[竹+媚] 메 [미]冬生筍겨울에나는죽순미 (寘)
[竹+棓] 뱌 [보]簾也발보 (麌)

十三

簿 뿌 [부][박]籍也문서부、蠶具누에발박 (遇)(藥)
簴 쥐 [거]所以懸鼓筍북다는틀거 (語)
簺 새 [새]戲具상륙새 (隊)
簸 빠 [파]揚穀去糠까부를파 (箇)
簹 땅 [당]大竹篔왕대당 (陽)
簳 [로]美竹箭材화살대로
籀 籀의俗字
簳 筒同
簻 檛同
簾 렴 [렴]笛也발렴 (豔)
簽 쳄 [첨]信書편지첨 (監)
簷 [첨]屋檐也처마첨 (監)
簶 루 [록]箭筒胡전통녹 (屋)
[竹+稚] [竹+雉]와同
[竹+曷] 커 [갈]止樂器木秃그칠풍류갈 (黠)
[竹+構] 篝과同
[竹+隔] 꺼 [격]竹帳ㅣ子대장지격 (陌)
[竹+稚] 찌 [치]幼竹어린대치 (紙)
[竹+閒] 쳔 [견]戸籍호적견 (銑)
[竹+亶] 탄 [단][담]俗音、絞索배끄는줄단 (覃)
簙 뼉 [박]行棊ㅣ突바둑둘박 (藥)
[竹+豦] 쥐 [거]飲牛器소먹이그릇거 (語)
[竹+愍] 민 [민]竹中空대속빌민 (軫)

䉪 례 [례]細軟竹가늘고연한대례(齊) 篬 챵 [창]竹矛대창창(漾)

⑭

籉 태 [대]禦雨笠子삿갓대(灰) 䉘 춍 [총]取魚器고기잡는대그릇총(東) 䉛 위 [욱]漉米籔炊ㅣ조리욱(屋) 籈 연 [진]所以擊祝鼓敔者그칠풍류채진(眞) 籃 란 [림]筐也바구니람(覃) 籊 듸 [적]竹貌ㅣㅣ대모양적(錫) 籌 쥬 [주]算也숫가지주(尤) 籍 젹 [적]簿書문서적(陌) 籋 네 [섭]踏也밟을섭(葉) 篝 꾸 [구]負土籠대소쿠리구(尤) ⿱竹銷 쏘 [초]竹枝長대가칠초(巧) ⿱竹德 중 [총]箸筒젓가락통총(董) ⿱竹巢 쇼 [소]鳥巢새보금자리소(肴) 箑 [삽]扇也부채삽(洽) 箸 쓔 [서]踈篩성긴체서(御) ⿱竹端 된 [단]竹名대이름단(寒) ⿱竹領 링 [령]盛飯筐밥담는광주리령(徑)

⑮

籔 쓔 [수]量名휘수(有) ⿱竹穀 꾸 [곡]函也함곡(屋) 籀 쥬 [주]大篆ㅣ文큰저자주(宥) ⿱竹褞 우 [우]竹器以息小兒아이앉히는대둥우리구或音우(尤) ⿱竹旛 籓同 籓 빤 [번]大箕큰키번(元) ⿱竹⿱目食 좐 [찬]述也지을찬(潸) ⿱竹畾 뢰 [대][래]稻米磑쌀쓸는맷돌대、래義同(隊) 籐 텅 [등]又등나무등(蒸) 篶 쎄 [사]篩也채쪽사(馬) ⿱竹溜 뤼 [류]竹聲대소리류(尤) ⿱竹遷 쳔 [천]扱稻具벼훑이천(先)

⑯

籛 젼 [전]姓也성전(先) 籜 튁 [탁]竹皮대껍질탁(藥) 籠 롱 [롱]箱属농롱(東) ⿱竹賢 쎤 [현]竹枯대마를현(霰) 籚 루 [로]戟柄창자루노(虞) 簶 루 [록]籍也호적록(沃) 籟 래 [뢰]簫名三孔籥피리뢰(泰) 籯 잉 [영]籠也농영(庚) 籗 꽉 [곽]單也가리곽(藥) ⿱竹隨 쉬 [수]籠也채롱수(支) 籞 위 [어]御苑池ㅣ나라동산어(語) ⿱竹衛 웨 [위]細竹가는대위(霽) ⿱竹燕 옌 [연]竹病대병들연(霰) ⿱竹辯 뼌 [편]蘆葉笛갈잎피리편(銑)

⑰

⿱竹鮮 션 [선]人戶版籍호적선(銑) 籤 쳠 [첨]書ㅣ서상대첨(鹽) 籧 쥐 [거]養蠶器양잠기거(魚)(語) 籥 약 [약]樂器似笛피리약(藥) ⿱竹劑 지 [계]竹實대열매

계(霽)

籣 란 [란]盛弩矢負器 동개란(寒)

籦 쎈 [종]枝多竹 가지많은대종(冬)

籢 [렴]鏡ㅣ 경대렴(監)

⿱竹鰈 뎌 [접]簸也 까부를접 俗音엽(葉)

籅 [여]竹輿 대남여여(魚)

(十八)

⿱竹雙 쌍 [쌍]帆也 돛쌍(江)

籩 뼌 [변]祭用竹器 豆변두변(先)

⿱竹黠 예 [개]黑竹 검은대개(佳)

⿱竹雜 자 [잡]簾也 발잡(合)

(十九)

籫 쫜 [찬]竹器 대그릇찬(旱)

籮 뤄 [라]箕也 키라(歌)

籭 簁同

籬 리 [리]藩ㅣ 울타리리(支)

(二十)

⿱竹嚴 연 [엄]禦也 막을엄(監)

籯 잉 [영]竹器箱属 상자영(庚)

籰 쿼 [확]收絲器 자세확(藥)

⿱竹襲 룽 [롱]箱也 상자롱(東)

(二十二)

籗 [악][확]捕魚具 고기잡는발악、확義同(藥)

(二十四)

⿱竹贛 깐 [감]有毛竹 털난대감(感)

(二十六)

籲 위 [유]和也 화할유(遇)

米部

米 미 [미]穀實精 鑿쌀미(齊)

(一)

⿰米刀 삐 [피]粹米 부서진쌀피(眞)

(二)

籴 糴同

籵 [십]佛國度名、米十倍 데카미터십 國字

(三)

类 類과同

粂 [子]久米의合字、陳臭米묵은쌀 子日字

籹 녀 [여]蜜餌距ㅣ 약과여、중배끼여(語)

籸 썬 [신]紛滓 무거리신(眞)

籺 쎄 [흘]堅麥 굳은보리흘(月)

籼 [선]硬也 메벼선(先)

⿰米工 홍 [홍]陳臭米 묵은쌀냄새날홍(東)

籽 쯔 [지]種子ㅣ粒 씨앗지(紙)

⿰米阝 씬 [신]米滓 쌀찌끼신(眞)

籾 인 [인]稻也 벼인

粁 [천]佛國度、米千倍 킬로미터천 國字

⿸广米 栗古字

(四)

粊 삐 [비]惡米 궂은쌀비(紙)

粃 [비]ㅣ政 나쁜정치비(紙)

粏 [태]糠湯也 겨로만든국태 日字

粉 뿐 [분]研米 가루분(吻)

粋 쉬 [쇠]純也 순전할쇠(隊)

粇 糠과同

⿰米氏 지 [기]赤米 붉은쌀기(支)

粆 싸 [사]砂糖 사탕사(麻)

粍 [모]佛國度名、米千分ㅣ 밀리미터모 國字

⿰米丏 메 [멸]屑米 싸라기멸(屑)

粄 빤 [판]團子 경단판(旱)

粈 뉴 [뉴]雜飯 잡곡밥뉴(有)

粅 우 [물]粉貌ㅣㅣ 가루모양물(物)

(五)

粔 쮜 [거]籹寒具 전병거(語)

粕 퍼 [박]又 지게미박(藥)

⿰米乍 쨔 [사]滓也 찌끼사(麻)

粜 糶과 同
粗 추 [조][추] 略也 간략할 조 大也 클 추 (麌)(虞)
𥹐 뿌 [부] 穀皮 겨 부 (虞)
冞 미 [미] 深也 깊을 미 (紙)
粐 후 [호] 粥也 죽 호 (虞)
粘 [점] 相著也 붙을 점 (鹽)
粊 삐 [비] 惡米 낮은쌀 비 (寘)
𥺝 밍 [명][미] 清米 물에 담근쌀 명、縣名 ㅣ冷 고을이름 미 (青)(支)
粓 깐 [감] 洗米汁 쌀뜨물 감 (覃)
粒 리 [립] 米顆ㅣ食 쌀알 립 (緝)
𥸣 뻬 [배] 磨麥之粥 간보리죽 배 (灰)
粖 머 [말] 饘也 糜粥 미음 말 (曷)
粙 쥬 [주] 稻之結實 벼알들 주 (有)

六

粢 쯔 [자] 祭飯 ㅣ盛 제밥 자 (支)
粥 쥬 [죽][육] 糜也 미음 죽 賣也 팔 육 (屋)
粟 쑤 [속] 米有穀者 곡식 속 (沃)
粤 웨 [월] 語辭發端 어조사 월 (月)
粦 燐同
𥹉 쒸 [색] 壞米糲ㅣ 상한쌀 색 (陌)
籸 씬 [신] 粉滓 무거리 신 (眞)
粣 [색] 偏米煎 전병 색 (陌)
𥸽 환 [환] 白米也 흰쌀 환 (寒)
粨 [日] 佛國度名、米百倍 헥트미터 백
粡 퉁 [동] 粗米 굵은쌀 동 (東)
粠 충 [공] 精米 정한쌀 공 (冬)
粞 씨 [서] 碎米 싸래기 서 (齊)
𥻗 쥐 [子] 熬米 볶은쌀 구 (有)
粚 단 [담] 黏也 차질 담 (覃)
𥹥 폐 [패] 研米混羹 살갈아 국에 탈 패 (隊)
粧 糚同

七

粲 찬 [찬] 鮮明ㅣㅣ 선명할 찬 (翰)
䊇 [포] 꿀떡 포 (遇)
粱 량 [량] 穀名 기장 양 (陽)
䊈 메 [매] 酒本 술밑 매 (灰)
粰 뿌 [부] 穀皮 겨 부 (尤)
粳 秔同
粮 糧同
糁 싼 [삼] 蜜清瓜實 정과 삼 (感)
粯 [간] 米粉 쌀가루 간 (諫)
粏 태 [태] 粉末 가루 태 (隊)
粈 류 [류] 熬米 볶은쌀 유 (尤)
粆 찬 [초] 細粉 고운가루 초 (篠)

八

糀 [日] 麴子 누룩 화
粿 꿔 [과] 精米 정한쌀 과 (哿)
粽 糉同
粺 빼 [패] 精米 정한쌀 패 (卦)
粹 쉐 [수] 專也 오로지할 수 (寘)
粼 린 [린] 水清ㅣㅣ 물맑을 인 (眞)
粻 쟝 [장] 糧也 양식 장 (陽)
䊎 촨 [권] 粥調貌 죽되직할 권 (阮)
精 징 [정] 擇定 가릴 정 (庚)
粶 루 [록] 火爆米 불에 말린쌀 녹 (屋)
䊍 리 [리] 軟粥 묽은죽 이 (支)
䊭 쥐 [주] 團子餠 도래떡 주 (尤)
𥻦 시 [석] 洗米 쌀씻을 석 (錫)
䊧 粊同

九

糈 쉬 [서] 糧也 양식 서 [소] 饑也 산자 소 (魚)(語)
糊 쎤 [호] 黏也 풀 호 (虞)
糉 즁 [종] 蘆葉裹米 角漆 송편 종 (送)
糎 [리] 佛國度名(米百分之一) 센치미터 리 國字
粬 [면] 屑米 가루 면 (霰)
糅 쉭 [유] 亂也 粉 어지러울 유 (有)
糇 잉 [영] 精米 정한 쌀 영 (庚)
糄 뼌 [번] 燒稻取米 벼 볶아 쌀 만들 번 (銑)
餱 훋 [후] 乾食 말린 밥 후 (尤)
糍 즈 [자] 卜餻 인절미 자 (支)
[米畐] 픠 [픽] 以火焙肉 불에 고기 말릴 픽 (職)
[米屎] 쓰 [시] 屎尿 똥오줌 시 或音 지 (紙)
[米剌] 라 [랄] 粗飯 추한 밥 랄 (曷)
糂 [삼] 米屑 쌀가루 삼
糃 당 [당] 精米 정미 당 (陽)
[米皇] 황 [황] 祭米 제사쌀 황 (陽)
[米叟] 粳 同
[米南] 난 [남] 雜穀粥 잡곡죽 남 (感)
[米是] 지 [지] 黏也 차질 지 (紙)

十

糕 [고] 餌也 인절미 고 (豪)
[米芻] 츄 [추] 漉取粉米 녹말 추 (尤)
[米屑] 셰 [설] 舂餘米麥破 싸라기 설 (屑)
糓 穀과 同
糖 탕 [당] 砂也 사탕 당 或音 탕 (陽)
[米潘] 쓔 [수] 汁也 국물 수 (有)
粹 취 [쉬] 粉滓 무거리 쉬 (隊)
[米旁] 뱡 [방] 玉蜀漆 옥수수 방 (庚)
[米兼] 쪔 [함] 稻不黏 메벼 함 (感)
糗 챠 [구] 熬米粉 미시가루 구 (有)
糒 삐 [비] 乾飯 말린 밥 비 (寘)、매 (卦) 義同
糐 뿌 [부] 團餌 경단 부 (虞)
糟 쫘 [조] 又 지게미 조 (豪)

十一

糜 미 [미] 糈也 싸라기 미 (支)
糢 무 [모] 又 흐릴 모 (虞) 韓 模俗字
糠 穅 同
糞 뵨 [분] 治也 다스릴 분 (問)
糙 챤 [조] 米穀雜 잡곡 조 (號)
[米啇] 쳐 [책] 壞米丨 상한 쌀 책 (陌)
糚 짱 [장] 粉飾 분단장할 장 (陽)
糝 싼 [삼] 米屑 쌀가루 삼 (感)
[米戚] 치 [축] 熬米餅 쌀 볶아 만든 떡 축 (屋)
[米崔] 취 [최] 精米 정한 쌀 최 (灰)
[米曼] 만 [만] 飯澤丨 밥 윤택할 만
[米殺] 싸 [살] 散也 흩을 살 (曷)

十二

[米番] 빤 [반] 米汁 쌀뜨물 반 (寒)
糦 饎과 同
[米禽] [食禽]과 同
糤 饊과 同
[米焦] [착] 又 지레타작할 착 (覺)
糨 쟝 [강] 和水磨米 풀무리 강 (漾)
[米麤] 추 [추] 米不精 궂은 쌀 추 (虞)
[米黃] 황 [황] 麴黴 누룩곰팡이 날 황 (陽)
糧 량 [량] 穀食 곡식 량 (陽)
糯 놔 [나] 黏稻 찰벼 나

十三

糦 예 [열] 糗也 송편 열 (屑)

糬 씨 [석] 淅米ㅣ 쌀 일 석 (陌)

糪 뻐 [벽][필] 飯之未熟 선밥 벽 (陌) 同餘半熟 선떡 필 (黠)

糓 穀과 同

糫 환 [환] 粔籹膏ㅣ 약과 환 (刪)

⿳亡口⿲月米凡

라 [라] 積米쌀 쌓을 나 (歌)

⿰米亶 젼 [전] 濃粥 된죽 전 (先)

⓮

糯 稬同

糰 돤 [단] 又 경단 단 (寒)

⿰米壽 됴 [도] 黏也 차질 도 (尤)(晧)

⓯

⿰米蔑 멸 [멸][말] 粥也 죽 멸 (屑) 麥粉 밀가루 말 (曷)

糲 리 [려][랄] 米不精麤糲ㅣ 궂은 쌀 여 (霽) 脫粟 애 찧은 조 날 (曷)

⓰

糳 쫘 [착] 精舂米 정하게 쓿은 쌀 착 (藥)

糴 듸 [적] 買穀 곡식 살 적 (錫)

糱 녜 [얼] 酒媒麴ㅣ 누룩 얼 (屑)

⓱

⿰米雜 [산] 玄米 한번 찧은 쌀 산 (諫)

⿰米襄 샹 [양] 雜也 섞일 양 (漾)

糱 糵과 同

⓳

糶 됴 [조] 賣米出穀 곡식 팔 조 (號)

⿰米靡 미 [미] 碎糠 몽근 겨 미 舂米 쌀 찧을 미 (支)

⿰米覈 허 [핵] 粗糠 거친 겨 핵 (陌)

⿰米喿 챀 [조] 米穀雜 궂은 쌀 조 又 섞인 쌀 조 (號)

⿰米贊 糵과 同

⓴

⿰麥雜 찬 [산] 礱粟 곡식 갈 산 (潸)

㉑

糷 란 [란] 飯黏著 밥 질 란 (翰)

⿱鹵鹵米 [속] 粟古字 조 속 (沃)

糸部

糸 미 [멱][사] 細絲 가는 실 멱、絲之半數 극히 적은 수 사 (錫)(支)

❶

系 씨 [계] 緒也 실 마리 계 (霽)

糺 끼 [규] 收也 거둘 규 (有)

❷

⿰糸力 [공] 紡績 길쌈할 공 (東)

糾 끼 [규][교] 察也 살필 규、結窃ㅣ 맺일 교 (有)(篠)

紌 당 [구] 引急 급히 당길 구 (尤)

⿰糸了 됴 [조] 倒懸 거꾸로 달 조 (篠)

⿰糸丁 뎡 [정] 引也 잡아당길 정 (梗)

❸

紉 신 [닌] 索也 줄 닌 (眞)

紅 홍 [홍][공] 絳也 붉을 홍 女ㅣㅣ女 여공 공 (東)

紆 위 [우] 縎也 얽일 우 (虞)

紀 끼 [기] 記也 기록 기 (支)

紈 완 [환] 素也 흰 깁 환 (寒) 氷ㅣ

紃 쓘 [순] 法也 법 순 (眞)

約 약 [약][요] 期也 기약할 약 信也 믿을 요 (藥)(嘯)

紇 허 [흘] 束也 묶을 흘 (月)

⿰糸才 쯘 [순][치] 粹也 순전할 순 黑色 검은 빛 치 (眞)

⿰糸子 겨 [결] 絲束 실 묶음 결 (屑)

紁 [차] 衣福 속바지 차 (禡)

⿰糸弓 [멸][현] 弦과 同 微也 적을 멸

紂 쮸 [주] 商王辛 상왕 이름 주 (有)

⿰糸口 [子] 牝紐 암단추 子中字

⿰糸干 깐 [간] 摩衣而展 옷 만져 펼 간 (虞)

❹

紙 쯔 [지] 椿皮所成 종이 지 (紙)

紕 삐 [비][치] 絵欲壞 삭은비단 비길삼모시치 (支)(眞)(紙)

素 쑤 [소] 本也 바탕소 (遇)

紖 천 [인][진] 牛鼻繩 쇠코뚜레 끈진、수레끄는줄인 (震)

紓 쓔 [서] 緩也 더딜서 (魚)(語)

純 츈 [순][돈][준] 粹也 순전할순、包束 꾸릴돈、衣緣 옷선준 (眞)(元)(軫)

紛 얜 [분] 亂也 많을분 (文)

紜 웬 [운] 物多紛ㅣ 분운할운 (文)

紋 원 [문] 織文 무늬문 (文)

紊 원 [문] 亂也 어지러울문 (問)

紘 [굉] 宏也 넓을굉 (庚)

紗 싸 [사] 絹屬 깁사 (麻)

紡 뺑 [방] 綱絲 길쌈방 (養)

⿰糸亢 형 [경] 波水索 드레박줄경 (梗)

紝 신 [임] 織也 짤임 (侵)

紐 뉴 [뉴] 結也 맺을유 (有)

紟 연 [금] 衣系 옷고름금 (侵)(沁)

紑 얘 [부] 衣潔 옷정결할부 (尤)

紞 딴 [담] 冕前垂紐 면류관앞드림담 (感)

索 쒀 [삭][색] 索也 노삭、法也 법색 (藥)(陌)

紒 예 [계][결] 束髮 상투계、締也 맺을결 (霽)(屑)

級 끼 [급] 等ㅣ階ㅣ 등급급 (緝)

納 나 [납] 入也 받을납 (合)

紌 끼 [구] 白絹絲 흰비단실구 (尤)

紏 뭐 [두] 告也 고할두 (有)

⿰糸支 끼 [지] 挽舟繩 배끄는줄지 (支)

⿰糸毛 마 [모] 絹帛ㅣ起如刺 비단털모 (豪)

五

終 쭝 [종] 竟也 마칠종 (東)

絁 쓰 [시] 紬也 명주시 (支)

細 씨 [세] 微小 작을세 (霽)

紫 쯔 [자] 北方黑赤間色 검붉을자 (紙)

累 레 [루][류] 緣生 연좌할루 俗音류 中字 (支)(紙)

絆 빤 [반] 馬繩 말굴레반 (翰)

紾 연 [진] 轉也 구를진 (軫)

絣 [반] 馬髦飾 말갈기치장할반 (寒)

組 쪼 [조] 織也 짤조 (麌)

紵 쮸 [저] 縈屬絺ㅣ 모시저 (語)

絇 쮜 [구] 履頭飾 신코꾸밀구 (虞)(遇)

紿 태 [태] 欺也 속일태 (賄)

紳 썬 [신] 束也 묶을신 (眞)

絃 쎈 [현] 管ㅣ 줄풍류현 (先)

⿰糸旦 [탄] 補縫 호솔기울탄 古音잔 (諫)

紹 쏘 [소] 繼也 이을소 (篠)

紲 쎄 [설] 繫也 맬설 (屑)

絅 쪙 [경] 急引 급히당길경 (青)(徑)

紮 짜 [찰] 駐屯 머무를찰 (黠)

⿰糸戉 웨 [월] 細布 가는베월 (月)

⿰糸穴 예 [결] 一縷絲 실한울결 (屑)

紱 뿌 [불] 印組 인끈불 (物)

紨 뿌 [부] 布也 베부 (虞)

紽 뒤 [타] 絲數 실마리타 (歌)

⿰糸氐 듸 [저] 絲滓 실찌기저 (齊)

絮 나 [나][녀] 絲亂실엉킬나 塞也막을여 (魚)(馬)
糹正 졍 [정] 馬飾말갈기땋 서치장할실정 (庚)
紺 깐 [감] 青而含赤 色영보라빛감 (勘)
紬 쥬 [주] 大絲絵 명주주 (有)
絀 츄 [출] 退也물리칠출 (質)
糹民 [민] 釣絲낚 싯줄민 (眞)
紘 [횡] 綱綱베 리횡 (庚)
紩 찌 [질] 索也 노질 (質)
紼 뷸 [불] 引索끄 는줄불 (物)
絉 머 [말][멸] 足衣버선말 멸義同 (月)(屑)
紴 뻐 [파][피] 錦紋水ㅣ비단무 늬파、條也실띠피 (歌)(紙)
紶 쮜 [거] 緒也실 마리거 (語)
紸 주 [주] 繼也 이을주 (遇)
糹古 구 [고] 草名ㅣ縷 고루풀고 (虞)

六

統 통 [통] 總理거 느릴통 (宋)
絝 [고] 服衣 바지고 (遇)
絨 슝 [융] 細布가 는베융 (東)
絮 쒀 [서][처][여] 蔽綿繰餘헌솜서 실킬서、姓也성여 (御)(魚)
絧 퉁 [동] 布名 동베동 (東)
絫 [류] 增也 더할류 (紙)
絲 쓰 [사] 細條之 稱실사 (支)
糹耳 얼 [이] 䋈盛貌ㅣㅣ 고삐늘어질이 (紙)
絳 쟝 [강] 大赤色질 게붉을강 (絳)
絑 쥬 [주] 赤色絵 붉은비단주 (虞)
絘 츠 [차] 績緝길 쌈할차 (寘)
絓 [괘] 結也맺 을괘 (卦)
給 께 [급] 足也 족할급 (緝)
糹米 미 [미] 繡文수놓 은무늬미 (薺)
絙 환 [환] 緩也느즈 러질환 (寒)
絭 쫜 [권] 攘臂繩 팔찌끈권 (霰)
絪 인 [인] 茵也 자리인 (眞)
絟 촨 [전] 細布고 운베전 (先)
糹朶 뚸 [타] 髡前垂物면류 관앞드림타 (哿)
絢 쒠 [현] 采成文채 색무늬현 (霰)
絞 쨔 [교] 急也 급할교 (巧)
絏 [설] 繫也 맬설 (屑)
絰 뎨 [질] 喪服麻帶 수질질 (屑)
結 쪠 [결] 締也 맺을결 (屑)
絖 [광] 細綿也 고운솜광 (漾)
絚 끈 [긍] 大索 바줄긍 (徑)
絜 쪠 [혈][결] 度也卜矩잴혈 静也고요할결 (屑)(霽)
絶 [절] 斷也끊을절 止也그칠절 (屑)
絤 線 과同
絡 랄 [락] 連也 얽을락 (藥)
絘 쯔 [자] 理絲실다 듬을자 (寘)
糹𠂢 패 [파] 散絲흩 어진실파 (卦)
糹式 織 과同
絎 씽 [행] 縫紩바느 질할행 (敬)
絣 [병] 續也 이을병 (庚)
絗 후 [골] 縷縈실 꾸리골 (月)
絩 쨔 [조] 色絲 색실조 (嘯)
絯 깨 [해][핵] 束也묶을해 大絲굵은실핵 (蟹)(賄)
絬 쪠

[설] 堅也 굳을설 (屑)
絉 예 [여] 絡絲 실얽을여 (陌)
絆 머 [무] 不和 화하지않을무 (尤)
絑 찬 [차] 塗漆 옻칠할차 (眞)
絚 옌 [견] 緊結 줄켕겨맬견 (先)
絍 紝과 同

七

絺 읒 [지] 治絲 실다룰지 (眞)
細 쿤 [곤] 織也 짤곤 (阮)
絺 처 [치] 細葛布 가는갈포치 (支)
綏 쉐 [수][유] 安也 편안할수 旗竿頭飾 기머리장식할유 (支)
紓 서 [서] 緩也 더딜서 (魚)
絻 원 [문] 喪服 상복문 (問)
綈 티 [제] 厚絵弋| 두터운비단제 (齊)
綄 환 [환] 船上風 바람맞는환 (寒)
綖 연 [연] 冕上前後覆 류관싸개연 (先) 면 (銑)
絹 쫜 [견] 絵如麥稍 비단견 (霰)
綁 빵 [방] 縛也 결박할방 (陽)
綃 쌰 [초] 采絵 색비단초 古音소 (蕭)
絛 톼 [도] 編絲繩 엮은실도 (豪)
[沙/糸] 紗과 同
絿 추 [구] 急也 급할구 (尤)
綎 인 [정] 緩也 인끈정 (靑)
綐 뒤 [예][태] 俗音 細細 가는명주태 (霽)
綂 統의 俗字
經 잉 [경] 書也 경서경 (靑)
[糸呈] 綎과 同
綊 쎄 [협] 冕綖紐| 면류관싸개협 (葉)
綍 뱍 [발] 大索 동아줄발 (物)
綉 쑤 [수] 錦一片爲| 비단에수놓을수 或音투
紖 옌 [짐] 牛鼻索繩|著 쇠코뚜레끈짐 (侵)
綒 뷰 [부] 麤綱 굵은거물부 (虞)
緱 후 [호] 印綬 인끈호 (遇)
綅 친 [침] 綘絲 갑옷침 (侵)
綌 치 [격] 葛布 가는칡베격 (陌)
緐 뻔 [번] 馬髦飾 말갈기치장번 (元)
絽 뤄 [려] 絣織 줄지게짠베려 (語)
絸 繭古字
綀 쑤 [소] 綌屬花| 화문포소 (魚)
綆 껑 [경] 波水器繩 두레박줄경 或音갱 (梗)
綇 쉬 [수] 綇前足 앞발잡아맬수 (有)
綮 베 [벌] 編繩 엮은줄벌 (屑)
綹 랴 [류] 旗旒 깃발유 (尤)
綘 縫과 同

八

綜 쭝 [종] 聚也 모을종 (宋)
綦 치 [기] 履飾 신들메끈기 (支)
綟 리 [려] 綠色 초록빛여 (霽)
維 웨 [유] 綱也 벼리유 (支)
綺 치 [기] 美也 아름다울기 (紙)
綵 채 [채] 絵綵五|備 채색비단채 (賄)
緀 처 [처] 文章相錯|斐 문채날처 (齊)
緌 쉐 [유] 旌也 기유 (支)
緋 웨 [비] 赤練 질게붉은빛비 (微)
緇 [치] 黑色 검을치 (支)
綮 치

[경][계] 筋肉結處肯ㅣ 살과 힘줄 얽힌 곳 경、戟衣徽幟 기달린 창 계 (迥)(霽)

綴 쳬 [체][철] 連也 연결할 체 止也 그칠 철 (霽)(屑)

緍 緡 과 同

綸 륜 [관][륜] 巾名 건 이름 관 綱也 벼리 륜 (刪)(眞)

綷 취 [최][쵀] 執素聲ㅣ縩 깁 바삭거릴 최 (賄) 五采絵 오색 비단 쵀 (隊)

緊 긴 [긴] 急也 급할 긴 (軫)

緄 끈 [곤] 繩也 노끈 곤 (阮)

綰 완 [관] 繫也 맬 관 (潸)

綿 면 [면] 連ㅣ 연할 면 (先)

綻 잔 [탄] ㅣ露 나타날 탄 (諫)

綣 췬 [권] 不離繾ㅣ 서로 따를 권 (阮)

綢 착 [주][도] 纒也ㅣ繆 얽을 주、藏也 감출 도 (尤)(豪)

綪 천 [천][쟁] 赤絵 붉은 비단 천 結而又屈 고낼 쟁 (霰)(庚)

綯 돤 [도] 絞也 급할 도 (豪)

綫 션 [선] 縷絞繩索 가는 실 선 (霰)

綱 깡 [강] 法紀 법 강 (陽)

網 왕 [망] 漁具ㅣ 그물 망 (養)

[糸阿] 어 [아] 細絵 가는 비단 아 (歌)

総 總 과 同

綬 쑤 [수] 所以承受印環 인끈 수 (有)(宥)

緉 량 [량] 雙履 신 한 켤레 량 (漾)

絣 뱅 [병] 布名 베 이름 병 (庚)

綾 릥 [릉] 紋絵ㅣ執 무늬 놓은 비단 릉 (蒸)

綝 [침] 繕也 수보할 침 (侵)

緅 쪄 [추] 青赤色 아청빛 추 (尤)

綠 뤼 [록] 青黃間色 초록빛 녹 (沃)

緁 쳬 [첩] 衣縫 옷 꿰맬 첩 (葉)

綽 챂 [작] 寬也 너그러울 작 (藥)

緎 위 [역] 縫也 꿰맬 역 (職)

[糸屈] 취 [귈][굴] 俗音、結也 맺을 굴 (月)

緂 담 [담] 帛青黃色 유록빛 담

綳 繃 와 同

綧 쥰 [준] 布帛幅廣 베와 비단 폭 넓이 준 (軫)

綹 릐 [류] 絲二十縷 실 스무 오리 유 (有)

緈 씽 [행] 直也 곧을 행 (迥)

[糸咅] 뱌 [부] 蔽絜發理 묵은 솜 펼 부 (麌)

綶 꿔 [과] 纏束 얽어 동여맬 과 (哿)

[糸妾] 쪄 [접] 絲續 실 이을 접 (葉)

綼 삐 [벽] 飾裳在幅 치마폭에 치장 벽 (錫)

緆 씨 [석] 細布 가는 베 석 (錫)

綞 타 [타] 綾屬 공능 타 (哿)

[糸奄] 옌 [염] 繅絲以手抜出緒 고치의 실 뽑아낼 염 (豔)

[糸爭] 쳥 [쟁] 赤紐 붉은 끈 쟁 (庚)

綡 량 [량] 喪頭巾 머리 싸는 수건 량 (陽)

[糸桼] 렌 [첩] 毛織 모직 첩 (監)

[糸空] 쿵 [공] 長絲 긴 실 공 (送)

[糸育] 유 [육] 帛青經標緯 연옥색 육 (屋)

[糸忽] 후 [홀] 細小 잘 홀 (月)

九

緦 쓰 [시] 十五升布 열다섯 새 베 시 (支)

緵

쭝 [종]布縷 베올종(東)
緭 웨 [위]絵也 흰비단위(未)
緹 티 [제]赤帛 붉을제(霽)
緻 씌 [치]密也 톡톡할치(寘)
緢 먀 [묘]絲施 실반대묘(蕭)
緯 웨 [위]又 눌릴위(未)
緡 민 [민]絲緒 씰끝민(眞)
緒 쒸 [서]基ㅣ事業 기업서(語)
⿰糸皆 캐 [개]大絲굵은실개(佳)
緩 환 [완]寬也너그러울완(旱)
緺 와 [왜]紫青印綬푸른인끈왜、과義同(佳)
緇 쯔 [치]黑色검은빛치(支)
緲 먀 [묘]遠視貌 아득할묘(篠)
緷 꾼 [혼]大束큰묶음혼(元)
緗 샹 [상]淺黃아황빛상(陽)
締 티 [체]閉也 닫을체(霽)
緣 웬 [연][단]因也循也인할연 後服황후의옷단(霰)(翰)
緞 똰 [하][단]履跟帖신뒤축하、단義同(麻)(翰)
緜 몐 [면]長也길면 連也연할면(先)
編 뻰 [편][변]次簡책편 편細也 ㅣ髮머리땋을변(先)(銑)
緬 몐 [면]遠也ㅣ藐멀면(銑)
練 련 [련]小祥服연복련(霰)
線 쎈 [선]路也 길선(霰)
緶 뻰 [편][변]縫也꿰맬편 褰衣옷걷어칠변(先)(銑)
緥 보 [보]小兒被 포대기보(晧)
緪 끈 [긍]大索동아줄긍(蒸)
⿰糸秋 최 [추]紂也馬鞦 말고삐추(尤)
緝 집 [집]繼續 이을집(緝)
緘 쎤 [함]封也 봉할함(感)
⿰糸前 쳔 [전]織一番베한참짤전(先)
⿰糸盈 綎과同
緤 설 [설]繫也 맬설(屑)
緟 츙 [종]增也 더할종(冬)
緰 위 [유][요]裂絵찢어진비단유 也비단요(蕭)
⿰糸盾 쓘 [순]衣之督脊 옷등솔순(眞)
⿰糸封 뽕 [봉]小兒革아이가죽신봉(董)
緫 쭝 [총][종]帛青也비단푸른빛총、絲數실수효종(東)(冬)
縿 쨔 [차]相著貌ㅣ槑서로붙을차 或音저(馬)
⿰糸臿 짜 [잡]縫也꿰맬잡(洽)
⿰糸要 [요]衣襻옷고름요(蕭)
⿰糸巢 치 [회]結固매듭회(眞)
縇 선 [선]衣緣曰ㅣ 선두를선 國字
縕 운 [온]元氣絪ㅣ 기운덩이온(文)
緎 위 [위]甲鱗縫縷갑옷미늘다는실위 日字
⿰糸柔 우 [류]雜色絵잡색비단류(有)
緛 완 [연]縮也쪼그라질연(銑)
⿰糸背 베 [배]襦也속적삼배(隊)
⿰糸南 닌 [닌]細織가늘게짤닌(侵)
縔 상 [승]麻布삼베승(蒸)
⿰糸禹 우 [우]喪中束手묶을우(有)
緾 纏略字

十

縋 쮀 추 縋懸줄에 매달추 眞
縞 꼬 호 素也白絵 흰비단호 晧
縊 이 의 에 俗音、結項목맬에 霽
縗 취 최 喪服상복최 灰
縖 쌰 할 束物묶을할 黠
縝 천 진 結也맺을진 軫
縓 좐 전 絳也붉은빛전 先
縏 판 반 小囊작은주머니반 寒
縉 찐 진 ㅣ紳양반진 震
縈 숭 영 繫也맬영 庚
縢 텅 등 緘也봉할등 蒸
縣 쎈 현 絶也끊어질현 先 行政区域州縣ㅣ고을현 霰
縚 條과 同
縕 緼同
縐 쩌 추 細絺가는칡베추 宥
縠 후 곡 縐紗저사곡 屋
縑 옘 겸 合絲交絹합사로짠비단겸 監
縟 수 욕 細也가늘욕 沃
縒 춰 착 亂也ㅣ綜어지러울착
縛 뻐 박 繫也얽을박 藥
[illegible] 觥과 同
縌 역 印綬인끈역 陌
[illegible] 타 탑 以素冒物얽을탑 合
縎 꾸 골 結ㅣ不解맺을골 月
[illegible] 緻鞧 同
縡 쨰 재 事也일재 賄 隊
[illegible] 찌 치 針縫刺ㅣ바느질할치 眞
[illegible] 궤 귀 黑絵검은비단귀 眞
縜 윈 균 운 俗音持綱紐그물고운 眞
[illegible] 리 리 惡絮緯ㅣ궂은솜이 支
縍 방 治履邊신가꿰맬방 陽
縳 당 당 大縄큰줄당 陽
繨 탑 紟ㅣ실中매듭탑 字
[illegible] 리 률 綵絵채색비단률 質
[illegible] 예 비 細布가는베비 支
縤 수 소 生絵생사로짠비단소 遇
縩 삭 수 緯絲씨실수 眞
縃 쩌 소 絵생사로짠비단소 遇

十一

總 쫑 총 統也거느릴총 董
縱 쫑 종 총 直也곧을종 ㅣㅣ총총할총 冬
縫 앵 봉 又바느질할봉 補合彌ㅣ아물을봉 冬
縭 리 리 帨也차는수건리 支
縲 레 류 黑索검은노루 支
縻 미 미 繫也맬미 支
縷 뤼 루 綫也실누 麌
[illegible] 세 細布가는베세
繁 빤 반 번 盛也성할번 馬販帶말배때끈반 寒 元
繄 이 예 黑絵검은비단예 齊
[illegible] 緘와 同
縼 쉔 선 牛馬繫마소긴바선 霰
縰 쇄 黑絵검은비단쇄 紙
縵 만 만 無紋絵무늬없는비단만 翰
縹 퍄 표 青白色옥색빛표 篠

繇 야오 [요][유][주] 隨從 따를 요、從也 말미암을 유、占辭 父ㅣ 점괘 주 (蕭)(尤)(宥)
繅 싸오 [소][조] 繹繭出絲 고치켜 내일 소、藻玉采籍 옥받침 비단 조 (豪)(皓)
繈 궤 [강] 錢貫 돈꿰미 강 (養)
繃 뻥 [붕] 束也 묶을 붕 (庚)
緷 훈 [혼] 縫也 꿰맬 혼 (阮)
縿 싼 [삼] 旗幅 기폭 삼 (咸)
縬 추 [축] 縮也 움츠러질 축 (屋)
⿰糸覓 미 [멱] 繩索 노 멱 (錫)
縮 쒀 [축] 直也 곧을 축 (屋)
繆 무 [무][규][류][목] 纏綿綢ㅣ 얽을 무、목맬 규、錯也 誇卜 그릇칠 류、惡諡 몹쓸 시호 목 (尤)(宥)(屋)
縪 삐 [필] 止也 그칠 필 (質)
繂 뤼 [률] 維舟大索 배닻줄 률 (質)
縶 찌 [칩] 繫馬 말맬 칩 (緝)
績 찌 [적] 功業 공적 적 (錫)
⿰糸鳥 냐오 [조] 懸也 매달 조 (篠)
縩 채 [채] 鮮玉偉ㅣ 옥깔아 놓은 방석 채 (先)
縳 쫜 [견][전] 紡絲 올 견、束也 묶을 전 (銑)(霰)
⿰糸區 어우 [우] 漚麻 삼불릴 우 (宥)
縴 첸 [견] 惡紫ㅣ⿰糸虎 궂은 솜 견 (先)
⿰糸習 쳬 [첩] 鮮明衣緹ㅣ 고운 옷 첩 (葉)
⿰糸莫 무 [모][막] 惡糸 궂은 솜 모、張羅 貌絡ㅣ 그물칠 막 (遇)(藥)
⿰糸鹿 루 [록] 純粹 순전할 록 (屋)
縯 인 [인][연] 長也 길 인、引也 당길 인、연 義同 (軫)(銑)
⿱罒糸 뤄 [략] 紩衣紹ㅣ 옷꿰맬 략 (藥)
繀 쒜 [쇄] 織ㅣ 실을 푸는 얼레 쇄 (隊)
⿰糸兜 짠 [두] 編絲結囊 실로 짠 주머니 두 (尤)
⿱鄉土 젠 [견] 緊也 긴요할 견 (先)

十二

織 찌 [직][지][치] 經緯相成 짤 직、治絲 실 다듬을 지、微也 기 치 (職)(寘)
繠 쉐 [예] 垂也 드리울 예 (紙)
繜 쭌 [준] 小衣 잠방이 준 (阮)
繟 찬 [천] 帶緩 띠 늘어질 천 (銑)
繢 [회][궤] 畫也 그림 회、궤 義同 (泰)(隊)
繐 쒜 [세] 細疏布 가늘고 성긴 베 세 (霽)
繣 화 [홰][획] 徽也 거문고 홰、破聲 깨지는 소리 획 (陌)(卦)
繙 [번] 繹也 번역할 번 (元)
繞 싸오 [요] 圍也 둘릴 요 (篠)
繕 싼 [선] 治也 다스릴 선
繒 쩡 [증] 國名 나라 이름 증 (蒸)
繚 랴오 [료] 又 동일 요 (蕭)(篠)(嘯)
繡 쒸 [수] 五采刺文 수놓을 수 (宥)
繘 위 [율] 汲水器綆 드레박줄 율 (質)
繖 [산] 笠類 우산 산 (旱)
繓 쭤 [촬] 結也 맺을 촬 (曷)
繛 취 [작] 緩也 너그러울 작 (藥)
繗 린 [린] 紹也 이을 린 (眞)
繎 안 [연] 深紅色

깊게붉은연(先)
繁 볘 [별]惡絮궂은솜별(屑)
緗 쌍 [상]淺黃누르스름할상(陽)
纊 황 [황]繩束줄로동일황(漾)
⿰糸焦 챠 [초]生枲未漚생삼조(蕭)
⿰糸須 쉬 [수]絆前兩足두앞다리동일수(虞)
⿰糸尋 신 [심]繞也이을심(侵)
繏 쉔 [선]蜀錦名비단이름선(霰)
繑 챠 [교]袴紐바지단추교(蕭)
纀 뽁 [복]纀頭巾머리동예매는수건복(沃)
⿰糸無 우 [무]纅淹殘餘실켜고나머지무(虞)
⿰糸喜 시 [희]笑也웃을희(支)
繻 繻과同
繝 쎈 [간]紋也무늬간(諫)
繧 [운]采色채색운
⿱黑糸 무 [목]黑絲검은실목(屋)

十二

繸 쒜 [수]綬也인끈수(寘)
繪 휘 [회]彩畫그림회(泰)
繲 예 [해]浣衣옷빨해(卦)
繫 쪠 [계][혜]縛也맬계 혜義同(霰)(齊)
繯 쏸 [현][환]絡也둘릴현 엷은비단환(銑)(諫)
繳 쟉 [교][격]纏也얽을교 弋箭繳ㅣ주살격(藥)(篠)
繭 연 [견]絹布비단견(銑)
繰 쪼 [조][소]紺色絵아청통견조 繹繭고치켤소(皓)(豪)
繩 씽 [승]直也곧을승(蒸)
⿰糸歲 쒜 [세]繐布마전한베세(霽)
繹 [역]理也다스릴역(陌)
繮 쟝 [강]馬紲말고삐강(陽)
繴 삐 [벽]魚具그물벽(錫)
繶 이 [억]條繩땋은노억(職)
⿰糸⿱罒幸 繹과同
⿰糸著 쮸 [저]綿絮裝衣옷에솜둘저(語)
緷 원 [운]染間色간색물들일운(問)
繵 탄 [전][단]單衣홑옷전 束也묶을단(先)(寒)(旱)
⿱敫糸 쟉 [작]生絲縷생실오리작(藥)
⿰糸雋 纂과同
⿰糸零 링 [령]古綿묵은솜영(青)
⿱咸糸 켬 [겸]開口입담을겸(監)
⿰糸業 예 [업]縛也얽을업(葉)
繷 눙 [농]又수두룩할농(董)
⿰糸僉 렴 [렴]繩色노끈렴(琰)
繬 써 [색]縫也交合합쳐꿰맬색(職)
⿰糸辟 삐 [벽]織絲為帶분합띠벽(陌)
⿰糸賔 繽과同
⿰糸葛 라 [랍]薄絵엷은비단랍(合)
⿰糸禁 진 [금]絲也실금(沁)

十四

繻 수 [수]繒綵비단보람수(虞)
⿰糸齊 [제]文絣무늬놓은비단제日字
繽 뻰 [빈]亂也어지러울빈(眞)
纁 쒼 [훈]淺條色분홍빛훈(文)
辮 뻰 [변]交也얽을변(銑)
纂 [찬]集也모을찬(旱)

⿰糹㥯 인 [은] 緋也 비단은 (吻) 繾 켠 [견] 不已ㅣㅣ 지않을견 (銑) 마 繿 襤과同 ⿰糹蒙 뭉 [몽] 絲亂緒貌 실끝얽힌모양몽 (東) 繢 쿼 [궤] 織餘 짜든툿끝궤 (眞) ⿰糹翟

또 [도] 靑黃間色 초록빛도 (號) ⑮ 纊 꽝 [광] 細綿 고운솜광 (漾) 纍 레 [류] 罪也 죄유 (支) 纇 레 [뢰] 疵也 마귀뇌 (隊) ⿰糹蔡 채 [채] 紈索聲 집와사삭거릴채 (泰) 纈 예

[힐] 結也 맺을힐 (屑) 纎 纖俗字 纏 찬 [전] 束也 묶을전 (先)(霰) 續 쒸 [속] 繼也 이을속 (沃) 纆 머 [묵] ㅣ牽 말고삐묵 (職) 纋 와 [우] 笄巾 비녀당기우 (尤) ⿰糹憓 씨

[세] 細布 가는베세 (霽) ⿰糹樂 워 [약][력] 色絲 색실약、治絲 실다듬을력 (藥)(錫) ⿰糹亂 라 [랍] 絲之雜錯 실엉킬랍 (洽) 纉 纘의俗字 ⑯ 纑 루 [로] 練麻 익힌삼노 (虞) 繖 傘繖同

⿰糹歷 릐 [력] 又 줄칠역 (錫) ⿰糹頻 핀 [빈] 擣衣 옷다듬을빈 (眞) ⿰糹賴 라 [랍] 衣蔽ㅣ⿰糹習 옷해질납 (合) ⿰糹覧 繿同 ⑰ 纔 채 [재][삼] 僅也 비로소재、微黑色 회색빛삼 (咸)(灰) 纕

상 [양] 馬腹帶 말복두양 (陽) ⿰糹彌 미 [미] 封也 봉할미 (紙) 纓 잉 [영] 冠系 갓끈영 (庚) ⿰糹龠 약 [약] 絲也 실약 (藥) 纖 쎤 [섬] 細也 가늘섬 (鹽) ⿰糹罽 罽同 ⑱ ⿰糹叢

춍 [총] 合絲而織 실꼬서짤총 (東) ⿰糹雚 촨 [권] 幘也 풍뎅이권 (先) 纗 씨 [수] 繫也 맬수、紬帶 큰띠수 (支) ⑲ 纘 쫜 [찬] 繼也 이을찬、綜集 올모을찬 (旱) ⿰糹璽 [시] 細也 가늘시 (支)

⿰糹㱿 솨 [확] 衣領內 옷깃안확 (陌) 纛 뚜 [독][도] 軍中大旗 皀ㅣ 둑독 (沃) 도 義同 (號) 纚 씨 [사][리][라] 連續ㅣ迤 연할사、縱通 관끈리、素貌ㅣㅣ 노끈모양라 (紙)(支)(歌) 纙 라

[라] 錢緡 돈꿰미라 (箇) ⑳ ⿰糹璽 시 [시] 細也 명주시 (支) ㉑ 纝 류 [류] 綱格黑索 검은노그물줄뉴 (支) 纜 란 [람] 維舟索 배닻줄람 (勘) ⿰糹屬 수 [촉] 帶也 띠촉 (沃) ㉒ 纕

낭 [낭] 緩也 너그러울낭 (漾) ㉓ ⿰糹戀 련 [련] 不斷 끊어지지않을련 (霰)

缶部

缶 부 [부]鼓以節歌 질장구부 (有)

缶 缶의 俗字

三

缸 강 [항]長頸甖병항 又항아리항 (江)

⿰缶亏 우 [우]波水器두레박우 (虞)

⿰缶于 缶亏와同

四

缺 궐 [결]虧也毁也이지러질결 裂ㅣ번개번쩍거릴결 (屑)

䍃 요 [요][유]瓦器질병요、甕也독그릇유 (蕭)(尤)

五

⿰缶占 뎐 [첨]缺也이지러질첨 (淡)

⿰缶瓦 缶과同

⿱巩缶 궁 [공]大甕큰독공 (腫)

⿰缶宁 쥬 [저]米袋쌀주머니저 (語)

六

缿 쌍 [항]貯金器돈모으는벙어리그릇항 受書ㅣ筩문서함항、항통항 (講)

⿰缶交 [교]樂器以土為之질장구교 吹火器풀무교 (肴)

七

⿰缶孚 뷰 [부]未燒瓦굽지않은기와부 (虞)

⿰缶舌 베 [배]缶也장군배 (灰)

⿰缶巠 징 [형]頸長器목긴그릇형 (庚)

八

⿰缶戔 잔 [잔]酒器玉爵옥술잔잔 (潸)

⿰缶岡 강 [강]甕也독강 (陽)

缾 [병]波水器물장군병 (青)

⿰缶咅 [보][부]小缶작은장구 보、부義同 (有)(尤)

九

⿰缶重 즁 [종]量名말이름종 (六斛四斗八) (冬)

⿰缶是 듸 [제]缶也장군제 (齊)

十

罃 [앵]長頸瓶목긴병앵 瓦器질그릇앵 (庚)

㱿 꾸 [곡][子]未燒瓦器굽지않은질그릇곡、子義同 (屋)(宥)

䍡 랴 [류]甑也시루류 (宥)

十一

罅 쌰 [하]孔隙틈하 裂也터질하、갈라질하 (禡)

罄 칭 [경]盡也懸ㅣ다할경 器中空그릇속빌경 (徑)

十二

罇 쥰 [준]酒器瓦尊술통준 술준준 (元)

⿰缶單 싼 [선]瓦器綠질그릇전선 (霰)

十三

罋 [옹]罌也독옹 기와창옹 (送)

罊 지 [기]器中空그릇속휜할기 (霽)

十四

罌 [앵]瓶總名병앵 (庚)

⿱興缶 씬 [흔]器裂그릇터질흔 (震)

十五

罍 레 [뢰]酒器술잔뢰 與器皆畫雲雷세수그릇뢰 (灰)

⿱臽缶 얜 [함]陶器질그릇함 (陷)

⿰缶齒 녜 [알]器缺그릇이지러질알 (黠)

十六

罏 루 [로]罍也뇌문놓은술잔노 (虞)

十七

⿰缶靈 령 [령]瓦器似瓶有耳귀달린병령 (青)

十八

⿱雝缶 옹 [옹][용]波瓶두레박옹 용義同 (冬)(送)

罐 관 [관]波水器물동이관 (翰)

网部

网 왕 [망]羅罟總名 그물 망 (養)

二

⿱罒丁 뎡 [정]小罟 작은 그물 정 (靑)

三

罕 한 [한]稀寡鮮 드물 한 (旱)

罕 罕와 同

罔 왕 [망]無他 없을 망 (養)

四

⿱罒豆 호 [호]罟也兎 토끼그물 호 (遇)

⿱罒厷 헝 [횡]綱綱 그물벼리 횡 (庚)

罘 부 [부]兎罟 토끼그물 부 (尤)

⿱罒比 삐 [비]取鰕網 새우잡는 그물 비 (支)

⿱罒夲 신 [심]新網 새그물 심 (侵)

五

罞 뭥 [몽][모]麋罟 고라니그물 몽、모義同 (東)(肴)

罛 꾸 [고]魚罟最大網 큰그물 고 (虞)

罟 꾸 [고]魚網 물고기그물 고 (麌)

罠 민 [민]釣也 낚을 민 (眞)

罝 쟈 [저]捕獸網 짐승그물 저 (麻)

罡 깡 [강]北斗星名 ㅣ강 별 강 (陽)

⿱罒示 뭐 [무]水中張網 그물칠 무 (有)

罜 주 [주]小網 작은 그물 주 (遇)

六

⿱罒米 미 [미]周行 두루다닐 미 (支)

罖 광 [광]滿網 그물에 가득할 광 (庚)

罜 주 [주]小網 작은 그물 주 (遇)

七

罦 부 [부]翻車大網 새그물 부

罤 틔 [제]兎網 토끼그물 제 (齊)

⿱罒每 뭥 [모]雉網 꿩그물 모、매義同 (虞)(灰)

罥 쾬 [견]絹也 얽힐 견 (霰)

⿱罒良 랑 [랑]廣張網 그물 넓게칠 낭 (漾)

八

罬 쉬 [철]鳥網 새그물 철 (屑)

置 예 [치]止也 둘 치 (寘)

罪 쬐 [죄]罪惡 죄、줄 죄 (賄)

罩 쟢 [조]覆鳥 새덮치기 조 (效)

罫 패 [괘]礙也 거리낄 괘 (卦)

罧 싼 [삼][림]積柴取魚 물고기 섭줄 삼、림義同 (侵)(沁)

罨 연 [엄][압]覆也 덮을 엄、압義同 (談)(合)

罭 워 [역]魚網緵罟九ㅣ 물고기그물 역 (職)

罩 [조]捕魚器類 가리 조 (效)

九

罳 쓰 [시][새]官殿 기슭 시、새義同 (支)(灰)

署 쑤 [서]表記 표할 서 (御)

罰 애 [벌]責罰行法 벌줄 벌 (月)

罱 남 [남]夾魚具 網그물 남 (感)

罯 안 [암]覆也 덮을 암 (感)

⿱罒削 쉬 [삭]羅於網 그물에 걸릴 삭 (覺)

⿱罒莫 뭐 [무]破網 해진그물 무 (有)

十

罶 罶과 同

罵 마 [매]惡言 꾸짖을 매 (禡)

罷 빠 [파][패][피]休也 파할 파、丁也 그칠 패、困極ㅣ弊 느른할 피 (禡)(蟹)(支)

⿱罒㼌 워 [여]広網 넓은 그물 여 (魚)

十一

罹 리 [리]憂也 근심할 이 (支)

罻 위

[위][울] 鳥網ㅣ羅 새그물 위、울 義同 (未)(物)

䍡 塵와 同

罺 챠 [조] 橑罟小網 반도 조 (肴)

罼 삐 [필] 田獵網 사냥그물 필

⑫ **罿** 츙 [동] 鳥網 새그물 동 (東) [충] 義同 (冬)

⿱罒參 罧과 同

⿱罒無 우 [무] 稚網 그물 무 (虞) 쩡

罽 찌 [계] 魚網 물고기그물 계 (霽)

⿱罒巽 쉰 [선] 繯獸足網 올무 선 (銑)

⿱罒尞 랴 [료] 魚罟 물고기그물 료 (嘯)

羀 류 [류] 魚笱 통발 유 (有)

罾 쪙 [증] 魚網有機 삼태그물 증 (蒸)

⑬ **羂** 쫜 [견] 挂也 걸릴 견 (銑)(霰)

罤 듸 [제] 網索 그물줄 제 (霽)

⿱罒辟 피 [벽] 鳥網 새그물 벽 (陌)

⑭ **羅** 뤄 [라] 列也 벌릴 나 (歌)

⿱罒卷 젼 [권] 絲罟 실그물 권 (願)

羆 피 [비] 態屬猛獸 곰 비 (支)

罵 지 [기] 馬之絡頭 말굴레 기 (支)

⿱罒齊 제 [제] 又 술거를 제 (齊)

羃 미 [멱] 覆也 덮을 멱 (錫)

⑮ **⿱罒畾** 레 [뢰] 百囊罟 백코그물 뢰 (灰)

⿱罒鯀 쿤 [곤] 麻網 삼그물 곤 (元)

⑯ **⿱罒歷** 리 [력] 蓋食巾 밥보자기 력 (錫)

⑰ **羇** 찌 [기] 旅寓 나그네 기 (支)

⑲ **羈** 찌 [기] 勒也 말굴레 기 (支)

羉 롼 [란] 山猪罟 산돌그물 난 (寒)

羂 쫜 [견] 縎也 얽을 견 (霰)

⿱罒麗 쓔 [소] 以篗盜酒 용수 소 (魚)

䍦 리 [리] 帽也 모자 이 (支)

羊部

羊 양 [양] 柔毛家畜 양 양 (陽)

𦍌 羊 同

① **芈** 메 [미] 羊鳴 양울 미 (紙)

② **羌** 챵 [강] 西戎 되 강 (陽)

羗 羌과 同

③ **羙** 美과 同

美 메 [미] 好也 예쁠 미 (紙)

羑 유 [유] 導也 인도할 유 (有)

羍 따 [달] 小羊 애양 달 (曷)

⿱土羊 羍과 同

④ **羒** 얀 [분] 牝羊 암양 분 (文)

羓 빠 [파] 腊屬 포 파 (麻)

羔 꽈 [고] 羊子 양새끼 고 (豪)

羖 꾸 [고] 黑牝洋ㅣ䍽 검은암양 고 (麌)

⿰月羊 양 [양] 羝洋 수양 양 (陽) [韓] 牛胃 양 양

羦 완 [완] 野羊 들양 완 (寒)

⿰牛羊 牂과 同

⑤ **羜** 쮸 [저] 小羊 어린양 저 (語)

羛 이 [의] 魏郡地名 陽 땅이름 의 (支)

⿰羊末 머 [말] 胡洋名ㅣ羯 말갈 말 (月)

羚 링 [령] 大羊 큰양 령 (靑)

羞 쒸 [수] 膳也 진찬할 수 (尤)

⿰羊古 羖과 同

羝 뎌 [저]牡羊 수양 저 (齊)
⿰羊它 타 [타]野羊 들양 타 (歌)
羒 얜 [분]白牡洋 흰수양 분 (文)
⿰羊平 핑 [평]駁毛羊 얼룩양 평 (庚)

(六)

着 著俗字
羕 양 [양]水長 물길 양 (漾)
羠 이 [이]野羊 들양 이 (支)
羨 이 [이]広也 넓을 이 (支)
⿰羊自 졔 [결]牡羊 수양 결 (屑)
⿰羊因 인 [인]黑羊 검은양 인 (眞)
⿰羊字 쯔 [자]牝羊 암양 자 (紙)
⿰羊同 퉁 [동]無角羊 뿔없는양 동 (東)
⿰羊兆 쟈 [조]一歲牡羊 한살된양 조 (篠)

(七)

⿰羊孚 뿌 [부]牝羊 암양 부 (尤)
羣 큔 [군]朋也 벗 군 (文)
群 羣俗字
義 [의]事物ㅣ旨 뜻 의 (眞)
羨 쎤 [선][연]長也 길 선 埏也 墓道 광중 길 연 (霰)
羦 환 [환]細角山羊 뿔가는 산양 환 (寒)
⿰羊最 취 [최]羊病 양의 병 최 (灰)
⿰羊余 워 [여]野羊 들양 여 (魚)
⿰羊臾 [반]毛長洋 털긴양 반 (寒)
⿰羊豕 텬 [천]羊之長尾 양의 긴 꼬리 천 (霰)

(八)

⿰羊兒 이 [예]胡羊 羺ㅣ 오랑캐양 예 (齊)
⿰羊爭 쨍 [쟁]羊子 양의 새끼 쟁 (庚)
⿰羊戔 산 [잔]羊屋 양우리 잔 (潛)

(九)

⿱⺶美 羹의 俗字
羭 위 [유]山神 산신 유 (虞)
⿰羊委 웨 [위]羊聚 양 모일 위 (眞)
⿰羊東 뚱 [동]一角羊 외뿔난양 동 (東)
羯 졔 [갈]犗羊 불깐양 갈 (月)
⿰羊韋 웨 [위]羊相貌ㅣㅣ 양 서로 쫓는 모양 위 (尾)
⿰羊垔 이 [예]黑羊 검은양 예 (齊)
⿱敄羊 우 [무]六月羊 여섯달된양 무 (遇)
羬 쳠 [암][겸]大羊 큰양 암、겸 義同 (咸)(監)

(十)

⿰羊害 얘 [알]吳日 불깐양 알 (黠)
⿰羊臭 羶과 同
⿰⿳士冖羊殳 꾸 [子]搾取羊乳 양의 젖 짜낼 子 (尤)
⿰羊原 완 [완]野羊 들양 완 (寒)
⿰羊尃 뿌 [박][부]去勢羊 불깐양 박 獸名 짐승이름 부 (藥)(遇)
⿰羊⿱日羽 타 [탑]鼓名 북이름 탑 (合)

(十一)

羲 씨 [희]氣也 기운 희 (支)
⿰羊婁 러 [루]四角羊 뿔넷난양 루 (尤)
⿰羊責 지 [지]集也 모을 지 (眞)
⿰羊患 환 [환]無口獸 입없는 짐승 환 (刪)

(十二)

羳 쌘 [번]黃腹羊 배누런양 번 (元)
羶 퉁 [동]無角羊 뿔없는양 동 (東)
羵 얜 [분]土中怪ㅣ洋 흙속 과이한 양 분 (文)(吻)
⿰羊替 쨘 [잠]羊腌 젓담근 양고기 잠 (覃)
⿰羊厥 쥐 [궐]長毛羊 털긴양 궐 (月)
羴 羶과 同
⿰羊麻

⿰羊歷 本字

十三 羸 레 [리] 弱也 약할리 (支)

羶 싼 [전] 羊臭 양냄새날전 (先)

⿰羊蜀 뚜 [독] 羊長六尺 여섯자되는양독 (屋)

羷 렴 [검]、[렴] 羊名 양이름 검、렴 義同 (琰)(豔)

羹

껑 [갱] 臛也 국갱 (庚)

十四 ⿰羊需 수 [누] 胡洋|羖 오랑캐양누 (尤)

⿱與羊 위 [여] 肥羊 살찐양여 (魚)

十五 羼 찬 [산] 俗音 [찬] 羊相雜 양서로섞일찬 (潸)

⿰羊賣 매 [매] 垢弍貌| 비게깔매 (卦)

十六 ⿰羊歷 리 [력] 黑色牡羊 검은수양력 (錫)

⿰羊曆 와 ⿰羊歷 同

⿰羊褱 홰 [홰] 垢賦貌 ⿰羊賣| 끼인모양홰 (卦)

十七 ⿰羊霝 링 [령] 大羊 큰양령 (青)

廿四 ⿰羊靈 과 羚 同

羽部

羽 위 [우] 五音之一 우성우 (虞)(遇)

三 羿 이 [예] 古射師名 옛적활스승의이름예 (霽)

⿰羽也 치 [치] 燕飛貌 제비나를치 (支)

⿰羽工 궁 [공] 飛至 날아올공 (送)

四 翀 츙 [충] 直上飛貌 치떠날올충 (東)

翂 뿐 [분] 飛貌|| 풀풀나를분 (文)

翁 웡 [옹] 父也 아비옹 (東)

翅 츠 [시] 鳥翼 날개시 (寘)

⿰羽氏 와 翅 同

翄 와 翅 同

⿱分羽 [분] 飛貌 파득파득날분 (文)

⿰亢羽 항 [항] 飛下 날아내릴항 (陽)(漾)

翃 휭 [굉] 蟲飛貌|| 버레풀풀나를굉 (庚)

⿱羽卆 과 翌 同

⿱羽王 황 [황] 持羽而舞 짓들고춤출황 (陽)

⿰羽巴 파 [파] 飛貌 나를파 (麻)

五 翏 랴 [료] 風聲|| 바람소리료 (蕭)

翐 찌 [질] 飛貌|| 펄펄나를질 (質)

翇 뿌 [불] 樂舞執全羽以祀社稷 춤추는깃불 (物)

翊 익 [익] 飛貌 날을익 (職)

⿰羽只 과 咫 同

翎 링 [령] 鳥羽 새깃영 (青)

翌 이 [익] 明日 이튿날익 (職)

翈 싸 [압] 翮上短羽 쭉지위의짧은깃압 (洽)

⿰羽包 빠 [보] 失羽 살깃보 (皓)

翋 랍 [랍] 飛也 날을랍 (合)

⿰召羽 잘 [초] 鳥尾⿰堯羽貌 새꼬리처들초 (蕭)

翑 쮜 [구] 羽曲 날개굽을구 (遇)

翍 폐 [피] 張羽貌 날개벌릴피 (支)

習 씨 [습] 学也 익힐습 (緝)

⿰朩羽 펀 [분] 飛起 날아오를분 (阮)

⿰羽冉 와 ⿰冉羽 同

⿰冉羽 산 [염] 翼下細毛 짓밑솜털염 (琰)

六 ⿰舟羽 쭈 [주] 弱羽 부둥짓주 (尤)

翔 썅 [상] 蹌敬貌| 엄숙할상 (陽)

⿰羽戉 쒸 [휼] 飛去貌 휠휠날아갈휼 (曷)

翖 翕 同

翓 쳬 [힐]飛上 날아 오를 힐 (屑)
𦐇 퍼 [락]飛去 날아갈 락 (藥)
翕 씨 [흡]合也 합할 흡 (緝)
𦑣 同𦐇과
𦑄 이 [예]低飛 낮게 나를 예 (霽)
𦑊 주 [주]高飛 높이 나를 주 (虞)

七

翛 쏘 [소]羽聲ㅣㅣ 깃소리 소 (蕭)
𦑍 신 [신]羽多 깃 많을 신 (眞)
翜 써 [삽]捷也 휘날을 삽 (緝)
𦑆 뱌 [부]細毛 가는털 부 (虞)
𦐺 꺄 [고]斜飛 빗게 날을 고 (號)
翖 한 [합]小鳥飛貌 작은 새 나는 모양 합 (覃)
𦐟 녀 [녑]急飛 급히 날을 녑 (洽)
𦑈 밧 [박]打羽而飛 깃치며 날을 박 (藥)

八

𦑓 루 [록]水上飛 물위로 날록 (屋)
翠 취 [취]色ㅣ 푸를 취 (寘)
𦑀 쟌 [잔]速飛ㅣㅣ 빨리 날을 잔 (潸)
翡 쀠 [비]玉名 옥이름 비 (未)
翟 듸 [적][척]重ㅣ 황후의 옷 적 姓也 성 척 (錫)(陌)
𦑔 쒸 [혁]羽声 깃소리 혁 (職)
䎙 얜 [엄]斂翅 쭉지 낄 엄 (豔)
𦑚 추 [줄]飛疾貌 휘날을 줄 或音 출 (質)
𦑤 처 [첩]捷飛 빨리 날을 첩 (洽)
𦑛 쟝 [강]鶬行貌ㅣㅣ 강장강장 뛸 강 (陽)
翣 싸 [삽]扇也 부채 삽 (洽)

九

翬 훠 [휘]大飛 날개칠 휘 (微)
翨 츠 [시]官名ㅣ氏 벼슬이름 시 (寘)
𦑪 츠 [시]羣飛ㅣㅣ 떼지어 나를 시 (支)
翥 쥬 [저]飛上 날아 오를 저 (御)
翫 완 [완]貪也 탐낼 완 (翰)
翭 후 [후]羽根 깃 밑둥 후 (尤)
翪 쭝 [종]竦翼而飛 날개 움추리고 나를 종 (東)
翩 편 [편]飛貌ㅣㅣ 나는 모양 편 (先)
𦑺 [환]緩飛 느력느력 날을 환 (旱)
翦 얜 [전]除也 없앨 전 (銑)
𦒄 헝 [횡]打羽聲 날개치는 소리 횡 或音 굉 (庚)

十

𦒍 헝 [횡]飛声ㅣㅣ 나는 소리 횡 (庚) 音 굉 (庚)
翰 한 [한]羽也 깃 한 (寒)
翮 껴 [핵][녁]羽本 깃촉 핵、 다리굽은 솥 녁 (陌)(錫)
翯 후 [혹][학]鳥羽肥澤ㅣㅣ 새깃 흡치르르할 혹、 화 義同 (沃)(覺)
𦒕 따 [단]羣羽 떼지어 나를 단 (合)
𦒓 뷰 [부]又부 등깃 부 (虞)
𦒏 타 [답]飛也ㅣㅣ 훨훨 나를 유 (尤)
𦒝 우 [유]鳥飛貌ㅣㅣ 새 훨훨 나를 유 (尤)

十一

翲 표 [표]高飛ㅣㅣ 높이 나를 표 (蕭)
翳 이 [예]語助辭 어조사 예 (霽)
𦒢 헝 [홍]蟲聲ㅣㅣ 벌레소리 홍 (尤)
𦒬 한 [환]俗音 [한] 高飛

높이 나를 한 翰

十二

翹 챠 [교]俗音[요] 擧也 들 요 蕭
翻 빤 [번]飛也 날 번 元
翱 와 [고]遊遊ㅣ 노닐 고 豪
⿰肅羽 쑤 [숙]飛也 나를 숙 屋
⿰曾羽 쯩 [증]翥也 나를 증 蒸
⿰喬羽 챠 [교]高飛 높이 나를 교 蕭
⿰羽惠 홰 [혜]六翮之末 칼짓끝 혜 霽
翼 이 [익]扶也 호위할 익 職

十三

翽 홰 [홰]飛声ㅣㅣ 나는 소리 홰 泰
⿰亶羽 뎐 [전]遠飛 멀리 날을 전 先
翾 환 [현]小飛 파뜩파뜩 나를 현 先

十四

翿 또 [도]翳也 깃일산 도 豪號
⿰賓羽 삔 [빈]飛上ㅣㅣ 날아오를 빈 眞
耀 얀 [요]光也 照ㅣ 빛날 요 嘯

十五

⿰羽慧 훼 [혜]六翮之本 쭉지밀둥 혜 霽
⿰羽巤 라 [랍]飛初起貌 처음으로 날 랍 合

老部

老 랖 [로]年高 늙을 로 皓
考 캎 [고]擊也 마칠 고 皓

四

耆 씨 [기][지]老也 어른 기 致也 이를 지 支紙
耄 맢 [모]九十歲ㅣ 구십세 모 號
⿱耂劦 삭 [수]老人僂行追從 늙은이 겨우 따리갈 수 過

五

⿱耂攴 뚀 [도]七十歲老人 칠십 늙은이 도 號
耇 꾸 [구]長命 명길 구 有
者 쟈 [자]語助辭 어조사 자 馬
⿱耂占 뎜 [점]老人面上如点 늙은이 얼굴의 검버섯 점 琰
耈 耇와同

六

耋 뎨 [질]八十歲老人 팔십세 노인 질 古音 절 屑

而部

而 얼 [이]上下接續辭 말이을 이 支

三

耍 쏴 [솨]利也 이할 솨 馬
耑 [단][전]物首 끝 단 專也 오로지 전 寒先
耐 내 [내]忍也 견딜 내 隊
耎 [연]罷弱 연약할 연 銑
耏 얼 [이][내]頰鬚ㅣㅣ 구레나루 이 剃鬚 수염 깎을 내 支隊
⿰女而 얼 [이]媚也 아첨할 이 支

四

⿱而大 놘 [난]縮也 움츠러질 난 旱

六

需 얼 [이]連繞 이을 이 支

七

⿰而忍 뉴 [뉵]憂貌 눈살 찌푸릴 뉵 屋

八

⿰耑犮 黻同

十

⿰耑甫 黼同
⿰危耑 쫜 [전]小卮 작은 잔 전 銑

耒部

耒 레 뢰 手耕曲木ㅣ耝따비뢰 隊

㊁

耓 딩 정 耒之下木 쟁기술정 青

𦓑 레 뢰 ㅣ陽고을이름뢰 賄

㊂

耔 쯔 자 耘也김맬자 紙 支

耖 치 질 平量고르게두량할질 俗音글 物

𦓎 돤 타 鼠子ㅣ子 쥐타 中字

𦓐 耜과同

㊃

耘 윈 운 除苗間革 김맬운 文

耖 챂 초 重耕田밭거듭갈초 效

耙 빠 파 犂起土田器쇠시랑파 禡

耗 만 모 虛也빌모 號

耕 껑 경 犂田밭갈경 庚

㊄

耞 꺄 가 打穀具連도리깨가 麻

耛 ᄎ 치 除草耘ㅣ김맬치 支

耜 쓰 사 臿也耒末端지따비술 紙

耝 쥐 저 縣名ㅣ城고을이름저 御

耟 쥐 거 耒末刄따비술거 語 耜通

𦓝 청 층 耒柄따비술거 語

㊅

𦓣 전 深耕갈전 先

䎤 졔 규 와 田器長耒긴갱기규 齊 耕也갈와 歌

𦓸 커 객 直耕곧게갈객 陌

㊆

耡 쭈 조 저 서 殷稅也부세조 共耕함께갈저 助通 호미서 御 魚

𦔅 국 耕麥보리갈국 沃

㊇

䎧 뺑 방 부 田器보습방 也ㅣ밭갈부 講 尤

䎦 얜 염 利耜날카로운보습염 琰

䎵 웨 위 大耒큰따위위 支

耤 찌 적 帝王親耕之田적전적 陌

䎠 룬 륜 束禾벼묶음륜 眞

㊈

耦 어 우 耒也쟁기우 有

𦔋 챵 창 不耕而種밭갈지않고심을창 或音총 江

㊉

䎩 기 播下麥種보리씨뿌릴기 支

耨 누 薅田김맬누 有

耩 걍 강 耕也밭갈강 講

⑪

䎡 만 만 不播田묵은밭만 翰

𦔻 듸 체 不耕而種대우칠체 霽 적 義同 錫

耬 럭 루 播種具씨뿌리는그릇누 尤

耲 한 한 冬耕겨울에갈한 翰

⑫

耭 찌 기 耕也갈기 微

䎰 시 책 灰中播種잿속에심을책 陌

耮 랖 로 摩田器고무래노 晧

𦔸 챵 동 播種씨뿌릴동 江

䎻 잔 작 作畦밭고랑지을작 藥

⑬

䆁 시 석 深耕깊이갈석 錫

䎭 화 회 柄長耒자루긴쟁기회 泰

⑭

耯 훠 확 刈穀곡식베일확 藥

⑮

䎱 바 피 長耒긴따비피 支

穮 뺘 표 除田穢草 김맬 표(蕭) 耰 와 우 破塊椎 곰방메 우(尤) ⑮ 耀 쟈 작 耤也 보습 작(覺) ⑰ 靡 메 마 広耕 넓게 갈 마(哿)

耳部

耳 얼 이 主聽 귀 이(紙) ㊀ 耴 쳬 첩 耳下 귀 뾸 첩(葉) ㊁ 胥 쒸 서 待也 기다릴 서(魚) 耵 뗭 정 耳垢 귀에지 정(迥) ㊂ 耶 예 야 語助辭 어조사 야(麻) 耹 야 요 耳鳴 膠— 귀울 요(蕭) 耷 따 답 大耳 큰 귀 답(合) 耾 꿍 공 耳聞鬼声 귀신 소리 들을 공(東) ㊃ 耿 징 경 光也 빛날 경(梗) 耽 딴 탐 深遠 깊고 멀 탐(覃) 耼 딴 담 耳無輪 귀바퀴 없을 담(覃) 耺 윈 운 耳中声 귀 청울릴 운(文) 耹 친 금 音也 소리 금(侵) 耾 헝 횡 굉 耳語 귀에 말할 횡 聾也 귀먹을 굉(庚) 明 월 耳斷 귀 베일 월(月) 聀 치 체 耳聰 귀 밝을 체(霽) 聇 聽古字 耻 恥俗字 ㊄ 聄 연 진 告也 고할 진(軫) 聆 령 령 聽也 들을 령(青) 聓 壻同 聃 字 聅 쳐 철 以失貫耳 살로 귀 꿰 철(屑) 聊 랴 료 願也 원할 료(蕭) 聉 삐 비 耻也 부끄러울 비(寘) 필 義同(質) 聑 뎐 점 耳小垂 귀 조금 늘어질 점(鹽) ㊅ 聐 예 접 安也 안할 접(葉) 聒 꽈 괄 愚也 어리석을 괄(曷) 聐 녜 얼 無覺 감각 없을 얼(屑) 聎 좌 조 耳疾 귀 앓을 조(蕭) 聏 위 육 이 耻也 부끄러울 육(屋) 和也 화할 이(寘) 聗 홍 홍 耳鳴 귀울 홍(東)(送) ㊆ 聕 우 오 聽也 들을 오(遇) 聚 홍 홍 耳中鳴— 귀 속울 홍(董) 聘 핑 빙 徵召 부를 빙(敬) 聋 聞古字 聕 한 호 長耳 긴 귀 호(皓) 斯 졔 제 近聞 가까이 들을 제(霽) 聖 썽 성 通也 통할 성(敬) ㊇ 聙 찡 정 善聽 잘 들을 정(庚) 䐛 치 기 傾耳 귀 기울 기(支) 聞 원 문 耳受声 感心 들을 문(文) 腄 뛰 타 耳垂 귀 뾸 늘어질 타(箇) 聚 쮜 추 취 俗音、積也 쌓을 취(遇)(過) 腔 킈 저 耳患膿 귀에 지 앓을 저(齊) 腌 얜 엄 耳也 귀 엄(琰) 聟 壻俗字 脚 샤 사 遙聞 멀리 들을 사(禡)

⿰耳罔 망 [망]聰也귀밝을망 (養)

聢 [日]確実확실할정

聝 꾁 [괵]断耳귀베일괵 (陌)

⿰耳彔 루 [록]蜥蜴도마뱀녹 (屋)

聡 聰과同

⑨ 聥 쮜 [子]驚也놀랄구 (麌)(過)

聰 聰俗字

聧 퀘 [규]聾之甚者귀먹어리규 (齊)

⿰耳音 얼 [이]聽音不敢言소리는듣고감히말못할이 (寘)

聤 팅 [정]耳病膿出귀에지않을정 (青)

⿰耳匽 연 、[연][안]耳戲귀흔들연、안義同 (霰)(諫)

⿰耳星 싱 [성]耳明귀밝을성 (青)

⿰耳秋 착 [추]耳鳴귀울추 (尤)

⿱剌耳 [랄]誤聞잘못들을랄 (寘)

⿰耳叜 삭 [수]聰也귀밝을수 (有)

⑩ ⿰耳宰 째 [재]聽而不聰멍청이재 (賄)

⿰耳冥 멘 [면]注意而聽새기어들을면 (先)

⿰耳兼 렌 [렴]耳垂귀늘어질렴 (淡)

⿰耳翁 웡 [옹]耳声귀에서소리날옹 (董)

⿰耳眞 텐 [전]聲盈耳귀에찡할전 (先)

⿰耳恧 뉴 [뉵]耻也부끄러울육 (屋)

⿰耳叟 聧와同

⑪ 聰 충 [총]耳明귀밝을총 (東)

⿰耳曹 찬 [초]耳鳴｜귀울초 (蕭)

聯 렌 [련]關｜관계할련 (先)

聳 쑹 [용]高也솟을용 (腫)

聲 썽 [성]音也소리성 (庚)

聱 안 [오]不聽알아듣지못할오 (肴)

⿰耳郭 궈 [곽]大耳큰귀곽 (藥)

⿰耳票 퍄 [표]僅聞가며들을표 (嘯)

⿰耳豪 애 [애]聾者귀머거리애 (卦)

⿰耳祭 、체、찰、 [체][찰][철]⿰耳夋也귀밝을체 철義同 (霽)(黠)(屑)

⿰耳商 듸 [적]耳孔深귓속깊을적 (陌)

⿰耳翏 료 [료]耳中鳴귓속찡할료 (蕭)

⑫ 聶 녜 [섭][접]攝也길섭 ⿰耳枼也희칠접 (葉)

⿰耳覃 단 [담]喧也시끄러울담 (覃)

聵 왜 [외][회]生而聾者배내귀머거리외 義同 (卦)(隊)

職 찌 [직]主也주장할직 (職)

⿱敝耳 폐 [별]暫聞잠간들을별 (屑)

⿰耳善 싼 [선]耳門귀구멍선 (銑)

⑬ 聸 딴 [담]垂耳귀늘어질담 (覃)

⿰耳當 당 [당]耳下垂귀처저붙을당 (陽)

⿰耳農 넝 [농]聽雷者耳｜｜귀먹먹할농 (冬)

⑭ 聹 닝 [녕]耳垢⿰耳冊｜귀에지녕 (青)

聻 늬 [적][니]鬼也귀신적 손가락질할이 (紙)(陌)

⿰耳㬎 씨 [칩][습]牛馬動耳貌｜｜마소귀놀라는모양칩、습義同 (緝)(合)

⿰耳祭 쳬 [절]聰也귀밝을절或音철 (屑)

⑮ ⿰耳廣 궈 [광]耳広귀넓을광、或音확 (漾)

⑯ ⿰耳歷 리 [력]詳聞자세이들을역 (錫)

聽 팅 [청]待也기다릴정 (青)

聾 [롱]闇也캄캄할롱 (東)

⑰ ⿰耳闕 비 [월][외] 聾之甚者 귀머거리 월、외 義同 (黠)(卦)

聿部 聿 유 [율] 遂也 마침내 율 (質) ② 津 진 [전] 義也 뜻 전 (先) ③ 肁 잔 [조] 開也 열 조 (篠) ④ 肂 쓰 [사] 展也 버릴 사 (寘) ⑤ 畫 畫俗字

⑥ ⿰⿱聿心力 肅字古字 ⑦ 肄 이 [이] 習也 익힐 이 (寘) 肅 숙 [숙] 嚴也 엄숙할 숙 (屋) 肆 쓰 [사] 長也 길 사 (寘) ⑧ 肇 짜 [조] 始也 비로소 조 (篠) 肈 肇와 同 ⑭ ⿰⿱聿聿力 肆古字

肉部 肉 위 [육][유] 肌也 살 육 滿也 찰 유 (屋)(宥) ② ⿰月八 [필] 喉肉 목의 살 필 (質) 肌 예지 [기] 膚肉 살 기 (支) 肍 챠 [구] 肉醬 고기로 장담글 구 (尤) 肎 肯과 同 ⿰月七 치 [칠] 肥滑 살쪄서 미끄러질 칠 (質) 肋 러 [륵] 脅骨 檢勒五臟 갈빗대 륵 (職) ⿱八月 시 [흘] 振也 떨칠 흘 (物) ③ 肜 융 [융] 洽也 다스릴 융 (東) 肔 이 [이] 剝腸 창자를 자를 이 (紙) 肛 깡 [항] 大腸端ㅣ門 분문 항 (江) 肖 쑈 [초][소] 類似 닮을 초 (蕭)(嘯) 肚 뚜 [두] 腸ㅣ胃也 밥통 두 (麌) 肝 깐 [간] 膽木藏 간 간 ㅣ要 요긴할 간 (寒) 肘 쭈 [주] 臂之關節 팔꿈치 주 (有) 肓 황 [황] 心上鬲下日ㅣ 흉격 황 (陽) 肒 한 [환] 搔而生瘡 긁어부스럼날 환 (翰) 肐 이 [억][華] 胸骨 가슴뼈 억 (職) ㅣ肘 팔꿈치 흘 肕 인 [인] 堅肉 질긴 고기 인 (震) 肙 원 [연] 撓動 요동할 연 (先) 肗 위 [여] 魚腐 생선썩을 여 (語) 肑 데 [적][박] 腸下肉 창자밑살 적 (錫) ⿰月乇 돠 [도] 大腹 큰배 도 (遇) ⿰月幺 션 [현] 午胃 소처녑 현 (先) ④ ⿰月壬 헝 [임] 大熟肉汁 곰국 임 (寢) 胖 팡 [방] 腹脹 배불룩할 방 (絳) 肢 찌 [지] 體也 四ㅣ 팔다리 지 (支) 肵 치 [기][근] 尸之所食俎 시동이 먹는 도마 기、敬也 공경할 근 (微)(問) 肻 肯와 同

肺 얘 [폐][패]金藏主魄부아폐 成貌성할패 (隊)(泰)
肥 얘 [비]多肉살찔비 (微)
股 꾸 [고]脛本다리고 (麌)
肫 쥰 [순]懇誠貌정성스러울순 (真)
肮 강 [항]咽也목구멍항 (漾)
肩 옌 [견]委任맡길견 (先)
肴 한 [효]俎實啖肉 肉안주효 (肴)
肪 뺑 [방]脂也비계방 (陽)
肬 [우]贅肉혹우 사마귀우 (尤)
肯 컨 [긍]可也즐길긍 (迴)
肳 吻同
肣 친 [금][합]斂也거둘금、舌也혀함 (侵)(覃)
肱 헝 [굉]臂之上部팔굉 (蒸)
育 위 [육]養成기를육 (屋)
肸 씨 [힐]響布盛作소리울릴힐 (質)
肶 [비]牛胃멀떠구니비 (支)
肭 눠 [눌][내]俗音海狗膃해구내又 [놀]물개내 肥也살찔내 (月)
肹 肸同
肦 얀 [분][반]大首貌머리클분、賦也구실반 (文)(刪)
胝 츠 [치]鳥藏새창자치 (支)
⿰月元 짠 [관]胃府밥통관 (旱)
⿰月引 인 [인][윤]瘡痕험집윤 脊肉등살윤 俗音인 (震)
⿰月少 먀 [묘]脅下雨傍虛軟處허구리묘 (篠)
⿰月夬 졔 [결]肛門똥구멍결 (屑)
肰 옌 [연]犬肉개고기연 (先)
肚 [도]大腸큰창자도 (虞)
肐 패 [괘]腰痛허리아플괘 (隊)
⿰月冉 탄 [탐]肉破살해질탐 (覃)
肒 탄 [탐]肉滓고기국찌끼탐 (感)
五
⿰月冊 싼 [산]脂肪기름산 (寒)
胑 肢과同
胔 骴와同
胏 쯔 [자]食所遺밥찌끼자 (紙)
胃 웨 [위]腸ㅣ、脾ㅣ 밥통위 (未)
胊 취 [구]脯也포구 遠也멀구 (虞)
胠 취 [거][겁][협]開發열거 義同、軍之右翼오른편군대겁(軍法右ㅣ) [협]義同 (洽)(語)(魚)
胝 듸 [지]皮厚胼ㅣ 못박힐지 (支)
胥 쒸 [서]相也서로서 (語)
胙 쬐 [조]祭餘肉제지낸고기조 (遇)
胡 후 [호]何也어찌호 (虞)
胕 腑과同
胖 판 [반]大也 肥ㅣ 살찔반 (寒)(翰)
胻 씽 [행]脛也종아리행 (庚)
胶 샤 [효]脛骨也다리뼈효 (肴)
胒 와 [와]手足曲病손발굽으러지는병와 (麻)
胹 얼 [이]筋強힘줄강할이 (眞)
⿰月虫 쥬 [저]蛆也구더기저 (魚)
⿰月休 삭 [휴]痡腹파리한배휴 (尤)
背 빼 [배][패]負也질배 違也배반할패 (隊)
胎 태 [태]物始胚ㅣ 시작태 (灰)
胤 인 [윤]受也받을윤 (震)
胗 [진]疸瘡역질진 (軫)
胛 쟈 [주]長

也ㅣ子맏 아들주 (寘)
胝 쪙 [정]煮魚煎肉 전유어정 (庚)
胞 빠 [포]胎衣 태보포 (肴)
胜 씽 [성]生肉날 고기성 (青)
胄 쭈 [주]嫡也ㅣ子 맏아들주 (宥)
胢 [가]瘡ㅣ痂 딱지가 (麻)

胈 빠 [발]股上細毛 정강이털발 (曷)
胛 [갑]背上兩膊間肩 甲어깨쭉지갑 (洽)
胐 [굴][찰]臀也볼기굴 膝疾무릎병찰 (月)
胇 삐 [필][비]身大ㅣ胖장대 할필、乾 마를비 (質)(未)
胂

[신][이]伸身몸펼신背 脊肉등심이 (眞)(支)
胅 [질]骨差뼈마 디퉁질질 (屑)
胠 치 [급]肉羹고 기국급 (緝)
胉 퍼 [박]脅也 갈비박 (藥)
胘 쎈 [현]牛胃소 천엽현 (先)
䏰 [illegible]과同
胴

쓰 [사]頭會백회사頂 門정수리사 (寘)
胦 양 [앙]臍也脖ㅣ 배꼽앙 (陽)
胆 쳐 [저]蠅之所生肉中 蟲구더기저 (魚)
胆 딴 [단]口脂駅 침버캐단 (寒)
𦙵 쟈 [고]臀也 볼기고 (豪)
胍

꾸 [고]大腹ㅣ肫큰배고 [과]義同 (虞)(麻)
𦙬 腕同
胏 시 [시]肉生새 살날시 (寘)
𦙫 주 [주]身直몸 곧을주 (遇)
胟 무 [무]將指엄지 손가락무 (有)
胣 이 [이]刳腸창 자끊을이 (紙)

⑥
胸 쓩 [흉]心情마 음흉 (冬)
胮 팡 [방]腹脹貌肛 배불룩할방 (江)
胹 얼 [이]煮熟 익힐이 (支)
胰 胰俗字
胵 찌 [치]鳥胃胵새 멀떠구니치 (支)
脂 쯔

[지]膏也 기름지 (支)
脂 脂와同
脃 취 [취][철]物易斷연할취 弱也약할철 (霽)
胰 이 [이]夾脊肉등 심이 (支)
胾 쯔 [자]切肉大 臠큰고기자
脄 메 [매]背肉 등심매 (灰)

朕 쨘 [華]雞眼脚ㅣ 티는첨
胯 콰 [과]兩股間사 타구니과 (遇)
胷 胸와同
朐 츈 [순]蜀縣名고 을이름순 (震)
胲 깨 [해]足之大指엄 지발가락해 (灰)
胭 옌

[연]嗌也목 구멍연 (先)
脀 쪙 [증]熟肉익 은고기증 (蒸)
胱 꽝 [광]水府膀 오줌통광 (陽)
能 넝 [능][내][태]勝任능할능、三足鼈세발 자라내、星名별이름태 (蒸)(泰)(隊)
脆 脃俗字

脀 쳥 [승][증]癡也어리석을승以牲實鼎 희생잡아솥에담을증 (蒸)
脊 찌 [척]背心등 마루척 (陌)
脇 脅과同
脅 쎄 [협]腋下 갈비협 (葉)
[illegible] 쎄 [설]脂膀 기름설 (屑)

䏧 나 [나][치] 不密輕䏧성길나 之肥美살찌고연할치(麻)
䏩 씨 [흡] 體也몸흡 어깨쭉지흡(緝)
胳 꺼 [각] 腋下겨드랑이각(藥)
胴 퉁 [동] 大腸큰창자동(送)
脈 머 [맥] 血絡맥맥(陌)

胺 예 [알] 肉腐臭고기썩을알(曷)
䏰 훈 [흔] 足踵발뒷굼치흔(元)
脁 좌 [조] 祭肉제사고기조(嘯)
脉 同脈

七

䏿 이 [이] 豕肉돌의고기이(支)
脰 두 [두] 項也목두(宥)

脗 원 [문][민] 合也합할문、민 義同(吻)(軫)
脢 메 [매] 背肉등심매(灰)
脤 [신] 祭社生肉사직제지낸그기신(軫)
脣 츈 [순] 齒垣입몸순(眞)
脘 환 [완] 胃府중완완(旱)
䏰 신 [인] (蜀縣名 지령이인(震)

脡 팅 [정] 脯朐포정(迥)
脛 씽 [경] 胻也종아리경(迥)
脬 팦 [포] 膀胱尿오줌통포(肴)
脝 헝 [형] 脹貌膨ㅣ배불룩할형(庚)
脞 촤 [좌] 細碎叢ㅣ좀스러울좌(駕)

脩 쓔 [수] 敬也공경할수(尤)
脥 과 同頰
脚 [각] 脛也다리각(藥)
脙 챠 [구] 瘠也파리할구(尤)
脟 레 [렬] 脅肉갈비살열(屑)

䏹 쌰 [소] 物之尖銳끝빠를소(效)
䏷 한 [한] 用創藥名창병에쓰는약이름한(翰)
脧 취 [최] 赤子陰部어린아이불알최
䏶 뻬 [폐] 胃脘밥통폐 或音비(薺)
脪 인 [은] 腫起부을은(震)

脖 뻐 [발] 臍也ㅣ胦배꼽발(月)
脠 쎈 [전] 生肉醬날고기젓전(先)
脕 문 [만] 美也예쁠만 [문] 生草芽新풀새로날문(願)(問)
脮 퉈 [퇴] 肥也찔퇴(賄)

䏨 껑 [갱] 食骨掛咽뼈가목에걸릴갱(梗)
䏭 즤 [지] 黑子사마귀지(寘)
䐂 졔 [절] 脂皮기름껍질절(屑)
𦙻 이 [읍] 鹽漬肉저린고기읍(葉)
䏻 네 [열] 腫也부을열(屑)

䏲 떼 [체][철] 鼻不正코비뚤어질체、骨差뼈어긋날철(霽)(屑)
脭 딍 [정] 精肉정한고기정(庚)
脫 튀 [탈][태] 免也벗어날탈、舒遲ㅣㅣ천천히할태(泰)(曷)

八

䐉 왕 [망] 筋糸纏繞힘줄얽힐망(養)
𦚍 俗脾字
腈 칭 [청] 血質혈질청(青)
腔 챵 [강] 內空속빌강(江)
䐊 돤 [톤] ㅣ肉고기톤(阮)
脾 [비] 土藏ㅣ胃지라비(支)

腓 왜 비 脛腨장딴지비(微) 脽 쉬 수 주 尻也꽁무니수 臀也볼기짝수(支)(尤) 腂 꽈 과 腫赤부어서붉은빌설과(箇) 腑 우 부 臟|장부부 又육부부(遇)(麌) 腒

와쥐 거 乾雉건치거(魚) 腁 펜 변 皮堅|胝못백일변(先) 腇 네 뇌 耎弱萎|잔약할뇌(賄) ⿰月爭 옝 쟁 跟筋발굼치힘줄쟁(庚) 腎 신 水藏콩팥신(軫) ⿰月奇

이지 기 分牲희생나눌기(寘) 腆 텬 전 厚也두터울전(銑) 腍 신 임 熟也익힐임(寢) 脹 쨩 창 腹滿鼓|배부를창(漾) 腃 퀘 귀 筋節急힘줄당길귀(先)

腐 우 부 朽也썩을부(麌) 腊 씨 석 乾肉포석(陌) 腌 옌 업 鹽漬魚肉저린고기업(葉) 腕 완 완 手|팔완(翰) 腋 이 액 左右脅間겨드랑이액(陌) 腄

취 수 瘢胝딱지자리껍질수(支) ⿰月戔 찬 잔 禽獸食滓짐승먹든찌끼잔(寒) ⿰月奉 팡 방 腹脹滿배불룩할방(陽) ⿰月表 同臕 ⿰月表 同脣와 ⿰月留 同脣과 䐃 쥔

군 腸中脂肪창자속기름군(軫) 胥 처 기 腓也장딴지기(紙) ⿰月直 이지 직 有脂膏머리겨를직(職) ⿰月甾 쯔 자 肥貌살통통할자(寘) ⿰月扁 쥐 구 女子陰部보지구(虞)

⿰月發 취 철 挑取骨間之肉뼈사이살발라낼철(屑) ⿰月丞 한 함 頤也턱함(覃) ⿰月屈 쥐 골 臀肉볼기뼈끝(月) 脺 사 수 졸 脳也머리덜미수 要易연할졸(月) ⿰月疌 치

첩 肩端骨어깨쭉지뼈첩(葉) 脼 량 량 味多맛있을양(養) 腖 둥 동 肉赤고기붉을동(送) ⿰月戾 려 례 跛足절뚝바리례(霽) ⿰月臽 션 함 食肉不厭고기먹어서싫지

않을함(感) ⿰月咅 우 부 豕肉醬돌의고기장부(尤) ⑨ ⿰月兒 이 예 乳嘴젖꼭지예(霽) 腴 위 유 腹下肥뱃배살찔유(虞) 腫 쯍 종 膚肉浮滿부을종(腫) 腞

잔 전 篆也새길전(銑) 腱 췐 건 筋之本힘줄전(先) 腯 뚠 돈 돌 豕肥 肥也살찔돈 돈살찔돌(願)(月) ⿰月春 츈 준 肥也살찔준(軫) ⿰月屋 워 악 脂豊기름질악(覺)

腨 찬 [천] 腓丨 足肚 장딴지 천 (銑)
脚 쟉 [각] 脛也 종아리 각 (藥)
腰 약 [요] 身體中央 허리 요 (蕭)
腦 낭 [뇌][노] 頭髓 머리골 뇌、俗音 노 (皓)
腥 [성] 生肉 날고기 성 (青)

腬 ᅀᅲ [유] 肥也 肉美貌 살찌어 여쁜 모양 유 (尤)
腸 챵 [장] 水穀道 창자 장 (陽)
腶 똰 [단] 脯也 丨脩 약포 단 (翰)
腵 쟈 [가] 腸病 창자병 가 (麻)
腹 복 [복] 五臟總括 배 복 (屋)

腢 우 [우] 膊前骨 어깨앞뼈 우 (尤)(有)
腤 안 [암] 油魚 전유어 암 (覃)
䐑 졔 [접] 細切肉 회칠 접 (葉)
腠 쳑 [주] 皮膚丨理 피부 주 (宥)
腡 [라] 手文 손금 나 (歌)

腷 삑 [픽] 意不泄 뜻막힐 픽 (職)
腟 찌 [질] 肉生 새살날 질 (質)
腜 메 [매] 美貌 아름다울 매 (灰)
䐁 취 [수][추] 膕也 오금 수 曲丨 팔다리오금 추 (尤)
腭 齶과 同

腝 눈 [이][눈][노] 有骨雜醢 뼈석인 젓이、軟也 연할 눈 臂節 팔꿈치 노 (支)(願)(号)
𣎆 뤄 [라] 獸名 짐승이름 라 (哿)
腧 쓔 [수] 針灸丨穴 침놓는 혈 수 (尤)
脍 인

[음] 胸病 가슴병 음 (沁)
䐘 쫘 [각] 牛舌 소혀 각 (藥)
䐈 퀘 [규] 醜也 臞丨 추하게 생길 규 (支)
䐣 쨔 [차] 不密 丨胗 성길 차 (麻)
腡 䐗 과 同
腮 顋 俗子
腪

윤 [운] 膜也 떼기운 (問)
腺 [선] 頸腋核 멍울 선
䐢 추 [추] 膳也 반찬 추 (遇)
䏮 지 [절] 違骨 뼈어긋날 절 (屑)
腩 [남] 肝炙 간랍 남 (感)

十畫

膂 리

[려] 力也 힘 려 脊骨 등성마루뼈 려 곱사등이 뼈려 肉也 뼈려 (語)
腿 퉤 [퇴] 股也 다리 퇴 (賄)
膍 피 [비] 鳥胃 胵 새멀떠구니 비 (支)(齊)
膎 쎄 [해] 肉肴 고기안주 해 (佳)
膇

쮀 [추] 足腫重丨 발부을 추 (寘)
膏 꼬 [고] 脂也 기름 고 (豪)(號)
膋 랼 [료] 腸間脂肪 창자의 발기름 요 (蕭)
膀 팡 [방] 水腑 丨胱 오좀통 방 (陽)
𦟝 腹과 同
膁

쳠 [겸] 腰之左右 허구리 겸 (琰)
臛 허 [확] 肉羹 고기국 확 (藥)
膉 이 [익] 脰肉 목덜미살 익 (陌)
膊 뽝 [박] 肩也 어깨박 (藥)
膃 우 [올] 海狗 丨肭 해구 올 (月)
𦠺 꺼

격 心脾間 명치격 (陌)
膄 수 瘠也 파리할수 (宥)
⿰月眞 천 진 肉脹起 부어오를진 (眞)
⿰月息 씨 식 鼻中寄肉 콧속군살식 (職)
膆 쏘 소 肥也 살찔소 (遇)
⿰月盍 카

갑 欲睡 졸릴갑 (合)
膌 찌 적 척 俗音瘦 파리할척 (陌)
⿰月宮 꿍 궁 腐刑 불알씩힐궁 (東)
⿰月倉 챵 창 皮腸겹 질상할창 (養)
膅 당 당 脚肥 다리살찔당 (陽)
⿰月貞

솨 좌 膏膜 기름홀떼기좌 (箇)
⿰月差 츠 차 腹鳴 배끓을차 (歌)
⿰月冓 꾸 구 足曲 발굽을구 (尤)
⿰月氣 치 기 塊病 적병기 (寘)
⿰⿱士⿱冖月殳 꾸 곡 足跗 발등곡 (屋)
⿱𡨄月 새

새 體顫 몸떨새 (隊)
⿰月蚩 츼 치 汁 目之凝 눈꼽치 (支)
十一
膛 탕 당 肥貌 뚱뚱할당 (漾)
膚 뿌 부 體面被皮 피부부 (虞)
膔 루 록 腹鳴 배꿇을녹 (屋)
膢

려 루 祈穀食新離ㅣ새곡식천신할루 (尤)(虞)
膞 좐 전 臠也 고기점전 (銑)
⿰月眷 응 등 大視貌 크게볼응 (徑)
膜 머 막 肉間ㅣ脈 홀떼기막 (藥) 모 長脆 길게절할모 (虞)
膝

씨 즐 脛骨節 무릎슬 (質)
⿱⿰月匹口 이 이 豕肉 제육이 (支)
膠 쟈 교 附着 붙을교 (肴)(巧)
膟 뤼 률 腹間脂肪 발기름율 (質)
膕 궈 괵 膝後曲節 오금괵 (陌)
⿰月臯

쌰 효 腫欲潰 ㅣ종기터지랴할효 (蕭)
膒 우 구 久脂 오래된기름구 (尤)
⿰月累 레 루 形醜貌ㅣ膗 형상추악할루 (紙)
⿰月習 지 접 燸也 데칠접 (葉)
⿰月寅 인

인 脊肉 등심인 (眞)
膗 채 수 최 俗音形惡貌 ⿰月累 형용추악할최 (支)
⿱⿰𠂤乇月 퀘 궤 腰痛ㅣ腰 허리아플궤 (隊)
⿰月從 총 종 肥大症 살찌는병종 (冬)
⿰木⿱丰冃 청 華 風子 서캐성

膘 퍞 표 牛脅後體前合革 肉허구리살표 (篠)
⿰月強 쟝 강 筋強 힘줄셀강 (養)
膣 질 肉生 새살날질 (質)
⿰月虘 자 자 皰鼻如榴 주독오른코자 (麻)
膓 腸 俗字
⿰月魚

워 어 馬目白者ㅣ 고리눈말어 (魚)
⿰月責 치 책 魚子脯 물고기새끼포책 (陌)
十二
膩 늬 니 肥也 살찔니 (寘)
膭 꽤 괴 肥大貌 뚱뚱할괴 (灰)
膬 과 同脆
膴

후 [무]美也 아름다울무 (虞) 膰 빤 [번][파]祭餘肉 제지낸고기 번 大腹 배불룩할파 (元)(歌) 膳 쌴 [선]具食美着 반찬선 (霰) 膲 쟈 [초]無形之府 삼초초 (蕭) 膫

랴 [료]炙也 구을요 (嘯) 膨 펑 [팽]大腹 배불룩할팽 (庚) 䐹 쑤 [주][소]乾魚据ㅣ 말린고기수、臛也 곰국소 (尤) 膱 찌 [직]肉敗 고기썩을직 (職) ⿰月絜 졔 [결]喉脈 목

의맥결 (屑) 膦 넨 [련]無力ㅣ朓 힘없을련 (銑) ⿰月畫 화 [획]曲脚中 오금획 (陌) 膮 쌰 [효]豕羹 돈의고기국효 (蕭) 膘 빠 [표]腫欲潰ㅣ膘 종기터지려할표 (嘯) ⿰月奢 쨔

[차]瘡痕 부스럼자국차 (麻) 膵 췌 [췌]甜肉經 첩육경췌 膧 퉁 [동]尻骨 볼기뼈동 (東) ⿰月巽 순 [손]切肉混血고기 썰어피에섞을손 (阮) ⿰月登 덩 [등]飽厭 물릴등 (蒸) ⿰月朁 잔

[잠]缺脣 언청이잠 (覃) (古)膿 농 [농]腫血 고름농 (冬) 膾 쾌 [회]魚肉細切 회회 (泰) ⿱聿月 와 [유]液也 진액유 (有) 臂 삐 [비]肱也 팔비 (寘) ⿰月黽 孕과同

⿰月睪 뚸 [탁]肥貌 살통할탁 (藥) 臀 툰 [둔]腿臋髀也 볼기둔 (元) 臇 쮼 [전]小汁臛 지짐이전 (先) 臊 쌒 [조]犬豕脂臭 개돝누린내조 (豪) 膺 잉 [응]馬帶 말배띠

응 (蒸) 臋 臀와同 臆 이 [억]滿也 가득할억 (職) 膽 쌈 [담]肝之腑 쓸개담 (感) 臉 렌 [검]目下頰上 頰也 빰검 (琰) 臄 쮜 [갹]切肉 저민고기갹 (藥) 膝 膝俗字

膻 싼 [전][단]兩乳間 젖사이전ㅣ裼 어깨벗어멜단 (先) 膷 썅 [향]牛肉羹 소고기국향 (陽) ⿰月奧 앞 [욱]鳥胃 새멀떠구니욱 (屋) 臃 융 [옹]腫也 종기옹 (冬) 臅 추

[촉]臆中脂 가슴속기름촉 (沃) ⿰月當 땅 [당]耳下凹處 귀밑오목한곳당 (陽) 臁 렌 [렴]脛也 정갱이염 (鹽) 臈 臘俗字 ⿱雍月 應과同 ⿰月遀 髓과同 (古)朦 뭉

[몽]肥大貌 뚱뚱할몽 (東) 臍 치 [제]子初生所繫胞斷之為ㅣ 배꼽제 (齊) ⿰月監 함 [함]飽中肉 떡속고기함 (陷) 臒 훠 [학]善肉 좋은고기학 (藥) 臑 놔 [노]臂節 팔마디노 (號)

[月+馮] 핑 빙 腫滿부어서퉁퉁할빙 徑 臏 삔 빈 膝蓋骨종주뼈빈 軫 髕同 臎 취 취 鳥尾上肉새꽁무니살취 寘 臂 삐 비 肥壯살뚱뚱이찔비 寘 [月+壽] 착 주 髀後엉덩이주 尤 [月+寧] 녕 녕 耳中垢귀에지영 迥 臐 훈 훈 羊臛양고기국훈 文 ⑮ [月+興] 씽 홍 腫痛곰겨쑤실홍 徑 臕 뾰 표 肥貌살찔표 蕭 臘 라 랍 歲終合祭諸神납향제랍 合 [月+賣] 同積 [月+養] 양 양 欲吐ㅣ메스껴울양 養 [月+覽] 큰 곤 臂也불기곤 元 [月+質] 찌 질 金創藥ㅣ금창약질 質 ⑯ 臚 뤼 려 腹前아랫배려 魚 臛 학 학 肉羹곰국학 沃 [月+贏] 잉 영 大便똥영 庚 朧 롱 롱 肥貌살찔롱 董 ⑰ 臝 同裸 [月+薄] 뷔 박 割肉저민고기박 藥 [月+襄] 상 양 肥也ㅣㅣ살찔양 養 [月+嬰] 잉 영 嗌也목구멍영 梗 [月+戠] 쎈 섭 羹也국섭 鹽 ⑱ 臟 쨩 장 腑也五ㅣ오장장 漾 臞 취 구 瘠也파리할구 虞 臡 네 녑 肉動살떨릴녑 葉 [月+雚] 촨 권 환 醜也ㅣ膘추할권 獸名짐승이름환 元 寒 [月+喬] 이 이 瘡痕이흠집이 紙 ⑲ [月+離] 늬 니 雜骨醬뼈섞인젓니 齊 臠 련 切肉산적점련 銑 [月+羅] 라 라 腹下肉배아래살라 麻 [月+靡] 머 마 泄病ㅣ麻설사병마 歌 ㉑ [月+蘇] 수 소 甘酒단술소 虞 [月+戀] 궈 라 驢腸胃나귀창자라 歌

臣部

臣 천 신 事君之稻신하신 眞 ② 臥 와 休息쉴와 箇 [臥] 臥同와 臤 깐 간 견 堅也굳을간、견 刪 庚 ⑤ [臣+㐱] 친 진 明朗명랑할진 軫 ⑥ 臦 광 광 人名사람이름광 漾 ⑧ 臧 장 장 厚也두터울장 陽 ⑪ 臨 린 림 衆哭여럿이울림 侵

自部

自 쯔 자 無勉強ㅣ然저절로자 寘 ① [自+乚] 잔 교 自重자중할교 篠 ④ 臭 착 취 香也향기취 宥 臬 녀 얼 射的과녁얼 屑 ⑥

臰 臭俗字

臯 고 澤岸못언덕고 호 呼也부를호 豪 号

臮 기 衆與詞 다못기 寘

八 ⿰臭夬 예 열 臭發냄새날열 屑

九 ⿰臭犮 발 病也병기운발 曷

臱 멘 면 不現於眼 뵈지않을면 先

十 臲 녜 얼 不安貌 위태할얼 屑

⿰自臭 씬 신 腋臭 암내신 震

十三 ⿰臭柰 녜 내 臭発냄새날내 佳

⿰臭曷 허 할 臭気 퀴퀴할 曷

十四 ⿰自畀 삐 비 犬初生子 개새끼첫배비 寘

至部

至 쯔 지 到也 이를지 寘

三 致 쯰 치 至也 이를치 寘

四 ⿰至卜 致과同

五 ⿰至廷 질 不循 어그러질질 質

六 臶 천 再也 거듭천

臷 뎨 질 年之至 여든살질 屑

⿰至巠 찐 진 前進 나아갈진 眞 震

⿰至各 껴 객 別也 가지객 覺

七 ⿰至戍 수 習也 익힐수 尤

臺 대 高官 고관대 灰

八 臺 태 진 至也 이를진 眞

十 臻 쪈 진 至也 이를진 眞 轃同、湊通

十二 ⿱至⿰至至 질 塞也 막을질 質

臼部

臼 쮜 구 舂也절구구 有

二 臽 쎈 함 小阱子 구덩이함 陷

臾 위 유 용 궤 俄頃須ㅣ잠간유 勸也 縱ㅣ권할용、草器삼태기궤 寘

三 臿 차 잡 舂去麥皮 보리대낄잡 洽

四 舁 위 여 對擧 마주들여 魚

舀 요 유 抒臼 절구확에 긁어낼유 尤 篠

⿱臼卑 貶과同

⿱臼帚 帰과同

⿰臼欠 요 요 引也 끄을요 篠

⿰臼市 빼 벌 舂米 쌀찔벌 月

五 舂 쫭 용 鐘聲ㅣ容 쇠북소리용 冬

⿰臼未 머 말 舂米碎之 싸라기말 曷

六 舄 씨 석 履也 신석 陌

七 ⿱臼昌 견 土塊 흙덩이견 銑

舅 구 母之兄弟 외삼촌구 有

八 與 위 여 語助辭 어조사여 御

九 興 씽 흥 感物而發 감동할흥 徑

⿰臼昜 탕 精米 입쌀을만들탕 養

十 ⿰臼差 취

[차]春也 절구질할차 歌

⑪ 擧 쥐 [거]拔也 뻘거 語

舌東 인 [인]小鼓 작은북인 震

⑫ 舊 쥐 [구]對新之稱 昔也 옛구 宥

⑬ 疊 흔 [흔]爭端 舋隙 틈낼흔 震

舌部

舌 쎄 [설]在口所以言語辨味 혀설 屑

② 舍 셔 [사]屋也 집사 禡

③ 舓 지 [지]以舌取物 핥을지 紙

④ 舐 즈 [지]以舌取物 핥을지 紙

舑 단 [담]吐舌貌 舚 혀빼물담 覃

舲 금 [금]口閉 입다물금 沁

舣 지 [기]喘也 숨찰기 寘

⑥ 舒 서 [서]徐也 천천할 서 伸張 펼서 魚

⑦ 辞 字 辭俗

⑧ 舔 텐 [첨]以舌取物 핥을첨 琰

舓 지 [지]以舌取物 핥을지 紙

話 활 [활]細細稱 가는명주실활 黠

舚 땀 [담]犬食크게 먹을담 合

⑨ 舖 字 鋪俗

舙 타

[탑][접]犬食聲 개먹는소리탑 小舐 홀작거릴첩 合 葉

⑩ 舝 꽈 [괄]舌出貌 혀널름거릴괄 黠

舘 字 館俗

⑫ 舕 탄 [탄]訥言 말얼얼할탄 寒

舙 同 話과

⑬ 舚 텬 [첨]出言 말낼첨 豔

⑮ 舚 화 [화]舌短貌 혀짧을화 麻

⑰ 舚 란 [란]訥言 말서투를란 寒

舛部

舛 촨 [천]相背 어기어질천 銑

⑥ 舜 쓘 [순]木槿 무궁화순 震

⑦ 舝 할 [할]星名 별이름할 黠

⑧ 舞 우 [무]樂也 節音 춤출무 麌

舟部

舟 쩍 [주]船也 배주 尤

① 舣 이 [을]舟行 배갈을 質

② 舠 따 [도]大船 거루도 豪

舟刂 우 [올]船行不安 板배까불올 月

③ 舡 쨩 [강]吳船 艂ㅣ 방강배강 江

舠 랴 [료]船小而長 작고긴배료 篠

舢 싼 [산]從船也 船종선산 刪

彤 천 [침]舟行相續 배서로잇대어갈침 侵

舵 타 [탑]船泊 배댈탑 合

舣 과 艖同

④ 舨 빤 [판]舟也 艫ㅣ 배판 潸

舥 빠 [파]浮梁 배다리파 麻

般 빤 [반]反也 되돌아올반 刪

舶 이 [일]舟飾 배꾸밀일 質

舩 船과同
舫 빵 방 兩船連結 배연결할방 漾
航 항 항 以船渡水 배질할항 陽
⿰舟少 찬 초 船不安 배위태할초 肴
⿰舟今 진 금 新舟 새배금 沁
⿰舟戈 자 가 小船 작은배가 歌

五

舷 쎤 현 船邊 배전현 先
舸 거 가 大船 큰배가 哿
⿰舟召 됴 초 吳船 배초 蕭
船 찬 선 舟也 배선 先
舳 꾸 축 船尾 배꼬리축 屋
舶 뼈 박 航海大船 큰배박 陌
舵 柁同
⿰舟句 꾸 구 大船ㅣ艛 큰배구 尤
舴 쪄 책 小舟ㅣ艋 작은배책 陌
⿰舟付 부 舟短而深 짧고깊은배부 遇
舲 령 小船有窓 창있는작은배령 青
⿰舟永 융 영 舟行 배떠날영 敬
舺 쟈 갑 長船 긴배갑 洽
⿰舟氐 듸 제 戰船ㅣ 싸움배제 霽

六

舽 팡 방 吳船ㅣ舡 나라배방 江
⿰舟同 艟과同
⿰舟兆 됴 도 大船ㅣ舸 큰배도 豪

七

艅 위 여 渡船 나룻배여 魚
⿰舟亨 헝 형 載鹽船 소금배형 庚
艄 쏘 소 船尾 고물소 肴
艇 팅 정 狹長小船 길고작은배정 迥
艀 뿌 부 端艇 거루배부 尤
⿰舟弟 듸 제 小船 작은배제 霽
艁 쟈 조 以舟為梁 首선창조 皓
艆 랑 랑 舷也 뱃전랑 陽
⿰舟里 리 리 長形小船 길고작은배리 支
⿰舟步 뿌 부 短而深舟 짧고속깊은배부 遇

八

⿰舟卓 됴 도 行舟 배뛰어놓을도 効
⿰舟疌 쪄 첩 舟行疾 배빨리갈첩 葉
艋 멍 맹 小舟 舴ㅣ 작은배맹 梗
⿰舟念 녠 념 舊船修理 낡은배수리할념 鹽
⿰舟非 빼 배 船後所排 水키배 卦
⿰舟侖 룬 륜 船之橫木 배밑창나무륜 眞
艍 거 小舟 거룻배거
⿰舟青 쳰 청 輕船 가벼운배청 俗音천 霰

九

艎 황 吳船艅 옷나라배황 陽
⿰舟胃 웨 위 漕運船 조운선위 未
艑 편 편 小舟 거루편 先
⿰月叟 艘과同
艐 쫑 종 船着沙不行 배걸릴종 東
艓 데 접 小舟 거루접 葉
艏 샤 수 船首 뱃머리수 有
⿰舟兪 유 유 刳空木中作船 홈배유 虞
⿰舟斿 와 유 舟浮 배뜰유 有

艓 지 [돌] 釣舟 낚싯배 돌 (月)
颿 帆과 同
(十) 艖 취 [차] 小舸名 艑 작은배 차 (麻)
艘 [소] 船総名 배 소 (蕭)
艗 이 [익] 青雀舟 푸른새 그린 배 익
⿰舟昜 타

[탑] 広大船 큰배 탑 (合)
艙 창 [창] 甲板底 감판 밑창
⿰舟芻 추 [추] 海船 대동선 추 (尤)
艕 빵 [방] 廣船 넓은배 방 (漾)
⿰舟兼 젼 [겸] 底深船 밑깊은배 겸 (豔)
⿰舟豈 애 [애] 底廣船 밑넓은배 애 (灰)

(十一) 艛 루 [루] 樓船 艛ㅣ 다락있는 배 루 (尤)
⿰舟鹿 루 [록] 船名 ⿰舟句ㅣ 구록배 록 (屋)
⿰舟習 시 [십] 覆船具 배 차일 십 (緝)
艚 찬 [조] 小舟 작은배 조 (豪)
⿰舟畐 [부] 舟也 배 부 (有)

⿰舟符 艀과 同
(十二) ⿰舟尞 랸 [료] 小長船 작고 긴 배 료 (蕭)
⿰舟堯 뱐 [요] 船泊掛板 배발판 요 (蕭)
⿰舟發 바 [발][벌] 樓船ㅣ 다락있는 배 발、海茂 떼배 벌 (曷)(月)

艎 횡 [횡][황] 筏也 뗏목 횡、황 (庚)(陽)
艟 퉁 [동][충] 戰船 艨ㅣ 싸움배 동、충 (東)(冬)
⿰舟尊 쭌 [준] 船底孔 배밑구멍 준 (願)
⿰舟厥 궤 [궐] 繫船杙 배매는 막뚝 궐 (月)
⿰舟桼 덩 [등] 緘閉 봉할 등 (蒸)

(十三) 艤 이 [의] 整舟向岸 배 등대할 의 (紙)
艣 루 [로] 所以進舟似槳而長船具 상앗대 로 (麌)
艡 당 [당] 兵船 ⿰舟氐ㅣ 싸움배 당 (陽)
艥 楫 同
艢 창 [장] 帆柱 돛대 장 (陽)

⿰舟達 따 [달] 戰船 싸움배 달 (曷)
⿰舟賁 예 [비] 船釘 배못 비 (尾)
(十四) 艧 훠 [확] 舟也 배 확 (藥)
艨 뭉 [몽] 戰船ㅣ艟 싸움배 몽 (東)
艦 쟨 [함] 戰船四方施板以禦矢石 싸움배 함 (豏)

⿰舟齊 치 [제] 船之承⿰舟寿凸物 노거리 제 (齊)
(十五) ⿰舟蠡 레 [례] 大船 큰배 례 (薺)
⿰舟墨 머 [묵] 釣船 낚시배 묵 (屋)
⿰舟曾 艣 同
(十六)

艫 루 [로] 船頭 뱃머리 로 (虞)
⿰舟龍 룽 [룡] 小船上安蓋者 갑판 룡 (冬)
⿰舟歷 리 [력] 往来船 왕래하는 배 력 (錫)
⿰舟嗇 艢 同
(十七) ⿰舟霝 [령] 舟有窓者 창있는 배 령 (青)

(大) 艭 쌍 [쌍] 船名 큰배 쌍 (江)

艮部

艮 껀 [간] 止也그칠간 方位간방간 (願)

一

良 량 [량] 善也어질량 (陽)

十一

艱 쟨 [간] 難也어려울간 (刪)

色部

色 써 [색] 五釆빛색 顏氣낯색 求物꿀건구할색 (職)

四

⿰弓色 씨 [혜] 黃病色 황달빛혜 (齊)

五

艴 약 [불] 怒也ㅣ然 성발끈낼불 (物)(月)

⿱癶色 빠 [발] 無色빛없을발 (曷)

⿰央色 앙 [앙] 氣上기운뜰앙 (養)

⿰白色 빠 [파] 色不真正빛참되지않을파 (禡)

七

⿰弟色 艴과同

八

艵 병 [병] 縹色옥색병 (青)

十

⿰冥色 밍 [명] 青黑色ㅣ艶 검푸를명 (青)(敬)

⿰盎色 앙 [앙] 色深而惡貌색이깊고나쁠앙 (講)

⿰咼色 와 [와] 色脫빛벗을와 (禡)

十一

⿰曾色 청 [증] 顏色凶惡얼굴빛흉할증 (蒸)

十二

艶 [염] 容色豐滿얼굴탐스러울염 (豔)

十四

⿰熏色 쒼 [훈] 物被熏色그을어누른빛훈 (問)

⿰夢色 [몽] 醜也추할몽 (東)

十六

⿰瞢色 멍 [몽] 顏色惡貌낯빛흉할몽 (蒸)

艸部

艸 찬 [초] 百卉総名풀초 (皓)

一

⿱艹丨 져 [개][과] 羊角開貌양의뿔벌어진모양개、과 (蟹)(馬)

二

艼 정 [정] 酩貌茗취한모양정 (青)

艾 애 [애][예] 美好少ㅣ예쁠애 穫也베어들일예 (泰)(隊)

芀 됴 [조] 葦華갈대꽃조 (蕭)

艽 착 [교][규][구] 藥名秦艽草망초교ᆢ규 荒野거친들구 (肴)(支)(尤)

艻 륵 [륵] 香草蘿향풀륵 (職)

艿 엉 [잉] 陳根不芟新草새로싹날잉 (蒸)

三

芄 완 [환] 莞也ㅣ蘭 왕골환 (寒)

芓 [자] 麻母 삼자 (紙)

芎 츙 [궁] 香草ㅣ藭 궁궁이궁 (東)

芑 끼 [기] 白粱粟 흰차조기 (紙)

芋 위 [후][우] 大也클후 土芝 蹲鴟토란우 (虞)(遇)

芐 쌰 [하] 地黃지황하 熟ㅣ숙지황변 (禡)(先)

芊 쳰 [천] 草茂ㅣㅣ풀더부룩할천 (先)

芒 망 [망] 草端가시랭이망 (陽)

芃 펑 [봉] 草盛ㅣㅣ풀무성할봉 (東)

芅 이 [익] 羊眺양도익 (職)

芍 쌰 [적][작] 蓮實연밥적 藥名ㅣ藥작약작 (錫)

芉 [간] 蓮子연밥간

芇 멘 [면] 睹也 내기할 면 相当 비길 면 (先)

芏 투 [토] 海邊生芄 갯펄 왕굴 토 (虞)

芼 뒤 [태] 藥草名 약풀 택 (陌)

芕 쌰 [소] 藥草遠志 원지 소 (篠)

❹

芦 후 [호] 地黃 지황 호 (虞)

芝 쯔 [지] 瑞草靈ㅣ 지초 지 (支)

芪 찌 [기] 藥名黃ㅣ 단너삼 기 (支)

茚 앙 [앙] 菖蒲 창포 앙 (陽)

芯 심 [심] 燈心草 등심초 심 (侵)

芰 찌 [기] 三角菱 세뿔마름 기 (寘)

芾 뷰ˋ [비][패][불] 木盛蔽ㅣ 나무성할 비、패 草木盛 초목우거질 불 (未)(泰)(物)

芷 쯔 [지] 藥名白ㅣ 구리매지 (紙)

芘 [비] 草名蔙ㅣ 준비풀 비 (寘)

芧 쮸 [서][저] 栩也 도토리나무 서 저 (語)

芙 뿌 [부] 拒霜花木ㅣ蓉 목부용 부 (虞)

芲 花略字

芸 윈 [운] 香草 향풀 운 (文)

芻 츄 [추] 飼牛馬之草 꼴 추 (虞)

芚 튠 [둔] 木始生 나무싹날 둔 (元)

芼 맏 [모] 菜也 나물 모 (豪)

芭 빠 [파] 甘蕉ㅣ苴 파초 파 (麻)

芳 뺭 [방] 香気芬ㅣ 꽃다울 방 (陽)

花 [화] 花開也 꽃필 화 (麻)

芹 친 [근] 水菜楚葵 미나리 근 (文)

芬 픈 [분] 香也 향기 분 (文)

芩 친 [금] 鹿食草 금풀 금 (藥名黃ㅣ根如釵股、葉如竹) (侵)

芿 [잉] 草生 풀싹 잉 (徑)

芽 [아] 始也 비롯할 아 (麻)

芴 우 [물] 菲也 土菻 순무 물 (物)(月)

芮 쉐 [예] 草生貌 풀뾰족할 예 (霽)

芛 쓘 [순] 草木盛生 초목성할 순 (軫)

芨 찌 [급] 白名、 배급 (緝)

芢 인 [인] 種子 씨 인 (眞)

芵 꿰 [결] 蘚苕ㅣ光 초결명 결 (屑)

芡 쳰 [검] 水果鷄頭 마름 검 (琰)

芟 싼 [삼] 刈草 풀베일 삼 (咸)

芣 뿌 [부] 車前草苢 질경이 부 (尤)

芥 꺠 [가] 幸菜 겨자 개 (卦)

艽 퀴 [규] 蔥也 파 규 (尤)

苀 깡 [항] 蒲也 부들 항 (陽)

莐 [침] 知母ㅣ藩 지모 침 (侵)

芺 얀 [요] 薊屬野芋 엉겅퀴 요 (篠)

芫 웬 [원] 草名魚毒 고기잡는풀 원 (元)

芋 뉴 [우] 藥名牛膝 우슬 우 (尤)

苜 이 [일] 草色 풀빛 을 (寘)

❺

苦 쿠 [고] 味也 쓸 고 (麌)

苨 늬 [니] 以蔘薺ㅣ 겨로기 니 (薺)

茈 [자] 子薑 생강 자 (支)

苡 이 이 草實薏丨車前草茉 율무이 紙
苢 苡와同
苽 꾸 고 菰米丨彫胡 교미고 虞
苻 뿌 부 草名鬼目 귀목풀부 尤
苑 원 風大風 큰바람원 阮

苴 쟤 저 차 자 有子麻 암삼저、水中浮草 마름풀차、土和糞草 거름풀자 魚 麻 語
苐 제 草名 제풀제 齊
苣 쥐 거 菜名萵 상치거 語
苛 가 小草 잔풀가 歌

苧 쥬 저 丨麻可為布 繵모시저 語
苕 쟌 초 草名陵丨 능초풀초 蕭
苯 뿐 분 草叢生丨蓴풀더부룩하게날분 阮
苔 태 태 蘚也 이끼태 灰
苘

경 枲屬似苧 어저귀경 迥
茄 쟈 가 菜名丨子 가지가 麻 歌
苗 먀 묘 穀草初生 싹묘 蕭
若 쉬 약 야 如也 같을약 般 梵語 반야야 藥 馬
茅 만 모 菅也 띠모 肴

英 잉 영 智出萬人 영웅영 庚
苞 빠 포 草木叢生 초목 모도록이날포 肴
茂 뭐 무 草盛 무성할무 宥
苫 쟌 점 編茅覆屋 집이울점 鹽
苹 핑

평 林檎 사과평 庚
苷 깐 감 甘草 감초감 覃
莓 메 매 覆盆蛇丨 뱀딸기매 賄
范 빤 범 草名 벌풀범 豏
苓 링 령 卷耳 도꼬마리령 青
茁 좌

출 草芽 풀싹출 質 屑
茉 머 말 花名莉 말리꽃말 曷
茆 묘 蓴菜 순나물묘 有
苟 꺼 구 誠也 진실로구 有
茮 절 穢草似稗 夷돌피절 屑
苳 뚱

동 冬生苣 겨우살이동 冬
苲 쟈 자 작 土苴 두엄자 山名丨領 산이름작 藥
苾 삐 필 丨芻草名 필추풀필 質
苒 산 염 草盛貌 풀우거질염 琰
芺 시 蒿也 쑥시 紙

苜 무 목 連枝草 연지초목 屋
苶 녜 날 疲貌丨然 고달플날 屑
茇 뱌 발 불 草根 풀뿌리발、舟素 뱃줄불 曷 物
苙 리 립 畜欄 짐승우리립 緝
苰

홍 홍 胡麻藤丨 피마자홍 東
苬 츄 수 芝也 지초수 尤
茌 셩 생 花蕊 꽃술생 庚
苩 파 花也 꽃파 麻
苮 쎤 선 草名似莞 노양이선 先
茀 뱌

[불]草盛풀성할불 物
苗 듸 [적]半蹄草소루장이적 錫
莀 민 [민]衆多貌많은모양민 眞
苪 빙 [병]明著나타날병 梗
䒰 과 呪과同
茌 과 萑과同
六
茸 숭 [용]草生貌풀뾰죽날용 冬 腫
茙 숭 [융]厚貌두툼할융 東
茨 ᄎ [자]以茅蓋屋집이울자 支
䒱 충 [공]蕢藜實채려풀공 冬
䒤 同荒
茺 충 [충]藥名ㅣ蔚익모초충 東
䒲 [日]黃精황정택
茲 ᄌ [자]草木盛貌초목우거질자 支
茳 ᄶ [강]香草ㅣ향풀강 江
荑 티 [제][이]白蕢흰비름이 芽始生띠처음날제 支 齊
荔 同荔
荄 개 [해]草根풀뿌리해 佳
茹 우 [여]食也먹을여 語
茱 쭈 [수]藥名ㅣ萸茱수유수 虞
茷 뼤 [패]草葉茂盛풀잎무성할패 泰
荃 촨 [전]香草향풀전 先
茈 ᄌ [채]藭苗ㅣ芎궁이싹채 眞
荀 쒼 [순]草名풀이름순 眞
荈 촨 [천]晚取茶늦차전 銑
茵 인 [인]蓐席자리풀인 眞
茭 쟈 [교]錦葵花금규화교 蕭
荇 씽 [행]接餘水菜蘋類마름풀행 梗
荐 쩬 [천]蔑席자리깔전 霰
草 챠 [초]百卉総名새초 晧
荂 콰 [과]花也꽃과 麻
茴 훼 [회]藥名香회향회 灰
茜 쳰 [천]茅蒐꼭두서니천 霰
茭 쟈 [교]乾芻마른꼴교 肴
荼 차 [다]茗也차풀다 麻
荒 황 [황]穀不登흉년들황 陽
䒼 취 [곡]蠶箔누에발곡 沃
茫 망 [망]廣大아득할망 陽
茗 밍 [명]茶芽차싹명 迥
荏 인 [임]柔也ㅣ染부드러울임 寢
荊 [형]楚也굴싸리형 庚
茠 [호][휴]ㅣ刺除草김맬호 蔭也그늘질휴 豪 尤
茭 同[illegible]
茖 꺼 [각]山葱산파각 或音격 陌
莶 [증]ㅣㅣ純一貌순일할증 蒸
茩 꺽 [구]決明薢ㅣ초결명구 有
茯 뱍 [복]藥名ㅣ苓복령복 屋
茼 [동]香菜ㅣ蒿쑥갓동 東
茥 꿰 [규]覆盆子딸기규 齊
茢 레 [렬]桃ㅣ萑掃不祥부정풀이비렬 屑
荅 [답]當也당할답

莨 껀 [간]草烏頭苗毛 박곳의싹간 (願) 茤 뒤 [다]蔆也 마름다 (歌) 萿 꽈 [괄]藥名ㅣ蔞하는타리괄 (曷) 茦 츠 [자]草之刺針 풀가시자 (陌) 茬 츠 [치]草

貌 풀모양치 (支) 茈 치 [기]藥草 약풀기 (紙) 茪 꽝 [광]決明英ㅣ초결명광 (陽) [illegible] 쎄 [혈]蓿也地ㅣ꼭두서니혈 (屑) 荎 찌 [치]五味子ㅣ藸 오미자치 (支) 茷

쒸 [술]藥名莪 아술술 (質) 茽 즁 [중]草貌叢生풀무더기로날중 (送) 荁 환 [한]草名풀이름한 (寒) 茟 이 [율][외]赤藜명아주율、花蕾꽃방울외 (質)(賄) 茰 同菓 과 茻

멍 [망]衆草相雜 잡풀우거질망 (養) 荖 베 [배]果名蒟醬 구장배 茿 착 [축]萹ㅣ쇠풀축 (屋) [illegible] 머 [모]麰麥귀은보리모 (尤) 莱 래 [래]果垂과실주렁주렁달릴래 (隊)

茱 [조][뇨]莯也수유씨조、草生貌풀자랄뇨 (蕭) ❼ 莅 리 [리]臨也임할리 臨席임석할리 (寘) 莉 리 [리]茉ㅣ南越花 말리꽃리 (寘) 莒 쥐 [거]나라이름거 (語) 荼

투 [도]苦菜씀바퀴도 神名 神ㅣ귀신이름도 (虞) 莆 야부 [보]萐ㅣ蓂時涼瑞草삽보 풀보 地名땅이름보 (麌) 莩 야부 [표][부]葭中白皮갈청부 (虞) 餓死죽어죽을표 (篠) 荽 쒸 [유]香菜 胡

ㅣ호유나물유 (支) 荰 뚜 [두]香草ㅣ蘅 두형풀두 (虞) 莁 우 [무]白蕢ㅣ흰비름무 (虞) 莑 뿌 [보]亂藁짚북더기보 (遇) 荾 [수]華中臍꽃심수 (支) 莬 同菀 과

莫 머 [막][모]勿也말막 菜也푸성귀모 (遇)(陌)(藥) 荸 빠 [발]鳧茈ㅣ薺 나물발 (月) 莘 씬 [신]藥名細ㅣ 약이름신 (眞) 莓 메 [매]草實ㅣ산딸기매 (灰) 莧 환

[한][현]莔也 비름현 (霰)(諫) 莜 [조]蓧也부추조 삼태기조 (嘯) 莞 완 [관][완]草可為席왕굴관 (寒) 笑貌ㅣ爾빙그레할완 (潸) 莚 연 [연]不斷蔓ㅣ만연할연 풀이름연 (霰) 莝 [좌]斬芻여물좌 (箇)

茆 먀 [모][묘][류]蓴菜鳧葵순나물모、묘 蒲柳갯버들류 茆本字 (肴)(巧)(有) 荷 허 [하]蓮花연꽃하 負也짐하 (歌)(哿) 莢 쪄 [협]豆角콩껍질협 瑞草蓂ㅣ책력풀협 (葉) 莖 [경]草幹줄기경 (庚)

莪 어 아 蒿屬蘿ㅣ다복쑥아 歌
莊 좡 장 嚴也씩씩할장 田舍別ㅣ별장장 陽
茫 왕 망 社栄도롱이망 陽
莛 팅 정 莖也줄거리정 屋梁들보정 青
莕 荇과同

莨 랑 랑 毒草ㅣ若초우윙랑 又이삷이풀낭 漾
莠 우 유 害穀草根ㅣ가라지유 有
荳 豆과同
莟 한 함 花開ㅣ꽃필함 勘
荻 듸 적 萑也蘆屬갈대적 錫

莤 쒸 숙 유 束茅灌鬯酒모에강신할숙 屋 灑酒술걸를유 有
莎 쒀 사 수 香附子향부자싸 사ㅣ草잔디수 歌 支
苩 빼 백 藍之別明쪽백 陌
荺 윈 윤 蓮根연뿌리윤 軫

荓 萍과同
莩 뿌 부 荷葉將落時연잎이울부 虞
荵 인 인 草名ㅣ冬인동초인 軫
[艹折] 쪄 절 斷草풀자를절 屑
莖 앤 분 以草為界풀로지경정할분 願
莋 쭤 적 食草풀먹을적 陌

莃 씨 희 食用菜蔬희나물희 微
莌 뒤 탈 草名活ㅣ활탈초탈 曷
莐 천 침 知母ㅣ藩모침 同 侵
莍 구 茱萸子聚生成房貌수유씨돋는모양구 尤

[艹耴] 졔 첩 小葉작은잎첩 葉
莄 징 경 草莖풀줄기 경草也풀경 梗
莔 멍 맹 藥草貝母패모맹 庚
莦 쌋 소 惡草모진풀소 肴
莙 쥔 군 菜名ㅣ蓮근대군 軫

莥 뉴 뉴 鹿豆돌콩유 有
莂 베 별 種概移蒔모종낼별 屑
[艹昜] 운 문 山漆산칠나무문 吻
荶 인 음 水蒜물에나는마늘음 侵
荱 미 미 草垂풀늘어질미 未

莗 쳐 차 藥草ㅣ前子차전자차 麻
[艹私] 쓰 사 茅莠띠싹사 支
[艹志] 즤 지 藥草遠ㅣ원지지 寘
[艹沂] 은 의 草多貌풀많을은、의 義同 文 支

八

莾 莽와同

菶 뻥 봉 草茂貌ㅣㅏ풀우거질봉 東 董
菘 쑹 숭 菜名배추숭 東
菑 、치 재 田一歲따비밭치 災也재앙재 支 灰
萃 췌 취 聚也모을취 寘
菭 苔과同
萁 치 기 豆莖豆ㅣ콩대기 草名풀기 支

菾 텐 첨 菜名상치첨 鹽
萎 웨 위 枯也이울위 支
[艹待] 蒔과同
菹 쮜 저 潰菜김치저 又침채저 魚
菜 채 채 蔬也나물채 隊

萑 환 [환][추] 蓷也 달환、盆母草 의모초 추 (寒)(尤)

菹 [서][조] ㅣ蓋、似韭 부추서ㅣ 菇 고서 서、조 義同 (魚)(虞)

菩 푸 [보] ㅣ提摩伽陀國樹名 보리나무 보 (虞)

菫 [근] 苦草 씀바귀 근 (吻)

莽 망 [무][망][모] 率鹵ㅣ추솔할 무、草深貌 풀우거질 망、宿草 묵은풀 모 (尤)(陽)(虞)

萋 치 [처] 草盛ㅣㅣ 풀무성할 처 (齊)

菲 뻬 [비] 菜名 葑類 나물이름 비 (微)(尾)

萊 래 [래] 藜草 명아주 내 (灰)

菣 첸 [긴] 香蒿蔚屬 제비쑥 긴 (震)

菌 쥔 [균] 地蕈 버섯 균 (軫)

菰 [고] 茭米蔣也 고미 고 (虞)

菅 꽌 [간][관] 茅也 띠 간、小蒲 왕골 관 (刪)(寒)

菟 투 [토][도] 藥名ㅣ絲 새삼 토、虎也 於ㅣ 범 도 (遇)(虞)

萍 핑 [평] 楊花所化 浮ㅣ 개구리밥 평 (青)

苨 늬 [니] 露濃ㅣㅣ 이슬많을 니 (齊)

𠦄 [훌][홀] 疾也 빠를 훌、홀 義同 (物)(月)

萄 됴 [도] 蔓果 葡ㅣ 포도 도 (豪)

菆 쫘 [찬][추] 積木以殯ㅣ塗 초빈할 찬、矢之善者 좋은살 추 (寒)(尤)

菒 꼬 [고] 枯草 마른풀 고 (皓)

萇 창 [장] 木名ㅣ楚 보리수 장 (陽)

董 菓同 과

華 화 [화] 榮也 빛날 화 (禡)(麻)

菓 꿔 [과] 木實熟成 과실 과 (哿)

菀 완 [울][원] ㅣ然 盛貌 무성할 울、茂木 나무우거질 원 (物)(阮)

萌 멍 [맹] 草芽 싹 맹 (庚)

菎 [곤] 香草 향풀 곤 (元)

菁 찡 [정][청] 菜名 蕪ㅣ 순무 정、茂貌ㅣㅣ 무성한 모양 청 (庚)(青)

菤 쫜 [권] 草名ㅣ耳 도꼬마리 권 (銑)

菱 링 [릉] 芰也 셋뿔마름 릉 (蒸)

菢 빠오 [포] 鳥抱卵 새알품을 포 (號)

菏 허 [하][가] 蕳草 무우 하、澤名 늪이름 가 (歌)

菼 탄 [담] 似葦萑之初生 蘭 달순 담 (感)

荊 찡 [형] 楚也 광대싸리 형 (庚)

菪 탕 [탕] 毒草 莨ㅣ 초우웡 탕 (漾)

菊 쮜 [국] 秋華 국화 국 (屋)

菖 창 [창] ㅣ蒲 似蓀 창포 창 (陽)

荓 핑 [평][병] 使也 부릴 평、燕子花 연자화 병 (青)

菡 탄 [담] 芙蓉 菡ㅣ 연꽃봉오리 담 (感)

萐 싸 [삽] 瑞草ㅣ莆 삽보풀 삽 (洽)

菴 안 [암] 蕳草ㅣ蕳 진주뽕 암 (覃)(勘)

菋 웨 [미] 五味子 오미자 미 (未)

菸 위 [어] 不鮮ㅣ邑 시들 어 (魚)(先)

菥 씨 [석] 大薺ㅣ蓂 굵은냉이 석 (錫)

菂 [적] 蓮實 연밥 적 (錫)

菔 뿌 [복][북] 蘆ㅣ蘿菖作萊ㅣ 무우복、북 義同 (屋)(職)

菽 쑥 [숙] 衆豆總稱 콩숙 (屋)

菦 친 [근] 草名白艾 흰쑥근 (眞)

菰 꾸 [고] 草盛貌 풀우거질고 (虞)

萋 예 [접] 荇菜水草 미나리접 (葉)

菉 루 [록] 綠色小豆 녹두록 (沃)

莿 [사] 草之莿針 풀가시자 (眞)

菗 챡 [주] 地楡ㅣ蒢 외나물주 (尤)

菇 꾸 [고] 王瓜藈ㅣ 쥐참외고 (虞)

[illegible] 쒸 [후] 藥草蛇床 뱀도랏후 (虞)

菂 뻐 [백] 木棉 목화백 (陌)

菍 蔥과同

菻 린 [름] 艾也 쑥름 (寑)

菢 씬 [심] 苗心螟食枯死 이삭버레먹어죽을심 (侵)

萆 삐 [비][벽] 藥草ㅣ薢 멸앳비、蓑衣 도롱이벽 (支)(錫)

菲 깨 [가] 俗音 [괴] 頭寬中狹 잘룩할괴 (麻)

菡 [함] 草木花未發 꽃봉오리함 (咸)

菧 듸 [저] 薺苨 게로기저 (薺)

菠 뻐 [파] 菜名ㅣ薐 시금치파 (歌)

菛 蘴과同

菿 땊 [도] 草木倒 초목꺼꾸러질도 (號)

菺 꼔 [견] 蜀葵 촉규화견 (先)

萃 취 [수] 蒴也 싸리수 (紙)

萻 따 [답] 荷葉覆水 연잎물에덮일답 (合)

萉 쀄 [비][복] 避也 피할비 菔也 무우복 (屋)

菊 쥐 [子] 藷也 감자구 (虞)

菭 지 [지] 漬菜 김치지 (支)

菄 둥 [동] 白山菊 흰산국화동 (東)

菳 쿵 [공] 莖之中空 줄기속빌공 (東)

萮 룬 [론] 木名 논나무론 (元)

菷 쥭 [주] 五色葵 오색촉규화주 (尤)

菣 [침] 疲也 가쁠침지칠침

菈 라 [랍] 折也 꺾을랍 (合)

菵 [망] 春麥 봄보리망 (養)

菂 지 [지] 香附子 향부자지 (支)

萞 예 [비] 萞麻子 피마자비 (齊)

九

葼 쭝 [종] 細枝 나무휘추리종 (東)

葓 莊와同

葑 뽕 [풍][봉] 蕪菁 무우풍、菰根 방기뿌리봉 (東)(冬)(宋)

葒 홍 [홍] 水草馬蓼 요화홍 (東)

葠 [삼] 人ㅣ神草 인삼삼 (侵)

董 뚱 [동] 督也 동독할동 (董)

菑 쯔 [치][재] 田一歲 한해된밭치、災也 재앙재 (支)(灰)

萵 워 [와] 菜名ㅣ苣 부루와 (歌)

葅 [저] 淹菜 김치저 (魚)

葹 쓰 [시] 草名卷ㅣ 풀이름시 (支)

葸 쓰 [사] 怯也 겁낼사 (紙)

葳 웨 [위] 草木盛ㅣ蕤 초목성할위 (微)

葷 훤 [훈] 臭菜葱蒜韮之屬 냄새나는채소훈 (文)

葦

웨 [위]大葭갈대위(尾) 萸위 [유]茱ㅣ藥名수유유(虞) 葫후 [호]大蒜굵은마늘호(虞) 著쟤 [착][저]被服입을착、편찬할저(藥)(御)(魚) 萱훤 [훤]忘憂草원추리훤(元)

葡푸 [포]蔓果ㅣ萄포도포(虞) 葰쥔 [준][유][사]大也클준、薑屬생강유、黨縣名ㅣ人고을이름사(震)(支)(馬) 萬완 [만]千之十倍일만만(願) 蒯 [괴]草名茅類풀이름괴(卦) 蓚

씨 [수]植物毒汁有機酸類식물독즙수(尤) 蔓 蔓과同 莬완 [연]枯木生耳버섯연(銑) 葐옌 [분]ㅣ蒀盛貌자욱할분(元) 葆빠 [보]草盛풀더북할보(皓) 葊 菴古字

萲 萱과同 葽야 [요]草名遠志아기풀요(蕭) 葢 蓋과同 葬짱 [장]藏也理戶장사지낼장(漾) 葵퀘 [규]向日花해바라기규(支) 葂완 [면]盛也성할면(阮) 葵

葬와同 萩촤 [추]蒿也다북쑥추(尤) 葴쪈 [침]草名馬藍파리침(侵) 葩 [파]花也꽃송이파(麻) 葭쟈 [가]蒹ㅣ蘆也갈가(麻) 葍뿌 [복]葍也메무복(屋) 葶팅

[정]大薺ㅣ藶두루미냉이정(青) 葚썬 [심]桑實오디심(寢) 落랔 [락]零也떨어질낙(藥) 葛꺼 [갈]蔓生絺綌草칡갈(曷) 萯뿌 [부]王瓜草名뒤참외부(有) 葥쌴

[소]葉落莖立줄기만남을소(蕭) 葉예 [엽][섭]枝ㅣ花之對잎엽、南陽縣名고을이름섭(葉) 萬위 [우]姓也성우(虞) 葀꽈 [괄]瑞草상서로운풀괄(曷) 蕚어 [악]花跗꽃받침악(藥)

落훠 [활]藥草獨ㅣ약초이름활(曷) 葥쪄 [즉]子藥名약이름즉(職) 葯위 [약][악]白芷葉香草구리때잎약、藥也약약(藥)(覺) 葺치 [즙]覆蓋지붕이을즙(緝) [illegible]한

[호]草木葉折糞풀거름할호(號) 葎뤼 [률]藥名ㅣ草함삼률(質) 萰련 [련]白薇가위톱련(霰) 萹뻔 [변]ㅣ蓄옥매듭변(先) 葇유 [유]蘇也蘸들깨유(尤) 葋취

[구]蘆也갈대구(虞) 䕨란 [람]風草바람에흔들이는풀남(覃) 葄쮜 [조]藉也갈대조(遇) 葔화 [후]香附子향부자휴一名ㅣ莎후사후(尤) 葟황 [황]茂也ㅣㅣ무성할황(陽)

荒 췌 [예] 草生貌 풀돋아날 예(霽)
葖 투 [돌] 菔也 무 돌(月)
葝 징 [경] 山薤 산엽교 경(庚)
蕩 탕 [탕] 不自收斂 ㅣ儻 방탕할 탕(養)
葥 쳰 [전] 藥名 草車 질경이 전(先)
葙 썅 [상] 鷄冠花青ㅣ 맨드라미꽃 상(陽)
[illegible] 먀 [묘] 草細莖 가는풀줄기 묘(篠)
蒁 쒸 [술] 藥名 蓬莪茂 약이름 술(質)
葞 미 [미] 香草 봄풀 미(紙)
[illegible] 착 [주] 鳥巢 새집 주(宥)
葈 씨 [사] 藥名ㅣ耳 도꼬마리 사(紙)
[illegible] 빼 [배] 草名 青藜 푸른명아주 배(卦)
薊 지 [계] 割也 베일 계(霽)
[illegible] 씨 [홀] 草盛貌 풀성할 홀(物)
蒷 彙同
蒂 蔕과同
葅 저 [자] 芹也 미나리 자(麻)
蕍 유 [유] 木耳 나무버섯 유(尤)
萫 샹 [향] 菜羹 나물국 향(漾)
萪 커 [과] 藤也 등나무 과(歌)
菜 채 [시] 野芹 돌미나리 시(佳)
葱 [총] 草盛貌 蕃ㅣ 풀더북할 총(東)
葮 돤 [단] 槿花 무궁화 단(軫)
葃 저 [적][작] 菜名 나물이름 적、작 義同(陌)(藥)

❿

蓖 피 [비] ㅣ麻 피마주 비(霽)
蒙 뭥 [몽] 幼稺 어릴 몽(東)
蒞 莅과同
[illegible] 꽤 [쾌] 不正 비뚤러질 쾌(佳)
[illegible] 꺼 [구] 積草 풀쌓을 구(尤)
蓊 웡 [옹] 草木盛貌 ㅣ鬱 초목성할 옹(董)
[illegible] 藷과同
蒖 쩐 [진] 蓴菜 순채 진(眞)
蒥 류 [류] 香草 향풀 류(尤)
蓉 융 [용] 蓮花芙ㅣ 연꽃 용(冬)
蒩 쭈 [조] 茅ㅣ用以藉祭 띠자리 조(虞)
蓍 씨 [시] 蓍草蒿屬 시초 시(支)
蒲 푸 [포] 水草可作席 부들 포(虞)
蒔 씌 [시] ㅣ蘿小苗香 소회향 시(支)(寘)
蒱 푸 [포] 樗ㅣ戲具 저포 포(虞)
蒯 쾌 [괴] 茅類菅ㅣ 기령 괴 蕢同(卦)
蒕 원 [온] 盛貌 盆ㅣ 성한모양 온(文)
蒟 쥐 [구] ㅣ醬 蔞 구장 구(麌)
蓋 깨 [개][합][갑] 覆也 덮을 개 苫覆 이엉 덮을 합 姓也 성 갑(泰)(合)
蓓 뻬 [배] 始華ㅣ蕾 꽃방울 배(賄)
蓑 쒀 [사] 備雨草衣 도롱이 사(歌)
蒨 쳰 [천] ㅣㅣ 草盛貌 풀더북할 천(霰)
蒜 싼 [산] 葷菜 마늘 산(翰)
蓇 꾸 [골] 莖也 풀줄기 골(月)
蓁 쩐 [진] 藥名ㅣ艽 망풀 진(眞)
蓀 쑨 [손] 香草 蘭ㅣ 난초 손(元)
蒑 인 [은] 草色青 풀빛푸를 은(文)
蒿 한

[호]蓬屬다북쑥호(豪)
蒡 광 [방]牛ㅣ藥名우엉방(陽)
蒼 창 [창]華髮ㅣ浪흰털창(陽)野色 色莽ㅣ풀난들질펀할창(養)
蓏 뤄 [라]草實果ㅣ풀열매나(哿)
萵 㼉 과同
蓂 밍 [명][멱]知時草ㅣ莢책력풀명 大薺菥ㅣ굵은냉이멱(青)(錫)
蓈 랑 [랑]莠屬가라지낭(陽)
蒸 정 [증]炬也홰증(蒸)
菡 한 [함]花未發日ㅣ꽃봉우리함(感)
蒧 뎬 [점]草名풀이름점(琰)
蒹 졈 [겸]葦屬ㅣ葭似萑而細갈겸(監)
蓄 츄 [축]積也쌓을축(屋)
蒝 웬 [원]莖葉廣布줄기와잎퍼질원(元)
蓐 슈 [욕]陳草復生묵은풀에움돋을욕(沃)
蒺 지 [질]旱草ㅣ藜납가새질(質)
蒗 랑 [랑]訛郡渠名ㅣ蕩도랑이름랑(漾)
蒻 워 [약]草名蒟구약풀약(藥)
蓆 씨 [석]大也클석(陌)
蔱 싸 [살]茱萸수유살(黠)
蒳 나 [납]香草芥ㅣ향내나는풀납(合)
䕞 랑 [랑]藥名ㅣ毒오독도기랑(陽)
蒐 수 [수]草名茅ㅣ모수풀수(尤)
蒚 리 [력][혁]山蒜산마늘력 蒲黃부들꽃혁(錫)(陌)
蒘 나 [나]粘草찰풀나(麻)
蒦 [약]度也잴약 尺也자약(藥)
蒤 투 [도]藥草虎杖감젓도(虞)
蒢 추 [제]地榆蒢ㅣ외나물제(魚)
蒵 씨 [혜][계]草也풀혜 ㅣ신들매끈계(齊)
蔚 蔚과同
䔧 엉 [경]芋莖곤대경(梗)
䓵 애 [기][애]菜似蕨生水中물속에나는고사리기 乾菜마른나물애(尾)(灰)
蒠 씨 [식]菜也나물식(職)
蒪 뿨 [박]大蘘荷ㅣ苴굵은양하박(藥)
蓶 위 [육]山韭산부추육(屋)
蒫 취 [차]薺實냉이씨차(歌)
蒓 [순]水葵순나물순(眞)
䓘 쥐 [주]酒液술진액주(尤)
莝 취 [좌]ㅣ拜失容節猶詐也꾸벅할좌(箇)
䒥 [담]葱也파담(覃)
蒴 쒀 [삭]藥名ㅣ藋말오줌나무삭(覺)
蓎 탕 [당]女蘿ㅣ蒙소나무겨우살이당(陽)
䔅 지 [급]冬瓜동아급(緝)
营 궁 [궁]香草芎藭궁궁이궁(東)
蔦 [오]荻也갈대오(虞)
茸 즁 [용]草亂貌풀어수선할용(腫)
蒶 분 [분]積草풀쌓을분(文)
蒒 쓰 [사]海草實如大麥싸라풀사(支)
䔉 리 [률]菱也마름률(質)
蒷 궁 [공]結實결실될공(送)

⑪ 蒲 부 포 乾魚 말린 생선 포 (虞) 蓓 페 배 花蕾 꽃봉오리 배 (賄) 蓑 천 천 草木之動貌 초목흔들릴 천 (先) 蘧 쥐 거 肥料草 거름풀 거 (語) 蔥 총 총 葷菜 파 총 (東)

蔵 천 침 酸醬 파리 침 (侵) 蓪 통 통 通草藥名 으름덩굴 통 (東) 蓬 펑 봉 蒿也 다북쑥 봉 (東) 蔇 지 기 至也 이를 기 (寘) 蓰 사 物數五倍 다섯갑절 사 (紙) 蓯 총

총 종 草盛貌 蓁ㅣ 풀무성할 총 藥名 肉ㅣ蓉 약이름 종 (董)(冬) 蔂 류 류 蔓草 덩굴풀 류 (支) 蔚 위 위 울 牡蒿 제비쑥 위 州名 고을이름 울 (未)(物) 蔬 쓰 소 草菜通稱 풋나물 소 (魚) 蓿 쓔

숙 菜名 苜ㅣ 거여목 숙 (屋) 蔀 뿌 부 障明小席 거적 부 (麌) 蔴 蔴俗字 蔡 채 채 살 法也 법받을 채 放也 놓을 살 (泰)(曷) 蔞 럭 루 似艾ㅣ蒿 물쑥 루 (虞)(尤) 蓷 퉤

퇴 益母草 익모초 퇴 (灰) 蓴 츈 순 水葵 蒓 순채 순 (眞) 蔓 만 만 葛屬 延茂 덩굴 만 (願)(寒) 蔕 디 체 果蔕 綴實根 꼭지 체 (霽) 蓧 댜 조 耘田器 김매는 그릇 조 (嘯)

蔦 댜 조 寄生草 겨우살이 조 (篠)(嘯) 蔣 쟝 장 苽ㅣ 水草 과장풀 장 (陽)(養) 蔈 퍄 표 草木零落 떨어질 표 (篠) 莧 꾼 곤 培也 북돋을 곤 (阮) 蓮 련 련 荷實 연밥 련 (先)

蓼 랴 료 륙 辛菜 여뀌 료 長ㅣ 풀잎길 륙 (篠)(屋) 蔆 릉 릉 ㅣ角菱 마름 릉 (蒸) 蓩 우 모 卷耳草 도꼬마리 모 (皓) 蓸 쭈 추 草相次 풀서로잇닿을 추 (宥) 蔑 蔑과 同 蔇

긴 香蒿 제비쑥 긴 (震) 蔗 져 자 甘ㅣ 砂糖草 사탕풀 자 (禡) 蔭 인 음 庇護 덮을 음 (沁) 蔘 썬 삼 人ㅣ 神草 인삼 삼 (侵) 蔌 쑤 수 속 菜蔬總稱 나물 수、ㅣㅣ 陋也 더러울 속 (有)

蓺 이 예 種也 심을 예 (霽) 蔻 쿠 구 荳ㅣ 藥名 두구씨 구 (有) 蔪 잼 점 麥秀ㅣㅣ 보리밸 점 (鹽)(琰) 蓫 쥬 축 羊蹄草 소리쟁이 축 (屋) 蓨 조 수 苗也 싹 조 悅也 기쁠 수 (蕭)

蔫 연 언 연 物不鮮 시들 언 臭草ㅣ於 썩은풀 연 (先)(霰) 蔟 추 족 주 聚也 모을 족 (屋) 簇、族 通 (正月律名 大ㅣ) 주 (宥) 蔑 며 멸 無也 없을 멸 (屑) 蓲 츄 구 藲也 달구 (尤) 蓽 삐

[필]ㅣ藥名 약이름 필(質)
蔖 자、[차]蒯類菌 기령풀 차(麻) [자]楚葵 미나리 자(歌)
蓾 루 [로]蘆也 그령풀 로(虞)
⿱艹淺 옌 [전]以色飾紙 종이에 물들일 전(先)
蓱 萍과 同
⿱艹淡 단 [담]瓜菹ㅣ濫 외김치 담(覃)
⿱艹捷 제 [첩]編草障戶 풀거적 첩(葉)
蓶 웨 [유]菜蔬 푸성귀 유(紙)
蔃 쟝 [강]百合ㅣ菜 개나리 강(陽)
蔔 부 [복]薝ㅣ梔子 치자꽃 복(職)
蔏 쌍 [상]大藜 명아주 상(陽)
蔋 듸 [적]旱氣 가무는 기운 적(錫)
蔜 와 [오]鷄腸草 닭의밑씻개 오(豪)
蓹 위 [어]地名 땅이름 어
⿱艹陸 루 [륙]大藜 명아주 륙(屋)
蔒 쒼 [훈]蒸氣出貌ㅣ蒿 김오를 훈(文)
蔤 미 [밀]荷本 연근 밀(質)
蔙 쒠 [선]藥名ㅣ蕧 하국 선(霰)
蔛 후 [곡]藥草名ㅣ 약돌 곡(屋)
萵 荻과 同
蔊 한 [한]辛味菜 산갓 한(旱)
⿱艹庳 삐 [비]細莞 가는 왕골 비(紙)
⿱艹敢 蕞와 同
蔠 쭝 [종]草名ㅣ葵 풀이름 종(東)
蔩 인 [인]王瓜 쥐참외 인(眞)
蔨 쥔 [균]野鹿豆草名 들콩 균(軫)
蔝 미 [미]鷄腸草 닭의밑씻개풀 미(齊)
⿱艹深 썬 [심]蒲類 부들 심(侵)
蔢 빠 [파]薄荷 박하 파(歌)
⿱艹率 리 [률]草芽甲出 풀아귀를 률(質)
蔮 꿰 [궤]無笄者繼布冠 잠없는 치포관 궤(隊)
蔧 쒜 [세][혜]草蒂 풀비 세(霽)(眞)
蔍 루 [록]忘憂草 원추리 록(屋)
蔯 천 [진]茵ㅣ蒿也 더위지기 진(眞)
⿱艹移 이 [이]萎也 시들 이(支)
⿱艹崔 최 [최]花垂貌 꽃늘어질 최(灰)
蔎 시 [설]香也 향내날 설(屑)
蔿 위 [어]茌也 들깨 어(魚)
蕱 산 [소]荷根細者 가는 연뿌리 소(巧)
蔒 쉬 [허]芻也 꼴 허(語)

⓬

蕤 쒸 [유]葳ㅣ盛貌 더부룩할 유(支)
⿱艹皋 꽈 [고]草盛貌 풀성할 고(豪)
⿱艹燕 얀 [연]野生豆 들콩 연(先)
蕊 [예]藥名石ㅣ 약이름 예(紙)
⿱艹稀 씨 [희]藥名、薟 약이름 희(微)
蕪 우 [무]荒也 거칠 무(虞)
蕢 퀘 [궤][괴]草器 둥구미 궤、赤莧 붉은비름 괴(寘)(卦)
蕖 취 [거]蓮花芙ㅣ 연꽃 거(魚)
葪 제 [게]小草 잔풀 게(霽)
蔽 삐 [폐]掩也 가릴 폐(霽)
蔾 리 [리][려]旱草 疾ㅣ 납가새 이(支) 義同(齊)

蕾 내 [뢰] 菜也 나물 뢰 (賄)
蕢 즈 [지] 水菜 물나물 지 (支)
蕣 숸 [순] 木權 무궁화 순 (震)
蕞 쥐 [최][체][절] 小貌 ㅣ爾 조그마할 최、綿ㅣ表位 띠묶어 표할 체、절 義同 (泰)(灰)(屑)
蕝 쥐 [체][절] 束茅表位 綿ㅣ 띠묶어 표할 체、절 義同 (霽)(屑)
蕓 윈 [운] ㅣ菜名 평지 운 (文)
蕙 훼 [혜] 蘭屬香草 난초 혜 (霽)
蕃 반 [번] 茂也 번성할 번 (元)
蕭 쇼 [소] ㅣ條 寥貌 쓸쓸할 소 (蕭)
蕆 찬 [천] 敕也 경계할 천 (銑)
蕑 갠 [간] 野蘭 들난초 간 (刪)
蕡 븐 [분] 麻子 삼씨 분 (文)
蓴 쥰 [준] 草叢生 苯ㅣ 풀다부룩 (阮) 蕞通
蕉 쟈 [초] 芭ㅣ 草名 파초 초 (蕭)
蕎 쟈 [교] 白花穀ㅣ麥 모밀 교 (蕭)
蕚 萼과 同
蕩 탕 [탕] 大也 ㅣㅣ 클 탕 (養)
蕨 줴 [궐] ㅣ菜名 薇屬 고사리 궐 (月)
蕅 藕과 同
蕘 얀 [요] 刈草 풀벨 요 (蕭)
蕂 썽 [승] 苣ㅣ 胡麻 검은깨 승 (徑)
蕁 탄 [담] 海藻 밀담 (覃)
蕈 씬 [심] 菌也 버섯 심 (侵)
蕌 뷰 [부] 細萑 잔무우 부 (有)
䔯 [고] 醋菹 초김치 고 (遇)
蕀 익 [극] 藥草 遠志 아기풀 극 (職)
蕕 우 [유] 臭草 썩어냄새나는 풀 유 (尤)
蓃 싿 [수][소] 鷄腸草 닭의밑씻개 수、소 義同 (尤)(皓)
䕃 蔭과 同
䓞 [려] 草茂貌 풀성할 려 (霽)
蕄 멍 [맹] 在也 ㅣ있을 맹 (庚)
蕺 이 [극] 藥名 大ㅣ 버들옷 극 (陌)
蕇 던 [전] 山芥 산겨자 전 (銑)
蔾 [리][려] 蒺ㅣ 旱草 질려풀 리、려 義同 (支)(霽)
蕧 부 [복] 藥名 旋ㅣ 하국 복 (屋)
蕏 藸과 同
䔷 친 [금] 草名 三稜 자깃줄기 금 (侵)
蕍 위 [유] 藥名 澤瀉 쇠귀나물 유 (尤)
藆 한 [한] 酸ㅣ 漿 꽈리 한 (寒)
蕒 매 [매] 菜名 野苣 들상치 매 (蟹)
蕛 티 [제] 似稗布地生草 놀피 제 (齊)
蕐 [화] 榮也 色也 빛날 화 (麻)
款 콴 [관] 藥名 ㅣ冬 시금초 관 (旱)
蔾 수 [녀] 黏着 들러붙을 녀 (魚)
蕋 蕊 俗字
蕦 쉬 [수] 菁也 순무 수 (虞)
蔿 웨 [위] 草也 풀 위 (紙)
蒆 완 [연] 紅藍草 잇 연 (銑)
蕵 이 [의] 蔕也 꼭지 의 (紙)
蕬 쓰 [사] 免ㅣ 藥草 새삼 사 (支)
蕫 퉁 [동] 似蒲而細 ㅣ蒩 자오락 동 (董)
蘁 우

보 蓏也 김치 보 (尤)
⿱艹殽 쌰 효 黃茅根 그령이뿌리 효 (肴)
薴 닝 녕 荏也 들깨 녕 (迥)
⿱艹異 이 이 麻也 삼 이 (寘)
⿱艹毒 뚜 독 地柳 땅버들 독 (沃)
蕎 쥐 귤 野芹 들미나리 귤 (質)

⿱艹歰 십 草聲 풀소리 십 (緝)
蕗 루 로 甘草 감초 로 (遇)
⿱艹雅 야 아 無實穀 쭉정이 아 (馬)
⿱艹項 샹 항 向日葵 해바라기 항 (漾)
⿱艹絺 지 지 草名 卷耳 도꼬마리 지 (紙)
(十三)

薏 이 의/억 草珠|苡 율무 의, 達心 연밥속 억 (寘)(職)
薋 즈 자 積也 쌓을 자 (支)
薙 지 치、체 芟草 풀깎을 치, 체 義同 (紙)(霽)
薜 비 폐/벽 |香荔草 승검초 폐、當歸 벽 義同 (霽)(陌)

⿱艹搞 薅와 同
蕷 유 여 薯|山 薬마 여 (御)
薛 셰 설 藾也 다북쑥 설 (屑)
薈 회 외/회 俗音、草多 |蔚 풀많을 회 (泰)
薊 지 계 求也 삽주 계 (霽)
薅 한

호 拔去田草 김맬 호 (豪)
蕾 레 뢰 蓓|始華 꽃봉우리 뢰 (賄)
蕰 원 온 藻屬 마름 온 (吻)(問)
薆 애 애 |薱 草木盛貌 초목성할 애 (隊)
薖 커 과 寬大貌 너그러울 과 (歌)
蕹

[illegible] 俗字
薪 씬 신 蕘也 섶 신 (眞)
薉 훼 예 汙也 더울 예 (隊)
薠 빤 번 青|似莎 풀이름 번 (元)
薦 쳔 천 |擧 천거할 천 (霰)
薑 쟝 강 禦濕菜 생강 강 (陽)
薌

향 穀氣 곡기 향 (陽)
薧 칸 고 乾魚 말린 물고기 고 (晧)
蕶 링 령 草零落 풀이울 령 (青)
蓡 삼 삼 人|인삼 삼 (侵)
蕸 싸 하 荷葉 연잎 하 (麻)
薕 련 렴 蒹也 갈 렴 (監)

薝 땀 담 |蔔花名 치자꽃 담 (感)
薟 련 렴 藥名 白| 진동찰 염 (淡)
薇 메 미 蕨也 고비 미 (微)
蕩 탕 탕 商陸 자리공 탕 (陽)
薘 따 달 草名 馬鳥 질경이 달 (曷)
薩

싸 보 普薺 도울 보 (曷)
薁 앟 욱 山生葡萄類 ㅏ새머무를 욱 (屋)
蕻 홍 홍 草菜之心長 장다리 홍 (送)
⿱艹賊 젹 적 木賊 속새 적 (職)
⿱艹豦 취 거 苦菜|蒷 사라부루 거 (魚)(語)

薄 빡 박 不厚 얇을 박 (藥)
⿱艹稱 청 칭 黑芝麻 검은깨 칭 (蒸)
⿱艹戠 치 즙 筆管菜 似蕎麥 모밀나물 즙 (緝)
薡 띵 정 似蒲而細| 자오락정 (迥)
薃 확 호 侯莎 부

자향 호(皓)

亂 완 [완]菼也 갈대 완(濟)

薔 써 [색][장]澤生者蔘물여뀌 색、ㅣ薇장미 장(職)(陽)

蕽 농 [농]蘆花蓬 갈꽂 농(冬)

蕇 단 [단]草蔓布地덩굴 땅에퍼질 단(寒)

薂 씨 [격]蓮實연밥 격(錫)

蕍 뗘 [유]蓫草席둥근 초방석 유(有)

蘖 네 [얼]餘枿나무그트리 얼(屑)

蘳 화 [화]草連接貌풀연접할 화(麻)

薢 에 [해]藥名草 머릿해(蟹)

[illegible] 잰 [건]瓜病외병들 건 俗音간(刪)

蘬 훼 [회]草名芋之惡者 못된감자 회(賄)

蘔 葵과同

蘋 와 [오]瓜蔓외덩굴 오(皓)

薨 헝 [홍][횡]奄也죽을 홍 ㅣ薨飛聲ㅣ메로날으는소리 횡(庚)(蒸)

菌 쥔 [균]地蕈땅버섯 균(眞)

蓫 쑤 [축]花名ㅣ葵 축규화 축(沃)

薣 꾸 [고]菰草蘢ㅣ요화 고(麌)

蕳 거 [가]薄荷藥名 박하 가(箇)

[illegible] [절]蘖ㅣ織草 돌피 절(屑)

薐 렁 [릉]菠ㅣ草시금치 릉(蒸)

蕵 숀 [손]菜名ㅣ蕪 손무 손(元)

蘀 퉈 [택]葛蔓칡덩굴 택(陌)

蓎 당 [당]樹名莖黃들벚나무 당(陽)

蕁 썬 [심]蒲類부들 심(侵)

蔦 센 [선]細蘸가는무 선(銑)

稕 츈 [순]束藁짚단 순(震)

十四

藂 [종]灌木떨기나무 종(東)

薱 뙤 [대]薆ㅣ鬱蔥貌빽빽히들이설 대(隊)

薺 치 [자][제]蒺藜납가새 자 茈蔘제로기 제(支)(薺)

薳 웨 [원][위]藥草遠志아기풀 원 草也풀 위(阮)(紙)

薯 쓔 [서]ㅣ蕷藥名마 서(御)

薿 이 [의][억]ㅣㅣ茂也무성할 의、억 義同(紙)(職)

薹 태 [대]菜名蕓ㅣ평지나물 대(灰)

藇 위 [여][서]草名藷ㅣ마 여 美貌아름다운모양 서(御)(語)

薶 [매]藏也묻을 매(佳)

藎 진 [신]染黃草염황초 신(震)

薸 퍄 [표]浮萍草개구리밥 표(蕭)

薰 쉰 [훈]香草似蕪향풀 훈(文)

藋 댜 [조]藜也명아주 조(嘯)

藃 핳 [호]暴起貌급히일어나는모양 호 俗音고(號)

藐 먀 [막][묘]美也아름다울 막 弱也약할 묘(覺)(篠)

藑 칭 [경]ㅣ茅香草향풀 경(庚)

藏 창 [장]似薍草名 장풀 장(漾)

藻 藻과同

薲 蘋과同

藁 꼬 [고]釋짚 고(皓)

藉 찌 [자][적]薦也깔 자 盛也성할 적(禡)(陌)

藍 란 [람]染靑草쪽 람(覃)

薷 수

[유]藥名香 향유 유(尤)
蘵 뎌 [절]蘵草蘵| 김 절(屑)
藈 궤 [규]王瓜|菇 쥐참외 규(齊)
薾 얼 [이]花盛꽃번성할 이(紙)
薽 연 [진]草名|薊 개비름 진(眞)
⿱艹餐 葭과同
⿱艹廩 린 [름]莪蘿|蒿 빵쑥 름(寢)
藀 숭 [영]草旋풀얽길 영(庚)
藄 치 [기]薇也 고비 기(支)
⿱艹熒 잉 [형]藥草萎蕤 등개나리 형(靑)
藅 빠 [벌]草枯萎縮 풀시들할 벌(月)
藆 견 [건]草名 건초 건(銑)
⿱艹精 징 [정]仙草黃| 둥그레 정(庚)
藊 뼨 [변]白扁豆 백변두 변(銑)
藒 계 [결]香草|車 향풀 결(屑)
薵 쥬 [주]葱也 파 주(尤)
⿱艹甄 레 [렵]草疎貌 풀성기게날 렵(葉)
⿱艹僕 약 [박]花落 꽃떨어질 박(藥)
⿱艹趙 찬 [초]草生長貌 풀자랄 초(巧)
薴 닝 [녕]草亂貌 풀어지러울 녕(庚)
⿱艹幹 깐 [간]莖木 벼줄거리 간(旱)
⿱艹察 차 [찰]草芥 북더기 찰(黠)
⿱艹銚 됴 [요]萇也 너삼대 요(蕭)
十五
藭 츙 [궁]芎|香草 궁궁이 궁(東)
藙 이 [의]吳茱萸 오수유 의(未)
蕻 씽 [홍]蘴也 장다리 홍(蒸)
藟 레 [류]葛藟 칡덩굴 류(紙)
藘 뤼 [려]染絳草茹| 꼭두서니풀 려(魚)
⿱艹槧 짠 [참]代木 나무벨 참(頭)
⿱艹帶心 蔕과同
藜 리 [려]蒿類羹菜 명아주 려(齊)
⿱艹轉喿 藻과同
⿱艹閭 뤼 [려]蒿也 들쑥 려(魚)
藝 귀 [예]才能 재주 예(霽)
藖 앤 [간]莖餘草莖 여물찌끼 간 本音 한(刪)
藤 텅 [등]蔓生木藟 등나무 등(蒸)
藩 빤 [번]籬也 울타리 번(元)
藗 쑤 [속]白茅 흰띠 속(屋)
藕 어 [우]芙蓉根 연뿌리 우(有)
藨 뺘 [표]山莓 산딸기 표(篠)
藚 쓔 [속]菜名水鳥 쇠귀나물 속(沃)
⿱艹膝 씨 [슬]牛|藥草 쇠무릎 슬(質)
藪 쑤 [수]大澤 큰늪 수(有)
藫 탄 [담]水苔 물이끼 담(覃)
⿱艹夢 뭥 [명]新睡起貌 잠처음깬모양 명(徑)
⿱艹鼠 레 [렵]草動 풀흔들릴 렵(葉)
藥 야 [약]金石草木劑皆日| 약 약(藥)
蕮 쌰 [사]藥草澤| 쇠귀나물 사(馬)
⿱艹膚 부 [부]草名地| 대싸리 부(虞)
⿱艹蹄 티 [제]草名羊蹄 소루장이 제(齊)
⿱艹徵 지 [치]紫芋 검붉은토란 치(紙)
⿱艹頡 [혈]馬蓼龍| 말여뀌 혈(屑)

蕢 퀘 [퇴] 草名牛蹄소루장이퇴 (灰)
藠 쑈 [교] 薤類ㅣ子자총이교 本音효 (嘯)
藦 머 [마] 草名蘿새박마 (箇)
⿱艹樊 빤 [번] 草名번풀번 (元)
⿱艹疐 [체] 棗李去꼭지체 (霽)
藣 삐 [피] 藣也牛尾쇠꼬리피 (支)
藯 웨 [위] 益母草익모초위 (未)
⿱艹潐 산 [삼] 濕也젖을삼 (陷)

十六

蘄 칀 [근][기] 山ㅣ藥名승검초근 草名풀이름기 (文)(支)
蘆 루 [로][려] 葦也갈로、ㅣ蘆也꼭두서니려 (魚)
⿱艹疆 薑과同
蘂 쉐 [예] 花心꽃술예 (紙)
蘇 수 [소] 紫ㅣ草名차조기소 (虞)
藶 리 [력] 大薺葶ㅣ두루미냉이력 (錫)
藹 애 [애] ㅣㅣ盛多貌수두룩할애 (泰)(晦)
藽 천 [츤][친] 俗音本櫬무궁화친 (震)
蘁 어 [오][악] 逆也거스름오 華跗꽃받침악 (遇)(藥)
蘋 핀 [빈] 大萍큰개구리밥빈 (眞)
藷 쥬 [저] 五味子荎ㅣ오미자저 (魚)
蘉 멍 [망] 勉也힘쓸망 (陽)
薔 창 [장] 花名ㅣ薇장미화장 (陽)
蘊 원 [온][운] 藻屬마름온 積也쌓일운 (吻)(問)
蘈 퉤 [퇴] 草名牛ㅣ소루장이퇴 (灰)
⿱艹擇 퉈 [탁] 槁也마를탁 (藥)
蘅 헝 [형] 香草杜ㅣ곰취형 (庚)
藿 훠 [곽] 豆葉콩잎곽 (藥)
蘀 째 [택] 藥名ㅣ瀉쇠귀나물택 (陌)
⿱艹獨 뚜 [독] 藥名ㅣ活땅두릅독 (屋)
藺 린 [린] 草名馬ㅣ뇌양이린 (震)
蘱 래 [뢰] ㅣ蕭萃也다북쑥뢰 (泰)
⿱艹橑 랖 [로] 乾梅實마른매실로 (皓)
蘌 위 [어] 掩也가릴어 (語)
藻 짜 [조] 水草마름조 (皓)
⿱艹燅 쳰 [섬] 蕁人野草ㅣ麻풀쐐기섬 (監)
⿱艹憑 핑 [빙] 草木茂盛초목무성할빙 (蒸)
⿱艹嬴 잉 [영] 菊花국화영 (庚)
⿱艹燋 찬 [착] 藥名附子부자착 (覺)
蘑 [마] ㅣ菇표고마 中字
藸 쥬 [저] 五味子ㅣ오미자저 (魚)
⿱艹燔 [번] 藥名知母지모번 (元)

十七

蘢 롱 [롱][롱] 紅草요화롱 馬蓼말여귀롱 (東)(冬)
蘪 메 [미] 芎藭苗ㅣ蕪궁궁이싹미 (支)
蘗 同과同
蘳 퉈 [투] 禾苗發出베싹펠투 (有)
⿱艹皤 빠 [파] 白蒿흰쑥파 (歌)
蘧 취 [거] 自得貌ㅣㅣ마음에든든할거 (魚)
蘙 이 [예] 草盛ㅣ薈풀성할예 (霽)
蘚 쎤 [선] 苔也瓦이끼선 (銑)
蘭

란 [란]香草一幹花 난초 란 (寒)
蘩 빤 [번]白蒿 새발쑥 번 (元)
蘨 야 [요]草盛貌 풀더부룩할 요 (蕭)
蘦 령 [령]甘草 감초 령 (青)
蘘 상 [양]草名ㅣ荷 양하풀 양 (陽)
蘞 렌 [험][렴]辛毒草 맵고독한풀 험 白ㅣ藥名 진동찰 렴 (監)(豔)
蘜 과 菊同
蘠 장 [장]ㅣ薇花名 장미꽃 장 (陽)
蘡 잉 [앵]蔓草ㅣ薁 머루넌출 앵 (庚)
蘤 웨 [위][화]花也 꽃부리 위、花古字 (紙)(麻)
蔞 뤼 [루]鷄腸草蔞ㅣ 닭의밑씻개 루 (虞)
蘬 궤 [귀]冬葵 겨울쑥갓 귀 (支)
蘥 워 [약]雀麥 귀리 약 (藥)
蘮 지 [계]粘草ㅣ蘩 찰풀 계 (霽)
蘫 란 [람]瓜菹 외김치 남 (覃)
[illegible] 과 同
[illegible] 예 [혈]葒也 요화 혈 말여뀌 혈 (屑)
[illegible] [섭]山韭 산부추 섭 (監)
蘖 네 [얼]萌ㅣ 싹 얼 (屑)
[illegible] 위 [육]茂也 무성할 육 (屋)
(十六)
蘲 레 [류]土籠 삼태기 류 (支)
䕺 총 [총]草叢生 풀떨기로 날 총 (東)
[illegible] 뚱 [동]鼓鳴ㅣㅣ 북울릴 동 (董)
蘴 풩 [풍]蕪菁苗 무우싹 풍 (東)
蘳 [화][휴]花葉貌 꽃잎모양 화、휴 義同 (馬)(支)
[illegible] 챠 [교]藥名 連ㅣ 어리나무 교 (蕭)
[illegible] [개]禾ㅣ去皮類也 짚고갱이 개 (佳)
蘱 레 [류]茅屬蘱蕭 그령 류 (眞)
[illegible] 취 [子]蘧也ㅣ麥 석주화 구 (虞)
[illegible] 리 [리]香附子草名 향부자 리 (支)
蘵 지 [직]黃蒢 땅꽈리 직 (職)
[illegible] 톄 [첩]花開 꽃필 첩 (洽)
(十九)
蘿 러 [라]女ㅣ托松而生 새삼넌출 라 (歌)
蘺 리 [리]香草 향풀 리 (支)
蘼 미 [미]芎藭苗ㅣ 궁궁이싹 미
蘸 짠 [잠]以物浮水 물에담글 잠 (陷)
[illegible] 쑤 [촉]花名躑ㅣ 철쭉꽃 촉 (沃)
蘻 지 [계]草連貌 풀연접할 계 (霽)
虆 레 [류]蘡也山ㅣ 산머루 류 (紙)
[illegible] 뎬 [전]草頭 풀머리 전 (先)
蘹 홰 [괴]藥名茴香 회향 괴 (卦)
[illegible] 씨 [식]苦蔘 쓴너삼 식 (職)
[illegible] 텅 [등]眠覺蘉ㅣ 잠깰 등 (徑)
[illegible] 짠 [찬]蔓草牡ㅣ 담쟁이덩굴 찬 (翰)
虀 [제]細切 잘게썰 제 (霽)
(二十)
[illegible] 쟨 [첨]草名 풀 첨 (監)
虂 루 [로]草名蔠葵 머루덩굴 로 (遇)
虉 [역]綬草 인끈풀 역 (錫)
[illegible] [살]弓矢 화살 살
(二十一)
[illegible] 虉과同
[illegible] 이 [역]草有雜色似綬 역풀 역 (錫)
虆

레 [류] 蔓也 덩굴 류 (支)(紙)

虇 찬 [권] 蘆荀 갈순 권 (阮)

(二十一)

⿱艹躑 지 [척] 花名 ｜⿱艹躅 철쭉 척 (陌)

(二十二)

蠲 쫜 [현] 麥稈 보리대 현 (先)

虊 롼 [란] 蓴菜 순채 란 (寒)

⿱若⿰若若 위

[약] 風吹水貌 물놀이칠 약 (藥)

⿱艹欒 蘖 와 同

(二十四)

蘘 상 [양] 蘇也 ｜荷 들깨 양 (養)

虋 뮌 [문] 草名 ｜冬 맥문동 문 (元)

(二十五)

⿱艹贛 꿍 [공] 薏苡 율무 공 (送)

鼈

[별] 初生蕨 처음 난 고사리 별 (屑)

(三十)

⿱艹麤 추 [추] 草履 짚신 추 (虞)

虍部

虍 후 [호] 虎文 범의 문채 호 (虞)

(二)

虎 후 [호] 猛獸 山獸之君 범 호 (麌)

(三)

虖 후 [후] 虎吼 범 울 후 (虞)

虐 훠 [학] 苛酷 사나울 학 (藥)

(四)

虒 쓰 [사] 委｜虎之有角者 뿔있는 범 사 (支)

虔 쳔 [건] 敬也 공경할 건 (先)

⿸虍几 이 [예] 虎貌 범모양 예 (隊)

⿰丬虎 햪 [효] 虎怒聲 ｜然 범이 고함지를 효 (肴)

虙 뻬 [필] 愁也 근심할 필 (質)

虓 [효] ｜然虎怒聲 범 고함지를 효 (肴)

⿰虎刂 이 [여] 虎聲 범의 소리 여 (陌)

(五)

⿰阝虎 허 [합] 虎也 범 합 (洽)

⿸虍処 處 俗字

虗 虛 俗字

處 츄 [처] ｜所 곳 처 (御)(語)

虖 후 [호] 歎也 가 가마호 (虞)

虙 뿌 [복] 虎貌 위엄스러울 복 (質)

虗 虛 과 同

䖈 이 [을] 虎視貌 범이 노리고 볼 을 (物)

䖉 이 [의] 虎息 범의 숨소리 의 (未)

(六)

虛 쒸 [허] 空也 빌 허 (魚)

⿸虍白 배 [맥] 白虎 흰범 맥 (陌)

虜 루 [로] 生擒 사로잡을 노 (麌)

(七)

虞 위 [우] 慮也 艱｜ 염여할 우 (虞)

號 한 [호] 大呼 부르짖을 호 (豪)(號)

虘 [차] 猛也 모질 차 (敬)

⿰乇虎 하 [함] 虎聲 범의 소리 함 (感)

⿸虍古 꾸 [고] 虎息 범 숨쉴 고 (虞)

(八)

虡 [거] 栒｜衎名 쇠북틀 설주 거 (語)

⿸虍非 후 [호] 不見 보지 못할 호 (虞)

虠 쟢 [교] 虎聲 범의 소리 교 (巧)

(九)

虣 빠 [포] 虐也 혹독할 포 (號)

虢 꿔 [괵] 虎攫 범이 하빌 괵 (陌)

⿸虍咸 안 [암] 雄虎 수범 암 (感)

⿸虍兌 쉐 [열] 虎睡 호랑이가 졸 열 (屑)

(十)

虥 쨘 [잔] 虎淺毛 ｜猫 털 몽근 범 잔 (刪)

䖔 안 [요]不安貌 편치못할요(嘯)

虪 쓔 [숙]虎入林中 범이숲에들숙(屋)

䖘 투 [도]虎也 鳥ㅣ 범도(虞)

䖝 듸 [계]獸很而不動貌 짐승이패려궂어움직이지않을계(霽)

虩 쒼 [현]虎怒 범이성낼현(銑)

虦 彪과同

⑪ 虧 퀘 [휴]缺也 이지러질휴(支)

虨 빤 [반]虎文 범의문채반(刪)

⑫ 虩 씨 [혁]恐懼ㅣㅣ 두려워할혁(陌)

虧 虧과同

䖑 우 [오]虎也ㅣ菟 범오(虞)

䖢 쒀 [삭]虎貌 범의모양삭(藥)

䖕 한 [호]虎聲흠 가마호(號)

䖙 한 [함]虎聲 범의소리함(咸)

⑬ 虪 [색]虎驚貌 범이놀랄색 或音속(陌) 쒀

⑭ 䖤 인 [은]兩虎爭聲 범싸우는소리은(眞)

䖥 지 [격]恐也 두려워할격(陌)

⑮ 䖦 쒸 [혁]虎聲 범의소리혁 本音격(陌)

䖨 [려]細切肉 가늘게끊은고기려(語)

⑰ 䖪 쥬 [저]器物 그릇저(語)

⑳ 虪 쓔 [속]黑虎 검은범속(屋)

㉒ 虪 덩 [등]黑虎 검은범등(蒸)

虫部

虫 훼 [충][훼]鱗介總名 벌레충 讀音훼、蟲略字(尾)

① 虬 虯俗字

② 虮 읫지 [기]蟲名 密ㅣ 밀기벌레기(支)

䖡 지 [닉]蟲食病 벌레먹는병닉(職)

虯 끆 [규]龍之無角角者 뿔없는용규(尤)

虰 띵 [정][증]蜻蜓ㅣ 蝀잠자리정, 螘也 蟹ㅣ 개미증(青)(蒸)

虱 蝨과同

③ 虿 虹과同

𧈢 꿍 [공]泗州縣名(送)

虹 홍 [홍][강][항]螮蝀ㅣ 무지개홍, 泗州縣名 고을이름강, ㅣ也 무너질항(東)(絳)(江)

虷 깐 [간]井中赤蟲 쟁갑이간(寒)

虶 위 [우]蚰蜒蚨ㅣ 그리마우(虞)

虵 蛇俗字

蚕 뎐

䖠 [천]蟲之曳行 벌레꿈틀거릴천(銑)

虴 퉈 [택]蝠蜡ㅣ 베메뚜기택(陌)

虸 쯔 [자]害稼蟲ㅣ蚄 며루자(紙)

虺 [훼][회]蛇虺 이무기훼, 馬病 비루먹을회(尾)(灰)

虻 蝱과同

虳 듸 [굴][적]鼠也 쥐굴, 義同 적(物)(錫)

蚮 蟛와同

𧈡 쟉 [주]海蟲 바다벌레주(有)

④ 蚣 꿍 [공][송]毒蟲蜈ㅣ 지네공, 蝗也 ㅣ蝑 메뚜기송(東)(冬)

蚨 뿌 [부]水蟲青 청부부(虞)

蚩 칙 [치] 一一愚貌 어리석을 치 (支)

蚌 빵 [방] 蛤屬 含 조개 방 (講)

蚑 치 [기] 蟲行貌 一一 벌레길 기 (支)(眞)

蚍 피 [비] 大蟻 一蜉 왕개미 비 (支)

蚆 안 [파] 貝也 자개 파 (麻)

[훼][회] 蝪蛇 독사 훼 馬病 一 말병들 회 (尾)(灰)

蚘 우 [회][우] 人腸中長蟲 회충 회 君號 蚩一 사람이름 우 (灰)(尤)

蚋 [예] 蚊也 모기 예 (霽)

蚓 안 [인] 土龍 蚯一 지렁이 인 (軫)

⿱父虫

약 [보] 黃甲小蟲喜食瓜葉 노랑등예 보 (虞)

蚕 텬 [천][잠] 蟺也 자렁이 천 (銑)(覃)

蚊 원 [문] 齧人飛蟲 蚋也 모기 문 (文)

蚪 뚜 [두] 聒子 蝌一 올챙이 두 (有)

蚤 [조] 早也 일찍 조 (皓)

蚄 빵 [방] 害稼蟲 虸一 자방벌레 방 (陽)

蚺 산 [염] 大蛇可食尾圓無鱗身 有斑文 먹는구렁이 염 (監)

蚇 치 [척] 一蠖 屈伸蟲 자벌레 척 (陌)

蚡 뿐 [분] 地鼠 伯勞所化 두더쥐 분 (文)

⿰虫日

[월] 似蟹而小 방계 월 (月)

蚅 어 [액] 豆菜青蟲 콩망아지 액 (陌)

蚟 왕 [왕] 蟋蟀 一蟋 귀뚜라미 왕 (陽)

蚧 예 [개] 燕雀所化 흰조개 개 (卦)

蚗 쥐 [결] 蟬類 蛁一 쓰르라미 결 (屑)

蚖

원 [원][완] 蜥蜴蝶一 도마뱀 원、 虺類毒蛇 까치독사 완 (元)(寒)

⿰虫丑 뉴 [뉵] 蚰蜒一蚭 지차리 뉵 (屋)

蚚 치 [기] 米蟲 쌀바구미 기 (微)

蚛 웅 [중] 蟲食物 벌레먹을 중 (送)

蚝 츠 [자] 斑 蝥龍

갈래 자 (眞)

蚞 무 [목] 蛥蚗 蟧一 쓰르라미 목 (屋)

⿰虫少 뾰 [묘] 蠶初生 새끼누에 묘 俗音 표 (蕭)

蚠 뿐 [분] 人名 伯一 사람이름 분 (文)

蚢 항 [항] 食蕭蠶 쑥누에 항 (陽)

蚜 야

[아] 小蟲 작은버레 아 (麻)

⿰虫丂 [日] 螺類 소라 회

蚥 약 [보] 螳蜋蜛一 범아자비 보 本音 부 (虞)

蚐 쥔 [균] 臭蟲 馬蚿 노래기 균 (眞)

五

蚷 취 [거] 馬蚿 商一 노래기 거 (語)

蛇

써 [사][이][타] 毒蟲 배암 사、 自得貌 委一 든든하게 여길 이、 타 義同 (麻)(支)(歌)

蛆 취 [저] 蠅乳肉中蟲 구더기 저 (魚)

蚳 츠 [지] 蟻卵 一醢 왕개미알 지 (支)

蛄 꾸 [고] 螻一 도르래 고 (虞)

⿰虫冗 웅 [용] 小蟲衝行 작은벌레길 용 (腫)

蚯 착 [子] 土龍 一蚓 지렁이 구 (尤)

蛉 링 [령] 赤卒 蜻一 고추잠자리 령 (青)

蚴 와 [유] 龍貌 一蟉 용꿈틀거릴 유 (有)

蛃 뺑 [병] 白蟫 흰

좀 병 (陽)

蛀 쥬 [주] 食木蟲 나무좀 주 (遇)

蚶 깐 [감] 蚌屬魁陸 살조개 감 本音 함 (覃)

蚻 쨔 [찰] 小蟬 쓰르라미 찰 (黠)

蚿 쎤 [현] 百足蟲馬 노래기 현 (先)

蚱 쨔 [책] 蝗 類ㅣ 蜢 메뚜기 책 (陌)

蚰 우 [유] 蚰蚭ㅣ蜓 땅지네 유 (尤)

蚭 늬 [니] 蚰蜓蚰ㅣ 지차리 니 (支)

䖨 씨 [석] 螳螂 버마자비 석 (陌)

蚨 취 [겁][거] 紫貝 店ㅣ 검붉은 자개 겁 (葉) 蟾也 두꺼비 거 (語)

蚼 쮜 [구] 蟻也 蚍蜉 개미 구 (有)

蛂 뼤 [별] 甲蟲 蟥 풍뎅이 별 (屑)

蚵 커 [가] 蜥蜴ㅣ蠪 도마뱀 가 (歌)

蚸 리 [력] 細長蟲 蝷ㅣ 가늘고 긴 메뚜기 력 (錫)

蚹 [부] 蝸牛 달팽이 부 (遇)

蛁 됴 [조] 蛄也ㅣ蟧 쓰르라미 조 (蕭)

蛈 뎨 [철] 窒蟷母 도로래 철 (屑)

蛋 단 [단] 鳥卵 새알 단 (翰)

蛅 인 [염] 蛓也ㅣ蟖 쐐기 염 (監)

𧊪 삐 [필] 黑蜂 검은벌 필 (質)

蚍 蝠獸 과同

蛆 蜑 과同

蚲 핀 [평] 蝱也 등에 평 (庚)

蚾 퍼 [파] 蟾也 두꺼비 파 (哿)

𧊅 자 [가] 食米蟲 풀바구니 가 (麻)

蛆 쉬 [서] 蔥蟲 파벌레 서 (語)

❻

蛩 꿍 [공] 名ㅣㅣ 공공이 공 (冬)

蛙 와 [와][왜] 黽屬 개구리 와 (麻) 義同 (佳)

蛜 이 [이] 鼠婦ㅣ蝛 쥐며누리 이 (支)

蛬 꿍 [공] 蟋蟀 귀뚜라미 공 (冬)

蛟 꺄 [교] 龍屬 교룡 교 (肴)

蛑 뫃 [모] 大蟹蝤ㅣ 큰게 모 (尤)

蛔 훼 [회] 腹中蟲 회충 회 (灰)

蛛 쥬 [주] 網蟲蜘ㅣ 거미 주 (虞)

蛕 훼 [회] 土蟲 흙버레 회 (灰)

蛚 려 [렬] 蛬也蜻ㅣ 귀뚜라미 열 (屑)

蛭 찌 [질] 血食蟲 거머리 질 (質)

蛐 취 [곡] 蚓也 지렁이 곡 (沃)

蛣 찌 [길] 食木蟲 나무좀 길 (質)

蛝 쎤 [한] 大蟻蚍蜉 왕개미 한 (刪)

蛤 꺼 [합] 蚌類 조개 합 (合)

蛓 [자] 毛蟲 쐐기 자 (紙)

蛖 빵 [방] 螻蛄 도로래 방 (江)

蛇 차 [차][탁] 俗音 水母 물엄탁 (禡)

蛞 쿼 [활] 蝸牛無殼ㅣ蝓 집달팽이 활 (曷)

蛥 쎄 [설] 蟬類ㅣ蚗 쓰르라미 설 (屑)

蛪 蜆과 同

蛗 뿌 [부] 蝗也稻蝥 벼메뚜기 부 (有)

蜫 쿤 [곤] 蟲之總名 버레 곤 (元)

蚈 켠 [견] 螢火 반딧불 견 (先)

蛡 이 [익] 蟲之衝行 버레길 익 (職)

蛦 珧과 同

❼

蛹 용 [용] 繭蟲 번데기

용 (腫)

蜧 티 [제] 小蟬작은매미제 (齊)

蜍 위 [여] 似蛙蟾두꺼비여

蜐 [접] 石ㅣ거북손접 (葉)

蜂 [봉] 螫人飛蟲벌봉 (冬)

蜈 우 [오] 毒蟲ㅣ蚣지네오 (虞)

蜕 쒜 [세][태] 蛇蟬類脫皮허물벗을세、태義同 (霽)(泰)

蜃 천 [신] 大蛤큰조개신 (軫)(震)

蜑 딴 [단] 南方夷남녘오랑캐단 (旱)

蛸 [소] 桑蟲螵ㅣ뽕나무버레소 (蕭)(肴)

蛵 씽 [형] 蜻蛉虰ㅣ잠자리형 (青)

蜎 원 [연][견] 蟲行ㅣㅣ벌레꿈틀거릴연、水中蟲ㅣ蠉장구벌레견 (先)(霰)(銑)

蛾 어 [아] 蠶蛹所化ㅣ羅누에나비아 (歌)

蜋 랑 [랑][량] 螳ㅣ臂有斧버마재비랑、轉丸蟲蜣ㅣ말똥구리량 (陽)

蜓 톙 [정][전] 赤卒蜻ㅣ고추잠자리정、蛇屬蝘ㅣ도마뱀전 (青)(銑)

蝝 훼 [회] 豕掘地돼지땅뒤질회 (灰)

蜉 부 [부] 大蟻蚍ㅣ왕개미부 (尤)

蛷 [구] 多足蟲ㅣ그리마구 (尤)

蜀 쑤 [촉] 葵中蟲촉규화벌레촉 (沃)

蛺 쪠 [협][겹] 野蛾ㅣ蝶나비협、겹義同 (洽)(葉)

蜇 쪄 [절] 螫也쏠철 (屑)

蜌 삐 [폐] 漆菜海홍합폐 (薺)

蛶 레 [렬] 蟲名벌레이름렬 (屑)

蜁 쉔 [선] 螺也ㅣ蝸달팽이선 (先)

蜄 연 [신] 動也움직일신 (軫)

蛘 蛘本字

蜆 쏀 [현] 小蛤가막조개현 (先)

蜊 리 [리] 海蚌蛤ㅣ참조개리 (支)

蜒 [연] 蚰ㅣ땅지네연 (先)

蜏 우 [유] 蜉蝣하루살이유 (有)

⿰虫赤 둥 [동] 赤蟲붉은벌레동 (冬)

⿰虫谷 [계] 土蜂땅벌레계 (霽)

⿰虫吾 우 [오] 蜈蚣지네오 (虞)

八

蜞 치 [기] 小蟹蟛ㅣ방게기 (支)

蜙 쑹 [송] 蝗類ㅣ蝑다리로우는메뚜기송 (冬)

蝀 뚱 [동] 虹也螮ㅣ무지개동 (東)

蜰 쀄 [비] 臭蟲蠦ㅣ떡풍뎅이비 (屋)

⿰虫奇 이지 [기] 長足蛛발긴거미기 (支)(紙)

⿱其虫 蜞와同

蜯 蚌와同

蜚 쀄 [비] 負阜螽때까치비 (尾)(微)

蜼 우 [류][유] 似獮猴尾岐꼬리째진원숭이류、유義同 (紙)(有)

蜘 찌 [지] 網蟲ㅣ蛛거미지 (支)

蚋 웨 [예] 蚊也모기예 (霽)

蜺 이 [얼][예] 雌虹암무지개얼、蟬黑而赤亂鳴불매미예 (屑)(霽)

蜳 윈 [운][돈] 氣不安定蟞ㅣ가슴두근거릴운 (軫)、돈義同

蝃 디 [체] 虹也ㅣ蝀무지개체 (霽)

蜫 쿤 [곤] 蟲也벌레곤 (元)

蝂 버

빤 [판] 蝜ㅣ似蜆 부판벌레판 (潸)
蜷 촨 [권] 屈曲不行貌 움추러질권 (先)
蜿 웬 [원][완] 龍貌ㅣㅣ 용의모양원 虎行貌 설렁설렁걸음완 (元)(阮)(寒)
蜩 댜 [조] 蟬也 매미조 (蕭)
蜡 자 [사] 蠅蛆 쉬사 (禡)
蜾 꿔 [과] 細腰蜂ㅣ蠃 나나니벌과 (哿)
蜣 챵 [강] 啖牛糞蟲蛣ㅣ 쇠똥구리강 (陽)
蜽 량 [량] 蝄ㅏ蟲名 벌레이름량 (養)
蛙 루 [륙] 圓蛤有文魁ㅣ 강요주륙 (屋)
蜢 멍 [맹] 蝗類蚱ㅣ 메뚜기맹 (梗)
蜻 칭 [청] 胡離ㅣ蛉 잠자리청 (庚)
蝄 魍과 同
蝁 어 [악] 虺屬大眼有毒 눈큰독사악 (藥)
蜴 [역][척] 守宮蜥ㅏ 도마뱀역 (陌) 欺也 속일척 (錫)
蜥 씨 [석] 蛇屬ㅣ蜴 도마뱀석 (錫)
蜲 웨 [위] 鼠婦ㅣ蝓 쥐며느리위 (紙)
蜨 蝶과 同
蜛 취 [굴] 木蠹蛣ㅣ 나무좀굴 (物)
蜜 미 [밀] 蜂釀甘飴 벌꿀밀 (質)
蜮 위 [역] 含沙射人短狐 단호역 (職)
蝜 뿌 [부] 蜲也鼠ㅣ 쥐며느리부 (有)
蛩 쿵 [공] 蟬蛻ㅣ皮 매미허물벗은껍질공 (東)
蜟 위 [육] 蟬蛩未蛻 허물않벗은매미육 (屋)
蜠 쥔 [균] 具也 자개군 (軫)
蝑 쎄 [사] 蟹蝑 게젓사 (禡)
蟍 리 [리] 蟲名蛺ㅣ 질리이 (支)
蜤 쓰 [사] 蜥蝑ㅣ螽황 새메뚜기사 (支)
蜦 룬 [륜] 行貌蝹ㅣ 기는모양륜 (眞)
蜭 쐐 [함] 毛蠹 쐐기함 (感)
蜪 토 [도] 蝗子蝮ㅣ 메뚜기새끼도 (豪)
蜧 리 [려] 大蝦蟆 큰찰머구리려 (霽)
蜬 한 [함] 蠃小者 작은소라함 (覃)
蝴 후 [호] 蜘蛛 거미호 (虞)
蜼 챵 [장] 蛐蜒ㅣ蠼 그리마장 (陽)
蝅 蠶略字
蝔 타 [답] 蝶也ㅣ蛤 딱정벌레답 (合)
蝬 짠 [잔] 蟲名馬ㅣ 노래기잔 (潛)
蜞 치 [기] 蜓也蝌 전갈기 (支)
蛗 뿌 [부] 蝗類ㅣ螽 메뚜기부 (有)
蛢 핑 [병] 蛂也黃ㅣ 풍뎅이병 (青)
蜸 컨 [간][견] 蠶蜸也 누에간 蚯蚓 지렁이견 (銑)
蜱 삐 [비] 蟷蠰子ㅣ蛸 범아자비새끼비 (支)
蠺 蠶略字

九

蝺 위 [우] 青蚨蠍ㅣ 청부우 (虞)
蝛 위 [위] 鼠婦蝌ㅣ 쥐며느리위 (微)
蝑 쒸 [서] 蝗類蜥ㅣ 다리로우는메뚜기서
蝦 쌰 [하] 蟾屬ㅣ蟆 뚜꺼비하 (麻)
蝟 웨 [위] 刺鼠 고슴도치위 (未)
蜉 蚸과 同
蝶

데 [접]野蛾들 나비접(葉)

蝴 후 [호]野蛾ㅣ蝶 들나비호(虞)

蝡 순 [윤][연]蟲動貌 굼실거릴윤、蟲行ㅣㅣ 벌레길연(軫)(銑)

蝌 궈 [과]蛙子ㅣ蚪 올챙이과(歌)

蝔 개 [개]兩蛙 참개구리개(佳)

蝓 위 [유]蝸牛無殼蛞 집없는팽이유(虞)

⿱施虫 쓰 [시]強蛞蛘ㅣ 쌀바구미시(支)

蝘 옌 [언]守宮ㅣ蜓 도마뱀언(阮)

蝝 윈 [연]螽子 메뚜기새끼연(先)

蝥 만 [모]食穀毒蟲盤ㅣ 가리모 或音묘(肴)

蜵 윈 [연]深廣ㅣ蜎 깊고넓을연(先)

蝙 뼌 [편]仙鼠ㅣ蝠 박쥐편(先)

⿰虫耑 촨 [천]蟲動ㅣ蝡 벌레굼실거릴천(銑)

蝗 황 [황]食苗蟲 황충황(陽)

蝩 충 [중]蠶魄生 두벌누에중(冬)

蝤 우 [유][추]ㅣ蛑大蟹 큰게유、蠐木蠹 나무좀추(尤)

⿱氾虫 앤 [범]蜂也 벌범(豏)

蝣 우 [유]渠略蜉ㅣ 하루살이유(尤)

蝮 부 [복]毒蛇 독사복(屋)

蝱 멍 [맹]齧人飛蟲 등에맹(庚)

蝳 뚜 [독]蜘蛛 거미독(沃)

蝍 지 [즉]蜈蚣ㅣ蛆 지네즉(職)

蝠 부 [복]飛鼠伏翼蝙ㅣ 박쥐복(屋)

蝨 씨 [슬]齧人 이슬(質)

蝞 메 [미]似蝦寄生龜甲蟲 거북딱지속에붙은새우미(眞)

蝎 허 [할][갈][헐]桑蠹 뽕나무좀할、木朽 전갈갈 俗音헐(曷)(月)

蝜 뼈 [부]善負小蟲ㅣ蝂 지가잘하는벌레부(有)

蝐 瑁과同

蝚 슈 [유]螻蛄 도르래유(尤)

蝭 틔 [제]蟬也ㅣ蟧 쓰드라미제(齊)

蝬 쑤 [수]多足蟲 그리마수(尤)

蝸 꽈 [와][왜]陵螺ㅣ牛 달팽이와、왜義同、古音과(麻)(佳)

⿰虫泉 촨 [천]具也 자개천(先)

蝯 웬 [원]猨也 원숭이원(元)

蝺 워 [구][우]好貌 예쁠구、曲人 난장이우(虞)

蝏 뎡 [정]馬刃ㅣ蛢 말씹조개정(靑)

蝹 윈 [운]龍貌ㅣㅣ 용꿈틀거릴운(眞)

⿰虫勇 蛹과同

蛢 뼝 [병]馬刃蝏ㅣ 말씹조개병(梗)

⿰虫星 싱 [성]蜻蜓 잠자리성(靑)

⿰虫風 뻥 [풍]蟲窟 벌레구멍풍(東)

蝪 탕 [탕]土蛛蛭蟷 땅거미탕(陽)

蝻 난 [남]害穀蟲 곡식벌레남(覃)

蝕 쓰 [식]日月食 일식식(職)

蝵 촤 [추]蜘蛛 거미추(尤)

十

⿱金虫 렌 [지]蟻卵 개미할지(支)

蟘 터 [특]食苗葉蟲 벌레이름특(職)

螩 됴 [조]寸白蟲 촌백충조(篠)

融 숭 [융] 和也 화할 융 (東)
螆 載과 同
螉 웡 [옹] 細腰蜂螉ㅣ 허리가는벌 옹 (東)
螦 [소] 穴舟蟲 배좀 소
螘 이 [의] 蚍蜉 개미 의 (紙)
螄 쓰 [사] 螺也 소라 사 (支)
螓 친 [진] 蟲名似蟬廣額 매미 진 (眞)
螗 탕 [당] 蜩也 주발매미 당 (陽)
螈 웬 [원] 晩蠶 두벌누에 원 (元)
螢 잉 [형] 腐草所化一名丹鳥宵燭 반딧불 형 (靑)
螃 팡 [방] 蟹也ㅣ蜞 방게 방 (陽)
螟 밍 [명] 食苗害 며루 명 (靑)
蝅 잠 [잠] 食桑蟲 누에 잠 蠶의 俗字 (覃)
螇 씨 [해] 似蜥蜙而細長 拆긴메뚜기 해 (齊)
蝊 꿍 [궁] 守宮蜥蝘 도마뱀 궁 (東)
螣 텅 [특][등] 蝗屬食葉蟲 황충 특 神蛇以龍興雲霧 뱀 등 (職)(蒸)
[illegible] 츠 [지] 蛭也 거머리 지 (支)
螛 쌰 [할] 龍搖目吐舌 용이 눈굴리고 혀날름거릴 할 (曷)
[illegible] 쑨 [손] 蟋蟀ㅣ虰 귀뚜라미 손 (元)
螐 우 [오] 食菜蟲卜蠋 배추벌레 오 (虞)
螌 빤 [반] 毒蟲ㅣ蝥 갈외 반 (刪)
螋 蝬과 同
螏 지 [질] 蟲名ㅣ蟼 벌레이름 질 (質)
[illegible] 허 [합] 蛘也踏ㅣ 딱정벌레 합 (合)
螑 쓱 [후] 伸頸低昂趨ㅣ 목들고 끄덕거릴 후 (有)
[illegible] 쪄 [걸] 土蝨 땅에 뚜기 걸 (屑)
螒 한 [한] 沙鷄 글가리 한 (翰)
螅 蟋과 同
螕 피 [비] 牛蝨 진디 비비루 비 (齊)
螜 후 [곡] 螻蛄 도르래 곡 (屋)
螖 화 [활] 小蟹蠌 방게 활 (黠)
螔 이 [이] 蝸牛蝓 달팽이 이 (支)
螝 훼 [회] 蠶蛹 누에번데기 회 (隊)
螞 마 [마] 馬蛭ㅣ蟥 말거머리 마 (馬)
螙 蠹 古字
蝥 蟊과 同
螠 이 [의] 小黑蟲ㅣ女 목잘라죽는버레 의 (寘)
[illegible] 珧과 同
[illegible] 뻐 [박] 蟷蜋卵ㅣ蛸 버마재비알 박 (藥)
[illegible] 뚜 [두] 蝌蚪 올챙이 두 (有)
[illegible] 간 [감] 瓜蟲 외벌레 감 (勘)
蛢 졔 [계] 螢火 반딧불 계 (齊)
[illegible] 쑤 [숙] 尺蠖蟲 자벌레 숙 (屋)

⑪

蟉 랖 [규][류][료] 龍貌蚴ㅣ 용구비칠 규 龍貌蜩ㅣ 용꿈틀거릴 요 (蕭)(尤) 義同
螯 앞 [오] 蟹屬倒行 가재 오 (豪)
螺 라 [라] 蚌屬 소라 라 (歌)
蟍 리 [리] 蜈蚣 지네 이 (支)
[illegible] 쮸 [축] 百足馬 노래기 축 (屋)
[illegible] 렌 [련] 蟲盤屈貌蜷ㅣ 버레서릴 연 (先)
[illegible] 억

[구] 蝺蠶 어린누에구(遇) ⿰虫⿱毋心 우 [무] 蟱蜓 잠자리무(尤) ⿰虫強 챵 [강] 食米蟲 바구미강(陽) 蟑 ㅇ쟝 [장] 蟲名|蜋 産於厨房 바퀴장(陽) 蟁 蚊과同 ⿰虫麻 蟇과同 螭 치

[리] 似龍無角體小 뿔없는용리(支) ⿰虫從 [종] 小蜂 螉| 작은벌종(冬) 螮 [체] |蝀 虹也 무지개체(霽) 蟇 蟆와同 螾 인 [인] 蟬屬寒螿 쓰르라미인(眞)(震) 蟅 䗪와同 䗪

ㅇ쟈 [자] 蟲名鼠婦 쥐며누리자(禡) 蟂 ㅇ쟈 [교] 水蟲| 교날교(蕭) 螳 탕 [당] 壁有斧|蜋 버마재비당(陽) 螴 쳔 [진] 氣不定貌 기운정치못할진(眞) 螬 챠 [조] 地蠶蠐| 굼벵이조

(豪) 螵 퍞 [표] 桑蟲|蛸 뽕나무벌레표(蕭) ⿰虫習 씨 [습] 螢火|蠑 반딧불습(緝) 螻 럭 [루] 有翅土蟲|蛄 도르래루(尤) 蟆 마 [마] 蟾類蝦| 찰머구리마(麻) 蟊 먀

[모] 食苗根 게심이모(尤) 蟀 쐐 [솔] 蛬也 蟋| 귀뚜라미솔(質) 蟈 꿔 [귁] 蛙也 螻| 개구리귁(陌) 蟋 씨 [실] 蛬也 |蟀 뚜라미실(質) 螫 씨 [석] 蟲行刺毒 벌레쏠석(陌) ⿰虫康

캉 [강] 蜻蜓| 잠자리강(陽) ⿰虫⿱罒各 螺과同 ⿰虫京 랴 [랴] 蜉蝣 하루살이랴(藥) 螲 찌 [질] 螻蛄 도르래질(質) 螿 쟝 [장] 蟬屬寒蜩 쓰르라미장(陽) ⿰虫尉 螱과同 螰

루 [록] 蜓蚞螇| 쓰르라미록(屋) 蟱 우 [무] 多足蟲|蛷 그리마무(遇) 螪 썅 [상] 蟲名 벌레이름상(陽) 蟄 ㅇ찌 [칩] 蟲藏 벌레움추릴칩(緝) 螱 웨 [위] 飛蟻 나는개미위(未)

⿱甚虫 한 [감] 桑葉上蟲 뽕잎벌레감(覃) ⿱镸虫 蜾과同 ⿱谷虫 위 [유] 蠭酌 벌밑구멍유(虞) 螽 쭝 [종] 蝗類阜| 메뚜기종(東) 蟦 ㅇ쟈 [책] 小貝 작은자개책(陌) 蟃 완

[만] 桑蟲螟蛉 뽕나무벌레만(願) ⿱知虫 蜘 俗字 螼 친 [근] 蚓也 지렁이거(軫) ⿰虫魚 위 [어] 蠹也 좀어(魚) ⿰虫逢 蠭과同 ⑫ 蟲 [충] 毛羽鱗介類總名 벌레충(東) 蟬

찬 [선] 蜩也 매미선(銑) 蟟 랴 [료] 蛁蟟 쓰르라미료(蕭) ⿰虫華 화 [화] 大蛇 큰뱀화(麻) ⿰虫登 [등] 蜉蝣 하루살이등 蟚 蟛와同 蟣 ㅇ찌 [기] 蝨子 서캐기(尾) 蟢 씨

[희]蜘蛛鱐蛸 낙거미희(紙)

⿰虫粦 린 [린]螢火 반딧불린(震)

蟠 판 [반]伏也屈曲 서릴반(寒)

螙 蠹와同

蟫 탄 [담][음][심]衣書蠹白魚 반디좀담、義同、物動貌 움직일심(覃)(侵)

蟜 °쟈 [교]螘也 蠪· 개미교(篠)

蟨 °쮀 [궐]獸名 짐승궐(月)

⿰虫就 츄 [축]蟲名尺蠖 자벌레축(屋)

蟓 썅 [상]蠶也 누에상(養)

蟛 평 [팽]似蟹而小 蜞방게팽(庚)

⿰虫眾

蠭과同

蟒 망 [망]大蛇子 렁이망(養)

蟕 취 [수]大龜ㅣ蠵 큰거북수(支)

⿰虫歲 웨 [월]小蟹蟛 방게월(月)

蟴 쓰 [사]蛓也蛅 쐐기사(支)

蟙 [직]蝙蝠ㅣ蠌 박쥐직(職)

蟪 훼 [혜]蟬屬ㅣ蛄 쓰르라미혜.(霽)

蟦 뿬 [비][분]水母 물엄비 蠐也 굴분(微)(元)

蟞 폐 [별]蟻也 개미별(屑)

蟝 취 [거]蜉蝣ㅣ蟝 하루살이거(魚)

蟗 [추]蜘蛛次 거미추(尤)

蟑 쯍 [종]蝗也歔 황충종(冬)

蟥 황 [황]蛂也ㅣ蛢 풍뎅이황(陽)

蟘 [특]食苗蟲 황충특(職)

蟧 랃 [로]小蟬蝭ㅏ 쓰르라미로(豪)

蟩 °쮀 [궐]井中蟲 우물벌레궐(月)

蟔

머 [묵]蛅蟖 쐐기묵(職)

⿰虫敦 둔 [돈]靑蚨ㅣ蝺 청부벌레돈(元)

蟱 [모]蜘蛛屈ㅏ 거미모(尤)

⿰虫黍 쑤 [서]鼠婦 쥐며느리서(微)

蟳 씬 [심]蝤遼 큰게심(侵)

⿰虫巽 찬

[전]屈曲貌蜿ㅣ 꿈틀거릴전(先)

蟮 싼 [선]蚓也土ㅣ 지렁이선(銑)

⿰虫惡 어 [오]甲蟲 풍뎅이오(豪)

蟰 쑤 [소]長脚蛛 발긴거미소(蕭)

蟯 야 [요]腹中短蟲 회요(蕭)

(十三)

蟹

쎄 [해]介蟲旁行 게해(蟹)

蠏 蟹와同

蠀 °즈 [자]桑蟲 뽕나무벌레자(支)

蠆 °채 [채]螫蟲蜂ㅣ 벌채(卦)

蝒 몐 [면]蟬屬馬蜩 말매미면(先)

蟻 [의]蚍蜉 개미의(紙)

蟺

싼 [선]相糾蜿ㅏ 서로뒤틀릴선(銑)

蜒 옌 [연][단]蟲形貌蜿ㅣ 버레모양연、南海夷種也 남해오랑캐단(先)(銑)

蠉 환 [현]水中小赤蟲孑ㅣ 장구버레현(先)

蟶 청 [정]蚌屬 가리맛정(庚)

蠃 뤄 [라]蚌屬 소라라(哿)

⿰虫畺 °쟝 [강]死蠶 죽은누에강(陽)

蠁 썅 [향]蛹也 누에번데기향(養)

⿰虫葛 蠍俗字

蠅 잉 [승]逐臭飛蟲 파리승 古音응(蒸)

蟋 蟋과同

蟿 쪄 [적] 蝗也 황충 적 (屋)

蟾 찬 [섬] 蛙屬 ―蠩 두꺼비 섬 (監)

蠋 쑥 [촉] 桑蟲 뽕나무버레 촉 (沃)

蠍 쎄 [헐] 蠆類 全― 전갈 헐 (月)

蟿 이 [계] 螇蚸 ―螽 긴메뚜기 계 (霽)

蟷 땅 [당] 蟲名 ―蠰 범아재비 당 (陽)

蠌 쪄 [책] 小蟹 蜡― 방게 책 (陌)

蠊 련 [렴] 飛― 땅풍뎅이 염 (監)

蝸 꿔 [과] 蟲名 벌레이름 과 (箇)

螉 융 [옹] 蜂也 쌀바구미 옹 (冬)

蟼 잉 [경] 蛙屬 蝦蟆 찰머구리 경 (庚)

(十四)

蠕 蝡과 同

蠐 치 [제] 地蠶 ―螬 굼벵이 제 (齊)

蠓 뭉 [몽] 似蠛蠓 바구미 몽 (董)

蠔 한 [호] 蚌也 굴 호 (豪)

蠠

繭과 同

蠑 웅 [영] 水宮 ―螈 도롱용 영 (庚)

⿱阜䖵 부 [부] 蝗也 ―螽 메뚜기 부 (有)

蠙 玭과 同

蠖 후 [확] 屈伸蟲 尺― 자벌레 확 (藥)

蠘 쪠 [절] 似蟹大殼 곳게 절 (屑)

⿱東䖵 둥 [동] 蝌蚪 올챙이 동 (東)

⿱維虫 웨 [유] 蝓之小者 작은등애 유 (虞)

(十五)

蠣 리 [려] 蚌屬 牡― 굴 려 (霽)

蠟 라 [랍] 蜜滓 밀 납 (合)

蠢 츈 [준] 蟲動 버레굼실거릴 준 (軫)

蠡 릐 [려][리][라] 齧木蟲 追― 나무속에 좀먹을 여 蚌이、螺屬 소라 나 屬 달팽이 (哥)(齊)(支)(齊)(歌)

蠧 쥬 [저] 毒蟲 독한버레 저 (御)

蠚 허 [학] 毒螫 쏠 학 (藥)

蠛 [멸] 似蚋 亂飛― 蠓 바구미 멸 (屑)

蟁 蚊과 同

蠜 앤 [번] 阜螽 메뚜기 번 (元)

⿰虫墨 머 [묵] 蝙蝠 蟙 박쥐 묵 (職)

蠝 레 [뢰] 飛鼠 박쥐 뇌 (灰)

⿰虫霆 팅 [정] 蠶之二眠 누에 두잠잘 정 (靑)

⿰虫養 양 [양] 蠶也 누에 양 (養)

蠠 미 [밀] 黽勉 ―沒 강잉할 밀 (質)

(十六)

⿰虫憲 쎤 [흔] 蚯蚓 寒― 지렁이 흔 (吻)

蠦 루 [로] 臭蟲 ―蜰 떡풍뎅이 노 (虞)

蠩 同蜍

⿱原䖵 同螈

⿰虫歷 리 [력] 野蠶 들누에 역 (錫)

蠹 뚜 [두] 木中蟲 좀 두 (遇)

蠥 녜 [얼] 妖也 요괴 얼 (屑)

蠨 쌷 [소] 蠨子 ―蛸 낙거미 소 (蕭)

蠪 룽 [롱] 螘也 개미 롱 (東)

蠭 팡 [방] 姓也 성 방 (江)

(十七)

蠱 꾸 [고] 腹蟲 뱃속벌레 고 (遇)

⿰虫應 잉 [웅] 寒蟬 쓰르라미 웅 (蒸)

蠯 패 [패][비] 蚌狹而長 긴조개 패、비 義同 (齊)(支)

蠮 예 [열] 細腰蜂 ―螉 나나니벌 열 (屑)

蠭 蜂 古字

蠰 썅 [상] 蟲名螳ㅣ 연가시상 (漾)
蟿 케 [위] 飛螘 나는개미위 (未)
蠕 령 [령] 桑蟲螟ㅣ 뽕나무벌레령 (青)
蠲 얀 [견] 明也 밝을견 (先)
蠮 씨 [계] 土蜂 땅벌계 (齊)
蠨

워 [약] 勞也蠗ㅣ 반딧불약 (藥)
蠹 뇌 [닉] 蟲食之病 벌레먹는병닉 (職)
蟮 션 [선] 蛇也 뱀선 (銑)
⑱
蠶 잔 [잠] 食桑葉吐絲蟲 누에잠 (覃)
蠵 씨 [휴] 大龜蠵ㅣ 큰거북휴 (齊)

蝮 약부 [복] 稻螽 벼메뚜기복 (屋)
蠺 蠶과同
蠼 취 [子] 足多蟲ㅣ螋 그리마구 (尤)
蠸 촨 [권] 黃甲小蟲 노른재권 (先)
蟡 웨 [위] 再蠶 두벌누에위 (未)
蠧

蠹과同
⑲
𧕫 얀 [전] 蟲食瘡 벌레먹는칭병전 (銑)
蠻 만 [만] 南夷 남녘오랑캐만 (刪)
蠡 리 [리] 蚰蜒蠷ㅣ 지차리이 (支)
⑳
蠼 잔 [각] 大猿 큰원숭이각 (藥)
㉑

蠾 쑤 [촉] 蚤也 벼룩촉 (沃)
蠽 에 [절] 蟬類茅 매미절 (屑)

血部

血 쎼 [혈] 水穀精氣 피혈 (屑)
②
𧖧 딩 [정] 息也 쉴정 (青)
③
衁 황 [황] 血也 피향 (陽)
𧖬 징 [경] 見定 보고정할경 (青)
䘏 卹偽字

④
衄 뉵 [육] 鼻血 코피육 (屋)
䘐 졔 [결] 破也 파할결 (屑)
衃 푀 [배] 凝血 엉긴피배 (灰)
衂 衄와同
⑤
衅 씬 [흔] 以血塗器祭 짐승피로그릇칠하여제사지낼흔

(震)
𧖱 脈과同
𧖼 쎼 [혈] 心臟上房 심방혈 (月)
⑥
衆 쯍 [중] 多也 뭇중 (送)
衉 에 [객] 面汗血 얼굴에피묻을객 (陌)
衈 얼 [이] 耳血 귀피이 (寘)
衇 脈과同
⑦

𧗋 취 [최] 赤子陰莖 어린에자지최 (灰)
䘑 만 [만] 塗血 피칠할만 (旱)
⑧
䘗 꿔 [픽] 犬血 개피픽 (陌)
𧗊 란 [담] 肉醢 육젓담 (感)
䘌 칸 [감] 血羹 피국감 (勘)
⑨
𧗠

커 [객] 同吐聲 외욕토할객 (陌)
⑩
𧗿 잉 [경] 血液所集處 피ㅣ모也 아름포 (皓)
𧗼 지 [기] 刲而出血 찔러피날기 (微)
𧗏 수 [욕] 汚也 더러울욕 (屋)
⑪
𧘁 후

호血汗피 맘호遇 ⑬ ⿰血微 궤 미毛細管털 구멍미微 ⿰血農 농 농腫血고 름농冬 ⿰血賁 뷘 분心臟下室 심실분願 ⑮ 衊 메 멸汚血피 칠할멸屑 ⿰血鼻

衄同 ⑥畫 衋 씨 혁傷痛衋ㅣ 쓰라릴혁職

衣部

衣 이 의庇身上衣 裳옷의未 ② ⿰衤了 료 료小袴袷ㅣ 잠방이요蓧 卒 卒과 同 补 襆과 同 ③ 表 뱌 표外也 겉표蕭 衩 차

채차襟也옷깃채衽也 褸ㅣ옷자락차卦禡 ⿰衤乙 이 의單衫옷 옷의職 ⿰衤勺 지 적표衫也적삼적 襟也옷깃표錫效 衫 싼 삼小襦적 심삼咸 ⿰衤乇 뒤 탁開衣令大 옷제칠탁藥

衦 깐 간摩展衣服 옷펼간早 衪 이 이衣緣옷 선이支 ④ 衿 진 금土服靑ㅣ도포금 結也衣系옷고름금沁 衰 쇠 쇠최殘微쇠할쇠 喪服상복최支灰 衹

치 기袈裟ㅣ被 가사기支 衱 지 겁衣褐옷뒷 자락겁葉 衷 쭝 충中也속충 折ㅣ절충할충送東 衼 익 지袈裟衹 가사지支 衸 계 개衣幅 전개卦 袂

메 메袖也소 매메霽 衳 숭 송褌也속 바지송冬 衶 즁 중袴也바 지중腫 ⿰衤少 褾 과同 ⿴衣毛 表 古字 袁 웬 원衣長貌 옷길원元 袀 윈 균戎服군 복균眞

衯 뷴 분衣長貌옷치 렁거릴분文 衮 곤 곤九章法服龍 衣곤용포곤阮 衲 나 납補也기 울납合 衾 친 금寢衣이 불금侵 衺 쌰 사不正奇ㅣ비 뚤어질사麻

衻 산 염衣緣 옷선염監 衵 이 일婦人近身 衣속곳일 衽 袵과 同 袑 됴 초死者衣 수의초 衴 딴 담衾緣이 불깃담感 ⿰衤斗 떡 두衫也적 삼두有

衭 부 부衣前襟옷 앞섶부虞 ⿰衤互 후 호短衣짧 은옷호遇 ⿰衤丑 뉴 유衣柔貌옷부 드러울유有 ⿴衣爪 좌 조覆棺衣 관보조蕭 ⿴衣力 릐 려纚也얽 을려錫 ⑤ 袒

탄 [잔][탄] 偏脫衣ㅣ裼옷벗어멜단 衣縫解옷속터질탄 (旱)(諫)

袋 대 [대] 囊也주머니대 (隊)

袨 휀 [현] 好衣盛服고은옷현 (霰)

袢 판 [번] 近身內衣속옷번 (元)

袘 이 [이] 衣中옷속이 (支)(寘)

⿰衤朮 슈 [출] 鬒縫성기게홀출 (質)

袙 [파] 幞也복두건파 (禡)

袎 야 [요] 襪頸버선목요 (效)

被 삐 [피] 加也더할피 (寘) 著也나타날피 (紙)

袪 취 [거] 衣袂소매거 (魚)

⿱此衣 삐 [피][제] 不伸옷구길피 (寘) 衣交衽옷자락여밀제 (霽)

袗 젼 [진] 袗服고운옷진 (軫)

⿰衤术 쓔 [술] 衣開孔옷에구멍날술 (質)

⿰衤立 라 [랍] 衣敝옷해질납 (合)

袠 帙와 同

袌 抱同

袥 탁 [탁] 披開衣領옷깃헤칠탁 (藥)

袏 좌 [좌] 衣曩호주머니좌 (箇)

袍 판 [포] 長襦두루마기포 (豪)

衹 디 [저] 汗襦ㅣ裯땀받기저 (齊)

袝 뿌 [부] 盛服성한옷부 (遇)

袈 쟈 [가] 僧衣ㅣ裟가사가 (麻)

⿰衤出 褔과 同

⿰衤此 츠 [자] 換着衣옷갈아입을자 (紙)

袑 싼 [소] 袴襠바지밀소 (篠)

袔 [하] 衣袖소매하 (箇)

⿰衤正 졍 [정] 小兒服衣아이옷정 (庚)

⿴衣二 裹과 同

袉 텨 [타] 裾也옷뒷자락타 (哿)

袊 링 [령] 婦人嫁服直ㅣ활옷영 (梗)

袧 꿔 [구] 喪服辟兩側상옷구 (尤)

袖 씩 [수] 衣袂소매수 (宥)

袤 뭐 [무] 延互南北뻗칠무 (宥)

袜 머 [말] 腰帶허리띠말 (曷)(月)

⿴衣上 裳과 同

袐 삐 [필] 刺也찌를필 (質)

袟 지 [질] 劍衣칼집질 (質)

⿰衤甲 쟈 [갑] 襦也적삼갑 (洽)

袚 뻐 [발] 蠻服오랑캐옷발 (曷)

⿰衤宁 진 [저] 敝衣해진옷저 (語)

六

袺 졔 [결] 執衽옷섶잡을결 (屑)

袼 꺼 [각] 衣袂接處腋縫겨드랑이솔기각 (藥)

袻 얼 [이] 衣之縮皺옷구김살이 (支)

⿰衤戎 슝 [융] 軍服군복융 (東)

袽 슈 [녀] 蔽衣袾ㅣ해진옷녀 (魚)

袷 졔 [겹][겁] 合衣겹옷겹 (葉) 曲領둥근깃겁 (洽)

袶 쟝 [강] 草名풀이름강 (絳)

裃 [日] 禮服ㅣ種예복상

袱 뽁 [복] 包ㅣ자기복 (屋)

裂 례 [렬] 破也찢을렬 (屑)

袿 꿰 [규] 婦人上衣부인웃옷규 (齊)

袹 매 [말][맥] 始喪服邪巾ㅣ頭상복말 腹帶배띠맥 (陌)(黠)

袾 [주] 短衣ㅣ襦짧은옷주 (虞)

裀 인 [인] 近身衣服 袗속옷 인 (眞)
袴 고 [고][과] 脛衣 바지 고 兩脚間 사타구니 과 (遇)(禡)
裁 채 [재] 製衣|縫 옷마를 재 (灰)
裒 퍼 [부] 聚也 모을 부 (尤)
裄 [日] 袖長 소매기리 행

䘪 츙 [충] 短衣|裾 짧은옷 충 (東)
袲 뉘 [이][치][나] 長衣貌 褏|옷치렁거릴 이、치、나 義同 (紙)(哿)(支)
袸 츈 [존] 衣帶 돌띠 존 (元)
袳 츠 [치] 張衣 옷펼 치 (紙)
䘸 이지

[식] 裝也 꾸밀 식 (職)
袵 衽과同
䘨 쟈 [교] 小袴 잠뱅이 교 (篠)
䘵 퉁 [동] 袴也 바지 동 (東)
䘬 깐 [간] 古衣 헌옷 간 (諫)
裷 쵠 [권] 襪也 버선 권 (阮)
䘸 이지

[제] 腹帶 배띠 제 (齊)
袧 쒄 [순] 領端 깃끝 순 (眞)

七

裎 청 [정] 裸體 벌거벗을 정 (梗)
補 뽀 [보] 綴也 기울 보 (麌)
裘 챠 [구] 皮衣 갖옷 구 (尤)
裡 裏와同
裋

쓔 [수] 長襦|褐 두루 (虞)
裗 릐 [류] 梳也 衣縷 실끝 유 (尤)
裓 꺼 [극] 衣裾 옷뒷자락 극 (職)
裝 쟝 [장] 飾也 꾸밀 장 (陽)
裕 위 [유] 寬也 너그러울 유 (遇)
裏 릐 [리] 衣內 옷

속 속이 (紙)
裚 쪄 [제] 斷衣 옷끊을 제 (霽)
䘒 쥰 [준] 袴襇 바지통 준 (眞)
裛 이 [읍][업] 纏也 얽을 읍 (緝) 義同 (葉)
䘼 쎈 [한] 小兒涎巾 아이침받기 한 (潛)
裌 쟈 [겹] 合衣 겹옷 겹 (洽)

𧚍 룽 [롱] 衣一件 옷한벌 농 (送)
䘺 무 [목] 衣縫 혼솔 목 (屋)
裔 이 [예] 衣裾 옷뒷자락 예 (霽)
裍 쿤 [곤] 縛衣 옷동일 곤 (阮)
䘴 어 [아] 衣服盛飾 옷모양낼 아 (歌)
裞

쒜 [세] 贈死者被 衣수의 세 (霽)
裙 췬 [군] 裳也 치마 군 (文)
裟 싸 [사] 僧衣袈| 가사 사 (麻)
裖 袗과同
裊 냪 [뇨] 曳貌 끌릴 요 (篠)
裐 쥔 [견] 褊也 좁을 견 (先)
裠

裙과同
䙈 이지 [격] 前襟 앞깃 격 (陌)
裑 썬 [신] 衣身 옷등결 신 (眞)
䘜 예 [접] 衣領 옷깃 접 (葉)
䘯 쌰 [초] 襟也 옷깃 초 (肴)

八

裲 량 [량] 柏腹|襠 배자 량 (養)
裸

뤄 [라] 赤體 벌거벗을 나 (哿)
製 쪄 [제] 裁也 마를 제 (霽)
𧙣 [탄] 衣縫鮮 솔기터질 탄 (諫)
裼 씌 [석][체] 露肩袒| 어깨드러낼 석 裸也 포대기 체 (錫)
裵 폐 [배] 姓也 성 배 (灰)
褎

裴와 同

裳 쌍 [상] 婦人腰下掩衣 치마 상 (陽)

䘿 쿠 [굴] 短衣裗ㅣ 짧은 옷 굴 (物)

䘼 웬 [원] 袖端屈處 소매 도련 원 (阮)

裺 앤 [암] 衣寬 옷 너그러울 암 (陷)

𧛧 綳과 同

裧 쵬 襜과 同

裮 챵 [창] 衣不帶 띠 아니 띨 창 (陽)

褂 꽤 [괘] 馬ㅣ 마고자 괘 (卦)

裱 뱌 [표] 領巾 목수건 표 (嘯)

褀 지 [기] 繫也 맬 기 (眞)

裰 뚜 [탈][철] 補也 기울 탈 義同 (曷)

䘹 쵀 [쉬] 副衣 여벌 옷 쉬 (隊)

𧛮 이 [액] 衣掖下ㅣ縫 겨드랑이 솔기 액 (陌)

𧛻 루 [록] 衣聲 옷 소리 록 (屋)

裪 닿 [도] 袖也 橘ㅣ 소매 도 (豪)

裫 원 [연] 袖曲處 소매 뚜리 연 (先)

裻 투 [독] 背縫 등솔기 독 (沃)

𧝓 치 [게] 開衣 옷 헤칠 게 (薺)

𧚨 꽌 [관] 袴裥 바지 통 관 (願)

裶 뼤 [비] ㅣㅣ 曳衣貌 옷 잘잘 끌 비 (微)

裬 룅 [릉] 馬腹下帶 말 북두 능 (蒸)

裩 褌과 同

裾 쥐 [거] 被也 衣後 옷 뒷자락 거 (魚)

裹 꿔 [과] 包也 쌀 과 纏也 얽을 과 (哿)(箇)

裨 피 [비] 補也 기울 비 (支)

裞 이 [예] 衣縷 옷 해질 예 (薺)

裿 씨 [기] 內衣 속적삼 기 (紙)

裯 츄 [도][주] 衣袂 소매 도 單衣 홑이불 주 (尤)(豪)

䙘 쭝 [종] 嬰兒衣 어린애의 옷 종

褄 [日] 圍腰下衣 두렁이 처

䘳 衿과 同

裷 촨 [권] 幞巾 복건 권 (阮)

𧛼 [선] 纗也 귀길 선 (霰)

(九)

褐 허 [갈] 毛布 털베 갈 (曷)

褍 똰 [단] 衣正幅 玄ㅣ 옷 바른 폭 단 (寒)

䙅 약 [요] 衣襻 옷 고름 요 (蕭)

複 약 [복][부] 重衣 겹옷 복 重也 거듭할 부 (屋)(宥)

褎 袖와 同

褖 퇀 [단] 后腹 황후의 옷 단 (翰)

褌 쿤 [곤] 褻衣 合襠 속곳 곤 (元)

褋 데 [접] 襌衣 홑옷 접 (葉)

褓 빠 [보] 小兒被襁ㅣ 포대기 보 (皓)

褊 뼨 [편] 衣貌ㅣ褼 옷 너풀거릴 편 (先)(銑)

褆 틔 [제] 衣厚ㅣㅣ 옷 두터울 제 (齊)

褒 [포] 大裾 옷 뒷길 포 (皓)

褎 익 [유][수] 盛飾貌 옷 치레할 유 袂也 소매 수 (有)

褚 쥬 [저] 綿絮裝衣 옷에 솜 둘 저 (語)

褭 裹 譌字

褘 웨 [위][휘] 帳也 장막 위 后祭服 翟ㅣ 후의 제복 휘 (微)

褙 뻬 [배] 襦也 배자 배 (隊)

𧝏 떠 [타] 無袖衣 소매 없는 옷 타 (箇)

褕 워 [유][요] 皇服 ㅣ狄 황후의 옷 유 直裾 襜ㅣ 괘자 요 (虞)(蕭)

[衤冒] 만 [모] 小兒頭衣 어린아이남바위모 (號)
[衤耎] 옌 [연] 衣縮 옷구길연 (銑)
[衤臿] 시 [십] 衣重緑 옷겹선십 (緝)
[衤畏] 웨 [외] 垢衣 때묻은옷외 (灰)
褈 쭁 [종] 重複 거듭종 (冬)
褗 옌 [언] 衣領 옷깃언 (阮)
[衤癸] 궤 [규] 衣之分裾 옷뒤틀릴규 (霽)
[丰丰衣] 뿡 [봉] 枲履 미투리봉 (董)
褔 뿌 [부] 衣一襲 옷한벌부 (宥)
[衤咸] 쎤 [삼] 旗斿 깃발삼 (咸)
褑 웬 [원] 佩玉之帶 패옥띠원 (願)
[衤胡] 후 [호] 衣腋 옷겨드랑이호 (虞)

⑩

褡 따 [답] 衣敝 옷해질답 (合)
褠 꾸 [子] 袖狹襌衣 소매좁은홑옷구 (尤)
褢 [회] 胷衿藏物 품을회 (佳)
[衤盍] 허 [합] 婦人上衣 계집저고리합 (合)
褯 쟤 [자][석] 小兒服 어린애옷자 藉也 자리석 (禡)(陌)
褲 쿠 [고] 袴也 바지고 (遇)
[衤褱] 褱 과同
褱 懷 古字
[衤莫] 襪 과同
[衤殺] 쌔 [쇄] 衣削幅 사폭쇄 (卦)
[衤邕] 융 [옹] 襪袎 버선목옹 (宋)
褫 츠 [치] 蓐衣｜氈 요잇치 (紙)(寘)
褦 내 [내] 涼笠｜襶 패랭이내 (隊)
褰 쳔 [건] 袴也 바지건 (先)
褞 원 [온] 褐衣 굵은베옷 (元)
褭 냐 [뇨] 以組帶馬 말북두요 (篠)
褪 툰 [퇴] 花謝 옷벗을퇴 (願)
褧 징 [경] 衣無裏襌也 홑옷경 (迥)
褨 취 [차] 衣長貌 옷긴모양차 (哿)
[衤畜] [축] 藏也 감출축 (屋)
[衤芻] 쭈 [추] 衣不伸 옷구길추 (宥)
褥 수 [욕] 籍也 裀｜요욕 (沃)
褩 빤 [반] 衣表 옷거죽반 (寒)
褮 잉 [형] 衹也 옷에구멍날형 (庚)
[衤奚] 휘 [혜] 袖也 소매혜 (佳)
[衤害] 쌰 [할] 上衣 저고리할 (曷)
[衤尃] 뿌 [박] 單衣 홑옷박 (陌)
[衤索] 쒀 [삭] 衣聲 옷버석버석할삭 (藥)
[衤鬲] 예 [격] 衣表 옷안격 (陌)
[衤射] 쎄 [사] 衣也 옷사 (禡)

⑪

褾 [표] 袖端 소매끝표 (篠)
[亠寒衣] 쌍 [양] 平也 편편할양 (陽)
褸 럭 [루] 衣蔽 襤｜ 옷해질루 (虞)
襁 쟝 [강] 負兒衣｜ 포대기강 (養)
襀 지 [적] 衣間襞[illegible]｜ 옷주름잡힐적 (陌)
[衤逢] 縫 과同
褶 데 [습][첩] 騎服 습갑습 襲也 덧옷첩 (緝)(葉)
褵 리 [리] 衣帶 돌띠리 (支)
襳 쎈 [선] 衣貌 褊｜ 옷너풀거릴선 (先)
襂 싼 [삼] 羽衣垂貌 ｜襹 깃옷드리운모양삼 (侵)(咸)
襅 [필] 襅也 옷끈필

褺 데 [첩] 重衣 겹옷 첩 (葉)
𧝐 커 [합] 前後兩當衣 襠더그레 합 (合)
䙚 댜 [조] 短衣 짧은옷 조 (蕭)(篠)
𧝂 우 [子] 小兒涎衣 어린애 침받기 구 (尤)
裔 이 [예] 裾也 옷뒷자락 예 (霽)
䙂 츄 [초] 鮮也 선명할 초 (語)
𧝣 쑤 [속] 衣聲 禄ㅣ 옷소리 속 (屋)
䙌 쭁 [용] 短敝衣 짧고 해진옷 용 (冬)
褽 웨 [의] 薦也 깔의 (賄)
𧝤 쭁 [종] 禪衣ㅣ褋 홑옷 종 (腫)
䙎 쇄 [솔] 短衣裾ㅣ 짧은옷 솔 (質)
褒 빠 [포] 揚美 포장할 포 (豪)
褿 최 [조] 襟也 옷깃 조 (豪)
褻 쎄 [설] 私服 사복 설 (屑)
𧞶 이 [예] 小兒涎衣 어린애 침밷기 예 (齊)
䙛 만 [만] 胡衣 오랑캐옷 만 (寒)

十二

襐 쌍 [상] 未笄冠者首飾 아이꾸미개 상 (養)
𧝹 허 [하] 袖也 소매 하 (箇)
襌 딴 [단] 單衣無裏 홑옷 단 (寒)
𧞈 티 [체] 綴也 꿰맬 체 (霽)
𧞐 헝 [횡] 小被ㅣ褡 처네 횡 (庚)
襑 씬 [심][탐] 衣大 옷클 심 탐 義同 (侵)(感)
𧝷 ㆁ줴 [궐] 揭衣渡 옷걷고 건널 궐 (月)
䙆 지 [직] 裝飾 꾸밀 직 (職)
襆 幞과 同
𧞻 ㆁ진 [전] 后妃服 후비의 의복 전 (銑)
褅 티 [체] 褅也 처네 체 (霽)
𧞨 ㆁ지 [극] 衣領 옷깃 극 (職)
襉 ㆁ잰 [간] 殺縫裙幅相 치마주름 간 (諫)
襊 취 [찰][최] 緇布冠 치포관 찰 (曷) 衣領 옷깃 최 (泰)
𧞟 떵 [등] 毛織帶 모직띠 등 (蒸)
襒 삐 [별] 拂也 떨칠 별 (屑)
襓 쑈 [요] 劍衣 칼전대 요 (蕭)
襏 뿨 [발] 兩衣ㅣ襫 도롱이 발 (曷)
襍 [잡] 五色合 석일 잡 (合)
𧞑 ㆁ뷔 [비] 周衣 두루마기 비 (未)
𧝫 큐 [거] 衣系 옷고름 거 (魚)
襈 쒠 [선] 衣緣 선선 (霰)
襎 빠 [파] 長袖 긴소매 파 (箇)
䙆 꿰 [귀] 紐也 끈 귀 (寘)
𧝼 ㆁ쩡 [증] 袷衣 겹옷 증 (徑)
襮 ㆁ부 [포] 前襟 앞깃 포 (號)
𧝯 쪄 [저] 裝衣 옷치장할 저 (語)

十三

襞 삐 [벽] 帬褶ㅣ積 치마주름 벽 (陌)
襚 쒜 [수] 贈死衣 수의 수 (寘)
襘 쾌 [괴] 帶所結 띠맬 괴 (泰)
𧞐 허 [핵] 衣領中骨 깃받침 핵 (陌)
襡 쑤 [촉] 長襦 긴두루마기 촉 (沃)
襜 ㆁ잔 [첨] 衣整貌ㅣ如 옷가지런할 첨 (監)(豔)
𧝗 뚜 [독] 衣背縫 옷등솔 독 (沃)
襛 눙 [농] 衣厚 옷두터울 농 (冬)
襗 뗘 [탁] 褻衣 속옷 탁 (陌)

襠 땅 [당] 袴屬褌ㅣ 잠방이당 (陽)
襟 ᄋ진 [금] 交衽 옷섶금 (侵)
襢 탄 [전][단] 喪廬不障ㅣ 續 여막 전 肉袒 옷벗어멜단 (銑)(旱)
⿰衤零 [령] 衣光 옷빛령 (靑)
⿰衤蒙 뭉 [몽] 着衣 옷입을몽 (東)
⿳亡口⿲月衣凡 裸 定字
襖 오 [오] 袍屬 도포오 (皓)
⿰衤過 따 [타] 大衣 큰옷타 (禡)
⿰衤雍 웅 [옹] 靴襪 양말옹 (冬)
襝 襜과同
⿰衤畺 襁과同
(十四)
襤 란 [람] 敝衣ㅣ褸 옷해질람 (覃)
⿱覀衣 ᄋ줘 [탁] 衣至 옷끌릴탁 (覺)
⿰衤帶 ᄋ제 [자] 小兒衣帶 어린아이돌띠자 (禡)
⿰衤祭 나 [날] 奴服 하인옷날 (黠)
⿰衤夢 멍 [몽] 襛也 배자몽 (冬)
⿰衤蓋 개 [개] 上衣 옷개 (卦)
⿰衤鼻 쁴 [비] 襣鼻褌 쇠코잠방이비 (寘)
⿱巤衣 레 [렵] 衣相着 옷서로닿을렵 (葉)
⿰衤裹 꽈 [과] 包衣 옷쌀과 (箇)
⿰衤熏 쒼 [훈] 淡紅色 연분홍빛훈 (文)
⿰衤與 위 [여] 衣揚貌 옷날릴여 (魚)
襦 수 [유] 短衣 저고리유 (虞)
⿱毻衣 毻과同
⿰衤對 [대] 皇室所御服 衣ㅣ 의대대 國字
齌 ᄋ즈 [자] 衣下縫 옷단호올자 (支)
⿰衤戠 치 [축] 好衣貌 좋은옷축 (屋)
(十五)
襬 뻬 [피] 裙也 치마피 (支)
襫 씨 [석] 兩衣襏ㅣ 도롱이석、우비석 (陌)
襮 뽁 [박] 黼也 거죽박 (藥)
⿰衤頡 쎠 [혈] 以衣衽扱物 옷섶에 물건쌀혈、俗音힐 (屑)
⿸麃衣 뱦 [포] 前襟 앞짓포 (號)
襪 [말] 足衣 버선말 (月)
⿰衤遷 쳔 [선] 衣貌 褊ㅣ 옷모양선 (先)
⿰衤感 [축] 好衣鮮ㅣ也 옷좋고화사할축 (屋)
⿰衤巤 라 [랍] 衣敝 옷해질랍 (合)
襀 褟과同
(十六)
襱 룽 [롱] 袴兩股 바지양쪽가랑이롱 (東)
襲 씨 [습] 重衣 옷겨입을습 (緝)
⿰衤遺 襚과同
襯 천 [친] 近身衣 속옷친 (震)
⿰衤賴 래 [뢰] 衣敝 옷해질뢰 (蟹)
(十七)
⿰衤嬰 잉 [영] 作襞 주름잡을영 (敬)
⿰衤蹇 쳔 [건] 袴也 바지건 (先)
襴 란 [란] 裳與衣連ㅣ 衫 난삼란 (寒)
襳 쎤 [섬][삼] 長帶 긴띠섬 旗旒 깃발삼 (鹽)(咸)
(十八)
襮 폭、[폭][박] 黼領 수놓은옷깃 表也 거죽박 (沃)(藥)
襶 대 [대] 不曉事 褦 미욱할대 (隊)
⿰衤巂 ᄋ제 [계] 一幅布巾 외폭헝겁계 (霽)
襵 ᄋ졔 [접] 襞積 주름잡을접 (葉)
(十九)
⿰衤贊 ᄋ잔 [찬] 鮮衣 고운옷찬 (翰)
襹 쓰 [시][사] 毛羽衣貌 襬ㅣ 깃과털로지은옷모양시、사義同 (支)
⿰衤羅 라

[라] 婦人上衣 계집옷 옷라 (歌)

襼 이 [예] 袂也 소매 예 (霽)

襻 판 [반] 衣系|帶 옷고름 반 (諫)

襺 옌 [견] 新綿著衣 핫솜옷에 둘 견 (銑)

(二十) ⿰衤騫 졘 [건] 袴也 바지 건 (先)

(二十一) ⿰衤屬 쓔 [촉] 長襦連腰衣 다리치마 촉 (沃)

(二十二) ⿰衤囊 낭 [낭] 寬也 너그러울 낭 (漾)

(二十四) ⿰衤靈 링 [령] 衣光 옷광채 날 령 (青)

行部

行 씽 [행][항] 步行 다닐 행 等輩 행렬 항 (庚)(梗)

(二) ⿲彳丌亍 軌古字

(三) 衍 옌 [연] 廣也 넓을 연 (銑)(霰)

衎 칸 [간] 樂也 즐길 간 本音 한 (翰)

(四) ⿲彳开亍 싱 [형] 步行貌 걸음걸는 모양 형 (青)

衏 원 [원] 樂人術| 악공 원 (霰)

衙 위 [어] 侍也 모실 어 (御)

⿲彳乔亍 라 [랍] 不能行者 앉은뱅이 랍 (合)

⿲彳亢亍 항 [항] 樂人|術 악공 항 (陽)

(五) 衒 쉔 [현] 行且賣 팔릴 현 (霰)

衑 링 [령] 道也 길 령 (青)

術 쓔 [술] 技也 꾀 술 (質)

(六) ⿲彳谷亍 갸 [갸] 倦也 게으를 갸 (藥)

⿲彳米亍 웨 [비] 隱行 암행할 비 (微)

衖 巷과 同

衕 퉁 [통] 通街 거리 동 (送)

⿲彳圭亍 ⿲彳含亍俗字

街 개 [가] 四通路 거리 가 (佳)

(七) ⿲彳可亍 衙과 同

衙 야 [아] 官府 마을 아 (麻)

(九) 衚 후 [호] 街也 |衕 골목 호 (虞)

⿲彳含亍 친 [금] 暗行 가만니 갈 금 (沁)

衝 츙 [충] 突也 충돌할 충 (冬)

(十) 衡 헝 [형][횡] 車軛 수레멍에 형 縱之對 가로 횡 (庚)

衠 쭌 [순] 正也 바를 순 (眞)

衟 道 古字

衛 웨 [위] 護也 호위할 위 (霽)

⿲彳素亍 쑤 [소] 淨也 정결할 소 (遇)

衞 衛와 同

(十一) ⿲彳率亍 쐐 [솔] 統也 거느릴 솔 (質)

(十二) ⿲彳童亍 衝과 同

(十八) 衢 규 [구] 四達道 거리 구 (遇)

襾部

襾 야 [아] 覆也 덮을 아 (禡)

西 씨 [서] 日入 서양 서 (齊)

(一) ⿱襾一 밍 [명] 同也 같을 명 (青)

(三) 要 요 [요] 求也 구할 요 (嘯)

(四) ⿱襾天 [압] 覆也 덮을 압 (合)

(五) 覂 뿡 [봉] 覆也 덮을 봉 (腫)

(六) ⿱襾圭 씨 [규] 鄙也 더러울 규 (齊)

覃 탄 [담] 布也 펼 담 (覃)

(八) ⿱襾服 삐 [복] 農夫醜稱 |傴 고공이 복 (職)

(十) ⿱襾煋 [규] 行竈 들

고다니는 화덕규 齊

⑫ 覆 약 복 부 反也도리킬복 包也쌀부 屋 宥

⑬ 覇 霸俗字

覈 허 핵 考事得實핵실할핵 陌

⑰ 覊 이지 기 旅寓寄也나그네기 支 羈俗字

七畫

見部

見 젼 견 현 視也볼견 顯也나타날현 霰

③ 覔 멍 몽 進也나아갈몽 東

④ 規 꿰 규 法也법규 謀也꾀규 支

覒 맏 모 觀也볼모 豪

覓 미 멱 壽也구할멱 錫

覑 펜 편 視貌슬적볼편 銑

覎 니 니 開口貌입다물니 支

覔 覓俗字

覗 싀 시 窺視엿볼시 支

現 쎤 헌 大板큰판자헌 銑

覔 머 막 求也구할막 藥

⑤ 視 쓰 시 見也볼시 效也본받을시 紙

覗 쓰 사 窺視엿볼사 支

覘 쟌 점 窺視엿볼점 監 豔

覕 미 미 病人視貌병든사람볼미 微

覗 시 시 誘引유인할시 支

覤 覤과同

覙 씌 시 何候기다려볼시 支

覕 베 별 割也베일별 屑

覞 소 교 見也볼소 遠也멀교 嘯 蕭

覚 覺略字

⑥ 覛 脈와同

覟 칙 척 柔也—覟다소곳할척 錫

覟 찐 길 人名必—사람이름길 霰

覛 황 황 視也볼황 陽

覜 됴 조 視也뵈일조 嘯

覝 睦과同 覿과同

⑦ 覟 지 審視자세히볼지 寘

覡 천 침 私出頭視가만히머리내밀고볼침 侵

覝 뎜 렴 察視살펴볼렴 監

覤 허 혁 見也볼혁 陌

覡 깐 고 久視貌오래볼고 號

覠 윈 균 大視크게볼균 眞

覡 씨 격 男巫박수격 錫

覞 얖 요 竝視아울러볼요 嘯

覢 얀 요 深視뚫어지게볼요 篠

⑧ 覝 애 애 笑視웃고볼애 蟹

覣 웨 위 好視좋게볼위 支

覢 싼 섭 暫見언뜻볼섭 琰

覫 래 래 內視속속들이볼래 隊

覤 씨 혁 驚貌—ㅣ깜짝놀랄혁 陌

覨 쒜 세 破碎부스러뜨릴세 霽

親 루 록 共示한가지볼록 屋

⑨ 題 제 現也들어낼제 齊

覩 [도] 見也 볼 도 (虞)
⿰甚見 란 [담] 徐視 천천히 볼 담 (感)
親 친 [친] 近也 친할 친 (眞)(震)
⿰相見 샹 [상] 信也 믿을 상 (養)
⿰契見 처 [계] 見也 볼 계 (霽)
⿰省見 셩 [생] 脚露 종아리 드러낼 생 (梗)
覦 위 [유] 欲得 覬ㅣ 넘겨다볼 유 (虞)
覧 覽 俗字
⿰契見 씨 [계] 伺候 문안할 계 (霽)
⿰⿰月癸見 꿰 [계] 見也 볼 계 (霽)
覑 편 [편] 斜視 비껴볼 편 (先)
⿰鬼見 큐 [규] 狂視 음란하게 볼 규 (支)
⿰咢見 어 [악] 久視 오래볼 악 (藥)

十

覬 긔 [기] 希望 ㅣ覦 넘겨다볼 기 (寘)
覯 꾸 [구] 成也 이룰 구 (宥)
⿰旁見 팡 [방] 側視貌 곁눈질할 방 (養)
⿰員見 원 [운] 姓也 성 운 (問)
⿰冥見 밍 [명] 暗處密窺 어두데서 엿볼 명 (青)
⿰豆見 뚜 [두] 目蔽垢 눈꼽낄 두 (尤)
⿰卣見 우 [유] 下視探物 내려다보며 찾을 유 (尤)
⿰⿱允皿見 쥔 [견] 遠視 멀리 볼 견 (先)
⿰耆見 치 [기] 視也 볼 기 (支)

十一

覲 긴 [근] 謁見 뵈올 근 (震)
覷 취 [처] 伺視 엿볼 처 (御)
⿰責見 재 [책] 憎視 밉게 볼 책 (陌)
⿰票見 뱦 [표] 所見省察 둘러볼 표 (篠)
覼 려 [루] 細視 자세히 볼 루 (尤)
⿱殹見 이 [예] 視貌 흘깃거릴 예 (齊)
⿰春見 탕 [탕] 直不 바로 볼 탕 (江)
⿰斬見 찬 [참] 避也 피할 참 (咸)

十二

覸 잰 [한] 覘也 엿볼 한 (諫) [간] 雜也 섞일 간 (刪)
⿰覃見 써 [심] 深見 깊이 볼 심 (寢)
⿱敝見 瞥과 同
⿰啇見 지 [적] 目赤 눈붉을 적 (錫)
⿰登見 덩 [등] 久視 오래볼 등 (蒸)、[증] 直視 똑바로 볼 증 (徑)
⿰粦見 린 [린] 親也 친할 린 (震)
⿰買見 매 [매] 小視 조금 볼 매 (佳)
⿰皋見 고 [고] 見也 볼 고 (豪)

十三

覺 [각] 寤也 깨달을 각 (覺) [교] 夢醒 꿈 깰 교 (效)

十四

⿰爾見 뤄 [라] 好視 좋게 볼 라 (歌)
覾 빈 [빈] 暫視 ㅣ覕 잠간 볼 빈 (震)

十五

⿰鹿見 리 [려] 疾視 몹시 볼 여 (霽)
覽 란 [람] 視也 볼 람 (感)

十七

⿰龠見 얏 [요] 誤視 잘못 볼 요 (嘯)

十八

⿱歸見 퀘 [규] 注視 눈여겨볼 규 (支)

十九

⿰麗見 리 [리] 求也 구할 리、索視貌 살펴볼 리 (寘)

角部

角 (쟉) [각][록] 獸所載芒ㅣ뿔각(屋) 四皓之一ㅣ里신선이름록(覺)

㊁

觔 筋과同 斤과同

𧢲 (뙤) [다] 角短貌뿔짧을다(歌)

𧢵 觫과同

㊂

𧢼 (차) [차] 觰也띠장식차(麻)

𧢻 (씬) [신] 二十枚스무개신(眞)

𧢸 扛과同

㊃

觖 (꿰) [결] 望也바랄결(屑)

觕 [추] 略也대략추(虞)

觘 (샾) [소] 角匙뿔숟가락소(肴)

𧢿 觸古字

𧢽 (파) [파] 牛角張소뿔뻗칠파(麻)

䚗 (쟝) [강] 擧角뿔들강(江)

𤛛 [삭] 角長뿔길삭(覺)

䚝 (뗜) [탐] 比也비교할탐(覃)

㊄

䚡 (뉵) [약] 屋角집뿌다귀약(覺)

觗 觝와同

觜 (쥐) [자][취] 西方宿名ㅣ觿자、별자 喙也부리취(支)(紙)

觚 (꾸) [고] 酒爵술잔고(虞)

觛 (딴) [단] 小盃작은술잔단(旱)

𧢶 (쵞) [수] 角也뿔수(尤)

䚠 距과同

𧢺 (쳠) [겸] 喙也부리겸(琰)

𧢴 (쓰) [사] 角器뿔그릇사(寘)

㊅

觟 獬과同

解 (예) [해][개] 判也쪼갤해(蟹) 散也헤칠개(卦)

𧣂 (빠) [파] 角曲뿔굽을파(麻)

觤 (꿰) [궤] 角一長뿔하나길궤(紙)

𧣒 (쎤) [헌] 角匙뿔숟가락헌(阮)

觡 (껴) [격] 鹿有枝角사슴뿔격(陌)

觥 (꽝) [굉] 大也클굉(庚)

衡 (헝) [형] 牛角之長貌쇠뿔길형(庚)

触 觸俗字

觢 (씨) [서] 一角仰두뿔곤두설서(霽)

觠 (좐) [권] 曲角굽은뿔권(先)

㊆

觪 (씽) [성] 角弓調利뿔활이고를성(庚)

𧣳 (쏘) [초] 牛角開貌소뿔벌어진모양초(巧)(效)

𧤊 (꾸) [곡] 象也코끼리곡(沃)

觩 (쵿) [구] 角上曲貌뿔끝굽은모양구(尤)

𧣛 (치) [치] 角不正뿔바르지못할치(紙)

𧣾 (시) [희] 好角좋은뿔희(紙)

觫 (쑤) [속] 懼貌觳ㅣ두려워할속(屋)

㊇

觭 (치) [기] 兩角俯仰뿔기억발기(支)

𧣈 (대) [래] 角心뿔심래(賄)

𧣎 (훈) [혼] 角圓貌뿔둥구스름할혼(阮)

𧣏 (쭈) [졸] 角初生뿔처음날졸(質)

𧣕 (졔) [결] 角觿뿔에받칠결(屑)

𧣔 (대) [대][래] 人名宋都사람이름대、觫(角部八畫)과同(賄)

𧣙 (꾀) [괵] 牛角쇠뿔괵(屋)

觬 (이) [예] 角曲뿔굽을예(齊)

𧣗 (삐) [패] 角橫倒貌뿔비뜨름할패(齊)

⿰角侖 룬 [론] 擊球遊 공칠론 (願)
⿰角卓 놔 [낙] 握也 잡을낙 或音착 (覺)
⿰角周 쪄 [주] 龍角 용뿔주 (尤)
⑨
⿰角咠 치 [집] 角多ㅣㅣ 뿔많을집 (緝)
⿰角是 디 [제] 角簪 뿔비녀제 (齊)
⿰角業 처 [철] 角也 뿔철 (屑)
䚡 쌔 [새] 角中骨 뿔속뼈새 (灰)
⿰角宣 쎤 [헌] 角揮 뿔휘두를헌 (先)
觰 따 [다] 角根 뿔뿌리다 (麻)
觱 삐 [필] 泉水貌 샘물솟을필 (質)
⿰角耑 똰 [단] 獸名似逐角 ㅣ각단단 (寒)
⿰角帝 티 [제] 觸也 받을제 (霽)
⿱𦥯角 꾸 [곡] 曲角 굽은뿔곡 (沃)
⿰角咼 꽈 [과] 角多貌 뿔많을과 (馬)
⿰角酋 쮜 [추] 券糸具 실패추 (尤)
⑩
⿰角虒 치 [이] 角傾 뿔기울어질이 (紙)
觲 [성] 弓調貌 활고른모양성 (庚)
⿰角致 찌 [치] 刺之履底 신밑찌를치 (寘)
⿰角氣 치 [기] 好角 좋은뿔기 本音희 (寘)
⿰角秦 친 [진] 角齊 뿔가지런할진 (軫)
觳 꾸 [곡][각] 盡也 다할곡 校也 비교할각 (屋)(覺)
⿰角枼 써 [설] 鞢皮 가죽다룰설 (屑)
⑪
觴 쌰 [상] 酒危總名 잔상 (陽)
⿰角翏 먀 [류] 角曲 뿔굽을류 (尤)
⑫
觶 [치] 罰爵 벌술잔치 (寘)
⿰角矞 꿰 [결] 有舌鐶 미늘있는고리결 (屑)
觵 꽝 [굉] 象角酒器兕ㅣ 뿔술잔굉 (庚)
⿰角間 쎈 [간] 卷糸具 실패간 (諫)
⿰角華 쎈 [헌] 以角不齊 뿔고르지않을헌 (先)
⿰角厥 꿰 [궐] 角觸 뿔로받을궐 (月)
⑬
觸 춰 [촉] 犯也 범할촉 (沃)
觷 쒜 [학] 角也 뿔학 (覺)
⿱敫角 씨 [혁] 以角飾杖頭 뿔로지팡이에마구리할혁 (錫)
⿰角睘 환 [환] 角貌 뿔환 (刪)
⑭
觺 이 [의][억] 角利ㅣㅣ 뿔끝날카로울의、억 義同 (支)(職)
⑮
⿰角廣 꺙 [강] 以角刺之 뿔로찌를강 (庚)
觻 루 [력][록] 角鋒 뿔끝력、縣名 고을이름록 (錫)(屋)
觼 [결] 有舌鐶 미늘있는고리결 (屑)
⑯
觹 觿과同
⑰
觾 옌 [연] 鳥名雋ㅣ 전연연 (霰)
⑱
⿰角雚 촨 [권] 揮角 뿔휘두를권 (元)
觿 씨 [휴] 童子帶 동자띠휴 (支)

言部

言 옌 [언] 語也 말할언 辭章 말씀언 (元)
②
計 지 [계] 數也 셈계 (霽)
訂 띵 [정] 正定 바로잡을정 (逈)
訆 [규] 呼也 부를규 (嘯)
訃 [부] 告喪 부음부 (遇)

訒 엉 [잉]厚也후할잉(蒸)
訇 헝 [광]ㅣ然우뢰소리광(庚)
訄 쟈 [구]迫也급할구(尤)
訆 젼 [견]聲也소리견 本音현(先)

三

記 지 [기]錄也기록할기(寘)
訓 쒼 [훈]誨也가르칠훈(問)
訌 흥 [홍]訟言相陷모함할홍(東)
⿱巛言 訓과同
託 퉈 [탁]信任말길탁(藥)
訏 쒸 [우]大也ㅣㅣ클우(虞)
訕 싼 [산]誹謗비방할산(刪)
⿰言口 [구]詳問상세히물을구(有)
討 탄 [토]治也.다스릴토、求也구할토(晧)
⿰言尸 지 [기]笑聲웃음소리기(支)
訑 일 타 [이][타][탄]淺意自得자랑할이、欺也속일타、放也慢ㅣ방탕할탄(支)(歌)(翰)
⿰言亏 와 [와]拒絶거절할와(歌)
訊 씬 [신]問也물을신(震)
訒 인 [인]鈍也둔할인、難也어려울인(震)
訫 信古字
訉 빤 [범]多言수다할범(陷)
訐 알 [알]發人陰私발각할알(月)
訔 인 [은]爭論ㅣㅣ시비할은(眞)
訍 차 [차]異言딴말할차(禡)
⿱大言 誇古字
訖 치 [흘][글]至也이를흘、終也마칠글(物)
訋 댜 [조]聲也소리조(嘯)

四

許 쒸 [허][호]約與之허락할허、衆力聲ㅣㅣ여럿이힘쓰는소리호(語)(麌)
訪 [방]尋也찾을방(漾)
訮 誃과同
証 誑과同
設 써 [설]作也지을설(屑)
訟 [송]爭辯송사할송(宋)
訞 얀 [요]巧言교하게말할요(蕭)
訢 씬 [흔][은]喜也기꺼울흔、和敬貌ㅣㅣ공손할은(文)(眞)
訬 찬 [초]輕也가벼울초(效)
訛 어 [와]僞也거짓말와(歌)
⿰言戈 [식]知也알식(職)
訝 야 [아]迎也맞을아(禡)
訣 얘 [결]別也이별할결(屑)
⿰言⿱乃又 녜 [나]言不正말바르지않을나(麻)
⿰言元 완 [완]發也語始말시작할완(翰)
⿱臾言 와 [유]從也좇을유(尤)
訜 윈 [운]言語不定診ㅣ말횡설수설할운(文)
⿰言厄 [애]不平聲불평하는소리애(卦)
訥 누 [눌]遲鈍지둔할눌(月)
訩 쓩 [흉]訟也송사할흉(腫)
訦 천 [심]信也믿을심(侵)
訷 이 [억]快也쾌할억(職)
訲 안 [염]多言말수다할염(豔)
訧 익 [우]罪也허물우(尤)
⿰言支 지 [치]快也쾌할치(寘)
⿰言毛 만 [모]信也소식모(號)
訡 [음]咏也읊을음(侵)

訰 쓘 준 亂也 ㅣㅣ 어지러울 준 震
𧥣 詉과同
訨 즈 지 訐也 들춰낼 지 紙
詩 詩古字
訠 썬 신 況也 하물며 신 軫
訲 궈 과 言遲 말더딜 과 箇
𧦝 후 호 記也 기록할 호 遇
𧦅 약 부 語助辭 어조사 부 虞
𧦊 쎄 해 言善 말착할 해 卦
訜 얀 분 語不定 ㅣ 訟 말정하지 못할 분 文
䚴 왈 월 詞也 꾸짖을 왈、월 義同 黠 月
𧦠 반 矜也 자랑할 반 寒
𧥮 음 泣也 울 음 侵
𧥷 인 임 思也 생각할 임 侵
𧦧 쥔 균 欺也 속일 균 震
𧦄 투 두 誘也 꾈 두 有
𧥴 謳略字
訳 譯略字
𧦙 예 혜 誠也 정성 예、諴 言성심껏말할 혜 齊 薺
𧦁 뉵 含着부끄러워할 뉵 屋
𧦋 사 사 多言 지껄일 사 馬
五
詆 듸 저 訶也 꾸짖을 저 齊
註 쥬 주 記物 기록할 주 遇
評 핑 평 品論 평론할 평 庚 平言 기롱할 평 敬
証 졍 정 증 諫也 간할 정、證俗字 徑
詞 ㅊ 사 言也 말씀 사 支
䛌 팦 포 亂語 ㅣ 譗 말수선스러울 포 豪
詓 취 거 聲也 소리 거 語
訾 즈 자 思也 생각할 자 支
詉 나 나 語不解 絲 ㅣ 말알아듣지 못할 나 麻
詖 삐 피 辯也 말잘할 피 支
詗 씽 형 刺探 염탐할 형 迥
𧥽 辯古字
詝 쥬 저 智也 슬기로울 저 語
詀 잔 잠 점 첩 被誣 속일 잠 轉語 말전주할 점、多言 잔소리할 첩 咸 監 葉
訹 쓔 수 술 誘也 꾀일 수、술 義同 有 質
診 젼 진 視也 볼 진 軫 震
詈 리 리 罵 ㅣ 빗대고 꾸짖을 리 寘
詍 이 예 多言 ㅣㅣ 잔말할 예 霽
訴 쑤 소 告也 하소연할 소 遇
訾 즈 자 謗毁 훼방할 자 紙
詎 쥐 거 知詞 모를 거 語
詛 쥬 조 盟誓 맹서할 조 語 御
詒 이 이 태 贈言 遺也 줄 이 欺也 속일 태 賄 隊
詑 톼 이 타 自得貌 ㅣㅣ 자랑할 이 欺也 속일 타 支 歌
詁 꾸 고 通古今 明其故 訓 주낼 고 又 새길 고 麌 遇
詐 쟈 사 欺也 속일 사 禡
詇 양 앙 智也 슬기로울 앙 養
詔 쟢 조 告也 고할 조 嘯
詘 취 굴 曲也 굽을 굴 物
詜 톼 도 言不節 ㅣ 誨 말절차없을 도 豪
訶

허 [가] 大言而怒責 역정내여꾸짖을가 (歌)

[言+冉] 안 [염] 言未盡 말다못할염 (豔)

[言+矢] 시 [시] 記録 기록할시 (寘)

[言+乏] 빤 [범] 急言 말급할범 (感)

[言+旦] 따 [달] 不静 조용하지않을달 (曷)

詊 빤 [반] 巧言 말잘할반 (翰)

[言+弗] 애 [비] 言急 말급할비 (未)

詏 얀 [요] 逆也 거스릴요 (效)

詙 빠 [발] 神農妃 신씨부인이름발 (黠)

[言+㕣] 원 [연] 笑貌 웃을연 (銑)

詄 [질] 忘也 잊을질 (屑)

[言+布] 푸 [포] 諫也 간할포 (遇)

[言+甲] 쟈 [갑] 多言 수다할갑 (洽)

[言+穴] 쎄 [혈] 怒也 성낼혈 (屑)

[田+言] 謀 古字

[言+施] 訑 과同

[言+民] 면 [면] 誘言 꾀이는말면 (霰)

[言+尼] 늬 [니] 呼人 사람부를니 (齊)(禡)

[言+戈] 즈 [자] 謀也 꾀자 (寘)

詉 [나][노] 語不解 말알아들을수없을나、惡言 악담노 (麻)(遇)

[言+由] 쭈 [주] 祝也 축원할주 (宥)

詂 부 [부] 言有所依 믿음직할부 (遇)

[言+玄] 쟌 [견] 詐也 속일견 (銑)

訳 지 [혜] 喜笑不止 빙글빙글할혜 (齊)

訽 [구] 辱也 욕될구 (宥)

詅 링 [령] 賣也 팔령 (青)

詌 깐 [감] 口閉不言 입다물감 (勘)

詋 呪 과同

訸 [화] 平也 화평할화 (歌)

[言+四] 치 [치] 伺察 살필치 (支)

詠 용 [영] 歌也長言 을풀영 (敬)

⑥

誆 誑 과同

詇 訣 俗字

詩 씌 [시] 言志也 귀글시 (支)

詷 퉁 [동] 輕薄 경박할동 (送)

[言+曳] 詍 과同

試 씨 [시] 用也 ㅣ驗 시험할시 (寘)

誄 레 [뢰] 諡也 시호뢰 (紙)

誅 쥬 [주] 責也 꾸지람주 (虞)

詥 허 [합] 和也 화할합 (合)

詶 酬 과同

詳 썅 [상][양] 審也 자세할상、詐也 거짓양 (陽)

[言+未] 寂 과同

詣 이 [예] 至也 이를예 (霽)

話 화 [화] 言也 이야기화 (卦)

詼 훼 [회] 嘲也 조롱할회 (灰)

詢 쓘 [순] 咨也 물을순 (眞)

詬 꾸 [구]、[후] 恥辱 욕할구 후 義同 (有)(宥)

詿 꽈 [괘] 誤也 그릇할괘 (卦)

詮 쵠 [전] 具也 갖출전 (先)

誃 츠 [치] 離別 이별할치 (紙)

誙 誣 과同

詪 껀 [간][현] 不聽從 듣지않을간、爭言 말다툼할현 (阮)(銑)

詵 씬 [선] 衆多ㅣ 많을선 (眞)

[言+休] 츄 [축] 聞香貌 讓ㅣ 향내맡을축 (屋)

[臣+言] 지 [기] 發人之惡 발악할기 (紙)

[言+任] 신

[임] 信也 믿을임 (侵)

誆 황 [황] 夢言 잠꼬대할황 (陽)

譸 쥐 [주] 多言 수다스러울주 (尤)

該 깨 [해] 其也 그해 (灰)

詨 쌰 [효] 叫呼 부르짖을효 (肴)

詧 [言+祭]과 同

詫

차 [타] 誇也 자랑할타 (禡)

誇 콰 [과] 大信矜ㅣ 자랑할과 (麻)

䛤 쒀 [술] 靜也 고요할술 (質)

詺 쟈 [명] 辨別物名 물건이름분별할명 (敬)

詰 지 [힐] 問也 힐문할힐 (質)

諸 웨

[외] 呼人 사람부를외 (灰)

誀 얼 [이] 誘也 꾀일이 (寘)

詹 쟌 [첨] 至也 이를첨 (鹽)

詻 어 [액] 論訟 송사논난할액 (陌)

[言+字] 쯔 [치] 詺也 물건이름분별할치 (寘)

誉 譽 略字

訩 쓩 [흉] 訟也 송사할흉 (冬)

誂 됴 [조] 相呼誘 서로꾀일조 (篠)

詭 꿰 [궤] 詐也 속일궤 (紙)

詡 쒸 [허] 和也 화할허 (麌)

誎 즈 [자] 諷ㅣ下以風刺 비유하여나무랄자 (寘)

[㓞/言] 뤄 [략] 歎美言 칭찬하는말략 (藥)

詯 훼 [회] 膾氣充滿聲在人上 말소리우렁찰회 (隊)

[言+朶] 떠 [타] 言相誇 말자랑할타 (箇)

訮 쎈 [현] 爭語ㅣㅣ 말다툼할현 (先)

誁 뼝 [병] 助言 도와말할병 (梗)

七

誼 의 [의] 理也 다스릴의 (寘)

說 쒜 [설][열][세] 辭也 말씀설、喜也樂也 기꺼울열、誘也 달래세 (屑)(霽)

詐 쟈 [자] 慙語 부끄러운말자 (禡)

語 [어] 告人 말씀어 (御)

誥 깐 [고] 教也 가르칠고 (號)

[言+比] 삐 [비] 錯謬 그릇할비 (支)

誤 우 [오] 謬也 그릇할오 (遇)

誣 우 [무] 詐也 간사할무 (虞)

[言+豆] 떠 [투] 不能言ㅣ譳 말머뭇거릴투 (宥)

誌

쯔 [지] 記也 기록할지 (寘)

誓 씨 [서] 告也 고할서 (霽)

誦 쑹 [송] 言也 말할송 (宋)

誘 유 [유] 導也 인도할유 (有)

誧 뿌 [포] 大也 클포 (虞)

誡 [계] 告也 고할계 (卦)

[言+何] 싸 [하] 喧也 시끄러울하 (歌)

誨 훼 [회] 教訓 가르칠회 (隊)

認 신 [인] 許也ㅣ可 허락할인 (震)

誖 뻬 [패][발] 亂也 어지러울패、발 義同 (隊)(月)

誠 [성] 純一無偽 정성성 (庚)

誚 쟢 [초] 以辭相 서로꾸짖을초 (嘯)

誕 떤 [탄] 降ㅣ 탄생할탄 (旱)

誙 컹 [경] 言確 말확실히할경 (庚)

[言+坐] 춰 [좌] 以言析人 핀잔줄좌 (箇)

誑 광 [광] 欺也 속일광 (漾)

誩

잉 [경] 競言 다투어 말할 경 ㊞敬

⿰言禿 투 [독] 欺詆 속일 독 (屋)

⿰言赤 [혁] 內侮 속으로 업신여길 혁 (錫)

⿰言希 씨 [희] 語聲 말소리 희 (寘)

誎 쑤 [속] 督促 독촉할 속 (寘)

⿰言旱 한 [한] 多言 수다할 한 (旱)

⿰言足 주 [촉] 言急 말 급할 촉 (沃)

⿰言夾 쟈 [겹] 多言 떠들어댈 겹 (葉)

誋 지 [기] 誡也 경계할 기 (寘)

⿰言利 천 [짐] 言美 말 아름다울 짐 (監)

⿰言別 [별] 言析理 말로 판단할 별 (質)

読 讀略字

⿰言余 투 [도] 言不明 譸—말 분명치 못할 도 (虞)

誐 어 [아] 狡猾詆— 간사할 아 (歌)

誏 랑 [랑] 泛言 뜬말할 랑 (養)

⿰言㑴 친 [침] 私語 소근소근 거리며 말할 침 (侵)

⿱俟言 씨 [혜] 待也 기다릴 혜 (齊)

⿰言甹 착 [추] 不決 —讀 결단하지 못할 추 (尤)

誢 쎈 [현] 諍語 간하는 말 현 (銑)

誔 텽 [정] 欺也 속일 정 (梗)

⿰言⿱丑山 난 [노] 喜也 기쁠 노 (豪)

誒 씨 [희] —笑 선웃음칠 희 (支)

⿰言貝 훼 [회] 言長 말 느러 느러할 회 (隊)

誜 싸 [사] 妄言 준절한 말 사 (禡)

八

論 룬 [론][륜] 議也 의논 론 言有理倫 차례 륜 (眞)(元)

諘 뾰 [표] 讚也 칭찬할 표 (篠)

⿰阝⿱𠂇言 훼 [회] 毁謗 훼방할 회 (灰)

誰 쒸 [수] 孰也 누구 수 (支)

⿰言忠 듸 [지] 言不懈 말 부지런히 할 지 (齊)

誹 뷔 [비] 謗也 비방할 비 (微)

誼 [의] 理也 다스릴 의 (寘)

⿰言帛 멘 [면] 欺也 속일 면 (先)

⿰言昆 훈 [혼] 語不明 말 분명하지 못할 혼 (阮)

⿰言林 천 [침] 善言 착한 말 침 (侵)

⿰言居 쥐 [거] 言有則 말 법도 있을 거 (御)

誺 지 [치] 不知 모를 치 (支)

誾 인 [은] 和悅貌 —— 화평할 은 (眞)(文)

⿰言匋 탄 [도] 往來言 왕래하는 말 도 (豪)

誵 햐 [효] 言不恭謹 말 불공할 효 (肴)

誸 쎈 [현] 言急 말 급할 현 (先)

⿰言受 [수] 口授 입으로 전할 수 (宥)

⿰言者 텨 [타] 退言 말 물리칠 타 (歌)

⿰言忝 텬 [전] 言不定 —讇 말 정하지 못할 전 (銑)

⿰言匊 鞠 과 同

誳 쥐 [굴] 詭異 괴이할 굴 (物)

課 커 [과] 稅也 부세 과 (歌)

諗 썬 [심] 告也 고할 심 (寢)

⿰言咎 꺼 [구] 毁也 훼방할 구 (有)

⿰言亞 우 [오] 相毁 서로 훼방할 오 (遇)

諎 져 [책][차] 大聲 큰소리 책 嗚也 울 차 (陌)(禡)

諍 정 [쟁] 救正練也 간할 쟁 (敬)

談

탄 [담]言論말씀담(覃) **諑** 쭤 [착]責也꾸짖을착(覺) **諒** 량 [량]信也믿을량(漾) **⿰言長** 쟝 [장]誑也속일장(陽) **⿰言穹** 츙 [궁]多言물을궁(送) **請** 청 [청]包也청할청(梗)

諂 찬 [첨]佞言曰ㅣ아첨할첨(琰) **諅** 끼 [기]忌也꺼릴기(寘) **諀** 피 [비]惡言악담할비(紙) **調** 됴 [조][주]和也고를조、重也거듭주(嘯)(尤) **諄** [순]誨言重複ㅣ거듭이룰순(眞)

諜 同謀 **諉** 웨 [위]委也버릴위(寘) **諓** 쟌 [전]善言착한말전(先) **諏** 쭈 [추]聚謀꾀할추(虞)(尤) **諕** 햐 [하][확]誑也속일하、驚貌ㅣ然깜짝놀랄확(禡)(陌) **⿰言囟** 古訊字

誶 쒜 [수][쇄][신][줄]責讓詬也꾸짖을수、쇄義同수同誶과同 訊也물을신、責罵모라셀줄(寘)(隊)(震)(質) **⿰言戾** 리 [려]人名사람의이름여(魚) **諐** [건]過也허물건(先) **誷** 왕 [망]誣也속일망(養)

⿰言疌 쳐 [첩]多言口ㅣ말납신거릴첩(葉) **誻** 타 [답]多言잔말할답(合) **⿰言奇** 끼 [기]語相戲말로희롱할지(支) **諔** 쑤 [숙]詭也간사할숙(屋) **⿰言奄** 옌 [엄]予也줄엄(豔)

⿰言臿 커 [갑]笑語ㅣ讗웃고말할갑(合) **⿰言卓** 쮜 [착]人名韓ㅣ사람의이름착(覺) **戠** 古識字 **諈** 쥐 [추]訐也알소할추(寘) **諆** 치 [기]謀也꾀기(支) **⿰言制** 지

[제]語不正말바르게못할제(霽) **誴** 숭 [종]樂也즐거울종(冬) **諌** 둥 [동]言多也잔말할동(董) **諙** 쾌 [쾌]誤也그릇칠쾌(卦) **⿰言事** 쓰 [시]入言말받아들일시(寘) **⿰言辛** 싱

[행]ㅣ直바를행(敬) **⿰言罙** 신 [섭]無實言거짓말할섭(豔) **誽** 나 [나]以言窺知人之心情떠볼나(佳) **謍** 아 [오]鴉鳴聲까마귀우는소리오(豪) **諁** 테 [철]喧也시끄러울철(屑)

誉 譽俗字

九

諸 쥬 [제]衆也모들제(魚) **諞** 편 [편][변]巧言공교한말편、변義同(先) **諺** 안 [언][안]俗言俚語속된말언、不恭공손하지않을안(霰)(翰) **謂** 웨

[위]告也고할위(未) **諧** 쎄 [해]和也화할해(佳) **諫** 잰 [간]諷也풍간간(諫) **諦** 티 [체]審也살필체(霽) **諲** 인 [인]敬也공경할인(眞) **諻** 헝 [황]大聲큰소리황(庚) **諶**

썬 [심]信也 믿을심(侵)

謀 뫄 [무][모]俗音、議也 의논할모(尤)

謏 쑈 [소][수]小也 작을소、私罵 속으로욕설할수(篠)(有)

諼 쒠 [훤]詐也 거짓훤(阮)

謁 예 [알]請白也 아뢸알(月)

諠 쒼 [훤]忘也 잊을훤(元)

諄 [순]咨也 물을순(眞)

諵 난 [남]多言ㅣㅣ 말많이할남(咸)

諳 안 [암]知也 알암(覃)

諾 놔 [낙]答也 대답할낙(藥)

諷 쀵 [풍]ㅣ刺 비유로간할풍(送)

諟 쓰 [시]是也 이시(紙)

諴 쎤 [함]和也 화할함(咸)

諮 ㅈ [자]問也 물을자(支)

諡 씨 [시]立號以易名 시호시(眞)

諭 위 [유]告也 고할유(遇)

諱 훠 [휘]避也 피할휘(未)

諤 어 [악]直言謇ㅣ 곧은말악(藥)

諜 뎨 [첩]軍中反間 이간할첩(葉)

諝 쉬 [서]知也 지혜있을서(魚)(語)

[言+亟] ㅇㅈ [극]訥言 말더듬거릴극(職)

諿 치 [집]和也 화할집(緝)

諰 씨 [시]直言 바른말시(紙)

諯 좐 [전]相讓 서로사양할전(先)

諛 위 [유]諂也 아첨할유(虞)

諆 ㅇㅈ [기]人名與ㅣ 사람의이름기(眞)

諻 훼 [훼]謗也 비방할훼(紙)

[言+度] 뒤 [탁]欺也 속일탁(藥)

[言+施] 쓰 [시]多言 말수다할시(支)

[言+存] 訴과同

諽 꺼 [격]飾也 꾸밀격(陌)

[言+奏] 쭈 [주]人名希ㅣ 사람이름주(尤)

諩 [보]籍錄世系 족보보(虞)

[言+契] 챠 [가]巧言ㅣ詬 교묘한말가(禡)

[言+𡿺] 놔 [노]語相侮 서로욕할노(皓)

[言+致] 지 [치]笑也 웃음치(眞)

[言+界] 계 [계]言警 경계할계(卦)

諥 쭝 [종]言相觸 말서로마주칠종(宋)

諢 웬 [원]弄談 농담할원(願)

諨 뱌 [복]備也 갖출복(屋)

[言+彖] 쒠 [현]相責 서로책할현(霰)

[言+盾] 誘과同

[言+信] 辯과同

[言+侖] 譜과同

[言+育] 뒤 [타]慧也 민첩할타(哿)

[言+剌] 라 [랄]語聲 말소리랄(曷)

諪 뎡 [정]調也 고를정(靑)

[言+侯] 후 [후]言也 말할후(有)

[言+咼] 화 [과]急言 말급할과(禡)

諹 양 [양]讚也 칭찬할양(陽)

[言+頁] 인 [은]頑也 완악할은(眞)

十

講 걍 [강]論也 강론할강(講)

謜 웬 [원]ㅣㅣ和悅 기꺼울원(元)

謟 탚 [도]疑也 의심할도(豪)

謌 歌과同

謝 [사]拜ㅣ사례할사、絶也끊을사(禡)

謠 야오 [요]風說卜言소문요(蕭)

謏 [소][수]小也작을소、私罵중얼거릴수(篠)

謓 천 [진]恚怒성낼진(眞)

謅 찬 [초]弄言농담할초(巧)

謎 미 [미]隱語숨은말미(霽)

謇 젠 [건]吃也難言말더듬거릴건(阮)

謖 쑤 [속]起也일어날속(屋)

謄 텅 [등]移寫등사할등(蒸)

謞 허 [학]嵩譹惹ㅣ간특할학(藥)

謑 씨 [혜][하]不正貌ㅣ髁비뚤혜、怒言성내어말할하(薺)(禡)

謐 미 [밀]靜也고요할밀(質)

謔 쉐 [학]調戲ㅣ浪희롱할학(藥)

⿰言鬲 꺼 [격]語不相入말서로듣지못할격(陌)

謗 빵 [방]毁也헐어말할방(陽)(漾)

謙 쳰 [겸]讓也사양할겸(鹽)

謚 이 [익]笑貌웃는모양익(陌)

⿰言朔 訴과同

⿰言盍 허 [합]多言말수다할합(合)

謋 훠 [획]速也빠를획(陌)

謕 [제]泣也울제(齊)

⿰言夸 화 [화]應也대답할화(麻)

⿰言素 쑤 [소]譖也울소(遇)

謍 잉 [영]小聲적은소리영(庚)

⿰言豈 애 [개]謹也삼갈개(灰)

⿰言眔 諸과同

⿰言虔 젠 [건]口吃말더듬더듬할건(阮)

謉 愧과同

⿰言耆 [기]怒也성낼기(支)

⿰言犀 츠 [지]語諄諄말거듭이를지(支)

譇 쟈 [하]誑也속일하(禡)

謘 [승]促言말재촉할승(徑)

⿰言差 차 [차]異言말다를차(禡)

謒 챵 [창]語輕말경하게할창(陽)

⿰言孛 빠 [발]言亂말어지러울발(月)

⿰言烝 쩡 [증]語煩ㅣ仍말번거러울증(蒸)

⿰言疾 지 [질]語急말급할질(質)

⿰言氣 씨 [희]語氣말기운희(未)

⿱暴言 빠오 [포]痛冤聲呼ㅣ부르짖을포(豪)

謆 싼 [선]以言感人말로사람감동시킬선(霰)

十

謲 천 [침]讖也흉볼침(寢)

謤 퍈 [표]言輕말경할표(蕭)

謺 져 [집][접]多言말수다할집、拾人語남의말주을접(緝)(葉)

謨 뭐 [모]汎議將定其謀꾀모(虞)

⿰言叟 사 [사]虎談헛말할사(馬)

謩 謨과同

謱 러우 [루]委曲辭ㅣ곡진할루(麌)

謣 위 [우]妄言망녕된말우(虞)

⿰言羕 양 [양]聲變소리변할양(漾)

謶 줘 [작]欺也속일작

⿰言望 왕 [망]相責서로책망할망(漾)

⿰言竟 징

[경]彊語말다툴경(敬)
⿰言爽 訍과同
⿰言畢 삐 [필]敬也공경할필(質)
⿰言曹 嘈과同
⿰言習 씨 [습]服習익힐습(緝)
⿰言連 련 [련]語亂ㅣㅣ말어지러울련(銑)
⿰言泰 ⿰言夾과同
諆 [기]謀也꾀기(支)
⿰言虘 詛과同
⿰言离 리 [리]多言ㅣ詍말수다할리(支)
⿰言祭 [절]正言바른말절(屑)
⿰言敫 警과同
⿰言屚 럭 [루]暴怒ㅣ詬불끈성낼루(宥)
⿰言悤 춍 [총]急言貌ㅣ調급히말할총(送)
⿰言帶 듸 [제]審諦讀ㅣ ㅣ살필제(霽)
⿱殸言 칭 [경]欬聲기침소리경(迥)(徑)
⿰言窒 ᅙ지 [질]言無倫脊諂ㅣ말종잡을수없을질(質)
謹 ᅙ진 [근]慎也삼갈근(吻)
謴 꾼 [곤]語不明말분명하지못할곤(阮)
謾 만 [만]欺也속일만(寒)
⿱既言 ᅙ지 [기]言無次말차례없을기(寘)
⿰言商 쌍 [상]度也헤아릴상(陽)
⿰言剪 讕과同
謳 ᅙᅮ [구]吟也읊조릴구、本音우(尤)
⿰言竟 競과同
⿰言巢 찬 [초]代人說대신말할초(肴)
⿰言鹵 루 [로]言不定ㅣ謊황당히말할로(虞)
⿰言虖 후 [호][효]大叫크게부를호、號也짖을효(虞)(遇)
謻 이 [이]別門따로세운문이(支)
⿰言卒 [하]誑也속일하(禡)
謷 오 [오]不消人語중얼거릴오(肴)(號)
⿰言奄 안 [암]語不決ㅣ阿말결단할암(覃)
⿱殹言 이 [예]譍也대답할예(齊)
謬 믜 [류]誤也그릇할류(宥)
⿱強言 챵 [강]詞不屈말굳셀강(漾)
⿰言責 ᅙ져 [책]怒也성낼책(陌)
⿰言酓 諳과同
⿱敕言 速古字
謫 ᅙ져 [적]罰也형벌할적(陌)
⿰言崔 [유][최]責也꾸짖을유、최義同(支)(灰)

十二

證 ᅙ정 [증]驗也증험할증(徑)
譎 ᅙ궤 [휼]詐也간사할휼(屑)
⿰言勞 랗 [로]聲多소리많을로(號)
譖 찬 [참]不信거짓말참(沁)
譆 씨 [희]痛呼、懽聲슲피소리지를희(支)
譚 [담]大也클담(覃)
譊 냐 [뇨]ㅣㅣ争聲다투는소리뇨(肴)
識 ᅙ지 [식][지]知也알식、記也기록할지(職)(寘)
⿰言翕 [흡]疾言말빨리할흡(緝)
譓 휘 [혜]多智슬기많을혜(霽)
⿰言嵒 [암]戲言희롱할암(咸)
譁 화 [화]讙也喧ㅣ시끄러울화(麻)
譐 ᅙ쥰 [준]聚語수군거릴준(阮)
⿱隋言 쒜 [수]相毁서로훼방할수(寘)

⿰言青 請과同

譙 챠 [초] 羽殺|| 깃모자라질초 (蕭)

譔 쏸 [선] 述也 지을선 (銑)(霰)

譏 이지 [기] 詞察 엿볼기 (微)

⿰言惡 우 [오] 惛也 미워할오 (遇)

譒 펄 [파] 敷也 펄파 (箇)

⿰言莽 무 [모] 言不定譄| 황당히말할모 (虞)

⿰言尋 탄 [탐] 言不正而違也 말어긋날탐 (感)

⿱斯言 쓰 [서] 悲聲 슬픈소리서 (齊)

譕 우 [무] 言行莫先 언행이같을무 (虞)

譗 쟈

[잡] 言不倫脊|諿 말종잡을수없을잡 (洽)

譌 [와] 化也 화할와 (歌)

譩 이 [예] 審諦|謕 살필예 或音의 (霽)

⿰言善 옌 [전] 善言 좋은말전 (銑)

⿰言賀 허 [하] 應語 대답할하 (箇)

⿰言皐 호

[호] 相欺|讀 서로속일호 (號)

⿱暴言 謈과同

⿱差言 嗟과同

譆 喜과同

⿰言歰 譅와同

謿 嘲同

譂 찬 [천] 妄言 망녕된말천 (銑)

譑 [교] 發罰糾|죄 들추어낼교 (篠)

⿰言貴 쇄 [회] 中止 그칠회 (泰)

譅 써 [삽] 訥也 어눌할삽 (緝)

譄 쩡 [증] 加也 더할증 (蒸)

⿰言奢 써 [사] 語競 말다툼할사 (馬)

⿰言䠶 謝과同

譈 되 [대] 惡也 미울대 (隊)

譜 푸 [보] 籍錄世系 족보보 (麌)

⿰言尞 럎 [료] 巧言|讈 말잘할료 (蕭)

譀 [함][합] 誕也 허탄할함、怒言 성내어말할합 (勘)(洽)

⿰言虛 쒸 [후] 妄言 망녕된말후 (虞)

䜌 뢴 [련] 治也 다스릴련 (霰)

十三

譍 잉 [응] 答言 대답할응 (蒸)

譥 警와同

⿰言奧 오 [오] 告也隱語 고할오 (號)

譠 탄 [탄] 欺也|謾 속일탄 (寒)

⿰言敫 이지 [격] 詐也 거짓격 (錫)

讉 쉐

[수] 言從 말좇을수 (支)

⿰言煎 쳔 [전] 語煩 말번거러울전 (銑)

譪 애 [애] 盡力 힘다할애 (泰)

⿰言業 예 [업] 語笑 말하며웃을업 (洽)

⿰言黽 썽 [승] 譽也 칭찬할승 (蒸)

⿰言萬 매 [매] 誇誕 자랑할매 (卦)

⿰言感 깐 [흠] 怒也 言성내어말할흠 (沁)

譭 훼 [훼] 謗也 헐어말할훼 (紙)

議 이 [의] 語也 말할의 (寘)

譬 피 [비] 喩也 비유할비 (寘)

譢 쒀 [수] 諫也 간할수 (寘)

⿰言葉

쎄 [섭] 言失讋| 실언할섭 (葉)

譞 환 [현] 多言 말수다할현 (先)

⿱鄉言 쌍 [향] 暫也 잠깐향 (漾)

⿰言歲 훼 [홰] 衆聲 여러소리홰 (泰)

譮 [홰] 怒辭 성난말홰 (卦)

譱 善古字

謷 쟈 교 訂也 알소할 교 (嘯)
警 징 경 戒行 계엄할 경 (梗)
譟 쌋 조 聒也 羣呼 지껄일 조 (號)
譫 잔 섬 多言 중얼거릴 섬 (監)
譣 쎤 험 姦言ㅣ詖 간사한 말 험 (琰)

譗 쟈 잡 聲也 소리 잡 (合)
譯 이 역 換易言語使相解 통변할 역 (陌)
譨 누 누 多言ㅣㅣ 속살거릴 누 (尤)
譩 이 의 傷也 상할 의 (支)
譔 괘 과 相誤 서로 그릇할 과 (禡)

譡 讜과 同

(十四)

護 휴 호 救也 구조할 호 (遇)
䜨 취 제 言多 수다할 제 (霽)
譿 이 예 恨也 한탄할 예 (霽)
𧭈 치 철 細語 속살거릴 철 (屑)
譼 監 古字

𧬨 직 추 罵也 욕할 추 (肴)
𧬹 푸 박 以言蔽 말로 방패막이할 박 (屋)
譢 태 태 明審 자세할 태 (灰)
譺 의 억 嗤戱 기롱할 의、齊敬 삼가할 억 (卦)(職)
𧭹 진 視也 볼 진 (軫)

𧭼 뭥 몽 言不明 말 분명하지 못할 몽 (東)
𧮣 돤 단 言惑誘ㅣ 말 의혹날 단 (旱)
譶 타 답 疾言 재재거릴 답 (合)
𧬰 왕 망 欺也 속일 망 (漾)
𧭿 녕 小言 속살거릴 녕 (庚)

譽 위 예 稱也 聲美 기릴 예 (魚)(御)
譻 잉 앵 聲也ㅣ 소리 앵 (庚)
譸 쥬 주 誑也ㅣ張 속일 주 (尤)
𧭞 면 면 慧黠 영리할 면 (先)
𧮎 어 압 笑語𧮎ㅣ 웃고 말할 압 (合)

譳 누 누 不能言 諠ㅣ 말 머뭇거릴 누 (宥)
譴 쳔 견 怒也 성낼 견 (霰)
𧭂 타 답 言語相及 말다툼할 답 (合)
譹 호 호 號也 哭聲 부르짖을 호 (豪)

(十五)

讀 뚜 독 두 誦書 글 읽을 독、文語絶處 句ㅣ 귀절 두 (屋)(宥)
𧬸 러 락 狂言ㅣ謊 미친 말 락 (藥)
𧮱 려 렵 多言 饒舌 지껄일 렵 (葉)
𧮈 표 포 惡怒 미워하고 성낼 표、呼ㅣ 부르짖을 포 音 박 (效)(覺)

讄 레 뢰 諡也 시호 뇌 (紙)
䛹 쎄 사 以言寫志 말로 속시원하게 할 사 (馬)
讖 識 俗字
𧭁 찌 질 野人言 상스러운 말 질 (質)
𧮁 뤼 려 詐也 거짓 려 (御)
𧮙

훼 혜 辨察 분별하여 살필 혜 (霽)
讅 審과 同
䜄 치 지 言之逸出 말 헛나갈 지 (支)
𧮝 위 육 嗅也 냄새 맡을 육 (屋)
讃 讚과 同
譾 전 淺也 얕을 전 (銑)
讁

[적] 責也咎也 꾸짖을적 (陌)

[言+蔡] 싸 [살] 散言 허튼말살 (曷)

[言+夐] 쒼 [현] 有所求 경영할현 (霰)

十六

讌 연 [연] 会飮 잔치연 (霰)

[言+親] 천 [친] 訓言 훈계할친 (震)

讐 讎 과同

讉 웨 [유] 怒也 성낼유 (支)

讍 악 [악] 直言 謇ㅣ 곧은말악 (藥)

[頻/言] 핀 [빈] 多言 수다할빈 (眞)

[言+憲] 쎈 [헌] 狠戾ㅣ摶 낭자할헌 (阮)

讈 리 [력] 巧言 讈ㅣ 교묘한말력 (錫)

變 뻰

[변] 化也 변할변 (霰)

讇 [첨] 諛佞 아첨할첨 (琰)

讎 척 [수] 匹也 짝수 (尤)

[衛/言] 웨 [위] 詐也 거짓위 (寘)

[咸/言] 한 [함] 愛也 사랑할함 (覃)

[言+𦎧] 쥰 [순] 誨言重複ㅣㅣ 거듭이를순 (眞)

讋 엽 [섭] 懼也 두려울섭 (葉)

十七

讔 인 [은] 迷也 수수께끼은 (吻)

[言+龠] 얀 [요] 誤也 그릇칠요 (嘯)

讓 양 [양] 謙也 사양양 (漾)

讒 찬 [참] 僭也 참소할참 (咸)

讖 [참] 符命圖ㅣ 將來驗ㅣ 緯 참서참 (沁)

[言+蹇] 엔 [건] 口吃難也 말더듬거릴건 (阮)

讕 란 [란] 逸言 방탕할란 (翰)

十八

讙 환 [훤][환] 譁也 지껄일훤、환 義同 喜悅 기쁠환 (元)(寒)

[言+雋] 휘 [획] 誇也ㅣㅣ 자랑할획 (陌)

讘 녜 [섭] 多言 詁ㅣ 속살거릴섭 俗音접 (葉)

[言+醫] 譆 과同

[言+闒] 따 [답] 言多 수다할답 (合)

十九

讚 잔 [찬] 佐也 도울찬 (翰)

讛

囈 과同

二十

讞 엔 [언][얼] 評獄 옥사의논할 언、얼 義同 (銑)(屑)

[言+嚴] 넴 [섭] 病人自語 헛소리할섭 (監)

讜 땅 [당] 直言 忠ㅣ 곧은말당 (養)(漾)

[言+矍] 훠 [확] 妄言 망령된말확

(藥)

二十一

[言+纍] 讄 과同

[賏/言言] [言+品] 古字

二十二

讟 뚜 [독] 痛而謗 원망할독 (屋)

二十三

[龖/言] 讋 과同

谷部

谷 꾸 [곡][록][욕] 窮也 궁할곡、名王ㅣ蠡 곡려록、姓也 성욕 (屋)(沃)

[谷 variant] 작 [각] 笑也 웃을각 (藥)

二

[谷+九] 구 [구] 大谷 큰골구 (尤)

三

谸 쳔 [천] 山名 산이름천 (先)

谼 훙 [홍] 大谷 큰골홍 (東)

四

谻 이 [극] 倦也 곤할극 (陌)

谺 햐 [하] 谷空貌 谽ㅣ 골속휑할하 (麻)

谹 헝 [횡] 谷中響 골속울릴횡 (庚)

五

㕡 叡 古字

⿰谷甘 깐 함 高谷 높은골함 覃 ⑥ 谼 홍 홍 大壑 큰구렁텅이홍 東 ⿰谷合 허 합 兩山相接 두산서로닿을합 合 ⑦ 谽 합 谷空貌ㅣ谺 골속휑할함 覃 ⿰谷牢 랑 로 空

谷貌 골속휑할로 豪 ⑧ 谾 홍 홍 룽 랑 谷空 골휑할홍、山深貌 산깊숙할롱、空谷 빈골짜기랑 東 江 ⿰谷周 쟢 교 谷大 큰골짜기교 蕭 ⿰谷虎 깐 감 虎怒 범성낼감 陷 ⑩ 豁

휘 활 開也 열릴활 曷 谿 씨 계 水注川 澗시내계 齊 豀 씨 혜 反戾 어그러질혜 齊 ⑪ ⿰谷翏 랴 료 谷深 골깊을료 蕭 ⿰谷京 隙과同 ⑫ ⿰谷間 澗과同 ⿰谷敢

한 함 開也 열릴함 感 ⿰谷勞 랴 로 谷空貌 골빌로 號 ⿰谷敫 한 호 深谷貌 깊은골짜기호 豪 ⑭ ⿰谷膚 씬 신 深谷 깊은골신 震 ⑮ ⿰谷賣 독 독 通溝 도랑통할독 沃 ⑰

⿰谷龍 룽 롱 大長谷 크고긴골롱 東 ⑳ ⿰谷靈 링 령 岩穴 바위구멍령 青

豆部

豆 떡 두 菽也 콩두 赤ㅣ 팥두 宥 ③ 豇 야장 강 豆之一種 광저기강 江 豈 치 기 개 会也 일찌기、勝戰樂 승전악개 尾 賄 ④ 豉 츠 시 配

鹽幽菽 豆ㅣ 콩자반시 寘 ⑤ 豞 뚜 두 裂也 찢을두 尤 ⿰夗豆 동 완 豆名 동부완 寒 ⑥ 豋 떵 등 禮器瓦豆 질제기등 蒸 ⿰豆夅 샹 강 豇豆ㅣ雙 광저기강 江 豊

豐略字 禮古字 ⑦ ⿰豆足 츄 촉 小豆 팥촉 屋 ⿰豆侵 친 침 野生豆 들콩침 侵 ⿰豆尾 메 매 豆碎萁 콩깍지매 賄 ⑧ ⿰豆昔 처 책 磨豆 비지책 陌 豎 쓔 수 立也 세울수

⿰豆或 위 육 豆也 콩육 屋 ⿰豆卑 삐 비 白扁豆 백편두비 齊 ⿰豆召 깐 감 鼓味厚也 된장맛깊을감 勘 ⿰豆丁 닁 정 張幕 장막칠정 青 豌 완 완 西胡豆名 완두완 寒 ⿰豆其

萁과同 ⑨ ⿰豆兪 위 유 變色豆 빛변한콩유 虞 ⿱登豆 㽷과同 ⿰豆音 인 음 幽豆 메주만들음 侵 ⿰豆敄 무 목 豆萁 콩깍지목 屋 ⿰豆殳 登과同 ⿰豆是 鼓과同 ⑩

豋 [로] 野豆 들콩 로 (豪)
豏 쎤 [함] 豆半生 덜친콩 함 (豏)
⿰豆留 류 [류][료] 豌豆 원두콩 豆也 콩 료 (尤)(蕭)
⿰壴卑 삐 [비] 騎兵用鼓 군사의 북 비 (齊)
⿰壴東 둥 [동] 鼓聲 북소리 동 (東)
⿰巾登

덩 [등] 舒也 펼 등 (蒸)
(十一) 豐 뵹 [풍] 有年 풍년 풍 (東)
⿰豆臾 위 [여] 量也 헤아릴 여 (魚)
⿰豆畢 삐 [필] 豌豆 동부 필 (質)
⿰豆婁 루 [루] 白豆 흰콩 루 (尤)
⿰亶豆 탄 [탄] 黃色 누른빛 탄 (蒸)

(十二) ⿰豆尞 료 [로] 野豆 들콩 로 (豪)
⿰壴兼 렴 [렴] 打鼓 북칠 렴 (監)
⿰壴眞 뎐 [전] 鼓聲 북소리 전 (先)
(十三) ⿰壴國 귁 [국] 鼓聲｜⿰壴歷 북소리 국 (職)
⿱虎豆 화 [호] 土釜 흙솥 호 (皓)

⿱⿰亚瓦豆 레 [렵] 打鼓 북칠 렵 (葉)
豑 秩과 同
(十四) ⿰豆㬎 데 [접] 黃色荳 누런콩 접 (葉)
(十五) ⿰豆幾 치 [기] 相摩近 맞비빌 기 (微)
(十七) ⿰壴巤 레 [렵] 鼓聲 북소리 렵 (葉)
(十八)

⿰豆雙 쌍 [쌍] 豇豆降｜ 광저기 쌍 (江)
⿰壴歷 릐 [력] 鼓聲⿰壴國｜ 북소리 력 (錫)
(二十) ⿰壴熏 [훈] 鼓鳴 북울릴 훈 (文)
豓 豔과 同
(二十一) 豔 얨 [염] 美也 고울 염、谷色 豊滿 탐스러울 염 (豔)

(二十二) ⿰豐登 덩 [등] 益也 더할 등 (蒸)

豕部

豕 쓰 [시] 豚也 돼지 시 (紙)
(一) 豖 쮹 [축] 豕絆足行｜｜ 발얽은 돼지걸음 축 (屋)
(二) ⿰豕丁 딍 [정] 豕貌 돼지모양 정 (青)
(三) 豗 훼 [회] 相擊 맞부딪칠 회 (灰)
⿰豕干 깐 [한] 豕走貌 돼지달아나는모양 한 (旱)
⿰豕土 홰 [홰] 豕掘土 돼지흙뒤질 홰 (灰)
⿰豕夂 슈 [족] 豕行 돼지걸어갈 족 (沃)
(四) 豚 둔 [돈] 豬子 돼지 돈 (元)
⿰豕厷 熊과 同

⿰豕殳 예 [역] 豚也 돼지 역 (陌)
⿰豕尤 우 [우] 大豕 큰돼지 우 (尤)
豝 빠 [파] 牝豕二歲 두살된 돼지 파 (麻)
⿱匆豕 후 [홀] 豬子 돼지새끼 홀 (月)
⿰豕开 豜 俗字
(五) 豞 후 [구] 豕鳴 돼지가 꿀꿀할 구 (有)
象 象 俗字
象 썅 [상] 南方大獸長鼻牙 코끼리 상 (養)
⿰豕令 링 [령] 藥名豬｜ 약이름 령 (青)
⿰豕兒 어 [액] 大豕 큰돼지 액 (陌)
豰 쭤 [탁] 擊也 칠 탁 (覺)

豠 쥬 [처]小豕작은돼지처(魚)

豛 애 [애]瘠豕마른돼지애(賄)

䝚 무 [무]牝豕암돼지무(虞)

❻

豣 젼 [연][견]麙노루연、大豕큰돼지견(霰)(銑)

䝡 싼 [산]豕羣돼지떼산(寒)

豤 컨 [간]款誠정성스러울간(阮)

豦 취 [거]猿類원숭이거(魚)

豨 쎈 [선]牝豕암돌선(先)

䝏 애 [애]老豭늙은숫돼지애(泰)

豢 환 [환]養育芻ㅣ기를환(諫)

䝐 시 [시]去勢豕불친돼지시(紙)

豥 해 [홰]豕白蹢네굽흰돼지홰(蟹)

䝓 깐 [간]大豬큰돼지간(旱)

䝑 둥 [동]山豬멧돼지동(東)

❼

豩 삔 [빈]二豕쌍돌빈(眞)

䝖 쌰 [효]豕走돼지달아날효(效)

豨 씨 [희]大豕큰돼지희(微)(尾)

豧 푸 [포]豕聲돼지소리포(遇)

䝐 지 [지]大豕큰돼지지(支)

豪 한 [호]俊也호걸호(豪)

䝕 떡 [투]尾星名龍ㅣ별이름투(宥)

豙 이 [위]豕聲怒也毛豎돼지성내어털일어날위或音의(未)

❽

豵 쭝 [종]牡豕수돼지종(宋)

䝘 깡 [강]豕肉之中空돼지고기속빌강(江)

䝗 豩와同

䝏 [매]頑悪ㅣ䝒완악할매(泰)

❾

豫 위 [예]旱也先也먼저예(御)

貐 위 [유]豪豬別名豲ㅣ산돼지유

䝥 젹 [주]皮理堅厚之豕껍질두터운돼지주(宥)

䝝 젼 [견]齧也씹을견(銑)

豱 퇀 [단]似豕而肥오소리단(寒)

豲 벤 [변]大豕큰돼지변(先)

䝞 틱 [탁]行也갈탁(覺)

䝍 쥔 [군]小野豕작은멧돼지군(問)

豬 [저]豕也돼지저(魚)

貑 야 [가]牡豕수돼지가(麻)

❿

豰 후 [혹]白狐子흰여우새끼혹(屋)

豲 웬、[원][환]豕屬山豬산돼지원、豪豬멧돼지환(元)(寒)

䝩 씨 [희]豕息돼지숨쉴희(未)

䝒 화 [홰]頑悪䝏ㅣ완악할홰(卦)

䝉 밍 [명]小豚작은돼지명(靑)

䝦 원 [온]豕名ㅣ豬돼지이름온(元)

豯 씨 [혜]豕生三月석달된돼지혜(齊)

豳 삔 [빈]周始封國나라이름빈(眞)

⓫

䝨 꽤 [괘]逐犬쫓을괘(佳)

䝪 듸 [적]豕蹢돼지굽적(錫)

䝬 메 [멱]頭黑體白豕머리검고몸흰돼지멱(錫)

䝭 만 [만]豕也돼지만(寒)

貗 러 [루]求子牡豕암내내

는 돼지 루(尤)

豵 쭝 [종] 豕生三子 세 새끼돼지 종(東)

⓬ 豷 씨 [희] 豕息 돼지 숨쉴 희(寘)

[豕+靑] 쉐 [수] 豕子 돼지새끼 수(支)

[豕+童] 충 [충] 土豬 땅돼지 충(東)

[豕+曾] 청 [증] [충] 豕所寢桧 돼지어리 증、圈也 우리 층(蒸)

[豕+粦] 린 [린] 大豕 큰돼지 린(眞)

⓭ [豕+遀] 삭 [수] 牝豕 암돼지 수(支)

豰 후 [혹] 豕聲 돼지소리 혹(屋)

豶 뿐 [분] 除也 제할 분(文)

⓮ [豕+達] 쌰 [삽] 老母豬 늙은 암돼지 삽(洽)

[豕+夢] 멍 [몽] 山豬 산돼지 몽(東)

[豕+聚] 츄 [추] 小母豬 작은 암돼지 추(虞)

⓯ [豕+巤] 레 [렵] 豕長毛 돼지의 긴털 렵(葉)

[豕+暴] 뽀 [폭] 小豕 작은 돼지 폭(屋)

⓰ [豕+雚] 환 [환] 野豬 들돼지 환(寒)

[豕+聶] [접] 豕別名 梁州謂豕曰ㅣ 돼지 접(葉)

豸部

豸 츠 [치][채] 無足蟲 발없는벌레 치、解也 풀 치、채 義同(紙)(蟹)

❷ [豸+力] 리 [륵] 犬也 개 륵(職)

❸ 豹 뽀 [표] 猛獸似虎圈文 표범 표(效)

豺 채 [시] 狠屬 승냥이 시、古音 재(佳)

[豸+乇] 뒥 [탁] 驝 父牛母之獸 트기 탁(陌)

豻 안 [안][간] 野犬似狐 들개 안、野犬 들개 간(寒)(翰)

❹ 豼 [비] 獸名 비휴 짐승 비(支)

[豸+木] 과 [豸+果] 과同

豽 눠 [놜] 獸似貍 살갈은 짐승 놜(黠)

豝 빠 [파] 獸醜狀 짐승 형상 추할 파(麻)

[豸+公] 웅 [옹] 獸似豕 돼지 같은 짐승 옹(冬)

豣 젼 [견] 大豕 큰 돼지 견(先)

貦 웬 [완] 狐也 여우 완(寒)

❺ 貂 됴 [초] 鼠屬黃黑色 돈피 초(蕭)

[豸+左] 쥐 [좌] 獸也 짐승 좌(哿)

[豸+央] 앙 [앙] 貉也ㅣ 담비 앙(陽)

[豸+乍] 단 [단] 無足蟲 발없는 벌레 단(潸)

[豸+犮] 예 [비] [豸+乍]也 발없는 벌레 비(未)

[豸+冬] 둥 [동] 有角獸 뿔난 짐승 동(冬)

豿 꾸 [구] 熊虎之子 범의 트기 구(有)

貁 유 [유] 似猿仰鼻長尾 원숭이 유(宥)

[豸+瓜] 과 狐 과同

豾 퀘 [비] 貍子 삵의 새끼 비(支)

[豸+巠] 궈 [거] 猛也 사나울 거(魚)

貀 누 [눌] 無前足獸 앞발없는 짐승 눌(黠)

❻ [豸+同] 퉁 [동] 大豕 큰 돼지 동(東)

貊 매 [매] 蠻ㅣ 오랑캐 매(陌)

貈 허 [학] 似貍善睡斑毛狐ㅣ 담비 학 本音 각(藥)

[豸+殳]

이 [이] 頭白野犬 머리흰들개이 (支)

⿰豸伏 ᄋᆞ부 [복] 狐也 여우복 (屋)

貆 ᄒᆑᆫ [훤][환] 貉屬 담비새끼、환 義同 (元)(寒)

貄 쓰 [사] 獸體多長毛 몸에긴털많은짐승의사 (寘)

貅 쑤 [휴] 摯獸貔ㅣ 사나운짐승휴 (尤)

⿰豸冊 싼 [산] 暴惡 사나울산 (刪)

⿰豸吏 싀 [시] 貉也 담비시 (寘)

⿰豸𡿺 퍄 [표] 好睡羊 잠자는양표 (篠)

貉 貈과同

(七)

貍 [리] 野豕 너구리라 (支)

⿰豸旱 犴과同

貌 맏 [모][막] 容儀 모양모、描畫 모뜰막 (效)(覺)

(八)

⿰豸隶 쓰 [사] 貍子 삵의새끼사 (寘)

貏 삐 [피] 漸平貌ㅣ豕 점점평평할피 (紙)

⿰豸卓 댜 [조] 貂也 발없는벨레조 (效)

貎 [예] 狻ㅣ 사슴새끼예 (齊)

⿰豸沓 타 [답] 海狗也 물개답 (合)

⿰豸來 래 [래] 貍別名 삵래 (灰)

⿰豸奇 이 [의] 犄犬 불친개의 (支)

(九)

貐 위 [유] 似貙猰ㅣ 스라소니같은짐승유

⿰豸柔 [요] 如猿而小紫黑色 검붉고적은원숭이같은짐승요 (篠)

⿰豸𡿺 냐 [노] 雌貉 암담비노 (皓)

⿰豸契 야 [설] 似貙虎瓜ㅣ貐 스라소니같은짐승설 俗音알 (黠)

⿰豸重 즁 [종] 乳也 젖종 (宋)

貓 [묘] 捕鼠獸 고양이묘 (蕭)

貁 ᅌ [유] 良犬 좋은개유 (尤)

⿰豸胃 謂과同

貒 톤 [단] 浪牡犬 이리단 (寒)

貑 豭과同

(十)

貔 피 [비] 猛獸名ㅣ貅 사나운짐승비 (支)

貕 씨 [해] 豬子 돼지해 (養)(齊)

⿰豸益 어 [액] 大鼠 큰쥐액 (陌)

⿰豸希 의 [비] 猛也 사나울비 (支)

⿰豸原 源과同

(十一)

貘 머 [맥] 似熊食鐵 곰같고쇠먹는짐승이름맥 (陌)

⿰豸㒼 만 [만] 驅漫 이리만 (願)

⿰豸曼 만 [만] 狹屬驅 이리만 (翰)

⿰豸离 치 [리] 猛獸名 사나운짐승이름리 (支)

貗 릒 [루] 貙子 오소리새끼루 (遇)

貙 쥐 [추] 似貍而大ㅣ 獌이리추 (虞)

(十二)

⿰豸尞 랴 [료] 西南夷名 서남오랑캐이름료 (巧)

⿰豸賁 뿐 [분] 羊也 양분 (吻)

⿰豸皐 嗥과同

(十三)

⿰豸雍 융 [옹] 大猿 큰원숭이옹 (冬)

⿰豸歲 [예] 國名ㅣ貊 나라이름예

(十八)

貛 환 [환] 牡狼 숫이리환 (寒)

(二十)

貜 취 [확] 大猿 큰원숭이확 (藥)

貝部

貝 빼 [패]海介蟲조개패 패貨也재물패(泰)

二

貞 ᅇ정 [정]正也곧을정 固也굳을정(庚)

⿰貝卜 [복]美人之財재물 부러워할복(屋)

⿱𠂊貝 베 [배]河神물 귀신배(灰)

負 ᅌ부 [부]背荷物 짐질부(有)

負 과 負同

貟 과 員同

三

財 채 [재]貨也 재물재(灰)

貤 이 [시][이]物重數물건무게 시、賞爵옮길이(寘)(支)

貢 꽁 [공]獻也세 받칠공(送)

⿱小貝 솨 [솨]貝介聲자 갯소리솨(哿)

⿰貝刃 인 [인]堅牢굳 을인(震)

貣 터 [특]從人求物 假ㅣ빌특(職)

四

責 ᅇ재 [책][채]求也조를책 負債빗채(陌)(卦)

貨 훠 [화]物ㅣ 물건화(箇)

貫 꽌 [관]穿也 꿸관(翰)

販 빤 [판]賤買貴賣 者장사판(願)

⿰貝亡 [저]貯也저 축할저(語)

貪 탄 [탐]欲物愛財 욕심낼탐(覃)

貧 핀 [빈]乏也無財 가난할빈(眞)

貭 質略字

⿰貝亢 항 [항]大貝큰 자개항(陽)

⿰貝勻 민 [민]稅貢 부세민(眞)

貦 완 [완]好也좋 을완(翰)

⿱弁貝 먼 [문]財殖천 이늘문(願)

五

⿰貝夬 양 [앙]無極限한 량없을앙(養)

貾 ᄎᆞ [지]黃貝누른 자개지(支)

貼 뎌 [첩]依附붙 붙일첩(葉)

貽 이 [이]遺也 끼칠이(支)

⿰貝乍 쟈 [작]財也 재물작(藥)

⿱关貝 뻰 [편]財增천 냥늘편(銑)

⿰貝㐌 池 과同

貳 얼 [이]二也두이 副也버금이(寘)

⿰貝生 셩 [성]財也 재물성(敬)

貲 ᄌᆞ [자]財也貨也 재물자(支)

⿰貝甘 한 [감]貧財ㅣ醶 재물탐낼감(覃)

貶 뼘 [폄]損也 덜릴폄(琰)

⿰貝皮 피 [피]與也 줄피(寘)

⿰貝主 주 [주]財也재 물주(遇)

⿰貝句 쥬 [구]治也다 스릴구(宥)

⿰貝示 시 [시]示財재물 보일시(寘)

貺 황 [황]賜也與也 줄황(漾)

貿 뫄 [무]財貨交易 무역할무(宥)

貴 궤 [귀]位高尊也 높을귀(未)

買 매 [매]市也ㅣ 賣살매(蟹)

賁 뿐、[비][분][본]飾也꾸밀비大也클분 勇也虎ㅣ날랠본(寘)(文)(元)

貯 쟈 [저]積也 쌓을저(語)

費 ᄈᆡ [비]ㅣ用入 비용비(未)

貰 씨 [세][사]貸也꿀세、寬罪 죄용서할사(霽)(禡)

⿰貝玄 쒄 [현]售也賣也 팔현(霰)

⿰貝疋 쇠 [소]ㅣ問財 복채소(語)

貸 [대][특]借施빌릴대 借也빌특(隊)(職)

賀 하 [하]慶也勞也 경사하(箇)

六

賉 휼 [휼]分賑 기민먹일휼(質)
資 자 [자]貨物 재물자(支)
賊 적 [적]不忠不孝子 역적적(職)
賌 효 [효]煩也 번거러울효(蕭)
賅 貝와同
賂 루 [뢰]遺也 끼칠뢰(遇)
賈 고 [고]、[가]坐賣 앉은장사고、姓也 성가(麌)(禡)
賋 皎과同
賆 변 [변]益也 더할변(先)
賄 회 [회]財帛總名 재물회(賄)
賃 린 [임]傭也 품파리임 俗音 남(沁)
賌 깨 [해]陰陽奇秘之要 奇ㅣ이상할해(灰)
䝰 치 [치]貯財 재물모을치(紙)
䝮 린 [린]貪食 음식탐낼린(翰)
䝨 협 財[협]也 재물협(葉)
賑 신 [신]質物 전당신(翰)
貽 이 [이]、[원]遺送 보내줄이、원義同(支)(願)
貺 황 [황]賜也 줄황(漾)
賚 래 [래]積也 쌓을래(賄)
䞁 애 [애]貯也 쌓을애(卦)

七

賑 전 [진]富也 풍부할진(震)
䞈 뿌 [포]財相酬 재물로서로갚을포(遇)
賕 착 [子]贓也 以財枉法장전구(尤)
䝣 깨 [개]深堅 깊고굳을개(隊)
䝺 [순]益也 늘순(震)
賔 賓와同
䝲 린 [린]貪也 탐낼린(震)
䞂 타 [탈]貨也 재물탈(黠)
賷 지 [재]持遺 집어줄재(齊)
賓 삔 [빈]客也 손빈(眞)
賒 [사]貰買 세낼사(麻)
賄 賄과同

八

賜 쓰 [사]錫也上予下 줄사(寘)
賣 매 [매]出貨物 팔매(卦)
賟 뎬 [전]富裕 넉넉할전(銑)
質 지 [질][지]主也 바탕질、以物相贅交ㅣ 폐박지(寘)(質)
䝭 예 [비]稅也 부세비(未)
䝦 애 [애]人名 사람이름애(卦)
䝬 쥐 [거]賣也 팔거(魚)
賦 우 [부]稅也 구실부(遇)
賤 짼 [천]卑下不貴 천할천(霰)
䝼 량 [량]稅也 부세량(陽)
賖 쌰 [사]不交 사귀지않을사(麻)
賝 친 [침]寶也 보배침(侵)
賢 쎈 [현]有德行 어질현(先)
䝹 완 [완]小有財ㅣ端 재물조금있을완(旱)
賬 쨩 [장]計簿 장부장(養)
賚 래 [뢰]賜也予也 줄뢰(隊)
賨 충 [종]蠻賦ㅣ布 오랑캐부세종(冬)
賠 페 [배]複償 배상할배(灰)
賥 쉬 [수]貨也 재물수(寘)
贄 지 [지]以財質 전당지(支)
贅

贊과 同

賤 지 [기] 赤貝 붉은 자개 기 (寘)

賞 쌍 [상] 賜有功 상줄 상 (養)

賙 쩍 [주] 給也 賑賙 줄 주 (尤)

賗 칭 [청] 受賜 받을 청 (庚)

賡 껑 [갱] 續也 ㅣ載 이을 갱 (庚)

賧 탄 [탐] 蠻夷以財贖罪 오랑캐 재물로 속죄할 탐 (勘)

九

賵 뿡 [봉] 贈死助喪車馬 曰ㅣ 부의 봉 (送)

賭 뚜 [도] 博奕取財 내기 도 (麌)

賮 찐 [신] 珍貨 探 노자 신 (震)

[illegible] 빠 [표] 散匹帛與三軍 봉죽줄 표 (嘯)

賴 래 [뢰] 恃也 믿을 뢰 (泰)

賲 빠 [보] 和儥物者 거간군 보 (皓)

[illegible] 따 [답] 博戲 노름 답 (洽)

[illegible] 안 [연] 小有財 작은 재물 연 (銑)

賥 [illegible]과 同

[illegible] 헉 [후] 龍貝出海南 자개 후 (有)

賱 윈 [운] 富有 ㅣ賰 넉넉할 운 (吻)

[illegible] 지 [치] 賑也 진휼할 치 (寘)

賰 츈 [춘] 富有 賱ㅣ 넉넉할 춘 (軫)

䞓 졍 [정] 賣而不得利 부의 부 (敬)

[illegible] 賫 同

[illegible] 옌 [언] 物相當 물건 알맞을 언 (阮)

[illegible] 단 [단] 小有財 [illegible]ㅣ 재물 조금 있을 단 (旱)

十

賻 뿌 [부] 以貨助喪 부의 부 (遇)

賽 쌔 [새] 報祭 치성드릴 새 (隊)

賺 좐 [잠] 重賣 거팔 잠 (陷)

賝 [침] 寶也 보배 침 (侵)

賾 쩌 [색] 幽深難見 깊이 보기 어려울 색 (陌)

賹 애 [애] 寄人物 부처 보낼 애 (卦)

賶 창 [창] 積貨 재물 쌓을 창 (漾)

賸 썽 [잉] [승] 送也 보낼 잉 益也 더할 승 (徑)

購 꺼 [구] 以財求設賞募 구해 드릴 구 (有)

賷 齎과 同

十一

贄 찌 [지] 帛也 執ㅣ 폐백 지 (寘)

[illegible] 루 [루] 貪也 탐낼 루 (有)

[illegible] 贓과 同

[illegible] 미 [밀] 水流 물 흐를 밀 (質)

[illegible] 완 [환] 支財貨 재물 지탱할 환 (諫)

贅 줴 [췌] 屬也 붙일 췌 (霽)

[illegible] 썬 [삼] 諸也 내기할 삼 (感)

十二

贇 윈 [빈] 美好貌 예쁠 빈 (眞)

[illegible] 쥐 [귤] 大貝 큰 자개 귤 (質)

[illegible] 지 [귀] 財也 재물 귀 (寘)

贊 잔 [찬] 佐也 도울 찬 (翰)

贈 정 [증] 增也 더할 증 (徑)

贌 팍 [표] 陸居貝 뭍에 사는 조개 표 (蕭)

贉 탄 [담] 買物先入直 물건 값 선셈 받을 담 (感)

贋 안 [안] 不直也 바르지 못할 안 (諫)

[illegible] 뚜 [도] 諸勝 내기하여 이길 도 (虞)

[illegible] 깐 [함] 賄也 뇌물 함 (陷)

[illegible] [illegible]과 同

十三

贍 싼

섬 足也富丨 넉넉할섬 豔
賺 잠 重賣물건 거듭팔잠 陷
贏 잉 영 有餘 남을영 庚
賥 사 수 賻儀 부의수 寘
十四
䞼 란 람 貪財丨䞐 재 물탐낼람 勘
贓 장 장 吏受賂非理所得財 장물잡힐장 陽
贔 삐 비 作力貌丨屭 힘찬모양비 寘
贐 신 신 送行丨遺 노자신 震
贒 賢古字
十五
贖 쑥 속 納金免罪 죄속받칠속 沃
贕 뚜 독 卵內敗 알곪을독 屋
贎 려 례 多財 많은재물례 霽
贗 얀 안 偽物眞丨 거짓것안 諫
䞼 쳔 전 謀人財 남의재물꾀할전 霰
十六
䞤 이 유 贈也 줄유 寘
䞋 츤 친 錢也 돈친 震
贇 인 인 分別 많 별할인 軫
贚 룽 롱 貧也 가난할롱 宋
䞡 돈 돈 贈送奇異物 기이한물건보낼돈 阮
十七
贛 공 감 賜也 줄공 고을이름감 送 勘
嬰 징 잉 愚也 어리석을잉 蒸

赤部

赤 치 적 南方色 붉을적 陌
二
䞓 딩 정 赤色 붉은빛정 庚
三
䞗 훙 홍 皮肉腫赤 곪아붉을홍 東
四
𧹝 띄 지 婦人面飾 丨 赬 연지지
支
赥 씨 혁 笑聲丨丨 껄껄웃을혁 錫
赦 써 사 釋罪 죄사할사 禡
五
赧 난 난 丨然面慚 赤무안할난 潸
𧹞 녠 년 笛聲緩 寘丨 피리 늘어지게불년 霰
六
赩 허 혁 大赤빛 빨걸혁 職
赨 뚱 동 赤色 벌걸동 冬
𧹟 튱 동 赤色 붉을동 董
七
𧹤 미 미 赤尾 붉은꼬리미 尾
䞞 한 함 淺赤色 분홍빛함 覃
赫 허 혁 火赤貌 붉은모양혁 陌
䞓 정 정 赤色 은빛정 庚
九
𧹥 쎄 혁 絳色 빨갈혁 職
赭 져 자 赤土 붉은흙자 馬
赬 져 정 赤色 붉은빛정 麻
赤垔 옌 연 婦人飾丨赦 연지연 先
赮 싸 하 東方赤色 貌 벌걸하 麻
十
𧹳 후 혹 日出之赤 햇발붉을혹 屋
赯 탕 당 面色紫 얼굴검붉을당 陽
𤆛 환 간 濁也 흐릴환、甚赤 몹시붉을간 旱

十一 ⿰赤累 시 [흡] 赤貌 붉은모양흡 (緝)

十四 ⿰赤濕 세 [혁] 濃赤色 진한붉은빛혁 (職)

⿰赤需 수 [유] 火色 불빛유 (虞)

走部

走 쥬 [주] 奔也 달릴주 (有)

赱 走와同

二 ⿺走力 리 [륵] 步也 절을륵 (職)

赴 부 [부] 奔也 달릴부 (遇)

赳 쥐 [규] 武貌ㅣ헌 걸찰규 (有)

三 ⿺走乞 치 [글] 直行 곧갈글 (質)

起 치 [기] 興也 일어날기 (紙)

赹 징 [경] 獨行貌 혼자갈경 (庚)

赶 깐 [간] 逐也 쫓을간 (旱)

⿺走才 재 [재] 起去 일어날재 (灰)

赸 산 [산] 跳躍 뛸산 (刪)

⿺走王 지 [질] 碎也 부술질 (質)

⿺走子 쥐 [굴] 走貌 달아날굴 (物)

⿺走也 지 [지] 走也 달아날지 (支)

⿺走弋 쑤 [속] 疾也 빠를속 (沃)

四 ⿺走支 지 [기] 猿之昇樹 원숭이나무에오를기 (支)

赾 진 [근] 難也 어려울근 (吻)

⿺走丂 우 [오] 東夷之舞 동녘오랑캐오 (虞)

⿺走冘 탄 [탐] 徘徊 머뭇거릴탐 (感)

⿺走止 톄 [척] 越也 넘을척 (陌)

⿺走日 이 [율] 遠走 멀리달아날율 (質)

⿺走勼 작 [구] 足屈而不伸 발꼬부라질구 (尤)

⿺走帀 자 [잡] 急走貌 급히달음박질할잡 (合)

⿺走殳 텩 [투] 自投下 스스로떨어질투 (有)

⿺走刍 趨과同

⿺走从 충 [종] 急行 빨리갈종 (冬)

赽 쥐 [결] 馬疾行貌 말달려갈결 (屑)

五 趄 쥐 [저] 不進 趑ㅣ머뭇거릴저 (魚)

超 챺 [초] 越也 躍過 뛰어넘을초 (蕭)

越 웨 [월][활] 過度 넘을월、瑟孔 비파구멍활 (月)(曷)

⿺走去 솨 [살] 走去 달아나갈살 (曷)

⿺走术 츄 [출] 走出 달아나올출 (質)

⿺走句 쥐 [구] 走而顧 달아나며돌아볼구 (虞)

趉 쥐 [굴] 卒起而走 별안간달아날굴 (物)

⿺走丘 각 [구] 跛行 절름거릴구 (有)

趁 천 [진][전] 逐也 쫓을진、践也 밟을전 (震)(銑)

⿺走世 티 [체] 越也 넘을체 (霽)

⿺走犮 빠 [발] 行貌 가는모양발 (曷)

⿺走乍 쥐 [작] 忙走 바삐달아날작 (藥)

⿺走巨 쥐 [거] 步也 걸음거 (語)

⿺走玉 위 [옥] 跛足 절뚝발이옥 (沃)

⿺走旦 단 [단] 直行 곧장갈단 (旱)

⿺走石 처 [척] 緩步 천천히걸을척 (錫)

⿺走斥 챠 [차] 留也 머물차 (馬)

⿺走玄 쎈 [현] 遠也 走멀리달아날현 (先)

⿺走此

즈 [지] 渡涉淺瀨 얕은 여울 건널 지 (紙)

⿺走立 시 [십] 走貌 달아날 십 (緝)

趃 지 [절] 大走 크게 달아날 절 (屑)

趂 천 [진] 逐也 달려 쫓을 진 (震)

⿺走白 백 [백] 越也 넘을 백 (陌)

⿺走同 융 [옹] 急走 급히 달아날 옹 (冬)

六

⿺走有 우 [유] 急走 급히 달아날 유 (有)

⿺走亘 웬 [원] 居處相換 처소 바꿀 원 (元)

⿺走圭 지 [기] 擧足半步 반걸음 기 (紙)

趑 즈 [자] 難行 |趄 머뭇거릴 자 (支)

⿺走后 후 [후] 蹇行 절며 갈 후 (有)

趔 레 [렬] |起 자빠지려고 할 렬 (屑)

⿺走冊 주 [주] 佇立 서 있을 주 (尤)

⿺走劦 셈 [혐] 勇走 날쌔게 달아날 혐 (豔)

⿺走合 허 [흡] 跛行 절 흡 (洽)

⿺走朿 지 [적] 側行足 옆으로 걷는 발 적 (陌)

趌 지 [길] 怒走 성내고 달아날 길 (質)

⿺走百 배 [맥] 越也 넘을 맥 (陌)

趎 츄 [추] 人名 南榮| 사람의 이름 추 (虞)

趒 댜 [조] 越也 넘을 조 (嘯)

⿺走夷 이 [의] 遠走 멀리 달아날 의 (微)

趏 꽈 [활] 蒲席 부들자리 활 (曷)

⿺走各 허 [학] 僵也 |⿺走差 자빠질 학 (陌)

趐 쎼 [혈] 進也 나아갈 혈 (屑)

趍 창 [추] 走也 추창할 추 (虞)

⿺走并 과 迸同

七

⿺走里 리 [해] 欲走而留 달아나려다 머무를 해 (灰)

⿺走吾 뷰 [부] 僵也 엎드러질 부 (遇)

⿺走夾 샤 [삽] 疾行 빨리 갈 삽 (洽)

⿺走呈 녜 [녈] 急行 급히 갈 녈 (月)

⿺走豆 후 [후] 趨行不進貌 주저할 후 (有)

⿺走君 윈 [운] 亂也 어지러울 운 (吻)

⿺走告 후 [혹] 越也 넘을 혹 (屋)

⿺走求 칙 [子] 違也 어긋날 子 (尤)

⿺走希 시 [희] 走貌 달아날 희 (微)

趙 쟈 [조] 國名 造父所封 조나라 조 (篠)

趖 좌 [좌] 疾行 빨리 달아날 좌 (歌)

⿺走夋 쥰 [준] 行速 걸음 빨리 걸을 준 (眞)

⿺走孚 뷰 [부] 速也 속할 부 (遇)

⿺走余 투 [도] 伏地⿺走甫| 땅에 엎드러질 도 (虞)

趕 [간] 追也 쫓을 간 (旱)

⿺走赤 시 [책] 急走 급히 달아날 책 (陌)

⿺走谷 휘 [혹] 倒也 꺼꾸러질 혹 (屋)

趗 쥬 [축] 局小貌 趢| 국축할 축 (沃)

⿺走虎 씨 [혁] 獸走 짐승 달아날 혁 (錫)

⿺走束 쑤 [속] 走聲 달아나는 소리 속 (屋)

八

趣 취 [취][추][촉] |味 취미 취、掌馬官 |馬 추마벼슬 이름 추、催也 재촉할 촉 (遇)

⿺走東 둥 [동] 狂走 미처 뛰어나갈 동 (東)

⿺走卑 뼤 [비] 小步 자박자박 걸을 비 (支)

趠

탸 [초][탁]五月風船丨오월바람초 遠也멀탁本音착(效)(覺)

⿺走夌 령 [릉]越也넘을릉(蒸)

⿺走肴 샤 [효]走貌달아날효(肴)

趯 릐 [적]狂走趯丨미처서달아날적(錫)

⿺走來 래 [래]到也이를래(灰)

趛 인 [음]低頭疾行머리숙이고빨리갈음(寢)

趜 쥐 [국]窮也궁구할국(屋)

⿺走奄 야 [압]急走급히달아날압(合)

⿺走咅 뱌 [북]僵也넘어질북(職)

趗 얚 [촉]小兒行趢丨어린애타달타달걸을촉(沃)

趢 루 [록]局小貌丨趗국축할록(沃)

⿺走囷 [균]奔也달아날균(吻)

趡 웨 [유]動也움직일유(紙)

⿺走或 쉬 [혁]盜走몰래달아날혁(職)

⿺走念 쳰 [겸]俯首疾行머리숙이고빨리걸을겸(豔)

趞 치 [척]側行옆으로걸어갈척(錫)

趟 칭 [쟁]躍貌趟丨뛴는모양쟁(庚)

九

⿺走胃 위 [울]急遽行갑자기갈울(物)

⿺走叟 삭 [숙]脊曲未伸者곱사등이숙(屋)

⿺走昜 탕 [탕]進行나아갈탕(陽)

⿺走发 채 [채]進行나아갈채(灰)

⿺走甬 융 [용]勇行날쌔게갈용(腫)

⿺走复 뱌 [복]小兒手據地行⿺走甫어린아이길복(屋)

⿺走首 츈 [춘]逃也도망할춘(眞)

⿺走皇 황 [황]直走곧달아날황(陽)

⿺走耑 뱌 [불]正步바르게달아날불(物)

⿺走曷 쩨 [걸]怒走성내고달아날걸(月)

⿺走重 쭝 [종]斜行비뚜루걸을종(宋)

⿺走甶 샤 [삽]疾行빨리갈삽(洽)

趥 쮜 [추]徒步行貌걷는모양추(尤)

⿺走庭 [탁]半步반걸음탁(陌)

趧 듸 [제]夷舞오랑캐춤제(齊)

⿺走咨 赼俗字

⿺走兪 踰과同

十

⿺走疾 찌 [질]走遽빨리달아날질(質)

⿺走芻 취 [추]走也달아날추(虞)

⿱寒走 쎤 [헌]走貌달아날헌或音건(元)

⿺走虒 츠 [치]輕薄丨𨇨경박할치(支)

⿺走匽 옌 [언]烟上升연기오를언(阮)

⿺走焉 우 [오]輕走가볍게달아날오(豪)

⿺走桼 쒀 [색]僵也趚丨자빠질색(陌)

⿺走豈 [해]急走급히달아날해(灰)

⿺走骨 화 [활]速走속히달아날활(黠)

⿺走息 슝 [흉]疲行기운없이갈흉(送)

⿺走留 쎼 [해]留也머물을해(灰)

⿺走差 츠 [치]僵也자빠질치(支)

⿺走䍃 얀 [요]遠行멀리갈요(蕭)

⿺走眞 덴 [전]狹走별안간달아날전(先)

十一

趻 찬 [참]走貌달음질할참(覃)

⿺走畢 삐

필 止行머물필 質
趚 착 축 直也곧을축 屋
𧽤 미 멱 狂走ㅣ𧼒미처서달아날멱 錫
𧽯 만 문 行遲더디걸을문 元
𧾂 지 적 正行바로걸을적 陌
𧾍 루 록 走聲달아나는소리록 屋
𧽫 잔 잠 疾騰빨리오를잠 勘
𧾒 퍈 표 輕行걸음가벼울표 蕭
趡 져 저 斜進비뚜루갈저 語
𧽿 쟝 장 勇行날쌔게걸을장 陽
𧽚 옌 언 緩行천천히걸을언 阮
趮 샤 초 競走다투어달아날초 肴
(十二)
趫 챠 교 健也건장할교 蕭
趭 쨔 초 奔走貌달음질할초 嘯
趪 황 황 威武貌ㅣㅣ위엄스러울황 陽
趬 챠 교 行輕貌사뿐사뿐걸을교 蕭
𧾃 탄 담 走也달아날담 覃
𧾖 쑤 숙 正走바로달아날숙 屋
𧾱 랸 료 脚長貌다리성큼할료 蕭
𧾲 리 력 速行속히갈력 錫
𧾅 쥐 귤 狂走미처뛰어나갈귤 質
趩 치 칙 行聲ㅣㅣ걷는소리칙 職
𧾡 지 기 遠走멀리달아날기 微
𧾦 줴 궐 挑起헤치고일어날궐 月
𧾩 와 와 蹃躇주저할와 歌
𧾌 둥 동 輕步사뿐사뿐걸을동 董
(十三)
𧾐 잔 전 趁也다다를전 先
趮 쟈 조 疾也빠를조 號
𧾺 쮸 촉 小兒行자박자박걸을촉 沃
𧾻 환 훤 疾行빨리갈훤 元
𧾑 젠 김 低首疾走고개숙이고빨리달아날김 寢
𧾌 쥐 거 犯行빠를조 魚
𧾤 쟈 교 從也따를교 嘯
𧾯 삐 벽 遠走멀리달아날벽 陌
𧾷 깐 함 跳上뛰어오를함 感
𧾗 젠 점 疾走빨리달아날점 琰
(十四)
趯 티 적 跳也ㅣ팔딱뛸적 錫
𧾰 휘 곽 脚長다리길곽 陌
𧾭 위 여 安行편안하여걸을여 魚
(十五)
𧾵 벤 변 走頓달아나다넘어질변 先
𧾳 졔 길 斜進비뚜루갈길 質
𧾶 옌 엄 疾走빨리달아날엄 琰
𧾸 규 귤 欲走달아나려고할귤 質
𧾹 뚜 독 獨行혼자갈독 屋
(十六)
𧾼 쏀 헌 走意달아나려할헌 願
𧾽 력 行貌가는모양력 錫
(十七)
𧿀 링 령 犬走貌개달아날영 青
(十八)
𧿁 촨 권 屈脊而走구부리고달아날角 先
𧿂 쥐 子 走顧貌

달아나며 돌아볼 구 (虞)

趯 이 [익] 拡手如翼而走 손벌리고 달아날 익 (職)

十九

趲 잔 [찬] 逼也 핍박할 찬 (旱)

二十

躩 꿔 [곽] 大步 뚜벅뚜벅 걸을 곽 (藥)

足部

足 쥬 [족][주] 趾也 발 족 滿也 흡족할 족、益也 添物 더할 주 (沃)(遇)

二

⿰𧾷斗 쥐 [규] 足行不正蹞 비틀거릴 규 (有)

⿰𧾷卜 부 [부] 走也 달아날 부 (遇)

⿰𧾷丁 띙 [정] 脚細長 跉ㅣ 다리 가늘고 길 정 (庚)

三

⿰𧾷于 꽈 [우] 踞也 걸터앉을 우 (虞)

⿰𧾷叉 차 [차] 踏也 밟을 차 (禡)

⿰𧾷干 깐 [간] 脛骨 정강이뼈 간 (翰)

趵 봐 [박][작] 蹴聲 차는 소리 박、足齊 발 나란할 작 (覺)(藥)

⿰𧾷凡 싸 [삽] 斂膝坐 꿇어앉을 삽 (緝)

四

⿰𧾷切 치 [절] 失足 헛디딜 절 (屑)

跂 지 [기] 足多指 육발이 기 (支)

⿰𧾷氏 시 [시] 踟躕 주저할 시 (紙)

趾 쯔 [지] 足也 발 지、止也 그칠 지 (紙)

⿰𧾷巿 뻬 [발][비] 急行貌 급히 갈 발、비 義同 (曷)(未)

趽 빵 [방] 曲足 쥐암발 방 (陽)

⿰𧾷欠 즈 [기] 郤行 뒤로 나설 기 (支)

跁 빠 [파] 短人 ㅣ踦 난장이 파 (禡)

趺 부 [부] 佛坐 跏ㅣ 도사리고 앉을 부 (虞)

趻 천 [참] 一足行 ㅣ踔 앙감질할 참 (寢)

趹 쳬 [결] 馬行貌 말이 달려갈 결 (屑)

⿰𧾷内 누 [눌] 足傷 발 상할 눌 (月)

跀 웨 [월] 斷足 발벨 월 (月)

趿 [삽] 進足有所擷取 발로 긁어당길 삽 (合)

⿰𧾷屯 뚠 [둔] ㅣ坐 쪼구리고 앉을 둔 (眞)

⿰𧾷分 뵨 [분] 失足 실족할 분 (文)

⿰𧾷亢 깡 [항] 伸脛 다리 뻗을 항 (養)

⿰𧾷元 웬 [완] 踞也 걸터앉을 완 (寒)

⿰𧾷化 루 [와] 跛足 절름발이 와 (歌)

⿰𧾷互 후 [호] 雙膝著地 두 무릎 꿇 호 (遇)

⿰𧾷兮 쎄 [혜] 跡也 발자취 혜 (齊)

五

⿰𧾷去 라 [라] 行不進 가다가 설 라 (馬)

距 쥐 [거] 至也 이를 거 (語)

⿰𧾷民 민 [민] 獻蹄 굽 민 (軫)

跔 쥐 [子] 跳躍跿 뛸 구 (虞)

跗 부 [부] 足背 발등 부 (虞)

跈 산 [전] 踐也 밟을 전 (銑)

跆 태 [태] 蹋也 밟을 태 (灰)

跎 둬 [타] 蹉ㅣ 不遇 미끄러질 타 (歌)

⿰𧾷也 跎와 同

跚 싼 [산] 跛行 蹣ㅣ 절름거릴 산 (寒)

跇 이 [예] 渡也 超踰 뛰어넘을 예 (霽)

跑 퐈 [포] 走也 달아날 포 (肴)

⿰𧾷弗 부 [불] 跳也 急行貌 뛰어 달아날 불 (物)

⿰𧾷母 뭐 [무] 行貌 걸음 무 (有)

跏

좌 [가]屈曲坐ㅣ趺도사리고앉을가(麻)
跋 빠 [발]水草行ㅣ涉걷고건늘발(曷)
跐 ㅊ [지]蹈也履也밟을지(紙)
跘 빤 [판]蹣也도사리고앉을판(旱)
䟦 跋와同
跛 배 [파][피]足偏廢절름발이파、仄立기울어지게설피(寘)(哿)
⿱尚足 청 [쟁]正也바를쟁(庚)
⿰足术 취 [출]獸足跡짐승의발자국출(質)
⿰足尔 [니][전]脚破다리부러질니、趁과同(齊)
跓 쮸 [주]停足발머물주(麌)
⿰足田 뎐 [전]踏地聲땅밟는소리전(先)
⿰足必 뼈 [별]足擊찰별(屑)
跍 꾸 [고]蹲也걸터앉을고(虞)
⿰足甲 쟈 [갑]步行聲걸음소리갑(洽)
跕 뎨 [접]墮貌미끄러질접(葉)
跙 쮜 [저][조]行不進머뭇거릴저、馬蹄痛病말절음날조(語)(御)
跜 늬 [니]蚍龍뿔없는용니(支)
跒 커 [가]跁也난장이가(馬)
跖 찌 [척]足下발바닥척(陌)
⿰足瓜 꽈 [과]足理丈발자국과(麻)
跌 뎨 [질]疾行빨리달아날질古音절(屑)
跅 치 [척]無檢局ㅣ弛매인데없을척(陌)

六

⿰足伏 뿌 [복]屈手足伏地끓어엎드릴복(屋)
跰 跰과同
跦 쮸 [주]跳行貌강장강장뛸주(虞)
⿰足行 깐 [함]步貌걸음함(咸)
⿰足在 재 [재]足也발재(賄)
跤 쟈 [교]脛也종아리교(肴)
⿰足丞 [증]長足긴발증(迥)
跟 껀 [근]足踵발뒤꿈치근(元)
跱 찌 [치]不前ㅣ躇머뭇거릴치(紙)
跧 촨 [잔][전]蹴也찰잔、전義同(刪)(先)
跫 쿵 [공][강]足音蹋聲발자국소리공、강義同(冬)(腫)
跪 궤 [궤]拜ㅣ兩膝隱地꿇어앉을궤(紙)
路 루 [로]道也길로(遇)
跠 이 [이]踞也걸터앉을이(支)
趼 옌 [견]胝也皮起如繭가죽을부르틀견(銑)
跲 챠 [겁]躓也엎드러질겁(葉)
跣 쏀 [선]徒足履地맨발로다닐선(銑)
跳 댜 [조][도]躍也뛸조、越也건널조、도義同(蕭)(嘯)
跨 콰 [과]越也넘을과(馬)
跡 찌 [적]步處前人所留자취적(陌)
跭 썅 [강]竪立ㅣ𨃈우뚝히설강本音항(江)
践 踐略字
⿰足叕 쉬 [약]足下文발금약(藥)
跮 찌 [희]疾走互前卻ㅣ踱아금막기할희(寘)
跢 뚜 [다]小兒行어린아이걸을다(箇)
跬

궤 규平步擧一足 반걸음규(紙) 𨀁 광 광急行 급히갈광(陽) 䠹 해 해急行 급히갈해(隊) 𧿳 지 길步行 걸을길(質) 𧿯 아 동走貌 달아날동(東) 跩 세踰也 넘을세(霽)

𨀇 리 률後退ㅣ跌 뒷걸음칠률(月) ⑦ 䟰 엔 언行步不正貌 걸음바르지못할언(霰) 踈 疎訛字 踊 용 용跳也 뛸용(腫) 䟓 딩 정里數 잇수정(庚) 踉

랑 랑行不迅 천천히걸을랑、랑急行ㅣ蹌 급히걸을랑(漾)(陽) 跽 지 기兩膝着地長跪 길게꿇어앉을기(紙) 踁 씽 경脚也 다리경、俗音형(徑) 踆 쥰 준止也 그칠준(眞) 踕

투 도跳也ㅣ跔 뛸도(虞) 跼 쥐 국曲也 굽을국 䟼 우 무跡也 발자국무(麌) 踂 녀 섭兩足不相過 두발모을섭 俗音녑(葉) 䟺 패 패踏也 밟을패(泰) 䟻 跪과同

踃 쇼 소초動也跳ㅣ 움직일소、筋急 발의힘줄당길초(蕭)(嘯) 䟻 투 도不履 맨발도(遇) 𨀕 이 예一足行 앙감질할예(霽) 踡 쎈 선靜行 조용히갈선(霰) 䟹 신

선步也 걸을선(先) 踀 츄 축謹也 삼갈축(屋) 䟸 한 한偏足立 외발로설한(旱) 䟘 항 항獸迹 짐승의발자취항(陽) 䟴 츄 구踏也 밟을구(尤) 䟡 디 제踏也 밟

을제(霽) 䟐 졔 체踰也 넘을체(霽) 跔 쥐 좌詐拜 거짓절할좌(箇) 跰 지 기曲脛 굽은정강이기(支) 䟢 쳔 진動事就力 일할진(震) 𨀁 레 렬踰也 넘을렬(屑) 踊

푸 포馬蹄痕 말굽자국포(虞) 䟗 신 심蹄蹟之停水 짐승의발자국에괴인물심(侵) 䟜 덕 두跌足 미끄러질두(尤) 䟪 예 열踏楚 가시밟을열(屑) 踇 무 무行貌 가는모양무(有)

踅 절足長 발이길절(屑) ⑧ 踥 쳐 첩往來貌 왕래할첩(葉) 䟮 꽌 관逃也 도망할관 本音환(翰) 踢 티 척驚動貌 깜짝놀랄척(錫) 踦 기傾側 기울어질기(支)

踭 쨍 쟁足跟 발뒤축쟁(江) 跱 지 치難進 가기어려울치(紙) 踑 치 기長踞ㅣ踞 걸터앉을기(支) 踟 츼 지不進ㅣ蹰 머뭇거릴지(支) 䠊 삐 비刖足 발꿈치벨비(未)

踓 웨 [유] 狂走貌 미쳐서 달아날 유 (紙)

踏 타 [답] 践也 밟을 답 (合)

踐 쟨 [천] 蹋也 履也 밟을 천 (銑)

踡 촨 [권] ㅣ跼不伸 펴지 못할 권 (先)

踠 웬 [원] 屈也 굽힐 원 (阮)

踔 챂 [초][탁] 踰也 넘을 초、卓立 高遠 우뚝설 탁 俗音 착 (效)(覺)

踝 괘 [과] 足骨跟也 복사뼈 과 (馬)

踞 쥐 [거] 蹲也 據坐 걸터앉을 거 (御)

跰 [변] 皮上堅ㅣ胝 못박힐 변 (先)

踛 릭 [륙] 跳也 뛸 륙 (屋)

踒 워 [와][위] 足跌 넘어질 와、折足 다리 부러질 위 (歌)(支)

踧 쥬 [축][척] 行敬謹ㅣ踖 조심하여 걸을 축、行平易ㅣㅣ 순탄히 행할 척 (屋)(錫)

踖 지 [적] 践也 밟을 적 (陌)

⿰足斧 뿌 [부] 跗骨之ㅣ 발목뼈 부 (虞)

踪 蹤과 同

⿰足炎 蹠 古字

踣 빼 [부][북] 僵也 엎드러질 부、북 義同 (有)(職)

⿰足亞 야 [아] 岐路 갈림길 아 (麻)

踕 쳬 [칩] 足疾 발빠를 칩 (葉)

⿰足尚 창 [창] 踞也 걸터앉을 창 (養)

踤 추 [졸] 蹴也 찰 졸 (質)

踘 쥐 [국] 毬戲 蹴ㅣ 제기찰 국

⿰足炎 얜 [염] 疾行ㅣㅣ 빨리 걸을 염 (琰)

⿰足困 쿤 [곤] 跡也 자취 곤 (阮)

踗 예 [념] 輕步 삽붓삽붓 걸을 염 (葉)

⿰足典 옌 [전] 迹也 자국 전 (銑)

⿰足戾 레 [례] 跛行 절음질 례 (霽)

⿰足具 쥐 [子] 跔也 솔발 곱을 子 (虞)

⿰足府 跗 俗字

⿰足奄 야 [압] 跛足 절뚝발이 압 (合)

跙 뎌 [저] 馬足病 말발병 저 (語)

⿰足导 데 [득] 急行貌 빨리 갈 득 (職)

踚 룬 [륜] 勇步 날래게 걸을 륜 (眞)

⿰足長 챵 [장] 跪也 꿇어앉을 장 (陽)

踜 렁 [릉] 留也 머물 릉 (蒸)

⿰足屈 쥐 [굴] 力也 힘 굴 (物)

⿰足卑 [비][배][변] 股骨 넓적다리 뼈 비、行戾 가다가 돌아볼 배、下廣貌 아래가 넓을 변 (紙)(佳)(先)

九

踿 취 [축] 近也 가까울 축 (屋)

踶 [제] 獸足 짐승의 발 제 (霽)(齊)

踰 워 [유] 越也 넘을 유 (虞)

蹄 티 [제] 獸足 굽 제 (齊)

踷 따 [다] 斜行 비스듬히 갈 다 (馬)

⿰足更 뻔 [변] 遠行 멀리 갈 변 (先)

踾 뿌 [복] 聚也 모을 복 (屋)

⿰足軍 훈 [혼] 步行 걸을 혼 (願)

⿰足忽 춍 [총] 遽行 바쁘게 갈 총 (東)

⿰足臿 샤 [삽] 足動 발움직일 삽 (洽)

⿰足屏 뼝 [병] 急行 급히 갈 병 (青)

踵 쭁 [종] 接也 접할 종 (腫)

踴 [용] 跳也 뛸 용 (腫)

踼

탕 [탕]逸也跌ㅣ 미끄러질탕 (漾)
蹂 유 [유]踐也履也 밟을유 (尤)(有)(有)
踳 춘 [준]雜也 잡될준 (軫)
踽 우 [우]獨行貌ㅣ 홀로행할우 古音구 (麌)
跬 규 [규]開足 발벌릴규 (齊)

蹀 뎨 [접]行貌ㅣ躞 저벅저벅걸을접 (葉)
蹃 어 [야]小兒始行貌 蹃ㅣ 어린애타달타달걸을야 (馬)
⿰足吳 취 [규]行不正 趾ㅣ 비틀거릴규 (有)
踸 침 [침]ㅣ踔一足行 앙감질할침 (寢)

蹁 편 [편]足不正 발비뚜러질편 (先)
⿰足叚 샤 [하]足跡 발자국하 (麻)
蹅 쟈 [사]履也 밟을사
踹 똰 [단]ㅣ足 발구를단 (寒)
⿰足度 뒥 [탁]跣足蹋地 맨발로디딜탁 (藥)
⿰足盾 遯과同

⿰足屋 어 [악]迫也 급할악 (覺)
⿰足致 지 [치]踏也 밟을치 (寘)
⿰足癸 꿰 [기]脛肉 정강이살기 (寘)
⿰足彖 텬 [천]正步 단정하게걸을천 (霰)
⿰足胡 후 [호]屈膝 무릎굽힐호 (虞)
踺 젼 [건]行步速 걸음속할건 (願)

⿰足彦 안 [안]迹也 자취안 (潸)
蹳 바 [발]踏草 풀밟을발 (曷)
⿰足咼 괴 [과]足理 발금과 (麻)
踱 퇴 [탁]緩也 느릴탁 (藥)
⿰足柴 채 [채]急行 급히갈채 (灰)

⿰足侯 튀 [탁]涉也 건널탁 (藥)
⿰足毒 뚜 [독]不正行 비뚜루갈독 (沃)

❿

踏 따 [탑]履也 밟을탑 (合)
⿰足高 꼬 [교]脛也 아리교 (肴)
⿰足奈 차 [다]難進而立 가다가설다 (麻)

⿰足蚤 삳 [소]跳也 뛸소 (號)
蹇 졘 [건]跛也 절름발이건 (阮)
⿱般足 판 [반]屈足 굽은발반 (寒)
蹊 씨 [혜]徑路 穿徑 지름길혜 (齊)
蹈 또 [도]舞ㅣ 춤출도 (號)
⿰足夸 跨과同

蹏 뎨 [제]獸足 굽제 (齊)
蹍 년 [전]足踏履也 밟을전 (銑)
蹉 차 [차]過也 지날차 (哿)
蹎 뎐 [전]仆也 엎드러질전 (先)
蹌 챵 [창]舞貌ㅣ 춤너풀너풀출창 (陽)
⿰足旁 팡 [방]急行 踉ㅣ 급히걸을방 (陽)

蹐 쳑 [척]小步累足 발소리없이걸을척 (陌)
蹜 츅 [축]肥足 살찐발축 (屋)
蹋 [답]踐也 밟을답 (合)
⿰足臥 좌 [와]踏地用力ㅣ踏 힘써디딜와 (禡)
⿰足䍃 얀 [요]跳也 뛸요 (蕭)

⿰足毘 예 [폐]跛也 절름발이폐 (霽)
⿰足芻 추 [추]獸足 짐승의발추 (尤)
⿰足殺 싸 [살]不正行 비뚜로갈살 (曷)

⓫

⿱夢足 뭉 [몽]疲行貌ㅣ踜 걸음고달픈모양몽 (送)

躋 제 [제]去也 갈제 (齊)
蹞 과 跬同
䟁 산 [소]行捷걸음 빠를소 (肴)
𨆺 쑈 [표]輕行 사뿐사뿐갈표 (蕭)
躿 캉 [강]散走 흩어저 달아날강 (漾)
蹙 축 [축]迫也 궁박할축 (屋)

蹡 쟝 [장]行貌ㅣㅣ 걷는모양장 (陽)
蹔 잠 [잠]不久 잠간잠 (勘)
蹥 렌 [련]跟也 발뒤축련 (先)
䟰 [축]跡也 자취축 (沃)
蹛 대 [대]比漢地名 땅이름대 (泰)
蹤 쯍 [종]跡也 자취종 (冬)

蹣 만 [반][만]跛行貌ㅣ跚 절름거릴반、踰也 넘을만 (寒)
𨅗 蹙과同
蹜 쑥 [축]擧足 받들축 (屋)
蹕 삐 [필]淸道止行警ㅣ 길치울필 (質)
蹠 쩌 [척]履也 밟을척 (陌)

蹟 찌 [적]前事行ㅣ 행적적 (陌)
蹢 쩌 [척][적]跳貌ㅣ躅 뛰는모양척、踐也 굽적 (陌)(錫)
𨅳 쥐 [子]跛行 절구 (虞)
蹖 춍 [용]蹋也 밟을용 古音용 (冬)
蹝 식 [사]徐行 천천히걸을사 (紙)

䟫 데 [첩]小步ㅣ足 종종걸음첩 (葉)
蹘 랸 [료]遠走 멀리달아날료 (肴)
𨃷 지 [기]本也 근본기 (支)
蹗 루 [록]疾走 빨리달아날록 (屋)
蹁 러 [루]輕踏 사뿐밟을루 (宥)

蹚 탕 [당]跋也 미끄러질당 (陽)
𨆐 자 [자]趑音 발자국소리자 (禡)
𨄚 쳬 [철]疾行 빨리갈철 (屑)
䟾 쟌 [전]踵也 발뒤꿈치전 (銑)
𨇦 주 [족]足曲 발굽으러질족 (屋)

𨄴 량 [량]走也 달아날량 (陽)

十二

蹯 빤 [번]獸足掌 짐승의발바당번 (元)
蹴 츅 [축]蹹也 밟을축 (屋)
躚 쎈 [선]施行貌蹁ㅣ 돌쳐갈선 (先)

蹰 躕俗字
蹳 뱔 [발]足蹳物 찰발 (曷)
蹶 꿰 [궐][궤]僵也 쓰러질궐、行遽 급히걸을궤 (月)(霽)
蹲 쭌 [준]聚也 모을준 (阮)
蹼 뿌 [복]鳧足 오리발복 (屋)
蹸 린 [린]車踐 수레에밟힐린 (震)

蹭 칭 [층]失路貌 길잃은모양층 (徑)
蹬 떵 [등]失勢貌 어정거릴등 (徑)
蹹 [답]ㅣ伏 드릴답 (合)
蹻 쟈 [교][각]剛直 강직할교、草履 짚신각 (篠)(藥)(蕭)
𨄸 탄 [담]以足踏地而歌 발장단마추며노래할담 (感)

蹺 챺 [교]企也 바랄교 (蕭)
蹩 뻬 [별]跛也 절름발이별 (屑)
蹵 蹴와同
躈 轍과同
蹪 퉤 [퇴]蹪仆 엎드러질퇴 (灰)

⿰足單 타 [타]小兒行態ㅣ아장아장걸을타 (哿)

躚 쎈 [선]罥獸足綱올무선 (銑)

蹷 蹶과同

蹨 안 [연]逐也쫓을연 (銑)

⿰足敝 蹩와同

⿰足署 쥬 [저]踟ㅣ머뭇거릴저 (魚)

⿰足肅 쏴 [소]正行단정히갈소 (嘯)

蹫 쥐 [굴]狂走미처달아날굴 (質)

⿰足最 쬐 [최]忙行바삐갈최 (泰)

⿰足啻 蹢古字

⿰足替 蹭과同

蹱 즁 [종]小兒行步어린애걸을종 (冬)

⿰足嵐 란 [람]急行바삐갈람 (覽)

⿰足沓 따 [답]跨也걸터앉을답 (合)

⿰足朁 자 [잡]留止머물잡 (合)

⿰足異 티 [척]步行聲걷는소리척 (職)

十三

躈 챠 [교]馬尻骨말궁둥이뼈교 (嘯)

蹞 지 [기]擧足발들기 (紙)

⿱彭足 핑 [평]踏地聲땅밟는소리평 (敬)

躃 躄와同

躂 따 [달]跌也미끄러질달 (曷)

⿰足睘 젼 [견]疾跳빨리뛸견 (霰)

⿰足歲 쾌 [괘]倦也게으를괘 (隊)

⿰足戢 졔 [적]踐害밟아해할적 (職)

⿰足亶 뎐 [전]移也옮길전 (銑)

躁 짶 [조]動也움직일조 (號)

⿰足詹 쟌 [첨]馬急行말달려갈첨 或점 (豔)

躄 삐 [벽]跛也절름거릴벽 (陌)

躇 츄 [저][착]住足蹰ㅣ머뭇거릴저、招也不次건너뛸착 (魚)(藥)

躅 쮸 [촉]跡也자취촉 (沃)

⿰足萬 躐과同

⿰足楚 쮸 [조]馬蹄痛病말저름날초 (語)

⿰足煩 번 [번]獸足掌짐승발바닥번 (元)

躆 어 [거]手據也손으로땅짚을거 (御)

⿰足禁 진 [금]坐也앉을금 (侵)

⿰足睪 뙤 [탁]跳足맨발탁 (藥)

躉 둔 [돈]零也남을돈 (阮)

⿰足逢 사 [삽]獨行홀로갈삽 (合)

十四

⿰足臱 변 [변]行不正걸음바르지않을변 (先)

⿱輕足 칭 [경]ㅣ足行앙감질할경 (徑)

躍 위 [약][적]跳也뛸약、進也나아갈약、적義同 (藥)(錫)

躋 이 [제]登也升也오를제 (薺)

⿰足頗 跛과同

躊 쥬 [주]進退ㅣ躇머뭇거릴주 (尤)

躤 적 [적][자]踐也밟을적、자義同 (陌)(禡)

⿱足⿰足足 취 [착]行疾걸음빠를착 (覺)

⿰足聚 주 [주]醉倒취하여넘어질주 (宥)

⿰足爾 넨 [년]踏也밟을년 (銑)

躖 된 [단]踐處발자국단 (翰)

⿰足㬎 撲踏과同

蹼 蹼과同

十五

躕 츄 [주]不進踟ㅣ머뭇거릴주 (虞)

躑 이 [척]花名ㅣ躅철쭉꽃척 (陌)

⿰足厲

리 [뢰]破行절름거릴뢰(泰)

躒 리 [력]動也움직일력(錫)

⿰足夒 얖 [요]足動발움직일요(篠)

躓 ᅙ지 [지]跲也밟을지(寘)

⿰足疐 ᅙ지 [지]礙也거리낄지(寘)

⿰足暴 갈 [포]行貌갈포(號)

躐 레 [렵]踐也밟을렵(葉)

躔 찬 [전]日運行햇길전(先)

⿰足廣 광 [광]路曠遠길넓고멀광(漾)

(十六)

⿰足歷 리 [력]足所經踐지날역(錫)

躘 룽 [룡]小兒步行어린애걸음룡(冬)

⿰足賴 레 [뢰]跛足절름발이뢰(泰)

躚 [선]舞貌춤너푼거려출선(先)

躠 싸 [살]行貌跋丨걷는모양살(曷)

⿱龍足 룽 [롱]步行貌걸음새농(東)

躙 린 [린]車踐짓밟힐인(震)

躃 쎄 [설]旋行蹩丨매암돌설(屑)

躛 웨、[위][홰]衛也거짓위 홰義同(霽)(卦)

(十七)

⿰足鮮 쎈 [선]病不能行跰丨비척비척할선(先)

躟 상 [양]行遽踉丨바삐걸을양(陽)

⿰足戠

참 [참]步行貌걸음새참(陷)

⿰足毚 싼 [삼]疾步빨리걸을삼(陷)

躞 쎄 [섭]行貌蹀丨저벅저벅걸을섭(葉)

躝 란 [란]踰也넘을란(寒)

⿰足闒 탄 [탐]踰足而望넘어다볼탐(勘)

⿺走寒 蹇俗字

(十八)

躣 쟉 [子]行貌꿈틀꿈틀할구(虞)

躤 ᅙ지 [적]踐也蹈丨밟을적(陌)

⿰足雙 쌍 [쌍]竦立跭丨우뚝설쌍(江)

⿰足雚 환 [권]曲脊行등子부리고걸을권(先)

躡 녜 [섭]登也오를섭俗音녑(葉)

⿰足贏 과 踝同

⿰足斷 과 ⿰足𢇍同

(十九)

⿰足䜌 렌 [련]足病발병련(先)

⿰足邊 과 ⿰足過同

⿰足羅 라 [라]失道길잃을라(箇)

躧 쓰

[새]、[사]小履無跟적은신뒷축없을신 새、徐也行貌천천히걸을사(蟹)(紙)

(二十)

躨 지 [기]虬龍動貌꿈틀거릴기(支)

躪 린 [린]踐也짓밟을린(震)

躩 취 [곽]屈足발을굽힐곽(藥)

(二十二)

⿰足屬 躅同 과

(二十一)

⿰足疊 뎨 [첩]走聲달아나는소리첩(葉)

身部

身 썬 [신]躬也몸신、親也몸소신(眞)

(三)

⿰身小 릉 [릉]身也몸릉(蒸)

躬 꿍 [궁]身也몸궁(眞)

(四)

⿰身支 시 [설]使也부릴설(屑)

躭 耽俗字

⿰身比 피 [비]體柔誇ㅣ몸부드러울비(支)
躮 [분]子也 對人己子 謙稱 아들분 日字
(五)
⿰身犮 빠 [발]走也 달아날발(曷)
⿰身只 胑과同
⿰身出 친 [친]走貌 달아나는모양친(眞)
⿰身申 츙 [총]身直 몸곧을총(冬)
躬 꿍 [궁]恭貌 공손할궁(東)
躰 體俗字
⿰身夫 射과同
⿰身主 쮸 [주]身直貌 몸꼿꼿할주(虞)
⿰身立 친 [친]身端 몸단정할친(吻)
⿰身丘 軀俗字
⿰身付 약 [부]著衣ㅣ⿰身兪 옷입을부(遇)
(六)
躲 뛰 [타]避也 피할타(哿)
⿰身夸 콰 [과]體柔ㅣ⿰身比 몸부드러울과(麻)
⿰身同 퉁 [동]身不端⿰身龍ㅣ 몸단정치못할동 或音통(董)
⿰身向 썅 [향]仰向 처다볼향(漾)
⿰身兆 툐 [조]體長 몸호리호리할조(嘯)
⿰身亥 骸俗字
(七)
躳 [궁]身也 몸궁(東)
躴 랑 [랑]身長ㅣ躿 키클랑(陽)
⿰身廷 팅 [정]身長直 몸길고곧을정(迥)
(八)
⿰身穹 츙 [궁]曲躬 몸굽힐궁(送)
躶 [라]赤體 벌거벗을라(哿)
⿰身奇 치 [기]身也 몸기(支)
躹 쥭 [국]曲躬 몸굽힐국(屋)
⿰身委 矮과同
⿰身花 [화]教小兒體 가르칠화
(九)
⿰身重 즁 [종]孕也 아이밸종(宋)
⿰身叚 쌰 [하]屈身 몸굽힐하(麻)
⿰身皇 황 [황]鐘聲 종소리황(陽)
躽 옌 [언]曲身 몸굽힐언(阮)
躾 [미]行動也 행동할미(紙)
⿰身兪 쓔 [수]著衣⿰身付ㅣ 옷입을수(遇)
(十)
⿰身弱 [탕]弱也 약할탕(養)
⿰身豈 개 [해]身長 몸길해(灰)
(十一)
軀 취 [구]四體 몸구(虞)
躿 캉 [강]身長躴ㅣ 키클강(陽)
⿰身國 귀 [괵]裸⿰身申 맨몸괵(陌)
(十二)
軃 뒤 [타]垂下 드리울타(哿)
軂 랖 [로]身長 몸길로(號)
軄 職俗字
(十三)
⿰身亶 젼 [권]裸身 알몸권(銑)
⿰身詹 뎐 [담]好也 좋아할담(覃)
軆 體俗字
(十四)
⿰身監 란 [람]身長貌ㅣ軂 키큰모양람(賈)
⿰身寧 녕 [녕]垢也 때녕(迥)
軇 됴 [도]身長 몸길도(號)
(十六)
⿰身龍 룽 [롱]身不端ㅣ⿰身同 몸단정하지못할롱(董)
⿰身歷 릐 [력]裸身 맨몸력(錫)
(十七)
軈 [응]未久 잠시응
(十八)
⿰身毚 찬 [참]身長⿰身監ㅣ 키클참(咸)
(二十)
⿰身賣 위 [옥]寶也 보배옥(沃)

車部

車 쟈 [거][차] 輅也수레거、齒根잇몸거、차義同 (魚)(麻)

一

軋 야 [알] 勢相傾불화할알 (黠)

二

軍 [군] 兵隊군사군 (文)

𨊠 [릴] 彩也채색일 (質)

䡂 딍 [정] 停車수레머물정 (靑)

軌 궤 [궤] 車軸兩轍間수레바퀴사이궤 (紙)

𨊻 반 [범] 車軾前차앞턱나무범 (豏)

三

𨊽 쟉 [子] 車後수레뒤구 (尤)

軓 𨊻과同

軒 쎤 [헌] 大夫車초헌헌 (願)

軑 듸 [대] 轄也바퀴통감기쇠대 (寘)

𨊾 츈 [준] 下棺車하관하는수레준 (眞)

𨊸 [공][강] 轂中鐵바퀴통속쇠공、燈也등잔강 (東)(江)

軐 션 [선] 車跡수레자국선 (霰)

軏 웨 [월] 車轅耑持衡木멍에막이월 (月)

軔 싄 [인] 礙車止輪木바퀴괴임나무인 (震)

軎 쉐 [세] 車軸頭바퀴굴대끝세 (霽)

四

軣 훙 [굉] 車聲수레소리굉 (蒸)

軟 완 [연] 柔也부드러울연 (銑)

軛 어 [액] 轅端橫木駕馬領者멍에액 (陌)

軜 나 [납] 驂馬內轡속고삐납 (合)

𨊹 신 [심] 車軥心木수레심대심 (侵)

𨊶 빤 [반] 車耳反出수레휘장반 (阮)

軞 마 [모] 公車모거모 (豪)

𨊺 항 [강] 軓也수레바탕길강 (漾)

転 轉略字

𨊲 워 [월] 釭也바퀴통쇠월 (月)

軖 광 [광] 紡車물레광 (陽)

軗 식 [수] 車引수레끌수 (虞)

𨋄 較과同

𨊮 션 [현] 車蓋骨수레뚜껑살현 (銑)

軝 치 [기] 車轂之旁出者수레굴통맨끝기 (支)

軘 튼 [돈] 兵車也싸움수레돈 (元)

𨊼 약 [부] 轄也바퀴비녀장부 (虞)

軡 진 [금] 新車새수레금 (侵)

軠 듸 [님] 紡車물레님 (侵)

𨊿 빠 [파] 軍車군사수레파 (麻)

五

軻 커 [가] 孟子名맹자이름가 (歌)

䡇 硨과同

軴 쮸 [주] 車止수레머무를주 (遇)

軧 듸 [저] 大車後큰수레뒷채저 (薺)

𨋕 넨 [년] 轢也수레에깔릴년 (銑)

軪 야 [요] 車聲수레소리요 (肴)

軲 꾸 [고] 車也수레고 (虞)

軸 쮸 [축] 車輪中心木굴대축 (屋)

𨋀 리 [류] 載柩車관싣는수레류 (有)

軺 쟈 [초] 小車遠望車적은차초 (蕭)

𨋁 민 [민] 輞也바퀴둘레민

𨋨 [곡] 車輻수레바퀴곡

[車+田] 텐 [전] 轟轔也 차소리시끄러울전 (先)
軳 뽀 [포] 戾也 돌아올포 (肴)
軫 ㅇ전 [진] 動轉 구를진 (軫)
[車+乍] 차 [차] 車裂 차벌어질차 (禡)
軱 꾸 [고] 大骨 큰뼈고 (虞)
[車+尼] 늬

[니] 軾也 차앞덕나무니 (支)
軹 쯔 [지] 縣名 고을이름지 (紙)
軨 링 [령] 獸名 ㅣㅣ 짐승이름령 (青)
軥 꺼 [구] ㅣ牛 쇠멍에구 (虞)
軼 [질][절] 侵也 범할질 車相過 侵突 마주칠절 (質)(屑)

軩 태 [태] 車傾 수레기울어질태 (賄)
軷 빠 [발] 將出道祭 원행할때노제지낼발 (曷)
軭 광 [황] 蟲名 黃ㅣ 벌레이름황 (漾)
[車+乙] ㅇ바 [발] 車破聲 수레깨지는소리발 (黠)
[車+弘]

[車+厷] 과同
[巩+車] 꿍 [공] 車輪外圍 바퀴둘레공 (董)
[弁+車] ㅇ반 [번] 車上蓬 수레뜸번 (阮)
軮 앙 [앙] 無涯際ㅣ軋 편할앙 (陽)
軶 軛 本字
輩 輩 俗字
軽 輕 俗字
軒

뻥 [팽] 車行聲 수레가는소리팽 (庚)
[車+它] 퉈 [타] 車疾馳 차빨리달아날타 (歌)
軵 숭 [용] 輕車 가벼운수레용 (腫)
六
輁 꿍 [공] 所以持棺 관괴임공 (冬)
[車+夅] 쟝 [항] 打也 칠항 (江)

軾 씨 [식] 車前橫木可憑 수레앞가로나무식 (職)
[車+次] ㅊ [차] 以漆飾車 수레에칠할차 (寘)
[車+色] 써 [색] 轉戾診 비틀색 (職)
輄 [車+黃] 과同
[車+兆] 댜 [조] 薄也 엷을조 (蕭)
輷 황

[행] 轟車聲亂 수레소리어지러울행 (庚)
[車+艮] 끈 [흔] 車前裝飾 차앞치장흔 (元)
[車+旨] 看 과同
[車+多] 지 [계] 礙也 거리낄계 (薺)
[車+曳] 이 [예] 輀也 상여예 (霽)
輆 해 [해] 礙也 거리낄해 (賄)

輅 루 [로][핵] 車也 天子所乘玉ㅣ 천자타는차로、車前橫木 수레앞가로나무핵 (遇)(陌)
[車+冰] 삥 [빙] 轟也 수레소리시끄러울빙 (徑)
輊 쯔 [지] 車前低也 앞낮은수레지 (寘)
輧 軿 과同

輀 얼 [이] 喪車 행상이 (支)
載 ㅇ재 [재] 乘也 실을재 (隊)
輂 ㅇ쥐 [국] 大車駕馬 마차국 (沃)
較 ㅇ쟈 [교][각] 相角不等比ㅣ 비교할교、明也ㅣ然 밝을각 (效)(覺)
輇 촨

[전] 量人物 사람을달전
輈 ㅉ저 [주] 車轅 수레채주 (尤)
[登+車] 헌 [증] 軺車後登 초헌뒷발판증 (迥)
七
輔 ㅇ부 [보] 助也 도울보 (麌)
[車+余] 슈 [서] 車鈴 차에다는방울서 (魚)
輓

완 [만]引車수레끌만(願)

輕 칭 [경]不重가벼울경(庚)

𨌲 랑 [랑]軍車군사수레낭(陽)

𨊿 뫄 [묘]引車차끌묘(效)

輒 졔 [첩]忽然문득첩(葉)

輷 뎐 [전]車聲수레소리전(先)

𨋩 릐 [류]喪車상여차류(有)

輐 완 [완]刓去桂角둥굴릴완(翰)

䡬 싱 [성]長車긴수레성(庚)

輑 쥔 [균]車軸相達굴통래균(眞)

輂 [장]修車차중수할장(漾)

輍 위 [욕]車枕前수레앞괴일욕(沃)

𨊻 지 [지]車之器具수레연장지(支)

輎 샤 [소]軍車군사수레소(肴)

八

輗 이 [예]轅端持衡者수레채마구리예(齊)

輝 휘 [휘]光也빛날휘(微)

輪 룬 [륜]車所以轉바퀴륜(眞)

輥 군 [곤]轉速빠르게구를곤(阮)

輩 베 [배]比也견줄배(隊)

輨 관 [관]丨轄줏대관(旱)

𨌯 轄과同

輚 잔 [잔]兵車싸움수레잔(潸)

輧 편 [변][병]婦人車부인의수레변、輕車가벼운수레병(靑)(先)(庚)

輤 천 [천]柩車之蓋상여뚝경천(霰)

輠 궈 [과]篇也車盛膏器수레기름통과(哿)

輬 량 [량]臥車輼丨느어서타는수레양(陽)

輦 녠 [련]輓運당길연(銑)

䡩 컹 [갱]車鞭차채쪽갱(庚)

輣 펑 [팽]兵車有樓군사수레팽(庚)

輞 왕 [망]車輪外匡바퀴테망(養)

輘 릥 [릉]車聲丨轔수레모는소리릉(蒸)

輛 량 [량]車數詞수레수효량(養)

輖 쪄 [주]低也낮을주(尤)

輡 칸 [감]車行不正丨轗수레길언들먼틀할감(感)

輟 춰 [철]止也그칠철(屑)

輹 뿌 [복]車笭間篋盛弩者수레상자복(屋)

䡝 웬 [원]車後壓차뒤로숙을원(元)

輢 이 [의]車旁兵所揷處수레에병장기꽂는틀의(寘)

輙 輒과同

輫 폐 [배]車箱수레난간배(佳)

輜 츠 [치]載衣物車짐수레치(支)

䡠 정 [정]車聲수레소리정(庚)

䡕 증 [승]副車따르는수레승(蒸)

䡉 아 [압]車之器具수레연장압(合)

䡴 당 [당]鐵軸쇠심대당(陽)

𨍏 쥰 [권]牽車차끌권(霰)

䡵 됴 [조]車弓수레우상대조(效)

䡨 따 [답]釘也바퀴통속쇠답(合)

𨋸 퉤 [퇴]盛也성할퇴(灰)

䡲 징 [경]車聲수

레 소리 경 (庚)

[車坴] 뤅 [륙] 軸也 바퀴 심대 륙 (屋)

輑 윈 [운] 軍事 군사 수레 운 (文)

九

輻 뷱 [복][부] 輪轑 바퀴살 복、競聚輳 ㅣ輳 다투어 모일 부 (屋)(有)

輯 [즙] 聚也 모을 즙 (緝)

輅 허 [핵] 輓車當胷橫木 수레 앞마구리 핵 (陌)

輹 뷱 [복] 伏免以承輻者 바퀴통 복 (屋)

輵 커 [갈] 戟形謬ㅣ 세갈래질 갈 (曷)

[車昏] 민 [민] 車伏免下革 차바탕 밑가죽 민 (軫)

輝

훈 [혼] 車相避 수레 서로 피할 혼 (元)

[車忽] [車㚇]과 同

[車皆] 셰 [해] 登車 차에 오를 해 (佳)

[車秋] 칰 [추] 輻也 바퀴살 추 (尤)

[車扁] 뼌 [변] 小車 작은 수레 변 (銑)

[車貞] 졍 [경] 堅也 굳을 경 (庚)

[車咼] 課과 同

輭 軟과 同

輺 輜과 同

[車㚇] 쭈 [종] 輪也 바퀴 종 (董)

[車屛] 輧과 同

輴 츈 [준][순] 俗音 喪車龍 상여차 순 (眞)

輸 쓔 [수] 送也 보낼 수 (虞)

輳 척 [주] 競聚輻ㅣ 바퀴살 통 주 (宥)

輷 헝 [횡] 車聲ㅣㅣ 수레 소리 횡 (庚)

輶 익 [유] 輕車 가벼운 수레 유 (尤)

[車皇] 황 [황] 引也 끌 황 (庚)

輮 숙 [유] 踐也 짓밟을 유 (有)

輰

양 [양] 飾車 치장한 수레 양 (陽)

輱 한 [함] 車聲 차 소리 함 本音 감 (咸)

[敄車] 무 [목] 轅也 멍에채 끝 목 (屋)

[車彖] 식 [수] 輰也 펼 수 (寘)

[車胥] 쉬 [서] 車下 수레 저 (魚)

[車叟] 뉘

[탁] 迴轉也 둘 탁 (藥)

十

[車尃] 봐 [박] 車下索 수레 아래 맨 줄 박 (藥)

[車旁] 輣과 同

[車圂] 후 [홀] 車軸 수레 심대 홀 (月)

[車冥] 징 [경] 車堅 수레 튼튼할 경 (庚)

[車盍] 갑 [갑] 車聲 수레 소리 갑 (合)

[車烏] 우 [오] 車之心木 수레 심대 오 (虞)

[車鬼] 화 [회] 轉也 구를 회 (賄)

[車眞] 징 [경] 車響 수레 소리 경 (庚)

[車唐] 당 [당] 軍車 군사 수레 당 (陽)

[車疌] 치 [치] 小車 작은 수레 치 (寘)

轃 젼 [진] 至也 이를 진 (眞)

轀 원 [온] 臥車ㅣ輬 누어서 타는 수레 온 (文)

輿 위 [여] 車底 수레 바탕 여 (魚)

[車畚] 뺀 [분] 車篷 수레 뜸 분 (阮)

[車䍃] [초] 小車 작은 차 초 (蕭)

輾 쟌 [전][년] 轉之半 돌아누울 전、轉輪治轂 연자매 년 (銑)

轅 웬 [원] 車宮ㅣ門 진문 원 (元)

[熒車] 칭 [경] 一輪車 외바퀴 차 경 (庚)

轂 꾸 [곡] 薦人推ㅣ 사람 천거할 곡 (屋)

[䍙車] 채

[재] 車抵階차섭 돌에대일재 (佳)

轄 쌰 [할] 輬ㅣ거 느릴할 (黠)

[車+桑] 쌍 [상] 輪之外圍바 퀴겉둘레상 (養)

(十一)

轋 뿡 [봉] 車聲수 레소리봉 (東)

[車+曼] 만 [만] 車之衣蓋 차장막만 (願)

[車+羞] 삭 [수] 載柩車상 여수레수 (尤)

[車+從] 쫑 [종] 車跡수레바 퀴자국종 (冬)

轇 쟢 [교] 長遠貌아 득할교 (肴)

[殸/車] 징 [경] 車堅수레 튼튼할경 (庚)

[車+衰] 輥 과同

[車+悤] 충 [총] 轞車載囚者죄 수싣는차총 (東)

轆 루 [록] 車軌道轣ㅣ바 퀴사잇길록 (屋)

轊 웨 [예] 車軸頭굴 대끝예 (霽)

轈 [소] 兵高車加巢以望 敵軍망대수레소 (肴)

轉 좐 [전] 動也움 직일전 (銑)

(十二)

[車+童] 충 [충][장] 陷陣車진뚫는 수레충、장義同 (冬)(絳)

轔 린 [린] 車聲ㅣㅣ 수레소리린 (眞)

轐 푸 [복] 伏兔所以安軫수 레바퀴받침복 (屋)

轓 뺀 [번] 車箱수 레난간번 (元)

轒 뿐 [분] 戰車ㅣ轀 싸 움수레분 (文)

轏 쨩 [잔] 兵車군 사수레잔 (潸)

[車+黃] 꽝 [광] 車下横木수레 밑가로나무광 (陽)

轎 쨔 [교] 竹ㅣ가 마교 (蕭)(嘯)

轑 랸 [료][로] 轉也子를료、轢 也수레에밟힐로 (蕭)(豪)

[車+截] 좌 [초] 飾車有華藻수레 번화하게꾸밀초 (皓)

轍 쳐 [철] 車迹수레 자국철 (屑)

[車+單] 싼 [산] 車輞바퀴 둘레산 (刪)

[車+登] 떵 [등] 車飾수레 차장등 (徑)

[車+間] 鐧 과同

[車+彭] 평 [팽] 車聲차 소리팽 (庚)

[車+斬] 쓰 [시] 車輪수레 바퀴시 (支)

[車+堯] 쟈 [교] 軸端수레 심대끝교 (嘯)

(十三)

轙 이 [의] 車衡載轡者수레에 고삐매는고리의 (紙)

[車+遂] 삭 [수] 車之裝飾 수레치장수 (寘)

[車+豦] 거 [거] 車輞바 퀴둘레거 (魚)

[車+廉] 련 [렴] 車輞바퀴 둘레렴 (監)

轘 [환] 車裂人 발길환 (諫)(刪)

[車+當] 당 [당] 車床수레 바탕당 (陽)

轗 감 [감] ㅣ軻不遇때 못만날감 (感)

轚 지 [격] 車轄相擊굴대 서로부딪칠격 (錫)

[車+夆] 뿡 [봉] 車篷수 레뜸봉 (東)

轖 색 [색] 氣結기 운맺힐색 (職)

[車+稟] 란 [람] 車不進輡ㅣ수 레잘안갈람 (咸)

(十四)

轟 헝 [굉] 車聲수레 모는소리굉 (庚)

轞 셴 [함] 車聲수 레소리함 (豏)

轛 뙤 [대] 車箱立木수레 난간기둥대 (隊)

[車+蓋]

캐 [개] 車聲輵ㅣ 수레소리개 (泰)

⿰車慭 인 [은] 車聲ㅣㅣ 수레소리은 (吻)

⿱算車 쎈 [선] 繕治車 수레중수할선 (霰)

轜 輀과同

轝 輿과同

⿱監車 轞와同

⊕十五

⿰車磊 랃 [락] 車轉聲 차소리나락 (藥)

轡 페 [비] 馬轡靶也 고삐비 (寘)

轢 리 [력] 不和軋ㅣ 화목하지못할력 (錫)

⿰車贄 輊과同

轠 래 [뢰] 車連ㅣ轤 칠뇌 (灰)

⊕十六

轣 리 [력] 轢也 수레바퀴에치일력 (錫)

⿰車龍 룽 [룡] 軸頭바퀴 굴대끝룡 (東)

⿰車疐 輊과同

⿰畐車 [illegible]과同

轤 루 [로] 吸水器轆ㅣ 두레박틀로 (虞)

⊕十七

⿰車韱 싼 [삼] 車聲 수레소리삼 (咸)

⿰車薄 버 [박] 車之裝飾 수레치장박 (陌)

⊕十八

⿰車聶 지 [객] 車之重複 수레거듭칠객 (陌)

⿰車巂 씨 [휴] 輪轉一周 바퀴한번돌휴 (齊)

⊕十九

⿱䜌車 렌 [련] 綴也 이을련 (先)

⊕二十

⿰車獻 네 [얼][알] 高貌ㅣㅣ 우뚝할얼、車載高 수레에높이실을알 (屑)(曷)

轥 躪과同

⊕二十二

⿰車疊 데 [첩] 車聲 수레소리첩 (葉)

辛部

辛 씬 [신] 金味艱苦 悲酸 매울신 (眞)

⊕五

辜 꾸 [고] 罪也 허물고 (虞)

辝 辭과同

⊕六

辞 、辭의略 俗字

⿰杀辛 싸 [살] 味辛ㅣ辣 매울살 (曷)

⿰多辛 신 [신] 多也 많을신 (眞)

辟 삐 [벽][피] 君也 임금벽 避也 피할피 (陌)(寘)

辠 罪古字

⊕七

辣 라 [랄] 酷烈 매울랄 (曷)

辡 뻔 [변] 罪人相訟 죄인서로송사할변 (銑)

辢 辣와同

⊕八

⿰辛卑 辣俗字

辤 辭와同

⊕九

⿰耑辛 시 [시] 末端 따비끝시 (紙)

辨 뻔 [변] 判也 판단할변 (銑)

辦 빤 [판] 致力 힘쓸판 (諫)

⿰辛苦 꾸 [고] 辛而苦 쓰고매울고 (遇)

辥 쎄 [설] 姓也 성설 (屑)

⊕十

⿰辛兼 젼 [겸] 艱也 어려울겸 (監)

⊕十一

辬 삔 [빈] 駁也 얽을빈 (眞)

辧 환 [판] 紋也 무늬판 (刪)

[illegible] 벤 [변] 兩股間 허벅지변 (諫)

⊕十二

⿰辛畫 홰 [획] 辛也 매울획 (陌)

⿲辛火辛 뻰 [변] 憂也 근심할변 (銑)

辭 ㅊ [사] 言也 말씀사 (支)

⊕十四

辯 뻔 [변] 善言 말잘할변 (銑)

辰部

辰 천 [진][신] 日月合宿謂之ㅣ 별진 日也生ㅣ날신 (眞)

三 辱 슥 [욕] 屈也굽힐욕 僇也욕할욕 (沃)

六 農 눙 [농] 勉也힘쓸농 (冬)

七 晨 신 [신] 夙也일찍신 (眞)

⿱辰心 辱古字

八 ⿰亻辱 슝 [용] 不肖어질지못할용 (腫)

辳 農과同

十一 ⿱吅吅辰 쳔 [진] 笑貌ㅣ然웃는모양진 (軫)

繷 [농] 多也많을농 (冬)

辵部

辵 쳑 [착] 乍行乍止 쉬엄쉬엄갈착 (藥)

二 込 [입] 入滿之意 담을입

辸 엉 [잉] 行也갈잉 (蒸)

辻 [십] 道路큰길십

辺 邊略字

三 迄 쓰 [흘] 至也이를흘 (物)

迅 씬 [신] 疾也빠를신 (震)

迃 迂과同

迀 깐 [간] 進也나아갈간 (寒)

⿺辶几 지 [기] 進之上바칠기 (寘)

迆 이 [이] 邪行비슥거릴이 (紙)

迂 위 [우][오] 曲也굽을우、濶也오할우、오義同 (虞)(麌)

达 티 [체] 足滑미끄러질체 (霽)

辿 싼 [천] 緩步느릿느릿걸을천 (先)

迁 遷俗字

⿺辶下 [부] 安也편안할부 (遇)

四 返 빤 [반] 還也돌아올반 (阮)

近 찐 [근] 不遠가까울근 (吻)(問)

⿺辶止 즤 [지] 移也옮길지 (紙)

进 지 [기] 使近가까이할기 (紙)

迲 뎨 [제] 退也물러갈제 (霽)

迕 우 [오] 遇也만날오 (遇)(麌)

⿺辶从 즁 [종] 從也따를종

迍 듄 [둔] 難行ㅣ邅 머뭇거릴둔 (眞)

迓 야 [아] 迎也맞을아 (禡)

迚 [두] 穀不滿斛 마두리두 國字

⿺辶日 [질] 近也가까울질 (質)

迒 깡 [항] 免跡토끼자취항 (陽)

迋 광 [광][왕] 欺也속일광、往也갈왕 (養)(漾)

迎 잉 [영] 逆也接也맞을영 (庚)(敬)

迊 주 [잡] 周也주위잡 (合)

迌 뚜 [돌] 詆誘貌교활한모양돌 (月)

⿺辶方 빤 [방] 急行달아날방 (養)

⿺辶巿 빠 [발] 急走급히달아날발 (曷)

五 述 쒸 [술] 譔也지을술 (質)

⿺辶且 쥬 [조] 行也갈조 (虞)

迡 늬 [니] 近也가까울이 (霽)

⿺辶戉 越과同

⿺辶氐 듸 [제] 驚也놀랄제 (霽)

⿺辶占 뎨 [첩] 行也걸을첩 (葉)

迭 뎨 [질] ㅣ代대신질 (屑)

迨 대 [태] 及也미칠태 (賄) 逮同 (隊)

⿺辶奔 씨 [세] 遊步놀며걸을세 (霽)

迩 邇略字

迟 지 [격] 曲行굽게갈격 (陌)

迢 됴 [초] 遠也ㅣ遞멀초 (蕭)

迤 이 [이][타] 自得貌逶ㅣ든든할이、行貌逶ㅣ어정거릴타 (支)(歌)

迯 逃俗字

迥 잉 [형] 光輝빛날형 (迥)

迱 뒤 [타][라] 自得貌逶ㅣ든든할타 行貌逶ㅣ어정거릴나 (支)(歌)

迦 야 [가] 佛號釋ㅣ부처의이름가 (麻)(歌)

迮 져 [책] 迫也핍박할책 (陌)

迣 迾古字

迪 [적] 進也나아갈적 (錫)

迲 [韓] 國字以鐵索小曰ㅣ자내접

迫 빠 [박] 逼也핍박할박 (陌)

(六)

送 쑹 [송] 遣也보낼송 (送)

逄 팡 [방] 姓也성방 (江)

迻 [이] 遷徙옮길이 (支)

迴 回과同

追 쮜 [추][퇴] 逐也쫓을추 쇠북꼭지퇴 (支)(灰)

迷 미 [미] 惑也미혹할미 (齊)

[辶+至] 지 [치] 走貌달아날치 (支)

[辶+戌] 쑤 [훌] 衆人之走貌여럿이달아날훌 (質)

进 迸俗字

迎 인 [인] 走也달아날인 (軫)

迶 익 [유] 步行貌걸을유 (有)

[辶+亥] 해 [해] 走也달아날해 (隊)

[辶+羊] 양 [양] 欲行不進머뭇거릴양 (陽)

[辶+而] 옌 [연] 行步遲걸음더딜연 (銑)

[辶+聿] 위 [율] 分配나누어펼유 (質)

[辶+向] 迥俗字

迺 내 [내] 語助辭어조사내 (賄)

退 퇴 [퇴] 却也물러갈퇴 (隊)

[辶+夾] 恢과同

逃 됴 [도] 避也달아날도 (豪)

逅 후 [후] 不期而會日邂ㅣ우연히만날후 (有)

迿 쥔 [준] 先也먼저 준本音순 (震)

逆 이 [역] 不順거스릴역 (陌)

适 콰 [괄] 疾也빠를괄 (曷)

迾 례 [렬] 車駕清道길치울렬 (屑)

迹 이지 [적] 足ㅣ발자국적 (陌)

[辶+合] 허 [합] 行相及ㅣ遝걸음서로미칠합 (合)

迵 둥 [동] 過也지날동 (送)(東)

(七)

通 퉁 [통] 達也통할통 (東)

途 뚜 [도] 道也길도 (虞)

逋 뿌 [포] 欠ㅣ官物포흠질포 (虞)

逢 뽕 [봉] 遇也만날봉 (東)

[辶+貝] 패 [패] 壞也무너질패 (卦)

逜 우 [오] 相關서로관여할오 (遇)

逝 씨 [서] 行也갈서 (霽)

逓 遞俗字

逡 쥔 [준] 行不進ㅣ巡주저할준 (眞)

連 렌 [련] 續也이을련 (先)

[辶+更] 껑 [갱] 兔路토끼길갱 (庚)

逛 꽝 [광] 走貌달아날광 (養)

逍 쌰 [소] 自適ㅣ遙노닐소 (蕭)

速

쑤 [속]疾也 빠를속(屋)
逐 쮹 [축][적]追也 쫓을축、馳貌ㅣㅣ 말달릴적(屋)(錫)
逖 티 [적]遠也 疏ㅣ 멀적(錫)
迌 티 [첩]走貌 달아날첩(葉)
逗 두 [두]止也 ㅣ遛 머무를두(宥)
透 투 [투]通也 통할투(宥)
逌 유 [유]由也 말미암을유(尤)
這 져 [저][언]迎也 맞을저、迎也 맞이할언(禡)(願)
造 조 [조]作也 지을조 至也 이를조(皓)
逞 청 [정]通也 통할정(梗)
逕 찡 [경]至也 이를경(徑)
逑 착 [子]聚斂 모을구(尤)

八

逨 래 [래]至也 이를래(灰)
逯 루 [록]忽然往來 홀적갓다올록(屋)
遊 遊俗字
進 찐 [진]前ㅣ 나아갈진(震)
逮 듸 [체][태]及也 미칠체 反也 미칠태(隊)(霽)
週 쮸 [주]日月火水木金土之七曜日謂之一ㅣ 주일주(尤)
逪 잔 [착]交雜 섞일착(藥)
逶 웨 [위]衺行貌ㅣ迤 비틀거릴위(支)
逭 환 [환]逃也 도망할환(翰)
⿺辶亞 야 [아]次也 버금아(禡)
⿺辶疌 쳐 [첩]疾走 빨리 달아날첩(葉)
逵 퀘 [규]九達道 큰길규(支)
逴 취 [탁][작]超絶 뛰어날탁、작義同(覺)(藥)
⿺辶㞷 往古字
逿 逖古字
迸 빙 [병]散走 흩어져 달아날병(敬)
逸 이 [일]縱也 놓일일(質)
⿺辶壬 인 [임]過也 지날임(侵)
⿺辶育 우 [육]轉也 구를육(屋)
逫 져 [결][줄]遠也 멀결、遲貌 김뜰줄(屑)(質)

九

道 또 [도]路也 길도 理也 이치도(皓)(號)
違 웨 [위]背也 어길위(微)
遄 [천]疾也 速也 빠를천(先)
遁 둔 [돈][둔]回避 피할돈、둔義同(阮)(願)
遇 위 [우]道路相逢 만날우(遇)
遂 쒸 [수]因也 드딜수(寘)
遯 遁古字
逾 위 [유]過也 지날유(虞)
遐 허 [하]遠也 멀하(麻)
遍 편 [편]周也 두루편(霰)
過 궈 [과]經也 지날과(箇)
運 원 [운]行也 행할운(問)
遑 황 [황]急也 급할황(陽)
逿 탕 [탕]倒也 꺼꾸러질탕(漾)
逺 遠古字
⿺辶若 워 [약]進也 나아갈약(藥)
達 마 [달]通也 사무칠달(曷)
⿺辶重 動古字
遊 유 [유]旅也 나그네유(尤)
遉 청 [정]偵也 염탐할정(敬)
遒

취 [주]聚也 모을주 ㊝尤

逎 逌과同

⿺辶廛 텐 [천]間步 한가히 걸을천 (銑)

⿺辶臿 사 [삽]疾步 빨리 걸을삽 (洽)

遪 직 [종]步行貌 걸을종 (東)

遏 어 [알]止也 그칠알 (曷)

迦 쨔 [가]猶犬牙左右相制 互좌우로 겨룰가 (麻)

逼 삐 [핍]近也 가까울핍 (職)

遌 어 [악]遇也 만날악 (藥)

遖 [남]賛美歡辭 가륵할남 日字

遟 遲俗字

十

遙 얀 [요]遠也 멀요 (蕭)

遠 웬 [원]遥也 멀원 (阮)

遛 遛과同

遢 타 [탑]不謹事 용렬할탑 (合)

遞 듸 [체]更迭ㅣ代 갈마들일체 (霽)

⿺辶首 道古字

遘 꾸 [구]遇也 만날구 (宥)

遡 쑤 [소]逆流 거스를소 (遇)

遝 [답]雜ㅣ 뒤섞일답 (合)

遜 쑨 [손]順也 순할순 (願)

遣 켠 [견]送也 보낼견 (銑)

十一

遰 듸 [체]往也 갈체 (霽)

遯 돈 [돈]、[둔]逃也 도망할돈、둔 義同 (願)(阮)

遧 쨩 [장]彰顯 드러낼장 (陽)

遲 츠 [지]緩也 더딜지 (支)

遨 압 [오]遊也ㅣ嬉 노닐오 (豪)

遫 쑤 [속]謙慤齊ㅣ 공순할속 (屋)

遮 쪄 [차]蔽也 가릴차 (麻)

適 듸 [적]往也 갈적 至也 이를적 (錫)

遭 짶 [조]逢也ㅣ遇 만날조 (豪)

遳 쫘 [좌]急躁 바쁠좌 (歌)

⿺辶笞 치 [치]近也 가까울치 (紙)

⿺辶䍃 遙古字

遦 꽌 [관]習也 익힐관 (翰)

遱 럭 [루]連也 연할루 (尤)

遷 쳰 [천]變也 변할천 (先)

⿺辶參 사 [삽]滲也 스밀삽 (合)

⿺辶從 춍 [종]緩步 천천히 걸을종 (冬)

十二

選 쉔 [선]擇也 가릴선 (銑)(霰)

遶 [요]圍也 둘릴요 (篠)

遼 랸 [료]遠也 멀료 (蕭)

遛 릭 [류]止也 逗ㅣ 머무를유 (尤)

⿺辶彖 춍 [충]逃也 도망할충 (東)

遺 이 [유]失也 잃어버릴유 (寘)

遴 린 [린]行難 머뭇거릴린 (震)

⿺辶筆 쟈 [잡]行書貌 초서 쓴 모양잡 (洽)

遵 쭌 [준]循也 좇을준 (眞)

遻 우 [오]遇也 만날오 (遇)

遹 쒸 [휼]循也 좇을휼 (質)

⿺辶象 [상]行步貌 갈상 (養)

⿺辶䜌 뼨 [변]振繩墨 먹줄튀길변 (先)

⿺辶焦 찬 [초]疾走 빨리 달아날초 (篠)

⿺辶無 [무]迹也 지취무 (麌)

⿺辶筶 산 [초]充也 찰초 (效)

十三

遽 쮜 [거]急也 급할거 (御)

遾 씨 [서]及也 미칠서 (霽)

避 삐 [피]逃也 피할피 (寘)

邂 쎄 [해]不期而遇|逅 우연히만날해 (卦)

[illegible] 쪤 [섬]速行 속히갈섬 (豔)

還 환 [환][선]返也 돌아올환、轉也 周|돌선 (刪)(諫)(先)

[illegible] 주 [착]鑿也 뚫을착 (藥)

[illegible] 훼 [회]周繞 두를회 (泰)

邁 매 [매]遠行 멀리갈매 (卦)

邅 잔 [전]逐也 쫓을전 (先)(霰)

邀 야오 [요]迎也 맞을요 (蕭)

[illegible] 쳰 [첨]欲近 가까이할첨 (琰)

(十四)

邇 얼 [이]近也 孔|密 |가까이울이 (紙)

[illegible] 사 [삽]疾行 빨리갈삽 (洽)

邈 먀오 [막]遠也 멀막 (覺)

邃 쉬 [수]深遠幽| 깊숙할수 (寘)

(十五)

邊 삐엔 [변]側也 가변 변방변 (先)

[illegible] 뚜 [독]易也 넘볼독 (屋)

邋 라 [랍]行貌|遢 천천히걸을납 (合)

邌 리 [려]徐行貌 천천히걸을려 (齊)

(十六)

邍 웬 [원]廣原 넓은언덕원 (元)

[illegible] 리 [력]近也 가까울력 (錫)

(十七)

[illegible] 야 [약]遙也 멀약 (藥)

邎 야오 [요]疾行 빨리갈요 (蕭)

(十八)

[illegible] 예 [엽]行貌 갈엽 (葉)

[illegible] 이 [익]走也 달아날익 (職)

(十九)

邏 뤄 [라]巡也 순행할라 (箇)

邐 리 [리]因循 미적거릴리 (紙)

(二十)

[illegible] 훠 [확]旋也 돌확 (藥)

邑部

邑 이 [읍]都|四縣為郡四井為| 고을읍 (緝)

(二)

[illegible] 시 [십]縣名 고을이름십 (緝)

(三)

邔 이지 [기]廣大之邑 넓은고을기 (紙)

邛 츙 [공]勞也 고달플공 (冬)

[illegible] 채 [재]鄉名 시골이름재 (灰)

邘 위 [우]鄭地名周武王者所封 우리나라우 (虞)

邗 깐 [한]吳水名|溝 물이름한 (寒)

邕 융 [옹]塞也 막힐옹 (冬)

邙 망 [망]洛陽山名北| 북방산망 (陽)

(四)

邠 빈 [빈]周太王國 나라이름빈 (眞)

邦 빵 [방]國名 나라방 (江)

邧 웬 [원]秦邑名 고을이름원 (元)

[illegible] 那本字

那 나 [나]何也 어찌나 (歌)(哿)(箇)

邨 촌 [촌]邑也聚落 마을촌 (元)

邤 신 [흔]鄰也 이웃흔 (文)

邪 쎼 [사][야]不正姦思|倭 간사할사、語助疑辭 어조사야 (麻)

邞 뿌 [부]縣名 고을이

름부 (麌)
邥 썬 [심]地名ㅣ垂 땅이름 심 (侵)
邞 岐과同
邙 鄳과同
邢 씽 [형]周公子所封國 나라이름 형 (青)
⑤
邰 태 [태]后稷所封 태나라 태 (灰)
邳 퓌 [비]泗州縣名下ㅣ 고을이름 비 (支)
邱 착 [구]丘也 언덕 구 (尤)
邵 쌰 [소]姓也 성 소 (嘯)
邸 뎌 [저]貴人之宅 집 저 (薺)
邶 쀠 [패]故商邑朝歌地 땅이름 패 (隊)
邴 뱅 [병]鄭邑名 땅이름 병 (梗)
邯 한 [한][함]趙都ㅣ鄲 조나라 서울 한、함 義同 (寒)(覃)
邲 삐 [필]鄭地名 땅이름 필 (質)
⑥
邽 퀴 [규]縣名上ㅣ下ㅣ 고을이름 규 (齊)
郊 쟈 [교]邑外 시외 교 (肴)
郉 邢本字
邾 쥬 [주]魯附庸國 나라이름 주 (虞)
郈 훟 [후]魯邑名 고을이름 후 (有)
郇 쓘 [순]文王後所封地 땅이름 순 (眞)
郁 [욱]文盛ㅣㅣ 문채날 욱 (屋)
郃 허 [합]馮翊縣名 고을이름 합 (合)
𨛜 안 [안]當陽里名 마을이름 안 (寒)
郅 지 [질]至也 이를 질 (質)
郋 씨 [해]汝南邵陵里名 마을이름 해 (齊)
郄 隙과同
𨙸 궤 [귀]遠里민 마을 귀 (紙)
郲 래 [래]縣也 고을이름 래 (隊)
邿 씌 [시]附庸國 시나라 시 (支)
⑦
郕 쳥 [성]國名 나라이름 성 (庚)
𨛰 신 [신]小邦 작은나라 신 (眞)
郡 쮠 [군]縣所屬 고을 군 (問)
郖 뚜 [두]津名ㅣ津 나루이름 두 (尤)
𨛬 두 [도]縣名 고을이름 도 (虞)
郩 샥 [쵸]郡也 고을 쵸 (效)
郞 랑 [랑]男子稱 사내 랑 (陽)
郜 꼬 [고]文王子所封國 나라이름 고 (號)
郚 우 [오]魯邑名 고을이름 오 (虞)
郗 치 [치]河内邑名 고을이름 치 (支)
郝 허 [학]扶風地名 땅이름 학 (藥)
郶 뿧 [부]地名 땅이름 부 (有)
郢 잉 [영]楚地名 땅이름 영 (敬)
郣 뽏 [발]地之起者 땅 붕긋할 발 (月)
郛 뿌 [부]城外大郭 성곽 부 (虞)
郤 씨 [극]隙也 틈 극 (陌)
郔 옌 [연]地名 땅이름 연 (先)
郟 쟈 [겹]河南邑名ㅣ鄏 고을이름 겹 (洽)
郠 잉 [경]邑名 고을이름 경 (梗)
⑧
𨛖 예 [패]鄕里 마을 패 (灰)
郰 쭈 [추]縣名魯下邑孔子之鄕 고을이름 추 (尤)
部 [부]分也 나눌 부 (麌)

郴 천 [침]桂陽縣名 땅이름 침(侵) 郵 우 [우]過也 지날우(尤) 𨛦 郵와同 郳 이 [예]國名나라 이름예(齊) 郬 칭 [청]地名땅 이름청(庚) 郭 곽 [곽]外城 성곽 곽

(藥) 郲 래 [래]地名時ㅣ 땅이름래(灰) 䣊 당 [당]住所머무는곳당(養) 郱 핑 [병]地名齊地 땅이름병(青) 䣢 씨 [석]鄉名고을 이름석(錫) 郾 엄 [엄]國名엄 나라엄(琰)

郪 치 [처]齊地ㅣ丘 땅이름처(齊) 郯 탄 [담]小昊後所封 나라이름담(覃) 郫 피 [비]益州地名 땅이름비(支) 九 鄈 퀴 [규]汾陰地名 땅이름규(支) 都 쉬

[약]國名나 라이름약(藥) 鄅 위 [우]國名나라 이름우(虞) 郿 메 [미]地名땅 이름미(支) 郹 겨 [격]邑名ㅣ陽고 을이름격(錫) 鄇 후 [후]地名땅 이름후(有) 鄓 지

[계]上谷縣名黃帝 後所封고을이름계(霽) 都 뚜 [도]天子所居 도읍도(虞) 郾 연 [언]潁川縣名 고을이름언(願) 鄆 원 [운]魯地땅 이름운(問) 郼 위 [위]聚也모 을위(御)

鄃 슈 [유]縣名고을 이름유(虞) 鄄 견 [견]地名땅 이름견(先) 鄂 어 [악]楚地名 땅이름악(藥) 十 鄑 즈 [자]邑名고을 이름자(支) 鄉 향 [향]邑里 시골향(陽)

鄔 우 [오]鄭地名 땅이름오(虞) 鄍 밍 [명]晉邑名고 을이름명(青) 鄎 씨 [식]齊地名땅 이름식(職) 鄖 윈 [운]漢南國名 나라이름운(文) 鄐 이 [익]地 名땅

이름 익(陌) 鄗 한 [효][호][학]榮陽水名敫ㅣ물이름효、常山邑名 고을이름호、晉邑名고을이름학(肴)(皓)(藥) 鄒 쩌 [추]魯縣名邾婁 國나라이름추(尤) 鄐 축 [축]邑名고을 이름축(屋)

鄏 수 [욕]河南地名郟 ㅣ땅이름욕(沃) 䣕 괘 [외]不平坦평탄하 지않이할외(賄) 鄋 쑤 [수]狄國名ㅣ瞞오랑 캐나라이름수(尤) 十一 鄣 장 [장]莒國邑名 고을이름장(陽)

鄚 뭐 [막]縣名고을 이름막(藥) 鄙 삐 [비]陋也 더러울비(紙) 鄡 챠 [교]姓也ㅣ 單성교(蕭) 鄞 깐 [간]地名땅 이름간(寒) 鄁 페 [배]國名나라 이름배(灰)

鄟 잔 [전] 地名 땅이름전 (先)

鄘 융 [용] 周國名 나라이름용 (冬)

鄛 찬 [소] 南陽棗陽縣 땅이름소 (蕭)

鄝 랸 [료] 國名 舒ㅣ 나라이름료 (篠)

鄜 야 [부] 馮翊縣名 고을이름부 (虞)

鄢 옌 [언] 鄭地名 땅이름언 (阮)(先)

鄠 후 [호] 扶風縣名 고을이름호 (麌)

鄤 만 [만] 鄭地名 땅이름만 (寒)

鄐 취 [차] 沛邑名 고을이름차 (歌)

鄞 인 [은] 會稽縣名 땅이름은 (眞)

⑫

鄫 쩡 [증] 姒姓國 증나라 증 古音 층 (蒸)

鄲 단 [단] 趙都邯ㅣ 조나라서울단 (寒)

鄧 떵 [등] 國名 나라이름등 (徑)

鄗 쟈 [교] 國名 나라이름교 (蕭)

鄮 뭐 [무] 縣名 고을이름무 (有)

鄭 쪙 [정] 周叔友所封國 정나라정 (敬)

鄪 삐 [비] 魯邑名 고을이름비 (寘)

鄯 싼 [선] 西域國名ㅣ善 선나라선 (霰)

鄰 린 [린] 近也 이웃린 (眞)

鄦 후 [허] 炎帝太岳之胤 浦侯所封 나라이름허 (語)

鄱 퍼 [파] 楚地名 땅이름파 (歌)

鄬 웨 [위] 地名 땅이름위 (支)

鄩 씬 [심] 河南地名 땅이름심 (侵)

鄨 뻬 [폐] 水名ㅣ水 물이름폐 (霽)

⑬

鄴 예 [업] 魏郡縣名 고을이름업 (葉)

䣡 이 [의] 地名 땅이름의 (紙)

鄳 멍 [맹] 古縣名在義昌 고을이름맹 (敬)

鄵 쟈 [조] 地名 땅이름조 (號)

鄶 괘 [회] 祝融後所封國 나라이름회 古音 괘 (泰)

鄳 멍 [맹] 江夏縣名 고을이름맹 (庚)

鄷 酆 俗字

⑭

𨞚 수 [수] 蜀水名也 물이름수 (尤)

鄸 몽 [몽] 邑名 靑地 고을의이름몽 (東)

鄹 鄒 과同

⑮

鄾 우 [우] 地名 땅이름우 (尤)

鄽 전 [전] 市鄽也 가게전 (先)

𨞬 랑 [랑] 不ㅣ邑名 고을이름랑 (陽)

鄻 년 [련] 邑名 周地 고을이름련 (銑)

⑯

鄿 치 [기] 沛郡地名 땅이름기 (微)

䣍 옌 [연] 邑名 고을이름연 (先)

⑰

酃 링 [령] 長沙縣名 고을이름령 (靑)

酁 찬 [참] 宋地名 땅이름참 (感)

⑱

酅 휴 [휴] 邑名 고을이름휴 (齊)

酆 뿡 [풍] 周文王所都 땅이름풍 (東)

酄 환 [환] 境界지 경환 (寒)

⑲

酇 취 [찬][차] 沛邑 땅이름차 聚也 모을찬 (寒)(翰)

酈 리 [려] 南陽縣名 고을이름려 (錫)

酉部

酉 유 [유]鷄也 닭유(有)

二

酊 뎡 [정]醉貌酩― 비틀거릴정(迥)

酋 쥐 [추]魁首―長 괴수추(尤)

三

酐 한 [항]苦酒 쓴술항(養)

酏 이 [이]飲也 마실이(支)

配 폐 [배]匹也 짝배(隊)

酑 위 [우]飲也 마실우(虞)

酒 쥬 [주]明水玄― 냉수주(有)

酌 쟉 [작]酒也 술작(藥)

酎 쥬 [주]三重酒 세번빚은술주(有)

酨 이 [익]酒色 술빛익(職)

四

酳 인 [인]少少飲 조금씩마실인(軫)

𨡗 괘 [과]酒之色 술빛과(歌)

酔 醉俗字

酓 얌 [염]酒味苦 술맛쓸염(琰)

䤖 듄 [준]美酒 좋은술준(眞)

𨠖 운 [문]酒杯 술잔문(問)

𨠑 옌 [염]酒也 술염(琰)

䣣 지 [지]腐乳 썩은젖지(支)

䣀 리 [리]乳腐 젖썩을리(支)

酗 쒸 [후]醉怒迷亂酒德 주정할후(曷)

酘 퉈 [두]重釀酒 위덮은술두(宥)

酕 만 [모]極醉貌― 모쉬취할모(豪)

䣁 醅과同

䣈 깡 [강]塩澤 염전강(養)

䣐 뻐 [발]酒色 술빛발(曷)

䣼 湎과同

酖 천 [짐][탐]鴆酒 짐새술짐、嗜酒樂飲 술즐길탐 古音담(沁)(覃)

五

酥 쑤 [수]酪屬牛羔乳 타락죽수(虞)

酢 추 [초][작]酸漿驗也 초초、酬― 술권할작(曷)(藥)

䣤 와 酡同

䣊 [후]醉怒 주정할후(遇)

酤 꾸 [고]買酒 술살고 賣酒 술팔고(虞)(麌)(曷)

酣 한 [감]樂酒不醉 술즐길감(覃)

䣧 둥 [동]酒腐 술쉬을동(冬)

𨡉 원 [문]和酒麴餅起― 떡에술빛넣을문(問)

䣆 양 [앙]濁酒 막걸리앙(養)

酡 터 [타]醉容 취한형용타(歌)

䣭 ᄎᆞ [자]糟也 재강자(支)

酟 텬 [첨]和也 화할첨(監)

䣎 꾸 [고]酒杯 술잔고(虞)

䣡 커 [가]苦酒 쓴술가(馬)

𨠪 퐌 [포]美人醉面 얼굴붉으레할포(效)

酦 [발]酒氣 술기운발(曷)

䣨 추 [초]美醬 좋은장초(虞)

䣥 삐 [필]酒飮盡 술다마실필(質)

六

酬 착 [수]報也 갚을수(尤)

酪 러 [락]乳漿 소젖락(藥)

酩 밍 [명]甘酒 단술명(迥)

䣰 이 [이]重釀酒 두번빚은술이(寘)

酵 쟈 [교]釀酒 술괼교(看)

酮 [동]馬酪 말젖동(東)

酨 재 [재] 釋米汁 뜨물 재 (隊)
酢 작 [저] 酌也 잔질할 저 (魚)
酭 유 [우] 勸酒也 술권할 우 (宥)
酟 괄 [괄] 甛也 전국술 괄 (曷)
⿰酉危 왜 [외] 醉貌 취할 외 (灰)
酧 취 酬 俗字
醛 착 [철] 醯藏物 소금절이 철 (屑)
酓 남 [남] 厭飽 물릴 남 (有)

七

酴 투 [도] 酒母 술밑 도 (虞)
酵 쟢 [효] 以酒母起麪發 ㅣ술괼 효 俗音 교 (效)
⿰酉巠 영 [영] 酒醒 술갤 영 (迥)
酸 쏸 [산] 酢味 실 산 (寒)
酳 인 [윤] 飲酒安食 반주 윤 (震)
酷 쿠 [곡] 俗音 [혹] 甚也 심할 혹 (沃)
酶 메 [매] 酒本 술밑 매 (灰)
⿰酉含 한 [함] 酒之色面赭色 술빛 함 (覃)
酺 뿌 [포] 會飲 여럿이 술마실 포 (虞)
酹 래 [뢰] 綴祭酒沃地 강신술 뢰 (泰)(隊)
酲 청 [정] 病也 술병 정 (庚)

八

醉 쮀 [취] 心ㅣ 취하게할 취 (寘)
醋 추 [작] [초] 主客相酌酬ㅣ 잔돌릴 작、酸漿 초 초 (藥)(遇)
⿰酉炎 단 [담] 酒醋薄也 술맛 색큼할 담 (勘)
醅 페 [배] 酒未漉醱ㅣ 거르지 않이한 술 배 (灰)
醆 쟌 [잔] 夏爵名 벼슬이름 잔 (潸)
醇 순 [순] 厚也 두터울 순 (眞)
⿰酉京 량 [량] 雜味 잡된맛 량 (漾)
醄 탇 [도] 極醉貌 酕ㅣ 몹시 취할 도 (豪)
醃 옌 [엄] 鹽清魚物 절일 엄 (監)
⿰酉隹 이 [유] 和肉酒 고기든 술 유 (支)
⿰酉盂 와 [우] 宴也 잔치 우 (虞)
醁 루 [록] 美酒名 醽ㅣ 맛좋은술 록 (沃)
醂 리 [람] 乾柹 건시 람 (感)
⿰酉念 옌 [념] 苦味 쓴맛 념 (監)
⿰酉典 뎬 [전] 濃酒 전국술 전 (銑)
⿱制酉 지 [제] 魚子醬 생선조림 제 (霽)

九

醙 쑤 [수] 白酒 흰술 수 (尤)
⿰酉癸 꿰 [귀] 清酒 은술 귀 (紙)
醒 씽 [성] 夢ㅣ 꿈깰 성 (青)(效)(徑)
醯 씨 [혜] 酸漿 초 혜 (齊)
⿰酉荼 지 [절] 清菜羹 김치 절 (屑)
醐 후 [호] 清酒 약주술 호 (虞)
醑 쒸 [서] 美酒 좋은술 서 (語)
醍 티 [제] 清酒 약주술 제 (齊)
⿰酉某 메 [매] 醋之別名 단것 매 (灰)
醎 鹹 俗字
⿰酉兪 텨 [두] 楡醬 ⿱敄酉ㅣ 느릅나무장 두 (宥)
⿰酉面 몐 [면] 沈於酒 술에 젖을 면 (銑)
⿰酉甚 신 [심] 麴也 누룩 심 (侵)
⿰酉軍 쉰 [혼] 注酒 술따를 혼 (阮)
⿰酉盞 씨 [해] 酒杯 술잔 해 (賄)
⿱敄酉 뭐 [무] 楡醬ㅣ⿰酉兪 느릅나무장 무 (宥)
醏 뚜 [도] 醬也 된장 도 (虞)

醶 츙 [총] 濁酒 탁주 총 東 醂 난 [남] 煑肉 고기 지질 남 感 䤃 인 [음] 醉也 취할 음 侵 ⑩ 醘 커 [갑] 酒器 술그릇 갑 合 䤍 꾸 [곡] 濁酒 蟲술 바구미 곡 屋 醅

醇과 同 䤚 샹 [상] 乳酒 젖술 상 陽 醢 해 [해] 肉醬 젓장 해 賄 䤈 메 [며] 乾酪 말린 젖 며 錫 醁 ᄬᅡᆼ [방] 奉上酒 술 올릴 방 陽 䤴 한 [한] 清酒 은술 한 翰 醎

우 [육] 面黃 낯빛 누를 육 屋 醝 취 [차] 白酒 흰술 차 歌 䤋 미 [밀] 醬也 장 밀 質 醋 嗜과 同 醞 원 [온] 釀酒 술 빚을 온 吻 醫 이 [의] 酒也 술 의 支 醚 미

[미] 醉也 취할 미 支 醡 쟈 [자] 壓酒具 주자 틀 자 禡 醛 쳬 [철] 酒味變 술맛 변할 철 屑 䤓 뭉 [몽] 麴生衣 누룩 뜰 몽 東 醟 융 [영] 酗酒 술주정할 영 敬 醜 [추] 惡也 악할 추 有

⑪ 䤈 무 [모] 美醬 좋은 장 모 虞 醬 쟝 [장] 醢也 식혜 장 漾 醪 랴 [료] 地名 땅이름 료 豪 醨 리 [리] 薄酒 묽은 술 리 支 䤨 홍 [홍] 醉倒 취하여 자빠질 홍 董 醪

[참][침][첨] 酢也 초 참、酢也 초 침、酸也 실 첨 豏 寢 琰 醩 糟字 醥 퍞 [표] 清酒 은술 표 篠 醫 이 [의] 治病者 의사 의 支 紙 醾 미 [미][만] 白生醬 酢醭 곰 마지미、만 義同 霽 寒

醹 醹와 同 䤗 루 [루] 魚醬 물고기 젓 루 虞 醧 어 [어] 私燕飲 사사로이 잔치할 어 御 䤚 베 [폐] 楡醬 느릅나무 장 폐 霽 䤚 [상] 酒后總名 잔 상 陽 醋 醡과 同 ⑫

醱 빨 [발] 重釀 ㅣ醅 술 괴일 발 曷 䤒 지 [기] 祔酒 목욕하고 술 마실 기 未 醰 젼 [전] 苦酒 쓴술 전 銑 醯 씨 [혜] 酢味 단것 혜 齊 醮 쟈 [초] 惟也 마를 초 嘯 醾 화

[화] 醇酒 전국술 화 麻 醰 탄 [담] 酒長味 술맛 맛준할 담 感 䤣 한 [간] 醎也 짤 간 諫 醭 뿌 [복] 酒上白 술에 골마지 낄 복 屋 䤬 황 [황] 末漉酒 전국술 황 漾 醳 단 [단] 濁酒 막걸리 단 寒

醕 우 [유] 清薄酒 멀건술 유 有 醋 신 [짐] 飲酒 술 마실 짐 寢 䤵 비 [비] 酒之色 술빛 비 紙 醪 랴 [료] 清酒 맑은술 료 篠 ⑬ 醲 농 [농] 厚酒 텁텁한 술 농 冬 醴 리

례 縣名ㅣ泉 고을이름례 齊

醳 이 역 苦酒 쓴술역 陌

⿰酉感 감 鹹也 짤감 感

醷 이 의、억 梅醬 단것 의、억 義同 紙 職

醵 취、거、갹 斂錢 추렴거둘거 갹 義同 御 藥

⿰酉雹 포 面皰 여드름포 巧

⿰酉亶 싼 전 酒苦 술맛쓸전 銑

醶 옹 엄 酸也 초엄 豔

⿰酉嘗 상 상 嘗也 맛볼상 陽

⿰酉零 醽 과同

⑭ ⿰酉蒙 망 몽 麴衣 누룩곰팡이몽 東

⿱斬酉 점 점 味薄 싱거울점 琰

醺 쉰 훈 醉也和悅貌 술얼근히취할훈 文

⿰酉與 쉬 서 美酒 좋은술서 語

⿰酉監 란 람 泛齊行酒 잔넘게술마를남 勘

⿰酉齊 졔 제 鹹也 짤제 霽

醻 酬 과同

醹 수 유 厚酒 전국술유 虞 麌

⑮ ⿰酉樂 학 악 酢也 추악 藥

⿰酉暴 포 포 一宿酒 명주포 號

⿰酉戠 醶 과同

⑯ ⿰酉歷 리 력 下酒 술거를력 錫

醼 연 연 合飲 잔치연 霰

⑰ 釀 냥 양 醞酒 술빚을양 漾

⿰酉韱 참 참 酢也 초참 豏

⿱⿰音夆酉 한 감 敗酒 신술감 感

⿱彌酉 미 미 麴也 누룩미 齊

醽 링 령 美酒ㅣ醁좋은술령 青

醾 미 미 酒名酸酴 막걸리미 支

⑱ ⿰酉㬥 뽀 포 一宿酒 명주포 號

釂 쟈 조 飲盡 훌적들이마실조 嘯

釁 씬 흔 兆也 조짐흔 震

⑲ 醿 醾 과同

釃 쓰 시、서 下酒 술거를 시、서 義同 支 魚

⑳ 釅 옘 엄 酒醋味厚 술과초맛텁텁할엄 豔

㉑ ⿰酉蠡 리 례、력 酪滓 젓찌끼 례 酪也 젓력 齊 錫

㉔ ⿰酉靈 醽 과同

釆部

釆 뻔 변 辨別 분별할변 銑

㊀ 采 채 채 取也 취할채 賄

㊃ 宷 메 매 深入 깊이들어갈매 齊

⿱龹釆 좡 권 握飯為圓 밥뭉칠권 霰

釈 釋 俗字

⑤ 釉 유 유 物有色 물건빛날유 有

⑧ ⿰釆奄 야 압 絵也 그림압 合

⑨ ⿱釆異 뿐 분 棄除 떨어버릴분 問

⑬ 釋 씨 석 捨也 놓을석 陌

⑮ ⿰釆廣 꽝 광 飾色 꾸민빛광 養

里部

里 리 [리] 村里 마을리 (紙)

(二)

重 쭝 [중] 經之 무거울중 (宋) (踵)

(四)

野 예 [야] 郊外 들야 (馬)

㹀 메 [매] 少也 적을매 (佳)

(五)

量 량 [량] 度卜국량 량 (陽) (漾)

(十)

𨤲 치 [접] 漸也 빨접 (葉)

釐 釐와同

(十一)

釐 리 [리] [희] 矛也 줄리 福也 복희 (支)

八 畫

金部

金 찐 [금] [김] 鑛物總稱 쇠금 돈금 姓也 성김 (鉄)

(二)

針 쩐 [침] 縫具 바늘 침 (侵) (必)

釘 띵 [정] 鐵尖 못정 정 (青) (徑)

釞 지 [칩] 銛也 날카러울칩 (緝)

釕 냪 [조] 帶頭飾 띠머리장식조 (篠)

釜 뿌 [부] 無足 가마부 (麌)

釟 빠 [팔] 鍊也 단련할팔 (黠)

釙 뿌 [팍] 未鍊荒鐵 불리지않은쇠팍 (覺)

釒匕 에 [비] 箭也 화살비 (齊)

釗 쨘 [소] [교] [쇠] 勉也 힘쓸소 周康王名 람람이름교, 鐵也 쇠쇠 (蕭)

(三)

釣 댜 [조] 鉤也 낚시조 (嘯)

釦 큭 [子] 讙動 떠들석할구 (有)

釰 이 [일] 鈍也 둔할일 (質)

釴 이 [익] 鼎附耳在表 솥귀익 (職)

釥 챠 [초] 美金 좋은쇠초 (篠)

釪 위 [우] 錞ㅣ樂器鍾 풍류그릇우 (虞)

釒孑 제 [결] 戟也 삼지창결 (屑)

釭 꽁 [공] [강] 箭鏃 화살끝공, 燈也 등잔강 (東) (江)

釮 채 [재] 銳利 날카로울재 (齊)

釳 치 [흘] 乘輿馬頭飾方 말머리장식흘 (物)

釨 쪄 [자] 剛也 강할자 (紙)

釱 듸 [체] [대] 발잠그는쇠 쇠체, 대義同 (霽) (泰)

釤 [삼] 鏟屬 자귀삼 (咸)

釩 빤 [범] 拂也 멸칠범

釧 촨 [천] 女飾臂環 ㅣ팔까찌천 (霰)

釵 채 [채] 婦人岐笄 비녀채 (佳) [차] 義同 (麻)

釬 깐 [한] 被臂鎧 팔찌한 (翰)

(四)

釿 인 [근] 平木具 대패근 (文)

鈍 뜬 [둔] 頑ㅣ둔할둔 (願)

鈑 빤 [판] 金ㅣ鉼金 불린금판 (潸)

釒卬 꿍 [공] 釧也 팔고리공 (冬)

鈞 쥔 [균] 陶具 질그릇만드는바퀴균 (眞)

鈇 뿌 [부] 莝斫刀 작도부 (麌)

鈊 신 [심] 銳利날카로울심 (沁)
鈚 피 [비] 箭鏃살촉비 (齊)(支)
鈗 윈 [윤] 侍臣所執兵器근시하는신하의병기윤 (軫)
鈏 인 [인] 錫金白鑞백랍인 (軫)
鈎 同鉤
鈠 이 [역] 小矛작은창역 (陌)
鈔 찬 [초] 取也취할초 (肴)(效)
鈀 파 [파] 侯車싸움수레파 (麻)
鈜 헝 [횡][광] 鐄|鍾鼓聲쇠북소리횡 (庚)
鈕 뉴 [뉴] 鏡鼻거울손잡이뉴 (有)
鈋 어 [와] 刓名爲모젤와 (歌)
釾 同鋣
鈂 친 [침] 鐵杵쇠공이침 (侵)
鈅 웨 [월] 劍也칼월 (月)
鈒 써 [삽] 鋌也戟也삼지창삽 (緝)
鈌 궤 [결] 刺也찌를결 (屑)
鈉 뉘 [납] 쇠불릴납 (合)
鈐 쳄 [검] 車轄굴대비녀장검 (鹽)
鈲 피 [벽] 裁木爲器가리박벽 (錫)
鈆 [연] 錫類靑金납연 (先)

五

鈶 [사] 鎌柄낫자루사 (支)
鉛 쳔 [연] 錫類靑金납연 (先)
鉠 양 [앙] ||鈴聲방울소리앙 (陽)
鈺 위 [옥] 寶也보배옥 (沃)
鉏 츄 [서][저] 治田器호미서 相距|鋙어긋날저 (魚)
鈹 피 [피] 刀戈쇠꼬챙이피 (支)
鉎 쎵 [생] 鐵衣쇠록생 (庚)
鉍 삐 [필] 矛柄창자루필 (質)
鉅 꺼 [거] 大也클거 (語)
鈿 텬 [전] 寶飾器보배로꾸민그릇전 (先)(霰)
鉘 同錣
鈷 꾸 [고] 熨斗|鉧다리미고 (麌)
鉒 쥬 [주] 卯也쇠돌주 (遇)
鉉 쒠 [현] 所以貫鼎擧之솥귀현 (銑)
鉊 쟢 [초] 大鎌낫초 (蕭)
鉌 허 [화] |鸞車鈴방울화 (歌)
鉋 빺 [포] 鑢屬平木器대패포 (效)
鉗 쳼 [겸] 以鐵束頸髡几|목사실겸 (鹽)
鉦 졍 [정] 鐲也징정 (庚)
鉤 꾸 [구] 鐵曲갈고랑쇠구 (尤)
鈴 링 [령] 鐸也방울령 (靑)
鉄 鐵俗字
鉆 쳄 [검][첩] 大犂보습겸 鐵鉆족집게첩 (鹽)(葉)
鉓 [포] 金板철판포 (虞)
鈯 두 [돌] 鈍也무딜돌 (月)
鉣 져 [겁] 組帶鐵띠매는쇠끈겁 (葉)
鉶 싼 [산] 鐵器쇠그릇산 (諫)
鉖 둥 [동] 釣針낚시바늘동 (冬)
鉮 산 [염] 黑鐵무쇠염 (琰)
鉜 뿌 [부] 大釘큰못부 (尤)
鉝 리 [립] 食器밥그릇립 (緝)
鉈 샤 [사] 短矛짧은창사 (麻)
鉟 삐 [비] 刃戈날있는창비 (支)
鉚 류 [유] 美金황금유 (有)
銻 제 [제] 銳利날카로울제 (齊)

釾 아 [아] 小釜작은가마아(麻)
鈱 민 [민] 鐵葉철판민(眞)
鉃 시 [시] 箭鏃살끝시(紙)
鈭 즈 [지] 斧也도끼지(支)
鉓 티 [척] 飾也꾸밀척(職)
鉂 시 [사] 金環쇠고리사(紙)
鉔 쟈 [잡] 轉旋不倒之香爐구르는향로잡(合)
鉞 웨 [월] 斧也鈇도끼월(月)
鉢 뱌 [발] 盂屬食器바릿대발(曷)
鈶 시 [시] 鍉也쇠덩이시(支)
鈸 [발] 鈴也銅방울발(曷)
鉕 퍼 [파] 銅器구리그릇파(歌)
鉐 씨 [석] 鍮也놋쇠석(陌)
鉧 무 [무] 熨斗鈷ㅣ다리미무(麌)
鉑 뼈 [박] 金薄금박박(藥)
鉥 쓔 [술] 針長돗바늘술(質)
鉇 鉈同
⿰金矛 만 [무] 矛也所以巡警능장무(尤)
⿰金幼 우 [유] 銀上黑은빛죽을유(遇)
鈼 쟈 [작] 釜也가마작(藥)
鉀 꺼 [갑] 鎧也갑옷갑(治)

六

銅 퉁 [동] 赤金구리동(東)
銍 ㅇ지 [질] 刈禾短鐮벼베는낫질(質)
銚 댶 [조][초][요] 田器ㅣ鎒가래조, 温器다리미초, 燒器今釜之小而有柄者쟁개비요(蕭)(嘯)
銃 츙 [총] 小銃총총(送)
鉺 [이] 鉤也갈고리이(眞)
鉻 러 [락] 髟鬄也털깎을락(藥)
銘 밍 [명] 刻以識事새길명(靑)
銓 춴 [전] 選法사람가릴전(先)
銀 인 [은] 白色金은은(眞)
銊 쓔 [술] 鋸聲톱소리술(質)
⿰金危 꿰 [귀] 缶屬사래귀(紙)
銔 퓌 [피] 靈姑ㅣ旗名기이름피(支)
銜 쎈 [함] 恨也원망할함(咸)
銒 ㅇ젼 [견] 酒器似鐘頸長목긴술병견(先)(靑)
銖 쓔 [수] 而無刃무딜수(眞)
銭 錢略字
銎 쿵 [공] 斤斧受柄孔도끼구멍공(冬)
鉿 [합] 陷聲빠지는소리합(治)
鋗 鍋과同
銙 콰 [과] 十三帶具띠ㅣ돈과 本音개(蟹)
鉸 쟈 [교] 交刃刀가위교(巧)(肴)
鉷 훙 [홍] 弩牙쇠뇌고동홍(諫)
銋 신 [임] 聲不進貌鑑ㅣ목맺일임(有)
鈐 진 [겸] 曲頭鑿끌겸(監)
銑 쎈 [선] ㅣ鐵분쇠선(銑)
⿰金回 회 [회] 金屬器具쇠연장회(隊)
銐 치 [체] 刈草鐮풀베는낫체(霽)
⿰金休 슈 [휴] 長汁긴바늘휴(尤)
銛 쎈 [섬] 利也날카로울섬(監)
鉾 矛古字
⿰金糸 [사] 接針꺾쇠사日字
鉵 둥 [동] 鋌也쇳덩이동(冬)
鉶 씽

[형]羹器국그릇형(青)

鋖 뒤 [타]缺也이지러질타(駕)

鉼 鉼字

銂 쥐 [주]金劍금칼주(尤)

銱 댜 [조]釘ㅣ걸쇠조(蕭)

銌 춘 [존]切也끊을존(願)

銕 鐵古字

銗 헉 [후]投書函함통후(尤)

銆 메 [백]兵器병기백 本音맥(陌)

七

鋑 [전][찬][점]刻也새길전 鐫古字, 刀也칼찬, 錐也송곳점(先)(寒)(監)

鋎 환 [환]刀也칼환(灣)

鋒 뿡 [봉]事物之端筆ㅣ끝봉(冬)

鋂 메 [매]子母環사슬고리매(灰)

鋤 츄 [서]除草김맬서 古音저(魚)

鋭 쉐 [예][태]利也날쌜예 矛屬창태(霽)(泰)

鋪 푸 [포]布也펼포(虞)(遇)

銲 釬과同

鋘 우 [오][화]劒名錕ㅣ곤오칼오, 兩刃鍤쌍날가래화(麻)

銼 춰 [좌]釜也가마좌(箇)

鋓 덴 [첨]銳也날카로울첨(監)

鋙 위 [어]不相當鉏ㅣ어긋날어(語)

鋗 쒠 [현]銅銚구리주전자현(霰)

鋫 리 [리]黑金검은쇠리(支)

銶 취 [구]鑿金屬끌구(尤)

鋊 위 [욕]銅屑구리가루욕(沃)

鈠 이 [역]小矛작은창역(陌)

𨦫 시 [섭]黑鐵무쇠섭(葉)

鋌 팅 [정]銅鐵樸쇳덩이정(迥)

鋠 신 [신][員]鐵둥근무쇠신(震)

鋜 쭤 鎖발목잡아맬착(覺)

錵 鏙와同

鋏 쟈 [협]劍也칼협(葉)

鋈 지 [급]鋤也호미급(緝)

鋧 쏀 [현]小鑿銑ㅣ작은끌현(銑)

鋆 인 [윤]貴金금윤(眞)

鋩 망 [망]刀劍鋒ㅣ서슬망、날망(陽)

鈔 싸 [사]銅器水盆ㅣ鑼구리동이사(歌)

鋃 랑 [랑]鎖也잠글랑(陽)

銾 훙 [홍]鐘之聲종소리홍(董)

鋝 레 [렬]量名大兩엿량중렬(屑)

鋋 옌 [연]小矛작은창연(先)

鐒 랖 [로]銅器놋그릇로(豪)

𨦸 鍋과同

鋦 쥐 [국]以鐵縛物철로동일국(屋)

鋀 덕 [두]鍮也놋쇠두(尤)

鋣 예 [야]呉神劍名鏌ㅣ칼이름야(麻)

鋟 쳰 [침]鏤版瓜刻판새길침(寢)

銹 [수]鐵生友동녹수(有)

銷 쌰 [소]鑠金녹일소(蕭)

鋥 청 [징]磨出劍光칼날세울정

鋳 鑄略字

銸 녜 [섭]箝也拔髮족집게섭(葉)

鋕 즤 [지]銘也새길지(眞)

鋊 飾同

鋚 댠

[조] 轡首銅 고삐끈쇠조 (蕭)
⿱折金 시 [세] 五色銅 오색구리세 (霽)
⿱莊金 장 [장] 鈴聲 방울소리장 (養)
鋄 만 [만] 馬首飾 말머리치장할만 (諫)
錗 시 [시] 鉋也 대패시 (支)
鋞 싱 [형] 鍋也 남비형 (青)
鋈 우 [옥] 銷金灌沃爲飾 도금할옥 (沃)
銿 鐘과同 鏞과同
鋲 병 [병] 廣釘 넓은못병 (庚)
鋇 뻬 [패] 銅樸 쇠뭉치패 (泰)

八

錑 례 [뢰] 鉋也 대패뢰 (隊)
錢 쳔 [전] 貨幣 돈전 (先)
錫 씨 [석] 鉛類金ㅣ 주석석 (錫)
錛 뿐 [분] 平木器 자귀분 (元)
錮 꾸 [고] 病오랜병고 (遇)
錠 띵 [정] 鐙也 촛대정 (徑)
⿰金非 픠 [비] 小丁 침비 (尾)
錦 ᅌ진 [금] 襄色織文 비단무늬금 (寢)
錏 야 [아] 頸鎧 목가림투구아 (麻)
錔 타 [탑] 器物金冒 쇠두겁탑 (合)
鋸 ᅌ쥐 [거] 鐵葉齟齬其齒以片解木石者刀ㅣ 톱거 (御)
錍 피 [비] 斧屬 銛也 도끼비 (支)(齊)
錄 루 [록][려] 記也 기록할록 覓省ㅣ囚 사실할려 (沃)(屋)(御)
錧 꽌 [관] 車轂鐵 수레굴통쇠관 (旱)
鋹 챵 [창] 利也 날카로울창 (養)
錨 먀 [묘] 鐵卜 닻묘 (蕭)
錟 탄 [념][담] 利刀 서슬염 長矛 긴창담 (炎)(覃)
錚 정 [쟁] 金聲ㅣ 쇳소리쟁 (庚)
錣 취 [철] 策馬箠端有針 채찍고달철 (屑)
錥 위 [육] 小釜 鍻ㅣ 옹솥육 (屋)
錌 예 [업] 椎也 마치업 (葉)
錯 추 [착][조] 雜也 섞일착 止也 그만둘조 (藥)(遇)
錤 끼 [기] 鉏也 鎡ㅣ 호미기 基通 (支)
錘 취 [추] 稱ㅣ八銖 저울눈추 (紙)
錕 큰 [곤] 赤金 붉은금곤 (元)(阮)
鋼 깡 [강] 鍊鐵 강강 (陽)
錞 뙤 [대][순] 矛下鐏 창고달대 似鐘ㅣ釬 사발종순 (隊)(眞)
鉼 뼝 [병] 金鈑 불린금덩이병 (梗)
⿰金屈 취 [굴] 鎖處, 배목굴 (物)
錐 ᅌ쥐 [추] 銳也 鍼也 송곳추 (支)
錪 뎐 [전] 金也 쇠전 (銑)
鋽 돤 [조] 未鍊鐵 불리지않은쇠조 (嘯)
錡 ᄏᆡ [기][의] 三足釜 세발가마기, 鑿屬 끌의 (紙)(支)
鋻 [견] 剛鐵 강철견 (霰)(先)
⿰金宕 鐊과同
錈 ᅌ좐 [권] 屈金 쇠말릴권 (先)
⿰金芮 錣과同
錁 커 [과] 帶飾金具 띠치장과 (馬)
錭 돠 [도] 鍡也 쇳덩이도 (豪)
錀 륜 [륜] 貴金 금륜 (眞)
⿰金岸 앤

[안] 歎鐵 연한쇠 안 (翰)

⿰金東 둥 [동] 犂刀 보습날 동 (東)

錎 한 [함] 鎧也 갑옷 함 (覃)

⿰金帚 산 [소] 鐵粉 쇳가루 소 (號)

錊 새 [최] 錬也 단련할 최 (隊)

⿱㓞金 鍥과同

⿰金向

창 [상] 車輪繞鐵 바퀴테 두른 쇠 상 (陽)

錒 아 [아] 釜也 가마솥 아 (歌)

錂 렁 [릉] 強鐵 강한 쇠 릉 (蒸)

⿰金夜 예 [야] 鏡也 거울 야 (禡)

錋 평 [병] 兵器 병기 병 (庚)

錜 녠

[녑] 小釵 비녀 녑 (葉)

錗 錘과同

錔 쎈 [합] 連環 사슬고리 합 (陌)

鋺 웬 [원] 權衡臺 저울바탕 원 (陌)

錇 뿌 [부] 缶別名 白ㅣ 장구 부 (尤)

錺 장 [방] 裝飾金物 장식 방 日字

錙 ㅊ [치] 六銖日ㅣ 저울눈 치 (支)

錆 칭 [청] 精也 정할 청 (陽)

錵 [화] 刀閃 칼날 번쩍거릴 화 日字

九

鍍 뚜 [도] 以金飾物 도금할 도 (遇)

鍾 쭝 [종] 酒器 술잔 종 (冬)

錥 퉈 [타] 車轄 수레굴통쇠 타 (哿)

鍺 뚸 [도] 釭也 바퀴통쇠 도 (豪)

鍗 티 [제] 大釜 큰가마 제 (齊)

鍊 롄 [련] 精金 쇠불릴 련 (霰)

鍮 투 [유] 石銅似金 놋쇠 유 古音 투 (尤)

⿰金甾 錙과同

鍭 허 [후] 箭鏃 살촉 후 (尤)

鎀 식 [수] 鋌也 쇳덩이 수 (尤)

鍥 치 [계][결] 刻也 새길 계 鎌也 낫 결 (霽)(屑)

鍇 캐 [개] 好鐵 좋은쇠 개 (蟹)

鍞 鏗과同

鍵 쳰 [건] 関ㅣ鑰也 열쇠 건 (阮)(銑)

鍓 지 [집] 板鐵 판철 집 (緝)

鍻 커 [갈] 金飾鼓 금으로 장식한 북 갈 (月)

鍟 싱 [성] 銹也 녹 성 (青)

鍼 연 [침] 刺病石 ㅣ침 침 (侵)

鍹 쉔 [선] 鍤也 가래 선 (先)

⿱攸金 숴 [삭] 鐶也 쇠고리 삭 (覺)

鍶 숭 [송] 鐵器 무쇠그릇 송 (冬)

鍐 쑤 [수] 刻鏤 새길 수 (尤)

鍸 후 [호] 鐵皿 쇠접시 호 (虞)

鍤 차 [삽] 鍬也 가래 삽 (洽)

鍔 어 [악] 劍刀鋒 칼날 악 (藥)

鍑 뿌 [복] 釜也 아구리큰솥 복 (屋)

鍝 위 [우] 耳垂金寶鐻 ㅣ귀고리 우 (遇)

鍱 쎄 [섭] 金鐵片鍱也 쇳조각 섭 (葉)

鍘 으자 [찰] 斫刀 작도 찰 (黠)

鍖 연 [침] 斧質 쇠모탕 침 (寢)

鍴 뚠 [단] 鑽也 송곳 단 (寒)

鍰 환 [환] 鋝也 黃鐵 황철 환 (刪)

鍲 민 [민] 計稅 부세 회계할 민 (眞)

鍬 챠 [초] 臿也 삽 초 (蕭)

鍛 똰 [단] 打鐵冶金 쇠불릴단 (翰)

鍋 꿔 [과] 釜屬温器 노구과 (歌)

鍚 양 [양] 馬額飾 당노양 (陽)

鍜 쌰 [하] 頸鎧鍜ㅣ 목에투구하 (麻)

鍪 뭐 [무] 首鎧兜 투구무 (尤)

鍫 鍬와同

鍒 석 [유] 鐵之軟者 연한쇠유 (尤)

鍧 헝 [굉] 鐘鼓聲쇠북소리굉 (庚)

鍠 황 [굉] 鐘鼓聲鏗ㅣ 쇠북소리굉 (庚)

鍯 충 [총] 大鑿 끌총 (東)

鍎 [돌] 槍也 창돌 (月)

鍐 쭝 [종] 馬首飾 말굴레종 (冬)

鍦 써 [사] 短矛짧은창사 (支)

鍉 츠 [시][저] 鍵也 열쇠시 鋒也 날저 (支)(齊)

⿰金耎 산 [연] 軟銀연한은연 (霰)

鍈 잉 [영] 鈴聲방울소리영 (庚)

鑒 鑑과同

鍏 웨 [위] 犂也 보습위 (微)

鄉 鄒과同

十

鎊 팡 [방] 削也 깎을방 (陽)

鎵 뭥 [몽] 犂刀 보습날몽 (東)

鎬 한 [호] 温器 쟁가비호 (皓)

鎣 잉 [형] 飾也 꾸밀형 (徑)

⿰金疾 [질] 鐵搗ㅣ鎨 쇠뭉치질 (質)

鎰 이 [일] 量名二十四兩 스물녁량중일 (質)

鎪 鉻字

⿰金隺 워 [악] 大椎 큰방망이악 (覺)

鎤 황 [황] 鐘聲 종소리황 (養)

鎔 숭 [용] 鑄也 녹일용 (冬)

⿰金冓 꺽 [子] 壅根爲溝受水 뿌리물받이구 (尤)

鎢 우 [오] 小釜ㅣ錥 옹솥오 (虞)

鎚 쥐 [추][퇴] 鐵ㅣ 쇠마치주 治玉옥다듬을퇴 (眞)(灰)

鎝 삽 [삽] 鏤也 새길시 (合)

鎦 릭 [류] 殺也 죽일류 (眞)

鎟 쌍 [상] 鈴聲 방울소리상 (養)

⿰金芮 지 [제] 曲刀 굽은칼제 (霽)

鎡 으 [자] 鉏也ㅣ錤 호미자 (支)

鎭 쩐 [진] 安也 진정할진 (眞)

⿰金函 한 [함] 鎧也 갑옷함 (覃)

鎌 렌 [겸] 鉤 鍥 낫 草낫겸 (監)

鎩 쌔 [쇄][살] 長矛 긴창쇄 翦除 갈릴살 (卦)(黠)

鎒 耨와同

鎞 삐 [비] 金ㅣ 손톱칼비 (齊)

鎑 [탑] 鑪也 줄탑 (合)

鍺 치 [기] 軸鐵 쇠바퀴굴대기 (支)

鎧 캐 [개] 甲也 갑옷개 (賄)(隊)

鎈 차 [차] 錢異名 돈차 (麻)

⿰金蚤 쏘 [소] 銅器 놋그릇소 (豪)

⿰金冓 鍛과同

鎮 鎭과同

鎘 리 [력] 曲脚鼎다리 굽은솥력 (錫)

鎓 따 [옹] 鍬也 가래옹 (東)

鎛 뿨 [박] 鐘也 쇠북박 (藥)

⿰金崔 찬 [천] 抒長 늘여길게할천 (銑)

鎋 쌰 [할] 車軸頭鐵 바퀴비녀장할 (黠)

⿰金祖

鈨과同
鎏 류 [류]美金 순금류(尤)
鏼 쇡 [색][책]鐵繩 쇠사슬색 鐵串 적쇠책(陌)(藥)
鎐 야 [요]金屬酒器 쇠술잔요(蕭)
鎉 따 [탑]鉤也 갈고리탑(合)
鎗 창 [쟁]金石聲鏗 금속소리쟁(庚)
[金+鬼] 외 [외]金屬之塊 쇳덩이외(賄)
[金+罘] 꽌 [관]犂刀 보습날관(刪)
[金+舀] 돠 [도]鐵函 쇠함도(豪)
鎖 쐐 [쇄]鑰也 자물쇠쇄(哿)
鎻 鎖同
鎕 당 [당]赤珠 붉은구슬당(陽)
鎹 송 [송]接釘 꺾쇠송 日字

⑪

鏞 용 [용]大鐘 큰쇠북용(冬)
鏦 총 [총][창]矛也 창총 義同(冬)(江)
鏛 챵 [상]磨也 갈상(陽)
[金+窒] 鋞과同
鏠 봉 [봉]兵耑 병장기끝봉(冬)
鏙 최 [최]錯也 석일최(賄)
鏄 돤 [단]塊鐵 쇳덩이난(寒)
鍪 머 [무]首鎧 투구무(尤)
鐭 위 [어]錫也 백철어(語)
鏑 디 [적]箭鏃 살촉적(錫)
鏈 련 [련]鎖也 쇠사슬련(先)
鏧 룽 [롱]鼓聲 북소리롱(冬)
鏌 뭐 [막]釾名ㅣ鋣 칼이름막(藥)
鏘 창 [장]玉聲ㅣㅣ 옥소리장(陽)
鏚 치 [척]斧也 도끼척(錫)
鏢 퍄 [표]刀鋒 칼날표(蕭)
鏖 오 [오]多殺 무찌를오(豪)
鏨 잔 [찬][잠]小鑿푼 끌찬 義同(覃)(勘)
鏊 오 [오]燒器 번철오(號)
鏩 잰 [점]銳進貌ㅣㅣ 속히나갈점(琰)
鏝 만 [만]泥ㅣ鐵杇塗具 쇠흙손만(寒)
鏃 쭈 [족]利也 矢末金 살촉촉(屋)
鏟 찬 [산]平木鐵器 대패산(諫)
鏤 루 [루]刻也 새길루(宥)
鏇 쏀 [선]轉軸以裁器 가리질할선(先)(霰)
鏗 컹 [갱]金石聲ㅣ鏘 금옥소리갱(庚)
鏜 탕 [당]鼓聲 북소리당(陽)
鏥 銹과同
[金+莽] 鉧과同
鏡 겅 [경]鑑也 取景器 水ㅣ거울경(敬)
鏉 [수]利也 날카로울수(尤)
鏁 鎖과同
鏆 꽌 [관]穿也 뚫을관(翰)
鏂 우 [우]削也 깎을우(尤)
鏒 싼 [삼]黑鐵器 무쇠그릇삼(感)
[金+烹] 평 [팽]鍊金 쇠불릴팽(庚)
鏎 삐 [필]箇也 쪽필(質)
鏓 충 [총]大鑿 큰끌총(東)
[金+屚] 럭 [루]銹也 녹누(宥)
鏅 鎀과同
鋺 웬 [원]鉏頭曲鐵 호미목원(元)
[金+鹵] 루 [로]釜也 가마로(虞)
鏬 쌰 [하]罅也 ㅣ틈하(禡)

鏋 만 [만]金也금 정기만(願)
鏐 류 [류]美金순 금유(尤)
(十一)
鐘 종 [종]懸樂金音 쇠북종(冬)
鐥 선 [선]量酒油等 器복자선
鐋 탕 [탕]治木器邊 변탕탕國字(漾)
鎦 劉古字
鐄 횡 [횡]大鐘큰 쇠북횡(庚)
鐙 덩 [등]燈也등 잔등(徑)(蒸)
鐏 쥰 [준]矛下鋭銅 창고달준(願)
鐧 잰 [간]車軸鐵수레 굴대쇠간(諫)國字
鏳 청 [청]玉聲옥 소리청(庚)
鐎 쵸 [초]溫器有柄데 우는그릇초(蕭)
鐐 료 [료]白金之美 천은료(蕭)(嘯)
鐃 뇨 [뇨]小鉦似鈴無 舌작은징뇨(肴)
鐈 교 [교]長足鼎발 긴솥교(嘯)
鏉 쑤 [속]貴金 금속(沃)
鏹 쟝 [강]錢貫돈 궤미강(養)
鏟 산 [잔]小鑿작 은끌잔(刪)
鐣 청 [청]鐘聲종 소리청(庚)
鏵 鋘와同
鐖 지 [기]魚鉤逆鋩낚 시미늘기(微)
鐀 [궤]匣也 궤궤(寘)
鐓 錞와同
鐔 씬 [심]姓也 성심(侵)
鐝 줘 [궐]磨也 갈궐(月)
鍏 꾸 [고]矢名鏷ㅣ器 살이름고(虞)
鎖 쒸 [수]鍵也자물 쇠속수(寘)
鏺 ᄇᆞᆯ [발]兩刃刀有木柄 쌍날칼발(曷)
鏆 관 [관]燒鐵炙단 근질할관(翰)
鐁 쓰 [시]鉋也平木 器대패시(支)
鐉 촨 [전]樞也문 돌쩌귀전(先)
鐇 빤 [번]椎也钁 ㅣ뭉치번(元)
鐱 란 [람]馬口中鐵ㅣ 驂말재갈람(覃)
鐅 베 [별]犂刃보 습날변(屑)
鐌 썅 [상]器軋ㅣ鼻 그릇꼭지상(養)
鏃 쑤 [속]錫槍 창속(屋)
鐆 鐩과同
鏴 루 [로]金路금 길로(遇)
鏽 [수]鏡上綠거 울에녹쓸수(有)
鏊 [지][설][폐][즙]羊箠 其端有鐵끝에쇠가붙은채찍지, 椎也쇠망치설, 폐義는설과同 즙義는지와同(寘)(屑)(霽)(緝)
鏶 지 [집]金鐵片쇳 조각집(緝)
鐍 위 [휼]箱篋前鎖疏 局상자장식휼(屑)
鏾 싼 [산][선]弩牙緩쇠뇌고동늦출산 雄鷄去勢수닭불칠선(旱)(霰)
鐩 퉈 [타]大犂鈴 보습타(哿)
鐕 잔 [잠][참]釘也못잠, 聚 貌옹기종기모일참(覃)
鐚 錏과同
鏷 푸 [박]生鐵 날쇠박(覺)
鐝 줘 [궤][궐]大鉏ㅣ頭괭이 궤이궤갈궐(卦)(月)
鏸 시 [혜]三隅矛 세모창혜(霽)
鐏 鈿과同
(十二)
鐓 쟌

[교] 器之把頭그릇손잡이교 (篠)

鐵 텨 [철] 黑金검은쇠철 (屑)

鐴 뼈 [벽] [폐] 犂耳보습귀벽, 併刀칼갈폐 (錫)(霽)

鐼 븐 [분] 鉋也대패분 (元)

鐸 뛱 [탁] 武用大鈴金ㅣ요령탁 (藥)

鐩 쓔 [수] 取火日中陽ㅣ화경수 (寘)

鐶 환 [환] 圜郭有孔고리환 (刪)

鐻 쭤 [거] 金銀器금은그릇거 (魚)

鐷 예 [엽] 鋋也쇳조각엽 (葉)

鐯 쭤 [작] 大鉏괭이작 (藥)

⿱鼓金 鏧과同

鐲 쭤 [탁] 鉦也징탁 (覺)

鏢 [표] 刀鋒칼날표 (蕭)

鐳 레 [뢰] 壺也항아리뢰 (灰)

鐱 쳠 [첨] 銛也가래첨 (鹽)

⿰金葛 鑞과同

鐫 [전] 刻也새길전 (先)

鐺 땅 [당] [정] 因鎖鋃죄인자물쇠당, 鼎屬有耳귀솥정 (陽)(庚)

鏖 와 [오] 温器통노구오 (豪)

鐮 鎌과同

鐪 루 [로] 煎膠器부레도가니

⿰金雹 [박] 杵頭공이머리박 (覺)

⿰鬲凡 롸 [라] 小釜鍋ㅣ옹솥라 (歌)

鐬 홰 [회] 鈴聲방울소리회 (泰)

鐹 꽈 [과] 刈鉤낫과 (箇)

⿰金亶 쳔 [전] 打鞭채찍칠전 (銑)

鐊 鏝과同

(十四)

鑑 [감] 鏡也거울감 (陷)

鑊 확 [확] 釜屬鼎ㅣ가마확 (藥)

鑏 닁 [녕] 刀柄入處칼슴배녕 (庚)

鑢 뤼 [려] 矛戟受柄창쓰베려 (御)

鐭 여 [여] 簪也비녀여 (御)

鐕 잔 [잠] 無蓋釘쇠꼬챙이잠 (侵)

⿰金夢 멍 [몽] 環也쇠고리몽 (徑)

鑂 훈 [훈] 金色渝금빛투색할훈 (問)

鑒 鑑과同

鐀 궤 [궤] 櫃也궤궤 (寘)

⿰金截 쟉 [착] 鋼鐵강철착 (覺)

鑄 주 [주] 鎔金入範쇠불릴주 (遇)

鑌 삔 [빈] 鐵也爲刀甚利매운쇠빈 (眞)

鏧 칭 [경] 金聲쇳소리경 (徑)

鑓 견 [견] 楫也창견 日字

鑐 슈 [유] 金鐵銷而可流者쇠녹을유 (虞)

(十五)

鑕 지 [질] 鐵櫍머루질 (質)

鑛 꽝 [광] 銅鐵樸쇳덩이광 (梗)

鑠 쌱 [삭] 美盛於ㅣ아름다울삭 (藥)

⿰金蝕 밍 [명] 銷也쇠녹일명 (庚)

鑟 뚜 [독] 印櫃인궤독 (屋)

鏠 뿡 [봉] 首鎧투구봉 (東)

鑞 라 [랍] 錫也백철랍 (合)

鑢 뤼 [려] 治也다스릴려 (御)

⿰金寫 쎄 [사] 範金쇠부을사 (馬)

鑣 뱦 [표] 盛貌ㅣ성할표 (蕭)

⿰金廛 뎐 [전] 腕鐶팔고리전 (先)

(十六)

鏪 ⿰金夢과同

⿰金歷 리 [력] 曲脚鼎 다리굽은솥력 (錫)

⿰金噩 어 [악] 懸物鉤 다는 갈고리악 (藥)

鑪 루 [로] 酒器 주전자노 (虞)

⿱彊金 장 [강] 鉛也 납강 (養)

⿰金曉 [효] 黑鐵文 시우쇠문채효 (篠)

(十七) 鑲 쌍 [양] 鉤ㅣ兵器兩頭曰鉤中央曰ㅣ 쇠갈고리양 (陽)

鑯 잼 [첨] 山銳而高 산뾰족할첨 (鹽)

鑰 약 [약] 門關下牡ㅣ 자물쇠약 (藥)

鑱 찬 [참] 犁鐵 찌를참 (咸)

鑮 뷕 [박] 大鐘 큰쇠북박 (藥)

鑭 란 [란] 金釆 금채색란 (翰)

鑨 룽 [롱] 金屬器 쇠그릇롱 (東)

(十八) 鑵 관 [관] 波器 두레박관 (翰) 國字

鑴 씨 [휴] 大鐘 큰쇠북휴 (齊)

鑶 창 [장] 鈴聲 방울소리장 (陽)

鑺 취 [구] 戟屬 양지창구 (虞)

⿰金斷 싸 [찰] 斷草刀 작도칼 (黠)

鑷 녜 [섭] 攝取物ㅣ子 족집게섭 (葉)

⿰金贏 [라] 小釜 옹솥라 (歌)

鑹 찬 [찬] 小稍 작은칭찬 (翰)

(十九) 鑽 좐 [찬] 穿也 뚫을찬 (寒)

鑾 롼 [란] 翰院金卜坡 한림원란 (寒)

鑿 좌 [착] [조] 穿也 뚫을착, 穿孔 뚫은구멍조 (藥)(號)

鑼 러 [라] 軍樂銅 제금라 (歌)

(二十) 钀 녜· [알] 钀也 馬勒旁鐵 말재갈알 (月)

钁 쥐 [곽] 斫也 깎을곽 (藥)

(二十一) 钃 쓔 [촉] 鋤也 호미촉 (沃)

長部

長 창 [장] 短之對 긴장 (陽)

镸 長와同

(二) ⿰镸几 쿤 [곤] 醜午貌ㅣ屯 커다리소곤 (元)

(三) 镹 직 [구] 長也 길구 (有)

(四) ⿰镸攴 양 [양] 擧也 들양 (養)

⿰镸殳 뙨 [단] 投物 던질단 (翰)

镺 우 [오] 長也 길오 (皓)

⿱大镸 애 [왜] 不長 짧을왜 (蟹)

⿰镸公 숑 [송] 長也 길송 (冬)

⿰镸毛 髦과同

(五) 镻 뎨 [설] ㅣ蠥 독사절 (屑)

⿰镸出 두 [도] 長也 길도 (號)

⿰镸幼 얀 [요] 長而弱 길고약할요 (篠)

(六) ⿰镸末 냔 [뇨] 皮幫鞋 가죽신요 (篠)

⿰镸兆 댜 [도] 長貌 길도 (皓)

⿰镸犮 [발] 髮也 털발 (月)

(七) ⿰镸弄 녜 [얼] 長也 길얼 (屑)

⿰镸黍 치 [치] 漆器 칠그릇치 (寘)

(八) ⿰镸垂 타 [타] 頭髮之美 머리고울타 (哿)

⿰镸卑 삐 [피] 冠飾 갓치장할피 (齊)

⿰镸岸 얜 [안] 長而大 길고클안 (翰)

⿰镸宗 즁

종 亂髮흩어진 머리털종 ㊀冬

⿰髟屈 ⿱髟屈 과同

九

⿱髟省 셩 성 長貌길성 梗

⿱髟青 뤼 타 盡也다할타 箇

十

⿱髟容 융 용 飾也꾸밀용 冬

⿱髟差 嗟古字

⿱髟剔 틔

척 憂也근심할척 錫

十一

⿱髟從 즁 종 亂髮머리흩어질종 東

⿱髟敖 안 오 長而大길고클오 豪

十二

⿱髟尞 랸 료 長也길료 篠

⿱髟勞 랃 로 長貌길로 蕭

⿱髟喬 챠

교 長也길교 篠

十三

鬞 융 용 多也많을용 冬

十四

鬡 닝 녕 髮亂머리흩어질녕 庚

門部

門 뭔 문 兩戶家形人所出入在堂日戶在域日卜문문 元

一

閂 쐰 산 門橫關문빗장산 刪

閄 쌰 할 邪視흘겨볼할 結

閅 머 말 邪視흘겨볼말 黠

二

閃 쌴 섬 動貌||움직이는모양섬 淡

⿵門几 구 訟也송사할구 尤

三

閉 삐 폐 별 闔門닫을폐 蔽也감출별 霽 屑

⿵門夂 천 진 從門出入貌문에드나드는모양진 震

閆 염 里門이문염 監

閈 한 한 里門閭이문한 翰

閊 산 否塞비색할산 日字

四

閑 쎈 한 靜也고요할한 刪

間 쎤 한 간 暇也겨를한 雜也섞일간 寒 諫

閏 순 윤 氣盈朔虛積餘附月윤달윤 震

開 캐 개 文明|化열릴개 灰

間 閒俗字

閔 민 민 姓也성민 軫

⿵門完 꽌 관 鎖也쇠사슬관 旱

⿵門丑 뉴 뉴 門

關빗장뉴 有

⿵門分 뿐 분 戰也싸울분 文

⿵門屯 둔 돈 滿門문에찰돈 元

⿵門牙 쌰 하 閉門문닫을하 麻

⿵門公 즁 종 門外開문밖으로열종 冬

⿵門介 쌔 해 門扉문짝해 卦

⿵門內 얼 이 內入안으로들어갈이 眞

⿵門毛 싼 삼 |首兩笠삿갓삼 勘

⿵門夬 쒜 결 無門戶문없을결 屑

⿵門正 정 門上關문위빗장정 迥

閌 캉 항 門高|閬문높을항 漾

閍 뺑 팽 宮中門대궐문팽 庚

閗 鬪俗字

閎 헝 굉 大也클굉 庚

五

閟 삐 비 神也신기로울비 寘

⿵門主 주 추 直開곧열추 迥

⿵門半 팡

〔평〕閉戶聲문 닫는소리평(庚) 閞 뻔 〔변〕柱上木欂櫨주두변(霰) 閘 야 〔갑〕通舟水門 물문갑(洽) 閙 鬧과同 閕 씨 〔계〕門扉 문짝계(霽) 閁 이 〔이〕門關문 빗장이(支)

閚 찬 〔첨〕小開門以候望문 방긋이열고엿볼첨(監) 閌 찌 〔계〕門臼문둔 테구멍계(霽) 閝 링 〔령〕門上窓문 위창령(靑) 閚 쟁 〔첩〕立待서서 기다릴첩(監) 閜 싸

〔하〕大開크게열하(馬) 閶 땅 〔탕〕門不開문 열지않을탕(漾) 閸 단 〔단〕門關문 빗장이단(旱)

六

閤 꺼 〔합〕內中小門 도장합(合) 閨 꿰 〔규〕女稱ㅣ姿 색시규(齊)

閦 축 〔축〕衆也 무리축(屋) 閥 뻐 〔벌〕門地 가문벌(月) 閣 꺼 〔각〕楼也다 락집각(藥) 閍 뻥 〔병〕閉扉聲문짝 닫는소리병(庚) 闋 퀘 〔결〕無門戶 문없을결(屑) 閨 데

〔질〕閉也문 닫힐질(屑) 閡 애 〔애〕外閉隔ㅣ밖 으로닫을애(隊) 閪 쓰 〔시〕寺人閹宦 내시시(寘) 閬 쎈 〔한〕門閾문 지방한(潸) 閘 쒸 〔욱〕門阻문 막힐욱(沃) 閩 민 〔민〕東南越

種 땅이 름민(眞) 閪 꽈 〔괄〕開門문 열괄(黠) 閶 꽝 〔광〕門之周圍木문 도리나무광(陽) 閃 신 〔신〕澁而不滑 끈끈할신(震) 閪 숭 〔송〕門臼문 둔테구멍송(董) 閪 싸

〔할〕門開閉聲문을 여닫는소리할(黠) 閪 궤 〔위〕門危문위 태할위(支) 閪 〔서〕失物ㅣ失 잃을서國字 開 開本字 閞 꾸 〔무〕開也 열무(尤) 関 關略字 関 關同

七

閭 릐 〔려〕里門 이문려(魚) 閫 큰 〔곤〕門限문 지방곤(阮) 閪 융 〔용〕入門문에 들어갈용(腫) 閪 휘 〔획〕開門 문열획(陌) 閱 웨 〔열〕歷也 지낼열(屑) 閪 뚜

〔독〕小門작 은문독(屋) 閮 딩 〔정〕門之中문 가운데정(迥) 閪 꾸 〔곡〕門聲문 소리곡(沃) 閬 랑 〔랑〕高門소슬 대문랑(漾)國字

八

閻 옘 〔염〕里中門 이문염(監) 閼 어

〔알〕〔연〕止也그칠알, 單子妻氏 흉노왕비의성연(曷)(月)(先) 閫 큰 〔곤〕宮門궁 문곤(阮) 闈 위 〔어〕小門작 은문어(語) 閪 꾸 〔고〕獨扉門 외짝문고 閑 한 〔한〕習也의 힐한(刪)

⿵門戔 시 [설]域門板 성문널쪽설(屑)
⿵門咅 약 [부]開門 문열부(有)
⿵門委 웨 [위]門高 문높을위(紙)
⿵門巷 巷과同
⿵門受 원 [문]低目視 눈내리깔고볼문(文)
閶 창 [창]天門ㅣ闔 하늘문창(陽)
⿵門風 [팽]門風 문바람팽 國字
閽 훈 [혼]守門人 문지기혼(元)
閹 옌 [엄]男無勢精閉者 내시엄(監)(琰)
閾 위 [역]門下橫木內外之限 문지방역(職)
閷 쇄 [쇄][살]弓接中활뱃바닥쇄，戮也죽일살(卦)(黠)
⿵門导 애 [애]以木欄門 문횡강목애(泰)
⿵門卷 훙 [홍]鬪也 다툴홍(東)
閵 [린]踐也 밟을린(震)
⿵門奇 [희]壁隙ㅣ虛 벽틈희(支)
閜 아 [아]門傾 문기울어질아(箇)
⿵門門 褒과同
⿵門官 관 [환]宮殿門板 전각문환(寒)
⿵門叟 閿과同

九

⿵門若 워 [약]引也 끌약(藥)
⿵門限 쎈 [한]門限 문지방한(潸)
⿵門建 젼 [건]門關木 빗장건(銑)
⿵門重 후 [훌]小門 작은문훌(物)
闊 콰 [활]廣也 넓을활(曷)
⿵門豖 베 [배]閉局자물쇠배(灰)
⿵門曷 허 [합]門聲 문소리합(黠)
闇 안 [암]喪廬 諒闇 여막암(覃)
闃 찌 [격]靜也 고요할격(陌)
闆 판 [반]門中視 문속에서볼반(諫)
⿵門貝 쎄 [혈]門聲 문소리혈(屑)
⿵門契 제 [결]門戶之無 문짝없을결(屑)
闈 웨 [위]宮中之門 대궐안문위(微)
⿵門畐 뼤 [벽]塞也 막을벽(陌)
⿵門俞 위 [유]私視闚 엿볼유(虞)
闍 뚜 [도][사]城門臺闍ㅣ 성문층대도，僧死焚之ㅣ維 화장할사(虞)(麻)
闋 퀘 [결]休息 쉴결(屑)
⿵門春 츈 [순]中門 중문순(軫)
閿 원 [문]低目視 눈내리깔고볼문(文)
⿵門省 썽 [생]焚署 대궐마을생(梗)
⿵門英 잉 [영]門之中 문가운데영(庚)
闌 란 [란]晚也 늦을란(寒)
闉 인 [인]城內中門 겹성문인(眞)

十

闖 춍 [츰]窺覘 엿볼츰(沁)
闕 퀘 [궐]宮ㅣ 대궐궐(月)
⿵門言 톼 [타]奠酌술잔드릴타(祿)
闒 타 [탐][답]意下ㅣ茸용렬할탑 樓上戶다락문답(合)
闔 허 [합]閉也 닫을합(合)
⿵門烏 우 [오]高也 높은문오(??)
闓 캐 [개]開也 열개(賄)
⿵門沓 따 [탑]鐘聲 종소리탑(洽)
闑

[열]門橛문 지방열(屑)
闟 얀 [전]門開閉利문시 원하게여닫아질전(銑)
闐 텬 [전][기]車馬聲ㅣㅣ거마소리전 西域國名于ㅣ나라이름기(先)(眞)
䦡 졔 [결]終也 마칠결(屑)
闇
챵 [창]開門聲之和문 여는소리창(陽)
闆 갼 [효]大開門문 크게열효(蕭)
(十一)
關 꽌 [관][완]機械기관관 扃也문지방완(刪)
闚 킈 [규]傾頭門中視 가웃이볼규(支)
闟
[숙]門側堂家 塾서당숙(屋)
闛 탕 [당]鼓音ㅣ鞈 북소리당(陽)
(十二)
闖 죠 [초]鳥木오 목초(蕭)
闞 한 [함][감]聲大소리우렁찰함 望也바랄감(感)(豏)(勘)
闡 [천]開也 열천(銑)
闟 씨 [흡][탑]安定안정할흡 愚劣용렬할탑(合)(緝)
闖 웨 [위][왜]闢門문열위, 왜義同(紙)(佳)
闔 훠 [획]破壞깨뜨릴획(陌)
闠 훼 [궤]市門闠ㅣ 저자문궤(隊)
闦 이
[열]塞也막 을열(屑)
(十三)
闛 황 [광]關木빗 장광(陽)
闢 피 [벽]開也 열벽(陌)
闀 향 [항]直視바 로볼항(絳)
闤 예 [역]開門문 열역(陌)
闤 환 [환]市垣저 자담환(刪)
闣 당 [당]窺也엿 볼당(漾)
闉 운 [온]門扉문 짝온(元)
闐 뎬 [전]市門저 자문전(先)
闀 샹 [향]門頭문 머리향(漾)
闇 졈 [염]廟門사당 집문염(監)
闇 이
[옥]閉也닫 을옥(職)
闥 타 [달]禁門紫ㅣ대궐문달 門屛문차면달(曷)
(十四)
闐 뎐 [전]家家집 마다전(霰)
闒 훌 [훌]小門작 은문훌(物)
(十七)
闝 령 [령]門上小窓 들창령(青)
闟
야 [약]門關빗 장약(藥)
(十九)
闌 란 [란]妄入宮中대궐에 함부로들어갈란(寒)

阜部

阜 부 [부]大也 클부(有)
(二)
阞 레 [륵]地脈 흙켜늑(職)
阞 시 [십]漢之縣名고 을이름십(緝)
阞 됴 [조]山穴산 구멍조(蕭)
(三)
阢 우 [올]險也험 할올(月)
阡 쳔 [천]田間道ㅣ陌 밭두길천(先)
阣 [개]險也 험할개(隊)
阤 ᄎ [치][타]落也 떨어질치(紙)
阠 씬 [신]陵名언덕 이름신(震)
(四)
阴 陰과同

阮 웬 [원][완] 姓也 성원 완 義同 (阮)(元)

阪 빤 [판] 澤障못둑 언덕판 (阮)

陔 해 [해] 笑聲웃는 소리해 (灰)

防 빵 [방] 備也방 비할방 (漾)

阬 컹 [갱] 塹也구 덩이갱 (庚)

阯 읒 [지] 漢郡交 나라이름 (紙)

陕 빼 [벽] 地裂땅벌 어질벽 (職)

阰 피 [비] 楚南山名 산이름비 (支)

阨 애 [애][액] 狹也좁은목애 限塞막힐액 (卦)(陌)

阺 쓰 [시] 蜀山名 산이름시 (紙)

阫 픠 [배] 墻也 담배 (灰)

阳 陽 과同

阣 지 [급] 梯段사다 리층계급 (緝)

阱 쬥 [정] 陷也ㅣ擭 함정정 (梗)

阧 뚜 [두] 峻也ㅣ絕 가파를두 (有)

五

陆 취 [거] 午馬圈 외양간거 (魚)

附 뿌 [부] 衣也의 지할부 (遇)

阺 듸 [저] 陵阪隴 비탈저 (薺)

阷 쪙 [정] 阜也언 덕정 (庚)

阼 쭤 [조] 東階主人接賓 處동편섬돌조 (遇)

陂 피 [피][파] 傾也기울어질피 澤障언덕파 (歌)(支)

陀 뚸 [타] 長坂 비탈타 (歌)

阻 쮸 [조] 山險水 험할조 (語)

阿 아 [아][옥] 大陵큰언덕아 孰也ㅣ誰누구옥 (歌)(屋)

阝句 후 [후] 離也떠 날후 (寘)

阸 애 [애][액] 阻ㅣ狹也좁을애 限也한정액 (卦)(陌)

陁 뚸 [타] 海中山普ㅣ바 다가운데산타 (歌)

阽 뎬 [점] 近邊欲墮 비탈점 (鹽)(豔)

阝玄 쎤 [현] 坑也구 덩이현 (銑)

阢 읙 [곡] 曲岸水外 물가언덕곡 (屋)

六

陌 매 [맥] 田間道阡 밭둑길맥 (陌)

阝各 꺄 [각] 人名張ㅣ사 람의이름각 (藥)

限 쏀 [한] 度齊也가 지런할한 (潸)

阝光 꽝 [광] 陌也밭사 잇길광 (陽)

降 쌰 [항][강] 服也항복할항 下也내릴강 (江)(絳)

陃 럭 [루] 陋惡側ㅣ 더러울루 (有)

陑 얼 [이] 河曲地名 땅이름이 (支)

陊 [치] 山頹사 태날치 (紙)

阝夷 이 [이] 險阻험 할이 (支)

陔 깨 [개] 俗音[해] 階次 重也층대해 (灰)

阝朶 뚸 [타] 射堋화살 받이타 (駕)

陓 워 [우] 藪名揚ㅣ 숲이름우 (虞)

阝虫 훙 [홍] 山名從ㅣ 산이름홍 (東)

阝衣 이 [의] 阪也언 덕의 (微)

陒 씨 [희] 險也험 할희 (支)(紙)

陏 蓏 과同

七

陘 씽 [형] 坂也 언덕형 (青)

陣 쪈 [진] 師旅行列 진칠진 (震)

除 츄 [제] 去也 버릴제 (魚)

陋 陃 本字

陛

뻬 [폐]天子階殿ㅣ천자의섬돌폐(霽)
陞 씽 [승]進也나아갈승(蒸)
陡 뚜 [두]頓也별안간두(有)
院 웨 [원]宅也館有垣원집원(霰)
陝 산 [섬]弘農縣名古國땅이름섬(琰)
⿰阝見 [현]限也한정할현(銑)
陜 샤 [협][합]不廣隘ㅣ좁을협, ㅣ川땅이름합(洽)國字
⿰阝告 꾸 [곡]大阜큰언덕곡(屋)
陗 峭과同
陠 庯과同
陚 뿌 [부]小阜작은언덕부(遇)
陟 지 [척]進也나아갈척(職)
陙 신 [신]小阜작은언덕신(眞)
陖 峻과同
㊇
陭 이 [의][기]縣名卜氏縣고을이름의(支) 不安ㅣ嶇언틀먼틀할기(眞)
陯 論과同
⿰阝周 적 [주]大阜큰언덕주(尤)
陵 릉 [릉]帝王葬山임금의무덤릉(蒸)
陴 피 [비]域上女牆성위담비(支)
⿰阝昇 싱 [승]日升해돋을승(蒸)
陰 인 [음]影也그림자음(侵)
⿰阝匊 쥐 [국]養也기를국(屋)
陶 탄 [도][요]瓦器질그릇도, 和樂화락할요(豪)(號)(蕭)
陳 천 [진]張也베풀진(震)(眞)
陮 을 [퇴]高也높을퇴(賄)
⿰阝戔 젼 [전]水中阜물가운데있는언덕전(銑)
陪 페 [배]隨也따를배(灰)
⿰阝念 념 [념]岸上相遇언덕위에서만날념(琰)
陫 븨 [비]陋也더러울비(尾)
陲 [수]危也위태할수(支)
陷 쎤 [함]ㅣ穽함정함(陷)
陸 [륙]路也길륙(屋)
陬 쪽 [추]正月孟정월추(尤)
険 險略字
⿰阝阜 뿌 [부]盛也성할부(有)
⿰阝來 래 [래]階也섬돌래(灰)
随 隨略字
㊈
隅 위 [우]方也모퉁이우(虞)
隂 陰과同
隊 뙤 [대]部也ㅣ五떼대(隊)
陽 양 [양]日也볕양(陽)
隍 황 [황]域下池無水성아래못황(陽)
隌 안 [암]不明어두울암(感)
陻 인 [인]塞也막힐인(眞)
⿰阝咢 어 [악]阜貌언덕악(藥)
⿰阝畐 陜과同
陼 堺과同
⿰阝叟 삭 [수]坑也구덩이수(眞)
⿰阝盾 쉰 [순]階也섬돌순(軫)
⿰阝复 픽 [픽]頹山문어진산픽(職)
⿰阝畀 堺同
隋 쒸 [타][수]落也떨어질타, 國號楊堅受封수나라수(哿)(支)
陾 싱 [잉]築墻聲담쌓는소리잉(蒸)
陿 [협]褊狹좁을협(洽)
隆 룽 [륭]盛也성할륭(東)
隄 堤과同

階 졔 [계] 陛也 섬돌계 (佳)
隈 웨 [외] 水曲深隩處 모퉁이외 (灰)
隉 얼 [열] 杌ㅣ危也 위태할열 (屑)
隃 위 [유][요] 越也넘을유 遠也멀요 (虞)(蕭)
隁 隝과同

(十)

隌 따 [답] 低也낮을답 (合)
隔 졔 [격] 障也 막을격 (陽)
隚 탕 [당] 堤也방축당 (陽)
隘 애 [애][액] 陝也험할애 阻塞막힐액 (卦)(陌)
隖 우 [오] 山阿小障 돈대오 (麌)
䧞 마 [마] 益也더할마 (禡)
隑 치 [기] 曲岸굽은언덕기 (支)
隗 웨 [외] 高貌높을외 (灰)
隒 옌 [엄] 崖有重岸 비탈언덕엄 (琰)
䧛 빵 [방] 近也가까울방 (漾)
隕 원 [운][원] 墜也떨어질운 均也幅ㅣ고를원 (軫)(先)
隙 치 [극] 壁際孔 틈극 (陌)

(十一)

隞 아 [오] 地名땅이름오 (豪)
䧡 墉 과同
際 지 [제] 合也 어울릴제 (霽)
隺 취 [최] 崩也무너질최 (灰)
䧢 징 [경] 危也위태할경 (梗)
障 쟝 [장] 隔也막힐장 (陽)
𨽏 쥐 [子] 不安貌ㅣ隅 편치못할구 (尤)
𨻳 러 [루] 縣名鸁ㅣ고을이름루 (有)
隝 [도] 水中山 섬도 (皓)
䧦 [언] 障水방축언 (願)
䧪 탕 [당] 礎也주춧돌당 (陽)
隟 隙 古字
𨻻 폐 [폐] 牢獄 옥폐 (齊)
𨺅 隙 과同
䧵 隰 과同
隠 隱 俗字

(十二)

𨽉 뿍 [복] 蠻國名나라이름복 (屋)
隭 얼 [이] 險也험할이 (支)
𨻶 웨 [휘] 坂也고개휘 (支)
隥 떵 [등] 險坂된비탈등 (徑)
𨻻 신 [심] 陷也빠질심 (沁)
隣 鄰 俗字
陯 신 [심] 小阜작은언덕심 (侵)
隞 한 [호] 域下道 성밀길호 (豪)
隤 퉤 [퇴] 下墜摧也 무너질퇴 (灰)

(十三)

險 쎤 [험] 難也험난할험 (琰)
隨 쉬 [수] 順也 따를수 (支)
隫 墳 과同
𨽐 쥐 [거] 階也 섬돌거 (魚)
隧 쒜 [수] 基道무덤길수 (寘)
𨽗 졔 [해] 小谷작은골해 (蟹)
𨻞 쳠 [첨] 陷也빠질첨 (豔)
隩 [오][욱] 藏也감출오 室也아랫목욱 (號)

(十四)

隮 지 [제] 登也 오를제 (齊)
隱 인 [은] 藏也 숨을은 (吻)
隰 씨 [습] 阪下濕 진펄습 (緝)

(十五)

隳 휘 [휴] 壞也무너질휴 (支)
𨽍 瀕 과同
𨽌 瀆 과同

⑯ 隴 룡 [롱] 大坂큰 언덕롱 腫
[阝+褭] 뇨 [뇨] 低也낮을뇨 篠
⑰ [阝+毚] 삼 [삼] 陷也빠질삼 陷
隵 시 [희] 險也험할희 支
⑳ [阝+靈] 링 [령] 隙也틈령 靑

隶部

隶 이 [이][대] 本也근본이 與也더불어대 眞 豪
⑦ [镸+隶] 리 [시] 陳也벌릴시 眞
⑧ 隸 리 [례] 罪囚죄인례 霽
⑨ 隸 隷古字
隷 대 [태] 皮也미칠태 賄
⑩ 隸 隷과同
⑪ 彙 웨 [위] 獸名似鼠짐승이름위 未

隹部

隹 쮜 [추] 鳥之短尾總名꼬리짧은새추 支
② 隻 쳑 [척] 物單稱외짝척 陌
隼 쥰 [준] 鷂屬貢殘之鳥鷹ㅡ새매준 軫
雋 雋과同
雁 鳩과同
崔 후 [혹][각][학] 高至높이이룩혹, 志高뜻고상할각, 鳥之飛高새높이날을학 沃 覺 藥
③ 雌 雌과同
雀 챠 [작] 依人小鳥참새작 藥
雁 깐 [간] 雁也기러기간 寒
隿 이 [익] 飛鳥之繳射주살익 職
[弘+隹] 훙 [홍] 鳥肥大새살찔홍 東
④ 集 지 [집] 成也이룰집 緝
[止+隹] 지 [지] 觀名ㅡ鵲지작관지 支
雁 鳫과同
雅 야 [아] 素也본디아 馬
[丹+隹] 꿰 [규] 社鵑子ㅡ접동새규 支
雇 꾸 [고][호] 傭也ㅡ賃품팔고, 農桑候鳥九ㅡ뻐국새호 遇
雄 [웅] 武稱웅장할웅 東
[氐+隹] [치] 雌鳥암새치 紙
[亢+隹] 항 [항] 飛上飛下날아오르락내리락할항 陽
[隹+夂] 지 [귀] 顧也돌아볼귀 支
雂 친 [금] 鵭也도요새금 有
[才+隹] 離俗字
⑤ 雍 웅 [옹] 和也화할옹 冬 宋
雊 꾸 [子] 雄雉鳴장끼울음구 有
雌 츠 [자] 牝也암컷자 支
雋 쥰 [전] 鳥肥肉새살찐전 銑
[足+隹] 졍 [정] 鶺鴒새매정 敬
雎 쥐 [저] 원앙새저 魚
[石+隹] 雄과同
雉 찌 [치] 野鷄꿩치 紙
⑥ 雒 러 [락] 鳥名鵋鵅새이름락 藥
雜 雜俗字
雘 워 [악] 碁中心一點바둑치중심악 藥
[翟 variant] 수 [여] 鷚也메추라기여 魚
[舍+隹]

鴿과同

[illegible] 댜 [조]低頭聽머리 숙이고 들을조(嘯)

雃 젼 [견]鳥名卜鴾 새이름견(先)

[illegible] 과同

[illegible] 雙俗字

七

[illegible] 멍 [망]鳶也솔 개미망(講)

[illegible] 위

[여]鷄也병 아리여(魚)

[illegible] 추 [추]細頸가 는목추(紙)

[illegible] 과同

[illegible] 과同

八

雔 착 [수]雙鳥새 한쌍수(尤)

[illegible] 쉬 [수]鳶也솔 개수(眞)

雕 댜 [조]章

明貌ㅣ 환할조(蕭)

[illegible] 과同

[illegible] 과同

[illegible] 과同

[illegible] 레 [례]鶩也꾀 꼬리례(齊)

九

雖 쉐 [수]設兩辭仮 令비록수(支)

[illegible] [무]鷄雛병아 리무(遇)

[illegible] 츄 [추]鷄雛ㅣ子 병아리추(尤)

[illegible] 즁 [종]小鳥작은 새가날종(腫)

十

雝 융 [옹]和也ㅣ 화할옹(冬)

雞 계 [계]知時畜司晨 鳥翰音닭계(齊)

雚 鸛과同

[illegible]

츄 [추]鷄子병 아리추(虞)

[illegible] 쥔 [전]鑴也새 길전(先)

雙 쌍 [쌍]鳥二枚새 마리쌍(江)

[illegible] 한 [한]白雉흰 꿩한(翰)

雜 잡 [잡]参錯五采相 合석일잡(合)

[illegible] 쟌 [조]鶵属 징

경이 조(蕭)

艧 후 [확][호]善舟곱게 붉 을칠확，호 義同(藥)

巂 쉐 [규][수][휴]鷍也子ㅣ접동새규 邛都國名越 나라이름수，社鵑ㅣ周두견새휴(支)(紙)(齊)

十一

[illegible] 츙 [종]鷄 也닭

종(冬)

離 리 [리]別也이 별할이(支)

難 난 [난][나]不易艱ㅣ어려울난 盛貌ㅣ然우거질나(寒)(歌)

[illegible] 릭 [류]大雛큰병 아리류(有)

[illegible] 어 [우]鳥聲새 소리우(有)

十二

[illegible]

싼 [산]射鳥絲 주살산(旱)

十四

[illegible] 삔 [빈]小雀작은 참새빈(眞)

十六

雥 잡 [잡]衆鳥떼 새잡(合)

二十

雧 集과同

二十四

[illegible] 원 [연]鳥羣새 떼연(先)

雨部

雨 위 [우]水蒸爲雲降 爲ㅣ비우(麌)(遇)

二

[illegible] 딩 [정]雨降비 올정(庚)

三

雩 위 [우]祈雨祭名기 우제이름우(虞)

雪 쉐 [설]陰凝爲ㅣ六 出花눈설(屑)

[illegible] 쌰 [놔]涓滴물 방울놔(馬)

[illegible] 싼 [삼]小雨也이 슬비삼(感)

[illegible] 링 [령]女字계집 이름령(青)

四

雲 원 [운]山川気陰陽 聚爲ㅣ구름운(文)

[illegible] [비]霧也안 개비(紙)

𩂉 후 [홀] 雷也 우뢰홀 (月) 雯 원 [문] 雲成章 구름문체문 (文) 雰 뷴 [분] 雪貌ㅣㅣ 눈펄펄날릴분 (文) 雬 뷰 [부] 霧也 안개부 (有) 雮 [목] 鳥羽澤 새깃윤택할목 (屋)

雱 팡 [방] 雪盛貌 눈펄펄쏟아질방 (陽) 雭 써 [삽] 雨聲ㅣㅣ 빗소리삽 (緝) 䨑 쓔 [수] 雲上於天 구름오를수 (虞) 霕 툰 [돈] 大雨 큰비돈 (元) 雴 [침] 雲行 구름갈침 (沁)

䨢 잉 [영] 深池 깊은못영 (庚) 五 雹 빡 [박] 陰之專気雨氷 우박박 (覺) 雷 뢔 [뢰] 陰陽薄震聲 천둥뢰 (灰) 雺 뭉 [몽] 天気下地不應 해미낄몽 (宋) 電 뎬 [전] 気 전기전 (霰)

零 링 [령][연] 雨餘落 비뚝뚝떨어질령 西羌名先ㅣ 오랑캐이름련 (青)(徑) 䨄 뚱 [동] 雨貌 비뚝뚝떨어질동 (冬) 雵 양 [앙] 白雲貌ㅣㅣ 흰구름피여오를앙 (陽)

𩂋 뿌 [불] 雲起 구름일불 (月) 䨚 탕 [탕] 洞屋 빈골탕 (漾) 𩂐 뿌 [불] 雲貌 구름불 (物) 雴 릐 [립] 大雨貌ㅣ霫 큰비쏟아질립 (緝) 雸 안 [암] 霜也 서리암 (覃)

𩂁 뿌 [불] 雨降貌 비올불 (物) 𩂈 좌 [착] 降雨貌 비올착 (陌) 六 需 수 [수] 要求 구할수 (虞) 雩 우 [우] 䨨ㅣ暴雨 소나기우 (虞) 䨛 써 [색] 霰也 싸라눈색 (陌)

䨓 댜 [조] 幽冥 어두울조 (嘯) 𩂯 뼹 [병] 雷聲 우뢰소리병 (梗) 䨞 위 [우] 水聲 물소리우 (遇) 䨠 인 [인] 気流行 기운퍼질인 (震) 䨔 즈 [자] 大雨 큰비자 (紙)

霥 신 [심][애] 霖雨 장마심, 雨聲 비소리애 (侵)(佳) 𩂢 處과 同 䨂 러 [락] 雨零 비떨어질락 (藥) 霊 靈 略字 霛 홰 [홰] 海船 바다배홰 (卦) 𩃎 靁 古字

䨳 듸 [제] 雨止 비그칠제 (霽) 七 霈 페 [패] 大雨霶ㅣ 비쏟아질패 (泰) 震 쪈 [진] 動也 진동할진 (震) 霂 무 [목] 小雨霢ㅣ 가랑비목 (屋) 䨵 윈 [윤] 雨也 비윤 (翰)

霆 팅 [정] 疾雷 벼락정 (青) 霉 메 [매] 雨汙ㅣ涴 곰팡이매 (灰) 䨘 [선] 霄雪 冰雪雜下 싸라눈선 (霰) 䨷 싸 [삽][잡] 雨聲ㅣㅣ 빗소리삽, 震電ㅣㅣ 천동번개칠잡 (合)(洽) 霆

연 [연]雲起구름일연(霰)

霘 써 [색]細雨降가랑비올색(陌)

霄 쌰 [소]天気雲ㅣ하늘기운소(蕭)

霵 쳐 [첩]細雨가랑비첩(葉)

䨓 껑 [갱]雲盛延貌구름뭉게뭉게필갱(梗)

霃 전 [침]久陰음산할침(侵)

䨙 룽 [롱]雨聲빗소리롱(冬)

䨦 뼝 [병]雨降비올병(青)

雺 야 [부]雪降눈올부(尤)

䨖 이 [역]大雨큰비역(陌)

❽ **䨺** 라 [랍]雨聲빗소리랍(合)

霏 얘 [비]雨雪雰貌진눈개비(微)

霓 이 [예][역]雌虹也雲ㅣ암무지개예, 여(齊)(錫)

霒 음 [음]雲覆日구름낄음(侵)

霑 잔 [점]濕也濡也젖을점(鹽)

霡 써 [석][색]細雨가랑비석, 색(錫)(陌)

霖 린 [림]久雨不止장마림(侵)

䨄 안 [암]雲起盛구름성할암(感)

霌 적 [주]霖也장마주(尤)

䨘 쏀 [현]露貌이슬성할현(銑)

霠 黔와同

霔 주 [주]時雨때맞춰오는비주(遇)

䨜 뿡 [붕]大雨큰비붕(蒸)

霎 쌰 [삽]小雨이슬비삽(洽)

䨶 훵 [홍]幽深속깊을홍(庚)

霋 치 [처]霽也개일처(齊)

霐 霽과同

霍 훠 [곽]疾也빠질곽(藥)

䨀 타 [타]雲散구름벗어질타(箇)

䨚 훌 [홀]雨降비올홀(月)

電 電本字

霦 상 [상]驟也소나기상(陽)

䨢 쳡 [첩]雪降눈올첩(葉)

❾ **䨣** 단 [담]雲起구름필담(感)

靸 빡 [박]雨濡革비에가죽젖실박(藥)

霜 쌍 [상]露凝서리상(陽)

霞 쌰 [하]避也멀하(麻)

䨥 靏과同

霅 차 [찹]大雨큰비찹(洽)

䨲 빠 [발]雲起구름필발(曷)

霙 잉 [영]雪華눈꽃영(庚)

霝 零과同

䨡 흑 [후]霖也장마후(尤)

䨞 안 [염]沾也젖을염(鹽)

䨞 우 [우]雨聲빗소리우(麌)

霚 霧本字

霛 靈古字

䨝 와 [와]蹄涔쇠발자국에고인물와(麻)

❿ **霼** 애 [애]雪貌ㅣㅣ눈모양애(灰)

䨴 웅 [옹]雲之延起구름뻗힐옹(董)

䨯 진 [진]雲起구름일진(震)

䨡 한 [함]霖也장마함(覃)

霶 뿡 [봉]雨聲빗소리봉(東)

䨰 지 [지]雨聲빗소리지(支)

霤 릒 [류]屋水流處中낙수고랑류(宥)

霡 머 [맥]小雨卜霂 이슬비맥(陌)

⿱雨差 차 [차]雨聲빗소리차(歌)

⿱雨隻 훠 [확][척]大雨큰비확 隻也쌍척(藥)(陌)

⿰雨眞 덴 [전]雨甚비심하게올전(先)

⿱雨冓 [구]大雨큰비구(宥)

霥 멍 [몽]雷聲우뢰소리몽(送)

霣 원 [운]隕也떨어질운(軫)

霶 팡 [방]大雨|霈비쏟아질방(陽)

⿱雨兼 렌 [렴]微雨|霵비부실부실올렴(鹽)

霢 霡와同

⿺辶⿱雨自 쮜 [추]隱也숨을추(支)

⿱雨埋 ⿱雨貍과同

十一

⿱雨婁 러 [루]雨降비올루(虞)

⿱雨淫 인 [음]久雨霖장마음(侵)

⿱雨責 재 [책]雨降비올책(陌)

⿱雨洴 뱅 [방]大雨큰비방(陽)

霦 삔 [빈]玉光璘|옥광채빈(眞)

⿱雨專 좐 [전]露繁이슬성할전(銑)

⿱雨宗 상 [상]雨降비올상(絳)

⿱雨鹿 루 [록]暴雨소나기록(屋)

霨 웨 [위]雲起貌구름피어오르는모양위(未)

霧 우 [무]地気發天不應而成안개무(遇)

霫 씨 [습]雨暴注비쏟아질습(緝)

⿱雨執 뎬 [점]早霜又寒也일은서리점(豔)

霏 [비]雲貌구름비(尾)

⿱雨敎 뿌 [불]雲起구름일불(月)

⿱雨莫 머 [막]雨降비올막(藥)

霩 궈 [확]虛|휑할확(藥)

霻 雪本字

十三

露 뤄 [로]現也暴드러낼노(遇)

霰 싼 [선]粒雪싸라눈선(霰)

⿱雨復 뿌 [복]覆水물흘릴복(屋)

⿱雨南 난 [남]泥也진흙남(陷)

⿱雨衆 쭝 [중]久陰小雨비지점거릴중(東)

⿱雨單 완 [완]人名孫卜사람이름완(刪)

霳 룽 [룽]雲師靊|구름맡은귀신룽(東)

⿱雨畱 霤과同

⿱雨斯 쓰 [사]小雨이슬비사(文)

⿱雨湛 탄 [담]雲繁|靆구름피어오를담(勘)

霯 덩 [등]大雨큰비등(徑)

⿱雨爲 위 [훌]鄕雲 端雲상서구름훌(質)

⿰雨重 쭝 [중]氣往來意기운왕래할중(東)

⿱雨隋 퉈 [타]雨降비올타(箇)

⿱雨澤 뫄 [박]澤也못박(藥)

⿱雨雲雲 대 [대]雲起구름일대(泰)

⿱雨言 신 [심]雨聲심소리심(侵)

十三

霸 빠 [패][백]把持諸侯之權|業제후의권세잡을패, 月始生초생달백(陌)(禡)

⿱雨⿰易鳥 양 [양]十月爲|시월양(陽)

⿱雨雍 웅 [옹]雲氣구름기운옹(腫)

⿱雨農

눙 [농]露多이슬흠치르르할농(冬)

霦 미 [미]細雨가랑비미(微)

霹 피 [벽]迅雷ㅣ靂벼락벽(陌)(錫)

⿱雨溥 박 [박]大雨큰비박(藥)

霵 지 [즙]雨降비올즙(緝)

⿱雨會 홰 [회]小雲실구름회(泰)

⿱雨滂 霶과同

⿱雨叕 젼 [접]小雨작은비섭(監)

(十四)

霽 졔 [제]雨止비개일제(霽)

⿱雨漫 만 [만]雨露濃蒙ㅣ이슬비만(寒)

⿱雨覓 씨 [희]雨止貌비갤희(微)

霿 뭥 [몽]鄙吝散ㅣ인색할몽(東)

霥 멍 [몽]微雨가는비몽(東)

霾 매 [매]風而雨土晦해미매(佳)

⿱雨氣 씨 [희]雲貌靉ㅣ구름낄희(尾)(未)

⿱雨對 뒤 [대]雲黑貌⿱雨湛ㅣ검은구름낄대(隊)

⿱雨酸 쏸 [산]小雨이슬비산(寒)

⿱雨⿰兔兔 녀 [누]兎子토끼새끼누(尤)

(十五)

靁 雷本字

⿱雨潸 싼 [산]雨降비올산(潸)

⿱雨潭 탄 [담]久雨장마담(感)

(十六)

⿱雨隺 훠 [확]飛聲ㅣㅣ빗속을나르는소리(藥)

靂 리 [력]迅雷霹벼락력(錫)

靈 링 [령]神也신령령(青)

靇 룽 [롱]雷聲우뢰소리롱(東)

⿱雨濈 치 [집]雨下비올집(緝)

⿱雨謁 어 [애]雲貌구름피어오를애(泰)(賄)

靆 대 [체]雲狀靉ㅣ구름낄체(賄)

⿱雨敢 霰과同

(十七)

靉 애 [애]雲狀ㅣ靆구름낄애(隊)

⿱雨鮮 [사]細雨기랑비사(歌)

⿱雨襄 상 [양]露繁이슬성할양(陽)

⿱雨韱 쎤 [섬]微雨⿱雨兼ㅣ비부실부실올섬(監)

(十八)

靊 뿡 [풍]雲師ㅣ霳구름맡은귀신풍(東)

⿱雨⿰目来 [매]風而雨土바람불고흙비올매(灰)

⿱雨夔 ⿱雨⿱云示과同

(十九)

⿱雨瀝 리 [력]雨不止貌霖ㅣ비그치지않을력(錫)

(二十)

⿱雨濈 치 [칩]雨降비올칩(緝)

(二十六)

⿱雲⿰雲雲 대 [퇴]雲盛구름성할퇴(賄)

青部

靑 칭 [청]東方木色푸를청(青)

(三)

啨 잉 [영][정]小語ㅣ吟속삭일영, 欲望也마음정(庚)

⿰青彡 징 [정]清飾조촐하게꾸밀정(梗)

(五)

靖 졍 [정]安也편안할정(梗)

(六)

⿰青色 칭 [정]妝飾明也치장환히할정(徑)(敬)

(七)

靚 징 [정]粉白黛黑ㅣ莊단장할정(敬)(梗)

(八)

⿰氵靚 칭 [청]冷也찰청(徑)

靛 뎐 [전]藍質ㅣ

花청대전(霰)

靜 ᅑᅵᆼ [정] 動之對 고요할정(梗)

⑩ 靝 天同

⑬ ⿰靑瑟 시 [슬] 青也赤푸르고붉을슬(質)

⑭ ⿰靑蒦 후 [호] 善青곱게푸를호(遇)

非部

非 ᅋᅵ [비] 不是 아닐비(微)

③ 厞 ᄫᅵ [비] 隱也 숨을비(未)

⿱非巾 ᄫᅵ [비] 隱也 숨을비(未)

啡 뻬 [배] 睡聲숨소리배(灰)

⿱大非 패 [배] 大也 클배(賄)

⿱非乙 ᄫᅵ [비] 分也 나눌비(尾)

⿱非子 ᄫᅵ [비] 輕也가벼울비(微)

④ ⿱非巳 ᄫᅵ [비] 別也 나눌비(眞)

⿱非火 ᄫᅵ [비] 塵也 티끌비(未)

靟 ᄫᅵ [비] 細手가는털비(微)

⿱非手 ᅋᅵ [비] 覆手손엎을비(未)

⑤ ⿱非古 苦과同

⑦ 靠 캎 [고] 相違서로어길고(號)

⑪ 靡 미 [미] 散也흩어질미(紙)

九畫

面部

面 몐 [면] 顔也 낯면(霰)

③ ⿰面刃 뉴 [뉵] 慙也부끄러울뉵(屋)

④ ⿰面冘 탄 [담] 鈍也 둔할담(勘)

⿰面丰 ᅇᅡᆼ [방] 面腫면종방(江)

⿰面丑 뉴 [뉵] 慙也부끄러울뉵(屋)

⿰面巴 빠 [파] 黄面누른얼굴파(麻)

⿰面比 시 [시] 顔也 얼굴시(眞)

⿰面今 깐 [함] 出頭머리내밀함(咸)

⑤ ⿰面皮 넨 [전] 寬也너러울전(銑)

靤 봐 [포] 面瘡 면종방(效)

⿰面未 메 [매] 顔也 얼굴매(隊)

⿰面乍 산 [산] 老也 늙을산(潸)

⿰面占 뎬 [점] 面陋얼굴더러울점(鹽)

⿰面幼 얍 [요] 面曲낯굽을요(巧)

⿰面且 靦과同

⿰面巧 산 [소] 面曲낯굽을소(巧)

⑥ ⿰面并 삥 [병] 面黄낯누를병(梗)

⿰面舌 꽈 [괄] 面小낯작을괄(曷)

⿰面㠯 뒈 [퇴] 面陋낯더러울퇴(灰)

⑦ ⿰面甫 ᅇᅮ [부] 頰也빰부(麌)

⿰面巠 징 [경] 頑也완악할경(敬)

⿰面夋 사 [솨] 面醜얼굴못날솨(馬)

⿰面忍 녜 [녁] 愁面수심면낯녁(錫)

靦 톈 [전] 慚貌ㅣ然무안할전(銑)

⿰面含 한 [함] 面赤얼굴붉을함(覃)

⿰面免 [만] 塗面낯칠할만(翰)

䩉 츄 축 均也 고를축 屋
䩊 회 회 面肉肥厚얼굴퉁퉁할회 隊
八
䩌 댜 조 習也 익힐조 嘯
䩍 완 완 形如杓子之面 오목할낮완 諫
䩋 원 원 目開貌 눈뜰원 阮

䩈 안 암 面之黑子 사마귀암 咸
䩇 이 의 正面단정 한낮의 文
九
䩎 안 암 戚容—䩒 슬플암 感
䩏 면 면 偭劣面못생 긴얼굴면 銑
䪗 란 람 面長 貌—䩞 얼굴길 남 覃

䩐 산 산 廣面넓적 얼굴산 翰
十
䩑 치 추 面醜얼굴추할추 有
䩓 면 면 汗血—炫 피묻을면 霰
十一
䩒 찬 참 戚容䩎 슬플참 感
䩔

츄 출 面短낮짧을출 質
䩖 머 마 面青貌又慚也 얼굴푸를마 禡
䩞 찬 잠 面長貌䫩 —얼굴길잠 覃
十二
䩗 션 션 圓面둥근낮선 先
䩘 초 초 面色焦枯 파리할초 蕭

䩙 산 연 年少顔色䩅 은얼굴빛연 銑
䩚 랴 료 面白 낮흴료 篠
靧 휘 회 洗面낮씻을회 隊
䩛 덴 전 面黃낮누를전 銑
十三
䩜 醜과同
十四
䩝 젼 점 色弱빛약 할점 淡

靨 옌 엽 面黑子얼굴에 검은사마귀엽 葉
十五
䩟 메 멸 面小얼굴 작을멸 屑
十七
䩠 졈 점 短顔짧 은얼굴점 豔

革部

革 꺼 혁/극 去毛生皮생가죽혁 陌 急也病—병급할극 職
二
靪 띵 정 補履下신 창받을정 青
三
靭 신 인 堅柔難斷 질길인 震
靬 위

우 大帶 큰띠우 虞
靰 후 흘 緊縛졸 라맬흘 月
靸 지 기 革也털벗 긴가죽기 眞
靯 투 토 箭筒 전동토 麌
靬 칸 간 乾革마른 가죽간 寒
靫 채 채/차 箭室 전동채, 차 義同 佳 麻

靮 디 적 馬韁말 고삐적 錫
四
靴 쉬 화 洋— 양화화 歌
靿 샤 사 靴也 구두사 麻
靲 지 격 鞍也 안장격 陌
靶 빠 파 弓的也 과녁파 禡

靷 인 인 駕午馬具在胷引 車軔가슴걸이인 震
靳 ᄋ진 근 制其行固也 가슴걸이근 問
鞅 앙 앙 履也 신발앙 養
靸 싸 삽/습 小兒履꺼두기삽 祭鞋제사신습 合 緝
鞁

뒤 [타]履跟緣 들메타(駕)
⿰革氏 지 [지]紂餘鞋 밀치끈지(支)
靲 친 [금][감]鞮帶 신들메금，竹簬 짜갠대감(寑)(覃)
⿰革勾 지 [기]轂飾 바퀴통치장기(支)
⿰革毛 ⿰革茸과同
⿰革尹 쉔 [현]傳鞕革 멍에얽는가죽현(銑)
⿰革丰 뽕 [봉]鞍飾 안장치장봉(冬)
⿰革介 졔 [갈]鞍下之被 안갑갈(黠)
⿰革丏 ⿰革面과同
靵 紐과同
⿰革比 ⿰革必과同

五

⿰革它 [타]馬尾 밀치타(歌)
鞄 팦 [포]革｜包 가방포(肴)
鞀 닾 [도]如鼓而小所以導樂作 소고도(豪)
⿰革令 링 [령]羊子 양의새끼령(青)
鞁 피 [피]靷也馬 말가슴걸이피(寘)
⿰革由 胄와同
⿰革占 테 [첩][점]韂飾｜韘 말언치테첩，韉也 말다래점(葉)國字
⿰革句 쥐 [구]馬鞍 말안장구(虞)
靺 머 [말]絳｜붉은끈말(曷)
鞂 [갈]禾稾 벼짚갈(黠)
⿰革尼 [니]䩞垂貌 고삐늘어질이(齊)
靽 빤 [반]駕午具 소밀치반(翰)
⿰革玄 鞙과同
⿰革瓜 봐 [보]柔革工 가죽다루는장인보(肴)
靿 야 [요]靴頸 목화목요(效)
⿰革甲 쟈 [갑]花相次列貌 꽃벌려있을갑(洽)
鞅 양 [앙]煩勞｜掌 가쁠앙(養)
鞃 훙 [굉]軾中靶 수레앞턱에맨가죽고삐굉(蒸)
靾 이 [예]馬鞍 인장예(霽)
⿰革巨 쥐 [거]鞁也 안갑거(語)
⿰革弗 뿌 [불]車後革 수레뒷가죽불(物)
靼 탄 [단]柔革 다룬가죽단(曷)
靻 찬 [조]｜鞽 가죽신조([illegible])
⿰革申 신 [신]大帶 큰띠신(眞)
⿰革必 필 [필]束車革 차묶는가죽필(質)
⿰革㐌 ⿰革它과同

六

⿰革曳 靾과同
鞍 안 [안]馬鞁具 안장안(寒)
鞆 병 [병]射｜腕紲 활팔찌병 日字
鞈 야 [협]｜革 겹가죽협(葉)
鞋 쎄 [혜]革履 가죽신혜(佳)
⿰革各 러 [락]生革可以爲縷 가죽오리락(藥)
鞎 헌 [흔]車前革飾 수레앞가죽으로꾸밀흔(元)
⿰革危 꿰 [귀]獨角 외뿔귀(紙)
⿰革交 쟈 [교]革囊 가죽주머니교(嘯)
⿰革印 인 [인]木履有足 나막신인(震)
鞌 안 [안]馬鞁具 안장안(寒)
鞊 지 [길]鞅也 가슴걸이길(質)
鞉 도 [도]小鼓 소고도(豪)
鞏 공 [공]以皮束物 가죽테메일공(腫)
⿰革同 퉁 [동]箭筒飾 전동치장동(東)
⿰革至 ⿰革旨와同
⿰革朵 鞖와同

鞇 인 [인]茵也 요인(眞)
䩖 지 [지]日傘紐 일산끈지(眞)
䩞 양 [양]治皮 가죽다룰양(養)
䩀 병 [병]革帶 가죽띠병(迥)
䩡 꽈 [과]帶飾 띠치장할과(馬)
䩪 옹 [용]毛飾 털치장할용(冬)
鞐 [하]冊匣衣骨 딱지하 日字
䩟 이 [이]柔革 다룬가죽이(支)

七

鞴 부 [보]靴也 가죽신보(麌)
鞘 쏘 [초]刀室 칼집초(嘯)(肴)
䩤 덕 [두]車中席 차에까는자리두(有)
䩇 좨 [좨]長靴 장화좨(霽)
䩦 쌔 [색]堅也 굳을색(陌)
鞊 쎄 [혈]急繫 단단히맬혈(屑)
䩜 뙈 [태]補也 기울태(泰)
鞓 延과同
䩡 졔 [겹]靴也 구두겹(洽)
鞗 됴 [조]鞗也ㅣ革 고삐조(蕭)
鞙 현 [현]玉貌ㅣㅣ 옥모양현(銑)
鞕 硬과同
靳 졔 [제]刀鞘 칼집제(霽)
䩠 팅 [정]皮帶 가죽띠정(青)
䩄 쎄 [혈]急繫 단단히맬혈(屑)
䩢 두 [도]藁靴 짚신도(虞)
䩛 사 [사]馬尾 말꼬리사(禡)
䩥 탄 [탄]馬之腹帶 말배띠탄(旱)
鞔 만 [만]履殼 신울만(寒)

八

韔 챵 [창]弓衣 활집창(漾)
䩩 輐과同
鞉 쇼 [소]覆也 덮을소(蕭)
䩯 뻬 [배]吹火器 풀무배(卦)
鞠 쥭 [국]養也 기를국(屋)
鞩 펑 [붕]車靳 가슴걸이붕(蒸)
䪑 놔 [노]優緌革 누그러운가죽노(號)
䩐 이 [익]羔裘之縫 가죽옷바느질할익(職)
䩬 이 [역]素靴 흰신역(陌)
鞚 쿵 [공]馬勒 말자갈공(送)
䩲 탄 [도]鼓木皐 북통도(豪)
鞜 타 [탑]革履 가죽신탑(合)
䩭 羈古字
䩳 琫과同
䩴 韉과同
𩋡 베 [별]鞘飾 칼집치장별(屑)
䩸 시 [석]舊靴 헌신석(陌)
鞥 야 [압]小兒履 아이신압(合)
鞛 [봉]刀鞘上飾 칼집윗장식봉(董)
鞞 피 [비]騎鼓 말에메인북비(支) [병]刀室 칼집병(紙)
䩻 추 [추]束也 묶을추(有)
䩫 緉과同

九

鞭 뼌 [편]箠策 회초리편(先)
鞧 鞦同
䩹 시 [실]刀室 칼집실(質)
鞤 방 [방]以皮爲履 신지을방(陽)
鞮 디 [제]革履 가죽신제(齊)
䪊 위 [율]皮器 가죽그릇율(質)
䩚 디 [제]常也 떳떳할제(齊)
䬀 양

[양] 馬頭所絡具굴레양(陽)

[革+宣] 휀 [훤] 革履가죽신훤(願)

鞦 츄 [추] 馬紂말개들 고들개추(尤)

[革+度] 뚜 [도] 午牽舟소로배끌도(虞)

鞨 허 [갈] 北方國名鞨말갈나라갈(曷)

鞪 맏 [무] 首鎧鞮투구무(尤)

鞣 슈 [유] 熟皮다룬가죽유(尤)

[革+皆] 캐 [개] 鼓名북이름개(卦)

鞫 쥐 [국] 窮理罪人訊조사받을국(屋)

鞬 젼 [건] 韜也칼집건(元)

[革+叟] 슈 [영] 堅強딱딱할영(敬)

韗 윈 [운] 理鼓工ㅣ人북메는장인운(問)

[革+夋] 쓔 [수] 治革가죽다룰수(尤)

[革+亟] 지 [극] 急也급할극(職)

韘 쎄 [섭] 馬皮具鞊말언치섭(葉)

[革+复] [革+畐]과同

鞥 야 [압] 革轡가죽고삐압(合)

[革+面] 먼 [면] 馬之絡頭具말굴레면(銑)

[革+叚] 싸 [하] 履跟신뒤축하(麻)

[革+致] 지 [치] 靴底신바닥치(寘)

[革+兪] 위 [유] 餘也남을유(虞)

[革+畐] 뷰 [복] 革帶가죽띠복(屋)

[革+削] 쌰 [소] 刀鞘칼집소(嘯)

十

鞵 쎄 [혜] 屩也집신혜(佳)

鞴 뻬 [비][보] 馬裝束말뱃대끈비(寘)(遇)

[革+邕] 융 [옹] 靴靿목화목옹(東)

[革+尃] 바 [박] 革囊가죽주머니박(藥)

[革+冤] 웬 [원] 井水波器두레박원(元)

[革+貢] 궁 [공] 生皮날가죽공(董)

[革+罘] [革+荅]과同

[革+貨] 쐬 [쇄] 革鎖가죽자물쇠쇄(蟹)

韝 꺼 [구] 臂捍射팔찌구(尤)

[革+鬲] 어 [액] 補履신기울액(陌)

鞳 타 [탑] 鏜鼓聲鏜ㅣ쇠북소리탑(合)

鞶 판 [반] 大帶ㅣ帶큰띠반(寒)

[革+殼] 허 [학] 急束단단히동일학(覺)

[革+翁] [革+甕]과同

[革+叟] 삭 [수] 軟革연한가죽수(尤)

[革+盍] 쟈 [갑] 革履가죽신갑(合)

[革+鬼] [귀] 馬轡繫御革말고삐귀(灰)

[革+茸] 융 [용] 鞍飾안장치장용(腫)

鞱 韜과同

十一

韸 [봉] 鼓聲북소리봉(冬)

[革+章] [장] 鞍飾ㅣ泥말다래장(陽)

鞺 탕 [당] 鼓聲ㅣ鞳북소리당(陽)

[革+崔] 최 [최] 鞍皮안장가죽최(灰)

[革+庸] 숭 [용] 乾革마른가죽용(冬)

[革+參] 싼 [삼] 旗旒깃발삼(咸)

[革+厤] 샤 [사] 藥草石韋돌장아리사(禡)

[革+覀+夊] 鞭과同

[革+徙] 쓰 [사] 鞮屬革履가죽신사(紙)

韠 빵 [필][병] 韍也슬갑필 刀室칼집병(質)(迥)

鞹 커 [곽] 皮去毛가죽다룰곽(藥)

鞻 루 [루]樂官名鞮ㅣ 악관이름누(遇)
鞰 우 [우]胡矛也 오랑캐창우(有)
韄 과 鏕同
十二
鞼 분 [분]鼓也 북분(文)
韇 수 [누]胡羊오랑캐양누(尤)
韆

매 [매]草鞋 짚신매(佳)
韃 퉁 [동]鞁飾전 동장식용(東)
鞨 시 [석]履也 신석(陌)
鞽 과 橇同
韄 끼 [기]馬韁在口 말재갈기(微)
鞼 궤 [궤]盾綴革 방패끈궤(寘)

鞾 와 靴同
十三
韢 과 繸同
鞨 과 鶡同
韃 따 [달]狄國名ㅣ靼 오랑캐달(曷)
韁 깡 [강]繫也ㅣ鎖 말고삐강(陽)
鞹 광 [광]草鞋 짚신광(江)
韂

얀 [첨]馬障泥鞍 말다래첨(鹽)
韣 쓱 [촉]弓衣 활집촉(沃)
韇 이 [억]履頭裝飾 신머리치장억(職)
韂 과 轖同
十四
韆 견 [견]腰帶허리띠견(霰)
韄 유 [유]革履가죽신유(虞)

韄 랻 [락]堅皮단단한가죽낙(覺)
鞹 네 [네]轡垂고삐드림네(薺)
韅 쎈 [현]駕馬具말뱃대끈현(銑)
韄 후 [호][획]刀飾칼장식호 佩刀絲칼끈획(遇)(陌)
韤 얍

[복]纏絡午頸之具 소목걸이끈복(沃)
韝 추 [추]鞍上掛具 언치추(有)
韇 과 韇同
十五
韈 메 [말]足衣 버선말(月)
韇 뚜 [독]藏箭器 가락집독(屋)
韆 쳔

[천]繩戲鞦 그네천(先)
韉 렵 [렵]馬頭絡繫具 말의굴레렵(葉)
韊 지 [지]鞁也 언치지(支)
十六
韊 룽 [롱]馬被具 말언치롱(東)
韢 원 [유]繩也 줄유(未)
十七
韉 박

[박]車中席차안에 까는자리박(藥)
韉 쪈 [천]鞍具 언치천(先)
韊 란 [란]箭筒 전동란(寒)
韊 찬 [참]韉也 언치참(陷)
十八
韊 쵀 [쉬]鞍邊帶선 후결이쇠(灰)
十九

韆 사 [사]鞮屬 신사(紙)
二十
韊 란 [란]盛弓失器 동개란(寒)

韋部

韋 웨 [위]柔皮다룬가죽위(微)
三
韌 신 [인]堅柔難断 질긴인(震)
四
䪏 나 [납]軟也 연할납(合)
韐 사 [삽]小兒履 껴두기삽(合)
韍

예 [피]車軾차앞턱나무피(眞)

⿰韋爻 쌰 [효]革囊가죽주머니효(肴)

五

韎 메 [매]茅蒐所染赤붉은가죽매(卦)

⿰韋斥 쳐 [척]刀之把中韋자루막가죽척(陌)

⿰韋包 鞄과同

韍 뿌 [불]蔽膝슬갑불(物)

⿰韋圭 쮸 [주]戎服군복주(遇)

⿰韋它 타 [타]革履가죽신타(歌)

⿰韋弗 뿌 [불]棺繩관매는줄불(物)

⿰韋必 삐 [비]弓檠활도지개끈비(齊)

⿰韋戈 웨 [월]斧囊도끼집월(月)

六

韐 야 [갑][겹]戎事服ㅣ가죽바지갑 韋蔽膝슬갑겹(合)(洽)

⿰韋亘 쒼 [훤]製鼓工匠북만드는장인훤(願)

⿰韋交 쟈 [교]囊也주머니교(肴)

⿰韋艮 끈 [근]束也묶을근(元)

韏 좐 [권]中分가죽사분파할권(願)

⿰韋伏 뿍 [복]軾也수레앞턱나무복(屋)

七

韛 뿌 [부]尻衣잠방이부(麌)

韒 鞘과同

八

⿰韋沓 답 [답]指衣골무답(合)

韓 한 [한]國名ㅣ萬所封한나라한(寒)

⿰韋匊 쥐 [국]裹也쌀국(屋)

韔 창 [창]韜也활집창(漾)

⿰韋卷 촨 [권]曲也굽을권(願)

⿰韋非 빼 [패]韋囊吹火허풍서니패(卦)

九

⿰韋复 뿌 [부]褻也갓옷부(宥)

韘 씨 [섭]射決깍지섭(葉)

韖 우 [유]韌也질길유(有)

韙 웨 [위]是也옳을위(尾)

⿰韋叚 쌰 [하]履跟帖신근피하(麻)

韗 윈 [운]攻皮之工가죽장인운(問)

⿰韋兗 옌 [연]韗皮다룬가죽연(銑)

十

韞 원 [온]赤色붉은빛온(吻)

韛 鞴과同

韠 鞸과同

⿰韋⿱日羽 따 [답]皮衣갑옷답(合)

韜 탄 [도]藏也감출도 寬也너그러울도(豪)

韝 꺼 [구]射決깍지구 臂衣팔찌구(尤)

⿰韋荅 鞳과同

⿰卓韋 韓本字

十一

⿰韋尃 쒸 [쉬]囊紐주머니끈쉬(眞)

⿰韋巢 산 [소]束也묶을소(肴)

⿰韋崔 새 [쇠]鞍也안장쇠(灰)

十二

⿸虍韋 [위]柔革平均가죽달을위(支)

⿰韋登 덩 [등]張皮가죽별릴등(梗)

韢 쎄 [혜]囊紐주머니끈혜(霽)

韡 웨 [위]光明ㅣ빛나고밝을위(尾)

⿰韋番 빤 [번]韋平方가죽반듯할번(元)

⿰韋皐 갘 [고]弓衣활집고(豪)

十三

韂 옌 [첨]蔽膝말다래첨(尾)

⿰韋僉 쎄 [험]被也입을험(監)

韣

뚜 [독][속] 弓衣활전대독 韒也칼집속 (尾)(沃)

⑮ 韇 뚜 [독] 箭筒전동독 (屋)

韈 [말] 足衣버선말 (月)

⑰ [韋+薄] 반 [박] 藁鞋짚신박 (藥)

⑱ [韋+雋] 쭈 [추] 收束거두어 묶을추 (尤)

⑲ [䜌+韋] 좐 [권] 韏皮다룬가죽권 (願)

⑳ [韋+矍] 좐 [곽] 刀裝革칼장식가죽곽 (藥)

韭部

韭 쭈 [구] 草鐘乳韮菜부추구 (有)

④ 韮 韭와同

⑧ 韱 쳔 [섬] 山韭산부추섬 (鹽)

[韭+攴] 사 [삽] 起也일어날삽 (合)

⑩ 韲 齏과同

䪢 쎄 [해] 送死歌상여소리해 (卦)

[木+韲] 지 [제] 剉菜썰은나물제 (齊)

⑪ 韲 이지 [제] 利也이할제 (齊)

[虫+韲] 이지 [제] 醢醬所和양념제 (齊)

⑫ 䪤 빤 [번] 小蒜달래번 (元)

⑭ [食+韱] [해] 似韭葷菜염교해 (卦)

頁部

頁 예 [혈] 頭也머리혈 (屑)

② 頄 뀌 [규][구] 面觀광대뼈규, 구義同 (支)

頃 칭 [경][규] 田百畝백이랑경 半步也반걸음규 (梗)(庚)

頉 이 [유] 顫也떨유 (有)

頂 띵 [정] 顚也이마정 物之最上部꼭대기정 (迥)

③ 項 쌍 [항] 頭後頸也목뒤항, 목덜미항 (講)

[丸+頁] 완 [환] 頭也머리환 (寒)

頇 한 [안][한] 岸頭無髮ㅣ額대머리안, 한義同 (翰)

順 쓘 [순] 不逆循理순할순 (震)

[歹+頁] 꾸 [후] 動頭머리움직일후 (嗅)

須 쓔 [수] 頤毛同鬚턱수염수 待也기다릴수 (虞)

[幺+頁] 야 [요] 頭小貌머리움직일수요 (蕭)

[孔+頁] [공] 顏也낯공 (東)

[乞+頁] 쿠 [굴][곤] 頰旁骨광대뼈굴, 곤義同 (月)

[乇+頁] 뚜 [독][탁] 頭骨머리뼈독, 탁義同 (屋)(藥)

湏 須俗字

[己+頁] 깨 [개] 頰下빰밑개 (賄)

④ [乇+頁] 우 [오] 大頭큰머리오 (皓)

預 위 [예] 先也미리예 參與참예할예 (御)

[乞+頁] 꾸 [골] 頰高빰높을골 (月)

頑 완 [완] 固陋완고완 鈍也미련할완 (刪)

頍 꿰 [규] 弁貌고깔비녀규 (紙)

[不+頁] 배 [배] 曲頭굽은덕배 (佳)

頓

뜬 [돈][둔][돌] 下首至地꾸벅거릴돈，固鈍무딜둔，單于太子冒|오랑캐이름돌 (願)(月)

頎 치 [기][간] 長貌헌걸찬모양기 至惻隱貌간절할간 (微)(阮)

⿰忄頁 익 [우] 顫也머리흔들우 (有)

預 원 [윤] 面不正貌낯비뚤윤 (軫)

頒 얀 [반][분] 布也반포할반 魚大首貌물고기머리클분 (刪)(文)

頊 위 [옥] 謹貌||머리굽실거릴옥 (沃)

頌 융 [용][송] 貌也모양용，稱述|德칭송할송 (冬)(宋)

頙 치 [척] 正也바를척 (陌)

⿰丰頁 뿡 [봉] 耳本귀뿌리봉 (董)

頷 깐 [감] 醜也추할감 (覃)

⿰卬頁 앙 [앙] 擧頭머리돌앙 (陽)

頉 퇴 [이] 養也기를이，有故탈날탈 (支) 國字

頏 항 [항] 鳥飛上下頡|새날아오르락내리락할항 (養)

⿰宂頁 당 [당] 頭也머리당 (感)

⿰忱頁 쩐 [침] 垂頭貌머리숙일침 (寢)

五

領 링 [령] 統理거느릴령 占|차지할령 (梗)

⿰亘頁 단 [단] 平廣面넓적얼굴단 (旱)

⿰去頁 자 [갑] 顧也턱갑 (合)

⿰出頁 쥐 [절] 面秀骨콧마루절 (屑)

⿰叵頁 퍼 [파] 頭之偏傾머리기울파 (歌)

⿰号頁 화 [호] 白髮頭흰머리호 (號)

⿰冉頁 산 [염] 頰須구레나룻염 (監)

⿰氐頁 드 [제] 垂頭머리숙일제 (齊)

⿰丕頁 에 [배] 曲顚貌주걱턱배 (灰)

顑 깐 [감] 頰疾빰병감 (感)

⿰由頁 드 [적] 好也좋을적 (遇)

⿰且頁 쥬 [저] 顱也턱저 (魚)

頗 퍼 [파] 不正偏|비뚤어질파 (歌)

頖 泮과同

⿰民頁 민 [민] 強也강할민 (眞)

⿰句頁 쥐 [구] 勉也힘쓸구 (有)

⿰占頁 단 [담] 垂頰처진빰담 (覃)

⿰弁頁 弁과同

⿰可頁 커 [가] 傾頭而視머리기우리고볼가 (駕)

頋 顧俗字

⿰白頁 뽀 [복] 髮白머리털흴복 (職)

六

頜 꺼 [합] 顧傍아랫볼합 (合)

額 어 [액] 不息||쉬지않을액 (陌)

頢 꽈 [괄] 短面짧은얼굴괄 (曷)

頩 뼝 [병] 怒也노할병 (青)

頨 벤 [변] 頭姸머리고울변 (先)

⿰幵頁 옌 [연] 姣也얼굴예쁠연 (霰)

⿰同頁 퉁 [동] 直頸곧은목동 (董)

頫 俯과同

頣 신 [신] 擧目而視눈들고볼신 (軫)

⿰共頁 훙 [홍] 頭昏蒙顛|머리아득할홍 (董)

⿰至頁 츠 [치] 面黑얼굴검을치 (紙)

頝 쟈 [교] 不媚아첨안할교 (肴)

⿰充頁 [총] 滿也찰총 (東)

頮 훼 [회] 大首 큰 머리 회 (隊)
頧 뒤 [퇴] 夏冠名 毋ㅣ하 나라 관 이름 퇴 (灰)
頦 해 [해] 頤頷 턱 해 (灰)
頪 뢰 [뢰] 頭傾 머리 기울 뇌 (賄)
頣 𦣞 과同
頠 위 [외][위] 頭閑習 머리 마음대로 가질 외 習容止 외양 가잘 가질 위 (賄)(紙)
顖 씬 [신] 頂門 숫구멍 신 (震)
頡 예 [갈][힐] 轢也 밟힐 갈 古吏官倉ㅣ 옛날 사치 맡은 관원 힐 (黠)(屑)
顣 戚 과同
頞 어 [알] 鼻莖 콧마루 알 (曷)
顐 큰 [곤] 頰高 빰 높을 곤 (阮)

七

䫗 디 [제] 頭不正 머리 비뚤 제 (齊)
頭 투 [두] 首也 머리 두 上也 위 두 (尤)
䫌 뻬 [배] 曲頭 굽은 머리 배 (灰)
頸 껑 [경] 項也 목 경 (梗)
頷 한 [암][함] 點頭ㅣ之 머리 끄덕거릴 암, 不飽顑ㅣ 배고플 함 (感)
頹 퉤 [퇴] 衰也 쇠할 퇴, 傾也 기우러질 퇴 (灰)
頯 퀘 [규] 面觀 광대뼈 규 (支)
䫉 貌同
頰 쟈 [협] 面兩旁 빰 협, 徐言 천천히 말할 협 (葉)
頼 착 [子] 戴也 일 구 (尤)
頮 회 [회] 洗面 낯 씻을 회 (隊)
頳 정 [정] 赤也 붉을 정 (庚)
𩒝 청 [성] 頸也 목 성 (庚)
𩒺 [홍] 頭直 머리 곧을 홍 (董)
頣 頤 俗字
頪 類 과同
頵 쥔 [균] 頭大 머리 통클 균 (眞)
頻 핀 [빈] 数也 자주 빈 比也 견줄 빈 (眞)
䫘 어 [아] 均也 고를 아 (歌)
䫩 산 [삼] 動頭 머리 움직일 삼 (勘)
䫟 큰 [곤] 耳門 귀문 곤 (元)
頲 팅 [정] 直也 곧을 정 (迥)
頢 휘 [활] 短面 낯 짧은 활 (曷)
頽 튀 [탈] 小頭 작은 머리 탈 (黠)
頛 類 俗字
頼 라 [랄] 面醜 낯 추할 랄 (曷)
頫 뱌 [보] 頰骨 광대뼈 보 (麌)
頶 후 [곡] 鼻高貌 코 우뚝한 모양 곡 (沃)
顉 인 [음] 顫頭 머리 흔들 음 (沁)
頎 시 [희] 頭動 머리 움직일 희 (微)
頱 뱌 [발] 頸也ㅣ項 목 발 (質)
顜 멍 [망] 頭也 머리 망 (江)
顢 홍 [홍] 頭痛 머리 아플 홍 (東)
𩓓 [잠][금][검] 醜貌 얼굴 추할 잠, 금義는 잠과 同 面不平意 얼굴 반반하지 않을 검 (寢)(咸)
䫨 메 [매] 暗也 어두울 매 (隊)
䫶 우 [오] 大頭 큰 머리 오 (虞)

八

顀 쮜 [추] 出額 톡 불거진 이마 추 (支)
䪼 뚜 [두] 面不正 낯 비뚤 두 (尤)
䫐 린 [림] 俯首 머리 숙일 임 (侵)
顈 잉 [경] 似布 可績爲 어저귀 경 (迥)

頎 頤와同
顆 구 [고]頭也 머리고(皓)
頲 뎡 [정]額也題 이마정(徑)
頾 ᄌᆞ [자]口上髭 웃수염자(支)
頱 루 [록]項也 목녹(屋)
顇 瘁同
𩓐 친 [금]曲頤 주걱턱 금(侵)
顊 삐 [패]傾頸 목기울패(齊)
顔 안 [안]額也 이마안(翰)
𩕄 좐 [권]曲角 굽은뿔권(先)
𩓷 워 [굴]短面 낯짧을굴(物)
䪼 뎌 [철]頭短 머리짧을철(屑)
頣 頤와同
𩒔 頷과同
𩒨 핑 [병]怒色青성나 파랗게질릴병(迥)
𩓃 단 [담]面長 낯길담(覃)
䫀 쳥 [청]大頭큰 머리청(庚)
䫂 래 [래]覆也 덮을래(霽)
䪾 삐 [별]短貌 짧을별(屑)
䫆 징 [정]美也아름 다울정(敬)
𩔰 頼와同
𩓺 鬚과同
䫏 지 [기]小頭작은 머리기(支)
顆 커 [과]土塊덩 어리과(篤)
顧 얀 [간]頭鬢少髮 터럭적을간(刪)
九
𩔓 좐 [전]獨專 오로지전(先)
𩓱 커 [과]短頭짧은 머리과(麻)
𩔇 지 [혜]何候 찾을혜(霽)
𩔅 휘 [회]面肥얼굴 살찔회(隊)
𩕂 𩔼俗字
顑 [함]不飽頷 주릴함(感)
𩓤 어 [악]頷骨上下 ㅣ骨턱악(藥)
𩓳 웬 [원]面不正 낯비뚤원(阮)
顐 渾同
十
願 원 [원]請也청할원 思也생각할원(願)
𩕏 이 [의]樂也 즐길의(尾)
𩕐
顙 상 [상]額也 이마상(養)
髖 쿠 [골][괴]大頭머리통 클골, 괴義同(月)(灰)
𩔑 시 [혜]頭不正머 리비뚤혜(齊)
顚 뎐 [전]頂也이마전, 專 ㅣㅣ한갈길전(先)
顩 [암]頰長 빰길암(感)
類 레 [류]分ㅣ나눌류 種ㅣ종류류(寘)
顛 顚俗字
䫜 噸字
𩕑 진 [금]首動머리 움직일금(沁)
𩔗 뚜 [두]面折顱ㅣ 핀잔줄두(尤)
𩕦 왕 [강]直也 곧을강(講)
顋
顁 밍 [명]額也 이마명(青)
顛 원 [운]面首俱 머리 낯 이둥그스름할운(吻)
𩔻 顤譌字
𩔾 커 [갑][개]頰骨빰뼈 갑頭骨 貌머리모양개(合)(泰)
𩕇 [옹]頸毛也 목털옹(東)
𩔼
顤 샤 [효]大頭큰 머리효(嘯)
𩓵 삐 [비]短鬚짧은 수염비(支)
十
顠 퍞 [표]髮亂貌ㅣ ㅣ털엉킬표(蕭)
顙 상 [상]醜也 추할상(養)
顣 [축]頞不悅貌 그릴축(屋) 찡
𩕢 이

의 不聰名痴ㅣ 멍텅구리의 (未)
[責頁] 지 [책] 頭不正머리비뚤책 (陌)
顟 랴 [료] 頭長머리길료 (蕭)
[麻頁] 마 [마] 語訥말더듬을마 (麻)
[卑頁] 삐 [비] 髮半白털반백될비 (支)
[彥頁] 앤 [안] 容也 額角얼굴안, 姓也성안 (刪)
額 어 [액] 顙也이마액 分量ㅣ數수효액 (陌)
[帝頁] 지 [절] 小頭작은머리절 (屑)
[頁頁] 찬 [찬] 具也갖출찬 (潸)
[癸頁] 궤 [기] 大口큰입기 (眞)
頏 항 [항] 飛上飛下 날아오르락내리락할항 (養)
[幽頁] 얀 [요] 頭凹머리오목할요 (肴)
[彖頁] 둔 [돈] 禿也모지러질돈 (願)
題 티 [제] 書ㅣ글제제 ㅣ目제목제 (齊)
[曷頁] 싸 [할] 健也 헛된말가 (曷)
[阿頁] 자 [가] 無度言語 헛된말가 (麻)
顒 웅 [옹] 仰也 우러를옹 (冬)
[臥頁] 와 [民頁] 同
[𦥑頁] 폐 [폐] 傾頭머리기울어질폐 (霽)
[區頁] 어 [구] 面折人 핀잔줄구 (尤)
顱 同顱
顕 顯略字
顋 쌔 [식] 俗音 [시] 頰也 볼다구니시 (灰)
[參頁] 싼 [참] 搖頭 顉ㅣ머리흔들참 (感)
顗 이 [의] 樂也즐길의 謹 壯貌점잖을의 (尾)
[樊頁] 란 [번] 醜也추할번 (元)

【十二】

[貴頁] 쇄 [쇄] 無髮털없을쇄 (賄)
顥 호 [호] 大也클호 (皓)
顦 憔과同
[棥頁] 뻰 [번] 醜也추할번 (元)
[善頁] 싼 [선] 僐視人사람거만히볼선 (銑)
[皐頁] 가 [고] 大顏큰얼굴고 (皓)
[尋頁] 산 [삼] 俯首머리숙일삼 (覃)
[寢頁] 친 [침] 俯首머리숙일침 (寢)
顧 꾸 [고] 思也생각컨대고 (遇)
[粦頁] 린 [린] 髮疏털성길인 (軫)
[尊頁] 센 [선] 圓顏둥근얼굴선 (先)

【十三】

[業頁] 야 [압] 頭動머리움직일압 (合)
顪 훼 [훼] 頰也빰훼 (隊)
[蜀頁] 뚜 [독] 頭骨머리뼈독 (屋)
顫 얀 [전] 頭不正머리바르지못할전 (霰)
顩 칸 [엄] 頰面銳頤貌하관빠를엄 (琰)
顣 한 [함] 臨於火無 불쪼일함 (勘)

【十四】

顯 쎈 [현] 著也나타날현 明也밝을현 (銑)
[鼻頁] 뻰 [변] 雙生兒쌍동이변 (先)
[黃頁] 횡 [횡] 惛也어두울횡 (蒸)
顬 수 [유] 䯢骨顳 귀밑뼈유 (虞)
[甯頁] 닝 [녕] 頂顚 이마녕 (迥)
顭 뭉 [몽] 頭昏ㅣ顛머리아득할몽 (董)
[蓋頁] 깨 [개] 頭骨머리뼈개 (泰)
[壽頁] 따 [도] 大面큰낯도 (豪)

【十五】

[齒頁] 웨 [왈] 齟齬어긋날왈 (黠)
[步頁]

편 [빈]眉蹙눈살 찌푸릴빈(眞) ⑯ 顟 잔 [교]面不正낯바르지못할교(肴) 顱 루 [로]首骨頭 해골로(虞) ⑰ 顬 링 [령]面瘦얼굴 파리할령(庚) ⿰㲋頁 산 [삼]頭長머리길삼(陷)

⿰嬰頁 잉 [영]頭瘤목에 혹날영(梗) 顭 횡 [횡]暗也어두울횡(蒸) ⑱ 顳 녜 [섭]𩕄骨ㅣ顬 귀밑뼈섭(葉) 顴 촨 [권]頰骨광대뼈권(先)

飛部

飛 삐 [비]鳥翥날비 六馬六여섯말비(微) ⑫ 飜 빤 [번]飛也날번 反覆번득일번(元) ⑬ ⿰亶飛 쌍 [전]遠飛멀리날전(先)

風部

風 쀵 [풍]大塊噓氣(空氣之搖動) 바람풍，ㅣ俗풍속풍(東) ② ⿺風刀 냪 [뇨]熱風더운 바람요(肴) ③ ⿺風勺 퍄 [표]風聲바람소리표(尤) ⿺風工 훙 [홍]風聲바람소리홍(東) 颪 [풍]下風내리 부는바람풍(東) ④ ⿺風少 샤 [소]風起바람 일어날소(肴) ⿺風毛 퐈 [포]輕也가벼울포(豪) ⿺風夬 졔 [결]風吹바람불결(屑) 颫 쀼 [부]風自上下ㅣ䬙바람내리불부(虞) ⿺風乏 쁭 [봉]焚也 불땔봉(送) ⿺風亡 망 [망]經風내리 부는바람망(養) ⿺風屯 뚠 [돈]風也 바람돈(元) ⿺風曰 워 [율]大風颶ㅣ 큰바람율(質) ⿺風今 간 [감]寒風찬 바람감(蒸) ⿰太風 헝 [횡]大風큰 바람횡(庚) ⿺風牙 쌰 [하]開口吐氣입벌리고기운토할하(馬) ⑤ 颱 태 [태]暴風之ㅣ몹시 부는바람태(灰) 颰 빠 [발]疾風빠른 바람발(曷)

⿺風令 링 [령]寒風찬 바람령(青) 颭 쨘 [점]物受風動搖 펄렁거릴점(淡) 颯 싸 [삽]風聲바람 소리삽(合) ⿺風尼 이 [이]大風큰 바람이(支) ⿺風幼 우 [유]風聲ㅣㅣ 바람소리유(有)

⿺風必 삐 [별]微風산들 바람별(屑) 颮 빠 [박]物自空墮貌ㅣㅣ공중에서뚝뚝떨어질박(覺) ⿺風甘 깐 [함]風聲바람 소리함(勘) ⿺風巳 ⿺風尼와同 ⿺風戉 웨 [월]風聲바람 소리월(月) ⿺風弗 쀼 [불]疾風획 부는바람불(物) ⿺風朮 쑤 [술]微風솔솔부 는바람술(質) ⿺風召 챠 [초]清風맑은 바람초(蕭) ⿺風它 이 [이]小旋風작은 회리바람이(支) ⿺風卯 릭 [류]風聲바람 소리류(有)

⿰風号 호 [호] 風바람 소리호 (豪)

六

⿰風吉 지 [힐] 風吹바람 불힐 (質)

⿰風劦 쎄 [협] 風和바람 화할협 (葉)

⿰風共 홍 [홍] 風聲바람 소리홍 (東)

⿰風米 싸 [살] 風吹바람 불살 (曷)

颳 꽈 [괄] 惡風모진 바람괄 (黠)

颩 뺘 [표] 狂風미친 바람표 (蕭)

颲 레 [렬] 烈風매운 바람열 (屑)

⿰風丽 릐 [려] 急風획부는 바람여 (霰)

⿰風休 식 [휴] 風聲바람 소리휴 (尤)

⿰風氏 쎄 [훌] 微風적은 바람훌 (質)

七

⿰風尾 미 [미] 風吹偃物불어 자빠뜨릴미 (未)

颵 쏘 [소] 風聲바람 소리소 (肴)

⿰風夾 쌰 [삽] 風疾바 람빠를삽 (洽)

⿰風汞 [홍] 風吹바 람불홍 (董)

⿰風㐬 릐 [류] 緖風⿰風幼ㅡ슬슬 부는바람유 (有)

⿰風攸 이 [유] 風聲바람 소리유 (尤)

⿰風利 ⿰瓜風 과同

颴 쒠 [선] 風轉회리 바람선 (先)

⿰風貝 ⿰風果 과同

颫 야 [불] 風吹바 불불 (月)

⿰風求 착 [구] 微風산들 바람구 (尤)

⿰兗風 권 [연] 微風적은 바람연 (霰)

⿰𡿺風 뇌 [뇌] 風動貌바람 움직일뇌 (賄)

⿰風赤 회 [획] 熱風뜨거 운바람획 (陌)

八

⿰風夌 [릉] 大風큰 바람릉 (蒸)

⿰風尙 당 [정] 風聲바람 소리정 (庚)

颷 퍄 [표] 狂風미친 바람표 (蕭)

⿰風咅 야 [부] 風穩바람 잔잔할부 (有)

颶 쥐 [구] 四方風海中大風회리바람구 (遇)

⿰風戾 릐 [려] 風聲바람 소리려 (霽)

⿰風垂 촤 [수] 風偃物바람 에 쓰러질수 (支)

⿰風奉 뿡 [봉] 風起바람 일어날봉 (董)

⿰風京 량 [량] 北風 북풍량 (陽)

⿰風或 꿕 [괵] 熱風뜨거 운바람괵 (陌)

⿰風卒 새 [세] 破也 파할세 (霽)

⿰風析 시 [석] 風聲바람 소리석 (錫)

⿰風忽 후 [홀] 疾風貌획 부는바람홀 (物)

⿰風疌 쳐 [첩] 風勁吹바람 몸시불첩 (葉)

⿰風周 즉 [주] 風吹바람 불주 (有)

⿰風卑 빼 [배] 風吹바 람불배 (齊)

⿰麥風 왜 [외] 低吹風낮 은바람외 (灰)

⿰虎風 야 [푸] 風之強吹바람 셀푸 (尤)

九

⿰風剌 라 [랄] 風吹바 람불랄 (曷)

⿰風幽 이 [유] 風聲바람 소리유 (尤)

颹 웨 [위] 大風큰 바람위 (蟹)

⿰風斿 이 [유] 風吹바 람불유 (尤)

⿰風胃 위 [율] 大風큰 바람율 (物)

颼 쑤 [수] 風貌ㅡ飀바 람쏴불수 (尤)

⿰自風 연 [전] 風動바람 움직일전 (先)

⿰風英 ⿰英風 와同

颸 [시] 涼風서늘 한바람시 (支)

䬀 유 [유]颸風회리바람유(眞)
䬓 인 [안]颸風회리바람안(軫)
䬎 허 [후]風吹바람불후(尤)
颺 양 [양]風飛날릴양(漾)
䬙 예 [엽]風動바람움직일엽(葉)
飊 옌 [연]微動風잔잔하게부는바람연(銑)
䬅 헝 [횡]風聲바람소리횡(敬)
颾 쏘 [소]風聲바람소리소(豪)
颽 얘 [개]疾風획획부는바람개(佳)
䬌 싀 [수]風聲바람소리수(尤)
䬃 쿵 [공]亂風어지러운바람공(講)

⑩

䬚 먀 [묘]疾風吹빠른바람묘(蕭)
颿 뺀 [범]馬疾步말달릴범(陷)
䬉 당 [당]風貌바람모양당(陽)
䬔 쐬 [삭]風聲바람소리삭(藥)
颻 야 [요]風動風飄ㅣ날릴요(蕭)
颼 수 [수]風聲바람소리수(尤)
颲 리 [율]暴風왜풍율(質)
䬘 쏘 [호]熱風뜨거운바람호(肴)

⑪

䬴 쐐 [솔]風聲바람소리솔(質)
飃 飄와同
飂 랴 [료][류]風聲ㅣ飉바람소리료 高風ㅣㅣ높은바람류(蕭)(尤)
飁 씨 [습]颯ㅣ大風큰바람습(緝)
䫿 와 [오]風聲바람소리오(豪)
䬛 삐 [필]風寒바람찰필(質)
飄 퍄 [표]旋風회리바람표(蕭)
䬖 쑤 [숙]風吹바람소리칠숙(屋)
飉 랴 [료]風聲바람소리요(蕭)

⑫

䬕 쑤 [숙]風聲바람소리숙(屋)
飈 飆과同
䬝 덩 [정]風聲바람소리정(庚)
飀 릑 [류]高風ㅣㅣ높은바람유(尤)
飈 뱌 [표]從下而下扶搖風회리바람표(蕭)
䬟 헝 [황]暴風왜풍황(庚)
䬞 당 [당]狂風미친바람당(庚)
䬒 퀴 [퇴]暴風從上下왜풍내리불퇴(灰)

⑬

飋 씨 [슬]秋風ㅣ颸쓸쓸한바람슬(質)

⑭

䬠 톼 [도]大風큰바람도(豪)

⑮

䬡 레 [렵]風聲바람소리엽(葉)
飅 릑 [류]風行聲바람가는소리류(尤)

⑯

䬢 쏘 [소]涼風北風북풍소(蕭)
䬣 리 [력]風聲바람소리역(錫)
飌 古字 風

⑱

䬤 시 [섭]風吹바람불섭(葉)

食部

食 쓰 [식][사][이]殽饌飲ㅣ음식식, 以ㅣ與人饑먹일사, 人名ㅣ其사람이름이(職)(眞)

②

飡 飧 俗字
飢 이 [기]餓也굶을기(支)
飫 위 餧 [어]

也전별 할어(御)

飤 사 [사]以食食人ㅡ 밥먹일사(眞)

飣 띵 [정]貯食ㅣ餖 음식고일정(徑)

㊂

飦 위 [약]食節음식 존절할약(藥)

飥 탁 [탁]麪湯餺ㅣ밀수제비탁(藥)

飧 쓴 [손]餔也夕食 저녁밥손(元)

飠乞 치 [흘]飽也배부를흘麪ㅣ밀수제비흘(物)

飠也 지 [지]飴也 엿지(支)

飦 饘 과同

㊃

飫 위 [어]燕食饜也 먹기싫을어(御)

飲 인 [음]歠也咽水마실음，予人以歠마시게할음(寢)(沁)

飯 나 [반]飯也밥 먹을반(阮)

飠内 ᅌ반 [납]食也 먹을납(合)

飡 餐 과同

飪 신 [입]熟也 익힐입(寢)

飱 飧 俗字

餖 두 [투][설]饅也음식필투，陳飲食 음식차려놓을설(宥)(屑)

飠元 웬 [원]餠也 떡원(元)

飠冗 융 [용]食也 먹을용(腫)

飠厄 餛 과同

飩 뜬 [돈]賜也 줄돈(元)

飰 飯 俗字

飭 치 [칙]整備脩 갖출칙(職)

㊄

飠句 쥐 [구]午之飽 소배부를구(尤)

飠末 말 [말]飼馬말 먹일말(曷)

飴 이 [이][시]餳也以米煎糀엿이，養也기를시(支)(眞)

飠令 링 [령]屑餠가루떡령(青)

飠央 양 [앙]飽也 배부를앙(養)

飠占 옘 [염]食麥보리밥먹을염(監)

飠召 찬 [초]小食결두리초(嘯)

餋 츠 [자]惡食나쁜음식자(紙)

飵 ᅌ좌 [조][작]相謁食麥饘보리미음조(遇)義同(藥)

飠本 뻔 [본]粗飯거친밥본(阮)

飠冋 징 [경]飽也배부를경(迥)

飼 쓰 [사]以食食人 먹일사(眞)

飠付 [부]食也 먹을부(尤)

飾 씨 [식]裝也修ㅣ꾸밀식，整也정제할식(職)

飠尼 니 [니]餌也 미끼니(支)

飠主 주 [주]餌也 미끼주(支)

飠氐 듸 [제]寄人而食 얻어먹을제(齊)

飠甲 [흡]餠也 떡흡(洽)

飠正 ᅌ졍 [정]餠也 떡정(庚)

飠爲 위 [울]飴和豆 콩엿울(物)

飠乏 饑 古字

飠厄 어 [액]飢也 굶을액(陌)

飶 삐 [필]食之香 밥냄새필(質)

飠半 [반]屑米餠 싸라기떡반(旱)

飠且 ᅌ져 [자]食無味음식맛없을자(馬)

飽 빠 [포]食充滿배부를포，厭也飫먹기싫을포(巧)

㊅

飠艮 안 [한]飢也 주릴한(願)

養 양 [양]育也長也기를양，下奉上봉양할양(養)

餁 양 [양]餅也떡양(漾)
餅 餠俗字
餃 쟈 [교]屑米麪和飴湯中牽丸경단교(效)
餇 퉁 [동]食物음식동(東)
餀 애 [해]穢臭더러운냄새해(卦)
餙 야 [요]屑餅가루떡요(蕭)
餟 지 [질]刈禾人벼베는사람질(質)(屑)
[食多] 써 [사]厭也싫을사(御)
餉 쌍 [상][향]饋也점심향 軍糧군량향(漾)
餂 텬 [첨]鉤取話아드릴첨(淡)
餄 야 [협]餅也떡협(洽)
餁 飪과同
餎 루 [로]飴ㅣ굵은국수노(虞)
餌 얼 [이]動物飼料먹이이, 食也먹을이(紙)
餈 [자]餻也飯餅인절미자(支)

七

[食良] (랑)羹也국낭(陽)
餓 어 [아]甚于飢굶을아(箇)
餗 쑤 [속]煮菜鼎實人珍之膳삶은나물속(屋)
[食免] 웬 [원]貪食게걸스럽게먹을원(元)
餘 위 [여]殘也나머지여 饒也넉넉할여(魚)
[食肙] 윈 [연]饜飫물릴연(霰)
[食呈] 딩 [정]餉也먹을정(敬)
餑 뿌 [불]麥餅보리떡불(月)
[食志] 이 [이]食物음식이(眞)
餔 뿌 [포]食也먹을포, 申時食저녁결두리포(虞)(遇)
[食迅] 신 [신]島食검은밥신(震)
[夂食] 식 [수]蒸飯찐밥수(尤)
[食弟] 디 [제]餅也떡제(齊)
餐 쑨 [손][찬]水澆飯물만밥손 間食간식먹을찬(寒)(元)
[食兌] 시 [세]食也먹을세(霽)
[食尾] 메 [미]食餘대궁미(尾)
[食邑] 이 [읍]臭也食밥쉴읍(緝)
餒 뉘 [뇌]飢之甚굶길뇌 餓也주릴뇌(賄)
[執食] 지 [제]敗味맛변할제(霽)
餕 쥰 [준][산]祭餘제사퇴물준, ㅣ餡떡소산(震)
餖 뚜 [두]貯食飣굄새두(宥)

八

[食昔] 주 [조]相謁食서로만나서먹을조(遇)
餳 싱 [당]飴也엿당(庚)
館 꽌 [관]客舍候ㅣ객사관 院也집관(旱)
餥 [비]食也먹을비(尾)
餜 궈 [과]餅也떡과, 圜餌밀경단과(箇)
餞 쟨 [전]送行宴전별잔치전(銑)
[食於] 위 [어]飫也싫을어(御)
餤 탄 [담]進也나아갈담(勘)
[食垂] 취 [추]飢也虛허출할추(眞)
餢 뿌 [부]起麪餅ㅣ餾질전병부(有)
餝 飾과同
[食念] [임][녑]飽也배부를임 餅也떡녑(問)(元)
饀 餡과同
[食尚] 쌍 [향]糧也양식향(漾)
餲 [얼]飯窒밥체할열(屑)

餅 빙 병 麪餈 밀가루떡 병 梗
餡 셴 함 餅中實味 떡소 함 陷
餟 쮀 체 철 祭酹酒 모사술 屑 체 聯祭 차례지낼 철 霽
餛 훈 혼 餛飩｜飩 경단 혼 元
餦 쟝 장 餳也｜餭 신자 장 陽
䭂 쓰 시 嗜食 즐길 시 眞
餣 옌 업 餅也 떡 업 葉
餧 웨 위 뇌 飼也 먹일 위 飢也 주릴 뇌 眞 賄
餚 햐 효 饌也 반찬 효 肴
䬻 링 릉 馬食穀多氣流汗 말땀흘릴 릉 蒸
䭅 구 고 餅也 떡 고 虞
䭆 츠 치 粥也 죽 치 支

九

餭 황 황 黍餳乾飴餦 기상엿 황 陽
䬍 애 벽 飽厭 물릴 벽 職
餪 놘 난 女嫁後三日餉食饋 풀이 끼 잔치 난 旱
䭐 쀠 복 食也 먹을 복 屋
䭉 쒸 수 豆屑雜糖 콩가루묻친엿 수 紙
䭌 융 용 食物 먹을 용 腫
䭎 감 飢也 주릴 감 感
餯 훼 훼 歠也 더러운냄새 훼 隊
餜 궈 과 以穀屑蒸造餅而塗紬粉者 고물떡 과 歌
䭑 와 유 蒸飯 찐밥 유 有
䭒 과 同 饕
饌 본자 饌 本字
餫 훈 운 혼 野饋 들에서 먹일 운 餫飩也 경단 혼 問 元
餮 테 철 貪食貪財 탐할 철 屑
餬 후 호 糜也 미음 호 虞
餴 뿐 분 半蒸飯 선밥 분 文
餿 쒀 수 飯壞 밥물크러질 수 尤
餳 탕 당 성 飴也 엿 당 성 義同 陽 庚
餱 헉 후 乾食｜糧 마른밥 후 尤
䭃 턱 투 起麪餅｜ 밀전병 투 有
餲 애 애 飯臭 밥냄새 애 卦 曷
䭕 전 饘也 된죽 전 先
䭏 편 餅也 떡편 國字

十

䭇 쑤 소 菜食無肉 소식 소 遇
餺 뿨 박 餅屬｜飥 떡 박 藥
䭋 착 구 食物爛 밥상할 구 有
䭔 과 同 嗜
餼 씨 희 稟也 饔 곳집쌀 희 未
䭓 타 답 食也 먹을 답 合
䭗 젠 견 乾餅 마른떡 견 銑
餽 궤 貽也 먹일 궤 眞
䭘 퇴 퇴 蒸餅 증편떡 퇴 灰
䭙 시 식 氣息 숨식 職
餻 까 고 餌餅粉餈 饔｜ 흰떡 고 豪
饁 예 엽 餉田食野饁 들점심 엽 葉
饐 어 온 飽也 배부를 온 願
䭚 餡 와 同
䭈 샤 할 飽厭 물릴 할 黠
䭛 餻 와 同

⿰飠兼 렌 [렴] 正飯後小食 사잇밥렴 (淡)

⿰飠郞 라 [라] 飽厭 물릴라 (駕)

⿰飠宛 웬 [원] 貪也 탐할원 (元)

⿰飠共 饌 俗字

⿰飠華 꽈 [과] 消食 밥내릴과 (麻)

⿰飠臿 [삽] 餅也 떡삽 (洽)

餾 릒 [류] 飯氣蒸流饋 ㅣ밥뜸들유 (宥)

餹 당 [당] 飴也 엿당 (陽)

⿰飠蚩 뎐 [전] 好味 좋은맛전 (銑)

餿 餕同

⑪

饅 만 [만] 餅也 ㅣ頭 만두만 (寒)

⿰飠庶 쪄 [저] 豕食 돼지밥저 (御)

饉 ㆀ진 [근] 飢也 주릴근 (震)

饈 쑤 [수] 進供 드릴수 (尤)

⿰飠商 ㆀ재 [적] 日月蝕 일월식할적 (陌)

饆 삐 [필] 餅麪有餡ㅣ饠 소넣은밀떡필 (質)

⿰飠參 산 [삼] 粒也 낟알삼 (感)

⿰飠從 상 [종] 愛食 饞ㅣ 게걸들릴종 (冬)

⿰飠庸 츙 [송] 多食 많이먹을송 (冬)

⿱斬食 ㆀ잔 [잠] 無味 潄ㅣ 맛없을잠 (感)

⿰飠崇 츙 [숭] 貪食 饞ㅣ게 검스러울숭 (東)

⿰飠強 [강] 硬食 찬밥강 (養)

饇 위 [어][우] 飽也 배부를어, 우 義同 (御)

⿰飠曹 찬 [조] 餡也 떡소조 (豪)

⿸麻食 머 [마] 哺小兒 어린아이먹일마 (歌)

⑫

饒 ᅀᅭ [요] 飽也 배부를요 (蕭)

饑 ㆀ지 [기] 餓也 주릴기 (微)

⿰飠番 餾과同

⿰飠童 탕 [탕] 貪食 탐하여먹을탕 (江)

⿰飠黃 황 [황] 粥也 죽황 (陽)

饙 餴과同

饍 [선] 美食 차반선 (霰)

⿱敦食 둔 [돈] 貪也 탐할돈 (元)

饊 싼 [산] 餦餭 熬稻 산자산 (旱)

饌 ㆀ좐 [찬][전] 具食 반찬 찬, 전 義同 (潸)(霰)

饐 이 [의][애] 飯傷濕臭味變 밥쉴의, 애 義同 (寘)(霽)

⿱敢食 단 [담] 無味 맛없을담 (感)

⿰飠掌 탕 [탱] 飽也 배부를탱 (庚)

⿰飠景 잉 [영] 飽滿 배부를영 (梗)

饎 ㆀ지 [치] 酒食 술밥치 (寘)

⿰飠尞 요 [요] 飢之不食 요기할요 國字

饋 퀘 [궤] 餉也 먹일궤 (寘)

⿰飠登 덩 [등] 祭食 제사밥등 (蒸)

⿰飠象 샹 [상] 晝食 점심상 (養)

⿰飠朁 ㆀ잔 [참] 味小甘 달콤할참 (寢)

⑬

⿰飠義 애 [예] 飯之腐臭 밥상한냄새날예 (隊)

⿰飠睪 이 [역] 飯之酸敗 밥쉴역 (陌)

⿰飠蜀 이 [독] 粥也 죽독 (屋)

⿰飠雍 옹 [옹] 食之酸敗 밥쉴옹 (腫)

⿰飠熙 饎과同

⿰飠達 다 [달] 麪乾ㅣ 수제비달 (曷)

⿰飠會 홰 [홰] 食也 먹을홰 (泰)

⿰飠當 당 [당] 與食 밥줄당 (陽)

𩟄 녕 농 強食䭢ㅣ억지로먹을농 ㉮江

𩞄 함 食不飽배덜찬함 ㉮感

饗 쌍 향 大飲賓잔치할향 ㉮養

𩟗 링 령 飽猒於食밥물릴령 ㉮青

𩟚 렴 無味맛없을렴 ㉮淡

饘 잔 전 糜也물거칠전 ㉮先

饔 옹 옹 朝ㅣ아침밥옹 ㉮冬

𩟁 오 오 妒食게염내어먹을오 ㉮號

𩞅 궈 과 食也먹을과 ㉮箇

𩟸 젼 겸 不猒물리않을겸 ㉮淡

饕 탄 도 貪財嗜食ㅣ餮게검스러울도 ㉮豪

(十四)

饜 옌 염 飽也足也싫을염 ㉮監 ㉮豔

𩟤 차 찰 添食더먹을찰 ㉮𧫒

𩞢 언 은 食欲飽ㅣ饐배부르려할은 ㉮願

䭢 닝 녕 強食ㅣ𩟄의지로먹을녕 ㉮庚

𩝶 젼 견 乾菓子마른과자견 ㉮銑

𩟊 웨 외 食而吐먹고토할외 ㉮賄

䨼 훠 확 味薄싱거울확 ㉮藥

饛 멍 몽 器滿밥수북히담을몽 ㉮東

籑 饌本字

(十六)

𩟵 룽 롱 餅名ㅣ餅떡이름롱 ㉮東

𩟹 홰 회 飯販밥팔회 ㉮卦

(十七)

𩡋 미 미 哺小兒어린아이먹을미 ㉮紙

𩟽 찬 참 貪也탐할참 ㉮陷

饞 참 饕也탐할참 ㉮咸

饟 餉과同

(十八)

𩠁 수 세 예 휴 食也먹을수, 餟也차례지낼세, 예義세와同, 飴也끼칠휴 ㉮支 ㉮霽 ㉮齊

(十九)

饡 잔 찬 以羹澆飯국만밥찬 ㉮翰

𩡋 머 마 哺小兒어린아이먹일마 ㉮歌

饠 뤄 라 䬪餅有ㅣ餡饆소넣은밀떡라 ㉮歌

音部

音 인 음 樂也음악음聲也소리음 ㉮侵

(三)

䪫 훙 홍 大聲소리크게지를홍 ㉮東

(四)

韴 자 잡 断聲외마딧소리잡 ㉮合

韵 韻과同

(五)

韍 썃 불 樂聲乍息풍류소리잠시그칠불 ㉮物

䪬 뤄 락 喧也시끄러울락 ㉮陌

䪭 뺑 봉 屋響집울리는소리봉 ㉮東

韶 쏘 소 ㅣ華ㅣ光美也아름다울소 ㉮蕭

(六)

䪦 홍 大聲큰소리홍 ㉮東

䪢 뱌 박 手足之指節鳴손발마디울박 ㉮覺

(七)

䪯 쁘 불 撫聲만지는소리불 ㉮月

䪲 팡 방 鼓聲북소리방 ㉮江

韸 봉 聲鼓ㅣㅣ북소리봉 ㉮東

⿰音含 안 [암]細聲가는소리암(覃)

⿰音巠 잉 [경]顗項樂名六풍류이름경(庚)

八

⿰音念 녀 [념]聲止也소리그칠염(葉)

九

韺 잉 [영]帝嚳樂名五ㅣ풍류소리이름영(庚)

韹 횡 [횡][앵]樂聲풍류소리횡, 銅器聲놋그릇소리앵(陽)(庚)

十

⿰音貢 둥 [동]鐘聲종소리동(送)

⿱熒音 잉 [영]小聲작은소리영(庚)

⿰音芻 직 [추]衆聲之喧떠들추(有)

韻 원 [운]風度ㅣ致운치운(問)

十一

韾 인 [음]和也화할음(侵)

⿰酓音 안 [암]聲微不越揚소리까부러질암(覃)

十三

⿰音業 예 [업]樂也풍류업(葉)

⿰音贛 궁 [공]賜也줄공(漾)

響 썅 [향]應聲소리마주칠향(漾)

⿰音意 이 [의]痛聲앓는소리의(微)

⿰音蜀 뤼 [탁]聾者귀머거리탁(覺)

十四

⿰音蒦 후 [호]湯樂大ㅣ은왕성탕의풍류호(遇)

十五

⿰音廣 꽝 [광]聲也소리광(漾)

十七

⿰音靈 링 [령]聲也소리령(青)

首部

首 쑤 [수]頭也머리수(有)

𦣻 首本字

二

⿰丁首 頂과同

馗 퀴 [규][구]九達道아홉거리규 箘也균이름구(支)(尤)

五

⿰首犮 髮과同

六

⿰首亥 해 [해]首也머리해(灰)

七

⿰𦣻旨 계 [계]下首조아릴계(齊)

八

馘 꾁 [괵]軍戰斷首목벨괵(陌)

九

⿰首頁 삭 [수]初產兒첫아이수(有)

十

⿱髟首 얍 [불]婦人首飾額前飾인의머리치장불(物)

十一

⿰首國 馘俗字

香部

香 썅 [향]氣芬芳향내향(陽)

四

⿰香令 뻬 [별][함]香發향기날별, 함義同(屑)(覃)

馚 馩同

五

⿸疒香 썅 [향]氣疾기운병향(陽)

⿰香尼 [니]香也향기날니(紙)

馛 빠 [발]香也향기날발(曷)

馝 삐 [필]馨香향내날필(質)

七

馞 퍼 [발]大香馝ㅣ크게향기로울발(月)

⿰香孚 두 [도]香也향내날도(虞)

馠 한 [함]香也향기날함(覃)

八

馡 ᄫᅴ [비]香氣ㅣ 향내비(微)

馢 젼 [전]香木名 향나무이름전(先)

⿰香奉 ᄫᅮᆼ [봉]香盛 향기성할봉(董)

⿰香奇 이 [의]香也 향기날의(紙)

馣 [암]香氣ㅣ 향내암(覃)

九

馥 ᄲᅮᆨ [복]香氣芬 향기복(屋)

馤 애 [애]香氣 향기애(泰)

馫 썅 [향]大香 향내크게날향(陽)

十

馧 원 [온]香氣香 향기온(文)

⿰香翁 [옹]香也 향내날옹(董)

馦 셤 [혐]香味 고소할혐(監)

十一

⿰香害 싸 [할]香氣 향내날할(曷)

⿸麻香 눈 [논]香也溫 향내논(元)

馨 씽 [형]香遠聞 향내멀리날형(青)

十三

⿰香覃 단 [담]香氣 향내담(覃)

馩 뿐 [분]香臭 향내분(文)

十四

⿰香蓋 애 [애]香也 향기날애(泰)

馪 [빈]香氣盛貌 향기성한모양빈(眞)

十六

⿱魏香 [위]藥草 약풀위(未)

⿱香⿰香香 [홍]香氣 향기홍

十畫

馬部

馬 마 [마]武獸乘畜生於午 稟火氣無膽 말마(馬)

二

馮 핑 [풍][빙]姓也 성풍 依也 의지할빙(東)

馭 워 [어]使馬駕ㅣ 말어거할어(御)

⿱馬十 환 [환]馬一歲 한살된말환(刪)

⿰馬八 빠 [팔]馬八歲 여덟살된말팔(黠)

三

馯 한 [한][간]東夷別名 오랑캐한, 姓也 성간(寒)(刪)

馳 ᄎᆡ [치]疾驅ㅣ騖 달릴치(支)

馵 쓔 [주]馬俊左足白 외쪽박이주(遇)

馱 따 [타]負荷以畜載物 짐실을타 騎也 말탈타(歌)(箇)

馲 톼 [탁][책]負重畜脊有肉鞍ㅣ駝 약대탁, 驢父午母ㅣ駘 트기책(藥)(陌)

⿰馬凡 빰 [범]馬行貌 말저벅저벅걸을범(陷)

馰 듸 [적]馬白頭 이마흰말적(錫)

馴 쓘 [순][훈]馬順擾也 從也 길들일순, 教也 가르칠훈(眞)(問)

四

馽 찝 [칩]絆馬ㅣ騳 잡아낼칩(緝)

駆 驅과同

⿰馬介 걔 [개]結馬尾 말꼬리잡아맬개(卦)

駁 뻑 [박]馬雜色 얼룩말박(覺)

馹 ᅀᅵ [일]驛傳遞馬 역마일(質)

⿰馬毛 만 [모]馬之長毛 말긴털모(豪)

駅 驛略字

⿰馬亢 앙

[항]馬頭高 말머리높을항(養)
駂 봐 [보]驪馬烏驄 오총이말보(皓)
馺 싸 [삽]馬行疾ㅣ駱 말빨리걸을삽(合)
馿 驢와同
⿰馬父 ㅇ부 [부]牡馬 수말부(麌)
駄 馱訛字
⿰馬卬 앙 [앙]千里駒 천리마앙(陽)
⿰馬市 패 [패]馬勇貌 말날랠패(泰)
⿰馬亢 윈 [윤]馬毛逆 말털거스릴윤(軫)
駃 쾌 [쾌][결]疾也 빠를쾌, 馬父驘子ㅣ騠 버새결(卦)(屑)
⿰馬冘 딴 [점]馬睡貌 말이졸점(勘)

五

駔 챵 [장][조]壯也駿馬 좋은말장 會買賣買ㅣ儈 거간조(養)(麌)
駟 쓰 [사]房四星天 별이름사(寘)
駛 쏘 [사]馬行疾 말빨리걸을사(寘)
駝 튀 [타]封午駱 약대타(歌)
⿰馬失 이 [일]疾走 빨리달아날일(質)
駏 ㅇ쥐 [거]馬名似騾 駏驢 트기거(語)
駗 ㅇ진 [진]馬載重難行ㅣ驙 말짐무거워걷지못할진(軫)
⿰馬瓜 騧과同
⿰馬半 빤 [반]馬行 말걸을반(翰)
駈 驅과同
駞 駝와同
駜 삐 [필]馬飽而肥 살찐말필(質)
駒 꾸 [구]二歲馬 망아지구(虞)
駚 앙 [앙]野馬 들말앙(養)
駓 피 [비]馬黃白雜色 황부루말비(支)
⿰馬玄 헨 [현]馬一歲 망아지현(先)
駊 퍼 [파]馬搖頭卜騀 말머리내두를파(哿)
駕 ㅇ쟈 [가]馬在軛中 멍에가(禡)
⿰馬幼 야 [요]馬 驂따르는말요(篠)
駘 태 [태]駑馬 노둔할태(灰)
駙 ㅇ부 [부]副馬 곁말부(遇)
駐 ㅇ쥬 [주]馬止 말머무를주(遇)
駑 누 [노]最下乘ㅣ駘 노둔한말노(虞)
駉 ㅇ징 [경]馬肥壯貌ㅣㅣ 말살찐모양경(青)

六

駡 罵字
⿰馬臾 유 [유]疾也 빠를유(虞)
駬 얼 [이]馬名騄ㅣ 준마이(紙)
⿰馬百 머 [맥]驢午交生駝ㅣ 소트기맥(陌)
駤 ㅇ지 [치]馬躕躇不前 말뒷걸음칠치(寘)
駮 [박]似馬能食虛豹 박짐승박(覺)
⿰馬舟 쥬 [주]蕃地大馬 큰말주(尤)
駯 주 [주]口黑馬 입검은말주(尤)
⿰豸馬 취 [子]馬後足皆白 뒷발흰말구白(虞)
駱 럭 [락]ㅣ駝 약대낙(藥)
駪 씬 [신]馬衆多ㅣㅣ 말우물우물할신(眞)
⿱列馬 레 [렬]列馳 나란히달아날렬(屑)
⿰馬吏 [시]疾也 빠를시(寘)
駭 쎄 [해]驚起 놀라일어날해(蟹)
駢 騈과同
駧

등 [동] 馳馬 말달릴동 (送)
駣 탇 [조] 馬三歲始乘習 세살된 새로 길들인 말조 (篠)
駰 인 [인] 泥驄馬鉀白雜毛 은총이인 (眞)
駥 숭 [융] 馬高八尺有絶力者 크고 세찬 말융 (東)
駩 찬 [전] 白馬黑唇 입술검은 흰말전 (先)

七

駿 쭌 [준][순] 馬之美稱 준마준, 疾速 빠를순 (震)
騁 청 [빙] 直馳走也 달릴빙 (梗)
騀 어 [아] 馬搖頭頭騀ㅣ 말머리내두를아 (哿)
騮 [류] 走馬黑鬣 갈기검은 붉은말류 (尤)
騃 애 [애] 癡也無知貌 어리석을애 (蟹)
駼 투 [도] 良馬騊ㅣ 말이름도 (虞)
駹 망 [방] 青馬面顙皆白 찬간자방 (江)
[馬+步] 뿌 [보] 習馬步ㅣ馬 말걸음의힐보 (遇)
駻 한 [한] 惡馬ㅣ突 사나운말한 (翰)
駾 퇴 [대][태] 奔突 넵뛸대, 馬行疾 말빨리걸을태 (隊)(泰)
駽 쒠 [현] 青驪馬鐵驄 철총마현 (先)(霰)
騋 쑹 [송] 馬搖銜走 말이재갈채처달릴송 (腫)
駸 친 [침] 驟貌ㅣㅣ 말몰아달릴침 (侵)
駴 [해] 雷鼓震擊 북꽝꽝울릴해 (蟹)
騂 씽 [성] 赤色牲 붉은소성 (庚)

八

騎 치 [기] 跨馬 말탈기 (支)
[馬+叕] 테 [철] 白額馬 별박이철 (屑)
騋 래 [래] 馬高七尺ㅣ牝 키큰말래 (灰)
[馬+夌] 렁 [릉] 馬病 말병릉 (徑)
験 驗略字
[馬+兒] 이 [예] 小馬 작은말예 (齊)
[馬+甾] 난 [노] 良馬 좋은말노 (皓)
[馬+沓] 타 [답] 馬行疾貌駭ㅣ 말빨리걸을답 (合)
騍 커 [과] 牝馬 암말과 (箇)
[馬+阜] 부 [부] 盛也 성할부 (有)
騊 탇 [도] 良馬ㅣ駼 좋은말도 (豪)
騉 쿤 [곤] 馬名ㅣ蹄 말이름곤 (元)
騄 루 [록] 八駿之一 騄준마록 (沃)
騇 써 [사] 牝馬 암말사 (禡)
騘 驄俗字
騏 치 [기] 青黑馬日行千里 천리마기 (支)
騌 鬉俗字
騈 뻰 [변][병] 二馬竝駕 두말한멍에멜변, 齊邑名 고을이름병 (先)(青)
騐 驗俗字
[馬+空] 장 [강] 馬行步 말걸음걸을강 (江)
騅 [추] 蒼白雜色馬 푸르고흰얼룩말추 (支)
騑 얘 [비] 驂馬 곁말비 (微)

九

騘 과 驄同
[馬+复] 삐 [필] 神馬ㅣ駽 돗총이말필 (質)
騠 틔 [제] 良馬駃ㅣ 말닫는말제 (齊)
騜 황 [황] 馬黃白相間色 누르고흰말황 (陽)

䮠 딩 [쟁]馬住貌말우뚝설쟁(庚)

騖 우 [무]奔也달릴무(遇)

騣 쫑 [종]馬鬣말갈기종(東)

騥 [유]靑驪繁鬣갈기숫하고푸른말유(尤)

䮞 츈 [준]馬雜文얼룩말준(軫)

𩤐 탄 [탐]馬步向前말걸음댑뜰탐(勘)

騝 옌 [건]騮馬黃脊등마루누르고검은말건(先)

騕 얀 [요]駿馬ㅣ日行千里천리마요(篠)

騟 위 [유]紫色馬검붉은말유(尤)

騧 괘 [왜][과]黃馬黑喙ㅣ驪주둥이검고푸른말왜, 과義同(佳)(麻)

騢 싸 [하]駁馬얼룩말하(麻)

騗 편 [편]躍上馬말뛰어오를편(霰)

䮋 顒 과同

騛 삐 [비]馬逸走말뛸비(微)

䮗 쎈 [한]馬步習말걸음익힐한(刪)

騤 퀴 [규]馬壯健ㅣ말건장할규(支)

䮛 똰 [단]遲行馬더디게걷는말단(翰)

䮒 훠 [획]行不止쉬지않고갈획(陌)

騙 편 [편]欺也驄속일편(霰)

十

騯 펑 [팽]馬行盛貌ㅣㅣ말떼지어갈팽(庚)

騷 쏘 [소]愁근심스러울소(豪)

騩 퀴 [괴][귀]馬淺黑色재빛말괴 山名산이름귀(寘)(微)

𩣺 驝 과同

騸 싼 [선]割去畜勢ㅣ馬불알깐말선(霰)

䮭 쟌 [교]體高六尺馬높이여섯자되는말교(蕭)

騰 텅 [등]升也오를등(蒸)

䮨 [재]雜毛驄馬얼룩말재(賄)

䮴 驥 과同

騵 웬 [원]騮馬白腹배희고잘기검은붉은말원(元)

騡 덴 [전]馬額白載星별박이전(先)

䮵 운 [온]駿馬좋은말온(元)

𩤊 타 [탑]馬行不進驖말막설탑(合)

騱 씨 [혜]野馬也들말혜(齊)

騶 쭈 [추]廏御ㅣ徒마부추(尤)

騫 쳰 [건]虧也이지러질건(先)

驏 잔 [전]馬轉卧土浴말땅에구를전(霰)

𩦠 청 [승]去勢馬불친말승(蒸)

騪 [수]大馬큰말수(尤)

隲 [즐]成也이룰즐(質)

騮 駵 과同

騲 찬 [초]牝畜通稱암컷초(皓)

騬 청 [승]犗馬불알친말승(蒸)

騴 얜 [안]馬尾本白꼬리밑둥흰말안(諫)

十一

驃 퍞 [표]驍勇ㅣ騎날쌜표(嘯)

䮡 쟤 [적]牡午交驢而生ㅣ騾트기적(陌)

䱷 위 [어]環眼馬고리눈말어(魚)

騾 [라]騎畜驢馬交生노새라(歌)

𩣢 츙 [용]鷩馬둔

한말용 (冬)

⿰馬离 리 [리]驢子나귀새끼리 (支)

驇 지 [지]馬重말짐무거울지 (眞)

驀 머 [맥]上馬말빨리탈맥 (陌)

驄 총 [총]馬青白色옥색말총 (東)

騻 驦과同

驁 오 [오]駿馬준마오 (豪)

驅 취 [구]驟也奔馳몰구 (虞)(遇)

⿰馬覓 미 [멱]馬惡말사나울멱 (錫)

驂 찬 [참]駕三馬세말멍에할참 (覃)

騼 루 [록]野馬騀들말록 (屋)

十二

驍 쌰 [효][교]勇捷날랠효，健也武猛건장할교 (蕭)

⿰馬番 뻔 [번]畜之蕃殖짐승번성할번 (元)

驕 쟌 [교][효]自矜교만할교，盛貌성한모양효 (蕭)(嘯)

驎 린 [린]馬斑얼룩말린 (眞)

驉 쒸 [허]似騾駏트기허 (齊)

驌 쑤 [숙]良馬—驦좋은말숙 (屋)

驊 화 [화]駿馬名—騮준마화 (麻)

驑 [류]驊—赤馬黑鬣검은갈기절다말류 (尤)

⿰馬黃 騜과同

驓 쯩 [증]四骹皆白발목다힐증 (蒸)

⿰馬閒 쎈 [한]馬一目白한눈흰말한 (刪)

驒 탄 [탄][타]連錢驄돈점박이말탄，타義同 (寒)(歌)

驏 쟌 [잔]馬不鞍而騎안장없이말탄잔 (潸)

驔 탄 [담][점]驪馬黃脊등누르고검은말담，점義同 (覃)(淡)

驐 뚠 [돈]畜去勢짐승불알친돈 (元)

驈 위 [율]驪馬白跨사타귀흰검은말율 (質)

十三

驚 [경]馬駭말놀랄경 (庚)

驛 이 [역]遞馬역말역 (陌)

驜 예 [업]壯也장할업 (葉)

驖 톄 [철]馬如鐵赤黑色검붉은말철 (屑)

驗 녬 [험]證也증험할험 (豔)

⿰馬蜀 뚜 [독]野馬騼들말독 (屋)

⿰馬歲 훼 [예]馬怒말성낼예 (賄)

驙 탄 [단][전]白馬黑脊등검은흰말단，전義同 (寒)(先)

驘 뤄 [라]騎畜驢馬交生노새라 (歌)

⿱𦥯馬 워 [악]馬腹鳴말배끓을악 (覺)

十四

驟 쯕 [취]突然별안간취 (宥)

⿰馬蒙 뭉 [몽]牡午交驢生⿰馬离—트기몽 (東)

⿰馬監 쎈 [함]馬走말달아날함 (陷)

⿰馬壽 [도]禱馬祭마조단제도 (晧)

驝 퇴 [탁]脊有肉鞍駝약대탁 (藥)

驞 삔 [빈]衆聲—駍떠들석할빈 (眞)

十五

⿰馬廣 꽝 [광]馬回毛在脊閑말등도래털광 (陽)

⿰馬巤 라 [랍][렵]馬不進—騔말가지않을랍，馬行貌말나아가는모양렵 (合)(葉)

⿰馬麃 鑣과同

⿰馬樂

레 [려]馬色 말빛려(錫)

騣 씽 [경]馬求芻不得而怒 말꼴샘낼경(敬)

十六

驢 릐 [로]似馬長耳以午反五更初而鳴 나귀로(魚)

驠 옌 [연]馬白尻 꽁무니흰말연(霰)

驡 룽 [봉][룡]龐(广部十六畫)과 同, 重騎 중기룽(東)(宋)

驣 덩 [등]馬躍 말뛸등(蒸)

十七

驤 샹 [양]馬低昂騰躍 말뛸양(陽)

驦 쌍 [상]良馬驌ㅣ 좋은말상(陽)

𩧐 촨 [찬]馬 잰말찬(刪)

驧 귝 [국]馬曲脊 등굽은말국(屋)

十八

驩 환 [환]歡也 기뻐할환, 馬名 말이름환(寒)

𩧓 녑 [섭]馬疾貌 말달릴섭(葉)

驨 쒸 [휴]騏驥 천리마휴(齊)

十九

驪 리 [리][려]純黑色馬八駿一盜ㅣ 가라말리, 려義同(支)(齊)

二十

驫 뱦 [표]衆馬走貌 말여러필달아날표(尤)

騳 驫 古字

骨部

骨 꾸 [골]肉之覈 뼈골, 事物之ㅣ子 살골(月)

二

骩 骫 俗字

𩨀 딩 [정]腨骨 종아리뼈정(青)

䯆 꾸 [골]用力 힘쓸골(月)

三

骪 웨 [위]骨屈曲ㅣ骳 뼈고불탕고불탕할위(眞)

愲 화 [활]治骨聲 뼈긁는소리활(黠)

𩨎 꺼 [억]胷骨 가슴뼈억(職)

骭 깐 [한]脛骨 정강이뼈한(諫)

骬 위 [우]缺盆骨䯛ㅣ 가리우(虞)

𩨂 骬과 同

骫 骪와 同

䯈 인 [인]喉中軟骨嗓ㅣ 목구멍에연한뼈인(震)

四

䯉 야 [알]咽中息不利 숨쉬기거북할알(黠)

骰 투 [투]博陸采具ㅣ子 博齒 주사위투(尤)

䯋 빤 [반]臂骨節 팔마디반(阮)

骱 졔 [갈]小骨 작은뼈갈(黠)

骯 캉 [항]亢直ㅣ髒 꼿꼿할항(泰)

𩨓 사 [삽]搖頭 머리흔들삽(合)

𩨗 跂과 同

五

骲 빠 [박]骨鏃箭不翦羽 뼈살촉박(覺)

骳 빼 [피]骨屈曲骫ㅣ 뼈구불퉁구불퉁할피(眞)

𩨱 투 [과]手足之曲病 손발굽으러지는병과(麻)

䯍 뎨 [질]骨差 뼈틩길질(屑)

髛 캬 [고]尻骨 꽁무니뼈고(豪)

骶 듸 [저]臀也 꽁무니끝저(齊)

𩨠 링 [령]長骨 긴뼈령(青)

䯏 약 [요]肩骨 어깨뼈요(篠)

骴 쯔 [자]朽骨 썩은뼈자(眞)

骷 쿠 [고]髏也 頭蓋骨 해골고(虞)

䯏 쿠 [골] 月所生月丨 달나오는곳골 (月)

六

骼 꺼 [격] 枯骨마른뼈격 (陌)

骺 허 [후] 骨端骺 뼈끝후 (有)

骹 쟈 [교] 脛骨近足細處 발회목뼈교 (效)

䯤 콰 [괄] 骨端 뼈끝괄 (曷)

骻 콰 [과] 腰骨股間 방둥이뼈과 (禡)

䯒 씽 [행] 午脊後骨 소등마루뒤뼈행 (庚)

骸 씨 [해] 骨也百丨 뼈해 (佳)

七

髇 쌰 [효] 鳴鏑 우는살촉효 (肴)

䯭 쌰 [협] 顴骨 광대뼈협 (葉)

䯼 팅 [정] 大腿骨 넓적다리뼈정 (青)

䯝 鯀 과同

䯖 랑 [랑] 膝骨 무릎뼈랑 (陽)

䯩 야 [요] 肩骨 어깨뼈요 (篠)

䯽 [부] 膝骨 무릎뼈부 (麌)

䯪 삐 [폐] 股也 넓적다리폐 (薺)

骾 [경] 魚骨 물고기뼈경 (梗)

䯙 징 [경] 骨也 뼈경 (青)

骽 腿 과同

䯘 환 [환] 燒骨和漆而髹 골회칠할환 (翰)

八

䯊 치 [기] 小骨 잔뼈기 (紙)

髁 콰 [화][과] 不正貌 謑丨 비뚤화, 膝骨 무릎뼈과 (禡)(馬)

𩪖 티 [철] 續骨 뼈이름철 (屑)

䯿 쑤 [졸] 小骨 잔뼈졸 (月)

𩩲 [적] 骨間黃汁 뼈사이누를집적 (錫)

骿 뻰 [변] 骿脇肋骨連合爲丨 통갈비변 (先)

䯱 쀠 [비] 腓骨 장딴지뼈비 (微)

𩪘 이 [의] 骨細 뼈가늘의 (支)

䯻 쒜 [수] 漆器先以肩垸之 칠하기전에틈메울수 (眞)

䯧 창 [강] 尻骨髓丨 꽁무니뼈강 (江)

䯛 완 [원] 膝丨 무릎뼈원 (翰)

髀 삐 [비][폐] 股骨 넓적다리뼈비, 髀也 볼기짝폐 (紙)

九

髂 허 [갈] 缺盆骨丨骬 동정뼈갈 (曷)

䮢 중 [종] 脚腫 다리부을종 (腫)

䯝 두 [도] 頭骨 머리뼈도 ([illegible])

髃 腢 와同

髂 커 [가][격] 腰骨 허리뼈가 (禡)

十

髆 뿨 [박] 肩甲 어깨죽지박 (藥)

髜 嗃 과同

䯿 해 [해] 細骨 가는뼈해 (泰)

髈 膀 과同

䯾 퉤 [퇴] 項後骨 목뒤뼈퇴 (支)

髏 쪈 [겸] 瘦骨 몸마를겸 (豔)

髊 [자] 腐骨 삭은뼈자 (歌)

十一

髼 [봉] 胸前骨 가슴뼈혼솔봉 (宋)

髎 랼 [료] 髖也 엉덩이뼈료 (蕭)

䯉 머 [마] 身支半枯 몸한편마를마 (歌)(禡)

髏 러 [루] 首骨髑丨 해골루 (尤)

䯨 와 [오] 蟹大脚 게엄지발오 (豪)

十二

髐 쌰 [효] 白

骨貌ㅣ然 해골효(肴)
髗 촹 [당]尻骨ㅣ⿰骨空 꽁무니뼈당(江)
⿱厥骨 웨 [궐]臀骨볼기뼈궐(月)
髆 약 [박]骨箭뼈로 만든화살박(覺)
⑬ 體 티 [체]身也몸체 四ㅣ사지체(齊)

髑 뚜 [촉]頂骨ㅣ髏 해골촉(屋)
⿰骨遀 쉐 [수]骨中脂뼈속기름수(紙)
⿰骨零 링 [령]細骨가는뼈령(青)
⿰骨莊 양 [장]婞直貌骯ㅣ 꼬장꼬장할장(養)
⑭ ⿰骨差 髓本字

⿰骨蒦 확 [확]骨鳴뼈울확(藥)
髕 臏과同
⑮ 髖 관 [관]髀上兩股間 엉덩이뼈관(寒)
⑯ ⿰骨歷 리 [력]骨病뼈병력(錫)
⑱ ⿰骨雚 촨 [권]頰骨광대뼈권(先)

高部

高 까 [고]崇也높을고 尚고상할고(豪)
① 髙 高俗字
② ⿱高冋 칭 [경]瓜屋원두막경(梗)
③ ⿱高丁 墉古字
④ ⿰高毛 만 [모]強毛뻔뻔한 털모(號)
⑤ ⿰高尻 꾸 [고]明也밝을고(豪)
⑨ ⿰高頁 간 [고]大頭큰머리고(皓)
⑩ ⿰𠂤高 산 [초]足高발높을초(肴)
⑫ ⿰高喿 잔 [조]高也높을조(號)
⑱ ⿰高單 타 [타]廣也넓을타(駕)
⑳ ⿱嚻高 쇼 [효]喧也떠들효(蕭)

髟部

髟 뱌 [표]長髮垂머리늘일표(蕭)
② ⿱髟乂 셴 [섬]美髮좋은 터럭섬(監)
⿱髟乃 내 [내]髮亂鬔ㅣ 터럭엉킬내(灰)
髡 쿤 [곤]去髮머리깎을곤(元)
③ 髢 티 [체]髲也益髮 땋은머리체(霽)
⿱髟己 의 [기]男子陰ㅣ ⿱髟己 자지기中字
髨 [곤]去髮머리깎을곤(元)
④ 髣 빵 [방]相似ㅣ髴 비슷할방(養)
髤 髹과同
髯 산 [염]在頤日鬚在頰日ㅣ구레나룻염(監)
髧 탄 [담]髮垂貌다팔머리담(感)
⿱髟巴 바 [파]髻貌상투짠모양파(祿)
髦 맛 [모]童子髻다팔머리모(豪)
⿱髟丐 鬢俗字
髬 퀴 [비]被髮走머리풀고달아날비(支)
⿱髟女 쟝 [장]髻也상투장(陽)
⿱髟介 꽤 [개]鬠髻쪽질개(卦)
⑤ ⿱髟目 만 [만]小女首飾젊은계집머리치장할만(刪)
⿱髟冉 髯俗字
⿱髟付

부 [부]結髮머리땋을부(虞)
髫 됴 [초]童子垂髮—髦 다박머리초(蕭)
髬 쀠 [비]猛獸奮鬣貌—髵사나운짐승갈기일어날비(支)
⿱髟乍 자 [차]髮多터럭많을차(禡)
髴 불 [불]若似髣—비슷할불(物)
髮 빠 [발]頭上毛也 터럭발(月)
⿱髟几 궁 [궁]髮亂터럭엉킬궁(冬)
髭 츠 [자]口上鬚 웃수염자(支)
髱 팦 [포]多鬢수염많을포(效)
⿱髟占 잔 [점]鬑髮疎薄貌—鬑 터럭듬성듬성날점(琰)
髳 뭐 [무]髮至眉다팔머리무(尤)
髲 삐 [피]婦人首飾被머리쓰개피(寘)

六

髸 궁 [공]髮亂머리엉킬공(冬)
髶 웅 [용]亂髮엉킨터럭용(冬)
髹 씌 [유]以漆漆物赤色옷칠할유(尤)
⿱髟次 츠 [차]用梳比빗질할차(寘)
髷 취 [곡]鬈髮貌고수머리곡(沃)
髺 꽈 [괄]束髮터럭묶을괄(曷)
⿱髟兆 댜 [도]髮長터럭길도(晧)
髵 얼 [이]猛獸奮鬣貌髬—사나운짐승갈기일어설이(支)
髻 지 [계][결]總結상투계，竈髮魋神부엌귀신결(霽)(屑)
⿱髟旨 지 [지]鬐也갈기지(紙)
⿱髟義 웅 [숭]細髮가는터럭숭(東)

七

髿 싸 [사]髮美머리흠치르르할사(麻)
髾 쏘 [소]髮末털끝소(肴)
髽 좌 [좌]婦人喪髻猶男括髮여상제북상투쪽질좌(麻)
髩 鬢俗字
⿱髟系 냐 [뇨]髮長머리길뇨(篠)
⿱髟矣 레 [렵]髮疎머리털성길엽(葉)
髼 뿡 [봉]髮亂貌—鬆엉킨머리봉(東)
⿱髟量 리 [리]顱下左右—鬘관자놀이리(支)
鬀 剃와同

八

⿱髟卓 쥐 [탁]髮長터럭길탁(覺)
鬆 쑹 [송]髮亂髼—더벅머리송(冬)
⿱髟采 채 [채]髻也상투채(賄)
⿱髟周 됴 [초]髮多터럭많을초(蕭)
鬅 평 [붕]髮亂—鬡머리더부룩할붕(蒸)
⿱髟卒 주 [졸]髻也상투졸(月)
⿱髟昔 시 [석]髮也터럭석(陌)
鬄 鬀와同
鬈 촨 [권]鬈鬢好貌수염좋을권(先)
鬃 쭝 [종]高髻높은상투종(冬)
鬜 깐 [간]疎髮성긴터럭간(刪)
⿱髟咅 뿌 [부]髮短터럭짧을부(尤)
⿱髟屈 취 [굴]半臂羽衣繡—털반배굴(月)
鬇 쩡 [쟁]髮亂—鬡머리더부룩할쟁(庚)

⑨ 䰄 새 [새] 多鬚ㅡ 텁석부리새 (灰) 鬴 부 [부] 假髻딴상투부 (宥) 鬉 죤 [종] 髮亂터리더부룩할종 (東) 鬐 싸 [알] 細毛털알 (黠) 鬃 [종] 馬鬣말갈기종 (東)

鬊 츈 [순] 亂髮머리풀어헤칠순 (震) 鬋 젼 [전] 鬢鬋貌살쩍전 (先) 鬍 후 [호] 頰之鬚구레나룻호 (虞) 鬒 鬢 과同 鬌 췌 [추][타] 髮落털빠질추, 타 義同 (支)(簡)

⑩ 䰆 융 [용] 髮長터럭길용 (冬) 䰉 판 [반] 卧髻북상투반 (寒) 鬐 치 [기] 馬鬣말갈기기 (支) 鬒 젼 [진] 黑髮而稠머리숱많을진 (軫) 䰍 차 [차] 髮美터럭아름다

울차 (駕) 鬄 쟈 [적] 鬀髮머리깎을적 (錫) ⑪ 鬘 만 [만] 月子다리꼭지만 (刪) 鬈 췌 [최] 髮之亂垂터럭엉켜늘어질최 (賄) 䰐 마 [마] 顚下左右鬢관자놀이마 (禡)

鬆 髹 과同 䰃 표 [표] 髮亂터러엉킬표 (蕭) 鬖 싼 [삼] 髮垂貌ㅡ 머리느릴삼 (侵) 鬁 뤼 [라] 髮稠密터럭빽빽할라 (歌) 鬗 만 [만] 髮長貌머리치렁치렁할만 (寒)

⑫ 鬙 씽 [승] 髮亂貌鬅ㅡ 머리더부룩할승 (蒸) 鬛 鬣 과同 鬢 븨 [비] 鬢多수염많을비 (寘) 䰒 지 [직] 髮垢머리때직 (職) 鬒 쥰 [존] 禿也모자라질존 (願)

鬜 쟌 [간][갈] 頭鬜禿머리밀간, 갈 義同 (刪)(黠) 鬠 덩 [등] 毛亂髮머리엉킬등 (蒸) 䰒 지 [격] 鬚也수염격 (陌) 鬚 쒸 [수] 頭毛수염수 (虞) ⑬ 鬠 髻 과同

鬟 환 [환] 屈髮爲髻쪽질환 (刪) 䰉 찬 [찬] 髮光머리빤지르르할찬 (翰) ⑭ 鬛 란 [람] 髮垂ㅡ鬖머리치렁치렁할람 (覃) 鬡 닝 [녕] 髮亂鬡ㅡ 머리더부룩할녕 (庚)

鬢 빈 [빈] 頰髮구렛나루빈 (震) ⑮ 鬣 레 [렵] 髮疏터럭성길렵 (錫) ⑯ 鬁 리 [력] 髮疏터럭길역 (錫) ⑰ 鬤 상 [양] 亂髮머리엉킬양 (陽)

鬥部 鬥 취 [각][두] 鬪也싸울각, 두 義同 (覺)(宥) ④ 鬦 쎈 [현] 試力鍾힘시험하는추현 (先) 鬦 鬪 古字 ⑤ 鬧 냔 [뇨] 擾也喧鬧시끄러울뇨 (效) ⑥

鬨 홍 [홍][항] 鬪聲싸움소리홍, 항義同 送 絳

⑧ [illegible] 鬨과同

鬩 씨 [혁] 怨限訟也 송사할혁 錫

[illegible] 琴古字

⑩ 鬪 [투] 競也 싸움투 宥

⑪ [illegible] 릭 [류] 絞也목매죽일류 尤

⑫ 鬫 깐 [함] 虎聲범우는소리함 豏

⑭ 鬭 鬪本字

[illegible] 미 [미] 編狹편협할미 紙

⑰ 鬮 을구 [구][규] 手取拈也 제비뽑을구, 규義同 尤 有

鬯部

鬯 창 [창] 奉宗廟香酒鬱秬ㅣ울창술창 漾

⑩ [illegible] 궤 [거] 黑黍검은기장기 語

⑯ 鬰 [울] 香草ㅣ金 울금초울 物

⑲ 鬱 [울] 氣蒸ㅣㅣ 답답할울 物

鬲部

鬲 꺼 [격][력] 瓦瓶오지병격, 曲脚鼎다리굽은솥력 陌 錫

④ [illegible] 이 [의] 釜也 가마의 紙

[illegible] 鍋, 과同

⑥ [illegible] 해 [해] 糜中塊以粉作塊如鳥卵새알심해 灰

[illegible] 리 [력] 熟飪氣上出 김오를력 錫

鬳 예 [권] 鼎也 솥권 願

⑦ [illegible] [경] 隔也 가릴경 徑

鬴 釜와同

⑧ 鬵 씬 [심] 大釜큰가마심 侵

⑨ 鬷 쭝 [종] 衆也 무리종 東

⑩ 鬸 릭 [류] 甑也 시루류 宥

[illegible] 릭 [력] 去滓 거를력 錫

⑪ 鬺 쌍 [상] 烹煮 삶을상 陽

[illegible] 오 [오] 乾煎 볶을오 豪

⑫ 鬻 쥬 [죽][육][국] 糜也미음죽, 粥也팔육, 養也기를국 屋

[illegible] 甑과同

⑬ [illegible] 커 [객] 袞裏갓옷속객 陌

[illegible] 鬷과同

⑮ [illegible] 煮古字

⑳ [illegible] 위 [약] 内肉皮菜湯中薄出之데칠약 藥

鬼部

鬼 궤 [귀] 精魂所歸 귀신귀 尾

③ 鬽 메 [매] 老精物山林異氣所生도깨비매 寘

[illegible] 외 [외] 熱病 열병외 隊

④ 魂 훈 [혼] 附氣之神一身之精ㅣ魄혼혼 元

魁 케 [괴] 首也 으뜸괴 灰 賄

[illegible] 魂와同

鬾 이 [기] 小兒鬼아이귀신기 支

⑤ 魅 메 [매] 性物魑ㅣ도깨비매 寘

[illegible] [률] 殺也 죽일률 質

魄 퍼 [바][타][백] 附形之靈人生始化心之精爽넋백，志行衰惡落ㅣ넋잃을박，失業落ㅣ넋잃을탁 陌 藥

魃 빠 [발] 旱鬼一名旱母가물귀신발 曷

七

⿰鬼台 태 [태] 熱病열병태 隊

魈 쌰 [소] 山精獨足鬼산도깨비소 蕭

⿰鬼里 릐 [리] 惡鬼악한귀신리 紙

⿰鬼甫 뱍 [보] 北斗星名별이름보 麌

⿰豸鬼 뎐 [전] 醜貌추할전 銑

八

魏 웨 [위] 大也클위 未

魋 뒈 [추][퇴] 椎頭髻북상투추，神獸似熊신령스러운짐승퇴 支 灰

魍 왕 [망] 山鬼ㅣ魎산도깨비망 養

魌 기 [기] 逐疫鬼方相氏四目밥상시기 支

魎 량 [량] 山鬼一脚魍ㅣ산도깨비량 養

魓 삐 [비] 醜也추할비 齊

⿰鬼虎 후 [호] 鬼貌귀신호 虞

⿰鬼奄 옘 [엄] 使汚더럽힐엄 豔

九

⿰者鬼 처 [차] 醜惡추악할차 馬

十一

魑 릐 [리] 鬼屬ㅣ魅도깨비리 支

魔 머 [마] 狂鬼迷人마귀마 歌

十二

⿰鬼矞 위 [율] 無頭鬼머리없는귀신율 質

魖 쒸 [허] 耗鬼헛도깨비허 魚

⿰鬼尞 랴 [료] 驚也놀랄료 效

十三

⿰鬼睪 이 [역] 鬼使사자귀신역 陌

十四

⿰壽鬼 쳐 [수][추] 惡也추악할수 穢也더러울추 尤 有

魘 얜 [염][엽] 驚夢ㅣ魅놀란꿈염 睡中氣窒가위눌릴엽 淡

十一畫

魚部

魚 위 [어] 鱗蟲總名물고기어 魚

一

⿰魚乙 야 [알] 黃頰魚鱖ㅣ자가사리알 黠

二

魜 인 [인] 人魚인어인 眞

魞 입 [입] 捕魚制具통할입日字

魝 지 [결] 治魚고기썰결 屑

魛 또 [도] 鮆魚갈치도 豪

三

魠 퉈 [탁] 黃頰魚자가사리탁 藥

魟 훙 [홍] 魚肥고기살찔홍 東

⿰魚亡 [망] 魚名망둥이망 國字

四

魪 얘 [개] 比目魚가자미개 卦

魬 빤 [반] 形似魴而稍大넙치반 潸

魥 [접] 竹貴魚말린고기접 葉

魯 루 [로] 鈍也노둔할로 麌

魨 툰 [돈] 毒魚河豚복돈 元

魧 깡

[강]大貝큰자개장(陽) 䲲 공 [공]鰕也새우공(東) 魰 운 [문]玄鱧가물치문(文) 魭 웬 [원]大鼈큰자래원(元) 魮 삐 [비]飛魚나는고기비(支) 魶 납 [납]鯷魚메기납(合)

魦 鯊과同 魴 빵 [방]鯿魚방어방(陽) 𩶃 환 [환]鯆也黃ㅣ복생선환(諫) 魲 鱸俗字 魟 왕 [왕]大魚큰고기왕(陽) 魱 후 [호]鰣魚준치호(虞) 魫 신

[심]魚子고기새끼심(寢) 魵 뿐 [분]魚名鰕也고기이름분(吻) 魳 싸 [사]鰕也새우사(支) 魰 워 [어]捕魚고기잡을어(魚) 魸 [편]鯰也메기편日字 ㊄ 鮑

봐 [포]以鹽漬魚저린생선포(巧) 鮊 빼 [백]魚名뱅어백(陌) 鮒 뿌 [부]鯽也붕어부(遇) 鮓 짜 [자]魚菹젓갈자又젓자(馬) 鮐 태 [태]河豚別名복태(灰) 鮇 믜

[미]嘉魚뱅어미(未) 鮔 쥐 [거]長足章魚발긴문어거(語) 鮂 촤 [수]白鯈버들치수(尤) 鮗 [동]魚名전동어日字 䱹 주 [저]鰻也뱀장어저(魚) 魺 가 [가]河豚복어가(歌)

鮈 귀 [구]魚名鯸ㅣ고기이름구(虞) 鮏 싱 [성]魚臭비릴성(青) 鮌 꾼 鯀과同 鮎 넨 [점]頭大尾小身滑無鱗一名鰋메기점(監) 鞅 양 [앙]黃頰魚ㅣ魟가자사리앙(陽)

鮩 병 [병]嘉魚뱅어병(梗) 𩵮 얀 [요]船矴魚꺽저기요(蕭) 鮀 퉈 [타]小沙魚體圓而有點모래무지라(歌) 鯢 [니]鮀也모래무지니日字 𩶛 쟌 [교]陽鱎뱅어교(蕭) 鮃

평 [평]比目魚가자미평(庚) 魼 쒀 [거]比目魚가자미거(魚) 鮅 삐 [필]石卜魚상피리필(質) 鮆 쩨 [제]刀魚狹薄頭長如刀갈치제(齊) 鮄 뿌 [불]魴也방어불(物)

鮍 피 [비]魴也방어비(支) 魽 깐 [함]蛤也조개함(覃) ㊅ 鮫 쨔 [교]海鯊皮可飾刀口상어교(肴) 鯃 위 [우]魚名鮈ㅣ고기이름우(虞) 鮇 미 [미]魚子고기알미(齊)

鮮 쎈 [선]生魚생선선 新也새선(銑) 鮜 허 [후]鯷也메기후(有) 𩶱 鰣과同 鮥 러 [락]魚名고기이름락(樂) 鮲 [복]蚌屬가리맛복日字 鮢 [숙]魚名작은삼치숙(屋)

鮬 뿌 [보]小魚魚婢 쏘가리보(遇)
鮔 긍 [긍]鮪也 상어긍(徑)
鮞 얼 [이]鯤也魚子在腹고니알이(支)
鮧 이 [이][제]鱧魚鰑鮧ㅣ창자젓이, 大鮎큰메기제(支)(齊)
鮣 인 [인]斑魚얼룩고기인(震)
鮡 잔 [조]魚名고기이름조(篠)
鮮 궁 [홍]紅魚가오리홍(腫)
鮦 둥 [동][종]鱧也가물치동, 종義同(東)(腫)
鮔 지 [위]鼈也자라위(尾)
鮠 웨 [외]鯷之小者메기새끼외(灰)
鮟 안 [안]琵琶魚천징어안日字
鮪 유 [유]魚名王상어유(尾)
鮨 지 [지]鮓也젓갈지(支)
鮭 쎄 [해]魚菜總名어채해(齊)
鮤 례 [렬]刀魚갈치렬(屑)
鮚 지 [질]蚌也홍합질(質)
鮰 휘 [회]民魚민어회(灰)
鮀 차 [타]水母물어미생선타(祿)
鮝 鯗俗字
䱁 이 [이]河豚之別名복어이(支)
鮔 [illegible]俗字

七

鯆 뿌 [포]江豚別名尾毒물아치포(虞)
鮄 부 [부]江豚물아지부(虞)
鮸 면 [면]石首魚조기면(銑)
鯏 리 [리]蚌屬모시조개리日字
鮹 쇼 [소]八梢魚문어소(肴)
鯃 랑 [랑]雄蟹숫게랑(陽)
鯴 이 [역]似鮎有四足메기같고네발있는고기역(職)
鯋 鯊와同
鮷 제 [제]鮎也메기제(齊)
䱒 이 [읍]魚名고기이름읍(緝)
鯍 뫼 [무]似鰻而小황석이무(尤)
鯑 희 [희]青魚卵청어알희日字
鯇 鯶과同
鮵 퇴 [탈]小鮦작은가물치탈(曷)
鮿 쳡 [첩]不鱐乾魚절이지않고말린고기첩(葉)
鯀 鮌과同
𩵼 쓰 [시]似猪魚물돼지시(支)
鯅 싼 [전]魚醬젓갈전(先)
鯊 싸 [사]鮀也모래무지사(麻)
鯐 [주]鯔魚모장이주
鯉 리 [리]三十六鱗魚有赤白黃三種잉어리(紙)
鯈 됴 [주][조]好游魚피라미조, 小魚송사리주(蕭)(尤)
鯗 鱶과同
鯁 껑 [경]魚骨생선뼈경(梗)
鯅 팅 [정]全魚醬온고기젓갈정(迥)
鯘 鮾과同

八

鯌 쳐 [작]鮫魚出入母腹드나들이상어작(藥)
鯖 정 [청][정]魚名青色有枕骨비웃청, 煮魚煎肉고기구울정(青)(庚)
鯧 창 [창]魚名ㅣ鯸병어창(陽)
鯪 릉 [릉]小皮穿甲山천산갑릉(蒸)
鯠 래

[래]魚名鰻ㅣ고기이름래(灰)
鯲 [어]鰍魚미꾸라지어日字
鱭 이지 [제]魚名可爲醬美味在額고기이름제(齊)
鯮 鯼과同
鮥 익 [子]鮔也준치子(有)
魊 [illegible]과同
鱝 얀 [분]形如荷葉腹下有口額上有眼尾有刺而人魚가오리분(問)
鯝 꾸 [고]魚壯中腸고기창자고(遇)
鯬 리 [리]魚名고기이름리(支)
鯗 쌍 [상]乾魚腊가조기상(養)
鰊 뚱 [동]魚名似鯉잉어고기이름동(東)
鯢 늬 [예]雄鯨雌ㅣ암고래예(齊)
鯞 쭈 [추]鰍也쏘가리추(有)
鯰 [염]鮎魚메기염日字
鯤 쿤 [곤]魚子ㅣ鮞물고기알곤(元)
鯙 삐 [비]黑鯉검은잉어비(支)
鯜 鰈과同
鯘 鮾와同
[illegible] [아]黃頰魚자가사리아(麻)
鯛 댠 [조]銅盆魚도미조(蕭)
鯨 쨍 [경]海中大魚고래경(庚)
鯡 삐 [비]魚子고기새끼비
鯕 치 [기]鯿也방어기(支)
鯔 쯔 [치]似鯉身圓頭扁骨軟숭어치(支)
鯫 쭈 [추]雜小魚송사리추(有)
鯥 [륙]鯪ㅣ魚고기이름륙(屋)
鯣 [역]鱺也뱀장어역(陌)

九

鯿 뻔 [편]魴類縮項鯿魚병어편(先)
鰍 츄 [추]魚名生淺淖中似鱓미꾸리추(尤)
鰐 어 [악]似鼉呑人長二尺餘有四足악어악(藥)
鰌 츄 [추]鰍也미꾸리추(尤)
鰔 [함]比目魚넙치함(咸)
鰉 황 [황]鱣魚전어황(陽)
鰑 양 [양]鮦也가물치양(陽)
鯼 쫑 [종]石首魚조기종(東)
鰇 유 [유]烏賊魚오징어유(尤)
鯹 鮏과同
鰗 후 [호]河豚복호(虞)
鰆 츈 [춘]馬鮫魚상어춘(眞)
鰓 쌔 [새]魚類中骨아가미새(灰)
鰅 웅 [옹]魚名고기이름옹(冬)
鯷 티 [제]大鮎重千斤메기제(齊)
鯶 [혼]鯉也잉어혼(阮)
鯑 듸 [제]大鯉큰잉어제(齊)
鰙 약 [약]白魚피라미약
鰈 타 [탑][접]比目魚가재미탑, 出薬浪藩國넙치접(合)(葉)
[illegible] [비]黃頰魚가자사리비日字
[illegible] 鮦과同
鯸 후 [후]河豚복후(尤)
[illegible] 鮔과同
鰒 鯁과同
鰋 옌 [언]鯷類額白이마흰메기언(阮)
鰚 [선]鯔魚숭어선
鯽 즤 [즉]似鯉色黑體促붕어즉(陌)

鰊 렌 [련] 魚名고기이름련 (霰)
鰒 뽁 [복] 魚名似蛤偏著石전복복 (覺)
鰖 뛰 [타] 魚子물고기새끼타 (哿)
鰂 쩍 [즉] 烏賊魚口中有墨狀如算囊一名墨魚오징어즉 (職)
鰕 쌰 [하] 大鯢암고래하 (麻)

❿

鰞 오 [오] 烏賊魚오징어오 (虞)
鰜 옌 [겸] 比目魚가자미겸 (鹽)
鰣 [시] 美魚似魴多鯁준치시 (支)
鰩 야 [요] 文ㅣ魚鳥翼날치요 (蕭)
鮺 자 [자] 藏魚담글자 (馬)
鰝 화 [호] 大鰕왕새우호 (晧)
鰑 당 [당] 魠也자가사리당 (陽)
䲍 깐 [한] 魚名고기이름한 (寒)
鰨 타 [탑] 比目魚가자미탑 (合)
鰮 운 [온] 小魚멜치온 (刪)
鰭 쮸 [기] 魚脊骨脊上鬣지느러미기 (支)
鰤 쓰 [사] 鰕也새우사 (支)
鮻 쓔 [수] 人名사람이름수 (尤)
鰥 꽌 [환] 無妻曰ㅣ홀아비환 (刪)
鰯 약 [약] 鰮魚멸치약 日字
䲜 과同漁
䲒 해 [해] 雄蟹鯢수캐해 (灰)
䲢 텅 [등] 虎魚쐬기등 (蒸)
鰬 젼 [건] 大鱓큰구렁허리건 (先)
鰰 [신] 銀魚은어신 日字
鰦 즈 [자] 鮂也버들치자 (支)

⓫

鰶 쪠 [제] 魚名전어제 (齊)
鰾 뺘 [표] 魚胞可作膠부레표 (篠)
鰿 쪄 [적] 鮒也붕어적 (陌)
䲅 뀌 [규] 河豚복어규 (支)
鰹 옌 [견] 鮦者大큰가물치견 (銑)
鱅 융 [용] 似鰱而黑鱮也연어같고검은고기용 (冬)
鱇 [강] 鮟천징어강 日字
鱋 럭 [루] 鯉魚잉어루 (尤)
鱄 쫜 [전] 美魚전어전 (先)
鰵 민 [민] 大口魚대구민 (軫)
鰺 쏴 [소] 腥也비릴소 (豪)
鱁 쮸 [축] 鹽魚腸ㅣ아감젓축 (屋)
鮧 [이] 魚名날치이日字
鰻 만 [만] ㅣ鱺뱀장어만 (寒)
鱈 쒜 [설] 大口魚대구설 (屑)
鰷 탸 [조] 魚名白ㅣ피라미조 (蕭)
鱆 쟝 [장] 望潮魚꼴뚜기장 (陽)
鱀 [기] 鰭屬상어기 (未)
鰼 씨 [습] 鰌也미꾸라지습 (緝)
鰱 렌 [련] 鱮也연어련 (先)
䱗 씬 [신] 魚尾長꼬리긴생선신 (眞)
鰳 러 [륵] 似鰣小首細준치륵 (職)
鰴 휘 [휘] 魚有力힘센고기휘 (微)
鰲 [오] 大鼈큰자라오 (豪)

⓬

鱗 린 [린] 魚甲비늘인 (眞)

鱗 랃 [로] 魚名 고기이름 노 (豪)

鱘 씬 [심] 魚名 背如龍文 餘 고기이름 심 (侵)

鱄 젼 [잔] 魚名 멸치 잔 (刪)

鱊 유 [율] 小魚 大如針 晒乾爲脡 실뱅어 율 (質)

鱋 魼과 同

鱌 어 [혜] 고등어 혜

鱐 쓔 [수][숙] 乾魚腒 어포 수 (尤)(屋)

鱑 퉈 [타] 魚子已生者 물고기 새끼 타 (駕)

鱔 鱓同

鱇 ᅌᅧᆫ [건] 微鹽魚 얼간 한생선 건 (元)

鱏 친 [침] 鹽藏魚 자반 침 (侵)

鱍 뷣 [발] 魚掉尾貌 ㅣㅣ 물고기 꼬리 툭툭칠 발 (曷)

鱒 쭌 [준] 似鱓 赤眼 독너울 준 (阮)

鱉 [별] 龜屬 자라 별 (齊)

鱖 궤 [궤][궐] 水豚 쏘가리 궤, 궐 義同 (霽)(月)

鱎 쟌 [교] 白馬別名 우려기 교 (篠)

鱓 싼 [선][타] 蛇ㅣ 似蛇 黃·黑文 두렁 뚜리 선, 鼉ㅣ 皮可冒鼓 자리 타 (歌)(銑)

鱛 [日] 공미리 증

鱏 씬 [심] 長鼻魚 코긴 고기 심 (侵)

⑬

鱝 뿐 [분] 洪魚 가오리 분 (問)

鱤 옌 [엄] 魚口動貌 ㅣ喁 고기 입쭝긋거릴 엄 (淡)

鱤 깐 [감] 魠也 자가사리 감 (感)

鱢 예 [업] 魚盛 고기 성할 업 (葉)

鱜 鱇와 同

鱨 창 [상] 黃頰魚 날치 상 (陽)

鱦 씽 [승] 魚字 물고기 새끼 승 (徑)

鱧 리 [례] 鮦也 가물치 례 (薺)

鱌 [日] 해묵은 연어 해

鱛 푸 [보] 河豚 복어 보 (麌)

鱠 膾와 同

鱶 이 [의] 魚子 고기 새끼 의 (支)

鱢 쏘 [소] 腥臭 비린내 소 (豪)

鱣 ᅌ잔 [전] 鯉類 黃魚 전어 전 (先)

鰂 鰂과 同

鱞 鰥과 同

鱟 헏 [후] 蟹屬 鬼ㅣ 바다게 후 (有)

鱷 ᅌ징 [경] 海中大魚 ㅣ鯢 고래 경 (庚)

⑭

鱮 쓔 [서] 鰱也 似魴 연어 서 (語)

鱪 쳑 [주] 魚之大者 큰 고기 주 (尤)

鱝 삔 [변] 魚名 似魴 방어 변 (先)

鱐 [수] 白魚 뱅어 수 (有)

鱬 슈 [뉴] 魚出人面 인어 뉴 (虞)

鱭 鮆과 同

鱯 화 [화] 魚名 似鮎而大 白色 희고 큰 메기 화 (祿)

⑮

鱺 리 [리] 鰻也 뱀장어 리 (支)

鱴 며 [멸] 鮆魚 갈치 멸 (屑)

鱳 [락][록][력] 魚名 고기이름 락, 록 義同, 魠也 자가사리 력 (藥)

鱲 라 [렵] 魚名 고기이름 렵 (葉)

鱵 ᅌ졔 [절] 鰱魚 연어 절 (屑)

鱵 ᅌ젼 [침] 針鱴魚 공미리 침 (侵)

鱶 鯗과 同

[illegible] 鯺과同 ⑯ 鱱 리 력 鬲也 자가사리력 錫 鱸 루 로 巨口細鱗似鱖四腮魚出松江 농어노 虞 [illegible] 獺과同 鱷 鰐과同 ⑰ 鱄 뿌 박 一目鯉 외눈박이잉어박 藥

⑱ [illegible] 씨 휴 大龜文似대모점 박인큰거북휴 齊 鱹 꽌 관 人名鱗ㅣ 사람이름관 翰 ⑲ 鱺 리 려 似蛇無鱗鰻 뱀장어려 支 ㉒ [illegible] 鱧과同 ㉓ 鱻 쎈 선 生肉 날고기선 先

鳥部

鳥 냪 조 羽族總名 새조 篠

① 鳦 이 을 알 燕也 제비을, 알 義同 質 黠

② 鳲 치 칠 鳥聲 새소리칠 質

鳧 뿌 부 水鳥鷖屬 물새부 虞

[illegible] 鳩과同

鳰 입 似鴨水鳥 쥐오리입 日字

鳨 리 력 小鳧 작은오리력 職

鳫 雁과同

鳪 뿌 복 雉也 꿩복 屋

鳩 쭈 子 鳥名鶻鵃 비둘기구 尤

[illegible] 鳧과同

鳭 댜 초 黃鳥ㅣ鷯 꾀꼬리초 蕭

③ 鳿 훙 홍 大鳳 큰새홍 董

鳶 원 연 鷙鳥鴟類 솔개연 先

鳴 밍 명 鳥聲 새소리명 庚

[illegible] 대 鳥也 새대 霽

[illegible] 뚜 토 杜鵑두견새토 麌

鳲 씌 시 布穀ㅣ鳩 뻐국새시 支

鳳 뽕 봉 神鳥羽蟲長 봉황봉 送

[illegible] 鶻과同

鳯 鴇과同

④ 鳸 호 鴳雀 돌메추라기호 麌

鳼 원 문 鶉子 메추라기새끼문 文

鴈 얀 안 隨陽鳥 기러기안 諫

鳿 위 옥 似鴨而大 鸀독수리옥 沃

[illegible] 꿔 궈 姓也 성궈 屋

鴄 피 필 鴨也 집오리필

[illegible] 쟌 교 梟也 올빼미교 蕭

鴃 격 鴃語伯勞 왜가리격 錫

[illegible] 숭 홍 雄鳥 수새홍 東

鳸 후 호 農桑候鳥九ㅣ 오디새호 麌

[illegible] 맏 모 鳥輕毛 솜털모 號

鴟 지 시 雉之別名 꿩시 支

鳻 얀 분 青雀 파랑새분 文

鴉 야 아 鳥別名 갈까마귀아 麻

鳷 찌 지 鵲也 까치지 支

鴆 천 짐 毒鳥 짐새짐 沁

鴀 뿌

[부] 鳺ㅣ 오디새부(尤)
鴧 개 [개] 雀也 참새개(卦)
鴟 시 [시] 鶗也 접동새시(支)
鴂 결 [결][계] 鶗ㅣ子規 접동새결, 蠻語伯勞ㅣ舌 왜가리계(屑)
鳺 부 [부] 鳩也ㅣ鴀 멧비둘기부(虞)

鴇 보 [보] 似鴈無後趾 너새보(皓)
⿰丂鳥 鴂之語字

五

鴕 타 [타] 熱帶産大鳥 타조타(歌)
鴛 원 [원] 匹鳥雄ㅣ雌鴦 원앙새원(元)
鴦 앙 [앙] 匹鳥鴛ㅣ 원앙새앙(陽)

鴚 거 [가] 鵝也舒鴈 거위가(歌)
⿰玄鳥 쎤 [현] 燕也 제비현(先)
鴊 정 [정] 征鳥鶗 매정(庚)
⿰宂鳥 숭 [용] 鷛飛새 매날용(宋)
鴒 령 [령] 雝渠鶺ㅣ 할미새령(青)
⿰玉鳥

ㅇ비 [비] 鶥也 징경이비(支)
⿰耒鳥 머 [말] 鴨也ㅣ鵖 집오리말(曷)
鴟 치 [치] 惡鳥ㅣ鴞 솔개치(支)
⿰甘鳥 깐 [감] 鳥聲새 소리감
鴠 단 [단] 鶡ㅣ 求旦似鷄晝夜常鳴 尤美鳥 할단새 단 卯也 알단(翰)

鴥 위 [율] 疾飛貌 휘날율(質)
⿰咼鳥 과 鴰同
鴣 꾸 [고] 鷓ㅣ 越鳥其鳴自呼云 鉤輈格磔 자고새고(虞)
鴘 뼌 [변] 二歲鷹 묵이매변(銑)
⿱乍鳥 차 [찰] 鳥之雜毛色 새잡털빛

찰(黠)
鴨 야 [압] 家鶩舒鳧 집오리압(洽)
鴢 얀 [요] 似鳧오리 같은새요(篠)
鴗 리 [립] 魚狗青 쇠새립(緝)
鴐 쟈 [가] 鴈屬ㅣ鵝 들거위가(麻)
⿰石鳥 치 [척] 鶺也 할미새척(青)

鴔 뱝 [핍] 戴勝ㅣ鴔 오디새핍(豪)
鴡 와 雎同
⿰鳥隹 과 雉同
⿰由鳥 우 [유] 鼺鼠夷ㅣ 나는다람쥐유(尤)
鴝 꾸 [子] ㅣ鵒似鴝有幘 구욕새구(虞)
鴩 일 [일] 勃鳩 멧비둘기일(質)

六

鴰 꽈 [괄] 九尾鳥鶬鴰 왜가리괄(曷)
鵜 티 [제] 鵜也 사다새제(齊)
⿰犭鳥 혀 [후] 羽初生貌 깃처음날후(尤)
⿱弋鳥 과 鳶同
鵁 와 鵶同
⿰鳥旬 순 [순] 鶉鶉 뱁새순(眞)

⿰戌鳥 쓩 [숭] 似鷹而小捕雀 새매숭(東)
⿰至鳥 츠 [치] 鳥也 솔개비치(支)
鴹 쌍 [양] 一足鳥鶺 외발새양(陽)
鴽 수 [여] 鴿也 집비둘기여(魚)
鴵 교 [교] 梟也 올빼미교(肴)

鴼 꺼 [격][로] 鵋鶀ㅣ 부엉이격, 鳥名也 새이름로(陌)
鴶 까 [알] 布穀ㅣ鶵 뻐국새알(黠)
鳽 졘 [견] 鵁鶄교 청새견(先)
⿰年鳥 [년] 朱鷺 따오기년 日字
鴲 [지] 雀聲 참새소리지

(眞) ⿰虫鳥 이 예 鼮鼠나는 다람쥐예(霽) ⿺𢦏鳥 웬 원 鳥名|鶰 새이름원(先) 鳦 일 이 玄鳥鷾 제비이(支) 鵀 신 임 戴勝別名戴 산비들기임(侵)(沁) 鴴 행 행 雀也 참새행

(庚) 鴻 홍 홍 隨陽鳥鴈之 大者기러기홍(董) 鴮 우 오 鵜鶘|鸅 사다새오(虞) ⿰老鳥 랖 로 禿鶖두 루미로(皓) ⿰式鳥 치 칙 水鳥 물새칙(職) ⿰聿鳥 규 子規鷤 접동새규

(未) 鵁 좌 교 鶄交而孕| 鶄교청새교(肴) ⿸厂鳥 궤 子規鷤| 접동새궤(紙) 鴾 뫄 모 鴽也|母 종달새모(尤) 鴱 애 애 雌桃蟲 암뱁새애(泰) ⿰亢鳥 황 황 雀也참 새황(陽)

鵃 쟉 주 斑鳩鶻| 멧비둘기주(尤) 鵂 씩 휴 怪鳥角鴟| 鶹부엉이휴(尤) 鴿 까 합 鳩屬鵓| 집비둘기합(合) ❼ 鵋 지 기 鵂鶹鳥|鶀 부엉이기(眞) 鵑

좐 견 鳥名杜| 두견새견(先) 鵙 지 격 伯勞왜 가리격(錫) 鵓 뿨 발 鴿也勃姑 집비둘기발(月) ⿰良鳥 랑 랑 鳩子비둘 기새끼랑(陽) 鵡 우 무 能言鳥鸚| 앵무새무(麌) 鵔

쥔 준 山雉似鳳 장끼준(震) 鵊 쟈 겹 杜鵑접 동새겹(洽) 鵒 위 욕 似鵙入哥鴝 구욕새욕(沃) 鵚 투 독 禿頭鳥|鶖 독수리독(屋) 鵥 판 판 雀鶛새 매판日字 鵜

티 제 水鳥|鶘 사다새제(齊) 鵟 광 광 茅鴟부 엉이광(陽) 鵝 어 아 家所畜舒 鴈거위아(歌) 鵗 씨 희 北方雉名 북방꿩희(微) ⿰鳥巴 鴨 과同 ⿰鳥我 鵝 과同 鵞

鵝 와同 鵠 꾸 혹 곡 天鵝黃따오 기혹 帿的과녁곡(沃) 鵘 쥔 군 無尾雞다리 없는닭군(問) 鵌 투 도 與鼠同穴쥐와 함께사는새도(虞) 鵖 예 업 戴勝鵖| 오디새업(緝)

鵏 푸 부 鵝也 거위부(虞) 鵛 징 경 鳥名새 이름경(青) ❽ 鵹 리 려 鸝也꾀 꼬리려(齊) 鶂 이 역 예 水鳥相視而孕눈맞춰 새끼배는새역, 예義同(錫)(齊) 鵺 예

야 似雉鳥 새이름경(青) ⿰卒鳥 쑤 솔 家鴿 집비 둘기솔(月) ⿱崇鳥 숭 鶬屬조 롱태숭(東) 鵧 빙 병 小黑鳥|鳩작고 검은비둘기병(青) 鵳 젼 견 鷂屬鵳 새매견(先) 鵼 쿵

[공] 怪鳥새이름공(東) 鶆 래 [래] 鷹也매래(灰) 鵻 추 [추] 孝順鳥祝鳩아롱비둘기추(支) 鶄 칭 [청] 似鳧교청새청(庚) 鶀 치 [기] 小鴈되강오리기(支) 鵻 鳥와同 鶅

ᅌᅎ [치] 東方雉名동방꿩치(支) 䳟 밍 [명] 神鳥似鳳鷫ㅣ초명새명(庚) 鶎 [종] 戴ㅣ오디새종日字 鵲 쳐 [작] 綠背白腹鳥까치작(藥) 鶁 껑 [경] 黃鳥鶬ㅣ꾀꼬리경(庚) 鵰

댜 [조] 鷲也독수리조(蕭) 鶍 [이] 練鵲때까치이日字 鵖 멘 [면] 鷩鶇꾀꼬리울면(先) 鵩 뽁 [복] 鵩屬올빼미복(屋) 鵵 투 [토] 似鴟而小木ㅣ부엉이같은작은새토(遇) 鴿

칸 [감] 鳥啄物쪼을감(咸) 鵯 삐 [필] 鵯斯ㅣ鶋갈까마귀필(質) 鵫 ᅌᅷ [착] 白雉흰꿩착(覺) 鵱 루 [륙] 野鵝들거위륙(屋) 鶋 ᅌᅯ [거] 海鳥鶢ㅣ언거새거(魚) 鵪 안

[암] [압] 鴽也메추리암, 鴨也집오리압(覃)(洽) 鶇 둥 [동] 鳥名콩새동(東) 鵶 鴉과同 鶌 취 [굴] 鶌鳩ㅣ鳩메비둘기굴(物) 鶉 鶉와同 鵾 큰 [곤] 似鷄而大鷄고니곤(元)

鶉 ᅌᅲᆫ [단] [순] 鶉也메추라기순, 鵰也수리단(眞)(寒) 鵷 웬 [원] 鳳屬ㅣ雛봉황원(元) 鵽 뒤 [탈] 沙漠所産所小雀사막새탈(曷) 鵬 펑 [붕] 鯤魚所봉새붕(蒸) 九 鶟

두 [돌] 似雉而青ㅣ꿩갈고푸른새돌(月) 鶖 츄 [추] 水鳥似鶴두루미추(尤) 鶝 ᅌᅣᇦ [복] 戴勝ㅣ鶝오디새복(屋) 鶩 무 [목] 舒鳧따오기목(屋) 鶤 [곤] 鳳凰別名봉황곤(元) 鶗

티 [제] 子規ㅣ鴂접동새제(齊) 鶜 뫄 [모] 鳩也ㅣ鵳비둘기모(肴) 鶛 ᅌᅨ [개] 雄鶉수메추리개(佳) 鷶 머 [맥] 鳥驚視貌새놀라보는모양맥(陌) 鶘 후 [호] 淘河鵜ㅣ사다새호(虞)

鶚 어 [악] 鷙擊鳥鷹鶚屬性好峙立독수리악(藥) 鶡 허 [갈] [분] 似鷄善鬪ㅣ旦닭같고싸움잘하는새이름갈, 靑雀파랑새분(曷)(文) 鶦 후 [호] 似雉而靑鶡ㅣ꿩같고푸른새호(虞) 鶬

鶗와同 䳮 메 [매] 誘取禽새후려잡을매(灰) 鶥 메 [미] 鳥名鶥ㅣ왜가리미(支) 鶠 옌 [언] 鳳之別名봉새언(阮) 鶢 웬 [원] 海鳥ㅣ鶋바다새원(元) 鶪 [격] 伯勞외가리격(陌)

鶓 먀 [묘]鳥名鶓 새이름묘(蕭)
鶻 鶻과同
鷬 凰과同
鶞 츈 [춘]鳥名鳻| 새이름춘(眞)
[illegible] 쭝 [종]鳥斂足새발오그릴종(東)
鶝 [복]戴勝鵖| 오디새복(屋)
鶔 유 [유]如鵲短尾鶔|까치같고꼬리짧은새유(尤)
鶒 치 [칙]水鳥鸂| 뜸부기칙(職)
鶉 츈 [순]鷄晚生늦배깐닭순(眞)
鶨 돤 [단]鳥名새이름단(翰)
⑩
鶱 쏀 [건]飛貌훨훨날건(元)
鶹 릭 [류]黃鳥鷅| 꾀꼬리류(尤)
鷉 퇴 [체]似鳧鸊되강오리체(齊)
鷂 얃 [요]五色雉장끼요(嘯)
[illegible] 꿍 [공]鳥讓食새모이사양할공(送)
[illegible] [진]鷺也백로진(眞)
鶼 옌 [겸]比翼鳥|새이름겸(監)
鶭 앙 [방]淘河사다새방(養)
鷔 鵝와同
鶽 隼과同
鶴 허 [학]仙禽학학(藥)
鶸 워 [약]鳥名새이름약(藥)
鷀 ㅊ [자]鳥鬼鸕| 더펄새자(支)
鷄 [계]知時畜翰音有五德닭계(齊)
鶲 웡 [옹]鳥頸毛새목털옹(東)
鷎 꽈 [고]邑名고을이름고(豪)
鶬 창 [창]水鳥|鴰왜가리창(陽)
鷁 이 [익]水鳥似鷺而大새이름익(錫)
鶶 당 [당]鳥名|鷵새이름당(陽)
鶵 雛과同
鷃 鴳과同
鶷 싸 [할]百舌|鶡백설조할(黠)
[illegible] 싸 [살]鳥飛疾새빨리날살(黠)
鶯 잉 [앵]一名金衣公字꾀꼬리앵(庚)
鷋 두 [도]鳥名|鳩비둘기도(寒)
鶺 이지 [척]鳥名鶺渠|할미새척(陌)
鷇 꾸 [구]鳥子새새끼구(有)
[illegible] 타 [탑]飛貌鶍|푸르륵날답(合)
鶻 꾸 [골]鷹屬|鶻매골(月)
鷏 덴 [전]吐蚊鳥鳥바람가비전(先)
鷊 이 [역]綬鳥名吐綬새이름역(錫)
鷅 리 [률]黃鸝|鶹꾀꼬리률(質)
鷛 옹 [옹]鶺鴒|할미새옹(冬)
⑪
鷃 안 [암]鳥名|鶉메추리암(覃)
鷖 이 [예]鷗也갈매기예(齊)
[illegible] 이지 [충]鳥不行새가가지않을충(東)
[illegible] 쫭 [좡]布穀鸀뻐국새좡(冬)
鷞 쌍 [상]雱神鳥신조상(養)
[illegible] 민 [민]鶥也징경새민(翰)
[illegible] 퍄 [표]鳥毛色變새털빛변할표(篠)
[illegible] 쌍 [상]一足鳥|鵧외발새상(陽)
[illegible] 궤 [규]杜鵑접동새규(支)
[illegible] 鷕와同

鷟 쟉 [작] 鳳屬鸑ㅣ 봉황새작 (覺) 鷇 쿠 [구] 鳥卵 새알구 (覺) 鷐 씬 [신] 鸇也ㅣ風 새매신 (眞) 鷙 지 [지] 鳥獸猛勇새와 짐승억셀지 (寘) 䳸 매 [매] 麻雀 참새매 (灰)

鷗 우 [구] 鷖也似鴿而白羣飛갈매기구 (尤) 鷒 돤 [단] 如鵲短尾鸐ㅣ까치 같고꼬리짧은새단 (寒) 鷕 얀 [요] 鷕雉鳴聲암꿩 우는소리요 (篠) 鷜 려 [루] 野鵝들 거위루 (尤) 𪈀

쿠 [구] 鳥名ㅣ雉 새이름구 (宥) 鷓 쟈 [자] 越雉ㅣ鴣 자고새자 (禡) 鷚 릐 [류] 大鶵종 달새류 (宥) ⑫ 鷭 뻔 [번] 鳥名새 이름번 (元) 鷩 뼈 [별] 赤雉붉 은꿩별 (屑) 鷳 션

[한] 似雉白 흰꿩한 (刪) 鷢 궤 [궐] 似鷹白ㅣ매같고 꼬리위가흰새궐 (月) 鷶 매 [매] 杜鷶접 동새매 (蟹) 鷣 인 [음] 鷂之別名 새매음 (侵) 鷥 쓰 [사] 鴉也鸒ㅣ鵯鶋 갈가마귀사 (支)

鷥 쓰 [사] 鳥名鷺 백로사 (支) 鷵 두 [도] 鳥名鶟 새이름도 (虞) 鷻 돤 [단] 鵰也 수리단 (寒) 鵔 쥰 [준] 西方雉 꿩준 (眞)(元) 鷧 이 [의] 鸕鷀더 펄새의 (寘) 鷦 쟈

[초] 桃虫ㅣ鷯 뱁새초 (蕭) 鷰 연 [연] 玄鳥 제비연 (霰) 鷼 진 [침] 魯鷄 큰닭침 (侵) 鷲 쮜 [취] 鵰類多力 수리취 (宥) 鵨 씨 [서] 似鳧ㅣ鶋 거위서 (魚) 鷬 황

[황] 黃鳥꾀 꼬리황 (陽) 鷡 우 [무] 鴽也종 달새무 (虞) 鷤 탄 [단][제] 雉子 꿩새끼단 子規ㅣ鴂 접동새제 (寒) 鷸 윩 [휼] 知雨翠鳥翠ㅣ 비취새휼 (質) 鷮 쟈 [교] 長尾雉꼬 리긴꿩교 (蕭)

鷴 鷳와同 鷯 랴 [료] 桃虫鷦 뱁새료 (蕭) 鷱 꾜 [교] 小鳩ㅣ鵃작 은비둘기교 (豪) 鵋 [기] 鵋鵙부 엉이기 (支) 鵥 떵 [등] ㅣ鷄뜸 부기등 (蒸) 鷩 鷩과同 鷚 鷚과同

鷫 쑤 [숙] 神鳥ㅣ 신조숙 (屋) 鸆 쥐 [거] 鶢鶋鸆ㅣ 할미새거 (魚) 鷺 루 [로] 水鳥白 백로로 (遇) ⑬ 鸃 이 [의] 鳳屬鵔 봉황새의 (支) 鸗 농 [농] 鴻也기 러기농 (冬)

鷺 鷺와同 鵭 츄 [서] 白鷺ㅣ鳥 백로서 (魚) 鸀 츄 [촉] 山鳥산까 마귀촉 (沃) 鷿 피 [벽] 似鳧ㅣ鷈 되강오리벽 (陌) 鷾 이 [의] 燕也ㅣ鴯 제비의 (寘) 鸉 양 [양] 似

鷹白 매일갈 꼬리흰새양(陽) 䴉 [환] 飛貌훨 훨날환(刪) 鸆 위 [우] 淘河鸅ㅣ 사다새우(虞) 鸇 잔 [전] 鷐鳥晨風鸇 屬새매전(先) 鸁 롸 [라] 鷺鷉 오리라(歌) 鷶 자

[가] 鷹也 매가(馬) 鷩 지 [격] 魚名새 이름격(錫) 鷽 쌔 [학] 小鳩작은 비둘기학(覺) 鶡 꺼 [갈] 白舌鶷ㅣ 백설조갈(曷) 鸂 씨 [계] ㅣ鶒(齊) 뜸부기계 鵻 [규] 子規접 동새규(支)

鸅 쩌 [택] 淘河ㅣ鸆 사다새택(陌) 鷹 잉 [응] 鷙鳥強如鷹而善 捕雉類者征鳥매응(蒸) ⑭ 鸉 란 [람] 郭公ㅣ鶵 뻐국새람(覃) 鸒 위 [여] 鳥也갈 가마귀여(魚) 鸋

능 [녕] 鴟梟ㅣ鴃 부엉이녕(青) 鸀 착 [주] 南方雉也 남방꿩주(尤) 鸍 쓰 [시] 鳲鳥 짐새시(支) 鸐 [적][작] 雉也꿩적, 작義同(錫)(覺) 鸏 맹 [몽] 鳥名狂ㅣ鳥 새이름몽(送)

鸑 위 [악] 鳳屬ㅣ鷟 봉같은새악(覺) 鸎 鶯과同 ⑮ 𪈠 라 [랍] 飛起貌ㅣ鸓 파득파득날랍(合) 䲵 졔 [절] 小鷄 당닭절(屑) 鸔 뿌 [복] 水鳥鳥 물새복(屋)

鸋 메 [멸] 鸋鴂 뱁새멸(屑) 鸓 레 [류] 鼺鼠나는 다람쥐류(紙) ⑯ 鸗 룽 [롱] 鳧屬小 鴨새농(董) 鸖 鶴同 鸕 루 [로] 水鳥ㅣ鷀 가마오지로(虞) ⑰ 鸙

위 [약] 鷚也天ㅣ 종달새약(藥) 鸚 잉 [앵] 能言鳥ㅣ鵡 앵무새앵(庚) 鸘 鷞과同 ⑱ 鸛 관 [관] 水鳥似鵠 황새관(翰) 鸜 구 [구] ㅣ鵒鳥名 구욕새구(虞) ⑲ 鸝

리 [리][려] 黃鳥倉庚꾀꼬 리리, 려義同(支)(齊) 鸞 롼 [란] 神鳥鳳凰之 佐난새란(寒) ㉒ 𪈿 뎨 [접] 鳥名兩頭四 足새이름접(葉) ㉕ 𪉁 만 [만] 比翼鳥ㅣㅣ與 鶼鶼새이름만(刪)

鹵部

鹵 루 [로] 鹹也 짤로(麌) ④ 䴚 캉 [강] 鹽澤 염전강(養) 䴠 [긍] 鹹苦짜 고쓸긍(蒸) ⑤ 䴛 탄 [탐] 鹹也 짤탐(陷) 䴒 링 [령] 鹽也 소금령

(青) ⑦ 䴛 쏘 [소] 煎鹽소금 구울소(蕭) ⑧ 䴘 딴 [담] 無味싱 거울담(勘) 塩 鹽과同 䶨 깐 [감] 鹹味 짠맛감(陌) ⑨ 鹹 쎈 [함] 鹽味 짤함(咸) 䴜

깐 [감] 鹹也 짤감(勘) 十 鹻 얜 [감] 鹵之凝著者 소금버캐감(鹻) ⿰鹵鬼 의 [회] 鹽也 소금회(佳) 盬 꾸 [고] 鹽也 소금고(鹽) ⿰鹵昷 운 [온] 鹽 소금온(元) 鹾 차

[차] 大鹹 鹽味之厚 매우짤차(歌) 十一 ⿰鹵喬 쥘 [귤] 醬也 장귤(質) 十二 鹼 쳠 [검] 鹽分 소금물검(監) 鹽 옘 [염] 煮海爲 소금염(監) 鹹 깐 [감] 過鹹 몹시짤감(感) 十四 ⿰鹵監

[감][탐] 鹽也 짠맛감, 無味 맛이없을탐(勘) ⿰鹵齊 [제] 鹹也 맛이짤제(霽) ⿰鹵翟 [적] 鹺也 짤적(錫)

鹿部

鹿 루 [록] 麞屬仙獸牡有角 사슴록(屋) 二 麀 우 [우] 牝鹿 암사슴우(尤) 麁 麤과同 麂 끼 [궤] 大麇狗足似鹿 큰노루궤(紙) 三 ⿸鹿乇 쓰

[사] 鹿二歲 두살된사슴사(紙) 四 ⿸鹿比 삐 [비] 小鹿 작은사슴비(支) ⿸鹿夭 야 [오] 麇子 고라니새끼오(皓) 麃 빠 [표][포] 武貌 ㅣㅣ위엄스러울표, 麞屬 노루포(肴) ⿸鹿手 차

[찰] 鹿貌 사슴찰(曷) 五 麇 균 [균][균] 麞也 노루균 羣 떼균(眞)(吻) ⿸鹿本 뻔 [본] 牝鹿 암사슴본(阮) 麅 포 [포] 鹿屬 고라니포(肴) 麆 쟈 [조] 麆子 노루새끼조(御) 麈 쟈

[주] 麋屬尾能辟塵 사슴주(麈) 麚 쟈 [가] 牡鹿 수사슴가(麻) 六 麉 연 [견] 鹿之絕有力者 힘센사슴견(先) 麋 메 [미] 鹿屬似水牛 고라니미(支) ⿸鹿因 [인] 牝鹿 암사슴인(眞)

⿸鹿弥 린 [린] 麒麟 기린인(眞) 七 麌 위 [우] 牡鹿 수사슴우(麌) ⿸鹿余 駼과同 ⿸鹿異 위 [어] 驢也 노쇠어(魚) 麎 천 [신] 牝麇 암코라니신(眞) 麐 [린] 牝麒 암

기린린(震) 麕 쥔 [균] 鹿屬 고라니균(眞) 八 麖 엉 [경] 大鹿牛尾一角 큰사슴경(庚) ⿸鹿隹 쥐 [추] 鹿一歲 한살된사슴추(支) 麓 루 [록] 山足 산기슭록(屋) 麑 녀

[예] 鹿子 사슴새끼예(齊) 麒 치 [기] 仁獸ㅣ麟 기린기(支) ⿸鹿取 추 [추] 小鹿 작은사슴추(眞) 麔 쥐 [구] 牡麇 수코라니구(有) ⿸鹿留 麔과同 麗 리 [려][리] 美也 고울

려, 附著 붙을리 ㊀霽

九

麛 미 [미] 獸初生갓낳은짐승미 ㊀支

麚 ⿸鹿吅 과同

麙 옌 [암] 山羊大而細角크고뿔가는산양암 ㊀咸

麘 향 [향] 麝香鹿사향향 ㊀陽

十

麝 셔 [사] 似麞臍香사향노루사 ㊀禡

麜 릐 [률] 牝麇암노루률 ㊀質

十一

⿸鹿速 쑤 [속] 鹿跡사슴발자국속 ㊀屋

麞 獐과同

十二

麟 린 [린] 仁獸毛蟲長기린린 ㊀眞

十三

⿸鹿彔 루 [록] 獸名似鹿짐승이름록 ㊀屋

⿸鹿零 麢과同

麠 麖同

十七

麢 [령] 大羊角細而圓영양령 ㊀青

二十二

麤 추 [추] 大也클추 ㊀虞

麥部

麥 머 [맥] 五穀之一有芒穀來麰秋種夏熟보리맥 ㊀陌

麦 麥와同

三

⿺麥乇 톼 [탁] 餅也떡탁 ㊀藥

⿺麥弋 이 [익] 麥穀破碎者보릿겨익 ㊀職

⿺麥亡 망 [망] 麥芒보리꺼럭망 ㊀陽

麧 히 [흘] 糏也磨麥糖ㅣ보리싸라기흘 ㊀月

四

麩 뷰 [부] 小麥屑皮밀기울부 ㊀虞

⿺麥夬 [얼] 麴ㅣ누룩얼 ㊀屑

麪 멘 [면] 麥末밀가루면 ㊀霰

麨 찬 [초] 糗也蒸麥成屑찐보리가루초 ㊀篠

五

⿺麥欠 훠 [활] 麴也누룩활 ㊀黠

麮 취 [거] 麥甘粥보리죽거 ㊀語

⿺麥占 데 [첩] 黏粟차조첩 ㊀葉

麭 괖 [포] 餌也경단포 ㊀效

⿺麥皮 麩과同

⿺麥巨 거 [거] 蜜餌과자거 ㊀語

⿺麥末 머 [말] 麪也가루말 ㊀曷

六

⿺麥并 [병] 麥餅보리떡병 ㊀梗

麰 뫄 [모] 大麥五穀之長갈보리모 ㊀尤

麯 麴과同

七

⿺麥完 훈 [혼] 麥麴보리누룩혼 ㊀元

⿺麥肙 °잔 [견] 麥藁보릿집견 ㊀先

⿺麥孚 라 [라] 粟粥조릿죽라 ㊀箇

⿺麥見 쏀 [한] 麥粉보릿가루한 ㊀諫

⿺麥利 릐 [리] 麥酒보릿술리 ㊀支

⿺麥肖 ⿺麥肖과同

八

⿺麥昆 훈 [혼] 粒麥쌀보리혼 ㊀元

⿺麥夜 예 [야] ⿺麥辟麥皮⿺麥蔑밀기울야 ㊀禡

⿺麥卑 삐 [비] 麴也누룩비 ㊀支

⿺麥咅 뷰 [부] 小麥粉餅밀가루떡부 ㊀有

麳 [래] 小麥밀래 ㊀灰

麴 취 [국] 酒母ㅣ·糵누룩국 ㊀屋

⿺麥匋 단 [도] 麥餅보리떡도 ㊀豪

⿺麥幷 [병] 麪餈밀떡병 國字

九

⿺麥酋 찬 [초] 麨也볶은보리가루초 ㊀篠

麵 麪俗字

⿱𠀀麥 ⿺麥差과同

⑩ ⿰麥昷 원 [온]麴也 누룩온(問)

⿰麥胥 시 [설]春餘무거리설(屑)

⑪ ⿰麥啇 디 [적]小麥粉 밀가루적(錫)

⿰麥莫 뫼 [막]䴵麥皮ㅣ麩 밀기울막(藥)

⿰麥將 쟝 [장]麥腐 보리 썩을장(漾)

⿰麥連 련 [련]新麥之餠 햇보리떡련(銑)

⑫ ⿰麥善 쌴 [선]新麥餠 햇보리떡선(銑)

⿰麥黃 굉 [굉]大麥 보리굉(梗)

⑬ ⿰麥虘 취 [거]麥小者 잔보리거(魚)

⑮ ⿰麥廣 굉 [굉]皮厚麥 껍질두터운보리굉(梗)

⑰ ⿰麥蘗 예 [얼]麥蘗 보리움얼(屑)

⑱ 麷 뿡 [풍]熬麥 볶은보리풍(東)

麻部

麻 마 [마]枲属 삼마(麻)

③ 麽 머 [마]微也 작을마(箇)

⿸麻乍 사 [삭]治病 병고칠삭(藥)

麼 麽와同

④ 麾 휘 [휘]大將旗 대장기휘(支)

⿸麻分 뷴 [분]散也 흩을분(吻)

⑤ ⿸麻本 본 [본]麻稈 삼대본(阮)

⿸麻矣 꺼 [구]麻也 삼구(有)

⑥ ⿸麻麥 마 [마]捨也 버릴마(箇)

⑧ ⿸麻貴 쉬 [수]緊麻 삼단수(尤)

黀 쪄 [추]麻莖 삼줄기추(尤)

⿸麻麻 미 [미]深也 깊을미(紙)

⑨ 黁 난 [난]香也 향내날난(翰)

⑩ ⿸麻齊 麼同

⿸麻異 미 [미]熟也 익을미(支)

十二畫

黃部

黃 황 [황]五色之中央土色 누를황(陽)

黄 黃俗字

④ 黆 광 [광]武勇貌ㅣㅣ 위엄스러울광(陽)

黅 진 [금]黃色 누른빛금(侵)

⿰黃耑 단 [단]黃色 누른빛단(寒)

⿰黃亢 캉 [강]黃色 누른빛강(漾)

⿰黃屯 黃𪏰同

⑤ 黈 투 [주]黃也 누를주(有)

⑥ 黊 씨 [규]鮮明黃 곱게누를규(齊)

⿰黃充 츙 [충]塞耳掩聰纊 귀막을충(東)

黇 텬 [천]黃白色 누르고흰빛천(先)

⿰黃有 이 [위]黃色 누른빛위(紙)

⑦ ⿰黃夾 쎰 [험]赤黃 주황빛험(豔)

⑧ ⿰黃定 뎡 [정]濃黃色 노란빛정(豔)

⿰黃昔 칆

작 皮淡黃色 껍질누를작 藥
⿰享黃 듄 돈 黃色누른빛돈 元
九
⿰黃頁 윈 운 面黃色얼굴누럴운 吻
⿰黃耑 퇀 단 黃黑色금향빛단 寒
十
⿰黃員 윈 운 黃色누른빛운 吻
⿰黃殳 황 황 卵中黃알속의노른자황 陽
⿰華黃 황 황 輝也빛날황 陽
十三
黌 헝 횡 學舍글방횡 庚

黍部

黍 쓔 서 禾屬粘者기장서 語
三
黎 리 려 衆也무리려 齊
⿰黍刃 늬 닐 黏也차질닐 質
四
⿰黍日 늬 닐 黏著붙을닐 質
⿰黍丑 우 뉴 黏也차질뉴 有
⿰黍互 후 호 糊也풀호 遇
五
⿰黍包 퍄 표 黍皷皮기장된장웃거덕표 效
⿰黍尼 늬 녜 黏也칠질녜 齊
黏 녠 점 ㅣ土차질점 監
⿰黍必 삐 필 香也향내날필 質
六
⿰黍朱 주 주 黏也찰질주 虞
⿰黍多 나 나 粘着꽉붙을나 馬
八
⿰黍居 쥐 거 黍也기장거 御
⿰黍卷 쥰 권 廣也넓을권 阮
⿰黍卑 피 비 稗也피비 支
九
⿰黍畐 뿌 복 治黍禾豆下潰葉결입제칠복 屋
⿰黍惦 녠 점 心有所著마음붙일점 監
十
⿰黍兼 련 렴 黍之疎기장성길렴 監
⿰黍舀 탚 도 蜀黍옥수수도 晧
十一
⿰黍商 듸 적 糊也풀적 錫
䵑 머 마 黏黍찰기장마 麻
黐 리 리 所以黏鳥끈끈이리 支
十六
⿰黍龍 룽 롱 黏也찰질롱 董
⿰黍遺 이 유 黏也찰질유 支

黑部

黑 희 흑 五色之一北方陰色검을흑 職
黒 黑俗字
一
⿰黑乙 야 알 深黑色ㅣ昧어두울알 黠
三
黓 이 익 黑色검을익 職
⿰黑勺 듸 적 以丹注面玄연지찍을적 錫
⿰黑大 대 대 黛痕흔적대 泰
⿰黑乇 두 도 深黑새캄할도 遇
⿰黑干 皯同
四
默 머 묵 不語恭ㅣ잠잠할묵 職
黕 땀 담 滓垢黑貌때낄담 感
黔 친 금 검 黎也ㅣ首검을검 神名ㅣ贏ㅣ雷귀신이름금 侵
黗 듄 돈 濁也흐릴돈 阮
⿰黑犬 미 멱 刑也極ㅣ형벌할멱 錫
⿰黑予 슈 서 黑也검을서 語
⿰黑亢 캉

[항]冥也ㅣ黯 어두울항(漾)

⿰黑太 태 [태]甚黑 몹시 검을태(泰)

五

黜 츄 [출]貶ㅣ 내리칠출(質)

⿰黑未 메 [매]淺黑色 거무스름할매(隊)

黈 쥬 [주]點也 점찍을주(虞)

黚 깐 [겸]淺黃黑 검을겸(監)

點 뎀 [점]黑點 검은점 점(淡)

黝 유 [유]青黑色 검푸를유(有)

黛 대 [대]畫眉 눈섭그릴대(隊)

⿰黑旦 따 [달]白而有黑 회색빛달(曷)

六

⿰黑夅 얭 [방]黑也 검을방(江)

⿹𢦏黑 재 [재]黑染 검은물재(隊)

黠 쌰 [힐]惡才 꾀 작이힐(黠)

⿰黑色 위 [울]深也 깊을울(物)

⿰黑灰 휘 [회]淡黑色 회색빛회(灰)

⿰黑汗 샤 [사]汙垢 때사(馬)

黟 이 [이]黑也 검을이(支)

七

⿰黑肖 쟈 [초]面點ㅣ黵 죽을깨초(嘯)

⿰黑夋 만 [맘]暗也 캄캄할맘(豏)

⿰黑見 젼 [견]濡墨而磨 먹갈견(霰)

黣 메 [매]面黑氣 얼굴검을매(賄)

⿰黑予 라 [랄]黑也 검을랄(曷)

黧 리 [례]斑也 얼룩질례(齊)

八

⿰黑炎 뎐 [담]黑雲 검은구름담(感)

黨 땅 [당]明也 輩 무리당(養)

⿰黑沓 타 [답]黑也 검을답(合)

⿰黑享 듄 [돈]不幹事 ㅣ⿰黑昆일 간섭아니할돈(願)

⿰黑妾 쳐 [첩]絲壞 실엉킬첩(葉)

⿰黑奔 븐 [본]淡黑 엷게 검을본(元)

黔 진 [금]淺黃 누럴금(侵)

黤 안 [암]青黑 검푸를암(豏)

黦 울 [울]黑有文 얼룩질울(物)

⿰黑來 래 [래][리]赤黑 검붉을래, 濃黑 시꺼멀리(灰)(支)

黧 리 [리][려]黑也 검을리, 려 義同(支)(齊)

⿰黑知 즤 [치]草書勢ㅣ黈 초서쓸치(紙)

黥 칭 [경]墨刑在面 자자할경(庚)

⿰黑昆 훈 [혼]純黑 새까말혼(願)

九

黭 안 [암]黭至貌ㅣ然 급히 이르는모양암(感)

⿰黑貞 메 [매]陰氣著衣生斑沫 黴ㅣ곰팡이필매(灰)

⿰黑屋 위 [옥]黥也 자자할옥(屋)

⿰黑易 양 [양]赤黑 검붉을양(養)

黮 썬 [담][심][탐]黑也 黯ㅣ 검을담, 桑實 뽕나무열매심, 不明ㅣ闇 어둠침침할탐(感)(寢)

黬 안 [암]釜底黑 솥밑에 붙은 검정암(感)

⿰黑南 난 [남]字畫之點 점남(淡)

⿰黑曷 예 [알]色變 퇴색할알(月)

黫 인 [은]黑也 검을은(删)

⿰黑枼 데 [접]黔首郎民 백성접(葉)

黯 안 [암]深黑色 시꺼멀암(豏)

十

⿰黑兹 츠 [지]濃黑色 새까말지(支)

黰 鬒과 同

黱

[대]深青새파랄대(隊) 䵋 우 [욕]垢黑때묻을욕(沃) 䵒 미 [멱]草木叢茸초목멸기멱(錫) (十一) 黴 메 [미]物中久雨青黑곰팡이미(支) 黳 이 [예]小黑子죽은깨예(齊) 䵛

충 [종]黑穴어두운구멍종(腫) 黲 참 [참]物將敗色퇴색할참(感) (十二) 䵴 정 [증]面黑氣皯ㅣ얼굴에기미낄증(徑) 䵝 복 [복]淺黑엷게검을복(屋) 䵽 뒤 [대]雲之䨴䨺구름뜰대(隊)

䵄 시 [극]赤黑검붉을극(職) 䵣 촤 [촬]黑也검을촬(曷) 䵐 청 [증]米黑壞쌀썩어검을증(徑) 䵩 머 [말]淺黑엷게검을말(黠) 䵳 얜 [암]雲暗구름어두울암(琰)

(十三) 䵲 챠 [조]麻苦雨生壞장마에삼주저앉을조(嘯) 䵨 홰 [홰]淺黑엷게검을홰(卦) 䵞 화 [활]黑色검은빛활(曷) 黵 잔 [점]黑汚검게더러울점(琰) 䵶 잉

[잉]面黑子얼굴에검은사마귀잉(徑) 黬 젼 [검]黑也검을검(琰) (十四) 䵺 태 [대]黑也검을대(灰) 黶 얜 [염][암]黑子검은사마귀염 黑痕검은흔적암(琰) (十五) 䵻 깐

[감]面黑얼굴검을감(感) 黷 뚜 [독]濁也흐릴독(屋) (十六) 䵷 덩 [등]淡黑엷게검을등(蒸) 黸 루 [로]黑甚새까말로(虞) 䵱 리 [력]黑也검은빛력(錫)

黹部

黹 즤 [치]縫紩衣바느질할치(紙) (五) 黻 뷰 [불]裳繡兩己相背보불불(物) (七) 黼 뷰 [보]裳繡斧形黻보불보(麌) (九) 䵉 [변]履底신바닥변(銑)

(十二) 䵊 츄 [초]ㅣㅣ合五采鮮明色오색빛초(語)

黽部

黽 민 [민][맹][면]勉힘쓸민，鼃黽似青蛙而腹大맹꽁이맹，弘農郡名ㅣ池땅이름면(軫)(梗)(銑) (四) 黿 원 [원]介蟲之元似鼈而大以鼈爲雌큰자라원(元) (五) 鼇

앙 [앙]鼈也거북앙(陽) 鼂 찬 [조]美玉ㅣ采고운옥조(嘯) 鼁 취 [거]蟾蠩ㅣ鼀두꺼비거(有) 鼀 츅 [축]蟾也두꺼비축(屋) (六) 𪓬 과 鼃同 𪚦 와 鼃同

鼃 와 [왜][와] 蝦蟇맹꽁이 왜,와義同(佳)(麻)
鼄 蛛과同
八 鼅 蜘과同
九 ⿰酋黽 취 [추] 蟾蠩鼀ㅣ 두꺼비추(尤)
⿰曷黽 커 [갈] 蛙聲개구리소리갈(曷)
鼀 취 [추] 蟾也두꺼비추(尤)
十 鼆 멍 [맹] 邑名句ㅣ 골이름맹(庚)
鼇 안 [오] 海中大鼈 큰자라오(豪)
十一 [illegible] [illegible]과同
十二 鼈 삐 [별] 介蟲龜屬眼聽 자라별(屑)
鼉 퉈 [타] 水蟲類魚有足似鼉而長 자라같은긴물고기타(歌)
十三 鼊 삐 [벽] 似龜文如瑇瑁 거북벽(錫)
十四 ⿱爾黽 시 [시] 蟾諸⿰酋黽ㅣ 두꺼비시(支)

鼎部

鼎 띵 [정] 烹飪器三足兩耳솥정(迥)
鼑 鼎俗字
二 鼏 미 [멱] 鼎蓋솥뚜껑멱(錫)
鼐 내 [내] 大鼎큰솥내(賄)(隊)
三 鼒 재 [자] 小鼎옹솥자(支) [재] 義同(灰)
十一 鬺 샹 [상] 煮也 지질상(陽)

十三畫

鼓部

鼓 꾸 [고] 樂器革音북고(麌)
鼔 꾸 [고] 擊也鳴也 두드릴고(麌)
一 皷 鼓俗字
三 ⿺鼓土 지 [격] 鼓聲북소리격(錫)
五 ⿺鼓石 [광] 石聲돌소리광(梗)
鼕 퉁 [동] 鼓聲ㅣㅣ 북소리동(冬)
⿰付鼓 야부 [부] 軍聲喧군사떠들석할부(虞)
⿺鼓去 차 [칩] 打鼓邊북변죽칠칩(合)
六 ⿺鼓沓 타 [답] 鼓聲북소리답(合)
⿺鼓缶 타 [탑] 鼓聲북소리탑(合)
鼗 도 [도] 小鼓著 소고도(豪)
⿺鼓虫 춍 [충] 鼓聲북소리충(東)
七 ⿺鼓冉 둥 [동] 鼓聲북소리동(東)
八 鼘 인 [연] 鼓聲북소리연(先)
鼙 [비] 騎鼓마상북비(齊)
⿺鼓畓 따 [답] 鼓聲雜沓북소리시끄러울답(合)
鼛 꼬 [고] 役事車鼓 큰북고(豪)
⿺鼓空 콩 [공] 不堅ㅣㅣ然 튼튼하지못할공(東)
九 ⿺鼓咠 치 [칩] 鼓不鳴북소리아니날칩(葉)
十

鼜 치 [척]軍旅守夜鼓 군사순경북척(錫)

十一 鼞 탕 [당]鼓聲북소리당(陽)

十二 鼟 텅 [등]鼓聲ㅣㅣ 북소리등(蒸)

十六 𪔵 룽 [룽]鼓寬聲북소리 누은모양룽(冬)

鼠部

鼠 쓔 [서]穴蟲似獸 善盜쥐서(語)

三 䶂 뽀 [표]鼠屬飛食虎豹 범잡는쥐표(效)

四 䶃 빤 [방]土鼠 흙쥐방(陽)

䶄 깐 [감]蟝蠊도 롱롱감(覃)

鼤 원 [문]斑尾鼠꼬리 아롱진쥐문(文)

鼣 쀄 [폐]鼠名쥐 이름폐(隊)

鼢 蚡과同

䶉 잉 [경]斑鼠ㅣ鼢 열룩쥐경(青)

五 鼨 쭝 [종]豹文鼠 다람쥐종(東)

鼧 뒤 [타]鼠也 쥐타(歌)

鼥 빠 [발]鼠肥者鼥 살찐쥐발(曷)

鼦 貂과同

鼬 와 [유]黃鼠狼 족제비유(有)

䶈 링 [령]斑鼠 얼룩쥐령(青)

鼫 씨 [석]五技鼠 석쥐석(陌)

鼪 씽 [생]飛鼠鼬能啖鼠呼 鼠狼족제비생(庚)

鼩 취 [구]小鼠鼱ㅣ 새앙쥐구(尤)

六 䶊 얼 [이]鼠子쥐 새끼이(紙)

䶒 뻥 [병]小鼠새 앙쥐병(青)

鼭 씌 [시]鼠名쥐 이름시(支)

七 鼮 링 [정]豹文鼠얼 룩쥐정(青)

鼯 우 [오]飛生鼠似蝙蝠 名夷由박쥐오(虞)

䶋 쭌 [준]毛可爲筆 청서모준(震)

鼰 넨 [년]似鼠而大蒼色在樹上 ㅣ鼠푸른다람쥐년(霰)

八 鼱 쩡 [정]小鼠ㅣ 새앙쥐정(庚)

䶏 쮜 [추]鼠也 쥐추(支)

九 鼴 옌 [언]大鼠形如午好偃 河而飮水언쥐언(阮)

𪕽 후 [호]似猿而白獑 흰원숭이호(虞)

𪖃 씨 [혁]似鼠而白在樹 上흰다람쥐혁(錫)

𪖈 애 [애]小鼠相銜尾而行鼶ㅣ서 로꼬리물고다니는쥐애(泰)

鼵 투 [돌]與鳥同穴새와 함께사는쥐돌(月)

鼳 [격]似鼠馬蹄長鬣 鼠수염긴쥐격(錫)

鼲 훈 [혼]黃鼠다 람쥐혼(元)

十 䶐 이 [익]鼠名쥐 이름익(陌)

鼸 쎈 [함]田鼠두 더지함(豏)

𪖜 꾸 [곡]鼬鼠족 제비곡(屋)

鼶 씨 [사]鼠狼족 제비사(支)

鼷 씨 [혜]耳鼠極細螫毒食人及鳥獸 皆不痛今甘口鼠새앙쥐혜(齊)

𪖜 와𪖜同

十一 𪖡 리 [리]小鼠相銜尾而行ㅣ遇서 로꼬리물고다니는쥐이(支)

十二 䶕 빤 [번]鼠婦쥐며 느리번(元)

十四畫

鼻部

鼻 삐 [비] 肺之竅脾之發 코비 (眞)

一

⿰鼻乚 찬 [후] 仰鼻齁ㅣ 들창고후 (有)

二

鼽 착 [구] 病寒鼻窒감기 들어코막힐구 (尤)

三

鼿 창 [올] 仰鼻들 창코올 (月)

鼾 한 [한] 臥食ㅣ⿰月蜀 코골한 (翰)

四

䶊 착 [뉵] 鼻血 코피뉵 (屋)

⿰鼻欠 [천] 鼻中氣코 속기운천 (先)

五

䶌 쫜 [포] 面瘡 얼굴얽을포 (效)

齁 [후] 鼻食 코골후 (尤)

⿰鼻占 덴 [점] 鼻重貌 코늘어질점 (先)

⿰鼻丘 착 [구] 仰鼻ㅣ 들창코구 (有)

六

⿰至鼻 퇴 [제] 鼻憤氣 재채기할제 (霽)

⿰鼻合 하 [합] 鼻 食齁 코숨합 (合)

⿰鼻圭 [괘] 鼻食聲코 숨소리괘 (灰)

⿰鼻至 致와同

八

齂 씨 [희] 臥食누어 숨쉴희 (眞)

九

齄 ㅇ자 [차] 鼻紅生點 주부코차 (麻)

齃 [알] 鼻莖콧 대알 (曷)

十

齅 쒸 [후] 鼻取氣냄 새맡을후 (有)

⿰鼻兼 [겸] 鼻垂貌ㅣ點 코늘어질겸 (監)

齆 웡 [옹] 鼻塞코 막힐옹 (送)

十一

⿰鼻卒 쑤 [솔] 鼻聲코 소리솔 (月)

齇 ㅇ자 [차] 鼻上皰주 부코차 (麻)

十二

⿰鼻晉 진 [침] 高鼻높 은코침 (侵)

十三

⿰鼻會 쾌 [쾌][홰] 瑞息숨찰쾌 鼻食콧숨홰 (蟹)(泰)

齈 눙 [농] 鼻病 콧병농 (送)

十五

⿰鼻疐 致과同

十六

⿰鼻歷 리 [력] 鼻別息냄새 분별할력 (錫)

齊部

齊 ㅇㅈ [제][재][자] 等也가지런할제, 衣下縫 ㅣ衰상옷아랫단홀자 (齊)(佳)(支)

斉 俗齊字

三

齋 ㅇ재 [재] 潔也ㅣ戒재계할 재燕居室집재 (佳)

四

⿱齊目 ㅇㅈ [제] 疾也빠 를제 (齊)

五

⿱齊禾 지 [치] 盛禾粢器기장 담는제사그릇치 (支)

⿱齊皿 ㅇㅈ [자] ㅣ盤粢稷器 서직그릇자 (支)

七

齎 [재][자][제] 持也가질재 古音자, 제義同 (支)(齊)

九

⿱齊韭 ㅇ지 [제] 碎也 양념할제 (齊)

十五畫

齒部

齒 치 [치] 口斷骨上ㅣ下牙 이치(紙)

一

齓 比과同

二

⿰齒八 파 [팔] 齒聲이가는소리팔(黠)

齔 천 [친] 毁齒 이갈친(震)

三

齕 허 [흘] 齧也 물흘(月)

⿰齒也 치 [치] 齒斷貌 잇몸치(支)

⿰齒干 [언] 齒露貌이 드러날언(阮)

四

齖 야 [아] 齒列不正 뻐드렁니아(麻)

⿰齒介 쎄 [계] 齒上下相抵處 齒ㅣ이틈계(霽)

⿰齒巴 빠 [파] 齒不正 뻐드렁니파(麻)

⿰齒亢 항 [항] 齒也 씹을항(陽)

齗 인 [은] 齒根肉 잇몸은(文)

五

⿰齒失 데 [절] 齒固貌이 단단한절(屑)

齚 [색] 齧也 씹을색(陌)

齡 [령] 年也 나이령(靑)

⿰齒史 쓰 [시] 齒好이 고울시(紙)

齙 뽜 [포] 齒露이 들어날포(肴)

齠 됴 [초] 始毁齒 이갈초(蕭)

齝 飼와同

齣 츄 [착] 節句 귀절착(陌)

⿰齒巨 [거] 斷不잇몸 부을거(語)

齟 쥐 [저] 齒不相植ㅣ語 이어긋날저(語)

⿰齒司 ㅊ [치] 牛食復嚼새김질할지(支)

齛 쎼 [세] 羊食後嚼 양새김질할세(霽)

⿰齒立 리 [립] 㗳堅物聲 깨물립(緝)

六

⿰齒古 꽈

⿰齒曳 [괄] 齧齒聲씹는소리괄(曷) 齸과同

齦 인 [은][간] 齒根肉 잇몸은(文) 也씹을간(阮)

⿰齒圭 애 [애] 齒不齊이고르지않을애(佳)

⿰齒虫 취 [구] 齒病朽缺 너리먹을구(有)

齨 직 [구] 白齒어금니구(有)

齧 [설] 噬也 깨물설(屑)

齩 [교] 齧骨뼈 깨물교(巧)

⿰齒寺 ㅊ [치] 牛食草소가 풀먹을치(支)

⿰齒并 삥 [병] 並齒 통니병(庚)

齤 촨 [권] 曲齒 옥니권(先)

七

齬 위 [어] 齒不相殖粗 이어긋날어(語)

⿰齒告 꾸 [곡] 治象牙상아다룰곡(沃)

齫 쿤 [곤] 齒起貌ㅣ根 이솟을곤(阮)

⿰齒夋 쏸 [산] 齒酸이 곱을산(寒)

齪 춰 [착] 急促局陿貌 악착할착(覺)

⿰齒夾 쌰 [협] 曲齒 옥니협(洽)

齹 취 [차] 齒差跌貌이 가어긋날차(麻)

⿰齒含 안 [암] 斷也 잇몸암(覃)

⿱它齒 타 [타] 馬齒之長 말이길타(歌)

八

齱 추

[족]齒重生 덧니날족(屋)

齮 이 [의]齒也ㅣ乾 물의(紙)

⿰齒卒 쑤 [졸]齧也 씹을졸(月)

⿰齒臽 쏀 [함]切齒 이갈함(陷)

齯 이 [예]老人齒落更生 노인니다시날예(齊)

⿰齒其 치 [기]齧也 씹을기(支)

齰 ㅇ저 [색]齧也 물색(陌)

⿰齒宜 이 [의][애]齒露이드러날의, 出齒貌 뻐드렁니애(支)(佳)

九

齷 워 [악]迫也ㅣ齪 악착할악(覺)

⿱剌齒 라 [랄]齧也 씹을랄(曷)

⿰齒曷 허 [할]齧聲 씹는소리할(曷)

齲 ㅇ쥐 [우]齒病 너리먹을우(麌)

⿰齒客 자 [가]突出齒 뻐드렁니가(禡)

齶 어 [악]齒根 잇몸악(藥)

齵 어 [우]齒重生齒 덧니날우(尤)

⿰齒胥 쉬 [서]齒酸이곱을서 又이새금거릴서(語)

⿰齒臿 사 [삽]齒動흔들릴삽(洽)

齳 윈 [운]無齒볼오무러질운(吻)

十

⿰齒豈 애 [개]牙也어금니개(灰)

⿰齒恖 치 [치]始也되씹을치(支)

齺 적 [추]齒相近貌 이촘촘할추(尤)

齹 ㅊ [차]齒不齊이고르지못할차(歌)

⿰齒害 ㅇ제 [계]中切齒聲 자며이갈계(霽)

齸 이 [익]麋鹿呑芻而反出嚼 사슴새김질할익(陌)

⿰齒倉 창 [창]齒旁小齒 덧니창(陽)

齻 뎬 [전]牙生男子二十五歲女子二十一歲 사랑니전(先)

⿰齒專 ㅇ버 [박]噍聲단단한것씹을박(藥)

⿰屑齒 쳬 [절]齒差이어긋날절(屑)

十一

⿰齒責 ㅇ저 [책]齒相植ㅣ이서로맞을책(陌)

⿰齒産 찬 [산]小兒齒어린애이산(刪)

⿰齒居 이 [닉]齒之이앓을닉(職)

⿰齒虘 자 [자]粗語이어긋날자(麻)

十二

⿰齒間 쳔 [간]齧齒貌 씹을간(諫)

⿰齒單 [운]無齒貌볼오므라질운(吻)

⿱焚齒 인 [은]笑也 웃을은(軫)

⿰齒幾 치 [기]齒危이흔들릴기(微)

十三

齽 진 [금]齗齒內曲謂之ㅣ 옥니금(沁)

⿰齒僉 ㅇ잔 [참]無齒無牙 이없을참(咸)

⿰齒道 ㅇ쥐 [저]齒不齊貌 덧니박이저(魚)

齼 츄 [초]齒傷酸이다 처서곱을초(語)

⿰齒義 이 [의]齧也 씹을의(紙)

十五

⿰齒巤 라 [랍]齧聲 씹는소리랍(合)

十六

⿰齒歷 리 [력]齒病 너리먹을력(錫)

十七

⿰齒毚 찬 [삼]齒高 이높을삼(感)

二十

齾 네 [알]器缺 그릇이빠질알(黠)

十六畫

龍部

龍 룡 [룡][롱] 鱗蟲之長想像上神靈動物용룡 田中高處둔덕롱，龍同 [종]寵同 (腫)(冬)

竜 龍古字

(三) **龎** 롱 [롱][방] 充實｜｜충실할롱，雜亂貌어수선할방 (東)(冬)

龏 공 [공]謹也삼갈공(冬)

(四) **龑** 엄 [엄]高明貌높고밝을엄(琰)

朧 롱 [롱]赤色붉은빛롱(東)

(五) **龒** [롱]龍也용룡(冬)

(六) **龕** 감 [감]塔下室감실감(覃)

攏 롱 [롱]禱旱玉龍용그린홀롱(冬)

龔 공 [공]給也줄공(冬)

(八) **龗** 롱 [롱]雷聲우뢰소리롱(東)

(十六) **龖** [답]龍行용이가는모양답

(四十八) **𪚥** [절]多言말많을절

十七畫

龜部

龜 귀 [귀][균][구] 甲蟲之長外骨內肉天性無雄以池為雄 거북귀 手陳被瘃손얼어터질균，西域屬國｜滋나라이름구 (支)(眞)(尤)

龟 龜俗字

(四) **𪚧** 조 [조]毛飾物털치장조(蕭)

𪚩 초 [초]灼龜｜兆거북지저점칠초(蕭)

(五) **𪚭** 거 [거]蟾也두꺼비거(御)

𪚮 파 [파]龜也거북파(麗)

龝 秋古字

(十一) **𪛆** [휴]大龜큰거북휴(齊)

龠部

龠 약 [약]管樂名피리약(藥)

(四) **𪛉** 약 [약]仰也우러를약(藥)

𪛊 은 [은]大篪큰저은(眞)

龡 [취]以氣推發其聲불취(支)

(五) **龢** [화]和也화할화(歌)

(八) **龣** [각][록]東方之오음의하나각，록義同(覺)(屋)

𪛑 [취]音律管壎之樂악기를불취(支)

(九) **龥** 유 [유]疾首號呼부르짖을유(遇)

龤 [해]樂龠也노래의가락이조화될해(佳)

(十) **𪛖** [지]如號피리지(支)

𪛗 [렴]今之杖鼓채로치는북렴(監)

終

音訓索引(가·나·다·순)

가 可 옳을 가 加 더할 가 咖 커피차 가 呵 기운불 가 哥 언니 가 哿 아름다울 가 嗧 더러운말 가 嘏 북 가 㹢 큰원숭이 가 伽 절 가 珈 비녀치장 가 牱 말뚝 가

嘉 아름다울 가 牁 배매는말뚝 가 佳 착할 가 像 시험 가 犌 소힘있을 가 牫 뿔 가 乫 성 가 毠 털옷 가 渮 배가모래에붙을 가 泇 진흐를 가 滒 물 가

渮 물이름 가 價 값 가 假 이를 가 幏 오랑캐의세금내는베 가 岢 산이름 가 戨 말뚝 가 嫁 시집갈 가 㝓 집지을 가 坷 길험할 가 𡵆 산이벌려선모양 가 㤎 바를 가

㪃 칠 가 愘 몰래할 가 斝 옥잔 가 枷 도리깨채 가 柯 가지 가 架 시렁 가 榎 싸리나무 가 椵 유자 가 檟 가나무 가 家 집 가 珂 흰마노 가 䂂 물 가

婽 고을 가 暇 한가할 가 葭 갈 가 假 거짓 가 貑 누르고허연은점박인큰곰 가 瘕 적병 가 豭 수톹 가 顝 헛된말 가 歌 노래 가 㮠 나무비뚜루설 가 蔄 박하 가

鷶 매 가 痂 헌데딱지 가 蚵 도마뱀 가 袈 가사 가 街 거리 가 訶 꾸지람 가 謑 교묘한말 가 舸 큰배 가 𦨴 작은배 가 苛 잔풀 가 茄 가지 가 跒 난장이 가

跏 도사리고앉을 가 𨡊 쓴술 가 軻 배못만날 가 迦 부처이름 가 䢔 좌우로걸을 가 𩓊 머리기우리고볼 가 駕 멍에 가 魺 자가사리 가 袔 제사 가 砢 돌서덜 가 稼 곡식심을 가

笳 피리 가 耞 도리깨 가 腵 창자병 가 𪘏 뼈드렁니 가 鴚 거위 가 鴐 들거위 가 麚 수사슴 가 **각** 角 뿔 각 覺 깨달을 각 佫 사람의이름 각 閣 집 각

躩 발굽힐 각 𧾩 뜨벅뜨벅걸을 각 鬥 싸울 각 鷇 새알깔 각 擱 버틸 각 嶨 산에돌자갈많을 각 桷 서까래 각 榷 독득할 각 㲉 알깔 각 毃 머리때릴 각

殼 껍질 각 珏 쌍옥 각 硌 단단한돌 각 礐 돌소리 각 脚 종아리 각 傕 이름 각 刻 새길 각 䈓 대서까래 각 慤 정성 각 郄 땅이름 각 愨 삼갈 각 恪 공경할 각

捔 앞뒤로얽을 각 搉 두드릴 각 斛 고미래 각 𣙇 책상 각 蠼 큰원숭이 각 㮇 탱자나무 각 剫 새길 각 卻 물리칠 각 埆 험할 각 各 각각 각 袼

소매각 塙 굳은흙각 垎 흙마를각 圂 채쪽소리각 却 막을각 **간** 奸 통간할간 忓 베주머니간 刊 책박을간 干 방패간 赶 쫓을긴 侃 강직할간 ⿰山間 산골물간

榦 줄기간 婜 화려할간 姦 간사할간 墾 개간할간 豤 씹을간 ⿱罒豕 큰돌간 詪 듣지않을간 諫 간할간 衎 믿을간 倝 올라갈간 ⿰𧾷干 정강이뼈간 迀

나아갈간 鐗 쇠덩이간 ⿰乾阝 땅이름간 玕 예쁜돌간 犴 소머무를간 澗 시내간 涆 물흐를간 ⿰木斡 산뽕나무간 肝 간간 䧴 기러기간 珢 옥돌간 皯 얼굴에기미낄간

癇 간기간 ⿱干皿 큰바리간 盰 눈부릅뜰간 看 볼간 芉 율무간 菅 띠간 蕳 들난초간 虷 쟁갑이간 ⿱艹幹 벼줄거리간 贅 여물찌끼간 ⿱臤虫 누에간 ⿰角間

실패간 橺 치마주름간 ⿰衤旱 헌옷간 衦 옷펼간 稈 벼집간 簡 편지간 竿 대줄기간 硍 돌에흔적있을간 笴 살대간 ⿰糸干 옷만져펼간 繝 문의간 粯

쌀가루간 鬝 머리밑간 ⿰齒間 씹을간 鬜 성긴터럭간 椅 자루간 顅 터럭적을간 靬 마른가죽간 ⿰𠦝鳥 대까치간 乾 마를간 幹 나무줄기간 漧 마를간

榦 줄기간 臤 굳을간 慳 아낄간 偘 굳셀간 艱 어려울간 看 볼간 揀 가릴간 囏 어려울간 ⿰谷間 시내간 柬 가릴간 磵 시내간 瞯 밝을간 間

사이간 **갈** 曷 어찌갈 嵑 홀로선산갈 喝 꾸짖을갈 扴 긁을갈 吤 거절할갈 圿 때낄갈 楬 풍류그칠갈 暍 더위먹을갈 擖 긁을갈 毼 모직갈

嶱 산옷뚝할갈 ⿰曷干 방패세워둘갈 碣 비석갈 竭 마를갈 稭 집갈 ⿸疒曷 속갑갑할갈 ⿰骨曷 뼈갈 鶡 새이름갈 鞨 나라이름갈 ⿰金曷 금으로장식한북갈 葛 칡갈

轕 달릴갈 褐 털베갈 羯 불깐양갈 ⿱竹曷 풍류갈 ⿰氵葛 물결갈 渴 목마를갈 ⿰葛鳥 백설조갈 ⿰曷黽 개구리소리갈 ⿰革介 안갑갈 骱 작은뼈갈 秸 볏짚갈 害

어찌갈 介 짐승갈 ⿱加乙 땅이름갈 **감** 甘 달감 咁 먹음을감 勘 마감할감 凵 입벌릴감 坩 도가니감 墈 험한비탈감 ⿰口感 짖을감 埳 구덩이감 坎 구덩이감

⿰目闞 볼감 堪 견딜감 ⿰山名 산구덩이감 ⿺辶兼 비틀거릴감 減 덜감 ⿰氵鄉 혹그려할감 狠 씹을감 玵 아름다운옥감 玪 옥돌감 撖 개소리감 疳 감질감 監 볼감

魋 흰범감 㦨 화창할감 𩟭 그릇뚜께감 㪁 물건서로합할감 㰖 해돋을감 柑 감자감 橄 감람감 歁 음식나쁠감 欿 뜻에차지않을감 欲 어리석을감

淦 배틈으로물들감 泔 뜨물감 礛 옥가는숫돌감 汵 물이름감 瞰 굽어볼감 矙 쳐다볼감 㞬 바위구멍감 粓 쌀뜨물감 䃭 함감 紺 애청감 𥳑 털난대감 𧅬

𧊒 벌레감 苷 감초감 蚶 조개감 䥲 피국감 𧑗 뽕벌레감 餡 주릴감 鰔 자가사리감 𪓿 도롱용감 黬 얼굴검을감 龕 감실감 鹹 몹시짤감 鹻 소금버케감

醶 짤감 䤗 짠맛감 鵮 쪼을감 㪧 새쪼아먹을감 䳺 새소리감 㺂 위태할감 賶 재물탐할감 嵌 구덩이구멍감 㦨 맘먹을감 戡 이길감 賧 재물탐할감

弇 덮을감 感 감동할감 憾 한될감 憨 미련할감 敢 구태감 撼 흔들감 諴 입다물감 虦 범성낼감 䐶 된장맛깊을감 轞 수레길언틀먼틀할감 酣 홍날감

黯 신술감 顑 빰병감 醶 짤감 鑑 거울감 頷 추할감 减 감할감 闞 바를감 嵁 산험할감 澉 씻을감 䫩 찬바람감 鑒 거울감 勘 다스릴감

邯 땅감 ㉠갑 甲 갑옷갑 閘 물문갑 岬 산기슭갑 匣 궤갑 鉀 갑옷갑 鞈 꽃벌려있을갑 筪 대상자갑 胛 어깨갑 舺 긴배갑 袔 적삼갑 評

𨁊 수다할갑 踋 걸음소리갑 㪉 모을갑 搕 칠갑 㕅 닫을갑 㕎 저자갑 帢 모자갑 㰹 부들자리갑 㕅 언덕갑 㕅 낭떠러지갑 瞌 앉아졸갑 䕅 가죽신갑

頡 턱갑 䶀 가죽바지갑 𩓿 빰뼈갑 䁍 졸린눈갑 瞌 졸릴갑 盍 술그릇갑 轗 수레소리갑 謌 웃고말할갑 ㉠강 岡 산등성이강 姜 성강 江 강강

杠 깃대강 㯠 문란할강 康 고요할강 犀 어긋날강 㝩 빈집강 康 편안할강 琼 창애강 彊 강할강 鏮 클강 弱 강할강 強 힘쓸강 䲔 뿔로찌를강

讋 말굳셀강 講 강론할강 䧟 광저기강 降 우뚝설강 踺 흩어져날강 躿 키클강 豇 돼지고기속빌강 䡉 수레바퀴강 駥 말걸음걸을강 慷 빌강 㒉

剛 칼날벼를강 犺 사나울강 橿 등마루흰소강 犅 붉은소강 疆 지경강 甌 질그릇강 畺 지경강 瓨 큰독강 矼 징검다리강 茳 향풀강 腔 속빌강 舡 배강

蔃 개나리강 膙 힘쭐설강 薑 생강강 蜣 쇠똥구리강 傋 어그러질강 螊 잠자리강 䗵 죽은누에강 蝹 바구미강 袶 풀이름강 扛 들강 佭 뻣뻣할강 傋
아첨아니할강 僵 자빠질강 剛 굳셀강 勥 쫓을강 剛 굳셀강 啌 양치할강 嵻 기침소리강 堈 독강 壃 지경강 夯 다질강 穅 겨강 鏹 금강 礓 조약돌강
絳 강초강 𥦽 빌강 綱 벼리강 繮 말고삐강 糨 풀무리강 筝 용수강 鋼 독강 羌 되강 罡 강별강 獷 장될강 鐊 납강 䭒 찬밥강 掆 들강
殭 죽어썩지않을강 橿 박달나무강 韁 고삐강 顜 밝을강 耩 밭갈강 舩 뿔들강 黆 누른빛강 魧 큰자개강 骯 꽁무니뼈강 酐 염전강 鋼 강철강 襁
포대기강 捀 쌍돛달강 掆 들강 䣈 염전강 棡 강나무강 栙 뜸강, 歁 빌강 殑 시체강 忼 강개할강 ⓖ개 皆 다개 喈 새소리개 峇 새벽별개 吤 큰소리개
价 클개 介 중매할개 丐 빌개 个 낱개 凱 착할개 勓 힘쓸개 剴 낫개 𧫤 웃는소리개 嘅 성낼개 丫 양의뿔벌어진모양개 芥 겨자개 緖 굵은실개
葢 덮을개 蚧 흰조개개 蝔 참개구리개 蛢 반딧불개 衸 행전개 䙉 웃옷개 敱 깊고굳을개 改 고칠개 揩 문질러훔칠개 扢 갈개 愷 승전악개 忋
믿을개 慨 강개할개 恝 격정없을개 扴 맺을개 皚 아름다울개 㱯 첫아이밸개 㲉 웃을개 鍇 좋은쇠개 鎧 갑옷개 䰛 말꺄이개 開 열개 阣
험할개 闓 열개 䪱 머리뼈개 鞜 북이름개 頦 빰밑개 馻 말꼬리잡아맬개 颽 바람개 魪 가자미개 漑 물댈개 犗 불깐소개 犿 송아지개 㼤 암키와개
礚 돌소리개 磆 검은옥돌개 祴 벽돌깐길개 箇 낱개 玠 홀개 瓂 사람의이름개 疥 옴개 圁 빛날개 塏 밝을개 嫛 맘번뇌할개 㝏 홀로살개 研 갈개
尬 비틀거릴개 岕 산험할개 帓 수건개 夰 개수판개 忦 근심없을개 偕 어뚝비뚝할개 䡷 수레소리개 髺 쪽질개 𡰻 엎드러질개 鶛 수메추리개 𥵍
검은대개 鴧 참새개 盖 덮을개 豈 즐거울개 摡 씻을개 槪 대강개 稭 볏짚개 楷 모낼개 徣 행악할개 湝 찰개 個 낱개 愾 분할개 解 벗을개

匃 빌개 匄 빌개 圿 때개 瘚 기침개 愒 탐할개 幆 갈장할개 **객** 客 손객 喀 기침객 䘔 피토할객 貉 곧게갈객 格 횃대객 挌 잡을객 轚 수레칠객

[illegible] 갖옷속객 **갱** 更 다시갱 粳 멥쌀갱 [illegible] 토끼길갱 [illegible] 구름뭉게뭉게필갱 [illegible] 목에뼈걸릴갱 羹 국갱 賡 이을갱 [illegible] 차채쭉갱 秔 메벼갱

阬 터갱 㪅 다시갱 [illegible] 아릿아릿할갱 硜 똑똑한체할갱 [illegible] 물돌아나갈갱 [illegible] 멀리할갱 [illegible] 당겨펼갱 妔 예쁜계집갱 坑 빠질갱 鏗 금옥소리갱 **갹** 蹻 신꼴갹

屩 짚신갹 [illegible] 소혀갹 臄 인중갹 [illegible] 느릴갹 醵 돈걸을갹 卻 질갹 噱 웃을갹 **거** 巨 클거 拒 막을거 歫 그칠거 渠 도랑거 炬 횃불거

璖 귀고리거 秬 검은기장거 磲 옥돌거 姖 단정할거 岠 산이크고험할거 柜 참나무거 距 지낼거 駏 트기거 鮔 발긴문어거 苣 상치거 鉅 클거

耟 따비술거 [illegible] 밝을거 趄 걸음거 蚷 노래기거 怇 업신여길거 [illegible] 과자거 [illegible] 잇몸무를거 粔 약과거 [illegible] 안갑거 車 수레거 璩 귀고리거 [illegible] 저축할거

居 거처할거 [illegible] 말법도있을거 去 갈거 呿 입벌릴거 [illegible] 울타리거 據 웅거할거 懅 겁낼거 勮 두려울거 倨 거만할거 俥 인력거 璩 옥고리거 澽 마를거

祛 물리칠거 崌 깊은산거 弆 감출거 抾 가져갈거 据 길거할거 [illegible] 길마거 椐 궤거 [illegible] 하품할거 欅 참귀목거 [illegible] 소먹이그릇거 [illegible] 북틀거 筥 광주리거

紶 실끈거 胠 열거 [illegible] 팔거 豦 원숭이거 [illegible] 사나울거 詓 어찌거 [illegible] 거름풀거 阹 외양간거 [illegible] 섬돌거 鐻 북받침거 醵 돈걸을거 莒 감자거 [illegible] 바퀴둘레거

鋸 톱거 艍 거루배거 [illegible] 짚을거 踞 걸터앉을거 [illegible] 법할거 擧 들거 腒 포거 籧 대지리거 [illegible] 북틀거 虡 짐승거 遽 급할거 [illegible] 옷고름거

鶋 할미새거 [illegible] 소리거 [illegible] 가마귀거 麮 보리밥거 [illegible] 잔보리거 櫸 멜빵거 袪 소매거 裾 옷뒷자락거 蟝 하루살이거 [illegible] 두꺼비거 蕖 연꽃거 [illegible] 사라부루거

蘧 석죽화거 [illegible] 기장거 [illegible] 두꺼비거 [illegible] 검은기장거 **건** 巾 수건건 [illegible] 불친소건 件 조건건 犍 불깐소건 健 굳셀건 建 세울건 揵

불깐소 건 睷 눈으로세볼 건 腱 힘줄 건 ⿱艹腱 외병들 건 鞬 동개 건 鰎 뱀장어 건 騝 말 건 ⿰魚徤 얼간한생선 건 ⿵門建 빗장 건 鍵 열쇠 건 踺 걸음속할 건 毽 제기 건

揵 들 건 楗 문지방 건 乾 하늘 건 謇 말더듬을 건 囝 아들 건 ⿳宀龷石 한갓경쇠만울릴 건 ⿰山蹇 산꼬불꼬불할 건 ⿰山寋 산굽을 건 破 주춧돌 건 ⿰礻騫 제사 건 虔 공경할 건

搴 건초 건 褰 바지 건 ⿰衤騫 바지 건 ⿰衤蹇 바지 건 騫 이지러질 건 蹇 절 건 謇 곧은말 건 ⿰言蹇 말떠듬거릴 건 搴 빼낼 건 攐 걷을 건 ⿰扌蹇 걷을 건 ⿰扌寒

가질 건 ⿰扌虔 모탕 건 ⿱𡨄弓 활강할 건 ⿰言虔 말더듬더듬할 건 ⿰扌虔 도울 건 愆 허물 건 ⿰扌鳥 상륙 건 ⿰身亶 맨몸 건 ⿰氵囝 구멍 건 ⿰亻愆 허물 건 諐 허물 건

걸 乞 빌 걸

⿰米乞 고루게두량할 걸 ⿱镸乞 걸 걸 傑 호걸 걸 ⿱穴桀 덮을 걸 嵥 높을 걸 ⿰扌桀 빼낼 걸 榤 홰 걸 桀 사나울 걸 滐 물이부딪고돌 걸 ⿰虫桀 메뚜기 걸 ⿺走曷 갈 걸 藒 향풀 걸

⿺走曷 달아날 걸 偈 힘쓸 걸 櫭 나무못 걸 杰 호걸 걸 釨 삼지창 걸 契 낫 걸 担 들 걸

검 劍 칼 검 儉 검소할 검 劒 칼 검 撿 살필 검 檢 간검할 검 歛 탐할 검

瞼 눈시울 검 礆 돌험할 검 獫 양의뿔비틀릴 검 臉 빰 검 黬 검을 검 黔 검을 검 鹼 소금물 검 ⿰巾今 비단 검 ⿰忄今 맘급할 검 鈐 보습 검 錐 도요 검 芡 마름 검 鉆

보습 검

겁 刼 겁박할 겁 劫 겁탈할 겁 ⿰口刼 소리 겁 ⿰忄刼 겁낼 겁 ⿰虫去 마재 겁 刦 겁빅할 겁 砝 단단할 겁 迲 자내 겁 怯 겁낼 겁 胠 허구리 겁 跲 엎드러질 겁 袷

깃 겁 拾 다시 겁 极 부담 겁 衱 옷깃 겁 [illegible] 굽지않은기와 겁

게 乩 점칠 게 偈 쉴 게 愒 쉴 게 洎 윤택할 게 ⿰舌息 쉴 게 屆 이를 게 笄 비녀 게 ⿱⺮劂 대열매 게

⿱艹劂 잔풀 게 垍 석비레 게 ⿰日乞 따뜻할 게 ⿰甘欠 웃을 게 罊 그릇속빌 게 [illegible] 옷헷칠 게 ⿱甛心 쉴 게 膈 들 게 甈 깨질 게

격 格 격식 격 ⿰耒各 비낀가지 격 挌 칠 격

佫 이를 격 茖 산파 격 觡 사슴뿔 격 骼 뼈 격 骼 마른뼈 격 檄 과격할 격 激 급할 격 獥 이리새끼 격 ⿰言敫 거짓 격 薂 연밥 격 ⿱敫鳥 새이름 격 繳 주살 격

湨 물결칠 격 ⿰犭狊 소 격 狊 개노리고볼 격 鶪 백로 격 犳 창 격 ⿰石鬲 땅험할 격 ⿱⺮鬲 대창살 격 嗝 꿩울 격 ⿰衤鬲 옷안 격 ⿰言鬲 말서로듣지못할 격 搹 춤 격 隔 멀 격

膈 염치격
鬲 오지병격
翮 날개격
䉛 대신격
綌 갈포격
帢 갈포격
墼 벽독격
弻 활집격
愅 꾸밀격
𢧢 다툴격
擊 칠격
挌 고칠격

棫 앞깃격
覡 박수격
虩 두려워할격
諽 꾸밀격
鞷 걸릴격
迟 갈격
郹 골이름격
闃 고요할격
斫 쌈할격
歡 안장격
鼙 북소리격
鴂 자귀새격

毄 창격
鼷 작은쥐격
駃 새격

견

見 볼견
涀 작은도락견
黖 먹갈견
鋧 멀리볼견
垷 진흙견
梘 홈통견
俔 비유할견
犬 개견
汱 물샐견
淢 물가리할견
畎 밭도랑견
熞 담글견
鰹 가물치견
鋻 강철견
堅 굳을견
掔 끌견
樫 떡갈나무견
擊 이끌견
狷 편협할견
窅 구멍견
甄 독밑구멍견

猏 세살된돌견
罥 걸릴견
羂 걸릴견
梋 좁을견
菺 촉규화견
肩 어깨견
鵑 뻐꾹새견
䴸 보리짚견
睊 흘겨볼견
悁 조급할견
𥶏 그물견
鵳 새매견

䅌 보리대견
鋗 구리그릇견
絹 깁견
牽 이끌견
𤚎 소글리지않을견
縴 솜견
繾 다정스러울견
𩏄 허리띠견
𩞾 마른과자견
𩝐 마른떡견
鳽 새견

譴 성낼견
遣 보낼견
鑓 창견
緊 긴급할견
蚈 반딧불견
蠲 밝을견
繯 얽을견
麉 사슴견
豣 큰돝견
豜 큰돝견
趼 발부르틀견
鈃 목긴병견

鳽 새이름견
岍 산이름견
𥫱 작은묶음견
幵 평할견
䅐 작은단견
汧 못견
獧 씹을견
𨆢 빨리뛸견
𣏩 작은못견
㥉 베견
𢟪 베이름견
籣 호적견
筧 대홈통견

繭 고치견
𦁆 줄맬견
訓 소리견
詃 꾀일견
甽 이랑견
甄 질그릇견
𤿤 부르틀견
絸 고친견
蠒 고치견

결

決 결단할결
𣅞 일식하는빛결

抉 갈가낼결
𢏺 깍지손뗼결
𦈢 이즈러질결
𥆧 눈앓을결
駃 접동새결
鈌 깨질결
𦙶 똥구멍결
玦 노리개결
𧖢 파할결
觖 원망할결
訣 비결결
趹 말갈결

蚗 쓰르라미결
赽 찰결
𩗕 바람불결
鴂 악결새결
潔 맑을결
稧 볏짚결
𢷓 두레박결
𣝏 용드레결
㮮 두레박결
絜 헤아릴결
鍥 낫결
㓤 새길결
𦛹 목의맥결

契 생애결
𥜌 재앙결
紇 실한올결
紓 실묶을결
結 맺을결
焆 불빛결
𦍝 수양결
僪 해무리결
𡗑 머리기울일결
𣦼 다할결
芵 초결명결
逫

멀결 臬 담비결 鈌 찌를결 闋 쉴결 闕 문없을결 觖 뿔에받칠결 觹 미늘있는고리결 闑 마칠결 劊 고기썰결 杰 호걸결 揭 이러날결 紒 맺을결

拮 길거할결 桔 도랏이결 觼 고리결 (겸) 柑 재갈겸 拑 자갈겸 箝 재갈겸 黚 검을겸 鉗 목사실겸 觕 부리겸 拑 얽어맬겸 縑 갑견겸 鼸

코늘어질겸 鶼 새이름겸 䭠 몸마를겸 鶼 겸새겸 鰜 가자미겸 䭑 물리지않을겸 鎌 낫겸 𨐕 어려울겸 謙 겸손할겸 蒹 갈겸 𦪥 배겸 膁 허구리겸 嵰

높고험할겸 傔 겸인할겸 兼 겸할겸 嗛 겸손겸 䶢 적을겸 慊 앙심먹을겸 槏 창설주겸 歉 흉년들겸 薕 대농겸 緘 입담을겸 拎 얼른잡을겸 趝

달아날겸 𥨍 멀겸 鈐 끌겸 箝 집게겸 (겁) 唊 말많을겁 裌 겹옷겁 䛟 짓거릴겁 郟 땅이름겁 鞈 구두겁 鵊 접동새겁 俠 아우를겁 搯 손톱적일겁

䀪 눈자위꺼질겁 袷 겹옷겹 (경) 京 서울경 庚 별경 駉 말경 鯨 고래경 鯁 가시셀경 鯁 가시셀경 鱷 수고래경 勍 강할경 剠 자자경 㢃 곳집경

景 볕경 憬 깨달을경 驚 놀랠경 儆 경계할경 擎 들경 竟 마칠경 境 지경경 幜 신부의면사포경 哽 목멜경 㥮 원망할경 硬 굳셀경 暅 해높을경

綆 드레박줄경 莄 풀줄기경 𨺗 위태할경 䌹 어저귀경 頃 이랑경 頸 목경 鏡 거울경 餇 배부를경 䪫 풍류이름경 䰢 가릴경 剄 목찌를경 勁 굳셀경

㗖 원숭이울경 骾 뼈경 俓 곧을경 巠 물줄기경 䆋 빌경 逕 동안뜰경 鑋 쇠소리경 鵛 새이름경 牼 소정강이뼈경 𤞟 사냥할경 輕 가벼울경 䟾 앙감질할경

痙 중풍뜰경 脛 종아리경 葝 산부추경 莖 줄기경 經 글경 踁 다리경 𥴦 대이름경 誙 말할경 䮯 말꼴샘낼경 傾 기우러질경 冋 빛날경 𡅏 소리길경

冂 멀경 冏 빛날경 囧 창밝을경 坰 들경 悜 맘껏하지못할경 𦖋 근심할경 慶 경사경 埂 구덩이경 嬛 외로울경 扃 빗장경 𢷾 몹시칠경 㨛 대개경

敬 공경경 㪅 고칠경 𥌍 눈광채경 磬 돌경쇠경 競 다툴경 絅 홑옷경 綮 힘줄얽힌곳경 坙 짤경 輤 수레튼튼할경 輂 외바퀴차경 轚 수레튼튼할경

詰 다투어말할경 競 말할경 謦 기침경 警 경계할경 赹 혼자갈경 輕 굳을경 輯 수레소리경 轒 수레소리경 瞏 놀란눈모양경 熲 빛날경 瓊 옥경

璥 옥이름경 獍 짐승이름경 璄 옥빛경 睘 놀라볼경 高 원두막경 耿 빛날경 耕 밭갈경 要 보고성할경 敬 곤대경 莄 향풀경 暻 밝을경 𥂦 피모이는곳경

螢 찰머구리경 曔 밝을경 檠 등잔대경 梗 정직할경 浭 흐를경 涇 통할경 涇 더딜경 滰 걸을경 惸 그릇에물따를경 惸 근심할경 𣚣 밭갈경

椱 두렛줄경 檾 어저귀경 綮 모시경 煢 근심할경 郠 골이름경 硜 완악할경 徑 지름길경 炅 빛날경 麖 큰사슴경 黥 자자할경 麠 사슴경

鶄 꾀꼬리경 卿 벼슬경 褧 홑옷경 粳 멥살경 苘 모시경 畊 밭갈경 絖 두렛줄경 罄 다할경 嬛 외로울경 竸 다툴경

계

卟 점칠계 嗘 소리계 哮 근수계 啓 열계 系 실끝계 紒 상투계 繫 맬계 雞 닭계 鷄 닭계 嵠 시내계 谿 시내계 溪 시내계 鸂 뜸부기계 禊 계계 瘈 병계

瘛 어린아이경기병계 艓 긴배계 𧡲 문안할계 郹 나라이름계 契 계약계 鍥 새길계 瘈 간질계 稽 상고할계 禊 푸다거리할계 盻 엿볼계 繼 이을계

界 지경계 挈 이지러질계 𢡊 고단할계 毄 먹여기를계 蘻 풀연접할계 繫 용드레채계 蟿 긴메뚜기계 悈 신칙할계 戒 경계할계 罽 담요계 葪 베일계

薊 삽주계 蘮 찰풀계 螇 땅벌계 禬 외폭헌겁계 覣 볼계 計 셀계 誡 경계할계 乩 무꾸리계 係 이을계 傒 걸음걸이계 季 끝계 棨 창계

堦 섬돌계 屆 이을계 桂 계수계 枅 기동계 椵 찬장계 榽 묶을계 檵 구기자계 㲅 짐승의가는털계 洎 미칠계 堅 산깊을계 彐 돌머리계 揭 들계

械 틀계 溎 물계 烓 화덕계 忦 두려워할계 忚 싫여할계 悸 동할계 猤 날랠계 㺃 원숭이계 甈 질그릇계 癸 천간계 痵 마음두근거릴계 閕 문짝계

寱 깊이잠들계 闋 문두태구멍계 階 섬돌계 髻 상투계 瘛 머리헐계 豎 궁구계 晵 비갤계 磎 시내계 笄 비녀계

고

古 옛고 苦 쓸고 故

연고 고 枯 마를 고 沽 살 고 ⿸疒古 어린아이 입병 고 棝 쥐덫 고 痼 곤할 고 跍 걸터앉을 고 牯 암소 고 秙 벼여물지않을 고 ⿱竹古 대 고 罟 그물 고 ⿰飠固 떡 고

菇 쥐참외 고 鯝 생선배리 고 固 굳을 고 ⿰口固 소목도리질할 고 堌 오랜무덤 고 姑 시어머니 고 凅 얼 고 ⿰辛古 쓰고매울 고 酤 술살 고 鈷 다리미 고 錮 땜질할 고

辜 허물 고 ⿱艹酤 초김치 고 ⿸虍古 범이숨쉴 고 蛄 도로래 고 詁 주낼 고 婟 애낄 고 ⿰糸古 망개 고 崓 섬 고 ⿰弓古 작은활 고 盬 소금 고 鴣 새 고 稒 고을이름 고 ⿰扌固

고을이름 고 痼 고질 고 估 저자세금 고 告 고할 고 ⿱宀告 움 고 悎 놀랄 고 靠 어길 고 窖 움 고 祰 빌 고 ⿰告羽 빗개나를 고 誥 깨우쳐 고 ⿰告見 오래볼 고 高

높을 고 敲 두드릴 고 暠 명백할 고 ⿸疒高 문동병 고 稾 벼짚 고 ⿰歹高 볕바랠 고 篙 띠 고 膏 기름 고 ⿰高氏 밝을 고 ⿰高頁 큰머리 고 皜 흴 고 歊 휠 고 槁 마를 고

⿰高鳥 골이름 고 鼔 두드릴 고 鼓 북 고 蒿 쑥 고 孤 홀로 고 觚 술잔 고 柧 모질 고 ⿱竹觚 대쪽 고 箛 피리 고 苽 교미 고 胍 큰배 고 罛 큰그물 고 ⿰酉瓜 술잔 고

⿱艹狐 풀우거질 고 呱 아이울음소리 고 軱 큰뼈 고 拷 두드릴 고 撽 칠 고 盬 모을 고 盬 소금밭 고 栲 북나무 고 梌 쥐염나무 고 杲 높을 고 睾 불알 고

⿱鹵皿 그릇 고 瞽 장님 고 桍 마른나무 고 槔 용드레 고 橰 무고나무 고 櫜 활짚 고 滜 언덕 고 烤 불에말릴 고 ⿰火稾 불에말릴 고 箍 대테멜 고 賈 살 고

⿱竹考 대고리 고 考 상고 고 羔 염소 고 羖 검은양 고 股 다리 고 ⿰月尻 볼기 고 菒 마른풀 고 韟 활집 고 顧 돌아볼 고 ⿰韋頁 큰얼굴 고 顆 머리 고 餻 흰떡 고

侤 다짐돌 고 兆 가릴 고 刳 쪼갤 고 臭 윤택할 고 郜 나라이름 고 ⿰金辜 살이름 고 ⿵門殳 외쪽문 고 藁 짚 고 薧 저승 고 ⿱艹鼓 요화 고 袴 바지 고 ⿰辜見 볼 고

嫴 계집죄인머물러둘 고 尻 꽁무니 고 庫 곳집 고 挎 잡을 고 雇 품팔 고 蠱 놀 고 ⿰木咎 드레박 고 ⿰骨尻 꽁무니뼈 고 皋 언덕 고 翺 노닐 고 ⿱艹皋 풀성할 고

糕 시루떡 고 滜 못 고 窌 굴 고 絝 바지 고 頋 돌아볼 고 咎 이름 고 褲 바지 고 叩 두드릴 고

곡

告 청할 곡 鵠 따오기 곡 嚳 제곡 곡 梏 수갑 곡

艁 코끼리곡 䅖 벼익을곡 𨵦 문소리곡 𨺗 큰언덕곡 𩒐 코우뚝할곡 𪘂 상아다를곡 曲 굽을곡 苖 누에발곡 𠰷 문초할곡 浀 물이름곡 筁 누에발곡 瑴 옥곡

蛐 지렁이곡 谷 골곡 㕢 꿩울곡 硲 산골자기곡 𧮫 넉넉할곡 哭 울곡 嗀 입소리곡 𡨧 굽을곡 𢏑 날랠곡 穀 곡식곡 瑴 쌍옥곡 㲉 함곡 榖 저사곡

斛 휘곡 蔛 석곡초곡 𧤚 굽은뿔곡 觳 두려울곡 𥳲 큰상자곡 𣨟 겹낼곡 槲 떡갈나무곡 轂 바퀴통곡 螜 도로래곡 𨣨 술파리곡 榖 닥나무곡

㲉 굽지않은질그릇곡 牿 외양간곡 𨸶 언덕곡 𪕘 족제비곡 𣪍 발등곡 珏 옥곡 𨍭 수레곡 𥽲 곡식곡 瑴 옥곡

곤 困 곤할곤 綑 짤곤 悃 정성곤

捆 두드릴곤 梱 옷동일곤 硱 돌떨어질곤 稇 곡식익을곤 梱 문지방곤 齫 이솟을곤 裩 단곤 緄 띠곤 惃 어지러울곤 菎 향풀곤 昆 형곤 崐 산이름곤 錕 붉은금곤

蜫 벌레곤 輥 빠르게구를곤 鯤 곤어곤 騉 말이름곤 猑 큰개곤 琨 아름다운옥곤 碮 종소리털할곤 鵾 곤이곤 崑 메곤 棍 곤장곤 𪖓 후손곤

幝 잠방고이곤 睴 큰눈툭불거질곤 褌 속것곤 𦋺 삼그물곤 臗 볼기곤 𦬆 북돋울곤 䖵 벌레곤 衮 곤룡포곤 髡 머리깎을곤 𧬃 말분명하지못할곤 坤 땅곤

壼 궐내의복도곤 𡑎 진흙곤 𨁼 자취곤 閫 문지방곤 閸 궁문곤 𦕼 귀달이소곤 𩓂 귀문곤 頎 빰높을곤 鮌 곤어곤 𩶁 어리석을곤 睔 큰눈곤 𤪊 옥곤

㯻 전대곤 滾 끓은물곤 𠃬 가지찍을곤

골 骨 뼈골 䯝 힘쓸골 鶻 매골 榾 삭정이골 搰 팔골 愲 심란할골 顝 추할골 蓇 풀줄기골 縎 맺을골

滑 회해할골 𤹜 무릎병골 汨 다스릴골 抇 끌어굴릴골 䵝 달흐릴골 𣢺 마시는소리골 䌻 실꾸리골 𦡘 볼기뼈골 𩑶 빰높을골

곶 𢈢 곳곶 串 땅이름곶

공 共 한가지공 供 이바지공 栱 말장공 拲 수갑지울공 桊 수갑공 㤨 떨공 拱 꽂을공 𥥱 빌공 恭 공순할공 珙 큰옥공 工 장인공

倥 지각없을공 㓚 낫질할공 功 공공 𡑤 땅이름공 崆 산이름공 攻 칠공 𢱢 잡을공 椌 기물질박할공 槓 막대공 𣓌 거루배공 涳 가는비공 幊 보자공

悾 정성스러울 공 忶 맘급할 공 恐 두려울 공 愩 잘난체할 공 筇 공대 공 䓛 책려풀 공 𢃖 소매 공 𥵘 수레덮는대뜸 공 篢 삿갓 공 𥹳 쌀 공 𦀓 실 공 𦈣

독 공 𧍒 날아올 공 𦔻 귀신소리들을 공 灨 물이름 공 𤗈 담을 공 熕 댕구 공 𤥘 옥띠 공 玒 옥이름 공 疘 밑빠질 공 硿 공청 공 𥟍 늦벼 공 碽 돌치는소리 공 空

빌 공 䔈 결실될 공 𦯷 속빌 공 𧍿 매미껍질 공 貢 바칠 공 灴 횃불 공 䅝 짚 공 邛 병될 공 釭 굴대 공 𨧧 토끼구멍 공 鞏 가죽테 공 鞚 말굴레 공 𩑛 낯 공

𩋫 날가죽 공 𩿨 새모이사양할 공 鵼 새이름 공 跫 발자취소리 공 輂 바퀴둘레 공 控 끌 공 公 귀 공 玜 옥이름 공 蚣 지네 공 𩵽 새우 공 𠯆 지꺼릴 공 倥

작고못생길 공 𪏿 작은잔 공 孔 구멍 공 𣏕 떡갈나무 공 异 도울 공 廾 손맞잡을 공 𥾝 길쌈 공 䕻 율무 공 蛬 귀뚜라미 공 贛 줄 공 龔 줄 공 輁 관괴임 공

贑 줄 공 𩗃 바람 공 𡏶 튼튼하지못할 공 龏 삼갈 공 䰃 머리엉킬 공

㉮

果 과실 과 菓 과실 과 蜾 나나니벌 과 褁 옷쌀 과 顆 알 과 餜 떡 과 騍

암말 과 猓 원숭이 과 稞 보리 과 窠 둥우리 과 粿 정한쌀 과 綶 얽어맬 과 腂 부어서붉은발설 과 棵 괘협 과 踝 복사뼈 과 輠 차기름통 과 錁 띠치장 과 倮 협애할 과

𠝹 베일 과 夥 많을 과 堁 티끌일어날 과 𡶓 산험할 과 課 차례 과 㞮 볼기뼈 과 裹 쌀 과 冎 벨 과 𨖤 너그러울 과 䚘 뿔많을 과 𧩱 말급할 과 𩓣 짧은머리 과

𩞁 먹을 과 撾 칠 과 檛 말채찍 과 濄 물이름 과 踻 발금 과 過 지날 과 鍋 누구 과 鐹 낫 과 剮 살발라낼 과 媧 계집 과 𨗹 매 과 骫 손발굽으러지는병 과

堝 도가니 과 戈 창 과 𨡈 술빛 과 萪 등나무 과 蝌 올챙이 과 科 과정 과 犐 뿔없는소 과 𩚴 고물떡 과 𤘸 큰황소 과 夸 사치할 과 跨 걸터앉을 과 桍 좋을 과

𩊚 띠치장할 과 誇 자랑할 과 胯 사태 과 㡁 속적삼 과 恗 잘난체할 과 𢓨 빨리갈 과 銙 띠돈 과 𨉖 몸부드러울 과 䂒 반석 과 瓜 외 과 荂 꽃 과 𤵸 헌데 과

𧿹 발금 과 𧥾 말더딜 과 𣏛 잡을 과 𧫧 서로그릇할 과 𩚵 밥내릴 과 骻 잔허리뼈 과 寡 적을 과 姱 아름다울 과

곽

郭 성 곽 廓 클 곽 椁 덧관 곽

槨 덧관 곽
漷 물이름 곽
𥗉 돌관 곽
𦗟 큰귀 곽
鞹 다룬가죽 곽
霍 빠를 곽
藿 콩잎 곽
𡾞 산이름 곽
𣟻 탱자나무 곽
癨 곽란 곽
韄 칼장식가죽 곽
篧 가리 곽
钁 괭이 곽
欔 보습 곽
戄 놀랄 곽

관

官 벼슬 관
𨀦 도망할 관
輨 줏대 관
𧙄 바지통 관
錧 보습 관
涫 끓을 관
琯 옥저 관
痯 근심병 관
倌 수레말은사람 관
𠶜 새서로지저귈 관
綰 맬 관
䅘 벼병들 관
管 대통 관
館 객사 관
𢊁 희롱할 관
悹 근심할 관
帵 머리싸는수건 관
棺 관 관
舘 집 관
菅 골관 관
觀 볼 관
瓘 서옥 관
爟 봉화 관
灌 물댈 관
鑵 두레박 관
鱹 사람이름 관
矔 눈부릅뜰 관
鸛 황새 관
罐 물뜨는그릇 관
貫 꿸 관
毌 꿸 관
遦 익힐 관
𣩞 다할 관
鏆 뚫을 관
𥉁 볼 관
摜 띠띨 관
慣 익숙할 관
冠 관 관
莞 왕굴 관
筦 피리 관
梡 우나라제기 관
窾 빌 관
窽 깊은구멍 관
髖 응치뼈 관
寬 너그러울 관
祼 강신할 관
關 빗장 관
悗 굴문 관
𨇨 금옥마광할 관
𦃇 북에실꿸 관
寏 넓을 관
卝 북상투 관
盥 손씻는그릇 관
閞 쇠사슬 관
丱 쌍상투 관
串 꿰미 관
鋘 보습날 관
瘝 병들 관
盥 낯씻을 관
𨫼 단근질할 관
脘 밥통 관
款 두드릴 관
擐 손맞잡을 관
𢕉 천이결을 관
弁 주나라 관

괄

秳 벼날 괄
筈 살오늬 괄
聒 요란할 괄
苦 하늘타리 괄
括 혜아릴 괄
懖 임의로할 괄
刮 긁을 괄
佸 희게할 괄
頢 짧은얼굴 괄
𨠯 낯작을 괄
闊 문열 괄
适 빠를 괄
𦧇 풀 괄
𦧧 혀널름거릴 괄
𦧲 다할 괄
栝 전나무 괄
髺 머리땋을 괄
𤬪 하늘타리 괄
𪘲 씹는소리 괄
䀨 성내볼 괄
鴰 왜가리 괄
颳 모진바람 괄
𩨷 뼈끝 괄
劀 궂은살도려낼 괄
𠯑 입막을 괄
恝 괄시할 괄
捖 긁을 괄
捌 나눌 괄

광

光 빛 광
硄 돌빛윤택할 광
𦊨 그물에가득할 광
胱 오줌통 광
咣 말잘할 광
垙 길거리 광
姯 환할 광
𨸝 밭사이길 광
侊 클 광
桄 베틀 광
洸 물솟을 광
珖 옥피리 광
矌 청맹관이 광
礦 쇠돌 광
穬 벼여물지않을 광
懬 빌 광
𦗿 귀넓을 광
纊 고운솜 광
𨶸 빗장 광
𧬶 소리 광
𩧩 말등도래질 광
𪏰 위엄스러울 광
𪍔 겹질두터운보리 광
𨆢 길넓고멀 광
𨏉 수레밑가로나무 광
𥼐 꾸민빛 광

鑛 쇠덩이광 僙 위엄스러울광 嚝 쇠북소리광 壙 광중광 廣 너를광 撗 챌광 曠 빌광 獷 추악할광 懭 모질광 儣 굳셀광 眶 눈두덩광 框 광판광

筐 모진대광주리광 頣 눈가광 閌 문도리나무광 𨁈 급히갈광 恇 겁낼광 𤭛 어그러질광 𢼌 채마전언저리광 誑 속일광 迋 속일광 軖 물레광 狂 미칠광

鵟 부엉이광 㤮 속일광 眖 비칠광

괘

卦 점괘 掛 걸괘 挂 걸괘 罫 바둑판줄괘 絓 거리낄괘 褂 마고자괘 詿 그릇할괘 戈 창괘

䶌 코숨소리괘 楇 빌괘 喎 입비뚤어질괘 浧 물형세괘 瘑 벼이삭병들괘 夔 개쫓을괘 蹶 오줌괘 肒 허리앞을괘 蝸 벌레괘

괴

傀 엄전할괴 媿 부끄러울괴 塊 덩이괴 愧 부끄러울괴 瑰 옥돌괴 槐 느티나무괴 魁 으뜸괴 騩 재빛말괴 儈 거간군괴 擓 건을괴 㩟 기괴 瘣 병터칠괴 糩 등겨괴

襘 옷깃괴 繪 그림괴 廥 여물망괴 壞 무너질괴 𣪉 무너트릴괴 瓌 옥이름괴 𡅆 부를괴 蘹 회향괴 𥗒 조약돌괴 硜 돌옷같을괴 怪 괴이할괴 叡 숨쉴괴

歒 한숨쉴괴 乖 다를괴 宨 무너질괴 宔 전각괴 砙 돌부서질괴 拐 유인할괴 㟴 홀로설괴 膭 뚱뚱할괴 蒯 기령풀괴 菲 잘룩할괴 凷 덩어리괴

恠 괴이할괴 蕢 풀괴 蔽 풀괴

괵

嘓 귀치않을괵 膕 오금괵 蟈 맨몸괵 幗 아낙네갓괵 聝 귀베일괵 䬎 바람괵 馘 목벨괵 觨 쇠뿔괵 䁳 눈감을괵

𣻛 물소리괵 虢 나라괵 敍 칠괵 䠨 다리길괵

굉

厷 팔굉 宏 클굉 浤 바다물굉 汯 물흐를굉 硡 돌떠러지는소리굉 宖 큰집굉 紘 넓을굉

翃 벌레나를굉 肱 팔굉 軚 수레소리굉 閎 넓을굉 輷 수레소리굉 𥥛 아득할굉 鞃 수레앞에맨고삐굉 䵃 보리굉 觵 뿔술잔굉 獷 개굉 訇 큰소리날굉

觥 클굉 轟 우르를굉 鍧 쇠북소리굉 鍠 북소리굉

교

敎 가르칠교 敫 노래할교 嬓 사람이름교 璬 옥차는교 皦 흴교 撽 칠교 噭 소울교 𨭎 그릇손잡이교

嗷 싸울교 茭 금규화교 㡑 행전교 繳 얽을교 𧬄 들쳐낼교 邀 따를교 校 학교교 郊 들교 較 비교할교 酵 술괼교 鉸 가위교 皎 흴교

구

鷗갈매기구 摳끄을구 埧방축구 椇은나라제기구 救구원할구 梂끌머리구 捄긴모양구 殏마칠구 皳공구 垢때구 姤만날구 咕두멀거릴구 廐
마구구 奺과부수절할구 柩관구 梂도토리바침구 榘법구 樛굽은가지구 絿엄할구 緱칼자루감을구 觳양의젖짜낼구 肍고기로장담을구 聥놀날구 瞉
지식없을구 矩법구 瞿두려워할구 𥕢디딤돌구 窐시루구 寇사나울구 扣두드릴구 搝들구 斞뜰구 灸지질구 㵶고기깃줄구 牞수소구 𪎌
삼구 齨어금니구 龜두꺼비구 䶜너리먹을구 齲충치구 麔수고라니구 鷇새이름구 氍털요구 求구할구 毬제기구 𡛟짝구 㞗자지구 𢇃
옆에붙은집구 裘갖옷구 賕장전구 蛷그리마구 觩뿔끝굽을구 𨀤밟을구 𧺻어긋날구 逑짝구 球옥경쇠구 銶끌구 仇원수구 疚병구 購살구
嫗할미구 嶇산험준할구 㡱깍지구 彄활고지구 傴구부릴구 蓲달구 𧐊누에구 𧜡어린애침받기구 謳노래구 𩓟핀잔줄구 𨃳절구 具갖출구
俱함께구 鑺창구 𢋼곳집구 忂모양구 䂂석주화구 蠷그리마구 𧾣달아나며볼구 躣꿈틀꿈틀할구 衢거리구 媾거듭혼인할구 𢅋홑옷구 溝
개천구 冓재목어긋맷겨쌓을구 褠홑옷구 韝깍지구 覯만나볼구 䐢발굽을구 遘만날구 倃훼방할구 𢝋원망할구 岣산이름구 𡲤신코꾸밀구
𢁒골무구 怐치떨어질구 呴숨내쉴구 蒟감자구 蚼개미구 袧상복사폭구 𧩦훼방할구 咎허물구 跔뛸구 豿곰과범의새끼구 豞꿀꿀할구 𩚵
소배부를구 鮈고기이름구 駒망아지구 苟초결명구 𦨈큰배구 軥멍에구 痀곱사등이구 朐풀이름구 蒟구장구 口입구 叴기승할구 叩두드릴구
夻대구구 𠰗소리높일구 窶가난할구 寇도둑구 屨삼신구 丩넌출구 丘언덕구 久오랠구 佉나라이름구 俅공순할구 廐마구구 蔻풀구
彀활당길구 犰짐승이름구 饇배불러싫을구 勼모을구 蚯지렁이구 蝺예쁠구 褌바지구 訄급할구 詬꾸짖을구 𧮫큰골구 䟡손발곱을구 𨀔

걸을 구 趣 발꼬부라질 구 眗 좌우로볼 구 瞘 보지 구 舊 예 구 臼 절구 구 舅 외삼촌 구 軥 수레뒤 구 邱 언덕 구 玽 옥돌 구 鉤 끌 구 瓝 박 구 笱 통발 구

𧵳 다스릴 구 絇 신코꾸밀 구 䞤 달아나며볼 구 𩋃 말안장 구 雊 장끼울 구 𩑔 힘쓸 구 鴝 새 구 拘 잡을 구 甌 중발 구 傴 편치못할 구 驅 몰 구 頛

일 구 莍 씨 구 㤹 허물 구 浗 손발얼어부풀 구 釦 두드릴 구 牞 소힘쎌 구 㲃 소젖짤 구 璆 옥소리 구 玖 검은돌 구 疚 오랜병 구 䈪 바디 구 簆 바디 구 欵 길 구

篝 불우리 구 糗 볶은쌀 구 籌 배롱 구 絿 흰비단실 구 韝 팔찌 구 韭 부추 구 庆 뜸뜬자리 구 鮥 준치 구 鼽 코막힐 구 粂 꾸미 구 𥾁 단추 구 篝

국

풀쌓을 구 厔 먼지 구 鷇 새새까 구

국 國 나라 국 局 판 국 匊 줌 국 匔 곱사등이 국 厈 잡을 국 𢛯 삼갈 국 蟈 머구리 국 幗 수건 국 𪔣 북소리 국

淗 물결어롱거릴 국 䈮 대뿌리 국 菊 국화 국 掬 움킬 국 𨺅 찰 국 鞫 문초할 국 毱 제기 국 躹 몸굽힐 국 踘 제기찰 국 鵴 뻐국새 국 麴 누룩 국 鞠 쌀 국

挶 잡을 국 跼 굽을 국 𦓡 밭갈 국 梮 썰매 국 鋦 철로동일 국 攫 쥘 국 鞫 굽으릴 국 檋 썰매 국 拲 수갑 국 輂 마차 국

군

군 君 임금 군 窘

여럿이살 군 帬 통치마 군 捃 주울 군 攈 묶을 군 桾 고염 군 涒 토할 군 珺 옥 군 窘 군색할 군 莙 말마름 군 郡 골 군 頵 머리통클 군 裙 치마 군 鵘

꼬리없는닭 군 群 무리 군 涒 여울 군 䐃 사태 군 䞫 다다를 군 軍 군사 군 喗 입클 군 皸 어지러울 군 𥟈 작은멧돌 군 𢈢 쌓을 군 攟 주울 군 羣 벗 군

굴

菌 들콩 군

굴 詘 굽을 굴 趉 달아날 굴 踀 힘 굴 鈯 배목 굴 𩓠 낯짧을 굴 𩬍 털반배 굴 誳 괴이할 굴 倔 굳셀 굴 堀 넙뜰 굴 屈 굽을 굴 崛

산우뚝할 굴 𡳬 동경개 굴 崫 산 굴 𤠳 짐승이름 굴 窟 굴 굴 𥮹 그릇닦는솔 굴 𦁀 맺을 굴 𧋞 좀 굴 䘿 옷 굴 掘 팔 굴 淈 흐릴 굴 𣿔 물속우충할 굴 𩑋

궁

광대뼈 굴 矻 느른할 굴 𢼸 편치않을 굴 𧺼 달아날 굴 扢 막대로팔 굴 𧱔 돌흙뒤질 굴 𩑟 눈불거질 굴 蚐 쥐 굴 劂 우비칼 굴 弫 날낼 굴

궁 弓 활 궁 躬 몸 궁

⿰忄弓 근심할 궁
躬 공순할 궁
⿰山穹 산모양 궁
⿰日穹 별에 말릴 궁
⿰氵穹 빨리 흐를 궁
穹 높을 궁
藭 궁궁이 궁
⿰言穹 물을 궁
⿰身穹 부릴 궁
⿰身匀 공순할 궁
窮 궁진할 궁
⿱宀⿰弓呂 아기집 궁
宮 궁궐 궁
⿱艹宮 궁궁이 궁
⿱艹宮 궁궁이 궁
⿰虫宮 도마뱀 궁
⿰月宮 불알썩힐 궁
竆 다할 궁
躳 몸 궁
⿰亻曲 추할 궁
⿰亻典 굽힐 궁
⿱穴⿰身邑 깊을 궁
⿰金卬 팔고리 궁
⿱髟兊 터럭엉킬 궁

귀

貴 귀할 귀
⿰衤貴 끈 귀
鐀 궤 귀
嘳 한숨쉴 귀
撌 당길 귀
瞶 죄다볼 귀
⿰危阝 마을 귀
⿸广危 무너질 귀
⿰金危 가래 귀
⿰革危 외뿔 귀
⿰口危 허락할 귀
⿰木國 광주리 귀
鬼 귀신 귀
⿰糹鬼 비단 귀
⿰食帚 말여꿔 귀
⿰山帚 돌아갈 귀
歸 돌아갈 귀
⿰貝鳥 재물 귀
⿰酉癸 맑은술 귀
⿱山厥 산이불끈솟을 귀
弃 활잡이 귀
鳺 접동새 귀
劌 상할 귀
集 돌아볼 귀
龜 거북 귀
⿰木龜 느티나무 귀
⿰牛吉 소소리 귀

귁

摑 때릴 귁
幗 관 귁
蟈 개구리 귁
⿰各攵 때릴 귁

궉

鴌 성 궉

권

權 권세 권
⿰月雚 추할 권
蠸 노른재 권
⿰角雚 뿔두를 권
⿰走雚 달아날 권
⿰糹雚 풍뎅이 권
⿰足雚 걸을 권
顴 광대뼈 권
勸 권할 권
髖 광대뼈 권
拳 주먹 권
⿰氵卷 물호를 권
⿰禾卷 벼포기 권
⿰米卷 죽되직할 권
⿰月卷 입시울 권
⿱艹卷 도꼬마리 권
蜷 움추러질 권
綣 정다울 권
裷 복건 권
捲 걷을 권
棬 동구리 권
⿸疒卷 병 권
⿰車卷 차끌 권
錈 쇠말릴 권
犈 다리거먼소 권
婘 예쁠 권
卷 책 권
倦 게으를 권
踡 허리굽힐 권
惓 삼갈 권
⿰卷頁 굽은뿔 권
韏 굽을 권
⿰彳卷 걸을 권
⿰糹卷 넓을 권
鬈 구레나룻 권
圈 집승우리간 권
⿱龹衣 버선 권
絭 팔찌 권
眷 돌아볼 권
⿱龹皿 나무바리 권
觠 굽은뿔 권
桊 소코두레 권
⿱龹牛 소코두레 권
券 문서 권
⿱龹韋 가죽사분파할 권
帣 전대 권
弮 소뇌활 권
齤 옥니 권
⿰忄眷 돌봐줄 권
罥 실그물 권
⿱癶衣 밥뭉칠 권
⿱䜌韋 가득이뜰 권
⿱䜌韋 다룬가죽 권
⿸虍帣 솥 권

궐

亅 갈구리 궐
厥 그 궐
蕨 고사리 궐
蟨 짐승 궐
⿰虫厥 벌레 궐
⿰角厥 뿔로받을 궐
⿰衤厥 옷걷고건늘 궐
⿺走厥 헤치고일어날 궐
⿱厥金 갈 궐
闕 대궐 궐
橛 말뚝 궐
欮 숨찰 궐
獗 도둑일어날 궐
⿸疒厥 기운질릴 궐
⿰石厥 뜰 궐
⿰舟厥 배매는말뚝 궐
⿱厥骨 꼬리밑둥 궐
鷢 조고리 궐
撅 칠 궐
劂 옵이칼 궐
⿰糹屈 열 궐
⿰光攵 열 궐
孑 짧을 궐

궤

樻 영수목 궤
櫃 궤 궤
饋 먹일 궤
潰 흩어질 궤
𩏂 꺾을 궤
簣 삼태 궤
繢 짜든톳꾸 궤
蕢 둥구미 궤
憒 심란할 궤
匱 궤 궤
闠 저자문 궤
𣣏 고달플 궤
鱖 쏘가리 궤
蹶 움직일 궤
鐝 괭이 궤
撅 옷걷을 궤
几 궤 궤
机 책상 궤
氿 물가 궤
漸 물마를 궤
宄 도적 궤
軌 굴대 궤
佹 포갤 궤
觤 뿔길 궤
詭 속일 궤
鵃 접동새 궤
跪 꿇어앉을 궤
攱 허러버릴 궤
祪 신주 궤
垝 무너진 담 궤
姽 몸지어 걸을 궤
恑 변할 궤
簂 잠없는 치포관 궤
簋 첩지 궤
簋 보 궤
麔 큰노루 궤
𦟝 허리아플 궤
厬 물잦을 궤
劌 벨 궤
凧 연 궤
臾 삼태기 궤
麂 큰고라니 궤

규

圭 홀 규
刲 찌를 규
奎 별이름 규
㨒 찌를 규
𨃩 발벌릴 규
跬 걸음 규
邽 고을이름 규
袿 부인옷 규
烓 화덕 규
𡏳 더러울 규
硅 유리만드는 흙 규
𦓴 굽정이 규
茥 딸기 규
楏 호미자루 규
珪 서옥 규
𠃏 파 규
黊 곱게누를 규
摫 마름질할 규
規 법 규
𩸞 복 규
槻 느티나무 규
㥯 조급할 규
戣 양지창 규
揆 헤아릴 규
暌 해질 규
𦞦 추할 규
聧 귀먹어리 규
睽 다를 규
鄈 땅이름 규
藈 취참외 규
𧙅 옷뒤틀릴 규
楑 방망이 규
湀 샘날 규
騤 말세찰 규
葵 아옥 규
叫 부르짖을 규
𧿒 비틀거릴 규
虬 뿔없는 용 규
呌 부를 규
赳 굳셀 규
朻 나무아래로 굽을 규
𨂂 비틀거릴 규
逵 큰길 규
躈 말굽 규
窺 엿볼 규
竅 구멍 규
頯 광대뼈 규
頄 광대뼈 규
頍 머리들 규
闚 엿볼 규
糺 걷을 규
閨 계집 규
蟉 용구비칠 규
𧠢 음란하게볼 규
𧢄 눈녀겨볼 규
犪 소이름 규
鬹 시루구멍 규
馗 아홉거리 규
樛 가지늘어질 규
巂 접동새 규
𪆟 접동새 규

균

呁 토할 균
均 고를 균
昀 날빛 균
畇 밭개간할 균
筠 대껍질 균
蚐 노래기 균
袀 군복 균
訇 속일 균
鈞 설흔근 균
勻 고를 균
囷 서릴 균
蜠 자개 균
菌 버섯 균
䔾 땅버섯 균
箘 살대감 균
綑 묶을 균
碅 돌위태할 균
覠 크게볼 균
輑 굴대 균
麕 고라니 균
𤱋 따비 균
龜 터질 균
麇 노루 균

귤

橘 귤 귤
獝 미칠 귤
𦾔 돌미나리 귤
𧸘 큰자개 귤
𧽥 미쳐뛰어나갈 귤
蹫 미쳐달아날 귤
𪉩 장 귤
𧽤 달아나랴고할 귤

극

克 이길 극
剋 제할 극
𢿽

할미극 谻 게으를극 劇 연극극 𠅞 이길극 𡰽 가질극 𡭴 틈극 𧮪 느른할극 𨜼 땅이름극 可 오랑캐극 革 급할극 屐 나무신극 襋 옷깃극 棘 가시성극

蕀 풀극 𩮀 수염극 撠 찔극 戟 창극 㦸 버들극 裓 옷뒷자락극 𩌏 급할극 極 가운데극 殛 죽일극 𧩱 말더듬거릴극 𢞊 조급할극 亟 급할극 谻

곤할극 丮 잡을극 𪒠 검붉을극 郤 성극

근

斤 근근 妡 아름다울근 芹 미나리근 䓲 쑥근 蘄 싱금초근 赾 어려울근 近 가까울근 釿 대패근

靳 아낄근 菫 오두근 僅 겨우근 廑 작은집근 𢈢 오막살이근 懄 날랠근 漌 맑을근 𤚼 소길들근 墐 진흙근 厪 적을근 𠺝 입시울근 勤

부지런할근 𥳮 대근 瑾 붉은옥근 瘽 병근 饉 주릴근 歏 모자랄근 螼 지렁이근 殣 묻을근 覲 뵈일근 謹 삼갈근 𨁊 발굽치근 根 뿌리근 跟

발뒤꿈치근 𢀜 받들근 巹 초례근 𢀩 펼근 䡹 묶을근 筋 힘줄근 𢩦 덮을근

글

契 땅이름글

금

今 이제금 妗 외숙모금 𢼄 가질금

昑 밝을금 𤘺 소혀병금 琴 거문고금 軡 수레금 黅 누른빛금 紟 옷고름금 䎚 소리금 肣 걷을금 𦨝 새배금 芩 풀금 𦱵 매자깃줄기금 衿

옷깃금 䩽 신들메금 金 쇠금 錦 비단금 㕋 돌땅금 㤷 이할금 㾣 학질금 捦 사로잡을금 𪐴 누렬금 顉 주격턱금 𥗗 험할금 禁 금할금 䌝 실금

𢣃 잠잠할금 僸 우러를금 𨄩 앉을금 澿 추울금 𣘦 책상금 噤 입다물금 𣞁 사리짝금 襟 옷깃금 齽 옥니금 衾 이불금 顉 머리움직일금 擒

사로잡을금 檎 능금금 禽 새금 廞 모진마음금 黬 검고누른빛금

급

及 미칠급 岌 높을급 圾 높을급 彶 급히갈급 忣 급할급 𢨋 문잠을쇠급

汲 물기를급 級 등급 芨 풀급 𥁒 호미급 䕼 동아급 𨸝 사다리층계급 笈 상자급 鵖 새급 䏘 고기국급 啦 배젖는소리급 㣭 사람많이모일급 給 족할급

礏 산우뚝솟을급 𣊩 마르려할급 嬆 맘청백할급 急 급할급

긍

肯 즐길긍 䄄 귀신이름긍 肎 즐길긍 肻 즐길긍 亙 뻗칠긍 䱍 상어긍 緪

동아줄 긍 緪 바줄 긍 亘 뻗칠 긍 搄 끌 긍 絚 줄 긍 堩 길 긍 揯 켕길 긍 暅 볕쪼일 긍 殑 죽으려할 긍 矜 교만할 긍
● 기
基 터 기 淇 물이름 기 娸 미워할 기
猉 강아지 기 琪 옥 기 璂 고깔꾸미개 기 其 그 기 僛 취하여 춤추는 모양 기 綦 반베 기 蜝 방게 기 褀 맬 기 萁 콩대 기 祺 길할 기 妓 기생 기 岐 높을 기
歧 기울 기 攰 피곤할 기 蚑 벌레길 기 芰 마름 기 [illegible] 숨찰 기 䞚 원숭이나무에오를 기 跂 육발이 기 寄 부탁할 기 崎 산길험할 기 婍 고울 기 [illegible] 매미 기
犄 범의어금니 기 琦 옥 기 綺 깁 기 [illegible] 귀기우릴 기 裿 적삼 기 [illegible] 국 기 畸 셈남어지 기 [illegible] 외눈 기 [illegible] 좋을 기 蟣 서캐 기 [illegible] 피날 기 [illegible] 맞비빌 기
[illegible] 갈 기 [illegible] 진주 기 畿 왕터 기 [illegible] 멀리달아날 기 禨 삼서 기 僟 삼갈 기 譏 나무랄 기 璣 구슬 기 [illegible] 뿔 기 [illegible] 적병 기 滊 김오를 기 [illegible] 모양 기 玘 패옥 기
塈 쉴 기 [illegible] 성낼 기 [illegible] 남색할 기 [illegible] 볼기 기 [illegible] 새새끼한마리날 기 [illegible] 가죽 기 企 바랄 기 丌 책상 기 亟 창졸 기 冀 하고자할 기 羈 말굴레 기
[illegible] 참지할 기 刏 찌를 기 剞 새김칼 기 耆 늙을 기 蚚 바구미 기 [illegible] 전갈 기 肵 공경할 기 [illegible] 보리씨뿌릴 기 肌 살 기 羇 나그네 기 芪 단너삼 기 [illegible] 장딴지 기
虮 밀기벌레 기 [illegible] 약풀 기 衹 가사 기 跽 꿇어앉을 기 起 일어날 기 [illegible] 살 기 豈 어찌 기 旣 이를 기 芑 기장 기 祁 클 기 祇 지신 기 [illegible] 흰조 기
[illegible] 그릇 기 疷 체증 기 [illegible] 종아리 기 期 기약 기 棋 뿌리 기 棊 바둑 기 欺 속일 기 旗 기 기 騏 천리마 기 [illegible] 근본 기 [illegible] 씹을 기 諅 꺼릴 기 惎
미워할 기 [illegible] 맬 기 稘 콩줄기 기 箕 키 기 鯕 방어 기 諆 꾀할 기 錤 호미 기 碁 비둑 기 [illegible] 곁가지 기 [illegible] 실을 기 技 재주 기 [illegible] 이를 기 攲 기우러질 기
[illegible] 둥둥떠다닐 기 忮 사나울 기 [illegible] 활이팽팽할 기 [illegible] 붉은자개 기 庋 탁자 기 庪 산제지낼 기 [illegible] 귀신 기 掎 통길 기 [illegible] 검박할 기 騎 말탈 기 [illegible] 뼈 기
踦 절뚝발이 기 [illegible] 몸 기 奇 기이할 기 羇 나그네 기 觭 억박뿔 기 [illegible] 말로농할 기 徛 짐검다리 기 錡 세발가마 기 陭 언틀먼틀할 기 埼 낭떠러지 기 穖 벼 기

機 베틀기 饑 주릴기 嘰 씹을기 幾 거의기 磯 자갈기 ⿰齒幾 이흔들릴기 鐖 큰낫기 己 몸기 屺 동산기 紀 벼리기 記 기록기 ⿱竹己 대자리기

⿱口己 해석할기 ⿰口忌 먹을기 ⿰忄忌 공순할기 暨 다못기 旣 이미기 鱀 상어기 ⿱既言 차례없을기 穊 밸기 愭 공순할기 ⿰耆毛 털무늬기 嗜 즐길기 ⿰金耆 쇠굴대기

鮨 젓갈기 鬐 말갈기기 鰭 지느러미기 棄 버릴기 榿 기나무기 懻 한악할기 沂 물이름기 蹞 발들기 軝 수레굴통대기 ⿺走圭 반걸음기 頍 작은머리기

飢 주릴기 旂 용대기기 岓 돌기 圻 지경기 ⿰言尸 소리지를기 器 그릇기 詣 이름기 ⿰臣言 발악할기 ⿰氵否 부끄러울기 呮 도사리고앉을기 覬 바랄기 鄿 땅이름기

⿺辶开 가까이할기 ⿴行可 자최기 頯 큰입기 ⿰巾矣 바지기 ⿰忄只 산이름기 ⿰禾胃 벼상이삭기 祈 발기 ⿰米氏 쌀기 鵋 부엉이기 麒 기린기 ⿰革句 바퀴통치장기 ⿺辶丌 나아갈기

綦 고비기 杞 구기자기 气 구름기운기 汽 물끓는김기 弃 비릴기 俟 성기 氣 기운기 隑 사다리기

긱

喫 먹을긱 毄 애쓸긱 毄 부지런할긱

긴

緊 긴할긴 ⿰木緊 나무결참참할긴 菣 쑥긴 ⿸疒敃 순종긴 ⿱竹堇 껍질흰대긴

길

吉 길할길 咭 웃을길 姞 성길 ⿰彳吉 나갈길 洁 물길

拮 깍지낄길 桔 도라지길 狤 짐승길 欯 가죽검을길 蛣 방게길 ⿰吉見 사람이름길 趌 달릴길 ⿰𧾷吉 절을길 鞊 가슴걸이길 佶 바를길 鮚 조개길 砎 돌길 ⿺辶韱 비뚜루갈길

김

金 성김

나

曪 날흐릴나 攞 찢을나 欏 울타리나 ⿰氵羅 물이름나 儺 탈나 囉 노래소리나 ⿰石⿱山羅 돌산나 ⿰忄羅 부끄러워할나

⿰月羅 배아래살나 纙 돈꿰미나 羅 버릴나 蘿 무나 ⿰衤羅 웃옷나 ⿰𧾷羅 길잃을나 ⿰月骨 손금나 ⿳亠口⿰月凡 짐승나 ⿰月多 성길나 ⿰扌蠡 벗을나 蠡 옴나 ⿰歹羸 병들나

驘 노새나 鸁 되강오리나 蠃 소라나 扨 그러하나 拿 잡을나 挪 잡아휠나 拏 잡을나 摞 다스릴나 ⿰扌磊 흔들나 ⿰方多 깃발날릴나 ⿰⿱亠口斤 서로칠나 梛 나무이름나

⿰木豙 나무무성할나 ⿸疒禀 옴나 ⿰多冉 많을나 ⿰土累 삼태나 ⿱⿰田田王 귀신쫓을나 哪 어조사나 稬 찰벼나 癩 문둥병나 ⿱䜌瓦 질그릇나 ⿰食阝 물릴나 ⿰木達 썰은나

奈 어찌 나
挼 꺾을 나
那 어찌 나
[illegible] 헛간 나
娜 아리따울 나
[illegible] 찰풀 나
糯 찰벼 나
拏 잡을 나
[illegible] 새농 나
[illegible] 머리숫할 나
[illegible] 조죽 나
[illegible] 꼭붙을 나
[illegible] 가다설 나
詉 말하지못할 나
[illegible] 말바르지아니할 나
説 뜨개질할 나
覼 좋게볼 나
裸 벌거벗을 나

낙

喏 송사하는말 낙
貉 소젖 낙
咯 부를 낙
[illegible] 죽을 낙
洛 서울 낙
烙 지질 낙
珞 구슬로목에치장할 낙
笿 묶을 낙
絡 연락할 낙
落 떨어질 낙
酪 타락 낙
雒 새 낙
[illegible] 가죽 낙
[illegible] 비떠러질 낙
駱 약대 낙
鮥 고기 낙
鉻 깎을 낙
硌 큰바위 낙
[illegible] 허락 낙
礐 돌서로부닻치는소리 낙
諾 대답할 낙
[illegible] 차소리 낙
犖 얼룩소 낙
[illegible] 얼룩소 낙
[illegible] 가질 낙
[illegible] 미친말 낙
[illegible] 크게즐길 낙
[illegible] 잡을 낙

난

闌 차면 난
[illegible] 철 난
囒 말알수없을 난
讕 거짓말할 난
孄 게으를 난
攔 막을 난
欗 목란 난
欄 난간 난
[illegible] 말얼얼할 난
蘭 난초 난
襴 난삼 난
讕 미댈 난
躝 넘을 난
鑭 금채색 난
灡 뜨물 난
瀾 물결 난
爛 찬란할 난
瓓 옥무늬 난
籣 동개 난
韊 전동 난
懶 게으를 난
嬾 게으를 난
[illegible] 띠 난
鑾 방울 난
[illegible] 산돌그물 난
欒 파리할 난
攣 순채 난
鸞 난새 난
[illegible] 대궐에함부로들어올 난
灓 적실 난
[illegible] 움추러질 난
愞 맘약할 난
[illegible] 따뜻할 난
餪 잔치 난
渜 목욕한물 난
[illegible] 얼굴붉을 난
赧 무안할 난
[illegible] 붉을 난
亂 어지러울 난
[illegible] 게으를 난
戁 송구할 난
攤 누를 난
[illegible] 가죽 낙
難 어려울 난
詘 시끄러울 낙
暖 따뜻할 난
煖 더울 난
[illegible] 께뜨릴 난

날

埒 비등할 날
捋 딸 날
[illegible] 낮추할 날
[illegible] 검을 날
[illegible] 갈 날
[illegible] 암자 날
[illegible] 바람불 날
[illegible] 눈알비뚤 날
[illegible] 추한밥 날
[illegible] 씹을 날
瘌 옴 날
[illegible] 여울 날
辣 가혹할 날
攋 헤칠 날
苶 고달플 날
[illegible] 옷 날
捺 손으로누를 날
捏 누를 날
涅 앙금흙 날

남

男 사내 남
娚 말소리 남
南 남녘 남
湳 물이름 남
[illegible] 죽 남
罱 그물 남
蝻 곡식벌레 남
腩 간랍 남
遖 갸륵할 남
[illegible] 고기지질 남
婻 몸통통할 남
[illegible] 점 남
灆 맑을 남
灠 물들일 남
爁 불번질 남
[illegible] 흰옥 남
[illegible] 즐길 남
擥 잡을 남
欖 감람 남
[illegible] 털 남
[illegible] 얇고클 남
[illegible] 재물탐낼 남

艦 키클남 纜 배닻줄남 尠 적을남 襤 해진옷남 嚂 입우물거릴남 覽 볼남 𩈣 얼굴길남 𩯭 머리치렁치렁할남 𨢿 술따를남 𢄔 단없는옷남 𡣆 그릇할남

濫 외김치남 藍 쪽남 嵐 아지랑이남 葻 풀남 顲 머리숙일남 啉 떠들남 㝼 흙그러모을남 惏 탐할남 醂 건시남 婪 탐할남 𡝪 고울남 楠 남나무남

枏 나무남 漤 물방울남 䨲 진흙남 𨭕 말자갈남 䣸 물릴남 燣 누를남 畘 밭이랑남 𥁲 가죽남 揇 고기물먹는모양남 𢷾 쌀두번찧을남 攬 꺾을남 䡅 수레머뭇거릴남

납

內 들일납 妠 장가들납 軜 소고삐납 䪏 연할납 𩚵 먹을납 魶 메기납 納 들일납 蒳 향풀납 衲 고깔납 拉 꺾을납 菈 무납

柆 나무꺾을납 𤞑 나를납 𢇍 집소리납 𧘂 옷해질납 𩃔 비소리납 啦 존칭할납 蠟 밀납 鑞 백철납 𩨍 말가지않을납 獵 첨으로나를납 邋 천천히걸을납 𪈓 파뜩파뜩할납

𪙀 씹는소리납 𣠽 백납나무납 𥕫 깨지는소리납 槢 소받을납 摺 꺾을납 𢺶 칠납 纇 옷해질납 遝 뒤섞일납 繬 엷은비단납 囲 손움직일납 𧗿 앉은뱅이납 嚃 입우물거릴납

낭

娘 아씨낭 瑯 법랑낭 䂵 짧은창낭 硠 단단할낭 㝗 빌낭 廊 월랑낭 誏 말할낭 蒗 도랑낭 𥳑 가라지낭 筤 어린대낭

朖 밝을낭 㮾 느름나무낭 榔 빈랑낭 㰠 탐낼낭 浪 물결낭 𣵡 개천낭 烺 불이글이글할낭 𨌲 수레낭 閬 산이름낭 𩛺 국낭 䯞 무릎뼈낭

䱶 수게낭 郞 사내낭 琅 낭간낭 莨 오독도기낭 桹 광낭나무낭 䳰 비들기새끼낭 㠂 산모롱이낭 儾 가는모양낭 𡓷 토굴낭 囊 주머니낭 灢 물흐릴낭

𧞤 너그러울낭 瀼 물철철흐를낭 𦇌 너그러울낭 欜 함지낭 攮 밀낭 曩 아래낭 㹷 삽살개낭 𨝰 골이름낭

내

乃 이에내 來 올내

唻 소리내 婡 예쁠내 崍 산이름내 萊 쑥내 𧢻 뿔심내 猍 삵내 徠 산이름내 棶 박달나무내 𩓥 덮을내 𨻖 섬돌내 逨 이를내 郲 땅이름내 睞 돌아볼내

𤱈 묵은밭내 猍 삵내 鯠 고기이름내 騋 키큰말내 鶆 매내 𧼐 이를내 䅘 보리내 𪐱 검붉을내 麳 밀내 內 안내 帄 기느러질내 肭 해구내

奈 벗 내 柰 어찌 내 鯠 넘새날 내 能 자라 내 褦 삿갓 내 褦 패랑이 내 䏧 날호릴 내 㮈 죽은나무 내 郲 골 내 萊 과실주렁주렁달릴 내 涞 물들 내 䁚 악한눈 내

𠣹 향 내 妳 낮잠잘 내 嬭 유모 내 迺 어조사 내 貭 쌓을 내 𨆝 절뚝발이 내 䓝 나물 내 𩬅 머리엉킬 내 鼐 큰솥 내 耐 견딜 내 㲡 얼룩털 내

년 年 해 년 姩 이쁜계집 년 㞋 다룬가죽 년 䶌 푸른다람쥐 년

념 念 생각 념 惗 사랑할 념 𨹾 언덕위에서만날 념 𨧭 비녀 념

노 老 늙을 노 㾖 옴 노 咾 약한소리 노 𥬗 버들고리 노 恅 심란할 노 盧 검을 노 驢 나귀 노 鱸 농어 노 黸 새까말 노 鸕 더펄새 노 矑 볼 노 𡄎 돌부르는소리 노 攎 걷을 노

擄 노략질할 노 樐 큰방패 노 櫨 주두 노 瀘 물이름 노 爐 화로 노 獹 개 노 籚 창자루 노 纑 베올 노 罏 술잔 노 艫 배머리 노 艣 노 노 鐪 칼자루 노

鑪 화로 노 顱 머리 노 虜 사로잡을 노 蘆 갈 노 壚 검은흙 노 虜 챙 노 轤 갈이 노 嚧 웃을 노 瓐 호로박 노 路 길 노 輅 수레 노 鏴 금길 노 賂

露 이슬 노 餎 국수 노 蕗 감초 노 虂 머루덩쿨 노 簬 화살만드는대 노 璐 예쁜옥 노 潞 물이름 노 鷺 백로 노 癆 병 노 嘮 지꺼릴 노 憦 뉘우칠 노 撈 건저낼 노

澇 큰물결 노 簩 대이름 노 耮 먼지 노 䅹 돌콩 노 𠢏 길 노 蟧 쓰르라미 노 𧬨 소리많을 노 躼 몸길 노 䜎 골빌 노 鹵 염전 노 滷 쓸 노 鑥 가마 노

䜔 말할 노 䓶 풀 노 塷 짠땅 노 碯 마노 노 瑙 마노 노 𩋒 가죽 노 㛴 번뇌할 노 貎 담비 노 𧪃 말로욕할 노 蹽 새콩 노 橑 마른매실 노 潦 장마 노

努 힘쓸 노 呶 들렐 노 砮 돌살촉 노 𥃊 눈부릅뜰 노 笯 새농 노 㲻 젖을 노 奴 남종 노 孥 자식 노 帑 새꼬리 노 弩 소뇌 노 怒 성낼 노 怓 심란할 노

駑 노둔할 노 嫪 애달플 노 嘐 고요할 노 獳 삽살개 노 臑 팔마디 노 嚕 말할 노 櫓 노 노 魯 노둔할 노 哰 말알지못할 노 𠈇 투박할 노 窂 충실할 노

硓 돌그릇 노 窂 굳을 노 鉾 놋그릇 노 硇 노사 노 㖠 바른말할 노 詸 수수께끼 노 憹 뉘우칠 노 獶 더펄개 노 氌 융 노 𤞁 산이름 노 猱 원숭이 노 𤢗 암담비 노

녹

碌 푸른돌 녹 祿 복 녹 逯 귀신뵐 녹 簶 전통 녹 箓 높은대상 녹 籙 호적 녹 粶 불에말린쌀 녹 綠 초록빛 녹 ⿰月彔 도마뱀 녹 菉 녹두 녹 趢 국축할 녹

錄 기록할 녹 盝 걸을 녹 琭 옥 녹 ⿰白彔 흰짐승 녹 ⿰氵盝 살결억셀 녹 盝 걸를 녹 ⿰犭彔 물새나를 녹 醁 술 녹 ⿰彔頁 목 녹 騄 준마 녹 ⿰糸鹿 순전할 녹 ⿱罒鹿 잔그물 녹 蔍

원추리 녹 螰 쓰르라미 녹 簏 대상자 녹 ⿺走鹿 소리 녹 ⿰足鹿 빨리달아날 녹 轆 멍에채에가죽테할 녹 騼 말 녹 ⿸鹿皮 가죽무늬 녹 ⿸鹿彔 짐승이름 녹 麓 산기슭 녹 ⿰黑鹿 때붙을 녹

鹿 사슴 녹 膔 배끓을 녹 ⿰目鹿 눈맑을 녹 ⿸鹿皮 가죽무늬 녹 僇 성 녹 甪 신선이름 녹 濼 물이름 녹

논

論 의논 논 論 향풀 논 ⿸麻香 향내 논 碖 돌멸어질 논

惀 생각할 논 㥏 염치없을 논 淪 배끌 논

농

農 농사 농 儂 나 농 噥 달게먹을 농 穠 번화할 농 繷 많을할 농 䁸 캄캄할 농 蕽 갈꽃 농 𩟊 먹을 농

⿱雨農 이슬 농 齈 코물흘릴 농 擃 찌를 농 濃 걸찍할 농 癑 설곰길 농 襛 옷두터울 농 ⿰豸農 많을 농 醲 술 농 嚨 목구멍 농 壟 무덤 농 巃 산높을 농 竉

깊은구멍 농 ⿰禾龍 벼병들 농 ⿱竹襲 상자 농 籠 농 농 聾 고름 농 龐 중실할 농 鑨 쇠그릇 농 隴 둔덕 농 霳 우뢰소리 농 ⿰革龍 언치 농 ⿰食龍 떡 농 鸗 들말 농

⿰忄龍 어그칠 농 攏 가질 농 曨 해돋을 농 朧 달밝을 농 瀧 젖실 농 瓏 환할 농 礱 갈 농 ⿰角龍 끌 농 ⿰手龍 용그린홀 농 ⿰舟龍 붉은빛 농 ⿱龍鳥 새 농 蠪 개미 농

⿰身龍 몸단정하지못할 농 蘢 요화 농 ⿰黍龍 차질 농 襱 바지가랑이 농 豅 크고긴골 농 ⿺走龍 걸음새 농 弄 희롱할 농 ⿰山弄 산구멍 농 ⿰土弄 구멍뚫을 농 哢 새지저귈 농

⿸广弄 큰집 농 ⿰忄弄 고지식할 농 ⿰衤弄 옷한벌 농 盥 고름 농 ⿰身小 몸 농 咔 조롱할 농

뇌

耒 따비 뇌 ⿰口耒 말막할 뇌 ⿰耒瓜 외속 뇌 ⿰耒卩 고을이름 뇌 頛 머리기울 뇌

雷 우뢰 뇌 ⿸疒雷 두두러기 뇌 擂 연마할 뇌 ⿰畾攴 꺾을 뇌 ⿰雷瓦 지붕마루 뇌 檑 돌굴릴 뇌 ⿰雷瓦 집대마루 뇌 ⿰畾瓦 집용마루 뇌 鐳 병 뇌 畾 밭사이 뇌 礨 구멍 뇌 礧

돌굴러내릴 뇌 ⿱畾皿 술단지 뇌 ⿱山畾 산이총총할 뇌 罍 술잔 뇌 攂 급히북칠 뇌 瓃 옥그릇 뇌 ⿱罒畾 그물 뇌 ⿰犭畾 박쥐 뇌 櫑 술잔에무늬새길 뇌 蠝 박쥐 뇌 讄 시호 뇌 轠

수레잇달 뇌
襰 방자할 뇌
籟 피리 뇌
瀨 여울 뇌
藾 덮일 뇌
娞 고울 뇌
⿰弓委 활당길 뇌
捼 만질 뇌
挼 비밀 뇌
⿰委瓜 외속 뇌
腇 잔약할 뇌
⿰委風 바람 뇌
餧 굶길 뇌
鯘 생선썩을 뇌
磊 돌첩첩할 뇌
惱 번뇌할 뇌
腦 머리골 뇌
纇 실마디 뇌
蕾 맺힐 뇌
誄 시호 뇌
賴 힘입을 뇌
賚 줄 뇌
錗 대패 뇌
酹 강신술 뇌
⿰足厲 절뚝거릴 뇌

누

⿰片婁 물막는 널판 누
熡 불꽃 누
⿰犭婁 돌암내낼 누
甊 병 누
⿰婁瓜 박 누
⿰羊婁 뿔넷난 양 누
耬 씨뿌리는 그릇 누
艛 다락있는 배 누
蔞 물쑥 누
⿱艹縷 달기씨깨 누
褸 옷해질 누
⿰貝婁 탐할 누
⿰豆婁 흰콩 누
貗 오소리새끼 누
⿰豕婁 암내내는 돌 누
遱 연할 누
嘍 개부를 누
塿 토눈 누
婁 빌 누
屢 여러 누
縷 실 누
嶁 산이름 누
廔 집창 누
瘻 곱사등이 누
⿰阝婁 골이름 누
簍 대농 누
⿰礻婁 음식제 누
瞜 애꾸눈 누
鷜 들거위 누
⿰魚婁 잉어 누
髏 해골 누
鞻 춤신 누
⿱雨婁 비올 누
漏 샐 누
屚 집샐 누
⿰足屚 사뿐밟을 누
⿰金屚 녹 누
羺 양 누
⿰革需 오랑캐양 누
⿰需兔 토끼새끼 누
譳 말머뭇거릴 누
⿰月累 추악할 누
⿰王累 옥그릇 누
累 얽힐 누
⿰牛累 암내내는 소 누
⿰牛纍 암내내는 소 누
⿱竹累 삼태 누
縲 검은새끼 누
⿰氵⿱田田皿 물결용솟음할 누
鼺 청서모 누
獳 성난개 누
譨 속사길 누
⿰酉鹵 젖 누
⿰口乳 젖먹일 누
㝅 젖 누
庳 초가 누
⿰女乳 계집살통할 누
垒 흙담 누
陋 더러울 누
絫 포갤 누
耨 김맬 누

눈

媆 약할 눈
嫩 어릴 눈
⿰火内 더울 눈

눌

吶 말더듬거릴 눌
⿰忄内 근심하고 민망할 눌
⿰日内 해저물 눌
⿰歹内 심란할 눌
訥 말더듬거릴 눌
䟜 상할 눌
鈉 메 눌
貀 짐승 눌

늑

扐 손사이에 시초길 늑
仂 십분일 늑
嘞 흩어질 늑
泐 물소리 늑
玏 옥돌 늑
竻 대뿌리 늑
肋 갈비대 늑
艻 향풀 늑
阞 흙켜 늑

늠

檁 들보도리 늠
澟 차고맑을 늠
癛 소름돋을 늠
⿱艹稟 빵쑥 늠
菻 쑥 늠
⿰扌林 칠 늠
廩 쌀곳간 늠

능

能 능할 능
夌 넘을 능
⿰馬夌 말별두 능
⿰食夌 말피내릴 능
⿰風夌 큰바람 능
陵 능 능
錂 강한철 능
輘 짓밟힐 능
⿺走夌 넘을 능
淩 달릴 능
碐 돌험할 능
踜 머물 능
祾 말북두 능
⿱艹祾 승금초 능
菱 마름 능
稜 모질 능
⿰月夌 슬퍼할 능
㥄 업신여길 능
庱 정자이름 능
楞 질 능

다

多

많을 다 爹 아비 다 茤 마름 다 荼 차 다 宊 아첨할 다 𣘻 차나무 다 𨂝 가다가 설 다 踷 비스듬이 갈 다 觰 뿔뿌리 다 𧢲 뿔짧을 다 𡽂 오목한 산 다

단

旦 아침 단 但 다만 단 庴 작은집 단 袒 옷솔 터질 단 觛 술잔 단 𧺺 갈 단 𨳿 문빗장 단 𩒓 얼굴 단 𢗺 슬퍼할 단 担 멸칠 단 疸 황달 단 鴠 알단 胆

침버케 단 單 홑 단 匰 감실 단 𡾰 산 단 襌 홑옷 단 鄲 땅이름 단 𨣔 술 단 癉 가쁠 단 鷤 꿩새끼 단 丹 붉을 단 砃 붉은 돌 단 壇 단 단 勯 힘다할 단

儃 달아을 단 驙 말 단 𤺺 병들 단 䕍 덩쿨 땅에 퍼질 단 彖 결단한 단 貒 오소리 단 𧳕 벌레 단 貒 오소리 단 鶨 새이름 단 褖 옷 단 湍 여울 단 煓 빛날 단

踹 발구를 단 剬 단정할 단 𧣔 각단 단 𧵤 재물있을 단 篅 대 단 端 끝 단 猯 삵 단 褍 옷바른 폭 단 𪏭 빛 단 鍴 송곳 단 團 둥글 단 鏄 쇠덩이 단 漙

이슬맺을 단 慱 근심할 단 𩣪 더디게 걷는 말 단 毈 알 곪아 까지 못할 단 腶 약포 단 鍛 단련할 단 葮 무궁화 단 椴 피나무 단 𢶍 구를 단 斷 끊을 단 𧮦 말에 혹날 단

달

躖 발자국 단 蛋 새알 단 𤗚 누른빛 단 𣪁 던질 단 短 짧을 단 鷻 수리 단 鷒 새 단

달

達 사무칠 달 橽 물통 달 撻 때릴 달 𢕺 오랑캐나라 이름 달

燵 화로 달 㺚 물개 달 𤏲 부름틀 달 𦪁 싸움배 달 薘 근대 달 闥 문차면 달 躂 미끄러질 달 韃 나라이름 달 𩞄 수제비 달 怛 슬퍼할 달 妲 계집이름 달

詚 조용하지 아니할 달 笪 뜸 달 狚 이리 달 靼 다룬 가죽 달 𪏽 회색빛 달 炟 불일어날 달 𠹌 새울 달 𢡃 놀날 달 䆗 빰불룩거릴 달 獺 물개 달

담

覃

미칠 담 墰 술병 담 蟫 좀 담 𡣍 계집몸 가늘고 길 담 瞫 시끄러울 담 藫 물이끼 담 禫 담제 담 䆱 안으로 굽을 담 賧 선셈 받을 담 𧼞 몰아 달릴 담 醰 단술 담

憛 근심 적을 담 霮 장마 담 醰 향내 담 驔 말 담 潭 연못 담 燂 불당길 담 埮 평평할 담 惔 근심할 담 倓 편안할 담 啖 싱거울 담 菼 갈싹 담 𦶜 외김치 담

痰 담 담 𧝉 옷입은채 잘 담 窞 깊을 담 𥨍 엷고 클 담 談 말씀 담 郯 나라이름 담 𨡍 술맛 새금할 담 顃 낯길 담 餤 씹을 담 黮 구름 담 𪉫 싱거울 담 毯

담자리 담 淡 물맑을 담 緂 비단 담 篜 큰대 담 聸 귀늘어질 담 膽 담 담 礵 석담 담 舚 좋아할 담 擔 짐 담 薝 치자꽃 담 澹 성 담 憺 고요할 담 甔

큰독 담 媅 할미 담 啿 많을 담 覘 천천히볼 담 霮 구름피어오를 담 䨵 구름필 담 湛 즐길 담 舑 혀빼물 담 聃 귀바퀴없을 담 坍 물이언덕칠 담 𣳠 물결 담

萳 파 담 湳 험한파도 담 酖 둔할 담 妉 즐거울 담 𢇛 그늘 담 𡖔 많을 담 衴 이불 담 監 육젓 담 黕 때낄 담 紞 면류관앞드림 담 吮 새울 담 髧

머리놀릴 담 埢 굽은 담 窞 구덩이 담 萏 연꽃봉오리 담 啗 씹을 담 壜 술병 담 唫 입 담 呾 서로꾸짖을 담 𥹷 차질 담 醓 고기젓 담 忐 맘허할 담 噉

씹을 담 嘾 탐할 담 䠛 노래할 담 饏 맛없을 담 曇 날흐릴 담 蕁 마름 담

답

荅 좀콩 답 剳 갈구리 답 匒 포갤 답 搭 칠 답 榙 천의 답 答 대답 답

䀎 눈내리깔 답 㾑 두루러기날 답 㿹 가죽늘어질 답 瘩 살찔 답 𨻵 낮을 답 鞳 북소리 답 沓 거듭 답 傝 일감당못할 답 嚃 잔말할 답 嵓 산 답 幍 앙장 답

墖 떠러지는소리 답 搨 골무 답 榙 기둥머리 답 涾 끓어넘을 답 䑽 먹을 답 誻 잔말할 답 䩢 두툼할 답 畓 논 답 碴 쌀싫을 답 踏 밟을 답 䪚 골무 답

輵 바퀴통속쇠 답 䵬 왈패 답 𪔂 북소리 답 𧳟 물개 답 篛 창짝 답 䜚 수다할 답 䪞 갓옷 답 䬾 먹을 답 𦐇 떼지어나를 답 𤢯 나를 답 䞙 노름 답 𧭹

말다툼할 답 譶 재재거릴 답 耷 큰귀 답 𨂋 걸터앉을 답 鵅 푸르륵날 답

당

堂 집 당 鞺 북소리 당 膛 뚱뚱할 당 螳 버마재비 당 蹚 미끄러질 당 鏜

북소리 당 闛 북소리 당 漟 골 당 隚 주초돌 당 當 마땅할 당 闣 엿볼 당 饄 밥 당 艡 싸움배 당 襠 잠방이 당 𨏴 수레바탕 당 鐺 쇠솥 당 璫 귀고리 당 擋

처리할 당 礑 밑 당 簹 왕대 당 𦗷 귀처져붙을 당 檔 책상 당 𦡸 귀밑오목한곳 당 儻 억매지않을 당 讜 곧은말 당 爣 밝을 당 灙 물모양 당 曭 어스름할 당

攩 막을 당 曭 밝을 당 曭 햇빛희미할 당 欓 나무통 당 矘 눈멀거니뜨고볼 당 䆳 누른곡식 당 戃 깜짝놀랄 당 黨 무리 당 唐 당나라 당 溏 얼 당 𠹗

큰말할 당 塘 못 당 嵣 산구비 당 隚 방축 당 𩸞 자가사리 당 鶶 새이름 당 膅 다리살찔 당 𨍮 군사수레 당 赯 얼굴검붉을 당 鎕 붉은구슬 당 𧃌 들벗나무 당

螗 매미 당 蓎 소나무겨우사리 당 煻 더운재 당 瑭 옥이름 당 榶 주발 당 磄 괴상할 당 禟 도울 당 䅯 기장 당 篖 대자리 당 糖 사탕 당 𣯴 담 당 溏

연못 당 䌅 큰줄 당 撞 칠 당 𧢄 바로볼 당 䯵 꽁무니뼈 당 幢 기 당 䬅 바람 당 𩗴 바람 당 餳 엿 당 糃 정미 당 戇 고지식할 당 鄌 머무는 곳 당

党 오랑캐 당 𠑆 큰소리 당 棠 땅이름 당 牚 버팀목 당 𢪸 끌 당 𨋎 쇠심대 당 𩒮 머리 당 囼 돌깨치는소리 당 鼞 북소리 당 **대** 大 큰 대 𩾡 새 대

𪐴 혼적 대 軑 바퀴통감기쇠 대 汏 씻겨갈 대 扙 팔목뼈 대 笶 얇고긴바구미 대 旲 햇빛 대 代 대신할 대 垈 집터 대 岱 태산 대 帒 전대 대 𤄺 술흐릴 대

玳 대모 대 袋 주머니 대 襶 우둔할 대 𣐈 누에시렁 대 臺 대 대 儓 하인 대 𡃈 말끊이지않을 대 嬯 미련스러울 대 籉 삿갓 대 檯 등대 대 𪒿 검을 대

帶 띠 대 廗 집비뚤어질 대 㿃 대하증 대 蹛 땅이름 대 薹 장다리 대 𣟰 나무결거슬려깎을 대 擡 들 대 對 대답할 대 襨 의대 대 㨃 빌릴 대 懟 원망할 대

轛 수레난간기둥 대 𩆟 검은구름낄 대 𣋁 성할 대 薱 초목무성할 대 濧 담글 대 隊 떼 대 𪓬 구름뜰 대 瀨 물에모래밀릴 대 䨺 구름일 대 𥵊 맷돌 대 𨭕

차의난간기둥 대 憝 원망할 대 錞 창고달 대 𥪧 포갤 대 譈 미울 대 跢 어린아이걸음 대 祋 창 대 碓 방아 대 待 기다릴 대 丐 거스를 대 瑇 대모 대 駾

넵뛸 대 𨽋 설은풋김치 대 **덕** 德 큰 덕 㯖 덕 덕 悳 큰 덕 惪 큰 덕 **도** 刀 칼 도 叨 참람할 도 魛 갈치 도 朷 나무고갱이 도 忉 근심할 도 𤆍 태울 도

舠 거루 도 到 이를 도 倒 엎드러질 도 菿 초목거꾸러질 도 匋 질그릇 도 啕 수다할 도 謟 왕래하는말 도 綯 새끼꼴 도 騊 좋은말 도 𪎊 보리떡 도 𩬛 길 도

鋾 쇠덩이 도 陶 질그릇 도 𩋵 북통 도 萄 포도 도 蜪 메뚜기새끼 도 𢔊 기다릴 도 掏 가릴 도 祹 상서 도 淘 쌀일 도 醄 몹시취할 도 庩 집 도 𧽪

엎드러질 도 途 길 도 跿 맨발 도 駼 말이름 도 𨛦 골 도 荼 쓸 도 涂 감젖 도 䩣 짚신 도 𧦝 말분명치못할 도 塗 진흙 도 稌 찰벼 도 穃 벼이삭 도

筡 속빌 도 捈 당길 도 𤛛 칡소 도 酴 술밑 도 鵌 새 도 𩩲 머리뼈 도 鍍 도금할 도 渡 건늘 도 燾 비칠 도 濤 큰물결 도 鞀 소고 도 鞱 소로배끌 도

𨱽 길 도 逃 달아날 도 咷 아이울음끈질길 도 𩬊 터럭길 도 桃 복숭아 도 𥗳 돌암소 도 𩓔 큰낯 도 禱 빌 도 卣 고기 도 匋 기여댕길 도 噵 이를 도 𪇆 지킬 도

道 길 도 䈱 소먹이는그릇 도 簉 시렁 도 圖 그림 도 堵 담 도 𧶠 내기하여이길 도 賭 내기 도 𥼶 범벅 도 𦅗 초록빛 도 絛 엮은줄 도 舠 큰배 도

叙 늙은이 도 𦙶 큰창자 도 翿 둑 도 𦨣 키 도 韜 감출 도 𩗾 큰바람 도 饕 탐할 도 馟 향기날 도 鷵 새이름 도 鍺 바퀴통 도 闍 성문층대 도 都 도읍 도

䖣 범 도 裯 소매 도 設 말두미없을 도 謟 의심할 도 擣 찧을 도 𣅦 햇빛 도 𣇞 해그림자 도 梚 나무가지퍼질 도 棹 노 도 𣔊 가나무 도 䑬 큰배 도 𡏩 묻을 도

屠 백장 도 島 섬 도 導 인도할 도 庴 부엌 도 𢉃 초가 도 幍 모자 도 廜 암지 도 弢 활집 도 悼 슬퍼할 도 慆 두드릴 도 搗 찧을 도 睹 볼 도

掉 흔들 도 瘏 병들 도 𥄢 많을 도 禂 마조단제 도 𥝌 피 도 稻 벼 도 䆃 가릴 도 䈱 소먹이그릇 도 滔 물넘을 도 𣽊 부를 도 瑫 아름다운옥 도 櫂 노 도

𣀔 벗할 도 醄 된장 도 鋾 쇠함 도 檮 토막나무 도 殬 패할 도 涂 도랑 도 牧 소더디갈 도 盜 도둑 도 𧳜 옥수수 도 鷋 비둘기 도 度 법도 도

독

督 거느릴 독 竺 두터울 독 秃 털빠질 독 篤 도타울 독 纛 둑 독 獨 양 독 𣯴 기 독 䓯 땅버들 독 𧄍 땅두릅 독 蝳 거미 독 裻 소매 독 䙱 옷등솔 독 読 속일 독

𨈹 곪을 독 𨂫 비뚜루갈 독 碡 밭고르는돌곰배 독 𧾗 갈 독 𨘭 익을 독 鑟 인궤 독 韇 동개 독 瀆 도랑 독 牘 서관 독 犢 송아지 독 瓄 옥그릇 독

櫝 함 독 殰 사태할 독 讀 읽을 독 讟 원망할 독 嬻 설만할 독 黷 더러울 독 韥 전동 독 毒 독할 독 獨 홀로 독 韣 활전대 독 䪅 머리뼈 독 𩑛 머리뼈 독 㧻

(지팽이로) 찌를 독　闟 작은문 독　鵚 두루미 독　騳 들말 독　㞘 볼기 독

돈

敦 도타울 돈　憞 맘어둘 돈　墩 돈대 돈　蜳 청부 돈　朜 달빛 돈　燉 불성할 돈　獤

돈피 돈　獤 돈피 돈　礅 돌 돈　饕 탐할 돈　驐 짐승불알칠 돈　䵍 누른빛 돈　黥 일간섭아니할 돈　旽 날돋을 돈　忳 민망할 돈　庉 거할 돈　囤 작은곳집 돈　噸 근수 돈

軘 싸움수레 돈　閊 문에찰 돈　霕 큰비 돈　頓 졸 돈　飩 줄 돈　颮 바람 돈　沌 어둘 돈　炖 붉을 돈　豘 돌의새끼 돈　砘 돈 돈　魨 복 돈　黗 흐릴 돈　豚 돼지 돈

刃 돈 돈　賰 기이한물건보낼 돈　躉 종선 돈　遁 달아날 돈　獤 사냥개 돈　弤 붉은 돈　顡 모지러질 돈

돌

宊 나타날 돌　突 빠를 돌　葖 무 돌　㾬 하초병 돌　堗 굴뚝 돌　揬 부딪칠 돌　鼵 쥐 돌　怢 이즐 돌　柮 우둠질 돌　迌 교활할 돌　咄 꾸짖을 돌　鍺 창 돌　乭 이름 돌　鈯 무딜 돌　鶟 새 돌　𠫓 해산할때아이나올 돌

동

同 한가지 동　哃 큰말할 동　侗 지각없을 동　洞 골 동　桐 오동 동　胴 형상 동　茼 쑥갓 동　挏 짖찔 동　秱 벼마디길 동　𥦗 통할 동　絧 동베 동　粡 굿은쌀 동　𧙕

바지 동　詷 말더덜거릴 동　𧰼 멧돌 동　狪 큰돌 동　𩊚 전동치장 동　𩓚 곧은목 동　駧 말달릴 동　餇 음식 동　眮 눈굴릴 동　硐 갈 동　赨 붉을 동　𨁪 달아날 동　𢨳

집울릴 동　𨉚 몸단정하지못할 동　迵 지날 동　酮 말젖 동　銅 구리 동　烔 더운기운 동　𤕢 양아비 동　垌 동막이 동　峒 산굴 동　𢂐 오랑캐옷 동　𦨬 배말뚝 동　𢏽 활꾸밀 동

鮦 가물치 동　𦍝 뿔없는양 동　童 아이 동　僮 아이 동　𠠳 찌를 동　朣 달돋을 동　曈 먼동틀 동　橦 동나무 동　氃 털웅승거릴 동　䍶 뿔없는양 동　穜 씨뿌릴 동　膧

볼기뼈 동　艟 싸움배 동　獞 개 동　蕫 자오락 동　罿 대그물 동　䈭 대그릇 동　𩕰 쇠북소리 동　瞳 눈동자 동　𩏦 전동장식 동　䞒 사뿐사뿐걸을 동　犝 뿔없는소 동　㠉

초목없는산 동　潼 물결높을 동　動 움직일 동　㖦 노래할 동　働 굼닐할 동　憧 심란할 동　董 동독할 동　𪔹 북소리 동　湩 젖 동　𣾷 풍덩하는소리 동　東 동녘 동　凍 얼 동

𠹌 말많을 동　涷 소낙비 동　棟 들보 동　腖 고기붉을 동　菄 흰산국화 동　𦏁 외뿔난양 동　蝀 무지개 동　錬 보습날 동　諌 잔말할 동　𪔭 북소리 동　鯟 고기이름 동

趚 미쳐뛰어나갈동
鶇 새이름동
崠 산등성이동
冬 겨울동
苳 겨우살이동
佟 성동
𧲣 뿔난짐승동
㣭 근심할동
𩃛 비뚝뚝떨어질동
酫 술썩을동
鉖 낚시바늘동
庝 깊은집동
疼 앓을동
鮗 전어동
炵 불꽃동
鼕 북소리동
𣪍 울리는소리동
䶱 쿵쿵울릴동
㴴 물깊을동
彤 붉은칠할동
蝀 붉은벌레동
赨 벌걸동
鉵 쇠덩이동
痋 경충증동
蝩 올챙이동
鼟 북소리동
㼧 수기와동
燑 불로더웁게할동
幢 펄동
韼 종소리동
潼 물소리동
㚵 파리할동

두

豆 콩두
梪 나무식기두
毭 멀리칠두
浢 결개두
㹻 개짖는소리두
痘 역질두
䀘 눈꼽두
侸 마를두
妵 말잘못할두
抖 팔목뼈두
䕆 말두
窦 함정두
鋀 놋쇠두
脰 목두
䟦 미끄러질두
豞 찢을두
逗 머무를두
郖 나루이름두
䩲 차에까는자리두
頭 머리두
餖 괴임새두
斗 말두
紏 고할두
抖 떠주거릴두
蚪 올창이두
衶 적삼두
鬦 올창이두
迼 마두리두
阧 높을두
杜 막을두
瓵 기와그릇두
荰 풀두
肚 밥통두
皺 뽕나무껍질두
頭 낯비뚤두
䪙 핀잔줄두
酘 술두
𨡺 느름나무장두
殬 패할두
斁 패할두
橷 곧은뿌리두
蠹 좀두
𧯛 술잔두
兜 투구두
竇 구멍두
篼 대남여두
𦅗 실로짠주머니두
嚽 읽을두
捝 헤칠두
𢾅 막을두
陡 절벽두
吺 말많을두
𠯈 경솔이말할두

둔

屯 모일둔
吨 어리석을둔
坉 농막둔
窀 묻을둔
笹 둥구미둔
頓 굳을둔
芚 둔나물둔
𧿆 쪼구리고앉을둔
鈍 둔할둔
遯 도망할둔
腯 살찔둔
臀 볼기둔

득

得 얻을득
搨 주먹으로칠득
𣮷 털작을득
淂 물모양득

등

等 무리등
登 오를등
簦 우산등
膯 물릴등
䔲 잠깰등
𧓯 하루살이등
襜 모직띠등
覴 오래볼등
豋 제기등
燈 등등
鐙 등차등
蹬 어정거릴등
䡎 수레치장등
鄧 나라이름등
隥 된비알등
霯 큰비등
𩎑 가죽버릴등
䭿 제사밥등
璒 옥돌등
幐 떠서느릴등
𤮪 질제기등
癥 병심할등
𨘢 우뚝설등
鼟 북소리등
䳾 뜸부기등
澄 물모여늘등
𩮘 머리엉킬등
嶝 비탈등
橙 등상등
𣯜 털로짠베등
僜 곤할등
凳 걸상등
櫈

탁자 등

縢 봉할 등

藤 덩쿨 등

籐 등 등

滕 물솟을 등

謄 베낄 등

騰 날 등

黱 검을 등

驣 말뛸 등

䲢 쐐기 등

幐 자루 등

撜 멜 등

灯 등불 등

라

儸 간능할 라

玀 오랑캐 라

臝 벌거벗을 라

락

剆 살깎을 락

䎳 날아갈 락

落 울타리 락

란

卵 알 란

嬭 순할 란

랄

剌 어그러질 랄

喇 말급히할 랄

𧩼 말소리 랄

幣 칠 랄

람

㑣 투미할 람

濫 넘칠 람

儖 흉상스러울 람

㘓 입에넣을 람

曆 막을 람

래

庲 집 래

𤸁 장감 래

랭

冷 찰 랭

량

倞 헤아릴 량

凉 서늘 량

晾 쪼일 량

兩 둘 량

倆 재주 량

悢 슬플 량

려

庐 못 려

儷 짝 려

勵 힘쓸 려

勴 마음도울 려

력

力 힘 력

爏 불반작거릴 력

련

攣 휘어잡을 련

僆 쌍동이 련

렬

列 베풀 렬

劣 용렬할 렬

𡛷 아름다울 렬

㧜 뜻을 렬

𠜾 꿰 렬

렴

廉 검소할 렴

溓 얼음 렴

렵

儠 긴모양 렵

獵 사냥할 렵

로

勞 수고로울 로

盧 길 로

𠣞 속일 로

록

䑼 배 록

褖 옷소리 록

롱

朧 살찔 롱

儱 것목칠 롱

뢰

儡 꼭두각시 뢰

루

僂 구부릴 루

劃 뚫을 루

류

流 흐를 류

漻 수족얼어붙을 류

澑 락수물 류

𤢓 사냥개 류

𧤳 뿔굽을 류

𨋹 관실을수레 류

륜

倫 인륜 륜

률

溧 찬기 률

瑮 옥문의 률

륵

勒 자갈 륵

忇 공 륵

仂 십분일 륵

𡑐 옥돌 륵

椚 상수리나무 륵

릉

凌 업신여길 릉

睖 노리고볼 릉

䏃 쌍인어름 릉

리

利 이할 리

厘 리 리

刕 벨 리

𤼽 가늘게그을 리

𢼸 바를 리

림

崊 산험할 림

臨 임할 림

립

𤸱 두드러기 립

마

馬 말 마

傌 욕할 마

嗎 짖을 마

媽 엄마 마

𢊅 암자 마

榪 주격 마

瑪 옥돌 마

𤺌 눈변 마

碼 야루 마

禡 진터제 마

螞 메뚜기 마

䧞 더할 마

劘 깎을 마

嘛 중 마

嚤 곰의이름 마

麼 집중 마

嬤 엄.마 마

嚒 심화병날 마

麽 잘 마

痲 홍역 마

磨 갈 마

𦡆 설사병 마

藦 새박 마

䵳 얼굴푸를 마

𩕊 말더듬을 마

䭧 먹일 마

魔 마귀 마

麿 잘 마

麼 버릴 마

䵟 찰기장 마

麻 삼 마

懡 부끄러워할 마

摩 만질 마

亇 마치 마

蟆 개구리 마
䘑 입다물 마
示 잘 마

막

幕 장막 막
瞙 눈어둘 막
瘼 병 막
漠 아득할 막
𢉉 빌 막
𡺸 몰래 막
寞 적막할 막
𥗼 모래바닥 막
膜 홀떼기 막
鄚 성 막
䴲 밀기울 막
霡 비올 막
嗼 고요할 막
塻 티끌 막
𩔇 업수이여길 막
𢞥 아름다울 막
邈 멀 막
藐 지초 막
覓 구할 막

만

万 만만
曼 길멀 만
幔 장막 만
僈 헐개늦을 만
嫚 거만할 만
䊡 밥웃물 만
墁 흙손 만
縵 줄고를 만
𦔂 묵은밭 만
蔓 순무 만
蟃 뽕나무벌레 만
摱 끌 만
𧞗 오랑캐옷 만
慢 게으를 만
槾 평교대 만
鬘 다리꼭지 만
𧳜 이리 만
䡬 차장막 만
漫 흩어질 만
鄤 땅이름 만
獌 스라손이 만
皺 가죽벗을 만
曼 멀 만
饅 만두 만
鰻 뱀장어 만
謾 속일 만
𡓧 흙덮을 만
懣 번민할 만
瞞 어둘 만
𦆂 돌 만
蹣 넘을 만
𣯙 털요 만
瞞 눈 만
鏋 금 만
滿 찰 만
鬗 털길 만
蠻 새소리 만
𢤱 두려울 만
彎 시위에살길 만
𣠶 굽은나무 만
灣 물구비 만
鸞 새이름 만
萬 일만 만
萬 일만 만
娩 순할 만
𡨚 당길 만
挽 수레끌 만
脕 예쁠 만
鞔 신울 만
䤍 낯칠할 만
晚 저물 만
輓 수레끌 만
睌 겁없이볼 만
𡞛 교만할 만
𡈸 물구비 만
潫 물충충할 만
𩅰 사람의이름 만
𩬊 젊은계집머리치장할 만
𥞑 벼가락바술 만
錽 말머리치장 만

말

末 끝 말
枺 표말 말
沫 침 말
眜 눈어둘 말
䴴 밀가루 말
味 꺼먼빛날 말
砞 돌 말
粖 죽 말
秣 말먹이 말
絉 옷맬 말
䍀 말갈 말
眛 싸래기 말
茉 말리꽃 말
袜 허리띠 말
靺 끈 말
妺 계집 말
帓 수건 말
怽 잊을 말
抹 바를 말
昩 작은별 말
瀎 걸레 말
礣 자갈 말
韈 버선 말
韤 버선 말
閅 홀겨볼 말
眓 볼 말
驋 말막설 말
袹 상복 말

맘

黣 캄캄할 맘
錽 굴레 맘

망

亡 망할 망
亾 망할 망
吂 모른체할 망
妄 망령될 망
𥦗 잠꼬대할 망
𡵆 산 망
忘 잊을 망
忙 바쁠 망
恾 걱정할 망
芒 가지 망
茫 망망할 망
莣 이도롱 망
𪎊 보리꺼러 망
𥐥 돌 망
杗 들보 망
望 바랄 망
汒 빠를 망
盳 볼 망
杧 등겨 망
𧬊 책망할 망
邙 북망산 망
鋩 날 망
蝱 등애 망
𥤰 빌 망
惘 실심할 망
網 그물 망
罔 없을 망

䎚 귀밝을 망 䋄 힘줄 망 莔 봄보리 망 誷 속일 망 輞 바퀴테 망 魍 도깨비 망 蛧 벌레 망 渦 큰물 망 望 보름 망 謹 책망할 망 雄 솔개 망 頔 머리 망 佬 아첨치 않을 망

漭 큰물 망 犇 황소 망 蟒 구렁이 망 笀 대 망 睹 희미할 망 汒 총망할 망 硭 망초 망 魛 망둥이 망 吂 묻고대답않을 망 虻 사람의이름 망 孟 맹랑할 망

蘉 힘쓸 망 颺 바람 망 网 그물 망

매

買 살 매 賣 팔 매 蕒 상치 매 覓 볼 매 嘪 양울음소리 매 嬶 약을 매 韇 신 매 黷 때낄 매 毎 매양 매

梅 매화나무 매 栂 탐할 매 酶 누룩 매 坶 티끌 매 霉 곰팡이 매 脢 등심 매 䊈 술밑 매 痗 병 매 莓 이끼 매 黣 검을 매 鋂 사칠고리 매 昧 어둘 매

沬 희미할 매 妹 아래누이 매 䣛 얼굴 매 韎 가죽 매 眛 눈어둘 매 䵢 검을 매 玫 구슬 매 枚 줄기 매 譪 자랑할 매 勱 힘쓸 매 邁 멀리갈 매 昒 볼 매

鷶 접동새 매 鷢 참새 매 鶔 새잡을 매 埋 묻을 매 貍 영리할 매 烸 적을 매 腜 애밸 매 醾 초 매 煤 거림 매 媒 중매 매 禖 비는제 매 魅 도깨비 매

髟 허깨비 매 呆 어리석을 매 沕 잠길 매 浼 더러울 매 瑁 대모 매 呅 웃을 매 顋 어두울 매 黴 완악할 매 䰨 콩깍지 매 脄 등심 매 罵 꾸짖을 매 黰 곰팡이 매

塺 티끌 매 慣 맘불평할 매 瞶 곁눈질할 매

맥

陌 언덕 맥 洦 물 맥 貊 오랑캐 맥 鉑 병기 맥 駱 트기 맥 趏 넘을 맥 眽 볼 맥 脈 맥 맥 衇 맥 맥

貘 짐승 맥 莫 고요할 맥 麥 보리 맥 霡 이슬비 맥 虩 흰범 맥 獏 불가사리 맥 驀 말탈 맥 鷩 새놀랄 맥 脉 맥 맥

맹

孟 맏 맹 猛 날랠 맹

㹶 사람의이름 맹 䁅 볼 맹 艋 낚시배 맹 盂 맹랑할 맹 盲 어둘 맹 橗 나무고갱이 맹 盟 맹세할 맹 萌 싹 맹 儚 밝지못할 맹 矇 눈희미할 맹 甍 지붕대마루 맹

甍 시루테 맹 氓 백성 맹 黽 맹꽁이 맹 媢 키작을 맹 艸 풀우거질 맹 䁅 볼 맹 饛 있을 맹 莔 패모 맹

멱

冖 덮을 멱 塓 흙바를 멱 幎 앙장 멱

冪 덮을 멱 覓 초목멸기 멱 醎 말린젖 멱 鼏 솥뚜껑 멱 冪 덮을 멱 幭 수레뚜껑 멱 篾 흰개가죽 멱 幭 수레뚜껑 멱 鵦 노 멱 覓 찾을 멱 䚊 말사나울 멱

趙 미쳐서달아날 면 冪 덮을 멱 默 형벌할 멱 汨 물 멱

면

免 면할 면 俛 굽힐 면 冕 면류관 면 勉 힘쓸 면 娩 아이날 면 葂 성할 면 鮸 조기 면
莬 이름 면 面 낯 면 𩈄 피묻을 면 𩈎 못난얼굴 면 糆 국수 면 偭 향할 면 勔 힘쓸 면 媔 투기할 면 湎 취할 면 緬 흘러갈 면 愐 면모 면 䤄 술에젖을 면
棉 솜 면 檰 두충 면 矊 눈동자 면 綿 솜 면 緜 햇솜 면 𧩹 총명할 면 䲙 새울 면 宀 움 면 𡧏 맞을 면 杩 솜 면 沔 가득할 면 㴐 큰물 면 麪 국수 면
𧬊 영리할 면 櫋 지붕연접할 면 臱 뵈지않을 면 矏 빽빽할 면 㨠 꾸밀 면 辡 송사할 면 眠 졸 면 澠 고을이름 면 㱪 불상이여길 면 蝒 말매미 면 芇 내기할 면
𧦝 말 면 𦗏 들을 면

멸

搣 만질 멸 滅 멸할 멸 懱 업신여길 멸 𢷅 칠 멸 櫗 나무틀릴 멸 鱴 갈치 멸 𩈻 얼굴작을 멸 衊 약할 멸 𪈠 새 멸 蔑 없을 멸 𥻦 죽 멸 篾 대껍질 멸 䁾 누초리다쳐붉을 멸 𠐔 간사할 멸 𥸶 싸래기 멸 𥌓 더러울 멸 𦱤 불끄물거릴 멸

명

名 이름 명 眳 눈어둘 명 茗 싹 명 姳 좋을 명 𣅙 날어둘 명 詺 기록할 명 酩 술취할 명 銘 새길 명 洺 물 명 明 밝을 명 𣆶 밝을 명 眀 볼 명 皿 그릇 명 冥 어둘 명 𡾰 산세저물 명 𤢺 돌 명
鄍 골이름 명 覭 엿볼 명 螟 따루 명 蓂 풀 명 熐 흉노의부락 명 慏 맘너그러울 명 䫤 눈섭넓을 명 瞑 눈감을 명 䄙 복 명 暝 저녁 명 榠 무과 명 鳴 울 명
命 목숨 명 𢫍 아이밸 명 覀 같을 명 𥁕 굴 명 𣙫 홈통 명 溟 바다 명 𥁰 검푸를 명 𥻨 쌀 명 䳟 새 명 鑈 쇠녹일 명 顈 이마 명

모

母 어미 모 毛 터럭 모 𣬛 풀 모 𣯛 비단 모 牦 소 모 瓱 미리그람 모 眊 눈흐릴 모 𧥢 소식 모 軞 수레 모 酕 취할 모 枆 복숭아 모 𦁀 털 모 粍 밀리미터 모 旄 기 모
耄 구십세 모 髦 준수할 모 耗 덜릴 모 毷 털 모 竓 미리리터 모 秏 털 모 芼 나물 모 𪀉 털 모 冒 무릅쓸 모 㴘 물부를 모 瞐 볼 모 暮 저물 모 楣 설주 모
媢 성낼 모 帽 모자 모 㡌 모자 모 瑁 대모 모 某 아무 모 謀 꾀 모 慔 사모할 모 牟 클 모 𣳁 언덕 모 侔 비등할 모 䒼 보리 모 麰

(보리 모) 蛑 큰게 모 莫 저물 모 謨 꾀 모 慔 힘쓸 모 摸 본뜰 모 模 본뜰 모 糢 모호할 모 縸 솜 모 嫫 계집 모 募 부를 모 慕 사모할 모 茅 띠 모

摹 규모 모 鴾 종달새 모 貌 모양 모 矛 창 모 罞 꿩그물 모 侮 업신여길 모 悔 황후이름 모 墲 무덤 모 姥 할미 모 媌 예쁠 모 蓩 성할 모 蘑 표고 모

蝥 가리 모 [竹冒] 대상자 모 鶜 비둘기 모 橅 법 모 堥 언덕 모 茆 순나물 모 皃 모양 모 蟱 거미 모 蟊 게심이 모

목

目 눈 목 苜 풀 목

睦 친목할 목 䀛 안질 목 木 나무 목 楘 차멍에 목 沐 다스릴 목 蚞 쓰르라미 목 霂 이슬비 목 凩 찬바람 목 穆 화할 목 繆 얽을 목 𧯷 콩깍지 목 坶 기를 목

[衤每] 혼솔 목 鶩 집오리 목 毣 깃윤택할 목 鞪 멍에채끝 목 牧 기를 목 [羽毛] 털젖을 목 [皀彡] 가는문채 목 婺 아름다울 목

몬

貧 천량늘 몬

몰

沒 잠길 몰 玫 옥 몰 歿 죽을 몰 圽 묻을 몰 [谷死] 까무러칠 몰

몽

夢 꿈 몽 蒙 어릴 몽 㠓 먼산 몽 幪 덮을 몽 [口蒙] 말분명치못할 몽 曚 동틀 몽

㩚 걷을 몽 朦 달빛희미할 몽 檬 영몽 몽 濛 이슬비 몽 溕 이슬비 몽 獴 원숭이 몽 曚 곰팡이 몽 矇 청맹관이 몽 [衤蒙] 옷입을 몽 [言蒙] 말분명치못할 몽

礞 청석석 몽 [糸蒙] 실끝얽힐 몽 艨 싸움배 몽 蠓 바구미 몽 [酉蒙] 누룩곰팡이 몽 [馬蒙] 특이 몽 霥 가는비 몽 饛 그득할 몽 [蒙頁] 머리아뜩할 몽 氋 털 몽 幏 덮을 몽

[金冡] 보습날 몽 [酉冡] 누룩뜰 몽 [雨冡] 우뢰소리 몽 懜 부끄러워할 몽 [艹罒民] 잠고대할 몽 夣 잠깰 몽 鸏 새이름 몽 [艹罒是] 다리끝 몽 [禾夢] 산돌 몽 [夢色] 날빛흐릴 몽 㝱 꿈 몽

[衤夢] 배자 몽 [金夢] 쇠고리 몽 瞢 눈어둘 몽 懵 심란할 몽 [宀皿] 가득할 몽 覓 나갈 몽 雺 해미낄 몽 霿 자욱할 몽 罞 고라니그물 몽 [艹罒日] 어둘 몽

묘

卯 토끼 묘 昴 별 묘 苗 싹 묘 描 그림 묘 錨 닻 묘 緢 기술 묘 鶓 새 묘 猫 괴 묘 庿 사당 묘 [牜苗] 소 묘 [巾皃] 잠옷 묘 [歹皃] 물릴 묘 [車皃] 차끝 묘 妙 묘할 묘

玅 현묘할 묘 眇 몰 묘 篎 작은저 묘 渺 물질펀할 묘 吵 울 묘 緲 적을 묘 [月少] 허구리 묘 [艹眇] 풀가는줄기 묘 [虫少] 누에 묘 仯 작은모양 묘 [穴見] 볼 묘

廟 사당 묘 嫹 아름다울 묘 墓 산소 묘 穛 벼꺼러 묘 謨 말할 묘 杳 아득할 묘 淼 큰물 묘 飃 바람 묘

무

務 힘쓸 무 嵍 질그릇 무 稀 차우비 무

愗 어릿어릿할 무 瞀 무식할 무 蝥 그리마 무 䍙 양 무 鞪 투구 무 鍪 투구 무 霧 안개 무 鶩 병아리 무 無 없을 무 璑 옥빛 무 憮 실심할 무 瞴 볼 무

甒 질술준 무 撫 어루만질 무 𦄻 실켜고남저지 무 𦋑 꿩그물 무 膴 클 무 譕 언행있을 무 蕪 거칠 무 鵡 종달새 무 𨗚 자취 무 廡 월랑 무 婺 별 무

潕 물마를 무 幠 덮을 무 毋 말 무 姆 여스승 무 䂜 돌비늘 무 拇 엄지손가락 무 胟 엄지손가락 무 鴟 황서이 무 𧳆 암톨 무 踇 걸음 무 蟱 잠자리 무 鋂 다리미 무

巫 무당 무 𢂀 털옷 무 莁 흰비름 무 誣 속일 무 戊 천간 무 𣬛 털많이날 무 茂 무성할 무 武 호반 무 娬 예쁠 무 珷 무부 무 鵡 앵무새 무

舞 춤 무 𦏧 번성할 무 𨶒 열 무 㒇 아낄 무 䋷 화하지않을 무 懋 힘쓸 무 楙 성할 무 袤 뻗힐 무 髳 오랑캐 무 敄 힘쓸 무 罞 그물칠 무 𢪛 칠 무

亡 없을 무 旡 없을 무 畝 이랑 무 莽 추솔할 무 牡 수컷 무 貿 무역할 무 䍒 해진그물 무 㡌 보자기 무 𥄳 투기할 무 繆 실천오리 무 畒 밭두둑 무

묵

万 성 묵 墨 먹 묵 默 잠잠할 묵 嘿 잠잠 묵 纆 끈 묵 艒 낚시배 묵 蟔 박쥐 묵

문

文 글월 문 汶 물 문 炆 연기날 문 紋 무늬 문 坟 무덤 문 妏 낳을 문

彣 채색 문 抆 씻을 문 鳼 가물치 문 雯 구름문채 문 鴍 메추리새끼 문 䰚 쥐 문 蚊 모기 문 門 문 문 問 물을 문 聞 들을 문 捫 더듬을 문 閿 볼 문

們 무리 문 閺 시골이름 문 揾 씻을 문 唔 입아귀 문 吻 입시울 문 酳 술잔 문 刎 목찌를 문 免 순산할 문 悗 잊어버릴 문 脗 합할 문 璊 옥 문 蟁 모기 문

璺 옥깨여질 문 㒱 몸메 문 虋 맥문동 문 䞞 더디걸을 문 𤖂 떡기주할 문 聳 들을 문

물

勿 말 물 物 물건 물 岉 산높을 물 芴 동리기 물 昒 새벽 물

粅 가루 물 芴 순무 물 曶 새벽 물 沕 잠길 물

믕

𤮐 질그릇 믕 凳 상 믕

미

未 아닐 미 昧 휠 미 䔕 오미자 미 袜 산귀신 미 味 맛 미 鮇

뱅어 미 米 쌀 미 洣 물겨 미 謎 수수께끼 미 瞇 애꾸눈이 미 眯 눈에티들 미 蘪 싹 미 ⿱艹⿸麻米 풀 미 ⿰米靡 겨 미 糜 죽 미 ⿰糸米 수놓은무늬 미 罙 깊을 미 冞 두루 미

咪 양의소리 미 ⿰女迷 어미 미 ⿰魚米 고기알 미 ⿰忄米 의혹할 미 迷 미혹할 미 醾 막걸리 미 醚 취할 미 敉 편안할 미 麊 골이름 미 麋 물가 미 ⿰歹米 절미 ⿰木麋

마름 미 糜 기장 미 灖 흐를 미 ⿱麻食 먹일 미 蘼 맥문동 미 靡 얽을 미 ⿰食麋 먹을 미 攠 쇠북방망이받이 미 麻 깊을 미 ⿸麻黍 피 미 縻 맬 미 ⿰扌麋

세모진 마름 미 ⿸麻是 익을 미 ⿰山靡 산모양 미 溦 이슬비 미 ⿰氵微 물가 미 ⿱微皿 털구멍 미 ⿰目微 엿볼 미 微 작을 미 霺 가는비 미 ⿸疒微 병 미 薇 고비 미 ⿰食尾 대궁 미

荱 풀늘어질 미 ⿰糸尾 꼬리 미 ⿱竹尾 비 미 尾 꼬리 미 浘 바다물날 미 梶 나무끝 미 娓 아름다울 미 美 아름다울 미 渼 물결무늬 미 媄 빛고울 미 嵄 산 미

躾 예절가르칠 미 眉 눈섭 미 楣 인중방 미 堳 담 미 媚 아첨할 미 煝 빛날 미 篃 겨울에나는죽순 미 瑂 옥돌 미 郿 땅이름 미 嵋 산이름 미 蝞 새우 미 鶥

왜가리 미 湄 물가 미 瀰 많을 미 獼 원숭이 미 ⿰矛爾 창 미 ⿰糸爾 봉할 미 ⿵門爾 편협할 미 ⿱爾女 어미 미 ⿰酉爾 골마지 미 ⿱爾酉 누룩 미 ⿰扌爾 밀 미 彌 찰 미 蝆 쌀눈 미

⿰目見 볼 미 渳 물질펀할 미 芈 양울 미 黴 곰팡이 미 麛 새끼 미 弭 활꼬이 미 亹 힘쓸 미 睂 눈섭 미

민

民 백성 민 泯 빠질 민 珉 옥돌 민

⿰王昏 옥돌 민 ⿰民皮 피부에주름살질 민 痻 병 민 岷 산이름 민 怋 민망할 민 愍 슬플 민 敃 강할 민 ⿰糸民 낚시줄 민 緡 돈꿰미 민 罠 그물 민 苠 대껍질 민 ⿰足民

굽 민 ⿰車民 바퀴두리 민 ⿰車昏 차바탕밑가죽 민 ⿰金昏 쾌지을 민 鈱 철판 민 ⿰民頁 강할 민 暋 강할 민 ⿰目昏 굽어볼 민 慜 대속할 민 玟 옥돌 민 潣 물흐를 민 閔 성 민

憫 불상할 민 忞 강잉할 민 ⿱竹閔 대속빌 민 旻 하늘 민 旼 화할 민 敏 민첩할 민 ⿱敏手 산소 민 慜 총명할 민 鰵 대구 민 ⿱敏鳥 증경새 민 悶 민망할 민 僶 강잉할 민

脗 합할 민 ⿵門昏 성문 민 ⿰貝勻 부세 민

밀

密 몰래 밀 蜜 꿀 밀 㩂 가만히때릴 밀 樒 침향나무 밀 滵 물졸졸흐를 밀 ⿱穴目 얼핏볼 밀 ⿰目密 측량못할 밀 蔤

연근 밀
贎 물흐를 밀
謐 고요할 밀
宓 잠잠 밀
蠠 강잉할 밀
眣 해떠러질 밀

박

朴 클 박
圤 흙덩이 박
玐 옥 박
迫 핍박할 박
敀 박할 박
粕 재강 박
鉑 금박 박
泊 쉴 박
拍 칠 박
胉 허리뼈 박
狛 개 박
珀 호박 박
箔 발 박
蒪 굵은양하 박
簙 장기 박
搏 손얽을 박
博 넓을 박
嚩 먹을 박
餺 떡 박
縛 얽을 박
䍸 불깐양 박
礴 섞일 박
簙 바둑돌 박
𨋀 수레맨줄 박
膊 점인고기 박
䨪 큰비 박
鑮 호미 박
鎛 쇠북 박
𨏖 수레치장 박
膊 어깨 박
薄 엷을 박
䗚 범아재비 박
𩏕 짚신 박
䪖 멍에싸게 박
髆 어깨죽지 박
𩹬 잉어 박
鞲 가죽주머니 박
𩋾 차안에까는자리 박
暷 볕쪼일 박
𧛊 홑옷 박
襆 꽃떨어질 박
鏷 날쇠 박
𧬊 말로방패막이할 박
璞 옥덩이리 박
𩪘 화살 박
樸 질박할 박
𢣔 답답할 박
𣫍 칠 박
懪 답답할 박
嚗 역정낼 박
𤢷 지팽이창 박
犦 소이름 박
襮 거죽 박
趵 차는소리 박
彴 별 박
瓝 손톱 박
亳 땅 박
䨪 비에가죽적실 박
灞 못 박
剝 벗길 박
筋 손발마디울 박
䝟 짓치며나를 박
鑤 공이머리 박
䙏 오래볼 박
雹 우박 박
褩 옷거죽 박
骲 뼈다귀살촉 박
瓟 종구라 박
㪍 손발마디울 박
駮 얼룩말 박
颮 날개치는소리 박

반

半 절반 반
伴 짝 반
冸 얼음녹을 반
泮 물 반
䛀 말잘할 반
姅 월경할 반
柈 쟁반 반
湴 문가 반
靽 소밀치 반
秚 섞일 반
絆 말맬 반
胖 살찔 반
畔 밭도랑 반
䃑 돌 반
拌 버릴 반
怑 거스릴 반
𩚩 떡 반
䮽 말걸을 반
反 돌아올 반
㭵 더욱 반
叛 배반할 반
𧦝 자랑할 반
𨋁 수레휘장 반
返 돌아올 반
扳 끌 반
𤵜 토할 반
飯 밥 반
魬 넙치 반
䯨 팔다리 반
般 일반 반
𨆃 꼽장발 반
槃 쟁반 반
瀊 물돌 반
䈲 통발 반
縏 작은주머니 반
搫 덜 반
𤢼 동갱이 반
盤 소반 반
盤 반석 반
幋 휘건 반
瘢 험질 반
搬 운반할 반
𥅐 눈굴려볼 반
䰉 북상투 반
班 반열 반
斑 어룽질 반
磻 시내 반
𥽤 쌀뜨물 반
蟠 서릴 반
憣 맘변동할 반
𤻴 자궁병 반
𪏊 무리 반
潘 성 반
斒 빛섞일 반
斒 알록할 반
肦 부세 반
㸞 조각 반
盼 돌아볼 반
扮 장식할 반
頒 나눌 반
攽 나눌 반
𡘼 수레뜸 반
衯

떠 반 畚 얼굴클 반 娩 토끼새끼 반 泮 물가언덕 반 濼 뜰 반 闆 문속에서몰 반 粄 털긴양 반 繁 말배때끈 반 簪 수레뜸 반 攀 휘여잡을 반 拚 버릴 반 癍

발반된 반 料 돼서반분할 반 虨 표범 반 弁 즐길 반 竝 동거할 반 飰 밥 반

(발)

孛 혜성 발 荸 나물 발 [山孛] 산길평탄할 발 渤 안개자욱할 발 焞 찌는듯할 발 燩

연기일어날 발 㪍 별안간 발 勃 변색할 발 哱 주라 발 埻 티끌 발 脖 배꼽 발 綍 동아줄 발 竫 물건누르는소리 발 郣 땅붕긋할 발 馞 향내날 발 䪬 목 발 毬 털 발

浡 일어날 발 桲 돌배 발 鵓 집비둘기 발 誖 말어지러울 발 癶 걸을 발 發 필 발 蹳 찰 발 墢 흙필 발 撥 다스릴 발 𢡎 성미날 발 襏 도롱이 발 潑 활발할 발

癹 발로풀뭉그질을 발 䑔 배 발 鱍 물고기꼬리칠 발 鏺 벨 발 醱 술괴일 발 蹳 풀밟을 발 废 초가집 발 拔 뺄 발 袚 옷 발 坺 흙필 발 秡 상할 발 胈 다리털 발 犮

개닫는모양 발 茇 필 발 馛 향기날 발 酦 술기운 발 鈸 방울 발 魃 가물 발 髮 머리 발 鼥 쥐 발 冹 찰 발 跋 걸을 발 沷 물댈 발 詙 신농씨부인 발 妭 고운처 발

越 밧삐갈 발 颰 바람 발 䠙 달아발 발 䨔 구름필 발 軷 노제 발 迊 달아날 발 酼 술빛 발 抪 칠 발 師 엷게휠 발 跡 걸을 발 𤼵 엷을 발 𢀳 수레깨지는소리 발

鉢 바리대 발 盋 주발 발 艴 노할 발

(방)

方 모질 방 倣 본받을 방 妨 해로 방 塝 두둑 방 坊 막을 방 坊 클 방 嗙 웃을 방 傍 의지할 방 [口方] 들을 방

汸 큰비 방 滂 비퍼불 방 牓 방 방 牥 좋은소 방 𤛮 등흰소 방 瓬 진흙뭉칠 방 房 방 방 磅 돌떨어지는소리 방 䄘 봄제사지낼 방 笷 죽롱 방 紡 길삼 방

䅭 옥수수 방 肪 비계 방 膀 오줌통 방 𨂃 달음박질할 방 𨑜 달아날 방 醣 술올릴 방 錺 장식 방 鎊 깍을 방 隌 가까울 방 防 막을 방 霶 비쏟아질 방

幫 서첩 방 彍 활시위탱탱할 방 彷 방황할 방 㤃 꺼릴 방 徬 붙어갈 방 㧍 같을 방 膀 넓은배 방 芳 꽃다울 방 舫 사공 방 蒡 우방자 방 雱 함박눈 방

覫 곁눈질할 방 髣 비슷할 방 魴 방어 방 鼪 쥐 방 旊 옹기 방 昉 밝을 방 㔵 사귈 방 枋 단목 방 榜 계시판 방 皷 신도리 방 搒 볼기칠 방 謗

방 비방 / 放 놓을 방 / 鞤 가죽신 방 / 幫 곁들 방 / 幇 도울 방 / 㨍 막을 방 / 寵 잘 방 / 尨 삽살개 방 / 哤 잡된말 방 / 狵 삽살개 방 / 牻 얼룩소 방 / 厖 잡될 방

駹 찬간자 방 / 蛖 도르래 방 / 玤 옥돌 방 / 䩷 면종 방 / 䎊 보습 방 / 炐 불빛환할 방 / 蚌 조개 방 / 艕 배 방 / 韸 북소리 방 / 𤵜 공기 방 / 膖 부을 방 / 黖

逄 성 방 / 膀 배불룩할 방 / 棒 몽둥이 방 / 綁 결박할 방 / 邦 나라 방 / 梆 목탁 방 / 榜 지팽이 방 / 紡 베 방 / 𣯱 융 방 / 𦨍 넘게될 방 / 匚 모진그릇 방 / 胖 꿔꿔할 방

蠭 성 방 / 鶭 새 방 / 霶 큰비 방 / 龐 성 방

배

倍 갑절 배 / 培 북돋을 배 / 賠 배상할 배 / 醅 술괴일 배 / 陪 모실 배 / 蓓 꽃봉우리 배 / 䔒 꽃방울 배 / 毰 날개펄 배

焙 말릴 배 / 俳 광대 배 / 徘 어정거릴 배 / 裴 옷길 배 / 𨋢 난간 배 / 䑺 키 배 / 猅 개 배 / 琲 진주열꿰미 배 / 輩 물 배 / 奜 클 배 / 鞴 풀무 배 / 排 밀 배 / 擎 빌 배

啡 볼 배 / 裵 성 배 / 褱 옷 배 / 背 등 배 / 褙 배자 배 / 𦅙 적삼 배 / 北 패할 배 / 拜 절 배 / 𦾔 명아주 배 / 湃 물소리 배 / 𠵫 간병 배 / 阫 담 배 / 䫋 굽은 배 / 桮 잔 배

肧 애밸 배 / 衃 멍들 배 / 杯 잔 배 / 坏 담 배 / 环 옥 배 / 妚 태 배 / 秠 보리죽 배 / 䣙 장군 배 / 㠪 베 배 / 𩩬 골속자이 배 / 嶏 산무너지는소리 배 / 扒 뺄 배 / 閇 자물쇠 배

配 짝 배 / 負 물귀신 배 / 鄁 나라이름 배 / 𦱿 구장 배 / 擎 절 배 / 䪹 주걱턱 배 / 𩗹 바람불 배 / 瓸 헤드그람 배 / 妃 짝 배 / 韛 풀무 배 / 啤 가죽 배

백

白 흰 백 / 伯 맏 백 / 柏 잣 백 / 帛 비단 백 / 苩 성 백 / 洦 얕은물 백 / 舶 큰배 백 / 𦱊 목화 백 / 萡 쪽 백 / 鮊 우려기 백 / 拍 칠 백 / 迫 가까울 백 / 珀 호박 백 / 𤬪 우물돌 백 / 魄 혼 백

百 백 백 / 竡 헥트미터 백 / 佰 어른 백 / 𠂢 나눌 백 / 霸 초생달 백

번

番 차례 번 / 璠 옥 번 / 鐇 번육 번 / 藩 울타리 번 / 繙 번역할 번 / 翻 날 번 / 勫 건장할 번 / 膰 제지낸고기 번

嶓 산돌 번 / 墦 무덤 번 / 幡 기 번 / 旛 기 번 / 䎐 기를 번 / 𢋖 쌓을 번 / 橎 단단한나무 번 / 藩 리 번 / 蘩 지모 번 / 蕃 부를 번 / 蹯 짐승의발바당 번 / 轓 수레난간 번

鐇 몽치 번 / 韇 가죽반듯할 번 / 𩋭 달래 번 / 飜 뒤칠 번 / 驔 짐승번성할 번 / 鷭 새 번 / 𪖋 쥐며누리 번 / 燔 구울 번 / 煩 번민할 번 / 𢴦 비빌 번 / 薠 떼 번

犿 서로좇을 번　礬 백반 번　樊 새장 번　樊 번풀 번　蠜 메뚜기 번　覢 잠감볼 번　橎 추할 번　媻 계집영오할 번　笲 그릇 번　拚 날을 번　袢 속옷 번　緐 말갈기 치장 번　蘩 쑥 번

벌

伐 칠 벌　垡 발갈 벌　瞂 방패 벌　栰 떼 벌　筏 떼 벌　閥 가문 벌　吠 방패 벌　瞂 방패 벌　橃 배 벌　䕹 줄 벌　罰 벌줄 벌　昁 쌀찧 벌　墢 발갈 벌

범

凡 무릇 범　杋 나무 범　梵 불경 범　汎 띄울 범　眖 큰눈 범　凢 무릇 범　馲 말 범　訉 잔소리 범　釩 멸칠 범　蠜 벌 범　仉 경홀이 여길 범　氾 뜰 범　犯 범할 범　盜 잔 범　範 법 범　范 벌 범　軓 수레 범　泛 뜰 범　柉 나무껍질 범　訯 말급할 범　颿 달릴 범　訉 수다할 범

법

法 법 법　琺 법랑 법

벽

釽 깨질 벽　辟 임금 벽　罼 새그물 벽　襞 치마주름 벽　躄 달아날 벽　繴 새그물 벽　躄 앉음방이 벽　鐴 보습귀 벽　闢 열 벽　僻 편벽할 벽　劈 쪼갤 벽　廦 더러울 벽　壁 벽 벽　廦 담벽 벽　檗 선밥 벽　擘 나눌 벽　擗 열 벽　檗 피나무 벽　殕 죽으려할 벽　澼 물나뉘여흐를 벽　甓 벽돌 벽　璧 옥 벽　癖 적병 벽　繴 솜 벽　鷿 오리 벽　霹 벼락 벽　湢 물소리 벽　闢 막을 벽　堛 흙덩이 벽　稫 보일 벽　副 종기쨀 벽　疈 쪼갤 벽　偪 가까울 벽　愊 정성 벽　餲 물릴 벽　綼 치마폭에 수치장할 벽　欂 중깃 벽　陜 땅벌어질 벽　𡆶 닫을 벽　碧 푸를 벽

변

弁 고깔 변　栟 주두 변　犿 개쌈할 변　洴 물끌터서 호르게할 변　卞 법 변　汴 물이름 변　玣 고깔꾸미개 변　抃 손벽칠 변　忭 기쁠 변　駢 버릴 변　軿 수레 변　賆 더할 변　頨 머리고울 변　辯 말잘할 변　辨 분별할 변　辧 허벅지 변　辮 근심할 변　匾 납작할 변　褊 좁을 변　萹 옥매답 변　藊 백변두 변　𨋳 작은수레 변　徧 두루 변　甂 자배기 변　𠰢 말할 변　㴜 오줌 변　𨃃 멀리갈 변　變 변할 변　變 변할 변　邊 가 변　𧾊 달아날 변　𩖂 쌍동이 변　匥 상자 변　㘣 침밸을 변　昪 날빛 변　閞 주두 변　釆 분변할 변　𨙦 먹줄튀길 변　㾫 골절풍 변　稨 울콩 변　糄 쌀 변　𩏽 신바닥 변　扁 표 변　籩 변두 변　𠐔 삐뚤리 변　𨇰 결음바르지 않을 변　骿 통갈비 변　胼

못백일 변 辮 얽을 변 鯿 방어 변 鴘 묵이 매 변 䪻 고깔 변

별

別 이별 별 莂 모종 낼 별 𥞊 벼포기 고르지 않을 별 𡶡 산 별 彆 활 뒤집힐 별 𧦠 말로 판단할 별

𦗨 들을 별 𥿭 솜 별 䅥 벼향기 별 瞥 얼핏 볼 별 癟 골마터질 별 嫳 방정스러울 별 徶 옷자락 펄러거릴 별 憋 모질 별 撇 칠 별 𥈞 해며러지려고 무러거릴 별 𢕝

멸칠 별 蹩 밟을 별 鐅 보습날 별 𩓺 짧을 별 韇 칼집치장 별 潎 물바닥 칠 별 鼈 자라 별 鱉 자라 별 蟞 개미 별 彆 활 별 丿 삐칠 별 批 밀칠 별

𩗗 바람 별 𪈯 날지못할 별 炦 불기운 별 蛂 풍뎅이 별 馝 향기날 별

병

丙 남녘 병 𡸁 사람의 이름 병 寎 삼월 병 怲 근심할 병 柄 자루 병 炳 밝을 병

昞 밝을 병 病 병들 병 蛃 좀 병 鮩 백어 병 鞆 팔찌 병 邴 땅이름 병 苪 나타날 병 眪 눈밝을 병 兵 군사 병 垪 구멍 병 屛 병풍 병 帲 휘장 병

나란할 병 偋 내칠 병 𢏺 탈 병 𢔀 걸 병 鞞 가죽띠 병 頩 천연할 병 頩 옥생 병 餠 떡 병 𩃎 우뢰소리 병 閛 문짝닫는 소리 병 蛢 풍뎅이 이병 誁 말할 병 洴

栟 종려나무 병 摒 제할 병 跰 급히갈 병 郱 땅이름 병 瓶 병 병 迸 흩어질 병 鉼 금덩이 병 竮 비틀거릴 병 箳 대사립문 병 簈 수레가림 병 絣 먹줄튀길 병

絕 옥색 병 䴵 낯누를 병 麱 보리떡 병 𪗁 통니 병 𪕂 생쥐 병 傡 다 병 𧍞 조개 병 𤶊 열 병 棅 자루 병 秉 잡을 병 錋 병기 병 竝 아우를 병 㔙

으슥한곳 병 甹 고을 병 霻 비올 병

보

保 보전 보 堢 막을 보 捰 칠 보 堡 작은성 보 𣙵 들보 보 葆 풀성할 보 褓 포대기 보 賲 거만 보 步 걸을 보

𤵛 병더칠 보 𤨖 옥 보 騄 말걸음 익힐 보 荹 꼴 보 甫 클 보 𥑮 돌매 보 莆 풀 보 簠 대제기 보 俌 도울 보 烳 횃불 보 黼 보불 보 䩉 별 보 輔 도울 보

𩊱 가죽신 보 補 기울 보 報 고할 보 菩 보살 보 䈬 발 보 鯆 복 보 譜 족보 보 𠦒 벌릴 보 寶 보배 보 普 넓을 보 珄 옥그릇 보 𪍿 경단 보 駂 말 보

鮬 쏘가리 보 𧳏 짓 보 𩋊 가죽다루는 사람 보 痡 병 보 鴇 새 보 𩐨 김치 보 𧄼 도울 보 𥷬 노른재 보 蚥 연가시 보

복

伏 엎드릴 복 垘 보막을 복 栿 들보 복

漛 스며흐를 복 　軙 수레앞턱나무 복 　鮄 가리맛 복 　䟟 끓어엎드릴 복 　茯 풍낭이 복 　𧲮 여우 복 　福 복 복 　楅 쇠뿔에가로댄막대 복 　踾 모을 복 　蝠 박쥐 복 　𩋾 가죽띠 복

諨 갖출 복 　葍 예무 복 　鶝 오디새 복 　僕 종 복 　墣 흙덩이 복 　幞 복두 복 　擈 날 복 　撲 씨름할 복 　䪁 소목거리 복 　𣯛 털엉킬 복 　𪋻 사슴 복 　蹼 오리발 복 　轐 수레바퀴받침 복

醭 술에골마지 복 　濮 물 복 　纀 수건 복 　𨻳 나라이름 복 　𪑈 검을 복 　復 다시 복 　匐 길 복 　蔔 치자꽃 복 　𡋯 토굴에서살 복 　𩃃 물흐릴 목 　腹 배 복

椱 신 복 　輹 바퀴통 복 　𧼈 어린아이길 복 　鰒 전복 복 　𩜀 먹을 복 　馥 향내 복 　鍑 가마이 복 　稪 하국 복 　蝮 독사 복 　複 겹옷 복 　𧕿 벼메뚜기 복 　覆 도리킬 복

澓 은혈로흐를 복 　癁 병돌칠 복 　𥨍 움 복 　𥳇 대열매 복 　復 돌아올 복 　𪁗 오디새 복 　𠬝 일할 복 　𩂸 고공이 복 　菔 무 복 　箙 전통 복 　鵩 올빼미 복 　服 입을 복

卜 점 복 　扑 종아리칠 복 　𥄉 눈퉁이뼈 복 　鳪 꿩 복 　宓 성 복 　𡳐 갈 복 　𩑁 머리털휠 복 　攴 칠 복 　㩧 칠 복 　𢶉 회차리 복 　𧼘 넘어질 복 　𤥭 수레상자 복 　𪆪 물새 복

虙 범웅성거릴 복

본

本 밑 본 　𩚵 밥 본 　𪊍 암사슴 본 　𪎰 삼대 본 　𪐴 검을 본

봉

丰 예쁠 봉 　夆 끌 봉 　妦 아름다울 봉 　峰 산 봉 　蠭 벌 봉

捀 받들 봉 　𤛘 소 봉 　𦨈 외맷힐 봉 　𥐓 옥돌 봉 　𥎜 창 봉 　熢 연기서릴 봉 　𥙳 산귀신 봉 　篷 대뜸 봉 　縫 꿰맬 봉 　𢅉 수건 봉 　㦀 사랑할 봉 　桻 나무가지끝 봉

摓 받들 봉 　樥 초목무성할 봉 　浲 물 봉 　逢 만날 봉 　𨋷 수레뜸 봉 　𨎳 수레소리 봉 　鋒 칼날 봉 　鏠 투구 봉 　鏠 병장기끝 봉 　𩅰 비소리 봉 　𩍐 북소리 봉 　𩑔 귀뿌리 봉

韸 화할 봉 　烽 봉화 봉 　𩩲 가슴뼈 봉 　𤏪 봉화 봉 　髼 엉킨머리 봉 　蓬 쑥 봉 　封 봉할 봉 　崶 봉산 봉 　𧛘 미투리 봉 　䋿 미투리 봉 　𡊨 메투리 봉

犎 소 봉 　奉 받들 봉 　埄 먼지 봉 　琫 옥 봉 　唪 웃을 봉 　俸 녹 봉 　棒 칠 봉 　菶 풀우거질 봉 　𩡧 향기성할 봉 　𤑕 연기와티끌이자욱할 봉 　鞛 안장치장 봉

芃 풀성할 봉 　埲 먼지날 봉 　覂 덮을 봉 　鳳 새 봉 　𤮃 집울리는소리 봉 　䩬 칼장식 봉 　賵 부의 봉

부

付 붙일 부 　妋 기뻐할 부 　俯 구부릴 부 　咐 불 부 　符

병부 부 祔 제사 부 坿 떼 부 ⿰巾付 비단 부 府 마을 부 弣 활줌통 부 ⿰扌府 위로할 부 柎 꽃비침 부 泭 적은떼 부 腑 장부 부 腐 썩을 부 苻 껍질 부 ⿰犭付 양 부
紨 명주 부 ⿰石付 수정 부 詂 말 부 蚹 달팽이 부 駙 부마 부 ⿰付鼓 떠들석할 부 拊 칠 부 ⿰金付 못 부 附 붙일 부 ⿰飠付 먹을 부 ⿱髟付 머리땋을 부 鮒 붕어 부 袝
옷 부 跗 발등 부 ⿰身付 옷입을 부 孚 믿을 부 ⿺走孚 속할 부 ⿰魚孚 물아지 부 艀 종선 부 蜉 왕개미 부 郛 성바퀴 부 烰 찔 부 ⿱雨孚 눈올 부 垺 성각휘 부 娐 이쁠 부
俘 불모잡을 부 筟 북 부 ⿰多孚 많을 부 哹 물새 부 ⿱竹浮 대 부 稃 왕겨 부 ⿰卵孚 새끼깔 부 浮 뜰 부 桴 떼 부 ⿰羊孚 북채 부 捊 당길 부 罦 새잡는덮치기 부
粰 겨 부 綒 거물 부 ⿰缶孚 기와 부 ⿰石孚 돌깨뜨리는소리 부 琈 문채 부 ⿰牛孚 소 부 夫 지아비 부 ⿱竹夫 공부 부 ⿰巾夫 깃 부 枎 퍼질 부 扶 붙들 부 芙 연꽃 부
⿰言夫 어조사 부 玞 무부 부 衭 깃 부 趺 앉을 부 ⿰車夫 바퀴비녀장 부 颫 바람 부 蚨 청부 부 ⿱艹扶 연입이울 부 鈇 작도 부 麩 밀기울 부 婄 살찔 부 犃 절 부 剖
쪼갤 부 箁 대입 부 㤓 성낸듯할 부 殕 곰팡날 부 涪 물거품 부 ⿰咅欠 말하며받지않을 부 ⿰月咅 돋의고기 부 ⿰糸咅 솜펼 부 犃 수컷 부 瓿 항아리 부 踣 쓰러질 부 ⿰風咅
바람잔잔할 부 餢 밀전병 부 ⿵門咅 문열 부 錇 장구 부 蔀 떼우적 부 ⿰麥咅 떡 부 ⿱髟咅 터럭짧을 부 棓 때릴 부 部 나눌 부 副 버금 부 尃 펼 부 簿 문서 부 榑
뽕나무 부 敷 베풀 부 傅 스승 부 糐 수제비 부 ⿰犭尃 깃 부 賻 부의 부 溥 클 부 ⿰面甫 빰 부 鵏 거위 부 ⿰韋甫 잠방이 부 ⿰甫頁 광대뼈 부 ⿰骨甫 무릎뼈 부 ⿰禾甫 벼쌓을 부
⿰犭甫 솜털 부 痡 병들 부 抔 줌 부 吥 빨 부 掊 움큼 부 紑 옷정결할 부 芣 길장구 부 ⿺走咅 엎드러질 부 鳺 비둘기 부 㕮 씹을 부 旉 펼 부 ⿰馬父 수말 부 阜
언덕 부 ⿰阝阜 성할 부 邞 고을이름 부 伏 품을 부 ⿱隹虫 벼메뚜기 부 陚 언덕 부 ⿰⻊武 발자국 부 ⿱髟畐 상투 부 釜 가마 부 鳧 오리 부 鴀 새 부 ⿰否阝 땅이름 부 萯
땅외 부 ⿰舟步 배 부 ⿺辶正 편안할 부 蛗 메뚜기 부 ⿱艹膚 댑싸리 부 鄜 땅이름 부 ⿱髟系 수염많을 부 ⿰韋复 갖옷 부 ⿰馬阜 성할 부 ⿱雨不 안개 부 枹 북채 부 赴 달을 부 趴

달아날 부
埠 선창 부
婦 며느리 부
⿰女缶 계집행실 부
仆 엎더질 부
嘸 말우물거릴 부
㕮 씹을 부
偩 의지할 부
⿰禾夫 벼움날 부
箁 대껍질 부
⿱宀复 새알 부
⿰忄豆 성낼 부
斧 도끼 부
膚 피부 부
罘 병풍 부
缶 장군 부
瓿 동이 부
父 아비 부
滏 물끓을 부
褔 옷한벌 부
裒 모일 부
⿰氵䮾 물소리 부
⿸疒复 가쁠 부
訃 부음 부
負 질 부
賦 부세 부
⿰貝卜 재물 부
跗 발목뼈 부
⿰虫帚 쥐며누리 부
蝜 버레 부
裒 덜 부
⿱阜䖵 메뚜기 부

북

北 북녘 북
僰 오랑캐 북

분

分 나눌 분
紛 분잡할 분
坌 뿐 분
竕 데시리터 분
兝 데시그람 분
玢 옥무늬 분
秎 벼단 분
⿰牛分 수소 분
⿱汾土 물날 분
噴 꾸짖을 분
⿰爿賁 평상널 분
鞼 북 분
瀵 흩어질 분
焚 살을 분
犇 소놀라뛸 분
叁 쓸어버릴 분
嚍 성난소리 분
笨 대속 분
糞 똥 분
翂 일떠날 분
倴 사람이름 분
体 거칠 분
獖 괴물 분
⿰血賁 심실 분
轒 수레 분
鐼 대패 분
憤 분할 분
馩 향내 분
鱝 가오리 분
䴅 삼씨 분
幩 말자갈끝할 분
⿰扌賁 씻을 분
歕 뿜을 분
蕡 삼씨 분
羵 양 분
濆 물가 분
魵 고기 분
衯 옷치렁거릴 분
訜 말정하지못할 분
躮 자식 분
扮 잡을 분
棼 어지러울 분
棻 향나무 분
梤 향나무 분
妢 나라이름 분
⿰氵⿰彡分 나를 분
湓 물넘칠 분
⿵鬥分 싸울 분
雰 안개 분
⿰魚悤 가오리 분
⿸麻分 흩을 분
鳻 새 분
⿱山分 풀향기날 분
岎 산가를 분
帉 수건 분
弅 언덕 분
忿 분할 분
汾 물 분
⿰豕分 나를 분
昐 날빛 분
⿰方毛 털빠질 분
氛 기운 분
肦 머리 분
芬 향기 분
⿱艹紛 풀쌓을 분
⿱芬皿 향기 분
⿱芬土 풀로지경정할 분
蚡 두더지 분
粉 가루 분
坋 티끌 분
盆 모을 분
⿰米分 양불 분
羒 흰수양 분
⿰忄本 어리석을 분
苯 풀날 분
⿰木奔 배뜸 분
⿰氵本 샘 분
畚 삼태 분
瓫 동의 분
⿰車畚 수레뜸 분
⿳癶田木 떨어버릴 분
錛 자귀 분
餴 선밥 분
鼖 큰북 분
奮 떨칠 분
⿰巾奮 자루터질 분
⿰扌糞 쓰러버릴 분
⿰方畚 배뜸 분
墳 무덤 분

불

不 아닐 불
乀 파임 불
弗 말 불
⿰韋弗 줄 불
佛 부처 불
刜 찍을 불
⿰弗攴 다스릴 불
拂 떨칠 불
怫 답답할 불
彿 흡사할 불
帗 수건 불
岪 산구비 불
坲 티끌일어날 불
⿱大弗 도울 불
咈 어길 불
柫

향나무 불 柫 도리채 불 𩂢 구름 불 𩋘 수레뒷가죽 불 颰 바람 불 笰 살 불 紼 실 불 艴 성낼 불 茀 다스릴 불 𩐳 풍류소리잠시그칠 불 𩵋 방어 불 髴

비슷할 불 岪 산길 불 帗 비단 불 韍 슬갑 불 䨆 비올 불 沷 찰 불 祓 제액할 불 紱 인끈 불 翇 춤추는깃 불 炦 불이글이글할 불 㶷 불이글이글할 불

昢 해돋을 불 餑 보리떡 불 𩗗 바람불 불 𩐨 소리 불 㛘 계집몸통통할 불 𩂯 구름일 불 亞 보불 불 髻 이마 불 趨 달아날 불 𩃬 구름일 불 甶 귀신머리 불

黻 보불 불 **붕** 朋 벗 붕 棚 시렁 붕 崩 산무너질 붕 弸 활강할 붕 㥊 짜증낼 붕 𥦗 평토칠 붕 繃 감을 붕 傰 성 붕 倗 부탁할 붕 堋 광중 붕 鵬 붕새 붕

塴 방축 붕 𩃁 큰비 붕 䎱 가슴걸이 붕 䬌 불땔 붕 鬅 머리더부룩할 붕 漰 물결치는소리 붕 痭 대하증 붕 塳 티끌일어날 불 **비** 丕 받들 비 岯 산 비

伾 힘있을 비 狉 소부리는소리 비 豾 삵의새끼 비 秠 기장 비 呸 다투는소리 비 俾 히여금 비 剕 깎을 비 畀 줄 비 𤳉 논에물댈 비 婢 여종 비 淠 성할 비

濞 물소리 비 𤸎 손시릴 비 痺 새 비 痹 각기 비 睥 곁눈질할 비 諀 설 비 箄 가리 비 椑 떫은감 비 庳 낮을 비 啤 입맛쓸 비 嚊 헐떡거릴 비

備 갖출 비 犕 말안장 비 𢐀 활에심감을 비 糒 말린밥 비 憊 고단할 비 非 아닐 비 匪 아닐 비 婓 오락가락할 비 𤛆 쌍겨리할 비 剕 발벨 비 屝

짚신 비 䆏 벼이삭숙을 비 痱 풍병 비 斐 문채날 비 榧 비자나무 비 棐 도울 비 啡 가피차 비 奜 클 비 厞 더러울 비 匕 비수 비 仳 이별할 비 疕 머리헐 비

媲 짝 비 屁 방귀 비 𢁿 헌겁조각 비 朼 주걱 비 㤹 못생길 비 庀 갖을 비 比 비교할 비 毖 삼갈 비 毗 도울 비 毞 담비 비 沘 물 비 㵒 물소리 비 芈

길마 비 𢂀 비단조각 비 琵 비파 비 𥘯 제사지낼 비 秕 쭉정이 비 笓 쪼그러질 비 笓 참빗 비 䉼 대쟁반 비 篦 참빗 비 庇 가릴 비 㡙 차휘장 비 枇

비파 비 𢯱 손뒤집어칠 비 𪔂 집무너지려할 비 㗺 향 비 粊 은쌀 비 𥹖 쌀 비 紕 꾸밀 비 狒 원숭이 비 疿 땀띠 비 俷 배척할 비 淝 강이름 비 屄 보지 비

비 ⿰氵費 샘솟을 비 ⿰扌費 때려누일 비 沸 끓을 비 否 더러울 비 婄 어리석을 비 痞 더부룩할 비 啚 인색할 비 祕 비밀할 비 朏 초사흘달 비 犕 소이드러낼 비

埤 더할 비 圮 언덕무너질 비 奰 성낼 비 怌 두려워할 비 卑 낮을 비 嚭 클 비 癓 종기 비 ⿰土辟 치첩 비 ⿱穴氣 방귀 비 ⿰木飛 사다리 비 裶 옷끌릴 비 ⿰足非

발꿈치벨 비 悲 슬플 비 奜 성 비 ⿰酉非 술빛 비 馡 향내 비 ⿱非巾 숨을 비 ⿱非毛 가는털 비 ⿱非火 티끌 비 厞 숨을 비 ⿱非巴 나눌 비 鯡 고기새끼 비 騑 곁말 비

⿰骨非 뼈 비 ⿰金非 침 비 霏 안개 비 ⿱非子 가벼울 비 ⿱非乙 나눌 비 ⿱非手 손엎을 비 ⿱雨⿰氵非 구름 비 陫 더러울 비 腓 병들 비 誹 흉볼 비 菲 순무 비 蜚 메뚜기 비

緋 붉은빛 비 餥 먹을 비 翡 비취 비 炥 더울 비 鄪 땅이름 비 ⿱髟費 수염 비 費 비용 비 ⿰衤費 두루마기 비 胇 마를 비 ⿰言弗 말급할 비 蟦 물엄 비

賁 꾸밀 비 ⿰舟賁 배못 비 鼻 코 비 襣 쇠코잠방이 비 ⿰自畀 문열이 비 ⿰月畀 살찔 비 批 칠 비 ⿰木毘 부연 비 ⿰比欠 숨내쉴 비 ⿰忄毘 악한마음 비 ⿰忄坒 어긋날 비 鈚 살촉 비

⿰身比 몸부드러울 비 妣 죽은어미 비 貔 짐승 비 ⿰魚毘 자가사리 비 阰 산이름 비 鎞 빗치개 비 魮 나는고기 비 ⿸鹿比 사슴 비 ⿰糸毘 베 비 芘 풀 비 蓖 피마자 비 ⿱艹舭

피마자 비 ⿱罒比 그물 비 ⿰言坒 그릇할 비 蚍 개미 비 ⿰比攵 그릇금갈 비 郫 땅이름 비 ⿺走卑 자박자박걸을 비 ⿰矢卑 체형작을 비 錍 도끼 비 ⿰豆卑 백편두 비 陴 성위담 비 魓

추할 비 髀 뼈 비 ⿰麥卑 누룩 비 鼙 마상북 비 ⿰黍卑 피 비 萆 멸앳 비 諀 악담할 비 鞞 북 비 ⿱艹庳 왕굴 비 ⿰卑攵 때리는소리 비 脾 지라 비 蜱 연가지새끼 비 ⿰魚卑

잉어 비 ⿰卑頁 털반백될 비 ⿰丕頁 짧은수염 비 邳 골이름 비 鄙 더러울 비 閟 닫을 비 ⿰耳必 부끄러울 비 ⿰韋必 활도지개 비 豾 삵의새끼 비 羆 곰 비 飛 날 비 駓

말달릴 비 妃 왕비 비 ⿱癶貝 부세 비 ⿸戶巴 무너질 비 ⿰金匕 화살 비 豼 벌레 비 騛 말뛸 비 ⿰豸弟 사나울 비 鉟 창 비 ⿰韋卑 북 비 贔 기운낼 비 鞁 안갑 비 鴄 새 비

髬 갈기일어날 비 ⿰⿱厶月巴 피할 비 ⿴行丕 암행할 비 蜰 풍뎅이 비 肥 살찔 비 臂 팔 비 膍 두터울 비 芾 나무성할 비 譬 비유할 비 **빅** 彴 별 빅 **빈** 賓

손빈 儐 인도할빈 嬪 계집빈 穦 향기빈 璸 옥무늬빈 獱 수달빈 擯 물리칠빈 繽 성할빈 𦒎 나를빈 臏 종주뼈빈 覰 볼빈 驞 떠들석할빈 馪

향내날빈 𩀱 참새빈 鑌 쇠빈 殯 염할빈 濱 물가빈 瀕 물가빈 𧬸 수다할빈 贇 예쁠빈 𦅸 옷다듬을빈 嚬 찡그릴빈 蘋 개구리밥빈 櫇 사과빈

鬢 살쩍빈 顰 흉내낼빈 頻 자주빈 牝 암컷빈 玭 진주빈 姘 첩빈 豳 나라이름빈 霦 옥광채빈 瑸 옥무늬빈 𥙆 빛날빈 豩 돌빈 貧 구차할빈

鋲 징빈 彬 빈할빈 虨 문채빈

빙

氷 얼음빙 冰 얼음빙 冫 얼음빙 𥄫 볼빙 𨓏 부릴빙 娉 장가들빙 俜 비틀거릴빙 騁 달릴빙 聘 부를빙

靐 우뢰소리빙 憑 초목무성할빙 凭 의지할빙 𦢊 부어서퉁퉁할빙 𨏝 수레소리빙 淜 물소리빙

사

司 주장할사 𦙶 백회사 柌 낫자루사 笥 상자사

祠 사당사 伺 살필사 嗣 이을사 飼 칠사 詞 말씀사 覗 엿볼사 四 넉사 泗 코물사 柶 윷사 牭 소사 觯 뿔그릇사 駟 사마사 思 생각할사 崽

저사 禗 귀신갈사 葸 접낼사 揌 잃어버릴사 士 선비사 社 두레사 仕 벼슬사 射 쏠사 謝 끊을사 榭 정자사 𣻍 물사 厶 사사사 私 사정사

가사사 𤙣 암소사 痧 괴질사 渻 볼사 挱 만질사 鈔 구리동이사 鞖 구두사 髿 터럭사 鯊 상어사 䩹 말끄리사 師 스승사 𡡉 무녀사

𦯬 싹사 沙 모래사 渉 말시작할사 𣭈 털길사 㲚 털너풀거릴사 娑 옷너풀거릴사 紗 깁사 粆 사탕사 桬 사탕나무사 桫 나무사 莎 싹사 裟

篩 체사 獅 사자사 蒒 풀사 螄 소라사 鰤 새우사 寫 글씨쓸사 䈀 채쭉사 瀉 쏟을사 𧭹 말사 蕮 쇠귀나물사 𨯵 쇠부을사 死 죽을사

蓑 누역사 畬 화전사 𪃅 귀가마사 皻 비누가시사 蹝 천천히걸을사 奓 자랑할사 詐 거짓사 奢 사치할사 鰤 새우사 𩌌 가죽신사 麝 사향노루사

𩅤 이슬비사 鷥 해오라기사 賜 줄사 賖 사귀지않을사 危 섬돌사 鉈 창사 鉂 고리사 鼶 족제비사 𪐫 때사 蟴 쐐기사 貄 짐승털많을사 徙 옮길사

鍦 창 사
謏 빈말할 사
譇 말다툼할 사
銯 꺾쇠 사
厏 집이 일정치 않을 사
麆 사슴 사
騇 암말 사
邪 간사 사
設 말 사
衺 비뚤어질 사
虒 범 사
辭 말씀 사
赦 죄사할 사
䌦 새삼 사
訯 지껄일 사
駛 말빨리걸을 사
鞢 돌장아리 사
蹅 밟을 사
砟 비석 사
斯 이 사
隸 삶의 새끼 사
賖 세낼 사
榭 옷 사
葈 도꼬마리 사
𥁕 제기 사
瘥 딱지 사
剚 칼꽂을 사
澌 다할 사
捨 놓을 사
事 일 사
糸 가는실 사
絲 실 사
寺 절 사
史 사기 사
洍 강물 사
巳 뱀 사
厙 성 사
卸 벗을 사
唆 대답할 사
咋 잠간 사
汜 늪 사
渣 찌끼 사
㴲 물가 사
涘 물가 사
漇 물흐릴 사
瀉 물문터놓을 사
𡵆 산멀 사
蛇 뱀 사
壐 옥새 사
姒 며누리 사
蝑 게젓 사
蜡 쉬 사
粚 찌끼 사
篓 북 사
舎 집머리 사
帴 가는실 사
磧 자갈 사
砂 모래 사
榹 소반갈 사
樝 돌배 사
祀 제사 사
柤 우리 사
梭 북 사
槎 떼 사
楂 아가위 사
㯕 단내 사
炧 초똥 사
簁 체 사
䅊 벼 사
禠 북 사
禩 해 사
舍 집 사
耜 따비 사
聊 들을 사
肆 방자할 사
肂 하관할 사
似 같을 사
蜤 메뚜기 사
獮 가을 사
犊 소 사
牿 암컷 사
乍 잠간 사
些 적을 사
使 하여금 사
俟 기다릴 사
傞 춤 사
傻 몹쓸 사
偖 버릴 사
𤮐 깨진독소리 사
蓰 오곱 사
傞 부술 사
瘥 가려울 사

삭

削 깎을 삭
揱 팔이 길고 가늘 삭
鎙 쇠고리 삭
鑠 쇠녹일 삭
罥 그물에 걸릴 삭
搠 찌를 삭
蒴 말오줌나무 삭
槊 창 삭
朔 북방 삭
索 노 삭
摉 집을 삭
𪊨 범의모양 삭
𧝎 옷버석버석할 삭
颾 바람소리 삭
簺 동아줄 삭
櫟 고을이름 삭
欶 붙을 삭
爍 빛날 삭
獡 개가사람따를 삭
𡺿 산험할 삭
𤸷 병다스릴 삭
數 자주 삭
矟 창 삭

산

山 뫼 산
汕 통발 산
舢 종선 산
訕 비방할 산
閊 걸릴 산
杣 나무군 산
疝 산증 산
産 낳을 산
嵼 산구비 산
摌 가릴 산
剷 깎을 산
簅 피리 산
𤛓 짐승 산
滻 물 산
䵐 콩경단 산
䴼 곡식갈 산
齴 이 산
𣛶 산나무 산
散 헤어질 산
潵 물뿌릴 산
橵 산자가지 산
饊 산자 산
刪 깎을 산
珊 산호 산
狦 개 산
𧰲 돼지예 산
𨥔 쇠그릇 산
跚 절뚝거릴 산

繙 사나울 산
珊 기름 산
膻 기름 산
籔 밥통 산
酸 늙을 산
靁 얼굴 산
酸 실 산
霰 이슬비 산
孿 쌍동아들 낳을 산
匴 대갓집 산
笲 땅이름 산
傘 일산 산
閂 빗장 산
赸 뛸 산
幝 바퀴둘레 산
蒜 마늘 산
灊 말씻길 산
潸 눈물흐릴 산
櫕 빗장 산
算 숫가지 산
筭 대바지 산
霽 비올 산
欑 주살 산
齾 이곱을 산
疝 저릴 산
笇 산놓 산

살

殺 죽일 살
撥 칠 살
榝 수유 살
檫 흩을 살
鶩 새빨리날 살
辢 매울 살
躃 비뚜루갈 살
撒 흩어질 살
颯 바람불 살
擦 헬으릴 살
㗊 소리 살
煞 죽일 살
髮 솜털 살
譲 흘은말 살
薩 보살 살
躠 돌쳐갈 살
蘖 화살 살

삼

參 석 삼
嘇 먹을 삼
嫪 음탕할 삼
攙 미워할 삼
賿 내기할 삼
襂 허리띠 삼
磣 모래 삼
穇 피 삼
糝 쌀가루 삼
縿 기폭 삼
蔘 인삼 삼
毿 숩을 삼
槮 나무밋밋할 삼
毵 털길 삼
滲 스밀 삼
犙 소 삼
鏒 쇠그릇 삼
餕 난알 삼
鞶 짓빨 삼
彡 털자랄 삼
彬 해진적삼 삼
彰 이할 삼
彤 쳐다볼 삼
衫 적삼 삼
杉 스기목 삼
攕 손으로달어볼 삼
釤 자귀 삼
雺 이슬비 삼
森 심을 삼
罧 고기깃줄 삼
檆 덜 삼
嵾 산험할 삼
庴 집기울 삼
撕 던질 삼
頳 머리움직일 삼
蹝 홀로갈 삼
轞 수레소리 삼
隴 빠질 삼
顲 머리길 삼
黲 글자지울 삼
蹝 걸을 삼
齾 이높을 삼
糁 정과 삼
三 석 삼
䬹 새먹을 삼
蕉 젖을 삼
糂 스기목 삼
芟 풀베일 삼
椮 채양 삼

삽

傺 경솔할 삽
墥 소리 삽
歃 일어날 삽
揷 섞을 삽
㮫 마를 삽
萐 부채 삽
𨔣 갈 삽
楗 나무결 삽
𧽤 갈 삽
𠹕 입어줍을 삽
澀 깔깔할 삽
唼 말많을 삽
插 꽂을 삽
庯 감출 삽
餂 떡 삽
鍤 가래 삽
牐 문빗장 삽
涶 젖을 삽
歃 마실 삽
蹅 빨리갈 삽
趿 빨리갈 삽
𡡉 말납신거릴 삽
炶 불탄끝머리 삽
齰 이흔들릴 삽
嚁 소리 삽
翣 부채 삽
翜 빠를 삽
箑 대아 삽
𨂝 떫을 삽
𣪠 껴두기 삽
鈒 새길 삽
霎 비소리 삽
歃 머리흔들 삽
毼 속눈섭길 삽
跛 긁어다릴 삽
㚫 예쁠 삽
靸 신 삽
㗭 먹는소리 삽
啃 입소리 삽
颯 쇠할 삽
飂 바람 삽
濇 깔깔할 삽
挿 꽂을 삽
卅

설흔 삽 丗 갈 삽 臿 말릴 삽 𨗨 스밀 삽 霅 이슬비 삽 鍤 새길 삽 䟞 굶어앉을 삽

상

爽 서늘할 상 𤮊 가루 상 漺 성품밝을 상 鷞 매 상 樉 나무더부룩할 상 塽 땅 상 𩔥 추할 상 搡 칠 상 𤸷 말병 상 磉 주춧돌 상 𨭚 북통 상 桑 뽕나무 상 嗓 목구멍 상 顙 이마 상 𨣽 꽃줄 상 相 서로 상 想 생각할 상 廂 월랑 상 箱 상자 상 緗 누른빛 상 䚚 믿을 상 湘 삶을 상 灀 서리칠 상 孀 과부 상 驦 좋은말 상 葙 꽃 상 霜 서리 상 向 책상 상 恦 생각할 상 尙 오히려 상 𣈑 낮 상 徜 상냥할 상 鋿 바퀴테 상 甞 일찍 상 常 항상 상 坣 번디딜 상 嘗 맛볼 상 𨡦 맛볼 상 償 갚을 상 賞 상줄 상 鏛 갈 상 嫦 항아 상 裳 치마 상 商 장사 상 蔏 명아주 상 謪 헤아릴 상 䳓 외발새 상 墒 밭갈 상 螪 벌레 상 襐 머리치장할 상 蟓 누에 상 𨗬 갈 상 潒 넓을 상 象 코끼리 상 像 형상 상 𩞄 점심 상 鐌 그늣꼭지 상 橡 상수리 상 傷 상할 상 湯 물결칠 상 鬺 삶을 상 殤 요사 상 觴 잔 상 愓 앓을 상 喪 상사 상 蠰 연가시 상 纕 옮게누를 상 祥 상서 상 詳 자세 상 牀 상 상 鯗 어포 상 庠 태학 상 狀 평상 상 翔 날개 상 痒 아플 상 𪔂 지질 상 𩃎 비올 상 上 위 상 𧘂 예복 상 峠 고개 상

쌍

雙 쌍 쌍 𢅞 돛 쌍 欆 배돛 쌍 𢤱 두려울 쌍 𧯶 광저기 쌍 艭 배 쌍 𨇅 설 쌍 䉶 용수 쌍

새

塞 변방 새 賽 내기할 새 𡫸 몸떨 새 簺 장기 새 鰓 아가미 새 䚡 뿔속뼈 새 䰄 구레나루 새 灑 물뿌릴 새 躧 설 새 洒 뿌릴 새 徆 갈 새 壐 옥새 새 棌 울타리 새

색

嗇 인색할 색 嗇 인색할 색 繬 합쳐꿰맬 색 薔 물엿귀 색 轖 기운맺을 색 濇 깔깔할 색 穡 곡식걷을 색 色 빛 색 索 찾을 색 𤺋 맥 색 𣝝 나무가지 색 鎍 철줄 색 趚 자빠질 색 涑 비떨어질 색 䨛 가는비올 색 梀 대추 색 拺 법상 색 𣹟 가는비 색 𥺌 상한쌀 색 𩊱 굳을 색 揀 덮 색 摵 뚝뚝떨어질 색 賾 깊을 색 歚 웃을 색 𪘂 이맞을 색 債 범상할 색 猎 작살 색 齰 물 색 霋 싸라기 색 粣 전병 색 泎 물떨어지는소리 색 㩼 잡을 색

설

지렁이 선 顤 거만히볼 선 繕 기울 선 鄯 이름 선 鐥 구기 선 䵛 햇보리떡 선 先 먼저 선 銑 분쇠 선 詵 많을 선 𧲈 암톹 선 跣 다닐 선 珗 옥돌 선

烍 들볼 선 筅 솔 선 㧥 비빌 선 苮 노양이 선 仙 신선 선 籼 벼 선 仚 신선 선 旋 돌이킬 선 㯀 매대 선 椗 매대 선 臋 조고마할 선 嫙 예쁠 선

鏇 바퀴 선 蜁 소라 선 暶 눈매예쁠 선 縼 바 선 𨂽 갈 선 璇 옥돌 선 漩 물돌 선 淀 샘 선 颴 회리바람 선 蔙 국선 襈 선선 選 가릴 선 𦋹 올무 선

繏 누에집줄 선 蹼 올무 선 潠 물뿜을 선 譔 지울 선 嬗 고요할 선 㼷 그릇 전선 蟺 지렁이 선 襢 사양할 선 醰 술맛쓸 선 墠 제터 선 蟬 매미 선 獮

개물 선 禪 중 선 鐔 그릇 전선 顫 둥근얼굴 선 𩈎 둥근낯 선 擐 소매걷을 선 檈 가리틀 선 櫏 대추 선 褼 옷너풀거릴 선 蹮 돌쳐갈 선 𧞔 옷너풀거럴 선 瑄 옥 선

縇 서두를 선 鍹 가래 선 渲 물적실 선 揎 소매걷을 선 鰚 숭어 선 宣 베풀 선 鮮 빛날 선 鱻 날고기 선 𨇨 비척비척할 선 癬 옴 선 蘚 이끼 서 蘚

호적 선 𧓍 뱀 선 廯 쌀곳간 선 煽 눌부칠 선 搧 부채로칠 선 騸 말 선 𥳑 부채 선 扇 부채 선 謆 말로감동시킬 선 𨁽 걸을 선 𨆪 돌쳐설 선 䏦 감할 선

䏦 오무라질 선 鏾 수닭불알칠 선 霰 싸락눈 선 雋 열무 선 線 실 선 璿 옥 선 姍 비척거릴 선 綪 귀길 선 㔯 채반 선 船 배 선 獮 사냥할 선 尟 적을 선

毨 털다시날 선 㲚 모직 선 縝 실갈 선 褖 고기 선 羨 넘칠 선 洒 조심할 선 𢕌 멀리갈 선 軓 자국 선 𢊫 큰집 선 燹 병화 선 譱 착할 선 ㊀설

舌 혀 설 絬 굳을 설 猰 짐승 설 揳 막을 설 楔 문설주 설 契 이름 설 偰 이름 설 韘 가죽다룰 설 泄 샐 설 紲 맬 설 疶 이질 설 設 베풀 설 說

고할 설 齛 허물 설 薛 다북쑥 설 揲 쓸어없이할 설 惵 삼갈 설 糏 싸래기 설 𢔂 옷자락너풀거릴 설 𡍹 먼지 설 屑 가루 설 䴮 무거리 설 𢞗 악한맘 설 渫

샐 설 渫 샐 설 媟 거만할 설 僁 소군거릴 설 折 부러져대롱거릴 설 吶 어눌할 설 蛥 쓰르라미 설 雪 눈 설 残 다할 설 䘑 기름 설 囓 씹을 설 鱈 대구 설

濈 물가득할 설 揲 뽑을 설 褻 속옷 설 暬 거만할 설 揳 꼬집을 설 𨈖 부릴 설 砓 돌산 설 禼 높을 설 卨 이름 설 𣦶 단수할 설 忕 익힐 설 尐 적을 설

焫 살을 설 爇 사를 설 躠 절 설

섬

𣲹 물결솟을 섬 韱 가늘 섬 穖 벼쭉정 섬 𢕍 달아날 섬 䀡 웃을 섬 𤢄 다할 섬 孅 약할 섬 𦢊 국 섬

襳 긴띠 섬 䪜 산부추 섬 𡄿 탐낼 섬 纖 가늘 섬 𩆵 비부실부실올 섬 攕 손고울 섬 蟾 두꺼비 섬 譫 중얼거릴 섬 𢕔 빨리갈 섬 贍 도울 섬 𢾃 손들 섬

𨗨 속히갈 섬 晱 번개빛 섬 㨛 번쩍거릴 섬 掞 펼 섬 睒 빛날 섬 燅 튀할 섬 薟 돌풀 섬 𢓜 건들거릴 섬 陜 땅이름 섬 𤈶 불당길 섬 慘 기복판 섬 嬐 민첩할 섬

銛 가래 섬 閃 언듯볼 섬 䦓 삿갓 섬 摻 예쁜손 섬 讝 헛소리할 섬 誜 거짓말 섬 覢 볼 섬 笘 분판 섬 棎 팥배 섬 暹 날빛오를 섬 憸 슬플 섬

剡 땅 섭 憸 간사할 섭 髮 터럭 섭

섭

聶 낄 섭 攝 기록할 섭 懾 두려울 섭 灄 흠치를할 섭 鑷 쪽집게 섭 躡 밟을 섭 讘 속살거릴 섭 顳 귀밑뼈 섭

飁 바람불 섭 𩧐 말달릴 섭 𥢺 벼흔들릴 섭 𤒺 따뜻할 섭 鍱 편철 섭 諜 실언할 섭 䁋 한눈멀 섭 屧 신 섭 葉 성 섭 鞢 말언치 섭 弽 깍지뗄 섭

𣟼 삿자리 섭 㸌 기와깨지는소리 섭 燮 화할 섭 躞 족자마구리 섭 𢟮 경망스러울 섭 䁫 눈감을 섭 涉 걸을 섭 𨧀 무쇠 섭 𥗳 번개빛 섭 疌 베틀디딜판 섭 銸 쪽집게 섭

讋 두려울 섭 摺 패할 섭 潤 창일할 섭 籋 집게 섭 拾 건늘 섭 踂 발붙을 섭

성

星 별 성 惺 깰 성 𥧌 깨달을 성 睲 눈에광채날 성 醒 술깰 성

鍟 녹 성 猩 성성이 성 篂 수레덮는뜸 성 𦗓 귀밝을 성 腥 날고기 성 蛵 잠자리 성 省 살필 성 𢞧 깰 성 𩭐 긴 성 渻 물줄 성 楷 도마 성 箵 종다래기 성

㗛 입담을 성 𦁣 깔 성 𥥍 마을 성 性 성품 성 貹 재물 성 胜 날고기 성 姓 성 성 鮏 비릴 성 城 성 성 𩒝 목 성 㯳 서캐 성 峸 사고 성 珹 옥 성 宬 사기두는곳 성

盛 성할 성 郕 땅이름 성 娍 헌걸찰 성 誠 정성 성 成 이룰 성 晟 밝을 성 筬 바디 성 觪 활바로잡을 성 騂 소 성 䡓 수레 성 垶 붉은흙 성

餳 엿 성 祘 살필 성 聖 성인 성 聲 소리 성 垶 붉은 흙 성

세

世 인간 세 歲 햇 세 繐 마전한 베 세 彗 풀비 세 繐 가는 베 세 篲 비 세 𢡱 수건 세 帨 수건 세 蛻 허물벗을 세 裞 수의 세 稅 부세 세 䬽 먹을 세 涚 잿물 세 覢 부스러뜨릴 세 笹 가는 대 세 齛 양새김질할 세 貰 세낼 세 掣 소뿔끗끗할 세 洗 씻을 세 𢄍 자투리 세 𢥠 빛 세 娹 조용할 세 挈 뿔뾰족할 세 彘 병 세 勢 권세 세 挑 구기 세 洒 정할 세 忕 이길 세 細 가늘 세 䫾 파할 세 銴 오색구리 세 軎 굴대끝 세 跇 넘을 세

소

小 작을 소 少 젊을 소 颵 바람일어날 소 觘 뿔숟가락 소 毟 모여들 소 宵 작을 소 焇 녹일 소 弰 활고지 소 𢓭 천천이 갈 소 俏 거문고 소리 소 霄 하늘 소 稍 연뿌리 소 蛸 거미알 소 逍 노닐 소 輎 수레 소 郩 골 소 銷 녹일 소 箾 상소 소 䏴 끝빨 소 削 마들가리 소 艄 배꼬리 소 宵 풀 소 𣱼 하늘 소 𥳁 주걱 소 痟 조갈증 소 𣮈 새꽁지 소 捎 덜 소 𢽻 처버릴 소 魈 산도깨비 소 梢 나무끝 소 旓 깃발 소 𪉷 소금 소 髾 털끝 소 鮹 문어 소 消 꺼질 소 踃 움직일 소 嘯 수파람 소 彇 활꼬지머리 소 䬓 북풍 소 蠨 낙거미 소 蟰 거미 소 瀟 비소리 소 𨆬 갈 소 橚 나무밋밋할 소 簫 통소 소 蕭 쑥 소 傃 향할 소 嗉 멀떠구니 소 𧗿 정결할 소 𩜛 소식 소 素 흴 소 縤 비단 소 𧩧 알 소 膆 살찔 소 搸 훔칠 소 愫 정성 소 𧎥 배좀 소 巢 새집 소 𢿔 묶을 소 漅 호수 소 𤑔 불살을 소 鄛 땅이름 소 轈 고기결 소 𥳍 생황 소 繅 누에 소 樔 풀막 소 𨅆 걸음빠를 소 䮭 높을 소 𢋈 암자 소 蘇 차즈기 소 𦡝 단술 소 𣝕 나무 소 穌 쉴 소 𤸭 병 소 飋 바람소리 소 颾 바람소리 소 塐 인형 소 溯 거스릴 소 遡 거스릴 소 愬 하소할 소 鞘 칼집 소 𤞞 미치광이 소 慅 소동할 소 𢕊 갈 소 溞 쌀이는소리 소 𥰝 대소리 소 𨂴 뛸 소 騷 소동할 소 𨬱 노그릇 소 瘙 옴 소 搔 긁을 소 召 부를 소 卲 높을 소 佋 소목 소 韶 이을 소 袑 바지 소 紹 이을 소 牊 목욕상 소 㸛 목욕상 소 邵

물가 수 ⿰爿朱 물막는 널 수 殊 다를 수 銖 푼 수 茱 수유 수 水 물 수 ⿸疒水 습종 수 䇓 기다릴 수 ⿰糸頁 두앞발 동일 수 嬃 윗누이 수 ⿰金頁 자물쇠 수 須 잠간 수

⿰首頁 첫아이 수 ⿱竹須 고기다레끼 수 ⿰巾頁 머리쓰개 수 ⿱須巾 두건 수 𦣻 머리 수 鬚 수염 수 綬 인끈 수 綏 편안할 수 浽 작은비 수 瞍 판수 수 獀 수캐 수

⿰忄叟 쾌쾌할 수 ⿰耳叟 귀밝을 수 醙 술 수 授 줄 수 謏 말전할 수 螋 그라마 수 颼 바람불 수 餿 밥상할 수 ⿰革叟 가죽다를 수 ⿰阝叟 구덩이 수 廋 숨길 수 鎪 새길 수

搜 찾을 수 溲 오줌 수 瘦 파리할 수 ⿺毛叟 털담요 수 叜 늙은이 수 ⿰牛叟 소 수 ⿰口叟 웃음소리 수 受 받을 수 ⿰口受 입으로 가르칠 수 櫢 나무무성할 수 籔 조리 수 擻

떨칠 수 數 셀 수 藪 숲 수 璲 서옥 수 襚 귀신 수 繸 인끈 수 澻 도랑 수 燧 봉화 수 旞 깃으로 꾸민기 수 ⿰土遂 골속길 수 鐩 화경 수 ⿰車彖 펼 수 邃

깊을 수 遂 드릴 수 ⿰車遂 수레치장 수 譢 간할 수 ⿰豕遂 암톹 수 ⿰豸青 돌새끼 수 ⿰魚聚 뱅어 수 檖 팔배나무 수 隧 무덤길 수 秀 빼낼 수 琇 옥돌 수 ⿰亻秀

걸으며 기다릴 수 銹 동녹 수 綉 비단조각 수 ⿰壴殳 칠 수 ⿰壴阝 물이름 수 ⿰王遀 진주 수 ⿱艹遀 채롱 수 瀡 미끄러울 수 ⿰言遀 말좇을 수 隨 좇을 수 垂 드릴 수 陲

변방 수 娷 일부탁할 수 倕 무거울 수 厜 산이마 수 睡 졸 수 腄 딱지자리 껍질 수 ⿺風垂 바람에 쓰러질 수 ⿰垂隹 솔개 수 菙 싸리 수 ⿰骨垂 틈에 일 수 魗 추악할 수 檮

관 수 壽 목숨 수 鱐 어포 수 ⿰月肅 곰국 수 ⿰月肅 말린고기 수 繡 수놓을 수 ⿱隋言 서로방해할 수 ⿰飠有 엿 수 ⿱竹叟 용수 수 鄋 나라이름 수 ⿰革叟 가죽 수 叓

숨길 수 叟 늙은이 수 ⿰魚叟 사람의 이름 수 裋 두르마기 수 竪 세울 수 愁 근심 수 ⿺風秋 바람소리 수 ⿰氵愁 찌푸릴 수 嗾 개부르는 소리 수 誰 누구 수 ⿰亻⿰言隹 원수 수 脽

꽁무니 수 雔 새한쌍 수 雖 비록 수 售 팔 수 濉 물 수 嗽 기침 수 瘶 해수할 수 漱 양치할 수 ⿰扌欶 취할 수 ⿰金欶 날카로울 수 蔌 나물 수 賥 재물 수 睟 눈밝을 수

粹 순전할 수 脺 얼굴윤택할 수 誶 욕할 수 ⿺辶守 땅이름 수 守 지킬 수 狩 사냥 수 修 닦을 수 犙 소 수 ⿰金參 쇠덩이 수 腧 침혈 수 輸 보낼 수 首 머리 수

艏 배머리 수
𨉷 옷입을 수
圳 도랑 수
酬 술권할 수
殳 창 수
杸 칠 수
軗 수레끝 수
轊 수레상여 수
饈 드릴 수
𥪰 기다릴 수
繻 집 수
需 음식 수
羞 음식 수
樇 나무빛할 수
滫 뜨물 수
脩 공경할 수
收 걷을 수
䀏 볼 수
𦟂 오금 수
苬 지초 수
泅 헤칠 수
囚 가둘 수
𦨭 배뜰 수
𣰽 털거스릴 수
采 벼익을 수
樹 나무 수
祟 비밀 수
䌈 씨실 수
緧 맬 수
酥 타락죽 수
䇕 기다릴 수
𩚵 찐밥 수
獸 짐승 수
汓 헤칠 수
穗 벼이삭 수
𥼶 국물 수
髓 골수
𢈉 집 수
纗 맬 수
搜 소조할 수
峀 산구멍 수
䰸 허리 수
𠢕 따라갈 수
帥 주장할 수
捒 장속할 수
橾 수레바퀴통 수
蓚 식물독집 수
蒐 모수풀 수
𧞤 수의 수
𪎭 삼단 수
㥰 아뜩할 수
手 손 수
戍 막을 수
訹 꾀일 수
蟕 큰거북 수
袖 소매 수

숙

宿 잘 숙
摍 빼 숙
𧏻 벌레 숙
蓿 게여묵 숙
䬞 바람소리 숙
叔 아제비 숙
俶 지을 숙
婌 궁녀벼슬이름 숙
淑 맑을 숙
琡 옥이름 숙
諔 속일 숙
菽 콩 숙
虪 범이 숲에 들 숙
𢿍 때리는 소리 숙
鮛 삼치 숙
尗 콩 숙
孰 누구 숙
塾 사랑 숙
熟 익을 숙
肅 나아갈 숙
璛 옥장공 숙
鷫 신조 숙
䎘 나를 숙
䃤 숫돌 숙
𣌞 말릴 숙
橚 길고 꼿꼿할 숙
驌 좋은 말 숙
潚 성 숙
㩋 칠 숙
䬁 바람소리 숙
㳢 착할 숙
𤁸 조촐할 숙
𤅛 물결 숙
茜 모사에 강신할 숙
𢲷 이끌 숙
𧼞 꼽사둥이 숙
夙 이를 숙
倏 빠를 숙
璹 옥그릇 숙
稤 숙궁 숙
𥞕 숙궁 숙

순

旬 열흘 순
徇 두루 순
恂 믿을 순
笋 죽순 순
簨 경쇠걸이 순
侚 빠를 순
𢂏 옷깃끝 순
栒 순나무 순
𣢵 믿을 순
皴 발터질 순
珣 옥그릇 순
殉 구할 순
毥 솜털 순
筍 대순 순
袧 깃끝 순
詢 물을 순
郇 나라이름 순
洵 믿을 순
淳 맑을 순
犉 소 순
䓪 짚단 순
醇 술 순
諄 도울 순
鶉 메추라기 순
盾 방패 순
循 돌 순
揗 만질 순
輴 상여차 순
𨻵 섬돌 순
瞬 눈끔적일 순
蕣 무궁화 순
舜 임금 순
㚊 클 순
純 순전할 순
肫 졸 순
𣹕 땀날 순
𢏍 살오늬 순
𧵃 더할 순
瞤 눈끔적거릴 순
瞚 눈깜작일 순
唇 입술 순
眣 눈짓할 순
濬 깊을 순
巡

(돌 순) 恂 심할 순 笋 죽순 순 紃 순전할 순 奞 날개칠 순 笶 죽 순 蓴 나물 순 ⿰牛川 소걸을더딜 순 諄 거듭이를 순 衠 바를 순 簨 북틀 순 滣 물기 순
闠 중문 순 順 순할 순

술

朮 약 술 述 지을 술 術 재주 술 鉥 돗바늘 술 ⿰風朮 바람 술 ⿸疒朮 미쳐달아날 술 蒁 때 술 ⿰土朮 높을 술 訹 꾀일 술 戌 개 술
⿰口戌 중얼거릴 술 ⿱艹戌 쑥 술 珬 조개 술 ⿰血戌 벌레울 술 ⿰衤戌 옷에구멍날 술 ⿰言血 고요할 술 卹 근심할 술 潏 물가 술

숭

崧 높을 숭 崇 높을 숭 ⿱髟戎 터럭 숭
嵩 높을 숭 菘 나무 순 ⿱宀⿱示山 높을 숭 ⿰食崇 게걸스러울 숭 ⿰馬戎 새매 숭 ⿱崇鳥 새매 숭 ⿰忄崇 영민할 숭

쉬

倅 원 쉬 晬 돐 쉬 淬 범할 쉬 ⿰衤卒 홋옷 쉬
焠 지질 쉬 粹 무거리 쉬 ⿰月遂 부의 쉬 韢 주머니끈 쉬

슬

瑟 거문고 슬 璱 진주 슬 ⿰糸瑟 문채 슬 ⿸風瑟 바람 슬 ⿰赤瑟 푸르고붉을 슬 ⿱艹膝 쇠무릎 슬 膝 무릎 슬 蝨 이 슬

습

習 익힐 습 熠 환할 습 霫 비쏟아질 습 ⿰虫習 반딧불 습 褶 습갑 습 漝 그림자 습 槢 틀 습 謵 익달할 습 飁 큰바람 습 鰼 미꾸리 습
濕 젖을 습 溼 젖을 습 拾 주을 습 ⿰忄几 약은체할 습 ⿰亻㬎 용열할 습 隰 진펄 습 什 열사람 습 襲 인할 습

승

乘 오를 승 嵊 산 승 騬 불친말 승
溗 물흐르지않을 승 ⿰言乘 말할 승 丞 도울 승 ⿰彳丞 바로가지못할 승 ⿰氵丞 잠길 승 ⿱竹丞 대홰 승 ⿱丞月 어리석을 승 ⿰馬桀 불친말 승 椉 탈 승 承 이을 승 勝 이길 승
枡 되 승 抍 들어올릴 승 昇 오를 승 ⿰阝昇 해돋을 승 陞 오를 승 升 되 승 僧 중 승 憴 경계할 승 繩 노 승 蠅 파리 승 譝 칭찬할 승 鱦 고기새끼 승 ⿱⺈角 들 승
斘 오를 승 鬙 더벙머리 승 ⿰糸乘 삼베 승 睖 밭두둑 승 ⿱艹勝 흑임자 승 殑 까무러칠 승 膝 바디 승

시

示 보일 시 祡 체제지낼 시 視 볼 시 ⿰貝示 재물보일 시
沶 고을이름 시 ⿰月示 새살날 시 是 이 시 ⿰口是 새울 시 匙 숟가락 시 惿 행주 시 鍉 열쇠 시 ⿰木是 나무숟가락 시 提 수달 시 翨 굳센깃 시 諟 이 시
氏 각시 시 ⿰足氏 주저할 시 ⿰馬氏 꿩 시 ⿰司氏 살필 시 阺 산 시 ⿰木氏 방아채 시 侍 모실 시 時 때 시 榯 나무곧게셀 시 邿 나라이름 시 ⿵門寺 내시 시 溡 비물 시 恃

믿을 시
鰣 준치 시
蒔 심을 시
詩 글 시
溡 모래섬 시
鼭 쥐 시
凘 성애 시
撕 끌 시
廝 부릴 시
𢡄 심겁할 시
鐁 까뀌 시
𨎮 수레바퀴 시
簛 체 시

澌 물자즐 시
𥎊 짧을 시
鼊 두꺼비 시
鷊 짐새 시
施 놓을 시
㖷 작할 시
葹 도꼬마리 시
豕 돝 시
豨 불친돝 시
𩵽 물돝 시
媤 시집 시
颸 바람 시

諰 말 시
緦 시마 시
揌 움직일 시
愢 겸손할 시
毸 날개벌릴 시
罳 병풍 시
偲 재주 시
貄 담비 시
豺 승냥이 시
顋 빰 시
覗 볼 시
視 엿볼 시
覘

유인할 시
豉 양념할 시
翅 날개 시
兕 외뿔난들소 시
咶 핥을 시
狧 개핥을 시
漦 침거품 시
襹 깃옷 시
𩛥 즐길 시
𧩣 말들일 시
絁 비단 시
蝨 바구미 시

柴 나무 시
茈 시호 시
𣦸 깨날 시
屍 죽엄 시
尸 죽엄 시
屎 똥 시
屌 엿볼 시
戻 기다릴 시
蓍 시초 시
𥟖 보리밑에씨뿌릴 시
𥻘 똥오줌 시
矢 살 시

𥞥 기다릴 시
䂖 소리 시
𧦴 뜻할 시
鳲 뻐국새 시
諡 시호 시
枲 수삼 시
柹 감 시
姼 외조모 시
諸 성낼 시
猜 의심낼 시
始 비로소 시
啻 뿐 시
笫

큰대 시
試 시험 시
鉊 쇠덩이 시
齝 이 시
𥦵 물가 시
鉹 대패 시
徥 걸을 시
翨 나를 시
酏 얼굴 시
肆 벌릴 시
狏 이리 시
𧳧 담비 시
弑 죽일 시

市 살 시
𦦨 작을 시
毢 날개벌릴 시
辢 따비끝 시
豉 콩자반 시

씨

氏 성씨 씨

식

埴 진흙 식
㥁 오로지 식
植 심을 식
禃 오로지할 식
殖 날 식

息 숨쉴 식
瘜 군살 식
䭈 숨 식
熄 불끌 식
鄎 땅이름 식
蒠 나 식
篒 귀우비개 식
𦞦 궂속군살 식
食 밥 식
喰 먹을 식
蝕 일식 식
式 법 식

飾 꾸밀 식
湜 물맑을 식
寔 이 식
拭 씻을 식
栻 점판 식
軾 난간 식
識 알 식
蘵 너삼 식
𡔹 며느리 식
䀵 눈여겨볼 식
𡫔 뇌지않을 식
歠 겁낼 식

신

申 납 신
狆 미칠 신
伸 펼 신
眒 빠를 신
鞞 큰띠 신
𢘎 근심할 신
神 귀신 신
柛 나무쓰러질 신
榊 나무 신
㰮 읊을 신
紳 큰띠 신

抻 잡을 신
胂 몸펼 신
呻 읊을 신
鰰 은어 신
新 새 신
薪 섭 신
噺 이야기할 신
陙 언덕 신
鋠 아이밸 신
蜄 움직일 신
蜃 조개 신
辰 별 신
賑

전당 신 鷐 새매 신 唇 놀랄 신 娠 아이밸 신 宸 대궐 신 𨛜 나라 신 𥸤 죽엄길 신 𢓊 왔다갔다할 신 兟 나갈 신 侁 갈 신 駪 걸을 신 𨳿 끈끈할 신 身 몸 신

裑 옷등걸 신 𡶌 기다릴 신 汛 물뿌릴 신 𤝞 족제비 신 𩚼 밥 신 籸 범벅 신 迅 빠를 신 訊 물을 신 姺 나라이름 신 甡 많을 신 顖 구멍 신 頣 볼 신 𠊴

아이밸 몸 신 辛 매울 신 辡 많을 신 莘 세신 신 𣳚 귀신 신 峷 아귀 신 𣓌 막대 신 𩵲 꼬리긴 생선 신 𤞞 깃많을 신 矧 하물며 신 吲 웃을 신 訠

하물며 신 丨 위아래로 통할 신 弞 웃을 신 愼 삼갈 신 信 믿을 신 訦 믿을 신 𥨓 삼갈 신 禋 신인 신 囟 정수리 신 𣐈 바디 신 𦤎 암내 신 臣 신하 신

𢫦 씻을 신 腎 콩팥 신 𡢇 나라이름 신 屾 산 신 藎 나갈 신 鰰 스무개 신 麎 고라니 신 晨 새벽 신 扟 섭길 신 哂 빙그레 웃을 신 賮 보배 신 𧯛

깊은 골 신 **실** 失 잃을 실 室 집 실 榁 두송 실 䩳 칼집 실 悉 알 실 𢖻 요동할 실 窸 바람소리 실 蟋 귀뚜라미 실 𠽓 꾸짖는 소리 실 實 열매 실 **심**

甚 심할 심 葚 뽕 심 諶 믿을 심 𨡓 누룩 심 煁 화덕 심 黮 검을 심 愖 믿을 심 心 맘 심 𢗅 두려울 심 𦭸 이삭죽을 심 𡇒 개가 토할 심 沁 물적실 심

淰 흐릴 심 𣨼 초목죽을 심 諗 고할 심 鈊 날카로울 심 燖 데쳐낼 심 𨼊 언덕 심 鱘 고기 심 潯 물가 심 蟳 게 심 尋 찾을 심 樳 나무 심 𧼀 길 심

鄩 땅이름 심 𦄻 이을 심 𨻌 빠질 심 䨘 비소리 심 鬵 가마 심 𩃱 장마 심 䆦 부들 심 䑣 부들 심 深 깊을 심 𢉸 집 심 𥦗 굴뚝 심 𤘹 물

끼 심 魫 고기새끼 심 枔 잎사귀 심 罙 새그물 심 垶 높을 심 踸 물 심 瀋 즙 심 勯 심쓸 심 嬸 숙모 심 審 알 심 鱏 고기 심 鐔 칼 심 蕈 버섯 심 瞫

볼 심 粈 쌀찌기 심 森 두려워할 심 𤵜 오한날 심 **십** 卅 설흔 십 卌 마흔 십 十 열 십 什 열사람 십 𨚍 골이름 십 辻 사거리 십 竍 데카리터 십 籵 데카리터

십 𧽹 풀소리 십 𦝫 배차일 십 讘 어눌할 십 䙕 옷겹선 십 趘 달아날 십 **아** 牙 엄니 아 庌 월랑 아 迓 맞을 아 笌 죽순 아 𥝩 싹 아 砑 연 아 𢪃

비뚤어질 아 庌 어긋날 아 鵶 검을 아 玡 뼈 아 芽 싹 아 訝 맞을 아 枒 바퀴 아 犽 어린이 아 齖 뻐드렁니 아 蚜 벌레 아 蕥 쭉정이 아 雅 맑을 아 亞 버금 아
俹 의지할 아 啞 벙어리 아 [illegible] 답답할 아 婭 동서 아 孲 아이 아 [illegible] 비뚜러질 아 [illegible] 길 아 [illegible] 버금 아 錏 투구 아 稏 벼 아 [illegible] 나귀울 아 [illegible] 눈치 아 掗
흔들 아 瘂 벙어리 아 [illegible] 험할 아 堊 백토 아 我 나 아 俄 아까 아 哦 읊을 아 娥 예쁠 아 峨 산 아 [illegible] 고를 아 [illegible] 성할 아 硪 바위 아 誐 간사할 아 蛾
나비 아 鵝 거위 아 [illegible] 웃치장할 아 [illegible] 부서트릴 아 睋 볼 아 [illegible] 짐승 아 莪 쑥 아 餓 굶을 아 婀 고울 아 [illegible] 예쁠 아 [illegible] 나무무성할 아 [illegible] 웃치렁거릴 아
[illegible] 깃발날릴 아 疴 병 아 [illegible] 마전할 아 屙 뒤볼 아 阿 언덕 아 錒 가마솥 아 鈳 가마 아 啊 사랑할 아 兒 아이 아 唲 선웃음칠 아 [illegible] 이쁠 아 [illegible] 여선생 아 [illegible]
술잔 아 襾 덮을 아 衙 마을 아 [illegible] 울 아 丫 두갈래질 아

악

咢 놀랄 악 [illegible] 잇몸 악 [illegible] 함정 악 [illegible] 볼 악 萼 꽃받침 악 [illegible] 험할 악 諤 곧은말 악
遻 만날 악 鄂 땅이름 악 鶚 독수리 악 鰐 악어 악 顎 턱 악 愕 놀랄 악 崿 언덕 악 堮 언덕비탈 악 鍔 칼날 악 [illegible] 언덕 악 齶 잇몸 악 惡 모질 악
[illegible] 흰옥 악 [illegible] 독사 악 喔 닭울 악 握 쥘 악 齷 속좁을 악 [illegible] 비게두터울 악 偓 거리낄 악 渥 젖을 악 [illegible] 모양낼 악 幄 장막 악 [illegible] 급할 악 樂 풍류 악
觻 뿔끝 악 [illegible] 초 악 嶽 뫼 악 鸑 봉새 악 [illegible] 메 악 [illegible] 소 악 [illegible] 소 악 噩 엄숙할 악 櫮 꽃활작필 악 [illegible] 갈구리 악 [illegible] 통길 악 [illegible] 죽을 악 [illegible] 자랑할 악
呃 새소리 악 [illegible] 말배끊을 악

안

安 편안 안 [illegible] 조용할 안 鮟 꺽저기 안 [illegible] 벼갈 안 案 책상 안 洝 끓는물 안 桉 중발 안 鞍 안장 안 [illegible] 땅이름 안
騴 말 안 按 누를 안 [illegible] 마을 안 晏 늦을 안 頇 대머리 안 顔 얼굴 안 [illegible] 쌈 안 喭 추솔할 안 偐 위조물 안 [illegible] 자취 안 [illegible] 쇠 안 [illegible] 클 안 [illegible] 고울 안
[illegible] 이마 안 岸 언덕 안 [illegible] 불빛 안 贗 위조할 안 矸 산돌 안 豻 들개 안 [illegible] 바람 안 [illegible] 양짖을 안 眼 눈 안 [illegible] 다리앓을 안 鴈 기러기 안

알

斡

말로담을 알 斡 도리킬 알 𣽊 물 알 遏 막을 알 煬 더위먹을 악 黠 투색할 알 稭 고강이 알 歐 풀뽑을 알 謁 뵈일 알 胺 고기썩을 알 揠 풀뽑을 알 歹 뼈 알

咹 말더듬거릴 알 頞 콧마루 알 𠮛 새소리 알 圠 산구비 알 𡸼 산 알 軋 아슬 알 乿 어두울 알 哘 비방할 알 枅 나무등걸 알 堨 보막을 알 嶭 높을 알 鶡 뻐국새 알 戛 창 알 𤃬 물 알 嘎 두루미소리 알 鬠 털 알 睧 눈깊고검을 알 訐 발각할 알 穵 구멍우빌 알 捾 취할 알 𥻭 양 알 挖 우벼낼 알

암

唵 먹을 암 埯 구덩이 암 醃 사마귀 암 菴 쑥 암 馣 향내 암 裺 옷 암 雸 구름 암 庵 암자 암 晻 어두울 암 黤 검푸를 암 暗 어두울 암 腤 삶을 암 婄 맘 암 揞 감출 암 㜝 탐낼 암 喑 싱거울 암 韽 소리 암 堷 흙에묻을 암 黯 아득할 암 隌 어두울 암 罯 덮을 암 闇 여막 암 𤟤 개짖을 암 𩈤 슬플 암 諳 알 암 䖔 범 암

羬 큰양 암 厰 염소 암 匼 아첨할 암 揜 가르킬 암 黭 왈칵 암 䛳 희롱할 암 癌 괴병 암 嵒 바위 암 碞 험할 암 鵪 메추리 암 巖 바위 암 黶 검은점 암 壧 굴 암 盦 덮을 암 媕 맘둘 암 黫 구름 암 嗿 말아니할 암 䶄 잇몸 암 顩 빰길 암

압

𤈦 불묻을 압 趛 달아날 압 踚 절뚝발이 압 𦍞 그림 압 鞥 신 압 𨋬 수레연장 압 𧮩 웃고말할 압 𡃬 시끄러울 압 𤸷 기단할 압 匐 족두리 압 狎 친압할 압 𣲣 축축할 압 押 눌러놀 압 𥦒 맥씨를 압 翈 깃 압

鴨 집오리 압 嚈 나라이름 압 壓 누를 압 𧟠 덮을 압 鞥 가죽 압 𩔗 머리움직일 압

앙

央 가운데 앙 姎 나 앙 岟 산골짜기 앙 鴦 원앙새 앙 胦 배꼽 앙 䒋 기운뜰 앙 坱 티끌 앙 鉠 방울소리 앙 醠 막걸리 앙 軮 편할 앙 𧶆 한량없을 앙 𧳜 담비 앙 詇 미리알 앙 佒 몸펴지못할 앙 咉 슬플 앙 霙 흰구름 앙 㬗 날흐릴 앙 殃 앙화 앙 泱 물 앙 𤝽 담비 앙 㼜 큰혹 앙 𤿤 푸를 앙 盎 동이 앙 鞅 가뻘 앙 𩛳 배부를 앙 駚 들말 앙 䱀 자가사리 앙 怏 맘에차지않을 앙 秧 모 앙 卬 나 앙 茚 창포 앙 𣐣 추녀 앙 枊 말뚝 앙 𩢁 말성낼 앙 𩒃 머리들 앙 昂 밝을 앙 仰 우러럴 앙 𩋙 신발 앙 䵋 거북 앙

㑄 어그러질 앙 岇 산높고 험할 앙 㕧 말할 앙

애

厓 언덕 애 睚 눈가 애 𧡎 웃고 볼 애 嘊 비틀거릴 애 啀 개가 물 애 䐊 넉넉할 애 崖 낭떠러지 애 娾 즐거울 애 㤤 한할 애 捱 막을 애 涯 물가 애 愛 사랑 애 曖 날흐릴 애 僾 방불할 애 靉 구름낄 애 鱫 연어 애 瞹 눈흐릴 애 噯 기운 애 薆 초목성할 애 馤 향내 애 餲 밥쉴 애 譪 힘다할 애 𪕮 쥐 애 藹 수두룩할 애 靄 아지랑이 애 𤢖 어금니 애 𩅴 하얄 애 敳 있을 애 㾨 병 애 蒈 물쑥나물 애 磑 맷돌 애 䑂 배 애 獃 미련할 애 𩡖 향내날 애 藹 그늘질 애 𣋥 날빛 애 壒 티끌 애 懝 놀랄 애 礙 맷돌 애 娭 희롱할 애 挨 밀 애 埃 티끌 애 㶪 빛날 애 騃 어리석을 애 欸 탄식할 애 唉 탄식할 애 哎 애통할 애 鴱 암뱁새 애 阸 좁을 애 阨 좁을 애 𡶜 험할 애 艾 쑥 애 𧰚 돋 애 𪘏 어금니 애 𡼏 뫼봉우리끝 애 隘 막을 애 賹 보낼 애 毐 음난할 애 呃 재채기할 애 閡 닫힐 애 欸 탄식할 애 套 짧을 애 嗄 목쉴 애 唲 아이말 애 𧵣 쌓을 애 𥌒 귀머거리 애 𪗾 이고르지 않을 애 𡪶 탁자 애 𢘓 징계할 애 𧰜 돝 애 哀 슬플 애

액

厄 재앙 액 戹 좁을 액 砨 옥 액 䚅 놀라기 잘할 액 𣢑 말할 액 扼 잡을 액 𩚲 굶을 액 呝 높은 소리 액 豟 돋 액 蚅 콩망아지 액 軛 멍에 액 𧛞 솔기 액 腋 겨드랑이 액 液 진액 액 棭 나무 액 峉 산높을 액 詻 송사논란할 액 頟 이마 액 額 이마 액 搤 죌 액 䩹 신기울 액

앵

櫻 앵도 앵 蘡 머루넌출 앵 鸚 앵무새 앵 嚶 새소리 앵 瞸 눈에 광채 없을 앵 甖 목긴 병 앵 䁝 눈맑을 앵 甇 앵도병 앵 鶯 꾀꼬리 앵 嫈 어린지어미 앵

야

夜 밤 야 㖡 새울 야 𨨏 거울 야 䴸 밀기 야 鵺 새 야 揶 농할 야 椰 야자나무 야 琊 고을이름 야 喏 대답할 야 𨂜 걸을 야 鋣 칼 야 冶 쇠불릴 야 吤 대답할 야 野 들 야 崵 먼산 야 惹 이끌 야 偌 성 야 爺 아비 야 耶 어조사 야 也 이끼 야

약

若 같을 약 𨶹 끌 약 鄀 나라이름 약 𨓏 나아갈 약 楉 석류 약 鰙 피라미 약 藥 약 약 濼 물끓을 약 擽 칠 약 纅 색실 약 𨘷 멀 약 鑰 자물쇠 약 禴

제사 약 𧖅 반딧불 약 𨷲 빗장 약 爚 불살을 약 瀹 지질 약 蘥 귀리 약 𥿋 실 약 籥 피리 약 鸙 종달새 약 𪛖 우러를 약 篛 죽순 약 鶸 새 약 搦

가질 약 弱 약할 약 𦨵 집모통이 약 鰯 멜치 약 蒻 부들밑둥 약 𧧄 칭찬할 약 䂐 칼갈 약 略 간략할 약 䋹 옷궤맬 약 掠 노략할 약 蟟 하루살이 약 雂

바둑 약 𤺥 병 약 蒦 잴 약 躍 뛸 약 𩚀 음식 약 葯 구리때 약 躈 발금 약 扚 손마디금 약 約 맺을 약

양

羊 양 양 烊 구을 양 佯 거짓 양 垟

괴물 양 恙 병 양 痒 옴 양 洋 물 양 𦙶 수양 양 𩊯 가죽다를 양 𩜠 떡 양 𨑜 머뭇거릴 양 𤢖 짐승 양 𢏀 활굽을 양 徉 빈들거릴 양 𢞤 한탄할 양 𧭙

소리변할 양 樣 모양 양 羕 물길 양 唴 어린아이울 양 漾 물결일 양 良 착할 양 俍 장인 양 哴 목쉴 양 埌 아득할 양 鋃 잠글 양 艆 배전 양 㝗

고요할 양 躴 키클 양 悢 슬플 양 𣱛 양기 양 瀁 물모양 양 癢 가려울 양 䑆 메식거릴 양 養 기를 양 𧓨 누에 양 懩 뜻이룰 양 攁 발동할 양 陽 볕 양

鰑 가물치 양 楊 버들 양 颺 살찔 양 𪑾 검붉을 양 鸉 새 양 暘 밝을 양 昜 빛날 양 輰 수레 양 敭 밝을 양 揚 들날릴 양 諹 칭찬할 양 鍚 당노 양

𩌂 굴레 양 𥉷 양미간 양 瘍 종기 양 煬 화할 양 禓 길제사 양 𥽏 섞일 양 鑲 선두를 양 𩡛 들깨 양 蘘 양하 양 纕 옥띠 양 𩄿 이슬 양 𥗉

연한돌 양 瓤 외속 양 壤 흙 양 瓖 장식 양 穰 벼줄기 양 獽 오랑캐 양 攘 빼앗을 양 孃 아씨 양 讓 사양 양 驤 말뛸 양 懹 꺼릴 양 欀 고양나무 양

禳 기도할 양 勷 급히할 양 襄 도울 양 儴 노닐 양 𪓉 검을 양 鬤 머리엉킬 양 釀 술비질 양 躟 걸을 양 亮 밝을 양 湸 물 양 喨 울고그치지않을 양

涼 서늘할 양 𤚩 소 양 𩗴 북풍 양 諒 믿을 양 𧶄 부세 양 輬 수레 양 䣼 장 양 椋 박달나무 양 綡 수건 양 脼 맛있을 양 掚 꾸밀 양 裲 배자 양 𣗳

송진 양 緉 신 양 輛 수레 양 粱 기장 양 𨂵 달아날 양 梁 들보 양 氜 별기운 양 𤝢 개 양 鴹 외발새 양 𢒿 착할 양 量 헤아릴 양 糧 곡식 양

어

魚 생선 어 䱇 고리눈말 어 魰 고기잡을 어 漁 고기잡을 어 䁩 고리눈말 어 䲛 좀 어 䱷 미꾸리 어 䓊 들깨 어 䱐 고리눈말 어 於 늘 어 棜 술잔바침 어

淤 진흙 어 瘀 어혈질 어 箊 대 어 飫 싫을 어 菸 시들 어 御 모실 어 禦 그칠 어 籞 동산 어 鋙 백철 어 蘌 가릴 어 蓹 땅이름 어 飫 전별할 어

馭 말부릴 어 齬 이어긋날 어 語 말씀 어 鋙 어긋날 어 峿 험할 어 圄 옥 어 圉 곤할 어 傴 어릿어릿할 어 饇 배부를 어 醧 잔치할 어 敔 풍류 어 寱 거짓잠잘 어

衙 모실 어 飫 배부를 어 廙 노식 어 閼 작은문 어 억 億 억 억 憶 생각할 억 檍 참죽나무 억 癔 심화병 억 繶 땋은노 억 韇 신머리치장 억 臆 가슴 억

疑 바로설 억 嶷 어린아이지각있을 억 肊 가슴뼈 억 骫 가슴뼈 억 訷 쾌할 억 抑 누를 억 啻 쾌할 억 언 言 말씀 언 唁 조상할 언 諺 상말 언 䇾 통소 언

彥 클 언 嵃 산높을 언 䞁 연기오를 언 堰 방죽 언 匽 숨길 언 偃 자빠질 언 褗 옷깃 언 郾 땅이름 언 躽 몸굽힐 언 鰋 메기 언 歐 성나배벌떡거릴 언 鼴

두더지 언 㥺 맘졸을 언 鶠 봉새 언 䁙 희롱할 언 椻 나무로방천할 언 蝘 도롱뇽 언 焉 어디 언 嘕 빙그레할 언 漹 물 언 嫣 예쁠 언 䞠 걸을 언 篶 풀 언 鄢

땅이름 언 讞 죄의논할 언 甗 시루 언 甗 시루 언 齗 이들어날 언 齞 이들어날 언 覎 바로짓지못언 崀 고개 언 㫃 깃발 언 牪 물건 언 열 槷 관혁 열

蘖 그루터기 얼 糵 누룩 얼 䴪 보리움 얼 孼 서자 얼 糱 쌀 얼 嶭 산끊어질 얼 㕒 집좁을 얼 蜺 불매미 얼 臬 문찌방 얼 嵲 산높을 얼 𩑻 위태할 얼 闑

문찌방 얼 妜 양미간 얼 聐 멍청이 얼 餲 밥체할 얼 䡾 우뚝할 얼 𨱍 긴 얼 엄 噞 고기입어물거릴 엄 厱 언덕비탈 엄 𩷶 고기입쭝긋거릴 검 㢛 작을 엄 顩

빠를 엄 奄 문득 엄 俺 나 엄 媕 모할 엄 崦 해지는산 엄 罨 덮을 엄 𤞞 쪽지낄 엄 䎨 귀 엄 掩 건을 엄 𢓴 숨길 엄 閹 고자 엄 醃 저릴 엄 𨛍

나라이름 엄 𧩸 줄 엄 淹 담글 엄 𤗨 평고대 엄 䅖 벼쪽정이 엄 𩴹 더럽힐 엄 嚴 엄할 엄 孍 전엄할 엄 儼 공경할 엄 𥳎 막을 엄 曮 해다니는길 엄 欕

엄나무 엄 甗 시루봉 엄 醃 덮을 엄 𡚤 천할 엄 隒 층언덕 엄 龑 높고밝을 엄 厂 굴바위 엄 广 돌집 엄

업

業 업 업 㶒 물막는나무 업 𢡙 두려울 업

牃 담틀 업 𥌓 흰꽃 업 業 산높을 업 噗 입움직일 업 纅 얽을 업 驜 장할 업 鱳 고기성할 업 䜓 풍류 업 鄴 땅이름 업 𧩡 웃을 업 𢅨 두건 업

𣣐 미칠 업 殗 병심하지않을 업 鎑 마치 업 餣 떡 업 腌 저린고기 업 岋 위태할 업 𥑮 산높을 업 鴳 오디새 업

에

殪 죽을 에 壒 흙비올 에 曀 음산할 에

蝸 구더기 에 獩 오랑캐 에 椏 배 에 恚 성낼 에 緆 급히돌아올 에 㝁 고요할 에

여

女 계집 여 汝 너 여 洳 축축할 여 侞 온순할 여 𡛟 섞을 여 𡝗 추잡할 여

如 같을 여 筎 대껍질 여 籹 약과 여 肗 생선섞을 여 帤 활싸개 여 鴽 비들기 여 袽 해진옷 여 䋈 붙을 여 絮 솜 여 茹 먹을 여 雓 메추라기 여 廬 풀집 여

𧬢 거짓 여 鑢 줄 여 慮 생각 여 藘 풀 여 臚 배앞 여 曥 해비칠 여 𡣋 싫을 여 𥗋 돌단단할 여 㦠 생각깊을 여 𥛂 산천제사 여 爈 산불 여

櫖 굵은칡 여 廲 집창 여 攦 꺾을 여 𤼒 파리할 여 欐 들보 여 濿 물건늘 여 厲 엄할 여 癘 염병 여 礪 숫돌 여 禲 여귀 여 曞 햇살퍼질 여 蠣 굴 여

糲 굵은쌀 여 覼 볼 여 𡾟 산높을 여 麗 고울 여 膂 고기 여 穭 돌벼 여 與 더불 여 䙋 옷날릴 여 䞝 걸을 여 藇 마 여 歟 어조사 여 𡁑 노래할 여 璵 보배옥 여

礜 여돌 여 惥 공경할 여 旟 기 여 鸒 갈가마귀 여 鐭 비녀 여 籅 대남여 여 輿 비로소 여 閭 이문 여 櫚 종려 여 𦾞 쑥 여 𨷲 줄 여 呂 성 여

麿 자네 여 𢙏 업신여길 여 侶 짝 여 梠 문도리 여 絽 옷꿰맬 여 予 나 여 𢐇 활 여 妤 벼슬 여 預 마 여 戾 도라올 여 悷 슬퍼할 여 䜗 이름 여 唳 학울 여

𠌥 성낼 여 棙 비파고동 여 𩙣 바람소리 여 綟 초록빛 여 蜧 두꺼비 여 𣏣 나무 여 旅 나그네 여 膂 힘 여 祣 산천제사 여 𥮼 소쿠리 여 瓈 유리 여 藜 명아주 여

鵹 꾀꼬리 여 黎 무리 여 黧 풀성할 여 𥉹 볼 여 悆 기쁠 여 𦎜 들양 여 蜍 두꺼비 여 艅 배 여 狳 짐승 여 餘 남을 여 𪔵 헤아릴 여 舁 마주들 여 𤬮

말린 채소 여 餇 싫을 여 螸 좀먹을 여 櫲 여장나무 여 澦 물이름 여 璵 장식할 여 颻 바람 여 䍞 그물 여 舉 양 여 科 밭갈 여 砅 물넘늘 여 睿 찾아볼 여 沴

해로울 여 ⓔ역 易 바꿀 역 睗 날흘릴 역 鯣 뱀장어 역 埸 지경 역 昜 변할 역 瘍 병전염할 역 蜴 도마뱀 역 場 지경 역 鞨 휜신 역 歷 지날 역 㤠

경영할 역 髍 뼈병 역 㱹 거의 주으려할 역 齸 너리먹을 역 鱱 자가사리 역 黳 검은빛 역 瀝 스밀 역 嚦 소리 역 瞭 눈밝을 역 癧 연주창 역 醨 술거를 역 纚

줄칠 역 攊 염소 역 聽 자세히 들을 역 艊 배 역 靂 비안그칠 역 躒 지날 역 軆 맨몸 역 飃 바람소리 역 讈 교묘한말 역 蠣 들누에 역 轣 바퀴길 역 邐

가까울 역 靂 벼락 역 鬲 솥 역 鼓 북소리 역 睪 엿볼 역 醳 쓴술 역 饌 밥쉴 역 繹 다스릴 역 闤 문열 역 譯 번역할 역 圛 맴돌 역 嶧 산이름 역 㾿

병전염할 역 鬼 사자 역 燡 불심할 역 驛 역말 역 暺 날빛 역 襗 제사이튿날 역 懌 기뻐할 역 䁺 눈밝을 역 曆 책력 역 厤 가릴 역 磿 조약돌 역 趚 속히갈 역

厤 못생길 역 㚤 강할 역 閾 문지방 역 琙 이름 역 緎 옷솔기 역 罭 그물 역 惐 맘아플 역 棫 나무날 역 役 부릴 역 鈠 작은창 역 鍛 작은창 역 坄 굴뚝 역

疫 염병 역 炈 굴뚝 역 豛 돼지 역 𩃭 큰비 역 悛 맘쓸 역 亦 또 역 𦀌 실얽을 역 㑊 감질 역 䖿 법의소리 역 湙 흐를 역 縌 인끈 역 逆 거스릴 역

帟 장막 역 鴗 오리 역 岃 산높을 역 赽 걸을 역 𧲮 개 역 朸 瓅 진주빛 환할 력 驝 말빛 역 轢 바퀴에 치일 역 皪 희끗 역 礫 자갈 역 疒 병 역 蒚

산마늘 역 䰛 김오를 역 䰙 거를 역 鷊 새이름 역 熤 빛날 역 酈 땅이름 역 惄 맘주릴 역 砳 돌소리 역 礭 돌보습 역 域 지경 역 衺 얽을 역 鶂 새이름 역 ⓔ연

兗 믿을 연 挠 움직일 연 沇 물 연 䩞 가죽 연 年 해 연 堜 언덕 연 練 마전할 연 鍊 쇠불릴 연 萰 가위톱 연 楝 나무 연 湅 실 연 䅖 연지 연 堧 빈터 연

㨎 비빌 연 瑌 옥돌 연 𤲬 밭 연 瓀 옥돌 연 碝 옥돌 연 緛 쭉으러질 연 鍜 연한은 연 䓴 버섯 연 䙇 옷구길 연 渜 잇 연 䞂 작은재물 연 壖 밭 연 煙 연기 연

갈비살 열 跇 넘을 열 䠑 가시밟을 열 說 기쁠 열 閱 읽을 열 虓 밤잠 열 呈 성낼 열 埕 내릴 열 脭 부을 열 篂 피리 열 熱 더울 열 爇 불살을 열 𢡄

정태 열 哨 성낼 열 噎 목쉴 열 䊦 송편 열 䠶 냄새날 열 抴 눈비빌 열 焫 불살을 열 趧 급히갈 열 眏 볼 열 𥑪 백반 열 闉 막을 열

염

𠟃 찌를 염

嬚 고을 염 濂 경박할 염 㡘 휘장 염 簾 발 염 稴 벼 염 䅩 풀에열매맺지않을 염 磏 숫돌 염 㼓 외씨 염 燫 불 염 熑 불 염 溓 붙을 염 臁 정강이 염

聺 귀늘어질 염 搛 장구칠 염 歛 북점칠 염 謙 북칠 염 𨏬 바퀴둘레 염 蠊 풍뎅이 염 䨲 비올 염 𩟗 간식 염 𪏊 기장성길 염 薕 갈 염 䭠 맛없을 염

殮 염할 염 獫 개 염 澰 물번창할 염 籢 경대함 염 籨 경대 염 斂 걷을 염 瀲 물 염 䌢 누에발다는줄 염 蘞 진동찰 염 匳 경대 염 炎 불꽃 염 晱 달 염

琰 옥 염 扊 문빗장 염 𢽿 흩을 염 燄 불꽃 염 𦓯 날카로운따비술 염 棪 염나무 염 錟 서슬 염 䟾 걸을 염 剡 깎을 염 焰 불꽃 염 爓 붓빛 염 覢

살떠볼 염 𥳑 줄 염 艌 배끄을 염 諗 소리그칠 염 踗 걸을 염 醶 쓸 염 鯰 메기 염 𤎼 분명할 염 𩃶 젖을 염 𨥥 무쇠 염 𧥾 말못할 염 苒 덧없을 염

䎃 잔털 염 袡 갈 염 䫇 구레나루 염 姌 비틀거릴 염 䛁 말수다할 염 衻 활옷 염 髯 수염 염 壛 섬돌 염 灩 더러울 염 閻 이문 염 𦢟 삶을 염 檶

섬돌 염 𢸗 이을 염 酓 쓸술 염 酟 술 염 嬮 고요할 염 厭 미워할 염 𡡮 웃을 염 魘 잠고대할 염 饜 싫을 염 㤿 의기많은체할 염 𦀉 고치의실뽑아낼 염

䬯 먹을 염 蛅 쐐기 염 鹽 소금 염 帘 술판다는표기 염 染 물들 염 奩 향합 염 𠱲 입움직일 염 檿 산뽕나무 염 𧽏 달아날 염 豔 탐스러울 염 𨷾

사당집문 염

엽

𡁼 씹는소리 엽 犣 소 엽 𡏨 흙 엽 𦶯 풀흔들글 엽 𥌳 병난눈 엽 𩏳 말굴레 엽 躐 밟을 엽 𪔞 북소리 엽 獵 돝의긴털 엽 𧭿 짓거릴 엽

鱲 고기 엽 𣌁 해멀어지려할 엽 鬣 비끝 엽 邋 갈 엽 擸 질 엽 𣤲 취할 엽 𦢊 살떨릴 엽 𣦁 서로미치 엽 葉 입 엽 𩗫 바람 엽 鍱 쇠조각 엽 𥳑

대쪽 엽 瞸 눈시울 엽 殜 병들 엽 𤬏 풀성글 엽 䈎 대 엽 㽃 북칠 엽 𧝡 옷서로 닿을 엽 曄 빛날 엽 皣 흰꽃 엽 爗 빛날 엽 鬣 머리털성길 엽 饁 들점심 엽

撿 손비빌 엽 斂 막을 엽 熀 불빛 엽 擪 잡을 엽 欇 입이너풀거릴 엽 𣯴 깃부채 엽 偞 낯을 엽 嵒 땅이름 엽 稖 싹고를 엽 猦 나를 엽 ⓔ영 寧

편안 영 𩜸 먹을 영 譍 속살거릴 영 鬡 머리더부룩할 영 軀 때 영 嬣 투미할 영 𩯖 머리흩어질 영 獰 영악할 영 嚀 정녕 영 濘 수렁 영 矃 볼 영

𢔡 달아날 영 𦡥 귀속때 영 聹 귀에지 영 㲌 개 영 穃 벼꺼러 영 鹷 소금 영 𪕁 쥐 영 齡 나이 영 𧗟 길 영 𩞦 밥물릴 영 竛 비쭉거릴 영 𥦫 우물 영

䇏 대이름 영 笭 작은농 영 𣭷 털엉킬 영 蛉 잠자리 영 羚 양 영 翎 깃 영 䌢 솜 영 聆 들을 영 䉹 풀줄기 영 苓 냉이 영 蘦 풀어지러울 영 𥳆 광주리 영

姈 영리할 영 怜 영리할 영 彾 홀로갈 영 秢 나이 영 砱 돌구멍 영 𩪕 가는뼈 영 澪 물멀어질 영 泠 서늘 영 柃 나무혹 영 朎 달빛 영 囹 옥 영 坽

언덕 영 拎 달아올릴 영 昤 날빛 영 令 명령할 영 伶 영리할 영 狑 개 영 岭 산깊을 영 玲 옥소리 영 閝 창 영 鈴 종 영 軨 수레 영 䝁 약이름 영 詅 팔 영

袊 활옷 영 𩚽 가루떡 영 䍅 양의새끼 영 零 떨어질 영 領 거느릴 영 𩗄 바람 영 醽 술 영 酃 땅이름 영 𤣪 개 영 𤢃 개 영 𨶒 들창 영 𧮪 바위구멍 영

𧭩 소리 영 𨼆 틈 영 𩕰 얼굴파리할 영 靈 신령 영 𧽼 개달아날 영 𤛱 소 영 𡿃 산깊다랄 영 𢸼 찍어낼 영 𥌗 눈광채날 영 𤾙 흰 영 𦪈 배 영 𢤱

맘약한체할 영 蘦 감초 영 鑈 병 영 櫺 난간 영 𩴆 귀신 영 𧞤 옷광채날 영 𩮰 터러성길 영 爧 불빛 영 𤫊 신을위성하는옥 영 英 꽃부리 영 朠 달빛 영 暎

비칠 영 映 비칠 영 柍 살구 영 煐 빛날 영 碤 채색돌 영 渶 물맑을 영 廮 월랑 영 愥 찬란할 영 粀 정한쌀 영 𤗊 창 영 霙 눈꽃 영 韺 풍류 영 𨴐

문가운데 영 醟 주정할 영 瑩 밝을 영 𠿬 울 영 謍 속살거릴 영 嶸 산높을 영 巆 산골으슥할 영 𤜉 소울 영 𩐌 소리 영 塋 무덤 영 縈 얽힐 영 禜

기우제 영 濴 물소리 영 濚 물돌아 나갈 영 榮 빛날 영 蘥 풀얽일 영 蠑 도롱뇽 영 𢅤 덮을 영 營 지을 영 嚶 짐승소리 영 嶺 재 영 鴒 할미새 영 蘡
국화 영 籯 농 영 籝 상자 영 瀛 바다 영 攍 멜 영 臝 똥 영 贏 펼 영 嬴 진나라 성 영 𤜵 짐승이름 영 嬰 어릴 영 𩕳 목에 혹날 영 巊 산어둠침침할 영
襋 주름잡을 영 瓔 옥돌 영 廮 골이름 영 攖 부딪칠 영 瀴 멀 영 孆 어린이 영 纓 갓끈 영 癭 혹 영 𢿢 성낸기운 영 永 길 영 泳 헤칠 영 怺 견딜 영
咏 노래할 영 詠 읊을 영 𩁹 계집 영 𩂞 못 영 霊 차라리 영 𩃬 들깨 영 㰡 영몽 영 逞 통할 영 郢 땅이름 영 浧 잠길 영 啨 잔말 영 饛 배부를 영
影 그림자 영 潁 물이름 영 穎 송곳자루 영 頴 이삭 영 欞 난간 영 毷 개털 영 盈 찰 영 楹 기둥 영 𡨛 하늘 영 𥥛 하늘 영 峵 산높을 영 倿 재주 영
梬 고염나무 영 迎 맞을 영 另 다를 영 醟 술괠 영 鞕 딱딱할 영

ⓔ 예

曳 끌 예 栧 상앗대 예 𥝩 벼걷을 예 㢞 쌀곳간 예 㹭 삵의새끼 예 拽 끌 예
鶃 다람쥐 예 𨍉 상예 예 𥮆 틈 예 𤟧 나를 예 医 활집 예 䃜 검은돌 예 嫕 유순할 예 㥍 고요할 예 殹 소리마주칠 예 繄 오목 예 瑿 옥 예 嫛 아이 예
黳 죽은깨 예 𧝒 어린애침받기 예 𧡫 흘깃거릴 예 繄 비단 예 瞖 안질 예 鷖 갈매기 예 翳 풀성할 예 繠 드릴 예 橤 드릴 예 蘂 꽃술 예
惢 죽순 예 乂 어질 예 刈 풀베일 예 效 밝을 예 𥬡 숫가지 예 例 견줄 예 𢃯 자투리 예 堄 성가퀴 예 倪 끝 예 晲 해기울어질 예 淣 물가 예 猊 사자 예
睨 흘겨볼 예 䮘 말 예 鯢 고래 예 齯 노인 예 觬 뿔굽을 예 霓 무지개 예 郳 나라이름 예 𧙃 옷해질 예 腉 젖꼭지 예 掜 잡을 예 𢿾 헐 예 棿 불안할 예 爄
불끌 예 犡 소 예 𢿑 원수 예 禮 예도 예 澧 물 예 鱧 감을치 예 醴 단술 예 𥳭 연한대 예 𦎫 오랑캐양 예 婗 간난아이 예 麑 사슴새끼 예 埶 심을 예
囈 잠고대할 예 㩎 끌어당길 예 槸 나무서로개갤 예 襼 소매 예 藝 재주 예 蓺 심을 예 枻 상앗대 예 庈 탁자 예 渫 찐파 예 玴 옥돌 예 詍

잔말할 예 詍 뛰어넘을 예 枘 자루 예 𣗋 열매달릴 예 芮 나라 예 㚏 돈피 예 汭 물이름 예 蚋 모기 예 帠 법 예 掜 찢을 예 穢 더러울 예 薉 김묵일 예

饐 밥상한냄새날 예 荔 여지 예 𥝢 긴벼 예 隸 종 예 𥌕 볼 예 𣟴 자세자루 예 𣡎 아름다울 예 譿 한탄할 예 稚 병아리 예 翟 피꼬리 예 艤 큰배 예 欚

종선 예 𣽷 물노리칠 예 𧜤 옷뒷자락 예 裔 옷깃 예 𦲷 풀날 예 銳 날샐 예 忮 헤아릴 예 胅 절뚝발이 예 㵝 송진낼 예 詣 이를 예 黳 검은양 예 預

미리 예 轊 굴대끝 예 譽 기를 예 𪑐 얼룩질 예 虓 범의소리 예 瘞 묻을 예 𨑩 앙감질할 예 羿 평탄할 예 豫 먼저 예 庣 추녀 예 寱 잠고대할 예 叡

밝을 예 吟 좋을 예 𠯈 말할 예

오

五 다섯 오 伍 다섯사람 오 俉 맞을 오 吾 나 오 唔 글읽는소리 오 牾 거슬을 오 娪 예쁜계집 오 窹 아궁이 오 捂 어긋칠 오

䎸 들을 오 晤 밝을 오 梧 오동 오 許 맞을 오 浯 물 오 㹳 원숭이 오 鼯 박쥐 오 悟 깨달을 오 寤 잠깰 오 郚 땅이름 오 逜 깨우칠 오 䫓 큰머리 오 吳

나라 오 鋘 칼이름 오 誤 그릇할 오 𥙿 복 오 筽 버들고리 오 悞 그릇할 오 𤥒 옥돌 오 蜈 지네 오 娛 기쁠 오 烏 까마귀 오 䖚 범 오 𧼖 달아날 오 㮧 푸른감 오

鰞 오징어 오 𨍖 수레심대 오 歍 아니꼬대 오 𢃼 손수건 오 蔦 갈 오 螐 벌레 오 塢 마을 오 鎢 옹솥 오 隖 흙성 오 𨵊 높은문 오 鄔 땅이름 오 嗚 탄식할 오

𥔦 언덕 오 敖 희롱할 오 蔜 달기씨깨비풀 오 熬 볶을 오 𩱧 볶을 오 𦡈 게엄지발 오 獒 큰개 오 驁 준마 오 璈 아기이름 오 颾 바람소리 오 仵 짝 오

𢿋 흔들릴 오 嶅 산에돌많을 오 摮 칠 오 鼇 자라 오 廒 고집 오 嫯 업신여겨볼 오 隞 땅이름 오 聱 말아니들을 오 鏊 번철 오 嗷 새지저귈 오 𨲌 길고클 오

謷 중얼거릴 오 螯 가제 오 奧 속 오 襖 도포 오 隩 감출 오 澳 깊을 오 懊 한할 오 㜵 투기할 오 䜒 고할 오 墺 물가 오 𩜳 거염내먹을 오 鏕 통노구 오

鏖 무찌를 오 𢷝 무찌를 오 爊 구울 오 麌 고라니새끼 오 𡵅 산똑바를 오 旿 낮밝을 오 午 말 오 汻 물가 오 忢 탐낼 오 忤 거스릴 오 𦘹 달을 오 迕 만날 오

頶 큰머리 오
𦶜 외덩굴 오
㠅 던질 오
洿 웅덩이 오
娪 음탕할 오
杇 흙손 오
窏 낮을 오
弙 활당길 오
圬 흙손 오
噁 성낸소리 오
𧪰 훼방할 오
𧬈 미워할 오
蝁 풍뎅이 오
镺 긴 오
𢗊 두려워할 오
遻 만날 오
蘁 외덩굴 오
𧭛 가마귀소리 오
𤿯 가죽단단할 오
媼 할미 오
芺 칼이름 오
趏 오랑캐 오
奡 날랠 오

옥

屋 집 옥
楃 장막 옥
𥞥 벼꺼럭 옥
箼 대총총할 옥
𪐰 자자할 옥
剭 죽일 옥
玉 옥 옥
鈺 보배 옥
𧺝 절뚝발 옥
鳿 독수리 옥
頊 사람의이름 옥
阿 누구 옥
縎 연옥
𧸐 보배 옥
𨵦 닫을 옥
鋈 도금할 옥
獄 우리 옥
沃 물댈 옥

온

昷 어질 온
㬈 따뜻할 온
溫 따슬 온
𥁕 어질 온
氳 기운성할 온
馧 향내 온
慍 성낼 온
䮑 조흔말 온
鰮 멜치 온
搵 물에담글 온
褞 베옷 온
薀 마름 온
蘊 쌓을 온
瘟 온역 온
蒕 성할 온
䅬 번성할 온
𪌭 누룩 온
熅 내낄 온
𪉕 소금 온
穩 편한할 온
𡧳 자리 온

올

兀 우뚝할 올
卼 위태할 올
屼 민둥산 올
扤 흔들 올
杌 위태할 올
阢 험할 올
鼿 들창코 올
矹 돌비알 올
榲 돌배 올
殟 낙태할 올
嗢 목구멍 올
膃 살찔 올
舠 배까불을 올
𡎔 산 올
淴 물소리 올
熓 불꺼질 올

옹

雍 화할 옹
䨴 구름기운 옹
廱 코막힐 옹
𤫩 옥그릇 옹
𤜵 개 옹
甕 독 옹
㒖 뻣뻣할 옹
臃 종기 옹
噰 소리 옹
䭲 밥쉴 옹
饔 밥 옹
壅 막을 옹
𧒽 바구미 옹
擁 안을 옹
𧝏 양말 옹
𧳸 원숭이 옹
邕 막힐 옹
癰 벽 옹
䳉 할미새 옹
雝 화할 옹
癰 종기 옹
齆 코막힐 옹
㛚 이쁠 옹
𥜫 버섯 옹
灉 물 옹
嗈 울 옹
𩋢 신 옹
翁 아비 옹
鶲 새목털 옹
鎓 가래 옹
䨣 구름 옹
𦐗 돌아올 옹
𩔁 털 옹
聬 귀소리 옹
𥧌 집어둘 옹
蓊 폴 옹
螉 가다리 옹
𩡶 향내날 옹
滃 구름 옹
𤏸 연기 옹
塕 바람소리 옹
禺 땅 옹
喁 입 옹
鰅 고기 옹
顒 우럴 옹
豿 짐승 옹
𡈼 구멍 옹
𡧸 화할 옹
𤇹 빛날 옹

와

哇 토할 와
蛙 개구리 와
䵷 음란할 와
𩂶 물 와
窪 물 와
洼 굽을 와
窐 깊을 와
徍 비척거릴 와
窩 움 와
萵 상치 와
蝸 달팽이 와
媧 여와씨 와
渦 흐를 와
猧 가 와
窊 웅덩이 와

㴩 웅덩이 와 · ⿱穴色 빛벗을 와 · 搲 긁을 와 · ⿰足窊 디딜 와 · 鈋 모젤 와 · 吪 움직일 와 · 跐 절뚝발이 와 · 訛 거짓말 와 · 訏 끓을 와 · ⿰火亏 따뜻할 와 · 汙 땅팔 와 · ⿰口委 아이울 와

涹 더러울 와 · 卮 쌀 와 · 枙 마디 와 · ⿰女厄 약할 와 · 囮 새후릴 와 · ⿰木畏 늘어질 와 · 肥 병 와 · 卧 쉴 와 · ⿺走咼 주저할 와 · ⿵門咼 문기울어질 와 · 瓦 기와 와

완

岏 높을 완

完 완전할 완 · 貦 좋을 완 · ⿰豸元 여우 완 · 浣 옷빨 완 · 脘 중완 완 · 翫 구경 완 · 羦 늘양 완 · 玩 구경 완 · 杬 주무를 완 · 抏 꺾을 완 · 忨 탐할 완 · 妧 좋을 완

垸 바를 완 · ⿰山完 산많을 완 · ⿰言元 말시작할 완 · 輐 둥글릴 완 · 頑 완고 완 · 宛 정할 완 · ⿰貝宛 재물 완 · 豌 콩 완 · 涴 진흙 완 · 剜 깎을 완 · 腕 팔 완 · 椀 주발 완 · 捥

팔뚝 완 · 惋 한할 완 · 碗 그릇 완 · 睕 눈굴릴 완 · 琬 옥 완 · 帵 헝겊 완 · 碗 모양 완 · 埦 술잔 완 · ⿰口管 소리 완 · 亂 갈 완 · ⿰面官 오목한얼굴 완 · 緩 더딜 완 · 羱 들양 완

刓 끊을 완

왈

曰 말할 왈 · 刖 벨 왈 · 婠 예쁠 왈 · ⿰齒頁 어긋날 왈 · 嗗 마실 왈

왕

王 임금 왕 · 往 갈 왕 · 蚟 귀뚜라미 왕 · ⿰魚王 큰고기 왕 · 汪 못 왕 · ⿰目王

눈물그렁그렁할 왕 · 枉 굽을 왕 · 旺 왕성할 왕 · ⿰忄王 모진 왕 · ⿰忄王 간사할 왕 · 往 예 왕 · 瀇 아득할 왕 · 尢 절뚝발이 왕

왜

咼 토할 왜 · ⿰咼阝 평탄치않을 왜 · 騧 말 왜 · ⿰酉危

취할 왜 · 緺 인끈 왜 · 矮 난장이 왜 · 娃 계집 왜

외

畏 끄릴 외 · 偎 사랑할 외 · 愄 맘착할 외 · ⿰女畏 아리따울 외 · 碨 돌자갈땅 외 · ⿰石畏 험할 외 · 椳 눈지두리 외

揋 끌 외 · ⿰歹畏 정신모를 외 · 渨 빠질 외 · 煨 구을 외 · 猥 망녕될 외 · ⿰畏風 바람 외 · 隈 모퉁이 외 · 瘣 병들 외 · 廆 괴벽할 외 · 鍡 쇠명이 외 · ⿰巾鬼 비단 외 · ⿱山鬼 높은 외

嵬 높을 외 · 磈 돌많을 외 · 磈 돌서덜 외 · ⿸疒鬼 열병 외 · 熨 다리미 외 · 褽 깔 외 · 崴 평평치아니할 외 · 桅 돛대 외 · ⿰亻會 집높을 외 · 颹 바람 외 · ⿰矛卮 땅이름 외 · ⿰木瓜

외까지 외 · 謂 부를 외 · 聵 귀머거리 외 · 外 바깥 외

요

了 마칠 요 · 尞 뜰에세운햇불 요 · 燎 비칠 요 · ⿰土尞 쌓은담 요 · 嫽 아리따울 요 · 瞭 밝을 요 · 寮 창 요

蟟 쓰르라미 요 · 暸 밝을 요 · 橑 평고대 요 · 撩 움킬 요 · 憭 쾌할 요 · ⿺鬼尞 놀랄 요 · 鷯 뱁새 요 · ⿰巾尞 우산 요 · 璙 옥 요 · ⿱尞火 밝힐 요 · ⿰礻尞 제지낼 요 · 嘹 새울 요

療 병고칠 요 遼 멀 요 饒 요기할 요 膫 구을 요 𦪈 배 요 䍡 물고기그물 요 寮 집 요 鐐 은 요 蹽 길 요 𨡫 술 요 轑 구을 요 飉 바람소리 요 𧬙
말잘할 요 𧽄 걸을 요 䩍 낯휠 요 𧳜 오랑캐 요 爒 구을 요 嶚 높을 요 繚 얽을 요 夭 예쁠 요 𤆵 요열 요 宎 굴 요 祆 재앙 요 祅 재앙 요 帎 건수
요 咲 희롱할 요 枖 나무성할 요 芺 엉겅퀴 요 訞 재앙 요 殀 단명할 요 𣧝 해할 요 妖 고울 요 要 구할 요 䙅 옷고름 요 腰 허리 요 葽 아기풀 요 婹
연약할 요 喓 벌레소리 요 䁏 멀리볼 요 偠 가늘 요 騕 천리마 요 楆 대추 요 柪 굽은나무 요 怮 버선 요 怮 근심 요 拗 꺾을 요 坳 오목할 요 𡜋 아름다울 요
黝 약할 요 詏 거스릴 요 袎 버선목 요 軪 수레소리 요 䮍 말 요 𩵹 꺽정이 요 靿 신 요 𩈰 낯굽 요 窈 고요 요 䍃 질그릇 요 暚 밝을 요 繇 순종할 요 䞤
멀리갈 요 䠛 뛸 요 䌙 쇠줄잔 요 邎 갈 요 遙 멀 요 謠 노래 요 䌊 풀 요 嗂 기뻐할 요 𥇣 볼 요 媱 굽을 요 𣣈 기운날 요 瑤 옥 요 傜 부릴 요 鰩 날치 요
愮 속끓일 요 𡼼 산 요 搖 흔들 요 榣 나무흔들릴 요 鷂 장끼 요 䳆 오리 요 鷕 꿩소리 요 翏 나를 요 寥 빌 요 廖 성 요 憀 힘입을 요 廫
빌 요 熮 살을 요 髎 응치 요 漻 맑을 요 𣺰 아득할 요 蓼 여뀌 요 𦖿 귓속쩡할 요 窷 고요 요 鄝 나라이름 요 醪 술 요 顟 머리길 요 曜 빛날 요
耀 빛날 요 燿 비칠 요 堯 임금 요 澆 물댈 요 嬈 예쁜체할 요 𤛞 말뛸 요 僥 요행 요 撓 요란할 요 橈 짧은노 요 嶢 산높을 요 蟯 촌충 요 蕘
나무할 요 𥫇 높아위태할 요 鐃 징 요 翹 들 요 襓 전대 요 譊 볼멘소리 요 饒 배부를 요 繞 얽을 요 珧 강요주 요 銚 쟁가비 요 䇭 대가기 요 筄 산자 요 𨦷
너삼대 요 烑 빛날 요 姚 예쁠 요 䂚 밭 요 𣗊 나무길 요 𡘋 클 요 溔 물 요 窯 가마 요 㟱 산 요 𥗎 산 요 䧄 낮을 요 𢹾 딸 요 㯫 나무휘청거릴 요 么
작을 요 紗 작으마할 요 盄 그릇 요 𦔮 귀울 요 嬓 샘낼 요 嬲 가택질할 요 犪 소순할 요 獿 개놀랄 요 擾 요란할 요 躨 발움직일 요 裊 끌릴 요 褭

말북두 요
溺 오줌 요
嶢 골 요
憿 바랄 요
徼 구할 요
邀 맞을 요
䌛 비단 요
嵺 산깊을 요
尿 오줌 요
䚻 그릇볼 요
睔 잘못볼 요
論 그릇칠 요
窅 까말 요
溔 깊이모를 요
颮 바람소리 요
颲 바람 요
窔 으슥한곳 요
搯 흔들 요
嗂 기뻐할 요
傜 기쁠 요
麈 앓을 요
嗅 부르짖을 요
窉 분요할 요
吆 애통할 요
凹 오목할 요
料 헤아릴 요
窰 집안 요
炓 불빛 요
棹 뿔 요
淖 진흙 요
葯 대마디 요
敫 가릴 요
髆 어깨뼈 요
髎 뼈 요
懮 원망할 요
鬃 머리길 요
閙 시끄러울 요
䮐 멀 요
懮 소순할 요
佬 점잖을 요
囟 귀신 요
膋 창자의발기름 요
欧 끄을 요
虓 뒤뚱거릴 요
聊 원할 요
窋 기와구을 요
覞 볼 요
顤 머리작을 요
郁 배 요
衫 잠방이 요
䶂 가죽신 요
晃 깊은눈 요

욕

猺 짐승 욕
浴 씻을 욕
欲 탐낼 욕
慾 거염 욕
峪 산골자기 욕
輍 수레앞괴일 욕
辱 욕될 욕
嗕 서녘오랑캐이름 욕
𨓜 모직 욕
溽 무더울 욕
蓐 깔 욕
褥 요 욕
鄏 땅이름 욕
䵋 때묻을 욕
䘆 더러울 욕
媷 계으를 욕
鋊 구리 욕
鵒 새 욕

용

容 얼굴 용
傛 혁혁할 용
榕 나무 용
鎔 녹일 용
㯯 꾸밀 용
蓉 연꽃 용
䰶 털 용
勇 날랠 용
餶 먹을 용
甬 물솟을 용
鏞 성담 용
獞 짐승 용
戙 양지창 용
慵 게으를 용
庸 떳떳 용
鞴 가죽 용
傭 고용할 용
𥨪 그릇 용
鱅 용어 용
慂 권할 용
悀 성낼 용
俑 허수아비 용
踊 뛸 용
蛹 누에번데기 용
舂 용정할 용
摏 때릴 용
惷 천치 용
䮴 말 용
踴 밟을 용
㮭 옷 용
曨 가난할 용
𨏶 굴대끝 용
龍 용 용
䡯 연자배 용
艨 배 용
鼕 북소리 용
茸 풀날 용
鞯 안장 용
聳 솟을 용
䒤 풀 용
鞼 털 용
髶 털 용
䰶 많을 용
蚒 작은벌레길 용
鴆 새매 용
飳 먹을 용
㲓 털 용
毦 털 용
軵 수레 용
𩘁 못생길 용
氄 털 용
趥 달아날 용
用 쓸 용

우

右 오른편 우
佑 도울 우
祐 도울 우
雨 비 우
禺 사시 우
偶 우연 우
堣 땅 우
媀 샘낼 우
㮚 제웅 우
耦 쟁기 우
腢 뼈 우
藕 연뿌리 우
蝺 청부 우
愚 어둘 우
寓 붙일 우
遇 만날 우
鍝 귀고리 우
隅 모 우
齵 덧니 우

偶 기쁠 우 禹 펼 우 偊 몸굽힐 우 楀 나무 우 萬 성 우 ⿰禾禹 벌레먹은이 우 寓 집 우 ⿱雨禹 비소리 우 鄅 나라이름 우 瑀 옥돌 우 踽 갈 우 于 어조사 우 宇

집 우 穻 창 우 扜 지휘할 우 釪 요령 우 邘 우나라 우 酑 마실 우 玗 옥 우 旴 해돋을 우 ⿰足于 걸터앉을 우 虶 그리마 우 忓 경계할 우 靬 큰띠 우 訏 속일 우

紆 얽힐 우 竽 큰생황 우 圩 방축 우 杅 목욕통 우 吁 탄식할 우 秄 벼패시않을 우 盱 눈부릅뜰 우 盂 밥그릇 우 ⿰氵盂 흐를 우 ⿰酉盂 잔치 우 吘 화할 우 芋

우슬 우 牛 소 우 又 또 우 友 벗 우 ⿰口友 바람 우 憂 근심 우 ⿰憂欠 개탄할 우 鄾 땅 우 耰 곰방메 우 嚘 탄식 우 ⿰衤憂 복 우 優 넉넉 우 ⿰禾憂 마흔즘 우 瀀

윤기많을 우 纋 게건 우 櫌 자루 우 俁 형용 우 ⿰口吳 웃으려할 우 虞 염려할 우 麌 사슴 우 澞 물 우 噳 입우물거릴 우 鸆 새 우 ⿰魚吳 고기 우 尤 더욱 우

忧 망동할 우 ⿰口尤 개짖을 우 疣 혹 우 ⿰豸尤 큰돝 우 雩 기우제 우 ⿱雨亐 소나기 우 謣 말할 우 釫 드레박 우 陓 숲 우 塸 모래 우 ⿱穴區 멍에구멍 우 ⿱竹⿰耒區 구자구 우 ⿰耒區

창 우 ⿰糸區 삼불릴 우 鏂 깎을 우 櫙 나무 우 ⿰尢頁 멸 우 訧 허물 우 ⿰王羽 옥 우 祤 고을이름 우 ⿱雨羽 물소리 우 羽 깃 우 ⿰區隹 새소리 우 ⿺風區 바람소리 우 酭 술권할 우 麀

사슴 우 迂 굽을 우 妖 미워할 우 ⿰目堯 눈깊을 우 ⿰糸堯 묶을 우 郵 우편 우 郚 골이름 우 ⿱亠⿱口元 나를 우

욱

昱 날빛 욱 旭 밝을 욱 煜 빛날 욱 勗 권할 욱

⿱⺮奧 조리 욱 燠 따스할 욱 ⿰月奧 새멀떠구니 욱 郁 문채날 욱 勖 힘쓸 욱 頊 구슬 욱 稶 서속 욱 栯 산앵도 욱

운

云 이를 운 囩 돌릴 운 妘 성 운 抎

잃을 운 沄 끓을 운 紜 어지러울 운 ⿰言云 달정하지못할 운 芸 향풀 운 耘 김맬 운 耺 귀 운 澐 물결 운 橒 나무무늬 운 蕓 평지 운 雲 구름 운 繧 채색 운

⿰口員 토할 운 殞 죽을 운 溳 물결 운 磒 떨어질 운 篔 왕대 운 愪 근심 운 縜 그물고 운 ⿰黃員 누른빛 운 韻 운 운 隕 떨어질 운 ⿰員見 성 운 員 더할 운 ⿰員頁

둥글 운 鄖 땅이름 운 運 운수 운 惲 혼후할 운 ⿰方軍 기 운 鄆 땅 운 齳 볼 운 賱 넉넉할 운 韗 가죽장인 운 ⿰月軍 홀떼기 운 緷 간색들일 운 暈 해와달무리 운

轀 수레 운　顚 얼굴누렁 운　䞫 어지러울 운　蝹 용 운

울

灪 번창할 울　巙 산에연기날 울　鬱 답답 울　鬰 울금초 울　欝 답답 울　菀 무성할 울　趞 갈 울　𢓳 갈 울　㝿 불씨 울　餟 콩엿 울　嘪 목구멍 울　黦 얼룩질 울　黭 깊을 울

웅

熊 곰 웅　雄 웅장할 웅　䧺 날을 웅

원

元 으뜸 원　阮 성 원　院 학교 원　𢓅 길잃은모양 원　䬧 떡 원　朊 달빛 원　芫 풀 원　沅 물 원　邧 골이름 원　笎 대무늬 원　蚖 도마뱀 원　衏 악공 원　魭 큰자라 원　員 관원 원

圓 둥글 원　原 근본 원　嫄 계집이름 원　愿 삼갈 원　騵 말 원　願 원할 원　㥳 칙량할 원　源 근원 원　豲 돋 원　謜 말할 원　獂 돋 원　蒝 잎퍼질 원

螈 도마뱀 원　𡶭 산마루 원　苑 동산 원　䀀 눈뜰 원　𩪗 무릅뼈 원　輐 차뒤로숙을 원　畹 이랑 원　椀 소매 원　踠 굽힐 원　蜿 꿈틀거릴 원　鋺 저울 원　鵷 봉황새 원

𥦬 구멍 원　帵 기 원　妴 순직할 원　怨 원망할 원　眢 눈어둘 원　晼 해멸어질 원　媛 계집 원　湲 물소리 원　褑 옥띠 원　蝯 원숭이 원　猨 원숭이 원　爰 이에 원

䫝 낯비뚤 원　援 구원할 원　楥 자세 원　鶢 바다새 원　鴛 원앙새 원　䲮 새 원　袁 성 원　遠 멀 원　簑 자세 원　園 동산 원　榬 자세 원　薳 아기풀 원

𧾟 갈 원　遭 언덕 원　㛯 편안할 원　鋺 호미 원　𩛣 먹을 원　𩟁 탐할 원　𩏠 두레박 원　冤 원통 원　洹 흐를 원　䞦 바꿀 원　垣 담 원　諢 농담할 원　黿 큰자라 원

월

月 달 월　枂 기와 월　刖 발벨 월　跀 발벨 월　𦕰 귀베일 월　鈅 칼 월　𨊧 바퀴통쇠 월　抈 꺾을 월　戉 도끼 월　鉞 도끼 월　𢧢 도끼 월

樾 나무그늘 월　𡛟 가벼울 월　泧 큰물 월　狘 달아날 월　颰 바람소리 월　𥿋 가는베 월　越 넘을 월　蠘 방게 월　軏 멍에막이 월　䦧 거리 월　粤 어조사 월

위

胃 밥통 위　𦨣 배저을 위　謂 이를 위　媦 아래누이 위　渭 위수 위　煟 불빛 위　緭 비단 위　猬 고슴도치 위　爲 할 위　蘤 꽃 위　𨶏 문열 위

寪 성 위　𢋊 아름다울 위　溈 물 위　蔿 풀 위　鄬 땅 위　𥈵 눈매예쁠 위　𤸍 입비두러질 위　𥊮 꽃 위　韋 가죽 위　圍 에울 위　偉 클 위　衛 모실 위　韡

양위 潿 흐르지못할위 葦 갈위 韡 가죽다룰위 颹 바람위 幃 휘장위 偉 걸어갈위 媁 추잡할위 韙 굽위 煒 밝을위 鍏 보습위 闈 중문위

韡 환할위 喡 목소리위 褘 장막위 湋 물갈위 暐 빛날위 衛 가는대위 緯 씨위 愇 한할위 衞 잠고대할위 𣪑 배반할위 瑋 기이할위 違 어길위

衞 호위할위 讆 거짓위 尉 벼슬위 蔚 익모초위 藯 익모초위 罻 소위 霨 구름위 螱 개미위 𢫬 펼위 慰 위로할위 螱 개미위

委 버릴위 餧 먹일위 䅺 따비위 魏 나라위 萎 이울위 覣 좋게볼위 痿 각기위 𧕄 누에위 蜲 쥐며느리위 逶 비슬거릴위 踒 발접칠위 𣨙 시들위

崣 산높을위 𨳷 문높을위 犩 촉나라위 威 위엄위 葳 초목위 媙 얌전할위 縅 갑옷위 楲 요강위 危 위태할위 硊 바위위 峗 산위

闈 문위 𩡋 약풀위 溾 더러울위 骪 더부룩할위 触 자라위 徽 고기위 䵋 누른빛위 孬 좋지않을위 熨 다리미위 彙 짐승위 熭 말릴위

醀 고기든술위 爲 오리부르는소리위 位 자리위

유

逾 갈유 鍮 놋쇠유 颵 바람유 𨵦 엿볼유 隃 넘을유 踰 넘을유 鞧 남을유 俞 대답할유

騟 말유 匬 휘유 喩 효유할유 榆 느릅나무유 𡈼 뒷간유 㡰 자투리유 𢓰 갈유 愉 기쁠유 愈 나을유 堬 무덤유 渝 변할유 歈 노래유 牏 담틀유

𤚥 소유 瓿 항아리유 羭 검은양유 萮 버섯유 蕍 나물유 𦺆 초석유 艅 홈배유 瘉 병나을유 窬 관장문유 蝓 달팽이유 䃋 멧돌유 𧯷 콩유

貐 짐승유 諭 비유유 褕 쾌자유 覦 볼유 毹 털방석유 揄 이끌유 臾 잠간유 萸 수유유 䈎 검은대유 諛 아첨할유 腴 기름질유 欶 개부르는소리유

㥚 근심할유 庾 노적유 斞 열엿말들이유 酉 닭유 酳 술로양치할유 醹 술유 醧 술유 輶 가벼울유 庮 썩은나무유 楢 홰유 猶 같을유 猷 꾀할유 蕕 썩은풀유

㾞 냄새유 䝻 좋은개유 禉 천제지낼유 媨 더러울유 嬬 안해유 孺 어린이유 濡 젖을유 渪 젖을유 襦 저고리유 擩 물들유 懦 약할유 嚅

말머뭇거릴유
剻 가죽기름먹일유
穤 불빛유
鞽 가죽신유
鑐 쇠녹을유
顬 귀밑뼈유
囿 후원유
有 있을유
𧼛 급히달아날유
逌 걸을유
侑 짝유
姷 짝유

宥 죄사할유
畱 머무를유
䉧 대소리유
瘤 혹유
䄂 벼성할유
罶 통발유
瑠 유리유
塯 질그릇유
榴 석류유
𢹉 만질유
飀 높은바람유
遛 머무를유

虆 산머루유
纍 죄유
壘 토성유
藟 칡덩굴유
蘲 삼태기유
櫐 굵은칡유
欙 썰매유
虆 덩굴유
擂 풍류유
鸓 다람쥐유
由 말미암을유
釉 빛날유

鼬 다람주유
柚 유자유
油 기름유
蚰 지차리유
秞 무성할유
牰 소유
甹 싹날유
蕕 향풀유
鎦 시루유
瞜 결심할유
䄂 예방할유
櫾 등나무유

溜 처마물흐를유
廇 가운데뜰유
騮 말유
霤 락수물유
餾 밥뜸들유
鶹 꾀꼬리유
鬸 시루유
鎦 죽일유
莠 추할유
誘 달랠유
蜏 하루사리유

柔 유할유
韖 질길유
輮 밟을유
蹂 밟을유
鍒 시루쇠유
騥 말유
䭇 찐밥유
鰇 오징어유
楺 나무휠유
瑈 옥유
葇 들깨유
糅 썩일유

腬 살찐고기유
媃 예쁜체할유
䋴 비단유
䊷 쌀유
綹 실끝유
琉 유리돌유
𦂧 깃발유
硫 유황유
旒 깃발유
悠 멀유
滺 물흐를유
綏 관끈유

婑 아리따울유
桵 백유나무유
遊 놀유
𩗺 바람불유
斿 깃발유
游 헴칠유
衵 옷부드러울유
𣦿 죽으려할유
沑 젖을유
杻 모유
粈 잡곡밥유
紐 맺을유

炄 마를유
𧯒 들콩유
狃 익힐유
鈕 인꼭지유
杻 박달나무유
扭 누를유
𥉿 화전유
鷚 종달새유
雡 병아리유
鏐 순금유
𨷲 목매죽일유
謬 어긋날유

蜼 원숭이유
蓶 푸성귀유
維 벼리유
䗼 작은등애유
濰 물유
惟 생각할유
踓 달아날유
趡 움직일유
瀏 물맑을유
懰 예쁠유
嚠 소리맑을유

劉 성유
𣞁 나무유
䝬 더부룩할유
甤 열매유
唯 오직유
呦 사슴우는소리유
𨥖 은빛죽을유
岰 산구비유
幼 어릴유
眑 아득할유
泑 물검은빛유

𤇍 쭈굴쭈굴할유
黝 검푸를유
輶 상여차류
𩖬 바람유
乳 젖유
䆷 작은젖유
鉚 황금유
飀 바람소리유
柳 버들유
幽 그윽할유
𡁼 사슴울유
𧸘 줄유
遺

繂 배버리줄 율 䔞 풀아귀틀 율 膟 발기름 율 𩗗 바람 율 䬍 바람 율 驈 말 율 鱊 실뱅어 율 矞 궤휼할 율 潏 물흐를 율 汩 물흐를 율 燏 빛날 율 𩋡

가죽그릇 율 屹 높을 율 㪀 깔깔할 율 𡕝 취할 율 魆 죽일 율 等 새쏘는대총 율 趉 달아날 율 㤜 미칠 율

융

隆 성할 융 霳 귀신 융 𪔵 북소리 융

䃧 돌떨어지는소리 융 窿 형체 융 嶐 산형체 융 癃 들피병 융 戎 군사 융 㧏 도울 융 毧 솜털 융 茙 규화 융 䘬 군복 융 狨 원숭이 융 絨 실 융 㑀

사람 융 駥 말 융 肜 화할 융 融 화할 융 瀜 물깊을 융 㣑 불기운 융 徿 곧게갈 융

은

恩 은혜 은 𤩀 옥 은 𣼮 물 은 斦 모탕 은 听 벙긋거릴 은 𥮏

큰저 은 齗 잇몸 은 𪛑 큰저 은 垽 해감 은 狺 개싸울 은 殷 많을 은 溵 물소리 은 蒑 풀빛푸를 은 慇 은근할 은 𢅻 속옷 은 㘑 작은입 은 𠑮 기댈 은

𦄒 옷 은 隱 숨을 은 𩞽 배부를 은 癮 두드러기 은 檼 대공 은 檃 휠 은 嶾 산높을 은 𢷇 평균하게할 은 懚 슬플 은 𢣃 의뢰할 은 銀 은 은 圁 물 은

檭 은행나무 은 齦 잇몸 은 夽 높을 은 㢧 덮을 은 㴈 찌끼 은 衮 고기쪼일 은 㾙 몸더울 은 脪 부을 은 狺 개짖는소리 은 䜣 완악할 은 訔 시비할 은

誾 화평할 은 𣤶 피기할 은 犾 개서로물 은 嚚 미련할 은 黫 검을 은 垠 언덕 은 𧇾 범소리 은 憖 물을 은

을

乙 새 을 乚 제비 을 𠮙 소리 을 圪

흙 을 舦 배갈 을 鳦 제비 을 𧆞 범이볼 을

음

音 소리 음 愔 고요할 음 窨 움 음 瘖 벙어리 음 𨡹 취할 음 䜾 메주 음 喑 소리지를 음 陰 음기 음

䏙 가슴병 음 癊 덮을 음 蔭 덮을 음 吟 읊을 음 䓵 물마늘 음 㖗 머리흔들 음 飮 마실 음 訡 울 음 𡾰 산봉우리 음 𤢺 나귀 음 霪 장마 음 趛 갈 음

淫 음란할 음 侌 달기운 음 棯 능금 음 崟 산높을 음 婬 간통할 음 吽 소울 음

읍

邑 골 읍 浥 젖을 읍 𩛉 밥쉴 읍 䱶 고기 읍 俋 밭갈 읍 唈 울 읍

𥬸 통발 읍 𦛓 저린고기 읍 挹 잔질할 읍 悒 근심할 읍 泣 울 읍 湆 축축할 읍 裛 얽을 읍 歙 어리석을 읍 揖 읍할 읍 𣺦 끓는소리 읍 晻 눈감을 읍

응

噟 대답할 응 應 응할 응 矆 정하고 볼 응 膺 가슴 응 軈 기다릴 응 鷹 매 응 凝 엉길 응 𠯫 코대답할 응 ◉의 衣 옷 의 依 의지할 의 㛄 빛날 의

陑 언덕 의 扆 배회할 의 扆 병풍 의 宜 마땅 의 䣡 낯 의 誼 옳을 의 義 의리 의 艤 배댈 의 儀 거동 의 㕒 마산이 의 檥 배등대할 의 㠖 산 의

蟻 정조 의 鱶 고기새끼 의 礒 바위 의 瓂 옥 의 議 의논 의 髮 관이름 의 蘙 쑥을 의 鄯 땅이름 의 意 뜻 의 譩 분할 의 癔 앓는소리 의 醷 초 의

鷾 제비 의 薏 율무 의 薿 무성할 의 擬 비길 의 觺 뿔예리할 의 嶷 산 의 儗 참람할 의 𦐇 성할 의 孴 자식번성할 의 猗 버릴 의 椅 노나무 의 犄 개 의

輢 수레틀 의 旖 기날릴 의 欹 거룩할 의 椅 나무마디 의 倚 의지할 의 稿 벼무성할 의 犄 길 의 漪 물결 의 譩 살필 의 懿 탄식할 의 饐 밥쉴 의 撎

읍할 의 醫 의술 의 醫 의원 의 蛡 개미 의 顗 즐길 의 豈 눈쌍일 의 懿 클 의 㠋 산높을 의 𠨧 은숙한 곳 의 褑 옷 의 趩 달아날 의 㱯 벌숨쉴 의 戲 가마

顡 멍텅구리 의 禕 아름다울 의 䔾 땅이름 의 熙 흐를 의 忍 성낼 의 㕈 탄식할 의 𢦔 계집벼슬 의 劓 코베일 의 䫑 뼈가늘 의 𥁕 벌레 의 𥛠 개웅승거릴 의

崖 바위 의 矣 어조사 의 偯 울음소리 의 毅 오수유 의 欧 수파람불 의 瀷 준마 의 蚑 베풀 의 蓿 꽉지 의 𡣍 서로친근할 외 ◉이 而 너 이 需 이을 이

彩 구렛나루 이 姨 아첨할 이 鮞 곤이 알 이 胹 골이 이 腝 젖 이 鴯 제비 이 輀 상여차 이 髵 갈기 이 耳 귀 이 聵 말못할 이 誀 꾀할 이 䎠 쥐새끼 이 蛔

커피 이 刵 귀벨 이 栮 버섯 이 姐 처녀 이 珥 귀고리 이 洱 물이름 이 䏌 힘줄강할 이 緝 고삐 이 耗 머리틀 이 鉺 갈구리 이 駬 준마 이 酾 술이 餌

먹이 이 佴 버금 이 里 마을 이 鯉 잉어 이 鯉 날치 이 梩 가래 이 理 다스릴 이 狸 삵 이 浬 물수 이 艃 작은배 이 䞪 세치그람 이 㾖 병 이 哩 마일 이

喱 약이름 이 貍 삵 이 俚 속될 이 娌 동서 이 魈 귀신 이 糎 센치미터 이 鲞 향부자 이 夷 평평할 이 姨 이모 이 眱 말없을 이 荑 흰비름 이 鞔 가죽 이

胰등살이 洟코물이 痍다칠이 恞기뻐할이 桋가나무이 峓산이 陝험할이 異다를이 廙공경할이 魑도깨비이 縭수건이 蘺울타리이

篱대조리이 黐끈끈이 螭교룡이 鼶쥐이 欐울타리이 䍦모자이 貍짐승이 摛펼이 嘀말그치지않을이 蘺궁궁이이 漓질펀이흐를이 璃

유리이 氂흰담모자이 謧말수다할이 騺나귀새끼이 攡베풀이 樆못쓸나무이 熐장막속불이 醨모주이 灕흐를이 爾너이 邇가까울이 離

떠날이 檷실패이 禰사당이 鱺뱀장어이 蠣그리마이 鸝꾀꼬리이 彲교룡이 孋나라이름이 驪검을이 邐잇닿을이 犛소이 釐다스릴이

嫠과부이 剺꺾을이 𢅥비단마름질이 氂쇠꼬리이 棃죽이 𪏭새이 蟍질리이 犂소이 黧검을이 鯬고기이 鯬뱀장어이 悧영리할이

孷쌍동이이 筣울타리이 蟍지네이 蜊참조개이 俐영리할이 唎가는소리이 莉꽃이 梨배이 鯏조개이 逦든든할이 迤잇달이 牠국이 杝

피나무이 暆해다닐이 酏미음이 胣창자끊을이 袘옷선이 匜잔이 峗산이낮고길이 弛놓을이 貤번을이 㐌이름이 袘옷속이 肔창자이 坭

진흙이 埿흙바를이 妮계집하인이 詎사람부를이 狔바람에너풀거릴이 秜돌벼이 跜꿈틀거릴이 怩부끄러워할이 蒞이슬이 泥막힐이 苨겨로기이

𥐻웅덩이이 靶고삐늘어질이 尼여승이 柅무성할이 抳그칠이 䭲미끼이 馜향기이 迡가까울이 颰바람이 屔산이 佁미련할이 貽끼칠이

詒줄이 䭱중두리이 怡화할이 台나이 飴엿이 枱따비자루이 瓵화반석이 宧집모퉁이 㠯써이 易쉬울이 偒업신여길이 咿선웃음칠이

蛜쥐며느리이 伊저이 洢물이 𧰼업신여길이 鴺대까치이 袲옷치렁거릴이 移옮길이 䝯들개이 黟검을이 誃딴문이 螔달팽이이 歋

웃을이 𢜹근심않을이 罹걸릴이 羡넘을이 肄익힐이 詈욕할이 裏옷속이 囇바른소리이 椸횃대이 毦털이 婜기쁠이 异말이

二 두 이 以 써 이 苡 율무 이 圯 흙다리 이 伱 너 이 彝 떳떳할 이 恞 성낸소리 이 吏 관리 이 㾨 파리할 이 羸 약할 이 嫕 맵시 이 貽 보내줄 이 貳 두 이

膩 살찔 이 洟 물소리 이 盩 표주박 이 廙 급할 이 劙 저밀 이 膸 험집 이 肊 돌고기 이 彥 빗장 이 莅 임할 이 吹 널름거릴 이 洏 끓는물 이

𨽻 묻을 이 隶 밑 이 酏 젖썩을 이 峛 산 이 履 신 이 鬘 관자노리 이 䫉 기를 이 饐 음식 이 鮧 모래무지 이 李 성 이 已 이미 이

익

弋 줄살 익 𢓊 갈 익 𢖩 맘동할 익 杙 말뚝 익 𢍺 좋을 익 𢍻 뼈 익 隿 주살 익 釴 솥귀 익 𨠔 술빛 익 黓 검을 익 𥝢 집 익 𧘇 적삼 익 𪌂 보리겨 익 芅 양도 익

榏 새그린배 익 益 더할 익 𪗾 사슴새김질할 익 謚 웃을 익 艗 새그린배 익 嗌 목구멍 익 鷁 새 익 鄎 땅이름 익 愵 격정할 익 翌 명일 익 翊 도울 익

瀷 스며흐를 익 翼 날개 익 廙 복도 익 蛡 벌레길 익 𨗳 달아날 익 穓 갈 익 匿 숨길 익 𧒂 벌레먹는병 익 𪘲 이앓을 익 眲 멸시할 익 轙 고리 익 𨎳 바느질할 익

인

因 인할 인 咽 목구멍 인 鞇 요 인 秵 벼꽃 인 茵 방석 인 絪 수삼 인 氤 합할 인 裀 속옷 인 䍽 양 인 茵 자리풀 인 姻 혼인 인

𠙶 기운퍼질 인 䴦 사슴 인 駰 준마 인 䄄 성취할 인 刃 칼날 인 仞 길 인 籾 벼 인 紉 바늘에실꿰 인 𩩲 목구멍뼈 인 𣲑 젖을 인 牣 가득할 인 認 알 인

訒 둔할 인 荵 인동초 인 𦛦 지렁이 인 軔 기리 인 𧴤 굳을 인 𢁴 베개 인 忍 참을 인 肕 고기 인 仁 어질 인 芢 씨 인 䉮 대속찰 인 驎 말 인 撛 구원할 인

璘 옥무늬 인 𪏷 근심 인 燐 불날 인 獜 강건할 인 潾 물맑을 인 橉 문지방 인 瞵 눈정기 인 䚏 친할 인 𤭛 움직일 인 粼 맑을 인 鄰 이웃 인

繗 이을 인 𧓎 반딧불 인 磷 돌비늘 인 蹸 밟힐 인 鱗 비늘 인 引 이끌 인 紖 수레끄는줄 인 蚓 지렁이 인 靷 가슴걸이 인 𦙍 등살 인 寅 동방 인 殥 멀 인

縯 길 인 𦺍 외 인 螾 지렁이 인 䏖 등심 인 歅 사람의이름 인 𧍢 엎어질 인 禋 제지낼 인 諲 공순할 인 闉 굽은성 인 陻 막을 인 湮 빠질 인 堙 흙산 인

寅 공경 인 戭 긴창 인 鞇 나막신 인 靭 질길 인 韌 질길 인 吝 애낄 인 悋 더러울 인 賂 탐할 인 恡 더러울 인 賧 음식탐낼 인 麐 기린 인 印 인 인

鮣 고기 인 迎 달아날 인 酳 마실 인 夠 두루 인 藺 뇌양이 인 躪 밟힐 인 癮 인백일 인 轔 칠 인 縯 가늘게짤 인 贙 분별할 인 涓 파도 인 忈 친자할 인

婣 화동할 인 寅 동방 인 孕 애밸 인 廴 당길 인 人 사람 인 儿 사람 인 魜 인어 인

일

日 날 일 昵 가깝게할 일 暱 친근할 일 昳 기뻐할 일 衵 속옷 일

苜 풀빛 일 [illegible] 배꾸밀 일 黏 부틀 일 馹 역마 일 壹 하나 일 潱 흐를 일 溢 찰 일 鎰 근 일 佚 허물 일 妷 편안 일 駃 달아날 일 鴩 비들기 일

泆 음탕할 일 [illegible] 침 일 燚 불모양 일 疷 부스럼 일 [illegible] 위태할 일 [illegible] 차질 일 動 채색 일 逸 편안 일 [illegible] 꽃방울 일 [illegible] 부끄러울 일 佾 춤출 일 歖 거북할 일

泆 언덕 일 釰 둔할 일 一 한 일

임

壬 북방 임 任 맡길 임 妊 애밸 임 拰 활바로잡을 임 荏 콩 임 紝 짤 임 [illegible] 곰국 임 [illegible] 생각 임 [illegible] 믿을 임 栠 나무 임

[illegible] 지날 임 軠 물레 임 銋 목막힐 임 袵 요 임 賃 세낼 임 飪 떡국 임 林 수풀 임 棽 무성할 임 淋 물댈 임 琳 옥 임 碄 깊을 임 痳 임질 임

[illegible] 머리숙일 임 霖 장마 임 腍 익힐 임 棯 대추 임 稔 풍년들 임 𢆉 심할 임

입

入 들 입 叺 섬 입 圦 수문 입 扖 낄 입 魞 통발 입 込 담을 입

鳰 쥐오리 입 䳴 새 입 立 설 입 砬 약돌 입 [illegible] 깨물 입 岦 산오뚝할 입 雴 큰비쏟아질 입 [illegible] 배젓는소리 입 粒 쌀알 입 苙 궁궁이 입 笠 갓 입 湒 움직일 입

湁 샘날 입 洇 축축할 입 囚 홈칠 입 廿 스물 입 卄 스물 입

잉

孕 아이밸 잉 仍 인할 잉 迈 갈 잉 訒 후할 잉 艿 싹날 잉 礽 복될 잉 [illegible] 옥그릇 잉

賸 보낼 잉 媵 잉첩 잉 剩 남을 잉 陾 소리 잉

자

子 아들 자 字 글자 자 孖 쌍동이 자 [illegible] 봉오리 자 秄 북돋울 자 釨 강할 자 虸 며루 자

仔 질 자 矷 잔돌 자 孶 새끼칠 자 兹 이 자 嬨 너그럽고순할 자 嗞 탄식할 자 磁 지남석 자 鷀 새 자 慈 사랑 자 茲 돗자리 자 滋 부를 자 䈘 자죽 자 鰦

버들개지자 鎡 호미자 嵫 산자 者 어조사자 煮 삶을자 赭 붉은흙자 羜 양자 杍 목수자 疵 정할자 茈 지치자 𢱧 쌓을자 玼 옥티자 髭

수염자 𣅊 용이할자 疵 험집자 骴 삭은뼈자 紫 검붉을자 庛 장기술자 訾 헤방할자 雌 암컷자 枇 느릅나무자 餈 음식자 𣣋 염치없을자 姕

물건자 呰 구차할자 泚 물맑을자 𥏼 작을자 𤿭 가죽자 觜 자별자 眥 눈초리자 貲 재물자 蔗 사탕풀자 𠐿 건강할자 䗪 쥐며누리자 姊 맏누이자

笫 평상자 胏 뼈섞은포자 資 재물자 𥢑 벼쌓을자 禌 납향제자 耤 깔자 𨆼 발자국소리자 𪗾 이어긋날자 𦜽 코자 溠 물자 鮺 젓담글자 𤱻 밭자

櫅 대추자 齍 제밥자 鷓 자고새자 孜 부지런할자 趑 머뭇거릴자 粢 제밥자 𥿳 실다듬을자 餈 떡자 咨 탄식할자 姿 맵시자 𣢑 죽엇다개날자

恣 방자할자 諮 물을자 糍 인절미자 𣢾 깨날자 鮓 젓갈자 詐 부끄러울자 榨 기름틀자 飷 맛없을자 蒩 미나리자 鼒 옹솥자 茦 가시자 茨

두엄자 睉 눈자 刺 찌를자 誠 꾀자 褯 돌띠자 褫 옷자 𦛗 살통통할자 胾 큰고기자 㦽 쐐기자 𣈸 날빛자 柘 산뽕자 梓 나무자 這

이것자 鄑 땅이름자 自 스스로자 **작** 作 지을작 㚝 계집작 𧵳 재물작 𧻓 달아날작 怍 산소작 鈼 가마작 秨 벼흔들릴작 柞 가락나무작 昨

어제작 勺 잔작 仢 와나무다리작 妁 중매작 酌 술작 彴 외나무다리작 𤆵 불성할작 灼 살을작 䵘 누를작 醋 술권할작 皵 가죽작 䇴 접낼작 䱜

상어작 㗳 쥐소리작 碏 공경할작 嚼 씹을작 𥌒 눈어둘작 爵 벼슬작 穱 심을작 雀 참새작 穛 땅이름작 謶 속일작 婥 예쁠작 𣀐 빼앗을작 斫

쪼갤작 𤞏 개씨작 𡣶 아름다울작 焯 밝을작 㚟 사람의이름작 鐯 괭이작 **잔** 潺 잔잔이흐를잔 𨮭 작은끌잔 孱 잔약할잔 僝 몹시꾸짖을잔 㑵

갖출잔 䱛 멜치잔 驏 말탈잔 戔 쇠잔잔 剗 깎을잔 嶘 산이우뚝할잔 㞡 산자잔 㥫 해할잔 殘 쇠잔할잔 琖 옥술잔잔 棧 사다리잔 盞 잔잔

䍧 양우리 잔 䏼 찌끼 잔 蝬 노래기 잔 醆 술잔 잔 跧 찰 잔 拃 모뜰 잔 𣧑 짐승먹던 찌끼 잔 **잠** 噆 씹을 잠 𡝗 탐할 잠 撍 모을 잠 簪 비녀 잠

䃎 돌문 잠 㬍 생각할 잠 熸 불꺼질 잠 鐕 못 잠 潛 잠길 잠 劗 찌를 잠 䐶 언청이 잠 岑 산높고 작을 잠 涔 적실 잠 寁 속할 잠 嵁 산깊을 잠 昝 성 잠

暫 잠간 잠 𧽚 빨리오를 잠 䩿 얼굴길 잠 䭀 맞없을 잠 箴 바늘 잠 䘺 깃발 잠 毚 집웅 잠 𤈦 따뜻할 잠 𥮅 말긁을 잠 賺 되팔기 잠 詀 속을 잠 蚕 누에 잠

蘸 담글 잠 蠶 누에 잠 𠫭 바늘 잠 **잡** 匝 두루 잡 咂 빨 잡 鉔 구르는 향로 잡 帀 두루 잡 沞 젖을 잡 𠯗 씹을 잡 䢃 끊는소리 잡 𧺤 달음박질할 잡

𦧺 보리닦일 잡 㮎 무성할 잡 𡳐 밟을 잡 𦁲 꿰맬 잡 臿 보리닦일 잡 鍤 부삽 잡 箑 초서 잡 唼 삼킬 잡 雜 물새 잡 囃 광대 잡 䨿 발 잡

䃗 잡석 잡 磼 산우뚝솟을 잡 雜 섞일 잡 雥 떼새 잡 䜧 소리 잡 𨅖 머물 잡 霅 물결 잡 眨 눈검적거릴 잡 㚲 새먹을 잡 卡 지킬 잡 **장** 長 긴 장

帳 장막 장 賬 치부책 장 𨂶 끓어앉을 장 萇 보리수 장 張 버릴 장 粻 엿 장 章 문채 장 暲 백태낄 장 瘴 장기 장 獐 노루 장 墇 막을 장 慞 두려울 장

璋 반쪽서옥 장 傽 길잃고 헤맬 장 鱆 물뚝이 장 遧 드러낼 장 障 막힐 장 𩏩 말다래 장 嫜 시부모 장 嶂 산봉우리 장 鄣 땅이름 장 𧾈 걸을 장 漳 물이름 장

樟 예장나무 장 暲 햇발 장 爿 조각널 장 壯 장할 장 獎 포장할 장 奘 클 장 牄 먹는소리 장 牂 배말뚝 장 𥳑 대장 장 糚 분단장할 장 臟 오장 장

妝 단장할 장 𣶒 쌀찔 장 𨥖 방울소리 장 醬 간장 장 牂 성할 장 牆 담 장 斨 도끼 장 蔣 과장풀 장 庄 웅장할 장 嶈 산이높고 클 장 状 형상 장 莊 씩씩할 장

𢧢 험할 장 焋 찔 장 漿 초장 장 鏘 옥소리 장 𪎊 보리썩을 장 戕 죽일 장 槳 상앗대 장 鑶 방울소리 장 欌 의장 장 贓 장물 장 藏 감출 장

臧 착할 장 檣 돛대 장 薔 장미화 장 墻 담장 장 艢 돛대 장 嬙 계집 장 場 마당 장 腸 창자 장 塲 마당 장 樁 말뚝 장 漒 표세울 장 掌 손바닥 장

髮 상투 장
庄 전장 장
駔 말 장
牂 암양 장
仉 성 장
葬 묻을 장
瑲 옥소리 장
亢 신에 창받을 장
匠 장인 장
丈 어른 장
仗 의지할 장

재

再 두번 재
才 재주 재
財 재물 재
材 재목 재
在 있을 재
跴 걸음더딜 재
宰 재상 재
寀 데칠 재
𣩵 멸망할 재
滓 앙금 재
哉 비로소 재
載 실을 재
裁 판결할 재
䵧 검은물 재
栽 심을 재
災 재앙 재
𢅏 비단 재
齋 집 재
齎 가질 재
菑 재앙 재
責 집어줄 재
喍 개싸울 재
寨 목책 재
捚 받을 재
斉 고를 재
灾 재앙 재

쟁

丁 벌목소리 쟁
玎 옥소리 쟁
爭 다툴 쟁
踭 발자국 쟁
諍 간할 쟁
䏜 힘줄 쟁
䍴 양의새끼 쟁
䋊 붉은끈 쟁
錚 징 쟁
箏 쟁풍류 쟁
琤 옥소리 쟁쟁할 쟁
崢 산높을 쟁
𢏳 활당길 쟁
掙 찌를 쟁
猙 짐승이름 쟁
振 칠 쟁
趟 뛸 쟁
𤴓 바를 쟁
𢐞 활소리 쟁
傖 천할 쟁
綪 고낼 쟁
鎗 금석소리 쟁
瞠 곧게볼 쟁

저

且 파초 저
菹 김치 저
蛆 구데기 저
罝 짐승공물 저
沮 축축할 저
粗 흙 저
胆 구데기 저
疽 종기 저
苴 암삼 저
砠 맷돌 저
咀 씹을 저
怚 교만할 저
担 건져낼 저
岨 흙덮일 저
姐 교만할 저
趄 머뭇거릴 저
狙 원숭이 저
䱙 뱀장어 저
䪌 턱 저
氐 근본 저
羝 양 저
衹 속적삼 저
眡 볼 저
低 굽힐 저
紙 실 저
柢 뿌리 저
詆 꾸짖을 저
骶 꽁무니끝 저
牴 받을 저
邸 집 저
坻 가늘 저
宁 조회받는곳 저
㹥 나갈 저
帾 베 저
坾 티끌 저
詝 슬기스러울 저
貯 쌓을 저
紵 모시 저
忬 지혜 저
紓 쌀주머니 저
佇 오래섰을 저
苧 모시 저
䘺 해진옷 저
眝 정신차려볼 저
泞 맑을 저
羜 어린양 저
儲 저축할 저
翥 날아오를 저
箸 젓가락 저
楮 닥나무 저
渚 모래톱 저
𧕁 벌레 저
褚 주머니 저
藸 오미자 저
櫡 젓가락 저
緒 솜틀 저
豬 돋 저
躇 머뭇거릴 저
杵 절구공이 저
她 큰딸 저
涂 물 저
篨 대자리 저
蛆 구데기 저
齟 덧니박일 저
縿 서로붙을 저
杼 북 저
岀 담을 저
褚 옷치장할 저
樜 나무 저
𣿅 방아공이 저
䀘 그릇 저
趡 갈 저

적

宋 고요 적
寂 고요할 적
漃 물정결할 적
蔋 가무는기운 적
啇 뿌리 적
𠋫 모질 적
墒 층계 적

謭 말번거할 전 譾 얕을 전 翦 갈길 전 煎 조릴 전 揃 자를 전 葥 질경이 전 𦁄 베짤 전 𢄼 기 전 鬋 살적 전 湔 씻을 전 殿 대궐 전 澱

찌끼 전 壂 집터 전 癜 어루러기 전 㖔 앓는소리할 전 戔 쌓을 전 籛 성 전 箋 쪽지 전 帴 안갑 전 諓 아첨할 전 淺 물들일 전 椾 향나무 전 錢 돈 전

㣤 언덕 전 殘 모질 전 𢧀 향나무 전 餞 보낼 전 牋 표지 전 寘 막을 전、塡 막을 전 鷏 바람가비 전 齻 사랑니 전 滇 성할 전 𣩫 멀어질 전 巓

풀머리 전 搷 칠 전 磌 주추돌 전 槇 나무끝 전 𪔐 북소리 전 瘨 병들 전 𧽍 달아날 전 傎 엎드러질 전 𩄎 비올 전 顚 이마 전 蹎 옮길 전 邅 굴릴 전

䟪 다다를 전 䎖 멀리나를 전 羶 양냄새날 전 皽 피부겉허물 전 饘 범벅 전 旜 기 전 䁴 보고말 전 氈 전 전 鸇 새매 전 𥼶 죽 전 襢 여막 전 澶

물결고요할 전 𥢷 벼단 전 𦇁 옷 전 鱣 전어 전 鐉 문돌저귀 전 蟤 서릴 전 鐫 새길 전 𧓉 벌레병 전 雋 새살찔 전 𨿽 새길 전 𩈘 낯누를 전 𤡬 이리 전

蕇 산겨자 전 戰 싸움 전 譂 망녕된말 전 電 번개 전 樿 전나무 전 廛 전방 전 瀍 물 전 𨯔 팔고리 전 臇 곰국 전 諯 사양할 전 𢉖 작을잔 전 顓

오로지 전 𧬝 좋은말 전 嫸 남의말어길 전 𨣾 쓴술 전 橏 나무혹 전 跈 밟을 전 䛳 말정하지못할 전 䀡 사슴발자취 전 吮 숨쉴 전 闤 저자문 전 津 뜻 전 瑑 새길 전

鄟 땅이름 전 脡 날고기장 전 腞 새길 전 戩 복 전 栴 향나무 전 盷 눈알굴려볼 전 靛 청대 전 靦 무안할 전 奠 전드릴 전 蜓 도마뱀 전 鯅 젓갈 전 婝

미욱할 전 䝚 추할 전 孨 삼갈 전 洊 거듭올 전 𪖑 코늘어질 전 𥳹 말그칠 전 筭 끄창이 전 𥬠 솜발 전 町 구역 전 篆 전자 전 𣝣 말뚝 전 𡱟 기다릴 전

鱄 전어 전 𢫦 볼 전 琭 옥이름 전 淀 얕은샘 전 仝 온전 전

절

折 꺾을 절 浙 쌀씻을 절 菥 축접 절 肵 기름찌질 절 晣 밝을 절 切 끊을 절 𨁈

헛디딜 절 沏 물흐를 절 節 마디 절 幯 걸레 절 癤 부스럼 절 𤎗 초끝 절 𩺓 납자기 절 絶 끊을 절 姪 족하 절 咥 씹을 절 峌 산구멍 절 𨳊 닫을 절 𩕸

(머리 절) 粢 공대 절 墆 저축할 절 䁒 귀밝을 절 嚓 말할 절 ⿰至戈 이할 절 截 끊을 절 ⿱艹截 김 절 媘 작을 절 岊 산내밀 절 ⿰木叕 몽치 절 ⿰山頁 코마루 절 镻 독사 절

⿰酉禾 김치 절 踖 발길 절 ⿰木⿱艹䌨 나무꼬챙이 절 蠘 꽃게 절 ⿺走失 달아날 절 ⿰齒 이어긋날 절 蕞 띠 절 梲 대공 절 ⿰月𠦍 뼈 절 竊 그윽할 절 ⿱穴㕯 말소리 절

卩 병부 절

점

占 점 점 坫 병풍 점 ⿱占女 병글거릴 점 岾 고개 점 ⿰皿占 더러울 점 霑 젖을 점 痁 학질 점 玷 옥이즈러질 점 炶 불번쩍일 점 阽 비탈 점

扂 문잠을쇠 점 拈 집을 점 店 상점 점 颭 펄렁거릴 점 惉 마음붙일 점 覘 엿볼 점 蒧 점풀 점 苫 집이울 점 聑 귀늘어질 점 ⿱耂占 늙은얼굴에 검버섯 점

點 검은점 점 黏 차질 점 ⿰占瓦 벽돌 점 敁 손대중볼 점 秥 벼 점 鮎 메기 점 点 검은점 점 簟 자리 점 ⿰彳覃 달아날 점 磹 번개빛 점 瀸 샘 점 ⿰面韱 얼굴 점

⿱宀執 집웅물매 점 ⿱雨執 서리 점 ⿰火斬 불일어날 점 ⿰麥斬 보리팰 점 漸 점점 점 ⿱漸皿 빛약할 점 鏩 나갈 점 ⿱漸酉 싱거울 점 橝 평고대 점 墊 빠질 점 ⿱雨炎 작은비 점

⿺走詹 달아날 점 黵 검은칠할 점 ⿲歹占攴 손들 점 馾 말졸 점 㦰 다할 점

접

妾 조악이 접 接 연할 접 椄 형틀 접 緁 실이을 접 蝶 들나비 접 楪 평상 접

蹀 밟을 접 韘 깍지 접 褋 옷 접 艓 작은배 접 ⿰黑枼 백성 접 ⿰月枼 회칠 접 ⿳⺮枼八 까부를 접 惵 두려울 접 慴 접낼 접 ⿰月習 데칠 접 聑 편안할 접 襵 주름질 접

楫 노 접 ⿰木耴 비빌 접 ⿰衤耴 옷깃 접 湕 물자질자질할 접 跕 미끄러질 접 ⿰豆聶 누른콩 접 鸓 새이름 접 沾 기쁠 접 ⿰車疌 벨 접 疌 손발빠를 접 㚔 놀랄 접

정

丁 고무래 정 仃 외로울 정 ⿰冫丁 얼 정 亭 숨쉴 정 ⿰耒丁 쟁기술 정 訂 평론할 정 ⿱罒丁 그물 정 ⿰糸丁 당길 정 ⿱穴丁 뚫을 정 ⿰皮丁 가죽 정 朾 깃대 정 ⿱田丁 들넓이 정 盯 (볼 정)

疔 정정 靪 신창 정 ⿱雨丁 비올 정 頂 이마 정 ⿰禾丁 물가 정 帄 기울 정 ⿰彳丁 혼자갈 정 忊 원망할 정 圢 밭고랑 정 奵 얼굴좋을 정 ⿰骨丁 종아리뼈 정 釘 못 정

汀 물가 정 ⿰足丁 다리가늘 정 ⿰車丁 수레머물 정 酊 술취할 정 ⿰豕丁 돋모양 정 ⿰登丁 장막칠 정 叮 부탁할 정 矴 배닻돌 정 ⿰赤丁 붉은빛 정 飣 괴임새 정 虰 잠자리 정 正 바를 정

물 제
焍 나무 제
俤 얼굴그립자 제
𩓐 머리비뚤 제
䟡 밟을 제
悌 공경 제
銻 날카로울 제
罤 토끼그물 제
𦋥 그물 제
綈 비단 제
第 차례 제
珶 패옥 제
睇 할깃볼 제
𩛜 떡 제
娣 제수 제
𢽟 쏠 제
祭 제사 제
憏 요량없을 제
傺 실심할 제
際 지음 제
穄 피 제
漈 물가 제
睼 멀리볼 제
媞 안존할 제
惿 맘약할 제
偍 문짓거릴 제
蝭 쓰르라미 제
䚢 들어날 제
禔 옷두터울 제
𤮍 자백기 제
趧 춤 제
𦩟 비녀 제
瑅 옥이름 제
鍉 장군 제
緹 비단 제
鶗 접동새 제
醍 술 제
提 들 제
堤 막을 제
踶 찰 제
鞮 가죽신 제
題 글제 제
𪗏 다스릴 제
幯 길쌈할 제
𦋺 술짤 제
躋 오를 제
懠 불안할 제
濟 건늘 제
癠 병 제
穧 벼 제
𨣧 짤 제
擠 밀 제
劑 약지을 제
霽 갤 제
儕 무리 제
艩 노거리 제
嚌 맛볼 제
𧭉 수다할 제
蠐 굼벵이 제
制 금할 제
淛 강이름 제
𨡜 생선조림 제
𣇽 별빛찬란할 제
𥮛 자리 제
𩛥 맞변할 제
𦔮 가까이들을 제
狾 미친개 제
蜇 황충의새끼 제
裚 옷끊을 제
製 지을 제
晢 눈광채 제
𨑹 놀랄 제
𦨴 싸움배 제
𩑳 머리숙일 제
𩛀 먹일 제
怟 민망할 제
除 제할 제
蒢 외나물 제
豴 차질 제
媂 아첨할 제
渧 물뜰 제
楴 절구공이 제
諦 살필 제
懘 성낼 제
徲 오래섰을 제
磾 검은돌 제
嗁 부르짖을 제
𠥩 엷을 제
謕 말할 제
韰 양념 제
韲 양념 제
霋 비그칠 제
諸 묻은 제
遆 물러갈 제
鍗 칼 제
𪖐 코병 제
屉 신속창 제
𪗉 빠를 제
齏 양념할 제

조

兆 억조 조
恌 박할 조
旐 기조 조
𢾝 휘귀 조
絩 실수효 조
窕 요조할 조
𣁳 양 조
聎 귀앓을 조
駣 말 조
䏚 고기 조
艞 배발판 조
朓 달빛 조
洮 손씻을 조
庣 차지않을 조
覜 뵈일 조
狣 개힘셀 조
窕 방자할 조
𡂴 꾀일 조
晀 밝을 조
佻 도적할 조
挑 돋을 조
趒 뛸 조
䠷 몸길 조
眺 볼 조
𨾴 들을 조
𩂯 어두울 조
𨋹 엷을 조
鮡 고기이름 조
弔 조상 조
曹 무리 조
槽 말구유통 조
褿 옷깃 조
螬 굼벵이 조
𣊰 햇빛 조
糟 재강 조
𢅋 기저귀 조
艚 종선 조
漕 배질할 조
𤏫 살을 조
嶆 산골 조
嘈 지꺼릴 조
𣀒 거칠 조
嫅 아름다울 조

傮 마칠 조
𢷬 휘두를 조
遭 만날 조
凋 여윌 조
彫 새길 조
奝 클 조
調 고를 조
蜩 매미 조
㟄 산 조
㨄 찌를 조
啁 소리 조
䣖 익힐 조
鬝

鯛 도미 조
鵰 보라매 조
雕 수리 조
早 이를 조
阻 막힐 조
靻 가죽신 조
𨒪 갈 조
俎 제기 조
詛 저주할 조
殂 죽을 조
助 도울 조
組 인끈 조
粗 약간 조

祖 할아비 조
租 부세 조
蒩 띠자리 조
耡 부세 조
徂 갈 조
朝 아침 조
潮 조수 조
嘲 조롱 조
鳥 새 조
鵃 매달 조
窵 깊을 조
蔦 겨우사리 조
䘚 옷 조

𢂕 비단 조
䳂 볼 조
喿 새떼울 조
噪 뭇새울 조
幧 과두 조
澡 씻을 조
燥 말릴 조
操 잡을 조
𪑷 높을 조
鄵 땅이름 조
躁 조급할 조
懆 근심 조

璪 옥 조
𥽷 쌀 조
𪒠 장마에 삼주저앉을 조
藻 글 조
譟 지껄일 조
臊 누린내 조
昭 밝힐 조
蛁 쓰르라미 조
炤 비칠 조
照 비칠 조
詔 조서 조
䂏 짧을 조

㑿 홀로설 조
嬥 아름다울 조
𢖊 빠를 조
糶 곡식팔 조
爪 손톱 조
笊 조리 조
抓 긁을 조
𢁉 수건 조
㣿 근심할 조
訋 소리 조
釣 낚시 조
刁 조두 조

芍 갈대꽃 조
䓢 미칠 조
條 가지 조
螩 춘백충 조
蓧 싹 조
窱 아득할 조
筄 낚시대 조
弔 조상 조
庫 말성스러울 조
肁 꾀할 조
葃 갈 조
衮 관보 조

紂 거꾸로달 조
弴 활 조
竨 휘뚝휘뚝할 조
罩 가리 조
䡵 수레우장대 조
𧳏 버레 조
𥑥 높을 조
鋽 쇠 조
造 지을 조
慥 독실할 조
糙 쌀 조
胙

복 조
酢 실 조
祚 복 조
飵 보라미음 조
瑵 일산 조
蚤 일찍 조
嚼 휠 조
劉 클 조
罹 그물 조
䯉 징경이 조
艁 배다리 조
蓨 싹 조
梍 쥐엽 조
罺

반도 조
棗 대추 조
爝 횃불 조
唣 지저귈 조
措 둘 조
錯 먹을 조
趙 조나라 조
𨙫 산구멍 조
鼂 고운옥 조
竈 부뚜막 조
𪓰 털 조
麆 노루새끼 조
鋚

쇠 조
找 채울 조
𠎛 고삐 조
蹉 말저름날 조
鯈 미피라미 조
釕 걸쇠 조
𨥉 걸쇠 조
璺 눈고울 조
皁 검은빛 조

족

足 발 족
哫 아첨할 족
𢄎 비단 족

族 일가 족
𣀦 돌갈 족
𨆪 발굽으러질 족
瘯 진버짐 족
䃚 돌살촉 족
簇 모일 족
蔟 모을 족
鏃 살촉 족

존

存 있을 존
㖨 입넓을 존
拵 지을 존
鋍

끊을 존 尊 높을 존 噂 붉은눈 존 鐏 모자라질 존 **졸** 卒 군사 졸 拙 옹졸할 졸 捽 꺼두를 졸 椊 자루 졸 欻 빨 졸 毳 털날 졸 殚 죽을 졸 猝

창졸 졸 窣 천천이 걸을 졸 龺 빨날 졸 踤 찰 졸 **종** 宗 마루 종 孮 자손 종 倧 신인 종 琮 옥 종 綜 모을 종 淙 물소리 종 騌 머리털 종 悰 편안할 종

嗵 벙어리 종 埫 연못둑 종 種 종류 종 籦 대 종 鍾 말이름 종 腫 종기 종 種 거듭 종 雝 참새 종 踵 걸을 종 踵 발뒷금치 종 𦠆 아이밸 종 幢 차일 종

𩩲 다리부을 종 豵 젖 종 偅 뒤따라갈 종 𨅮 아이밸 종 鐘 쇠북 종 煄 탈 종 螽 황충 종 從 어린이걸을 종 轍 바퀴자국 종 磫 돌길 종 塜 버섯 종 豵 돝 종

慫 놀랄 종 篵 삭은대 종 縱 길이 종 嵸 산높을 종 蹤 자취 종 朡 살찔 종 鏦 닭 종 從 종종걸음 종 瑽 옥소리 종 熧 불번질 종 樅 칠 종 毴 모직 종 妐

시아비 종 㚇 눈휘둥그렬 종 忪 황겁할 종 嵏 쪽지 종 堫 밭갈 종 糉 송편 종 艐 배 종 葼 풀 종 騣 말갈기 종 猣 개새끼날 종 嵕 산이름 종 𤠶 나를 종

稯 벼단 종 瞛 엿볼 종 椶 나무 종 緵 베올 종 輚 수레바퀴 종 鯼 새발 종 鍐 말굴레 종 䗥 가르칠 종 伀 두려워할 종 迦 따를 종 趨 갈 종 慒 생각할 종

終 마침 종 柊 방망이 종 蔠 머루덩굴 종 螽 메뚜기 종 鼨 다람쥐 종 賨 부세 종 鬃 말갈기 종 奮 집클 종 㞊 낮을 종 **죄** 罪 죄 죄 辠 죄 죄 **좌**

左 왼 좌 佐 도울 좌 袏 호주머니 좌 貈 짐승 좌 坐 앉을 좌 侳 편안할 좌 剉 썰 좌 叏 거짓절할 좌 娷 경계할 좌 嵯 산무너질 좌 座 자리 좌 脞 잘 좌

髟 베일 좌 趖 달아날 좌 銼 가마 좌 髽 여상제쪽질 좌 䟫 거짓절할 좌 諎 핀잔줄 좌 莝 여물 좌 矬 난장이 좌 痤 멍울 좌 荾 꾸뻑할 좌 筰 너그러울 좌

𤪰 사람 좌 **주** 主 임금 주 哇 입비뚜러질 주 宔 신주독 주 妵 예쁠 주 拄 버릴 주 柱 기둥 주 駐 말머무를 주 飳 미끼 주 䏧 몸곧을 주 黈 누를 주

跓 발머물 주 軴 수레머무를 주 注 물댈 주 炷 심지 주 砫 돌궤 주 絓 이을 주 鞋 술갑 주 鉒 쇠돌 주 躻 몸꼿꼿할 주 竒 기다릴 주 賍 재물 주 註

주낼 주 蛀 나무좀 주 黈 점찍을 주 朱 붉을 주 秼 차질 주 袾 옷 주 蛛 거미 주 誅 벨 주 絑 붉은비단 주 祩 방자할 주 硃 주사 주 珠 구슬 주 侏 난장

이 주 姝 분바를 주 咮 입뿌리 주 跦 강장강장뛸 주 鵃 꿩 주 薵 파 주 鑄 부을 주 嚋 누구 주 躊 머뭇거릴 주 譸 속일 주 籌 숫가지 주 燽 밝을 주

疇 밭 주 幬 이엉덩이 주 鰆 큰고기 주 儔 짝 주 周 두루 주 敐 막을 주 賙 먹일 주 輖 낮을 주 粡 떡 주 碉 돌집 주 淍 물돌릴 주 鯛 용뿔 주 霌

장마 주 䧳 언덕 주 稠 많을 주 綢 얽을 주 週 주일 주 舟 배 주 譸 수다할 주 鵃 메비들기 주 烐 불반짝거릴 주 輈 수레채 주 趟 볼 주 紬 활고두리 주

侜 가리울 주 婤 얌전할 주 㑳 머무를 주 洀 물노리칠 주 宙 집 주 詋 빌 주 粙 벼알 주 胄 투구 주 紬 명주 주 菗 외나물 주 酒 술 주 莤 술진액 주

遒 굿셀 주 酎 소주 주 邾 나라 주 躕 머뭇거릴 주 尌 세울 주 澍 물쏟을 주 幮 장막 주 紂 말뒷거리 주 疛 하복통 주 廚 부엌 주 州 고을 주

銂 칼 주 喌 닭부르는소리 주 烐 탄흙 주 洲 섬 주 犨 성 주 犫 사람이름 주 斢 노략질할 주 枓 구기 주 楱 작은귤 주 諏 아뢸 주 輳 몰려들 주

腠 피부 주 奏 아뢸 주 湊 물모일 주 鯐 모쟁이 주 蔟 새집 주 遚 걸을 주 蹃 취할 주 籒 큰전자 주 籑 젓가락 주 馵 말 주 盩 산구비 주 走 달아날 주

呪 저주할 주 做 지을 주 齟 이어긋날 주 麈 사슴 주 丟 잃어버릴 주 噣 쪼을 주 屐 신 주 晝 낮 주 丶 귀절찍을 주

죽

竹 대 죽 粥 죽 죽 踿

가까울 죽 齪 급할 죽 鬻 죽 죽 𩱤 죽 죽

준

夋 갈 준 皴 살터질 준 俊 준걸 준 峻 클 준 㣌 물러갈 준 餕 대궁 준 駿 큰 준 陖 위태할 준 㕙 토끼 준

悛 고칠 준 䞭 빨리걸을 준 踆 그칠 준 䘒 바지통 준 逡 추창할 준 捘 밀 준 埈 높을 준 竣 그칠 준 浚 취할 준 葰 큰 준 焌 불붙을 준 畯 농부 준

睃 볼 준 鵔 장끼 준 晙 밝을 준 鐏 창고달 준 譐 수군거릴 준 噂 수군거릴 준 墫 춤출 준 嶟 산솟을 준 鱒 고기 준 鷷 꿩 준 罇 술통 준 繜

옷 준 樽 술통 준 䔿 풀날 준 𦩷 배밑구멍 준 撙 존절할 준 𠟃 감할 준 遵 좇을 준 埻 관혁 준 稕 짚단 준 綧 필육 준 濬 깊을 준 踳 잡될 준

𠹣 불 준 惷 산란할 준 䮞 얼룩말 준 準 법 준 隼 새매 준 寯 모일 준 嶲 높을 준 㒞 민첩할 준 訰 어지러울 준 蠢 어리석을 준 㦢 약할 준 僎

사람 준 迿 먼저 준

줄

卒 죽을 줄 啐 빨 줄 崒 높을 줄 翐 나를 줄 茁 풀싹 줄 怞 근심 줄 窋 내밀 줄 笜 대순나올 줄

중

重 무거울 중 𤛘 소 중 緟 더할 중 霴 기운 중 蝩 누에 중 中 가운데 중 仲 버금 중 妕 영리할 중 狆 삽살개 중 翀 나를 중 茽 풀날 중 蚛 벌레먹을 중 衶 바지 중 衆 뭇 중 䨶 비 중

즉

即 곧 즉 堲 미워할 즉 揤 꺼두를 즉 蝍 지네 즉 鯽 붕어 즉 喞 벌레소리 즉 溭 물결이 비늘같을 즉 𤞳 개새끼날 즉 萴 부자 즉 崱 장산 즉 則 곧 즉 鰂 오징어 즉 鱡 오징어 즉 裓 꾸밀 즉

즐

喞 두런거릴 즐 櫛 빗 즐 瀄 물흐를 즐 堲 미울 즐 櫛 벼 즐 叱 꾸짖을 즐 姞 계집삼가지 않을 즐

즘

怎 어찌 즘

즙

咠 참소할 즙 㖕 참소할 즙 戢 그칠 즙 湒 비올 즙 濈 화할 즙 𧤸 뿔많을 즙 蕺 나물 즙 緝 길쌈 즙 輯 모을 즙 諿 화할 즙 楫 돛대 즙 檝 창 즙 𥉺 눈물 즙 𩅡 비올 즙 𩆌 비올 즙 𥗊 높을 즙 葺 고칠 즙 潗 물자즐자즐할 즙 䅬 심을 즙 㗊 입 즙 汁 집낼 즙

증

曾 일찍 증 矰 줄살 증 增 높을 증 𤳷 논 증 甑 시루 증 繒 비단 증 譄 더할 증 鬙 터럭 증 𢨾 줄살 증 嶒 산험할 증 驓 휠 승

憎 미워할 증 贈 줄 증 熷 고기구울 증 䵵 검을 증 噌 떠들 증 䙢 옷 증 增 더할 증 𠟤 베일 증 䎖 얼굴빛흉할 증 鱛 공미리 증 橧 너스레 증 罾 활지 증

䎖 나를 증 鄫 나라이름 증 證 증거 증 橙 귤 증 烝 찔 증 𧭑 말번거할 증 㷥 더울 증 蒸 찔 증 癥 뼈골쑤실 증 脀 고기 증 𨀣 긴발 증 拯 건질 증 症 병세 증 𨍭 수레 증 塍 밭두둑 증 𨋒 수레 증 𡚸 어리석을 증

지

止 그칠 지 沚 물가 지 趾 발 지 砋 방치돌 지 址 터 지 祉 복 지 訨 들처낼 지 芷

구리때 지
杫 도마 지
阯 땅이름 지
迣 옮길 지
旨 맛 지
鴲 새소리 지
[革+旨] 일산끈 지
指 손가락 지
脂 기름 지
[片+旨] 가제 지
只 다만 지
咫 적을 지
軹 골이름 지
疻 맞어서 상할 지
庂 집 지
枳 탱자 지
汦 균일할 지
祗 공경 지
坻 마당 지
厎 이를 지
砥 숫돌 지
胝 못 지
茋 김치 지
蚳 개미알 지
底 이를 지
彽 어정거릴 지
抵 칠 지
[酉+氐] 썩은젖 지
[革+氐] 밀치끈 지
扺 곁매칠 지
[氐/虫] 개미알 지
秖 벼익을 지
坁 머무를 지
支 지탱할 지
枝 가지 지
[豸+攴] 활강할 지
[多+支] 많을 지
肢 사지 지
吱 소리 지
汥 물흐를 지
[延+支] 베 지
之 갈 지
芝 지초 지
[赤+支] 연지 지
鳷 까치 지
紙 종이 지
知 알 지
智 지혜 지
[彳+知] 걸을 지
[知/毛] 털많을 지
踟 머뭇거릴 지
質 전당 지
[艹+知] 향부자 지
蜘 개미알 지
[月+志] 사마귀 지
誌 기록 지
鋕 새길 지
[忄+志] 잊을 지
[艹/志] 원지 지
痣 사마귀 지
[志+見] 자세볼 지
[糸+志] 실다룰 지
[足+欠] 뒤로나설 지
池 못 지
[食+也] 엿 지
[走+也] 달아날 지
志 뜻 지
至 이를 지
輊 앞낮은 수레 지
地 땅 지
洔 모래톱 지
持 가질 지
贄 폐백 지
騺 말짐 지
摯 잡을 지
[走+此] 여울건늘 지
[此/巾] 가는베 지
鈭 도끼 지
[此+欠] 토할 지
[衤+此] 옷가라입을 지
質 볼모 지
躓 쓰러질 지
[艹/質] 나물 지
[雨/眞] 비소리 지
[髟/旨] 갈기 지
[豸+危] 큰돝 지
禔 복 지
恀 믿을 지
[黑+玆] 새캄할 지
鷙 억셀 지
凪 바람자고 파도그칠 지
搘 기둥바침 지
榰 나무주초 지
識 기록 지
織 짤 지
[女+旨] 투기할 지
鉄 살끝 지
[車+卮] 수레연장 지
[虫+犀] 거머리 지
[言+犀] 말거듭 이를 지
遲 더딜 지
墀 섬돌 지
[言+遲] 말헛나갈 지
[言+制] 말바르지 못할 지
舓 핥을 지
厔 고를 지
[扌+直] 던질 지
[米+責] 모을 지
[糸+希] 도꼬마리 지
篪 부는저 지
[米+是] 차질 지
籽 씨앗 지
秩 무성할 지
[歹+責] 병들 지
[足+疐] 거리낄 지

직

直 곧을 직
稙 벼 직
犆 소 직
[月+直] 끈끈할 직
[氵+戠] 차즐 직
樴 문지방 직
[髟/戠] 때 직
[衤+戠] 꾸밀 직
蟙 박쥐 직
[艹/職] 파리 직
膱 상할 직
職 벼슬 직
織 짤 직
稷 피 직
[弋+鳥] 물새 직
[匚+直] 벌레먹는병 직

진

眞 참 진
[弓+眞] 탈 진
瑱 옥 진
嗔 성낼 진
塡 오랠 진
瞋 눈부릅뜰 진
禛 복받을 진
稹 빽빽할 진
縝 맺을 진
䐜 부어오를 진
鎭 누를 진
蒖 순채 진

鬒 머리숱할 진 謓 성낼 진 珍 보배 진 抮 잡을 진 殄 끊을 진 眕 볼 진 疹 역질 진 聄 고할 진 駗 말짐무거워 걷지못할 진 診 볼 진 [illegible] 달아날 진 砛

방천돌 진 紾 비틀 진 軫 수레뒤턱나무 진 袗 고운옷 진 趁 좇을 진 畛 밭지경 진 侲 아이 진 [illegible] 일할 진 帪 말머이자루 진 唇 놀랄 진 [illegible] 기뻐할 진 振 평고대 진

[illegible] 손가락질하며 웃을 진 振 떨칠 진 辴 빙그레할 진 賑 풍부할 진 震 진동할 진 秦 나라 진 [illegible] 소이름 진 榛 덤거칠 진 [illegible] 음란할 진 臻 이를 진 螓 왕파리 진

[illegible] 뿔나란할 진 蓁 풀성할 진 溱 성할 진 轃 이를 진 盡 다할 진 燼 초끝으리 진 濜 김서릴 진 嚍 분낼 진 儘 다할 진 津 침 진 珒 옥이름 진 [illegible]

백로 진 脣 입술 진 晉 나갈 진 縉 분홍빛 진 溍 물이름 진 搢 꽂을 진 甄 질그릇 진 籈 풍류 진 蘣 개비름 진 進 나아갈 진 璡 옥돌 진 [illegible] 새끼날 진 [illegible]

날을 진 陳 버릴 진 蔯 약쑥 진 螴 기운정치못할 진 [illegible] 구름 진 陣 진 진 枃 마디 진 眹 눈동자 진 [illegible] 문모양 진 弫 활강할 진 昣 명랑할 진 疢 열병 진

[illegible] 불똥 진 獉 사자 진 臸 이를 진 趂 다다를 진 塵 티끌 진

질

眰 클 질 秷 벼이삭 질 [illegible] 씹을 질 郅 이를 질 峌 산높을 질 [illegible] 성품 질 [illegible]

벼베는 사람 질 [illegible] 닫힐 질 挃 벼베는 소리 질 [illegible] 찧을 질 銍 갈강낫 질 庢 거리낄 질 螲 도로래 질 姪 조카 질 垤 개미둑 질 [illegible] 말종작없을 질 [illegible] 말순서없을 질

厔 산구비 질 侄 어리석을 질 [illegible] 막을 질 腟 새살날 질 耊 노인 질 絰 삼띠 질 窒 막힐 질 質 질박할 질 [illegible] 상말 질 [illegible] 쌍된말 질 [illegible] 금창약 질 鑕

머루 질 瓆 사람의 이름 질 礩 주춧돌 질 櫍 모탕 질 桎 막힐 질 蛭 거머리 질 紩 꿰맬 질 翐 나를 질 蒺 질레 질 瓞 외 질 [illegible] 빨리달아날 질 疾 병 질

槉 기둥 질 袟 칼집 질 [illegible] 말급할 질 詄 잊을 질 抶 볼기때릴 질 [illegible] 미워할 질 嫉 투기할 질 [illegible] 쇠뭉치 질 [illegible] 뽑을 질 帙 책갑 질 跌 어긋날 질 眣

누비뜰 질 [illegible] 뼈통길 질 柣 문지방 질 昳 해기울어질 질 秩 차례 질 [illegible] 질이 질 迭 침노할 질 [illegible] 통소 질 楖 나무 질 [illegible] 여든살 질 嵽 산우뚝할 질 趃 부술 질

迨 가까을 질

짐

酖 술 짐
鴆 짐새 짐
朕 나 짐
滕 물흐를 짐
諗 말아름다울 짐
醰 술마실 짐
眹 눈정기 짐
斟 짐작할 짐
鱵 공미리 짐

집

集 모을 집
㗱 일우물거릴 집
㙫 샘솟을 집
鏶 쇠조각 집
潗 샘날 집
㥐 맘급치못할 집
檝 노 집
㪟 모을 집
噈 효유할 집
𨦃 판철 집
慹 두려울 집
縶 말맬 집
執 잡을 집
讋 말수다할 집
屋 맞이을 집
汁 국물 집

징

憕 맘가라앉을 징
澄 맑을 징
撜 건질 징
黱 쌀썩을 징
瞪 직시할 징
懲 징계할 징
徵 부를 징
竀 바로볼 징
癥 적병 징

차

叉 깍지낄 차
扠 잡을 차
衩 옷자락 차
𢗓 어지러울 차
杈 작살 차
訍 딴말할 차
砓 산돌 차
紁 속바지 차
䟕 갈린길 차
𠬜 비녀 차
汊 물흐를 차
車 수레 차
𨋍 차벌어질 차
軟 칠할 차
硨 옥돌 차
莗 차전자 차
𤥭 자개 차
嵯 산높을 차
𦢊 배끊을 차
齹 이뿌리 차
䣜 술 차
蹉 미끄러질 차
瑳 옥빛깨끗할 차
磋 갈 차
䙵 옷길 차
䛽 다른말 차
𥮡 통소 차
䓭 냉이 차
艖 작은배 차
𣆳 절구질할 차
搓 밀고칠 차
𣇴 저물 차
鹺 몹시짤 차
㺨 개미칠 차
鎈 돈 차
䰈 터럭아름다울 차
䨲 비소리 차
㛗 허리가늘 차
嗟 슬플 차
𢈼 집무너지려할 차
𨝾 땅이름 차
䖈 누를 차
蔖 풀 차
奓 벌릴 차
𡚇 입처질 차
哆 입술 차
䃎 돌수그러질 차
䏧 성길 차
次 버금 차
絘 길쌈 차
佽 이할 차
𩬆 빗질할 차
此 이 차
佌 작을 차
䖃 모질 차
𧇂 모질 차
搋 쥐여지를 차
侘 실심할 차
姹 아름다울 차
䐤 부스럼자국 차
撦 뜯을 차
𤕟 아비 차
䋍 옷칠할 차
涂 바를 차
𤭞 그릇닦을 차
齇 주부코 차
箚 차차 차
遮 가릴 차
痄 합창안될 차
岔 산길 차
䰩 추악할 차
嗻 말많을 차
嗄 험담할 차
䰗 터럭 차
搽 바를 차
䞯 머무를 차
唶 탄식할 차
扯 찢어버릴 차
借 빌어올 차
奲 너그럽고클 차
且 또 차

착

昔 비틀릴 착
斮 베일 착
逪 섞일 착
厝 숫돌 착
剒 베일 착
簎 작살 착
錯 섞일 착
棤 나무껍질 착
浞 젖을 착
珿 비등할 착
娖 삼갈 착
捉 잡을 착
齪 악착할 착
鋜 호미 착
𨇙 걸음빠를 착
篧 가리 착
𥻒 풋바심 착
搾 짤 착

穛 곡식 착 䅵 부자 착 浞 젖을 착 䨶 비올 착 丵 풀성할 착 鑿 쌀 착 鑿 끌 착 婼 악독할 착 逴 멀 착 鵫 꿩 착 諪 사람의 이름 착 著 입을 착

躇 건너뛸 착 戳 창으로 찌를 착 齣 절귀 착 擉 작살 착 斲 찍을 착 濯 물소리 착 斀 뚫을 착 着 부딛칠 착 諑 참소 착 犏 뿔길 착 縒 실엉킬 착 斲

쪼갤 착 辵 뛸 착 ⓒ찬 灒 땀뿌릴 찬 酇 모을 찬 囋 삼킬 찬 劗 머리깎을 찬 儹 모을 찬 儧 길잃을 찬 贊 대그릇 찬 襸 고운옷 찬 䝱 도울 찬 讚

도울 찬 贊 담장이덩굴 찬 纘 이을 찬 穳 벼가리 찬 欑 숲평이 찬 攢 모일 찬 饡 국밥 찬 鑽 뚫을 찬 穳 창 찬 禶 저주할 찬 瓚 옥그릇 찬 趲 쫓을 찬

攛 던질 찬 竄 재말 찬 鑹 작은창 찬 竄 도망할 찬 鏨 푼끝 찬 粲 선명할 찬 彩 문채날 찬 餐 먹일 찬 澯 맑을 찬 燦 찬란할 찬 鬖 머리반지를할 찬

篹 빼앗을 찬 籑 지을 찬 纂 모을 찬 簅 저 찬 顛 갖출 찬 饌 반찬 찬 撰 갖출 찬 菆 초빈할 찬 羼 양서로 섞일 찬 劖 적을 찬 丳 석쇠 찬 ⓒ찰

摖 나무소리 찰 磜 돌 찰 蔡 북덕이 찰 䁟 자세볼 찰 擦 문지를 찰 憏 밝을 찰 察 살필 찰 𩟗 먹을 찰 扎 뺄 찰 札 편지 찰 紮 활줌통싸개 찰 鳦

새잡털빛 찰 鍘 작도 찰 剎 절 찰 箚 편지 찰 哳 새울 찰 鐁 작도 찰 詧 살필 찰 拶 서로다닥칠 찰 怍 꾸짖을 찰 巀 산높을 찰 麈 사슴 찰 咱 나 찰

ⓒ참 嵾 산험할 참 𢕌 움직일 참 𤳯 밭두덕연할 참 𧼮 달음질할 참 醦 슬플 참 慘 슬플 참 顟 머리흔들 참 黲 투색할 참 傪 아리따울 참 驂 말멍에 참

毚 토끼 참 瀺 물소리 참 𤗚 널판 참 𤛠 소뿔 참 酁 땅이름 참 鑱 보습쇠 참 韂 언치 참 欃 박달나무 참 讒 간악할 참 巉 높을 참 儳 어긋날 참

劖 새길 참 𠢐 빼낼 참 嚵 탐할 참 攙 찌를 참 塹 구덩이 참 𡠹 얼굴허연할 참 嫸 아름다울 참 嶄 산높을 참 䠨 키클 참 𧡠 피할 참 𧗝 모실 참

慙 부끄러울 참 槧 분판 참 斬 베일 참 䁪 눈끔적일 참 磛 산험할 참 嶃 구덩이 참 朁 일찍 참 僭 거짓 참 憯 아플 참 譖 참소할 참 𡣖 탐할 참

[足+韱] 걸음새 참 讖 비결 참 櫼 나무열매 참 站 참 참 [齒+僉] 볼오무러질 참 撏 취할 참 叅 참작할 참 鐕 달금할 참 趻 앙감질할 참 [雨+畱] 큰비 참 **창** 昌

창성 창 菖 창포 창 娼 창녀 창 唱 부를 창 裮 띠아니띨 창 閶 하늘문 창 鯧 병어 창 倉 곳집 창 蒼 푸를 창 艙 갑판밑 창 闛 문여는소리 순할 창 鶬

왜가리 창 [齒+倉] 덧니 창 謒 말경하게할 창 賶 재물모을 창 蹌 추창할 창 [月+倉] 껍질상할 창 搶 모을 창 愴 슬퍼할 창 滄 서늘할 창 槍 창 창 嵢 산형세 창 窻 창 창

蒼 대푸를 창 篬 대창 창 瘡 종기 창 創 다칠 창 瘬 배부를 창 [目+長] 실심할 창 脹 창증 창 悵 실심할 창 倀 창귀 창 鋹 날카로울 창 痮 배부를 창 韔

활집 창 韔 활집 창 瑒 제향에 강신하는 주자 창 暘 땅이름 창 暢 화창할 창 瑒 옥잔 창 牕 창 창 囪 창 창 淌 물결 창 惝 놀랄 창 敞 드러날 창 廠 헛간 창

[足+尚] 걸터앉을 창 [忄+敞] 깜짝놀랄 창 氅 학창의 창 [山+爽] 산이 서로 닿은듯할 창 摤 닦을 창 [爽+刂] 껍질상할 창 磢 닦을 창 [足+從] 추창할 창 彰 나타날 창 昶 밝을 창 摐

때릴 창 窓 창 창 闓 대궐 창 囱 구멍 창 **채** 叉 두갈래 채 乂 비녀 채 采 일 채 倸 아는체할 채 棌 참나무 채 採 딸 채 菜 나물 채 㥒 간악할 채 彩

채색 채 寀 동관 채 埰 사패지 채 綵 비단 채 縩 옷 채 縩 깁와삭거릴 채 瘵 허로병 채 差 나을 채 祭 성 채 債 빚질 채 責 빚 채 瘥 병나을 채 [氵+丞] 개 채

傂 바퀴 채 [口+妻] 맛볼 채 [犭+只] 얼룩 채 釵 비녀 채 蠆 벌 채 囆 사람이름 채 茝 궁궁이싹 채 豸 짐승 채 **책** 冊 책 책 𠕋 고할 책 柵 목책 책 册

책 책 責 꾸짖을 책 嘖 말다툼 책 嫧 삼갈 책 幘 건 책 [忄+責] 깨끗할 책 蟦 지개 책 [月+責] 물고기새끼포 책 積 심을 책 [目+責] 흘길 책 簀 살평상 책 [責+頁] 머리비뚤 책

[目+責] 눈부릅뜰 책 [責+見] 밉게볼 책 諎 큰소리 책 踖 비지 책 策 꾀 책 筞 막대 책 舴 작은배 책 蚱 메뚜기 책 迮 낄 책 笮 전통 책 窄 좁을 책 筴 꾀 책

憡 쓰라릴 책 [扌+策] 울 책 [竹+夅] 뼘잴 책 磔 능지할 책 [夾+刂] 시초 책 蠌 방게 책 [米+啇] 상한쌀 책 **처** 妻 안해 처 凄 찰 처 悽 슬플 처 淒 찬바람 처 緀

무늬처 萋 풀무성할처 覷 엿볼처 嫭 투기할처 處 곳처 豠 돋처 訉 바를처 攄 헤칠처 処 곳처

척

惕 공경할척 剔 뼈발라낼척 踢 찰척

脊 등마루척 膌 파리할척 踖 걸을척 瘠 파리할척 尺 자척 蚇 자벌레척 呎 자척 拓 열척 坧 기지척 跖 도척척 䳭 할미새척 磩 돌척 硩 딸척

趚 천천히걸을척 嵴 산등성이척 鶺 할미새척 塉 흙척 靳 가죽척 隻 외짝척 斥 내칠척 跅 놓아먹을척 捗 나갈척 陟 올릴척 戚 겨레척

墄 섬돌충척 鏚 도끼척 慼 슬플척 摭 주을척 墌 터다질척 蹠 밟을척 擿 던질척 蹢 뛸척 趞 옆으로걸을척 [illegible] 건장할척 [illegible] 순경북척 [illegible] 널척

[illegible] 걷는소리척 鉓 꾸밀척 [illegible] 다수굿할척 滌 씻을척 躑 철죽척 擲 던질척 惄 근심할척 赿 넘을척 厈 좇을척 倜 높이들척 [illegible] 바를척 [illegible]

실심하고볼척 寴 친할척 剔 근심할척 彳 자축거릴척

천

天 하늘천 [illegible] 소풀먹을천 [illegible] 우러러볼천 祆 귀신천 蚕 지렁이천 千 천천 杄 괴엽나무천

忏 성낼천 [illegible] 퍼럭천 芊 풀더부룩천 竏 킬로리터천 [illegible] 멀어희미할천 阡 무덤천 仟 천사람천 川 내천 玔 옥고리천 釧 팔찌천 [illegible] 눈늘볼천 喘

숨쉴천 腨 어북천 [illegible] 벌레천 遄 자주천 篅 둥구미천 淺 얕을천 踐 밟을천 [illegible] 근지러울천 俴 얕을천 賤 천할천 帴 여인배띠천 舛

어그러질천 [illegible] 늦꺼기차천 擅 천단할천 儃 머뭇거릴천 [illegible] 꽂을천 [illegible] 초목흔들릴천 遷 옮길천 韆 그네천 [illegible] 벼훑이천 㫃 깃대천 刋 끊을천

[illegible] 빨천 輤 상여뚜경천 倩 엄전할천 睛 희멀거늘천 蒨 풀더부룩할천 [illegible] 걸을천 [illegible] 양의긴꼬리천 泉 샘천 [illegible] 자개천 [illegible] 홈통천 腺 멍울천

[illegible] 거듭천 栫 에울천 荐 자리천 燀 불땔천 囅 웃을천 繟 띠느러질천 灛 생강천 [illegible] 벌레꿈틀거릴천 [illegible] 한가히걸을천 [illegible] 소금뜰천 辿 걸을천

茜 잇천 [illegible] 막을천 蕆 갖출천 薦 천거할천 [illegible] 꼴천 梴 방아를천 櫏 고염천 穿 통할천 [illegible] 불씨천 䙴 옮길천 [illegible] 흰빛천 韉 언치천

歾 나머지 천 **철** 凸 뾰족할 철 剟 새길 철 啜 수다할 철 㵂 눈물흘릴 철 歠 훅들이마실 철 掇 주울 철 甾䎳 병아리소리 철 錣 채쭉고달 철 綴 키작을 철 輟 그칠 철

철 顟 머리짧을 철 骸 뼈이을 철 騣 별박이 철 諁 시끄러울 철 惙 근심할 철 罬 새그물 철 瞮 밝을 철 樧 대추 철 噉 더디먹을 철 撤 걷을 철 徹 관철할 철

瞮 눈밝을 철 澈 물맑을 철 轍 바퀴자국 철 喆 밝을 철 嚞 조롱할 철 𢳆 빼앗을 철 蹃 빨리갈 철 䛢 속살거릴 철 联 살로귀꿰 철 蛈 땅거미 철 蜇 쏠 철 哲

밝을 철 𧤗 뿔 철 醛 젓갈 철 驖 말 철 鐵 쇠 철 餮 탐할 철 胇 어긋칠 철 爡 연기날 철 戜 빠를 철 启 막을 철 屮 움날 철 **첨** 忝 욕될 첨

悿 맘약할 첨 㮇 부짓대 첨 婖 부끄러울 첨 添 더할 첨 舔 핥을 첨 菾 상취 첨 䌭 모직 첨 詹 이를 첨 牖 평고대 첨 噡 잔말 첨 擔 막을 첨

嶦 산비탈 첨 檐 처마 첨 幨 차휘장 첨 瞻 볼 첨 襜 앞치마 첨 韂 슬갑 첨 韂 다래 첨 隵 빠질 첨 譫 말낼 첨 沾 적실 첨 酟 섞을 첨 惉

불화할 첨 箉 깎어엷게할 첨 僉 다 첨 簽 수결 첨 䢀 가까이할 첨 鐱 가래 첨 鑯 뾰족할 첨 瀸 첨풀 첨 櫼 문설주 첨 㡸 수건 첨 餂 핥을 첨 諂 아첨할 첨

忝 부끄러울 첨 灊 고을이름 첨 痁 피풍 첨 閊 엿볼 첨 閐 서서기다릴 첨 **첩** 妾 첩 첩 踥 오락가락할 첩 淁 물솟을 첩 貼 붙일 첩 呫 맛볼 첩 怗

고요할 첩 帖 문서 첩 迠 갈 첩 惦 편안할 첩 倢 빠를 첩 𧩂 이죽거릴 첩 婕 예쁠 첩 崨 이을 첩 踕 발잴 첩 𤟢 나를 첩 緁 옷꿰맬 첩 𨒅 달아날 첩

徢 달아날 첩 捷 이길 첩 䨗 눈올 첩 䐑 어깨뼈 첩 𢭐 메적 첩 艓 배빨리갈 첩 喋 말잘할 첩 堞 치첩 첩 諜 이간할 첩 牃 평상널판 첩 楪 널판 첩

㛳 계집독할 첩 𡱈 나릴 첩 𨑖 달아날 첩 㡇 옷깃끝 첩 耴 귀뿔 첩 輒 문득 첩 䎖 작은잎 첩 𥬩 잎사귀 첩 疊 거듭 첩 𨏈 수레소리 첩 𣛻 나무이름 첩

𨆶 달아날 첩 㩸 걸 첩 䜁 이간 첩 𦄌 옷 첩 褺 겹옷 첩 㡐 옷깃 첩 𣟸 주걱 첩 颭 바람불 첩 𧽮 걸을 첩 𡺼 산높고첩첩할 첩 **청** 靑 푸를 청

鶄 교청새 청　凊 서늘할 청　晴 날갤 청　蜻 잠자리 청　靚 찰 청　碃 푸른돌 청　倩 대신 청　淸 맑을 청　掅 꺼두를 청　婧 약할 청　圊 뒷간 청　鯖 비웃 청

請 청할 청　[illegible] 받을 청　郬 땅이름 청　錆 정할 청　[illegible] 큰머리 청　腈 혈질 청　聽 들을 청　廳 대청 청　[illegible] 종소리 청　[illegible] 옥소리 청　暒 날갤 청

체

楴 족집게 체　崹 평할 체　締 맺을 체　揥 버릴 체　諦 살필 체　褅 처네 체　滯 막힐 체　[illegible] 미친개 체　遰 갈 체　懘 목쉴 체　切 일체 체　砌 섬돌 체

摖 잡아다릴 체　[illegible] 살펴볼 체　體 몸 체　綴 연결할 체　蝃 무지개 체　[illegible] 발사이길 체　餟 모사술 체　[illegible] 거리낄 체　嚏 재채기할 체　[illegible] 꼭지 체　涕 눈물 체　剃 털깎을 체

[illegible] 끊을 체　[illegible] 끊을 체　[illegible] 넘을 체　替 대신 체　杕 나무무성할 체　鈦 착고 체　[illegible] 넘을 체　屉 언치 체　棣 산매자 체　靆 구름낄 체　逮 미칠 체

移 당체나무 체　磃 괴석 체　[illegible] 거문고 체　[illegible] 종이 체　[illegible] 맘편할 체　髢 머리 체　[illegible] 표할 체　遞 갈릴 체　[illegible] 대로기울 체　[illegible] 풀베는낫 체　體 몸 체

掣 막힐 체　[illegible] 한쪽낮을 체　[illegible] 새행주 체　璏 꾸밀 체　屜 신창 체　[illegible] 궤맬 체

초

焦 델 초　瞧 엿볼 초　[illegible] 파리할 초　癄 근심할 초　蟭 범아자비 초

燋 불당길 초　礁 암초 초　[illegible] 닭을 초　鷦 뱁새 초　憔 파리할 초　撨 밀칠 초　樵 땔나무 초　僬 난장이 초　膲 삼초 초　[illegible] 생삼 초　蕉 파초 초　噍 씹을 초

嫶 파리할 초　嶕 산높을 초　[illegible] 오목 초　[illegible] 날삼 초　鐎 쟁가비 초　潐 술걸를 초　[illegible] 상모 초　[illegible] 달아날 초　醮 초례 초　譙 꾸짖을 초　趭 달을질할 초　肖 같을 초

[illegible] 죽은깨 초　誚 꾸짖을 초　[illegible] 물결 초　峭 산높을 초　[illegible] 쇠뿔벌어질 초　哨 말많을 초　[illegible] 옷깃 초　娋 누이 초　[illegible] 누님 초　帩 묶을 초　[illegible] 대가지길 초

[illegible] 가루 초　悄 근심 초　稍 점점 초　[illegible] 복 초　[illegible] 선모양 초　鞘 칼집 초　睄 잠간볼 초　[illegible] 뿔날카로울 초　[illegible] 위뽀족하게깎을 초　岧 산높을 초　迢 멀 초

齠 이갈 초　貂 돈피 초　鉊 큰낫 초　[illegible] 새꽁지 초　欩 기운오를 초　超 뛸 초　軺 유람차 초　[illegible] 가는실 초　妱 계집 초　[illegible] 초배 초　苕 능초풀 초　怊 실심할 초

弨 활뒤집힐 초　招 구할 초　𩚵 먹을 초　昭 눈으로희롱할 초　㹢 동갱개 초　髫 더벅머리 초　颵 바람 초　𠯤 목구멍울 초　𦐊 새꼬리처들 초　杪 끝 초　抄 주릴 초

炒 볶을 초　訬 가벼울 초　鈔 취할 초　秒 초침 초　𦨖 배위태할 초　耖 쓰레 초　麨 찐보리가루 초　草 풀 초　𡂝 적적할 초　騲 암컷 초　愺 심란할 초　窼 새집 초

巢 산우뚝할 초　剿 끊을 초　焣 불에말릴 초　楚 싸리 초　濋 물넘쳐흐를 초　憷 아플 초　礎 주춧돌 초　齼 이다쳐곱을 초　嚽 꾸짖을 초　鍬 가래 초

愀 해쓱할 초　湫 웅덩이 초　煼 붉을 초　謅 농담할 초　朳 나무가시 초　𢂯 수건 초　𧙄 수의 초　𦖺 귀울 초　襊 선명할 초　劋 끊을 초　𥂗 삼태기 초　㢕 삽 초

鳭 꾀꼬리 초　釥 쇠 초　初 처음 초　𢥒 성품급할 초　樵 나무 초　𣘻 축날 초　𪚮 거북점칠 초　轈 수레잘꾸밀 초　簉 찰 초　䄌 벼이삭숙일 초　𪓐 오색빛 초　灯 배반할 초

椒 후추 초　卤 열매 초　屌 자지 초　艸 풀 초　踔 넘을 초　趠 바람 초　趭 달아날 초

촉

蜀 벌레 촉　𧅴 옥수수 촉　蠋 뽕나무벌레 촉　蠾 벼룩 촉

襡 통치마 촉　𧟀 두루마기 촉　觸 받을 촉　矚 볼 촉　𧾢 걸을 촉　欘 보습 촉　斸 찍을 촉　孎 계집 촉　囑 부탁할 촉　劚 깎을 촉　臅 가슴속기름 촉

曯 비칠 촉　灟 공순 촉　燭 초불 촉　歜 성날 촉　𧆁 철쭉꽃 촉　𦆨 띠 촉　鸀 까마귀 촉　韣 활전대 촉　钃 호미 촉　躅 자취 촉　爥 비칠 촉　𤩅 옥이름 촉

𧧼 말급할 촉　𧯼 팥 촉　𨆳 삼갈 촉　促 재촉할 촉　𤗛 촉박할 촉　齺 이촘촘할 촉　矗 옷뚝할 촉　瘃 손발얼 촉　𡊮 마소밟은곳 촉　嘁 눈살찡그릴 촉　鏃 살촉 촉

亍 앙감질 촉

촌

寸 치 촌　吋 인치 촌　刌 끊을 촌　忖 헤아릴 촌　扗 끊을 촌　村 마을 촌　邨 마을 촌　爨 끊어나라할 촌

총

囱 굴뚝 총　冢 클 총

悤 바쁠 총　憁 실심할 총　謥 더덜거릴 총　蔥 파 총　聰 밝을 총　鏓 큰끌 총　篵 통 총　傯 바쁠 총　總 거느릴 총　驄 말 총　窻 창 총　𥢶 벼묶을 총

漗 물소리 총　怱 총총할 총　𨆚 갈 총　緫 비단 총　䤹 술 총　匆 총총할 총　忩 총총할 총　䙜 옷 총　𢟲 괴로울 총　漎 물모일 총　蓯 풀 총　𩭤 머리흩어질 총　鏦

창총 叢 풀떨기로날총 篆 대그릇총 藂 떨기총 寵 사랑할총 䝑 찰총 徸 이를총 躘 몸곧을총 叢 떨기총 繱 실합쳐짤총 䭜 먹을총 銃 총총

최 崔 성최 墔 언덕최 嗺 슬플최 凗 쌓일최 催 재촉할최 䊴 쌀최 磪 험할최 蓶 꽃늘어질최 皠 흴최 摧 꺾을최 𢕕 급히갈최 慛

맘상할최 𢋱 드릴최 𤗚 허술할최 熣 그릴최 犨 소최 漼 깊을최 𣨛 깨질최 槯 나무쌓을최 鏙 섞일최 𨻵 무너질최 䩮 안장가죽최 𡸓 자지최

最 가장최 䃀 자갈최 嘬 씹을최 蕞 조그마할최 𨅞 바삐갈최 𡲬 자지최 羧 양의병최 滜 새로난물최 㝡 지경최 挫 줄어질최 遳 바쁠최

綷 집바삭거릴최 稡 모을최 縗 상복최 𣤧 씹을최 榱 서까래최 **촬** 繓 맺을촬 撮 당길촬 𪑳 검을촬 楼 정동촬 窡 볼촬 攥 잡을촬

채 啐 부를채 祽 삭제채 綷 비단채 𥳑 대비채 **추** 秋 가을추 鰍 미꾸리추 僽 꾸짖을추 緧 가슴걸이추 𠻳 아이울추 篍 통소추 𨍉

바퀴살추 甃 벽돌추 萩 다북쑥추 蝵 거미추 楸 노나무추 鞦 그네추 愀 옷구김살추 鶖 두루미추 揪 묶을추 椎 철장대추 𪕨 쥐추 麆 한살된사슴추

雛 병아리추 錐 송곳추 隹 새추 𥨪 쥐소리추 魋 상투추 騅 오추마추 顀 이마추 丑 소추 吜 소리추 娶 장가들추 郰 땅이름추 娵 별이름추 𪎊

삼줄기추 𪊲 사슴추 陬 모퉁이추 𩊱 묶을추 諏 물을추 檇 열매열추 聚 성추 𩍬 언치추 豵 암돼지추 𧬈 욕할추 潨 물흐를추 箃 대누를추 𥢥

삼단추 鯫 송사리추 掫 조두칠추 芻 짐승먹이추 鄒 나라이름추 搊 손으로통길추 𣝆 쇠코뚜리추 趨 달아날추 𨄅 짐승추 𧝊 옷구길추 犓 기를추 𦨣

대동선추 皺 주름질추 騶 마부추 㑳 고용살추 𤣷 애밸추 媰 과부추 縐 구길추 𨖾 나를추 𡃖 입속추 縋 매달릴추 𧼫 북칠추 鎚 쇠마치추

𢈺 무너질추 追 쫓을추 𨗆 발부을추 膇 숨을추 臭 냄새추 殠 썩은내추 棰 말채찍추 錘 저울눈추 箠 말채쭉추 諈 들쳐낼추 捶 칠추 硾 누를추

僦 세낼추 𡾟 고개이름추 煪 귀울추 𦨴 실패추 湭 술집추 崷 산높을추 𨡸 추할추 𡲺 보지추 揂 모을추 酋 괴수추 樞 지두리추 貙 이리추

檇 찔추 欈 땅이름추 䭔 헛헛할추 甀 부리작은항아리추 䴀 신추 麤 클추 𣀔 소름돋을추 𦠆 가죽오그러질추 𥄎 가죽터질추 䖿 거미추 趎 사람이름추

𨴹 곧열추 怞 밝을추 墜 떨어질추 揍 꽂을추 惆 섭섭할추 𢪔 손으로통길추 𪚮 두꺼비추 𨡔 된장추 醜 미울추 𨓈 풀서로잇달추 𩬶 털빠질추

𪓰 두꺼비추 鰌 미꾸리추 鯞 쏘가리추 㲉 버릴추 謅 결단하지못할추 𦜿 반찬추 渞 물근원추 䅳 벼알염을추 瘳 병나을추 𣪘 아쁠추 嘍 험담할추

𡱝 보지추 祝 축원할추

축

亍 앙금질축 畜 기를축 蓄 쌓을축 𨓏 갈축 稸 감출축 𡟓 아첨할축 搐 땅길축 滀 물묻일축 噈 입맞출축

𧐙 자벌레축 蹴 찰축 𢢔 피박할축 𠿘 부끄러울축 蹙 찡그릴축 𥺻 떡축 縬 구김살축 𣚺 수레멍에목축 槭 단풍나무축 豖 돝의걸음축 蓫 풀축

鱁 창명젓축 𧑄 노래기축 逐 쫓을축 蹜 발끝어디딜축 縮 쭈그러질축 樎 구유통축 敊 아플축 瘯 배앓을축 𢿩 근심할축 䓚 능수버들축 築 쌓을축 筑 주을축

𣀙 손으로다질축 鼀 두꺼비축 䶄 입맞출축 舳 배꼬리축 妯 동서축 軸 굴대축 柚 북축 斣 평미리축 閦 무리축 𨠇 고를축 訹 향내맡을축 𧝵 좋은옷축

𧻴 곧을축 丑 소축 䛢 부끄러워할축 柷 축풍류축 竺 땅축 祝 빌축

춘

春 봄춘 椿 대추나무춘 瑃 옥이름춘 睶 큰눈춘 𦜻 살찔춘

賰 넉넉할춘 鰆 상어춘 櫄 참죽나무춘 橁 참죽나무춘 杶 죽나무춘 䞐 도망할춘

출

出 날출 泏 물솟을출 欪 웃을출 絀 꿰맬출 黜 내칠출

朮 삽주출 怷 다부룩이첫싹날출 怵 두려울출 𧺝 달아나올출 跊 짐승발자국출 𤜶 짐승출 秫 차조출 𣏕 칼집출 䣹 술맛변할출 𩈑 낯짧을출

충

虫 벌레충 𧈧 벌레충 蟲 벌레충 𧏸 북소리충 烛 가물충 冲 화할충 浺 물충충할충 忠 충성충 种 어릴충 盅 그릇빌충 沖 물멀충 冲

화할 충 忡 근심 충 衷 속 충 充 채울 충 㤝 맘동할 충 䘪 옷 충 茺 익모초 충 浺 샘 충 𦕢 귀막을 충 𥎊 창 충 穜 벼 충 䝑 돼지 충 𧰲 저절로올 충

嘃 먹을 충 漴 소낙비 충 衝 충돌할 충 珫 충이옥 충 𨘥 도망할 충 (취) 取 취할 취 聚 모을 취 趣 뜻 취 驟 별안간 취 棷 숲 취 噿 새입뿌리 취

翠 비취 취 膵 연할 취 臎 살찔 취 萃 모을 취 醉 취할 취 𢈔 기우러질 취 濢 눅눅할 취 娶 장가들 취 就 나갈 취 鷲 독수리 취 溴 물기운 취

毳 솜털 취 𣰇 거듭찔 취 竁 광중팔 취 揣 헤아릴 취 歂 요량할 취 稡 쌓을 취 絶 실패 취 𢡺 접칠 취 𥔲 매 취 炊 불땔 취 吹 불 취 𤁷 흐릴 취

贅 혹 취 臭 썩을 취 𣽦 빨 취 嘴 부리 취 椊 나무마디 취 脆 지라 취 (췌) 悴 근심할 췌 萃 떨기 췌 瘁 병 췌 顇 파리할 췌 惴 마를 췌 (측)

仄 기울 측 庂 돈 측 昃 해기울어질 측 則 법 측 側 곁 측 廁 뒷간 측 惻 슬플 측 測 맑을 측 畟 나갈 측 稄 빽빽할 측 昗 기울 측 (츤) 儭 속 츤

嚫 베풀 츤 櫬 관 츤 襯 속옷 츤 藽 무궁화 츤 齓 이갈 츤 (층) 層 층층대 층 𥉐 태도지을 층 𤢖 우리 층 蹭 어정거릴 층 秤 자루 층 (치) 甾

꿩 치 淄 물 치 菑 따비밭 치 輜 수레 치 緇 검은빛 치 錙 저울눈 치 鶅 꿩 치 鯔 잉어 치 𩞄 죽 치 𠤏 모양 치 䵵 검을 치 𥟟 벼죽을 치 𥛚 편안할 치 椔

나무 치 差 어긋날 치 𧼜 자빠질 치 𤋳 숯 치 𨑼 달아날 치 駤 성낼 치 致 이를 치 𩑿 검을 치 𩍗 신바닥 치 鵄 솔개 치 茌 오미자 치 胵 소천엽 치 痓 병 치

緻 톡톡할 치 𢶍 찌를 치 𧪞 웃음 치 𧤲 신찌를 치 𨇟 밟을 치 峙 고개 치 𧵳 재물 치 跱 갖출 치 偫 기다릴 치 痔 치질 치 庤 갖출 치 畤 제터 치

峙 주저할 치 齝 소풀먹을 치 偫 기다릴 치 蚩 추할 치 𠌯 키멀숙할 치 嗤 빈정거릴 치 媸 더러울 치 𦡵 눈곱 치 𢷛 사냥할 치 哆 입버릴 치 眵 눈곱 치 𣢽

씹을 치 袳 옷펼 치 拸 버릴 치 侈 사치 치 誃 이별할 치 痴 어리석을 치 𪐴 글씨쓸 치 㤕 착할 치 雉 새 치 雉 꿩 치 𥳑 대어릴 치 薙 풀깎을 치 稺

어릴 치 緻 바느질 치 豸 풀 치 [illegible] 뿔뒤틀어질 치 郗 땅이름 치 絺 갈포 치 瓻 술병 치 [illegible] 경박할 치 褫 요잇 치 秮 김맬 치 [illegible] 가까울 치 齒 이 치 [illegible]

되씹을 치 齝 새김질 치 [illegible] 나를 치 [illegible] 씹을 치 馳 전할 치 彵 걸을 치 置 둘 치 値 당할 치 寘 둘 치 懥 성낼 치 疐 굽힐 치 [illegible] 그릇질 치 [illegible]

나눌 치 [illegible] 나눌 치 幟 기 치 熾 불땔 치 [illegible] 그릇 치 [illegible] 기다릴 치 懫 분낼 치 誺 모를 치 茌 풀모양 치 鴟 솔개 치 黹 바느질 치 胝 새창자 치 [illegible]

갈 치 梔 치자 치 恥 욕될 치 徵 토란 치 [illegible] 쾌할 치 訵 살필 치 [illegible] 이름지을 치 垁 담 치 [illegible] 귀신 치 朿 까스랑이 치 廌 해태 치 [illegible] 수레 치 [illegible]

익힐 치 庲 집 치 拤 술밥 치 癡 어리석을 치 觶 술잔 치 廁 뒷간 치 卮 술잔 치 治 다스릴 치 夂 올 치

칙

敕 경계할 칙 恜 겁낼 칙 沠 물구비 칙

淔 물이름 칙 趩 걷는소리 칙 飭 신칙할 칙 鶒 물닭 칙

친

親 친할 친 [illegible] 돌물속 친 藽 무궁화 친 [illegible] 훈계할 친 [illegible] 돈 친 [illegible] 모양 친 [illegible] 몸단장할 친

칠

七 일곱 칠 桼 옻나무 칠 [illegible] 꾸짖는소리 칠 㯃 옻나무 칠 漆 옻 칠 [illegible] 미끄러울 칠 [illegible] 새소리 칠

침

侵 침노할 침 唚 입마칠 침 寖 잠길 침 寢 잘 침 梫 계수 침 [illegible] 소근거릴 침 [illegible] 추악할 침 濅 점점 침 [illegible] 윤택할 침 浸 적실 침 [illegible] 들콩 침 鋟 새길 침 綅 붉은실 침 [illegible] 먹자 침 駸 말달릴 침 稄 송곳 침

祲 상서 침 [illegible] 점점 침 揕 칠 침 椹 모탕 침 鍖 쇠모탕 침 [illegible] 우두커니 침 諃 착한말 침 郴 땅이름 침 霃 구름갈 침 [illegible] 음산할 침 [illegible] 산뾰족할 침

[illegible] 높은코 침 [illegible] 큰닭 침 [illegible] 머리숙일 침 葴 꽈리 침 [illegible] 꽈리 침 鍼 침 침 [illegible] 지모 침 [illegible] 가쁠 침 [illegible] 숙일 침 枕 벼개 침 抌 살박아칠 침 忱 정성 침

鈂 쇠공이 침 沈 잠길 침 [illegible] 침더칠 침 賝 보배 침 梣 무푸래 침 謲 홍볼 침 [illegible] 배갈 침 闖 엿볼 침 砧 방치돌 침 針 바늘 침 琛 보배 침 [illegible] 산깊이들어갈 침 枮 모탕 침

칩

[illegible] 북소리아니날 칩 [illegible] 비올 칩 [illegible] 북칠 칩 馽 잡아맬 칩 縶 맬 칩 [illegible] 땀날 칩 蟄 엎딜 칩 [illegible] 마소귀움직거릴 칩 [illegible]

날카로울 칩 ⓒ칭 穪 흑임자 칭 稱 일컬을 칭 秤 저울 칭 ⓒ쾌 噲 목구멍 쾌 儈 거간 쾌 夬 쾌이름 쾌 快 쾌할 쾌 駃 빠를 쾌 ⓒ타 它 뱀 타 沱

큰비 타 乾 주머니 타 牠 소 타 痑 병 타 砣 돌팔매칠 타 岮 산비탈질 타 紽 실마리 타 䍫 들양 타 酡 붉을 타 陀 비알 타 柁 키 타 柂 옷뒷자락 타 鼧

쥐 타 䶎 말길 타 鞁 가죽신 타 鞁 밀치 타 䡐 차달아날 타 跎 시기잃을 타 詑 민첩할 타 駝 약대 타 咤 꾸짖을 타 鴕 타조 타 迱 든든할 타 㸰 아기씨 타

吒 뿜을 타 秅 곡식 타 䆛 뽀죽이내밀 타 耗 쥐 타 他 다를 타 沲 물흐를 타 㴱 모래흘레내릴 타 拖 끌 타 扡 끌 타 陁 섭 타 嫷 예쁠 타 媠 새 타 嶞

산작을 타 鬌 다할 타 鐟 보습 타 䙤 옷 타 鐟 보습 타 惰 게으를 타 霰 비올 타 撱 갸죽할 타 𨘌 버릴 타 撱 만질 타 鰖 고기새끼 타 橢 길게둥글 타

墮 떨어질 타 堶 연자매 타 崜 바위 타 睡 늘어질 타 綞 공능 타 鬌 머리고울 타 唾 침 타 𩅸 구름버서질 타 埵 흙 타 𥡝 작게쌓을 타 綵 면류관 타 誃

자랑할 타 𥄮 도두룩 타 鋖 이지러질 타 陊 화살받이 타 㛆 헤아릴 타 挆 헤아릴 타 躲 피할 타 剁 찍을 타 鱓 자리 타 驒 들말 타 軃 드릴 타 𨇤

걸을 타 䩭 넓을 타 韗 늘어질 타 垜 글방 타 妥 편안할 타 𢓴 걸을 타 𣪩 신끈 타 椯 회초리 타 𥠇 벼고개숙일 타 㟳 늘어질 타 痑 말병 타 闍 잔드릴 타

𧞣 옷 타 鼉 악어 타 馱 탈 타 諸 물리칠 타 朶 꽃송이 타 打 칠 타 ⓒ탁 卓 뛰어날 탁 倬 클 탁 晫 환할 탁 琸 이름 탁 𤞟 개물 탁 桌 탁상 탁

䯗 길 탁 託 말길 탁 托 밀 탁 豟 틔기 탁 矺 돌로칠 탁 馲 약대 탁 蛇 물엄 탁 袥 속옷 탁 㤞 요량할 탁 𤆍 타는소리 탁 仛 붙일 탁 杔 나무 탁 汑

미끄러질 탁 魠 자가사리 탁 䴲 떡 탁 飥 수제비 탁 澤 고드름 탁 擇 낙엽질 탁 𦢊 살통통할 탁 𨆃 맨발 탁 鐸 요령 탁 籜 대껍질 탁 濁 흐릴 탁 斀

불알베일 탁 𧮫 귀머거리 탁 啄 쪼을 탁 豛 칠 탁 㧻 칠 탁 涿 칠 탁 琢 옥다듬을 탁 剢 쪼갤 탁 劅 불알발을 탁 坼 찢을 탁 柝 쪼갤 탁 度 헤아릴 탁 踱

걸을 탁
⿰車度 구를 탁
⿰言度 속일 탁
⿰忄度 헤아릴 탁
擢 뺄 탁
濯 씻을 탁
戳 아플 탁
⿰木序 조두 탁
⿺走序 반걸음 탁
⿰足序 늘어질 탁
⿰土序 찢을 탁
⿰扌序 터질 탁
橐 전대 탁
⿸广⿱林大 빠를 탁
驝 약대 탁
⿱槖衣 옷끌릴 탁
豛 갈 탁
侂 이름 탁
沰 돌던질 탁

탄

殫 다할 탄
彈 탄환 탄
憚 꺼릴 탄
暺 밝을 탄
⿱單心 땅이름 탄
僤 빠를 탄
嘽 숨찰 탄
嘆 탄식 탄
歎 탄식할 탄
灘 여울 탄
癱 중풍날 탄
譠 속일 탄
瘓 중풍날 탄
綻 터질 탄
誕 날 탄
⿰革延 말배띠 탄
⿰韋豈 누를 탄
坦 평탄할 탄
⿰忄吞 어리석을 탄
⿸疒吞 과식할 탄
炭 숯 탄
湠 넓을 탄
⿰扌炭 구를 탄
呑 삼킬 탄

탈

侻 가벼울 탈
⿰彳兌 빨리갈 탈
挩 제할 탈
敓 빼앗을 탈
梲 작대기 탈
⿸疒兌 부스럼 탈
⿰兌皮 벗을 탈
頉 머리 탈
脫 벗을 탈
莌 활탈초 탈
鮵 가물치 탈
毲 모직 탈
鵽 사막새 탈
裰 기울 탈
⿱鹵木 탈탈
奪 빼앗을 탈
⿰貝斤 재물 탈

탐

耽 흘겨볼 탐
眈 노려볼 탐
⿰月冘 국찌끼 탐
⿰日冘 경치 탐
⿰巾冘 갓 탐
⿰角冘 비교할 탐
⿺走冘 머뭇거릴 탐
撢 찾을 탐
憛 근심 탐
⿰月冄 살해질 탐
⿰扌冄 가질 탐
⿰忄罙 실심할 탐
探 정탐할 탐
⿰馬罙 말걸음넘뜰 탐
⿰鹵占 짤 탐
⿰足闒 넘어다볼 탐
⿰言尋 어긋날 탐
貪 탐할 탐
嗿 먹는소리 탐

탑

嗒 생각잊을 탑
鞳 쇠북소리 탑
塔 탑 탑
瘩 부스럼 탑
⿵門荅 종소리 탑
踏 뛸 탑
⿰糸荅 실매듭 탑
⿰忄𦐇 뜻물러날 탑
搨 모번할 탑
榻 자리 탑
毾 털자리 탑
溻 젖을 탑
闒 용렬할 탑
鎉 갈구리 탑
塌 낮은땅 탑
⿰舟𦐇 큰배 탑
⿰𦍌𦐇 북이름 탑
⿰口𦐇 입움직일 탑
鰨 가자미 탑
⿰糸𦐇 얽을 탑
遢 용렬할 탑
猎 개먹을 탑
媘 엎드릴 탑
錔 쇠두겁 탑
鞜 가죽신 탑
鎑 줄 탑
⿰扌龠 받을 탑
漯 물이름 탑
⿱鼓合 북소리 탑
⿰食枼 먹을 탑
鰈 가자미 탑
⿰口遝 들이마실 탑
⿰舟乇 배댈 탑

탕

愓 방탕할 탕
簜 큰대 탕
⿱湯女 업수이여길 탕
碭 무늬있는돌 탕
逿 거꾸러질 탕
盪 씻을 탕
璗 아름다운금 탕
⿱湯心 일할 탕
偒 헌걸찰 탕
⿺走昜 나갈 탕
鍚 대패 탕
踼 미끄러질 탕
⿱湯手 손으로머무를 탕
燙 델 탕
蝪 땅거미 탕
鶍 자라공 탕
⿱艹昜 방탕할 탕
婸 음탕할 탕
宕 방탕할 탕
⿱雨石 빈골 탕
菪 초우웡 탕
⿵門石 문열지않을 탕
⿰扌四 정제할 탕
⿰㐫見 바로볼 탕
⿰骨弱 약할 탕
鏜

먹을 탕

태 台 별 태　嗿 거짓말 태　孡 아이밸 태　怠 게으를 태　箈 죽순 태　笞 매질 태　迨 미칠 태　駘 말 태　邰 나라이름 태　[illegible] 거림 태　軩 수레기울 태

跆 밟을 태　苔 이끼 태　抬 칠 태　胎 삼 태　紿 실엉킬 태　殆 위태할 태　兊 곧을 태　娧 더딜 태　[illegible] 담무너질 태　[illegible] 가루 태　[illegible] 기울 태　綐 가는명주 태

太 클 태　呔 근수 태　汰 씻을 태　忲 방자할 태　粏 국 태　[illegible] 검을 태　忕 사치할 태　泰 클 태　㥭 맘반지빠를 태　埭 방축 태　[illegible] 눈흐릿할 태　[illegible] 방자할 태　[illegible]

어둘 태　[illegible] 자세할 태　[illegible] 미칠 태　態 태도 태　[illegible] 열병 태　[illegible] 땅이름 태

택 宅 집 택　垞 언덕 택　[illegible] 약풀 택　虴 메뚜기 택　[illegible] 황정 택　擇 가릴 택

澤 늪 택　睪 가릴 택　蘀 칡덩굴 택　[illegible] 나물 택

탱 樘 버팀목 탱　橕 버팀목 탱　[illegible] 배부를 탱　撐 버틸 탱

토 土 흙 토　芏 왕굴 토　靯 전동 토

吐 토할 토　[illegible] 접동새 토　兎 토끼 토　鵵 부엉이 토　菟 새삼 토　討 칠 토　套 어리 토

톤 啍 입기운 톤　噋 걸을 톤　膲 고기 톤　畽 무렴할 톤　褪

옷벗을 톤

통 洞 다 통　恫 아플 통　侗 클 통　痌 아플 통　筒 대롱 통　通 통할 통　[illegible] 구멍 통　筩 대롱 통　痛 아플 통　樋 나무 통　捅 이끌 통

桶 통 통　[illegible] 두드릴 통　湩 젖 통　慟 애통할 통　統 거느릴 통

퇴 堆 언덕 퇴　[illegible] 집웅물매질 퇴　[illegible] 높을 퇴　僓 순할 퇴　[illegible] 병 퇴　[illegible] 말병 퇴　[illegible]

집허술할 퇴　蘈 소루장이 퇴　[illegible] 궁할 퇴　屦 가죽신 퇴　崣 산울 퇴　塠 멸어질 퇴　蓷 익모초 퇴　魋 이름 퇴　[illegible] 성할 퇴　陮 높을 퇴　[illegible] 튀할 퇴　推 밀 퇴

退 물러갈 퇴　腿 다리 퇴　追 조을 퇴　槌 방망이 퇴　[illegible] 옥광채 퇴　䭔 증편 퇴　[illegible] 뼈 퇴　[illegible] 더러울 퇴　[illegible] 관이름 퇴　焞 성할 퇴　[illegible] 그릇 퇴　穨 바람 퇴

蹪 엎더질 퇴　隤 무너질 퇴　[illegible] 바람불 퇴　[illegible] 산증 퇴　頹 쇠할 퇴　[illegible] 구름 퇴　脮 살찔 퇴

투 投 던질 투　餖 만두 투　[illegible] 멸어질 투　骰 주사위 투

偷 구차할 투　[illegible] 밀전병 투　婾 간교할 투　[illegible] 매화틀 투　[illegible] 젖멍울 투　秅 땅이름 투　黈 벼팰 투　[illegible] 말머뭇거릴 투　[illegible] 별 투　妒 투기할 투　透 통할 투　鬪 싸움 투

鬪 싸움투

특

特 특별특
忒 틀릴특
忑 맘허할특
怣 어그러질특
慝 간특할특
樴 말뚝특
蟘 메뚜기특
貣 빌특
犆 특별특
螣 황충이특

파

巴 땅이름파
弝 활춤통파
把 잡을파
㶚 손뒤집어칠파
妑 머리땋느릴가
吧 다툴파
皻 주독오른코파
杷 비파파
䩻 뿔뻗을파
豝 암톹파
跁 난장이파
豝 짐승더러울파
軷 수레파
鈀 쇠시랑파
笆 대산자파
䔍 갈퀴파
笆 대울타리파
䩗 얼굴파
靶 고삐파
爸 아비파
爬 긁을파
犯 뿔파
羓 포파
琶 비파파
㹚 나를파
耙 쇠시랑파
芭 파초파
舥 배다리파
髱 상투파
齙 뻐드렁니파
帊 수건파
葩 꽃송이파
色 마비파
栬 단풍들파
蚆 자개파
皅 빛참되지않을파
番 용맹파
嶓 산이름파
鄱 땅이름파
蕃 쑥파
播 심을파
繙 긴소매파
波 물결파
駊 말머리내두를파
玻 유리파
破 깨질파
頗 자못파
婆 모조파
㨋 헤칠파
簸 까부를파
跛 절뚝발이파
坡 언덕파
詖 험담할파
彼 절파
碆 살촉파
蚾 두꺼비파
蔢 박하파
岥 산비탈파
紴 무늬파
菠 시금치파
䆉 벼이름파
罷 마칠파
䋷 흩은실파
壩 방축파
𥗓 방치돌파
欛 칼자루파
犾 허리굽으리고갈파
叵 옳지않을파
鉕 구리그릇파
頗 기울파
尀 못할파
盼 어지러울파
派 나눠나갈파
觪 뿔굽을파
帕 수건파

판

昄 클판
坂 언덕판
㘝 예물판
舨 배판
蝂 벌레판
販 팔판
鈑 불린금판
阪 산비탈판
汳 물이름판
板 널판
粄 경단판
眅 눈흰자위많을판
畈 밭두둑판
瓪 암기와판
版 조각판
判 쪼갤판
瓣 외씨판
辬 아이눈뽀얄판
辦 힘쓸판
跘 앉을판
牉 나눌판
鵥 새매판

팔

八 여덟팔
叭 나팔팔
朳 고무래팔
𪗋 이소리팔
𩡧 말팔
釟 달련할팔
玐 옥소리팔
汃 물결서로치는소리팔
捌 깨칠팔

패

貝 자개패
䟺 밟을패
狽 낭패패
唄 염불소리패
垻 방축패
浿 물가패
梖 나무패
敗 패할패
鋇 쇠뭉치패
𨑊 무너질패
孛 별패
㬳 어둘패
悖 거스릴패
誖 거스릴패
㤄 성낼패
犻 개성낼패
𥃲 눈어둘패
牬 송아지패
旆 기패
沛 넉넉할패
霈 비쏟아질패
肺 성할패
牌 패패

鞞 뿔비뜨름할 패
蠯 조개 패
猈 개 패
篺 큰떼 패
粺 정한쌀 패
稗 피 패
捭 칠 패
牌 찢을 패
㯁 메목 패
䫲 목기울 패
䊃 쌀갈아국에탈 패
珮 패옥 패
伯 으뜸 패
背 어그러질 패
頩 머리 패
派 물갈래 패
㵒 대쪽 패
邶 땅이름 패
拔 뺄 패
柭 나무지엽돋을 패
邑 마을 패
擺 잡을 패
霸 으뜸 패
擺 버릴 패
矲 앙징할 패
笩 까부를 패
棑 방패 패
䨽 허풍손이 패
汖 삼껠 패
茷 풀잎무성할 패

팽
亨 삶을 팽
烹 삶을 팽
砰 물소리 팽
伻 사람부릴 팽
㶻 나무짜개는소리 팽
軯 수레소리 팽
嘭 소리날 팽
彭 성 팽
憉 굳센체할 팽
澎 물소리 팽
𧶺 개 팽
蟛 방게 팽
膨 배부를 팽
輣 차소리 팽
棚 쌀 팽
弸 활소리 팽
繃 묶을 팽
綳 묶을 팽
輣 수레 팽
旁 달릴 팽
騯 말갈 팽
祊 제사 팽
閍 대궐문 팽
恲 배아플 팽
抨 부딪칠 팽
絣 열은빛 팽
閛 문바람 팽
鼜 땅밟는소리 팽
鑮 쇠불릴 팽
砯 물소리 팽

편
便 편할 편
鞭 채쪽 편
箯 대남여 편
偏 치우칠 편
媥 걸을 편
匾 특별 편
猵 활뒤쳐질 편
蹁 갈 편
惼 성미급할 편
扁 작을 편
㲢 긴털 편
㾫 병들 편
諞 교묘한말 편
䮁 말뛸 편
翩 나를 편
鯿 병어 편
䭏 떡 편
騙 속일 편
蝙 박쥐 편
徧 두루 편
編 책편 편
猵 수달 편
篇 책 편
碥 돌 편
艑 배 편
遍 두루 편
楩 나무이름 편
緶 꿰맬 편
砭 돌침 편
覑 스쳐볼 편
䱹 메기 편
㕹 작을 편
籩 갈잎피리 편
辮 가죽끊어질 편
艑 몸클 편
矈 간난아이눈에 예맥있을 편
貵 천량늘 편
平 편할 편
片 조각 편

폄
砭 침 폄
貶 떨어질 폄
窆 하관 폄
砚 침 폄

평
坪 들 평
玶 옥이름 평
怦 얼룩소 평
羘 양 평
苹 쑥 평
匉 소리질을 평
姘 급할 평
泙 물소리 평
呯 애교있는음성 평
枰 바둑판 평
怦 말급할 평
抨 다닥칠 평
評 평론할 평
萍 마름 평
伻 하인 평
庰 감출 평
姘 계집종통간할 평
桝 나무패는소리 평
㡒 측간 평
皏 평할 평
硼 평돌 평

폐
狴 옥 폐
𤛑 마소다닐 폐
膍 밥통 폐
俾 걸음걸을 폐
陛 천자 폐
鞞 장화 폐
梐 우리간 폐
蜌 홍합 폐
敝 옷해질 폐
獘 해질 폐
鼈 물이름 폐

幣 돈 폐 癈 고질 폐 櫠 유자 폐 廢 폐할 폐 肺 부아 폐 𣅀 흐릴 폐 杮 대패밥 폐 醳 느릅나무장 폐 嬖 사랑할 폐 薜 돌삼 폐 頗 머리기울어질 폐 蹩 절뚝발이 폐 箅 시루밑 폐 陛 옥계 폐 砩 물막을 폐 疪 다리습냉병 폐 鼣 쥐이름 폐 恬 믿을 폐 吠 개짖을 폐 㭹 어음조각 폐

포

包 쌀 포 炮 거스릴 포 匏 박 포 咆 범의소리 포 泡 거품 포 跑 허빌 포 𧦝 말수선할 포 庖 관 포 怉 회포 포 飽 배부를 포 靤 면종 포 鞄 가방 포 鉋 철판 포 𨠔 얼굴붉으레할 포

胞 태 포 苞 딸기 포 髱 수염많을 포 萢 덮을 포 袍 도포 포 炰 지질 포 麭 밭갈 포 𪖐 얼굴얽을 포 齙 엄니 포 鮑 저린생선 포 𣙹 사십근 포 圃 채전 포

抪 펼 포 誧 간할 포 佈 펼 포 怖 두려워할 포 𢇴 벌릴 포 布 베 포 𣲷 땅이름 포 哺 먹일 포 圃 채전 포 浦 개 포 逋 끝 포 捕 잡을 포 餔 먹을 포

敷 집무너질 포 逋 포음질 포 蒱 저포 포 𦿔 말린생선 포 誧 클 포 葡 포도 포 蒲 부들 포 鋪 펼 포 酺 술잔치 포 庯 지붕평평할 포 𨂁 말굽자국 포

𧵍 갚을 포 峬 산모양 포 𪅎 짐승소리 포 麃 노루 포 虣 포악할 포 抛 던질 포 褒 포장할 포 夼 클 포 儤 겹푸번잘 포 暴 사나울 포 嚗 큰소리 포

脬 오줌통 포 𧞤 앞깃 포 𩗗 가벼울 포 襃 앞깃 포 宲 감출 포 勹 쌀 포

폭

暴 드러날 폭 曝 쬐일 폭 瀑 폭포 폭 幅 폭 폭

표

表 겉 표 俵 나눌 표 裱 수건 표 𢬵 나눌 표 𥇦 볼 표 諘 칭찬할 표 票 불날 표 褾 소매끝 표 䚃 둘러볼 표 墂 표할 표 嘌 차혼들릴 표 勡 겁탈할 표 剽 찌를 표 僄 진중치못할 표

翲 나를 표 謤 말경할 표 鏢 칼날 표 醥 술 표 𡾰 산이마 표 幖 깃발 표 瓢 박 표 驃 날쌜 표 鰾 부레 표 漂 뜰 표 熛 불티 표 摽 칠 표

顠 털엉킬 표 飄 날릴 표 縹 옥색빛 표 篻 가는대 표 磦 산오뚝할 표 瞟 살필 표 瘭 병이름 표 標 표할 표 㬓 별쪼여말릴 표 慓 급할 표 嫖 날랠 표

𦗾 겨우들을 표 膘 부레 표 蔈 떠러질 표 薸 개구리밥 표 螵 뽕나무벌레 표 𠟙 표표 표 彯 띠늘어질 표 𨇅 갈 표 𧼯 걸을 표 儦 모양 표 臕 살찔 표

穮 김맬 표
鑣 성할 표
犥 얼룩소 표
贆 봉족줄 표
鼩 쥐 표
飇 바람 표
飈 미친바람 표
杓 북두자루 표
嘌 자랑할 표
豹 범 표
猋 개달아날 표
㯹 깃발날릴 표
膘 종기터지라할 표
臕 조개 표
瞟 반갑지않게볼 표
飆 회리바람 표
爆 불터질 표
瀑 작은돌 표
橐 자루벌릴 표
貓 양 표
皫 새털빛변할 표
毨 가벼울 표
殍 죽을 표
爂 연약할 표
徇 깎을 표
髟 머리희뜩희뜩할 표
醥 여드름 표
麭 된장 표
彪 칙범 표
驫 말몰려달아날 표
輻 바퀴살 표

품

品 품수 품
稟 품할 품

풍

楓 단풍나무 풍
堸 벌레집 풍
渢 물소리 풍
熢 불살를 풍
風 바람 풍
颮 바람셀 풍
凮 바람 풍
諷 욀 풍
蠭 벌레집 풍
蘴 무 풍
葑 배추 풍
豐 풍년 풍
麷 보리 풍
酆 땅이름 풍
靊 구름 풍
灃 물이름 풍
凮 바람 풍
馮 골이름 풍

퓨

滮 호를 퓨

피

皮 가죽 피
庋 펄 피
弢 활당길 피
彼 저 피
怶 성낼 피
佊 간사할 피
帔 배자 비
蚾 금날 피
疲 피곤할 피
畯 발갈 피
狓 나를 피
㱟 가지꺾을 피
岥 덮을 피
旇 기 피
貱 줄 피
披 헤칠 피
被 이불 피
獙 날개버릴 피
柀 비자 피
詖 말잘할 피
破 입버릴 피
鈹 창 피
陂 기울어질 피
𠍺 머무를 피
犤 소 피
䶬 쇠꼬리 피
襬 치마 피
貏 점점평평할 피
椑 나무밑둥얽힐 피
𩬆 갓치장할 피
避 피할 피
痺 전근될 피
㗈 꾸짖는소리 피
嘴 예쁜입 피
吓 숨찰 피
紫 옷구길 피
伾 모양 피
宲 샐 피
粊 싸래기 피
韛 풀무 피
鉟 기이름 피
䡞 차앞턱나무 피
髲 다리 피

픽

煏 말릴 픽
𥺰 고기말릴 픽
腷 뜻막힐 픽
堛 흙덩이 픽
愊 정성 픽
𥢧 구울 픽
䘌 개피 픽

필

比 차례 필
吡 새소리 필
必 반듯 필
怭 업신여길 필
㧙 찌를 필
泌 물 필
𢁘 장막 필
鉍 창자루 필
鞸 가죽 필
袐 찌를 필
妼 단정할 필
咇 향기날 필
𧆞 근심 필
蚾 검은벌 필
邲 땅 필
䣳 술마실 필
珌 칼장식옥 필
苾 향기 필
駜 살찐말 필
㪏 내날 필
飶 맛있을 필
佖 위엄스러울 필
㳼 물넘을 필
馝 향내날 필
畢 마칠 필
嗶 울 필
𡡞 어미 필
彃 활시위 필
㓖 바람찰 필
滭 샘솟을 필
蓽 필발 필
蹕 길치울 필
熚

(불타는 소리 필)
趩 길치울 필
罼 그물 필
縪 그칠 필
蹕 돈부 필
韠 질빵 필
篳 사립문 필
⿰言畢 공경할 필
⿰礻畢 조왕제 필
驆 도총이 필
鷝 집오리 필
⿱艹畢 울 필
滭 샘솟을 필
筆 붓 필
匹 짝 필
弼 도울 필
⿰扌畢 찌를 필
滵 물 철철 넘칠 필
鵯 갈까마귀 필
⿰𢁉刂 엄쪽 필
觱 대평수 필
⿰口疋 침뱉을 필
⿰口匹 침뱉을 필
疋 짝 필
笔 붓 필

핍

乏 다할 핍
姂 예쁠 핍
偪 핍박할 핍
愊 답답할 핍
逼 가까울 핍
鴔 오디새 핍

하

下 아래 하
芐 지황 하
鞐 책갑꽂이 하
⿸疒下 이질 하
⿰木下 물레가락 하
何 어찌 하
⿰口何 소리 하
⿰口苛 대답할 하
訶 시끄러울 하
⿰言賀 대답할 하
⿰言虎 속일 하
⿰言芐 속일 하
呀 입벌릴 하
岈 산골 하
疨 인후병 하
蕸 연잎 하
蝦 두꺼비 하
睱 천천히 볼 하
碬 숫돌 하
騢 얼룩말 하
鰕 고래 하
⿰革叚 신뒤축 하
⿰叚皮 신근피 하
遐 멀 하
瑕 옥티 하
霞 놀 하
煆 말릴 하
⿰口叚 목구멍 하
⿰足叚 발자국 하
赮 벌겋 하
⿰身叚 몸굽힐 하
⿰石虖 돌버러질 하
⿰土虖 틈 하
⿰金虖 틈 하
罅 틈 하
⿰忄虖 뜻없을 하
厦 집 하
夏 여름 하
⿰口閜 웃을 하
⿰口開 입벌릴 하
閜 휑뎅굴할 하
閕 문닫을 하
颬 입벌릴 하
⿰糸叚 신뒤축 하
嚇 얼를 하
賀 하례 하
⿰礻賀 소매 하
谺 골속 하
⿰可欠 웃을 하
河 물 하
荷 연꽃 하

학

洛 얼 학
狢 담비 학
⿰目隺 눈멀 학
矐 밝을 학
⿰食蒦 심거울 학
⿰日霍 휠 학
獻 이를 학
嬳 모양낼 학
鶴 학 학
鷽 발의새 학
虐 모질 학
瘧 학질 학
謔 기롱 학
嶨 돌산 학
澩 마름샘 학
壆 흙굳을 학
觷 뿔 학
學 배울 학
壑 골 학
㱿 구역질할 학
⿰石岸 맷돌 학
貈 담비 학
郝 땅 학
轂 졸라맬 학
吒 성내서 부를 학
蠚 쏠 학
謞 간특할 학
嚛 먹을 학
矍 놀라볼 학
确 자갈땅 학
嗀 토할 학

한

旱 가물 한
焊 말릴 한
⿰言旱 수다할 한
⿰足旱 외발로 설 한
垾 뚝 한
駻 말 한
韓 한나라 한
⿰𠦝隹 평 한
⿰豈殳 그칠 한
⿱艹焊 나물 한
睅 휠 한
⿰𠦝皮 활쏘는 팔지 한
捍 호위할 한
悍 정성 한
桿 줄기 한
⿰月旱 약한
⿰𠦝金 글가리 한
⿰𠦝魚 고기 한
瀚 질펀할 한
鶾 붉은닭 한
鷳 새 한
⿰氵鶾 마를 한
翰 깃 한
漢 은하수 한
⿰犭𦰩 나를 한
⿰耒𦰩 갈 한
暵 마를 한
⿰田𦰩 밭 한
熯 말릴 한
⿰火閒 술데울 한
閈 이문 한

僩 위협스러울 한 𨣍 짤 한 嫺 익힐 한 癇 간기 한 撊 성날 한 㵎 넓을 한 覵 엿볼 한 𨴦 문지방 한 瞯 엿볼 한 𩦠 말 한 閑 문지방 한 閒 문지방 한 憪

고요할 한 蛝 개미 한 恨 한할 한 㡾 문지방 한 限 한정 한 𩚵 주릴 한 狠 사나울 한 馯 오랑캐 한 釬 팔찌 한 犴 들개 한 罕 기 한 鼾 코골 한 汗 땀 한

扞 막을 한 骭 갈빗대 한 猭 돋달아날 한 邯 땅 한 麲 가루 한 寒 찰 한 𥳧 찌리 한 𣽈 가난할 한 獾 왕살기 한 梡 아이침밸기 한 𩣶 말걸음익힐 한 萈

패모 한 邗 물 한

할

害 어찌 할 割 벨 할 縖 묶을 할 磍 자갈땅 할 鶷 백설조 할 鎋 주장할 할 轄 다스릴 할 𧝁 저고리 할 嗐 하품할 할 瞎 애꾸눈 할

螛 혀두를 할 𠠫 힘쓸 할 鶡 귀귀할 할 蝎 좀 할 𡈖 약대소리 할 愒 얼를 할 𨵻 문소리 할 顃 건장할 할 齃 씹는소리 할 劼 삼갈 할 硈 견고할 할 黠 약을 할

𢡭 잠꼘 할 𣗊 북 할 𤃵 맑지못할 할 奯 훤할 할 閅 흘겨볼 할

함

含 먹음을 함 哈 재갈먹일 함 洽 잠길 함 莟 꽃필 함 㤌 방자할 함 晗 날샐 함

𩈣 얼굴붉을 함 谽 골 함 𤬐 병 함 䤴 술빛 함 𧹞 분홍빛 함 咸 다 함 喊 고함지를 함 堿 짤 함 娍 계집추할 함 㰹 웃을 함 𡟵 키크고건장할 함 鹹 짤 함

椷 궤짝 함 瑊 옥돌 함 顑 불쪼일 함 顑 주릴 함 緘 봉할 함 譀 사랑할 함 諴 화할 함 鰔 새우 함 𩟗 나쁠 함 轗 차소리 함 臽 함정 함 陷

빠질 함 𦛜 고기썩지않을 함 錎 빠질 함 淊 진흙물 함 餡 떡소 함 函 함 함 㖤 소리 함 䏷 턱 함 涵 젖을 함 𨧫 갑옷 함 圅 용납할 함 𨪃 갑옷 함 𣟺

흠 함 㷔 델 함 菡 꽃봉오리 함 𩃆 장마 함 𨢿 탐할 함 壏 석비래 함 𤠉 범의소리 함 𤮍 독 함 檻 난간 함 𡑩 땅 함 𦉥 질그릇 함 𦢊 고기 함 笒 대 함

欿 탐낼 함 䶃 귀달린병 함 啣 말재갈 함 銜 재갈 함 䜓 열릴 함 䝨 뇌물 함 䜶 콩소 함 𤭢 기와덮을 함 䖗 범의소리 함 魽 조개 함 歁 혹 함 𧮰

높은골 함 頷 턱 함 梒 앵도 함 𧇖 범의소리 함 㘝 명함 함 㕁 젖 함 𢈈 꽃 함 𨥥 새새끼나를 함 闞 소리우렁찰 함 𨷎 범우는소리 함 𩦆 말달아날 함 𧿸 걸을

齧 이갈 합
鼸 두더지 합

합

合 합할 합
哈 마실 합
峆 산 합
珨 문여닫을 합
盒 합 합
㝓 합할 합
鴿 비들기 합
齃 코풀 합
㵄 여울 합
頜 아랫볼 합
毼 눈섭길 합
詥 화할 합
閤 도장 합
郃 골 합
迨 갈 합
蛤 조개 합
谽 산잇닭 합
欱 합할 합
溘 문득 합
熆 불불 합
篕 대자리 합
䙲 더그레 합
敆 두드릴 합
𧇊 감출 합
𢠽 불부는통 합
嗑 합할 합
𣤒 마실 합
譗 말수다할 합
榼 주합 합
蠚 벌레 합
盍 합할 합
闔 문짝 합
柙 우리 합
㤉 즐거울 합
䀹 숨쉴 합
呷 마실 합

항

亢 목 항
苀 부들 항
航 배 항
伉 강직할 항
迒 토끼길 항
閌 문높을 항
肮 목 항
杭 배 항
斻 배연할 항
炕 마를 항
抗 항거할 항
砊 돌소리 항
沆 큰물 항
䟘 다리뻗을 항
貥 자개 항
骯 꼿꼿할 항
齗 씹을 항
頏 목 항
蚢 누에 항
吭 목구멍 항
黖 어두울 항
駀 말머리높을 항
翃 내릴 항
恒 항상 항
姮 계집이름 항
𦙶 달돋을 항
䘕 악공 항
巷 거리 항
㤨 당돌할 항
港 항구 항
缸 병 항
肛 항문 항
項 목 항
瘖 병 항
韸 칠 항
降 항복 항
踁 짐승발자취 항
㤚 기쁠 항
桁 착고 항
酐 쓴술 항
很 돌아올 항
銗 항통 항
笐 통발 항
瓨 항아리 항
恆 항상 항
閧 바로볼 항
況 하물며 항
𤞟 개길들지않을 항
衁 피 항
行 항렬 항

해

亥 돝 해
侅 이상할 해
劾 힘쓸 해
咳 기침 해
垓 지경 해
姟 백조 해
孩 어릴 해
豥 돝 해
㤥 괴로울 해
該 그 해
荄 풀뿌리 해
頦 턱 해
𩠆 머리 해
晐 갖출 해
輆 급히갈 해
胲 갖출 해
絯 묶을 해
痎 학질 해
䀭 서로볼 해
跢 갈 해
駭 놀날 해
骸 뼈 해
𨓁 달아날 해
奚 어찌 해
騱 트기 해
膎 포 해
豯 돼지 해
㨙 낄 해
螇 메뚜기 해
蒵 풀 해
㥳 불평할 해
䫣 머리비뚤 해
欬 기침 해
解 풀 해
繲 옷빨 해
㒫 호강스러울 해
𨧫 창날카로울 해
㘚 역정낼 해
𠐂 호강할 해
嶰 골 해
邂 만날 해
廨 마을 해
𡾊 골 해
澥 바다 해
薢 며릿 해
𩩜 뼈 해
獬 해태 해
懈 게으를 해
偕 함께 해
湝 찰 해
瑎 옥돌 해
楷 본뜰 해
諧 기롱 해
𠍋 좁을 해
𢡟 헤아릴 해
瀣 이슬 해
𡃢 상여소리 해
醢 술잔 해

醢 간장 해　豈 달아날 해　䯉 몸길 해　嘊 웃을 해　鮭 게 해　咍 웃음소리 해　欸 마실 해　害 해할 해　㱚 욕할 해　諰 말느릴 해　賌 이상할 해　塩 술통 해

陒 험할 해　㱾 웃는소리 해　閡 문짝 해　該 말잘할 해　欬 웃을 해　海 바다 해　𧼈 머물을 해　奒 벌릴 해　𧾷 머물을 해　郋 마을 해　鮭 복 해

핵

核 씨 핵　絯 실 핵　劾 핵실 핵　榾 씨 핵　礉 각박할 핵　格 다다를 핵　輅 수레 핵　覈 깃받침 핵　翮 쭉지 핵

행

幸 다행 행　𧩤 성낼 행　緈 곧을 행

涬 천연스러울 행　𢭃 코풀 행　悻 성낼 행　婞 쌈할 행　涬 쓸쓸 행　倖 요행 행　行 다닐 행　衎 소매기리 행　荇 마름풀 행　胻 종아리 행　絎 바느질 행

筕 대삿자리 행　䯒 소등뼈 행　鴴 참새 행　䡓 수레소리 행　杏 은행 행

향

香 향기 향　楿 계수나무 향　萫 나물국 향　曏 지난번 향　嚮 향할 향

響 소리 향　鄕 시골 향　䦳 문머리 향　𧭈 잠간 향　饗 잔치 향　薌 향기 향　向 향할 향　响 울 향　晌 대낮 향　珦 구슬 향　𤗪 북창 향　躵 처다볼 향

餉 먹일 향　晑 밝을 향　䜨 칠 향　麘 사향사슴 향　𤑯 불에말려낼 향　饟 먹일 향　享 누릴 향

허

虛 빌 허　驉 트기 허　噓 불 허　𡾊 산길험할 허

憈 뜻허접할 허　歔 한숨쉴 허　𥜂 귀신 허　𥖢 돌 허　魖 도깨비 허　𪡺 울 허　墟 언덕 허　許 허락 허　䕏 꿀 허　詡 자랑 허　鄦 나무이름 허　魼 가자미 허

呴 불 허　滸 물가 허　栩 참나무 허　笶 밥그릇 허

헌

仚 가벼울 헌　憲 법 헌　㦥 깨달을 헌　幰 수레앙장 헌　巘 시루봉 헌　嘕 즐거울 헌　𧾥 달아나랴할 헌

𧭹 낭자할 헌　攇 칠 헌　掀 들 헌　摲 칠 헌　昍 밝을 헌　獻 드릴 헌　𧥞 뿔고르지않을 헌　觛 뿔숫가락 헌　𧥄 뿔둘을 헌　睍 판자 헌　靬 가죽 헌　軒 마루 헌

헐

蝎 전갈 헐　歇 쉴 헐　猲 개 헐

험

嶮 높을 험　憸 간사할 험　險 험할 험　譣 간사한말 험　驗 증험할 험　韽 입을 험　黬 주황빛 험　忺 하고저할 험

杴 가래 험　㭺 그늘 험　玁 오랑캐 험　稴 벼죽을 험

혁

奕 클 혁　弈 바둑 혁　焃 붉을 혁　㤛 맘편치않을 혁　捇 흙팔 혁　爀 빛날 혁　𧧍 업신여길 혁　䁤

눈붉을 혁 䞓 빨갈 혁 赩 싯벌걸 혁 赫 빛날 혁 爀 붉은빛 혁 欰 웃을 혁 覤 볼 혁 𢁾 홈질할 혁 𠹬 사방풍 혁 革 가죽 혁 焃 보리볶을 혁 焱 불꽃 혁

塥 흙격지 혁 侐 고요할 혁 殈 알터질 혁 洫 밭도랑 혁 𡽝 산 혁 瞁 놀라볼 혁 旻 눈짓할 혁 矜 긴창 혁 趗 자빠질 혁 奭 붉을 혁 鬩 다람쥐 혁 䵥 팽이손잡이 혁

虩 깜짝놀랄 혁 䖘 승호충 혁 㵱 두려워할 혁 䞬 달아날 혁 䖅 범의소리 혁 𣢈 눈물씻을 혁 𧥄 쏘라릴 혁 䎗 짓소리 혁 槅 멍에 혁 䞬 짐승달아날 혁

현

玄 감을 현 痃 적병 현 眩 현황할 현 絃 풍류줄 현 𤞣 맘급할 현 炫 밝을 현 泫 물깊을 현 弦 활시위 현 𡜋 지킬 현 𢘋 팔 현 鉉 솥귀 현 𨸏 구덩이 현 𩂹

이슬 현 衒 자랑할 현 䮄 말 현 誸 말급할 현 𧵑 팔 현 𧺝 달아날 현 胘 소천엽 현 舷 배전 현 蚿 노래기 현 袨 고운옷 현 𪀖 제비 현 玹 옥돌 현 呟 소리 현

見 보일 현 晛 햇발 현 娊 허리가늘 현 峴 고개 현 誢 간하는말 현 俔 비유할 현 現 보일 현 睍 고을 현 哯 아이젖토할 현 蜆 작은조개 현 鋧 푼끌 현 莧

비름 현 旬 논방울굴릴 현 眴 눈끔적거릴 현 絢 문채날 현 洵 멀 현 琄 패옥늘어질 현 弲 활 현 鞙 칼집 현 駽 철총마 현 埍 하인청 현 繯 얽을 현 譞 말수다할 현

儇 영리할 현 獧 빠를 현 翾 경박할 현 嬛 새뜻할 현 蠉 장구벌레 현 矎 눈엇뜨기 현 讂 욕심낼 현 䕒 보리짚 현 虤 범이성낼 현 帣 표신기 현 䞞 달아날 현

𢏏 강한활 현 𢐅 활굽을 현 䮄 말뱃대끈 현 縣 골 현 懸 달 현 諑 서로책할 현 胘 소밥통 현 𨋍 수레뚜껑살 현 鶱 날 현 弆 사람이름 현 賢 어질 현 贒

어질 현 䬗 날 현 䦘 힘시험하는추 현 昡 햇빛 현 吅 부르짖을 현

혈

血 피 혈 𧖧 심방 혈 䓻 꼭두서니 혈 𩊠 단단히맬 혈 䳍 요화 혈 頡 말여쭐 혈

穴 굴 혈 𥃷 놀라볼 혈 䛟 성낼 혈 泬 빌 혈 岤 굴 혈 炔 불붙을 혈 疦 창구멍빌 혈 吷 마실 혈 趐 나아갈 혈 娎 기뻘 현 㝥 머리기울 혈 䦧 문소리 혈

絜 잴 혈 𥌂 눈속붉을 혈 𢋕 넓은띠 혈 猲 사냥개 혈 碟 가죽다룰 혈 鞊 단단히맬 혈 烕 불꺼질 혈 頁 머리 혈 孑 고독할 혈

협

嫌 협의 협 㺌 개짖을 협

嗛 향기로울 협 㚘 이쁠 협

협

夾 가질 협 浹 얼어붙을 협 俠 협기 협 匧 상자 협 𢽾 숨찰 협 浹 둘릴 협 梜 젓가락 협 挾 낄 협 㥦 맘에맞을 협

悏 뜻맞을 협 愜 쾌할 협 峽 산골 협 狹 좁을 협 㼪 기와 협 㾩 짐승발병 협 硤 굳셀 협 筴 젓가락 협 綊 면류관싸개 협 莢 콩껍질 협 蛺 범나비 협 頰 빰 협

鋏 칼 협 㥔 생각 협 䶢 옥니 협 𩩲 뼈 협 陜 좁을 협 嗋 마실 협 協 화할 협 歙 마실 협 勰 생각 협 熁 불닥칠 협 脅 갈비 협 犃 소건장할 협

愶 위협할 협 拹 꺾을 협 㔒 허리띠 협 颬 바람화할 협 賋 재물 협 餄 떡 협 鉿 빠지는소리 협 祫 제사 협 鞈 가죽 협 弽 활셀 협 叶 화활 협

형

亨 형통할 형 脝 배불룩할 형 艼 소곰배 형 哼 겁낼 형 殍 부을 형 悙 굳센체할 형 形 형상 형 兄 맏 형 㚾 즐거울 형 刑 형벌 형 型 골 형 邢 나라이름 형

荆 가시 형 娙 키클 형 硎 숫돌 형 𡷛 봉우리 형 衎 걸음걷는모양 형 侀 이를 형 鉶 국그릇 형 蛵 잠자리 형 悜 어긋날 형 烴 눗는냄새 형 陘 언덕 형 鋞 그릇 형

鋞 남비 형 娙 맵시 형 熒 의혹할 형 䕨 들개나리 형 滎 개천 형 褮 옷에구멍날 형 縈 꾸밀 형 瀅 물맑을 형 煢 외로울 형 𤬐 작은외 형 螢 반딧불 형

衡 쇠뿔길 형 衡 저울 형 熲 밝을 형 詗 염탐할 형 泂 찰 형 炯 빛날 형 𢗰 기억할 형 烱 불꽃 형 迥 멀 형 浻 물빵빵돌 형 㡚 손수건 형 蘅 곰취 형

馨 향내멀리날 형 欣 웃을 형 敻 멀 형 擤 코풀 형 珩 노리개 형

혜

惠 어질 혜 憓 사랑할 혜 潓 물결 혜 㥣 밝을 혜 譓 순할 혜 𤢏 쪽지끝 혜

鏸 창 혜 蟪 쓰르라미 혜 韢 끈 혜 繐 가는베 혜 蕙 난초 혜 𩸳 고등어 혜 𥛚 제사 혜 彗 비 혜 𤢖 쪽지밑둥 혜 槥 썩은관 혜 暳 별 혜 嘒 소리 혜 譿 살필 혜

慧 똑똑할 혜 㜎 계집종 혜 𣣝 탄식할 혜 貕 돝 혜 鼷 쥐 혜 谿 뒬들 혜 徯 기다릴 혜 蹊 길 혜 傒 이름 혜 謑 기다릴 혜 𥁓 방구리 혜 醯 초 혜 醯 초 혜

橀 나무이름 혜 兮 어조사 혜 𧿇 자취 혜 盻 흘겨볼 혜 𧬈 기다릴 혜 訳 빙글빙글할 혜 匸 감출 혜 夆 가릴 혜 𡠀 흉할 혜 𦫼 황달빛 혜 𩑶 찾을 혜

鞋 신 혜

호

互 서로 호 沍 얼 호 𧘝 옷 호 罟 그물 호 狟 원숭이 호 枑 마름쇠 호 黐 풀 호 䱍 준치 호 詎 기록할 호 乎 어조사 호 呼 부를 호 虖 탄식할 호 𧖴 피땀 호 謼 부를 호 粐 죽 호 垀 담 호 滹 물이름 호 摢 덮을 호 胡 어찌 호 𢈉 평할 호 餬 미음 호 鶘 사다새 호 鰗 복 호 鼸 원숭이 호

鬍 구레나룻 호 湖 물 호 瑚 산호 호 楜 호초 호 猢 원숭이 호 衚 옷겨드랑이 호 鶦 새 호 𢉖 목에걸릴 호 箶 전통 호 糊 풀 호 蝴 나비 호 鍸 접시 호

葫 마늘 호 醐 술 호 𨂜 무릎굽힐 호 喖 목젖 호 豪 호걸 호 𢹈 비교할 호 濠 해자 호 蠔 굴 호 嚎 소리높을 호 壕 땅이름 호 譹 부르짖을 호 号 호령 호 呺 바람소리 호 䬁 바람소리 호 虍 범의문채 호 虎 범 호 虝 못볼 호 戲 슬플 호 歑 불 호 魖 귀신 호 𧇤 흙솥 호 琥 호박 호 號 부르짖을 호

箎 긴대 호 虒 거미 호 𧇗 솥 호 𧇭 흙가마 호 𧇊 이름 호 戶 집 호 昈 빛날 호 苄 지황 호 岵 작은산 호 扈 손들에박 호 扈 호위할 호 滬 통발 호 槴 통발 호 熩 빛날 호 𢹗 거스릴 호 𡾚 산클 호 帍 행주치마 호 戽 두레박 호 哠 말많을 호 峼 산 호 聕 들을 호 皓 흴 호 澔 채색빛날 호 晧 해돋을 호

浩 넓을 호 怙 믿을 호 祜 복 호 楛 나무 호 岵 산거할 호 嗥 범소리 호 暤 밝을 호 皞 깊은골자기 호 皡 밝을 호 諕 속일 호 獋 개짖을 호 昊 하늘 호

淏 맑을 호 毫 털 호 𤢕 담비 호 好 좋을 호 恏 탐낼 호 滈 장마 호 熇 호궤할 호 蒿 김오를 호 鎬 남비 호 薃 향부자 호 縞 비단 호 弧 활 호

狐 여우 호 瓠 표주박 호 濩 퍼질 호 護 역성들 호 韄 칼장식 호 雘 파랄 호 頀 풍류 호 扝 끌어당길 호 嫮 아름다울 호 頶 머리 호 壺 병 호 槴 대추 호 㕆 곳간 호 鄠 땅 호 毳 걸음할 호 灝 끝없을 호 勢 건장할 호 薅 김맬 호 顥 클 호 𦃞 인끈 호 𢫦 쓸어버릴 호 許 소리 호 滸 물가 호 茯 김맬 호 勢 건장할 호

혹

或 혹 혹 幗 건이제처질 혹 掝 흐리멍덩할 혹 惑 의심할 혹 焅 가무는기운 혹 鵠 고니 혹 酷 혹독할 혹 趞 넘을 혹 礐 돌소리 혹

觳 붉그레할혹 鷇 여우새끼혹 縠 붉을혹 翯 날개혹 趦 거꾸러질혹 寉 높이이를혹 (혼) 昏 저물혼 㖧 잔말혼 涽 흐린물혼 婚 혼인혼 惛

혼미할혼 閽 문지기혼 睧 눈어둘혼 焝 불땔혼 棔 상나무혼 殙 혼미할혼 𣢧 어둘혼 㑮 어두울혼 惛 혼미할혼 睯 번민할혼 昬 어둘혼 掍 같을혼 婫

머리덮을혼 焜 밝을혼 諢 말분명하지못할혼 觨 뿔둥글혼 餛 경단혼 䵪 새까말혼 圂 뒷간혼 慁 욕될혼 溷 뒷간혼 棞 통나무혼 緷 깃혼 踂 걸을혼

䤃 술따를혼 䴷 누룩혼 魂 혼혼 (흘) 炈 불기운성할흘 潪 정결할흘 笏 홀홀 緫 잘홀 豽 돼지새끼홀 揔 먼지털홀 颮 바람홀 惚 망단할홀 忽

문득홀 唿 근심홀 㥮 비올홀 雾 우뢰홀 曶 먼동틀홀 欻 소리홀 搰 밀홀 輥 수레심대홀 疙 병홀 窟 아이울홀 莤 풀성할홀 欻 홀연홀 仡

날랠홀 (홍) 粠 쌀넘새날홍 紅 붉을홍 䞑 붉을홍 谼 큰골홍 䜫 골홍 汞 수은홍 訌 모함할홍 虹 무지개홍 葒 요화홍 嗊 서방바라는노래홍 㟅

산골깊을홍 澒 수은홍 䎕 귀속울홍 帢 기표홍 晎 먼동틀홍 𦛬 달밤홍 𦕈 귀울홍 篊 홍통홍 哄 공갈할홍 烘 횃불홍 蕻 장다리홍 洚 물넘을홍 弘

클홍 泓 물깊을홍 宖 클홍 苰 피마자홍 渢 바람불홍 翃 나를홍 洪 넓을홍 䫹 머리아뜩할홍 𩗄 바람소리홍 𩐨 소리크게지를홍 鴻 기러기홍 𩓈 머리아플홍

虹 무지개홍 訌 모함할홍 鬨 다툴홍 堆 새살찔홍 䣳 취하여자빠질홍 霐 속깊을홍 𩒖 머리곧을홍 䪦 살찔홍 馫 향기홍 𩗜 바람불홍 銾 종소리홍 (회)

回 돌아올회 廻 피할회 徊 배회할회 痐 회회회 茴 회향회 蛔 회충회 洄 물거슬러흐를회 鮰 민어회 恛 맘허둥거릴회 佪 배회회 會 모을회 繪 그림회

薈 염교회 劊 끊을회 𦔼 쟁기회 檜 전나무회 鄶 나라이름회 膾 회회 𡾠 산모양회 獪 간교할회 𩅍 실구름회 璯 갓혼솔꾸미개회 懀 협의로미울회

회 澮 보도랑회 禬 재앙제하는제사회 䫭 얼굴살찔회 䩈 얼굴통통할회 靧 낯씻을회 懷 품을회 𩟿 밥팔회 𤜱 짐승회 瀤 물회 櫰 피나무회 蚘 회회

殨 어리석을 회 嵬 산골험할 회 蘬 감자 회 洃 반죽할 회 黣 회색빛 회 拻 서로칠 회 灰 재 회 詼 조롱 회 盔 투구 회 恢 클 회 殨 종기터질 회 嬇

계집의자 회 晦 그믐 회 悔 뉘우칠 회 㑰 말릴 회 豗 맞부딪칠 회 蟓 두더지 회 隳 훼방할 회 詯 말소리우렁찰 회 匯 물모일 회 淮 물 회 賄 재물 회 濊

넓을 회 褢 품을 회 螝 누에번데기 회 蟢 낙거미 회 峘 벗어진산 회 蛕 소라 회 囘 돌아갈 회 栃 상수리나무 회 蛸 벌레 회

획

砉 칼소리 획 劃 새길 획

剨 까지는소리 획 騞 갈 획 愲 맘울렁거릴 획 湱 파도소리 획 畫 그을 획 嫿 안존할 획 𢣤 어리석을 획 𨐱 매울 획 𦢊 오금 획 𨶗 깨칠 획 𢷾 찢을 획

嚍 말소리 획 𢤕 소리 획 爅 더울 획 獲 얻을 획 矆 번개빛 획 嚄 잔말 획 矐 눈멀 획 讗 장담할 획 嚡 자랑 획 瀖 물소리 획 闟 문열 획 謋

빠를 획 窢 바람소리 획

횡

谹 골속울릴 횡 耾 귀큰소리 횡 鈜 쇠북소리 횡 峵 산험할 횡 竑 헤아릴 횡 宏 집소리 횡 吰 북소리 횡 颫 바람 횡 㖸 쇠북소리

횡 弘 클 횡 㤤 실심할 횡 揈 치는소리 횡 颵 바람소리 횡 渹 소리 횡 輷 수레소리 횡 橫 처네 횡 鐄 큰쇠북 횡 橫 비낄 횡 潢 작은나루 횡 獚 짓소리 횡

罜 그물벼리 행 彋 활소리 횡 䫆 어두울 횡 䎄 나르는소리 횡 韹 풍류소리 횡 丱 덩어리 횡

화

火 불 화 吙 부는기운 화 化 될 화 花 꽃 화 貨 재물 화

杹 목부용 화 錵 칼날번적거릴 화 躲 가르칠 화 靴 양화 화 婲 예쁠 화 糀 누룩 화 炛 밝을 화 䀨 눈끔적거릴 화 椛 단풍나무 화 華 빛날 화 𨢿 전국술 화

譁 시끄러울 화 樺 벗나무 화 㦊 사치스러울 화 嬅 계집얌전할 화 鏵 가래 화 驊 준마 화 𧑩 큰뱀 화 吴 대구 화 呆 어린아이울 화 和 화할 화 咊

순할 화 禾 곡식 화 𥝌 단정할 화 盉 양념그릇 화 𣏕 관머리 화 鉌 차방울 화 龢 새피리 화 秝 관머리 화 禍 재화 화 𦻇 풀연접할 화 𣚹 쇠북가루 퍼질 화 擓

퍼질 화 楇 기름통 화 樗 벗나무 화 謣 대답할 화 話 이야기 화 𩨬 재화 화 蘤 꽃 화 䄎 재화 화 䃔 혀짧을 화 凨 불일어날 화 鱯 메기 화 髁 비둘 화

⿰犭孚 작은 개 화 ⿸尸系 화신 화 划 삿대 화 囮 배 끄는 소리 화 伙 세간 화 畫 그림 화

확

艧 배 확 蠖 자벌레 확 ⿰言矍 망녕될 확 鑊 가마 확 矆 밝을 확 檴 벗나무 확

擭 덫 확 ⿱雨蒦 소나비 확 ⿰骨蒦 뼈울 확 雘 붉을 확 ⿰目隺 환할 확 穫 걷을 확 確 확실 확 ⿱雨隺 소리 확 臛 곰국 확 戄 두려울 확 攫 후려칠 확 玃 호미 확

彍 빠를 확 擴 넓힐 확 ⿺走赤 달아날 확 彉 활당길 확 咟 부르짖을 확 籰 자세 확

환

丸 둥글 환 ⿰女丸 옥병 환 ⿸疒丸 부스럼 환 汍 눈물흘릴 환 ⿰彳丸 길잃을 환

⿰丸頁 머리 환 芄 웡굴 환 肒 부스럼날 환 ⿰目丸 눈동자굴릴 환 奐 클 환 喚 부를 환 煥 빛날 환 寏 담 환 渙 물부를 환 ⿱⺈⿵冂火 밝을 환 瑍 환옥 환 愌 거슬를 환

⿰文奐 문채날 환 換 바꿀 환 ⿰土睘 담둘러쌓을 환 寰 궁장 환 懁 성품패려할 환 糫 약과 환 ⿰角睘 뿔 환 環 둘릴 환 澴 물흘릴 환 還 도라올 환 轘 발길 환

鐶 고리 환 ⿰睘飛 돌아날 환 羦 뿔가는 산양 환 綄 기 환 皖 별 환 鋎 칼 환 睆 고울 환 晥 밝을 환 宦 내관 환 患 근심 환 ⿰亻患 억맬 환 槵 나무 환 ⿺毛患 입없는 짐승 환

貛 너구리 환 ⿰雚阝 지경 환 萑 달 환 歡 기뻐할 환 懽 기쁠 환 鍰 주석엿냥중 환 ⿰氵⿰豸爰 작난할 환 ⿰豸爰 나를 환 ⿰牜豢 기를 환 桓 씩씩할 환 ⿸尸亘 주머니 환

圜 돌릴 환 ⿱馬平 말 환 ⿰米亘 쌀 환 辮 얽을 환 峘 산높을 환 幻 변화할 환 豢 칠 환 ⿰韋系 흐릴 환 狟 담비새끼 환 ⿰扌圜 목책할 환 鱞 홀아비 환 闤 저자담 환

활

活 살 활 姡 거짓 활 萿 땃두릅 활 蛞 달팽이 활 ⿺走舌 자리 활 闊 넓을 활 括 모을 활 佸 이를 활 ⿰舟舌 배갈 활 頢 짧은낯 활 趏 달아날 활 螖 방게 활

磆 활석 활 猾 교활할 활 ⿺乚骨 뼈긁는 소리 활 豁 넓을 활 濊 흐를 활 ⿰食害 물릴 활 ⿰麥穴 누룩 활 ⿰黑歲 검은빛 활

황

皇 황제 황 徨 방황할 황 喤 지꺼릴 황

堭 전각 황 媓 이름 황 皝 엄숙할 황 凰 암봉 황 惶 두려울 황 崲 높이름 황 篁 대밭 황 楻 깃대 황 湟 빠질 황 煌 빛날 황 隍 해자 황 遑 급할 황

⿰車皇 끌 황 ⿺走皇 달아날 황 ⿰身皇 종소리 황 諻 큰소리 황 瑝 옥소리 황 ⿰米皇 제사쌀 황 艎 큰배 황 葟 무성할 황 蝗 황충 황 餭 산자 황 揘 칠 황 鰉 전어 황 黃

누를 황
穔 보리 황
璜 옥 황
鐄 죽 황
䊗 곰팡이 황
𩙩 바람 황
䤑 술 황
潢 은하수 황
蟥 풍뎅이 황
䌙 줄로동일 황
櫎 그릇바침 황
癀 황달병 황
曂 밝을 황
趪 달아날 황
簧 생황
韹 빛날 황
爌 밝을 황
獚 큰개 황
荒 거칠 황
𧡊 볼 황
㡃 집빌 황
䅣 흉년들 황
慌 황홀할 황
䀮 눈어둘 황
㹶 어리 황
㡃 덮을 황
㬻 더위 황
朚 달밤 황
謊 잠고대 황
𪀔 참새 황
恍 황홀할 황
愰 청백할 황
滉 물깊을 황
鎤 방울 황
榥 책상 황
晄 줄 황
𣃽 기 황
晃 밝을 황
幌 방장 황
况 하물며 황
怳 당황할 황
況 비유할 황
貺 줄 황
眖 볼 황
軦 벌레 황
朚 날이틀 황
肓 홍격 황
帍 버선 황
翌 춤출 황
黌 학교 황
𪎭 알의노른자 황
㞷 무성할 황

홰

噦 방울소리 홰
𢖍 밝을 홰
翽 소리 홰
鐬 소리 홰
譿 들렐 홰
𧰨 돝흙뒤질 홰
𧱟 완악할 홰
繣 어긋칠 홰
罫 거르낄 홰
䙡 때길 홰
噧 말할 홰
霉 배 홰
𩓾 털없을 홰
䩶 말고삐 홰
頮 큰머리 홰
䫿 바람 홰
𩝗 먹을 홰
諙 그릇칠 홰
䡅 굴 홰
𨗻 두를 홰
𨥈 쇠연강 홰
黵 엷게검을 홰
𪉬 소금 홰
萃 비뚜러질 홰

효

孝 효도 효
𡥈 기운찔 효
哮 성낼 효
庨 집높을 효
𧰿 돼지달아날 효
酵 술괴일 효
𩨍 우는살촉 효
㹧 놀랄 효
痚 헐떡일 효
𥇍 애꾸 효
涍 물가 효
爻 형상 효
恔 쾌할 효
㪣 가죽주머니 효
効 공효
洨 물합할 효
詨 부르짖을 효
筊 작은통소 효
校 쾌할 효
效 본받을 효
嗃 성낸소리 효
嗃 부르짖을 효
熇 불꽃 효
鄗 물이름 효
歊 기운날 효
獢 개 효
囂 떠들 효
憢 두려울 효
曉 날휠 효
膮 법고함지를 효
穘 벼상할 효
嘵 두려워할 효
曉 새벽 효
髐 살 효
鐃 시우쇠문채 효
傚 본받을 효
殽 어지러울 효
𣪊 뿌리 효
𣗀 치자나무 효
淆 요란할 효
誵 말불공할 효
餚 반잔 효
𠹑 웃음소리 효
㑾 거만할 효
囂 시끄러울 효
𤢺 누른개 효
驍 날랠 효
鴞 솔개 효
枵 빌 효
𠯅 클체할 효
唬 웅얼거릴 효
猇 범울 효
虓 영리할 효
肴 안주 효
𧼮 달아날 효
梟 올빼미 효
𤸷 곰을 효
𦞦 종기터질 효
㵿 물멀 효
嘐 자랑할 효
撬 들 효
𡏻 알낳을 효
斆 가르칠 효
𨶒

문열 효 皛 밝을 효 歊 슬퍼할 효 顥 큰머리 효 獟 개짖을 효 斆 혼돌 효 贇 번거할 효 烋 화할 효

후

后 황후 후 㖃 부끄러울 후 㤧 화할 후 犼 황소 후 銗 함통 후 𧺣 절며갈 후 逅 우연히만날 후 鮜 메기 후 骺 뼈끝 후 佝 추루할 후 姁 맵시예쁠 후 煦 찔 후 㺃 소울 후 齁 코골 후 𨸹 떠날 후 呴 말공순이할 후 侯 제후 후 候 기후 후 喉 목구멍 후 瘊 사마귀 후 𥙿 빌 후 篌 공후 후 糇 마른밥 후 睺 한눈멀 후 帿 포장관혁 후 餱 말린밥 후 堠 장승 후 𧨳 말할 후 猴 원숭이 후 葔 후사 후 鍭 살촉 후 𩂯 장마 후 𢊱 임금 후 鄇 땅이름 후 𩜿 밥상할 후 齅 코풀 후 鯸 복 후 朽 냄새 후 㱙 저밀 후 㝌 덮을 후 㖃 토할 후 嗅 냄새날 후 𧺇 자저할 후 酗 주저할 후 厚 두터울 후 𪖙 들창코 후 珛 티박힌옥 후 𡻕 쉴 후 後 뒤 후 𪃊 짓날 후 珝 구슬 후 犼 산개 후 吼 소리 후 嘔 기쁠 후 鱟 바다게 후 虖 범울 후 𧎸 목들고끄떡거릴 후 䓊 뱀도랏 후 旴 부릅뜰 후 芋 클 후 𦑣 짓밑둥 후 涸 마를 후

훈

薰 불사를 훈 矄 훈할 훈 壎 흙풍류 훈 勳 공 훈 醺 술취할 훈 鑂 금빛투색할 훈 纁 분홍빛 훈 獯 오랑캐 훈 矄 눈침침할 훈 爋 불에말릴 훈 燻 불기운 훈 𣛙 분홍빛 훈 蘍 훈훈할 훈 䵋 누른빛 훈 臐 양고기국 훈 煇 지질 훈 渾 흐릴 훈 葷 고명풀 훈 暈 무리 훈 勛 공 훈 塤 질나팔 훈 焄 향내 훈 𦳝 훈증할 훈 訓 가르칠 훈

훌

倏 문득 훌 欻 문득 훌 歘 빠를 훌

훙

𦑞 날 홍 薨 죽을 홍

휘

徽 아름다울 휘 揮 흐를 휘 𢹿 옮길 휘 暉 날빛 휘 瀈 물떨어버릴 휘 𤛚 얼룩소머리 휘 㹆 짐승 휘 翬 날개칠 휘 輝 빛날 휘 𡠹 첩 휘 撝 찢을 휘 𣳚 물결문의질 휘 彙 무리 휘 徽 기 휘 諱 꺼릴 휘 𨻫 고개 휘 麾 대장기 휘

훤

咺 설게울 훤 喧 지껄일 훤 烜 빛날 훤 煊 따뜻할 훤 楦 신골 훤 晅 말릴 훤 箮 대꽃 훤 𩏃 북만드는장인 훤 萱 원추리 훤 諠 지껄일 훤 𩋫 가죽신 훤 諼 잊을 훤 暖 큰눈 훤 嚾 들렐 훤 讙 지껄일 훤

훼

毁 헐 훼 燬 불이글이글할 훼 譭 헐어말할 훼 檓 호초 훼 毇 쌀 훼 虫 벌레 훼 卉 풀 훼

[石+焉] 패할 홰
虺 독사 홰
喙 부리 홰
餯 냄새 홰
譭 비방할 홰

휴

休 쉬일 휴
咻 지껄릴 휴
[广+烋] 그늘 휴
庥 덮을 흉
烋 아름다울 휴
[金+休] 바늘 휴
貅 비유 휴
脙 파리한배 휴
烋 재 휴
茠 덮을 휴
貅 표범 휴
㳜 물들었다빠질 휴
[忄+巂] 먹을 휴
蠵 큰거북 휴
攜 끌 휴
[田+巂] 밭두둑 휴
酅 골이름 휴
鑴 큰쇠북 휴
觿 뿔송곳 휴
驨 천리마 휴
虧 덜릴 휴
携 끌 휴
隳 무너질 휴
溲 땀 휴
[忄+彖] 맘편치않을 휴
[巂+龜] 큰거북 휴
睢 성내어볼 휴
眭 깊은눈 휴
[目+黄] 눈물많을 휴
鱬 인어 휴
[林+心] 버릴 휴
畱 기를 휴

휼

恤 근심할 휼
卹 기민먹일 휼
憰 속일 휼
[目+矞] 놀랄볼 휼
譎 간사할 휼
遹 좇을 휼
鷸 새 휼
霱 구름 휼
鉞 배목 휼
狘 날아갈 휼

흉

凶 흉할 흉
兇 악할 흉
匈 요란할 흉
[口+凶] 시끄러울 흉
哅 지껄릴 흉
洶 물소리 흉
胷 가슴 흉
訩 송사할 흉
詾 송사할 흉
胸 가슴 흉
恟 두려울 흉
[走+兇] 피곤이갈 흉
[兇+鳥] 수새 흉

흑

黑 검을 흑
潶 물흐릴 흑
[黑+欠] 기침 흑
嫼 성낼 흑

흔

忻 기쁠 흔
俽 기쁠 흔
昕 해돋을 흔
炘 확근거릴 흔
欣 기쁠 흔
焮 구을 흔
訢 기뻐할 흔
邤 이웃 흔
很 송사할 흔
拫 물리칠 흔
鞎 수레앞꾸밀 흔
[韋+艮] 차앞치장 흔
痕 흔적 흔
[月+艮] 발뒷굼치 흔
[糸+見] 꿰맬 흔
[木+焉] 나무 흔
鯇 잉어 흔
舋 그릇터질 흔
釁 틈낼 흔
釁 틈 흔
[虫+憲] 지렁이 흔
琿 옥 흔
俒 완전할 흔
衅 피 흔

흘

吃 먹을 흘
屹 산오뚝할 흘
忥 어리석 흘
忔 기쁠 흘
疙 어리석을 흘
[禾+乞] 싸라기 흘
汔 물잦을 흘
紇 실끝 흘
籺 쌀가루 흘
麧 보리싸래기 흘
齕 물 흘
[食+乞] 배부를 흘
[革+乞] 졸라맬 흘
釳 말머리장식 흘
迄 이를 흘
訖 이를 흘
囫 완전할 흘
[門+畺] 작은문 흘
[火+畺] 불에묻어구을 흘
[走+曷] 굳셀 흘
[巛+夕] 흐를 흘
肸 떨칠 흘

흠

欠 부족할 흠
歆 먹일 흠
炊 재채기할 흠
欽 공경할 흠
廞 행장제구 흠
坅 구덩이 흠
搇 누를 흠
[臤+皮] 가죽두틈할 흠
碒 험할 흠
諴 말할 흠

흡

洽 화할 흡
[合+心] 합할 흡
恰 마침 흡
[月+合] 몸 흡
[走+合] 절 흡
[忄+翕] 맘뜨거울 흡
潝 물소리 흡
歙 숨쉴 흡
[目+翕] 별에말릴 흡
熻 더울 흡
翕 합할 흡
[言+翕] 말빨리할 흡
噏 숨들이쉴 흡
闟

닫을흡
吸 마실흡 㡧 사모흡 扱 걷을흡 皀 향내날흡

흥

興 일흥 蕻 장다리흥 臖 공겨쑤실흥 嬹 기쁠흥

희

喜 기쁠희 禧 복희 僖 즐거울희 繥 웃을희 歖 갑자기기뻐할희 嘻 탄식할희 嬉 희롱희 熹 밝을희 暿 몹시더울희 敼 희롱희 憙 기쁠희 蟢 낙거미희 繥 웃을희 瞦 눈동자밝을희 譆 소리지를희 熙 빛날희 熈 화할희 嬆 기쁠희 希 바랄희 悕 생각할희 豨 큰돋희 狶 돋희 唏 탄식할희 𧼮 달아날희 莃 나물희 稀 드물희 郗 뼈마디사이희 鯑 청어알희 欷 한숨쉴희 桸 나무썩을희 𧩒 말소리희 俙 방불할희 睎 바랄희 莃 희나물희 豨 약이름희 觹 좋은뿔희 晞 마를희 羲 기운희 爔 불희 曦 햇빛희 犧 희생할희 犔 소병들희 熂 사를희 霼 구름희 餼 먹일희 愾 한숨쉴희 豷 돋숨쉴희 𧪂 말기운희 嚱 깜짝놀라는소리희 㰻 구기희 戲 희롱희 巇 산위험할희 隵 험할희 戱 웃을희 咥 웃음소리희 跮 아금막기할희 摡 취할희 墍 벽칠희 嫛 미울희 𧊅 희롱하며웃을희 吹 상기할희 歔 서로웃을희 屎 열레자루희 齂 누워숨쉴희 繰 매듭질희 闟 벽틈희 𩃶 갤희 姬 주나라성희 燹 들불희 豷 돋숨쉴희 忥 쉴희 鵗 꿩희 妛 얼굴예쁠희 誒 즐길희 讉 그칠희 噫 슬플희 𤟉 이름희 釐 복희

히

呬 숨쉴히 𡡾 추할히 屭 으리으리할히 䫣 머리움직일히 屎 심음할히 吚 신음할히

힐

肸 클힐 犵 오랑캐힐 頡 날힐 詰 물을힐 擷 딸힐 翓 날힐 肹 클힐 欯 기쁠힐 纈 맺을힐

終

附 録

잘못 읽기 쉬운 漢字一覽

※ 用語에 따라 發音이 변하는 漢字語

【ㄱ】

○ ×

개괄(槪括) 개활
개척(開拓) 개탁
경장(更張) 갱장
고답(高踏) 고도
골격(骨骼) 골각
공고(鞏固) 혁고
관대(款待) 환대
광구(匡救) 궁구
교란(攪亂) 각란
구내(構內) 강내
구화(媾和) 강화
규명(糾明) 구명
기반(羈絆) 마반
개전(改悛) 개준
결핍(缺乏) 결지
경칩(驚蟄) 경첩
고도(高蹈) 고답
골몰(浪沒) 일몰
과시(誇示) 고시
괄목(刮目) 활목
괴수(魁首) 귀수
교쾌(狡獪) 교회
구두(句讀) 구독
균렬(龜裂) 구열
긍지(矜持) 금지
끽긴(喫緊) 계긴

【ㄴ】

나병(癩病) 뢰병
난삽(難澁) 난지
남상(濫觴) 남장
늑막(肋膜) 능망
낙인(烙印) 각인
날인(捺印) 나인
눌변(訥辯) 내변

【ㄷ】

당구(撞球) 동구
도전(挑戰) 조전
도습(踏襲) 답습
두절(杜絶) 투절

【ㅁ】

만강(滿腔) 만공
맥진(驀進) 마진
무론(毋論) 모론
매도(罵倒) 마도
맹서(盟誓) 맹세
무인(拇印) 모인

【ㅂ】

박살(撲殺) 복살
발발(勃發) 볼발
방조(幇助) 봉조
법칙(法則) 법측
병탐(倂呑) 병탄
보루(堡壘) 보류
불선(不尠) 불심
빈축(嚬蹙) 빈척
반포(頒布) 번포
발췌(拔萃) 발졸
뱅어(白魚) 백어
병참(兵站) 병탐
봉합(封緘) 봉감
분만(分娩) 분면
붕우(朋友) 봉우

【ㅅ】

사주(使嗾) 사촉
삼엄(森嚴) 심엄
생략(省略) 성략
세척(洗滌) 세조
수면(睡眠) 수민
수집(蒐集) 귀집
시사(示唆) 시준
신속(迅速) 진속
살수(撒水) 산수
상쇄(相殺) 상살
세객(說客) 설객
소급(遡及) 삭급
수수(袖手) 추수
숙변(熟茂) 숙하
시체(屍體) 사체

【ㅇ】

알륵(軋轢) 알력
야기(惹起) 약기
연약(軟弱) 난약
영어(囹圄) 영오
외설(猥褻) 외집
오한(惡寒) 악한
애도(哀悼) 애탁
어휘(語彙) 어과
염치(廉恥) 염체
오뉴(五六) 오륙
오열(嗚咽) 오인
요새(要塞) 요색
용훼(容喙) 용탁
원수(元帥) 원사
유월(六月) 육월

용결(凝結)의결
의사(縊死)익사
이재(罹災)나재
익사(溺死)약사
인쇄(印刷)인쇠
잉용(仍用)내용
위수(衛戍)위술
유세(遊說)유설
음미(吟味)근미
의곡(歪曲)부곡
의연(義捐)의손
이완(弛緩)치완
인멸(煙滅)연멸
일체(一切)일절

【ㅈ】

전거(轉車)전차
잠언(箴言)함언
정밀(靜謐)정필
조예(造詣)조지
주둔(駐屯)주돈
준동(蠢動)춘동
중추(中樞)중구
지탱(支撑)지탕
집요(執拗)집유
작작(綽綽)탁탁
조잡(粗雜)소잡
좌우(左右)자우
주물(鑄物)수물
준설(浚渫)준첩
즉시(卽時)직시
진지(眞摯)진진
징역(懲役)중역

【ㅊ】

척결(剔抉)역결
천단(擅斷)단단
첩경(捷徑)처경
초췌(憔悴)초취
최촉(催促)재촉
췌언(贅言)ㅣ언
척살(刺殺)자살
천식(喘息)단식
첩부(貼付)첨부
최복(衰服)쇠복
촬영(撮影)최영
치정(癡情)지정

【ㅌ】

탄로(綻露)정로
터득(攄得)여득
투항(投降)투강
탄핵(彈劾)탄해
투안(偸安)유안
틈입(闖入)침입

【ㅍ】

파업(罷業)능업
패배(敗北)패북
편집(編輯)편즙
포상(褒賞)보상
핍박(逼迫)복박
판무(辦務)변무
패연(沛然)시연
포로(捕虜)포료
표지(標識)표식

【ㅎ】

할인(割引)활인
항문(肛門)홍문
현란(絢爛)순란
형설(螢雪)영설
확장(擴張)곽장
황홀(恍惚)광홀
획득(獲得)획득
휼병(恤兵)혈병
흔쾌(欣快)근쾌
흡족(洽足)합족
합천(陜川)협천
향락(享樂)형락
현훈(眩暈)현운
효시(嚆矢)고시
활주(滑走)골주
회뢰(賄賂)회로
후각(嗅覺)취각
휘하(麾下)마하
흡사(恰似)합사
희한(稀罕)희간

同字異音 漢字一覽

※ 한 글자가 두 가지 이상의 발음을 가진 한자

【ㄱ】

乾	乾淨(간정)	乾魚(건어)	廓	廓澤(곽택)	廓淸(확청)
降	降雨(강우)	降伏(항복)	句	句讀(구두)	句節(귀절)
見	見學(견학)	謁見(알현)	龜	龜鑑(귀감)	龜裂(균렬)
契	契活(결활)	契約(계약)	金	金玉(금옥)	金堤(김제)

爐	爐邊(노변)	火爐(화로)
盧	盧橘(노귤)	胡盧(호로)
蘆	蘆花(노화)	藜蘆(여로)
鷺	鷺山(노산)	白鷺(백로)
鹿	鹿茸(녹용)	馴鹿(순록)
禄	禄 (녹)	福禄(복록)
碌	碌碌(녹록)	青碌(청록)
緑	緑蔭(녹음)	草緑(초록)
録	録音(녹음)	記録(기록)
論	論理(논리)	理論(이론)
弄	弄談(농담)	嘲弄(조롱)
隴	隴畝(농묘)	田隴(전롱)
籠	籠城(농성)	竹籠(죽롱)
賂	賂物(뇌물)	賄賂(회뢰)
雷	雷聲(뇌성)	雨雷(우뢰)
賴	賴力(뇌력)	信賴(신뢰)
陋	陋名(누명)	卑陋(비루)
淚	淚痕(누흔)	落淚(낙루)
累	累弊(누폐)	煩累(번루)
漏	漏泄(누설)	遺漏(유루)
樓	樓臺(누대)	下樓(하루)
屢	屢次(누차)	屢屢(누루)
縷	縷言(누언)	一縷(일루)
肋	肋骨(늑골)	鷄肋(계륵)
勒	勒奪(늑탈)	彌勒(미륵)
凜	凜寒(늠한)	凜凜(늠름)
凌	凌駕(능가)	侮凌(모릉)
陵	陵遲(능지)	王陵(왕릉)
菱	菱角(능각)	鐵菱(철릉)
綾	綾羅(능라)	四綾(사릉)

【ㄷ】

茶	茶房(다방)	茶盤(차반)
丹	丹青(단청)	牡丹(모란)
宅	宅内(댁내)	家宅(가택)
度	度量(도량)	忖度(촌탁)
讀	讀書(독서)	句讀(구두)
洞	洞里(동리)	洞燭(통촉)

【ㅂ】

【ㄴ】

喇	喇叭(나팔)	喝喇(갈라)
裸	裸體(나체)	赤裸(적라)
螺	螺形(나형)	鳴螺(명라)
羅	羅列(나열)	網羅(망라)
邏	邏卒(나졸)	巡邏(순라)
洛	洛陽(낙양)	駕洛(가락)
落	落榜(낙방)	墮落(타락)
絡	絡繹(낙역)	連絡(연락)
樂	樂天(낙천)	和樂(화락)
	樂譜(악보)	
卵	卵類(난류)	鷄卵(계란)
亂	亂世(난세)	擾亂(요란)
爛	爛發(난발)	絢爛(현란)
蘭	蘭草(난초)	眞蘭(진란)
欄	欄干(난간)	絲欄(사란)
辣	辣腕(날완)	辛辣(신랄)
嵐	嵐氣(남기)	青嵐(청람)
濫	濫觴(남상)	汎濫(범람)
藍	藍輿(남여)	青藍(청람)
臘	臘月(납월)	舊臘(구랍)
蠟	蠟燭(납촉)	白蠟(백랍)
郎	郎君(낭군)	花郎(화랑)
娘	娘子(낭자)	夫娘(부랑)
狼	狼藉(낭자)	虎狼(호랑)
浪	浪漫(낭만)	風浪(풍랑)
朗	朗讀(낭독)	明朗(명랑)
琅	琅浪(낭랑)	玲琅(영랑)
廊	廊屬(낭속)	舍廊(사랑)
囊	囊中(낭중)	背囊(배낭)
來	來往(내왕)	去來(거래)
冷	冷水(냉수)	寒冷(한랭)
老	老不(노불)	不老(불로)
勞	勞力(노력)	勤勞(근로)
魯	魯鈍(노둔)	愚魯(우로)
虜	虜掠(노략)	捕虜(포로)
路	路傍(노방)	行路(행로)
櫓	櫓聲(노성)	逆櫓(역로)

糧 糧食(양식) 柴糧(시량)
隘 險隘(험애) 隘路(액로)
女 女子(여자) 子女(자녀)
戾 戾蟲(여충) 反戾(반려)
旅 旅行(여행) 行旅(행려)
膂 膂力(여력) 背膂(배려)
黎 黎明(여명) 庶黎(서려)
裏 裏面(이면) 表裏(표리)
痢 痢疾(이질) 赤痢(적리)
履 履行(이행) 廢履(폐리)
釐 釐正(이정) 毫釐(호리)
離 離別(이별) 分離(분리)
匿 匿名(익명) 隱匿(은닉)
吝 吝嗇(인색) 惜吝(석린)
咽 咽喉(인후) 嗚咽(오열)
隣 隣接(인접) 接隣(접린)
燐 燐火(인화) 赤燐(적린)
鱗 鱗集(인집) 逆鱗(역린)
林 林業(임업) 森林(삼림)
痳 痳疾(임질) 血痳(혈림)
霖 霖雨(임우) 長霖(장림)
臨 臨席(임석) 賁臨(비림)
立 立身(입신) 坐立(좌립)
笠 笠子(입자) 草笠(초립)
粒 粒粒(입립) 種粒(종립)

【ㅈ】

刺 刺戟(자극) 刺殺(척살)
佐 佐飯(자반) 補佐(보좌)
著 著述(저술) 著實(착실)
斟 斟酌(짐작) 斟量(침량)

【ㅊ】

差 差別(차별) 相差(상치)
切 切實(절실) 一切(일체)
掣 掣肘(철주) 掣履(체리)
帖 手帖(수첩) 帖文(체문)
推 推敲(추고) 推窓(퇴창)

反 反對(반대) 反覆(번복)
繁 繁纓(반영) 繁華(번화)
牌 牌旨(배지) 曰牌(왈패)
便 便秘(변비) 方便(방편)
復 復舊(복구) 復活(부활)
輻 輪輻(윤복) 輻輳(폭주)
不 不知(부지) 不可(불가)
否 否決(부결) 否運(비운)
北 南北(남북) 敗北(패배)
分 分福(분복) 分錢(푼전)
皮 鹿皮(녹비) 皮膚(피부)

【ㅅ】

食 簞食(단사) 食少(식소)
索 索引(삭인) 搜索(수색)
數 數遞(삭체) 數學(수학)
殺 殺菌(살균) 殺到(쇄도)
參 參南(삼남) 參與(참여)
狀 狀態(상태) 賞狀(상장)
塞 要塞(요새) 壅塞(옹색)
省 省略(생략) 反省(반성)
説 説諭(설유) 遊説(유세)
率 率先(솔선) 比率(비율)
衰 衰弱(쇠약) 衰服(최복)
馴 馴良(순량) 馴育(훈육)
什 什襲(습습) 什長(십장)
識 知識(지식) 標識(표지)
沈 沈淸(심청) 沈滯(침체)

【ㅇ】

悪 悪意(악의) 悪寒(오한)
略 略式(약식) 大略(대략)
兩 兩便(양편) 一兩(일량)
良 良民(양민) 善良(선량)
樑 樑材(양재) 樑桐(동양)
凉 凉風(양풍) 秋凉(추량)
諒 諒解(양해) 海諒(해량)
量 量器(양기) 測量(측량)

각　　서 一金　参拾万원整　₩ 300,000 위 金額을 西紀 壹九八三年 三月拾日까지 支払하되 萬一 約束을 履行하지 못할 경우 어떤 法的 措置도 甘受하겠기에 覚書에 明示함. 19○○年　○月　○日 서울特別市　○○区 ○○洞211 ○ ○ ○　㊞ ○ ○ ○　貴下	**보 관 증** 一金　壱百万원整(物品은 物品名) 위의 金額을 正히 保管하고 이証書를 発行하며 貴下의 請求가 있을時는 즉시 위 金額(物品)을 返還하겠음. 西紀　○○年　○月　○日 住所： 保管人　○○○　㊞ ○○○　貴下
휴 가 원 小生 五日間 休暇코자 하오니 聽許하여 주심을 仰願하나이다. 一九○○年　○月　○日 営　業　部 ○ ○ ○ ㊞ ○ ○ ○ 社長　貴下	**결 근 계** 社員　○ ○ ○ 今般 毒感으로 因하여　○月 ○日부터 ○月○日까지 4日間 欠勤 하였압기 診断書 添付하여 届出하나이다. 19○○ 年　○月　○日 上　○ ○ ○ ㊞ 社長　貴下

고소재판서식용어

正式裁判 請求書 被告
정식재판 청구서 피고

人 刑事地方法院 法廷
인 형사지방법원 법정

代理 法律行爲 親權
대리 법률행위 친권

者 處罰 事件 調査 檢
자 처벌 사건 조사 검

察廳警察 傷害 被害
찰청경찰 상해 피해

措置 無效 罰金 提出
조치 무효 벌금 제출

反省 取消 免除
반성 취소 면제

행정서식용어

一金 壹貳参四五六七
일금 일이삼사오육칠

八九拾百千萬億兆 整
팔구십백천만억조 정

貴下 本籍 住所 姓
귀하 본적 주소 성

名 道市郡區邑面洞里
명 도시군구읍면동리

番地 番號 年月日 住
번지 번호 년월일 주

民登錄 申告書 日時
민등록 신고서 일시

場所 本人盜難申告
장소 본인도난신고

취직서류용어

身元 履歷書 經歷證
신원 이력서 경력증

明書 學歷 入學 卒業
명서 학력 입학 졸업

賞罰 職業 勤務 職位
상벌 직업 근무 직위

在職中 品行 缺勤 思
재직중 품행 결근 사

想 健全街 辭職 今般
상 건전가 사직 금반

一身上 不得 診斷 許
일신상 부득 진단 허

諾 財政 保證書
락 재정 보증서

거래계약서식용어

金錢 借用證書 元金
금전 차용증서 원금

殘額 利子 返濟 債權
잔액 이자 반제 채권

者 債務者, 金額, 傳貰
자 채무자, 금액, 전세

契約書 所有者 損害 家
계약서 소유자 손해 가

屋 支給 明渡 違約 領
옥 지급 명도 위약 영

收 讓渡 買收 不動産
수 양도 매수 부동산

支給 期限 移轉 登記
지급 기한 이전 등기

唯一한 世宗大王 親筆

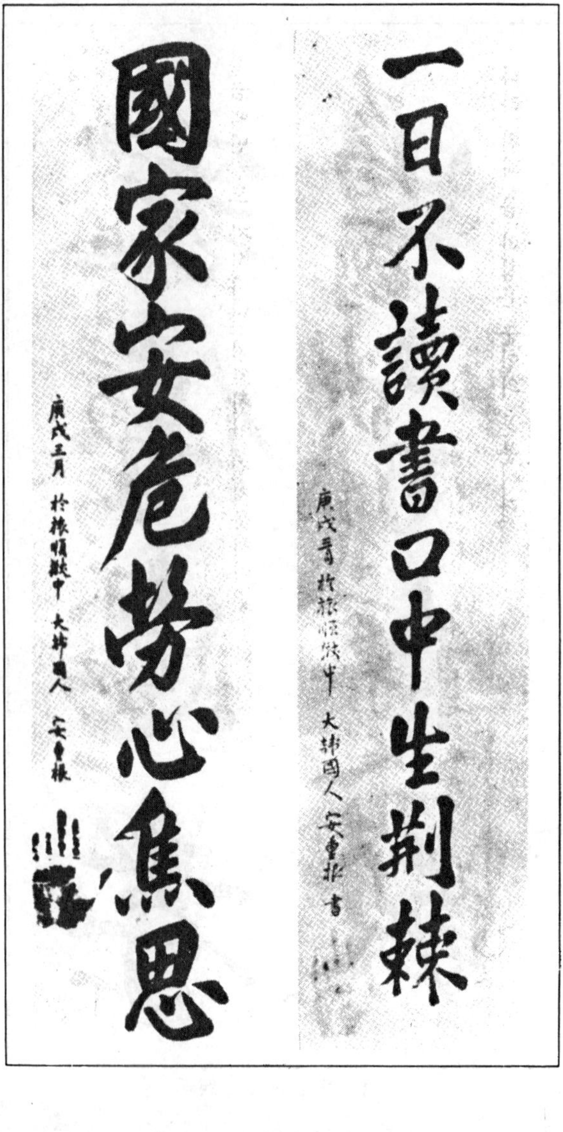
一日不讀書口中生荊棘
庚戌三月 於旅順獄中 大韓國人 安重根 書
國家安危勞心焦思
庚戌三月 於旅順獄中 大韓國人 安重根

肅——粛	삼갈 **숙**		晝——昼	낮 **주**
濕——湿	젖을 **습**		增——増	더할 **증**
乘——乗	탈 **승**		證——証	증거 **증**
實——実	열매 **실**		彈——弾	탄알 **탄**
竝——並	아우를 **병**		澤——沢	못 **택**
寶——宝	보배 **보**		擇——択	가릴 **택**
拂——払	떨칠 **불**		單——単	홑 **단**
佛——仏	부처 **불**		團——団	둥글 **단**
冰——氷	어름 **빙**		斷——断	끊을 **단**
號——号	부르짖을 **호**		擔——担	멜 **담**
畫——画	그림 **화**		當——当	당할 **당**
擴——拡	늘릴 **확**		黨——党	무리 **당**
歡——歓	기쁠 **환**		對——対	대할 **대**
黃——黄	누를 **황**		德——徳	큰 **덕**
會——会	모을 **회**		圖——図	그림 **도**
效——効	본받을 **효**		讀——読	읽을 **독**
黑——黒	검을 **흑**		獨——独	홀로 **독**
絲——糸	실 **사**		輕——軽	가벼울 **경**
寫——写	베낄 **사**		經——経	경서 **경**
辭——辞	말씀 **사**		徑——径	지름길 **경**
雙——双	짝 **쌍**		鷄——鶏	닭 **계**
敍——叙	펼 **서**		繼——継	이을 **계**

二字相似漢字一覽

※ 두 글자가 비슷하여 잘못 읽기 쉬운 한자의 비교

暝 어둘 **명**…… 瞑 눈감을 **명**

曆 책력 **력**…… 歷 지낼 **력**

曾 일찍 **증**…… 會 모을 **회**

未 아닐 **미**…… 末 끝 **말**

述 삽주 **출**…… 求 구할 **구**

柿 자귀밥 **폐**… 柹 감 **시**

早 높을 **고**…… 果 실과 **과**

桐 몸주무를 **완**‥ 杭 거룻배 **항**

栽 심을 **재**…… 裁 옷마를 **재**

栗 밤 률……… 粟 스슥 속
桶 통 통……… 桷 사각서까래 각
梁 들보 량……… 粱 기장 량
棟 들보 동……… 楝 고련나무 련
森 수풀 삼……… 淼 큰물 묘
椿 참죽나무 춘… 樁 말뚝 장
槁 마를 고……… 稿 볏집 고
榮 영화 영……… 滎 실개천 형
氏 성씨 씨……… 氐 근본 저
永 길 영……… 氷 얼음 빙
汎 띠울 범……… 汍 눈물흘릴 환
汏 사태날 대…… 汰 미끄러질 태
汗 땀 한……… 汙 웅둥이 우
汩 다스릴 골…… 汨 물흐를 율
汪 못 왕……… 注 대일 주
嘆 탄식할 한…… 暵 마를 한
嘵 두려워할 효… 曉 새벽 효
困 곤할 곤……… 囷 둥근곳집 균
土 흙 토……… 士 선비 사
折 꺾을 절……… 析 나눌 석
拄 버릴 주……… 柱 기둥 주
抽 뺄 추……… 柚 유자 유
拍 칠 박……… 柏 측나무 백
拫 끌어당길 흔… 根 뿌리 근
拷 때릴 고……… 栲 북나무 고
挂 걸 괘 ……… 桂 계수나무 계
挌 칠 격……… 格 격식 격
挍 상고할 교…… 校 학교 교
挑 돋을 조……… 桃 복숭아 도
捂 어긋칠 오…… 梧 오동 오
捁 흔들 고……… 梏 수갑 곡
捍 팔찌 한……… 桿 줄기 한
挺 곧을 정……… 梃 막대 정

위 임 장	추 천 서
本人이 서울特別市 ○ ○区 ○ ○洞 ○ ○ 番地 ○○○을 代理人으로 定하여 다음의 權限을 委任함. 全南 ○ ○ 市 ○ ○ 洞 ○ 街 ○ ○ 서울特別市 ○ ○ 区 ○ ○ 洞 4 - 3 代表 ○ ○ ○에게 신발 代金으로 一金 五百萬원을 受領하는 것. 19○ 年 月 ○日 서울特別市 鍾路区 101 - 3 ○ ○ 社 許 天天伯 白 ㊞ ○ ○ ○ 貴下	本籍 : 全南 ○○市 ○○洞 1 街27 住所 : 서울○○市 ○○区○○洞3-2 위의 사람은 아래와 같은 事項에 充分한 資質이 있어 ○○○에 適合한 人材이기에 推薦하나이다. 西紀 19○○年 ○月 ○日 서울特別市 ○○ 区○○洞2-1 代表 ○○○ ㊞
영 수 증	청 구 서
一金 弐拾参万원整 (230, 000) 위 金額은 책 대금으로 받았음. 19○○年 ○月 ○日 ○ ○ 出 版 社 ○ ○ 中 學 校 ○ ○ ○ 선생님	一金 二拾五万원整 上記 代金은 便紙 発送料金으로 請求함. 19○○年 ○月 ○日 ○ ○ ○ ㊞ ○ ○ ○ 貴下

주 문 서 날로 사업이 잘 되시기를 바랍니다. 다음에 적은 책을 주문하오니 꼭 보내주시기 바랍니다. 책이름 : ○○○ 수 량 : ○○ 정 가 : ○○○ 금 액 : ○○○ 19○○ 年 ○月 ○日 ○○ 文 化 社 ○○出版社 貴下	**신 원 보 증 서** 본 적 : ○○○ 현주소 : ○○ 성 명 : ○○○ 생년월일 : 서기 19○○년 ○월 ○일생 위의 사람은 사상이 건전하고 품행이 단정한 자인 바 귀사의 재직중 만약 고의 또는 과실로 인하여 발생된 민사 또는 형사상의 책임문제 일체는 본인 등이 책임지겠기에 이에 신원을 보증함. 서기 19○○년 ○월 일 주소 보증인 ○ ○ ○ ㊞ 주소 보증인 ○ ○ ○ ㊞ ○ ○ ○ 귀하
사 직 서 今般 本人은 一身上의 事情으로 不得已 小職을 辭職코자 하오니 聽許하여 주시기 바랍니다. 19○○年 ○月 ○日 総 務 部 ○○ 課 ○○○ ㊞	**결 석 신 고 서** 6학년 5반 27번 ○ ○ ○ 사유 : 독감 기간 : 1월 3일부터 20일까지 위와같이 결석하였압기 이에 결석신고서를 제출하나이다. 19○○년 ○월 ○일 ○ ○ ○ ㊞ 보호자 ○ ○ ○ ㊞ ○ ○ ○ 귀하

차 용 증 서

一金 五百萬원 整 ₩ 5,000,000

上記 金額을 正히 借用하였으며 利息은 月四分으로 하고 返濟期間은 19○○年 ○月 ○日로 함.

西紀 19○○年 ○月 ○日

서울特別市 ○○區○○洞31-2

洪 吉 童 ㊞

○ ○ ○ 貴下

양 도 증

一、○○國債 額面 金 ○○○원 ○校

但, ○年 ○月 이후 利券附

위 國債番號 第○號부터 第○號까지

本人이 所有하고 있던 前記國債를 今般 金 ○○○원으로 貴下에게 讓渡하고 위 國債와 相換으로 代金을 正히 領收하였으므로 讓渡證을 드립니다.

○年 ○月 ○日

住所

讓渡人 ○ ○ ○ 印紙

住所

讓受人 ○○○ 貴下

동 의 서

住所

未成年者 ○ ○ ○

右 未成年者가 다음 法律行為를 하는 것에 同意한다.

一, ○○○地 ○○○로부터 ○○地 住所 垈地 ○坪을 擔保로 하고 金 ○○○원을 借用하는 일.

○年 ○月 ○日

傍位住所

위 ○○○法庭代理人

親權者 父 ○ ○ ○ 印

母 ○ ○ ○ 印

계 약 서

住所

債權者 ○○○ (甲) 印

住所

保証人 ○○○ (乙) 印

右 当事者間에 保証債務에 관하여 다음의 契約을 締結한다.

第一條 保証人 ○○○(丙)은 ○年 ○月 ○日의 위 債權者 ○○○(甲)과 債務者 ○○地 ○○○(乙)間의 ○○契約書에 記載한 債務에 관하여 債務者가 履行할 責任을 진다.

第二條 保証人은 檢索의 利益을 포기한다.

합 의 서

주소

고소인 ○ ○ ○

주소

피고소인 ○ ○ ○

위 당사자간에 ○년 ○월 ○일 ○○죄로 고소를 제기하였던 바, 양자간에 합의를 보고 피해 일체를 변재받았기에 합의서를 제출하나이다.

○ 년 ○월 ○일

고소인 주

고소인 ○ ○ ○ 印

○○지방 검찰청 검사

○ ○ ○ 귀하

고 소 장

주소

고소인 ○ ○ ○

주소

피고소인 ○ ○ ○

위 피고소인에 대하여 아래와 같은 사실로 고소를 제기하오니 처벌하여 주시기 바랍니다.

고 소 사 실

피고소인은 ○년 ○월 ○일 ○시○○에서 ○○하여 고소인에게 상해를 가한 것이다.

입증 방법

1. 고소인을 조사할 때에 자세히 진술코자 합니다.
2. 의사의 상해진단서 1통

○년 ○월 ○일

위 고소인 ○ ○ ○印

○○지방 검찰청
(○○경찰서) 귀중

고소취하장

고 소 인 ○ ○ ○

피고소인 ○ ○ ○

본 고소인은 ○년 ○월 ○일 피고소인을 ○○죄로 귀청에 고소하였는바, 피고소인이 자기의 잘못을 반성하고 사죄할뿐 아니라 피해도 변제하였으므로 고소를 취소하나이다.

○년 ○월 ○일

위 고소인 ○ ○ ○ 印

○○지방 검찰청
(○○경찰서) 귀중

시 말 서

本人은 19○○年 ○月 ○日 本意아닌 事務錯誤로 会社 財産上의 損失을 가져온데 対하여 깊이 反省하고 謝過하는 同時에 損失金은 辯償하겠아오며, 앞으로는 다시 如此한 不注意한 일을 하지 않을 것을 盟誓하고 玆히 始末書를 提出하옵니다.

19○○年 ○月 ○日

営業部 ○○○